KB058405

위어드

THE WEIRDEST PEOPLE IN THE WORLD
by Joseph Henrich

W위어드
EIRD

인류의 역사와 뇌 구조까지
바꿔놓은 문화적 진화의 힘

현대 서구 문명의 번영을 가져온 5가지 키워드

W 서구의 **W**estern

교육수준이 높은 **E**ducated

산업화된 **I**ndustrialized

R 부유한 **R**ich

민주적인 **D**emocratic

조지프 헨릭 지음
유강은 옮김

21세기북스

놀라운 책이다. 어떻게 한 개인이 이처럼 다양한 주제를 이처럼 긴 시간의 틀 안에서 이처럼 정교하게 풀어낼 수 있는지 그저 놀라울 따름이다. 이 책은 재레드 다이아몬드의 《총, 균, 쇠》, 유발 하라리의 《사피엔스》, 그리고 에드워드 윌슨의 《지구의 정복자》 같은 책들의 발자취를 잇는 책이다. 이 중에서도 《지구의 정복자》의 부제인 '우리는 어디서 왔는가, 우리는 무엇인가, 우리는 어디로 가는가'는 이 책들을 관통하는 주제이다. 《지구의 정복자》와 《사피엔스》가 인류의 기원과 진화 전반에 걸친 분석이라면, 《총, 균, 쇠》는 인류가 농경을 시작한 1만 2000년 전부터 인간 사회가 어떻게 변해왔는지를 생물지리적으로 추적한다. 다이아몬드는 밀, 보리, 기장, 귀리, 쌀 등 생산성 높은 작물을 확보하고, 소, 말, 돼지, 염소, 양, 물소, 낙타 등 탁월한 노동력을 지닌 포유동물을 가축으로 길들이는 데 성공한 유라시아, 즉 중동, 인도, 중국이 어떻게 선두주자의 우위를 누릴 수 있었는지 설명했다. 헨릭은 《총, 균, 쇠》가 주장하는 생태와 번성의 상관관계가 느슨해지는 서기 1200년 무렵에서 시작한다. 어떻게 유라시아에서도 상대적으로 늦게 농업과 국가 체제가 발달한 잉글랜드, 스코틀랜드, 네덜란드 등이 도약하게 됐는지, 그리고 최근 200년 동안에는 여기에 미국 같은 영국계 사회들이 어떻게 합류하게 됐는지를 분석한다.

　흥미롭게도 저자는 이 모든 분석이 지극히 편향된 인구 집단을 표본으로 이뤄졌다고 고백한다. 그는 이 인구 집단에 '이상하다'라는 부정적 의미의 'W.E.I.R.D.'라는 이름을 붙였다. 서구의Western, 교육 수준이 높고 Educated, 산업화된Industrialized, 부유하고Rich, 민주적인Democratic 인구 집 단—학자의 눈으로 볼 때 결코 인류 전체를 대변하기 어려운 '이상한' 표 본에 틀림없어 보인다. 실제로 학계에 보고된 인간 심리 실험 결과의 대 부분은 서구 사회의 대학생을 대상으로 한 연구를 기반으로 한 것이다. 저자 스스로 참여한 공동 연구에서 수집하고 분석한 자료만 보더라도 실험에 참여한 사람의 96퍼센트가 북유럽, 북아메리카, 오스트레일리 아 출신이었고, 이 가운데 70퍼센트 가량이 미국 대학생이었다. 이처럼 편향된 표본에 '심리학적 다양성'과 '심리학적 독특성' 문제 또한 불거진 상황에서도 저자가 현대 인류 사회의 기원과 진화를 풀어내는 데 탁월 한 능력을 발휘할 수 있었던 배경에는 그만의 진지한 통섭적 접근이 있 었다. 그는 인류학으로 박사 학위를 취득했지만 사회학, 역사학, 경제학, 심리학, 생물학에 이르기까지 종횡무진 학문의 경계를 넘나드는 전형 적인 통섭형 인재다. 2015년 하버드대학교 인간진화생물학과에 교수로 부임하기 전 그는 캐나다 브리티시컬럼비아대학교에서 심리학과와 경 제학과 두 곳에서 교수로 일했다. 이 책에서 그가 다루는 주제는 가족, 전쟁, 문화, 교회사에서 일부일처혼과 대의민주주의, 심지어는 이자율 분석까지 그야말로 현란하다.

그의 모든 분석의 기저에는 언제나 심리학이 있다. 그는 모든 문화권 의 차이는 결국 서로 다른 지역에서 서로 다른 역사를 거치며 상이하게 형성된 심리 차이에 기인하는 것으로 판단한다. 일례로 저자는 'WEIRD 심리'가 두 번째 밀레니엄 후반부를 거치며 어떻게 현대 사회의 법률, 정 치, 과학, 종교 영역을 지배하게 되었는지 그 원인을 네 가지 요인으로 분석한다. (1) 분석적 사고, (2) 내적 속성, (3) 독립성과 비순응성, (4) 비개인적 친사회성이 그들이다. WEIRD는 각기 다른 유형의 사람들을 상대할 때에도 '정직'이나 '냉정함' 같은 개인적 특성의 측면에서 보다 일관된 방식으로 행동한다. 이와 대조적으로 한국인과 일본인은 오직 관계의 맥락 안에서만 일관성을 유지한다. '탑승자의 딜레마' 상황에서도 보편주의적이 아니라 특수주의적 혹은 관계적으로 결정한다. 관계적 맥락에 따라 유연하게 행동하며, 그 유연성은 '양면적'이거나 '위선적'이 아니라 사회적 능숙함으로 평가된다. 관계중심적 사회에서는 높은 자존감과 긍정적인 자아관이 삶의 만족이나 주관적 행복으로 이어지지 않는다. 자신만의 독특한 특성을 갖추어야 얻을 수 있는 자존감보다는 타인의 평가가 훨씬 중요하다. 그래서 끊임없이 타인과 비교하며 살아간다.

약 1만 2000년 전 농경이 시작되며 우리가 선택할 수 있는 직업은 기본적으로 하나, 즉 농부였다. 분업은 남성과 여성으로만 나뉘었을 뿐, 농부는 모든 일에 만능이어야 했다. 그러다 점차 사회가 팽창하며 복잡해짐에 따라 경제적 전문화가 일어났지만 개인에게 선택권이 주어지지는 않았다. 그러나 유럽에서는 도시들이 빠르게 성장하고 점차 비개인적 시장이 확대되며 다양한 직업이 생겨나기 시작했다. 친족 유대가 약화되고 개인의 권리와 특권이 확대되며 결사체와 도제, 길드와 더불어 다양한 직업에 뛰어들 수 있는 자유가 보장되기 시작했다. 집약적 친족 기반 사회는 개인이 다른 사람과의 관계에 따라 각기 다른 방식으로 행동할 것을 요구한다. 반면, 비개인적 시장과 유동적 관계로 이루어진 세계는 맥락이나 관계와 상관없이 일관성을 선호한다. 따라서 WEIRD는 이렇게 문화적으로 구축된 세계관에 대응하며 끊임없이 '진정한 자아'를 추구하게 되었다. 서양 문화를 받아들인 지 겨우 두 세기밖에 되지 않은 우리 사회도 요즘 개인주의와 성향주의가 세대 간에 사뭇 불편한 갈등을 조장하고 있다.

나는 개인적으로 이 책을 읽으며 기독교가 WEIRD 심리를 조상하는 데 엄청난 영향을 끼쳤다는 헨릭의 분석에 신선한 충격을 받았다. '오직 성경'뿐이라는 프로테스탄트 정신이 인류의 문해력, 그 중에서도 특히 여성 문해력을 향상시켰다는 점을 주목해야 한다. 초기 개신교 선교회가 진출한 지역의 문해율이 가톨릭 선교회가 진출한 지역보다 평균 약 16퍼센트포인트 높았다. 1900년 무렵 기독교 선교회가 더 많이 진출한 아프리카 지역들이 불과 1세기만에 다른 그렇지 않은 지역에 비해 훨씬 더 높은 문해율을 달성했다. 여성의 문해력에 미친 영향이 특히 중요한 이유는 글을 읽을 줄 아는 어머니들은 문맹인 어머니들보다 아이를 적게 낳아 더 건강하고 똑똑하고 부유하게 키웠기 때문이다. 기독교는 문해력과 학교 교육, 경제와 민주주의의 발전 등에 긍정적 영향을 미친 것 외에도 다른 심리 발달에도 기여했다. 기독교 내에서도 가톨릭 신자는 고해성사를 통해 죄를 용서받을 수 있지만 개신교인에게는 죄에서 고백과 용서로 이어지는 경로가 열려 있지 않다. 따라서 죄를 범하면 이른바 '좋은 일'을 많이 하는 식의 보상적 행동을 한다. 이로써 개신교인들은 자신의 직업을 신성한 소명으로 여기거나 생산적 노동이 죄의식도 정화해준다고 믿고 더욱 열심히 일하게 되었다. 경제사학자 얀 데 브리스Jan de Vries는 이를 '근면 혁명Industrious Revolution'이라고 부른다. 기독교는 여러 객관적 지표로 볼 때 참으로 '이상한' 종교지만 WEIRD 문화가 형성되는 데 가장 큰 영향을 끼친 현상 중의 하나다.

이 같은 헨릭의 분석을 관통하는 핵심 개념은 바로 공진화coevolution다. 유전자, 생태환경, 심리, 문화 등이 서로 꼬리를 물고 함께 진화하며 오늘날의 인간 사회를 만들어냈다. 문화는 우리 뇌의 회로를 바꾸고 우리를 생물학적으로 변화시킨다. 우리는 다른 사람들의 행동과 결정을 지켜보면서 자신의 지각과 선호, 행동과 판단을 자신이 선택한 모델에 더 가깝게 조율하는 방식으로 자신의 신경회로를 능동적으로 수정한다. 우리의 적응적인 문화적 학습 능력이 '신뢰 본능'을 통해 누적적인 문화적 진화를 추동한다. 나는 이 같은 현상을 관찰하고 일찍이 우리 인간을 '출발선을 들고 다니는 동물'이라고 규정한 바 있다. 비개인적 신뢰 증대, 문해력 확대, 독립성 증대 같은 심리적 발달이 유럽 공동체들 사이의 믿음과 가치의 관행을 깨고 집단지능의 가능성을 열어젖혔다. 헨릭은 집단지능 덕택에 계몽주의에 이어 민주주의가 싹텄고, 산업혁명이 일어났으며, 지금도 세계 곳곳에서 경제가 성장하고 있다고 분석한다. 그럼에도 불구하고 이 같은 공진화 분석에 초석을 깔아준 찰스 럼스던과 에드워드 윌슨의 1981년 저서(Charles J Lumsden and Edward O. Wilson. 1981. *Genes, Mind, and Culture: The Coevolutionary Process*. Harvard University Press, Cambridge)가 인용조차 되지 않은 점은 참으로 의아하다.

마지막으로 저자 스스로 '심각하게 편향된 표본'을 거론했으므로 아쉬움 한 가지만 제기한다. 이 책을 통틀어 우리나라 연구가 인용된 것은 최정규, 최인철, 서은국 교수와 크리스토퍼 백Christopher Paik 박사의 연구 정도가 전부다. 무수히 많은 데이터 그래프에 일본과 중국, 그리고 인도네시아는 자주 표시되어 있는데 우리나라 데이터 포인트는 좀처럼 찾아보기 어렵다. 우리나라 문화에 관한 논의 자체가 없는 게 아닌 걸 보면 저자가 우리나라 연구에 특별히 문외한은 아닌 듯싶은데 자못 섭섭하다. 이 책의 우리말 출간을 계기로 이런 거대 서사 연구에도 우리 학자들의 약진을 기대해본다. 우산을 펼친 듯 다양한 주제를 다룬 이런 책을 읽다 보면 누구나 자신이 전공하는 분야 혹은 익히 알고 있는 내용에 관해 어딘가 부족한 면을 발견하고 트집을 잡고 싶어진다. 하지만 토론의 여지가 있는 것은 좋은 일이라고 생각한다. 이 책을 함께 읽으며 인류의 진화, 동서양 문화의 비교, 종교와 문화의 관계 등에 관해 여기저기서 토론의 장이 열리길 기대해본다.

최재천

이화여자대학교 에코과학부 석좌교수
생명다양성재단 이사장

이 책에 쏟아진 찬사

단연코 올해 최고의 수작이다. 헨릭은 광범위한 자료를 재치와 유머를 섞어 명쾌하게 정리하여 놀라운 독서의 세계로 우리를 초대한다.

캐스 선스타인 | 하버드대학교 로스쿨 교수, 《넛지》 저자

인류학, 역사학, 심리학, 경제학을 통합하여 현대 서양의 문화가 다른 모든 문화와 어떻게 다른지를 명쾌하게 설명해낸 탁월한 저작이다. 인간의 본성은 어디에서나 동일하다는 심리학과 경제학의 기본 가정을 송두리째 흔들어놓는다.

리처드 니스벳 | 사회심리학자, 《생각의 지도》 저자

읽는 내내 흥분을 감출 수 없는 기념비적인 저서다. 현대 서구 사회가 누리는 번영이 유럽 계몽주의보다 수백 년 앞서 우연히 만들어진 이상한 사고방식 때문이라는 저자의 주장은 놀라울 뿐이다. 이 주장을 믿을 수 없다면 이 시대 최고의 사상가인 저자가 제시하는 수많은 증거를 마주할 준비를 하시라.

조슈아 그린 | 하버드대학교 심리학 교수, 《옳고 그름》 저자

사회 이론의 쟁점을 이해하는 데 도움이 되는 다양한 학문과 풍부한 데이터를 망라하여 친족에 기반한 사회에서 근대 세계로 넘어가는 과정을 완전히 다른 시각에서 야심차게 설명해냈다.

프랜시스 후쿠야마 | 스탠퍼드대학교 교수 겸 정치경제학자, 《역사의 종말》 저자

인류학, 경제학, 역사학, 심리학을 망라한 이 대작에서 저자는 서구의 문화가 다른 모든 문화와 어떻게 다른지를 설명한다. 서구가 세계를 지배하는 이유에 대한 이 책만의 놀라운 주장을 따라가다 보면 세계를 한결 다른 시각에서 보게 될 것이다.

이언 모리스 | 스탠퍼드대학교 교수, 《왜 서양이 지배하는가》 저자

흥미진진하고 도발적이며 감탄을 자아내는 책이다. 엄밀한 과학적 근거를 바탕으로 저자가 풀어내는 문화적 다양성과 진화에 관한 흥미진진한 설명은 재레드 다이아몬드의 《총, 균, 쇠》의 내용을 뛰어넘는다.

우타 프리스 | 유니버시티칼리지런던 교수, 발달심리학자

수많은 학자들이 '왜 서구가 부상했는가'라는 문제에 천착해왔다. 이 질문에 대해 저자가 내놓는 대담하고도 흥미로운 대답에서 우리는 역사가 인간의 심리를 어떻게 바꾸고, 인간의 심리가 역사를 어떻게 이끌어나가는지를 분명하게 확인할 수 있다. 담대한 시각으로 밀어붙인 이 기념비적 저서는 근대의 기원에 관심이 있는 사람에게 필독서가 될 만하다.

발터 샤이델 | 스탠퍼드대학교 역사학 교수, 《불평등의 역사》 저자

흥미로운 사유를 촉발하는 이 책은 WEIRD들의 생각과 행동, 그리고 가치들이 절대 우연히 정립된 것이 아니라고 말한다. 그들은 특정한 역사적, 제도적 환경에 따라 진화해왔기 때문이다. 저자가 던지는 매혹적인 질문에 관심이 있다면 이 책을 꼭 한 번 읽어보기를 추천한다.

대런 애쓰모글루 | 《국가는 왜 실패하는가》 공저자

헨릭은 서구 문명의 심리적, 사회적 특징을 정확하게 분석하고 설득력 있는 사례들을 제시한다. 인간의 보편적인 심리학 개념은 이 책 이후로 완전히 달라질 것이다.

리처드 랭엄 | 하버드대학교 인간진화생물학과 교수

진화론의 시각으로 역사, 문화, 종교, 심리를 분석하여 인류 역사의 주요한 발전 과정을 흥미진진하게 설명하고 있다. 무엇보다 다양한 학문 분야에서 가져온 광범위한 데이터로 자신의 주장의 명쾌하게 풀어냈다.

〈월스트리트 저널〉

사회 간 심리적 차이를 통해 인류사를 완전히 새롭게 해석해낸 놀라운 책이다. 단언컨대 사회사상의 이정표가 될 책이다.

〈더 타임스〉

인류사에 대한 뜨거운 논쟁을 불러일으킬 매력적이면서도 도발적인 책이다.

〈퍼블리셔스 위클리〉

WEIRD들의 사고방식에 숨겨진 비밀을 깊이 있게 탐구하는 매혹적이고도 논쟁적인 수작이다.

〈키커스〉

매력적이고, 첨예하며, 도발적이다. 영광스럽게도 재레드 다이아몬드의 《총, 균, 쇠》와 함께 언급되는 이 책은 저자와 동료 학자들의 집요한 연구 결과 모든 주장을 뒷받침할만한 증거들을 모았다. 세계사, 인류학, 경

제학, 게임이론, 심리학, 생물학의 데이터를 이용하여 신호와 소음을 구분할 수 없는 대혼란의 상황에서 통계학적인 황홀함을 보여준다.

〈뉴욕 타임스〉

WEIRD에 대해 학자들 사이에서 논란이 되고 있는 부분들을 놓치지 않고 치밀하게 논증하고 있다. 오늘날에는 기꺼이 자신의 연구 결과를 도마 위에 올려놓고, 반박의 칼질을 기다리는 인류학자는 많지 않다. 그런 점에서 이 책은 많은 학자와 연구자들의 필독서가 될 만하다. 이런 책이 더 많이 나오기를 바란다.

타냐 마리 루어만 | 스탠퍼드대학교 인류학 교수

대단한 역작이다. 진화생물학과 문화 진화, 심리적 연구와 현장 실험, 첨단 경제학 등 다양한 분야의 흥미로운 연구를 결합해 책에 깊이를 더했다. 또 서구 사람들이 다른 문화권 사고방식과 어떻게 다른지, 그리고 이러한 차이점이 1,500년 동안 문화적으로 어떻게 진화했는지 민족지학적 관점에서 풀어놓는다. 이 책은 인문사회과학 분야의 전혀 다른 새로운 관점을 제시하고 있다.

로버트 보이드 | 애리조나주립대학교 진화사회학 교수

사회 간 편차가 발생하는 이유와 인류 역사에서 유럽이 세계의 발전 흐름에 커다란 역할을 할 수 있었던 이유를 설득력 있게 입증한다. 저자가 WEIRD라고 정의한 인구 집단이 일반적인 사람들과 심리적으로 매우 독특하다는 사실과 그 이유를 역사적으로 복기함으로써 그들의 특징을 차근히 짚어나간다.

〈시티 저널〉

다양한 문화권 사이의 유사점과 차이점을 획기적으로 분석하여 인류의 역사를 묵직하게 풀어낸 중요한 저작이다.

니콜라스 크리스타키스 | 하버드의과대학교 교수

저자는 문화의 진화에 대해 누구보다도 깊이 그리고 오랜 기간 동안 고찰해왔다. 서구 문명의 특징을 짚어내는 날카로운 통찰력과 서구 세계의 영향력을 분석하는 저자만의 특별한 능력으로 인류사상사에 놀라운 공헌을 했다.

매트 리들리 | 《본성과 양육》 저자

현대의 패권을 쥐고 있는 국가의 심리적 특성이 매우 WEIRD하며 보편적이지 않음을 치밀한 논리로 설명하고 있다. 그것은 중세 유럽의 가톨릭교회가 가져온 제도적 변화의 결과였고, 그러한 변화가 바로 근대 유럽의 토대가 되었다. 깔끔하고 유려하게 쓰인 이 대담한 책은 현대 사회의 기원에 관한 논쟁을 야기할 것이다.

폴 시브라이트 | 툴루즈경제대학교 교수, 《낯선 사람들과의 동행》 저자

문화 진화와 사회심리학을 바탕으로 한 균형 있는 시각으로 WEIRD의 주요한 심리적 특성인 개인주의, 일반적 신뢰, 비개인적 친사회성, 분석적 사고의 역사적 뿌리를 심도 있게 탐구한다.

피터 터친 | 옥스퍼드대학교 인류학 연구교수, 《초협력사회》 저자

서구 문명이 다른 문화권과 비교했을 때 심리적으로 어떤 특이점을 가지고 있는 심도 있는 연구를 통해 사회과학 분야에 새로운 한 획을 그었다. 저자는 서양인들의 독특한 심리가 어떻게 형성되었으며, 그것이 서

구의 경제적 번영에 어떤 영향을 미쳤는지를 흥미진진하고 친절하게 풀어내고 있다. 이 과정에서 인간의 심리가 보편적이지 않으며, 문화의 영향을 받아 얼마든지 바뀔 수 있다는 사실을 설득력 있게 설명한다.

케빈 랄랜드 | 세인트앤드류대학교 행동진화생물학 교수

WEIRD라는 이상한 인간 집단이 어떻게 탄생하게 되었는지를 명쾌하게 설명하고 있다. 저자는 사회적 구성주의자와 평범한 인간의 심리를 가진 순진무구한 사람들의 백지상태를 넘어서, 인류에게 문화와 생물학의 양방향적 관계가 중요하다는 점을 상기시킨다.

에드워드 슬링거랜드 | 브리티시컬럼비아대학교 아시아학 교수

민주적인 서구 문명을 바라보는 새롭고 흥미로운 관점을 담았다. 서양 문명의 경제적 번영의 토대가 된 서양인의 심리를 문화적 학습과 친족 관계가 만들어낸 독특한 문화적 규칙으로 설명한다.

에른스트 페어 | 취리히대학교 행동경제학 교수

저자의 말

2006년, 나는 에머리대학교 인류학과에서 밴쿠버에 있는 브리티시컬럼비아대학교로 자리를 옮겨 심리학과와 경제학과 두 곳에서 교수를 맡으면서 나도 모르는 사이에 이 책으로 이어지는 길로 들어서게 되었다. 심리학과 경제학 수업을 들은 적이 없었던 나에게 브리티시컬럼비아대학교는 전혀 예상치 못한 출발지였다. 브리티시컬럼비아대학교에 온 직후에 나에게 찾아온 언뜻 보기에 전혀 관계가 없는 두 가지 계기가 이 책의 토대가 되었다.

첫째, 경제학과장 앤지 레디시가 학과의 수업 시수를 채우기 위해 '국가의 부와 빈곤'이라는 수업을 맡아달라고 요청했다. 내가 UCLA 대학원생 시절에 재레드 다이아몬드의 《총, 균, 쇠Guns, Germs, and Steel》를 기본 교재로 세미나 수업을 진행한 사실을 알고 한 제안이었다. 이 강의 기회 덕분에 나는 왜 나라마다 번영하는 정도가 다르고, 왜 유럽에서만 산업혁명이 일어났는지에 관한 경제학 문헌을 깊이 있게 살펴볼 수 있었다. 인류학자들은 보통 고대 국가가 등장한 이후에 벌어진 일들을 설명하려 하지 않지만, 원칙적으로 이 주제는 내가 오랫동안 연구해온 인간 사회의 진화에 대한 인류학적 관심과 자연스럽게 맞아떨어졌다. 이와 대조적으로 (당시만 해도) 경제학자들은 현재로부터 500년 정도 앞선 과거는 좀처럼 돌아보지 않았다. 수업을 진행할 때마다 독서 목록을 조금씩

바꾼 덕분에 이 분야를 탐구하고 비판할 기회를 얻게 되었다. 흥미로운 일이긴 했지만, 그때만 해도 이런 지식이 인간 심리의 다양한 변이를 이해하려는 나의 지속적인 노력에 얼마나 중요한 영향을 끼칠지 미처 깨닫지 못했다.

두 번째로 중요한 계기는 브리티시컬럼비아대학교의 사회심리학자인 아라 노렌자얀Ara Norenzayan과 스티브 하이네Steve Heine를 알게 된 것이다. 열여덟 살 때 전쟁으로 황폐해진 레바논을 떠나 캘리포니아주 프레즈노로 이주한 아르메니아인인 아라는 학문 경력의 초창기를 지각, 사고방식, 추론의 문화적 차이를 연구하며 보냈다. (짐작컨대) 일본인 부인과 나누는 대화에서 종종 연구의 영감을 얻는 스티브는 캐나다인과 일본인이 타인과의 관계에서 자신을 어떻게 생각하는지, 그리고 이런 사고가 그들의 동기와 의사결정, 자의식에 어떤 영향을 미치는지를 비교하는 연구를 했다. 우리 셋은 각자의 전문 영역에서 볼 때 서구 사람들이 둘 또는 그 이상의 다른 인구 집단과 비교할 때 유별나다는 것을 알게 되었다. 저명한 심리학자인 대니얼 카너먼과 아모스 트버스키가 합리적 의사결정을 검토하기 위한 계획을 고안했다는 지하 푸드코트에서 중국 음식을 먹으면서 우리는 인간 심리의 중요한 측면들에 관해 찾아낼 수 있는 비교문화 연구를 전부 모아보기로 결정했다. 찾아낸 모든 연구를 꼼꼼하게 검토한 뒤 우리는 세 가지 인상적인 결론에 도달했다.

1. **심각하게 편향된 표본:** 우리가 알고 있는 인간 심리 실험의 결과들은 대부분 서구 사회의 대학생을 대상으로 한 연구를 기반으로 한 것이다. 당시에 실험 참가자의 96퍼센트가 북유럽이나 북아메리카, 오스트레일리아 출신이었고, 이 가운데 70퍼센트 정도가 미국의 대학생이었다.

2. **심리학적 다양성**: 여러 중요한 영역에서 나타나는 인구 집단 사이의 심리학적 차이는 심리학이나 행동경제학 분야의 교과서나 주요 저널을 바탕으로 기대할 법한 것보다 훨씬 큰 변이를 보여준다.
3. **심리학적 독특성**: 여러 인구 집단에서 뽑아낼 수 있는 비교문화 데이터를 보면, 서구의 표본은 대체로 전체 분포에서 한쪽 극단에 고정되어 있다. 서구의 표본은 심리학적으로 이상하다(weird).

이 세 가지 발견을 결합하면, 나를 포함한 과학자들이 인간 심리에 관해 아는 거의 모든 내용이 여러 가지 중요한 심리적, 행동적 차원에서 다소 이례적으로 보이는 인구 집단에서 나온 것임을 알 수 있다. 무엇보다 중요한 점은 서구 대학생들에게서 발견되는 심리적 양태가 다른 문화들에서도 유효한지를 식별할 분명한 방법이 없었다는 것이다. 반세기 넘게 거슬러 올라가는 기존 연구는 시각적 착각, 공간적 추론, 기억, 주의력, 인내심, 위험 감수, 공정성, 귀납추리, 실행 기능, 패턴 인식 등의 민감성에서 인구 집단 사이의 차이를 보여주었기 때문이다.

지하 식당에서 점심을 먹고 4년 뒤, 아라와 스티브, 그리고 나는 마침내 〈행동과학과 뇌과학Behavioral and Brain Science〉(2010)이라는 저널에 〈세계에서 가장 이상한 사람들?〉이라는 논문을 발표하고 〈네이처〉에도 해설을 실었다. 두 발표문에서 우리는 심리와 행동 실험에서 가장 흔히 활용되는 인구 집단에 'W.E.I.R.D.'라는 이름을 붙였다. 이 인구 집단은 서구의Western, 교육 수준이 높고Educated, 산업화된Industrialized, 부유하고Rich, 민주적인Democratic 사회 출신이기 때문이다. 물론 우리는 서구의 인구 집단들 사이에, 그리고 서구 국가들 안에서도 중요한 심리적 변이가 존재할 수 있다고 보았지만, 출간된 연구나 교과서에서는 이런 변이조차 자주 나타나지 않았다.

〈행동과학과 뇌과학〉에 발표한 논문에서 심리학과 행동과학 연구의 표본이 협소하다는 점을 부각하는 데 성공하기는 했지만, 여전히 만족스럽지 않았다. 그 정도의 이야기로는 아무것도 설명할 수 없기 때문이다. 이 모든 심리적 변이를 어떻게 설명할 수 있을까? 그리고 WEIRD는 왜 그렇게 독특한 걸까? 실제로 길잡이가 되는 이론이나 설명이 없으면 우리는 WEIRD가 정말로 독특한지도 확신할 수 없다. 관련된 학문 분과들을 완전히 지배하고 있는 WEIRD한 연구자들이 무의식적으로 자신들 혹은 자신들이 속한 인구 집단에서 쉽게 드러나는 심리나 행동에 끌린 것은 아닌지 의심이 들었다. 점심식사 자리에서 스티브는 만약 일본 연구자들이 처음부터 서구의 개념과 관심사, 그리고 그들이 주목하는 부분을 그대로 받아들이지 않고 심리학이나 행동과학을 독자적으로 발전시켰다면 일본인의 심리가 어떤 모습일지 의문을 나타냈다.

논문을 발표한 직후에 나는 아라와 스티브와 내가 식별해낸 광범위한 심리적 변이의 양상을 어떻게 설명할지에 집중하기 시작했다. 현재의 노력은 지금까지 내가 이룬 진전의 기록이다. 하지만 이 책을 쓰기 위해 연구하는 중에 나는 결국 《호모 사피엔스, 그 성공의 비밀The Secret of Our Success》(2016)이라는 다른 책을 먼저 내놓았다. 원래 그 책에서 발전시킨 구상은 이 책의 1부에 담을 예정이었다. 하지만 일단 그 지적인 댐의 수문을 열리자 책 한 권 분량의 논의가 홍수처럼 쏟아졌고, 도저히 멈출 수가 없었다. 《호모 사피엔스, 그 성공의 비밀》을 둘러싼 논의가 잦아들 때쯤 이 책에 필요한 내용들을 자신 있게 정리할 수 있었다. 때로 큰일을 하려면 우선 제대로 된 연장을 벼려야 한다는 점을 이해해준 출판사 파라·스트라우스 앤드 지루에 감사한다.

차례

Part 1
인간의 심리와 사회의 진화론

Part 3
WEIRD, 새로운 심리와 제도를 형성하다

Part 4
WEIRD, 근대 세계의 문을 열다

머리말

인류의 역사를 뒤바꾼 문화적 진화의 힘

우리의 뇌는 오늘날 사회가 높이 평가하는 한 가지 기술을 획득하는 과정에서 변경되어왔다. 즉 신경회로의 배선이 바뀌었다. 최근까지 이 기술은 거의 또는 전혀 쓸모가 없었고, 대부분의 사회에서 대다수의 사람들은 이 기술을 전혀 배우지 않았다. 이 능력을 발전시키면서 우리의 뇌에는 다음과 같은 변화가 일어났다.[1]

1. 언어, 대상 인식, 표정 처리 중추 사이에 있는 좌뇌의 복측 후두-측두 영역이 분화했다.
2. 좌뇌와 우뇌를 연결하는 정보 고속도로인 뇌들보가 굵어졌다.
3. 언어를 처리하고 타인의 마음에 관해 생각하는 등 다양한 신경 관련 일을 하는 뇌 영역들뿐만 아니라 언어를 만들어내는 전전두피질 부위(브로카 영역)도 바뀌었다.
4. 언어 기억이 개선되고 언어를 처리할 때 뇌 활성화가 확대되었다.
5. 얼굴 인식을 처리하는 영역이 우반구로 이동했다. 이 특별한 기술을 익히지 않은 보통 사람들은 좌뇌와 우뇌에서 거의 동일하게 얼굴 표정을 처리하지만, 이 독특한 기술을 익힌 사람들은 이 기능이 우반구로 치우쳐 있다.[2]
6. 얼굴을 알아보는 능력이 감소했다. 아마 좌뇌의 복측 후두-측두 영역

이 갑작스럽게 분화하면서 얼굴 인식을 전문으로 하는 영역에 영향을 미쳤기 때문일 것이다.

7. 분석 처리 기능을 강화하기 위해 전체적인 시각 처리의 기본 경향이 감소했다. 전반적인 윤곽과 형태 유형보다 장면과 대상을 구성요소들로 분해하는 데 더 의존한다.

우리 뇌에 이런 변화를 가져온 지적 능력은 과연 무엇일까? 어떤 역량이 우리의 뇌를 혁신하면서 특정한 인지 결함을 감소시키고 새로운 전문 기술을 부여한 걸까?

그 특별한 지적 능력은 읽기다. 이 책을 읽고 있는 독자들은 분명 읽고 쓸 수 있다.

이런 지적 능력을 획득하려면 뇌의 다양한 부위에서 전문화된 신경 회로가 연결되어야 한다. 문자와 단어를 처리하기 위해 좌뇌의 복측 후두-측두 영역에는 **문자상자**Letterbox가 만들어진다. 이 영역은 대상의 인식, 언어, 발화를 위해 이웃한 영역들과 연결된다. 뇌에 부상을 입어서 **문자상자**가 손상되면 숫자를 인식하고 계산하는 능력은 그대로인데도 읽고 쓰는 능력을 잃는다. 따라서 이 영역이 특별히 읽기를 위해 발달하는 것임을 알 수 있다.[3]

문자상자의 회로는 특정한 표기 체계에 맞춰져 있다. 가령 히브리어 문자는 히브리어를 읽는 사람들에게 있는 **문자상자**를 활성화하는 반면, 영어를 읽는 사람들은 히브리어 문자를 다른 시각적 대상을 볼 때처럼 대한다. 로마자 문자처럼 대하지 않는 것이다. **문자상자함**은 또한 눈에 보이지 않는 심층적인 패턴을 기호화한다. 예를 들어, 'READ'와 'read'는 서로 아주 달라 보이는데도 유사한 것으로 등록된다.[4]

다음의 문자를 읽으려고 하지 말고 우선 그 모양만 살펴보자. 언제 읽어야 할지는 이후에 다시 이야기할 것이다.

White Horse

白　　馬

영어를 읽고 쓸 줄 아는 사람이라면 분명히 위에 있는 '흰 말'이라는 의미의 'White Horse'라는 글자를 읽었을 것이다. 우리 뇌의 읽기 회로는 초고속으로 자동으로 작동하며, 지금 당신의 읽기 회로가 그랬듯 의식의 통제를 받지 않는다. 우리는 보이는 것을 읽지 않고는 못 배긴다. 반면에 한자를 잘 모른다면 위에 있는 한자는 아마도 흥미로운 부호처럼 보일 것이다. 이 한자 역시 '흰 말'을 의미한다. 읽고 쓰는 능력이 뛰어난 인구 집단에서 심리학자들은 실험 참가자들에게 글자를 보았다는 것을 깨닫지 못할 정도로 아주 짧은 시간 동안 글자를 보여주는 실험을 하곤 한다. 하지만 그 짧은 시간에도 그들이 순식간에 지나간 단어를 보았을 뿐만 아니라 그 단어를 읽었다는 것을 알 수 있다. 그들이 본 단어의 의미가 참가자들의 뇌 활성화와 행동에 영향을 미치기 때문이다. 이와 같은 서브리미널 프라이밍 효과subliminal priming effect는 우리가 읽기 회로의 스위치를 끄지 못한다는 것, 그리고 우리가 읽는 것을 실제로 읽고 처리하는 순간에도 그것을 알아차리지 못한다는 사실을 보여준다. 이런 인지 능력은 문화적으로 구조화되었을 뿐만 아니라 자동적이고 무의식적이며 억제할 수 없다. 이는 문화의 다른 측면과 비슷하다.[5]

읽는 법을 배우면서 우리의 뇌는 새로운 연결망을 형성하며 분화되는데, 이 연결망은 기억, 시각 정보 처리, 얼굴 인식 등 여러 영역에 걸쳐 우리의 심리에 영향을 미친다. 읽고 쓰는 능력은 유전자 코드의 근본적인 변경 없이도 생물학적, 심리학적으로 우리를 변화시킨다. 성인의

95퍼센트가 읽고 쓸 줄 아는 사회는 5퍼센트만이 읽고 쓸 줄 아는 사회보다 평균적으로 뇌들보가 더 굵은 반면 얼굴 인식 능력이 떨어진다. 두 인구 집단이 유전적으로는 구분되지 않더라도 두 집단 사이에 이런 생물학적 차이가 나타난다. 따라서 읽고 쓰는 능력은 유전적 차이와 상관없이 문화가 사람들을 생물학적으로 어떻게 바꿀 수 있는지를 보여주는 사례이다. 문화는 우리의 지각 능력, 동기, 성격, 감정과 여러 가지 정신적 측면뿐만 아니라 우리의 뇌 구조, 호르몬, 해부학적 구조까지도 변경할 수 있고 변경한다.[6]

읽고 쓰는 능력과 관련된 신경학적, 심리학적 변화는 (정규교육이나 학교와 같은 제도의 가치 등) 관행, 믿음, 가치관, 제도뿐만 아니라 알파벳, 음절 문자, 인쇄기 같은 기술까지 아우르는 포괄적인 문화의 일부로 간주되어야 한다. 여러 사회에서 관행과 규범과 기술은 서로 결합되어 유전적으로 진화한 우리의 신경 체계를 임시로 변경함으로써 새로운 지적 능력을 창출해왔다. 세계 곳곳에서 언어 기억에서부터 뇌들보의 굵기에 이르기까지 여러 영역에서 발견되는 심리학적, 신경학적 다양성을 이해하려면, 이와 관련된 가치관, 믿음, 제도, 관행의 기원이 무엇이며 어떻게 발전해왔는지 탐구할 필요가 있다.

읽고 쓰는 능력의 사례는 왜 지금까지 그토록 많은 심리학자와 신경학자들이 실험 결과를 완전히 오독하고 인간의 뇌와 심리학에 관해 거듭 잘못된 추론을 했는지를 생생하게 보여준다. 신경과학자들은 자기 대학에 다니는 학생들을 연구함으로써 얼굴 정보 처리에서 확실히 우뇌 편향이 나타난다는 사실을 발견했다. 많은 연구자들이 훌륭한 과학적 관행에 따라서 서로 다른 서구 대학생 집단을 대상으로 실시한 연구에서 이런 결과가 그대로 반복되었다. 이런 반복적인 연구 결과를 바탕으로 연구자들은 얼굴 정보 처리의 우뇌 편향이 (심층적인 읽고 쓰는 능력의 문화적 부산물이 아니라) 인간 신경 인지 기능의 기본 특징이라고 추론했다. 연구자들이 심리학자들이 문화적 차이를 기대하면서 보통 하는 일, 다시 말해 미국에서 대학교에 다니는 동아시아 학생들을 상대로 실험을 했다면 앞서 나온 결과를 추가로 입증하고 우뇌 편향을 확인했을 것이다. 대학생이라면 전부 다 읽고 쓰는 능력이 뛰어나기 때문이다. 물론 오늘날 세계에는 읽고 쓰지 못하는 사람들이 많이 존재한다. 전 세계 문맹자는 약 7억 7,000만 명 이상으로 추정되는데, 이는 미국 인구의 두 배가 넘는 수다. 단지 이 사람들이 대학교 연구실에 진입하는 경우가 많지 않을 뿐이다.

이제 설명을 해보자. 문해율이 높은 사회는 인류 역사에서 비교적 최근에서야 등장하기 시작했으며, 이는 지금까지 존재한 대다수 사회들과는 상당히 구별된다. 따라서 현대의 인구 집단은 인류의 진화 과정 중 여러 사회에서 발견되는 인구 집단과는 신경학적, 심리학적으로 다르다. 만약 자기도 모르는 사이에 문해 능력과 관련된 기술과 믿음, 사회 규범이 우리의 뇌와 정신 작용에 강력한 영향을 미친다는 사실을 깨닫지 못한 채 이런 독특한 현대 인구 집단을 연구한다면 그릇된 답에 다다를 수 있다. 이런 현상은 기억이나 시각 정보 처리, 얼굴 인식 같이 심리학과 신경과학의 기본 특징으로 여겨지는 분야를 연구할 때에도 나타날 수 있다.

현대 사회에서 나타나는 뇌와 심리학의 이런 측면을 설명하고자 한다면, 높은 문해율의 기원과 확산 과정을 이해할 필요가 있다. 언제 그리고 왜 대다수 사람들이 글을 읽기 시작했을까? 이 새로운 능력을 만들어내고 뒷받침해온 믿음과 가치, 관행, 기술, 제도 등은 어디서, 왜 생겨났을까? 이로써 신경과학과 전 지구적인 심리학적 다양성에 관한 질문은 문화 진화와 역사에 관한 질문으로 바뀐다.

▎ 문해율 향상이 가져온 변화

문자 체계가 있다면 분명 도움이 되겠지만, 단지 문자 체계 때문에 읽고 쓰는 능력이 사회에 전반적으로 확산되는 것은 아니다. 문자 체계의 시작은 5000년 이상 거슬러 올라가며, 강하고 성공적인 여러 사회에서 수천 년 동안 존재했다. 하지만 비교적 최근까지 인구의 10퍼센트 이상 글을 읽을 줄 아는 사회는 전혀 존재하지 않았고, 보통 글을 읽을 수 있는 인구의 비율은 훨씬 낮았다.

그런데 갑자기 16세기에 읽고 쓰는 능력이 서유럽 전역에 전염병처럼 퍼지기 시작했다. 1750년 무렵부터 네덜란드, 영국, 스웨덴, 독일이 이탈리아와 프랑스의 코스모폴리탄적 도시들을 뛰어넘어 세계에서 가장 문해율이 높은 사회로 발전했다. 이 나라들에서는 인구의 절반 이상이 글을 읽을 줄 알았고, 출판업자들은 신속하게 책과 소책자를 만들어 냈다. 〈그림 1〉에서 1550년에서 1900년 사이의 문해력이 확산되는 속도를 살펴보면서 그 이면에 사람 뇌의 심리학과 신경학에 변화가 나타난다는 사실을 생각해보자. 수백 년에 걸쳐서 언어 기억이 확대되고 얼굴 정보 처리가 오른쪽으로 이동하며, 뇌들보가 굵어지고 있다.[7]

하필이면 왜 그 시기에 그 장소에서 읽고 쓰는 능력의 도약이 이루어졌는지 그 이유는 분명하지 않다. 산업혁명이라고 알려진 폭발적 경제 성장과 혁신은 18세기 말이 되어서야 잉글랜드에서 (가장 먼저) 시작되어 이후 유럽 나머지 지역으로 퍼져나갔으므로 산업화가 초기 문해력 확산의 자극제가 되었거나 가능성을 제공했다고 할 수는 없다. 마찬가지로 17세기 말이 되어서야 영국의 명예혁명으로 국가 차원에서 입헌 정부 형태가 등장했기 때문에 문해력은 순전히 정치적 대표성이나 국가 정치의 다원주의가 낳은 결과도 아니다. 실제로 국가의 예산으로 운영되는 의무교육이 등장하기 훨씬 전부터 유럽과 아메리카의 많은 지역에서 높은 수준으로 문해력이 발달해서 지속되었다. 물론 문해력이 결국 부와 민주주의, 국가의 예산 지원에 의해 촉진되지 않았다는 의미는 아니다. 하지만 이런 발전은 대중적 문해력을 촉발하기에는 너무 늦게 나타났다. 그렇다면 무엇이 문해력의 도약을 가져온 걸까?

이와 같은 도약은 1517년 말 만성절 직후에 비텐베르크라는 독일의 작은 자치도시에서 시작되었다. 수사이자 교수인 마르틴 루터가 유명한 95개조 논제를 발표해서 가톨릭교회의 면죄부 판매 관행에 관한 학문적 논쟁을 호소했다. 당시 가톨릭교도들은 죽은 친척들이 지은 죄 때문에 연옥에서 보내야 하는 시간을 줄이기 위해, 또는 자신이 치러야 하는 가혹한 속죄를 완화하기 위해 '면죄부'라는 증명서를 구매했다.[8] 루터가 작성한 95개조 논제는 프로테스탄트 종교개혁을 알리는 신호탄이었다. 이 사건으로 루터가 교황청으로부터 파문되었고, 형사 고발에 직면해 그가 보여준 용감함에 한껏 고양되면서 그가 신학과 사회 정책, 기독교인의 삶에 대해 쓴 글들은 비텐베르크에 있던 그의 은신처 바깥으로 파도처럼 퍼져나가, 유럽을 넘어 세계 각지의 많은 사람들에게 영향을 미쳤다. 프로테스탄티즘은 이내 독일 땅을 넘어서 네덜란드와 영국에서 탄탄하게 뿌리를 내렸고, 이후 영국의 식민지 이주자들에 의해 북아메리카, 뉴질랜드, 오스트레일리아로 확산되었다. 오늘날 다양한 개신교의 분파들이 남아메리카와 중국, 오세아니아와 아프리카에서 계속 확산하고 있다.[9]

프로테스탄티즘에는 개인이 하느님, 예수님과 개인적 관계를 발전시켜야 한다는 개념이 깊이 새겨져 있다. 이를 위해서는 남자와 여자 모두 성스러운 문서인 성경을 혼자 힘으로 읽고 해석해야 했다. 이른바 전문가나 사제, 교회 같은 제도적 기관의 권위에 의존해서는 안 되었다. '오직 성경sola scriptura'이라고 알려진 이 원리는 누구나 읽는 법을 배워야 한다는 것을 의미했다. 그리고 모든 사람이 유창한 라틴어 학자가 될 수는 없기 때문에 성경은 지방 언어들로 번역되어야 했다.[10]

루터는 곧바로 성경을 독일어로 번역했고, 이는 빠른 속도로 많은 이들에게 퍼져나가기 시작했다. 뿐만 아니라 그는 문해력과 학교 교육의 중요성을 설파하기 시작했다. 그러나 루터 앞에는 커다란 과제가 놓여 있었다. 여러 추정치로 볼 때, 당시 독일어 사용 인구 중에 글을 읽을 줄 아는 이들은 1퍼센트 정도에 불과했기 때문이다. 루터는 작센 공국을 시작으로 문해력과 학교 교육의 책임을 다할 것을 통치자들에게 촉구했다. 1524년 그는 《기독교 학교를 설립하고 유지하기 위해 독일 모든 도시의 시의원들에게 드리는 글》이라는 소책자를 썼다. 이 글을 비롯한 여러 글에서 루터는 부모와 지도자들에게 학교를 세워 아이들에게 성경을 읽도록 가르칠 것을 촉구했다. 신성로마제국의 여러 대공과 제후들이 프로테스탄티즘을 받아들이기 시작하면서 종종 작센을 본보기로 삼았다. 그 결과 프로테스탄티즘의 확산과 함께 사람들의 문해력이 높아지고 학교가 많이 세워졌다. 영국과 네덜란드 같은 곳에서도 글을 배우는 사람들이 점점 늘어나기 시작했다. 다만 정규 학교 교육이 처음으로 세속 통치자와 정부의 신성한 책임으로 여겨진 곳은 독일이었다.[11]

프로테스탄티즘과 문해력의 역사적 연관성을 뒷받침하는 증거는 많다. 한 예로 〈그림 1〉을 보면, 프로테스탄티즘이 가장 탄탄하게 자리를 잡은 나라들에서 문해율이 가장 빠르게 높아진 것을 알 수 있다. 1900년까지도 한 나라에서 개신교인의 비율이 높을수록 문해율도 높았다. 영국, 스웨덴, 네덜란드에서 성인 문해율은 100퍼센트에 육박했다. 한편 에스파냐와 이탈리아 같은 가톨릭 국가에서는 그 비율이 겨우 50퍼센트에 불과했다. 전반적으로 볼 때, 한 나라의 개신교인 비율을 안다면 20세기 초의 국가 간 문해율 변이의 절반 정도를 설명할 수 있다.[12]

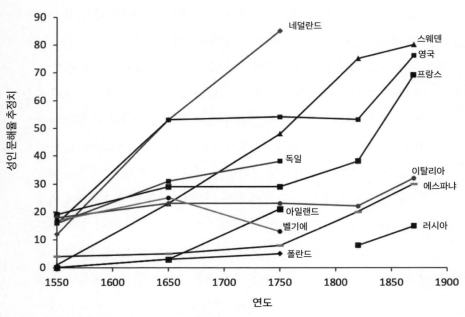

〈그림 1〉 1550~1900년 유럽 각국의 문해율
이 추정치는 직접적인 문해율 측정치를 활용해서 조정한 서적 출판 데이터에 근거한 것이다.[13]

　　이런 상관관계, 그리고 프로테스탄티즘을 문해율이나 정규 학교 교육과 연결하여 설명하는 많은 유사한 분석의 문제점은 프로테스탄티즘 때문에 문해력과 교육 수준이 높아진 것인지, 아니면 문해력과 교육 때문에 사람들이 프로테스탄티즘을 받아들였는지 알 수 없다는 것이다. 또는 프로테스탄티즘과 문해력 모두 경제 성장과 대의정부, 인쇄기 같은 기술 발전의 영향으로 확산한 것일 수도 있다. 다행히도 역사적으로 프로이센이 이 문제와 관련하여 일종의 자연적 실험실이 되었고, 경제학자 사샤 베커Sascha Becker와 루트거 뵈스만Ludger Woessmann이 이 문제를 탐구했다.
　　프로이센은 몇 가지 이유에서 훌륭한 연구 사례가 되었다. 첫째, 프로이센에서는 일찍부터 초기의 종교 자유 관념이 발전했다. 1740년에 프리드리히 대왕은 모든 개인이 자기 나름대로 구원을 찾아야 한다고 선언했다. 사실상 종교의 자유를 선언한 것이다. 이는 프로이센 사람들은 정치 지도자의 지시와 관계없이 자기의 종교를 선택할 수 있음을 의미했다. 둘째, 프로이센에는 전체적으로 비교적 통일된 법률과 비슷한 통치제도가 존재했다. 따라서 문해력과 프로테스탄티즘 사이의 관계가 종교와 정부 사이의 보이지 않는 관련성 때문이라는 우려가 줄어든다.

1871년 프로이센 인구 조사를 분석해보면, 개신교도들이 더 많은 지방일수록 문해율도 높고 학교도 많으며 지역 학교까지 가는 데 걸리는 시간도 짧았음을 알 수 있다. 도시화와 인구 통계 자료가 일정하게 유지될 때 이런 양상은 지배적이며 그 증거 역시 더욱 뚜렷해진다. 프로테스탄티즘과 학교의 연관성은 독일이 산업화되기 전인 1816년에도 분명하게 드러난다. 따라서 종교와 학교 교육/문해력 사이의 관계는 산업화 및 그와 연관된 경제 성장의 결과가 아님을 알 수 있다.[14]

그렇지만 프로테스탄티즘과 문해력/학교 교육의 관계는 하나의 연관성일 뿐이다.[15] 우리는 단순한 상관관계에서 인과관계를 추론해서는 안 되며, 실험을 통해서만 인과관계를 확인할 수 있다고 배웠다. 하지만 이제 이것은 전혀 사실이 아니다. 연구자들이 현실 세계로부터 준실험적 데이터를 추출하는 훌륭한 방법을 고안하고 있기 때문이다. 프로이센에서 프로테스탄티즘은 연못에 돌을 던지면 물결이 생기듯이(이는 루터 본인이 사용한 비유다) 비텐베르크로부터 확산되었다. 이 때문에 1871년 당시 비텐베르크에서 먼 지방일수록 개신교인의 비율이 낮았다. 비텐베르크에서 100킬로미터 멀어질수록 개신교인의 비율이 10퍼센트씩 줄어들었다(〈그림 2〉). 경제, 인구, 지리적인 온갖 요인의 영향을 통계적으로 제거해도 이 관계는 유효하다. 따라서 우리는 종교개혁이 시작된 지점인 비텐베르크와의 근접성을 프로이센에서 프로테스탄티즘이 생겨난 원인으로 여길 수 있다. 분명 도시화를 비롯한 다른 많은

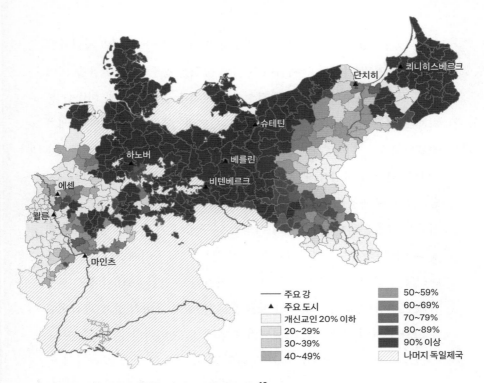

〈그림 2〉   1871년 프로이센 각 지방의 개신교인 비율[16]

지도에 종교개혁의 진원지인 비텐베르크와 요하네스 구텐베르크가 자신의 이름이 붙은 인쇄기를
만들어낸 자치도시 마인츠를 비롯한 일부 독일 도시들이 표시되어 있다.

요인들도 중요하지만, 1517년 이후 새로운 행동의 중심지로 부상한 비
텐베르크와 가깝다는 점은 프로이센의 상황에서 프로테스탄티즘에 독
자적인 영향을 미쳤다.

프로테스탄티즘이 방사형으로 확산된 덕분에 우리는 한 지방과 비
텐베르크의 근접성을 이용해서 문해력 증대나 다른 요인이 아닌 비텐
베르크와 그 지방의 근접성 때문에 프로테스탄티즘에서 나타나는 변이
의 부분을 (통계적 의미에서) 분리할 수 있다. 어떤 의미에서 우리는 이것
을 프로테스탄티즘의 영향을 시험하기 위해 각기 다른 용량의 프로테
스탄티즘을 각 지방에 실험적으로 투여해보는 실험이라고 볼 수 있다.

비텐베르크와의 거리를 보면 그 투여 용량이 얼마나 되는지 알 수 있다. 그리고 이렇게 '투여된' 프로테스탄티즘의 용량이 여전히 문해력 증대와 학교 증가와 관련이 있는지 살펴볼 수 있다. 만약 관련이 있다면, 이런 자연 실험으로부터 프로테스탄티즘이 실제로 문해력 증대를 야기했다는 추론이 가능하다.[17]

이런 현란한 통계 기법의 결과는 인상적이다. 비텐베르크에서 가까운 프로이센 지방들은 개신교인이 차지하는 비중이 더 높을 뿐만 아니라 개신교인이 늘어날수록 문해력이 증대되고 학교가 늘어난다. 그리하여 종교개혁이 낳은 프로테스탄티즘이라는 물결의 여파로 문해력과 학교 진학률이 높아졌음을 알 수 있다. 1871년 프로이센의 평균 문해율이 높은 편에 속했지만, 그중에서도 개신교도만으로 이루어진 지방은 가톨릭교도로 이루어진 지방보다 문해율이 거의 20퍼센트포인트 높았다.[18]

19세기 유럽은 물론이고 오늘날 세계 각지의 선교 지역에서도 이와 동일한 양상을 발견할 수 있다. 19세기 스위스에서 신병들을 대상으로 실시한 일련의 인지 테스트에서 종교개혁의 또 다른 영향이 발견되었다. 개신교도만으로 이루어진 지방 출신의 청년들이 가톨릭교도만으로 이루어진 지방 출신의 청년들보다 읽기 테스트에서 '고득점'을 얻을 확률이 11퍼센트포인트 높았으며, 그들의 읽기 능력은 수학, 역사, 글쓰기 점수에도 영향을 미쳤다. 한 지방의 인구밀도, 출산율, 경제적 복잡성을 상수로 두어도 이런 상관관계는 유효했다. 프로이센의 경우와 마찬가지로 19세기 스위스 역시 종교개혁의 진원지였던 취리히와 제네바 중 한 곳과 가까울수록 개신교도들이 더 많았다. 특히 베른이나 바젤 같은 다른 스위스 도시와의 근접성에서는 이런 관계가 나타나지 않았다. 또한 프로이센의 경우와 같이 이런 구조 덕분에 프로테스탄티즘을 문해

력 증대의 확산뿐만 아니라 글쓰기와 산수 능력의 향상을 가져온 요인으로 지목할 수 있다.[19]

종교적 신념이 초기의 문해력과 학교 교육 확산에서 중요한 역할을 한 것처럼 보이는 반면, 물질적 이기심과 경제적 기회는 그렇지 않다. 루터를 비롯한 종교개혁 지도자들은 문해력과 학교 교육 그 자체, 또는 이 두 가지가 결국 수백 년 뒤에 가져다줄 경제적, 정치적 이득에 대해 특별히 관심을 기울이지 않았다. 루터가 주장한 '오직 성경'이 정당화될 수 있었던 것은 그것이 영원한 구원으로 이르는 길을 닦아주기 때문이었다. 이보다 더 중요한 게 무엇이었겠는가? 마찬가지로, 당시 인구의 대부분을 차지하던 농민들이 자신들의 경제적 전망이나 고용 기회를 향상시키기 위해 글을 읽고 쓰는 것을 배운 게 아니었다. 개신교도들은 그저 성경을 스스로 읽고, 도덕적 성격을 향상시키고, 하느님과의 관계를 돈독하게 하기 위해 글을 읽을 줄 알아야 한다고 믿었다. 그로부터 수백 년 뒤 산업혁명이 독일과 이웃 지역들로 밀려왔을 때, 프로테스탄티즘이 형성해놓은 글을 읽을 줄 아는 농민들과 지방의 학교들은 교육을 받은 준비된 노동력을 제공했고, 이 노동력은 급속한 경제 발전과 2차 산업혁명의 원동력이 되었다.[20]

문해력과 교육 확대를 위한 프로테스탄티즘의 노력은 오늘날 개신교와 가톨릭이 세계 각지에서 그 지역에 미치는 영향이 서로 다른 것에서도 알 수 있다. 아프리카에서 1900년에 기독교 선교회가 더 많이 진출한 지역들이 한 세기 후에 더 높은 문해율을 나타냈다. 하지만 선교 경쟁에서 초기 개신교 선교회는 가톨릭 선교회보다 앞서나갔다. 두 집단을 직접 비교하면, 초기 개신교 선교회가 진출한 지역은 가톨릭 선교회가 진출한 지역에 비해 문해율이 평균 약 16퍼센트포인트 높았다. 마찬가지로, 역사적으로 개신교 선교회와 관련된 지역사회에 사는 사람들은 가톨릭 선교회 지역에 사는 이들에 비해 정규 학교 교육을 약 1.6년 더 받는다. 이런 차이는 작지 않다. 20세기 후반에 아프리카인이 학교에 다니는 기간은 평균 3년 정도였고, 성인의 절반 가량만이 글을 읽을 줄 알았기 때문이다. 이런 영향은 광범위한 지리, 경제, 정치적 요인뿐만 아니라 각 나라의 현재 교육 예산과도 무관하다. 실제로 각국의 교육 예산 자체는 학교 교육이나 문해율의 변이를 거의 설명하지 못한다.[21]

선교회 사이의 경쟁은 큰 차이를 가져왔다. 가톨릭과 개신교 선교사 모두 같은 집단을 놓고 직접 경쟁을 벌일 때 글을 가르치는 것이 더욱 효과적이었다. 사실 글을 가르치는 데 집착하는 개신교 선교사들과 경쟁하지 않을 때 가톨릭 선교사들이 과연 문해력의 향상에 영향을 미쳤는지는 분명하지 않다. 게다가 아프리카의 데이터를 자세히 분석해 보면, 개신교 선교회가 정규 학교를 세웠을 뿐만 아니라 교육의 중요성에 관한 문화적 가치까지 주입했음이 드러난다. 이런 사실은 16세기와 17세기 유럽의 모습과도 일치한다. 당시 가톨릭이 문해력과 학교 교육에 관심을 기울인 것은 개신교가 교육에 중점을 두는 모습에 어느 정도 영향을 받은 결과였다.[22]

루터의 프로테스탄티즘은 경쟁을 통해 가톨릭 교회에 영향을 미쳤을 뿐만 아니라 국민을 교육시키는 것은 다름 아닌 국가의 책임이라는 사고를 장려함으로써 의도치 않게 국가의 예산으로 이루어지는 보통 교육의 토대를 닦았다. 처음부터 루터는 자신의 저서에서 부모가 자녀들에게 글을 가르쳐야 한다는 것을 강조했을 뿐만 아니라 지방 제후와 대공들에게 학교 설립의 의무를 지웠다. 이렇게 종교적으로 고무된 공립학교 설립 운동 덕분에 프로이센은 국가가 예산을 지원하는 교육의 본보기가 되었고, 후에 영국과 미국 같은 나라들도 이 본보기를 따랐다.

주목할 만한 점은 '오직 성경'이라는 프로테스탄트의 정신이 특히 여성 문해력의 확대를 가져왔다는 것이다. 이런 현상은 유럽에서 가장 먼저 나타났고, 이후에 세계 곳곳으로 퍼져나갔다. 가령 16세기 브란덴부르크에서는 남학교의 수가 55개에서 100개로 거의 두 배로 증가한 반면, 여학교의 수는 4개에서 45개로 열 배가 넘게 증가했다. 이후 1816년에는 어떤 지방이나 소도시에서 개신교인의 비중이 클수록 남학생 대비 여학생의 비율도 높았다. 실제로 어느 지방과 비텐베르크와의 거리를 이용해 초기 종교개혁의 물결로 일어난 (가톨릭 혹은 개신교라는) 종교적 관계의 변화에서 실험에 버금가는 일부만을 추출해보면, 이런 관계는 여전히 유효하다. 즉 프로테스탄티즘이 여성 문해력 증대를 야기했을 가능성이 높음을 알 수 있다. 기독교가 전 세계로 확산됨에 따라 유럽 바깥에서도 개신교가 여성 교육에 미치는 영향이 계속 나타나고 있다. 가령 아프리카와 인도에서 초기 개신교 선교회는 가톨릭 경쟁자들에 비해 여성의 문해력과 학교 교육에 특히 더 큰 영향을 미쳤다. 개신교가 여성의 문해력에 미친 영향이 특히 중요한 이유는 글을 읽을 줄 아는 어머니들은 문맹인 어머니들보다 아이들을 더 적게 낳아 더 건강하고 똑똑하고 부유하게 키우는 경향이 있기 때문이다.[23]

1560년에 시작된 스코틀랜드의 종교개혁은 가난한 이들을 위한 무상 대중교육이라는 중심 원리에 기반하고 있었다. 1633년 스코틀랜드에서 세계 최초의 지방 교육세가 만들어졌고, 1646년에는 그것이 더욱 강화되었다. 이처럼 보편적 교육에 대한 초기의 실험은 데이비드 흄에서 애덤 스미스에 이르기까지 깜짝 놀랄 만한 지적 권위자들을 낳았고, 스코틀랜드 계몽주의의 산파 역할을 한 것으로 보인다. 18세기에 이 작은 지역이 지성계를 지배하는 모습에 한껏 고무된 볼테르는 이렇게 말했다. "우리는 문명에 관한 모든 사고를 스코틀랜드에서 찾는다."[24]

지금까지 내가 연결한 인과 연쇄를 따라가보자. 모든 개인이 스스로 성경을 읽어야 한다는 종교적 믿음은 유럽을 필두로 나중에는 지구 곳곳에서 남녀 모두의 문해력 확대로 이어졌다. 광범위한 문해력은 사람들의 뇌를 바꾸고, 기억, 시각 정보 처리, 얼굴 인식, 정확한 셈, 문제 해결 등과 관련된 영역에서 인지 능력을 바꾸어놓았다. 또한 어머니들이 점점 글을 깨치고 공식 교육을 받으면서 가족의 규모, 아동 건강, 인지 발달도 간접적으로 바뀌었다. 이런 심리적·사회적 변화는 더욱 빠른 혁신과 새로운 제도, 그리고 장기적으로 경제적 번영으로 이어졌다.[25]

물론 독일의 위대한 사회학자 막스 베버가 이론화한 것처럼, 프로테스탄티즘의 이야기에는 문해력보다 훨씬 더 많은 내용이 있다. 12장에서 더 자세히 살펴보겠지만, 프로테스탄티즘은 또한 사람들의 자제력과 인내심, 사회성과 자살 성향에도 영향을 미쳤다.[26]

▌문화가 바꿔놓은 종교, 생물학, 심리학의 역사

중세시대가 막을 내릴 때 유럽 사람들이 개신교적 믿음의 대단히 개인주의적인 성격에 왜 그토록 민감하게 노출됐는지를 설명하려고 노력하겠지만, 이 책에서 나는 프로테스탄티즘이나 문해력을 주로 다루지 않았다. 모든 개인(주로 남자이지만 여자도)이 단순히 위대한 현자들에게 의지하는 대신 고대의 성스러운 문서를 직접 읽고 해석해야 한다는 관념 자체가 대다수 전근대 사회에서 말도 안 되거나 위험한 태도로 여겨졌을 것이다.[27] 많은 종교적, 세속적 엘리트들이 적극적으로 반대한 프로테스탄티즘은 대다수 지역에서, 대부분의 시대 동안 성공을 거두지 못했을 것이다. 우리의 가족과 결혼, 법률과 정부뿐만 아니라 서구 기독교의 이례적인 성격을 설명하기 위해서 우리는 한층 더 깊이 과거로 내려가서 독특한 일련의 종교적 금지와 처방이 어떻게 유럽의 친족을 재구성했는지 탐구해야 한다. 이런 재구성은 사람들의 사회적 삶과 심리를 바꿔놓았고, 결국 기독교 사회를 완전히 새로운 역사적 경로로 이끌었다. 프로테스탄티즘과 그 중요한 영향은 이 이야기의 시초라기보다는 종언에 훨씬 가깝다. 그렇지만 문해력과 프로테스탄티즘의 사례는 이 책 전체를 관통하는 네 가지 핵심적 사고를 미시적으로 보여준다. 그 네 가지는 다음과 같다.

1. 종교적 확신은 의사결정과 심리학, 사회의 형태를 바꿔놓을 수 있다. 성스러운 문서를 읽는 것은 주로 신과 연결되기 위한 과정이었지만, 의도하지 않은 부작용이 컸고, 결국 일부 종교 집단이 다른 집단을 누르고 생존하고 확산되었다.
2. 믿음, 관행, 기술, 사회 규범 등의 문화는 우리의 동기와 지적 능력, 의사결정의 편향을 비롯해서 우리의 뇌와 생물학, 심리학의 형태를 바꿔놓을 수 있다. '문화'와 '심리학'을, 또는 '심리학'과 '생물학'을 결코 분리해서 생각할 수는 없다. 문화는 우리 뇌의 연결 구조를 물리적으로 바꿈으로써 우리가 생각하는 방식을 규정하기 때문이다.[28]
3. 문화 때문에 생겨나는 심리학적 변화는 사람들이 무엇에 관심을 기울이고, 어떻게 결정을 내리며, 어떤 제도를 선호하고, 얼마나 혁신을 이루는지에 영향을 미침으로써 이후 온갖 일들이 일어나는 방식을 규정할 수 있다. 이 경우에 문화는 문해력을 끌어올림으로써 더 많은 분석적 사고를 하고 더 오랫동안 기억할 수 있도록 하는 한편, 정규 학교 교육, 서적 출판, 지식 전파를 자극했다. 따라서 '오직 성경'은 혁신에 활력을 불어넣기 쉬웠고, 법률을 표준화하고, 투표권을 확대하고, 입헌 정부를 수립하기 위한 토대를 닦았다.[29]
4. 문해력은 서구인들이 어떻게 심리학적으로 유별난 존재가 되었는지에 관한 첫 번째 사례를 보여준다. 물론 기독교와 유럽의 제도(초등학

교 등)가 세계 곳곳으로 전파되면서 많은 인구 집단이 최근에 문해력이 높아졌다.[30] 하지만 1900년에 세계를 조사했다면, 서유럽 사람들이 뇌들보가 더 굵고 얼굴 인식 능력이 떨어지는 등 한결 독특하게 보였을 것이다.[31]

앞으로 살펴보겠지만, 문해력은 특별한 사례가 아니다. 많은 연구자들이 놓친 심리학과 신경학의 커다란 빙산의 일각일 뿐이다. 우선 이 빙산의 깊이와 모양을 조사하는 것에서 시작해보자. 뒤이어 인간 본성과 문화 변동, 사회 발전에 관해 사고하기 위한 토대를 닦은 다음, 서유럽에서 어떻게, 왜 광범위한 일련의 심리학적 차이가 등장했고, 근대의 경제 번영과 혁신, 법률, 민주주의, 과학을 이해하는 데 그 심리적 차이가 어떤 역할을 했는지 검토해볼 것이다.

Part 1

인간의 심리와
사회의 진화론

Chapter 1

WEIRD,
이상할 만큼 개인적이고
분석적인 사람들

서구 사회가 가지고 있는 개인 개념은 사람을 다른 이들과 자신을 구분하고, 독특하며, 어느 정도 통합된 동기를 가지고 있을 뿐만 아니라 의식, 감정, 판단, 행동의 역동적 중심으로서 다른 사람들과는 물론이고 사회적, 자연적 배경과 구분되는 자신만의 고유한 세계를 구성하는 하나의 인지적 우주로서 파악한다. 이것은 우리에게는 결코 바뀔 수 없는 것처럼 보일지 몰라도 세계의 다양한 문화적 맥락 속에서 다소 독특한 관념이다.

_인류학자 클리퍼드 기어츠

당신은 누구인가?

어쩌면 당신은 WEIRD일지 모른다. 서구의Western, 교육 수준이 높고 Educated, 산업화된Industrialized, 부유하고Rich, 민주적인Democratic 사회에서 자란 사람일지 모른다. 만약 그렇다면 당신은 심리적으로 좀 독특할 수 있다. 오늘날 세계의 많은 지역, 그리고 지금까지 살았던 대다수 사람들과 달리, WEIRD는 대단히 개인주의적이고, 자신의 생각에 사로잡혀 있으며, 통제 지향적이고, 일반적인 관행을 따르지 않으며, 분석적이다. WEIRD는 관계와 사회적 역할보다는 자기 자신, 다시 말해 자신의 특성, 성취, 열망에 초점을 맞춘다. WEIRD는 어떤 상황에서든 '자기 자신'이고자 하며 다른 사람의 일관되지 못한 모습을 유연함이 아니라 위선으로 여긴다. 다른 사회의 사람들이 그러하듯, WEIRD도 동료나 권위적인 인물에 동조하는 경향이 있다. 하지만 그들은 자신의 믿음이나 관찰, 선호와 상충될 때면 좀처럼 남들에게 순응하려고 하지 않는다. 그들은 자신을 공간과 시간을 가로질러 펼쳐진 사회적 네트워크에 속한 하나의 구성원이 아니라 독특한 존재라고 여긴다. 또한 행동할 때 자신이 직접 통제하고 선택한다는 느낌을 선호한다.

WEIRD는 추론을 할 때 세계를 조직하는 도구인 보편적 범주와 규칙을 찾으며 패턴을 파악하고 추세를 예상하기 위해 머릿속으로 직선을 그리는 경향이 있다. 그들은 복잡한 현상을 별개의 구성 요소들로 분해하고, (입자나 병원균 혹은 성격의 유형을 상상함으로써) 이 요소들에 특정한 속성을 부여하거나 추상적 범주로 구분하여 단순화한다. 그들은 종종 그들이 생각하는 범주에 깔끔하게 들어맞지 않는 부분들 사이의 관계나 여러 현상의 유사성을 보지 못한다. 다시 말해, WEIRD는 각각의 나무에 관해서는 많이 알고 있지만 종종 숲을 보지 못한다.

WEIRD는 또한 특히 인내심이 많고 대개 부지런히 일한다. 그들은 강한 자기규제를 통해 현재의 불편과 불확실성을 받아들이는 대가로 (경제적 보상, 쾌락, 안전 등의) 만족을 미래로 유예할 수 있다. 실제로 WEIRD는 이따금 고된 노동에서 쾌락을 느끼며 이 경험이 정화 작용을 한다고 느낀다. 아이러니하게도 WEIRD는 개인주의적이고 자기 집착적인 성향이 강하면서도 공평한 규칙이나 원칙을 고수하는 경향이 있고, 낯선 이나 익명의 타자를 상당히 신뢰하며, 그들에게 정직하고 공정하고 협조적인 태도를 취한다. 실제로 대다수의 다른 나라 사람들과 비교해서 WEIRD는 상대적으로 자신의 친구와 가족, 같은 종족, 지역사회를 편애하지 않는다. 그들은 족벌주의가 잘못된 것이라고 생각하며, 맥락과 현실성, 관계와 편의보다 추상적 원칙에 집착한다.

감정적으로 볼 때, WEIRD는 그들이 속한 문화에서 장려되지만 대개 자신이 세운 기준과 열망에 맞게 살지 못하면 죄책감에 시달린다. 대다수 비WEIRD 사회에서는 (죄책감이 아닌) 수치심이 사람들의 삶을 지배한다. 사람들은 자신이나 친척, 심지어 친구들이 공동체에서 그들에게 부과하는 기준에 따라 살지 못할 때 수치심을 느낀다. 가령, 비WEIRD들은 자신의 딸이 사회적 연결망 바깥에 있는 사람과 눈이 맞아 도망을 가면 남들의 시선을 의식하며 '체면을 잃었다'라고 생각한다. 한편 WEIRD들은 헬스장에 가는 대신 낮잠을 자면 죄책감을 느낀다. 헬스장에 가는 게 의무가 아니고 아무도 그들이 헬스장에 가는지 모른다고 해도 마찬가지다. 죄책감은 개인의 기준과 자기 평가에 좌우되는 반면, 수치심은 사회적 기준과 일반적 판단에 좌우된다.

이것은 인식, 기억, 관심, 추론, 동기부여, 의사결정, 도덕적 판단 등 내가 언급한 심리학이라는 영역의 몇 가지 사례일 뿐이다. 말하자면 심리학이라는 빙산의 일각이라고 할 수 있다. 하지만 내가 이 책에서 답하고자 하는 질문들은 이런 것이다. WEIRD는 어떻게 그렇게 독특한 심리를 갖게 된 걸까? 그들은 왜 다른 걸까?

나는 이 수수께끼를 따라 고대 후기까지 거슬러 올라가면서 기독교의 한 교파가 특정한 묶음의 사회 규범과 믿음을 확산시켰음을 살펴볼 것이다. 이런 사회 규범과 믿음은 수세기에 걸쳐 유럽의 여러 지역에서 결혼과 가족, 유산과 소유의 개념을 극적으로 바꿔놓았다. 이처럼 가족 생활이 근본에서부터 변화하면서 일군의 심리적 변화가 나타나기 시작했고, 그 결과 새로운 형태의 도시화가 빠르게 진행되고 비개인적 상업이 활성화되는 한편 상인 길드와 자치도시에서부터 대학과 초지역적 수도회에 이르기까지 자발적 조직들이 우후죽순처럼 생겨났다. 이 조직들은 점차 개인주의적인 새로운 규범과 법률에 따라 운영되었다. WEIRD 심리학을 설명하는 과정에서 WEIRD의 종교와 결혼, 가족의 독특한 특성을 분명하게 밝힐 것이다. 만약 WEIRD의 종교와 결혼, 가족이 얼마나 이상한지 깨닫지 못했다면 단단히 마음의 준비를 해야 할 것이다.

중세 후기에 이르러 어떻게, 왜 일부 유럽 사람들이 독특한 심리를 갖게 되었는지를 이해하면, '서구의 부상'이라는 또 다른 커다란 수수께끼에 대한 해답 또한 분명해진다. 1500년경부터 서유럽 국가들이 세계의 많은 지역을 정복할 수 있었던 이유는 무엇일까? 왜 18세기 말에 서유럽에서 신기술과 산업혁명을 동력으로 삼은 경제 성장이 폭발적으로 일어나며 오늘날까지 세계를 휩쓸고 있는 세계화의 물결을 일으킨 걸까?

만약 서기 1000년이나 1200년에 외계인 인류학자 팀이 비행 궤도에서 인류를 관찰했다면, 유럽 사람들이 밀레니엄 후반에 지구를 지배하게 되리라고 절대 생각하지 않았을 것이다. 그들이 내기를 했다면 아마도 유럽 대신 중국이나 이슬람 세계에 돈을 걸었을 것이다.[1] 이 외계인들이 자신들의 궤도에서 보지 못한 것은 중세시대에 유럽의 몇몇 공동체에서 새로운 심리가 조용히 들끓고 있었다는 사실이다. 이렇게 발전하는 원형적 WEIRD 심리가 점차 비개인적 시장, 도시화, 입헌정부, 민주 정치, 개인주의적 종교, 과학학회, 가차 없는 혁신 등이 부상할 수 있는 토대가 되었다. 요컨대, 이런 심리적 변화가 근대 세계의 맹아가 싹틀 수 있는 비옥한 토양이 된 것이다. 그리하여 현대 사회의 뿌리를 이해하기 위해서는 WEIRD의 심리가 어떻게 문화적으로 적응하고 그들의 가장 기본적인 사회제도(가족)와 공진화했는지를 탐구할 필요가 있다.

WEIRD의 이상하고 독특한 심리

서로 다른 10가지 내용으로 다음의 문장을 완성해보자.

나는 _____다.

WEIRD라면, 아마 '호기심이 많다', '열정적이다', '과학자다', '외과의사다', '카약 선수다' 같은 식으로 문장을 완성했을 것이다. WEIRD가 '조시의 아빠다'나 '마야의 엄마다' 같은 식으로 대답했을 가능성은 적다.

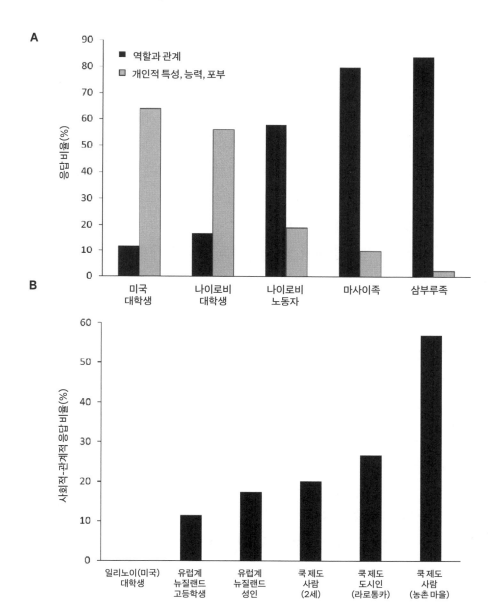

〈그림 1.1〉 **다양한 인구 집단의 개인 정체성**
A는 '나는 누구인가?'라는 질문을 통해 각기 다른 인구 집단의 사람들이 역할과 관계에 초점을 맞
추는 경향과 개인적 특성 및 성취에 초점을 맞추는 경향이 대조됨을 보여준다. B는 '나는 ＿＿＿다'
라는 문장을 통해 사회적-관계적 성격의 응답을 하는 사람들의 평균 비율을 나타낸다.[2]

실제로 그것이 사실이고, 그런 사실이 그들 삶의 중심이라고 해도 말이다. 이처럼 개인적 관계나 물려받은 사회적 역할, 얼굴을 맞대는 공동체보다 개인적 특성, 성취, 추상적이거나 이상화된 사회적 집단의 소속에 초점을 두는 것은 WEIRD 심리의 확고한 특징이자 세계적 관점에서 볼 때 그들을 다소 독특하게 만드는 특징이다.

〈그림 1.1〉을 보면, 아프리카와 남태평양의 사람들이 '나는 누구인가?'라는 질문(〈그림 1.1A〉)과 '나는 _____다'라는 질문(〈그림 1.1B〉)에 어떻게 대답하는지를 알 수 있다. 〈그림 1.1A〉의 데이터 덕분에 나는 개인적 특성, 포부, 성취 등을 언급하는 개인주의적인 답변과 사회적 역할과 관계에 대한 답변의 비율을 계산할 수 있었다. 스펙트럼의 한쪽 끝에 있는 미국 대학생들은 거의 배타적으로 개인적 특성과 포부, 성취에만 초점을 맞춘다. 반대쪽 끝에는 마사이족과 삼부루족이 있다. 이 두 부족 집단은 케냐의 농촌에서 부계 씨족을 이루어 전통적인 목축민의 생활방식을 유지하고 있다. 이 사람들은 응답에서 최소한 80퍼센트의 확률로 집단 안에서 자신의 역할과 관계를 언급한 반면, 개인적 특성이나 성취는 이따금씩만 강조했다(10퍼센트의 확률). 이 분포의 한가운데에는 케냐의 혼잡한 수도인 나이로비의 두 인구 집단이 있다. 각기 다른 몇몇 부족 출신을 포함해서 나이로비의 노동자들은 주로 자신의 역할과 관계를 언급하는 식으로 응답했다. 다만 마사이족이나 삼부루족보다는 그 정도가 덜했다. 한편 완전히 도시화된 (유럽식 교육기관인) 나이로비대학교 학생들의 대답은 미국 대학생들의 대답과 훨씬 비슷해 보인다. 응답의 대다수가 자신의 개인적 특성이나 성취를 언급하기 때문이다.[3]

〈그림 1.1B〉를 보면 지구 반대편에서 유사한 현상이 나타남을 알 수 있다. 뉴질랜드와 쿡 제도의 밀접한 정치적, 사회적 유대 덕분에 우리는 뉴질랜드의 WEIRD들과 각기 다른 정도로 접촉한 쿡 제도 인구 집

단을 비교할 수 있다. 케냐의 경우와 달리, 이 데이터에서는 사회적 역할과 관계를 언급한 응답을 다른 모든 요소들과 분리할 수 있을 뿐이다. 사람들이 여전히 전통적으로 물려받은 혈족 속에서 살아가는 한 외곽 섬의 농촌 마을에서 사회적-관계적 응답의 평균 비율은 60퍼센트에 가깝다. 수도이자 인기 있는 관광지인 라로통가로 옮겨가면, 사회적-관계적 응답의 빈도가 27퍼센트로 줄어든다. 뉴질랜드의 이민자 자녀들 사이에 이런 응답의 빈도가 20퍼센트로 한층 더 감소한다. 이 수치는 17퍼센트인 유럽계 뉴질랜드인의 평균에 가깝다. 뉴질랜드의 고등학생들이 사회적-관계적 응답을 한 비율은 12퍼센트로 훨씬 더 낮다. 이와 대조적으로, 미국 대학생은 대체로 이 비율 이하이며, 일부 연구에서는 사회적-관계적 응답 비율이 0이다.

이 연구 결과를 보완하는 비슷한 여러 심리학 연구를 보면, 미국인, 캐나다인, 영국인, 오스트레일리아인, 스웨덴인을 일본인, 말레이시아인, 중국인, 한국인 등 다양한 아시아 인구 집단과 비교하고 있다. 결론은 WEIRD들이 대개 분포의 맨 끝에 위치하며 자신의 역할, 책임, 관계보다 개인적 특성, 성취, 포부, 성격에 집중적으로 초점을 맞춘다는 것이다. 특히 미국 대학생은 다른 WEIRD 인구 집단 사이에서도 이례적으로 자신에게 몰두하는 듯 보인다.[4]

사람의 역할과 관계보다 특성과 성취에 초점을 맞추는 것은 내가 **개인주의 복합체**individualism complex 또는 간단히 **개인주의**라고 뭉뚱그려 이야기할 심리적 성향의 핵심 요소다. 개인주의는 사람들이 자신의 지각과 관심, 판단과 감정을 조절하여 WEIRD 사회라는 세계를 잘 헤쳐나갈 수 있게 해주는 심리적 특성이라고 할 수 있다. 나는 모든 인구 집단이 각 사회의 제도와 기술, 환경과 언어에 '들어맞는' 심리적 성향을 드러낸다고 보지만, 앞으로 WEIRD의 심리가 특히 독특하다는 사실이 밝혀질 것이다.

❘ 개인주의자들의 특별한 심리

개인주의를 이해하기 위해 스펙트럼의 반대편 끝에서 출발해보자.[5] 인류 역사의 대부분 시기에 사람들은 먼 사촌과 인척까지 포함하는 촘촘한 가족 연결망에 얽매인 채 성장했다. 이런 규제-관계적 세계에서 사람들의 생존과 정체성, 안전과 결혼과 성공은 친족에 기반한 연결망이 얼마나 견고하며 번성했는지에 달려 있었고, 이 연결망은 흔히 씨족, 혈족lineage(계보를 거슬러서 조상을 추적할 수 있는 부계 또는 모계 집단. 씨족보다 규모가 작다-옮긴이), 가문 또는 부족이라고 알려진 별개의 제도를 형성했다. 마사이족과 삼부루족, 쿡 제도 사람들의 세계가 여기에 해당한다. 오랜 기간 동안 지속되어온 이 연결망 안에서 모든 사람은 다른 이들과 촘촘한 그물망 같은 관계를 맺으며 광범위한 의무와 책임, 그리고 특권을 물려받는다.

예를 들어, 남자는 6촌 형제(아버지의 증조부의 자손)가 살해되면 복수를 할 의무가 있고 어머니 형제의 딸과 결혼할 특권이 있지만, 이방인과 결혼하는 것은 금기시되며 조상을 기리기 위해 값비싼 의례를 행할 책임을 갖는다(의례를 게을리 하면 조상이 혈족 전체에 불운을 가져온다고 믿기 때문이다). 그들의 행동은 사람들과의 관계의 유형과 맥락에 크게 제한을 받는다. 이런 관계는 집단 내부에서 이른바 **친족에 기반한 제도**를 형성하는데, 이를 지배하는 사회 규범은 새로운 친구나 사업 파트너, 배우자를 널리 물색하지 못하게 한다. 그 대신 사람들은 과거로부터 이어 내려온 자신들의 내집단in-group에 초점을 맞춘다. 친족에 기반한 많은 제도가 상속과 새로 결혼한 부부의 주거에 영향을 미칠 뿐만 아니라 자산의 공동 소유(가령 씨족이 토지를 소유한다)와 성원들 사이에 벌어진 범죄 행위에 대한 연대 책임을 만들어내기도 한다(가령 아들이 죄를 지으면 아버지가 감옥에 갈 수 있다).

이런 사회적 상호의존은 정서적 상호의존을 낳고, 결국 사람들은 자신을 내집단과 강하게 동일시하며 사회적 상호연결에 근거해서 내집단과 외집단out-group을 뚜렷하게 구별한다. 실제로 이런 세계에서는 당신이 어떤 먼 사촌이나 서너 단계의 연결고리가 끊어진 동료 부족원을 모른다 할지라도 그들이 가족관계로 당신과 연결되어 있는 한 여전히 내집단의 성원이 된다. 반면에 얼굴을 아는 이라도 촘촘하고 튼튼한 사회적 유대를 통해 연결되지 않는다면, 그 사람은 사실상 이방인이다.[6]

이 세계에서 성공과 존중은 이런 친족에 근거한 제도를 능숙하게 헤쳐나가는 데 달려 있다. 이것은 대개 (1) 동료 내집단 성원들에게 순응하고, (2) 연장자나 현자 같은 권위자를 따르고, (3) (이방인을 제외한) 가까운 사람의 행동을 단속하고, (4) 내집단을 다른 모든 이들과 분명하게 구분하고, (5) 가능하면 언제나 자기가 속한 연결망의 집단적 성공을 도모하는 것을 의미한다. 더욱이 관습에 의해 수많은 의무와 책임, 제약이 따르기 때문에 사람들을 움직이는 동기가 새로운 관계를 시작하거나 낯선 이를 만나는 것을 목표로 삼는 '접근 지향적approach-oriented' 태도와는 거리가 멀다. 그 대신 사람들은 일탈적으로 보이거나 불화를 조장하거나 자신과 다른 사람들이 수치심을 느낄 가능성을 최소화하기 위해 '회피 지향적' 태도를 보인다.[7]

이 사례는 하나의 극단이다. 이런 성향을 스펙트럼의 정반대쪽에 있는 개인주의와 비교해보자. 전통적인 유대 관계가 거의 없는 세계를 살아가는 데 필요한 심리를 상상해보자. 이 세계에서는 성공과 존중이 (1) 자신만의 특별한 특성을 연마하고, (2) 이런 특성을 가진 친구와 배우자 혹은 사업 파트너를 끌어들이고, (3) 서로에게 이익이 되는 한 계속 이어지는 관계를 유지하는 데 달려 있다. 이 세계에서는 모든 사람들이 관계의 지속성에 상관없이 더 나은 관계를 물색한다. 사람들 사이의 유대 관계는 영원히 지속되지 않으며, 친구, 동료, 지인들과의 관계는 대부분 잠시 동안 유지될 뿐이다. 사람들 사이의 항구적 유대 관계는 찾아보기 힘들고, 대부분의 관계는 일시적인 친구와 동료, 지인들이다. 이 세계에 심리적으로 적응하는 과정에서 사람들은 자신과 타인을 (작가와 같은) 독특하고 특별한 일군의 재능, (퀼트 등의) 관심사, (법률회사의 파트너 되기와 같은) 포부, (공정성 등의) 덕목, ('누구도 법 위에 있지 않다'는 등의) 원칙에 따라 규정되는 독립적 행위자로 본다. 어떤 사람이 생각이 비슷한 집단에 들어가면 이런 특성이 향상되거나 강화되기도 한다. 자신에 대한 다른 이들의 평판이나 자존심 같은 나 자신의 평판은 주로 자신의 개인적 특성과 성취에 의해 형성되며, 복잡한 일군의 관계-특수적 사회 규범의 지배를 받는 전통적 유대 관계를 풍성하게 유지하는 것은 별다른 영향을 미치지 않는다.[8]

전 세계적으로 인간의 심리적 변이를 살펴보기 위해 개인주의 복합체를 단일한 차원으로 압축해보자. 〈그림 1.2〉는 네덜란드 심리학자 헤이르트 호프스테더Geert Hofstede가 최초로 세계 각지 출신의 IBM 직원들을 대상으로 한 조사를 통해 개발한 포괄적 개인주의 척도를 지도로 나타난 것으로, 이는 자기 자신, 가족, 개인적 성취, 개인적 목표에 관해 사람들의 지향을 물어보고 척도로 만든 결과다. 가령 이 조사에서는 다음과 같은 질문을 한다.

- 당신이 가진 기술과 능력을 직장에서 온전히 활용하는 게 당신한테 얼마나 중요한가?
- 도전 의식을 자극하는 일, 즉 개인적 성취감을 얻을 수 있는 일이 주어지는 것이 당신한테 얼마나 중요한가?

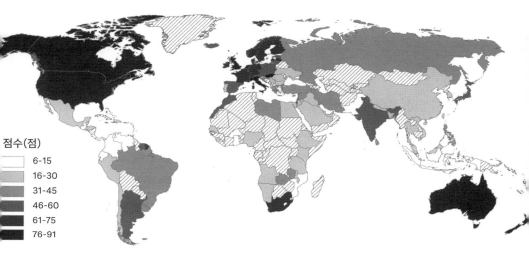

점수(점)
- 6-15
- 16-30
- 31-45
- 46-60
- 61-75
- 76-91

〈그림 1.2〉 **호프스테더의 포괄적 등급을 바탕으로 전 세계 93개국의 개인주의 성향을 나타낸 지도**
진한 색일수록 개인주의가 강한 지역이며, 빗금 친 지역은 데이터가 없는 곳이다.[9]

    개인주의적 지향이 강한 사람들은 자신이 가진 기술을 충분히 활용함으로써 일을 통해 성취감을 얻기를 바란다. 이 척도의 강점은 심리의 일부에 초점을 맞추는 게 아니라 개인주의적 성향을 나타내는 여러 요소를 종합한다는 것이다. 척도의 가장 높은 쪽 끝에 미국인(91점), 오스트레일리아인(90점), 영국인(89점)이 자리한 것은 놀랄 일이 아니다. 이 사람들이 세계에서 가장 WEIRD한 집단에 속한다는 것은 의문의 여지가 없다. 이 최상위권 아래로 세계에서 가장 개인주의적인 사회는 거의 전부 유럽, 특히 북유럽과 서유럽이나 캐나다(80점), 뉴질랜드(79점) 같은 영국 계통의 사회다. 특히 〈그림 1.2〉는 우리의 무지를 적나라하게 보여준다. 아프리카와 중앙아시아의 넓은 지역이 심리학적으로 볼 때 여전히 미지의 땅이기 때문이다.[10]

    이 포괄적 개인주의 성향의 측정치는 전 세계를 대상으로 실시한 또 다른 대규모 조사 결과와 놀라울 정도로 일치한다. 가령 개인주의가 강한 나라의 사람들은 가족 간의 유대 관계가 더 약하고 족벌주의가 두드러지지 않는다. 다시 말해, 회사 사장이나 관리자, 정치인들이 자신의 친척을 채용하거나 승진시킬 가능성이 적다. 게다가 개인주의가 강한 나라는 내집단과 외집단을 구별하는 성향이 약하고, 이민자를 기꺼이 도와주며, 전통과 관습을 완강하게 고집하지 않는다. 개인주의가 강한 나라는 또한 더 부유하고 혁신적이며 경제적 생산성이 높다. 이런 나라의 정부는 좀 더 효율적으로 운영되며, 도로와 학교, 전기와 수도 같은 기반시설과 공공서비스를 더욱 훌륭하게 제공한다.[11]

오늘날 심리적 개인주의와 국가의 부나 정부의 효율성 사이에서 나타나는 강한 긍정적 상관관계가 일방적인 인과적 과정을 반영한다고 흔히 가정한다. 다시 말해, 경제적 번영이나 자유로운 정치제도가 개인주의를 강화한다는 것이다. 나는 몇몇 심리적 측면의 경우에 실제로 이와 같은 인과관계가 있으며, 그것이 오늘날 세계 대부분 지역에서 경제적 과정과 도시화 과정을 지배한다고 확신한다. 예를 들어 우리는 앞에서 도시 지역으로 이주하는 것이 쿡 제도 사람들과 나이로비 노동자들의 자아 개념에 어떤 영향을 미쳤는지 보았다(〈그림 1.1〉).[12]

하지만 이 인과 관계가 다른 방향으로도 작용할 수 있을까? 어떤 다른 요인들 때문에 경제 성장과 효율적인 정부에 앞서 좀 더 개인주의적인 심리가 생겨난다면, 이런 심리적 변화가 도시화와 상업 시장, 번영, 혁신, 새로운 형태의 거버넌스가 형성되는 자극제 역할을 할 수 있을까? 간단히 대답하자면 당연히 그렇다. 어떻게 이런 일이 일어날 수 있는지를 알아보기 위해 우선 역사적으로 개인주의 복합체와 얽혀 있는 광범위한 심리적 묶음을 살펴보자. 일단 핵심적인 심리적 요소들을 살펴보면, 이런 변화들이 어떻게 유럽의 경제·종교·정치의 역사에 그토록 큰 영향을 미칠 수 있었는지가 분명해진다.

전 세계적 차원의 심리적 변이를 계속 살펴보기 전에 먼저 기억해두어야 할 네 가지 중요한 논점이 있다.[13]

1. 우리는 심리적 다양성을 비롯한 인간의 다양성을 찬양해야 한다. WEIRD의 특성을 강조한다고 해서 내가 WEIRD 인구 집단이나 또 다른 인구 집단을 모독하는 것은 아니다. 나의 목표는 심리적 다양성의 기원과 근대 세계의 뿌리를 탐구하는 것이다.
2. 머릿속으로 WEIRD와 비WEIRD를 이분법으로 구분해서는 안 된다. 여러 지도와 도표에서 살펴보겠지만, 전 세계적 심리적 변이는 지속적이면서도 다차원적이다.
3. 심리적 변이는 나라들 사이에서만이 아니라 모든 차원에서 나타난다. 그럼에도 나는 국가별 평균을 비교할 수밖에 없는데, 내가 얻을 수 있는 데이터가 그런 것들밖에 없었기 때문이다. 하지만 이 책 전체에 걸쳐 종종 지역, 지방, 마을, 그리고 심지어 다양한 출신의 이민 2세들과 같이 하나의 국가 내부에서 나타나는 심리적 차이를 검토할 것이다. WEIRD 인구 집단들은 대체로 전 세계적 분포의 한쪽 끝에 몰려 있지만, 우리는 유럽, 즉 '서구 사회'와 산업 세계 내부의 흥미롭고 중요한 변이도 탐구하여 설명하고자 한다.
4. 우리가 관찰하는 인구 집단 사이에서 나타나는 차이 중 어떤 것도 민족이나 부족, 종족 집단이 가지고 있는 고정적이고 본질적인 불변의 특징으로 보아서는 안 된다. 따라서 이 책은 우리의 심리가 역사적으로 어떻게, 왜 변화했으며, 앞으로도 계속 진화할지를 살펴보기 위한 것이다.

| WEIRD의 진정한 자아 찾기

개인주의적 사회에 적응한다는 것은 다양한 맥락과 관계 속에서 개인적 특성을 지속적으로 갈고닦는 것을 의미한다. 규제-관계적 세계에서 잘 산다는 것은 매우 다른 접근법과 행동을 필요로 하는 완전히 다른 종류의 다양한 관계를 헤쳐나가는 것을 의미한다. 미국, 오스트레일리아, 멕시코, 말레이시아, 한국, 일본 등의 인구 집단을 포함해서 다양한 사회의 심리학적 증거를 보면 이런 양상이 잘 드러난다. 세계 많은 지역과 비교할 때, WEIRD는 나이 어린 동료, 친구, 부모, 교수, 낯선 사람 같은 각기 다른 유형의 관계 속에서 ('정직'이나 '냉정함' 같은 개인적 특성의 측면에서) 좀 더 일관된 방식으로 행동하는 것으로 나타난다.

이와 대조적으로 한국인과 일본인은 오직 관계의 맥락 안에서만 일관성 있게 행동한다. 다시 말해 그들은 시간이 지남에 따라 어머니나 친구, 교수를 대하는 행동이 달라진다. 관계적 맥락 전체에서 그들의 행동은 자유자재로 바뀐다. 교수 앞에서는 내성적이고 자기를 낮추는 반면 친구들 앞에서는 농담과 장난을 한다. 미국인은 종종 이와 같은 행동의 유연성을 '양면적'이거나 '위선적'이라고 보는 반면, 다른 많은 인구 집단에서는 각기 다른 관계 속에서 다른 행동을 보이는 것을 지혜와 성숙, 사회적 능숙함이라고 여긴다.[14]

이처럼 다양한 사회에서 나타나는 상이한 기대와 규범적 기준이 독특한 심리적 반응을 형성한다. 가령 한국인과 미국인을 비교하는 한 연구에서 부모와 친구에게 연구 참가자들의 특징에 대해 판단해줄 것을 요청했다. 미국인의 경우 관계적 맥락과 무관하게 일관된 행동을 한다는 평가를 받은 참가자들이 일관성이 떨어진다는 평가를 받은 참가자보다 부모와 친구에게 '사회적으로 노련하고' '호감이 간다'는 평가를 받았다. 즉 WEIRD 사이에서는 관계와 무관하게 일관성을 보여야 하고,

그렇게 할 때 사회적으로 도움이 된다.

한편 한국에서는 관계와 상관없이 일관되게 행동하는 것이 사회적 능력이나 호감에 전혀 영향을 미치지 않는다. 즉 일관되게 행동한다고 사회적으로 이득이 되지 않는다. 다시 미국을 보면, 참가자의 특징에 관해 부모와 친구들이 같은 반응을 보이는 비율이 한국에 비해 두 배나 높았다. 이는 미국인의 경우 친구들이 본 참가자의 특성이 부모들이 본 그 사람의 모습과 일치하는 비율이 한국보다 높다는 것을 의미한다. 한국의 경우 같은 사람을 두고 친구와 부모가 서로 다른 판단을 하는 경우가 많다. 마지막으로, 다양한 관계 속에서 개인적인 일관성을 유지하는 것과 삶의 만족이나 자신에 대한 긍정적 감정 사이의 상관관계는 한국인보다 미국인에게 한층 두드러졌다. 전반적으로 볼 때, 관계와 무관하게 일관적 태도를 보이는 것, 다시 말해 '자기 자신에게 충실한 태도'는 사회적으로나 감정적으로 미국에서 더 큰 보상을 얻을 수 있다.[15]

이런 증거를 볼 때, 심리학에서 자존감과 긍정적 자아관을 대단히 중요하게 여기는 것은 WEIRD적 현상인 듯하다. 이와 대조적으로, 지금까지 연구된 소수의 비WEIRD 사회에서는 높은 자존감과 긍정적인 자아관이 삶의 만족이나 주관적 행복과 강한 상관관계를 나타내지 않는다. 많은 사회에서 중요하게 생각하는 것은 자신의 '진정한 자아'를 나타내는 자신만의 독특한 특성을 갖추어야 얻을 수 있는 자존감self-esteem이 아니라 타인의 평가other-esteem(체면)다.[16]

WEIRD 사회에서는 상황이나 관계와 상관없이 일관된 특성을 길러내는 압력이 성향주의dispositionalism(사람의 행동을 맥락과 무관하게 행위에 영향을 미치는 개인적 특성에서 비롯된 것으로 보는 경향)로 이어진다. 가령 '그 사람은 게으르다'라는 사실(하나의 성향)은 왜 그가 자기 일을 하지 않았는지를 설명해준다. 성향주의는 심리적으로 두 가지 중요한 방식으로 드러난다. 첫째, WEIRD는 자신의 비일관성에 대해 불편한 감정을 느낀다. 사회심리학에서는 이런 현상을 인지부조화Cognitive Dissonance로 인식할 것이다. 주어진 자료를 보면 WEIRD는 더 심각한 인지부조화의 상황을 마주했을 때 그 불편한 감정을 완화하기 위해 다양한 두뇌 훈련을 한다.

둘째, 성향적 사고는 또한 우리가 타인을 판단하는 방식에 영향을 미친다. 심리학자들은 이런 현상을 기본적 귀인 오류Fundamental Attribution Error라고 부르는데, 사실 이것이 이름처럼 기본적인 것은 아니며, WEIRD에게만 나타나는 특유한 현상이다. WEIRD는 대체로 (그 사람은 '게으르다'거나 '믿음직스럽지 못하다'는) 성향적 특성, (그 여자는 '내성적이다'라거나 '양심적이다'라는) 인성, ('그가 무엇을 알았고 언제 그걸 알았는가?'라는) 근원적인 믿음이나 의도에 대한 추측에 의존해서 다른 사람들의 행위나 행동 패턴을 '내면적' 특징 탓으로 돌리는 특별한 성향이 있다. 그에 비해 다른 인구 집단은 '내면적' 특징보다 행위와 결과에 더 초점을 맞춘다.[17]

┃ 죄책감에 시달리지만 수치심은 없는

37개국 대학생 2,921명에서 얻은 데이터를 보면, 개인주의 성향이 강한 사회에 속한 사람들이 죄책감을 더 느끼고 수치심을 덜 느끼는 것으로 나타난다. 실제로 미국이나 오스트레일리아, 네덜란드 같은 나라의 대학생은 수치심을 거의 느끼지 않는다. 하지만 그들은 다른 사회의 사람들에 비해 좀 더 죄책감에 가까운 경험을 했다. 이런 경험은 도덕적으로 각인되었고, 자존감과 개인적 관계 모두에 더 큰 영향을 미쳤다. 전반적으로 WEIRD의 정서적 삶은 특히 죄책감의 지배받는다.[18]

이를 이해하기 위해서 우선 수치심과 죄책감을 좀 더 깊이 검토해볼 필요가 있다. 수치심은 타인의 눈에 비친 사회적 가치 절하와 관련하여 유전적으로 진화된 일련의 심리적 요인에서 비롯된 것이다. 개인들은 (간통을 저지르는 등) 사회 규범을 위반하거나, (심리학 과목에서 낙제를 하는 등) 몇 가지 사소한 수행 기준에 미달하거나, 사회적 위계체제의 밑바닥에 있음을 깨달을 때 수치심을 경험한다. 수치심은 눈을 내리뜨고, 어깨가 축 처져 있으며, 몸을 웅크리는 것처럼 위축된 행동 등 뚜렷하게 눈에 띄는 보편적인 표현을 갖고 있다. 성적이나 성과가 낮은 사람들은 이런 보편적 표현을 통해 공동체에 자신이 사회 규범을 위반했거나 기준에 미치지 못했음을 인정하고 관용을 호소하는 신호를 보낸다. 감정적으로 볼 때, 수치심을 경험하는 이들은 움츠러들고 대중의 눈에 띄지 않기를 원한다. 또한 타인과의 접촉을 피하며 한동안 공동체를 떠날 수도 있다. 이때 실패의 공공성이 매우 중요하게 작용하는데, 자신의 비밀이 새어나갈까 봐 두려워하면서도 대중이 알지 못한다면 수치심을 느끼지 않는다. 마지막으로 수치심은 간접적으로 경험될 수 있다. 규제-관계적 사회에서 한 사람이 범죄나 불법 행위를 저지르면 그의 부모나 형제, 더 나아가 사촌이나 먼 친척까지도 수치심을 느낄 수 있다. 친족 연결망을 통해 수치심이 퍼져나가는 것은 이해가 된다. 그들 또한 친척이 한 행동에 대해 심판을 받고 잠재적으로 처벌까지 받기 때문이다.[19]

반면에 죄책감은 다르다. 죄책감은 자신의 내면에서 비롯되는 것이며, 비록 후회 같이 타고난 심리적 요소를 일부 포함하기는 하지만 적어도 부분적으로는 문화의 산물이다. 죄의식은 사람이 자신의 행동과 감정을 순전히 개인적인 기준에 비추어 측정할 때 생겨난다. 나는 집에서 혼자 커다란 피자를 한 판을 다 먹거나 일요일 아침 아무도 없는 맨해튼 거리에서 마주친 노숙자에게 적선하지 않은 것에 죄책감을 느낄 수 있다. 이런 감정을 느끼는 것은 나 스스로 정한 개인적 기준에 미치지 못했기 때문이지, 많은 이들이 공유하는 규범을 위반했거나 타인 사이에서 자신의 평판이 손상되었기 때문이 아니다.

물론 많은 경우에 우리는 (비행을 저지른 아들을 때리는 등) 어떤 사회 규범을 공개적으로 위반했을 때 수치심과 죄책감을 동시에 느낄 수 있다. 이때 수치심을 느끼는 이유는 남들이 자신을 (자녀를 때리는 인간이라며) 얕잡아볼 것이라고 믿기 때문이고, 죄책감을 느끼는 이유는 (아무리 화가 나도 아이들을 때려서는 안 된다는) 자신의 내면화된 기준 때문이다. 수치심과 달리 죄책감은 보편적으로 드러나는 표현이 전혀 없고, 몇 주나 심지어 몇 년이고 지속될 수 있으며, 자기반성이 필요한 것처럼 보인다. 수치심이 자발적으로 사회에서 '떨어져 나오거나' 사회를 회피하려는 행동을 가져오는 것과 대조적으로, 죄책감은 종종 죄책감과 죄책감을 유발하는 모든 것을 완화하려는 욕망을 자극한다. 가령 친구나 배우자를 실망시켰다는 죄의식을 느낄 때는 사과하고 관계를 회복하려는 노력을 하게 된다.[20]

많은 규제-관계적 사회가 수치심의 지배를 받는 이유를 알기는 어렵지 않다. 첫째, 다양한 맥락과 관계에 따라 훨씬 더 촘촘하게 개인을 감시하는 사회 규범이 존재하고, 따라서 일을 망쳐서 수치심을 유발하는 실수를 범할 가능성이 더 높고, 그것이 촘촘한 사회적 연결망을 구성하는 이들에게 알려지기도 더 쉽다. 둘째, 개인주의적 사회와 비교할 때, 규제-관계적 사회에 사는 사람들은 생애에 걸쳐 여러 가지 역할을 수행하고, 적어도 다양한 일련의 기술을 일정한 수준까지 익힐 것이 기대된다. 따라서 다른 사람들이 볼 때 그 사회의 기준에 미치지 못할 가능성이 커진다. 셋째, 사회적 상호의존 때문에 설령 수치스러운 일을 전혀 하지 않더라도 수치심을 경험할 수 있다. 물론 수치심의 지배를 받는 여러 사회에서도 죄책감이 존재할 수 있다. 다만 상대적으로 두드러지지 않고, 사회가 작동하는 데 덜 중요할 뿐이다.[21]

이와 대조적으로, 죄책감은 개인주의적 사회에서 두드러진다. 죄책감은 개인들이 자기 나름의 독특한 특성과 재능을 개발할 때 개인적 기준을 고수하게 만드는 정서적 장치affective machinery의 일부다. 예를 들어, 채식주의자는 어쩌다 먼 도시를 여행하면서 채식주의자가 아닌 사람들에 둘러싸여 베이컨을 먹더라도 죄책감을 느낄지 모른다. 어느 누구도 베이컨을 맛있게 먹는다고 그를 심판하지 않지만, 그래도 후회하는 마음이 든다. 여기서 요점은 개인주의적 사회에서 죄책감을 많이 느끼지 않는 사람들은 타고난 특성을 개발하고, 자신의 개인적 기준에 따라 살며, 높은 수준의 개인적 관계를 유지하기 위해 분투한다는 것이다. 개인주의적 사회에서는 죄책감에 비하면 수치심은 약화된다. 그런 사회에서는 다양한 관계와 맥락을 지배하는 사회 규범이 더 적고, 서로를 긴밀하게 감시하는 경우가 별로 없기 때문이다.[22]

| 애시의 순응 실험

심리학자들은 반세기 넘도록 기꺼이 동료들에게 순응하고 권위적인 인물에 복종하는 사람들의 의지에 매혹되었다.[23] 솔로몬 애시Solomon Asch의 유명한 실험에서 실험 참가자는 자신과 같은 실험 참가자로 보이는 다른 몇몇 사람들과 함께 연구실에 들어갔다. 하지만 사실 그들은 연구진을 위해 일하는 공모자들이었다. 연구자들은 각 회차마다 참가자들에게 하나의 선분을 보여준 다음에 1, 2, 3이라고 표시한 또 다른 세 개의 선분을 보여주었다(⟨그림 1.3⟩에 삽입된 그림을 보라). 각 참가자는 세 선분 가운데 처음에 보았던 선분과 길이가 같은 것을 골라서 큰 소리로 대답해야 했다. 사전에 정해진 회차가 되자 공모자들은 실제 참가자가 대답하기 전에 일제히 틀린 답을 말했다. 판단 자체는 어렵지 않았다. 참가자들이 혼자 있을 때는 정답률이 98퍼센트였다. 따라서 이 실험의 실

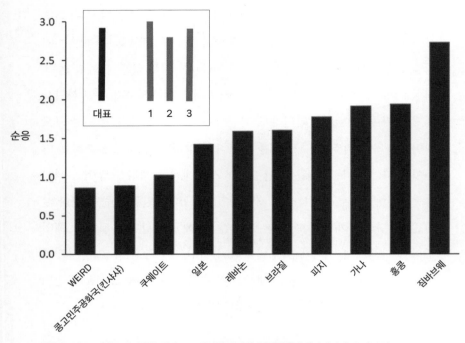

<그림 1.3> **10개국 사람들을 대상으로 실시한 애시 순응 실험에서 나타난 순응 효과의 강도**
WEIRD 사회, 일본, 브라질의 그래프가 여러 연구에서 평균을 나타낸다.[24]

제 목적은 사람들이 자신의 판단을 뒤엎고 다른 사람들의 판단을 따르
는 성향이 얼마나 높은지를 조사하는 것이었다.

이 실험의 결과는 참가자가 어디에서 성장했는지에 따라 달라졌다.
WEIRD도 다른 사람들에게 영향을 받았는데, 솔로몬에게 이런 결과는
놀랍지 않았다. 실험 참가자들 가운데 동료 참가자들에게 전혀 영향을
받지 않는 사람은 4분의 1 정도뿐이었다. 하지만 WEIRD는 연구 대상이
된 다른 모든 인구 집단보다 다른 이들의 의견에 순응하는 정도가 약했
다. <그림 1.3>의 그래프는 각기 다른 10개국 대학생들을 표본으로 측정
한 순응의 강도를 나타내는데, WEIRD 사회에서 짐바브웨로 가면서 순
응 강도가 3배 증가하는 것을 알 수 있다.[25]

이 실험들을 계속해서 분석해보면 흥미로운 두 가지 양상이 드러난다. 첫째, 개인주의 성향이 약한 사회가 집단에 순응하는 경향이 강하다(〈그림 1.2〉와 〈그림 1.3〉의 데이터의 상관관계를 보여준다). 둘째, 솔로몬의 최초 실험 이래 반세기 동안 미국인들의 순응 동기가 감소했다. 즉 미국인들은 1950년대 초에 비해 현재 순응하는 정도가 훨씬 낮아졌다. 두 사실 모두 특별히 충격적이지는 않지만, 심리학적 증거가 우리의 예측을 뒷받침한다는 사실은 만족스럽다.[26]

WEIRD가 다른 사람의 의견과 선호, 시선, 요청을 무시하는 태도는 동료를 훌쩍 넘어서 연장자, 할아버지, 전통적 권위자까지 포함한다. 이렇게 통제된 순응 경향에 대한 연구를 보완하면서 나는 이 책에서는 다른 인구 집단들과 비교할 때 WEIRD가 다른 이들에게 순응하는 것을 높이 평가하지 않거나 '복종'을 아이들에게 주입해야 하는 미덕으로 여기지 않는다는 사실을 보여주는 전 세계적 조사 데이터를 검토하고자 한다. WEIRD는 또한 다른 대다수의 사회들만큼 전통이나 고대의 현자를 공경하지 않으며, 연장자도 다른 많은 사회와 같은 영향력을 발휘하지 못한다.[27] 역사적으로 사람들이 연장자와 전통적 권위자, 고대의 현자에게 덜 순응하고 복종하며, 그들의 의견에 덜 따르게 만드는 일이 벌어졌다고 가정해보자. 그런 변화가 조직과 제도와 혁신의 문화적 진화에 영향을 미칠 수 있었을까?

마시멜로 효과와 사회 규범의 상관관계

여기 몇 가지 선택지가 있다. 당신은 (A) 오늘 100달러를 받는 것과 (B) 1년 후에 154달러를 받는 것 중에 어느 쪽을 선택할 것인가? 만약 지금

100달러를 받는 쪽을 골랐다면, 내년에는 조건이 더 좋아져서 (A) 오늘 100달러를 받는 것과 (B) 1년 후에 185달러를 받는 것 중에 선택하라고 할 것이다. 그런데 만약 당신이 처음 질문에서 1년을 기다려서 154달러를 받겠다고 말했다면, 1년 후에 돈을 받는 게 덜 매력적으로 보이도록 내년에는 (A) 오늘 100달러를 받는 것과 (B) 연말에 125달러를 받는 것 중에 선택하라고 할 것이다. 만약 당신이 나중에 받겠다는 (B)의 입장을 바꿔서 지금 100달러를 받겠다는 (A)를 선택하면, 나중에는 130달러를 주겠다고 조건을 완화할 것이다. 이런 식으로 양자택일을 이용한 적정법titration(화학에서 시료의 농도를 조절해가면서 원하는 정량을 찾는 방법-옮긴이)으로 답을 찾아나가면서 연구자들은 '시점 할인temporal discounting', '지연 할인delay discounting' 등 여러 가지로 불리는 사람들의 인내심 정도를 측량할 수 있다. 인내심이 없는 사람들은 미래에 받게 될 돈의 가치를 그 원래 가치보다 할인해서 생각한다. 다시 말해 나중에 받는 보상보다 당장 받는 보상을 더 선호한다. 이와 대조적으로, 인내심이 많은 사람들은 더 많은 돈을 벌기 위해 기꺼이 오래 기다린다.

인내심은 나라별, 나라 안의 지역별, 개인별로 크게 차이가 난다. 경제학자인 토머스 도멘Thomas Dohmen, 벤저민 엥크Benjamin Enke와 동료들은 앞에서 설명한 적정법과 함께 설문 조사를 활용해서 76개국 8만 명의 인내심을 측정했다. 〈그림 1.4〉는 나라별로 이 차이를 지도로 작성한 것으로, 진한 색일수록 국민들이 평균적으로 인내심이 많음을 의미한다. 연한 색으로 표시된 나라의 국민들은 당장 100달러(구체적인 금액은 현지 통화와 구매력에 맞춰 액수를 조정했다)를 받는 것을 선호하는 반면, 진한 색으로 표시된 나라의 국민들은 1년을 기다려서 더 많은 돈을 받는 것을 선호했다. 가령 가장 인내심이 강한 나라인 스웨덴 사람들은 1년을 기다려서 144달러 이상을 받을 수 있다면, 당장 받을 수 있는 100달

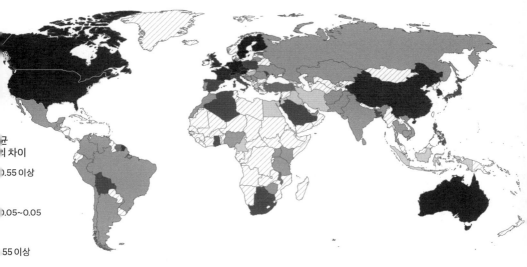

균
 차이

0.55 이상

0.05~0.05

55 이상

〈그림 1.4〉 세계 76개국의 인내심 분포
진한 색일수록 인내심이 강한 곳이고 빗금 표시된 지역은 데이터가 없는 곳이다.**28**

러를 뿌리쳤다. 이와 대조적으로, 아프리카의 르완다 사람들은 최소한 1년 후에 212달러를 받는다는 보장이 있어야 오늘 100달러를 포기했다. 전 세계에서 사람들은 평균 189달러 이상을 약속받을 때에야 만족을 1년 이후로 미룰 수 있었다.

　이 지도는 유럽 내부의 일정한 차이를 포함해서 세계 국가별 인내심의 차이의 연속적인 양상을 잘 보여준다. 가장 인내심이 많은 나라를 시작으로 검은색으로 표시된 나라들은 스웨덴, 네덜란드, 미국, 캐나다, 스위스, 오스트레일리아, 독일, 오스트리아, 핀란드다.**29**

　이 실험에서 높은 인내심은 국가별, 국가 내부의 지역별, 심지어 지역 내부의 개인별로 경제, 교육, 정부의 높은 성과와 관계가 있다. 국가 차원에서 보면, 사람들이 인내심이 강한 나라는 (GDP 혹은 1인당 GDP로 표시되는) 소득이 높고 더 혁신적이다. 이 인구 집단들은 상대적으로 저축률이 높고, 정규 교육을 많이 받으며, 수학, 과학, 독서 등에서 더 탄탄한 인지 기능을 가지고 있다. 제도적인 측면을 볼 때, 인내심이 높은 국가들은 상대적으로 안정된 민주주의, 분명한 재산권, 효과적인 정부를 갖고 있다. 인내심과 이런 성과의 강한 연관성은 세계의 각 지역을 따로 살펴볼 때에도 드러난다. 실제로 이 데이터에 따르면, 사하라 이남의 아프리카, 동남아시아, 중동 같은 경제적 저발전 지역에서 높은 인내심과 긍정적인 경제적 성과 사이에 강한 연관 관계가 나타난다. 즉 공식적인 경제, 정치 제도가 효과적으로 작동하지 않는 곳에서 만족을 뒤로 미루는 성향이 경제적 번영에 한층 더 중요할 수 있다.[30]

하나의 국가 내부의 서로 다른 지역들이나 국지적 지역 안의 개인들을 비교해도 동일한 양상이 드러난다. 각 국가의 내부에서 평균적으로 인내심이 더 높은 지역의 인구 집단이 더 높은 소득을 올리고 더 많은 교육을 받는다. 마찬가지로 같은 지역 내부의 개인들을 비교하면, 인내심이 더 높은 사람들이 보수를 더 많이 받으며 학교도 오래 다닌다.

지연 할인의 정도는 심리학자들이 자기규제 또는 자제력이라고 부르는 것과 관련된다. 어린이의 자제력을 측정하기 위한 마시멜로 실험에서 연구자들은 아이 앞에 마시멜로 하나를 놓아두고, 실험자가 방에 돌아올 때까지 기다리면 마시멜로를 두 개를 먹을 수 있다고 설명한다. 실험자는 방에서 나와 아이 모르게 아이가 얼마나 오래 참다가 결국 버티지 못하고 마시멜로를 먹는지 관찰한다. 어떤 아이들은 하나뿐인 마시멜로를 곧바로 먹어치운다. 하지만 몇몇 아이들은 15분 이상 기다려서 결국 실험자에게 두 개의 마시멜로를 얻어내지만, 대부분의 아이들은 중간의 어느 시점까지 버티다 결국 마시멜로를 먹어버린다. 이 실험에서 아이의 자제력은 기다리는 시간(초)으로 측정된다.[31]

이런 심리적 과제는 종종 실생활에서 나타나는 행동을 보여주는 강력한 예측 지표가 된다. 마시멜로 과제에서 더 많은 인내심을 보인 성인과 10대는 더 많은 교육을 받았고, 더 높은 점수를 받았으며, 저축을 더 많이 하고, 더 높은 연봉을 받았으며, 운동을 더 많이 하고, 담배를 덜 피웠다. 이 사람들은 또한 마약이나 알코올 중독 및 범죄의 가능성이 낮았다. 마시멜로를 앞에 두고 굳건하게 버티는 인내심이 성인이 되었을 때 성공에 미치는 효과는 IQ나 가족의 사회경제적 지위와 무관하게 유효할 뿐만 아니라 같은 가족에 속한 형제자매 사이에서도 유효하다. 즉 인내심이 많은 아이일수록 성인이 되었을 때 다른 형제자매보다 성공을 거둘 가능성이 높다.[32]

개인주의, 죄책감, 순응과 마찬가지로, 한 사람의 인내심과 자제력은 삶에서 맞닥뜨리는 제도적, 기술적 환경에 의해 좌우된다. 일부 규제-관계적 사회에서는 자제력에 대한 개인적 보상이 거의 없기 때문에 인내심과 성인이 되었을 때의 성공 사이의 연관 관계가 보편적이라고 할 수는 없다. 그렇다 하더라도 한 지역의 사회 규범이 자제력에 상을 주거나 조급함에 벌을 주면, 사람들의 자제력을 높일 수 있는 온갖 종류의 심리적 트릭이 생겨난다. 앞으로 우리는 문화적 학습과 의례, 일부일처제, 시장, 종교적 믿음 등이 어떻게 새로운 형태의 정부와 더 급속한 경제 성장의 토대를 닦는 방식으로 사람들의 인내심과 자제력을 높이는 데 기여했는지 살펴볼 것이다.

주차 위반 딱지를 받은 유엔 외교관들

149개국을 대표해서 뉴욕시에 위치한 유엔에서 일하는 외교관들은 2002년 11월까지 주차 위반 과태료를 납부하지 않아도 되었다. 외교 관례상 면책특권을 누리는 그들은 아무데나 주차와 이중주차를 하고, 심지어 주택 진입로와 영업장 입구, 맨해튼의 비좁은 도로를 가로막고도 과태료를 납부하는 일이 없었다. 이런 면책특권이 낳은 결과는 엄청났다. 1997년 11월에서 2002년 말까지 유엔 외교관들의 주차 위반 사례가 15만 건, 납부하지 않은 전체 과태료도 1,800만 달러에 달했다.

뉴요커들로서는 유감이지만, 이런 상황은 경제학자인 테드 미겔Ted Miguel과 레이 피스먼Ray Fisman이 자연적 실험을 할 수 있는 장이 되었다. 유엔 공관의 90퍼센트 가까이가 유엔 빌딩에서 반경 1마일(약 1.6킬로미터) 이내에 있기 때문에 대다수 외교관이 똑같이 혼잡한 도로와 비 오는 날, 눈 오는 날씨에 맞닥뜨렸다. 그 덕분에 테드와 레이는 각국 외교관이 미납한 주차 위반 과태료를 비교할 수 있었다.

차이는 엄청났다. 2002년 면책특권이 종료되는 시점까지 5년 동안 영국, 스웨덴, 캐나다, 오스트레일리아, 그밖에 몇 나라의 외교관들은 주차 위반 딱지를 하나도 받지 않았다. 한편 대표적으로 이집트, 차드, 불가리아의 외교관들은 가장 많은 딱지를 끊어서 각 외교 대표단 성원 한 명당 100건이 넘었다. 국가별로 살펴보면, 본국의 국제 부패지수가 높을수록 대표단의 미납 과태료가 더 많았다. 본국의 부패지수와 맨해튼의 주차 행태 사이의 관계는 유엔 대표단의 규모나 외교관의 소득, 위반 유형(가령 이중주차), 위반 시각과 상관없이 유효했다.[33]

2002년 외교관 주차 위반 면책특권이 종료되면서 뉴욕 경찰청에서는 단속을 시작했고, 3회 이상 주차 위반을 할 경우 외교관 번호판을 회수했다. 그러자 외교관의 주차 위반 건수가 급락했다. 단속이 시작되고 전반적으로 위반 건수가 한결 줄긴 했지만, 여전히 가장 부패한 나라의 외교관들이 주차 위반 딱지를 가장 많이 뗐다.

이 연구에서는 이와 같은 현실 세계의 데이터를 바탕으로 다양한 나라에서 온 대표자들이 본국에서 습득한 일정한 심리적 경향이나 동기가 그대로 유지되며, 이는 그들의 주차 행태, 특히 외부의 제재가 없을 때의 행태에서 분명히 드러난다고 추정했다.[34] 하지만 이것은 연구실에서 조건을 엄격하게 통제하는 가운데 진행한 실험이 아니다. 가령 상습적으로 주차 위반을 하는 외교관들은 동승자의 의견에 영향을 받았거나 외국인을 혐오한다고 여기는 경찰관을 골려주겠다는 일념으로 그렇게 하는 것일 수 있다. 따라서 캐나다 같이 부패지수가 낮은 나라 출신의 외교관들이 익명의 뉴요커를 위해 공정하게 행동하는 것처럼 보일지 모르지만, 완전히 확신할 수는 없다.

이제 비개인적 정직성 게임Impersonal Honesty Game이라는 실험을 검토해보자. 이 실험에서는 23개국의 대학생들에게 컴퓨터와 주사위, 컵이 하나씩 있는 칸막이 방에 들어가게 했다. 그리고 학생들에게 컵을 이용해서 주사위를 두 번 굴리고 첫 번째 결과를 컴퓨터 화면에 입력하도록 했다. 그리고 주사위를 굴려서 나온 숫자에 따라 현금을 받게 되는데, 1이 나오면 5달러, 2는 10달러, 3은 15달러, 4는 20달러, 5는 25달러, 6이 나오면 한 푼도 받지 못한다. 기본적으로 숫자가 높을수록 더 많은 돈을 받지만, 6이 나오면 한 푼도 받지 못하는 것이다.

이 실험 구조의 목표는 연구자들을 비롯한 타인들의 감시하는 눈과 판단에 대한 우려가 거의 없는 상황에서 참가자들의 비개인적 정직성 성향을 평가하는 것이다. 참가자들은 칸막이 방에 혼자 들어가며, 혹시 은밀한 감시가 있을까 걱정된다면 손으로 쉽게 주사위를 가릴 수도 있다. 물론 이렇게 되면 실험자를 포함해서 누구도 그 사람이 굴린 주사위 숫자가 무엇인지 알 수 없다. 각각의 실험 참가자가 실제로 어떤 행동을 하는지는 알 방법은 없지만, 우리에게는 확률론이 있기 때문에 사람들이 규칙을 따르면 해당 집단에서 어떤 일이 벌어지는지는 알 수 있다.

각국의 사람들이 '높은 보상을 얻을 수 있는' 숫자, 즉 3, 4, 5가 나왔다고 보고하는 비율을 생각해보자. 주사위는 육면체이기 때문에 사람들이 정직하게 입력한다면 결과의 절반은 '높은 보상을 주는' 숫자가 나와야 한다. 따라서 50퍼센트는 그 집단의 사람들이 공정하게 행동한다는 것을 보여주는 기준점이 된다. 이와 달리 이기적인 개인은 무조건 5가 나왔다고 입력할 것이다. 만약 한 나라에서 모든 사람이 이기적이라면, 참가자들 중 100퍼센트가 높은 보상을 주는 숫자가 나왔다고 보고할 것이라고 예상할 수 있다. 이것을 이기적 기준점이라고 하자.

당연한 얘기지만, 모든 나라가 두 기준점 사이에 해당한다. 스웨덴, 독일, 영국 같은 WEIRD 나라들에서는 높은 보상을 주는 숫자를 보고하는 비율이 50퍼센트의 공정함의 기준점보다 10~15퍼센트 정도 높다. 하지만 전체 국가들의 수치를 살펴보면, 높은 숫자가 나왔다고 보고하는 비율이 탄자니아의 경우에는 85퍼센트 가까이 올라간다. 예상한 것처럼, 모든 인구 집단이 규칙을 어기지만, 일부 인구 집단이 다른 집단에 비해 규칙을 더 많이 어긴다는 사실을 알 수 있다.[35]

〈그림 1.5〉를 보면, 이 단순한 실험에서 높은 보상을 주는 숫자를 보고하는 비율과 각국의 부패지수 사이에 강한 연관 관계가 드러난다. 유엔 빌딩 주변의 주차 위반 사례와 마찬가지로, 부패 정도가 높은 나라의 사람들이 규칙을 어길 가능성이 더 높다. 하지만 외교관들의 사례와 달리, 이 실험은 통제된 상황에서 실시된 것으로, 연구자들도 어떤 사람이 어떤 행동을 하는지 알 수 없다. 따라서 차이는 사람들이 칸막이 방에 들어가서 보이는 태도에 있음이 분명하다.

이것이 전형적인 WEIRD의 실험이라는 점을 깨닫는 것이 중요하다. 이 과제는 개인의 이기심보다 공정하고 임의적인 규칙을 따르는 사람들의 동기를 측정한다. 가짜 결과를 보고해서 추가로 돈을 받는다고 해

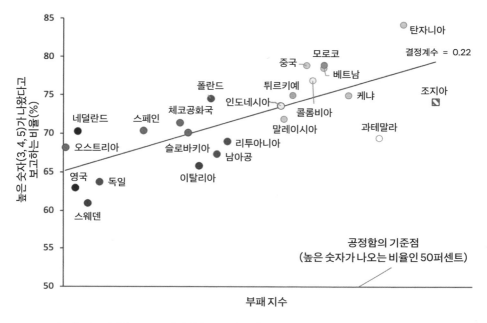

〈그림 1.5〉 나라별로 3, 4, 5가 나왔다고 보고한 사람의 비율과 부패지수 사이의 연관 관계
〈그림 1.2〉에서 본 것처럼 동그라미가 진한 색일수록 심리적 개인주의 점수가 높다. 조지아공화국의 빗금 친 네모는 개인주의에 관한 데이터가 없음을 의미한다.[36]

도 분명 다른 사람한테서 돈을 빼앗는 게 아니라 연구팀이나 연구 자금 제공자와 같은 정체불명의 비개인적 기관으로부터 챙기는 것이다. 당신이 6 대신 5가 나왔다고 보고를 해도 누구도 직접 피해를 입지 않으며, 사실상 익명성이 보장된다. 그와 동시에 당신이 주사위 굴리기 결과를 조작하거나 단지 컴퓨터에 5를 입력해서 추가로 받은 돈으로 자녀나 부모, 친구나 가난한 사촌을 도와줄 수도 있다. 실제로 사람들은 허위 보고를 비개인적인 조직의 돈으로 가족이나 친한 친구를 도와줄 기회로 볼 수 있다. 어떤 곳에서는 가족을 돕기 위해 이런 바보 같은 규칙을 위반하지 않는 것은 무책임한 행위로 간주된다. 그렇다면 왜 그토록 많은 WEIRD가 가족의 이익을 거스르면서 이런 임의적이고 공평한 규칙을 따르며, 다른 이들도 규칙을 따를 것으로 기대하는 걸까? 이런 심리가 공식적인 통치 제도의 형성과 기능에 영향을 미치는 걸까?

┃ 탑승자의 딜레마

당신은 친한 친구가 운전하는 차를 타고 가고 있다. 친구가 보행자를 친다. 당신은 최고속도가 시속 20마일인 도시 구역에서 친구가 최소한 35마일로 달렸다는 것을 알고 있다. 당신 이외에 다른 목격자는 아무도 없다. 친구의 변호사는 만약 당신이 친구가 시속 20마일로 달렸다고 증언을 해주면 친구가 심각한 법적 처벌을 면할 수 있다고 말한다. 당신은 이런 상황에 대해서 어떻게 생각하는가?

(a) 친구는 (친한 친구인) 당신이 증언을 해주기를 기대할 분명한 권리가 있고, 당신은 친구가 시속 20마일로 달렸다고 증언한다.
(b) 친구는 당신이 자신에게 유리한 증언을 해줄 것을 기대할 권리가 거의 또는 전혀 없으며, 당신은 그가 시속 20마일로 달렸다고 허위 증언하지 않는다.

이런 탑승자의 딜레마Passenger's Dilemma를 세계 곳곳에서 경영자와 사업가를 대상으로 실험해보았다. 만약 (b)를 선택했다면 당신은 아마 캐나다나 스위스, 미국 같은 나라의 WEIRD일 가능성이 높다. 이 나라들에서는 90퍼센트 이상의 참가자가 증언을 하지 않기로 결정하고, 친구에게 증언을 기대할 권리가 전혀 없다고 생각한다. 이것은 **보편주의적**, 또는 비관계적 응답이다. 이와 대조적으로, 네팔, 베네수엘라, 한국에서는 대다수 사람들이 친한 친구를 돕기 위해 기꺼이 거짓으로 증언을 하겠다고 답했다. 이것은 **특수주의적** 또는 관계적 응답으로, 가족과 친구

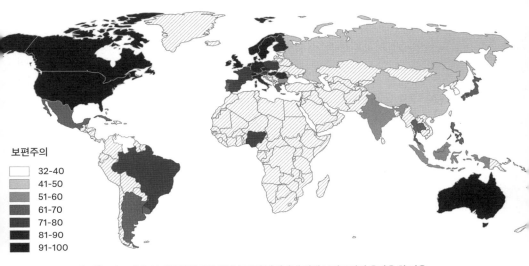

보편주의

- ☐ 32-40
- ░ 41-50
- ▦ 51-60
- ▨ 61-70
- ▩ 71-80
- ▦ 81-90
- ■ 91-100

〈그림 1.6〉　세계 43개국 경영자들이 탑승자의 딜레마에 대해 보편주의적 응답을 한 비율

진한 색으로 표시된 지역일수록 친구를 돕지 않겠다고 보편주의적 응답을 한 사람의 비율이 높음을 나타낸다. 빗금 친 부분은 입수 가능한 데이터가 없는 곳이다.[37]

에 대한 충성도를 보여준다. 〈그림 1.6〉은 43개국에서 보편주의적 응답의 비율을 지도로 표시한 것으로, 진한 색일수록 보편주의 성향이 강하고 특수주의 성향이 약한 응답을 했음을 나타낸다.[38]

　탑승자의 딜레마의 내용은 특별할 게 없다. 사람들이 증언을 해서 친구를 도우려는 곳에서는 기꺼이 (1) 친구에게 회사의 내부 정보를 제공하고, (2) 친구의 보험료를 낮추기 위해 친구의 건강검진에 관해 거짓말을 하며, (3) 공개 리뷰에서 친구가 하는 레스토랑의 음식의 질을 과대평가한다고 보고한다. 이런 곳에서는 친구를 돕는 것이 '올바른' 대답이다. 그들은 정직하고 공정한 규칙을 따르지만 인정 없는 사람이 되고 싶어 하지 않는다. 그 대신 설령 불법적 행동을 하더라도 친구에게 충성을 다하며 지속적인 관계를 공고히 하기를 바란다. 이런 곳에서는 친족을 중용하는 게 흔히 도덕적으로 올바른 일이다. 이와 대조적으로, WEIRD

사회에서는 많은 사람들이 자격과 능력, 노력 같은 공평한 원칙과 익명의 기준보다 가족과 친구를 중시하는 이들을 좋지 않게 생각한다.

┃ 낯선 사람에 대한 신뢰도가 보여주는 것

'일반적으로 당신은 사람들을 대할 때 대다수 사람들을 믿을 수 있다고 보십니까, 아니면 아무리 조심해도 지나치지 않다고 보십니까?'라는 유명한 '일반적 신뢰 질문GTQ, Generalized Trust Question'에 대해 당신은 뭐라고 답하겠는가? 대다수 사람들을 믿을 수 있다고 답하는 사람들의 비율을 보면, 비개인적 신뢰의 대략적인 평가가 나온다. '일반적 신뢰 질문'은 널리 활용되고 있기 때문에 나라뿐만 아니라 지역, 지방, 미국의 주까지 구분할 수 있다. 〈그림 1.7〉에서 진한 색일수록 그 지역에서 대다수 사람들을 신뢰할 수 있다고 말하는 사람의 비율이 높다.

WEIRD 인구 집단은 비록 미국과 유럽 두 곳 모두 내부에 흥미로운 편차가 존재하기는 하지만, 개인적 신뢰 수준이 가장 높은 축에 속한다. 나라별로 보면, 일반적으로 대다수 사람들을 신뢰할 수 있다고 생각하는 사람의 비율은 노르웨이의 70퍼센트에서 트리니다드토바고(카리브해 남쪽에 위치한 섬나라-옮긴이)의 4~5퍼센트에 이르기까지 다양하다. 미국에서는 노스다코타와 뉴햄프셔 사람들이 가장 신뢰 성향이 강해서 60퍼센트 정도가 타인을 일반적으로 신뢰한다. 한편 반대쪽 극단에 있는 앨라배마와 미시시피 사람들은 약 20퍼센트만이 타인을 일반적으로 신뢰한다. 유럽에서도 지역적 편차가 상당히 크다. 가령 이탈리아 북부의 트렌토(49퍼센트)는 남부의 시칠리아(26퍼센트)보다 신뢰 성향이 두 배나 높다. 에스파냐에서도 북부와 남부가 비슷한 편차를 보인다.[39]

세계 곳곳의 수십만 명에게 '일반적 신뢰 질문'을 해서 얻은 결과가 유용하기는 하지만, 진짜 돈이 관련된 상황에서 낯선 이와 맞닥뜨릴 때

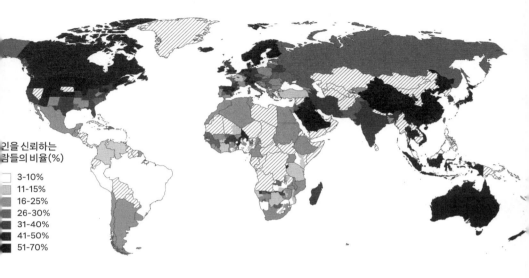

인을 신뢰하는
람들의 비율(%)

- 3-10%
- 11-15%
- 16-25%
- 26-30%
- 31-40%
- 41-50%
- 51-70%

〈그림 1.7〉　일반적 신뢰 지도

이 지도는 국가별, 큰 국가 내의 지역별로 '일반적 신뢰 질문'에 대한 응답을 지도로 나타낸 것이다. 진한 색일수록 비개인적 신뢰가 높음을 나타낸다. 특히 해당 영역에서 대다수 사람들을 믿을 수 있다고 말하는 사람의 비율이 높을수록 색이 진해진다. 빗금으로 표시한 영역은 데이터가 없는 곳이다. 미국의 경우에는 색의 농도가 1973년부터 2006년까지 각 주에서 '신뢰하는 사람'의 평균 비율을 나타낸다.[40]

사람들이 실제로 내리는 결정을 포착하지는 못한다. 이 문제를 탐구하기 위해 연구자들은 낯선 사람끼리 짝을 지어서 현금을 건 뒤 투자 결정을 하는 경우에 상대방을 얼마나 신뢰하는지 관찰하는 실험을 수백 회 진행해서 데이터를 모았다. 30개국 2만 명이 참여한 실험에서 얻은 데이터를 보면, 익명의 실험 환경에서 낯선 사람을 신뢰하는 이들이 많은 지역에서는 대부분의 사람들이 '일반적 신뢰 질문'에 대해서도 사람들을 신뢰할 수 있다고 대답하는 경향이 있었다.[41]

'일반적 신뢰 질문'이 비개인적 신뢰에 대한 성향을 보여주기는 하지만, 사람들과 촘촘한 관계망으로 연결되어 있어 낯선 이들과의 교제나 교류가 활발하지 않은 사회에서는 이것이 잘못 이해될 수 있다. 예를 들어 중국에서는 조밀한 사회적 관계망 덕분에 많은 사람들이 주변 사람들과 높은 수준의 신뢰를 유지하지만, 비개인적 신뢰도가 높지 않다. 이런 사회의 특징은 사람들에게 이방인, 외국인, 처음 만나는 사람을 얼마나 신뢰하는지 물을 때 잘 드러난다. 중국 사람들은 '일반적 신뢰 질문'에 대해서는 신뢰한다는 답변을 하지만, 이방인과 외국인, 처음 만나는 사람에 대해서는 공공연하게 불신을 표시한다.[42]

비개인적 신뢰는 공평한 공정성, 정직, 낯선 사람이나 익명의 타자나 경찰 또는 정부 같은 추상적 기관과의 협력 등에 관한 일련의 사회 규범, 기대, 동기와 연관되는 비개인적 친사회성이라는 심리적 성향의 일부다. 비개인적 친사회성에는 우리의 사회적 연결망에 전혀 연결되지 않는 사람에게 느끼는 성향도 포함된다. 내가 이 사람을 어떻게 대해야 하는가? 이는 익명의 타자에 대한 친사회성의 기준선 또는 기본 전략과 비슷하다.[43]

비개인적 친사회성에는 또한 공평한 규범을 어기는 사람을 처벌하는 동기와 휴리스틱, 전략도 포함된다. 낯선 이를 신뢰하고 방금 만난 이와 협력하는 곳에서는 누구든 공정성이나 정직의 공평한 규범을 위반하면 설령 그 행동이 자신에게 직접 해가 되지는 않더라도 그 사람을 처벌하려는 성향이 강해진다. 그와 동시에 개인적으로 자신을 거스른 이에 대해 복수를 하려는 성향이 약하다.

이런 심리적 차이는 세계 곳곳의 국가적 성과와 강한 연관성이 있다. 비개인적 친사회성을 더 많이 보이는 사람들은 국민소득(1인당 국내총생산)과 경제 생산성이 더 높고, 정부가 더욱 효과적으로 운영되며, 부패가 적고, 혁신의 속도가 빠르다. 물론 법원, 경찰, 정부 같은 공식적 제도가 순조롭게 기능하면 비개인적 친사회성을 발전시키는 게 훨씬 쉽지만 애당초 어떻게 그런 수준에 도달하는 걸까? 내집단에 대한 충성, 족벌주의, 정실주의(즉 친구에 대한 충성), 부패 때문에 비개인적이고 공평하며 효과적인 공식적 통치 제도를 수립하려는 시도가 매번 훼손되지 않을까? 비개인적 친사회성에 유리한 심리가 어떤 보완적인 공식적 통치 제도보다 먼저 발생할 경우에는 어떻게 될까?[44]

도덕적 판단과 의도에 대한 집착

서로를 알지 못하는 두 사람, 밥과 앤디가 아주 분주한 야외 시장에 있다. 시장에는 사람들이 많다. 빽빽한 사람들 때문에 군중을 헤치고 걸어갈 공간이 많지 않다. 앤디는 길을 따라 걷다가 멈춰서 진열된 물건을 보려고 가방을 땅에 내려놓는다. 밥이 앤디의 가방이 땅에 있는 걸 본다. 앤디가 물건을 사는 데 정신이 팔려 있을 때 밥이 앤디의 가방을 집어서 가져간다.

밥의 행동을 어떻게 보아야 할까?(다음 보기 중에서 고르시오)

아주 나쁘다 / 나쁘다 / 좋지도 않고 나쁘지도 않다 / 좋다 / 아주 좋다

이제 다음을 보자.

서로를 알지 못하는 두 사람, 롭과 앤디가 아주 분주한 야외 시장에 있다. 시장에는 사람들이 많다. 빽빽한 사람들 때문에 군중을 헤치고 걸어갈 공간이 많지 않다. 롭은 길을 따라 걷다가 멈춰서 진열된 물건을 보려고 가방을 땅에 내려놓는다. 롭의 가방 바로 옆에 아주 비슷하게 생긴 다른 가방이 있다. 롭이 알지 못하는 앤디의 가방이다. 롭이 고개를 돌려 가방을 집으려다가 실수로 앤디의 가방을 집어서 가져간다. 당신은 이 상황에서 롭의 행동을 어떻게 보는가? 롭이 한 일은 얼마나 나쁘거나 좋은가?(위의 보기 중에서 고르시오.)

미국인이라면 대부분 밥만큼 롭을 가혹하게 평가하지 않으며 '아주 나쁘다' 대신 그냥 '나쁘다'라고 말한다. 마찬가지로, 밥과 롭을 어떻게 처벌해야 하는지에 관한 판단은 '아주 심하게'(밥)에서 그냥 '심하게'(롭)로 떨어진다. 이 이야기에서 롭과 밥에 차이가 있다면 두 사람의 심리적 상태(의도)뿐이다. 밥은 앤디의 가방을 훔친 반면 롭은 실수로 가방을 가져갔다. 두 경우 모두 앤디는 똑같은 피해를 받았다.

인류학자 클라크 배럿Clark Barrett과 철학자 스티브 로런스Steve Laurence(와 나 포함)가 이끄는 연구팀은 도덕적 판단에서 의도가 어떤 역할을 하는지 탐구하기 위해 아마존 지역, 오세아니아, 아프리카, 동남아시아의 전통 사회를 비롯한 세계 곳곳의 다양한 10개 인구 집단에 속하는 수백 명에게 몇 가지 사례를 제시했다. 우리는 앞에서 살펴본 많은 데이터의 경우처럼 전체 국가나 지역의 광범위한 표본을 원한 게 아니라 여전히 전통적 생활방식을 유지하는 외딴 농촌의 비교적 독립적인 소규모 사회를 원했다. 경제적으로 보면, 이 집단들은 대부분 사냥이나 어로, 농사나 목축 등 식량을 직접 생산한다. 비교를 위해 로스앤젤레스에 사는 사람들도 포함시켰다. 사람들이 응답한 다양한 사례들은 절도나 독 풀기, 구타, 음식 금기 위반에 초점을 맞추어서 밥이나 롭 같은 이들에 대한 사람들의 판단에 영향을 미치는 광범위한 요인들을 검토했다.[45] 이를 통해 밝혀진 바에 따르면, 얼마나 많은 사람들이 타인을 평가할 때 그 사람의 심적 상태에 좌우되는지는 사회에 따라 크게 다르다. 흔히 그렇듯

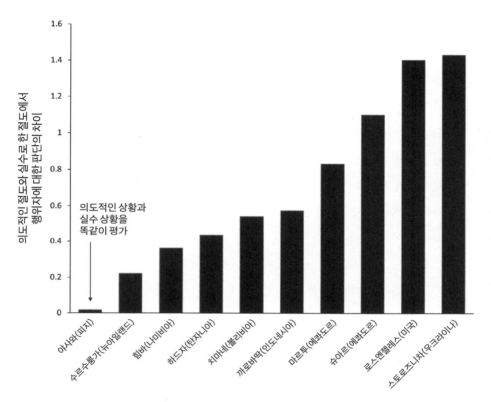

〈그림 1.8〉 이 그래프는 다양한 10개 사회에 대해 의도적인 절도와 실수로 한 절도(앞에 나오는 롭과 밥의 사례)에 대한 처벌 수준을 보여준다. 심판은 '나쁘다', 평판 훼손, 처벌의 측정을 합한 것이다. 그래프 상의 수치가 높을수록 의도가 처벌 수준에 더 많은 영향을 미친다.

이, WEIRD는 분포의 맨 끝에 굳게 자리 잡고 있는데, 타인의 머리와 가슴 속에 있는 보이지 않는 상태에 관해 내리는 추론에 크게 좌우된다.

〈그림 1.8〉은 앞에서 설명한 롭과 밥의 절도에 대한 사람들의 반응을 요약한 것이다. 막대 그래프의 높이는 사람들이 밥(의도적인 절도)과 롭(실수로 한 절도)을 얼마나 가혹하게 평가하는지 차이를 나타낸다. 이 점수는 참가자들이 가해자의 평판을 얼마나 깎아야 하는지, 가해자를 얼마나 처벌해야 하는지에 관해 '좋다', '나쁘다'로 응답한 결과를 합한 것

이다. 그 결과는 인구 집단별로 의도의 중요성을 드러낸다. 그래프가 높을수록 사람들이 '나쁘다'만이 아니라 처벌과 평판에서 롭과 밥의 의도를 더 중시한다는 것을 의미한다. 오른쪽에 있는 로스앤젤레스와 우크라이나 동부의 인구 집단은 밥의 의도를 가장 중시하면서 롭보다 밥을 훨씬 더 가혹하게 평가했다. 분포의 반대쪽 끝에 있는 야사와섬(피지) 사람들은 밥과 롭을 전혀 구별하지 않았다. 뉴아일랜드(파푸아뉴기니)의 수르수룽가족이나 힘바 목축민(나미비아) 같은 집단은 의도에 따라 가해자에 대한 평가를 단계적으로 구분했지만, 전반적으로 의도에 크게 영향을 받지 않았다.

〈그림 1.8〉의 절도에 대해 나타난 것과 유사한 양상이 음식 금기 위반뿐만 아니라 구타와 독 풀기 같은 범죄에 대해서도 드러난다. 의도의 중요성은 야사와섬(피지)의 0에서부터 WEIRD의 최고 수치까지 다양하다.[46]

이와 같은 차이, 즉 도덕적 심판을 할 때 심리 상태를 참고하는 데서 나타나는 차이는 후속 연구에서도 확인되었는데, 이는 소규모 사회들을 WEIRD와 비교하는 데 국한되지 않는다. 가령 일본인은 미국인에 비해 낯선 사람을 도덕적, 법적으로 심판할 때 의도에 크게 비중을 두지 않는다. 특히 전통적인 공동체일수록 더욱 그렇다. 도덕적 판단에 의도를 적용하는 것은 관련 당사자들 사이의 관계의 성격에 크게 좌우된다. 일본은 공식적인 법제도가 거의 미국과 판박이이지만, 사람들의 밑바탕에 깔린 심리가 다른 탓에 그 제도가 아주 다르게 작동하기 때문에 주목할 만하다.[47]

많은 WEIRD는 이런 결과를 놀랍게 받아들인다. WEIRD의 도덕적 판단에서는 의도, 믿음, 개인적 성향이 워낙 중심을 차지하기 때문에 다른 사회에서는 사람들이 주로 또는 전적으로 타인이 한 행동(결과)을 근거로 그 사람을 판단한다는 사실은 심리 상태가 무엇보다 중요하다는

WEIRD의 강한 직관에 위배된다. 하지만 상대적으로 심리 상태를 경시하는 것은 대다수 사람들이 지난 만 년 중 대부분의 시기 동안 **낯선** 이에 대해 도덕적 판단을 한 방식이었을 것이다. 규제-관계적 사회에서 친족에 기반한 제도가 작동한 방식을 보면 곧바로 이런 예상을 할 수 있다. 이후의 여러 장에서 살펴보겠지만, 친족에 기반한 제도는 책임감, 범죄 책임, 수치심을 씨족이나 혈족 같은 집단으로 확산시킴으로서 촘촘하고 오래가는 사회적 단위를 만들어내는 방향으로 문화적으로 진화했다. 이런 집단은 도덕적 판단을 내릴 때 개인의 심리 상태의 중요성을 경시하고 때로는 아예 무시한다.[48]

분석적 사고 vs. 전체론적 사고

2000년에 나는 1997~98년에 박사학위 논문의 일부로 연구했던 칠레 농촌의 원주민인 마푸체족 공동체를 다시 찾았다. 꼭대기가 눈으로 덮인 안데스 산맥의 그림자 속의 굽이치는 언덕 사이에 자리한 작은 농지에 의존해 살아가는 마푸체족은 여전히 소와 철제 쟁기를 이용해서 밀과 귀리를 재배하고 작은 땅뙈기에서 채소도 기른다. 대가족이 다 같이 씨뿌리기와 타작 같은 농사일을 하는데, 해마다 돌아오는 수확 의례 때면 뿔뿔이 흩어진 가족들이 한자리에 모인다. 나는 1년 가까이 이 밭들과 공동체를 돌아다니면서 종종 농가를 지키는 성난 개들을 피해 도망다녔다. 그리고 마푸체족 농민들을 인터뷰하고 이따금 심리적, 경제적 실험을 했다. 무엇보다도 그들은 소 몇 마리로 진흙탕에 깊이 빠진 스바루 사륜구동을 넉넉히 끌어낼 수 있었다. 또 집 지키는 개보다 빨리 뛰는 게 가능했는데, 마일당 7분 속도로 몇 마일을 뛸 각오가 되어 있었기

에 개들이 먼저 지쳐 떨어져 나갔다.[49]

이 여정에서 나는 미시건대학교에서 심리학자 리처드 니스벳Richard Nisbett과 많은 시간을 보내면서 배운 몇 가지 실험 과제를 해보려고 했다. 니스벳과 그 밑에서 공부한 몇몇 학생들은 지금은 모두 훌륭한 심리학자들인데, 동아시아인과 유럽-미국인이 '분석적' 사고와 '전체론적' 사고에 의존하는 데서 상당한 차이가 있음을 발견했다. 핵심적 차이는 '개인'에 초점을 맞추느냐, '관계'에 초점을 맞추느냐에 있었다. 분석적으로 사고하는 사람은 대상이나 구성요소를 확대하고 분리하며, 작용을 설명하기 위해 그 대상이나 구성요소에 속성을 부여한다. 그리고 동물이나 사람을 비롯한 개인을 어떤 것과도 겹치지 않는 범주로 구별할 수 있는 엄격한 규칙이나 조건을 찾는다. 이런 사람은 '유형'을 찾아낸 다음, 그 유형에 속성을 부여하는 식으로 현상을 설명한다. 추세에 관해 생각할 때, 분석적 사고를 하는 사람은 직선을 보면서 어떤 일이 벌어지지 않는 한 현재의 흐름이 계속 이어질 것이라고 가정한다. 이와 대조적으로, 전체론적 사고를 하는 사람은 부분이 아니라 전체, 특히 부분들 사이의 관계나 부분들이 서로 어떻게 맞물리는지에 초점을 맞춘다. 그리고 복잡한 관계로 이루어진 더 커다란 그물망의 일부로서 그 사람은 시간 추세가 기본적으로 직선적이지 않거나 순환할 것으로 예상한다.[50]

다양한 실험 과제가 분석적 사고와 전체론적 사고의 상이한 측면들을 다룬다. 이런 실험 중 하나인 '세 항목 질문Triad Task'을 진행하면서 나는 사람들에게 대상 그림과 다른 두 그림 A, B를 제시했다. 예를 들어, 토끼를 대상 그림으로 보여주면서 (A)당근과 (B)고양이 그림을 나란히 보여주었다. 참가자들이 그림에서 본 것을 확인한 뒤, 대상 그림(가령 토끼)이 A와 B 중 어느 것과 '어울리는지' 물었다. 대상을 쌍을 이룰 수 있는 것과 연결하는 것은 규칙에 근거한 분석적 접근인 반면, 대상을 다른 것

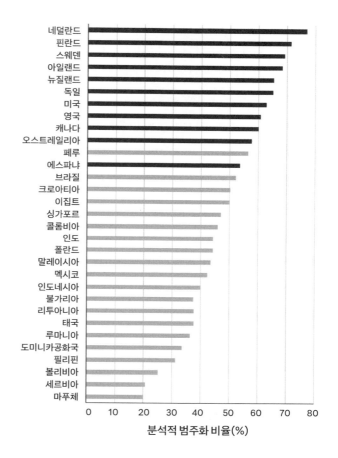

〈그림 1.9〉
30개국 3,334명을 대상으로 진행한 '세 항목 질문'에서 나타난 분석적 사고와 전체론적 사고
WEIRD 국가들이 검은색으로 나타난다. 마푸체족에 관한 데이터는 약간 다른 형태의 '세 항목 질문'에서 나온 것이다.[51]

분석적 범주화 비율(%)

과 연결하는 것은 전체론적 혹은 기능적 접근이다. 만약 참가자가 토끼를 고양이와 연결하면, 아마 ('토끼와 고양이는 둘 다 동물이다'와 같은) 추상적인 규칙에 근거한 범주를 이용하기 때문일 것이다. 반면 토끼와 당근을 연결하면, ('토끼는 당근을 먹는다'라는) 특정한 기능적 관계를 우선시하기 때문일 것이다.

마푸체족을 세계적 분포에 집어넣은 〈그림 1.9〉는 '유어모랄스'라는 (yourmorals.org) 웹사이트를 통해 30개국 3,000여 명을 대상으로 진행한 비슷한 '세 항목 질문'의 결과를 보여준다. 흔히 그렇듯이, WEIRD 인구 집단들이 분포의 한쪽 끝에 몰려 있고, 세계 나머지 지역들이 스펙트럼 전체에 퍼져 있다. WEIRD는 다른 대다수 사회들과 비교해 대단히 분석적이다. 마푸체족의 경우에 그들이 선택한 내용을 액면 그대로 받아들이면, 가장 전체론적이다. 분석적으로 접근해서 선택한 이들은 평균적으로 전체의 5분의 1뿐이다.[52]

내가 연구한 마푸체족의 민족지학에 근거할 때, 이 비율은 훨씬 더 큰 심리적 차이를 감추고 있을지 모른다고 나는 생각했다. 그리고 마푸체족 참가자들을 인터뷰하면서 표면적으로는 '분석적 선택'을 한 이들이 실은 전체론적 추론을 바탕으로 그런 선택을 했음을 알게 되었다. 예를 들어 대상 그림으로 돼지를 제시하고, 개와 옥수수 껍질 중에서 어떤 것이 돼지와 어울리는지 물었다. 앞에서 설명한 바에 따르면, 개를 선택한 것은 (개와 돼지가 모두 동물이라는 점에서) 분석적으로 접근한 것이고, 옥수수 껍질을 선택한 것은 (돼지가 옥수수를 먹는다는 점에서) 전체론적으로 접근한 것이다. 하지만 개를 선택한 마푸체족 참가자에게 그 이유를 묻자 개가 돼지를 보호하거나 지키기 때문이라고 대답했다. 이는 매우 타당한 답변인데, 대부분의 농민들이 집과 가축을 지키기 위해 개를 기르기 때문이다. 마푸체족이 표면상 '분석적'으로 보이는 대답을 한 이유는 다양한 맥락에서 전체론적 관계를 찾아냈기 때문이다. 따라서 마푸체족 중에서 실제로 분석적 답변을 한 이들은 10퍼센트 이하일 것이다.

여러 사회에서 전체론적 사고보다 분석적 사고에 가까운 성향이 우리의 관심과 기억, 지각에 영향을 미치며, 이는 다시 객관적으로 올바른 답이 있는 과제의 수행에도 영향을 미친다. 예를 들어, 동아시아 사람들은 기억력 실험에서 물속 장면 동영상을 본 뒤 미국인보다 배경과 주변 환경을 더 잘 기억했다. 시선 추적 측정치를 보면 그 이유를 알 수 있는데, 동아시아 사람들은 초점이 맞춰진 중앙의 동물이나 물체보다 그 너머에 있는 장면의 부분들을 시각적으로 탐구하는 데 더 많은 시간을 썼다.[53] 이와 대조적으로, 미국인들은 관심의 중심부에 초점을 맞추고 추적하면서 주변 환경과 배경을 무시했다. 이런 관심 양상에 따라 참가자들의 기억 내용이 정해졌다.

만약 어떤 인구 집단이 분석적 사고와 도덕적, 또는 법적 판단에서 의도의 활용에 더 가까워졌다면, 그런 태도가 이후 법률과 과학, 혁신, 정부가 발전하는 데 어떤 영향을 미쳤을까?

▎ 빙산의 나머지 부분에 대하여

자기중심적, 개인주의적, 비순응적이고, 인내심이 있고 신뢰하며, 분석적이고 의도에 집착한다는 것은, 세계적, 역사적 관점에서 볼 때 WEIRD들이 심리적으로 특이하게 보이는 여러 방식 가운데 일부 표본에 불과하다. 우리는 또한 자신이 가진 것을 값지다고 여기고(소유 효과 endowment effect), 우리가 소중히 여기는 재능을 과대평가하며, 우리 자신을 좋게 보이게 하려 하고(자기고양self-enhancement), 스스로 선택을 하는 것을 좋아한다. 〈표 1.1〉은 이 책에서 논의하는 핵심적인 심리적 특성의 일부를 열거한 것으로, 몇 가지는 이미 언급했고 다른 것들은 이후에 자세히 살펴볼 것이다.

만약 당신이 WEIRD가 심리적으로 특이하다는 사실에 대해 놀란다 해도 걱정할 필요는 없다. 심리학과 경제학 두 분야, 그리고 그밖에 다른 많은 행동과학의 연구자들 또한 세계 곳곳의 실험 연구에서 심리적 변이의 인상적인 양상이 드러나기 시작했을 때 다소 놀랐다. 그전에는 많은 이들이 미국 대학생이나 다른 어떤 WEIRD를 표본으로 삼은 연구들에 근거해서 인간의 뇌, 호르몬, 동기, 감정, 의사결정에 관해 자신 있게 주장할 수 있다고 간단히 생각했다.[54]

〈표 1.1〉   WEIRD 심리의 핵심 요소들

개인주의와 개인적 동기

- 자기중심, 자존감, 자기고양
- 수치심보다 죄책감
- 성향적 사고(성격): 귀인 오류와 인지 부조화
- 순응성과 전통/연장자에 대한 복종 성향이 낮음
- 인내심, 자기규제, 자제력
- 시간 절약과 고된 노동(노동의 가치)
- 통제 욕구와 선택 선호

비개인적 친사회성(및 이와 관련된 세계관)

- 맥락적 특수주의보다 공평 원칙
- 익명의 타자, 낯선 사람, 비개인적 제도(가령 정부)에 대한 신뢰, 공정, 정직, 협력
- 특히 도덕적 판단에서 심리 상태 강조
- 복수에 대한 관심은 약하지만 제3자를 처벌하려는 의지는 있음
- 내집단 편애가 줄어듦
- 자유의지: 개인이 스스로 선택을 하며 그런 선택이 중요하다는 관념
- 도덕적 보편주의: 수학 법칙이 존재하는 것과 같이 도덕적 진실이 존재한다는 사고
- 직선적 시간과 진보 개념

지각 및 인지 능력과 편견

- 전체론적 사고보다는 분석적 사고
- 전경前景과 중앙의 행위자에 대한 관심
- 소유 효과—자신이 가진 것을 값지다고 여김
- 장 독립성field independence: 대상을 배경과 분리시킴
- 지나친 자신감(우리 자신의 소중한 능력에 대한)

그러나 대중적인 논픽션 작품만이 아니라 교과서와 학술 저널에 실린 자료의 대부분이 실제로 인간 심리에 관해 말해주는 게 아니라 WEIRD의 문화심리를 반영할 뿐임이 드러났고, 많은 심리학자와 경제학자들은 여전히 충격을 받거나 부정한다. 경고의 목소리가 나온 지 오래된 지금도 실험 연구 참가자의 90퍼센트 이상이 여전히 WEIRD다. 그렇지만 좋은 소식은 몇몇 학문 분야의 연구자들이 이 문제에 전력을 기울이는 가운데 과학적 장비가 바뀌고 있다는 것이다.[55]

이 책에서 던지는 핵심적인 질문들로 돌아가면서 마무리하자.

1. 앞에서 설명한 세계적인 심리적 변이를 어떻게 설명할 수 있을까?
2. 왜 WEIRD 사회는 그렇게 특이하고, 심리와 행동의 세계적 분포에서 자주 극단의 자리에 위치할까?
3. 이런 심리적 차이는 지난 몇 세기 동안 이루어진 산업혁명과 유럽의 세계적 팽창에서 어떤 역할을 했을까?

이 질문들을 다루기 위해 앞으로 중세 가톨릭교회가 결혼과 가족에 관한 금지와 규정으로 어떻게 우연히 사람들의 심리를 바꿔놓았는지를 검토할 것이다. 이 금지와 규정 때문에 촘촘하게 상호연결된 서유럽의 씨족과 친속이 작고 허약하며 서로 다른 핵가족으로 분해되었다. 이런 변형 때문에 생겨난 사회적, 심리적 변화는 길드, 자치도시, 대학을 비롯한 자발적 결사체의 급격한 확산을 부추기고 비개인적 시장의 확대를 가져왔으며, 도시의 급속한 성장을 자극했다. 중세 성기High Middle Ages에 이르면, 이런 지속적인 사회 변화를 촉매로 삼아 더 WEIRD한 방식의 사고, 추론, 감정이 새로운 형태의 법률과 정부, 종교의 등장을 재촉한 한편 혁신과 서구 과학의 등장을 가속화했다.

하지만 본론으로 넘어가기 전에 우선 인간 본성과 사회 진화에 좀 더 깊이 살펴볼 필요가 있다. 과연 우리는 어떤 종류의 동물인가? 문화와 문화 진화의 역할을 어떻게 생각해야 하는가? 제도란 무엇이며, 어디에서 생겨난 것인가? 문화, 제도, 심리는 어떻게 상호작용하고 공진화하는가? 왜 대다수 인간 사회에서 친족, 결혼, 의례가 그렇게 중요한 역할을 하게 되었는가? 어떻게 그리고 왜 사회의 규모와 복잡성이 커지고, 그 과정에서 종교는 어떤 역할을 했는가?

Chapter 2

문화적 진화와
새로운 종의 탄생

사회를 위해 인간을 만들 때, 조물주는 처음부터 인간에게 자신의 형제들을 기쁘게 해주고 싶다는 욕구와 그들을 불쾌하게 하는 것에 대한 혐오를 부여했다. 조물주는 인간에게 형제들의 호의에 기쁨을 느끼고 형제들의 혐오에 고통을 느끼도록 가르쳤다. 그리고 형제들의 동의를 가장 기쁘고 가장 유쾌한 것으로, 동시에 형제들의 반대를 가장 수치스럽고 불쾌한 것으로 만들었다.

_애덤 스미스, 《도덕감정론》(I.III.34)

그들이 아우성을 치면서 자신의 가슴을 때릴 때, 윌리엄 버클리William Buckley는 그들이 자신을 죽이려고 한다고 생각했다. 하지만 점차 그는 이 오스트레일리아 수렵채집인들의 작은 무리가 즐거워하고 있음을 깨달았다. 그들은 그가 세상을 떠난 자신들의 혈족 가운데 하나라고 착각했기 때문이다. 그를 구해준 이들은 사후 세계에서 돌아오는 어른은 신생아처럼 피부가 희다고 믿었다. 버클리가 며칠 전에 죽은 사람의 창을 가지고 있었기 때문에 충분히 오해를 살 만했다. 그것은 원주민 무리가 죽은 이의 무덤 발치에 꽂아놓은 것이었다. 이런 행운 덕분에 버클리는 사실상 그들의 친족 연결망에 곧바로 비집고 들어갔다. 말도 못 하고 허약하고 할 줄 아는 게 거의 없었지만, 그것은 죽었다 살아난 사람이 겪는 불운한 부작용으로 치부되었다.[1]

몇 주 전인 1803년 12월 말, 버클리와 동료 죄수 몇 명이 오스트레일리아 범죄자 식민지에서 탈출해서 사람의 손길이 닿지 않은 빅토리아의 해안을 따라 도망쳤다. 그는 곧 동료들과 헤어졌는데, 결국 동료들은 전부 죽었다. 버클리도 먹을 것과 깨끗한 물을 구하지 못하고 불도 피우지 못해 죽음을 코앞에 둔 상황에서 원주민 가족의 손에 구조되어 건강을 회복했다.

버클리가 속한 무리는 다른 몇몇 무리와 함께 부계 씨족을 형성하고 있었다. 이런 씨족 20여 개가 모여서 와타우룽Wathaurung 부족을 이루었다. 그 지역의 씨족들은 특정한 영역을 소유하고 지배했는데, 이 영역에는 조개 어장과 수정 광산, 물고기 산란장 등 소중한 자원이 있었다. 이 영역은 씨족 구성원 전체가 공동으로 소유했고, 구성원의 자격은 아버지를 통해 자동으로 승계되었다.

결혼과 의례의 유대로 하나로 연결된 와타우룽족은 동족어를 구사하고 비슷한 관습을 지닌 부족 연합체로 얽혀 있었다. 각 씨족은 두 혼인 집단 중 하나에 속했다. 누구나 다른 혼인 집단에 속한 사람과 결혼해야 했고, 자기 혼인 집단에 속한 사람과 성관계를 갖는 것은 근친상간으로 간주되었다. 남자들이 딸이나 누이의 결혼을 중매했는데, 보통 어릴 때나 심지어 갓난아이일 때 혼처를 결정했다. 대부분의 수렵채집인 사회에서 그러하듯 남자는 일부다처 혼인을 할 수 있었는데, 명망 있는 사냥꾼과 위대한 전사는 때로 부인을 다섯, 심지어 여섯까지 두어서 지위가 낮은 남자들은 부인이 없거나 결혼할 가능성이 거의 없었다.[2] 버클리는 또한 다양한 씨족과 인근 부족들이 정기적으로 한데 모여 몸에 하얀 줄무늬를 칠하고, 리듬에 맞춰 북을 치고, 일사불란하게 춤을 추고, 불을 피우면서 커다란 의식을 하는 장면을 묘사했다. 이런 의례에는 이따금 할례도 포함되어 곳곳에 흩어져 있는 공동체에서 온 청소년들을 성인으로 만들어주었다.[3]

버클리가 30년 동안 와타우룽족과 함께 살면서 가장 인상적이었던 건 혼인과 의례로 서로 얽혀 있음에도 불구하고 무리, 씨족, 부족 사이에 폭력적인 충돌이 일어나는 것이었다. 버클리는 자신의 생애를 이야기하면서 와타우룽족과 살면서 겪었던 14차례의 충돌에 대해 묘사했는데, 그중에는 전사 수백 명이 벌인 정정당당한 전투뿐만 아니라 치명적인 야간 습격도 몇 차례 있었다. 한 사례를 보면, 상대 부족 300명이 공터 건너편에 집결했고, 버클리가 속한 무리는 목숨을 부지하려고 도망쳤다. 결국 버클리의 무리가 대열을 재정비하고 동맹 세력을 규합해서 영역을 지켜냈지만 커다란 손실을 치러야 했다. 또 다른 무시무시한 장면은 그의 무리가 전날 학살을 당한 같은 편 무리의 피투성이 잔해를 마주친 순간이었다. 이런 폭력 사태는 대부분 (누가 누구와 결혼을 할 것인지와 같은) 여자를 놓고 벌어진 불화가 주요한 이유였지만, 몇몇 사례에서는 마술을 이용해서 '비정상적인' 죽음을 야기한 것(가령 마술 때문에 뱀에 물려 죽는 것)에 대한 복수로 공격이 이루어졌다.

버클리는 이런 충돌 가운데 하나를 설명하면서 공동의 죄책감을 언뜻 보여준다. 다른 씨족의 남자가 버클리 무리의 부인 한 명을 '꾀어서 데려간' 일이 있었다. '꾀어서 데려갔다'는 말을 보면, 여자가 다른 씨족 남자와 사는 걸 좋아한 것으로 보인다. 버클리 무리가 그 '도둑'의 무리와 우연히 마주쳤을 때, 도망친 부인을 강제로 데려왔다. 여자는 결국 버클리의 집에서 살게 되었는데, 그로서는 참 괴로운 일이었다. 몇 달 뒤 한밤중에 질투심 많은 여자의 연인이 갑자기 나타나서 선잠이 든 버클리 바로 옆에 누워서 자던 그녀의 남편을 칼로 찌르고 여자와 도망쳤다. 그로부터 몇 주 뒤 버클리 무리는 다시 이 집단과 마주쳤는데, 그 순간에 살인자와 그가 '훔쳐간' 여자는 다른 곳에 있었다. 하지만 버클리의 무리는 복수를 위해 살인자의 형제와 그의 네 살짜리 딸을 죽였고, 그 모습에 버클리는 공포에 질렸다. 버클리가 보기에 두 사람은 아무 죄가 없었다.

버클리는 가까운 사람들이 폭력에 희생되어 죽는 게 슬퍼서 25년 동안 같이 살던 부족에서 독립해서 살기 시작했다. 다른 수렵채집인들과 마찬가지로 그도 낯선 이를 두려워하고 불신하는 법을 배운 상태였다. 혼자 돌아다니는 사람은 습격대의 척후일 수 있었기 때문이다. 일반적인 관행에 따라 버클리는 밤에 모닥불을 감추려고 작은 천막 주변에 잔

디와 나무껍질로 야트막한 울타리를 세웠다.

　배나 선원과 접촉하는 일이 없도록 모든 사람들과 마주치는 것을 피하면서 혼자 7년을 산 끝에 버클리는 마침내 유럽인들의 세계인 멜버른이라는 새로운 정착지로 돌아가기로 결심했다.

학습하도록 진화하다

오스트레일리아 원주민 세계에서 버클리가 한 경험은 인간 본성을 이해하는 데 핵심적인 두 가지 질문을 던지고 있다. 첫째, 버클리를 비롯한 탈주범들은 나흘 치 생필품을 가지고 오스트레일리아에서 가장 풍요로운 생태 환경에 들어갔는데도 사냥과 채집으로 살아남지 못했다. 그들은 충분한 식량을 찾거나 불을 피우거나 잠자리를 만들거나 필수적인 도구인 창, 그물, 카누 등을 만들지 못했다. 다시 말해, 그들은 6만 년 가까이 인간이 수렵채취인으로 살아온 곳에서 생존할 수 없었다. 그 이유가 무얼까? 인간 종은 지난 200만 년 중 대부분의 기간 동안 수렵채집인으로 살았기 때문에 우리의 커다란 영장류 뇌가 잘하는 일 중 하나는 수렵과 채집으로 생존하는 것이라고 생각할지 모른다. 만약 우리의 커다란 뇌가 사냥과 채집을 잘하도록 진화한 게 아니라면 무엇을 위해 진화한 걸까?

　버클리의 경험이 던진 두 번째 질문은 그가 마주친 사회에서 비롯된 것이다. 원주민 가족과 친해진 이후로 그는 이야기 초반에 압도적으로 많이 나오는 굶주림이나 갈증, 그 밖의 결핍에 대해 거의 언급하지 않는다. 그 대신 사람들을 씨족과 부족으로 조직하는 사회 규범에 의해 구조화되고, 문화적으로 규정된 의무와 책임으로 그물망처럼 서로 엮여 있는 세계에 맞춰 행동의 변화가 일어났다. 이 사회의 규범은 중매로 결혼을 규정하고, 남자가 부인을 여럿 두는 것을 장려했으며, 사실상 지역 인구의 절반에 대해 근친상간의 금기를 부여했다. 또한 혼인 관계와 함께 심리적으로 강력한 영향을 미치는 의례가 씨족과 부족 내부의 유대를 공고히 하는 역할을 했다. 하지만 이런 사회적 유대에도 불구하고 집단 간 무력 충돌이 여전히 지속적인 위협이자 주요한 사망 원인이었다. 이 세계에서 사람들의 생존은 자신이 속한 사회 집단의 규모와 연대에 크게 좌우되었다. 그런데 이 모든 씨족, 혼인 집단, 의례, 부족은 어디서 비롯된 것일까?

이 두 가지 질문의 답을 찾는 열쇠는 인간이 문화적 종이라는 사실을 인식하는 것이다. 다른 동물과 달리 우리는 우리의 생존과 번식의 핵심이라고 할 수 있는 동기와 휴리스틱, 믿음을 포함한 엄청난 양의 행동 정보를 얻기 위해 타인들에게 배우는 데 의지하도록 유전적으로 진화했다. 서로에게서 배우는 이런 학습 능력이 다른 종들에 비해 워낙 강력해서 오직 인간만이 점점 복잡해지는 방대한 문화적 지식을 축적할 수 있었다. 그 결과 정교한 발사체 기술과 식품 가공 기술, 그리고 새로운 문법과 점점 확대되는 일련의 사회 규범에 이르기까지, 온갖 것들에 관련된 지식이 축적되었다. 나는 나의 저서 《호모 사피엔스, 그 성공의 비밀》에서 이런 주제를 다루면서 진화적 관점에서 어떻게 우리 종의 기원과 심리와 문화를 이해할 수 있는지 자세하게 설명했다. 이 책에서는 이 접근법을 WEIRD의 심리와 근대 세계의 기원에 적용하기에 앞서 우선 그 기초적인 내용 몇 가지를 간략하게 소개하고자 한다.

인간 본성에서 문화가 차지하는 중심적 위치를 이해하는 방법은 '학습'이나 '사회화'에 근거한 설명을 가지고 '진화론적' 또는 '생물학적' 설명에 반대하는 게 아니다. 그 대신 연구자들은 자연선택을 통해 우리의 영장류 뇌가 어떻게 만들어져서 어떤 생태적, 사회적 환경에서든 생존하고 번성하는 데 필요한 사고와 믿음, 가치, 동기, 관행을 가장 효과적으로 배울 수 있게 되었는지 질문을 던짐으로써 확대된 진화적 접근법에 문화를 포함시켰다. 이는 곧 우리는 우리가 마주치는 환경에 맞추어 우리의 정신과 행동을 조정함으로써 주변 환경에 적응하도록 유전적으로 진화해왔음을 의미한다.

특히 우리의 진화된 문화적 학습 역량은 개인적 경험이나 타고난 직관 같은 다른 정보의 원천보다 **누구**에게, **무엇**을 배우며, **언제** 문화적 학습을 활용하는지를 알아내기 위해 연마되어왔다. 누가, 무엇을, 언제는 문화적 학습의 요소인데, 이 세 가지 요소를 잠깐 살펴보자.

누구에게 배울지를 알아내기 위해 성인, 아동, 심지어 갓난아이도 잠재적 역할 모델이 가진 기술, 능력, 신뢰성, 성공, 명망, 건강, 연령, 성별, 종족 등과 관련된 단서를 통합한다. 학습자는 성공했거나 명망 있는 사람들에게 우선 관심을 둠으로써 더 큰 성공과 지위를 얻을 수 있는 유용한 정보와 관행, 동기, 가치 등을 갖고 있을 가능성이 가장 높은 사람들에게 관심과 기억을 집중시킨다. 학습자는 명망이나 성공 같은 단서를 성별과 종족(가령 같은 방언을 사용한다) 같은 자기유사성self-similarity의 단서와 결합하여 자신의 미래 역할이나 공동체에서 가장 유용할 것 같은 기술, 전략, 태도를 가진 사람에게 관심을 집중할 수 있다.[4]

자연선택은 우리가 누구에게 배우는지에 영향을 미칠 뿐만 아니라 (먹을 거리, 성관계, 험담 등) 무엇에 관심을 기울이는지, 그리고 특정한 종류의 믿음과 선호를 어떻게 처리하고 저장하고 조직화하는지도 결정한다. 예를 들어, 피지나 아마존 지역, 로스앤젤레스처럼 다양한 장소의 어린이들은 새로 접하는 동물의 먹이, 서식지, 위험성에 관한 정보가 주어지면, 이 정보가 전체 범주(가령 '코브라' 일반)에 적용된다고 암묵적으로 가정하고, 이 종의 서식지나 먹이, 이름 같은 정보보다 위험성을 우선 기억한다. 어린이들은 주변 환경에 적응하는 과정에서 실수를 하면서 위험한 동물을 안전한 동물로 착각하는 대신 무해한 종을 위험한 종으로 착각한다. 이런 종류의 '무엇-단서what-cues'는 정말로 중요한 정보를 걸러내고 구조화해서 상기하게 하는 한편 결정적인 실수를 피하는 데 도움을 주는 방식으로 우리의 추론과 기억, 관심에 영향을 미친다.[5]

물론 우리가 획득하는 문화적 요소들 자체가 이후 우리가 관심을 기울이고 기억하고 믿는 것에 영향을 미칠 수 있다. 이렇게 문화적으로 유도된 무엇-단서의 근거 중 하나는 새롭게 접한 믿음이나 관행과 기존에 이미 가지고 있던 믿음이나 관행 사이의 적합성이다. 예를 들어, 당신이 옆 골짜기에 사는 부족은 나쁘고 인육을 먹는 것은 나쁘다고 믿으면서 자랐다면, 누군가 당신에게 옆 골짜기에 사는 부족이 식인 풍습이 있다는 이야기를 했을 때 그 말을 그대로 믿는 경향이 있다. 나쁜 부족은 나쁜 짓을 하기 마련이다. 이는 자신의 심리와 완벽하게 맞아떨어진다.[6]

학습자는 자연스럽게 언제 자신의 경험과 개인적 정보, 본능보다 문화적 학습에 의존해야 하는가라는 질문으로 넘어간다. 이것은 쉬운 문제다. 문제가 어렵거나, 상황이 모호하거나, 개인적 학습에 비용이 많이 들 때 사람들은 타인에게 배우는 학습에 더욱 많이 의존해야 한다. 이 견해를 시험하는 방법으로 내가 선호하는 실험은 과제의 난이도와 정답을 맞히는 참가자에게 주는 상금의 액수를 조작하는 것이다. 이 실험에서 참가자들은 어느 곡선이 가장 긴지를 정확히 맞추면 각기 다른 액수의 상금을 받는다. 참가자는 자신의 직접적인 지각에 의존할 수도 있고, (다른 사람의 결정에 동조하는 등) 문화적 학습에 의존할 수도 있다. 이 실험에서 과제가 어려울수록, 즉 곡선의 길이가 비슷할수록 사람들은 다른 사람의 결정을 관찰하고 그 정보를 자신이 내린 판단과 종합하는

데 더욱 의존한다. 실제로 참가자들은 자신이 지각한 사실을 무시하고 과반수나 다수의 사람들이 내린 선택에 동조하는 경우가 많았다. 게다가 과제가 너무 쉽지 않는 한 정답에 더 많은 상금을 걸수록 자신의 직접적 판단이나 지각보다 문화적 학습에 의존하는 정도가 높아졌다. 이런 사실은 중요하지만 개인적 경험이나 시행착오를 통해 탐구하는 데 비용이 너무 많이 들거나 불가능할 때 문화적 학습이 우리의 경험과 직관을 지배하는 경향이 있음을 함축한다. 종교와 의례를 생각해보자.[7]

결정적으로, 이렇게 유전적으로 진화된 학습 능력은 단순히 문화적 소프트웨어 묶음을 우리가 타고난 신경계 하드웨어에 다운로드하는 게 아니다. 그보다 문화는 우리 뇌의 배선을 바꾸고 우리를 생물학적으로 변경한다. 다시 말해 문화는 우리 뇌를 위한 펌웨어를 새롭게 만든다. 학습자는 다른 사람들을 지켜보면서 자신의 지각과 선호, 행동과 판단을 자신이 선택한 모델에 더 가깝게 변경하는 방식으로 자신의 신경회로를 능동적으로 조정한다. 앞 장에서 지연 할인으로 측정한 인내심을 생각해보자(〈그림 1.4〉). 다른 사람의 선택을 관찰함으로써 인내심을 배울 기회가 주어졌을 때, 학습자들은 점차 자신의 지연 할인을 자신이 관찰하는 모델에 맞춰 조정했다.

뇌 스캔 연구에서 밝혀진 바에 따르면, 이런 심리적 조정을 위해 뇌의 보상과 강화 학습 체계의 일부인 줄무늬체striatum는 학습자와 모델 사이의 편차를 파악한 뒤 내측 전전두피질에 적절한 가소성 변화를 유도한다. 내측 전전두피질은 주어진 상황에서 가장 적합한 반응을 정보화하는 것으로 보인다. 이와 유사한 연구들에서는 문화적 학습이 비싼 와인이나 잘생긴 남자, 좋은 노래에 대한 우리의 선호와 지각을 신경학적으로 어떻게 바꾸어놓는지 밝히고 있다. 우리의 문화적 학습 능력은 특정한 상황에서 특정한 종류의 사고와 개인에게 선별적으로 관심을 기울이고 주변 환경에 잘 적응하도록 우리 뇌와 생물학의 배선을 바꿈으로써 문화적으로 구성된 자신의 세계를 헤쳐나간다.[8]

우리 종의 학습 능력은 다른 사람들에게서 얻은 믿음과 관행, 기법과 동기를 걸러내고 재결합하여 이른바 **누적적인 문화적 진화**라는 과정을 낳았다. 누적적인 문화적 진화는 여러 세대에 걸쳐 작동하면서 점점 더 정교한 기술, 복잡한 언어, 심리적으로 강력한 영향을 미치는 의례, 효과적인 제도, 도구·주택·무기·선박을 만드는 복잡한 제작법을 만들어낼 수 있다. 이런 일은 누군가 관행, 믿음, 제작법이 어떻게 또는 왜 작동하는지, 또 심지어 이런 문화적 요소들이 어떤 역할을 하는지 이해하지 못해도 일어날 수 있으며 종종 일어난다. 실제로 몇몇 경우에 문화적 산물은 사람들이 그것이 어떻게 또는 왜 작동하는지 이해하지 못할 때 더 효과적으로 기능한다. 이 점은 의례와 종교에 관해 이야기할 때 분명하게 밝혀질 것이다.[9]

누적적인 문화적 진화의 산물과 관련해서 놀라운 점은 이것이 종종 우리보다 더 똑똑하다는 사실이다. 사실 우리보다 훨씬 똑똑하다. 독 제조법에서부터 근친상간 금기까지 아우르는 이 관행practices은 주로 그 관행의 실행자practitioner인 우리가 갖고 있지 못한 세계에 관한 암묵적인 지식을 구현하기 위해 문화적으로 진화해왔다. 이를 알아보기 위해 익히 알려진 목표가 존재하는 사례부터 시작해보자. 콩고 분지의 수렵채집인들이 사용하는 치명적인 화살독 제조가 그것이다. 이 화살독은 아마 우리가 아는 가장 치명적인 사냥용 독으로, 사냥감이 풀숲으로 사라지기 전에 순식간에 생명을 끊어놓는다. 제조법에는 세 개의 강력한 독(까마중, 스트로판투스, 삿시나무)을 비롯해 10개의 각기 다른 식물 품종이 포함된다. 스트로판투스 하나만으로도 하마 한 마리를 20분 만에 쓰러뜨릴 수 있다. 우선 이 재료들을 무화과 유액과 얌즙으로 걸쭉하게 만든다. 그다음 침을 넣고 적갈색이 될 때까지 혼합물을 젓는다. 그리고 늪두꺼비를 첨가하는데, 아마 독이 나오는 피부 때문일 것이다. 이 혼합물에 딱정벌레 유충과 불개미를 짓이겨서 섞은 다음 끓인다. 이렇게 만든 까만 반죽을 나무껍질 싸개에 넣어서 원숭이 사체에 넣고 며칠 동안 묻어둔다. 며칠 후 땅에서 파낸 이 치명적인 접착성 반죽에 등대풀 수액을 첨가하면 화살에 바를 수 있는 독이 만들어진다.[10] 혹시라도 집에서 만들어보려 시도하지 않기를 바란다.

당신이 젊은 학습자라면, 그러니까 버클리 같이 새로운 지역에 떨어진 사람이라면 이 제조법을 수정하겠는가? 이 제조 과정에서 어떤 식물이나 곤충, 양서류, 가공 단계를 생략하거나 바꾸겠는가? 원숭이 사체에 넣어서 묻어두는 과정을 생략할 수 있겠는가? 어쩌면 그럴지도 모르지만 아마 그 단계는 화학 반응을 촉진시켜서 독성을 강화할 것이다. 우선 이 모든 단계를 그대로 따라하는 게 현명한 일이다. 그러다 나중에 사냥감이 잔뜩 쌓이고 약간 지루해지면, 제조법을 바꿔보는 실험을 할 수 있다. 하지만 결국 십중팔구 독성이 약해질 것이고, 화살에 맞은 사냥감은 풀숲으로 사라져버릴 것이다. 화학적 현상을 이해해서 마침내 이 전통적인 제조법을 개량하기 위해서는 민속식물학자 연구팀이 수백 차례의 실험을 해야 할 것이다.[11]

유감스럽게도 우리는 이 고대의 독 제조법이 어떻게 문화적으로 진화했는지 정확히 알지 못한다. 하지만 콩고 분지에 사는 수렵채집인들의 문화적 학습에 관해서는 어느 정도 알고 있으며, 각기 다른 학습 전략이 누적적인 문화적 진화에 대해 갖는 함의를 탐구해왔다. 연구 결과에 따르면, 배움에 뜻을 둔 사냥꾼이 우선 아버지에게 화살독 만드는 법을 배운다. 이 수렵채취인의 3분의 1 정도가 이후 다른 이들, 아마도 가장 성공하고 명망 있는 사냥꾼들에게 통찰을 얻어 아버지의 제조법을 업그레이드한다. 이와 같은 전달 양상을 문화적 공진화 컴퓨터 시뮬레이션에 집어넣거나, 새로운 것을 배우려고 하는 실제 사람들을 대상으로 한 신중한 실험에서 조작해보면, 누구도 다양한 요소들이 어떻게, 왜 포함되는지 이해하지 못하더라도 문화적 진화를 통해 적응성이 높고 복잡한 제조법과 제조 과정, 그에 사용되는 도구가 세대를 거쳐 어떤 식으로 합쳐졌는지 드러난다. 《호모 사피엔스, 그 성공의 비밀》에서 나는 더운 기후에서 특정한 향신료를 사용해서 음식을 통해 전파되는 병균의 위협을 줄이는 것에서부터 임신부나 수유하는 여성과 자녀를 일부 해양 종에 축적된 위험한 산호 독소로부터 지켜주는 피지의 물고기 금기 목록에 이르기까지 광범위한 사례들을 제시했다.[12]

최소한 200만 넌에 걸쳐 세계 속에서 진화하는 가운데 인간 종은 먹을 거리를 찾고, 도구를 만들고, 세계를 헤쳐나가는 데 결정적으로 중요한 기술과 관행, 선호를 습득하기 위해 점점 다양하고 복잡해지는 문화적 노하우를 활용하는 데 훨씬 더 의존하게 되었다. 이 세계에서 번성하기 위해 자연선택은 소중한 문화적 정보를 습득하고 저장하고 조직화하고 다시 전달할 수 있도록 뇌의 크기를 늘리는 것을 선호했다. 이런 자연선택의 과정에서 다른 사람들의 행동 동기를 모방하는 것은 물론이고 그 기저에 있는 믿음과 휴리스틱, 선호, 동기 및 감정적 반응을 추론할 수 있는 정신화 능력을 포함하여 문화적 학습에 대한 우리의 동기와 역량이 강화되었다. 그리고 이런 능력은 점차 우리를 다른 사람의 정신과 연결했다.[13]

우리의 문화적 학습 능력이 향상되면서 누적적인 문화적 진화가 한층 강화되어 복잡한 적응 과정의 범위가 지속적으로 확장되었고, 그 결과 유전자와 문화 사이에 자가촉매 피드백이 형성되었다. 문화적 산물의 중요성과 다양성, 복잡성이 조금씩 증가하면서 자연선택은 우리로 하여금 본능과 개인적 경험보다 문화적 학습에 의지하는 성향을 점차 강화하게 만들었다. 다른 사람들에게 습득한 도구와 제조법, 관행이 한 개인이 스스로 알아낼 수 있는 것보다도 훨씬 우월해졌기 때문이다. 결국 인간 종은 공동체의 유산에 생존 자체를 의존하는 불가피한 문화적 학습자가 되었다. 그리하여 우리는 한 종으로서 선조들의 축적된 지혜를 신뢰하도록 진화했고, 인간 종이 이루어낸 성공의 핵심에는 이와 같은 '신뢰 본능faith instinct'이 있다.[14]

우리의 적응적인 문화적 학습 능력이 어떻게 누적적인 문화적 진화 과정을 만들어내는지를 이해하면, 우리가 사용하는 복잡한 도구와 미묘한 관행, 정교한 언어의 기원을 밝히는 데 도움이 된다. 하지만 사회 세계는 어떨까? 버클리가 경험했던 원주민 생활을 지배한 씨족, 근친상간의 금기, 중매결혼, 집단 간 폭력 등을 어떻게 설명할 수 있을까? 이런 질문은 본질적으로 인간의 사회성, 즉 우리가 왜 어떤 사람들과는 제휴하고 협력하지만, 다른 사람들은 피하고 때로는 죽이기까지 하는지에 관한 것이다. 이를 파악하기 위해서는 우선 제도와 사회 규범이 무엇이며, 어떻게 등장하는지를 이해할 필요가 있다. 이 점을 염두에 두고 친족과 결혼에 기반한 가장 기본적인 인간의 제도를 탐구해보자. 이런 원초적인 제도와 그 심리적 토대를 이해하는 것은 인간 사회가 왜, 어떻게 정치적, 사회적으로 점점 더 복잡해지는지, 그리고 지난 수천 년간 유럽이 걸어온 경로가 왜 그토록 독특한지를 검토하기 위한 근거가 될 것이다.

진화하는 사회

인간 사회는 다른 영장류 사회와 달리 문화적으로 전달되는 사회 규범에 의해 엮여 있으며, 이 규범들은 일련의 제도를 형성한다. 예를 들어, 세계 곳곳의 혼인 제도는 각 개인이 누구와 결혼할 수 있는지(가령 의붓자녀는 안 된다), 얼마나 많은 배우자를 가질 수 있는지(가령 한 번에 한 명), 결혼 후에 부부가 어디에 사는지(가령 남편 가족과 함께) 같은 문제들을 규제하는 사회 규범으로 이루어져 있다. 지금까지 나는 결혼과 관련된 **공식적** 제도나 성문법에 관해 언급하지 않았다. 공식화와 성문화가 제도에 어떤 작용을 하는지를 이해하기에 앞서 우선 결혼과 친족 같이 사회 규범 위에 만들어진 제도의 문화적 진화를 철저히 이해할 필요가 있기 때문이다.

제도가 사회 규범의 묶음이라면, 과연 사회 규범이란 무엇일까? 이 질문을 파고들기 위해 정부나 경찰, 법원이 없는 사회, 가령 구석기 시대 조상들에 관한 통찰을 얻을 수 있는 수렵채집 생활을 하는 사회에 초점을 맞춰보자. 이렇게 기준선을 찾으면 다음 장에서 식량 생산(농업과 목축업)의 확산이 어떻게 우리의 사회와 제도를 형성했는지 검토할 수 있다.[15]

사회 규범은 문화적 학습과 사회적 상호작용의 과정에서 직접적으로, 즉 문화적 진화를 통해 생겨난다. 우리는 여러 가지 재료를 섞어서 사냥용 독을 만드는 적절한 방법을 배우는 것처럼 타인의 행동이나 관행을 판단하기 위한 기준뿐만 아니라 일정한 사회적 행동이나 관행까지 문화적으로 습득할 수 있다. 일단 어떤 관행과 그 관행의 위반을 판단할 수 있는 기준이 공존하면, 문화적 진화를 통해 널리 공유되는 규칙이 발생할 수 있다. 다시 말해, 그 관행을 위반하거나 넘어서면 모종의 방식으로 공동체에서 반응이 나타나는 것이다. 많은 사회 규범은 일정한 행동을 지시하거나 금지하며, 그 규범을 위반하면 공동체의 분노를 초래한다. 다른 규범은 사회적 기준인데, 이 규범을 넘어서면 공동체로부터 인정을 받거나 존중받는다.

소규모 사회들이 안정된 규범을 창출하는 간단한 방법을 살펴보자. 사람들은 평판이 좋은 이의 물건을 훔쳐서는 안 된다고 배운다. 만약 누군가 평판이 좋은 사람의 물건을 훔치면, 나쁜 평판을 얻게 된다. 평판이 나쁘다는 것은 다른 이들이 기회주의적으로 당신을 착취하거나 당신의 물건을 훔치고도 아무 벌도 받지 않을 수 있음을 의미한다. 만약 규범을 위반한 사람이 사냥꾼이라면, 누구든 그가 잠이 들었거나 아파서 누워 있거나 다른 오두막에 간 틈을 타 그의 화살이나 활시위, 화살촉을 훔칠 수 있다. 누가 자기 물건을 훔쳤는지 알려달라고 해도 사람들은 그냥 아무것도 보지 못했다고 말할 뿐이다. 여기서 시기심과 탐욕, 평범한 이기심이 평판이 나쁜 사람을 응징하려는 동기를 제공하는 한편, 좋은 평판은 이웃들의 본성 속에 숨어 있는 악한 천사로부터 평판 좋은 사람을 지켜주는 마법의 망토처럼 작용한다. 이것은 개인들이 규범을 어기지 않으려 노력하는 강한 동기가 된다. 규범을 어기면 평판이 나빠지고 착취당할 위험이 생기기 때문이다. 또한 모든 사람들은 규범을 위반한 이들을 응징하려는 강한 동기를 갖게 되는데, 평판이 나쁜 이들을 표적으로 삼는 한 이웃의 물건을 훔쳐도 아무런 벌도 받지 않기 때문이다.[16]

이런 절도 방지, 착취 방지 규범을 기반으로 이루어지는 문화적 진화는 식량 공유와 관련된 다른 협동 규범을 뒷받침하기도 한다. 예를 들어, 일부 수렵채집인 사회의 규범은 사냥꾼이 자기가 사냥한 짐승의 몇몇 부위를 먹는 것을 금지하고, 이 부위를 다른 이들과 공유할 것을 요구한다. 결국 사냥꾼은 금기시되는 부위를 먹지 못하기 때문에 자신이 잡은 짐승을 다른 이들과 나누어야 하며, 규범을 어기는 사냥꾼은 평판이 나빠져서 누구나 아무 위험 없이 그의 물건을 훔칠 수 있게 된다. 종종 이 규범들에는 다른 믿음이 포함되기도 하는데, 예를 들어 금기를 위반하면 결국 무리 전체가 사냥에 실패한다거나 규범을 위반한 사람은 일종의 '오염된' 상태이기 때문에 그와 성관계를 갖는 등 어떤 식으로든 상호작용하는 사람은 전염될 수 있다는 믿음이 이에 해당한다. 이와 같이 관련된 믿음들은 다른 사람들에게 (집단 전체가 사냥에 실패하는 일이 없도록) 동료를 감시하고 오염된 고기를 먹는 일이 없도록 위반자를 배척하도록 부추긴다.[17]

문화적 진화가 식량 공유를 장려하기 위해 고기에 대한 금기를 활용하는 것은 단순히 기묘한 우연의 일치가 아니다. 반대로 소중한 지방과 단백질의 공급원이자 병균과 질병의 원천이기도 한 고기와 관련된 인간 종의 오랜 진화의 역사 덕분에 우리는 고기를 기피하는 것을 배우고 오염에 대해 생각하며 심리적으로 준비를 하게 되었다. 이처럼 진화된 인간 심리는 문화적 진화의 과정에서 협동적 목표를 위해 활용되었다. 문화적 진화는 바로 이런 식으로, 즉 인간 종의 심리적 특이성을 새로운 방식으로 활용하고 다른 목적에 맞게 개조하면서 작동한다.[18]

금기는 이동 생활을 하는 수렵채집인의 생존을 위한 핵심 원리인 무리 차원의 식량 공유를 장려하기 위한 한 가지 방법에 불과하다. 이 인구 집단들의 식량 공유에서 인상적인 점은 결과를 보면 본질적으로 보편적이지만(수렵채집인 집단은 모두 최소한 중요한 식량 일부는 폭넓게 분배한다) 그 양상은 다양한 일군의 규범들에 의해 유지된다는 것이다. 이 규범들은 의례화된 분배, 소유권 이전, 혼인상의 의무(특히 인척에 대한 의무), 그리고 음식, 성관계, 사냥 성공을 연결시키는 다양한 종류의 금기를 수반한다. 각기 다른 인구 집단에서 문화적 진화는 집단 차원에서 비슷한 결과를 이루기 위해 많은 동일한 요소들을 혼합하고 짜맞춰왔다.[19]

따라서 일반적으로 말해서, 규범은 사람들이 서로에게 배우고 세대를 거쳐 상호작용하면서 생겨나는, 문화적으로 학습되고 한데 얽혀 스스로 강화되는 믿음, 관행, 동기의 안정적인 집합체다. 규범은 일군의 행동을 지시하거나 금지하거나 때로는 뒷받침하는 사회적 규칙이나 기준을 창출한다. 이런 행동들은 평판에 미치는 결과, 다시 말해 공동체의 평가와 반응에 의해 유도되고 지탱된다. 특히 규범에는 흔히 금기 위반이 사냥의 성공에 미치는 결과 같은 믿음이 포함되는데, 이런 믿음은 규범을 고수하고 감시하거나 규범 위반자를 제재하는 데 동기를 부여한다.

| 결혼과 가족을 규정하는 심리적 요인들

문화적 진화는 가령 성관계, 의례, (넥타이를 착용하는 등의) 의복과 관련된 방대한 자의적 규범을 만들어낼 수 있지만, 모든 사회 규범이 똑같이 진화하거나 안정을 유지하지는 않는다. 첫 번째 사회 규범이 등장하기 시작했을 때, 인류는 오래전부터 짝짓기와 육아, 사회적 지위, 동맹 형성에 관한 사회적 본능과 같은 자질을 가지고 있던 원숭이였다. 문화적 진화는 이미 어느 정도 모습을 드러내며 작동하고 있었을 텐데, 그 영향으로 가까운 친척을 도와주고, 자식을 돌보고, 짝과 유대감을 형성하고, 근친교재(근친상간)를 피하기 위한 본능을 다듬고 강화함으로써 영장류의 심리를 더욱 공고하게 했을 뿐이다. 새롭게 등장한 규범들은 이런 본능을 고정하고 확장하려는 경향이 있었다. 그리고 이런 규범은 좀 더 확고한 심리적 버팀목과 연결되면서 더 자의적이고 유동적인 다른 대안들보다 오래 지속되는 경향이 있었다.

이런 심리적 속박은 우리의 가장 기본적인 본능이 친족 관계에 뿌리를 두고 있는 이유를 설명해준다. 다른 영장류와 마찬가지로 인간도 유전적으로 가까운 친척에 대한 타고난 이타적 성향, 즉 친족 이타주의를 가지고 있다. 이렇게 진화된 우리의 심리적 측면으로 어머니가 아기를 사랑하고, 일반적으로 형제자매가 똘똘 뭉치는 이유를 설명할 수 있다. 친족 규범은 공동체 안에서 (형제자매는 서로 도와야 한다는 등의) 사회적 기대를 창출함으로써 진화된 심리에 대한 강력한 동기를 제공할 뿐만 아니라 핵가족부터 좀 더 먼 친척들, 심지어 낯선 이들에게까지 이런 기대를 확대하기도 한다. 가령 먼 친척을 '엄마', '아빠', '형제', '누이'라고 부르면, 일군의 규범과 어쩌면 심지어 사회적 관계와 관련하여 일정하게 내면화된 심리적 동기가 호칭과 함께 확장되면서 사실상 시간이 흐를수록 먼 친족을 더 가깝게 끌어당긴다. 하지만 규범을 통해 연결망을 단단하게 하는 많은 농경 사회와 달리, 이동 생활을 하는 수렵채집인의 사회 규범은 개인과 가족들이 수십, 수백 마일 이상 뻗어나가는 광범위하고 폭넓은 친족 연결망을 구성하게 하며, 때로는 그렇게 하길 강요하기도 한다.[20]

많은 사회에서 유전적으로 가까운 친족에서 생겨나는 타고난 정신적 지주가 사람의 이름이 갖고 있는 심리적 힘과 결합해서 제도를 창출하며, 이 제도는 폭넓은 개인적 연결망을 하나로 엮는 데 도움이 된다. 아프리카 칼라하리 사막의 주호안시족Ju/'hoansi 수렵채집인들 사이에서는 가까운 친척의 이름을 이용해서 먼 친척, 심지어 낯선 사람과도 가까운 친척 같은 관계를 형성한다. 예를 들어, 만약 당신이 카루라는 이름의 젊은 여자를 만났는데 당신 딸의 이름이 카루라면, 당신은 새로 만난 카루라는 여성에게 당신을 '어머니'나 '아버지'라고 부르라고 말할 수 있다. 이렇게 하면 그 여자와 가까워지면서 그녀를 딸처럼 대해야 하는 것은 물론이고 자동적으로 혼인 대상에서 제외된다. 이런 이름 붙이기 관행은 심리적, 사회적으로 사람들을 더 가깝게 끌어당기고, 모든 사람을 친족 연결망으로 끌어들이는 유연한 방식이다. 한 계산에 따르면, 사람들의 이름 붙이기 연결망은 반경 약 97~185킬로미터까지 뻗어나간다. 여러 인구 집단이 대개 그렇듯이 주호안시족은 모든 사람을 친족 관계에 포함시키기를 바라며, 그 관계 밖에 있는 사람들에 대해서는 신경을 곤두세운다.[21]

친족 이타주의와 함께 친족에 기반한 제도는 또한 혼인의 핵심을 이루는 우리의 짝 결속pair-bonding 본능을 활용한다. 여러 면에서 결혼은 (전부는 아니더라도) 대다수 사회에서 핵심적인 제도를 대표하며, 아마 인간 제도 가운데서 가장 태곳적부터 생겨났을 것이다. 짝 결속은 펭귄과 해마에서부터 고릴라와 긴팔원숭이에 이르기까지 자연 세계 곳곳에서 발견되는 진화된 짝짓기 전략이다. 짝 결속 덕분에 암컷과 수컷은 팀을 이루어 새끼를 기른다. 진화적으로 보면, 여기에는 일종의 맞교환이 존재한다. 암컷은 수컷이 선호하는 성적 접근을 허락하고 자기가 낳은 새끼가 실제로 수컷의 새끼임을 강력하게 보증한다. 그 대가로 수컷은 암컷과 새끼를 보호하고 이따금 부양하는 데 더 많은 시간과 노력을 투자한다.

이런 짝 결속 본능을 바탕으로 한 결혼 규범은 상호연결된 몇 가지 방식으로 가족 연결망을 크게 확장할 수 있다. 예를 들어, 많은 사회에서 결혼 규범은 남편과 남편 쪽 가족 모두에게 부인이 낳은 자녀가 (유전적으로) 남편의 자녀라는 확신을 높이기 위한 방식의 하나로 여성의 행동과 섹슈얼리티를 제한한다. 이와 같이 많은 결혼 규범이 **부성 확실성** paternity certainty을 높여준다. 친족 이타주의와 자녀에게 투자하려는 부모로서의 본능 때문에 부성 확실성이 높아지면 아버지는 자녀에게 더 많이 투자하게 되고 자녀들은 부계 전체와 더 단단하게 연결된다. 결혼 규범은 이런 연계를 인정하고 강조함으로써 신생아의 친속 규모를 사실상 두 배로 늘릴 수 있다. 이를 더 넓은 관점에서 보면, 대다수 다른 영장류 종들은 자기 아버지를 알지 못하며 따라서 사실상 유전적 친척의 절반을 잃는 셈이다.[22]

결혼은 아이와 아버지의 연계, 그리고 배우자 사이의 연계를 더 단단하게 만듦으로써 인류학자들이 말하는 인척affine을 만들어낸다. 흥미롭게도, 인척이 유전적으로 관련성이 없을 때에도 그들의 진화적 적합도 evolutionary fitness는 그들을 연결해주는 부부의 자녀들을 통해 긴밀하게 연결된다. 예를 들어, 내 부인의 자매들과 내 어머니의 형제는 전혀 친족 관계가 아니지만, 양쪽 다 내 아이들에 대한 유전적 관심을 공유한다. 문화적 진화는 인척을 만들어냄으로써 다른 어떤 종도 활용할 수 없는 공유된 유전적 관심을 이용해왔다. 많은 사회에서 원래는 허약했을 인척 간의 유대가 증여, 의례, 상호의무를 수반하는 사회 규범에 의해 형성되고 강조된다. 수렵채집인 사회의 고기 공유 규범은 종종 사냥꾼이 잡은 짐승의 제일 좋은 부위의 일부를 부인의 부모에게 주도록 규정한다.[23]

혼인 결속이 친족 유대에 미치는 효과는 크다. 형제와 딸이 각각 하나뿐인 기혼 남자는 아버지 쪽 가족 및 부인의 친척과 연계가 있을 뿐만 아니라 형제 부인의 가족, 그리고 마지막으로 사위의 가족과도 연계가 있다. 따라서 수렵채집인 무리 안에서 한 사람의 평균적인 친족의 절반 이상이 혈족이 아니라 인척이다. 수렵채집인 무리는 인척이 없으면 대부분의 친족을 이루지 못할 것이다.[24]

짝 결속 본능을 활용해서 더 큰 사회와 광범위한 사회적 연결망을 구축하는 과정에서 우리의 문화적 진화는 종종 평생 동안 계속되는 혼인 결속을 선호했다. 이런 결속이 커다란 친족 연결망을 하나로 엮어주기 때문이다. 윌리엄 버클리가 오스트레일리아에서 수렵채집인 생활을 하는 동안 그의 가장 가까운 동료는 '처남'이었는데, 이 관계는 그가 사회적으로 대체한 남자와 인척 관계를 만들어준 누이가 죽은 뒤에도 계속 이어졌다. 이와 대조적으로, 자연선택이 우리의 짝 결속 본능을 창조했을 때, 그 결속은 아버지의 투자가 자녀의 건강과 생존에 도움이 될 때까지만 유효하도록 '고안되었을' 뿐이다. 아버지가 더 이상 자녀에게 투자하지 않게 되면 새로운 짝 결속을 이루기 위한 감정적 또는 동기적 가능성이 열린다. 여기서 문화적 진화와 유전적 진화의 선호가 종종 엇갈린다. 각각 지속적인 결합과 일시적인 결합을 선호하기 때문이다. 현대의 많은 부부들은 평생에 걸친 결합을 지시하는 규범과 덧없이 사라지는 짝 결속의 감정 사이에서 십자포화를 당한다.

결혼 규범은 또한 누가 누구와 결혼하고 생식을 할 수 있는지를 규제하는데, 이는 대다수 사람들이 깨닫지 못하는 방식으로 사회를 미묘하게 구조화한다. 문화적 진화가 이를 반복적으로 관리하는 한 가지 공통된 방법은 근친상간에 대한 타고난 혐오를 이용하여 근친교배의 우려 때문에 결혼이 제한되는 친척의 범위를 확대함으로써 섹스와 결혼에 대한 금기를 훨씬 더 폭넓게 적용하는 것이다. 자연선택은 인간에게 건강하지 않은 자손이 태어날 가능성 때문에 가까운 친척에 대한 성적 끌림을 억제하도록 심리적으로 적응하게 했다. 이런 심리적 기제는 몇 가지 간단한 방식을 활용해서 혐오감을 만들어내며, 이 혐오감 때문에 우리는 보통 형제, 부모, 자녀와 섹스를 하는 것을 피한다. 한 가지 중요한 방식은 함께 자라는 것이다. 이런 발달 과정의 '접근 경보'는 때로 빗나가서 친족 관계가 아니면서 우연히 함께 자라는 이성에 대한 성적 혐오로 이어진다. 이 효과는 흥미롭다. 함께 자라는 형제자매나 다른 사람은

이미 많은 것을 공유하기 때문에 더 쉽게 사랑에 빠지는 경향이 있다고 생각되기 때문이다.[25]

근친상간에 대한 타고난 혐오감은 문화적 진화를 통해 근친상간의 금기가 형성되는 심리적 바탕이 되었다. 문화적 진화는 형제나 부모와 섹스를 한다는 생각만 해도 일어나는 혐오 반응을 활용함으로써 (1) 그런 감정을 다른 개인들에게까지 확대하고 (2) 타인을 판단할 때 그런 감정을 활용하는 법을 '알아내기'만 하면 되었다. 당신이 의붓 형제자매와 합의하에 섹스하는 것을 상상할 때 느끼는 (혹은 느낄 수 있는) 불편한 감정이 바로 그것이다. 두 사람은 유전적으로 친척 관계가 아니지만, 그래도 그런 관계를 갖는 것은 잘못된 것처럼 보인다. 주호안시족 같이 이동 생활을 하는 수렵채집인 무리의 경우에 근친상간 금기는 모든 사람이 조카딸 같이 가까운 친척뿐만 아니라 4촌, 6촌, 8촌과 결혼하는 것을 금지한다. 이런 양상은 일부 사촌(영어권에서는 4촌과 6촌, 8촌과 같이 그 이상의 친족을 모두 아우르는 '사촌'을 같은 단어인 'cousin'이라고 지칭하고, 정확히 구별할 경우에는 '4촌'을 'first cousin'으로 표시하는데, 이 책에서는 '4촌'과 '사촌'으로 구분해서 표시한다-옮긴이)만 근친상간의 금기에 해당되고 다른 친척은 결혼 상대로 선호하는 많은 농경 사회의 규범과 대조된다.[26]

민족지학자 로나 마셜Lorna Marshall은 주호안시족의 결혼 규범을 설명하면서 근친상간 금기가 어떻게 우리의 타고난 근친상간 혐오를 확대하는지를 보여준다. 주호안시족은 건강상의 위험을 전혀 알지 못하면서도 부모나 이성 형제와 섹스를 한다는 생각을 끔찍하고 역겹고 위험하다고 느꼈다. 실제로 그것은 너무나 끔찍한 일이어서 일부 여성들은 입에 올리는 것도 거부했다. 하지만 사촌과 섹스를 하는 것에 관해 질문을 받은 주호안시족은 부모나 이성 형제의 경우처럼 강한 감정적 반응을 보이지 않았지만, 그것이 형제나 누이와 섹스를 하는 것과 '비슷할'

것이라고 느꼈다. 본질적으로, 그들은 형제자매의 근친상간에 대해 느끼는 혐오의 감정을 근거로 사촌과의 섹스에 대해 느끼는 불편함을 설명했다. 앞으로 살펴보겠지만, 농경 사회에서는 이처럼 폭넓게 모든 사촌과 결혼하는 것을 금지하는 경우가 비교적 드문 편인데, 이상하게도 중세 초기 유럽에서 이런 금기가 다시 등장했고 상당히 장기적으로 영향을 미쳤다.[27]

친족 이타주의, 짝 결속, 근친상간에 대한 혐오 본능이라는 심리적 근거를 통해 어떻게 결혼과 가족이 가장 오랫동안 끈질기게 이어진 제도가 되었는지 살펴보았다. 나는 앞에서 설명한 본능에 뿌리를 둔 제도를 친족에 기반한 제도라고 부를 것이다. 이와 같은 제도에는 개인 간의 지속적인 연계와 관례를 촉진하는 규범도 포함되는데, 결혼 관련 규범이 짝 결속과 근친상간 회피 본능을 바탕으로 구성되는 것처럼 이런 규범 또한 우리의 진화된 심리의 다른 측면들을 바탕으로 형성된다. 그리고 그에 대한 좋은 사례가 바로 공동체 의례다.

| 공동체의 결속을 위한 의례의 특징

민족지학자 메건 비젤Megan Biesele은 주호안시족의 황홀경 춤trance dance을 묘사하면서 다음과 같이 말한다. "이 춤은 아마 부시맨(주호안시족)의 삶에서 서로를 통합하는 핵심적인 역할을 하는데, 우리가 온전히 이해하지 못하는 매우 심층적인 방식으로 사람들을 하나로 묶는다."[28] 지속적으로 개인 간의 유대를 다지고, 기존의 관계를 개선하고, 집단의 유대를 향상시키는 이와 같은 심리적으로 강력한 공동체 의례는 대다수 소규모 사회에서 기록된 바 있다.

이런 민족지학의 통찰에서 영감을 받은 심리학자들은 의례를 핵심적 요소들로 체계적으로 분해하기 시작했다. 의례란 다양하고 미묘한 방식으로 우리 정신의 프로그램 속 버그를 활용하는 '정신 조작mind hack' 의 집합체라고 할 수 있다. 공동체 의례에서 가장 흔하게 발견되는 능동적 요소 세 가지, 즉 동조성synchrony, 목표 지향적 협력, 리드미컬한 음악에 대해 살펴보자.

동조성은 우리의 진화된 행위-재현 체계와 정신화 능력 모두를 활용하는 것으로 보인다. 다른 사람들과 보조를 맞춰 움직일 때, 자신의 행위를 재현하는 데 사용되는 신경 메커니즘과 다른 사람의 행위를 파악하기 위해 사용되는 메커니즘이 우리의 뇌에서 중첩된다. 결국 동조성이란 다른 사람의 움직임을 따라하고 예측하기 위해 우리 몸 자체의 재현 체계를 배치하는 방식의 신경학적 부산물이자 사소한 결함이다. 이재현들이 하나로 수렴하면서 우리 자신과 다른 사람들 사이의 구분이 흐려지며, 결국 다른 사람들을 자신과 더 비슷하게, 어쩌면 자신이 확장된 존재로 지각한다. 진화적 이유 때문에 이런 환상은 사람들의 결속을 더욱 강화하며 상호의존한다는 느낌을 창출한다.[29]

동조성은 우리의 정신화 능력을 활용하는 동시에 인간이 자신을 흉내 내는 사람을 무의식적으로 추적하고 이를 그가 자신을 좋아하고 자신과 관계 맺기를 원한다는 단서로 여긴다는 사실을 동력으로 삼는다. 이것이 가능한 이유는 모방이 우리가 다른 사람의 생각과 감정을 추론하기 위해 활용하는 도구 중 하나이기 때문이다. 가령 누군가 눈살을 찌푸리면 당신도 자동적으로 그 사람의 감정을 직관적으로 파악하기 위해 미세하게 눈살을 찌푸린다. 동작을 맞춰 춤을 추고 훈련이나 행진을 하는 동안 우리의 정신 추적 시스템은 모든 사람이 자신을 좋아하고 상호작용하기를 원한다는 수많은 잘못된 모방 단서들을 받아들인다. 그리고 우리는 보통 이런 친화적 단서에 긍정적으로 관심을 기울이고 동조적 패턴은 모든 참가자들에게 비슷한 느낌을 야기하기 때문에 좋은

의미의 피드백 고리가 생성될 수 있다.[30]

동조성 이외에 의례도 사람들을 한데 모아 공동의 목표를 위해 협동하게 함으로써 관계를 형성하고, 더욱 협동하게 만들며, 개인 간의 신뢰를 높인다. 공동의 목표에는 종종 성스러운 의식을 완수하는 것이 포함된다. 어린이와 성인 모두를 대상으로 한 연구를 보면, 공통의 목표를 위해 함께 일하는 것이 집단의 유대를 강화하고 개인 간 연계를 강화한다는 사실을 확인할 수 있다.

리드미컬한 음악은 동조적 움직임과 공동 행동을 보완하면서 세 가지 다른 방식으로 의례의 심리적 역할에 크게 기여한다. 그중 첫 번째는 실용적인 것이다. 리드미컬한 음악은 개인들, 적어도 리듬에 맞춰 움직이는 개인들이 신체 움직임을 동조화하기 위한 효과적인 메커니즘을 제공한다. 둘째, 함께 음악을 연주하는 것은 집단의 공동 목표에 기여할 수 있다. 셋째, 음악은 움직임에 추가된 소리라는 두 번째 방식으로 작동함으로써 분위기에 영향을 미쳐서 의례 경험을 향상시키기 위한 수단이 된다.[31]

이런 의례 요소들에 관한 체계적인 실험 연구는 아직 갈 길이 멀지만, 기존의 연구 결과들은 이 세 가지 효과가 시너지를 발휘한다는 것을 잘 보여주고 있다. 즉 리드미컬한 음악에 맞춰 매우 일사불란한 방식으로 함께 일하면, 각각의 요소들의 효과를 단순히 합한 것보다 유대감과 강력하게 협동하려는 의지가 더 커진다. 이런 '일사불란한 팀워크 효과'는 우리의 **상호의존 심리**를 동력으로 삼는 것으로 보인다. 이 문제에 관해서는 뒤에서 다시 논의하도록 하자.

심리학 연구에서 비롯된 이런 통찰은 인류학자들이 관찰한 내용과 일맥상통한다. 로나 마셜은 주호안시족의 황홀경 춤에 관한 메건 비젤의 설명을 풍부하게 보완하면서 이런 공동체 춤 의례의 효과를 다음과 같이 자세히 설명한다.

> 사람들은 개인적으로는 외부의 악의 세력에 맞서면서 하나로 묶이고,
> 사회적으로는 친밀함을 느끼며 하나가 된다. … 그들이 어떤 관계이
> 든, 감정 상태가 어떻든, 서로를 좋아하든 싫어하든, 서로 사이가 좋든
> 나쁘든 간에 그들은 하나가 되어 노래하고 박수치면서 음악에 빠져
> 일사불란하게 박자를 맞춰 발을 굴리고 손뼉을 치며 함께 움직인다.[32]

주호안시족의 춤은 골치 아픈 혼령을 내쫓으려는 분명한 협동적 시도이며, 사회적 상처와 지겨운 원한을 치유해주는 것은 그런 의식에 따르는 일종의 부산물이다.[33]

동작을 맞춘 움직임, 리드미컬한 음악, 목표 지향적 팀워크가 상호작용하면서 의례에 힘을 부여해서 참가자들에게 공동체의 정서와 값비싼 상호연계와 상호의존의 감각을 불어넣는다. 하지만 이것들은 우리의 심리에 적극적으로 영향을 미치는 의례의 요소들 중 몇 개에 불과하다. 다음 여러 장에서 우리는 의례가 우리 심리의 측면들을 활용하고 조작하는 다른 방식들과 마주치면서 어떻게 문화적 진화가 인간 사회를 하나로 뭉치기 위한 기본 도구 가운데 하나가 됐는지 살펴볼 것이다.[34] 이런 많은 '정신 조작'들과 마찬가지로, 의례도 우리의 심리적 버그를 사회적 기술로 전환시킨다.

그런데 만약 근친상간 금기와 사촌 간 결혼, 공동체 의례와 관련된 이 모든 일들이 '이상해weird' 보일지라도 실은 그렇지 않다. 이 관행들은 모두 많은 또는 대부분의 인간 사회에서 흔히 있는 일이다. 당신은 WEIRD한 사람이다. 이 점을 명심하자.

│ 집단 간 경쟁과 공진화한 인간 심리

이동 생활을 하는 수렵채집인들의 몇몇 제도를 잠깐 소개했을 뿐이지만, 이 제도들이 인간 종의 진화사를 지배한 힘들고 예측할 수 없는 환경에서 살아남기 위해 대단히 잘 고안된 것임이 이미 분명해진 것 같다. 가령 주호안시족의 근친상간 금기는 부모가 멀리 떨어진 친족과 자녀의 결혼을 중매하도록 강제함으로써 사회적 연결망을 크게 확대한다. 이런 장거리 연계는 가뭄이나 홍수, 부상, 습격대, 그밖에 재난이 닥쳤을 때 안전한 피난처를 제공함으로써 결실을 맺는다. 마찬가지로, 음식 금기는 폭넓게 고기를 공유하게 하고, 이는 사냥꾼이 잇따라 불운을 겪으면서 생기는 위협을 완화한다. 공동체 의례는 한 무리 안에서나 여러 무리 사이에서나 사회적 화합을 촉진한다. 이런 제도는 다양한 안전망을 만들어내고, 교역의 기회를 열어주며, 연합을 굳건하게 해준다.

집단들은 개인들이 고기를 공유하거나 매력적인 사촌과 결혼하지 않는 등 개인적 희생을 감수하도록 효과적으로 강제하는 제도를 어떻게 발전시켰을까? 사람들이 이런 제도를 고안했다거나 자신들이 하는 일을 이해했음을 보여주는 증거는 전혀 없다. 가령 주호안시족에게 근친상간 금기에 관해 물어보면, 멀리 떨어진 가족들을 상호연결함으로써 일종의 사회적 보험을 만들어내면서 제멋대로 뻗어나가는 연결망을 형성한다고 말하는 사람은 아무도 없다. 앞으로 살펴보겠지만, 이런 현상은 전형적이다. WEIRD조차 스스로 합리적으로 제도를 만들었다고 엄청나게 확신하지만, 그 제도가 정말로 어떻게 또는 왜 작동하는지 어렴풋이 알지도 못한다.

물론 모든 규범이 유익한 것은 아니며, 집단들은 실제로 걸핏하면 나이든 남성 같은 유력한 구성원들에게 유리한 규범뿐만 아니라 자의적인 규범도 발전시킨다. 때로 집단들은 개인과 공동체 모두에 해가 되는 적응성 없는 규범도 발전시킨다. 하지만 사회 규범은 상이한 규범을 지 닌 집단들이 경쟁할 때 시험대에 오른다. 이런 경우 다른 집단과의 경쟁 에서 성공하는 데 유리한 규범이 살아남아 확산되는 경향이 있다. 이런 집단 간 경쟁은 버클리가 경험한 것처럼 폭력적 충돌의 형태로 나타날 수도 있지만, 성공하지 못한 집단이 성공을 거둔 집단의 관행과 믿음을 모방하거나, 번영을 구가하는 집단이 높은 출산율, 낮은 사망률, 높은 순 이민 유입을 통해 더 빠르게 성장할 때 이루어질 수도 있다. 이런 형태, 그리고 이와 관련된 형태의 집단 간 경쟁은 다른 문화적 진화의 인력과 척력보다 집단에 유리한 규범에 도움이 되는 상쇄력을 낳는다. 더욱이 이 과정은 상이한 사회 규범을 뒤섞고 결합함으로써 갈수록 효과적이 고 협동적인 제도들을 모으고 확산할 수 있다.

확실히 이런 종류의 경쟁이 지난 1만 2,000년에 걸쳐 인간 사회의 규 모 확대를 추동했지만, 그 중요성은 우리의 진화사에서 한참 전까지, 그 러니까 농경의 기원 이전까지 확대될 수 있다. 이런 아주 오래된 경쟁의 성격과 정도에 관한 풍부한 통찰은 민족지학과 역사학을 통해 알려진 수렵채집인들에 대한 분석에서 나온다. 북극에서 오스트레일리아까지 세계 곳곳에서 수렵채집인 인구 집단들은 경쟁을 하며 제도와 기술을 가장 잘 결합한 집단이 확장하면서 효과가 떨어지는 문화적 요소를 지 닌 집단을 점차 대체하거나 동화해왔다. 가령 서기 1000년 무렵 이누이 트-이누피아크어를 사용하고, 유력한 의례와 광범위한 식량 공유 규범 을 비롯한 새로운 일군의 협동적 제도를 갖춘 인구 집단이 알래스카 북 쪽 사면에서부터 캐나다 북극 지방 전체로 퍼져나갔다. 여러 세기에 걸 쳐 이 집단은 수천 년 동안 그곳에서 흩어진 채 고립 생활을 하던 수렵 공동체들을 점차 대체했다.[35]

이런 세부적 사례들을 오래전 석기 시대 인구 집단에 관한 유전학과 고고학의 연구 결과와 결합하면서 새롭게 등장하는 그림은 농경 이전 우리의 조상들이 폭력적 충돌을 비롯한 집단 간 경쟁에 휩쓸리기 쉬웠음을 보여준다. 이런 경쟁은 지난 수천 년 동안 그래왔듯이 우리 조상들의 제도가 형성되는 데 심대한 영향을 미쳤다. 이런 사실을 놓고 볼 때, 인간 종이 진화해온 오랜 시기 동안 우리가 유전적으로 적응해야 했던 사회적 환경은 이런 오래된 형태의 집단 간 경쟁에서 살아남은 제도들에 의해 문화적으로 구성되었다.[36]

여기서 나는 이런 문화와 유전자의 공진화 과정에 의해 형성되었을 법한 인간 심리의 세 가지 특징을 간략하게 묘사하고자 한다. 첫째, 규범 위반과 관련된 평판 손상과 응징은 사회적 규칙의 존재를 신속하게 인정하고, 이런 규칙의 세부 내용을 정확하게 추론하며, 다른 사람이 규칙을 준수하는지를 곧바로 판단하고, 적어도 부분적으로는 이런 국지적 규범을 사회 세계를 헤쳐나가기 위한 빠르고 경제적인 휴리스틱으로 내면화하는 심리에 유리했을 것이다. 이런 선택 압력은 강력했을 것이다. 인류학에서 알려진 수렵채집인 사회에서 규범 위반자는 숙련된 사냥 파트너와 아이를 잘 낳는 짝, 소중한 같은 편을 잃었다. 이렇게 제재를 해도 위반자가 질서를 지키지 않으면, 수렵채집인들은 배척, 구타, 심지어 처형까지 제재를 강화했다. 가령 버클리가 설명하는 와타우룽족의 경우에 여자가 남편이 죽은 뒤 남편 형제와 결혼하는 것(수혼)을 거부하면 살해당한다.[37]

우리의 공진화된 사회심리에서 두 번째로 중요한 특징은 사회 규범이 집단 내 개인들 사이에서 점차 상호의존의 그물망을 형성하면서 생겨났다. 집단 간 경쟁에 의해 추동된 규범은 사회적 안전망을 만들어내고, 광범위한 식량 공유를 강제하고, 공동 방어를 촉진했다. 상호의존이 어떻게 생겨나는지를 알려면, 앞에서 논의한 식량 공유 규범을 생각해보라. 우리가 사냥꾼 다섯 명과 각각의 배우자, 부부당 두 명씩 아이가 있는 작은 무리를 이루어 산다고 상상해보자. 모두 합해 20명이다. 사냥은 어렵기 때문에 사냥꾼들의 사냥 성공률은 5퍼센트에 불과하다. 따라서 각 핵가족은 평균적으로 다섯 달마다 한 번씩 한 달 내내 고기를 먹지 못한다. 하지만 만약 우리가 사냥한 동물을 공유하면 우리 무리는 고기 없이 한 달을 버티는 일이 거의 없다(0.05퍼센트 이하의 확률). 흥미롭게도, 우리가 고기를 공유하기 때문에 당신과 당신 가족의 생존은 어느 정도 나에게, 즉 나의 건강과 생존에 달려 있다. 만약 내가 죽으면 당신과 당신 가족이 고기 없이 한 달을 살게 될 확률이 4배로 높아진다. 설상가상으로 내가 죽으면 다른 사냥꾼이나 그의 배우자가 몇 넌 안에 죽을 확률도 높아진다. 영양 부족으로 병에 걸리기 쉽기 때문이다. 또 다른 사냥꾼이 죽거나 배우자가 죽어서 무리를 떠나면, 당신이 한 달 동안 고기를 먹지 못할 확률이 원래의 상황보다 22배 높아지며, 이제 다른 누군가가 또 병에 걸리거나 죽을 확률이 높아진다.

진화적 관점에서 보면 식량을 공유하는 것과 같은 사회 규범은 (생존하고 번식할 수 있는 능력과 같은) 개인의 적응도가 무리를 이루는 다른 모든 이들의 적응도와 얽혀 있음을 의미한다. 각자의 안녕에 직접적으로 기여하지 않는 성원들도 예외가 아니다. 만약 당신의 배우자가 아픈 당신을 간호해서 건강을 되찾게 해주고 당신이 사냥한 짐승을 나와 내 아이들과 공유한다면, 나는 당신 배우자의 안녕을 걱정해야 한다. 이런 사실은 공동 방어와 관련된 듯 보이는 다른 많은 규범에도 적용된다. 실제로 폭력적인 집단 간 충돌에 따른 위협이 상호의존에서 가장 중요한 영역일 것이다. 전반적으로 볼 때, 협동적 규범으로 다스려지는 식량 공유와 방어 같은 영역의 수가 많을수록, 집단 성원들 사이의 적응도에서 상호의존의 정도가 커진다.

그 결과, 사회 규범은 각 개인의 건강과 생존이 다른 거의 모든 이들과 연결되어 있는 공동체를 창출한다. 심리학적으로 볼 때, 자연선택은 타인과의 상호의존을 평가하고 이런 평가를 활용해서 연계, 개인적 관심, 타인에 대한 지원의 동기를 부여하도록 우리의 마음을 모양 지었다. 상호의존을 가리키는 단서들로는 함께 먹기, 사회적 유대 공유, 공동의 기획에 관한 협력, 트라우마적 사건의 공동 경험 등이 있다. 그리고 비록 사람들은 평생에 걸쳐 계속해서 상호의존을 평가하지만, 이런 단서들 중 다수가 어린이, 청소년, 젊은 성인 시절에 평생 이어지는 사회적 연결망을 구축할 때 가장 강력하게 작동한다. 지금까지 살펴보았고 앞으로도 다시 짚어보겠지만 문화적 진화는 우리의 상호의존적 심리의 측면들을 활성화하고 조작하고 확대하기 위해 의례, 혼인 체계, 경제적 교환을 비롯한 제도들을 만들었다.[38]

문화적 진화는 또한 사람들의 상호의존적 연결망을 넘어서 더 큰 규모로 부족적 심리에 유리한 선택 압력을 발생시키는 다양한 공동체들의 모자이크를 창조했다. 문화적 진화는 우리가 다른 사람들에게 배우는 방식 때문에 흔히 종족언어적 공동체를 만들어낸다. 이 인구 집단들은 언어, 방언, 의복('종족의 표지')과 관련해서 쉽게 확인 가능한 일군의 특성뿐만 아니라 집단 성원들 사이에 상호작용을 촉진하는 교환, 양육, 친족 관계, 협동 같은 영역을 다스리는 근원적인 일군의 사회 규범을 특징으로 삼는다. 자연선택은 각 개인이 이런 다양한 집단들로 이루어진 사회 세계를 능숙하게 헤쳐나갈 수 있도록 돕기 위해 (자신이 속한 집단과는 다른 종족 표지와 규범을 가진) 다양한 부족 공동체에 관한 정보를 습득하고 활용하며 자신과 같은 종족 표지를 가진 이들과 우선적으로 상호작용하고 그들에게 배우기 위한 몇 가지 정신적 능력과 동기를 선호했다. 오랜 기간에 걸쳐 이런 식의 학습과 상호작용이 흔히 혼인 규범에 영향을 미치면서 결국 (자신과 방언이나 의복, 그밖의 관습을 공유하지 않는) 다른 부족이나 종족 집단에 속한 사람들과 결혼하는 것을 금지하는 결과로 이어졌다. 이런 혼인 규범은 유사한 제도와 공유하는 정체성 관념을 중심으로 구성된 별개의 부족, 종족 집단, 카스트 등의 형성을 촉진했다.[39]

인간 심리와 제도의 공진화

이 책에서 나는 친족 관계, 상업 시장, 자발적 결사체와 관련된 제도들이 어떻게 WEIRD의 심리를 형성하고 경제적 번영을 가져오는 데 기여한 중요한 심리적 변화를 유도했는지를 보여주고자 한다. 이 모든 일이 어떻게, 왜 일어났는지를 설명하는 열쇠는 우리의 심리가 어떻게 제도를 형성하고 제도가 어떻게 우리의 심리를 형성했는지를 설명하는 데 있다. 근친상간의 금기 같은 규범을 비롯한 결혼과 친족 관계를 살펴봄으로써 나는 이미 우리 심리의 진화된 측면들이 이런 가장 기본적인 제도들에 어떻게 영향을 미치는지를 보여주기 시작했다. 이제 제도가 우리의 뇌와 심리, 행동을 형성할 수 있는 세 가지 방식을 간략하게 설명하며 인과관계의 화살표 방향을 돌려보고자 한다.

1. **우발적 효과**: 이는 서로 다른 제도적 형태가 우리의 지각과 판단, 감정을 임의로 형성하는 방식이다. 이 경우 우리의 뇌는 자신이 처한 상황을 해석하고 그에 대한 반응을 조정하기 위해 사용하는 단서를 변경하면서 뇌의 신경 연결을 변화시킨다. 이런 단서들은 지속적으로 심리를 변경하지 않은 채 **순간적으로** 사람들의 행동을 바꾼다. 예를

들어 우리는 '하느님이 지켜보고 있다'라는 무의식적인 암시가 신자로 하여금 낯선 이를 더 공정하고 협동적으로 대하게 만든다는 사실을 살펴볼 것이다.

2. **문화적 학습과 직접 경험:** 제도에 의해 생겨난 유인에 적응하는 과정에서 우리는 진화된 문화적 학습 능력을 활용해서 다른 사람들로부터 동기와 휴리스틱, 정신적 모델, 관심 양상 등을 습득한다. 가령 나는 문화적 학습이 우리의 뇌를 변경해서 현금 보상을 기꺼이 기다리게 할 수 있음(인내심)을 설명했다. 물론 각 개인은 규범을 위반해서 응징을 받거나 독서 같이 문화적으로 소중히 여겨지는 영역에서 출중한 실력을 발휘해서 칭찬을 받는 식으로 자신의 직접 경험을 통해 배울 수도 있다.

3. **발달상의 영향:** 우리의 뇌 발달은 대부분 청소년기와 아동기, 심지어 더 이른 시기에 이루어지기 때문에 우리의 초기 인생 경험을 형성하는 사회 규범이 특히 우리 심리에 커다란 영향을 미칠 수 있다. 예를 들어, 점점 늘어나는 증거를 볼 때, 우리는 다섯 살 이전에 경험하는 스트레스를 비롯한 여러 환경적 단서를 근거로 우리의 생리와 심리, 동기의 측면들이 형성되도록 진화한 것 같다. 성인이 되면 이런 초기의 성향이 우리의 자제력과 위험 감수, 스트레스에 대한 반응, 규범의 내면화, 인간 관계에 영향을 미친다. 문화적 진화는 우리의 초기 삶의 모양을 규정함으로써 우리의 뇌와 호르몬, 의사결정, 심지어 우리의 수명도 조작할 수 있다.[40]

이러한 직접적인 방법 외에도, 문화적 진화는 우리가 제도적 세계에 성공적으로 적응하는 데 도움을 준다. 그 방법 중의 하나가 문화적 요소로 구성된 세계에서 미래에 성공할 수 있도록 (게임, 이야기, 의식, 스포츠,

사회화 훈련과 같이) 정신과 신체를 연마하는 관행이나 '훈련 요법'을 조합하는 것이다. 예를 들어 아이들이 잠들기 전에 동화책을 읽어주는 것은 (문화적으로 정의된) 미래의 성공에 도움이 되도록 아이들의 뇌를 훈련하는 데 도움이 되는 문화적 관행일 수 있다.

이 문제를 고찰할 때, 집단 간 경쟁과 문화적 진화가 우리 머릿속에 그려진 이 모든 길을 포함하는 심리와 제도의 묶음 전체에 작용한다는 사실을 유념해야 한다. 가령 강력한 식량 공유 규범은 어린이나 유아일 때 극심한 식량 부족을 겪는 사람이 없도록 보장함으로써 그런 충격 때문에 장기적인 심리적 변화가 나타나는 사태를 피하게 해준다. 다시 말해, 순조롭게 기능하는 사회안전망을 창출하는 사회 규범의 진화는 영양결핍으로 심한 스트레스를 경험하는 어린이의 비율이 낮아지도록 한다(이런 결핍은 평생 이어지는 충동성, 자제력, 스트레스 반응 등에서 변화를 촉발한다). 공동체 차원에서 보면, 이렇게 유도된 심리적 변화는 은행이나 신용기관 같은 일정한 제도의 기능을 향상시킬 수 있다. 그리하여 일부 제도는 인구 집단의 심리를 개체 발생적으로 형성하는 방식 때문에 확산된다.[41]

심리와 제도라는 공진화 듀엣에 미치는 가장 중요한 영향은 아마 이런 정신적 변화가 등장하고 확산되는 새로운 규범, 관념, 관행, 믿음의 종류에 어떤 파급력을 미치는지에 있을 것이다. 한 심리를 가진 인구 집단이 무시하는 규범이나 믿음을 다른 문화적 심리를 가진 인구 집단이 좋아하고 받아들일 수 있다. 앞으로 살펴보겠지만, 개인에게 '권리'를 부여하고 그런 권리를 바탕으로 법률을 고안한다는 특정한 관념은, 사람을 무엇보다도 독립적인 행위자로 간주하고 사물과 사람에게 속성, 경향, 본질을 할당함으로써 문제를 해결하려고 하는 분석적 사고를 하는 사람들로 이루어진 세계에서만 타당성을 갖는다. 만약 법에 대한 이런 접근법이 상식처럼 들린다면, 당신은 정말로 WEIRD다.

| 제도는 바뀌고 심리는 적응한다

인간의 심리, 정치, 경제, 역사적 패턴을 설명하려는 모든 시도는 인간 본성에 관한 가정에 의존한다. 대다수 논문은 인간이 합리적이고 이기적인 행위자이거나 모호한 문화적 힘들이 행군 명령을 새겨주기를 기다리는 빈 서판이라고 가정한다. 진화와 심리를 진지하게 다루는 접근법들조차 여전히 대체로 '정신적 통일성 교의', 즉 모든 사람이 어느 정도는 심리적으로 구별 불가능하다는 관념을 받아들인다. WEIRD의 개인과 사회 모델에 뿌리를 두기 때문에 이런 가정이 대개 조용히 눈에 띄지도 않은 채 슬그머니 끼어들 수 있다. 하지만 나는 그 대신 이후의 장들에서 인간 본성의 핵심적 측면 몇 가지를 간략히 서술하고 그 근거를 설명할 것이다.[42] 그 전에 먼저 염두에 두어야 할 가장 중요한 점은 다음과 같다.

1. 인간은 문화적 종이다. 우리의 뇌와 심리는 다른 사람들의 사고와 행동에서 얻은 정보를 습득하고 저장하고 조직화하는 작업에 전문화되어 있다. 우리의 문화적 학습 능력은 우리의 정신을 직접적으로 재구성하고, 우리의 선호를 재조정하며, 우리의 지각을 개조한다. 앞으로 살펴보겠지만, 문화는 우리의 생물학에 파고들어 우리의 뇌와 호르몬과 행동을 바꾸기 위한 많은 트릭을 고안해냈다.
2. 사회 규범은 문화적 진화에 의해 하나의 제도로 고착된다. 우리는 강력한 규범 학습자로서 광범위한 자의적 사회 규범을 습득할 수 있다. 하지만 습득해서 내면화하기 가장 쉬운 규범은 우리의 진화된 심리의 측면들을 깊숙이 활용한다. 나는 친족에 기반한 이타주의, 근친상

간 회피, 짝 결속, 상호의존, 부족적 소속 등 우리의 진화된 심리의 몇 몇 측면을 부각했다.

3. 물고기가 물을 헤아리지 못하듯이 제도 안에서 움직이는 사람들은 대개 제도를 파악하지 못한다. 문화적 진화는 대체로 느리고 미묘하게, 그리고 의식적 인식 바깥에서 이루어지기 때문에 사람들은 자신들의 제도가 어떻게, 또는 왜 작동하는지, 아니 제도가 어떤 역할을 한다는 사실 자체를 거의 이해하지 못한다. 사람들이 자신의 제도에 관해 만들어내는 명시적인 이론은 대개 사후적인 것이며 종종 틀린 내용이다.

Chapter 3

집단적 친족의 해체와
국가 제도의 등장

나는 우리의 철학자들이 마치겐카족과 함께 살았다면 … 인간은 사회적
동물이라는 개념을 크게 의심했을 것이라고 본다.

_안드레스 페레로 신부(1966),
페루 아마존 지역에서 마치겐카족을 보살핀 가톨릭 선교사[1]

문화적 진화가 우회적으로 WEIRD의 심리와 근대 사회를 이끌어낸 과정을 이해하려면 우선 지난 1만 2000년에 걸쳐 대규모 협동, 정치적 통합의 확대, 폭넓은 교역 연결망을 추동한 좀 더 전반적인 과정을 탐구할 필요가 있다. (식량 생산을 위한) 농경과 목축이 시작된 이래 인간 종은 어떻게 유연한 사회 연결망을 가지고 있고 비교적 평등한 구석기시대의 수렵채집인 사회에서 거대한 규모의 근대 세계로 변화한 걸까? 앞으로 살펴보겠지만, 그 근원적인 과정은 본질적으로 앞에서 묘사한 것과 동일하며, 아마 식량 생산이 발전하기 전부터 수만 년, 아니 심지어 수십만 년 동안 작동했을 것이다. 몇몇 구석기 사회는 이 과정을 거치며 몇백 년 동안 규모가 커지면서 점점 더 복잡해지다가 결국 급변하는 기후의 압력을 견디지 못하고 붕괴했을 것이다. 결정적인 차이는 식량 생산을 통해 집단 간 경쟁이 문화적 진화에 미치는 영향이 어떻게 바뀌었으며, 또 이것이 우리의 제도와 심리를 어떻게 형성했는지에 있다.

나는 각 사회가 규모를 확대해나간 **전형적인** 방식을 설명함으로써 고대 후기와 중세 초기에 유럽의 일부 인구 집단이 어떻게, 그리고 왜 통상적인 궤적에서 벗어나 완전히 새로운 경로를 밟게 됐는지를 살펴보고자 한다. 이 경로는 인류 역사에서 이전에 접근하지 못한 길이었다.

농경이 시작되던 시기에 모든 사회는 가족의 유대, 의례적 결속, 영속적인 개인 간 관계에 뿌리를 둔 제도 위에 세워졌다. 그리고 새로운 제도는 언제나 이와 같은 오래된 토대 위에서 기존의 형태를 다양하게 확대하거나 강화하는 방식으로 형성된다. 다시 말해, 가족, 결혼, 의례, 개인 간 관계 등 친족에 기반한 제도와 관련된 사회 규범은 사회의 규모가 커짐에 따라 더욱 복잡해지고 집중되었을 뿐이다. 이후에 친족에 기반한 제도만으로는 사회의 규모를 더 이상 늘리기에 충분하지 않게 되자 친족에 기반하지 않고 친척과 무관한 제도가 추가로 발전했다. 하지만 결정적으로 이런 제도 또한 항상 친족에 기반한 제도라는 뿌리 깊은 토대 위에 세워졌다. 친척과 무관하고 비개인적인 새로운 제도를 만들 때 사람들이 오래된 친족 기반 제도를 간단히 무시해버릴 수 없었다는 사실은 연구자들이 말하는 이른바 강한 **경로 의존성**path-dependence을 만들어낸다. 다시 말해, 새로운 형태는 언제나 오래된 형태 위에 세워지기 마련인데, 오래된 형태가 우리의 진화된 영장류 심리에 고정되어 있다면 새로운 제도가 발전할 수 있는 경로의 수는 제한되어 있다.[2]

거대한 공동체, 일라히타의 특별한 의례

20세기 중반 세픽Sepik이라는 뉴기니의 외딴 지역에서 연구하던 인류학자들은 마을마다 주민이 약 300명, 그 가운데 남자가 80명을 넘는 경우가 거의 없다는 사실을 알게 되었다. 300명은 소수의 부계 씨족으로 나뉘었다. 공동체가 이 규모를 넘으면 분열이 생기기 시작했고, 결국 씨족 간의 사회적 불화가 발생했다. 큰 마을은 앙숙이 된 작은 마을들로 쪼개졌고, 충돌을 줄이기 위해 서로를 밀어냈다. 이처럼 씨족 간의 불화가 폭발하는 이유는 대체로 결혼이나 간통, 마술 때문에 생긴 죽음에 관한 견해차였지만, 종종 고질적인 불만이 갈등을 촉발하기도 했다.[3]

전쟁과 습격으로 지속적으로 치명적인 위협을 받으면서도 이 공동체들의 규모가 비교적 작은 것은 당혹스러운 사실이다. 다른 마을들이 대략 똑같은 무기와 군사 전술을 갖고 있는 상황에서 인구가 많은 마을은 커다란 영향을 발휘할 수 있었기 때문이다. 공동체 규모가 클수록 안전하고 안심할 수 있었고, 그것이 제대로 움직이는 공동체를 만들고 그 규모를 확대하기 위해 사활을 거는 동력이 되었다. 그렇지만 협동의 규모를 가로막는 보이지 않는 천장이 있는 것 같았다.[4]

이 '300명 규칙'에는 인상적인 예외가 하나 있었다. 일라히타Ilahita라는 이름의 아라페시족Arapesh 공동체가 39개 씨족을 통합해서 2,500명이 넘는 인구 집단을 만든 것이다. 일라히타 마을의 존재는 생태적 또는 경제적 압박이라는 근거로 300명 규칙을 설명하는 간단한 가설들을 잠재웠다. 일라히타의 환경과 기술은 주변에 있는 공동체의 것과 다를 게 없었기 때문이다. 다른 곳과 마찬가지로 일라히타 마을 사람들도 돌로 만든 도구와 뒤지개digging stick를 사용해서 얌과 타로, 사고(야자나무의 속살에서 얻는 녹말)를 재배했고, 그물로 돼지나 왈라비(캥거루과의 동물-옮긴이), 화식조를 사냥했다.[5]

1960년대 말 인류학자 도널드 투진Donald Tuzin이 이 부족에 대한 연구를 시작했다. 그가 알고자 했던 것은 단순했다. 일라히타 마을은 어떻게 규모를 키울 수 있었을까? 왜 다른 모든 공동체와 달리 붕괴하지 않았을까? 투진의 자세한 연구를 보면, 일라히타의 사회 규범, 그리고 의례와 신들에 관한 믿음이 씨족 전체를 연결하는 정서적 다리 역할을 하면서 내부의 화합을 촉진하고, 마을 전체에 깊은 유대감을 심어주었음을 알 수 있다. 이와 같은 일련의 문화적 측면들이 일라히타의 여러 씨족과 작은 마을들을 하나의 통일된 집단으로 연결함으로써 더 큰 규모로 협동하고 공동 방어를 할 수 있도록 했다. 일라히타의 사회 규범 결합체는 탐바란Tambaran이라는 고유한 형태의 제례를 중심으로 이루어졌다. 탐바란은 세픽의 많은 집단들이 여러 세대에 걸쳐 받아들인 제례였지만, 일라히타의 탐바란은 독특했다.

그 지역의 대다수 공동체와 마찬가지로 일라히타도 부계 씨족들로 조직되었는데, 이 씨족들은 대개 몇몇 친척 혈족들로 구성되었다. 씨족 성원들은 자신들이 조상신으로부터 아버지를 통해 이어지는 혈통으로 연결된다고 생각했다. 각 씨족은 땅을 공동으로 소유하고 서로의 행동에 대해 공동으로 책임을 졌다. 결혼은 중매로 이루어져 보통 갓 태어난 딸이나 누이의 혼처가 이미 정해졌고, 여자가 남편이 사는 작은 마을로 들어가 살았다(부계 거주). 남자는 부인을 여럿 둘 수 있었기 때문에 나이가 많고 명망이 높은 남자는 대체로 젊은 부인을 새로 얻곤 했다.[6]

하지만 세픽 지역의 다른 공동체들과 달리, 일라히타 씨족들과 작은 마을들은 쌍을 이루는 8개의 복잡한 의례 그룹으로 나뉘었다. 탐바란의 일환으로 이 그룹들이 모든 의례를 조직하고 일상생활도 대부분 같이 했다. 가장 높은 단계에서 마을은 둘로 나뉘는데, 이를 A그룹과 B그룹이라고 하자. A그룹과 B그룹은 각각 다시 반으로 나뉘는데, 이 두 번째 단계에서는 첫 번째 단계에서 나뉜 의례 그룹 A와 B를 수평으로 분할하여 A1, B1, A2, B2의 하위그룹이 생겨난다. 이제부터 A2그룹의 사람들은 B2그룹의 사람들과 연결된다. 둘 다 하위그룹2에 속하며, 사회 규범에 따라 그들은 이따금 의례와 관련된 일을 함께 해야 한다. 각 하위그룹은 다시 두 개의 하위-하위그룹으로 나뉜다. 이 과정은 다섯 단계에 걸쳐 이루어진다.

이런 의례 그룹에는 다양한 상호 책임을 지면서 마을 전체를 십자형으로 가로지르는 상호 의무의 연결망이 만들어진다. 예를 들어, 모든 가구가 돼지를 기르지만 자기 집 돼지를 먹는 것은 역겨운 행위로 간주된다. 사람들은 자기 돼지를 잡아먹는 것은 자기 아이를 잡아먹는 것이나 마찬가지라고 느낀다. 그 대신 한 의례 그룹(가령 A그룹)의 성원들은 다른 그룹 사람들(B그룹)에게 돼지를 주었다. 이처럼 돼지 기르기 같은 단순한 활동에도 신성한 의미가 있는 동시에 전체 인구 집단이 더 큰 경제적 차원에서 서로 의존하게 된다. 공동체 의식을 할 때면 의례 그룹들이 번갈아가며 쌍을 이룬 의례 그룹의 남자들에게 성년식을 해주어야 한다. 일라히타 남자들은 각기 다른 다섯 개의 성년 의례를 통과해야만 소년이 남자가 되어 결혼할 수 있는 특권을 얻고, 의례와 관련된 비밀스러운 지식을 습득하고, 정치 권력을 확보할 수 있다. 하지만 신성한 믿음에 따라 이 의례들은 상대방 의례 그룹이 수행해야 하며, 따라서 존경받는 남자가 되어 의례(와 정치)의 위계에서 위로 올라가기 위해 모든 남자는 다른 일라히타 씨족 남자들에게 의존한다.

또한 이런 의례적 의무와 함께 탐바란 규범은 마을 전체가 대규모 공동체 사업에서 협력할 것을 요구하는데, 공동체의 다른 구조물보다 훨씬 거대한 혼령의 집이 이런 사업에 해당한다(〈그림 3.1〉).

투진의 민족지학은 의례에 관한 많은 심리학적 연구와 일치하면서 이런 상호 의무와 공동 사업이 개인들 사이는 물론이고 (이 맥락에서 가장 중요한) 여러 씨족과 작은 마을 간의 정서적 결속을 형성하게 했음을 시사한다. 이런 효과의 대부분은 아마 우리의 진화된 상호의존적 심리를 건드리는 데서 나오는 듯하다. 흥미롭게도 이것은 거대한 경제적 교환 없이는 어느 누구도 생존하지 못하는 현대 사회에서 형성되는 '진짜' 상호의존이 아니라 일종의 문화적으로 구성된 상호의존이다. 세픽의 다른 지방에서 그런 것처럼, 일라히타의 씨족들은 각자 경제적으로 독립하면서 얌을 재배하고 돼지를 기르고 스스로 알아서 성년식을 할 수도 있다. 하지만 일라히타의 탐바란 신들은 그런 활동을 금지함으로써

〈그림 3.1〉 탐바란 혼령의 집 앞에서 벌어지는 의례 춤

응그왈 부나푸네이Nggwal Bunafunei라는 이 의례에서 몇몇 여자는 창을 들고 있고, 성년식을 치른 남자의 부인 몇 명은 뒤로 춤을 추면서 원 왼쪽에 있는 남편들이 구사하는 미녀 주술(beauty magic, 주문을 외워 못생긴 배우자를 미녀로 만드는 주술—옮긴이)을 찬양한다. 부인들은 찬양의 의미로 조개껍데기 고리를 치켜들고 있다. 몇몇 여자는 식물 섬유질로 만든 자루에 조개껍데기를 채워 등에 메고 있는데, 춤을 출 때마다 리듬에 맞춰 쩔렁거리는 소리가 난다(조개껍데기 고리를 든 여자는 9시 방향, 자루를 멘 여자는 4시 방향 – 옮긴이).**7**

'인위적으로' 상호의존하게 한다.[8]

일라히타의 탐바란은 또한 심리적으로 강력한 공동체 의례를 통합했다. 탐바란 신들은 공동으로 음악을 만들고 동작을 맞춰 춤을 추는 동시에 인류학자들이 말하는 이른바 **공포 의례**를 요구했다. 흔히 사춘기 소년들에게 행해지는 이 의례는 참가자로 하여금 고통과 고립, 궁핍, 그리고 어둠 속에서 가면을 쓴 괴물이 나타나고 자연에서 들을 수 없는 소리가 들리는 두려움을 경험하게 한다. 이번에도 새로운 심리학적 증거는 인류학이 오랜 시간 동안 예측했던 것이 사실임을 입증해준다. 공포를 함께 경험하면 강력한 기억과 깊은 정서적 연계가 형성되어 참가자들을 평생 동안 결속하도록 한다. 이 의례는 함께 전투를 치른 군인들 사이에서 생겨나는 '전우' 현상을 창출한다. 이렇게 제도화된 형식에 따라 진행되는 의례는 각기 다른 씨족의 젊은 남자들을 한데 모아서 스스로 적극적으로 이와 같은 심리적 효과를 얻도록 유도한다. 이로써 새로운 세대마다 영속적인 개인 간 결속이 형성된다.[9]

공포 의례는 세계 곳곳의 소규모 사회에서 독자적으로 진화했지만, 일라히타는 다섯 단계의 성년식을 통해 특히 강렬한 결속을 형성한다. 이 과정은 다섯 살 무렵에 시작된다. 어머니 품에서 떨어진 남자아이들은 쐐기풀을 고환에 문지르면서 남자들만이 경험하는 화려한 의례의 세계로 들어간다. 그러고는 죽을 듯한 통증을 느끼면서 이 특별한 의례에 관해 여자들에게 절대 발설해서는 안 된다는 경고를 받는다. 아홉 살 무렵에 진행되는 두 번째 성년식은 대나무 면도날로 성기를 긋는 것에서 정점에 달한다. 사춘기 동안 성년식을 치르는 소년들은 몇 달간 은밀한 마을에 고립된 채 몇 가지 먹고 싶은 음식을 먹는 게 금지된다. 마지막 의례에서 참가자들은 탐바란 신들을 '먹이기' 위해 적 공동체의 남자를 사냥해서 죽여야 한다. 이 강렬한 의례를 통해 일라히타의 여러 씨족

과 작은 마을들을 하나로 묶어주는 결속력이 한층 강화된다.[10]

이런 사회·의례 체계에는 강력한 일련의 초자연적인 믿음이 스며들어 있다. 특정한 씨족들만을 관장하는 조상신들과 달리 탐바란 신들은 마을 전체의 신으로 공동체를 다스린다. 마을 사람들은 자기 공동체의 번영과 명망이 탐바란 의례를 적절하게 수행하는 데서 나온다고 믿었다. 그런 의례에 만족한 탐바란 신들이 그 대가로 공동체에 화합과 안전, 성공을 가져다주었기 때문이다. 마을의 화목함에 문제가 생기면 연장자들은 사람들이 의례를 제대로 수행하지 않았다고 생각하고는 신들을 충분히 만족시키기 위해 추가 의례를 할 것을 요구한다. 연장자들이 생각한 인과관계는 잘못된 것이지만, 그래도 추가로 의례를 수행하면서 원하는 심리적 효과, 즉 사회적 화합을 개선하고 공고히 하는 결과를 얻을 수 있다. 투진의 설명에 따르면, 이런 특별한 의례를 수행하면 정말로 바로 이런 일이 벌어졌다.

탐바란 신들은 또한 마을 사람들에게 기꺼이 벌을 내린다고 여겨졌기 때문에 마을 사람들은 더 크게 화합을 이루었다. 오늘날 세계 종교에서 발견되는 인간에게 훈계를 하며 강력한 힘을 지닌 신들이 광범위하게 처벌을 가하는 힘을 가진 것과 달리, 사람들은 탐바란 신들은 의례를 제대로 수행하지 않는 사람들에게만 벌을 준다고 믿는다. 하지만 이 초자연적 처벌은 마을 사람들이 양심적으로 의례에 참여하도록 한다. 이것은 매우 중요한데, 의례가 공동체를 결속하는 중요한 사회적, 심리적 작용을 하기 때문이다.

탐바란 신이 가지고 있는 초자연적인 처벌의 능력은 마술을 사용한다는 비난 및 그와 관련된 폭력의 순환을 억제하는 역할을 한다. 다른 많은 사회와 마찬가지로 뉴기니 사람들은 많은 죽음을 우연으로 보지 않는다. 가령 감염이나 뱀에 물리는 것처럼 WEIRD가 '자연적 원인'으로 여기는 죽음이 흔히 마술 때문에 벌어진 것으로 간주된다(마술 살인). 누군가 예상치 못하게, 특히 젊은 나이에 죽으면 종종 마술 때문에 죽었다는 의견이 나오면서 때로는 씨족 간에 복수를 위한 난타전이 벌어져서 몇 년, 심지어 몇 세대 동안 지속되기도 한다. 탐바란이 일라히타에 등장한 이후에 예전 같으면 마술로 인한 것이라고 생각했을 많은 죽음이 이제 탐바란 신들의 노여움을 사서 일어난 일로 여겨졌다. 사람들은 이 신들이 의례의 의무를 다하지 않는 사람의 목숨을 앗아간다고 믿었고, 그 덕분에 죽음의 원인에 대해 같은 마을 사람들에게서 눈을 돌려 신들을 의심하게 되었다. 그리하여 이런 새로운 초자연적 믿음은 공동체의 해체로 이어질 수 있는 주요한 도화선 하나를 자른 셈이었다.[11]

전반적으로 볼 때, 탐바란은 새로운 조직 규범(의례 그룹), 일상적 관행(가령 돼지 기르기), 유력한 성년식, 초자연적 처벌에 관한 믿음 등의 사회적 삶을 재구조화하고 통합하는 복잡한 제도였다. 이런 문화적 요소들은 타고난 인간 심리의 몇 가지 측면을 활용해서 일라히타 씨족들 사이에 정서적인 결속을 강화하고 지속시켰다. 그리하여 일라히타는 많은 씨족들로 이루어진 커다란 공동체를 유지할 수 있었던 반면 다른 마을들은 분열되고 해체되었다.

그런데 일라히타의 탐바란은 어떻게 생겨난 것일까?

우선 탐바란의 기원이라고 할 수 없는 것에서부터 시작해보자. 투진이 조사한 내용에 따르면, 탐바란은 어떤 개인이나 집단이 고안한 게 아니다. 투진이 연장자들에게 탐바란이 그들의 공동체를 얼마나 우아하게 분할하고 통합하는지를 보여주었을 때, 그들은 투진만큼이나 깜짝 놀랐다. 각자의 역할과 책임, 의무에 관해 그들이 지켜온 단순한 금기와 규정, 경험적 방침은 어느 누구도 이것들이 어떻게 들어맞는지를 전반적으로 이해하지 못하는 가운데 만들어진 체계였다. 거의 모든 사회 제도가 그렇듯이, 모든 제도의 가장 중요한 요소들은 한 개인이 의식적으로 고안해낸 것이 아니며, 개인은 분명 그 요소들이 어떻게, 또는 왜 작동하는지 이해하지 못한다.[12]

그 대신 탐바란은 세대를 거쳐 진화했고, 세픽 지역 전체에 확산되며 다양한 형태로 변형되었다. 일라히타는 그냥 우연히 탐바란이 가장 잘 작동하는 형태를 만들었을 뿐이다. 여기 투진이 짜 맞춘 이야기가 있다.

19세기 중반에 세픽 지역의 아벨람Abelam이라는 부족이 공격적으로 세력을 넓히면서 영역을 확대해나갔고, 여러 가족과 씨족들은 마을을 버리고 도망쳐야 했다. 아벨람족은 다른 집단에 비해 군사적으로 성공을 거두었기 때문에 많은 이들이 그들이 새로운 의례를 만들어서 강력한 초자연적 힘들을 이용할 수 있다고 생각했다. 1870년 무렵, 일라히타의 연장자들이 이 피란민들 중 몇 사람에게 탐바란에 관해 배웠다. 일라히타는 다가오는 아벨람족의 공격에 맞설 수 있는 최선의 길은 그들로부터 탐바란을 베끼는 것이라고 결정했다. 불에는 불로 맞서자는 것이었다. 일라히타는 피란민들이 설명하는 탐바란의 내용을 끼워 맞춰서 나름의 형태를 만들었다.

결정적으로, 일라히타의 탐바란은 결국 아벨람의 그것과 비슷한 것에 그쳤는데, 재구성하는 과정에서 부주의 때문에 중대한 '복사 오류'가 여럿 생겼다. 세 가지 핵심적 오류가 있었다. 첫째, 일라히타는 자신들의 씨족 구조에 맞지 않게 의례 그룹을 조직했다. 즉, 뜻하지 않게 더 큰 범위에서 의례 그룹을 분할하고 통합한 것이다. 가령 일라히타 체계에서는 형제들을 각기 다른 의례 그룹에 포함시켜 씨족을 분할했다. 이와 달리 아벨람의 체계는 형제들을 한 그룹에 넣어 하나의 씨족이 하나의 의례 그룹을 구성하게 했다. 둘째, 오해 때문에 더 크고 힘이 센 탐바란 신들이 생겨났다. 탐바란 신들은 구체적인 이름이 있다. 아벨람족 사이에서는 각 씨족의 조상신들의 이름을 붙였다. 따라서 아벨람의 탐바란 신들은 조상신들을 모아놓은 것에 불과하다. 일라히타에서는 각 씨족에 이미 나름의 조상신이 있었다. 일라히타의 연장자들은 아벨람의 신성한 이름을 알지 못했기 때문에 탐바란 신들을 자기들 씨족의 신들과 합침으로써 사실상 마을 차원의 신들을 만들어냈다. 전에는 어디에도 없던 존재였다. 신의 크기를 재는 게 이상해 보일지 모르겠지만, 이런 복사 오류 때문에 탐바란 신들은 39배나 커졌다. 이제 이 신들은 하나의 씨족 꼭대기에 앉아 있는 게 아니라 39개 씨족을 다스리는 위치로 격상했다. 마지막으로, 일라히타의 연장자들은 아벨람의 네 번의 성년식에 자기들이 하던 아라페시족의 의례를 덧붙여서 성년식을 다섯 단계로 만들었다. 이런 변화는 나이든 남자들이 탐바란 체계에서 빠져나가는 연령을 끌어올림으로써 사실상 가장 힘이 센 연장자들의 나이가 아벨람족보다 10년 더 많고 따라서 더 지혜롭게 만들어주었다.[13]

이렇게 탐바란을 새롭게 받아들인 덕분에 일라히타는 아벨람족의 가차 없는 진군을 멈춰 세우고 자신들의 영역을 넓혔다. 일라히타는 이후 수십 년간 다른 마을들에서 피란민이 몰려들면서 몸집을 한층 더 불렸다. 이주민들은 일라히타의 씨족들과 친족이나 혼인의 유대가 없었지만 탐바란 의례 체계를 통해 공동체에 편입되었다.

▎ 공동체의 확대를 위한 과정들

일라히타는 폭넓게 협동하면서 사회의 규모를 확대하는 게 얼마나 어려운지를 분명하게 보여준다. 세픽의 대다수 공동체는 치명적인 위협에 직면했을 때에도 함께 살고 일하면서 싸울 남자를 80명 이상 모으지 못했다. 게다가 300명의 규칙이 협동의 유리천장을 나타냈지만, 이 정도의 협동도 쉽고 자동적으로, 또는 별다른 노력 없이 얻어지는 게 아니었다. 전쟁과 습격이 비교적 심하지 않은 세픽의 다른 지방에서는 다른 아라페시족 인구 집단들이 더 작은 마을을 이루어 사는 것을 선호해서 한 마을이 90명도 되지 않았다.

이 사례를 통해 우리는 규모와 협동의 강도를 늘리는 두 가지 핵심적인 과정을 엿볼 수 있다. 집단 간 경쟁, 그리고 상이한 사회 규범과 제도의 '적합성'이 그것이다. 집단 간 경쟁은 적어도 다섯 가지 상이한 과정을 통해 이루어지는데, 그중 세 가지가 세픽 지역에서 나타난다.[14]

1. **전쟁과 습격:** 협동을 확대하거나, 내집단의 유대를 강화하거나, 다른 기술적, 군사적, 경제적 이익을 가져오는 사회 규범이나 믿음, 관행은 어떤 것이든 집단 간 충돌을 통해 확산될 수 있다. 더 경쟁력 있는 제도를 가진 집단이 경쟁력 없는 제도를 가진 집단을 몰아내거나 없애버리거나 동화하기 때문이다. 아벨람족의 제도는 이 과정을 통해 세픽 지역에서 퍼져나갔다.[15]

2. **차등적 이주:** 사람들은 가능할 때면 언제나 번성하거나 안전하지 않은 공동체에서 번영과 안전을 누릴 수 있는 공동체로 이주한다. 이주민들, 특히 그 자녀들은 그 지방의 관습을 받아들이기 때문에 이런 차등적 이주는 번영과 안전을 낳는 제도를 확산하는 동력이 된다. 성공한 공동체들이 실패한 공동체를 희생시키면서 성장하기 때문이다. 아벨람족의 습격으로 생겨난 피란민들이 일라히타의 안전한 품으로 도망쳤을 때 이런 일이 벌어졌다.[16]

3. **명망 편향적인 집단적 전달:** 개인과 공동체는 성공을 거두거나 명망을 떨치는 집단들에 우선적으로 관심을 기울이고 그들에게 배운다. 그리하여 성공한 집단들로부터 성공하지 못한 집단들로 사회 규범과 믿음이 확산되며, 더 경쟁력이 있는 제도들이 퍼져나갈 수 있다. 하지

만 사람들은 종종 무엇이 한 집단을 성공하게 만드는지를 구별하지 못하기 때문에 머리 모양이나 특정한 음악에 대한 선호 등 성공과 아무 관련이 없는 많은 규범과 관행도 전달되곤 한다. 일라히타에서 연장자들은 성공한 아벨람족으로부터 탐바란을 공공연하게 모방하기로 결정했다. 그 과정에서 일라히타를 비롯한 공동체들은 또한 아벨람족의 정교한 얌 재배 주술도 모방했는데, 이 주술은 어느 누구의 성공에도 기여하지 않은 듯하다.[17]

4. **충돌 없는 차등적 집단 생존**: 적대적 환경에서는 광범위한 협동과 공유를 촉진하는 제도를 가진 집단만이 생존할 수 있다. 이런 규범이 없는 집단은 가뭄이나 허리케인, 홍수 등을 겪으면서 좀 더 우호적인 환경으로 물러나거나 절멸한다. 제대로 된 제도를 지닌 집단은 다른 집단과 달리 생태적 틈새에서 번성할 수 있다. 이 과정은 집단끼리 서로 만나는 일이 없어도 벌어질 수 있다.[18]

5. **차등적 재생산**: 규범은 개인이 자녀를 낳는 속도에 영향을 미칠 수 있다. 아이들은 자기 공동체의 규범을 공유하는 경향이 있기 때문에 출산 속도를 높이거나 사망 속도를 낮추는 어떤 규범이든 확산되기 쉽다. 가령 몇몇 세계종교는 산아제한이나 생식과 무관한 성관계를 삼가는 신과 관련된 믿음 등 생식 친화적인 믿음 때문에 빠르게 퍼져나갔다.[19]

일단 한 집단에서 협동을 향상시키는 새로운 규범이 등장하면, 집단 간 경쟁을 통해 그 규범이 선택되고 앞의 과정들 중 하나나 그 이상을 통해 널리 퍼져나간다. 탐바란의 사례에서 살펴본 것처럼, 이런 집단 간 경쟁 과정은 세대를 거쳐 사회 규범을 모으고 재결합해서 사회가 통합하고 단합하고 확대할 수 있게 해준다.

하지만 문화적 진화에 관해 사고할 때, 집단 간 경쟁이 여러 힘 가운데 하나에 불과하며, 경쟁은 (인구 집단에 속한 개인, 가족, 씨족 등) 모든 차원에서 일어난다는 것을 깨닫는 게 중요하다. 씨족은 내부 갈등을 줄이는 등의 방식으로 성원들 사이에 유대를 만들어내는 강력한 심리적 수단을 제공한다. 하지만 세픽 지역에서 벌어진 것처럼, 씨족들이 종종 서로 사이가 좋지 않기 때문에 더 큰 사회로 규모를 늘리려면 씨족들을 통합하거나 해체해야 한다. 실제로 규범이 하위집단들 내에서 더 효과적으로 협동을 이끌어낼수록 하위집단들을 통합하고 규모를 확대하는 것이 더 힘든 일이 될 수 있다.

규모를 확대하는 과정은 또한 기존 제도와 새로운 규범이나 믿음 사이의 사회적, 심리적 '적응성'의 영향을 받는다. 새로운 규범과 믿음은 집단이 기존에 가진 문화의 맥락 안에서 등장해야 하며, 만약 다른 집단의 것을 모방한다면 고유한 제도와 들어맞아야 한다. 집단 간 경쟁의 효과를 전달하고 제약하는 것은 앞서 언급한 경로 의존을 만들어낸다. 따라서 주어진 일군의 제도는 사회 규범과 믿음, 기존 제도 사이의 '적응성' 때문에 가능한 다음 단계가 몇 가지로 제한돼 있다. 예를 들어, 일라히타는 이미 성년식이 하나 있었기 때문에 아벨람족의 네 단계 성년식을 받아들여서 단순히 추가할 수 있었다. 마찬가지로, 일라히타의 이중 의례 그룹 제도는 유연한 입양 규범이 없었다면 지속 불가능했을 것이다. 이 규범 덕분에 각 의례 그룹과 하위그룹이 생존 가능한 성원 수를 유지할 수 있었다. 이와 대조적으로, 많은 모계 사회에서는 정체성과 유산이 혈통에 의해 엄격하게 결정되기 때문에(입양은 없다), 성원을 재분배할 수단이 없어 일라히타와 같은 의례 그룹 체계가 붕괴했을 것이다.[20]

이런 규모 확대 과정에서 불가피하거나 비가역적이거나 단선적인 것은 아무것도 없다. 각기 다른 대륙과 지역의 인구 집단들이 상이한 속도와 다양한 정도로 규모를 확대했다. 흔히 생태적 또는 지리적 제약 탓에 집단 간 경쟁이 미약하기 때문에, 또는 사회 규범의 집합체가 더 높은 수준의 제도를 만들 수 있는 쉬운 경로를 제공하지 않았기 때문이다. 그리고 물론 복잡한 사회들은 사회를 통합하고 단합하게 만드는 더 높은 수준의 제도가 결국 약화돼 무너지면서 언제나 붕괴한다. 앞으로 살펴보겠지만, 전근대 국가로 이어지는 제도적 경로는 상대적으로 협소하고, WEIRD 국가로 이어지는 감춰진 오솔길을 헤쳐나가려면 특히 책략이 필요하다. 미식축구 선수처럼 갑자기 방향을 바꿔 전근대 국가 형성 쪽으로 우회를 해야 하는 것이다. 가장 규모가 작은 인간 사회에서 전근대 국가로 시선을 돌리기 위해 내가 지적 여정을 시작한 곳인 페루 아마존 지역의 마치겐카족에서 시작해보자.[21]

▮ 진정한 개인주의자, 마치겐카족

인간의 정신은 개체 발생과 문화적 진화를 통해 그들이 맞닥뜨리는 사회 세계에 적응한다. 이 때문에 우리는 대부분 우리 근대 세계를 헤쳐나가기 위해 갈고 닦은 마음은 물론이고 우리 주변 사람들의 심리와 행동이 여러 세기에 걸쳐 형성된 문화적 진화의 산물임을 과소평가한다. 법원과 경찰, 정부, 계약, 심지어 시장이나 족장, 원로 같은 지도자가 오랫동안 없었던 사회에서 사람들은 어떤 모습일까?

페루 아마존 지역에서 처음 몇 달을 지내는 동안 나는 우루밤바 강변에 있는 마치겐카족의 한 마을에서 열린 모임에 참여했다. 모임에서 메스티소 교사들과 선출직 마을 대표가 마을 사람들 모두가 힘을 합쳐서 초등학교를 새로 지어야 한다고 다급하게 말했다. 마을 사람들은 막연하게 지지하는 것 같았지만 아무도 말을 많이 하지 않았다. 다음 날 아침, 나는 약속된 시간에 그날의 활동을 기록하기 위해 카메라와 물병, 노트를 챙겨서 건설 현장에 갔다. 그런데 아무도 없었다. 30분쯤 뒤에 교사 한 명이 어슬렁거렸고, 이내 마치겐카족 남자 하나가 나타났다. 우리는 통나무 몇 개를 옮겨서 작은 톱으로 자르기 시작했다. 남자 몇이 하나둘씩 와서 일을 거들었지만, 점심때가 되자 다시 나만 남았다. 이런 일이 몇 주, 몇 달 동안 이어졌다. 결국 교사들이 수업을 중단하고 학생들에게 학교를 새로 짓게 했다. 6개월 정도에 걸쳐 몇몇 마을에서 현지 조사를 하면서 나는 이런 식의 강한 독립성을 거듭 목격했다. 내가 볼 때 마치겐카족은 근면하고, 용감하고, 평화롭고, 말투가 부드러우며, 독립적, 자립적이었다. 하지만 교사나 선출직 마을 대표의 지시를 따르지 않았고, 공동체의 일반 의지를 순순히 받아들이지도 않았다.

이런 판단은 한 순진한 대학원생이 느낀 특이한 인상이 아니었다. 나의 박사학위 지도교수인 앨런 존슨Allen Johnson이 27년 전에 다른 마치겐카 공동체를 찾았을 때, 그를 맞이한 교사가 처음 한 말은 그곳 사람들이 단합하는 모습을 별로 보지 못했다는 것이었다. 마치겐카족은 하나의 공동체로서 협동하지 못하고 협동하려는 의지도 없다는 말이었다. 마찬가지로, 이 장의 앞에서 언급한 내용은 20세기 중반에 마치겐카족과 어울려 살았던 가톨릭 선교사들의 경험을 잘 보여준다.[22]

이 인구 집단은 매력적인 사례를 제공한다. 그들의 사회는 매우 개인주의적이면서도 친족에 기반한 제도에 완전히 뿌리를 두기 때문이다. 마치겐카의 핵가족은 경제적으로 독립된 생활을 하고 필요한 것은 무엇이든 생산할 수 있다. 가구마다 텃밭이 있어서 카사바(감자 같은 뿌리 작물), 플랜틴 바나나, 파파야 등 여러 작물을 기른다. 남자들은 활과 다양한 화살을 만들어서 페커리(돼지), 맥tapir(숲소), 물고기, 새 등을 사냥한다. 여자들은 음식과 카사바 맥주를 만들고, 재료를 섞어서 약을 만들고, 무명천을 짠다. 몇 년마다 한 번씩 숲의 나무를 베고 불을 질러서 새 밭을 만든다. 전통적으로 마치겐카 핵가족은 따로 살거나 페루의 열대 숲 전역에 흩어져 소규모 확대가족의 단위로 작은 마을을 이루어 생활한다. 사회적으로 보면, 마치겐카족의 삶은 대단히 평등하고 친족의 유대로 조직된다. 사람들은 모계와 부계 양쪽으로 친족 관계가 거슬러 올라간다. 하지만 대다수 농경 정주 사회와 달리, 혈족이나 씨족, 족장, 혼인 집단, 공동체 의례 등이 전혀 없다. 가구 이외에 의사결정이나 조직과 관련된 제도도 없다. 일부 사촌에 대한 근친상간의 금기를 제외하면, 사람들은 마음대로 짝을 고르고, 자기 의사에 따라 결혼이나 이혼을 한다. 자기가 속한 작은 마을의 사람과 결혼하는 것도 가능하고 심지어 바람직하게 생각한다. 소유권은 노동이나 증여에 달려 있기 때문에 대부분의 물건은 개인이 소유한다. 자기가 만든 것이면 남에게 주기 전까지는 자기 소유다. 남자는 자기가 지은 집을 소유하고, 여자는 자기가 짠 옷을 소유한다. 토지는 사실 소유할 수 없지만, 텃밭은 나무를 베어 밭을 일구고 경작하는 사람이 일시적으로 관리한다.[23]

상대적으로 규모가 큰 세픽의 마을과 달리, 마치겐카의 작은 마을은 전통적으로 최대 규모가 25명 정도다. 분쟁이 생기면 작은 마을이 핵가족들로 분열되고, 멀리 떨어진 밭으로 떠나간다. 이따금 자기를 내세우면서 지도자가 되려는 사람은 보통 무시를 당하거나 공개적인 농담의 대상이 되어 콧대가 꺾인다. 2차 세계대전 이래 북아메리카 선교사들과 페루 정부가 마치겐카족을 초등학교 주변의 마을에 정착시키려고 노력했다. 하지만 세 세대가 지난 뒤에도 이 마을들은 여전히 각기 다른 가족들로 이루어진 작은 마을들이 불편하게 모여 있는 공간일 뿐이었으며, 가족들은 형편이 가능해지면 다시 외딴 밭의 평온한 고립 생활로 돌아갔다. 마치겐카족의 사회적 삶의 성격은 전통적으로 사람들에게 이름이 없다는 사실에서 잘 드러난다. 모든 사람이 '형'이나 '어머니', '삼촌' 같은 친족 용어로 지칭되었다. 1950년대가 되어서야 미국 선교사들이 리마의 전화번호부를 몇 장 뜯어서 마을에 정착한 마치겐카족에게 에스파냐식 이름을 붙여주기 시작했다.[24]

마치겐카족의 생활방식은 열대 숲의 생태와 대규모 사회가 가져오는 위험에 나름대로 문화적으로 적응한 결과물이다. 콜럼버스 이전 시대를 돌아보면, 커다란 강을 따라 사는 더 복잡한 부족 형태의 인구 집단들이 마치겐카족을 습격해서 노예로 삼았다. 에스파냐인들이 오기 전에는 마치겐카족 노예들이 잉카에 팔렸다. 나중에는 에스파냐인들이 잉카를 밀어냈지만 노예 매매는 계속되었다. 20세기에도 고무 생산의 호황기가 시작되면서 강 상류에 이방인이 등장한 것이 그들에게 다시 문제가 되었다.[25]

작은 마을이나 핵가족 단위로 살면서, 침입자의 조짐만 보여도 종적을 감춘 덕분에 마치겐카 사람들은 살아남았고, 결국 수가 늘어났다. 대규모 정착촌이 없었다는 점이 노예사냥에서 얻을 수 있는 이득을 감소시켰다는 것은 의심의 여지가 없다. 외딴 지류를 따라 흩어져 숨은 가족들은 착취하기가 어렵고 비용도 많이 든다. 최근 수십 년 사이에도 한 인류학자가 마치겐카족의 외딴 집에 다가갔는데, 아직 연기가 나는 불만 발견했을 뿐 아무도 보지 못했다.

이와 같은 제도와 생활방식이 마치겐카족의 심리를 형성했다. 마치겐카족은 독립적, 자립적이고 감정을 억제하며, 근면하고, 가까운 친족에게 너그럽다. 각 개인이 사회에서 존중받고 성공을 하려면 이런 특성을 배양할 필요가 있다. WEIRD와 마찬가지로, 그들도 원인을 찾을 때면 동물과 혼령의 행동만이 아니라 다른 사람들의 행동, 기질적 특성이나 욕구, 성격적 특성의 결과로 보는 경향이 있다. 그들은 또한 개인의

행동이 중요하고 각자의 운명에 영향을 미칠 수 있다고 믿는다.[26]

마치겐카족 심리의 특성은 수치심이 아무 효과를 발휘하지 않는다는 것이다. 많은 전통적인 사회에서 수치심은 사회적 통제에서 지배적인 감정으로 나타난다. 하지만 인류학자와 선교사들은 오래전부터 마치겐카족에게 수치심을 느끼게 하는 게 얼마나 어려운지 주목했다. 페레로 신부는 이런 정서를 포착하면서 다음과 같이 설명한다. "마치겐카족은 억압도 비판도 허용하지 않는다. 누군가, 심지어 자신이 도덕적 권위를 인종하는 선교사라도 자기 행동을 조정하거나 바로잡거나 막으려고 하면, 그는 곧바로 다음과 같이 말하며 자리를 뜬다. '여기서는 살 수 없다. 험담과 소문만 이야기한다. 나는 아무도 나를 귀찮게 하지 않고 나도 아무도 귀찮게 하지 않는 곳으로 가겠다.'"[27]

여러 모로 마치겐카족은 WEIRD보다 훨씬 더 개인주의적이고 독립적이지만, 사회적으로는 약간 다르다. 많은 마치겐카족 사이에서는 자기가 사는 작은 마을의 경계를 넘자마자 신뢰 관계가 급속하게 허물어지기 시작한다. 마치겐카족은 심지어 먼 친척도 의심하고 친절해 보이는 방문자들에게 어떤 꿍꿍이가 있는지 이야기한다. 규모가 큰 사회적 모임에 참석한 많은 마치겐카족은 눈에 띄게 불편해한다. 특히 낯선 사람들이 그 자리에 있으면 더욱 그렇다. 대다수 마치겐카족은 친밀한 가족 구성원들끼리 외톨이 생활을 하는 것을 더 좋아한다.[28]

지구 곳곳에 흩어져 있는 마치겐카족을 비롯한 비슷한 인구 집단들은 인간 사회의 본성과 우리의 사회성과 심리를 형성하는 제도 및 역사의 역할에 관해 중요한 통찰을 제공한다. 이 집단들이 중요한 이유는 페레로 신부의 말처럼, WEIRD 연구자들이 종종 인간은 '초사회적'이고 다른 종에 비해 대단히 협동적이라고 주장하기 때문이다. 내 답은 언제나 '어떤 인간이 그렇다는 말인가?'라는 것이다. 우리의 사회성과 심리는 대부분 제도에 좌우되기 때문에 동시대의 사회성과 인간의 다양성을 이해하기 위해서는 인간 제도의 역사를 탐구할 필요가 있다.[29]

더 큰 공동체를 위한 필요조건

최소한 100만 년을 거슬러 올라가는 인간 진화사의 많은 시기 동안 기후는 더 차고 건조하고 변덕스러웠다. 약 13만 년 전부터 농경과 목축의 기원에 이르기까지 몇 세기마다 기온이 극적으로 바뀌면서 식물을 재배할 수 없었다. 작물로 삼으려면 특정한 기후에 적응해야 하기 때문이다. 그와 동시에 이산화탄소의 농도가 낮아져서 식물 생장이 저해되면서 초기의 농경은 생산성이 낮아지고 야생 식물 먹거리가 널리 흩어지게 되었다. 앞 장에서 이동 생활을 하는 수렵채집인에 관한 설명에서 살펴봤듯이, 이런 불모의 환경에서 광범위한 친족 기반 제도에 의해 생겨난 사회적 연결망 덕분에 구석기 시대 수렵채취인들은 넓은 영역을 아우르고, 물웅덩이, 부싯돌 채석장, 과일나무 숲 같이 흩어져 있는 자원을 이용하며, 허리케인이나 가뭄 같은 날씨의 습격에서 살아남을 수 있었다. 이런 친족 제도를 가진 인구 집단이 고립된 인구 집단에 비해 더 잘 살아남고 종종 번성할 수 있었다.[30]

마지막 빙하 시대가 정점에 달한 뒤 2만 년 전 무렵부터 상황이 바뀌기 시작했다. 지구 궤도의 주기적 변화가 어느 정도 영향을 미치는 가운데 대기 중 이산화탄소의 양이 많아지면서 기후가 점차 따뜻해지고 계절이 뚜렷해지고 안정되었다. 비록 일부 계절에는 구하기 어려웠지만, 그래도 풀과 과일, 콩 등 식물의 생산성이 높아졌다. 그리하여 10만 년 넘도록 존재하지 않았던 농경으로 나아가는 생태적 문이 열렸다.[31]

비옥한 땅에서 일부 작물에 투자를 시작하기 위해서는 토지를 확보하고 보유해야 했다. 최소한 농경 공동체는 자신들이 씨를 뿌린 작물을 몇 달이나 심지어 몇 년 뒤에 거둬들일 수 있어야 했다. 이런 상황에서 의례나 종교적 믿음 등의 영역을 방어하는 데 도움이 되는 사회 규범을 가진 집단이 상당히 유리했다.

서구와 접촉하기 전의 오스트레일리아와 세픽 지역의 경우처럼, 한 집단의 영역 보유 능력은 주로 그 집단의 규모와 유대에 좌우되었다. 마찬가지로, 길들인 많은 가축은 사냥꾼들에게 쉬운 표적이기 때문에 공동체가 잘 지켜야 했다. 따라서 농경과 목축 등 식량 생산의 가능성은 사회의 규모와 복잡성을 증대하기 위한 치열한 집단 간 경쟁을 야기하는 조건이 되었고, 농경과 사회의 복잡성 사이에 공진화적 상호작용을 만들어냈다. 다시 말해, 사회가 농경과 목축에 더욱 의존할수록 규모를 키울 필요가 있었다(그 역도 마찬가지였다). 규모가 크고 단합된 사회일수록 자신들의 영역을 지키기가 수월했다.[32]

사람들이 농경을 시작한 것은 개인적으로 농경이 더 좋았기 때문이 아니다. 정반대로, 농경은 적어도 초기에는 사냥과 채집보다 생산성이 낮았을 테고, 수렵채집과 병행해야 했다. 고고학 연구에서 밝혀진 바에 따르면, 인구 집단들이 점차 농경에 의존함에 따라 곡물을 비롯한 작물 위주의 영양분이 부족한 식단 때문에 상대적으로 키가 작고 쉽게 병에 걸리고 어려서 죽는 사람들이 생겨났다. 하지만 정주 생활과 미숙련 (젊은) 노동력의 생산성이 미치는 효과 때문에 농경민의 수는 이동 생활을 하는 수렵채집인보다 더 빠르게 늘어났다. '제대로 된' 일군의 제도 덕분에 농경민은 전염병처럼 퍼져나가면서 주변에 있는 수렵채집인들을 몰아내거나 동화할 수 있었다. 따라서 초기의 농경이 확산된 것은 합리적 개인들이 농사를 선호했기 때문이 아니라 특정한 제도를 가진 농경 공

동체가 이동 생활을 하는 수렵채집인 인구 집단을 집단 간 경쟁에서 물리쳤기 때문이다.[33]

넓은 지역에서 느슨한 연결망을 가지고 이동 생활을 하는 집단에서 정주 생활이나 반*정주 생활을 하면서 자신들의 영역을 관리하는 공동체로 변화하면서 농경민들은 점차 공동체 차원의 협동적 제도를 바탕으로 한 조밀하고 집약적 연결망을 선호하게 되었다. 그에 따라 일라히타의 사례에서 살펴본 것처럼 문화적 진화는 자연스럽게 오래된 사회적 본능을 이용하여 기존의 친족 기반 제도들을 개조하고 수정하며 더 촘촘하고 협력적인 공동체를 형성해나갔다.

한 가지 공통된 변화는 어머니와 아버지 양쪽 모두를 통해 친척관계가 추적되는 양계 출계bilateral descent에 기반한 친족 체계에서 모계나 부계 한쪽만 친척이 되는 일정한 단계 출계를 선호하는 제도로 바뀌었다는 것이다. 나는 이런 친족 제도를 모두 씨족이라고 부르고자 한다. 물론 이런 계보의 '한쪽 편향'이 어느 정도나 강한지는 씨족에 따라 다양하다. 부계의 극단에 있는 몇몇 사회에는 심지어 자녀와 어머니 사이의 혈통 관계를 노골적으로 부정하는 믿음이 존재한다.[34]

┃ 내적 화합을 위한 사회 규범들

씨족은 영역을 지키고 경제적 생산을 조직하기 위해 협동과 내적 응집성을 확대하는 방향으로 문화적으로 진화했다. 하나의 씨족이 서로의 권한을 뚜렷하게 구분하고 탄탄하게 조직된 단위를 만들기 위해 어떻게 서로의 이해와 충돌을 조정하는지 살펴보면 그 씨족이 가지고 있는 많은 사회 규범을 이해할 수 있다. 특히 집단이 확대되는 경우에 씨족은 한쪽 출계를 선호함으로써 양계 친족 기반 제도에서 발견되는 내부 갈등을 누그러뜨린다. 이런 갈등을 살펴보기 위해 침입자들을 자기

네 공동체의 땅에서 쫓아내려고 남자 열 명으로 이루어진 방위대를 꾸린 아버지가 있다고 가정해보자. 아버지 케리는 성인인 아들 두 명을 선발하는 것으로 시작한다. 진화론적으로 말해서 세 사람은 훌륭한 삼인조다. 세 명 모두 가까운 친족일 뿐만 아니라 동등한 관계이기 때문이다. 아버지와 아들은 유전적 거리로 볼 때 형제와 동일하다. 이런 동등성 때문에 삼인조 내에서는 이해의 충돌이 최소화된다.

케리는 또한 자기 형의 두 아들, 그리고 충분히 따라다닐 나이가 된 두 사람의 아들들을 선발한다. 케리는 자기 아들들에 비해 조카나 종손들과 두 배 더 가까운 관계가 된다. 조카들은 케리의 아들들에 비해 자신들의 아들들, 그리고 자기들끼리 네 배 더 가까운 관계다. 아직 세 명이 부족한 케리는 부인의 형제인 척과 그의 두 아들을 선발한다. 최소한 케리가 자기 두 아들을 통해 척과 일정한 유전적 이해를 공유하기는 하지만, 척과 그의 아들은 케리나 그의 조카들과 아무 관계도 없다. 여기서 볼 수 있는 것처럼, 이 집단은 세 명 사이를 포함해서 몇 가지 분열 가능성이 있는 잠재적 갈등의 혼란 상태다. 아수라장이 벌어질 때 척이 자기 두 아들이나 케리의 두 조카 중에 한 명을 구해야 하는 선택에 직면하면 어떻게 될까? 케리의 조카가 척의 아들 중 하나를 살해하면 어떤 일이 벌어질까?[35]

이런 갈등을 완화하기 위해 씨족은 계보의 한쪽을 다른 쪽보다 높이고, 친족 인정의 초점을 개인 중심에서 공통 조상 중심으로 이동시킨다. 그리하여 한 세대의 모든 사람이 공통 조상과 똑같은 관계가 되고, 모두가 동일한 일군의 친척을 갖게 된다. 이런 관념은 이 사회들이 친족 관계 용어로 친척을 명명하고 지칭하는 방식에서 자세히 드러난다. 예를 들어 부계 씨족에서 아버지의 형제 또한 종종 '아버지'라고 불린다. 때로는 아버지보다 손위인 경우에 '큰아버지'라고 구별된다. '큰아버지'가 대개 우두머리가 된다. 마찬가지로, 아버지 형제의 아들은 '형제', 딸은 '누이'라고 불린다. 이와 같은 기본 친족의 확장은 대개 최대한 바깥으로 멀리까지 뻗어나간다. 우리의 할아버지나 증조할아버지가 서로 형제거나 '형제'라고 불리는 관계라면, 우리는 분류상 서로 형제자매가 되고 근친상간의 금기가 작동한다. 그 결과 부계 씨족의 성원들은 흔히 자기 아버지 세대의 모든 남자를 '아버지'라고 부르고, 이 남자들의 딸을 모두 '누이'라고 부른다. 혼동의 여지가 없도록 나는 피지의 친구들을 따라 '형제'와 '누이'로 불리는 계보상 사촌들을 '사촌형제'와 '사촌누이'로 부를 것이다.[36]

사람들이 친족 관계와 출계에 관해 생각하는 방식의 이와 같은 재조직화는 대체로 거주, 결혼, 안전, 소유권, 권위, 책임, 의례, 초자연적 존재 등과 관련된 영역을 다스리는 다양한 보완적 사회 규범과 함께 공진화했다. 이 규범의 묶음은 다양하고 현명한 방식으로 협동과 지속적인 내적 화합을 촉진했다. 여기 가장 흔한 규범과 믿음 몇 가지를 부계 씨족의 관점에서 정리해보자.[37]

1. **결혼 이후의 거주지**: 신혼부부는 신랑 아버지의 집이나 근처에 살 곳을 마련해야 한다. 신혼부부의 자녀는 아버지 형제의 자녀를 비롯한 부계 친척들 근처에 살며 함께 일하면서 자란다. 아동기와 청소년기의 공동 거주와 빈번한 상호작용은 이런 개인 간 결속을 강화하고 신뢰를 구축하며 성적 매력을 감소시킨다.

2. **상속과 소유 규범**: 토지를 비롯한 소중한 자원(가령 소)을 아버지를 통해 공동 상속하도록 규정한다. 이런 상속 규범은 모든 씨족 성원들에게 동등한 몫과 공동 책임을 부여함으로써 상호의존 심리, 즉 (그들이 번영하면 우리도 번영하는) 우리와 적응성이 하나로 얽혀 있는 이들을

도우려는 심리적 성향을 끌어낸다.[38]

3. **공동 책임:** 규범은 또한 씨족 성원들을 보호함으로써 상호의존을 촉진한다. 당신이 속한 씨족의 누군가가 다른 씨족의 사람에게 피해를 당하면, 당신의 명예를 지키기 위해 그 씨족으로부터 보상을 받으려는 시도를 해야 한다. 이는 흔히 공동 책임을 수반한다. 만약 누군가 당신 씨족의 사람을 (우연히 또는 고의로) 다치게 하거나 죽이면 가해자의 씨족 전체에 과실이 있으며, 따라서 보상금을 지불할 책임이 있다. 만약 만족할 만한 보상이 이루어지지 않으면, 당신은 가해자 씨족의 성원 하나(보통 그의 사촌형제)를 죽이는 것으로 복수를 해야 한다.[39]

4. **근친상간의 금기:** 규범은 흔히 사람들이 자기 씨족의 성원과 결혼하는 것을 금지하며 씨족 바깥의 사촌과 결혼할 것을 장려한다. 앞서 언급한 것처럼, 자기 씨족에 속한 여성의 다수는 사촌누이나 딸이기 때문에 근친상간 금기의 대상이 된다. 이로써 같은 씨족의 남자들이 주변의 여자들을 놓고 성적 경쟁을 벌이는 것을 억제하고, 그 대신 바깥의 인근 씨족들에서 짝을 찾으려는 시도에 집중한다. 이로써 다른 씨족들과 연합이 만들어지는 한편 근친상간에 따르는 생물학적 위험이 대부분 줄어든다.[40]

5. **중매결혼:** 중매결혼에 관한 규범은 딸의 결혼을 전략적으로 이용해서 자기 씨족의 연합과 친척 관계의 연결망을 풍부하게 만들 수 있는 권한을 가부장에게 부여한다. 이런 연합은 남편이나 부인이 사망하면 어떻게 되는지를 규정하는 규범에 의해 강화된다. 예를 들어, 수혼 규범에 따르면 남편이 죽은 아내는 남편의 형제나 사촌형제 중 한 명과 결혼해야 한다. 이 규범으로 혼인의 연계, 그리고 씨족 간의 연합이 유지된다.[41]

6. **지휘와 통제:** 씨족 내의 권위는 종종 연령, 성별, 계보상 지위에 좌우

된다. 이 규범으로 나이가 많고 지혜로운 연장자의 의견을 따르는 우리의 성향을 활용하여 지휘와 통제의 분명한 계통이 형성된다. 이런 권위의 계통은 식사와 의식에서 남자들이 서열에 따라 자리에 앉도록 규정하는 규범 같은 일상적 관행에 의해 강화된다.[42]

7. **신과 의례**: 조상들은 흔히 초자연적 행위자(조상신)로 진화했다. 이 존재들은 대개 의례를 수행할 것을 요구하며 때로 이런 의례를 수행하지 않는 씨족 성원을 벌한다. 조상들은 근처에 묻혀 있기 때문에 말 그대로 땅에 스며들어서 씨족의 땅을 신성하게 만든다.[43]

이런 집약적 친족 관계의 요소들은 문화적 진화가 상호의존하는 친척들의 조밀한 연결망을 만들어내는 식으로 사회의 규모를 확대하기 위해 설계한 방식의 표본일 뿐이다. 물론 문화적 진화는 또한 모계 씨족과 **친속**kindred이라 불리는 양계 출계 집단에 뿌리를 둔 제도를 만들어내며 규모를 확대하는 새로운 방식도 고안했다. 친속은 씨족(단계 출계 집단)과는 다소 다르게 작동하지만, 그 밑바탕에 깔린 목표, 즉 탄탄하게 짜인 협동적 연결망이나 집단을 만들어낸다는 목표는 동일하다. 이와 같은 집약적 친족 기반 제도 덕분에 집단은 영역을 차지하고 방어할 뿐만 아니라 협동 노동, 공동 소유, 부상이나 질병, 노령의 병약함에 대비하기 위한 토대를 마련할 수 있었다.[44]

세픽 지역에서 살펴본 것처럼, 씨족이나 친속을 통해 개인 간 결속을 강화하는 식으로 규모를 확대하는 것은 한계에 부딪힌다. 촘촘하게 결속한 친족 집단에 속한 개인들은 자신들의 영역을 통제하고 생산을 조직하는 데 효과적으로 협동할 수 있지만, 얼마 지나지 않아 마을이나 부족(종족언어 집단)의 경우처럼 동일한 종류의 사회적 딜레마와 협동적 갈등이 다시 나타난다. 일반적으로, 씨족과 친속은 대개 어느 정도의 내부 위계와 권위를 가지고 있으며, 자신들이 다른 친족 집단보다 열등하다고 여기지 않는다. 씨족들이 이렇게 평등한 가운데 어떻게 사회의 규모를 확대할 수 있을까?[45]

┃ 씨족의 단합을 위한 제도들

집약적 친족 기반 제도 위에서 축적되는 문화적 진화는 이질적이고 종종 다투는 가족 집단들을 응집된 공동체와 만만찮은 정치적 단위로 묶어내는 더 높은 수준의 다양한 통합적 제도를 만들어냈다. 여기서는 이런 두 제도, 즉 분절적 혈족segmentary lineage과 동년배집단age-set을 다뤄보고자 한다. 이 두 제도는 세계 곳곳에서 다양한 형태로 독자적으로 등장했다.

분절적 혈족은 단일 씨족에서 곧바로 규모를 확대할 수 있는 제도적 메커니즘을 제공한다. 대체로 씨족들은 서로 친척 관계를 거의 또는 전혀 인정하지 않는다. 의례나 다른 규범이 사람들의 관심을 집중시키지 않는 한, 누구도 두어 세대 이전의 과거 세대를 기억하지 않는다. 하지만 분절적 혈족에서는 의례 의무를 비롯한 사회 규범 때문에 서로 다른 씨족들이 계보상으로 어떤 친척 관계인지에 대한 폭넓은 합의가 생겨난다. 결정적으로, 보통 인접한 영역을 통제하는 더 가까운 친척 관계의 씨족들이 하나로 연합해서 먼 친척 관계의 집단에 맞선다. 예를 들어, 〈그림 3.2〉에 있는 16번 씨족의 남자와 9번 씨족의 남자 사이에 소를 놓고 분쟁이 벌어지면, 소그룹IV에 속한 모든 사람이 III번 소그룹의 모든 성원과 충돌할 수 있다. 마찬가지로, 만약 16번 씨족이 1번 씨족을 공격하면, 대그룹A와 대그룹B 사이에 충돌이 발생한다. 무엇보다 중요한 점은 각 씨족의 성원 가운데 누구든 외부 집단과 충돌하게 되면, 최대 혈족 전체(I)가 자기 '형제들'을 지킬 각오가 되어 있으며 전쟁을 벌일 수

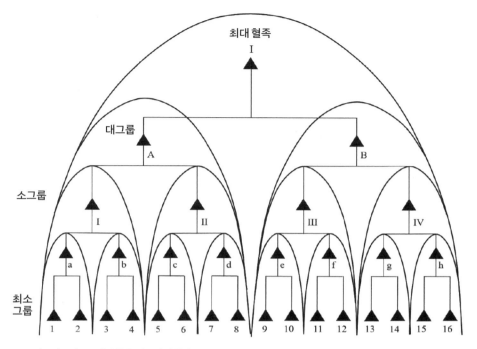

〈그림 3.2〉 분절적 혈족 제도의 원형적 구조

아라비아 숫자로 된 삼각형은 개별 혈족을 나타내고, 소문자와 로마 숫자는 중간 그룹을 지칭한다. 대문자 로마 숫자는 가장 규모가 큰 대그룹을 가리키고, 맨 위에 있는 삼각형은 최대 혈족인데, 대개 부족이나 종족언어 집단 전체를 나타낸다.[46]

있다는 것이다. 어떤 경우에는 최대 혈족이 부족이나 종족언어 집단 전체를 아우르며, 그 규모가 종종 수십만 명에 달하기도 한다. 이런 연합은 누가 누구를 공격하는지, 또는 무슨 이유로 공격하는지와 무관하게 촉발된다. 이 때문에 생겨나는 불행한 결과 중 하나는 호전적이고 공격적인 어떤 씨족이 최대 혈족 전체를 지속적인 충돌로 몰아갈 수 있다는 것이다.[47]

심리적으로 볼 때, 이런 출계 기반 제도는 개인과 공동의 명예를 중심으로 형성된다. 남자(그리고 그 가족)의 안전과 안정, 지위는 그의 평판과 연결된다. 명예롭지 못한 행위를 하면 도둑이나 복수자로부터 그의 재산과 가족을 지켜주는 평판의 방패가 깨질 수 있고, 자녀의 결혼 가능성이 줄어들고, 다른 직계가족 성원들은 말할 것도 없고 그의 씨족 전체의 평판에도 영향을 줄 수 있다. 그리하여 친척들은 (이기심 때문에) 서로를 긴밀하게 감시하고 자기 가족이나 씨족의 명예를 되찾기 위해 서로를 벌한다. 필요한 경우에 복수를 하는 것을 포함해서 자기 혈족의 친척들을 지원하는 것은 모든 남자의 명예와 그가 속한 씨족의 평판에서 핵심적인 부분이다.

분절적 혈족은 다른 집단들과 경쟁하며 자기 영역에서 쫓아내는 (또는 그들을 동화하는) 식으로 퍼져나갔다. 예를 들어, 수단의 19세기 역사 데이터를 이용한 인류학자들은 누에르족Nuer이 어떻게 우월한 분절적 혈족 제도를 활용해서 1만 명이 넘는 전사 부대를 모집해 여러 세대에 걸쳐 딩카족Dinka을 조직적으로 몰아내거나 때로는 동화했는지를 검토하면서 이런 팽창 과정을 생생하게 보여주었다. 딩카족은 인구가 많았는데도 한 번도 몇 천 명 이상을 전투에 투입하지 못했다. 누에르족의 팽창은 영국군이 일시적 평화를 강제한 이후에야 중단되었다. 더 심층적으로 역사를 분석해보면, 분절적 혈족이 아프리카 곳곳에서 넓게 확산되면서 이 과정이 여러 세기에 걸쳐 이루어졌음을 알 수 있다.[48]

오늘날 영토 국가들이 지배하는 세계에서도 여전히 분절적 혈족의 영향을 느낄 수 있다. 21세기 아프리카에서 분절적 혈족을 가진 부족적 인구 집단은 이런 친족 기반 제도가 없는 인구 집단에 비해 여전히 높은 빈도의 폭력과 내전을 경험한다. 여러 조사 연구에 따르면, 이 집단들은 또한 이런 제도가 없는 인근의 다른 공동체에 비해 외부인에 대한 신뢰가 낮다.[49] 아프리카에서 발생하는 많은 만성적인 분쟁 사례는 분절적 혈족에 따라 조직된 인구 집단과 관련이 있다. 가령 남수단에서는 딩카족과 누에르족이 거의 200년 가까이 충돌한 끝에 내전까지 벌이면서 계속 싸우고 있다. 세계 반대편에서는 스코틀랜드의 분절적 혈족 문화의 일부인 명예 문화의 흔적이 지금도 삶과 죽음에 영향을 미친다. 1790년 미국 최초의 인구조사에서 스코틀랜드계나 스코틀랜드-아일랜드계 주민의 비율이 높았던 미국 남부 카운티들에서는 지금도 살인사건의 발생률이 더 높다. 이 이민자들의 문화적 후예들은 여전히 자신의 명예나 가족, 재산이 위협을 받을 때 공격적으로 반응하는 경향이 있다. 연구자들은 세계적으로 분절적 혈족 속에서 끓어오른 명예 심리가 '이슬람 테러리즘'의 특성을 가장 잘 설명해준다고 주장하고 있다. 가령 보코하람Boko Haram, 알샤바브Al Shabab, 알카에다는 모두 분절적 혈족을 지닌 인구 집단에서 가장 많은 성원을 끌어모으며, 그들이 가진 친족 기반 제도의 특성이 이 집단들이 채택한 특정한 종교적 신조를 형성했을 것이다.[50]

분절적 혈족과 대조적으로, 동년배집단 제도는 친족 기반 집단을 통합하는 것에 대해 독특한 의례 중심적 접근법을 이용한다. 일라히타의 사례에서 살펴본 것처럼, 심리적으로 강력한 영향을 미치는 모방 의례는 각기 다른 친족 집단이나 거주 공동체의 또래 남성들을 하나로 모은다. 한 차례 혹은 연속으로 성년식을 치른 뒤, 규범에 따라 이 또래(동년배집단)는 새로운 일군의 특권, 책임, 의무를 부여받는다. 동년배집단은 흔히 하나의 단위로서 함께 일하고 놀고 진수성찬을 즐기며, 대개 내부적으로 스스로 단속한다. 또래 집단에게 주어진 공동의 의무를 다하지 않으면 다음 의례를 통해 승격되는 게 지연될 수 있다. 가령 첫 번째 성년식 이후에 소년이나 10대들은 윗 등급의 연령 집단에 속한 전사들을 돕는 임무를 받는다. 연장자 동년배집단의 지휘 아래 전사들은 종종 함께 훈련을 하며 부족 방어나 전술적 습격 임무를 부여받는다. 전사 등급에서 졸업한 뒤, 30대 남자들은 대개 부인을 얻어 가정을 꾸릴 수 있는 특권을 얻는다. 시간이 흘러 아버지와 할아버지들은 연장자 수준에 오

르는데, 이를 통해 조직 전체의 의사결정을 하는 연장자 회의의 일원으로서 정치적 권위를 획득한다.[51]

동년배집단이 흥미로운 것은 어느 정도 중앙집중화된 권위를 창출하는 한편 (대개) 근원적인 친족 기반 조직들 사이에 평등한 관계를 유지하는 데 도움이 되기 때문이다. 심리적으로 볼 때, 다스리는 연령 등급의 연장자 성원들은 오랜 기간 동안 여러 차례의 성년식 의례, 공동 책임, 전쟁을 비롯한 공동 활동을 함께하며 같은 경험을 공유함으로써 하나로 결속된다. 그 덕분에 그들은 자기 씨족에 대한 충성심과 친족에 기반한 헌신을 넘어서서 더 커다란 유기적 집단으로 행동할 수 있다.

널리 퍼진 다른 제도들과 마찬가지로, 집단 간 경쟁 역시 다양한 방식으로 동년배집단을 퍼뜨렸다. 협동성이 강한 동년배집단의 사회가 단합되지 않은 인구 집단을 몰아내거나 동화하는 가운데 동년배집단은 협동적인 군사적 우위를 확보하며 팽창했다. 또한 아프리카와 뉴기니 모두에서 한 종족 집단이 이웃 집단의 동년배집단 체계에 가담하거나, 일라히타에서 그랬던 것처럼, 한 집단이 다른 집단의 제도를 통째로 베끼면서 동년배집단이 확산되었다.[52]

분절적 혈족과 동년배집단은 평등한 사회가 씨족과 친속을 넘어서 규모를 확대하도록 해주지만, 다른 형태의 정치적 조직과의 경쟁에서 성공하는 것은 제한된다. 중앙집중적이고 안정된 위계적 권위가 부족하기 때문이다. 이런 권위는 사회로 하여금 이웃 집단의 잠식, 자원 감소, 자연재해 같은 변화하는 환경에 결정적으로 대응할 뿐만 아니라 다른 사회의 정복을 전략적으로 추구할 수 있게 해준다. 어떤 사회든 중앙집중적인 권위를 확보하면 집단 간 경쟁에서 잠재적으로 우위를 누릴 수 있다. 그렇다면 문화적 진화는 지휘와 통제를 향상시키기 위해 어떤 장치를 고안해냈을까?[53]

전근대 국가를 형성하다

근대 국가와 대조적으로 전근대 국가는 집약적인 친족 기반 제도에 의해 형성된 근원적인 사회적, 심리적 토대 위에 세워졌다. 알려진 바에 따르면 국가는 인류학자들이 말하는 이른바 족장사회chiefdom에서 처음 생겨났다. 족장사회의 가장 단순한 형태는 소수의 씨족들로 이루어진 단일한 마을이다(한 씨족이 다른 씨족들보다 우위에 있다). 의례를 통해 일상적으로 확인되는 공통 규범과 믿음 덕분에 족장 씨족이 공동체와 관련된 결정을 내린다. 흔히 족장 씨족의 상위 혈통에 속하는 연장자가 '족장'을 맡는다. 그리고 사회 규범에 따라 이 지위가 세대 간에 전수되는 방식이 규정된다. 족장은 다른 씨족들의 연장자들과 협의해서 공동체와 관련된 결정을 내린다. 씨족들은 서로의 관계에 따라 등급이 매겨지며 각기 다른 책임과 특권을 갖는다. 가령, 내가 연구 중인 피지의 공동체들에서는 한 씨족이 족장 취임을 위한 의례를 수행하는 책임을 맡는다. 이 의례를 통해 족장은 완전한 권위를 갖게 된다. 다른 씨족은 족장과 연장자 회의의 결정에 근거해서 범죄자 처벌을 관장하는 책임을 맡는다. 특히 족장 씨족은 계속해서 다른 모든 씨족과 통혼intermarry을 하면서 공동체 전체와 완전한 형태의 친족 기반 관계를 유지한다. 남자 족장은 대체로 부인을 여럿 두기 때문에 그들의 친족 관계는 공동체 전체로 확장된다. 이 시점에서 이 공동체는 여전히 친족 집단이다.[54]

분명 이 정치 권력은 적어도 그 핵심에서는 강압적이지 않다. 하지만 사회 규범과 신성한 믿음 위에 세워진 정당한 권위를 갖는다. 다른 많은 지역처럼, 피지에서도 족장 씨족은 공동체를 처음 만든 조상들 중 큰형의 후손이라고 여겨지며, 그 조상들은 조상신으로 여겨진다. 이런 친족 체계에서 어린 형제들은 큰형을 존경하고 존중해야 한다. 많은 이들은 이런 직관에 의지해서 족장 씨족의 권위를 무시하면 조상으로부터 화를 입을 것이라고 믿는다. 현 족장에게 실망하는 경우에도, 족장 씨족에 속하지 않는 대다수 사람들은 족장 씨족이 특별하며 공동체 안에서 권위의 원천이어야 한다고 믿는다. 이를 씨족 서열을 갖춘 분절적 혈족 체계라고 생각해보자.

하지만 어떻게 해서 한 씨족이 다른 씨족들에 대해 권위나 특권을 얻는 걸까? 인류의 역사에서 이런 변화가 각기 다른 대륙에서 독자적으로 이루어졌지만, 그래도 상대적으로 드물었다. 합리적 당사자들이 자리에 앉아서 머리를 맞대고 효과적인 제도를 만들어내는 일은 일어나지 않는다. 실제로 어떤 일이 일어났는지를 살펴보기 위해 다시 뉴기니로 돌아가보자. 인류학자 사이먼 해리슨Simon Harrison은 이곳에서 진행되는 이런 변화 하나를 우연히 발견했다.

▎불평등을 통해 형성된 족장사회

세픽강과 아모쿠강이 합류하는 곳에 있는 아바팁Avatip 공동체는 세 마을에 흩어져 사는 16개 부계 씨족으로 이루어져 있다. 여러 면에서 아바팁 마을들은 아라페시 마을을 비롯한 그 지역의 다른 많은 곳과 비슷하다. 집집마다 사냥과 채집, 농사와 어로를 한다. 씨족들은 결혼을 통해 다른 씨족과 관계를 맺고, 남자들은 동년배집단 체계의 일부로 세 차례의 성년식을 헤쳐나간다.[55]

하지만 아바팁은 주로 성공적인 이웃 공동체의 요소들을 모방하고 재결합하여 독특한 일군의 종교적 믿음과 의례 제도를 발전시켰다. 각 씨족은 일군의 의례 권한을 부여받았는데, 이를 활용해서 다른 씨족들을 '길러냈다.' 몇몇 씨족은 상당한 얌 수확량이나 확실한 어획량을 보장해주는 특별한 의례를 가지고 있다. 다른 씨족들은 알맞은 날씨를 가져오거나, 폭풍을 제어하거나, 홍수를 제한하는 의례를 수행했다. 일부 씨족은 남성 성년식을 관장하거나 매년 추수 의식을 수행했다. 물론 각자의 의례를 남에게 내주지 않는 것은 각 씨족의 권한이었다. 모든 씨족이 최소한 몇 가지 의례에 대한 권한을 가지고 있었지만, 평등과는 거리가 멀었다. 몇몇 씨족이 남성 성년식이나 고기잡이에 결정적으로 중요한 주요 의례를 관리한 반면, 다른 씨족들은 가재나 개구리 잡기 같은 활동과 관련된 중요하지 않은 의례만 가지고 있었기 때문이다.

이 씨족들 사이의 의례상 불평등은 20세기를 거치면서 서서히 커졌다. 아바팁에서 가장 큰 씨족은 최소한 60년 동안 소규모 씨족들로부터 의례에 대한 권한을 체계적으로 통합해왔다. 의례에 대한 권한의 변화는 대중적 토론을 거쳐 이루어졌다. 한 씨족이 진정한 의례 소유권과 거기에 수반되는 강력한 조상과의 연계에 이의를 제기하면 토론이 벌어진다. 이런 토론의 세부내용은 복잡하지만, 다른 씨족이 가지고 있는 의례에 대한 권한을 확보하는 방법은 주로 그들이 숨기는 조상들의 이름을 알아내는 것에 달려 있었다. 이 지식은 결혼 유대를 통해 얻을 수 있었다. 한 씨족의 딸의 아들과 남편은 씨족이 달라도 이따금 이런 비밀에 접근할 수 있기 때문이다. 때로는 씨족들이 매수나 강요, 속임수를 통해 이런 정보를 빼냈다.

토론이 벌어지면 규모가 크고 힘이 센 씨족들이 몇 가지 우위를 누렸다. 첫째, 이 씨족들은 대개 의례에 대한 지식이 많고 능숙한 연설가가 몇 명 있어서 비밀스러운 조상의 이름을 손에 넣을 수 있는 기회가 더 많았다. 작은 씨족들은 그런 기회가 적었고, 흔히 토론에 참여하는 데 필요한 지위나 전문 지식을 가진 사람이 전혀 없었다. 큰 씨족들의 도전에 맞서기 위해 그들은 때로 다른 씨족에게 시집을 보낸 딸의 아들을 활용해야 했다. 둘째, 큰 씨족들은 의례의 권한과 경제적 힘 덕분에 더 많은 혼인 제안을 받았다. 남자가 부인을 여럿 둘 수 있었기 때문에 큰 씨족일수록 여자도 더 많아서 작은 씨족보다 재생산 속도도 빨랐다. 그리고 부자일수록 더 부자가 되었다. 부인이 많을수록 인척 관계도 많아져서 수완이 좋은 남자는 이를 통해 다른 씨족의 비밀스러운 의례 지식을 확보할 수 있었다.

토론은 한 씨족이 점점 중요한 의례 권한을 끌어모으는 한편 자신의 우위를 정당화하며 근원적인 우주론을 서서히 바꿀 수 있는 정당한 수단이 되었다. 몇 세대가 지난 뒤 토론이 기억에서 가물가물해지면 한 씨족이 가진 특권과 권한의 목록이 늘어난 것이 계속 이어지는 의례 순환 속에서 정당화되었고, 공동체에 의해 완전히 인정받았다.

이런 의례에 대한 권한은 실제로 물질적 이득을 가져왔다. 한 사례를 보면, 고기잡이 의례를 소유한 씨족이 아바팁의 어장에 금기를 정해서 모든 씨족이 7개월 동안 고기를 잡지 못했다. 다른 사례에서는 한 젊은 남자가 무심코 한 무리의 의례 지도자들을 모욕하는 일이 벌어지자 성년식을 소유한 씨족이 그는 절대 성년식을 통과할 수 없다고 결정해서 그를 사실상 영원히 사춘기 소년으로 만들었다(그는 결혼을 하거나 정치적 영향력을 갖지 못했다). 한 씨족이 이런 의례에 대한 권한을 많이 갖게 되면 그때부터 실질적 권력과 정치적 정당성(강력한 조상들), 신성한 권위를 지닌 족장 씨족과 무척 흡사해 보이기 시작한다.[56] 아바팁은 의례를 통해 불평등을 제도화함으로써 족장사회로 변모하는 길에 올라섰다.[57]

▎ 계층화, 전근대 국가로 향하는 좁은 길

아바팁이 독특한 사례처럼 보일지 모르지만, 인류학과 역사학의 증거로 볼 때, 의례에 대한 권한과 직책의 조작과 축적이 일부 씨족이 다른 씨족보다 우위에 서게 된 주요한 방식 가운데 하나였음을 알 수 있다. 무엇보다도 엘리트 씨족의 탄생이 필연적으로 단일한 세습 통치자나 족장의 탄생으로 귀결되지는 않는다. 때로는 엘리트 씨족 내의 손위 혈족의 우두머리들이 합의를 통해 의사를 결정하는 연장자 회의를 형성한다. 또 때로는 특히 전쟁 시기에 씨족의 연장자 성원들이 족장을 선출하기도 하지만, 혈족의 우두머리들이 다시 자기 주장을 하면서 권력을 되찾는 순환이 계속된다.[58] 계속 유지되는 것은 개별 족장들이 아니라 족장 씨족이다.

족장사회는 공동체 차원에서 의사결정을 내리고 집행하는 수단을 제공함으로써 종종 더 평등한 사회와의 경쟁에서 상당한 우위를 누린다. 이런 정치적 중앙집중화는 전쟁에서 씨족들 사이의 협동 수준을 높이며, 사원이나 방어벽, 해자 같은 공공재의 공급을 촉진한다. 족장사회의 더 두드러진 특징 중 하나는 군사적으로 협동해서 영역을 확대할 수 있다는 것이다. 일라히타와 아바팁의 경우처럼, 씨족들이 한데 뭉쳐 공동 방어를 할 수 있지만, 능동적인 공격과 습격은 개별 씨족이나 자발적 연합체에 의해 시작되며 따라서 여전히 비교적 규모가 작다. 하지만 족장사회는 대개 군사 행동을 위해 충분히 대규모 군대를 단합시키고 지휘와 통제를 할 수 있다. 따라서 족장사회는 다른 집단들이 자신의 정치 조직을 모방하도록 부추길 뿐만 아니라 정복과 동화를 통해서도 퍼져나가는 경향이 있다. 물론 강력한 군사적 위협에 직면한 주변 공동체들이 때로 '자발적으로' 유력한 족장사회에 들어가기도 한다.[59]

족장사회는 흔히 다른 공동체를 정복하거나 동화하면서 성장하는데, 집단 간 경쟁을 통해 10개 또는 심지어 100개 공동체가 족장들의 위계 아래 단합하며, 맨 꼭대기에는 최고 족장이 자리하는 최고위 체계를 형성한다. 정복당한 마을들은 최고 족장의 형제나 아버지를 비롯한 친척들이 지휘한다. 또는 마을의 기존 엘리트 씨족이 권력을 유지하고 최고

족장의 씨족과 통혼하기도 한다.[60]

지금까지 묘사한 단순한 족장사회는 규모와 정치적 위계에도 불구하고 여전히 대체로 가족 사업이라 할 수 있다. (보통 노예가 존재했는데) 노예를 제외하면, 대다수 개인들은 족장과의 혈연과 혼인 유대로 이루어진 사회적 연결망을 통해 이어져 있었다. 엘리트 씨족이 계속 다른 모든 이들과 통혼을 하는 한 여전히 가능했다. 상위 계층이 하위 계층과 통혼을 중단하기 전까지는 진정한 사회적 계층화가 등장하지 않았다. 사회적 계층화가 이루어지자 상위 계층은 고립되었고, 자신들이 하위 계층과는 근본적으로 다르며 진정으로 신성하고 우월하며, 특별한 자격이 있다고 주장할 수 있었다. 심리적으로 보면, 이로써 엘리트 계층은 자신들이 특별한 속성과 특권을 지닌 구별되는 범주의 인간이 될(된다고 주장할) 수 있었다.[61]

조건이 제대로 갖춰지면, 이렇게 계층화된 족장사회는 엘리트 통치 가문과, 인구 집단의 나머지를 지배하는 씨족이나 기타 친족 집단 사이에 새로운 관료제 기구를 부여하면서 전근대 국가(왕국)로 진화할 수 있다(〈그림 3.3〉). 계층화된 족장사회와 국가의 구분선은 모호하기로 악명이 높다. 결국 문제는 이런 사회 차원의 관료제 기구 가운데 어떤 것들이 얼마나 많이 도입되어야 그 전체가 '국가'가 되는가 하는 것이다. 이 제도들은 다양한 종류의 세금을 징수하고, 씨족들 사이의 분쟁을 판정하고, 원거리 교역을 수행하고, 공적 의례를 지휘하고, 군대를 동원한다.[62]

이런 조직을 운영하기 위해 엘리트들은 직관적으로 가족의 연계에 의지하기를 원했다. 아마 자신의 친족 기반 연결망 바깥에 있는 사람들은 신뢰하지 못했기 때문일 것이다. 하지만 족장과 족장 집안은 엘리트가 아니더라도 유능한 인물을 국가 기구에 발탁해야 한다는 것을 어렵게 깨달았고, 다시 또 값비싼 대가를 치르며 배웠다. 이런 교훈은 세금

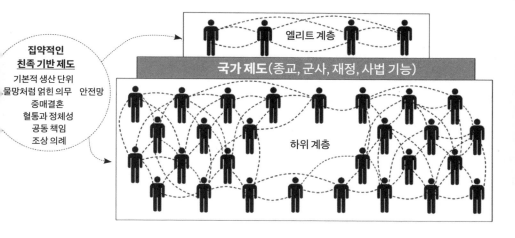

전근대 국가

엘리트 계층

국가 제도(종교, 군사, 재정, 사법 기능)

하위 계층

집약적인 친족 기반 제도
기본적 생산 단위
물망처럼 얽힌 의무   안전망
중매결혼
혈통과 정체성
공동 책임
조상 의례

〈그림 3.3〉 전근대 국가는 집약적인 친족 기반 제도의 토대 위에 세워졌다. 이 제도들은 왼쪽 원 안에 있는 많은 규범 및 믿음과 융합되었다. 친족에 기반하지 않은(친족과 무관한) 제도는 엘리트 집단과 다른 모든 성원이 만나는 접점에서 발전했다. 여기서 노예는 제외된다는 사실을 유념하라.

징수 같은 정부 제도의 효과적인 기능을 촉진했을 뿐만 아니라 이런 제도를 통해 힘을 공고히 하고 결국에는 권력을 빼앗을 수 있는 다른 엘리트 가문들로부터 통치자를 보호해주기도 했다. 일정한 신과의 연결성과 의례적 특권을 주장한 엘리트 집단과 달리, 평민과 외국인은 위협이 되지 않았다. 계층화된 사회에서는 엘리트와 나머지 모두가 뚜렷하게 구분되었기 때문에 엘리트가 아닌 이들은 아무리 유능하더라도 권력 찬탈자가 될 수 없었다. 흥미롭게도, 아마 엘리트들을 가장 위협한 것은 어디서나 통치자들의 '사생아'들이었다(정복왕 윌리엄과 샤카 줄루의 사례를 보라).[63]

대개 최소한 어느 정도는 능력주의에 근거해서 이런 사회 차원의 제도들이 형성되기는 했지만, 전근대 국가는 하위 계층과 엘리트 모두 여전히 집약적인 친족 기반 제도에 뿌리를 두었다(〈그림 3.3〉). 다시 말해,

전근대 국가가 군대나 국가종교 같이 효과적이고 비개인적인 관료적 제도를 보유했을 때에도 집약적인 친족 기반 제도 안에 얽혀 있는 상위 계층과 하위 계층 사이에 샌드위치처럼 끼여 있었다.[64]

최초의 국가 수준 제도가 어떻게 등장했는지를 파악하기 위해, 족장 씨족이 어떻게 동년배집단 제도를 활용(악용)해서 제대로 기능하는 군대를 창출할 수 있었는지 생각해보자. 이 과정은 족장 씨족이 다양한 의례 권한을 공고히 하고 동년배집단 제도의 핵심에 자리한 남성 성년식의 통제권을 확보하면서 시작된다. 족장은 이것을 지렛대로 삼아 전사 연령 등급을 반드시 따라야 하는 탄탄한 결속력의 군대 편제로 효율적으로 활용할 수 있다(순순히 따르지 않으면 성년식을 통해 다음 연령 단계로 올라가지 못한다). 한 예로, 18세기 아프리카에서는 일부 족장이 전사 연령 등급을 효율적으로 활용해서 공물을 거두고 주변 집단을 습격하기 시작했다. 19세기에 줄루족의 샤카 족장은 몇몇 집단을 정복한 뒤 이런 동년배집단을 재편해서 자신의 통치 아래 통일된 여러 족장사회를 가로로 분할했다. 그리하여 다양한 씨족과 부족에서 끌어모아 의례로 결속시킨 젊은 남자들로 이루어진 군대를 만들었다. 이로써 맹아적 줄루 국가를 이루는 최초의 국가 수준의 제도인 군대가 탄생했다. 강력한 줄루 군대는 주변 인구 집단들의 간담을 서늘하게 만들었고, 얼마 지나지 않아 강대한 대영제국에 커다란 고통을 안겨주었다.[65]

국가 제도의 수가 늘어나고 확대됨에 따라 주로 하위 계층의 친족 기반 제도의 일부 기능을 강탈하는 식으로 그 제도를 훼손하는 일이 잦아졌다. 가령 18세기에 하와이가 족장사회에서 국가로 이행하는 동안 엘리트 집단이 많은 의례와 군대, 초자연적 힘을 축적해서 평민 씨족들의 토지 소유권을 빼앗아 자신들의 정치적 목적에 맞게 재할당했다. 씨족들은 해마다 엘리트들에게 돼지, 개, 돗자리, 노동력 등 많은 공물을 바치면서 토지 '사용권'을 갱신해야 했다. 마찬가지로, 씨족들은 또한 긴 족보를 작성하는 게 금지되었다. 아마 사람들이 공통 조상을 중심으로 뭉치지 못하게 만들어서 규모를 제한하려는 의도였을 것이다. 이런 조치는 하와이의 친족 기반 제도 전통을 끝장내지는 못했지만, 엘리트들에게 유리하게 그 힘을 일부 약화하기는 했다.[66]

전근대 국가는 효과적 통치를 위해 여전히 씨족과 부족의 제도를 필요로 했으며, 종종 국가가 친족 기반 제도의 권력을 지지하거나 강화하기도 했다. 일반적으로, 전근대 국가는 절도, 폭행, 심지어 살인까지 포함해서 씨족이나 부족 내부 문제를 단속하고 판결하는 것은 각자의 몫으로 남겨두었다. 국가는 자기 영역 안에서 씨족이나 부족 사이에 벌어지는 분쟁에 개입할 가능성이 높았지만, 일반적인 보상금 지불이나 기타 관습적인 사법 절차로 폭력의 순환을 막지 못하는 경우에만 개입했다. 법적으로 볼 때, 개인은 국가의 법정에서 인정받는 경우가 거의 없었고 아무 권리도 갖지 못했다. 친족에 기반한 조직만이 법적 지위가 있었다. 강력한 전근대 국가에서도 엘리트를 포함한 대다수 사람들의 생사는 여전히 친족에 기반한 제도에서 비롯된 친족 관계, 정체성, 의무, 특권과 융합되어 있었다.[67]

물론 일직선으로 족장사회와 국가로 향하는 길은 없었다. 사회 진화는 어둠 속에서 현기증 나는 롤러코스터를 타는 것과 같아서 예상치 못한 추락과 방향 전환, 그리고 특히 막다른 길이 숱하게 많이 나타난다. 씨족들은 족장사회에 종속되는 데 저항하고, 족장사회는 다른 족장사회와 국가의 정복과 동화에 저항한다. 한 집단의 경제적 생산성이나 안전, 재생산 능력, 군사적 역량을 증가시키는 제도적 요소나 재조합 과정은 집단 간 경쟁이 벌어지는 가운데 앞에서 설명한 여러 방식으로 퍼져 나가는 경향이 있다. (아바팁이나 일라히타의 경우처럼) 일단 한 공동체가 자기 나름의 우연한 내적 동력을 통해 어떤 식으로든 규모를 확대하면, 연쇄 반응이 시작된다. 주변 공동체들 또한 어쨌든 규모를 키우지 못하면 파괴되거나 동화되거나 쫓겨난다.[68]

국가나 제국이 경쟁을 종식시키는 데 성공할 때 흔히 벌어지는 것처럼, 집단 간 경쟁이 약해지면 모든 게 서서히 무너져내린다. 경쟁하는 사회가 제기하는 위협이 보이지 않으면, 내부의 통치 가문들 사이에서의 경쟁이 격화되어 점차 국가 차원의 제도를 해체한다. 최상의 제도에서도 틈새와 구멍이 생겨나서 협소한 엘리트의 이해가 홍수처럼 밀려든다. 혈족과 씨족, 때로는 종족 공동체 전체가 자기들의 목표를 위해 국가 제도를 착취하기 위한 방법을 고안하기 때문이다. 가령 유서 깊은 관습에 따라 왕의 장남이 왕위를 물려받아야 하는데, 그 장남이 왕비가 아닌 다른 여자나 후처의 소생이라면 어떻게 될까? 그는 왕의 장남이나 왕비의 장남인가? 에스파냐의 정복자들이 페루에 도착했을 때, 잉카족은 힘이 약했다. (선대 황제의 아들이었던) 두 배다른 형제 사이에 계승권이 모호해서 벌어진 내전이 끝난 직후였기 때문이다. 제도가 무너지고 중앙집중적 정치 조직이 붕괴함에 따라 불평등이 심해지고 대규모 사회가 탄탄한 구성 부분(대개 부족이나 씨족, 거주 공동체)으로 분해되었다. 친족에 기반한 제도가 국가 제도에 의해 억압됐을 때에도 우리의 진화한 심리에 도사린 근본적인 토대 덕분에 국가가 붕괴되면 언제든 재결합되어서 이전에 국가에 강탈당한 기능을 재개한다.[69]

다시 근대 국가를 향해

이렇게 사회 진화를 탐구하다 보면 하나의 커다란 의문이 생겨난다. 우리는 어떻게 전근대 국가로부터 근대의 WEIRD 사회로 오게 된 걸까?

직선의 경로는 없는 것으로 밝혀졌다. WEIRD 사회는 전혀 다른 제도적 토대 위에 조직되기 때문이다. WEIRD는 집약적인 친족 관계 대신 친족 기반 제도가 형성되는 것을 적극적으로 억제하며 법률로 뒷받침되는 규범과 믿음을 갖고 있다. 대다수 WEIRD 사회에서 당신은 의붓아들과 결혼하거나 여러 배우자를 두거나 10대 딸과 자기 사업 파트너의 결혼을 주선할 수 없다. 마찬가지로, 아들에게 결혼하고 나서 당신 집으로 들어와 살아야 한다고 말할 수는 있지만, 아들과 그의 부인은 생각이 다를 테고 당신은 큰 영향력을 미칠 수 없다. 당신은 다른 수단을 통해 관계를 구축하고, 비개인적 시장과 정부, (부상이나 재난, 실업에 대해 안전망을 제공하기 위해)기타 공식 제도에 의존하도록 관습과 법률의 강제를 받는다.

WEIRD 사회는 어떻게 제도적으로 밑바닥부터 재건된 걸까? 가족, 친족, 비개인적 관계에 관한 관념이 모든 전근대 국가에 영향을 미쳤고, 흔히 친족에 기반한 제도의 경험에서 생겨난 정신적 모델이 국가 제도를 형성하고 공식화했다. 가령 중국 황제들은 백성들에게 강력하고 잘 보살피는 권위주의적 아버지로 여겨졌고, 황제의 자식인 백성들은 복종과 존경과 헌신을 바쳐야 했다. 그렇다면 전근대 사회의 상위 계층과 하위 계층에 속한 개인들이 어떻게 해서 자신의 씨족과 친속, 혈족, 동년배집단과 부족을 떠나 도시로 옮겨가서 회사와 교회, 길드, 노동조합, 정당, 대학 같은 자발적 결사체에 합류하게 된 걸까? 어떻게 해서 사람들이 확대된 친족 연결망의 의무와 책임과 보호를 멀리하고 조상의 고향을 떠나서 낯선 이들로 이루어진 집단에 합류하게 된 걸까? 오늘날 (비교적) 순조롭게 기능하는 병원, 경찰서, 사업체, 학교, 실업보험으로 이루어진 WEIRD 세계에서는 이런 변화가 쉬워 보일지 모른다. 하지만 닭이 먼저냐 달걀이 먼저냐 하는 문제가 있다. 최소한 이런 근대적인 세속적 제도와 닮은 것도 없는 세계에서 사람들은 미치지 않고서야 좀처럼 친족에 기반한 조직을 포기하지 않았을 것이다. 만약 사람들이 친족에 기반한 제도에서 떨어져 나오려 하지 않거나 그럴 수 없다면, 문화적 진화는 애당초 어떻게 근대 국가나 그와 관련된 공식적 제도를 건설할 수 있을까?

Chapter 4

종교의 토대 위에 세워진
문화와 심리의 공동체

로마 역사에 관심을 기울이는 사람이라면 종교가 군대를 통제하고, 평민들의 사기를 북돋우고, 훌륭한 남자들을 길러내고, 나쁜 자들에게 수치심을 안겨주는 데 얼마나 많은 도움이 됐는지 알 것이다. … 그리고 하느님에게 의지하지 않은 인간 치고 비범한 입법자는 아무도 없었다. 그런 사람이라면 애당초 받아들여지지 않았을 것이기 때문이다.

_니콜로 마키아벨리, 《로마사 논고》(1531), 1권 11장

캐나다 밴쿠버에 있는 심리학 연구실에 들어가자마자 실험 참가자들은 우선 문장 순서 정리 문제를 완성하고, 자신과 낯선 이가 10달러를 어떻게 나눌지 경제적 결정을 해보라는 요청을 받았다. 참가자들 중 일부는 신과 관련된 단어 다섯 개를 몰래 숨겨놓은 문장 순서 정리 문제 10개를 받았고, 나머지는 신과 관련된 단어가 전혀 없는 문제를 받았다.[1] 다음의 단어를 가지고 문장을 만들어보자.

divine, dessert, the, was

문제에서 제시된 단어인 'divine'은 '신성한, 성스러운'이라는 신이나 종교와 관련된 의미와 함께 '훌륭한, 아주 멋진'이라는 의미도 가지고 있다. 그리고 이 문제의 답은 '디저트는 훌륭했다'라는 의미의 'the dessert was divine'이다. 하지만 사람들은 대부분 'divine'이라는 단어에서 '훌륭한, 아주 멋진'이라는 의미보다는 '신성한, 성스러운'이라는 종교적 의미를 떠올린다. 실험에서는 참가자들에게 이 문제를 풀게 한 다음 익명의 파트너와 잠깐 대화를 나누게 했다. 그런 다음 그 파트너와 10달러를 어떻게 나눌지를 결정하게 했다. 이 독재자 게임Dictator Game에서 WEIRD 참가자는 대부분 돈의 절반을 파트너에게 주어야 한다는 데 동의했다. 물론 이기적인 사람들은 10달러를 혼자 챙기기도 했다.

심리학자인 아라 노렌자얀과 아짐 샤리프Azim Shariff가 처음 개발한 이 2단계 실험 설계는 다음과 같은 간단한 질문을 던진다. 무의식적으로 신을 상기시키는 것이 비개인적 공정성 규범에 따르려는 사람들의 의지에 영향을 미칠까?

그렇다. 영향을 미친다. 신을 상기시키는 단어가 없는 문제를 받은 통제 집단에서는 낯선 사람에게 평균적으로 10달러 중 2.6달러만을 주었다. 가장 많이 나온 액수는 0달러였다. 낯선 사람에게 한 푼도 주지 않은 것이다. 이와 대조적으로, 무의식적으로 신을 상기시켰을 때 참가자들이 갑자기 더 너그러워져서 평균 지불 액수가 4.6달러까지 늘어났다. 이 집단에서는 가장 많이 나온 액수가 절반인 5달러였다. 낯선 사람에게 한 푼도 주지 않은 참가자의 비율은 통제 집단에서는 40퍼센트였지만 신을 상기시킨 사람들의 경우에는 12퍼센트에 불과했다.[2]

오늘날 심리학자들이 이른바 '점화 자극prime'이라고 지칭하는 이런 무의식적 암시가 포함된 실험은 까다롭기로 악명 높다. 점화 자극은 참가자들이 알아챌 정도로 강해야 하지만 참가자들이 의식적으로 인식할 만큼 강해서는 안 되기 때문이다. 다행히도 아라와 아짐의 실험은 큰 성공을 거두었고, 현재는 각기 다른 접근법을 이용해서 친사회적 규범 순응을 측정하는 이런 실험이 많이 진행되고 있다. 아짐과 아라, 그리고 동료 연구자들은 '신과 관련된 점화 자극'을 이용한 연구를 종합하여(이와 관련된 또 다른 연구를 통해 모두 26개의 신과 관련된 단어를 찾아냈다) 신을 떠올리게 만든 참가자들이 독재자 게임에서 파트너와 더 동등하게 돈을 나눌 뿐만 아니라 시험에서 속임수를 덜 쓰고, 집단 프로젝트에서 낯선 사람과 더 협동한다는 사실을 발견했다. 물론 모든 연구가 이런 결과를 보여준 것은 아니다. 하지만 연구 전반에 걸쳐 신과 관련된 점화 자극의 효과가 아주 분명하게 나타났다.[3]

이 실험에서 참가자들에게 정확히 무슨 일이 벌어지고 있는 걸까? 아마 WEIRD는 종교와 기독교, 기독교와 자선을 연관을 짓고, 신과 관련된 점화 자극이 자선과 무의식적 연상 작용을 일으켜서 파트너에게 돈을 더 많이 준다고 생각할 것이다. 또는 어쩌면 독실한 신자들은 신이 협동이나 공정한 규범을 위반하는 자신의 모습을 지켜보고 하늘에서 자신에게 불리한 판단을 할 거라고 직관적으로 걱정할지 모른다. 다시 말해, 종교 신자는 신의 심판에 대한 내면화된 공포 때문에 도덕규범에 순응하는 암묵적 성향이 있다는 결론을 내릴 수 있다.

과연 어느 쪽이 정확한 설명일까? 그 해답에 대한 첫 번째 단서는 점화 자극 연구 전반에서 나타나는 참가자들의 종교적 몰입에 관한 분석에서 찾을 수 있다. 아라와 아짐의 연구팀이 종교가 없는 사람들을 살펴보았을 때, 신과 관련된 점화 자극이 그들에게 미치는 효과는 0에 가까웠다. 즉 신과 관련된 점화 자극은 무신론자들에게는 효과가 없었다. 이와 대조적으로, 종교가 없는 사람들을 분석에서 제외하면, 신과 관련된 점화 자극의 효과는 더욱 커졌다. 26개의 연구를 함께 분석하자 모든 실험에서 똑같은 양상이 드러났다. 종교가 없는 사람들에게서는 신의 영향력이 거의 나타나지 않았다.

하지만 무신론자들은 종교를 가진 이들에 비해 좀 더 냉정해서 점화 자극의 영향을 덜 받는 것이 아닐까?

아라와 아짐은 '경찰', '법원', '배심원' 같은 단어가 포함된 문장 순서 맞추기 문제를 만드는 식으로 '종교와 무관한 점화 자극'이 미치는 영향도 살펴보았다. 〈그림 4.1〉은 그 결과를 보여준다. 독재자 게임에서 종교와 무관한 점화 자극은 독실한 신자와 무신론자 양쪽 모두에게 파트너와 더 동등하게 돈을 나누도록 만들었지만, 신과 관련된 점화 자극은 신자에게만 효과가 있었다. 특히 통제 집단에서는 신자와 무신론자 사이에 아무 차이가 없었다. 무신론자들은 점화 자극이 자신이 믿지 않는 초자연적 존재와 관계가 있을 때만 그 영향에 저항하는 것 같다.

실험 결과에 따르면, 신과 관련된 점화 자극은 무신론자와 신도들 모두가 가지고 있는 '종교'와 '자선'이라는 개념 사이의 모호한 2차 연상 작용이 아니라 초자연적인 믿음에 좌우된다는 사실을 알 수 있다. 이런 종교적 믿음은 밴쿠버처럼 정상적으로 작동하는 법원과 정부, 경찰이 부재한 곳에서 협동을 확대하는 데 특히 중요하게 작용한다. 인류의 역사를 통틀어 대부분의 장소에서 이런 믿음은 무엇보다 중요했을 것이다.

앞의 실험에서 사용된 '점화 자극' 접근법은 연구자들이 심리적으로 무엇이 무엇의 요인인지를 파악하는 데 유용한 방법론적 기법을 대표한다. 물론 문화적 진화는 우리보다 훨씬 똑똑하기 때문에 오래전에 점화 자극의 위력을 알아냈고, 세계의 모든 주요 종교에서 신과 관련된 점화 자극을 사람들의 일상에 포함시켰다. 종교 의상(유대교의 키파), 장식

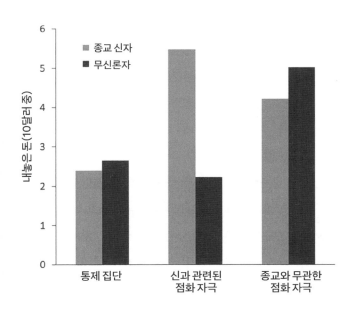

〈그림 4.1〉
종교가 있는 사람과 무신론자를 대상으로 진행한 세 차례의 독재자 게임에서 파트너에게 준 평균 금액[4]

물(가톨릭의 십자가), 성일聖日, 일상적 예배, 시장 광장에 있는 사원 등은 모두 사람들에게 그들이 믿는 신을 떠올리게 하고 종교에 몰입하게 한다. 이런 점화 자극이 어떻게 작용하는지를 알아보기 위해 모로코 마라케시에 있는 구시가로 들어가보자. 구시가에서 가게를 운영하는 무슬림들에게 변형된 독재자 게임을 하게 했다. 모로코의 구시가에서는 도시 곳곳에 있는 뾰족탑에서 하루에 다섯 차례 5~10분씩 무슬림의 기도 시간을 알리는 소리가 들린다. 그 소리가 하나의 점화 자극으로 작동한다. 이 실험에서 가게 주인 69명에게 자기 몫과 자선을 위해 내놓을 돈을 나누는 세 가지 방법 중 하나를 선택하게 했다. (A) 20디르함(모로코의 현지 통화)을 자신이 갖고 자선을 위해서는 한 푼도 내지 않는다. (B) 10디르함을 자신이 갖고 30디르함을 자선을 위해 내놓는다. (C) 자신은 한 푼도 갖지 않고 60디르함을 자선을 위해 내놓는다. 20디르함은 점심을 사먹거나 15분 정도 거리를 가는 택시비에 해당하는 액수다. 실험은 기도 시간을 알리는 소리가 나오는 동안, 그리고 그 사이 시간에 진행되었다.[5]

여기 핵심적인 질문이 있다. 멀리서 기도 시간을 알리는 소리가 들리는 동안 실험을 하는 것이 이 소규모 자영업자들에게 영향을 미칠까?

당연히 영향을 미친다. 기도 시간을 알리는 소리가 들리는 동안에는 가게 주인의 100퍼센트가 돈을 전부 자선을 위해 내놓았다(선택 C). 반면에 기도 시간을 알리는 소리가 들리지 않을 때는 전액을 내놓는 참가자의 비율이 59퍼센트로 떨어졌다. 놀라운 결과다. 가게 주인들은 말린 과일이나 지역 수공품 등을 펼쳐놓고 호객을 하며 생계를 유지하고, 따라서 하루 종일 자신이 자선을 위해 내놓은 금액보다 훨씬 적은 액수를 놓고 흥정을 하며 보내기 때문이다. 무엇보다 매일 기도 시간을 알리는 소리를 듣는데도 그 소리가 그들의 행동에 중요한 영향을 미쳤다.[6]

이렇게 삶의 일부가 된 점화 자극은 기독교인에게도 영향을 미쳐서 주일 효과가 나타난다. 2개월에 걸쳐 진행된 한 연구에서 기독교인들은 다른 요일에 비해 일요일에 이메일을 통한 자선 모금에 참여하는 확률이 높았다(그 여파로 월요일에도 약간 높았다). 토요일에는 기독교인의 자선 성향이 1주일 중 가장 낮아서 비종교인과 구분되지 않았다. 하지만 일요일이 되면 많은 기독교인이 일종의 부스터샷 역할을 하는 의식의 영향을 받아서 자선 성향이 높아졌다. 신자들과 달리 비종교인은 이런 일주일의 사이클이 전혀 나타나지 않았다.

주일 효과는 또한 미국 각 주의 온라인 포르노 시청 현황에서도 나타난다. 평균적으로 보면 포르노 시청에서 주별로 차이가 거의 없지만, 종교 신자가 많은 주에서는 앞에서 살펴본 자선 양상과 똑같은 일주일의 사이클이 드러난다. 종교 신자가 많은 주의 사람들은 분명 일요일에 포르노를 덜 보지만, 평일에 더 많이 포르노를 보면서 일종의 '포르노 결핍'을 보충한다. 이런 결과는 예측 가능한데, 기독교의 하느님은 자선과 섹스(섹스를 하지 않고 심지어 생각도 하지 않는 것)에 집착하는 것으로 유명하기 때문이다.[7]

이런 연구들은 우리의 일상적인 의사결정에 종교가 미묘하게 미치는 영향력을 보여줌으로써 문화적 진화가 인간의 심리에 남긴 흔적을 찾아낸다. 이런 흔적은 우리의 의식적 인지 바깥에서 작동하는 초자연적 믿음과 의례 관행이 어떻게 신자들로 하여금 개인적으로 경제적 비용을 감수해야 하는 결정을 내리고, 낯선 이를 좀 더 공정하게 대하며, 자선 같은 공공재에 기여하게 만들 수 있는지를 드러낸다.

만약 당신이 WEIRD라면, 모든 종교에는 언제나 도덕에 관심을 기울이면서 사람들에게 (내세에서 영혼을 이용해 사람들을 위협하며) 올바른 행동을 하도록 강요하는 신들이 있다고 생각할지 모른다. 하지만 오늘날의 다양한 세계종교가 공통적으로 가지고 있는 신과 내세, 의례, 보편적 도덕의 성격은 특이하다. 종교란 오랜 기간에 걸친 문화적 진화 과정의 소산이다. 이를 탐구하기 위해, 그러니까 문화적 진화가 각 사회가 규모를 확대하거나 하나로 뭉치는 데 도움을 주는 인간의 초자연적 믿음과 의례 및 관련된 제도들을 어떻게, 왜 형성해나갔는지를 살펴보기 위해 다시 선사시대의 안개 속으로 모험을 떠나보자. 종교는 신뢰를 높임으로써 교역을 촉진하고, 정치적 권위에 정당성을 부여하고, 자기 씨족이나 부족으로부터 '모든 무슬림' 같은 더 큰 상상의 공동체로 초점을 이동시킴으로써 사람들의 공동체 관념을 확대했다. 이런 배경을 바탕으로 이 장에서는 중세시대 서구의 기독교 교회가 어떻게 근대 세계의 정치, 경제, 사회 제도로 이어졌으며, 그것이 유럽의 가족과 문화적 심리, 공동체를 어떻게 형성해나갔는지 살펴볼 것이다.

초자연적 믿음이 발달하다

초자연적 믿음과 의례의 진화를 설명하기 위해서는 세 가지 핵심 요소를 검토할 필요가 있다. (1) 우리가 직접 경험한 것이나 직관보다 다른 이들한테 배우는 것을 기꺼이 믿는 인간 종의 성향, (2) 우리 뇌의 어설픈 진화에서 생겨나는 '심리적 부산물'의 존재, (3) 집단 간 경쟁이 문화적 진화에 미치는 영향이 그것이다. 2장에서 논의한 첫 번째 요소는 누적적인 문화적 진화가 미묘하면서도 적응성이 높은 (조리법에서 살균 작용을 하는 양념을 사용하는 등의) 비직관적 믿음과 관행을 생성하는 힘에 대응하여 생겨났다. 이런 복잡한 적응적 산물 때문에 자연선택은 종종 특히 불확실성이 높고 올바른 답을 구하는 것이 중요한 순간에 다른 정보원보다 문화적 학습에 의지하는 것을 선호했다. 초자연적 존재, 숨겨진 힘, 평행 세계의 존재의 가능성을 믿는다는 것은 부담이 크면서도 그만큼 그들이 불확실한 상황에 있음을 의미한다. 이런 상황에서는 대개 문화적 학습 능력은 일상적인 직관이나 공통된 경험보다 타인으로부터 배우는 것을 선호한다. (적어도 어떤 상황에서는) 문화적 학습에 크게 의존하도록 진화된 우리의 성향은 종교의 가능성을 열어주는 일종의 '신뢰 본능'을 낳았고, 따라서 우리는 우리의 세속적 기대와 어긋나는 관념과 믿음에 취약하게 되었다.

우리의 신뢰 본능으로 종교의 가능성이 열리기는 했지만, 종교가 우리의 마음을 차지하기 위해서는 다른 여러 가지 초자연적 믿음이나 관행과 경쟁을 해야 했다. 이 경쟁에서는 대개 (위험하거나 그럴듯하지 않거나 쓸모없는 문화적 쓰레기를 걸러내기 위한) 우리의 정신적 방어망에 가장 효과적으로 침투하는 믿음이나 관행이 우위를 차지한다. 이것이 두 번째 요소다. 문화적 진화는 우리의 심리적 방화벽에서 결함을 찾아내 우리 마음속으로 들어오는 뒷문을 찾으려고 한다. 이 말의 의미를 좀 더 명확하게 하기 위해 우리의 정교한 정신화 능력의 부산물 하나를 생각해보자. 이 중요한 능력은 인간이 도구, 규범, 언어와 관련된 문화적 정보의 축적된 집합체를 더 효과적으로 학습하기 위한 핵심적인 심리적 적응 방법 중 하나로 진화한 것으로 보인다. 이 능력 덕분에 우리는 다른 사람의 마음속에 있는 목표와 믿음, 욕망을 표현할 수 있다. 하지만 (여기에는 예상치 않았던 결과도 따라오는데) 그 덕분에 산타클로스나 이빨 요정(밤에 어린 아이의 침대 머리맡에 빠진 이를 놓아두면 그것을 가져가고 동전을 놓아둔다는 서구 문화권의 상상 속 존재-옮긴이)뿐만 아니라 신이나 외계인, 혼령 같은 존재하지 않는 존재의 마음까지도 표현하게 됐다.[8]

사실 전혀 본 적이 없거나 실제로 상호작용을 하지 않는 존재의 마음을 정신적으로 표현하려면 매우 강력한 정신화 능력이 필요하다. 이는 정신화 능력 덕분에 우리가 초자연적 존재에 관해 생각할 수 있을 뿐만 아니라 우월한 정신화 능력을 지닌 사람들은 특히 상상력을 발휘하는 데 탁월하기 때문에 신이나 유령, 혼령을 믿는 성향이 더 강할 수 있음을 의미한다. 이런 사고를 뒷받침하는 증거 하나는 더 높은 정신화 능력과 감정이입 능력을 지닌 미국인, 체코인, 슬로바키아인이 다른 사람들보다 신을 믿을 가능성이 더 높다는 것이다. 전 세계적으로 이루어진 조사에 따르면, 여성이 남성보다 신을 믿을 가능성이 높은데, 이는 정신화의 영향으로 설명할 수 있다. 모든 사회에서 여성이 남성보다 정신화와 감정이입 능력이 우월하기 때문이다. 남성의 열등한 정신화 능력을 조정하면 여성과 남성은 신이나 다른 초자연적 행위자에 대한 믿음에서 다르지 않다. 많은 인구 집단에서 여성의 종교 신앙이 더 강한 것은 우월한 감정이입 역량의 부산물일 것이다.[9]

우리의 강력한 정신화 능력의 진화는 또한 인간 종이 가진 이원론적 경향, 다시 말해 마음과 몸을 분리 가능하고 잠재적으로 독립적인 것으로 생각하는 경향을 설명해준다. 이원론적 성향 때문에 우리는 유령과 혼령, 그리고 몸은 땅에 묻히지만 영혼은 하늘로 올라간다는 내세에 대한 믿음에 취약하다. 물론 우리가 활용할 수 있는 최고의 과학은 우리의 마음은 오로지 우리의 몸과 뇌에 의해 만들어지기 때문에 육체와 독립된 존재를 가질 수 없다고 말한다. 그렇지만 우리 뇌가 급하게 발달하는 과정에서 자연선택은 의도하지 않았던 인지적 결함을 만들어냈고, 그 결과 우리는 마음과 몸이 분리 가능하다고 쉽게 믿게 되었다. 이런 일이 벌어진 것은 아마 타인의 마음을 이해하는 우리의 정교한 정신화 능력이 비교적 최근에 진화했기 때문일 것이다. 다른 여러 종과 우리가 공유하는, 타자의 몸의 움직임을 추적하는 오래된 인지 체계가 진화하고 오랜 후에야 이와 같은 정신화 능력이 나타났다. 그리고 이런 반*독립적인 정신 체계의 어긋난 진화는 '마음'을 몸에서 분리할 수 있다는 관념을 가질 수 있는 역량을 인지적 부산물로 만들어냈다.

만약 모든 것을 다 아는 공학자가 우리를 위해 통합된 인지 체계를 만들었다면, 십중팔구 마음과 몸을 구분하지는 않았을 것이다. 그런 구분은 불가능하기 때문이다. 영혼이나 유령 같은 이원론적 개념은 화요일과 목요일에만 존재하는 사람처럼 이해하기 어려운 관념임이 분명하다. 그 대신 마음과 몸이 뒤바뀌는 현상에 관한 이야기는 피지와 캐나다처럼 다양한 사회의 어린아이들도 이해하기 쉽다. 〈프리키 프라이데이 Freaky Friday〉 같이 마음과 몸이 뒤바뀌는 사건을 묘사하는 영화가 인기를 끄는 것은 악령 빙의나 혼령 불러내기 같은 광범위한 문화적 현상과 함께 우리가 언제든 쉽게 이원론적 직관에 의지한다는 것을 보여주는 증거라고 할 수 있다.[10]

이원론 같은 인지적 오류가 어떤 영향을 미치는지 알기 위해 얼마나 다양한 믿음들이 우리의 마음과 사회에 주입되기 위해 여러 세대를 거치며 거듭 기억되고 상기되고 다시 전달되는지를 생각해보자. 많은 관념이 너무 기묘하거나 복잡하거나 직관에 어긋나서 이 경쟁에서 살아남지 못하고 체계적으로 잊히거나 잘못 기억되거나 우리의 심리에 맞게 변형되었다.[11] 살아남은 것들은 우리의 직관을 크게 거스르지 않고 임시변통으로 만들어진 우리 뇌의 엉뚱한 생각에 가장 잘 들어맞는 관념들이다. 이 과정은 여러 문화에서 영혼과 유령에 관한 사람들의 믿음이 놀라울 정도로 똑같다는 사실을 설명하는 데 도움이 된다. 이런 획일성은 우리의 이원론적 결함에서 비롯된 것으로 보인다. 가령 미국에서는 성인의 절반 가까이가 유령의 존재를 믿는데, 과학 단체와 종교 단체에서 그런 믿음을 버리도록 오랫동안 일관되게 설득을 해왔음에도 사람들은 여전히 유령에 대한 믿음을 가지고 있다.[12]

신뢰 본능과 인지적 오류라는 이 두 요소가 이동 생활을 하는 수렵채집인, 그리고 석기시대 조상들 사이에서 발견되는 많은 초자연적 존재를 설명하는 데 도움이 된다. 수렵채집인들이 믿는 신들은 대체로 약하고 변덕스러웠으며 특별히 도덕적이지 않았다. 이 신들은 인간이 매수하거나 속이거나 강력한 의례로 겁을 줄 수 있었다. 예를 들어 일본의 토착 수렵채집인(아이누인)들은 기장맥주를 공물로 바쳐 신들을 매수했다. 그리고 상황이 좋아지지 않으면 공물을 끊겠다고 신을 위협하곤 했다. 때로 이런 신들은 초자연적 힘으로 사람들을 벌했지만, 이는 보통 도덕적 신념보다는 어떤 신성한 혐오 때문이었다. 가령 벵골만의 안다만 제도 사람들이 믿는 폭풍신은 매미가 우는 동안 밀랍을 녹이는 사람에게 분노를 쏟아냈다. 섬 사람들은 밀랍을 녹이는 것은 아무 문제가 없다고 생각해서 때로는 어쨌든 그 일을 했지만, 폭풍신이 볼 수 없다고 생각할 때에만 밀랍을 녹였다. 신들이 널리 공유되는 사회 규범을 어긴 사람을 벌하는 드문 경우에도 이는 대개 살인이나 절도, 간통, 사기 같은 일이 아니라 자의적인 금기와 관련된 것이었다.[13] 수렵채집인들은 일정한 형태의 내세를 믿었지만, 먹을 것을 훔치지 않는 것과 같은 현생에서의 적절한 행동과 내세의 삶 사이에는 별다른 연관성은 없었다.[14]

물론 가장 규모가 작은 인간 공동체에는 공동체의 다른 성원을 어떻게 대해야 하는지에 관한 강력한 도덕규범이 존재했으며 지금도 존재한다. 핵심적 차이는 이런 규정과 금지가 보편적인 우주의 힘이나 위력적인 초자연적 존재의 명령과 강하게 연결되어 있지 않다는 것이다. 예를 들어 로나 마셜은 주호안시족의 창조신인 '≠가오!나'(≠Gao!na, '≠'와 '!'는 딸깍하는 소리를 나타낸다)에 관해 이야기하면서 다음과 같이 말한다. "사람이 사람에게 나쁜 짓을 하는 건 '≠가오!나'에게 벌을 받는 행위도 아니고 '≠가오!나'의 관심사로 여겨지지도 않는다. 사람은 그런 나쁜 짓에 대해 자신이 속한 사회적 맥락에서 직접 바로잡거나 복수한다. '≠가오!나'는 나름의 이유로 사람을 벌하는데, 그 이유는 때로 굉장히 모호하다."

마셜은 계속해서 '≠가오!나'가 두 사람을 병들게 했던 사례에 대해 이야기한다. 사람들은 그들이 병에 걸린 이유가 벌을 쫓기 위해 피운 연기로 벌을 태워 죽였기 때문이라고 생각했다. 벌을 태우면 '≠가오!나'가 싫어한다는 것은 잘 알려져 있다. 힘과 도덕을 기준으로 볼 때, 가장 규모가 작은 인간 사회의 신들은 규모가 큰 후대 사회의 신들에 비해 훨씬 더 사람과 비슷하다. 다시 말해, 때로 이 신들은 정말로 도덕에 관심이 있지만, 대개 그 관심은 국지적이고 심지어 특이했으며 신들의 개입은 대체로 신뢰할 수도 없고 효과도 없다.[15]

그렇다면 이렇게 약하고 변덕스럽고 종종 도덕적으로 모호한 신들이 어떻게 근대 종교의 거대하고 강력한 훈계자로 진화한 걸까? 도덕은 어떻게 해서 초자연적 존재, 보편적 정의, 내세와 하나로 묶이게 된 걸까?

여기서 세 번째 요소가 등장한다. 집단 간 경쟁이 종교적 믿음과 의례의 진화에 미치는 영향이 그것이다. 몇몇 공동체가 식량 공유를 거부하거나 적이 습격해왔을 때 도망친 사람들을 벌하는 신이나 조상의 혼령을 (우연히) 갖게 되었다고 가정해보자. 또 다른 공동체가 귀중품을 거래하거나 강화조약을 확인하는 것처럼 핵심적인 업무를 하는 과정에서 했던 신성한 맹세를 어긴 죄로 사람들을 벌하는 신들에 대한 믿음을 공유하게 되었다고 가정해보자. 시간이 흐르면서 집단 간 경쟁을 통해 점차 이런 다양한 초자연적 믿음이 걸러지고 종합되고 재결합될 수 있다. 집단 간 경쟁이 충분히 격렬해지면 집단 내에서 공격이나 살인, 간통, 기타 범죄를 줄임으로써 신뢰를 확대하고, 전쟁에서 희생하겠다는 의지를 강화하며, 내부의 화합을 지탱하던 서로의 신, 의례, 내세 관념, 사회제도들을 모두 아우르는 통합된 문화적 결합이 나타날 수 있다.

우리는 이미 이 과정이 일라히타에서 작동하는 것을 보았다. 그곳에서는 심리적으로 강력한 영향을 미치는 일군의 공동체 의례가 많은 역할을 했지만, 탐바란 신들의 행동과 욕구도 큰 역할을 했다. 이 마을신들은 의례 그룹 체계를 부여하고 의례 준수를 요구했다. 또한 신들이 의례 의무를 다하지 않은 이들을 벌한다고 믿어서 의례를 고수하는 동기가 커졌을 것이다. 일라히타는 신과 의례, 사회조직을 결합한 덕분에 공동체의 규모가 몇천 명으로 커질 수 있었다. 하지만 이 사례는 또한 공동체가 의례를 통해 연대를 구축하는 힘에 주로 의존하는 것의 한계를 생생하게 보여준다. 일라히타의 유력한 의례는 다른 소규모 사회에서 널리 활용되는 의례와 마찬가지로 강력한 사회적 결속을 형성하지만, 그 효과는 개인들이 서로 얼굴을 맞대고 상호작용할 필요성에 의해 제한된다. 한층 더 규모를 확대하고, 복잡한 족장사회와 국가를 건설하고 유지하기 위해 문화적 진화는 어쨌든 초자연적 존재, 업보karma 같은 신비로운 힘, 천국과 지옥 같은 다른 세계에 대한 믿음을 공유하는 낯선 이들 사이의 광범위한 연결망과 같은 **상상의 공동체**를 만들어낼 필요가 있었다. 그렇다면 집단 간 경쟁은 어떻게 신에 대한 사람들의 믿음을 형성한 걸까?

| 더 큰 능력을 가진 신의 등장

문화적 진화가 우리의 인지적 오류를 유력한 사회적 기술로 전환하는 데 성공한 주요한 방법 중 하나는 공동체에 유익한 사회 규범을 위반하는 신자들을 벌하는 초자연적 존재에 깊이 몰두하는 것이었다. 만약 사람들이 신이 절도, 간통, 속임수, 살인 같은 행동을 벌한다고 믿으면, 벌을 모면할 수 있을 때에도 이런 행동을 저지를 가능성이 줄어든다. 이런 신들에게 헌신하는 공동체는 번영하고, 널리 퍼져나가고, 다른 공동체에게 본보기가 될 가능성이 더 높다. 이런 공동체는 또한 붕괴하거나 해체될 가능성이 낮다. 이와 같은 조건 아래서 우리는 신들이 인간의 행동에 대한 특별한 종류의 관심과, 신자들을 감시하고 벌하거나 적절한 행동에 상을 주는 더 큰 권한을 발전시킬 것이라고 기대하는 게 당연하다. 이 각각을 더 깊이 살펴보도록 하자.

- 인간의 행동에 대한 관심: 집단 간 경쟁의 압력을 받으면서 신들은 점차 집단 내에서 협동과 화합을 장려하는 행동에 관심을 갖게 된다. 여기에는 협동과 신뢰의 영역을 넓히는 신의 명령이나 금지가 모두 포함된다. 신은 협동과 신뢰를 형성하기 힘들지만 잠재적으로 공동체에 가장 유익한 사회적 상호작용에 초점을 맞춰야 한다. 그리하여 흔히 신은 사회적으로 멀리 떨어져 있는 같은 종교의 신자들에 대한 대우에 관심을 가지며, 절도, 거짓말, 속임수, 살인 같은 행위에 초점을 맞춘다. 각 사회는 규모를 확대하면서 다른 씨족이나 부족의 낯선 이들까지 아우르도록 신뢰 영역을 넓힐 수 있다. 그들 또한 신자들을 돌보는 신을 믿을 때 이런 일이 가능하다. 신이 간통에 대해서도 걱정해야 하는 이유는 두 가지다. 첫째 간통은 성적 질투는 이웃은 물론이고 친척 사이에서도 사회적 불화와 폭력, 살인을 야기하는 주된 원천이고, 둘째 간통으로 아버지의 정체성에 대한 불확실성이 커질 경우 자녀에 대한 아버지의 투자가 억제되기 때문이다. 간통을 억제하는 것은 더 큰 공동체 안에서 화합을 강화하는 동시에 자식들의 복지를 향상시킨다. 이후에 우리는 왜 신들이 값비싼 희생을 치르면서도 (먹을 것에 대한 금기와 같은) 의례를 수행하고 그것을 헌신적으로 지키는 데 관심을 기울이는지 살펴볼 것이다.[16]

- 신의 감시: 집단 간 경쟁은 사람들이 자신의 요구와 금지를 준수하는지 감시하는 데 유능한 신들에게 유리하다. 초자연적 존재는 처음에 서로를 감시하는 것과 같은 대체로 인간적인 활동과 함께 등장하는 것 같지만, 이후 수천 년에 걸쳐 일부는 전지적인 능력을 얻었고 결국 사람들의 가슴과 머리를 들여다보는 능력까지 갖게 되었다. 내가 피지에서 연구한 그곳의 조상신들은 '어두운 곳에서' 마을 사람들을 지켜보지만, 동시에 모든 사람을 보거나 다른 섬으로 가는 사람들을 추적하거나 사람들의 마음속을 들여다볼 수는 없다. 이와 달리 마을 사람들은 조상신과 함께 믿는 기독교의 하느님이 조상신이 할 수 있는 일은 물론이고 더 많은 일도 할 수 있다고 믿어 의심치 않는다.
- 초자연적인 채찍과 당근: 집단 간 경쟁은 개인과 집단을 벌하고 상을 주는 힘을 지닌 신들을 골라낸다. 특히 우리의 규범 심리가 작동하는 방식 때문에 처벌 위협이 보상보다 훨씬 유력하지만, 둘 다 행동의 동기를 부여하는 역할을 할 수 있다. 시간이 흐르면서 신들은 걸핏하면 화를 내는 장난꾸러기에서 부상과 질병, 심지어 죽음까지 안겨줄 수 있는 신성한 재판관으로 진화했다. 결국 몇몇 신이 내세를 장악하면서 영생을 가져다주거나 영원한 저주를 내릴 힘을 얻게 되었다.

규범 위반을 감시하고 벌하는 더 큰 의지와 능력을 가진 신을 믿는 것이 실제로 사람들의 의사결정에 영향을 미칠까? 이런 신들은 같은 믿음을 공유하는 낯선 이들과 공정하고 공평한 상호작용을 촉진함으로써 협동의 범위를 확대할 수 있을까? 앞서 우리는 신과 관련된 점화 자극이 낯선 사람에 대해 더 많은 친사회적 행동을 하게 만든다는 사실을 보았다. 이제 믿음이 작동하는 특정한 과정 몇 가지에 초점을 맞춰보자.

│ 초자연적 믿음이 가져온 심리의 변화

10여 년 전에 아라 노렌자얀, 종교학자 테드 슬링거랜드Ted Slingerland
와 나는 동네 술집에서 맥주 몇 잔을 마시면서 종교의 진화를 연구하기
위한 프로젝트를 고안했다. 이 프로젝트의 일환으로 우리는 시베리아
와 모리셔스부터 바누아투와 피지에 이르기까지 지구 곳곳의 공동체에
속한 수렵채집인, 자급자족 농민, 목축민, 임금 노동자 등의 다양한 인구
집단을 전공하는 국제적 연구팀을 모았다. 이 15개 인구 집단 중에서 힌
두교와 기독교, 불교 같은 세계종교에 깊숙이 빠져 있는 공동체만이 아
니라 조상 숭배와 (산신령 신앙 등의) 애니미즘 같은 지역적 전통에 적극
적으로 참여하는 공동체도 연구 대상으로 삼았다. 각 인구 집단에서 우
리는 사람들의 초자연적 믿음에 관한 광범위한 인류학 인터뷰를 수행
하면서 실험 참가자들에게 일련의 의사결정 문제를 제시했다. 그중 하
나로 실험 참가자들에게는 상당한 액수의 진짜 돈을 할당하는 문제가
주어졌다.[17]

연구를 시작하기 위해 우리는 우선 실험을 하는 각각의 장소에서 중
요하게 생각되는 두 종류의 신을 찾아냈다. 첫 번째는 가능한 한 가장
크고 강력한 신, 다시 말해 전지전능하고 한없이 자애로운 신이었다. 이
신을 '큰 신Big God'이라고 하자. 다른 하나는 중요하기는 해도 힘은 떨어
지는 초자연적 행위자를 찾아서 '지역 신Local God'이라고 이름 붙였다.
각 신에 대해 우리는 참가자들에게 사람을 감시하고, 사람의 마음을 읽
고, 여러 가지 규범의 위반에 대해 벌을 내리고, 내세를 허락하는 신의
능력을 평가해달라고 요청했다(다른 질문도 여러 가지 했다). 이 점수를 가
지고 우리는 규범 위반자를 감시하고 벌하는 각 신의 힘에 대해 사람들
이 갖는 믿음을 측정한 지수를 만들었다.

사람들의 공정과 공평 관념을 측정하기 위해 우리는 무작위 할당 게

임RAG, Random Allocation Game이라는 의사결정 문제를 활용했다. 무작위 할당 게임에서 각 참가자는 (방이나 텐트 같은) 사적인 공간에 앉는다. 참가자 앞에는 컵 두 개와 동전 30개, 세 면은 검은색, 나머지 세 면은 흰색을 칠한 주사위 하나가 놓여 있다. 참가자들에게는 주사위를 한 번 던질 때마다 동전을 하나씩 한 컵에 넣도록 했다. 각 컵에 들어가는 돈에는 표시를 해서 게임이 끝나고 다른 사람에게 전달된다. 이 실험의 가장 중요한 부분은 참가자들이 (1) 멀리 떨어진 소읍이나 마을에 사는 같은 종교를 가진 익명의 신자나 (2A) 자기 자신(셀프 게임) 또는 (2B) 참가자가 거주하는 지역의 공동체에 사는 같은 종교를 가진 신자(본거지의 같은 종교 신자 게임)에게 동전을 준다는 것이다. 일단 참가자가 게임을 이해했음이 확인되면 혼자 앉아서 주사위를 던져 동전을 할당한다.[18]

우리의 목적은 세속적인 사회적 압력의 영향이 아니라 초자연적 믿음이 사람들에게 미치는 영향을 관찰하는 것이었으므로 참가자들에게 다음과 같은 방식으로 동전을 할당하도록 했다. (1) 마음속으로 컵 하나를 고르고 (2) 주사위를 던져서 검은색 면이 나오면 마음속으로 고른 컵에 동전을 넣고, 흰색 면이 나오면 마음속으로 고른 컵이 아닌 다른 컵에 동전을 넣는다. (3) 동전이 바닥날 때까지 이 과정을 반복한다.

이 실험은 비밀이 보장된다. 마음속을 읽지 못하는 탓에 누구도 참가자가 주사위를 던질 때 머릿속으로 어떤 컵을 골랐는지 알지 못한다. 연구자나 다른 사람이 몰래 훔쳐본다고 하더라도 참가자가 실제로 속임수를 썼는지 알 수 없다. 물론 연구자들이 누군가가 주사위에서 특정한 면이 나오도록 속임수를 썼는지 확신할 수 없지만, 확률과 통계를 이용하면 사람들이 동전을 할당하는 과정이 어느 정도 편향되었는지를 추론할 수 있다. 평균적으로 주사위를 30번 던지면 각 컵에 동전이 15개씩 들어가야 한다. 어떤 사람이 컵에 할당한 동전이 15개에서 멀어질수록 어떤 식으로든 편향이 있을 가능성이 높다. 우리는 사람들이 자기 자신과 자신이 속한 공동체에 대해 편향을 보일 것으로 예상했다. 따라서 문제는 '큰 신'이 감시와 처벌 위협을 통해 사람들이 (멀리 떨어진 같은 종교의 사람에게 평균인 동전 15개를 할당하며) 동등하게 동전을 배분하도록 하여 자연스러운 이기심과 지역주의를 줄일 수 있는가 하는 것이었다.

실험 결과 우리는 '큰 신'이 실제로 사람들이 동등하게 동전을 배분하는 범위를 확대할 수 있다는 사실을 발견했다. 이는 사람들이 (1) 신의 감시와 (2) 초자연적인 처벌의 힘에 관한 사람들의 믿음에 영향을 받는다는 것을 의미한다. 가령 사람들이 '큰 신'이 나쁜 행동을 벌하려는 의지와 능력이 충분하다고 믿을수록 멀리 떨어져 있는 같은 종교 신자들에게 불리하게 편향되는 정도가 낮아진 것이다. 〈그림 4.2〉는 두 개의 할당 문제에 대해 신의 처벌 능력 지수를 표시한 것이다. 전혀 편향이 없는 사람은 평균적으로 동전을 15개씩 할당한다는 점을 염두에 두면, 이 데이터는 자신이 믿는 '큰 신'이 불과 유황으로 벌하는 유형이라고 생각하는 사람들(처벌 지수=1)은 평균 14.5개의 동전을 멀리 떨어진 곳에 사는 같은 종교 신자에게 할당했음을 알 수 있다. 한편 자신이 믿는 '큰 신'이 한없이 자애로운 신이라고 생각하는 사람들은 13개의 동전만을 낯선 이에게 할당했다.

〈그림 4.2〉의 맨 왼쪽에는 자기가 믿는 신의 능력에 대해 '잘 모르겠다'고 말한 사람들이 있다. 이 불가지론자들은 가장 규모가 작은 사회, 즉 탄자니아의 수렵채집인인 하드자족과 바누아투 탄나섬 내륙의 마을 사람들이 거의 전부를 차지했다. 두 곳 모두에서 연구자들은 현지의 만신전에서 우리의 '큰 신' 개념에 해당하는 신을 고르기 위해 최선을 다했지만, 그들의 신은 '큰 신'이라고 할 만큼 특별히 도덕적이거나 강력한 힘을 갖고 있지 않았다. 이런 사회는 훈계하는 강력한 신이 내리는 초자

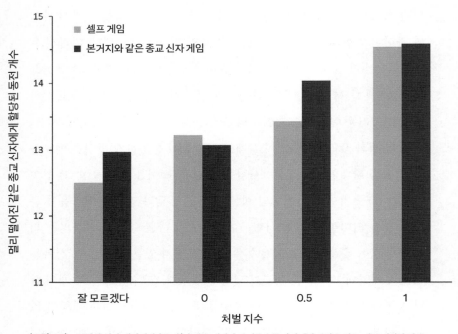

〈그림 4.2〉 무작위 할당 게임에서 '큰 신'이 벌을 내린다고 믿을수록 자신에게 보상을 하는 셀프 게임과 같은 지역에 사는 같은 종교를 가진 신자 게임 모두에서 멀리 떨어진 곳에 사는 같은 종교의 신자(낯선 사람)를 공평하게 대우한다. 처벌 지수가 높을수록 벌을 내리는 '큰 신'에 대한 믿음이 강하다.[19]

연적 벌이 사람들의 세계관의 일부가 아닐 때 그들이 어떻게 행동하는지를 엿볼 수 있다는 점에서 매우 유용하다. 이처럼 작은 규모의 사회에서는 자기 자신과 본거지 공동체를 선호하는 경향이 훨씬 커져서 평균적으로 낯선 이에게 할당하는 동전의 수가 12.5~13개까지 떨어졌다. 전반적으로 보면, 초자연적 벌에 대한 믿음이 거의 또는 전혀 없는 집단에서 벌에 대한 믿음이 가장 강한 집단으로 옮겨갈수록 낯선 이에 대한 불리한 편향이 4~5배 감소했다. 같은 공동체에 속하는 개인들만 비교할 때에도 이런 관계는 유효했으며, 사람들의 물질적 안전(부富)을 비롯해 학교 교육, 연령, 성별 같은 인구학적 요인들이 미치는 효과를 고려해도 통계적으로 변함없이 유효했다.[20]

우리 연구팀은 또한 무작위 할당 게임과 같은 방식으로 독재자 게임을 진행했다. 사람들에게 (1) 자기 자신과 멀리 떨어진 곳에 사는 같은 종교 신자, (2) 본거지에 사는 같은 종교 신자와 멀리 떨어진 곳에 사는 같은 종교 신자 양쪽에 동전을 할당하도록 했다. 이 실험 역시 무작위 할당 게임과 같은 결과를 보여주는데, 다만 '큰 신'의 감시와 벌이 훨씬 강한 영향을 미쳤다.[21]

우리는 또한 '지역 신'에 대한 사람들의 믿음이 동전 할당에 영향을 미치는지 분석했다. '큰 신'의 경우와 달리, '지역 신'에 대한 사람들의 믿음은 동전의 할당에 아무런 영향도 미치지 않았다. 이런 양상을 보면, 사회적 처벌에 대한 사람들의 불안이 실험에서 보이는 행동과 초자연적 벌에 대한 믿음 모두에 영향을 미친다는 우려 등 여러 가지 대안적 설명이 의미를 잃는다. 만약 그렇다면, 우리는 '큰 신'과 '지역 신' 둘 다에 대한 사람들의 믿음이 실험에서 보이는 행동과 관련이 있을 것이라고 예상했을 것이다. 하지만 중요한 것은 '큰 신'뿐이었다.[22]

이와 같은 연구 결과를 신과 관련된 점화 자극을 이용한 연구 결과와 결합하면, 특정한 종교적 믿음이 실제로 사람들로 하여금 큰 비용을 치르면서 타인에게는 이익이 되는 행동을 하게 만들 수 있다는 강력한 논거가 드러난다. 이 비교문화 연구에서 입증한 문화적 차이는 멀리 떨어진 곳에 사는 같은 종교 신자들에 대한 공정성 및 편애와 연결되는데, 이는 집단 간 경쟁에서 활용되는 것과 똑같은 종류의 차이다.[23]

물론 앞에서 강조한 것처럼, 문화적 진화는 집단 간 경쟁만이 아니라 여러 요인들의 영향을 받는다. 가령 왕과 황제들이 의도적으로 자신과 자기 가족, 동료 엘리트들에게 유리한 방식으로 사람들의 초자연적 믿음과 관행을 형성하려고 한 데에는 의문의 여지가 없다. 하지만 이것이 분명 사실이라고 해도 그것은 대중의 마음을 결정하는 엘리트의 힘을 과대평가하는 셈이다. 통치자들은 신들을 통제하는 만큼이나 그 신들의 요구에 종속되었다. 예를 들어, 마야의 통치자들은 종종 노랑가오리 등뼈로 성기에 구멍을 낸 다음 그 구멍에 나무껍질 가닥을 계속해서 통과시키는 의례를 치러야 했다. 정말로 종교를 통제할 수 있는 통치자라면 왕의 성기를 훼손하는 것을 금기시하는 신의 계시를 곧바로 받았을 것이다. 하지만 이 관행은 적어도 2세기 동안 이어졌다. 마찬가지로, 16세기 인도에서 무굴의 강력한 황제 악바르 대제는 이슬람과 힌두교, 조로아스터교, 기독교의 요소들을 혼합한 대단히 관용적인 종교를 만들어서 무슬림과 힌두교도를 통합하려고 했다. 하지만 유감스럽게도 이처럼 어떤 의도를 가지고 하향식으로 신을 만들려는 시도는 실패로 돌아갔다. 정통 무슬림들은 곧바로 악바르의 시도를 이단이라고 비난했고, 일사불란하게 격렬한 저항이 벌어졌다. 강력한 황제의 종교는 겨우 18명의 저명한 신자들로 절정기에 이른 뒤 역사 속으로 사라졌다.[24]

여기서 말하고자 하는 바는 인간의 역사를 통틀어 종교가 통치자를 필요로 한 것 이상으로 통치자들이 종교를 필요로 했다는 것이다.

분명히 말하자면, 나는 세계종교나 '큰 신'들을 치켜세우려는 게 아니다. 내가 보기에 이것들은 설명을 필요로 하는 또 다른 흥미로운 문화 현상에 불과하다. 여기서 요점은 집단 간 경쟁에 의해 추동되는 문화적 진화가 점차 신에게 인간의 행동에 대한 관심과 벌과 상을 주는 능력을 부여하는 초자연적 믿음의 등장과 확산에 유리했다는 것이다. 이런 믿음이 진화한 것은 현실을 정확하게 재현하기 때문이 아니라 공동체와 조직, 사회가 경쟁자들을 물리치는 데 도움이 되기 때문이다. 이런 경쟁이 비교적 평화롭게 진행되어 더 성공적인 집단을 우선적으로 모방하는 경우도 있지만, 종종 살육과 억압 그리고(또는) 비신자들의 강제 개종까지 수반하기도 한다. 이렇게 진화하는 신들은 전쟁을 정당화하고, 종족 학살을 축복하고, 폭군에게 권력을 주었다(성경을 보라). 집단 간 경쟁은 집단의 영향력이 미치는 범위를 확대하는 데 유리하지만, 여전히 일부 사람들은 그 범위 바깥에 있다.[25]

지금까지 우리는 비교심리학적 증거를 바탕으로 종교적 믿음과 의례가 어떻게 사람들의 협동 성향을 단계적으로 높일 수 있는지 살펴보았다. 이제 역사적으로 다양한 사회에서 신과 의례가 실제로 어떻게 진화했는지 살펴보자.

신과 의례의 진화

집단 간 경쟁의 압력 아래, 특히 농경이 시작된 이래 문화적 진화는 사회의 규모 확대를 촉진하거나 안정시키는 방식으로 사람들의 초자연적 믿음과 의례를 형성했다. 우선 그 출발점을 수렵채집인들을 비롯해 가장 규모가 작은 사회에서 발견되는 허약하고 도덕적으로 모호한 신들에게서 찾을 수 있다. 현재 일부 증거는 이 신들이 때로 식량 공유와 집단 간의 관계를 촉진했으리라 짐작할 수 있지만, 이 신들은 사회의 전반적인 규모 확대나 대규모 협동을 장려하는 데 거의 기여하지 않았다. 하지만 3장에서 씨족과 조상신의 사례를 통해 살펴본 것처럼, 각 사회가 친족 기반 제도를 이용해서 더 크고 촘촘한 사회적 단위를 만들어내면서 문화적 진화는 초자연적 믿음과 의례를 진지하게 활용하기 시작했다.

역사를 거슬러 올라가면 지구 곳곳의 씨족 사회에서는 종종 신비로운 씨족의 창건자들을 신으로 삼았음을 알 수 있다. 나이가 많은 이들을 더 우대하는 씨족 제도는 대개 연장자에게 더 큰 권한을 부여하기 때문에 중요한 연장자가 사망한 후에 그에 관한 이야기가 거듭 되풀이되고, 그에 대한 존경이 깊어지면서 마침내 경외, 숭배, 공포가 섞인 감정으로 발전하는 것은 자연스러운 일이다. 조상신은 대부분 적절한 조상 숭배 의례를 수행하지 않는 사람을 벌하지만, 때로는 씨족의 관습을 어긴 사람도 벌한다. 대개 규범을 위반한 이들이나 그 친척에게 질병이나 부상, 심지어 죽음을 안기는 식이다. 조상신에 대한 관심은 예나 지금이나 그 씨족에 국한된다.[26]

더 큰 신은 여러 가지 방식으로 씨족 신에서 등장할 수 있다. 앞서 살펴본 것처럼, 일라히타의 연장자들이 아벨람족의 조상신들을 마을 차원의 신으로 오해한 경우가 그 예다. 마찬가지로, 정복하는 족장사회의 조상신들은 때로 예속되는 인구 집단에 의해 신격화된 조상이 아니라 강력한 포괄적 신으로 동화되었다. 문제는 이와 같은 과정을 거치면서 징벌을 대해 더 많은 힘을 가진 더 큰 신들이 생겨날 때, 그로 인해 사회의 규모 확대가 촉진되거나 적어도 사회를 해체하는 통상적인 요인이 억제되는가 하는 것이다.[27]

문자 언어가 없는 사회가 씨족에서 정치적 통합을 통해 복잡한 족장사회로 나아갈 때 신들이 어떻게 진화했는지를 살펴보기 위해 태평양 지역의 부족들로 시선을 돌려보자. 물론 초자연적 처벌의 발전, 신의 도덕적 관심의 확대, 정치적 지도부의 정당성 획득, 내세 신앙의 성격 등에 대해서도 검토할 것이다. 이런 측면에서 오스트로네시아의 인구 집단들이 불과 몇 천 년에 걸쳐 동남아시아 섬들과 태평양의 무인도 지역으로 퍼져나가는 과정은 사회 진화를 연구할 수 있는 자연 실험실이 되었다. 유럽인과 접촉하는 시기에 이 널리 흩어진 인구 집단들은 소규모의 평등한 공동체에서 매우 복잡한 족장사회, 그리고 심지어 몇몇 국가에 이르기까지 규모나 정치적 복잡성의 측면에서 다양한 모습을 띠고 있었다.

조지프 와츠Joseph Watts, 러셀 그레이Russell Gray, 쿠엔틴 앳킨슨Quentin Atkinson이 이끄는 연구팀은 이런 자연 실험을 활용해서 사회의 복잡성과 초자연적 처벌의 공진화를 검토하기 위해 유럽인과 접촉하기 전 태평양의 96개 사회에서 모은 데이터를 이용해서 이 사회들이 어떤 역사적 과정을 거쳤는지 재구성해보았다. 연구팀은 광범위한 초자연적 처벌에 대한 믿음이 이미 존재하는 상황과 존재하지 않는 상황에서 사회의 복잡성이 커지는 확률을 추산했다. 초자연적 처벌이 존재하지 않는 사회의 경우에 복잡한 족장사회로 역사적 이행을 할 확률 추정치는 (놀랍게도) 0에 가까웠다. 이와 달리 조상 공동체가 이미 중요한 도덕을 위반하면 초자연적 처벌을 받는다는 믿음을 갖고 있는 경우에는 300년 정도마다 복잡성이 확대될 확률이 40퍼센트 정도였다. 앞에서 살펴본 심리적 실험들에 비춰볼 때, 사회의 규모 확대에서 종교가 하는 역할은 더욱 뚜렷해진다.[28]

초자연적 처벌이 중요하게 여겨지며 신들이 무엇에 관심을 기울이는지, 자신의 요구를 위반하는 것에 대해 얼마나 분노하는지, 누가 신의 영역의 일부인지 등에서도 변화가 일어난 것으로 보인다. 본질적으로 오스트로네시아의 모든 사회에는 의례를 위반하거나 금기를 어기거나 그밖에 신이 혐오하는 행위에 대해 사람들을 벌하는 신이 있다. 하지만 비교 데이터를 보면, 일부 지역의 신들은 사람들이 친척이 아닌 자기 사회의 성원들, 자기 씨족이나 공동체 바깥의 사람들에 대해 보이는 행동에 관심을 기울이기 시작했음을 알 수 있다. 가령 통가에서는 이런 복잡한 족장사회의 신들이 다른 통가 사람의 물건을 훔친 이들에게 상어 공격을 가한다고 믿었다. 이런 믿음은 실제로 효력이 있었다. 인류학자 이언 호그빈H. Ian Hogbin은 상어가 흔히 출몰하는 계절이면 도둑들이 수영을 꺼린다는 사실에 주목했다. 근처에 사는 사모아 사람들은 도둑이 빨갛게 부풀어 오르는 발진과 복부 팽창과 같은 벌을 받는다고 믿었다. 또한 사모아와 통가 모두에서 몇몇 신은 간통을 저지른 이들에게 벌을 내린 반면, 다른 신들은 간통을 감추는 것을 도와주었다.

물론 이 사회들은 집약적인 친족 기반 제도에 뿌리를 두고 있었고, 따라서 신의 처벌에는 종종 집단적 죄의식과 책임감을 공유하는 과정이 포함되었다. 사모아에서는 개인적 부상, 사고, 질병, 심지어 죽음도 흔히 친족의 행동까지 추적하여 내려지는 초자연적 처벌에서 찾을 수 있다고 믿었다. 아버지가 아프면 아들들이 종종 멀리 떨어진 마을로 떠나기도 했는데, 벌을 내리는 신이 곧이어 자신들도 표적으로 삼을 것이 두려웠기 때문이다. 특히 이 사례는 신들의 힘이 제한적이라는 것을 보여준다. 아들들은 분명 먼 곳으로 가면 신의 진노를 피할 수 있다고 믿었다. 하지만 문화적 진화는 신의 손길이 미치는 범위를 우주 전체로 확대함으로써 그런 탈출 수법을 좌절시키게 된다.[29]

초자연적 처벌 및 점증하는 도덕적 관심과 함께 문화적 진화는 또한 족장의 권위를 신과 더 효과적으로 연결시키면서 종교와 정치 제도를 하나로 결합했다. 이런 신성한 정당성 덕분에 족장들은 더 커다란 지휘와 통제권을 손에 쥐고서 더 큰 인구 집단을 통치하고, 사원을 짓고, 운하를 파고, 얌을 심고, 군사 작전을 수행할 수 있었다. 그와 동시에 신들은 점점 인간의 희생을 요구했는데, 때로는 이런 희생 제물에 족장의 자녀도 포함되었다. 이런 의례화된 행위는 의심의 여지없이 사회를 더 강력하게 통제하는 동시에 족장의 권력과 그가 신들에게 복종한다는 것을 공개적으로 보여주었다.[30]

물론 폴리네시아의 신들은 때로 도둑질이나 간통 같은 반사회적 행동을 벌했지만, 다른 면에서는 다소 인간적이었다. 신들은 음식과 술, 섹스를 즐겼다. 신자들이 기도를 드리거나 엄청난 희생물을 바쳐서 신을 매수하거나 구워삶을 수도 있었다. 침략군은 적이 받드는 신에게 희생물을 바쳐서 매수하거나 적어도 어느 정도 비위를 맞추곤 했다.[31]

신의 처벌에 대한 믿음, 도덕적 관심, 정치적 정당성이 집단의 규모 확대 과정을 뒷받침하며 공진화한 한편, 현세에서 한 행동에 따라 죽음 이후의 상태가 좋아지거나 나빠지는, 정해지지 않은 내세의 중요성을 보여주는 증거는 거의 없다. 예를 들어, 타히티와 보라보라를 비롯한 소시에테 제도에서는 사람이 바다에서 살해되면 상어 속으로 들어가지만, 전투에서 사망하면 유령이 되어 전장에 머문다고 여겼다. 엘리트 씨족 성원들은 태생 덕분에 (아마도) 대부분 내세에서 낙원에 들어간다고 여겨졌기 때문에 일종의 천국이 존재했다고 볼 수 있다. 하지만 단지 모범이 되는 행동을 한다고 해서 천국에 가는 것은 아니었다.

하지만 오세아니아 곳곳에 흩어져 존재한 몇몇 내세 신앙은 집단 간 경쟁의 원동력이 되었다. 가령 쿡 제도의 망가이아 섬에서는 용감한 전사의 영혼이 "천상계의 높은 영역으로 올라가서 영원히 행복을 누리며 산다. 향기 나는 꽃으로 만든 옷을 입고 춤을 추면서 모든 욕망을 채운다"고 생각한다. 용감한 전사에게 이보다 더 좋은 유인책이 있을까? 하지만 더욱 중요한 점은 이런 믿음이 문화적 진화를 위한 주춧돌이 된다는 사실이다. 만약 사람들이 용감한 행동이 내세를 위해 중요하다는 믿음을 갖는다면, 문화적 진화가 시작되면서 천상의 미덕과 지상의 악덕 목록이 증가한다. 하지만 유감스럽게도 이런 지역적인 문화적 진화 과정은 두 번째 천년기 중반에 기독교도와 무슬림이 도래하면서 점점 축소되었다.[32]

| 신이 만든 상업과 교역의 역사

지금까지 설명한 문화적 진화 과정은 태평양 지역에서 인류학과 언어학, 고고학의 증거를 결합해서 추론할 수 있을 뿐인데, 역사적으로는 4,500여 년 전 수메르(메소포타미아)의 문서 기록 속에 처음 신이 등장했을 때 시작되었다고 할 수 있다. 이 시기의 신들은 앞에서 설명한 폴리네시아의 복잡한 족장사회의 신들과 크게 다르지 않았으며, 인간과 많이 닮은 모습이지만 강력한 힘을 갖고 있었다. 가령 엔키Enki라는 이름의 신은 어느 날 밤 너무 취해서 문명의 비밀스러운 지식을 사랑과 성교의 여신인 매력적인 이난나Inanna에게 실수로 주어버렸다. 점차 이슈타르Ishtar와 합쳐지는 이난나는 또한 매춘부들의 여신이었고, 때로는 간통하는 여자들을 도와주었다. 애인의 아이를 임신한 부인들은 이슈타르에게 태어날 아이가 남편을 닮게 해달라고 기도했다. 엔릴Enlil 신은 후대 이스라엘인들의 신과 마찬가지로 인간들을 쓸어버리려고 거대한 홍수를 일으켰다. 하지만 엔릴이 홍수를 일으킨 이유는 인간들이 쓸어버려야 하는 죄악의 소굴이 되었다고 여겼기 때문이 아니라 그냥 인간들이 너무 시끄러웠기 때문이다.[33]

이렇게 뒤범벅된 다양한 초자연적 행위자들로부터 우리는 집단 간(때로는 도시 간) 경쟁의 행위가 여러 영역 중에서도 정치와 교역에서 신들이 하는 역할에 대한 사람들의 믿음을 형성했음을 알 수 있다. 이집트의 경우처럼 고대의 왕이 실제로 반신半神으로 여겨지지 않았을 때에도 그들은 여전히 신들과 밀접한 관계를 가지고 신들로부터 더 큰 정당성과 신성한 권위를 부여받는다고 여겨졌다. 바빌로니아의 함무라비 왕은 유명한 법전의 서문에서 위계의 꼭대기에 자리한 최고의 창조신이자 하늘과 땅의 지배자에서 시작하는 자신의 신성한 위임 통치권의 원천에 대해 다음과 같이 선언했다. "나는 샤마시Shamash 신처럼 검은 머리 사람들(수메르인-옮긴이)을 다스리고, 이 땅을 교화해서 인류의 안녕을 촉진하고자 한다."[34]

메소포타미아의 신들은 또한 상업을 장려하고 위증을 억제했다. 가령 태양신이나 이난나의 쌍둥이 형제인 샤마시는 진실과 정의의 후원자로 등장해서 상거래와 조약 교섭에서 하는 맹세를 주관했다. 이를 뒷받침하는 증거는 기원전 2000년대 초에 우르(오늘날의 이라크)의 두 상인 가문이 샤마시에게 맹세하는 내용이 담긴 계약서에 드러난다. 마찬가지로, 시장에는 샤마시의 조각상이 세워졌는데, '샤마시 점화 자극'을 이용해서 공정한 거래 관행을 장려하기 위한 것이었을 듯하다. 함무라비 법전은 계약과 시장 거래를 강제하기 위해, 그리고 법적 조사에서 정직하게 증언하도록 하기 위해 신 앞에 맹세할 것을 요구함으로써 이를 공식화했다.[35]

나중에 고대 그리스와 로마의 신들은 후대의 기독교 홍보 전문가들이 만들어낸 대중적인 인상과 정반대로 공적 도덕의 옹호자였고, 개인과 가족, 도시에 신성한 은혜를 베풀었다. 그리스 신들은 메소포타미아의 선조들과 똑같이 도덕적 결함이 있었지만, 통치자에게 정당성을 부여하고, 군대의 사기를 높이고, 부패한 관행을 단속했다. 거의 모든 신이 그렇듯이, 그리스 신들도 정교한 의례에서 값비싼 희생물을 바치는 등 고대의 의례를 수행하는 사람들을 특히 좋아했다. 하지만 그리스의 신들은 특히 부모를 등한시하거나 이방의 신을 숭배하는 행위에 대해 어느 정도 적극적으로 감시와 처벌을 행했다. 아테네에서는 살인 또한 신에 의해 억제되었지만 이런 억제는 간접적인 경로로 이루어졌다. 사람들은 살인이 그 행위를 한 사람을 더럽힌다고 믿었다. 더럽혀진 사람이 사원이나 시장, 그밖에 일정한 공공장소 같이 신성한 장소에 들어서면 신들이 분노해서 도시 전체를 벌할 수 있었다. 집단 처벌을 하면 제3자(증인)가 나서서 당국에 살인자의 더럽혀진 상태를 경고할 것이었다. 그래야 모든 사람이 신의 분노에서 부수적인 피해를 입는 일이 없기 때문

이었다.[36]

　신에게 처벌을 받는 가장 중요한 이유는 상거래 계약을 하거나 물건을 판매하거나 공무를 맡을 때 특정한 신의 이름으로 한 신성한 맹세를 어기는 것이었다. 그리스의 많은 지역과 마찬가지로, 아테네에는 시장에 여러 신들을 모시는 제단이 가득했다. 상인들은 자기가 파는 물건이 진짜이고 질이 좋다는 것을 증명하기 위해 이 제단 앞에서 신성한 맹세를 해야 했다. 아테네 사람들이 오랫동안 상업과 조약 체결에서 믿을 만하다는 평을 받은 것은 그들이 신과 신성한 맹세에 진지하게 의지했다는 사실로 어느 정도 설명할 수 있다.[37]

　후대의 로마 세계에서도 판매와 법적 합의, 계약에서 맺은 신성한 맹세가 똑같은 방식으로 활용되었다. 가령 곡식을 수확한 농민과 방앗간 주인은 가격을 담합하지 못하도록 신 앞에서 맹세해야 했다. 포도주 판매업자는 또한 제품의 질과 순도에 대해 맹세를 해야 했다. 그리고 사람들은 법정에서 증언을 할 때 위증을 하지 않겠다고 맹세했다. 신들이 스스로 거짓말과 속임수, 도둑질 자체에 직접 관심을 기울이지 않았다는 사실은 주목할 만하다. 신들은 자기 이름으로 한 맹세를 어기는 것에 초점을 맞췄다. 다시 말해, 그리스인이나 로마인들과 마찬가지로 신들도 자기의 명예에 관심을 가질 뿐이었다. 문화적 진화는 단지 이러한 심리적 직관(개인과 가문의 명예)이 더 큰 사회를 위해 작동하게 만들었을 뿐이다.[38]

　지중해의 상업과 교역에서 신들이 중심을 차지했다는 사실은 기원전 2세기에 로마 해상 무역의 중심지였던 에게해의 델로스섬에서 생생히 드러난다. 종교 중심지이자 교역의 거점이었던 이 고대의 시장에는 여러 신의 제단과 신상神像이 가득했는데, 그중에서도 메르쿠리우스와 헤르쿨레스가 중심이었다. 이 신성한 장소에서 상인들은 신들 앞에 맹세하면서 거래를 통해 형제 관계를 맺고 계약의 구속력을 확고하게 했는데, 이런 결속은 지중해를 효과적으로 연결해주었다. 그리스의 유명한 여행가인 파우사니아스Pausanias는 "신이 바로 앞에 존재하는 덕분에 그곳에서 안전하게 사업할 수 있었다"라고 말했다. 이런 맹세가 과연 중요했는지 의심이 든다면, 경제적 결정에서 신을 암시하는 것이 어떤 효과를 발휘하는지에 관해 앞에서 제시한 심리학적 증거를 떠올려보라. 이런 증거에 비춰볼 때, 영적인 힘이 있다고 알려진 장소에서 분명하게 맹세를 하는 것이 사람들의 믿음과 신뢰성을 높이지 못했다고 생각하기는 어렵다. 결국 이런 효과는 원활한 경제 거래를 보장해주었다.[39]

자유의지와 도덕적 보편주의가 바꿔놓은 것들

수백 년 동안 지중해부터 인도까지 휩쓴 신과 신의 제재에 관한 믿음의 소용돌이 속에서 기원전 500년 무렵부터 특정한 행동에 상과 벌을 주는 능력을 완전히 갖춘 보편적 신(또는 우주적 힘)을 지닌 새로운 종교들이 등장하기 시작했다. 이 경쟁에서 현대까지 살아남은 종교로는 불교, 기독교, 힌두교 등이 있다. 나중에는 이슬람이 합류했다.[40]

기원전 200년 무렵부터 이와 같은 보편 종교들은 다양한 형태로 세 가지 핵심적 특징을 띠었는데, 이는 인간 심리에 획기적인 변화를 가져왔다. 첫 번째 특징은 정해지지 않은 내세이다. 이 종교들의 핵심에는 죽음 이후의 삶이나 일정한 형태의 영원한 구원에 관한 믿음이 자리 잡고 있었다. 이런 내세나 구원은 생전에 특정한 도덕규범을 준수하는지에 따라 정해진다. 천국, 지옥, 부활, 윤회가 이런 개념들이다. 두 번째 특징은 자유의지로, 대다수 보편 종교는 지방적 규범에 어긋나거나 전통적 권위에 저항하는 것일지라도 '도덕적 행위'를 선택하는 개인의 능력을 강조했다. 여기서는 개인들의 자유로운 선택이 내세의 운명을 규정한다. 세 번째는 **도덕적 보편주의**로, 이런 일부 종교들의 도덕규범은 신자들이 모든 민족에게 보편적으로 적용할 수 있다고 믿는 신법으로 발전했다. 이 법은 (기독교와 이슬람의) 전능한 신의 의지나 (불교와 힌두교에서 말하는) 우주의 형이상학적 구조에서 생겨났다. 이는 엄청난 혁신이었다. 대부분의 시대와 장소에서 각기 다른 민족, 즉 종족언어적 집단은 나름의 독특한 사회 규범과 의례, 신을 갖는 것이 불가피하다고 여겨졌기 때문이다. 보편 종교의 이 세 가지 특징은 사람들이 생각하고 행동하는 방식에 각각 영향을 미쳤는데, 그 덕분에 이 종교의 신자들은 전통적 공동체나 소규모 종교와의 경쟁에서 우위를 차지할 수 있었다. 현대의 데이터를 이용해서 이런 종교적 신념이 어떻게 다른 집단과의 경쟁에서 우위를 제공했는지 검토해보자.[41]

여러 나라에서 정해지지 않은 내세에 대한 믿음은 경제적 생산성 증대 및 범죄 감소와 관련이 있다. 1965년에서 1995년까지 전 세계의 데이터를 바탕으로 통계 분석을 해보면, 한 나라에서 (천국만이 아니라) 지옥과 천국을 모두 믿는 사람의 비율이 높을수록 이후 10년간 경제 성장 속도가 더 빠름을 알 수 있다. 그 효과는 크다. 지옥(과 천국)을 믿는 사람의 비율이 가령 40퍼센트에서 60퍼센트로 약 20퍼센트포인트 증가하면, 그 나라의 경제는 이후 10년간 10퍼센트 더 성장했다. 경제학자들이 경제 성장에 영향을 미친다고 생각하는 통상적인 요인들을 제거한 뒤에도 이런 양상은 유효하다. 이 데이터는 또한 정해지지 않은 내세에 관한 믿음이 특히 경제 성장을 부추긴다는 사실을 보여준다. (지옥은 제외하고) 천국만을 믿는 경우에는 경제 성장을 가져오지 않았다. 정해지지 않은 내세에 대한 믿음의 영향을 고려하면, 유일신에 대한 믿음도 경제 성장을 가져오지 않는다. 많은 사람들이 천국을 열심히 믿는 것 같기 때

문에 지옥을 추가하는 것이 경제 성장을 부추기는 실제 요인이 된다(지옥만 믿는 경우는 드물다).[42]

이 분석만으로 정해지지 않은 내세 신앙이 이론의 여지없이 경제 성장을 유발한다는 사실을 증명할 수는 없다. 하지만 앞에서 살펴본 모든 증거에 비춰볼 때, ('종교' 일반이 아닌) 특정한 종교적 믿음이 경제적 번영에 중대한 영향을 미침을 알 수 있다.[43]

정해지지 않은 내세에 대한 믿음은 또한 세계의 범죄 발생률에도 영향을 미친다. 한 나라에서 정해지지 않은 내세(지옥과 천국)를 믿는 사람의 비율이 높을수록 살인 사건의 발생률이 낮았다. 이와 대조적으로, 천국만을 믿는 사람의 비율이 높을수록 살인 사건의 발생률도 높다. 그렇다. 천국만 믿는 경우 살인 사건이 더 많이 발생한다. 폭행, 절도, 강도 같은 다른 9개 범죄에서도 똑같은 양상이 나타난다. 하지만 이런 다른 범죄들을 지나치게 강조하는 것은 조심해야 하는데, 다양한 범죄가 신고되는 빈도가 나라별로 다르기 때문이다. 내가 살인에 초점을 맞추는 것은 이것이 여러 나라를 아우르는 가장 믿을 만한 범죄 통계이기 때문이다. 국가의 부나 불평등 같이 일반적으로 국가별 범죄율의 차이와 관련되는 요소들을 통계적으로 상수로 두어도 이런 관계는 유효하다.[44]

내세 신앙과 함께 **자유의지**의 관념 또한 사람들의 의사결정에 영향을 미치지만, 유감스럽게도 이 연구는 대부분 WEIRD 사회들에 국한되어 있다. 연구실에서 진행하는 심리 실험들을 보면, 미국인은 자유의지를 강하게 믿을수록 수학 시험에서 커닝을 하거나 공짜 돈을 받거나 집단의 견해에 순응할 가능성이 낮고, 유혹에 저항하고 낯선 이를 돕고 창의적으로 문제를 해결할 가능성이 높다. 또한 성향적 귀인dispositional attribution, 다시 말해 사람의 행동을 ('그는 일하느라 지쳤다'라며) 관련된 맥락에서 생각하기보다 ('그는 게으르다'라는) 성향적 특성을 토대로 설명하는 편향도 높다. 이런 연구는 대부분 몇몇 참가자를 자유의지와 행위 주체에 대한 믿음을 억누르는 과학적 주장에 일시적으로 노출시킴으로써 실험실에서 행동 변화를 유도한다. 그 결과를 통해 우리는 사람들의 믿음이 행동의 변화를 추동한다고 추론할 수 있다.[45]

도덕적 보편주의에 관한 연구는 여전히 자유의지에 대한 연구보다 훨씬 제한적이지만, 두 연구를 보면 도덕적 상대주의보다 도덕적 보편주의에 몰두할 때 비개인적 정직성이 높아지고 기부도 더 후하게 한다는 것을 알 수 있다. 자유의지의 경우와 마찬가지로, 연구자들은 실험에 참여한 사람들에게 도덕적 보편주의나 도덕적 상대주의 중 어느 한쪽을 암시한 뒤 속임수를 써서 돈을 챙기거나 가난한 사람에게 기부를 하는지를 지켜보는 식으로 도덕적 보편주의에 몰두하는 것의 인과적 영향을 입증하려고 했다. 그 결과 도덕적 보편주의의 신호를 주었을 때 속임수를 사용하는 것이 억제되고 기부가 증가했다.[46]

종합적으로 보면, 이 연구들은 정해지지 않은 내세, 자유의지, 도덕적 보편주의에 대한 믿음이 종교 집단이나 사회 사이의 경쟁에서 성공을 촉진하며 사람들의 의사결정과 행동을 바꿔놓았다는 견해를 뒷받침한다. 따라서 문화적 진화는 강력하고 도덕에 관심이 있는 초자연적 처벌자(또는 다른 우주의 힘)를 포함한 초자연적 혼합물에 이 세 가지 증대 요소를 추가하는 것을 선호했다. 그렇다면 이 사회적 조합에서 중요한 또 다른 요소들이 있을까?

'신뢰성을 높이는 보여주기'의 의미

보편 종교의 핵심에는 예나 지금이나 특정한 초자연적 믿음과 세계관에 대한 깊은 감정적 헌신이 도사리고 있다. 이 새로운 종교 공동체들이 장기적으로 성공을 거둔 것은 정서적으로 강력한 '심상적imagistic' 의례의 결속력을 통한 고대의 의례 공식보다는 신, 도덕규범, 우주 개념에 대한 사람들의 신앙이 지속적으로 미치는 심리적 영향 덕분이었다. 이 과정의 일부로, 문화적 진화는 ('교의적doctrinal' 의례라고 불리는) 새로운 의례 형태를 선호했다. 이런 의례가 종교적 믿음의 내용과 그런 믿음에 대한 깊은 헌신을 더욱 효과적으로 전달했기 때문이다. 의례는 우리가 타고난 문화적 학습 역량을 활용하는 방향으로 점차 진화했다. 의례는 빈번하게 반복되면서 기도, 찬가, 시, 신조, 우화 등을 활용해서 기억하기 쉬운 형태로 믿음의 내용이 전달되었다. 우리의 관심 편향을 활용하면서 특히 사제나 예언자, 공동체의 지도자와 같이 명망이 있거나 성공한 개인들이 이런 믿음을 일상적으로 전달했고(지금도 전달한다), 때로는 젊은 학습자들에게 통일된 헌신 감각(순응)을 주입하기 위해 전체 회중이 일제히 믿음을 외쳤다. 심리학 연구를 보면, 무엇보다도 이런 요소들이 사람들의 학습과 기억을 분명하게 함으로써 대규모 종교 공동체에서 널리 공유되는 믿음을 촉진함을 알 수 있다.[47]

고백한 믿음에 대한 깊은 헌신을 더욱 효과적으로 주입하기 위해 새로운 교의적 의례는 또한 내가 '신뢰성을 높이는 보여주기CREDs, Credibility-Enhancing Displays'라 이름 붙인 기제를 활용했다. '신뢰성을 높이는 보여주기'는 사람들의 근원적인 믿음이나 진정한 헌신을 입증하는 행동, 즉 입으로 언급한 믿음을 확고하게 갖고 있지 않으면 수행하기 어려운 행동을 의미한다. 가장 분명한 '신뢰성을 높이는 보여주기'의 사례는 순교다. 자신이 공언한 믿음을 위해 죽는 것은 그가 실제로 그런 믿음에 대한 깊은 확신을 갖고 있음을 설득력 있게 보여준다. 순교자의 행위를 보거나 듣는 사람들은 순교자가 표명한 믿음을 배우거나 자신의 신앙이 깊어질 가능성이 높다. 인류가 진화하는 과정에서 자연선택은 자신의 이익을 위해 우리에게 가짜 믿음을 전하는 나쁜 개인들에게 활용되는 것을 피하기 위한 방편으로 '신뢰성을 높이는 보여주기'에 의지하는 심리적 경향을 선호했다. 그리하여 '신뢰성을 높이는 보여주기'는 사기꾼과 가짜 약장수를 막는 일종의 면역체계로 작용하도록 진화했다. 여러 복잡한 언어가 등장한 뒤로는 '신뢰성을 높이는 보여주기'에 의존하는 것이 특히 중요했을 것이다. 언어 덕분에 영향력 있는 개인들이 자기 이익을 위해 가짜 정보나 잘 맞지 않는 믿음을 너무 수월하게 퍼뜨릴 수 있는 능력이 생겼기 때문이다. 따라서 '신뢰성을 높이는 보여주기'를 활용함으로써 사람들은 조작 시도와 진정한 신념을 구분할 수 있다.[48]

아이러니하게도 보편 종교는 개인들이 자발적으로 높은 비용을 치러야 하는 행위를 하거나 믿을 만한 보여주기를 제공하는 의례화된 기회를 통해 '신뢰성을 높이는 보여주기'를 의존하는 방향으로 진화했다. 물론 순교자는 다른 여러 종교 가운데서도 기독교와 이슬람, 불교에서 중심적인 역할을 했지만, 이는 '신뢰성을 높이는 보여주기'의 가장 분명한 사례일 뿐이다. 보편 종교는 상흔문신scarification(성년식이나 정체성 확인을 위해 피부를 베거나 긁어서 상처로 무늬를 만드는 것―옮긴이), 음식 금기, 성적 금지, 금식, 동물 희생, 자선 기부 등 특히 어린이와 청소년을 비롯해 참가자와 관찰자 모두의 신앙을 확고하게 하는 온갖 미묘한 형태의 '신뢰성을 높이는 보여주기'를 특징으로 한다. 종교는 또한 '신뢰성을 높이는 보여주기'를 활용해서 사제나 수도승, 예언자와 같은 종교 지도자들을 더욱 효과적인 신앙 전파자로 만든다. 종교 지도자들은 독신 서약, 가난, 그밖에 깊은 헌신의 증명을 내세운다.[49]

믿음과 의례의 시너지를 더욱 탄탄하게 만들기 위해 신들은 사람들이 의례에 참여하게 하고, 금식을 지키고, 금기를 유지하고, 믿을 만한 서약을 하게 만드는 욕구와 계율을 진화시켰다. 새로운 교의적 의례는 신앙을 더욱 효과적으로 전달하며, 결국 새로운 신앙은 초자연적 처벌의 위협을 통해 의례를 강화한다. 이렇게 맞물린 순환은 신앙을 여러 세대에 걸쳐 영속화하는 데 기여한다.[50]

일부 교의적 의례는 특정한 믿음과 헌신을 심어줄 뿐만 아니라 자기 규제를 강화하거나 미래의 가치를 폄하하지 못하도록 지연시키기도 한다. 부족 종교의 의례가 사치스럽고 감정적이며 종종 고통스러운 것과 달리, 교의적 의례는 반복적이고 종종 지루한 기도 수행을 수반한다. 이런 관행은 일관되고 지속적인 관심을 필요로 해서 대개 작지만 반복적으로 시간이나 노력을 투입할 것을 요구한다. 매일 하는 기도, 식전 기도, 자선 기부, 의례 참석, 금식, 음식 금기 등이 공통된 사례에 해당한다. 초자연적 관심(가령 알라는 모든 무슬림이 일출 기도를 하기를 원한다)과 종교 공동체 내의 평판 때문에 강제되는 사회 규범(늦잠을 자는 사람은 '형편 없는' 무슬림이다)이 결합하면서 동기 부여를 받는 개인들은 이런 일상적인 의례를 수행함으로써 자기규제를 강화한다.[51]

널리 공유되는 종교적 믿음과 의례의 광범위한 전파와 표준화가 낳은 한 가지 핵심적 결과는 이른바 '상위 부족super-tribe'이 생겨났다는 것인데, 이 상위 부족은 상징적으로 뚜렷하게 구분되는 종족 집단에 관해 사고하는 우리의 진화된 심리를 적절하게 활용한다(2장). 종교 집단은 집단의 경계선을 긋고 우리의 부족적 본능을 작동시키기 위해 전문화된 의복, 종교 장식물, 모호한 언어, 음식 금기 등의 정체성 표지를 활용하는 쪽으로 진화했다. 역사를 통틀어, 그리고 현대 세계에서도 그렇듯이, 고대 메소포타미아에서도 종교적 믿음과 신을 공유함으로써 더 넓은 지역에서 교류가 확대되었을 것이다. 서기가 시작될 때 몇몇 새로운 보편 종교는 (적어도 원칙상으로는) 누구나 가담할 수 있는 '상상의' 거

대한 상위 부족을 창조할 준비가 되어 있었다. 이런 종교의 도덕적 보편
주의와 교의적 의례는 지도자들의 문해력과 결합해서 이전에 가능했던
것보다 훨씬 많은 인구 집단들에게 널리 공유되는 일군의 초자연적 믿
음과 관행을 전파하고 유지할 수 있는 문을 열었다. 집단 간 경쟁이 이
종교 묶음들을 선호하는 가운데 그 영향력의 범위가 확대되었다.[52]

WEIRD 심리의 토대가 완성되다

종교는 우리의 행동과 심리가 형성되는 데 강력한 영향을 미치기 때문
에 사회의 규모가 확대됨에 따라 더 높은 수준의 정치·경제 제도의 형성
에서 중심적인 역할을 했다. 종교의 힘은 문화적 진화가 사회적 영향력
의 범위를 확대하고, 내부의 화합을 촉진하며, 외집단에 맞서 경쟁 우위
를 강화하기 위해 우리의 초자연적 믿음과 의례 관행을 미묘하게 형성
하는 무수한 방식에서 비롯되었다.

　신의 욕구와 처벌, 자유의지, 내세에 관한 믿음이 심리에 미치는 영향
은 반복적 의례 관행과 결합해서 사람들의 충동성과 속임수 경향을 억
누르는 한편, 같은 종교를 가졌지만 낯선 신자들에 대한 친사회성을 높
여준다. 이런 심리적 차이는 집단 차원에서 더 낮은 범죄율과 빠른 경제
성장으로 이어진다. 물론 이 가운데 어느 것도 WEIRD 심리의 독특성을
설명하는 데는 도움이 되지 않는다. 이런저런 종류의 보편 종교가 오랫
동안 세계 대부분을 장악했기 때문이다.[53]

　이제 이런 배경이 정리된 가운데 WEIRD 심리가 등장할 수 있는 무
대가 마련되었다. 서기 첫 번째 밀레니엄이 시작되면서 보편 종교들이
구세계 곳곳에서 경쟁하고 모방하고 확산되었다. 만약 문화적 진화가

이런 새로운 보편 종교들 중 하나의 힘을 활용해서 결혼, 가족, 혈족, 정체성, 상속과 관련된 가장 기본적인 인간 제도를 침식하고 변형시킨다면 어떤 일이 벌어질까?

Part 2

WEIRD,
세상에서
가장 이상한
집단의 탄생

Chapter 5

교회,
유럽의 가족 제도를
개조하다

WEIRD 가족의 뿌리는 교회가 점진적으로 채택해서 적극적으로 추진했던 교리와 금기, 규정들이 서서히 확대되는 과정에서 찾아볼 수 있다. 이 확대 과정은 서로마 제국이 종언을 고하기 전에 시작되었다. 고대 후기부터 중세시대에 이르기까지 여러 세기 동안 교회의 결혼과 가족 정책은 더 커다란 문화적 진화 과정의 일부였다.

_본문 중에서

WEIRD 사회에서 발견되는 가족은 지구적, 역사적 관점에서 볼 때 독특하고 심지어 이국적이다. WEIRD에게는 사방으로 뻗어나가면서 가족의 책임이라는 그물망으로 우리를 얽매는 혈족이나 대규모의 친속^{親屬}이 없다. WEIRD의 정체성, 자아 인식, 법적 존재, 개인적 안전은 한 가문이나 씨족에 소속되어 있는지의 여부나 친족 연결망에서 그 사람이 차지하는 위상과 관련이 없다. 또한 (한 번에) 한 배우자하고만 관계를 맺으며, 사회 규범에 따라 대개 사촌, 조카, 의붓자식, 사돈을 포함한 친척과 결혼하지 않는다. 그리고 중매결혼 대신 보통 상호 애정과 화합에 바탕을 둔 '연애결혼'을 한다. 이상적으로 볼 때, 신혼부부는 부모와 독립된 주거를 구려서 인류학자들이 말하는 **독립거주**neolocal residence를 한다. 부계 씨족이나 분절적 혈족과 달리, WEIRD의 친족 관계는 아버지와 어머니 양쪽으로 똑같이 혈통을 추적하여 계산한다. 재산은 개인이 소유하고, 유산 증여는 개인이 결정한다. 가령 형제가 소유한 땅에 대해 권리를 행사할 수 없으며, 형제가 땅을 팔기로 결정하는 것을 거부할 수 없다. 핵가족은 WEIRD 사회의 핵심을 이루는 독특한 특징이지만 자녀가 결혼해서 새로운 가구를 이룰 때까지만 함께 거주한다. 이 소가족을 넘어서면 WEIRD의 친족 유대는 다른 대다수 사회에 비해 수도 적고 약하다. 미국 대통령이 자기 자녀나 인척을 백악관 요직에 임명하는 경우처럼 이따금 친족 관계가 부각되기는 하지만, 대개 더 높은 차원의 정

치, 사회, 경제 제도에 종속된다.[1]

1,200여 개 사회의 산업화 이전의 생활을 일목요연하게 보여주는 인류학 데이터베이스인 '민족지 도해Ethnographic Atlas'를 활용해서 앞에서 설명한 친족 관계 양상에 몇 가지 숫자를 붙이는 것으로 시작해보자. 〈표 5.1〉은 WEIRD 사회를 특징짓는 친족 관계의 특성 다섯 가지를 보여준다. (1) 부모 양계 출계 (2) 사촌 간 결혼을 거의 또는 전혀 하지 않음 (3) 일부일처제 (4) 핵가족 가구 (5) 독립거주. 이런 WEIRD 친족 관계 특성이 나타나는 빈도는 가장 높은 부모 양계 출계의 28퍼센트에서부터 가장 낮은 독립거주의 5퍼센트에 이르기까지 다양하다. 이는 대다수 사회가 오랫동안 확대가족 가구에서 살고, 일부다처제를 허용하고, 사촌 간 결혼을 장려하고, 주로 부모 중 한쪽을 통해 출계를 추적했음을 의미한다. 따로 떼어놓고 보면 각 특성이 흔하지 않은 정도이지만, 하나로 결합되면 이 묶음은 대단히 드물다. 다시 말해 정말 WEIRD하다.[2]

이런 양상이 얼마나 드문 것인지 알려면 '민족지 도해'에서 각 사회가 이런 친족 관계의 특성을 얼마나 많이 가지고 있는지 살펴보면 된다.

〈표 5.1〉 지구적-역사적 관점에서 본 WEIRD 친족 관계의 특성

WEIRD 특성	비율(%)
1 부모 양계 출계	28
2 사촌 간 결혼을 거의 또는 하지 않음	25
3 일부일처제	15
4 핵가족 가구	8
5 독립거주	5

한 사회가 친족 관계라는 면에서 얼마나 WEIRD한지 알려주는 점수가 0부터 5까지 나온다. 〈그림 5.1〉은 다음과 같은 결과를 보여준다. '민족지 도해'에 실린 사회의 절반 이상(50.2퍼센트)이 이런 WEIRD 친족 관계의 특성을 0개 갖고 있으며, 77퍼센트는 이런 특성을 0~1개 갖고 있다. 반대편 끝을 보면, 이런 특성을 최소한 4개를 가진 사회가 3퍼센트 이하이고, 5개 전부를 가진 사회는 0.7퍼센트에 불과하다. 주목할 점은 이 0.7퍼센트에 1930년의 아일랜드계·프랑스계 캐나다인 같은 유럽 사회의 소규모 표본이 포함된다는 것이다. 따라서 전 세계 인류학 데이터베이스에 실린 전체 사회의 99.3퍼센트는 WEIRD의 양상에서 벗어난다.[3]

'민족지 도해'에서 발견되는 전통적 친족 관계의 측면들을 통해 산업

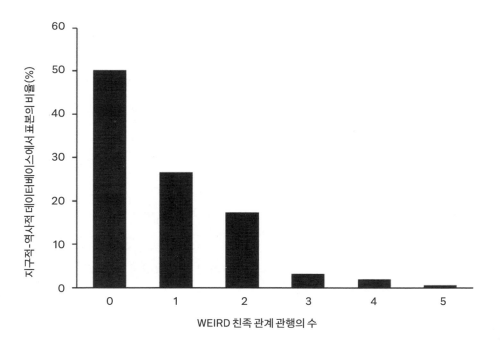

〈그림 5.1〉 〈표 5.1〉에서 WEIRD 친족 관계 관행을 0부터 5개까지 가진 사회의 비율 ('민족지 도해'에 수록된 데이터를 바탕으로 집계)

화 이전 세계뿐만 아니라 오늘날에도 여전히 중요한 사회 규범을 새로운 시각에서 볼 수 있다. 이런 질문을 생각해보자. 당신은 사촌과 결혼한 사람을 몇 명이나 아는가?

만약 한 명도 알지 못한다면, WEIRD한 일이다. 오늘날 세계 곳곳에서 이루어지는 결혼 10건당 하나가 사촌을 비롯한 친척과 하는 것이기 때문이다. 20세기 후반의 데이터를 바탕으로 한 〈그림 5.2〉는 사람들이 4촌이나 6촌, 그밖에 가까운 친척(삼촌, 조카딸)과 결혼하는 빈도를 지도로 표시한 것이다. 6촌은 같은 증조부모를 가진 이들을 말한다. 하지만 단순하게 설명하기 위해, 그리고 대부분의 친척 결혼은 사촌과 하는 것이기 때문에 **사촌 간 결혼**이라고 지칭하고자 한다. 스펙트럼의 한쪽 끝을 보면, 중동과 아프리카 사람들은 최소한 25퍼센트가 친척과 결혼을 하는데, 일부 지역에서는 이 수치가 50퍼센트를 넘기도 한다. 그러니까 결혼의 절반 이상이 친척끼리 하는 것이다. 중간에 있는 인도나 중국 같은 나라는 사촌 간 결혼 비율이 높지 않지만, 중국의 경우에 정부가 1950년대에 '현대식(서구식)' 결혼을 장려하기 시작하면서 삼촌과 조카딸 간의 결혼에 이어 4촌 간 결혼도 법으로 금지한 사실을 알아둘 필요가 있다. 이와 대조적으로, 미국, 영국, 네덜란드 같이 정말 WEIRD한 나라들은 사촌 간 결혼 비율이 0.2퍼센트 정도다.[4]

그렇다면 WEIRD의 친족 관계는 어떻게 해서 이렇게 유별나게 된 걸까?

많은 이들은 WEIRD 가족의 독특한 성격이 산업혁명과 경제적 번영, 도시화, 근대 국가 차원의 제도가 낳은 산물이라고 생각한다. 타당한 해석이고, 확실히 오늘날 세계 많은 지역에서 세계화를 통해 이런 일이 벌어지고 있는 것으로 보인다. 비WEIRD 사회들이 글로벌 경제로 진입하고 도시화되고 WEIRD 사회의 공식적인 세속적 제도(가령 서구식 민법,

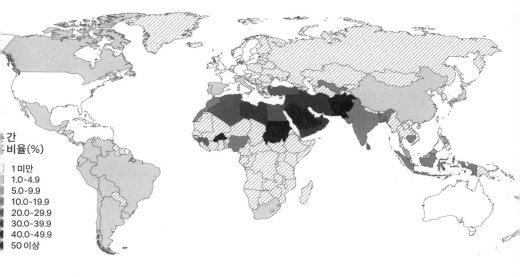

간
비율(%)

1 미만
1.0-4.9
5.0-9.9
10.0-19.9
20.0-29.9
30.0-39.9
40.0-49.9
50 이상

〈그림 5.2〉 **사촌 간 결혼 비율**
20세기 후반의 데이터를 바탕으로 작성한 나라별 6촌 이내 친척 사이의 결혼 비율. 진한 색일수록
혈족 간 결혼 비율이 높은 곳이며, 빗금 친 부분은 입수 가능한 데이터가 없는 곳이다.[5]

헌법 등)를 채택함에 따라 집약적인 친족 기반 제도가 서서히 퇴화하기
시작했다. 특히 교육 받은 도시인들 사이에서 결국 WEIRD의 친족 관계
관행이 확산되었다. 그렇지만 전 지구적인 경제·정치적 힘이 습격하는
가운데서도 집약적인 친족 기반 제도는 상당한 회복력을 갖고 있음이
밝혀졌다.[6]

　하지만 유럽에서는 역사적 순서가 정반대였다. 첫째, 서기 약 400년
에서 1200년 사이에 유럽의 많은 부족적 인구 집단들이 지닌 집약적 친
족 기반 제도가 서서히 퇴화하고 해체됐으며, 결국 완전히 파괴되었다.
로마 가톨릭교회(이하 '서방 교회' 또는 단순히 '교회'로 지칭한다)로 발전한
기독교의 한 분파가 주범이었다(저자는 'Church'라고 대문자로 표기하는데
번역본에서는 그냥 '교회'로 표기한다. 물리적 건물로서의 교회를 가리키거나 동
방 교회 등 수식어가 붙은 경우를 제외하면 이 책에 나오는 교회는 모두 '서방 교

회'를 가리킨다—옮긴이). 그 후 전통적 사회 구조의 폐허 위에서 사람들은 친족이나 부족적 관계보다는 공유하는 이해나 믿음에 근거해서 새로운 자발적 결사체를 형성하기 시작했다. 이 유럽 지역들에서 사회의 진화는 친족 관계의 강화라는 통상적인 경로와 차단된 채 예상치 못한 방향으로 진행되었다.[7]

여기서 핵심은 유럽에서 집약적인 친족 기반 제도가 해체되고 독립적인 일부일처제의 핵가족이 점차 모습을 드러낸 것이 근대 세계로 나아가는 어마어마한 눈사태를 일으킨 하나의 조약돌 역할을 했다는 것이다. 이제 교회가 어떻게 처음에 무심코 이 조약돌을 발로 찼는지 살펴보자.

전통적 가족의 해체

WEIRD 가족의 뿌리는 교회가 점진적으로 채택해서 적극적으로 추진했던 교리와 금기, 규정들이 서서히 확대되는 과정에서 찾아볼 수 있다. 이 확대 과정은 서로마 제국이 종언을 고하기 전에 시작되었다. 고대 후기부터 중세시대에 이르기까지 여러 세기 동안 교회의 결혼과 가족 정책은 더 커다란 문화적 진화 과정의 일부였다. 이 과정에서 교회의 믿음과 관행은 유럽인들의 마음과 생각과 영혼을 놓고 다른 많은 신들과 혼령, 의례, 제도 등에서 경쟁했다. 교회는 조상신, 토르와 오딘 같은 전통적인 부족신, (유피테르, 메르쿠리우스 등의 신이 등장하는) 옛 로마의 국가종교, 그리고 (여러 신들 중에서도 이시스와 미트라스 등의 신을 섬기는) 지중해의 다양한 구원 제의뿐만 아니라 기독교의 다양한 변종과도 경쟁했다. 다른 기독교 교파들은 심각한 경쟁 상대였는데, 네스토리우스, 콥트,

시리아, 아리우스, 아르메니아 교회 등이 대표적이다. 가령 서로마 제국의 붕괴에 한몫을 한 고트족은 이교도가 아니라 아리우스 기독교인이었다. 서방 교회의 주요한 이단이었던 아리우스파는 성자(예수)는 성부가 특정한 시점에 창조한 것으로, 성부에 종속된다는 놀라운 견해를 갖고 있었다.

오늘날의 시점에서 보면, 서방 교회가 이런 종교 경쟁에서 수월하게 승리한 것은 분명하다. 기독교는 세계 최대의 종교로 전 세계 인구의 30퍼센트 이상을 차지한다. 하지만 현대 기독교인의 85~90퍼센트는 로마 가톨릭교회를 거쳐 로마의 서방 교회까지 거슬러 올라가는데, 정교회나 동방 교회 같은 기독교의 다른 많은 종파는 이 계보에 포함되지 않는다. 그것이 어떤 결과를 가져올지는 로마 제국의 서쪽 절반이 무너졌을 때까지 아무도 알지 못했다. 비잔티움 제국의 국가 종교인 동방정교회는 로마의 강력한 국가 기관과 군사력의 뒷받침을 받았다. 코스모폴리탄적인 페르시아에 근거를 둔 네스토리우스 교회는 서기 300년에 인도에, 635년에 중국에 선교회를 세웠다. 로마 가톨릭교회가 이들 나라에 당도하기 수백 년 전의 일이다.[8]

서방 교회가 유럽의 전통적인 여러 신과 의례를 절멸시켰거나 가로챘을 뿐만 아니라 다른 형태의 기독교를 앞지르면서 장기적으로 그들을 완전히 압도한 이유는 무엇일까?

이 이야기에는 많은 중요한 요소들이 있다. 예를 들어, 유럽의 주요한 정치 행위와는 거리가 먼 로마의 지리적 위치 덕분에 교황(로마의 주교)이 어느 정도 자유롭게 책략을 발휘할 수 있었다. 이와 대조적으로, 콘스탄티노폴리스 주교 같은 다른 주요 주교들은 동로마 제국 황제들의 손아귀에 있었다. 마찬가지로, 대부분의 북유럽 지역은 이 시점에서 상대적으로 기술 수준이 뒤떨어져 있었고, 대부분의 사람들이 문맹이었기 때문에 교황의 선교사들이 쉽게 개종시킬 수 있었다. 북아메리카 선교사들이 20세기에 아마존 지역에서 개종자를 만드는 데 큰 성공을 거둔 것도 같은 이유에서였다. 선교사들이 화려한 기술을 가지고 나타나서 독서 같이 기적처럼 보이는 기술을 보여주었을 때, 현지인들은 새로운 종교의 가르침을 그만큼 더 쉽게 믿었다.[9]

복잡성을 제쳐두면, 교회가 거둔 엄청난 성공을 설명하는 가장 중요한 요인은 결혼과 가족을 둘러싼 금지, 규정, 선호 등의 극단적인 교리에 있다. 기독교의 성서에는 이런 교리를 뒷받침하는 근거가 부족함에도 불구하고 기독교의 방침들은 설득, 배척, 초자연적 위협, 세속적 처벌과 결합되며 점차 의례로 포장되어 가능한 모든 곳에 전파되었다. 이 관행이 서서히 기독교인들의 내면에 자리 잡고 이후 세대들에게 상식적인 사회 규범으로 전달되는 가운데 사람들의 삶과 심리가 크게 바뀌었다. 이 방침들은 보통사람들에게 집약적인 친족 기반 제도가 없는 세계에 적응하고, 이 세계를 중심으로 사회 관습을 재편하도록 강제하면서 그들의 경험을 서서히 변형시켰다.

이 과정 내내 교회는 다른 종교 복합체들만이 아니라 집약적인 친족 기반 제도와 부족에 대한 충성심과도 경쟁했다. 교회의 혼인과 가족에 대한 방침은 집약적인 친족을 잠식함으로써 개인들을 그가 속한 씨족과 집안에 대한 책임과 의무, 혜택으로부터 점차 해방시키면서 사람들이 교회에, 그리고 나중에는 다른 자발적인 조직에 헌신할 더 많은 기회와 유인 요소를 창출했다. 서구 기독교가 우연히 갖게 된 특별한 능력은 친족 기반 제도를 해체하는 동시에 기독교 제도의 확산을 촉진하는 법을 '알아낸' 것이었다.[10]

▎유럽의 전통적 가족 제도

교회의 영향력이 미치기 전에 유럽 부족들의 친족은 어떤 모습이었을까? 20세기에 인류학자들이 전통 사회들의 친족과 결혼에 대해 상세하게 연구한 것과 달리, 유감스럽게도 교회 이전의 유럽 부족에 대한 자세한 연구 결과가 없었다. 그 대신 연구자들은 (1) 초기의 법전 (2) 교황, 주교, 국왕이 주고받은 많은 서한을 비롯한 교회 문서 (3) 여행자들이 쓴 보고서 (4) 성인전 (5) 북유럽과 게르만의 영웅 전설 (6) 고대 DNA 분석 (무덤 유골) (7) 고대 문헌에 보존된 친족 용어 등 다양한 자료에서 나온 통찰을 꿰어 맞췄다. 이 자료들을 살펴보면, 교회가 결혼과 가족의 형태를 바꾸어놓기 전에 대체로 유럽 부족들은 오늘날 세계 다른 지역에서 발견되는 것과 흡사한 광범위한 집약적 친족 기반 제도를 갖고 있었음을 알 수 있다.[11] 기독교 이전 유럽의 부족적 인구 집단들에서는 다음과 같은 몇 가지 양상이 일반적으로 나타났다.

1. 사람들이 부족 집단이나 부족적 연결망 안에서 친족 기반 조직에 얽혀서 살았다. 확대가족 가구는 지펜sippen(게르만족)이나 셉트septs(켈트족)라고 불리는 (씨족, 가문, 혈족 등) 더 큰 친족 집단의 일부였다.

2. 상속과 혼인 후 거주는 부계 편향적이었다. 사람들은 종종 확대 부계 가구에서 살았고, 부인이 남편 쪽으로 거주지를 옮겨서 남편 친척과 함께 살았다.

3. 많은 친족 단위가 영역을 집단적으로 소유하거나 통제했다. 개인적으로 영역을 소유하는 곳에서도 종종 친척이 상속권을 보유했고, 따라서 친척들의 동의 없이 땅을 팔거나 양도할 수 없었다.[12]

4. 규모가 큰 친족 기반 조직들이 개인에게 법적, 사회적 정체성을 부여했다. 친족 집단 내부의 분쟁은 관습에 따라 내부적으로 판정되었다.

공동으로 책임을 지기 때문에 친족 집단 간 분쟁에 대해 처벌이나 벌금을 부과할 때 의도성은 거의 중요하지 않았다.[13]

5. 친족 기반 조직이 성원들을 보호하고 안전을 보장했다. 이 조직들은 노인뿐만 아니라 병들거나 부상당하거나 가난한 성원들까지 보살폈다.

6. 친척과 중매결혼을 하는 것이 관습이었고, 혼인 지참금이나 신부값(신랑이나 신랑 가족이 신부의 값을 지불한다) 같은 혼인 지불금도 관습이었다.

7. 신분이 높은 남성의 경우에 일부다처제가 흔했다. 많은 공동체에서 남성은 보통 동등한 사회적 신분의 '본처'를 한 명만 얻을 수 있었지만, 이후에는 사회적 신분이 낮은 후처를 더 얻을 수 있었다.[14]

로마 제국의 핵심부에서도 집약적인 친족 기반 제도가 여전히 사회·정치·경제 생활의 중심을 차지했다. 로마의 가족은 가부장적 부계를 중심으로 조직되었는데, 여기서 남성은 자신의 할아버지와 손자 사이의 시간을 이어주는 존재였다. 성인 남성들은 따로 살면서 각자 부인과 자녀가 있는 경우에도 아버지의 지배권 아래에 있었다. 살아 있는 아버지가 없는 남성 시민만이 완전한 법적 권리와 가족 재산의 통제권, 법정 출입권을 가졌으며, 다른 모든 사람은 가부장을 통해 움직여야 했다. 자기 노예나 자녀를 죽이는 것도 아버지의 권한이었다. 상속권, 근친상간 금지, 법정 증언 면제 등은 모두 부계를 따라서 아버지의 아버지의 아버지의 후손들에게까지 확대되었다. 물론 제국은 유서(유언장)에 의한 상속과 관련된 법적 장치를 만들어냈지만, 기독교 이전 시기에 이런 유서는 언제나 관습을 따랐고, 대부분 상황이 모호하거나 분쟁이 일어날 가능성이 높을 때 유효하게 작용했다. 여성은 여전히 아버지나 남편의 통제 아래에 있었지만, 시간이 흐르면서 점차 결혼한 뒤에도 아버지가 딸의 통제권을 보유했다. 결혼은 중매로 이루어졌고(지참금이 지불되었다), 젊은 신부가 남편의 집에 들어가 살았다(부계 거주). 결혼은 기본적으로 일부일처제였지만, 로마 남성들은 다른 로마 남성과 갈등이 생기는 경우를 제외하면 성적 행동에 거의 제약을 받지 않았다. 엘리트들이 훨씬 더 유력한 집안에 재혼시키기 위해 딸의 결혼을 끝내기 시작하자 이혼이 흔한 일이 되었다. 이혼을 하는 경우 결혼 중에 태어난 아이는 계속 아버지 집에서 살았지만, 부인의 지참금은 부인과 함께 장인에게 돌려주었다. 사촌 간 결혼의 경우에 자세한 내용은 복잡한데, 법률과 관습 모두 시간이 흐르면서 바뀌었다. 하지만 간단히 말해서, 어떤 형태의 사촌 간 결혼은 사회적으로 수용되었고, 실제로 로마 사회의 (브루투스, 성녀 멜라니아, 콘스탄티누스 황제의 네 자녀와 같은) 일부 엘리트들은 사촌과 결혼했다 이 관습은 교회가 반대하기 시작할 때까지 계속 이어졌다.[15]

▎ 기독교의 '결혼 가족 강령'

서기 597년 무렵, 그레고리오 1세 교황(대그레고리오)은 잉글랜드 앵글로색슨족의 켄트왕국에 사절단을 파견했다. 17년 전에 에설버트 Æthelberht 왕이 프랑크족의 기독교도 공주(후에 성녀 버사St. Bertha가 됨)와 결혼한 왕국이었다. 불과 몇 년 뒤에 선교단은 에설버트 왕을 개종시키는 데 성공하고, 켄트의 나머지 지역을 개종시키기 시작했으며, 인근 영역으로 팽창할 계획을 세웠다. 이 교황 선교단은 앞서 아일랜드 같은 지역에 파견된 기독교 선교단과 달리 기독교인의 올바른 결혼에 관해 뚜렷한 지침을 갖고 있었다. 언뜻 보면, 이 방침이 앵글로색슨족에게 성공을 거두지 못한 듯하다. 선교단의 지도자인 아우구스티누스(후에 캔터베리의 성 아우구스티누스로 알려짐)가 곧바로 교황에게 자신의 질문에 대해 분명하게 설명해달라는 편지를 썼기 때문이다. 아우구스티누스의 편지는 아홉 개의 질문으로 구성되어 있는데, 그중 네 개가 성관계와 결혼에 대한 것이었다. 특히 아우구스티누스는 다음과 같이 물었다. (1) 기독교인의 결혼이 허가를 받으려면 상대가 얼마나 먼 친척이어야 하는가(6촌이나 8촌 등)? (2) 남자가 계모 또는 형제의 부인과 결혼할 수 있는가? (3) 두 형제가 두 자매와 결혼할 수 있는가? (4) 남자가 성교를 하는 꿈을 꾼 뒤 영성체를 받을 수 있는가?[16]

그레고리오 교황은 각 질문에 답변을 보냈다. 첫 번째 질문에 대해 교황은 로마법에서는 합법이라는 점을 인정한 뒤, 4촌 그리고 더 가까운 친척은 확실히 결혼이 엄격하게 금지된다고 단언했다. 또한 남자는 혈연관계가 아니더라도 자신의 계모나 죽은 형제의 부인과 결혼해서는 안 된다고 확인했다(수혼 금지). 이런 답변 때문에 아우구스티누스는 힘겨운 일을 맡게 됐지만, 전부 나쁜 소식은 아니었다. 교황은 혈연관계가 아니라면 두 형제가 두 자매와 결혼해도 된다고 말했다.[17]

약 200년 뒤인 786년, 교황의 위임을 받은 사절단이 다시 잉글랜드에 도착했는데, 이번에는 앵글로색슨족의 기독교화가 얼마나 진전됐는지 평가하기 위한 것이었다. 사절단이 쓴 보고서를 보면, 많은 이들이 세례를 받긴 했지만, 신자들 사이에 (1) (사촌과 결혼을 하는 등) 근친상간과 (2) 일부다처제를 둘러싸고 심각한 문제가 몇 가지 있었음을 알 수 있다. 이런 고질적인 관습을 뿌리 뽑기 위해 교회는 '사생아illegitimate children' 개념을 공표했다. 이로써 합법적, 다시 말해 기독교의 결혼으로 태어난 아이를 제외한 모든 아이가 상속권을 박탈당했다. 많은 사회와 마찬가지로, 그 전에는 일부다처제에서 후처들이 낳은 자녀들 또한 일정한 상속권을 가지고 있었다. 왕족의 경우에 특히 왕의 본처가 자녀가 없는 경우에 후처가 낳은 아들이 아버지의 자리를 승계해 왕이 될 수 있었다. 교회는 이에 맞서 '사생' 개념을 장려하고 결혼의 적법성을 결정할 권한을 자임하면서 강력한 영향력을 확보했다. 이렇게 교회가 개입한 덕분에 사촌끼리 결혼하거나 여자가 후처가 되는 것은 좋지 않은 선택이 되었다.

이런 정책이 자리를 잡는 데 몇 백 년이 걸렸다. 현지에 그런 제도를 강제하는 것이 매우 어렵기 때문이었다. 9세기 내내 교황을 비롯한 성직자들은 앵글로색슨의 왕들에게 근친상간과 일부다처, 사생아, 그리고 수녀와 성관계를 하는 범죄 행위에 대해 계속해서 불만을 토로했다. 교회는 이에 대한 대응으로 여러 여성과 결혼한 엘리트 남성들을 파문할 수 있었고, 이따금 실제로 파문을 하기도 했다. 서기 1000년 무렵에 이르러 교회는 끊임없는 노력을 통해 앵글로색슨족(잉글랜드)의 친족 관계를 개조하는 데 대체로 성공했다.[18]

앵글로색슨족에게 보낸 사절단은 서로마 제국이 몰락하기(서기 476년) 전까지 거슬러 올라가는 훨씬 더 광범위한 노력의 한 가지 사례에 불과하다. 4세기 무렵부터 교회와 새로운 기독교 제국은 일련의 새로운 방침을 정했다. 비록 꾸준히 이어지지는 않았지만 이 방침은 집약적 친족을 떠받치고 있던 기둥을 서서히 잠식했다. 하지만 적어도 초기에는 여기에 어떤 일관된 프로그램이 존재하지 않는다는 것을 유념해야 한다. 실제로 수백 년 동안 색다른 방침들이 마구잡이로 시행된것처럼 보인다. 하지만 성공을 거둔 잡동사니 같은 방침들이 서서히 하나로 결합되어 내가 '결혼 가족 강령MFP, Marriage and Family Program'이라고 지칭한 종합적 제도가 되었다. '결혼 가족 강령'은 유럽에서 집약적 친족 기반 제도를 잠식하는 과정에서 다음과 같은 내용을 포함하게 되었다.

1. 혈족 간 결혼을 금지했다. 이 금지는 점차 매우 먼 친척까지, 최대

14촌까지 확대되었다. 이로써 7대 조부모 128명 가운데 한 명 이상이 같은 사람들 사이에 결혼이나 성관계가 사실상 금기가 되었다.

2. 금기시된 혈족의 범위 안에 있는 인척과 결혼하는 것을 금지했다. 남편이 죽은 뒤 남편 형제와 결혼해서는 안 되었다. 교회가 보기에 남편의 형제는 친형제와 같은 존재였다(근친상간).

3. 성노예를 두거나 공적으로 지원을 받는 사창가를 이용하는 것뿐만 아니라 후처를 얻는 것까지 포함해서 일부다처를 금지했다. 로마 제국에서 사창가는 합법적이면서도 흔했는데, 라틴어에 '매춘부'를 가리키는 단어가 25개였던 것도 이해가 된다.[19]

4. (개종하지 않는 한) 비기독교인과 결혼을 금지했다.

5. 영적 친족을 고안해서 대부모 제도를 확립했다. 이 제도는 아이를 돌보기 위한 새로운 사회적 결속의 수단이 되었다. 물론 영적 친족과는 결혼이나 성관계를 할 수 없었다.[20]

6. 어린아이의 입양을 막았다. 어머니는 자기가 낳은 자녀를 돌봐야 했다. 자기 자녀를 돌보지 못하는 경우에 교회나 대부모가 돌봐주었다.[21]

7. 신부와 신랑 둘 다 공개적으로 결혼에 동의할 것을 요구했다. 이로써 중매결혼이 억제되고, 결혼이 낭만적 사랑과 더욱 확고하게 연결되기 시작했다.

8. 신혼부부가 독립 가구를 구성할 것을 장려하고 때로는 요구했다(독립 거주). 또한 교회는 전통적인 혼인 지참금과 같은 혼인 지불금을 이 새로운 주거 비용에 보탤 것을 장려했다.

9. 개인적 자산(토지) 소유와 개인적 유서에 의한 상속을 장려했다. 이제 각 개인이 자신이 죽은 뒤 누구에게 자산을 물려줄지 직접 결정할 수 있었다.

인류학자가 아니라면 이런 이야기가 전부 지루하거나 별로 중요하지 않게 들릴 테고, 서구 문명의 불길을 일으킨 불꽃이나 인간 심리의 주요한 변화를 야기한 원천이라고 보기 어려울지 모른다. 하지만 좀 더 자세히 들여다보면, 교회의 방침이 어떻게 집약적 친족이라는 기계에 멍키렌치 무더기를 던지는 동시에 스스로 확산을 재촉했는지를 알 수 있다. 우선 교회가 어떻게 전통적 결혼을 해체하고 유럽의 씨족과 친속의 결합을 약화했는지 검토한 후에 마지막으로 죽음과 상속, 내세 위에서 유럽이 어떻게 부유해졌는지를 살펴볼 것이다.

┃ 근친상간의 금기가 가져온 유럽 부족의 해체

기독교 이전 유럽에서는 최근까지 세계 대부분 지역과 마찬가지로, 결혼 관습이 대규모 친족 기반 조직이나 연결망을 강화하고 확대하는 쪽으로 문화적으로 진화했다. 혼인 결속은 교역과 협동, 안전을 촉진하는 친족 집단 사이의 경제·사회적 유대를 확립했다. 이런 유대를 유지하기 위해서는 장기적인 혼인 교류가 필요한데, 이는 대체로 혈족이나 인척 사이에 결혼이 이루어져야 함을 의미한다. 부계 사회에서는 가부장이라는 연장자 남자가 이와 같은 지속적인 배우자 교환을 주관하면서 자기 누이와 딸, 조카딸, 손녀의 결혼을 이용해서 다른 친족 집단과 관계를 공고히 하고 중요한 연합을 이루어낸다. 따라서 중매결혼은 가부장 권력의 핵심 원천인 셈이다.[22]

교회는 일부다처, 중매결혼, 혈족과 인척 사이의 모든 결혼을 금지함으로써 일종의 사회공학이자 가부장 권력의 원천으로서 혼인이 가진 힘을 약화했다. 〈표 5.2〉는 관련된 결정과 포고령의 일부로, 4세기부터 교회 내에서 결혼을 둘러싼 금기와 처벌이 느리지만 꾸준히 발전한 과정을 보여준다. 이 방침은 유럽의 친족 기반 제도의 활력을 앗아가고,

전통적 권위를 약화했으며, 마침내 유럽의 부족들을 해체했다.[23]

집약적 친족 관계를 유지하게 하는 혼인 규범의 중요성은 수혼과 순연혼 관행에서 볼 수 있다. 많은 사회에서 사회 규범은 부인이나 남편이 배우자가 사망한 뒤에 어떻게 해야 하는지를 결정한다. 수혼에서는 부인이 죽은 남편의 친형제나 사촌 형제와 결혼한다. 이런 결혼은 처음의 결혼으로 생겨난 친족 집단 사이의 연합을 유지하게 해준다. 개념상 이와 같은 규범은 형제들이 보통 친족 연결망 안에서 동일한 역할을 맡기 때문에 작동할 수 있다. (부인의 관점에서 보면 그렇지 않을 수 있지만) 친족 집단의 관점에서 보면 형제들은 서로 대체할 수 있기 때문이다. 시동생과 결혼한다는 게 이상하게 들리겠지만 여러 문화에서 흔한 일이고 성서에서도 입증된다. 〈신명기〉 25장 5~6절과 〈창세기〉 38장 8절을 보라. 마찬가지로 순연혼에서는 부인이 죽으면 미혼의 여동생이나 때로는 사촌 여동생이 그 자리를 대신해야 한다. 친족 집단을 하나로 묶어주는 혼인 연계를 비슷한 방식으로 유지하게 하는 것이다.

교회가 이런 수혼과 순연혼을 금지하면서 배우자의 '형제자매'와 결혼하는 것을 근친상간으로 분류하자 한쪽 배우자가 사망하면 친족 집단 간의 결속이 깨졌다. 홀로 남은 부인이나 남편이 인척과 근친혼을 하는 것이 금지되었기 때문이다. 혼인의 유대가 단절되었을 뿐만 아니라 남은 배우자는 종종 다른 혼처를 찾아볼 자유를 얻었다(또는 강제를 받았다). 부인이 결혼하면서 가져온 재산, 즉 지참금은 대개 부인에게 남겨졌다. 따라서 이제 결혼은 전통적인 방식대로 친족 집단을 영원히 부유하게 해주지 못하게 되었다.

순연혼과 수혼의 금지는 교회가 유럽의 가족을 개조하기 시작하면서 처음으로 취한 행동들 가운데 하나였다(〈표 5.2〉). 가령 서기 315년, 네오체사레아(현 튀르키예의 닉사르) 교회회의는 남성이 죽은 형제의 부

연도	교회와 세속 통치자들이 결혼에 관해 내놓은 금지와 선언
305~6년	엘비라(에스파냐 그라나다) 교회회의, 죽은 아내의 누이를 새 부인으로 취하는(순연혼을 하는) 남자는 5년간 영성체를 받지 못한다고 포고함. 며느리와 결혼하는 남자는 죽기 직전까지 영성체를 받지 못함.[25]
315년	네오체사레아(튀르키예) 교회회의, 형제의 부인과 결혼하는 것(수혼)을 금지하고, 확실하지 않지만 순연혼도 금지함.
325년	니케아(튀르키예) 공의회, 유대인, 이교도, 이단자뿐만 아니라 죽은 아내의 누이와 결혼하는 것도 금지함.
339년	로마 황제 콘스탄티우스 2세, 기독교의 정서에 따라 삼촌과 조카딸의 결혼을 금지하고 위반자에게 사형을 선고함.
384/7년	기독교도인 로마 황제 테오도시우스, 순연혼과 수혼에 대한 금지를 재확인하고 4촌 간 결혼을 금지함. 409년, 서로마 황제 호노리우스, 면제를 허용해서 법률을 완화함. 서로마에서 이 기간이 얼마나 지속되었는지는 분명치 않음. 무너지는 서로마 제국이 지속적인 집행을 할 수 없었음.
396년	동로마 황제 아르카디우스(기독교도), 다시 4촌 간 결혼을 금지했지만 가혹한 처벌을 가하지는 않음. 하지만 400년 또는 404년에 마음이 바뀌어 동로마 제국에서 사촌 간 결혼을 합법화함.
506년	아그드(프랑스, 서고트 왕국) 교회회의, 4촌 및 6촌과의 결혼, 죽은 형제의 부인, 부인의 누이, 계모, 죽은 삼촌의 부인, 삼촌의 딸, 그밖에 모든 친척 여성과의 결혼을 금지함. 이 결혼은 모두 근친상간으로 규정됨.
517년	에파오네(프랑스 또는 스위스, 부르군트 왕국) 교회회의, 4촌 및 6촌과의 결혼은 근친상간이기 때문에 금지하며, 다만 기존에 결혼한 부부는 갈라서지 않아도 된다고 포고함. 또한 계모, 죽은 형제의 부인, 형수나 처제, 숙모와의 결혼도 금지함. 이후 카롤루스 제국에 해당하는 지역에서 열린 여러

교회회의는 에파오네 회의를 거론하며 근친상간을 규제함.

527/31년   톨레도(에스파냐) 2차 교회회의, 근친혼을 한 사람을 전부 파문하도록 규정. 결혼 햇수만큼 파문 햇수를 정함. 535, 692, 743년에 열린 교회회의에서도 이 결정을 확인함.

538년   프랑크 왕과 교황 사이에 기록으로 남은 첫 번째 편지는 근친상간에 관한 내용임(죽은 형제의 부인과 결혼). 교황은 허가하지 않았지만 보속補贖에 관한 결정은 주교들에게 일임함.

589년   서고트 왕(에스파냐) 레카르드 1세, 근친혼을 취소하고 위반자는 유형에 처하고, 부부의 재산을 자녀에게 양도하도록 포고함.

596년   프랑크 왕 킬데베르트 2세, 계모와 결혼하는 사람에게 사형을 포고하면서도 다른 근친상간 위반의 처벌은 주교들의 몫으로 남김. 죄인이 교회의 처벌에 저항하면 재산을 압류해서 친척들에게 나눠줌.

627년   클리시 교회회의, 596년 킬데베르트 2세가 포고한 것과 같은 처벌과 집행을 시행함. 이 무렵 체계적으로 모아서 편찬한 근친상간 입법이 갈리아의 가장 오래된 법전《갈리시아구법전Collectio vetus Gallica》의 일부가 됨.

643년   랑고바르드(롬바르디아)의 로타리 법, 계모, 의붓딸, 형수나 처제와의 결혼 금지함.

692년   트룰로(튀르키예) 교회회의에서 동방 교회가 마침내 4촌 및 그에 해당하는 인척과의 결혼을 금지함. 이로써 아버지와 아들이 어머니와 딸이나 두 자매와 결혼하고, 두 형제가 어머니와 딸이나 두 자매와 결혼하는 게 금지됨.

721년   로마(이탈리아) 교회회의, 형제의 부인, 조카딸, 손녀, 계모, 의붓딸, 사촌, 대모, 그밖에 혈족과 결혼한 적이 있는 모든 친척과 결혼하는 것을 금지함. 726년, 교황 그레고리오 2세, 선교 목적으로 최대 4촌까지 이런 금지가 적용되지만 다른 경우에는 모든 친척까지 적용된다고 규정함. 후임자인 그레고리오 3세, 8촌 결혼은 허용하지만 가까운 인척과의 결혼은 허용하지 않는다고 금지 한도를 명확히 함. 이 결정이 널리 보급됨.

741년	비잔티움 황제 레오 3세 치하에서 동방 교회의 근친상간 금지가 확대되어 6촌, 그리고 얼마 뒤에 6촌의 자녀까지 결혼이 금지됨. 사촌 간 결혼에 대해서 채찍질로 처벌.
743년	교황 자카리아가 지휘한 로마 교회회의, 기독교인들에게 사촌, 조카딸, 그 밖에 친척과 결혼을 삼갈 것을 명령함. 이런 근친상간은 파문이나 필요한 경우에는 저주로 벌함.
755년	프랑크 왕 피피누스(페펭)가 소집한 베르네유(프랑스) 교회회의, 공개 결혼식을 명령함.
756년	베르비에(프랑스) 교회회의, 8촌 이내의 결혼을 금지하고 이미 결혼한 6촌 부부의 결혼을 취소할 것을 포고함. 8촌과 결혼한 이들은 보속만 하면 되었음.
757년	콩피에뉴(프랑스) 교회회의, 이미 결혼한 6촌 이내 부부의 결혼을 무효화할 것을 결정함. 프랑크 왕 피피누스는 이 결정에 동의하지 않는 사람은 누구든 세속적 처벌을 하겠다고 위협함.
796년	프리울리(이탈리아) 교회회의, 근친혼의 가능성에 관한 혼전 조사에 관심을 기울일 것을 지시하고 비밀 결혼을 금지함. 교회회의는 결혼 전에 대기 시간을 정해서 이웃과 연장자들이 결혼을 할 수 없는 혈족 관계 여부를 검토하게 함. 포고령은 또한 아내의 부정행위가 이혼의 정당한 사유이기는 하지만 두 배우자가 살아 있는 한 재혼이 불가하다고 규정함. 샤를마뉴는 802년에 이 결정에 세속적 권위를 부여함.
802년	샤를마뉴가 만든 법령집, 주교와 사제가 연장자들과 함께 장래 배우자의 혈연관계를 조사할 때까지 누구도 결혼해서는 안 된다고 규정함.
874년	두시(프랑스) 교회회의, 백성들에게 8촌과 결혼해서는 안 된다고 권고함. 이 결정을 강화하기 위해 교회회의는 근친혼에서 태어난 자녀들은 부동

산을 상속받을 자격이 없다고 정함.

909년	트로슬(프랑스) 교회회의, 두시 교회회의의 결정을 분명히 하면서 근친혼으로 태어난 자녀들은 재산이나 작위를 상속받을 자격이 없다고 간주함.
948년	잉겔하임(독일) 교회회의, 관계를 기억할 수 있는 모든 친족과의 결혼을 금지함.
1003년	디덴호프(독일) 교회회의에서 황제 하인리히 2세(활력왕 성 헨리쿠스)가 근친혼 금지를 14촌까지 크게 확대함. 정치적 경쟁자들을 약화하기 위해 이런 조치를 한 것으로 보임.
1023년	젤리겐슈타트(독일) 교회회의 역시 사촌 간 결혼 금지를 14촌까지 확대함. 보름스의 부르카르트 주교가 만든 《교령집Decretum》 또한 근친혼의 정의를 14촌까지 포함하는 것으로 확대함.
1059년	로마 교회회의에서 교황 니콜라오가 14촌 또는 관계를 추적할 수 있는 모든 친족과의 결혼을 금지함. 교황 알렉산드로 2세 또한 14촌 이내의 친척과의 결혼을 금지한다고 포고함. 달마티아 왕국은 임시 면제를 받아서 10촌까지만 결혼을 금지함.
1063년	로마 교회회의, 14촌까지 결혼을 금지함.
1072년	루앙(프랑스) 교회회의, 비기독교인과의 결혼을 금지하고 결혼을 준비하는 모든 사람을 사제가 조사하도록 포고함.
1075년	런던(잉글랜드) 교회회의, 인척 포함 14촌까지 결혼을 금지함.
1101년	아일랜드 캐셜 교회회의, 로마가톨릭교회의 근친상간 금지를 받아들임.
1102년	런던 교회회의, 14촌(과 그 이내)끼리 한 기존의 결혼을 무효화하고 친척끼리 결혼한 것을 아는 제3자는 근친상간 죄에 연루된 것이라고 포고함.
1123년	1차 라테란(이탈리아) 공의회, 혈족 간 결혼을 비난하고(구체적인 친족 관계는 규정하지 않음) 근친혼을 한 사람은 상속권을 박탈한다고 선언함.
1140년	그라티아누스 《교령집》에 따라 14촌까지 결혼을 금지함.

1166년	콘스탄티노폴리스(튀르키예) 교회회의, 동방 교회의 사촌 간 결혼(6촌의 자녀 이내) 금지를 강화하고 엄격하게 집행함.
1176년	파리 주교 오도, '결혼 공고bans of marriage', 즉 회중 앞에서 예정된 결혼을 공개적으로 알리는 것을 도움.
1200년	런던 종교회의, '결혼 공고'를 강행할 것을 요구하면서 공개적으로 결혼을 해야 한다고 포고함. 친족 결혼을 금지하면서도 구체적인 친족관계를 규정하지는 않음.
1215년	4차 라테란(이탈리아) 공의회, 결혼 금지를 8촌 이내 친인척으로 축소함. 이전의 모든 판결을 정식화하고 교회법전으로 통합함. 이로써 혼인 전 조사와 결혼 금지가 공식적인 입법, 사법의 틀에 통합됨.
1917년	교황 베네딕토 15세, 제한을 완화해서 6촌 이내 친인척의 결혼만 금지함.
1983년	교황 요한 바오로 2세, 제한을 완화해서 6촌 이상 친척과 결혼을 허용함.

〈부록 A〉에서 이 표를 완전한 형태로 볼 수 있다.

인과 결혼하는 것을 금지했다(수혼 금지). 10년 뒤인 325년, 니케아 공의회는 남성이 죽은 부인의 누이와 결혼하는 것(순연혼 금지), 그리고 유대인, 이교도, 이단자와 결혼하는 것을 금지했다. 이 초기의 포고령들은 8세기에 모든 인척 결혼까지 금지하는 쪽으로 변경되었다. 초기에는 죽은 남편의 '친'형제와 재혼하는 것만 금지했기 때문이다.[26]

교회는 결혼을 금지하는 근친상간의 범위를 1차 친족(가령 딸)과 핵심 인척(가령 며느리)으로부터 사촌, 형수나 처제, 대자녀까지 포함하는 방향으로 점차 확대했다. 이 과정은 6세기에 메로빙(프랑크) 왕조에 의해 처음 가속화되었다. 서기 511년부터 627년까지 17차례 열린 교회 공의회 중 13개가 '근친' 결혼 문제를 다루었다. 11세기 초에 이르면 교회의 근친상간 금기가 14촌까지 확대되어 혈족만이 아니라 인척과 영적 친족까지 아우르게 되었다. 실용적 목적에도 불구하고 이 금기는 혈연, 혼인, (대부모 등의) 영적 친족 관계로 이어져 있다고 믿는 모든 사람을 배제했다. 하지만 아마 이런 광범위한 금기가 정치적 반대파를 겨냥해 허위로 '근친상간'을 고발하는 데 활용되었기 때문에 1215년 열린 4차 라테란 공의회에서는 근친상간의 범위를 8촌 이내의 친척 및 그에 상응하는 인척과 영적 친족으로 제한했다. 8촌은 고조부가 같은 관계다.[27]

몇 백 년에 걸쳐 근친상간 위반에 대한 처벌은 더 엄격해졌다. 근친혼에 대한 처벌은 당사자를 영성체에서 배제하는 것에서부터 파문과 저주까지 발전했는데, 8세기에 장려된 엄숙한 의례에 따르면 파문당하는 사람의 영혼은 정식으로 사탄에게 넘겨졌다. 처음에는 금지된 친척과 이미 결혼한 사람들은 용납할 수 있다고 간주되어 처벌이 면제되었다. 하지만 나중에는 이미 이루어진 결혼도 새로운 포고령에 따라 무효화되었다. 결혼이 갑자기 무효화됐는데도 그것을 거부한 사람들은 파문당하고 저주를 받았다.[28]

특히 교회의 영향력이 커지면서 중세의 파문은 중대한 벌이 되었다. 파문당한 사람들은 영혼이 오염되어 더럽혀졌다고 여겨졌기 때문에 기독교인은 그들을 고용하거나 심지어 대화를 하는 것도 금지되었다. 파문당한 사람은 법적으로 다른 기독교인과 계약을 맺을 수 없었고, 기존의 계약도 무효로 간주되거나 파문이 철회될 때까지 효력이 정지되었다. 뿐만 아니라 파문당한 사람에게 빌렸던 돈은 갚지 않아도 되었다. 895년에 열린 트리부르(오늘날의 트레부르—옮긴이) 공의회는 파문당한 사람은 적극적으로 사면을 구하지 않는 한 죽여도 처벌받지 않는다고 포고했다. 파문당한 사람을 멀리하지 않은 이들은 죄인의 더러움으로 오염되었다고 여겨져 배척당하는 등 심각한 벌을 받을 위험이 있었다. 근친혼을 취소해서 사면을 구하지 않는 위반자는 벗어날 수 없는 영원

한 지옥에 빠졌다.[29]

파문당한 사람이 근친혼에 대해 사면을 구하기를 거듭 거부하면, 교회는 저주를 선언할 수 있었다. 파문당한 사람은 지옥에 빠진다는 명백한 문제 이외에도 영혼을 사탄에게 빼앗기면 여생 동안 갖가지 고통과 사고, 질병에 노출된다고 여겨졌다. 교회는 의례 권한을 통해 근친상간을 범한 '죄인들'로부터 보호막을 없앰으로써 악령이 출몰하는 세계에서 무방비 상태로 버려두었다. 분명 교회는 계속 늘어나는 근친상간 금기를 지키기 위해 초자연적 처벌을 이용했다.

교회의 방침은 분명했지만, '결혼 가족 강령' 방침을 어떻게 효과적으로 수행했는지에 관해서는 여전히 알려진 것이 많지 않다. 가령 500년부터 1200년까지 각기 다른 지역에서 사촌 간 결혼의 감소율에 관한 통계가 전혀 없다. 그렇다 하더라도 역사적 기록을 보면 다음의 몇 가지는 분명해진다. 첫째, 이 새로운 정책은 단지 기존 관습을 사후에 성문화한 것이 아니며, 둘째 공간과 시간에 따라 제각각이긴 하지만 사람들이 '결혼 가족 강령'을 따르게 만들기 위해 교회가 적극적으로 노력했다는 사실이다. 교회의 금지 조치와 관련된 지속적인 정책 뒤집기와 반복, 오랜 기간 계속된 논쟁 등은 이런 추론을 뒷받침한다. 가령 우리는 일찍부터 부족 전체가 근친상간 제한을 더 완화하려고 적극적으로 노력했음을 알고 있다.

8세기에 랑고바르드족은 교황에게 먼 사촌(6촌 이상)과 결혼할 수 있게 해달라고 압력을 넣었다.[30] 교황은 안 된다고 답했다(〈표 5.2〉에서 1059년 달마티아 왕국의 사례를 보라). 마찬가지로, 선택이 가능해졌을 때 기독교인들은 기꺼이 돈을 주고 면제권을 사서 친척과 결혼했다. 가령 기독교화된 직후 아이슬란드에서는 이 돈으로 유일한 유급 정치 직책인 법률암송가Lawspeaker의 비용을 댔다. 후대의 기록들을 보면, 가톨릭 지역의 유럽인들이 20세기까지도 교황에게 면제권을 사서 사촌과 결혼했음을 알 수 있다. 그리고 교황과 주교들은 전략적으로 전투를 선택했지만, 이따금 이 방침을 국왕과 왕족, 기타 귀족에게 적용했다. 한 예로, 11세기에 노르망디 공작이 플랑드르의 먼 사촌과 결혼하자 교황은 곧바로 두 사람을 파문했다. 파문을 취소시키기 위해, 또는 저주의 위험을 무릅쓰고 두 사람은 교회를 위해 아름다운 대수도원을 지었다. 여기서 드러나는 교황의 권력은 인상적이다. 이 공작은 훗날 잉글랜드의 정복왕 윌리엄이 되기 때문이다.[31]

사촌 간 결혼에 관한 중세의 통계는 인용할 만한 게 전혀 없지만, '결혼 가족 강령'이 화석화된 친족 용어에 남긴 흔적을 탐지하는 정밀한 방법이 있기는 하다. 유럽 여러 언어의 초기 형태를 연구하면, 이 언어들에 집약적 친족을 가진 세계 각지의 사회에서 사용하는 용어 체계의 특징에 부합하는 친족 용어가 있었음을 알 수 있다. 가령 유럽의 여러 언어 체계에는 '어머니의 형제'나 '아버지 형제의 아들'에 해당하는 특별한 용어가 있었다. 하지만 지난 1,500년 중 어느 시점에서 서유럽의 대다수 언어는 근대 영어, 독일어, 프랑스어, 에스파냐어 등에서 친족 관계에 사용되는 용어 체계를 채택했다. 친족 용어의 이런 변화는 대략 서기 700년에 로망스어(에스파냐어, 이탈리아어, 프랑스어와 같이 라틴어에서 유래한 언어-옮긴이)에서 처음 나타났다. 1100년 무렵 독일어와 영어에서는 이런 변화가 한참 진행 중이었다. 한편 스코틀랜드의 외딴 지역에서는 사람들이 17세기까지도 계속 집약적 친족 용어를 사용했다. 친족 용어상의 변화가 사람들의 삶의 '현장에서' 일어나는 변화보다 몇 백 년 뒤처진다는 점을 감안하면, 이런 시간 측정은 오랜 시간에 걸쳐 고르지 않게 이루어진 '결혼 가족 강령'의 실행과 대략 맞아떨어진다.[32]

교회가 남긴 흔적은 영어 같은 근대 유럽어에서 훨씬 더 직접적으로 찾아볼 수 있다. 영어에서 형제의 부인은 'sister-in-law(법적 누이. 형수 또는 제수)'라고 한다. 그런데 '법적in-law'이라는 문구는 어떤 의미인가? 형제의 부인은 왜 누이와 비슷하고, 여기서 말하는 법률은 무엇인가?

이때 '법적in-law'라는 문구는 '교회법적in cannon law'을 의미한다. 따라서 교회의 관점에서 형제의 부인은 누이와 비슷하다는 의미로, 성관계나 결혼은 하지 않지만 다정하게 대해야 한다. 영어에서 'in-law'라는 표현이 등장한 것과 대략 같은 시기에 독일어에서도 인척을 가리키는 용어가 '인척'을 뜻하는 접두사와 상응하는 혈족을 가리키는 용어를 결합하는 식으로 바뀌었다. 따라서 고대 고지 독일어Old High German에서 'mother-in-law(시어머니 또는 장모)'에 해당하는 용어는 ('어머니'와 관련이 없는 독특한 용어인) 'Swigar'에서 (대략 '인척 어머니'를 뜻하는) 'Schwiegermuter'로 바뀌었다.

교회의 역할은 영어의 'in-law'라는 표현에서 분명하게 나타나는데, 교회가 독일어에도 관여했다는 건 어떻게 알 수 있을까? 어쩌면 교회의 영향력에 저항하면서 고대 친족 용어를 방언으로 유지한 독일어 사용자의 하위 인구 집단이 존재하는 것일 수도 있다.

중세시대에 고지 독일어에서 갈라져 나온 유대인의 독일어 방언인 이디시어는 지금도 고대 고지 독일어에서 유래한 'in-law'에 해당하는 용어를 사용한다. 이는 인척과 혈족을 결합하여 근친상간의 금기를 부과한 인척 용어에 변화가 일어나기 전에 쓰이던 용어로, 교회가 변화의 원인임을 가리킨다.[33]

이런 점들을 종합해볼 때, 교회의 노력이 점차 유럽 인구 집단들의 친족 조직을 변형시키고, 결국 언어에도 이런 변화가 반영된 것은 의심의 여지가 없어 보인다. 그런데 왜 그렇게 된 걸까?

| 근친상간 금기의 이유

교회는 왜 이런 근친상간 금지를 채택한 걸까? 이 질문에 대한 답에는 여러 층위가 있다. 첫째는 교회 지도자들을 비롯한 신자들이 친척과 성관계나 결혼을 하는 것이 하느님의 뜻을 거스르는 일이라고 믿게 되었다는 것이다. 가령 6세기에 퍼진 역병은 근친혼을 하느님이 내린 벌이라고 여겼다. 사촌 및 인척과 결혼하는 것은 대부분 근친혼이었다. 이런 형태의 근친상간은 또한 피를 더럽혀서 도덕적, 육체적으로 남들까지 오염시킬 수 있다고 여겨졌다. 많은 이들이 이렇게 믿었다는 사실을 감안하면, 교회가 기울인 노력은 일종의 공중보건 캠페인으로 볼 수 있다. 하지만 이는 왜 사람들이 근친상간을 이렇게 포괄적인 방식으로 보게 되었는지에 관한 질문만을 뒷받침할 뿐이다. 근친상간의 금기가 심리적으로 마음에 드는 것은 근친교배에 대한 우리의 타고난 혐오 때문이다. 하지만 인류 역사를 통틀어 대다수 사람들은 이 금기가 인척, 영적 친족, 먼 사촌까지 확대된다고 믿지 않았다.

두 번째 층위를 살펴보려면, 좀 더 시야를 넓혀서 지중해와 중동에서 여러 종교 집단이 경쟁하고 있었다는 사실을 유념해야 한다. 각 집단은 서로 다르고 종종 특이한 종교적 신념을 갖고 있었다. 교회는 갈팡질팡하면서 초자연적 믿음과 관행을 효과적으로 재결합한 '운 좋은' 집단이었을 뿐이다. '결혼 가족 강령'은 로마의 오랜 관습과 유대법이 섞인 것에 성(성관계를 하지 않는 것)과 자유의지에 대한 기독교의 독특한 강박을 첨가한 혼합물이다. 가령 초기 로마법은 가까운 사촌 간의 결혼을 금지했지만, 기독교가 탄생한 공간인 로마 제국의 법률은 사촌 간의 결혼을 허용하면서 사회적 낙인을 찍지 않았다. 유대법은 일부 인척 간 결혼(또는 성관계)을 금지했지만 사촌 간 결혼, 일부다처혼, 삼촌과 조카딸의 결혼은 허용했다. 로마법은 일부일처혼만 인정했지만, (기독교가 지배권을 잡을 때까지) 후처와 성노예를 무시했다. 교회는 이런 관습과 법률을 새로운 사고, 금지, 선호와 뒤섞으면서 '결혼 가족 강령'을 탄생시켰다. 그와 동시에 다른 종교 집단들도 나름대로 관습과 초자연적 믿음, 종교적 금기를 결합하는 실험을 했다. 그 후 각기 다른 문화적 묶음과 성스러운 헌신으로 무장한 종교 집단들이 신자를 놓고 경쟁했다. 이 경쟁의 승자와 패자는 오랜 시간이 지난 후에 가려졌다(4장).**34**

이렇게 경쟁 과정에서 다른 종교 공동체들이 이 시기 동안 결혼을 어떻게 다뤘는지 살펴보자.**35** 〈표 5.3〉은 서방 교회의 몇몇 경쟁자들이 결혼에 관해 제시한 방침을 요약한 것이다. 페르시아의 유력한 보편 종교였던 조로아스터교는 친척, 특히 사촌과의 결혼을 선호했는데, 누이를 비롯한 가까운 친척도 포함되었다. 오늘날 조로아스터교는 남아 있지만 신자 수가 몇 십만 명에 불과하다. 다른 아브라함의 종교들은 모두 다양한 방식으로 모세율법을 만들어냈다. 모두 교회의 금지가 시작된 뒤 수백 년 동안 사촌 간 결혼을 허용했고, 일부는 오늘날에도 허용한다. 사촌 간 결혼은 친족 결혼의 가장 흔한 형태이기 때문에 사촌 간 결혼을 금지하지 않으면 집약적 친족 기반 제도의 기둥을 놓치는 셈이다. 마찬가지로, 유대교와 이슬람에서는 수혼과 일부다처혼이 모두 허용되었다. 교회의 방침 또한 모세율법 위에 세워진 것이긴 하나 '결혼 가족 강령'은 수혼, 사촌 간 결혼, 일부다처혼에 대한 성서의 암묵적인 인정을 뒤엎는 것을 의미하기 때문에 흥미로운 현상이다.**36**

동방정교회(이하 정교회)는 중요한 비교 사례를 제공한다. 정교회는 고대 후기에 서방 교회와 공식적으로 통일되어 있었고, 서서히 갈라지다가 결국 1054년 동서대분열로 공식적으로 분리되었기 때문이다. 하지만 서방 교회가 일련의 혼인 금지를 확대하고 제재를 강화한 것과 비교해서 정교회는 특히 메로빙 왕조에서 발전한 '결혼 가족 강령'을 지지

종교	고대 후기와 중세 초기의 혼인 방침과 양상
조로아스터교 (페르시아)	사촌, 조카딸, 심지어 남매까지 포함한 가까운 친척과의 결혼을 옹호함. 남자가 아들 없이 죽으면, 남은 아내가 남편의 형제와 아들을 낳지 않는 한 천국에 들어갈 수 없었다. 수혼과 순연혼 모두 허용되었고, 일부다처도 허용되었다.
유대교	1차 친족 및 (대부분 가구 구성원을 포함하는) 가까운 인척과의 결혼을 금지 하는 모세율법을 따름. 사촌 간 결혼은 허용되고, 수혼 및 삼촌과 조카딸 간의 결혼도 장려됨. 일부다처혼은 서기 두 번째 밀레니엄이 시작될 때까 지 허용되었다.
이슬람	모세율법에 근거하지만 삼촌과 조카딸의 결혼은 분명히 금지됨. 중동의 무슬림 사회는 아들이 아버지 형제의 딸과 결혼하는 거의 유일무이한 결 혼 선호를 장려함. 수혼은 부인의 동의 아래 허용됨. 일부다처혼은 허용됐 지만 부인은 최대 4명까지 제한되고 동등한 지위를 부여함.
정교회	모세율법을 따르지만 수혼과 순연혼은 금지함. 사촌 간 결혼은 692년까 지 허용되었고(〈표 5.2〉), 이후에 금지된 것도 8촌까지 확대되지는 않음. 삼촌과 조카딸의 결혼은 로마법에 따라 금지됨. 본질적으로 '약한 형태의 '결혼 가족 강령'임.

부진하게 따랐을 뿐이다. 사촌 간 결혼은 692년까지 금지되지 않았다. 이 금지는 8세기에 6촌까지 포함하도록 확대되었지만 8촌까지는 확대되지 않았다. 그와 동시에 동방 교회의 감시와 집행 시도는 서방 교회의 속도를 따라잡지 못했다. 정교회의 방침은 〈표 5.2〉에서 회색으로 표시

된 부분이다. 정교회가 '약한 형태의 결혼 가족 강령'을 시행했다고 생각할 수 있다.[38]

더 중요한 점은 각기 다른 종교 집단들이 신이 승인하는 혼인 형태를 광범위하게 발전시켰다는 것이다. 조로아스터교는 남매 간의 결혼을 인정한 반면, 서방 교회는 먼 인척(14촌)과 결혼하는 것도 포괄적으로 금지했다. 서방 교회는 하느님의 뜻에 뿌리를 둔다고 여겨지는 극단적인 일군의 근친상간 금기를 갖게 됐는데, 이는 이후에 중대한 영향을 미쳐서 결국 WEIRD 심리의 단초가 되었다.

교회의 근친상간 금기가 어디서 나왔는지를 이해하려다 보면, 라틴계 기독교인들이 다양한 혼인 금지가 장기적으로 사회적 또는 유전적 영향을 미친다는 사실을 추론을 통해 알고 있었을 거라는 의심이 들 것이다. 실제로 이슬람과 기독교의 몇몇 작가들이 간혹 이런 영향에 관해 고찰하긴 했지만, 다양한 혼인 관습이 어떤 영향을 미칠지에 관한 모호한 추측이 근친상간을 둘러싼 종교 논쟁을 고착화하거나 유서 깊은 혼인 관습의 폐지를 야기한 것 같지는 않다. 자세한 과학적 데이터를 입수할 수 있는 현대 세계에서도 사촌 간 결혼과 일부다처제에 관한 논쟁이 여전히 계속되고 있다. 게다가 근친상간이 건강에 미치는 영향에 관한 어렴풋한 인식이나 낯선 사람과 일부일처 결혼을 하는 것의 사회적 이득 어느 것도 인척, 의붓 형제자매, 대부모(와 대부모 자녀)에 대한 근친상간의 금기를 설명하지 못한다. 그들은 유전적으로 관계가 없고 사회적으로 가까울 필요도 없기 때문이다.[39]

결국 서방 교회는 다른 종교들과 마찬가지로 여러 가지 복잡한 이유에서 혼인과 관련된 일군의 믿음과 관행인 '결혼 가족 강령'을 채택했다. 하지만 여기서 우리에게 중요한 점은, 장기적으로 다른 대안들과 비교해서, 그리고 다른 사회들과 경쟁하는 가운데 종교에 고무된 각기 다른 일군의 믿음과 관행이 실제로 사람들의 삶에 어떻게 영향을 미쳤는가 하는 것이다. 다음 2000년 동안 '결혼 가족 강령'의 영향을 받은 사회는 좀 더 집약적인 친족 조직화 방식을 채택하거나 유지한 다른 집단과 비교해 어떻게 살았을까?[40]

앞으로 여러 장에 걸쳐 살펴보겠지만, '결혼 가족 강령'은 중세 유럽 사회 전반에 지대한 영향을 미쳤다. 여기서는 11세기에 배우자를 찾는 사람이 자녀와 부모, 모든 사촌의 생존한 배우자를 포함해서 이론적으로 평균 2,730명의 사촌과 잠재적으로 1만 명에 달하는 전체 친족을 후보에서 제외해야 했다는 점만 생각해보자. 수백만 명이 분주하게 움직이는 도시에 사는 현대 세계에서 우리는 그런 금지를 쉽게 피할 수 있다. 하지만 드문드문 떨어져 있는 농가와 친밀한 마을, 소읍 등으로 이루어진 중세 세계에서는 이런 금지 때문에 사람들이 다른 공동체에서 친인척이 아닌 기독교인을 찾기 위해 사면팔방으로 손을 뻗을 수밖에 없었다. 그리고는 대개 다른 부족이나 종족 집단에서 후보를 찾았다. 이런 영향은 경제적 중간층이 가장 강하게 느꼈을 것이다. 이들은 교회의 이목을 끌 만큼 성공했지만 규정을 피하기 위해 뇌물이나 다른 영향력을 행사할 만큼의 힘은 없는 계층이었다. 따라서 '결혼 가족 강령'은 중간층부터 집약적 친족 관계를 해체했을 가능성이 높다. '결혼 가족 강령'이 조용하면서도 체계적으로 밑바탕에 깔린 사회 구조를 재편하는 가운데 유럽의 엘리트들은 마지막까지 버텼다(〈그림 3.3〉).[41]

┃ 혈족의 절멸과 부유해진 교회

씨족과 혈통은 심리적으로 강력한 제도이지만 약점이 있다. 모든 세대에서 후계자를 낳아야 하는 것이다. 한 세대만 후계자를 낳지 못해도 유서 깊은 혈족은 종말을 맞이할 수밖에 없다. 수학적으로 보면, 몇 십 명 또는 몇 백 명으로 이루어진 혈족은 언젠가는 (부계 씨족이나 왕족의 남성과 같은) 후계자가 될 수 있는 성별의 아이를 낳지 못하게 될 것이다. 한 세대에서 대략 전체 가족의 20퍼센트가 한 성(가령 여자아이)만을 낳고, 20퍼센트는 아이를 낳지 않기 때문이다. 그래서 결국 모든 혈족이 상속을 받을 수 있는 성별의 성원이 한 명도 없는 상황에 직면하게 된다. 이 때문에 문화적 진화는 입양, 일부다처, 재혼 등 다양한 **상속** 전략을 고안해왔다. 많은 사회에서 흔히 볼 수 있는 입양은 적절한 성별의 상속자가 없는 가족이 보통 친척으로부터 상속자를 입양할 수 있게 해준다. 일부다처혼의 경우에 첫 번째 부인과의 사이에서 상속자를 낳지 못한 남성은 두 번째, 세 번째 부인을 얻으면서 계속 상속자를 얻으려 시도한다. 로마 같은 일부일처제 사회에서는 상속자를 얻는 데 혈안이 된 이들이 아이를 더 잘 낳는 배우자를 얻겠다는 기대로 이혼하고 재혼할 수 있었다.[42]

교회는 언제 어디서나 이런 전략을 무조건 가로막았다. 입양은 기독교 이전 유럽의 여러 사회에서 중요한 요소였고, 고대 그리스와 로마에는 입양을 규제하는 법률이 존재했다. 하지만 첫 번째 밀레니엄 중반에 이르면, 기독교화된 부족들의 법전에는 친족 배치, 상속권, 의례 책임을 공식적으로 변경할 수 있는 법적 기제가 존재하지 않는다. 교회의 시도는 사실상 모든 형태의 상속을 계보에 단단하게 묶어두었다. 그 결과, 법적 입양은 1926년까지 영국법에서 전혀 등장하지 않는다. 이 경우에 영국은 프랑스(1892년)와 매사추세츠(1851년)의 입양 합법화 선례를 따랐다.[43]

앞에서 언급한 것처럼 교회는 일체의 후처를 단호하게 금지했을 뿐만 아니라 사생아 개념을 장려함으로써 상속 전략으로서의 일부다처혼을 잠식했다. 기독교 이전 유럽에서는 다양한 형태의 일부다처혼이 널리 퍼져 있었다. 이 관행을 뿌리 뽑으려고 노력한 주교와 선교사들이 잇

따라 우려를 표명한 것을 보면 알 수 있다. 부유한 남성들은 종종 본처를 얻은 뒤 후처를 더 얻을 수 있었다. 상속자를 얻기 위해, 즉 혈통을 잇고, 조상에게 중요한 의례 제물을 바치고, 토지와 작위를 물려받도록 후처의 자녀를 '승격시킬' 수 있었다. 하지만 교회는 오직 (교회에서 결혼을 인정한) 한 남자의 법적 부인의 자녀들에게만 상속과 승계의 자격을 인정함으로써 후처를 '승격'시키는 관행을 방해하고 흔한 상속권 확보 통로를 차단했다.[44]

일부다처를 통해 집안에 후처를 들이지 못하면, 이혼한 뒤 젊은 부인과 재혼해서 상속자를 낳을 수 있을까?

교회는 이런 방법도 차단했다. 가령 서기 673년, 허트퍼드 교회회의는 적법한 이혼을 하더라도 재혼은 할 수 없다고 포고했다. 놀랍게도 왕조차 이런 금지에서 예외가 아니었다. 9세기 중반, 로타링기아 왕이 첫 번째 부인을 돌려보내고 첩을 본처로 삼았을 때, 교황 두 명이 10년간 계속해서 시정하도록 압력을 가했다. 거듭된 간청과 교회회의, 파문의 위협에 왕은 마침내 굴복하고 용서를 구하기 위해 로마로 갔다. 교황의 이런 승강이는 중세시대 내내 계속되었다. 마침내 16세기에 헨리 8세가 이런 교황의 완고한 압박에 맞서 잉글랜드 개신교로 개종했다.[45]

교회가 입양, 일부다처, 재혼을 제한한 것은 상속자가 없는 혈족의 계보가 결국 끊어진다는 의미였다. 이런 제한 아래 유럽의 많은 왕조가 상속자가 없어서 사라졌다. '결혼 가족 강령'의 근친상간 금지와 마찬가지로, 이런 절멸은 교회에 이익이 되었다. 사람들을 집약적 친족의 제약에서 해방시키고 교회의 금고로 부가 흘러 들어가게 만들었기 때문이다. 새로운 수입은 혼인 무효 선언을 판매하는 것으로 생겨났다. 물론 재혼은 불가능했지만, 일정한 조건이 맞으면 첫 번째 결혼을 무효화할 수 있었다. 물론 이런 식의 강력한 마법은 값이 비쌌다.

이제 소유권과 상속권에 관한 사람들의 규범에서 일정한 조정이 이루어진 것과 동시에 이런 방침 덕분에 어떻게 교회가 유럽 최대의 지주地主로 올라서는 동시에 유럽의 집약적인 친족 기반 제도가 허물어지게 됐는지 살펴보자. 그 결과 이후 세대는 점차 바뀌는 사회 세계에 직면해야 했다.[46]

▌부자가 천국에 갈 수 있는 방법

집약적인 친족 기반 제도는 대개 토지를 비롯한 중요한 자원의 상속과 소유권을 규제하는 사회 규범을 갖고 있다. 가령 혈족이나 씨족에 기반한 사회에서는 보통 친족 집단의 모든 성원이 토지를 공동으로 소유한다. 이런 상황에서 상속은 간단하다. 새로운 세대의 씨족 성원들이 앞선 세대로부터 집단으로 상속을 받기 때문에 개인 소유란 존재하지 않는다. 씨족의 토지를 판다는 개념은 생각도 할 수 없다. 물려받은 땅은 씨족 조상들의 고향이며, 씨족의 의례와 정체성에 단단하게 묶여 있기 때문이다. 이런 문제를 극복할 수 있는 경우에도 친족 집단의 모든 사람, 적어도 가구의 모든 가장이 판매에 동의를 해야 하기 때문에 토지가 판매되는 경우는 드물었다. 개인화된 소유권 개념이 더 흔한 친속에서는 형이나 이복형제, 삼촌, 사촌이 대개 죽은 이의 땅이나 다른 재산에 대한 잔여청구권을 가지고 있었다. 이런 청구권은 관습에 확고한 근거를 두기 때문에 사망한 소유자가 어떤 의견을 표명했다 하더라도 쉽게 무시될 수 있었다. 즉, 아버지는 자기 하인이나 사제를 위해 자기 형제나 사촌의 상속권을 박탈할 수 없었다. 상속은 개인의 선호에 따라 결정되는 게 아니었다. 이런 사회에서는 소유권과 개인적 유언이라는 WEIRD의 개념이 존재하지 않거나 협소한 몇 가지 상황으로 제한되었다. 이 세계에서 교회는 개인 소유와 개인적 유언(유언장)에 따른 상속을 장려함으로써 자신의 이익을 도모했다.

　이런 시도가 어떻게 작동했는지를 알기 위해 우선 고대 후기 로마 제국부터 먼저 살펴보자. 당시 엘리트들은 개인 소유와 유언 상속을 이용할 수 있었다. 밀라노의 암브로시우스 같은 기독교 지도자들은 이런 도구를 가지고 부유한 기독교인들에게 '낙타가 바늘귀로 지나가는' 풀 길 없는 문제를 해결하는 방법을 제시하는 교의를 발전시켰다. 이 딜레마는 예수가 부유한 젊은이에게 따져 묻는 〈마태복음〉 19장 21~26절에서 비롯된 것이다.

　"네가 완전한 사람이 되려고 하면, 가서 네 소유를 팔아서 가난한 사람에게 주어라. 그리하면, 네가 하늘에서 보화를 차지하게 될 것이다. 그리고, 와서 나를 따라라." 그러나 그 젊은이는 이 말씀을 듣고, 근심을 하면서 떠나갔다. 그에게는 재산이 많았기 때문이다. 예수께서 제자들에게 말씀하셨다. "내가 진정으로 너희에게 말한다. 부자는 하늘나라에 들어가기가 어렵다. 내가 다시 너희에게 말한다. 부자가 하나님 나라에 들어가는 것보다 낙타가 바늘귀로 지나가는 것이 더 쉽다."

　암브로시우스는 이 우화를 주춧돌로 삼아서 부자가 교회를 통해 가난한 사람들에게 자기 부를 내주면 정말로 천국에 들어갈 수 있다는 사고를 널리 퍼뜨림으로써 교회의 재정을 튼튼하게 할 수 있었다. 이상적으로 보면, 부유한 기독교인은 재산을 가난한 이들에게 주고 하느님에게 봉사해야 했다. 하지만 교회는 또한 심리적으로 더 편한 대안을 제시했다. 부자는 죽는 순간에 재산의 일부나 전부를 유산으로 남길 수 있었다. 그리하여 부자는 평생을 부유하게 살고서도 죽는 순간에 가난한 사람에게 후하게 베푸는 식으로 비유 속 바늘귀를 지나갈 수 있었다.[47]

　이 자선의 교의는 천재적인 발명이었다. 부유한 기독교인에게 이 관념은 예수님 말씀에 분명한 근거를 두고 있는 강력한 동인이었다. 이 교의에 영감을 받은 몇몇 로마 귀족은 막대한 재산을 포기하고 평생을 종교에 봉사하면서 살았다. 가령 서기 394년 로마의 엄청난 부자 폰티우스 파울리누스는 예수님의 권고를 따라 모든 재산을 가난한 사람에게 주겠다고 선언했다. 몇 달 뒤 바르셀로나에서 파울리누스는 민중의 지지를 받으며 사제 서품을 받았다.

특히 파울리누스 같이 명망 있는 개인이 이런 행동을 하는 것은 우리 심리에 '신뢰성을 높이는 보여주기'로 작용한다. 밀라노의 암브로시우스, 히포의 아우구스티누스, 투르의 마르티누스 같은 초기 교회 지도자들은 모두 파울리누스의 본보기가 가진 힘을 인정하고 곧바로 그를 귀감으로 치켜세웠다. 마르티누스는 분명 "본받아야 하는 사람이 있다"라고 소리치며 돌아다녔다. 이렇게 많은 재산을 포기하는 행동이 심리적으로 미치는 효과는 다음과 같다. (1) 깊은 인상을 받은 이들에게 신앙을 심어주거나 신앙심을 깊게 만들어주고, (2) 사람들을 자극해서 똑같이 자기 재산을 내주게 했으며, (3) 교회를 부유하게 만들어주었다. 포기한 재산이 교회 재정을 통해 가난한 사람들에게 갔기 때문이다.[48]

당연한 얘기지만, 부유한 기독교인은 대부분 적어도 살아 있는 한은 재산을 내줄 만큼 기독교에 깊이 감화되지는 않았다. 하지만 파울리누스 같은 귀감은 교회가 죽는 순간에 재산의 일부나 전부를 가난한 이에게 주도록 사람들을 설득하는 데 힘을 보탰다. 이렇게 자선 행위를 하면 가난하게 살지 않고도 예수가 말한 대로 '하늘에서 보화'를 받을 것이라는 이야기를 들었다. 이렇게 천국으로 가는 뒷문을 열어준 것은 교회를 부유하게 만드는 데 탁월한 효과를 나타냈고 세속 통치자들은 결국 부자가 너무 많은 재산을 내주는 것을 막기 위한 법률을 시행해야 했다. 가령 서고트의 왕은 자녀나 조카가 있는 과부는 재산의 4분의 1만 내줄 수 있다고 포고해서 4분의 3은 자녀와 친족 몫으로 남기게 했다.[49]

교회가 교회의 중심축이라고 할 수 있는 병자와 죽어가는 이를 보살피는 일에 초점을 맞춘 것은 어느 정도 이 교의가 왜 그토록 효과적이었는지를 설명해준다. 부자 기독교인이 죽음을 눈앞에 두면 사제를 불렀는데, 지금도 이 관행은 여전하다. 이 사제들은 죽어가는 이와 충실한 시간을 보내면서 그를 위로하고 내세를 위해 불사의 영혼을 준비시켰다. 눈앞에 닥친 죽음에 공포를 느끼고 천국에 갈지 지옥에 갈지 불확실한 상황에서 세심한 사제는 분명 부자가 기꺼이 막대한 재산을 가난한 이들에게 (교회를 통해) 유증하게 만들었다.

교회 입장에서 보면, 고대 후기에 재산권, 소유권, 유언을 집행하는 통치 제도가 여전히 제 기능을 하는 한 엘리트 시민층에서 이런 유증 전략이 비교적 순조롭게 작동했다. 하지만 서로마 제국이 붕괴하면서 교회는 지역의 부족적 관습이 이제 막 성문화되고 정식화되는 세계에서 움직여야 했다. 앵글로색슨이나 프랑크 같은 부족적 인구 집단의 최초 법전들은 관습적인 상속권 등 강한 집약적 친족의 성향을 가지고 있었기 때문에 교회는 강력하게 개인 소유와 유언에 따른 상속을 장려해야 했다. 교회는 세속 통치자들과 함께 일하면서 개인 소유, (형제, 삼촌, 사촌을 배제하는) 엄격한 계보 상속에 유리한 기본 상속 규칙, 유언에 따른 유증의 자율권 확대 등을 뒷받침하는 법률을 밀어붙였다.[50]

이러한 개인 소유와 개인적 유언을 장려하면서 친족 기반 조직은 더욱 약화되었다. 이런 집단적 조직은 계속해서 토지와 재산을 교회에 빼앗겼기 때문이다. 기독교인들은 임종 자리에 누운 채 내세의 더 나은 삶을 위해 교회에 줄 수 있는 대로 내주었다. 입양이나 재혼을 하지 못해 상속자가 없는 이들은 관습적인 상속과 공동 소유의 제약에서 자유로워서 모든 재산을 교회에 내줄 수 있었다. 교회가 정상적인 상속의 흐름을 방혈防血하는 가운데 친족 기반 조직과 그 가부장들은 서서히 피를 흘리며 죽었고, 조상의 토지는 교회의 토지가 되었다.

이러한 상속과 소유권의 변경은 교회의 팽창을 재촉하고 자금을 대주었다. 자선 기부가 확산되면 값비싼 선물의 설득력, 즉 '신뢰성을 높이는 보여주기'를 통해 새로운 성원이 모여드는 동시에 기존 성원들의 신앙도 돈독해질 수 있었다. 그와 동시에 이런 유증으로 교회의 수입은 급속도로 증가했다. 중세 시기에 교회는 유증과 십일조, 혼인 무효 선언이나 사촌 간 결혼의 특별 허가에 대한 대가로 막대한 부를 쌓았다. 이 가운데 유증이 수입의 가장 큰 몫을 차지했다. 서기 900년에 이르러 교회는 독일(35퍼센트), 프랑스(44퍼센트)를 비롯해서 서유럽 경작지의 3분의 1 정도를 소유했다. 16세기 종교개혁 시기에 교회는 이미 독일의 절반, 잉글랜드의 4분의 1에서 3분의 1을 소유했다.[51]

또한 '결혼 가족 강령'은 집약적 친족 관계를 잠식함으로써 중세 성기 이전에 유럽인들 사이의 부족적 구분을 해체했다. 2장에서 지적한 것처럼, 부족과 종족 공동체는 어느 정도 언어와 방언, 옷차림, 기타 종족적 표지를 공유하는 이들과 상호작용하고 그들에게서 배우려는 성향에 의해, 그리고 사회 규범을 공유하는 이들과의 수월한 상호작용에 의해 지탱된다. 따라서 결혼은 흔히 부족의 경계를 구체화하고 강화하는 강력한 힘이다. 그러나 교회의 '결혼 가족 강령'은 (1) 범부족적인 사회적 정체성(기독교인)을 확립하고 (2) 개인에게 친척이 아닌 기독교인 배우자를 찾아 멀리까지 살펴보도록 강제하고 (3) 결혼, 상속, 주거에 관한 새로운 일군의 규범을 제공함으로써 유럽의 부족들을 해체하는 작용을 했다. 이 규범들은 다양한 부족 공동체가 상호작용하고 결혼하고 조정하기 시작하는 토대를 마련해주었다.[52]

교회의 '결혼 가족 강령'은 유럽의 친족 기반 제도를 잠식함으로써 사람들의 충성을 둘러싼 주요한 경쟁자를 제거하는 동시에 수입을 창출했다. 집약적 친족 아래서는 친족 집단과 부족 공동체에 대한 충성이 우선이고 많은 투자를 필요로 한다. 친족이 약해지고 부족이 해체되는 가운데 안전을 추구하는 기독교인들은 교회를 비롯한 자발적 결사체에 더욱 온전히 전념할 수 있었다. 또한 '결혼 가족 강령'은 혼인 특별 허가, 혼인 무효 선언, 유증을 통해 막대한 수입을 창출하게 함으로써 선교 활동, 성당 신축, 빈민 구호(자선) 등에 이바지했다. '결혼 가족 강령'의 결혼 금지와 상속 규정은 이처럼 교회의 성공에 사회적, 재정적으로 기여한 것은 물론이고 신자들의 심리도 바꾸어놓았다. 이런 심리적 변화는 다시 교회에 영향을 미치며 내부로부터 교회를 변화시켰다.[53]

카롤루스 왕조와 기묘한 장원제

6세기 말을 시작으로 교회는 프랑크 왕국의 통치자들과 공통의 대의를 발견했다. 그 전과 후의 많은 왕들과 마찬가지로, 프랑크족은 영향력 있는 귀족 가문들뿐만 아니라 수많은 유력한 씨족과도 끊임없이 갈등을 겪었다. '결혼 가족 강령'은 혼인을 통해 지속적인 동맹을 만들어내는 능력을 약화함으로써 귀족 가문과 농촌 친족 집단의 규모와 유대를 제한했다. 그 결과 교회와 프랑크 왕국의 통치자들은 한 팀을 이루었고, '결혼 가족 강령'의 배후에 일정한 세속적 권위와 군사력이 자리를 잡게 되었다(〈표 5.2〉). 가령 서기 596년 메로빙 왕조의 킬데베르트 2세는 의붓 어머니와 결혼하는 사람은 사형에 처한다고 포고하면서도 다른 근친상간 위반에 대한 처벌은 주교에게 위임했다. 주교에게 저항하는 사람은 누구든 토지를 빼앗아서 친척들에게 재분배했다. 이로써 친척들이 서로를 감시해야 할 이유가 생겨났다. 교황과 프랑크 왕 사이의 이런 연합

〈그림 5.3〉 이 지도는 서기 814년 카롤루스 제국의 경계와 대분열(1054년) 시기에 서방 교회와 동방
교회가 소유권을 주장한 영역을 보여준다.

    또한 켈트 교회와 이슬람 권력이 지배한 지역도 알 수 있다. 점선 안쪽에 있는 많은 지역에서 약
1500년 이후 유럽의 결혼 양상에 관한 확실한 자료를 찾을 수 있다. 참고를 위해 지도에 현대 유
럽 국가의 경계도 함께 표시했다.[54]

   은 샤를마뉴 황제를 통해 카롤루스 제국까지 계속 이어졌다. 피피누스
왕(단구왕)과 샤를마뉴 황제 모두 근친상간의 금지와 단속, 처벌을 정치
의제의 최우선 순위에 두었다.[55]

   샤를마뉴는 오랜 통치 기간 동안 바이에른, 이탈리아 북부, 작센(독
일), 무슬림이 지배하는 에스파냐의 일부까지 영역을 넓혔다. 교회는 때
로는 이끌고 때로는 따르면서 제국과 나란히 성장했다. 이런 상호의존
적 관계는 교황이 샤를마뉴에게 '로마인들의 황제'의 관을 씌워준 서기
800년 성탄절에 절정을 이루었다. 〈그림 5.3〉은 샤를마뉴가 사망한 해

인 814년 카롤루스 제국의 규모를 보여준다.

카롤루스 왕조가 교회의 '결혼 가족 강령'을 지지하자 유럽의 인구 집단들은 조직과 생산에서 새로운 형태를 만들어나가기 시작했다. 이런 사회·경제 제도 가운데 첫 번째인 장원제는 프랑크 왕국의 중심부만이 아니라 잉글랜드에서도 등장했다. 다른 곳에서 볼 수 있는 겉모습이 비슷한 제도들과 달리, 장원제는 고대 후기 로마의 농장 대저택의 경우처럼 집약적 친족이나 노예제에 1차적으로 뿌리를 둔 게 아니었다. 그 대신 농민 부부가 대지주를 비롯한 다른 농민 가구들과 경제적 교환 관계를 형성했다. 이 농민들 가운데 일부는 땅에 묶여 있는 농노였지만, 대다수는 자유민이었다. 가구에 노동력이 필요하면 부부는 자신들의 제한된 친족 연결망을 활용하기보다는 다른 가구에서 10대나 젊은 성인을 고용했다. 부부의 자녀는 노동력 수요에 따라 종종 청소년기나 젊은 성인기 동안 노동력이 필요한 영주의 집이나 다른 가구에서 일하기 시작했다. 아들은 결혼을 하면 부모의 가구를 떠맡거나 부모의 영주나 다른 지주 아래서 자기 가구를 만들었다. 또는 소읍이나 도시로 옮겨갈 수도 있었다. 부모의 농지를 떠맡으면 아버지 밑에서 일하는 게 아니라 가장이 되었다. 이 경우에 부모는 반쯤 은퇴한 삶을 살았다. 이 경제 체계는 친족의 유대와 무관하게 노동력을 할당함으로써 독립거주를 공고히 하고 가부장의 권위를 한층 축소했다. 이런 장원에 모여 사는 친척이 아닌 가구들은 유연한 노동력 풀을 제공했고, 종종 물과 방앗간, 벌통, 숲, 과수원, 포도밭, 마구간 등을 공유하는 식으로 협동했다.[56]

전 지구적, 역사적 관점에서 보면, 이런 형태의 장원제는 기묘하다. 같은 시대에 중국에서는 토지를 비롯한 자원을 대개 부계 씨족이 공동으로 소유했다. 씨족이 소유한 시설에는 곡물 창고, 조상의 사당, 학교 등이 있었다. 학교는 씨족 성원들이 정부 관직에 들어가기 위해 과거 시험을 준비하도록 도와주려고 세운 것이었다. 서방 교회의 '결혼 가족 강령'이 공고해지기 전에 켈트 교회 아래서 기독교를 받아들인 아일랜드에서는 씨족들이 장원제를 지배하고 노예에 의존해서 장원을 이끌었다. 아일랜드 씨족들은 방앗간과 가마를 소유하고 통제했다. 비교문화적으로 보면, 프랑크 왕국의 장원제가 친척 관계가 아닌 가구 일꾼들에 의존한 것은 드문 사례이고, 핵가족과 독립거주도 마찬가지다. 이 장원들의 친족 유대가 약했던 까닭에 개인과 부부가 (때로) 더 나은 선택지를 찾아 다른 곳으로, 즉 다른 영지나 소읍, 수도원으로 떠날 수 있었다(물론 지주들은 대개 이런 움직임에 저항했다).[57]

교회의 선교에 대한 이해, 장원의 조직, 교회의 세속 동맹자들 사이의 보완적 관계는 특히 카롤루스 제국과 잉글랜드에 '결혼 가족 강령'이 강력하게 시행되는 결과로 이어졌다.[58] 대략 서기 1000년에 이르러 장원의 인구조사를 보면, 농사를 짓는 가족들이 소규모 일부일처 핵가구를 이루어 살며 자녀를 2~4명 두었다. 젊은 부부들은 대개 독립거주를 했고, 때로 새로운 장원으로 옮겨갔다. 하지만 여성의 혼인 연령은 여전히 낮아서 10~15세로 추정된다. 엘리트 남성들이 후처를 포기하는 것이 더뎠기 때문일지 모른다. 예를 들어, 샤를마뉴에게는 알려진 본처나 후처만 10명이었고 자녀는 18명이었다. 이 자식들이 다른 왕가들 사이에서 유럽의 세 왕조의 시조가 되었다. 합스부르크, 카페, 플랜테저넷 왕조가 그것이다.[59]

중세시대 말에서 근대 초기로 접어들 때쯤, 역사학자들이 유럽의 결혼 양상을 통계적으로 기술할 수 있을 정도로 인구 데이터가 풍부해졌다. 이 양상은 다음과 같은 몇 가지 핵심적인 특징을 뚜렷하게 보여준다.

1. 남성이 더 젊은 나이에 가장이 되고 신부가 어머니나 시어머니의 손

아귀에서 빠져나오는 **독립거주 일부일처 핵가족**: 물론 핵가족과 독립 거주는 이상에 지나지 않았다. 경제적 상황 때문에 많은 이들이 여전히 어쩔 수 없이 확대가족에서 살아야 했다. 이와 대조적으로, 중국에서는 여전히 부계 다세대 대가족이 대부분이었지만 때로는 상황 때문에 어쩔 수 없이 핵가족을 이루어 살기도 했다.[60]

2. 남성과 여성의 평균 혼인 연령이 종종 20대 중반까지 높아지는 **만혼(늦은 결혼)**: 개인적 선택의 중요성(중매결혼이 아님), 친척이 아닌 배우자를 찾는 어려움(근친상간 금기), 독립 가구를 만들어야 하는 재정적 요구(독립거주) 등 많은 요인이 이런 양상에 영향을 미쳤을 것이다.[61]

3. **많은 여성이 결혼을 하지 않음**: 북서유럽 여성의 15~25퍼센트가 서른 살이 되어서도 여전히 결혼을 하지 않았다. 교회는 결혼을 피할 수 있는 훌륭한 대안적 제도의 기제를 마련하는 데 도움이 되었다. 즉 여성은 수녀원에 들어갈 수 있었다. 이와 대조적으로, 대다수 사회에서 여성의 100퍼센트 가까이가 대개 이른 나이에 결혼을 한다. 가령 중국 전통 사회에서는 서른 살까지 결혼을 하지 않은 여성이 1~2퍼센트에 불과했다.[62]

4. **작아진 가족과 낮아진 출산율**: 작아진 가족은 친족 유대 감소(육아 감소), 독립거주(인척의 압력 감소), 혼인 연령이 늦어짐, 일부다처의 부재 등 여러 요인에 영향을 받았을 것이다.

5. **결혼 전 노동 시기**: 아동기 후기와 성인기 초기에 젊은이들은 종종 다른 가족의 집으로 일하러 가서 돈을 벌고, 새로운 기술을 배우고, 다른 가정이 어떻게 운영되는지를 볼 수 있었다. 친척이 아닌 사람을 '생애 주기 하인life-cycle servant'으로 활용한 것은 전 지구적, 역사적 관점에서 보기 드물다.[63]

〈그림 5.3〉을 보면 '유럽의 결혼 양상'을 보여주는 대략적인 경계선이 그려져 있다. 이 양상을 보이지 않는 지역들은 교훈적이다. 너무 이르게 기독교화된 아일랜드인들은 12세기에 잉글랜드에 정복될 때까지 '결혼 가족 강령'의 영향을 받지 않았다. 마찬가지로, 에스파냐 남부는 711년부터 1492년까지 이슬람의 지배를 받았다(다만 이 시기 동안 이슬람이 지배하는 영토는 점점 줄어들었다). 이탈리아 남부는 북부 지역들과 달리 (초기에 '결혼 가족 강령'의 강한 압력을 받은) 카롤루스 제국 안에 통합된 적이 없고, 다양한 지역이 이슬람 술탄이나 비잔티움 황제의 통치를 받았다. 동부에서는 '유럽의 결혼 양상'이 동방 교회와 서방 교회의 대분열 시기에 지도에 그려진 공식 경계선보다 옛 카롤루스 제국의 경계선에 훨씬 가깝다.[64] 교회가 결국 동쪽으로 팽창하기는 했지만, '결혼 가족 강령'은 한참 뒤에 실시되었기 때문이다. 7장에서 20세기까지 유럽에서 지속된 사촌 간 결혼에서 나타나는 많은 변이를 '결혼 가족 강령'이 실행된 시기를 파악해서 설명할 수 있음을 살펴볼 것이다.[65]

계속되는 사회적, 심리적 변화

집약적 친족 기반 제도가 해체됨에 따라 중세 유럽인들은 친족 관계에서나 주거에서나 점차 자유롭게 이동하게 되었다. 가족의 의무와 상호의존적 전통에서 벗어난 개인은 친구, 배우자, 사업 파트너는 물론이고 심지어 수호성인까지도 자유롭게 선택하면서 독자적인 관계망을 구축하기 시작했다. 친족 관계로부터 자유를 얻은 개인과 핵가족이 새로운 땅과 점점 커지는 도시 공동체로 이주하면서 주거의 이동성이 커졌다. 이런 변화는 새로운 종교 조직뿐만 아니라 자치도시, 직능 길드, 대학

같은 새로운 제도까지 포함한 자발적 결사체의 발전과 확산으로 이어졌다.[66] 다음의 장에서 중점적으로 살펴볼 심리적 변화의 뒷받침을 받은 이런 발전은 '중세 성기의 도시, 상업, 법률 혁명Urban, Commercial, and Legal Revolutions of the High Middle Ages'을 선도했다.[67]

교회 자체의 사회적 변화가 미친 영향은 흥미롭다. '결혼 가족 강령'이 야기한 사회적, 심리적 변화와 이후에 가톨릭교회의 제도에서 나타난 변화는 서로 영향을 주고받기 때문이다. 예를 들어, 서기 600년 무렵 교황 그레고리오의 사절단이 당도하기 전 앵글로색슨의 잉글랜드에서 초기 수도원은 대개 가족 사업이었다. 수도원장과 수녀원장의 직책은 형제들 혹은 어머니에서 딸에게 이어졌다. 아일랜드에서는 이런 관행이 수백 년간 계속되어 부유한 씨족이 수도원을 운영하고 공동체의 재산으로 물려주었다.[68] 하지만 친족 기반 제도가 무너지고 결국 사제 자녀들의 정통성이 허물어지자 집약적 친족 관계가 교회 조직에 강하게 끼어들 수 없게 되었다. 많은 수도원이 수사가 되려는 이들에게 친족과의 유대를 끊어야 수도원에 들어올 수 있다고 요구하면서 교회와 가족 중에 하나를 선택하도록 했다. 클뤼니 대수도원(서기 910년)을 시작으로 시토수도회(서기 1098년)가 등장하면서 더욱 빠른 속도로 수도원은 점차 씨족 사업에서 멀어져서 NGO에 가까워졌다. 수도원장을 민주적으로 선출하고, 헌장을 작성했으며, 위계적 관할권 구조를 만들어서 지방의 독립성과 중앙집중적 권위와 균형을 맞추기 시작했다.[69]

교회의 '결혼 가족 강령'은 500년 전에 대략적으로 완성된 과정을 통해 유럽의 가족을 개조했다. 하지만 이것이 정말로 오늘날의 심리에 영향을 미치는 걸까? 집약적 친족 기반 제도가 약한 곳에서 자라는 것이 우리의 동기와 지각, 정서, 사고방식, 자아개념에 중요한 영향을 미칠까? 현대의 심리적 변이의 근원을 교회로 추적할 방법이 있을까?

Chapter 6

가족 제도의 변화가
가져온 심리적 변화

'결혼 가족 강령'의 결혼 금지와 상속 규정은 교회의 성공에 사회적, 재정적으로 기여한 것은 물론이고 신자들의 심리도 바꾸어놓았다. 이런 심리적 변화는 다시 교회에 영향을 미치며 내부로부터 교회를 변화시켰다.

_본문 중에서

가족은 우리가 이 세상에 태어나면서 처음 마주하는 제도로, 최근까지 대다수 사회에서 대다수 사람들의 삶을 조직하는 핵심적인 틀이 되었다. 따라서 가족이 우리의 마음과 행동을 형성하는 데 근본적인 역할을 했다고 보는 게 타당하다. 1장에서 우리는 개인주의, 순응, 죄의식에서부터 비개인적 신뢰, 분석적 사고, 도덕적 판단에서 고의성 의존에 이르기까지, 다양한 영역에서 나타나는 심리적 변이가 세계적으로 어떤 모습을 떠는지 살펴보았다.

이 장에서는 우리가 성장하는 동안 우리의 마음이 문화적으로 구성된 환경에 적응하고 조정되는 가운데 이런 심리적 변이가 생겨난다는 증거를 제시하는 것으로 시작하고자 한다. 집약적 친족 기반 제도가 사람들의 심리에 어떤 영향을 미치는지, 그리고 특히 중세 유럽에서 교회가 집약적 친족을 해체하면서 어떻게 의도치 않게 유럽인들과, 나중에는 다른 여러 대륙의 인구 집단을 더 WEIRD한 심리로 밀어붙였는지를 검토할 것이다.

이를 위해 우선 세계 곳곳의 각기 다른 종족언어 집단과 나라들에 대해 친족 기반 제도의 집중도를 측정하는 두 가지 방법을 제시하고자 한다. 그리고 서로 다른 인구 집단을 면밀하게 살펴봄으로써 1장에서 중점적으로 설명했듯이 친족 집중도가 민족 간 심리적 변이의 상당 부분을 설명해줄 수 있다는 사실을 보여줄 것이다. 이를 통해 한 인구 집단에서 전통적인 친족 기반 제도가 약할수록 오늘날 그들의 심리가 더 WEIRD하다는 사실을 밝혀낼 것이다. 다음으로, 역사적으로 교회가 확대된 시기를 이용해서 세계 모든 나라에서 '결혼 가족 강령'이 지속된 기간을 측정할 것이다. 그리고 이런 측정치를 활용해서 한 인구 집단이 '결혼 가족 강령'에 더 오래 노출될수록 친족 기반 제도가 약하다는 사실을 살펴볼 것이다. 마지막으로, '결혼 가족 강령'에 대한 노출도를 현대의 심리적 차이와 직접 연결할 것이다. 놀라운 사실은 한 인구 집단이 역사적으로 오랜 기간 동안 '결혼 가족 강령'에 노출되었을수록 오늘날 그들의 심리는 더 WEIRD하다.

다음 장에서는 유럽 내부는 물론이고 유럽 국가들 내부, 더 나아가 중국과 인도 내의 심리적 변이도 살펴볼 것이다. 이런 분석은 심리적 변이와 친족 집중도 및 교회 사이에 예상되는 관계를 확인하게 해줄 뿐만 아니라 마음속에서 서구 대 비서구, 또는 WEIRD 대 비WEIRD의 이분법을 만드는 것을 완전히 차단하게 해줄 것이다. 지금 우리는 사람들 사이의 고정된 또는 본질적인 차이를 관찰하는 게 아니라 다양한 지역에서 오랜 시간 동안 여러 요인의 영향을 받으면서 지속된 문화적 진화 과정을 지켜보고 있다.

친족 집중도가 보여주는 유럽인들의 심리 변화

경제학자 조너선 슐츠, 두만 바라미-라드Duman Bahrami-Rad, 조너선 보섐 Jonathan Beauchamp, 그리고 이 책에 담긴 사고에 고무된 나의 동료 벤저민 엥크를 포함한 나의 연구팀은 친족 집중도와 심리의 관계를 체계적으로 연구했다. 이런 노력에 이어 우리는 전통적 친족 기반 규범 지수뿐만 아니라 각기 다른 인구 집단의 실제 사촌 간 결혼 비율을 이용해서 친족 집중도를 측정했다. 첫 번째 접근법은 '민족지 도해'의 인류학적 데이터를 각 인구 집단에 대한 단일 수치로 집계하는 것이다. 나는 이 수치를 '친족 집중도 지수KII, Kinship Intensity Index'라고 지칭하고자 한다. 친족 집중도 지수는 사촌 간 결혼, 핵가족, 부모 양가계, 독립거주, 일부일처혼(대 일부다처혼)에 관해 〈표 5.1〉에 요약된 데이터를 씨족에 관한 정보 및 일정한 공동체 내의 결혼(족내혼)에 관한 관습과 결합한 것이다. 따라서 친족 집중도 지수는 21세기의 관행이 아니라 세계 곳곳의 인구 집단들의 역사적 또는 전통적 친족 기반 제도에 대한 집중도를 보여준다. '민족지 도해'에 수록된 인류학적 데이터에 지정된 평균 연도는 서기 약 1900년이므로 우리가 역사적 친족 측정치를 관찰한 시점과 심리적 측정치를 얻은 시점은 대략 100년 정도 차이가 난다.

친족 같은 역사적 제도는 여러 방식으로 현대의 심리에 영향을 미칠 수 있다. 가장 분명한 방식은 지속성을 통하는 것인데, 친족 기반 제도는 오래 지속되는 것으로 악명이 높다. 동료들과 나는 최근의 전 세계적 조사를 이용해서 '민족지 도해'에서 보고된 결혼과 거주 양상이 21세기까지도 어느 정도 지속되고 있음을 확인했다. 하지만 제도적 관행을 포기하는 경우에도 이런 전통적 제도를 둘러싸고 있는 가치와 동기, 사회화 관행은 여러 세대 동안 유지될 수 있다. 다시 말해, 문화적 전달에 의해 지탱되는 것이다. 그리하여 이미 사라진 역사적 제도가 현대인의 마음에 영향을 미치는 경로가 생겨난다. 예를 들어, 한 인구 집단이 부계 씨족을 둘러싸고 (효도와 같은) 일련의 가치와 (노인 공경과 같은) 동기, 선호(가령 딸보다 아들), 의례 전체를 발전시켰지만, (1950년대 중국에서처럼) 국가가 씨족 조직을 법으로 금지하고 공식적으로 탄압할 수 있다. 이런 상황에서 씨족 조직이 사라진 뒤에도 문화적 전달을 통해 여러 세대 동

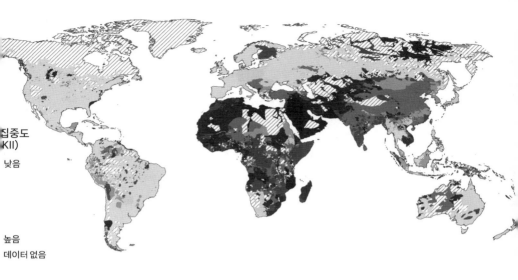

집중도
(KII)

낮음

높음

데이터 없음

〈그림 6.1〉 **세계 각지의 종족언어 집단의 친족 집중도 지수(KII)**
색이 진할수록 집약적 친족 기반 제도가 강함을 가리킨다. 빗금 친 부분은 데이터가 없는 곳이다.[1]

안 씨족적 심리가 지속될 수 있다. 실제로 사람들의 심리가 최근에 채택된 친족 관행에 적응하는 데에는 시간이 걸리기 때문에 전통적 친족 기반 제도의 측정치가 현대의 가족 제도보다 심리적 변이를 더 잘 설명해 줄 수 있다.[2]

〈그림 6.1〉은 세계 곳곳의 7,000여 종족언어 집단에 대한 '친족 집중도 지수'를 지도로 나타낸 것이다. 색이 진할수록 집약적 친족 기반 제도가 강함을 의미한다. 예를 들어, 현재 남북아메리카에는 유럽의 역사적 공동체에서 파생한 친족 기반 제도를 가진 사람들이 주로 살고 있다. 따라서 남북아메리카 대부분은 유럽에서 그 기원을 찾을 수 있는 '친족 집중도 지수'로 표시했다. 하지만 남아메리카의 진한 부분은 대체로 현대의 원주민 인구 집단을 나타낸다.[3]

이 지수에는 두 가지 주요한 결함이 있다. 첫째, 이 지수의 근거가 되는 '민족지 도해'의 데이터는 현지의 사회 규범에 관한 인류학적 보고에서 나온 것이다. 따라서 '친족 집중도 지수'는 현장에서 사람들이 실제로 하는 일, 다시 말해 그들의 행동을 완벽하게 포착하지 못한다. '민족지 도해'가 포착한 데이터가 실제로 지속적인 행동 양상을 나타내는지 확인하기 위해 우리는 우리가 만든 '친족 집중도 지수'와 몇 백 개 집단의 DNA 표본을 바탕으로 이 인구 집단들 사이의 유전적 관련성을 연구했다. 우리는 (유전적 관련성에 영향을 미칠 수 있는 다른 요소들을 통계적으로 통제한 뒤에도) 한 집단의 '친족 집중도 지수'가 높을수록 그들의 유전적 관련성도 높다는 사실을 발견했다. 보고된 안정된 사회 규범이 수백 년간 실제로 사람들의 행동에 영향을 미쳤다면 우리가 예상한 것과 정확히 일치한다. 즉 문화는 유전자에 흔적을 남긴다.[4]

두 번째 결함은 하나의 지수인 '친족 집중도 지수'가 친족 기반 제도의 몇몇 다른 측면들과 한데 뒤엉키는 탓에 집약적 친족의 어떤 특징이 심리적 작용을 하는지 분간할 수 없다는 것이다. 사람들의 심리에 변화를 가져온 주요한 요인은 사촌 간 결혼의 금지일까, 아니면 일부다처혼의 금지일까? 물론 나는 우리가 조사한 지수에 있는 모든 요소가 일정한 역할을 한다고 생각하지만(우리가 다른 요소들을 '친족 집중도 지수'에 포함시킨 것도 이 때문이다), 개별 관습이 미치는 효과를 살펴보는 것도 좋을 것이다. 이 문제를 다루기 위해 실제로 사촌을 비롯한 가까운 친척과 결혼하는 비율에 관한 데이터도 사용하고자 한다. 특히 나라별로 비교할 때는 6촌 이내의 가까운 혈족과 결혼하는 비율을 사용할 것이다(〈그림 5.2〉에서 지도로 표시). 이 측정치를 '사촌 간 결혼 비율' 또는 그냥 '사촌 간 결혼'이라고 지칭할 것이다. 이 비율은 20세기의 데이터에 근거하며, 대개 우리의 심리적 측정치보다 적어도 몇십 년 정도 앞선다.

사촌 간 결혼은 특히 중요해서 따로 뽑아볼 필요가 있는데, 이것이 서방 교회의 결혼 방침과 정교회의 방침을 가르는 핵심적 차이를 대표하기 때문이다. 서방 교회는 중세 초기와 성기 수백 년 동안 먼 친척과의 결혼도 근절하려고 강박적으로 노력한 반면, 정교회는 굼뜨게 몇 가지 제약만 가하고 근친상간 금기의 집행에 열의를 보이지 않은 듯하다.

이 친족 집중도 측정치들을 심리적 차이와 연결하기 위해 세 종류의 심리적 결과를 살펴볼 것이다. 첫째, 가능한 경우에는 언제나 연구실 실험이나 세심하게 작성한 심리 척도 평가를 분석할 것이다. 여기에서 가장 좋은 심리적 변이의 측정치를 찾을 수 있는데, 다만 많은 나라의 수치를 입수하는 것이 쉽지 않다. 이 측정치들을 보완하기 위해 비슷한 심리적 측면을 타진하는 전 세계적 설문 조사를 검토할 것이다. 이런 조사는 종종 여러 나라에서 수십 만 명에 관한 많은 데이터를 제공하기 때문에 친족 집중도 외에도 기후, 지리, 종교, 유병률 등 관련된 이 요인들은 사람들의 심리에 영향을 미칠 수 있는 잠재적으로 중요한 요인들의 효과를 통계적으로 통제할 수 있다. 또한 어떤 경우에는 친족 집중도를 이용해서 같은 나라에 사는 이민자들의 심리를 출신 국가(이민을 떠나온 나라)나 종족언어 집단과 비교해볼 수도 있을 것이다. 마지막으로, 가능한 언제나 실험과 조사에서 포착된 심리적 특성과 관련된 현실 세계의 행동 양상을 살펴볼 것이다. 이런 관찰이 중요한 이유는 우리가 연구하는 심리적 차이가 현실의 삶에 중요한 영향을 미친다는 것을 보여주기 때문이다.

▌ 개인주의, 순응, 죄의식

친족 기반 제도의 성격은 우리가 우리 자신과 우리의 관계, 동기, 정서에 관해 어떻게 생각하는지에 영향을 미친다. 집약적 친족 규범은 개인을 촘촘하고 상호의존적이며 전통적인 사회적 연결망에 끼워 넣음으로써 사람들의 행동을 미묘하면서도 강력한 방식으로 규제한다. 이런 규범은 개인을 자극해서 자신과 자기 집단의 성원들을 밀접하게 감시하게 만든다. 모든 사람이 자기 자리를 지키도록 하기 위해서다. 또한 이런 규범은 젊은 성원보다 연장자에게 상당한 권위를 부여한다. 이런 사회적 환경을 성공적으로 헤쳐나가려면 동료에 대한 순응, 전통적 권위에 대한 공경, 수치심에 대한 민감함, 자기 자신보다 씨족과 같은 집단을 우선하는 것이 유리하다.

이와 달리 친족 관계의 결속이 더 적고 약한 사회에서 개인은 종종 낯선 사람과 호혜적인 관계를 만들 필요가 있다. 이를 위해서는 그들만의 구별되는 특성, 업적, 성향을 조성하여 군중과 그들 자신을 구분해야 한다. 이런 개인 중심적 세계에서 성공하려면 독립적이며, 권위에 대한 공경심이 적고, 죄의식을 많이 느끼며, 개인적 업적에 대한 관심이 많아야 유리하다.

이는 그럴듯하게 들리지만, 집약적 친족 기반 제도를 지닌 사회가 정말로 더 탄탄한 규범을 가지고 있을까? 심리학자 미셸 겔팬드Michele Gelfand가 이끄는 연구팀은 사회의 규범적 '탄탄함'을 평가하기 위한 심리 척도를 개발했다. 사회적 규범이 비교적 ('느슨한' 사회에 비해) '탄탄한' 사회는 상황에 따라 미묘하게 달라지며 엄격하게 지켜지는 수많은 규범에 의해 다스려진다. 연구팀은 설문지를 통해 사람들에게 '이 나라에는 사람들이 준수해야 하는 사회 규범이 많다'거나 '이 나라에는 누군가 부적절하게 행동을 하면 다른 이들이 강하게 불만을 표시한다' 같은 진술에 동의하거나 동의하지 않는 정도를 물었다. 〈그림 6.2〉는 수천 명의 참가자에게서 얻은 데이터를 바탕으로 (A) 친족 집중도 지수가 더 높거나 (B) 사촌 간 결혼 비율이 높을수록 사회가 더 '탄탄하다'고 느낀다는 사실을 보여준다. 이 도표에 포착된 변이는 베네수엘라처럼 '느슨한' 지역부터 파키스탄처럼 '탄탄한' 지역까지 다양하다.

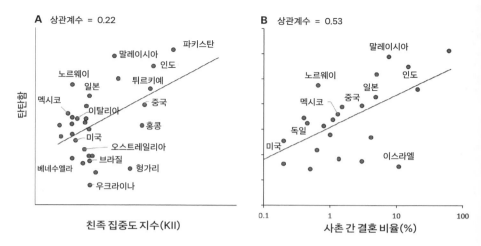

A 상관계수 = 0.22

탄탄함

친족 집중도 지수(KII)

파키스탄
말레이시아
인도
노르웨이
튀르키예
일본
멕시코
중국
이탈리아
홍콩
미국
오스트레일리아
브라질
베네수엘라
헝가리
우크라이나

B 상관계수 = 0.53

사촌 간 결혼 비율(%)

말레이시아
노르웨이
인도
일본
멕시코
중국
독일
미국
이스라엘

0.1   1   10   100

〈그림 6.2〉 심리적 '탄탄함'과 (A) 친족 집중도 지수(30개국) 및 (B) 사촌 간 결혼 비율(23개국에서 조사
한 6촌 이내 친척과 결혼한 비율)의 관계
사촌 간 결혼 비율은 로그 스케일로 표시했다.[5]

앞으로 이렇게 짝을 이룬 도표를 여럿 살펴볼 텐데, 이런 도표를 이
해하기 위한 몇 가지 지침이 있다. 첫째, 친족 집중도에 관한 그래프 전
체에서 양쪽 도면의 수직 축은 언제나 똑같아서 친족 집중도 지수와 사
촌 간 결혼이 심리에 미치는 효과를 나란히 놓고 비교할 수 있다. 둘째,
여기 나타나는 실제 값은 친족 집중도 지수의 경우처럼 다른 값과 비교
할 때만 유의미하기 때문에 혼란을 피하기 위해 도표에 표시하지 않았
다. 이 경우에 중요한 것은 도표에 있는 각기 다른 인구 집단의 상대적
위치다. 하지만 쉽게 이해하거나 구체성을 더할 수 있는 경우에는 언제
나 수치를 표시해두었다. 가령 사촌 간 결혼은 가까운 친척과 결혼한 실
제 비율을 사용하기 때문에 모든 도표에 나타난다. 셋째, 사촌 간 결혼
이 공동체를 결속하는 방식 때문에 그 효과는 로그 스케일(데이터의 범위
가 수백에서 수천 배가 이상 차이가 날 때 로그를 이용하여 간결하게 표시하는
눈금의 일종─옮긴이)로 가장 잘 드러난다. 로그 스케일에 대해 잘 알지 못

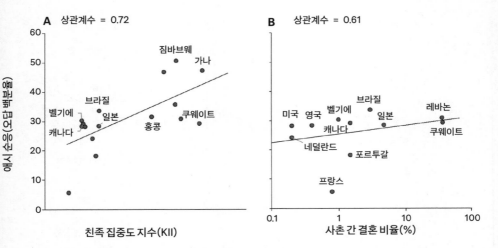

A 상관계수 = 0.72

B 상관계수 = 0.61

〈그림 6.3〉 '애시 순응'과 (A) 친족 집중도 지수(16개국) 및 (B) 사촌 간 결혼 비율(11개국) 사이의 관계
여기서 '애시 순응'은 오답이지만 동료들이 내놓은 답에 순응하는 참가자의 비율을 사용해서 측정한다. 사촌 간 결혼은 로그 스케일로 표시했다.[6]

한다 해도 수평 축에서 실제 비율을 읽을 수 있으므로 걱정할 필요는 없다. 로그 스케일을 간단하게 설명하면, 사촌 간 결혼 비율이 0에서 10퍼센트로 증가하는 것이 (사회 세계와 사람들의 심리 모두에) 미치는 효과가 40퍼센트에서 50퍼센트로 똑같은 양이 늘어나는 것보다 효과가 훨씬 크다는 것이다. 많지 않은 사촌 간 결혼이 오랫동안 지속되는데, 로그 스케일을 이용하면 이것을 좀 더 쉽게 시각화할 수 있다.[7]

친족 기반 제도는 (그것이 만들어내는 탄탄한 연결망 통해) '애시 순응 실험'(〈그림 1.3〉)에서 평가한 것과 같은 사람들의 순응 성향에 영향을 미칠까? 애시가 제시한 선분 길이 판단 문제에서 다양한 나라의 대학생들은 선분 길이에 대한 자신의 판단에 근거해서 객관적으로 옳은 답을 공개적으로 내놓을지, 아니면 바로 앞에 응답한 사람들이 표명한 틀린 견해에 순응할지 결정해야 했다. 앞에 응답한 사람들은 실제로 실험자와 같은 편으로, 참가자 행세를 하면서 중요한 몇 차례의 시험에서 똑같이

잘못된 답을 말하기로 했다는 사실을 상기해보자. 〈그림 6.3〉은 애시 순응 실험에서 나타난 순응 성향을 각각 친족 집중도 지수와 사촌 간 결혼 비율과 비교하여 나타낸 것이다.

데이터를 보면 알 수 있듯이, 친족 기반 제도가 약한 사회의 학생들이 동료들과 공개적으로 반대되는 모습을 보이면서 정답을 말하는 경향이 강하다는 것을 알 수 있다. 다시 말해, 그들은 순응하지 않는다. 사람들이 오답에 순응하는 성향은 친족 기반 제도가 약한 사회의 약 20퍼센트에서 친족 관계가 가장 집약적인 사회의 약 40~50퍼센트까지 다양하다. 특히 사촌 간 결혼(〈그림 6.3B〉)의 경우에 우리는 11개국의 데이터만 갖고 있으며 가장 순응적인 인구 집단의 데이터(〈그림 6.3A〉)가 없다. 이렇게 표본이 불완전함에도 불구하고 여전히 강한 상관관계가 드러난다.

'애시 순응'과 '탄탄함'에 관한 데이터의 문제점은 대상이 되는 나라의 수가 적다는 것이다. 더 광범위한 인간 집단을 살펴보기 위해 전 세계적 조사인 '세계 가치관 조사World Values Survey'에 포함되었던 전통을 고수하는 태도와 복종의 중요성에 관한 두 가지 질문을 살펴보자. 첫 번째 질문에서는 사람들에게 자신이 다음의 진술에 묘사된 사람과 얼마나 비슷한지를 1~7의 척도로 답하도록 했다. "전통은 A에게 중요하다. A는 자기 종교나 가족에서 전해 내려오는 관습을 따르려고 노력한다." 두 번째 질문은 각 나라에서 어린이에게 '복종'을 가르치는 게 중요하다고 생각하는 사람의 비율을 나타낸다. 데이터를 보면, 친족 집중도 지수가 높거나 사촌 간 결혼 비율이 더 높은 나라들이 평균적으로 전통을 더 강하게 고수하고 어린이에게 복종을 가르치는 것을 더 중요시한다는 것을 알 수 있는데, 둘 사이의 상관계수는 0.23~0.52다(〈부록 그림 B.1〉). 그 효과는 상당한데, 예를 들어 조사 대상자의 다수(55퍼센트)가 어린이에게

'복종'이 중요하다고 말하는 요르단에서는 사촌 간 결혼 비율이 40퍼센트인 반면 어린이에게 복종을 강조하는 비율이 3분의 1 이하(31퍼센트)에 불과한 미국에서는 사촌 간 결혼 비율이 거의 0에 가깝다.[8]

순응적 행동, 권위에 대한 복종, 전통 고수 등을 뒷받침하는 정서적 토대에는 수치심과 죄책감이 포함될 가능성이 높다. 가령 '애시 순응 문제'에서 사람들은 공개적으로 동료들을 반박하면 수치심을 느끼거나 동료의 압력에 굴복해서 오답을 제시하는 것에 죄책감을 느낄 수 있다. 1장에서 우리는 개인주의 성향이 강한 나라의 사람들이 개인주의 성향이 약한 나라의 사람들에 비해 죄책감을 느끼는 경우가 더 많다는 사실을 살펴보았다. 벤저민 엥크는 이 데이터를 다시 분석하면서 각 참가자에 대해 죄책감과 흡사한 경험의 수치에서 수치심과 흡사한 경험의 수치를 뺐다. 그는 한 나라에서 친족 기반 제도가 더 집약적일수록 사람들이 죄책감과 흡사한 경험보다 수치심과 흡사한 경험을 더 많이 한다고 보고한다는 사실을 발견했다. 이와 대조적으로, 친족 관계가 약한 사회의 사람들은 죄책감과 흡사한 경험은 많이 하지만 수치심과 흡사한 경험은 거의 하지 않는 것으로 나타났다. 죄책감은 집약적 친족 관계가 부재한 사회에서 주요한 정서 통제 기제인 것으로 보인다.[9]

수치심과 죄책감에 관한 데이터는 대학생들이 직접 보고한 내용에 근거한 것으로, 이 인구 집단들의 대다수 사람이 실제로 느끼는 (말 없는) 정서적 경험을 포착하지 못할 수 있다. 이 문제를 다루기 위해 벤저민은 '수치심'과 '죄책감'이라는 단어가 포함된 구글 검색에 근거한 데이터를 분석했다. 구글 검색 결과를 연구하면 다른 방식보다 더 광범위한 사람들의 데이터를 집계할 수 있지만, 다만 얼마나 광범위한지 정확히 알지는 못한다. 게다가 온라인 환경 때문에 사람들은 남들에게 감시받는다는 걱정을 하지 않는 듯하다. 실제로는 인터넷에서 하는 모든 일이

로그에 남는데도 말이다. 이전의 연구를 보면, 사람들이 '곰 인형하고 섹스하는 법'에 관한 질문에서부터 자신의 성기 모양이나 성기 냄새에 관한 걱정에 이르기까지 구글에 어떤 질문이든 던지는 것을 알 수 있다.

이런 사실을 바탕으로 벤저민은 9개 언어의 '죄책감'과 '수치심'에 해당하는 단어를 이용해서 과거 5년 동안 56개국에서 구글 검색 빈도에 관한 데이터를 수집했다. 벤저민의 분석은 나라는 달라도 같은 언어로 검색하는 사람만 비교함으로써 집약적 친족 기반 제도가 강한 나라의 사람들이 집약적 친족 기반 제도가 약한 나라에 사는 사람들에 비해 '죄책감'보다 '수치심'을 더 많이 검색했음을 보여준다(〈부록 그림 B.2〉). 요컨대 가족 간의 유대가 약한 사회는 죄책감에 시달리지만 수치심은 거의 느끼지 않는다.[10]

이제 개인주의 복합체의 몇 가지 요소를 한데 모으면서 〈그림 1.2〉의 지도에 표시한 호프스테더의 유명한 개인주의 측정치를 다시 살펴보자. 이 포괄적인 개인주의 측정치가 개인적 발전, 성취 지향, 독립성, 가족 유대에 관한 질문을 통합한 것이라는 점을 다시 한 번 생각해보자. 〈그림 6.4〉를 보면, 집약적 친족 기반 제도가 약한 나라가 개인주의 성향이 강하다는 것을 알 수 있다. 친족 관계의 힘과 관련하여 사촌 간 결혼 비율을 40퍼센트에서 0으로 끌어내릴 때 개인주의 점수가 40점 올라간다는 것을 생각해보자(이를테면 인도에서 미국으로 가는 셈이다).

〈그림 6.4A〉에서 친족 집중도 지수가 높은 나라들은 항상 개인주의 점수가 낮지만, 친족 집중도 지수가 낮은 나라들은 개인주의 범위 전체에 걸쳐 있음에 주목해야 한다. 친족 집중도 지수가 낮고 개인주의도 낮은 나라들은 대부분 라틴아메리카에 있다. 이는 집약적 친족 관계가 해체되면 완전한 개인주의 복합체가 발전하기 시작하지만, 개인주의를 정말로 끌어올리려면 다른 제도들이 (아마 다른 요인들도) 필요하다는 것

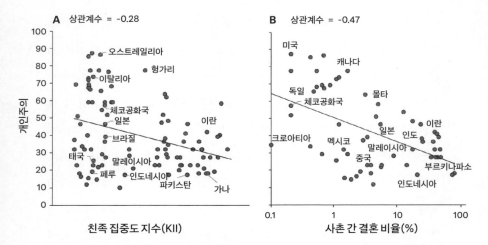

A 상관계수 = -0.28

오스트레일리아
헝가리
이탈리아
체코공화국
일본
이란
브라질
태국
말레이시아
페루 인도네시아
파키스탄 가나

개인주의

친족 집중도 지수(KII)

B 상관계수 = -0.47

미국
캐나다
독일
체코공화국
몰타
크로아티아
멕시코
일본 이란
인도
말레이시아
중국
부르키나파소
인도네시아

사촌 간 결혼 비율(%)

〈그림 6.4〉 개인주의와 (A) 친족 집중도 지수(98개국) 및 (B) 사촌 간 결혼 비율(57개국) 사이의 관계
이 포괄적인 개인주의 측정치는 세계 각지의 IBM 직원과 일반인에 관한 연구에서 나온 것이다. 사촌 간 결혼은 로그 스케일로 표시했다.

을 의미한다. 9장부터 이런 추가적인 요인들 몇 가지를 탐구할 것이다.[11]

지금까지 살펴본 심리와 친족 집중도 사이의 연관성은 나의 주장을 바탕으로 예측할 수 있는 것과 정확히 일치한다. 하지만 나라를 비교한 데이터에서 나타나는 이런 간단한 상관관계는 회의적인 시각으로 보아야 한다. 우선 이런 상관관계가 오해일 수 있다는 우려를 조금씩 없애기 위해 우리 연구팀은 개인주의, 전통 고수, 복종 같은 결과에 대해 구할 수 있는 더 큰 표본을 활용했다. 우리는 잠재적인 교란 요인들, 다시 말해 사람들을 더 순응하게 만드는 동시에 친족 관계를 강화함으로써 상관관계를 만들어낼 수 있는 변수들을 통계적으로 통제하고자 했다. 이전의 연구를 바탕으로 우리는 10여 가지 상이한 통제 변수가 미치는 영향을 연구했다. 지리, 생태, 농업 생산성 등의 차이를 다루기 위해 지형의 험한 정도, 항행 가능한 수로까지의 거리, 농업 생산성, 관개, 질병 유행, 위도, 농경을 받아들인 시점 등의 측정치를 고려했다.

종교가 실제적 추동 요인이었을 가능성을 다루기 위해서 독실함의 정도를 통제하고 주요 종교 교파만 서로 비교했다. 가령 같은 가톨릭 국가끼리만 비교한 것이다. 물론 앞으로 살펴볼 자료에서 알 수 있듯이, 교회는 실제로 친족 집중도에 주요한 영향을 미쳤다. 그럼에도 불구하고 각 종교의 내부만 들여다보며 종교에 대한 독실함의 정도가 비슷한 나라들을 비교할 때에도 여전히 친족 집중도의 영향을 탐지할 수 있다. 이 점에 관해서는 앞으로 좀 더 이야기하겠지만, 전반적으로 이 장에서 살펴볼 단순한 상관관계는 대부분 이런 통제 변수들을 통계적으로 상수로 두더라도 여전히 유효하다. 그리고 다음 장에서는 유럽, 중국, 인도 내의 변이 분석을 통해 이런 관계의 성격을 한층 더 분명하게 살펴볼 것이다.

▌내집단과 외집단에 대한 신뢰도

첫 번째 서기 밀레니엄이 시작될 무렵, 구세계 곳곳에서 보편 종교들이 등장했다. 그 시기에 이 종교들은 다양한 수준의 윤리 규범, 사후 세계에 대한 동기, 자유의지 개념, 그리고 일정 정도의 도덕적 보편주의 등을 갖추고 있었다. 하지만 사람들의 행동에 영향을 미치는 능력은 제한되었다. 대중과 엘리트 양쪽 모두 여전히 집약적 친족 기반 제도에 완전히 묻힌 채 그것에 의존했기 때문이다. 이런 탄탄한 친족 연결망은 사람들에게 정체성에 대한 감각과 강한 충성심을 불어넣는데, 흔히 보편 종교보다 더 중요하게 작동했다. 이런 개인적 충성도의 위계를 가장 잘 보여주는 사례는 파키스탄의 파슈툰족 정치인 왈리 칸Wali Khan이다. 1972년 국가가 불안하던 시기에 한 인터뷰에서 칸은 자신의 개인적 정체성과 첫 번째로 충성하는 대상에 대한 질문에 대해 이렇게 대답했다. "나는 6,000년 동안 파슈툰족이었고, 1,300년 동안 무슬림이었으며,

25년 동안 파키스탄 사람입니다.”[12]

파슈툰족은 분절적 혈족 사회이다. 따라서 칸이 한 말은 자신의 혈족이 이슬람이나 파키스탄보다 한참 앞선다는 것을 의미한다. 실제로 그가 제시한 시기를 보면, 그는 자신의 혈족이 보편 종교인 이슬람보다 4~5배 중요하고, 그의 조국인 파키스탄보다 240배 더 중요하다고 말한 셈이다. 그가 말한 “나는 6000년 동안 파슈툰족이었습니다”라는 시적 구절 또한 주목할 만하다. 칸은 인터뷰 당시 겨우 50세였기 때문에 그는 6000년을 거슬러 올라가 계속 이어지는 존재의 연쇄에 자신도 포함되어 있다고 보는 게 분명하다.

칸의 발언은 3장에서 내가 제시한 주장을 뒷받침한다. 씨족을 비롯한 집약적 친족 집단은 내집단 간의 유대, 탄탄한 관계를 맺은 범위 안에서의 강한 협동, 세대를 뛰어넘어 지속되는 의무 등을 촉진하는 규범과 믿음을 갖고 있다. 친족 기반 제도의 많은 특징은 개인적 관계의 그물망을 통한 상호연결과 자신이 속한 연결망에 대한 내집단의 강력한 충성심에 의존하는 신뢰 감각을 장려한다. 사람들은 자신과 연결된 사람들에게 크게 의존하는 한편 연결되지 않은 사람들을 두려워한다. 따라서 집약적 친족 관계는 내집단과 외집단을 뚜렷하게 구분하는 동시에 낯선 사람에 대한 전반적인 불신을 키운다.[13]

이런 제도적 차이에 비춰볼 때, 우리는 집약적 친족 관계가 강한 공동체에 속한 사람들이 내집단과 다른 모든 사람을 더 뚜렷하게 구분하며, 그 결과 낯선 사람이나 자신의 관계 연결망 바깥에 있는 모든 사람을 전반적으로 불신한다고 예측할 수 있다. 이를 평가하기 위해 우리는 사람들에게 (1) 자기 가족 (2) 이웃 (3) 아는 사람 (4) 처음 만난 사람 (5) 외국인 (6) 다른 종교 신자를 각각 얼마나 신뢰하는지 묻는 세계 조사의 여섯 가지 질문을 통합하는 경제학의 접근법을 사용했다. 우리는 이 데

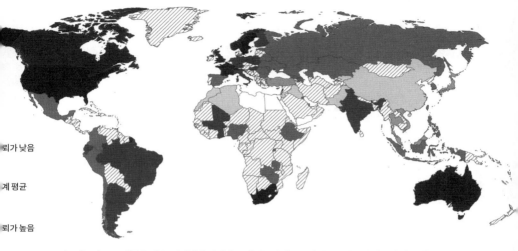

〈그림 6.5〉 75개국을 아우르는 '세계 가치관 조사'의 6개 질문을 바탕으로 작성한 외집단 신뢰 지도
진한 색일수록 자기 가족, 이웃, 아는 사람에 비해 낯선 사람, 외국인, 다른 종교 신자에 대한 불신
이 약하다. 빗금 친 부분은 데이터가 없는 지역이다.

이터를 이용해서 가족, 이웃, 아는 사람에 관한 앞의 세 질문에 대한 응답의 평균을 구해서 내집단에 대한 신뢰도 측정치를 만들었다. 그다음으로 처음 만난 사람, 외국인, 다른 종교 신자에 관한 응답의 평균을 구해서 외집단 신뢰도 측정치를 만들었다. 외집단에 대한 신뢰도 측정치에서 내집단 신뢰도 측정치를 뺀 수치를 나는 '내-외집단 신뢰도Out-In-Group Trust'라고 칭한다. 〈그림 6.5〉에서 지도로 그린 '내-외집단 신뢰도'는 여러 조사를 바탕으로 나온 최선의 비개인적 신뢰도 측정치를 나타낸다. 정확히 말하면, '내-외집단 신뢰도'의 실제 값은 대체로 마이너스다. 이는 모든 사람이 자기 가족, 이웃, 아는 사람을 낯선 사람, 외국인 등보다 더 신뢰한다는 의미다. 하지만 일부 지역에서는 다른 지역에 비해 낯선 사람을 가족이나 친구보다 더 가깝게 대한다. 유감스럽게도, 이번에도 역시 아프리카 대부분 지역과 중동의 많은 지역에 대한 데이터가 부족하다. 따라서 세계적 변이의 스펙트럼 전체를 확실히 포착할 수는

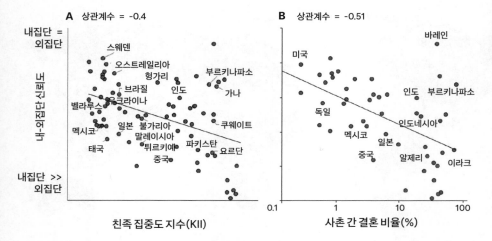

A   상관계수 = -0.4

내집단 =
외집단

외집단 신뢰도

내집단 >>
외집단

스웨덴
오스트레일리아
헝가리
브라질
벨라루스
크라이나
멕시코
태국
일본 불가리아
말레이시아
튀르키예
중국

부르키나파소
인도
가나
쿠웨이트
파키스탄
요르단

친족 집중도 지수(KII)

B   상관계수 = -0.51

바레인
미국
인도   부르키나파소
독일
인도네시아
멕시코
일본
중국   알제리
이라크

0.1   1   10   100
사촌 간 결혼 비율(%)

⟨그림 6.6⟩ '내-외집단 신뢰도'(비개인적 신뢰)와 (A) 친족 집중도 지수(75개국) 및 (B) 사촌 간 결혼 비율
(44개국) 사이의 관계

그림을 보면, 친족 집중도 지수나 사촌 간 결혼 비율이 높은 나라일수록 내집단 성원(가족, 이웃,
아는 사람)에 비해 외집단 성원(처음 만난 사람, 외국인, 다른 종교 신자)을 상당히 덜 신뢰한다. 사
촌 간 결혼은 로그 스케일로 표시했다.[14]

없었다.

한 나라의 친족 집중도 지수나 사촌 간 결혼 비율이 높을수록 사람들
은 낯선 사람, 처음 만난 사람, 다른 종교 신자를 더 불신한다(⟨그림 6.6⟩).
이런 관계는 사촌 간 결혼 비율과의 사이에서 특히 강하게 나타난다. 따
라서 당신의 비개인적 신뢰도는 사촌 간 결혼 비율이 가장 낮은 미국과
가장 높은 이라크 사이의 어딘가에 해당한다. 앞에서 살펴본 개인주의
측정치와 마찬가지로, 생태, 기후, 지리적 요인뿐만 아니라 종교나 국가
의 부와 관련된 요인의 영향을 통계적 상수로 둔 후에도 이 관계가 유지
된다.

이를 좀 더 깊이 있게 탐구하기 위해 원래 다른 나라 출신이지만 현
재 같은 나라에 살고 있는 개인들의 '내-외집단 신뢰도'를 비교하는 좋
은 방법이 있다. 벤저민은 이 세계 조사에서 2만 1,734명의 1세대 이민

자를 뽑아냈다. 그다음 그들이 밝힌 종족을 이용해서 각 이민자를 '민족지 도해'에 있는 종족언어 집단의 친족 집중도 지수와 연결했고, 〈그림 6.6〉과 같은 결과가 나왔다. 같은 나라에 살고 있는 이민자들이 만약 원래 집약적 친족 관계가 약한 인구 집단 출신이라면, 자기 가족, 이웃, 지인에 비해 낯선 사람, 외국인, 다른 종교 신자에 대해 더 높은 수준의 신뢰를 보여준다. 이런 관계는 이민자들 사이의 경제적 또는 인구학적 차이에 비롯된 것이 아니다. 소득과 교육의 개인적 차이를 통계적으로 상수로 두더라도 이 관계가 유지되기 때문이다.[15]

┃ 보편주의 vs. 내집단에 대한 충성도

집약적 친족 기반 제도는 공정한 원칙에 중점을 두기보다 내집단에 대한 충성도에 근거한 도덕적 동기와 기준을 가지고 사람들을 판단한다. 이를 살펴보기 위해 (〈그림 1.6〉의 지도에서 살펴본) 탑승자의 딜레마에서 시작해보자. 이 연구는 세계 각지의 기업 경영자들에게 난폭운전을 한 친구가 실형을 받는 것을 면하도록 돕기 위해 법정에서 허위 증언을 할 생각이 있느냐고 물었다. 관계에 얽매이지 않는 도덕을 암시하는 보편주의적 응답에서 사람들은 허위 증언을 하려고 하지 않았고 친구가 자기에게 거짓말을 해달라고 요청하는 것은 잘못된 일이라고 생각했다. 다른 답의 경우에는 거짓말을 하겠다고 말하면서 친구가 요청하는 것도 괜찮다고 생각했다. 이 답을 **특수주의적** 또는 **관계적 응답**이라고 지칭할 텐데, 이는 내집단에 대한 충성도와 관련된 것이기도 하다.

〈그림 6.7〉을 보면, 한 나라에서 사촌 간 결혼 비율이 높을수록 경영자들이 법정에서 더 기꺼이 허위 증언을 한다는 것을 알 수 있다. 사촌 간 결혼 비율이 10퍼센트에서 0에 가깝게 줄어들면 친구를 도와주지 않겠다는 기업 경영자의 비율이 60퍼센트 이하에서 약 90퍼센트로 늘어

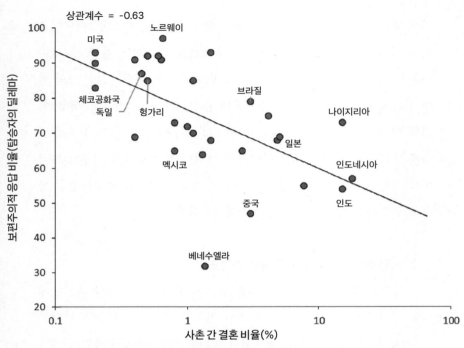

상관계수 = -0.63

〈그림 6.7〉 **탑승자의 딜레마에 대한 보편주의적 응답 비율로 포착되는 보편주의와 사촌 간 결혼**
사촌 간 결혼은 로그 스케일로 표시했다.[16]

난다. 여기서 짝을 이루는 친족 집중도 지수는 제외했는데, 이 작은 표
본에서는 친족 집중도 지수의 변이가 거의 없는 탓에 살펴볼 게 많지 않
기 때문이다.

　세계경제포럼World Economic Forum에서 가져온 데이터는 이 결과를 보
완하면서 친족 기반 제도가 강한 나라의 중역들이 고위 관리직에 친척
을 더 많이 고용한다는 사실을 보여준다. WEIRD는 이를 '족벌주의'라고
부르지만, 다른 이들은 '가족에 대한 충성'이라고 지칭하면서 믿을 만한
직원을 구하는 현명한 방법으로 간주한다.[17]

　경영자와 중역과 같은 엘리트 이외의 사람들에 대해 알아보기 위해
심리학자 존 하이트와 제시 그레이엄Jesse Graham이 도덕성의 차이를 연

구하려고 개발한 '도덕성 기반 설문Moral Foundations Questionnaire'을 사용해서 유어모랄스라는 사이트에서 수집한 데이터를 살펴보자. 존과 제시는 '도덕성 기반 설문'을 사용해서 그들이 '기반'이라고 이름 붙인 다섯 가지 주요한 기준으로 인간 도덕의 많은 부분을 포착할 수 있음을 보여준 바 있다. 그들이 제시한 다섯 가지 기반은 (1) 공정성(정의, 형평) (2) 해/배려(남에게 해를 끼치지 않음) (3) 내집단에 대한 충성도(자기 집단 돕기) (4) 권위 존중 (5) 신성함/정결(의례 준수, 깨끗함, 금기 등)에 대한 사람들의 관심을 포함한다.

벤저민은 206개국 28만 5,792명의 응답자로부터 온라인으로 수집한 '도덕성 기반 설문' 데이터를 이용해서 세 가지를 분석했다. 첫째, 그는 '우리는 가족 성원이 잘못된 일을 할 때에도 그에게 충성해야 한다' 같은 진술에 동의하는 정도를 표시하도록 함으로써 내집단에 대한 충성도를 조사했다. 그 결과를 보면, 친족 집중도 지수가 높은 나라의 사람들이 내집단에 대한 충성도에 도덕적 관심이 더 많음을 알 수 있다. 둘째, 벤저민은 공정성과 배려/해의 차원을 포함하는 도덕성의 두 보편적 차원에 관한 점수를 합쳐서 측정치를 조사한 다음 내집단에 대한 충성도와 권위 존중이라는 두 가지 부족적 차원의 점수를 뺐다. 여기서 요점은 친족 기반 제도가 내집단에 대한 충성도와 전통적 권위의 존중을 강화하는 한편 공정성뿐만 아니라 배려와 해 같은 보편적 또는 공정함의 개념을 억제한다는 것이다.

여기서 집약적 친족 관계가 강한 사람은 보편적 도덕에 상대적으로 관심을 기울이지 않고 내집단에 대한 충성도와 권위 존중에 더 초점을 맞추었다.[18] 마지막으로, 벤저민은 '도덕성 기반 설문'에 온라인으로 응답한 (거의 200여 개국 출신의) 이민자 2만 6,657명을 선별한 다음 개인마다 출신 국가의 친족 집중도 지수와 연결하여 현재 같은 나라에 살고 있으며 같은 정부, 경찰, 안전망 속에서 살고 있는 사람들과 비교했다. 이 분석을 통해 앞에서 살펴본 국가 간의 비교 결과를 다시 한 번 확인할 수 있는데, 같은 나라에 살고 있더라도 집약적 친족 관계가 강한 나라 출신 사람들은 계속해서 내집단에 대한 충성도에 더 많은 관심을 기울이고 관계와 무관한 도덕성에는 별로 관심이 없었다.[19]

'도덕성 기반 설문'에서 나온 이 연구 결과는 전반적으로 우리가 탑승자의 딜레마와 족벌주의에 대한 조사를 이용해서 검토한 결과와 하나로 수렴되었다. 이런 결과로부터 하나의 그림이 나오는데, 이것은 단지 사람들이 도덕에 관해 어떻게 말하는지의 문제일 수 있다. 조사에서 표면적으로 드러나는 심리적 차이가 돈과 피 같은 소중한 것이 문제가 될 때에도 유효한지 알아볼 필요가 있다.

┃ 헌혈과 주차 위반의 상관관계

경제학 연구실에 들어가자마자 친절한 학생 조교가 당신을 맞이하면서 혼자만 있는 칸막이 방으로 안내한다. 그곳에서 당신은 컴퓨터 단말기를 통해 20달러를 받고 낯선 사람 세 명과 한 그룹으로 묶인다. 그리고 네 명 모두 어떤 '그룹 프로젝트'에 0달러에서 20달러까지 일정한 금액을 자신의 마음대로 기부할 기회가 주어진다. 모든 사람이 기부 기회를 가진 후에 그룹 프로젝트에 모인 기부금이 50퍼센트 늘어나서 그룹 성원 네 명 모두에게 동등하게 분배된다. 참가자는 그룹 프로젝트에 기부하지 않은 나머지 돈을 가질 수 있기 때문에 프로젝트에 한 푼도 기부하지 않으면 항상 가장 많은 돈을 가질 수 있다. 하지만 사람들이 기부를 많이 해서 프로젝트에 기부된 금액이 늘어날수록 그룹 전체가 더 많은 돈을 갖게 된다. 당신의 그룹은 이 과정을 10회 반복하고 마지막에 수입 전액을 받는다. 매 회마다 다른 사람들이 익명으로 내는 기부 액수와 당신의 수입을 볼 수 있다. 만약 당신이 이 게임의 참가자라면 낯선 사람들로 이루어진 이 그룹과 첫 회를 진행할 때 얼마나 기부를 하겠는가?

이것은 공공재 게임Public Goods Game으로, 개인이 더 큰 공동체의 이익을 위해 행동하기로 결정할 때 직면하는 기본적인 경제적 트레이드오프(상쇄관계)trade-off를 포착하기 위해 고안된 실험이다. 투표, 헌혈, 군 입대, 범죄 신고, 도로교통법 준수, 세금 납부를 하는 사람이 많을수록 사회에 이익이 된다. 하지만 사람들은 투표를 하지 않고, 탈세를 하고, 군대를 기피하고, 속도 제한 표시를 무시한다. 이 경우 개인의 이익과 사회 전체의 이익이 충돌한다.[20]

처음 WEIRD 대학생들을 대상으로 공공재 게임을 진행했을 때 참가자들은 모든 사람이 합리적이고 이기적이라고 가정할 때 예상되는 것보다 훨씬 많은 돈을 기부했다. 다시 말해, 게임이론의 표준적인 예상이나 호모 에코노미쿠스Homo economicus(경제적 인간)로서의 예상은 사람들의 협동 성향을 크게 과소평가한 셈이다. 이것은 핵심적인 통찰이었지만, 대학생을 대상으로 한 연구 결과를 인간 종 전체로 신속하게 일반화하자 문제가 발생했다(사람들이 기억할 만한 명칭을 만들기 위해 호모 에코노미쿠스를 '호혜적 인간'이라는 의미의 호모 레시프로칸스Homo reciprocans로 바꾸었다).[21]

충분히 예상할 수 있는 것처럼, WEIRD 대학생들의 행동은 일반적인 관점에서 볼 때 특히 이례적인 것으로 밝혀졌다. 2008년 베네딕트 헤르만Benedikt Herrmann, 크리스티안 퇴니Christian Thöni, 지몬 객터Simon Gächter는 전 세계 16개 도시의 대학생을 대상으로 공공재 게임을 진행했다. 모든 도시에서 참가자들은 (내용을 적절하게 번역한) 똑같은 컴퓨터 화면을 보면서 나라별 '구매력'에 맞는 같은 액수의 돈을 가지고 익명으로 결정

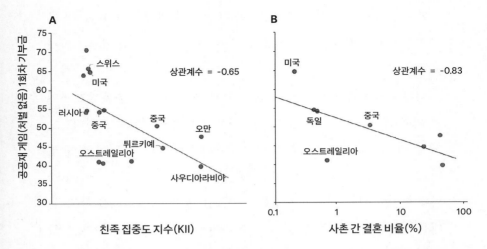

〈그림 6.8〉 **공공재 게임 1회차 평균 기부금(백분율)과 (A) 친족 집중도 지수 및 (B) 사촌 간 결혼 비율 사이의 관계**
집약적 친족 관계가 강한 나라들이 1회차에서 협동을 더 적게 한다. 사촌 간 결혼은 로그 스케일로 표시했다.

을 했다. 각기 다른 도시에서 본질적으로 동일한 상황과 금전적 동기를 만들어냈는데도 불구하고 낯선 사람과 익명으로 협동하려는 사람들의 의향에서 상당한 변이가 발견되었다.

〈그림 6.8〉은 이 공공재 게임 데이터를 사용해서 집약적 친족 기반 제도가 강한 사회가 평균적으로 1회차에서 그룹 프로젝트에 기부를 적게 한다는 것을 보여주고 있다. 나는 사람들이 처음에 낸 기부금을 보고 싶었다. 참가자들이 다른 이들이 어떻게 하는지를 보지 못한 채 결정을 내리기 때문이다. 수직 축은 각 나라에서 참가들이 낸 기부금의 백분율로, 평균 기부금을 보여준다(100퍼센트는 돈을 전부 기부한 것이다). 친족 집중도 지수와 사촌 간 결혼 모두에 대해 친족 집중도를 최저값에서 최고값으로 올리면 사람들이 처음에 협동하는 기부금이 약 57퍼센트에서 40퍼센트 가까이로 감소한다. 이런 차이가 특별히 커 보이지 않을 수도

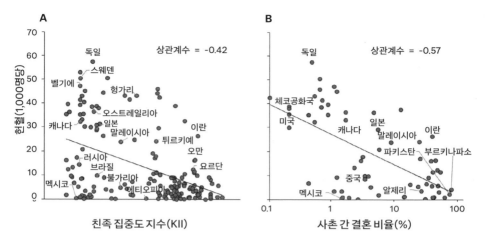

〈그림 6.9〉 (A) 1,000명당 연간 자발적 헌혈 회수(2011~2013)와 친족 집중도 지수 및 (B) 사촌 간 결혼 비율 사이의 관계
사촌 간 결혼은 로그 스케일로 표시했다.

있지만, 특히 참가자들이 서로를 처벌하는 기회가 있을 때는 몇 회 동안 상호작용을 하면서 차이가 훨씬 커지고 증가할 것으로 예상할 수 있다.[22]

이제 꼼꼼하게 통제된 연구실의 경제 게임에서 현실 세계의 공공재인 헌혈로 관심을 돌려보자. 헌혈은 고전적인 공공재를 대표한다. 자발적이고, 비용이 많이 들며, 익명으로 이루어지고, 낯선 사람에게 도움을 주는 것이기 때문이다. 우리가 언제 갑자기 수혈을 필요로 할지 절대 알지 못하므로 모든 사람이 잠재적으로 비축량이 풍부한 혈액은행의 혜택을 입는다. 하지만 헌혈은 시간과 에너지, 고통의 면에서 비용이 많이 들기 때문에 개인이 헌혈을 하지 않다가 나중에 본인이나 가족이 다치거나 병 들어서 피가 필요해지면 다른 사람들의 헌혈에 무임승차하기가 쉽다. 헌혈을 검토하기 위해 우리 연구팀은 2011~2013년 동안 무상으로 자발적으로 이루어진 헌혈에 관한 세계보건기구WHO의 데이터를

이용했다. 그런 다음 141개국을 대상으로 1,000명당 헌혈 회수를 계산했다.[23]

〈그림 6.9〉를 보면 집약적인 친족 관계를 가진 나라의 사람들은 좀처럼 익명으로 자발적인 헌혈을 하지 않음을 알 수 있다. 실제로 가족 유대가 약한 나라의 사람들은 1,000명당 (연간) 25회 헌혈을 하는 반면, 친족 집중도 지수가 가장 높은 나라에서는 낯선 사람에게 거의 또는 전혀 헌혈하지 않았다. 마찬가지로, 사촌 간 결혼 비율이 낮은 나라는 1,000명당 약 40회 헌혈을 하는 반면, 사촌 간 결혼 비율이 높은 나라는 헌혈을 거의 하지 않았다. 특히 이 결과는 앞에서 이야기한 지리, 생태, 종교적 변수와 무관하게 유효하다.[24]

〈그림 6.9A〉를 보면, 〈그림 6.4〉에서 개인주의에 관해 드러난 것과 비슷한 양상을 볼 수 있다. 집약적 친족 관계는 매우 낮은 헌혈 빈도와 강한 연관성이 있지만, 가족 간의 유대가 약하다고 해서 헌혈 비율이 높은 것은 아니다. 즉 집약적 친족 관계가 없는 사회들은 상당한 변이를 보여준다. 따라서 집약적이지 않은 친족 관계는 (헌혈과 관련된) 보편 도덕에 뿌리를 두는 비개인적 규범의 가능성을 보여주지만, 약한 친족만으로는 그 가능성이 현실로 드러나지 않는다.

부르키나파소나 중국 같은 곳에서 사람들이 헌혈을 많이 하지 않는 경제적 혹은 그밖의 비심리적 이유를 생각해내기는 어렵지 않지만, 분명한 것은 이런 헌혈 양상이 (비심리적 설명이 대부분 적용되지 않는) 공공재 게임의 기부에서 나타나는 양상과 유사하다는 것이다. 공공재 게임에서는 모든 사람이 교육을 통해 충분히 상황을 이해하고, 동일한 금전적 유인에 직면하며, 편리하게 기부할 수 있는 기회가 주어진다. 하지만 연구실에서 낯선 사람이 포함된 공공재에 기부하는 사람들의 경향은 친족 집중도와 강한 부정적 상관관계가 있었다. 다시 말해, 현실 세계에

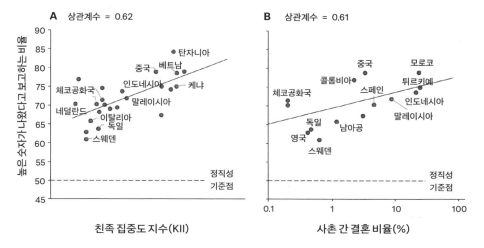

〈그림 6.10〉 비개인적 정직성 게임에서 높은 숫자(3, 4, 5)가 나왔다고 보고하는 비율과 (A) 친족 집중도
지수 및 (B) 사촌 간 결혼 비율의 관계
아래쪽에 있는 수평 점선은 정직성 기준점으로, 모든 사람이 주사위를 던진 결과를 정확하게 보고
할 때 기대할 수 있는 높은 숫자 보고 비율이다. 사촌 간 결혼은 로그 스케일로 표시했다.

서 익명으로 이루어지는 헌혈에서 관찰되는 것과 똑같은 양상이 나타
난 것이다.

　　많은 공공재 상황은 '진정한 협동'처럼 느껴지지 않는다. 사람들이 기
부를 하지 않는다고 해서 어느 누구도 직접 영향을 받는 게 아니기 때문
이다. 예를 들어, 사람들이 회사 복사실에서 인쇄용지를 슬쩍 챙기거나,
소화전 앞에 차를 세우고 급하게 약국에 들어가거나, 세금 신고를 속이
거나, 개인 영수증을 업무 비용으로 제출할 때, 어느 누구도 공공연하게
피해를 입지는 않는다. 다만 사업체와 공공의 안전이 집합적으로 피해
를 입을 뿐이다. 이런 상황을 연구실에 적용하기 위해 1장에서 언급했
던 비개인적 정직성 게임으로 돌아가보자. 참가자들은 주사위를 던져
서 각자 보고하는 결과에 비례해서 현금을 받는다. 1이 나오면 가장 적
은 액수를, 5가 나오면 가장 많은 액수를 받고 6이 나오면 한 푼도 받지

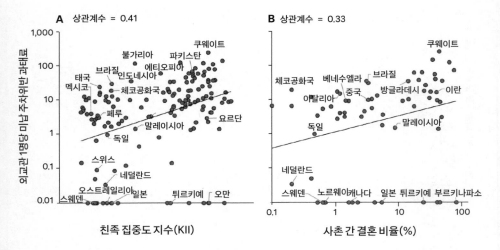

A 상관계수 = 0.41

불가리아
쿠웨이트
파키스탄
에티오피아
브라질
태국 인도네시아
멕시코
체코공화국
페루
말레이시아
요르단
독일
스위스
네덜란드
오스트레일리아 일본
스웨덴 튀르키예 오만

친족 집중도 지수(KII)

B 상관계수 = 0.33

쿠웨이트
체코공화국 베네수엘라 브라질
이탈리아 중국 방글라데시 이란
독일 말레이시아
네덜란드
스웨덴 노르웨이캐나다 일본 튀르키예 부르키나파소

사촌 간 결혼 비율(%)

〈그림 6.11〉 **나라별 외교관 주차 위반 과태료 미납 건수와 해당 나라의 (A) 친족 집중도 지수 및 (B) 사촌 간 결혼 비율의 관계**
세로축과 사촌 간 결혼 비율 모두 로그 스케일로 표시했다.

못한다. 이 데이터를 분석한 〈그림 6.10〉을 보면, 집약적 친족 기반 제도가 강한 나라의 대학생이 높은 숫자가 나왔다고 보고하는 경우가 훨씬 많음을 알 수 있다. 추세선을 따라가보면, 높은 숫자가 나왔다고 보고한 비율은 집약적 친족 관계가 없는 인구 집단의 약 65퍼센트에서 집약적 친족 관계를 가진 나라의 평균 80퍼센트 가까이 차이가 난다.

비개인적 정직성 게임은 사람들이 공평한 규칙을 따르거나 직접적인 개인적 이익을 위해 규칙을 어길 수 있는 현실의 상황을 반영한다. 나는 1장에서 뉴욕의 유엔 본부에서 근무하는 세계 각국의 외교관에게 주차 위반에 대한 면책특권을 부여함으로써 나타난 현상을 통해 현실 세계에서 발생하는 이 딜레마를 설명했다. 상습적 주차 위반자는 좁은 도로와 진입로, 소화전을 막아서 개인적으로 시간과 금전상의 이익을 보는 동시에 나머지 사람(낯선 사람)들을 불편하게 만들고 때로는 위험에 빠뜨린다. 외교관 본국의 친족 집중도로 주차 행동을 설명할 수 있을까?

실제로 친족 기반 제도가 강한 나라의 외교관들이 친족 기반 제도가 약한 나라의 외교관들보다 미납 주차 위반 과태료가 훨씬 많았다(〈그림 6.11〉). 실제로 친족 집중도 지수나 사촌 간 결혼을 이용해서 보면, 가족 유대가 약한 나라들은 외교관 한 명당 평균 2.5장의 주차 위반 딱지를 받은 반면, 친족 기반 제도가 강한 나라의 외교관들은 한 명당 10~20장의 주차위반 딱지를 받았다. 따라서 미납 주차 위반 과태료가 5~10배 많았다.[25]

┃ 제3자의 처벌과 보복을 위한 행동

우리가 아는 모든 사회는 사회 규범을 유지하기 위해 일정한 형태의 제재에 의존한다. 친족 기반 제도에서는 규범 위반자가 대개 자기 가족 성원이나 씨족 연장자 같은 전통적 권위자에 의해 처벌을 받는다. 예를 들어 많은 씨족 공동체에서 만약 젊은 남자가 다른 마을에서 도둑질을 하거나 젊은 여자가 거듭 부적절한 옷을 입으면, 큰아버지에게 벌로 매를 맞을 수 있다. 씨족은 흔히 잘못된 행동을 하는 성원을 처벌하는 식으로 자신들의 집단적 평판을 지킨다. 형과 삼촌들은 엇나간 행동을 하는 아랫사람을 때릴 뿐만 아니라 눈에 띄는 표시까지 남겨 씨족의 다른 성원들에게 잘못된 행동에 대한 처벌이 이루어졌음을 분명하게 한다. 하지만 다른 씨족의 성원이 도둑질이나 적절하지 않은 옷차림에 대해 소리를 지르면, 그것은 폭력 사태로 이어질 수도 있다. 한 씨족의 성원을 외부에서 공격하거나 비판하는 것은 모든 성원을 모욕하는 일이 될 수 있기 때문이다. 이와 대조적으로, 친족 관계가 약한 사회에서는 낯선 사람들이 개인으로서 서로를 질책하고, 위반 행위를 지적하고, 심지어 필요하면 경찰에 신고를 할 수도 있다. 이런 사회에서는 규범을 위반한 사람의 확대 가족 전체에게 명예를 지키기 위한 보복을 당할 위험이 없다. 요컨대, 집약적 친족 관계가 없는 사회에 사는 개인은 보통 폭력을 행사하는 게 용납되지 않지만, 낯선 사람일지라도 언제든 규범 위반자를 훈계할 수 있다. 이것을 제3자의 **규범 집행**third-party norm enforcement이라고 부르자.

여기서 처벌의 유형에 차이가 있음에 주목하자. 집약적 친족 기반 사회에서는 자기 집단의 평판을 지키기 위해 그 성원을 처벌할 수 있으며, 또한 자기 집단에 대해 잘못된 행동을 한 다른 집단에게 보복을 할 수 있다. 하지만 낯선 사람들 사이의 상호작용에는 절대 개입하지 않으며, 낯선 사람이 자기 일에 간섭하면 화를 낼 것이다. 예를 들어, 어떤 낯선 사람이 다른 낯선 사람의 물건을 훔치는 것을 목격해도 절대 간섭하지 않는다. 앞에서 설명했듯이 그것은 집안들 사이에 앞서 일어난 모욕에 대한 앙갚음일 뿐이다. 이와 대조적으로, 가족 유대가 약한 사회에서는 보복 시도가 눈살을 찌푸리게하는 일이며 절대 명예나 신분의 원천이 되지 못한다. 하지만 경찰을 피해 도망치는 소매치기의 발을 걸어 넘어뜨리거나 전혀 알지 못하는 남자가 자신의 부인을 구타하는 것을 물리적으로 막는 일은 적절하고 심지어 존경할 만한 행동이라고 여겨진다. 낯선 사람이나 외집단 성원을 처벌하는 문제에 관한 한 우리는 제3자의 **규범 집행과 보복을 위한 행동**revenge-driven actions을 구별할 필요가 있다. 둘 다 각각의 문화적 환경에서는 존경할 만하고 도덕적인 행동이다.

앞에서 설명한 공공재 게임에서 헤르만, 퇴니, 객터는 처벌 동기에서 나타나는 이런 차이를 우연히 발견했다. 앞에서 설명한 실험 외에 세 사람은 다른 형태로도 실험을 했다. 참가자에게 자기 그룹의 다른 사람들을 처벌할 기회를 준 것이다. 이 실험에서는 참가자 모두가 특정한 회차에서 그룹에 기부금을 낸 뒤, 모든 사람이 남들이 기부한 액수를 (익명으로) 보고, 다른 참가자로부터 돈을 빼앗기 위해 돈을 낼 기회를 얻었다. 특히 실험자는 한 사람이 자기 돈에서 1달러를 낼 때마다 그 사람이 표적으로 지목한 참가자에게서 3달러를 빼앗았다.

WEIRD를 대상으로 이 실험을 할 때, 이런 처벌 기회는 협동에 강력한 효과를 발휘한다. 일부 WEIRD는 무임승차자를 처벌하며, 그러면 기부를 조금 한 사람은 기부를 늘리는 식으로 대응한다. 회차가 거듭될수록 사람들의 처벌 의지 덕분에 기부금이 늘어나고 그와 함께 그룹 전체의 이득도 늘어난다. 장기적으로 이런 동료를 처벌할 수 있는 기회는 전반적인 이득의 향상으로 이어진다.[26]

하지만 중동이나 동유럽의 대학에서는 이런 일이 벌어지지 않는다. 실제로 이런 지역의 일부 참가자들은 기부를 적게 하는 사람을 처벌하기는 했다. 하지만 기부를 적게 해서 처벌받은 사람은 종종 이후 회차에서 보복을 했다. 자신을 처벌했다고 의심이 드는 기부를 많이 한 사람에게 반격을 해서 복수하려고 한 것이다. 물론 실험은 처벌이 익명으로 이루어지게 하여 이런 복수를 하기 어렵게 고안되었다. 하지만 이런 지역에서 기부를 적게 한 사람은 단념하지 않고 흥분해서 기부를 많이 한 사람들을 맹목적으로 공격하면서 이후 회차에서 그들을 처벌했다. 실제로 이런 현상은 세계 곳곳에서 흔한 일이지만, WEIRD 대학생들 사이에서는 워낙 드물어서 처음에는 인간 행동에 고유한 무작위성의 일부라고 인식되었다. 때로는 이런 보복 대응의 결과가 너무 강력해서 처벌 기회가 오히려 동료들이 서로를 감시하고 제재하게 만드는 협동 유도 효과를 완전히 억제한다.[27]

이런 두 가지 처벌 방식에 대한 사람들의 성향은 친족 집중도와 강한 연관성이 있다. 이런 양상을 분석하는 가장 쉬운 방법은 각 인구 집단에서 제3자의 규범 집행 총계, 즉 개인들이 자기보다 기부를 적게 한 사람

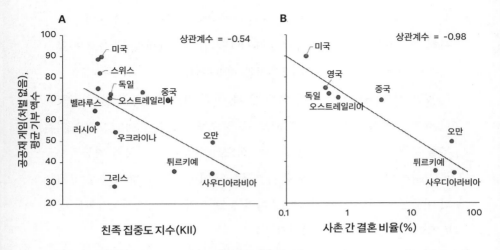

A

B

상관계수 = -0.54

상관계수 = -0.98

미국

미국

스위스

영국

독일

중국

독일

중국

벨라루스

오스트레일리아

오스트레일리아

러시아

오만

오만

우크라이나

튀르키예

튀르키예

그리스

사우디아라비아

사우디아라비아

친족 집중도 지수(KII)

사촌 간 결혼 비율(%)

〈그림 6.12〉 처벌이 있는 공공재 게임을 10회 진행했을 때 평균적인 협동적 기부와 (A) 친족 집중도 지
수 및 (B) 사촌 간 결혼 비율 사이의 관계
사촌 간 결혼은 로그 스케일로 표시했다.

을 처벌하는 총계를 뽑아낸 다음, 그것을 자기보다 기부를 많이 한 사
람을 처벌하는 보복적 처벌의 총계에서 빼면 된다. 예상한 것처럼, 친족
집중도가 높은 나라일수록 제3자의 규범 집행 총계에 비해 보복적 처벌
에 가담하는 사람이 더 많다.[28]

이런 처벌 동기의 차이는 상호작용이 거듭되면서 협동적 기부에서
훨씬 더 큰 차이를 만들어낸다. 한 나라의 친족 집중도 지수나 사촌 간
결혼 비율이 높을수록 10회에 걸친 공공재 게임에서 협동적 기부의 평
균 수준이 낮아진다(〈그림 6.12〉). 평균 기부는 사우디아라비아나 오만
같이 집약적 친족 관계가 가장 강한 나라의 약 40퍼센트부터 미국이나
스위스처럼 가족 간 유대가 약한 나라의 70~90퍼센트까지 다양하다.[29]

이 결과에는 심오한 교훈이 있다. 경제학자들은 공공재 게임에 동료
그룹의 성원을 처벌하는 선택지를 추가함으로써 인간들에게서 높은 수
준의 협동을 창출할 방법을 알아낼 것이라고 생각했다. 하지만 이런 '정

책적 해법'은 WEIRD 인구 집단에서만 최선의 결과를 가져왔다. 심리적으로 이 방법은 WEIRD의 동기와 기대, 세계관에 적합하기 때문이다. 이와 대조적으로, 다른 인구 집단들에서는 공공재 게임에 동료 처벌을 추가한 것이 재앙이었다. 심지어 연구실 실험에서도 보복의 순환을 야기했기 때문이다. 이 인구 집단에서는 이런 특정한 '정책적 해법'을 적용하지 않을 때 더 결과가 좋았다. 이 결과에서 얻을 수 있는 교훈은 단순하다. 정책 처방과 공식 제도는 해당 인구 집단의 문화적 심리에 적합해야 한다.

▎ 도덕적 판단과 의도의 중요성

집약적 친족 기반 제도는 모든 개인들을 공통된 정체성과 공동 소유, 집단적 수치심, 공동 책임의 그물망 안에 엮음으로써 공동체를 하나로 결속시킨다. 이 세계에서는 개인의 의도나 다른 정신적 상태를 조사하는 것이 적절하지 않고 심지어 역효과를 낼 수 있다. 사람들의 행동을 예측하는 경우에 많은 상황에서 사회 규범과 다른 사람의 지켜보는 눈에 의해 크게 제약을 받기 때문에 사람들의 개인적 믿음이나 의도를 직감하는 것은 별로 도움이 되지 못한다. 그 대신 사람들의 사회적 관계, 동맹자, 부채, 의무를 아는 게 더 낫다. 마찬가지로, 도덕이나 범죄와 관련된 판단을 할 때, 의도의 중요성은 관련된 당사자들 사이의 관계에 좌우된다. 극단적인 경우 한 씨족 성원이 다른 씨족 성원을 살해했을 때 그 의도는 처벌을 판단하는 데 부적절할 수 있다. 만약 당신이 다른 씨족의 성원을 살해한다면, 당신 씨족의 동료들이 피해자 씨족에게 보상금을 지불할 책임이 있을 테고, 이 보상금의 액수는 당신이 그 친구를 우발적으로, 이를테면 사슴을 쏘려던 화살이 빗나가 죽였는지, 또는 치밀하게 계획한 살인을 저지른 것인지와 아무 관계가 없다. 게다가 만약 당신 씨족이 정해진 보상금을 지불하지 않으면, 피해자 씨족이 모든 성원을 괘씸하게 여겨서 피해자의 의도와 상관없이 당신 씨족의 사람을 죽여서 복수를 하려고 할 것이다. 이와 달리 관계적 연결망의 결속 유대에서 벗어나면, 행위자의 의도와 목표, 믿음이 훨씬 더 중요해진다. 집약적 친족이 부과하는 제약이 없으면, 사람들의 의도를 비롯한 정신적 상태가 어떤 일을 한 이유나 장래에 어떤 일을 할지에 관해 훨씬 많은 이야기를 들려준다. 따라서 의도가 더 중요하며, 꼼꼼하게 의도를 파악해야 한다.[30]

1장에서 나는 인류학 연구팀이 세계 곳곳의 전통적 공동체에 사는 사람들에게 시장에서 다른 사람의 가방을 실수로 또는 의도적으로 가져가거나(절도) 마을 우물에 독을 타거나(살인 시도), 남을 때리거나(구타), 음식 금기를 어긴 사례를 제시한 연구에 관해 이야기했다. 우리는 '절도'를 판단하는 데서 사람의 의도가 갖는 중요성이 로스앤젤레스와 우크라이나에서 가장 높고, 파푸아뉴기니의 수르수룽가족과 피지의 야사와 섬에서는 0에 가까울 정도로 다양하다는 것을 보았다. 이런 판단은 그 행동이 얼마나 '좋거'나 '나쁜'지, 그 행동이 가해자의 평판을 얼마나 많이 해치는지, 가해자가 얼마나 많이 처벌받아야 하는지에 관한 사람들의 평가를 결합한 것이다. 우리는 실수로 그런 행동을 했을 때 가해자에게 부과된 판단에서 의도적으로 그 행동을 했을 때 가해자에게 부과된 판단을 뺐다.[31]

이제 다른 사람을 판단하는 데서 의도가 얼마나 중요한지에 관한 변이의 많은 부분을 설명할 수 있다. 연구 시점에서 친족 기반 제도가 강한 사회는 우리가 제시한 사례에서 도덕적 판단을 내리는 데 사람들의 의도에 상대적으로 별로 관심을 기울이지 않았다. 〈그림 6.13〉을 보면, 분주한 시장에서 무언가를 가져가는 사람(절도)을 판단할 때 의도의 중요성에

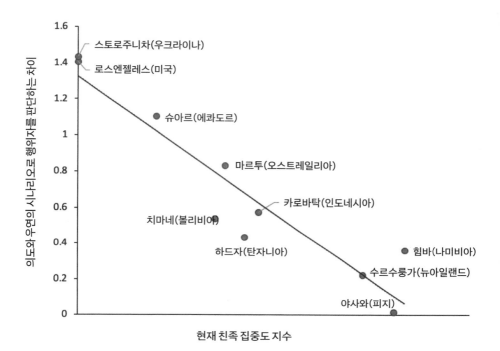

〈그림 6.13〉 '절도'를 판단할 때 의도의 중요성과 저자가 작성한 현대 친족 집중도 지수 사이의 관계
이 지수는 친족 집중도 지수에 맞게 정식화되었다. 친족 집중도 지수와 마찬가지로, 주로 민족지적
관찰에 근거한다. 친족 집중도 지수와 달리, 역사적 측정치가 아니라 현대의 관행을 포착한다.

대한 우리의 측정치와, 우리 연구팀의 인류학자들이 제공한 데이터를 이
용해서 최대한 '친족 집중도 지수'에 맞게 내가 만든 현대의 친족 집중도
측정치 사이의 관계를 알 수 있다. 이 지수는 가방을 가져간(절도) 가해자
를 판단할 때 의도를 고려하는 정도에서 사회별 변이의 90퍼센트 정도
를 포착한다. 특히 폭행과 살인 시도 같은 다른 영역에 대해서도 비슷한
관계가 나타난다. 정규 학교 교육의 개인적 차이나 현지 환경의 불확실
성을 고려하더라도 이런 양상은 유효하다.

앞에서 보여준 우리의 많은 연구에 등장하는 사업가나 온라인 조사
대상자, 대학생과 달리, 이 공동체들에서 사는 많은 사람들이 여전히 전

면적으로 작동하는 친족 기반 제도에 속해 있다는 사실을 고려하면, 이런 관계의 인상적인 힘은 별로 놀랍지 않다. 가령 피지의 야사와섬 사람들은 지금도 부계 씨족 안에 살면서 연장자에게 복종하고 사촌과 결혼하며 토지를 공동으로 관리한다.[32]

기독교 이전 유럽의 인구 집단들 역시 높은 수준의 친족 집중도에 걸맞게 죄책감이 아니라 수치심으로 규제되는 세계에 살면서 도덕적 판단에서 의도를 훨씬 가볍게 보았을 것이다. 스칸디나비아의 영웅 전설이나 야만 부족들의 초기 법전 같은 고대의 자료는 개인의 의도나 사적 죄책감 같은 내적인 정신 상태를 분명하게 언급하지 않으며, 수치심이나 '면목'을 사회 통제의 중심 감정으로 부각한다. 중세 교회는 유럽 부족들의 친족 기반 제도를 해체함으로써 사람들이 정신 상태를 근거로 다른 사람에 대해 도덕적, 법적으로 판단하는 것을 부추겼을 것이다. 나중에 이런 심리적 변화가 중세 성기를 시작으로 어떻게 서양 법의 발전에 영향을 미쳤는지를 살펴보도록 하자.[33]

▌ 분석적 사고

심리학자들은 촘촘하게 짜인 사회적 환경을 효과적으로 헤쳐나가는 법을 배우는 것이 사람들이 비사회적 세계를 어떻게 생각하고 범주화하는지에 영향을 미친다고 주장한 바 있다. 친족 기반 제도에 얽매인 채 자라다 보면 사람들 사이의 관계와 상호연계에 집중하게 된다. 이와 대조적으로, 약한 관계적 유대로만 사회를 경험하는 사람들은 자신의 개인적 능력과 성향, 특성에 근거해서 다른 사람과 상호이익이 되는 관계를 형성하는 쪽을 선호하게 된다. 여기서 알 수 있는 것은 집약적 친족 관계가 전체론적 사고를 촉진한다는 것이다.

전체론적 사고를 하는 사람은 개인이나 동물, 물체 사이의 상호연계

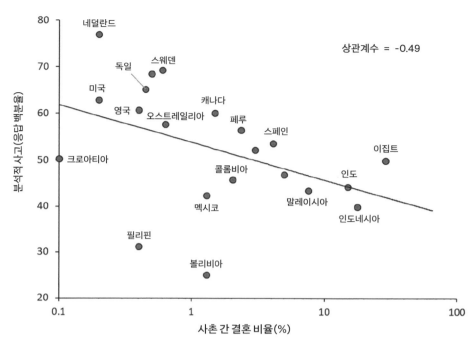

상관계수 = -0.49

〈그림 6.14〉 '세 항목 질문'에 근거한 분석적 사고와 사촌 간 결혼 비율 사이의 관계
사촌 간 결혼은 로그 스케일로 표시했다.

를 비롯한 넓은 맥락과 대상들 사이의 관계에 초점을 맞춘다. 이와 대
조적으로, 집약적 친족 관계가 약한 사회는 분석 지향적 사고를 촉진한
다. 분석적 사고를 하는 사람은 종종 사람과 물체를 그 근원이라고 여겨
지는 본질이나 성향에 따라 분류함으로써 속성이나 특성, 인격을 할당
하는 식으로 세계를 분석하는 경향이 있다. 1장에서 나는 분석적 사고
방식과 전체론적 사고방식을 구별하는 데 사용되는 '세 항목 질문'을 이
야기했다. 이 실험에서 참가자들은 가령 손과 겨울장갑, 털모자 같은 세
개의 이미지를 본 다음 대상이 되는 물건(가령 장갑)이 손과 모자 중에
어느 것과 짝을 이루는지 이야기한다. 분석적 사고를 하는 사람은 규칙
에 근거해서 구별되는 범주를 좋아하기 때문에 겨울 의류의 사례로 장

갑을 모자와 짝 지우는 성향이 있다. 이와 대조적으로 전체론적 사고를 하는 사람은 관계를 먼저 보기 때문에 손을 장갑과 연결하는 성향이 있다.[34]

사촌 간 결혼 비율이 높은 나라의 사람들은 좀 더 전체론적 사고방식을 가지고 있다(〈그림 6.14〉). 친척과의 결혼이 전체 결혼의 30퍼센트를 차지하는 인구 집단에서 사촌 간 결혼을 거의 하지 않는 인구 집단까지 이어지는 스펙트럼을 보면, 주로 전체론적 사고(전체론적 사고가 60퍼센트)를 하는 공동체에서 대부분 분석적 접근을 선호하는 공동체(분석적 사고가 62퍼센트)까지 이어지는 스펙트럼과 일치한다. 〈그림 6.14〉에서는 친족 집중도 지수를 사용한 도면은 생략했는데, 우리가 '세 항목 질문' 관련 데이터를 가진 30개 산업국이 친족 집중도 지수의 변이를 거의 보이지 않는 탓에 살펴볼 게 많지 않기 때문이다.[35]

친족 기반 제도와 분석적 사고의 관계는 이른바 '장 독립성field independence(장 의존성field dependence)'이라고 불리며 오래전부터 인정된 지각 능력상의 비교문화적 양상을 설명해준다. '장 독립성'은 사람이 배경이나 맥락과 독립적으로 공간에 있는 물체의 크기와 위치를 얼마나 정확하게 평가하는지를 보여준다. 이 개념은 서론에서 문해력과 관련해서 논의한 분석적 시각 처리와 밀접하게 관련된다. 가령 '막대와 틀 문제Rod and Frame Task' 실험에서는 다양한 사회의 사람들을 앉혀 놓고 앞에 정방형 틀에 둘러싸여 있는 막대를 보여준다. 이후 실험자는 손잡이를 돌려서 공간에 있는 막대를 시곗 바늘처럼 회전시킨다. 참가자는 막대가 수직 위치(12시 방향)에 도달하는 순간에 실험자에게 말해야 한다. 처음에 틀을 회전시키면 문제가 한결 어려워진다. 지면과 비교해서 틀이 기울어지기 때문이다. '장 의존성'이 강한 사람들은 틀이 기울었을 때 막대가 수직인지를 파악하는 데 어려움을 겪으면서 막대를 틀과 일직선으로 만들려고 한다. '장 독립성'이 강한 사람들은 틀을 무시하고 막대를 수직으로 정렬시키는 데 능숙하다. 실험은 참가자들이 막대가 수직이라고 말한 순간 막대가 수직에서 기울어진 정도를 객관적인 점수로 나타낸다. 1960년대와 70년대에 심리학자들은 전통적인 농경 인구 집단은 장 의존성이 강한 반면, 세계에서 특히 장 독립적인 독특한 인구 집단이 둘 있다는 것을 발견했다. 첫 번째는 WEIRD였다. 나머지 하나는 누구일까?

집약적이 아닌 **확장적**extensive 친족 기반 제도를 가지고 있으며 이동 생활을 하는 수렵채집인들은 장 독립적이다. 이런 사실과 일관되게 인류학자들은 집약적 친족 기반 제도가 강한 농민 및 목축민과 비교해서 수렵채집인은 독립, 성취, 자립에 초점을 맞추는 한편 복종, 순응, 권위에 대한 존중을 중시하지 않는다고 오래전부터 주장해왔다. 이를 뒷받침하듯이, 기독교가 확장된 직후에 영어나 독일어 프랑스어, 에스파냐어 같은 유럽 언어에서 채택된 친족 관계 용어는 이동 생활을 하는 많은 수렵채집 인구 집단에서 발견되는 것과 동일하다.[36]

앞에서 제시한 증거를 볼 때, 집약적 친족 기반 제도에 의해 창출된 사회에 우리의 정신이 적응하고 조정한 것과 같은 방식으로 세계의 심리적 변이도 전반적으로 집약적 친족 관계에 따라 달라진다는 것을 알 수 있다. 다음 장에서는 이런 관계를 좀 더 자세히 살펴보면서 다양한 방면의 증거들을 검토해볼 것이다. 이 증거들을 한데 모아놓고 보면 친족 기반 제도에서 일어난 변화가 실제로 중요한 심리적 차이를 추동했다는 사실이 드러난다. 하지만 그 전에 교회와 집약적 친족 관계, 심리적 차이 사이의 세계적 관계를 검토해보자.

교회가 가져온 정치, 경제, 심리적 차이

집약적 친족 관계와 심리적 차이의 연관성은 핵심적인 질문을 제기한다. 왜 친족 집중도가 세계 곳곳에서 그토록 다양할까?

우리는 이미 3장에서 그 답의 일부를 살펴보았다. 일정한 생태적 조건이 목축과 관개농업을 비롯한 상이한 형태의 식량 생산의 발전과 확산에 유리했다. 인구 증가와 식량 생산을 위한 영역 통제의 압력 때문에 사회들 사이에 경쟁이 활성화되었고, 이는 다시 공동체 증대, 협동 확대, 생산 증대, 지휘 통제 개선 등을 허용하는 규범에 유리했다. 마침내 문화적 진화는 복잡한 족장사회와 국가를 낳았다. 하지만 이런 다양한 규모 확대 과정에서 친족은 여러 가지 방식으로 강화되었다. 몇몇 지역에서 등장한 전근대 국가는 항상 집약적 친족의 토대 위에 세워졌다. 따라서 집중도가 상이한 친족 기반 제도들은 생물지리학, 기후, 질병(가령 말라리아), 토양 비옥도, 항행 가능한 수로, 재배와 사육이 가능한 식물과 동물 등의 차이로까지 거슬러 올라가는 다양한 역사적 경로를 통해 추적 가능하다. 물론 전근대 국가를 둘러싼 역사적 세부사항 또한 중요하다. 왜냐하면 일부 국가는 친족 기반 제도를 활용한 반면 다른 국가들은 그런 제도를 '밀어내려' 했기 때문이다. 이런 요인들이 다른 요인들과 함께 친족 기반 제도의 세계적 차이에 이바지했다.[37]

하지만 여기서 우리는 친족 집중도와 교회에 노출된 기간 사이의 관계를 검토함으로써 교회가 과연 친족 기반 제도의 세계적 변이가 형성되는 데 영향을 미쳤는지, 그렇다면 그것은 어느 정도인지에 관심이 있다. 그런 다음 심리적 변이의 기원을 중세 교회에 대한 노출량으로 직접 추적할 수 있는지 질문을 던져보고자 한다.

각기 다른 인구 집단들이 교회의 '결혼 가족 강령'에 노출된 정도를 평가하기 위해 우리는 '결혼 가족 강령'이 공고해지기 시작한 서기 500년 무렵부터 1500년까지 유럽 전역에서 교회가 확장된 과정을 지도로 만들었다. 이 데이터베이스를 수집하는 과정에서 우리는 주로 주교구bishopric의 설립을 기준으로 삼았다. 주교구 설립은 대개 여러 왕이나 부족장이 기독교로 개종하는 것과 연결되기 때문이다. 이 정보를 이용해서 서방 교회와 정교회에 노출된 기간을 계산했다. 이것이 중요한 이유는 정교회는 서방 교회처럼 극단으로 치닫지 않아서 서방 교회처럼 열정적으로 강제하지는 않았지만, 그래도 고유한 프로그램으로 일종의 '약한 형태의 결혼 가족 강령'이 있었기 때문이다(〈표 5.3〉). 1500에서 '결혼 가족 강령'이 시작된 연도를 빼면 교회에 노출된 시기의 측정치 두 개가 나온다. 하나는 서방 교회, 다른 하나는 동방 교회의 측정치다.[38]

유럽에 대한 '결혼 가족 강령'의 노출 기간을 활용해서 세계 나머지 지역의 '결혼 가족 강령'의 노출 기간도 계산할 수 있다. 이를 위해 서기 1500년에서 2000년 사이에 나라별 총 인구 유동량을 추산하는 '이주 행렬migration matrix'을 이용했다.[39] 우리는 세계 각국에 대해 (1) 현대의 민족적 인구 구성을 살펴보고, (2) 1500년에 각 하위 인구 집단의 조상들이 살았던 지역을 추적하고, (3) 1500년의 지역을 근거로 이 하위 인구 집단과 '결혼 가족 강령'에 대한 노출 기간을 할당하고, (4) 이 하위 인구 집단들을 1500년 시점으로 끌어내려서 각각의 현대 국가에 대해 '결혼 가족 강령'에 대한 노출 기간의 총계를 계산했다. 이 과정이 조금 복잡해 보이기는 하지만 다행히도 '결혼 가족 강령'의 효과가 워낙 커서 이렇게 뒤범벅된 가운데서도 여전히 모습이 드러난다.[40]

우선 교회를 친족 집중도와 연결해보자. 데이터를 보면, 나라의 인구 집단이 교회에 오랫동안 노출될수록 친족 기반 제도가 약함을 알 수 있다. 서방 교회와 정교회에 대한 노출 기간을 합하면 나라별 친족 집중도

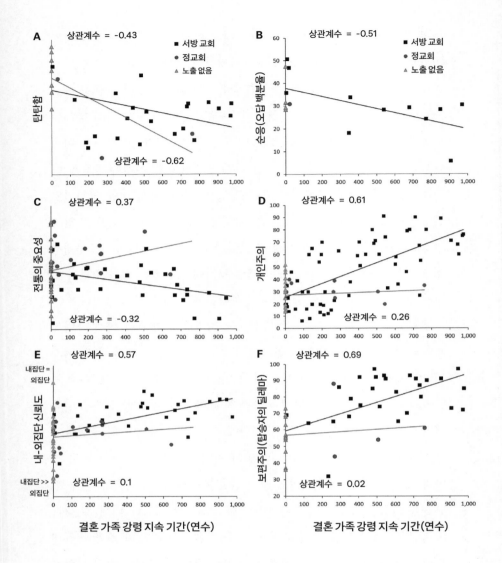

〈그림 6.15〉 서방 교회와 정교회에 노출된 기간이 (A) '탄탄함' 점수 (B) 오답 비율을 이용한 애시 순응 (C) 전통 고수 (D) 개인주의 (E) 비개인적 신뢰(내-외집단 신뢰도) (F) 탑승자의 딜레마에서 나타나는 보편주의

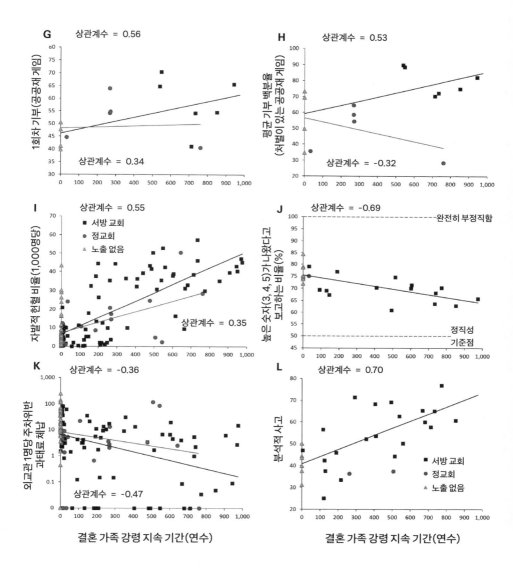

(G) 처벌 없는 공공재 게임 1회차에서 평균 기부 액수 (H) 처벌 있는 공공재 게임 10회 전체에서 평균 기부 액수 (I) 1,000명당 자발적 헌혈 회수(연간) (J) 비개인적 정직성 게임에서 높은 숫자가 나왔다고 보고하는 비율 (K) 유엔 외교관의 주차 위반 과태료 체납 (L) '세 항목 문제'에서 나온 분석적 사고 등에서 심리에 미치는 관계

지수의 세계적 차이의 약 40퍼센트와 사촌 간 결혼의 62퍼센트가 설명이 된다. 비교해보자면, 농경의 기원 이래의 시간은 친족 집중도 지수의 변이 가운데 추가로 18퍼센트 정도, 그리고 나라별 사촌 간 결혼의 차이의 10퍼센트를 설명해줄 뿐이다. 실제로 우리가 친족 집중도의 세계적 변이를 이해하기 위해 탐구한 모든 농업, 생태, 기후, 지리, 역사적 요인 가운데 (유일하지는 않더라도) 가장 큰 요인은 역사적으로 교회에 노출된 기간이다.[41]

서방 교회가 친족 집중도 지수에 미친 영향은 대체로 정교회가 미친 영향보다 강하지만, 약간 더 강할 뿐이다. 하지만 우리가 예상했듯이 정교회는 사촌 간 결혼 비율에 전혀 영향을 미치지 않았으며, 따라서 이 비율에서는 서방 교회가 모든 요인이 된다. 서방 교회에 100년 동안 노출되었을 때 사촌 간 결혼 비율이 60퍼센트 가까이 감소했다. 이 연구 결과는 역사적 기록과도 잘 맞아떨어진다. (일부다처혼이나 부모 양가계가 아닌) 사촌 간 결혼이 완전한 '결혼 가족 강령'과 정교회의 약한 형태의 '결혼 가족 강령'의 핵심적 차이를 나타내기 때문이다.[42]

이제 교회 노출과 심리의 관계를 직접 살펴보자. 〈그림 6.15〉는 더 많은 '결혼 가족 강령'에 대한 노출량이 앞에서 검토한 심리적 측정치에 미치는 효과를 보여준다. 서방 교회의 지배를 공동으로 받은 기간이 긴 민족적 인구 집단이 (A) 규범에 촘촘하게 구속되는 정도가 덜하고, (B) 덜 순응적이고, (C) 전통에 현혹되는 정도가 덜하고, (D) 더 개인주의적이고, (E) 낯선 사람을 덜 불신하고, (F) 보편주의적 도덕이 더 강하고, (G) 낯선 사람과 새로운 집단을 이루어 협동하고, (H) 제3자 처벌에 더 반응하고(처벌이 있는 공공재 게임에서 기부를 더 많이 하고), (I) 자발적으로 헌혈을 하는 성향이 강하고, (J) (비인격적인 제도에 대해) 비개인적으로 더 정직하고, (K) 외교관에 대한 면책특권이 있어도 주차 위반 과태료 체납이 적고, (L) 더 분석적으로 사고한다.

　이 효과는 크다. 예를 들어, '결혼 가족 강령'에 1000년 동안 노출되면 '애시 순응 실험'에서 다른 사람들을 따라서 같은 오답을 제시하는 비율이 20퍼센트포인트 가까이 감소하고(〈그림 6.15B〉), 친구를 돕기 위해 법정에서 거짓말을 하는 비율(보편주의보다 특수주의)이 30퍼센트포인트 가까이 감소한다(〈6.15F〉). 마찬가지로, '결혼 가족 강령'에 1000년 동안 노출되면, 인구 집단의 개인주의가 현대의 케냐 정도의 수준에서 벨기에 수준으로 증가하고(〈6.15D〉), 자발적 헌혈이 5배 증가하고(〈6.15I〉), 주사위 던지기에서 숫자를 부풀릴 확률이 절반으로 줄어들고(〈6.15J〉), 외교관의 주차 위반 과태료 체납 건수가 1명당 7건에서 10명당 1건으로 크게 감소한다(〈6.15K〉). 또한 '결혼 가족 강령'에 100년 노출될 때마다 분석적 사고 성향이 3퍼센트 약간 넘는 비율로 증가해서 1000년이면 약 40퍼센트에서 74퍼센트로 증가한다(〈6.15L〉). 우리의 분석은 또한 한 인구 집단이 서방 교회의 '결혼 가족 강령'에 대한 노출 기간이 길수록 어린이에게 복종을 주입하는 데 대한 관심이 줄어들고 고위 관리직에 가족을 채용하는 성향이 약해진다는 것을 보여준다(가족 충성도 약화).[43]

　정교회에 노출된 기간은 몇 가지 비슷한 양상을 드러내지만, 그 효과는 서방 교회의 경우와 비교하면 대체로 낮다. 어떤 경우에는 정교회에 노출된 나라들의 데이터가 존재하지 않는다. 따라서 〈그림 6.15〉에서 서방 교회의 데이터 포인트 및 그에 상응하는 선 하나만 볼 수 있다. 탄탄함과 분석적 사고 같은 다른 경우에는 몇 가지 데이터가 있어서 도표에 표시했지만, 그것을 진지하게 받아들여서는 안 된다. 너무 부족한 데이터에 근거한 것이기 때문이다. 가장 완벽한 데이터는 헌혈과 주차 위반 과태료 체납에 관한 〈그림 6.15I〉와 〈그림 6.15K〉에서 볼 수 있다. 이 사례들에서 정교회 노출은 서방 교회 노출과 비슷한 효과를 발휘하지만 좀 더 약할 뿐이다. 정교회와 서방 교회의 차이가 중요한 것은 그것이 심리적 변이, 그리고 나중에는 경제적, 정치적 차이가 로마의 제도나 기독교 자체에 노출된 결과가 아님을 보여주기 때문이다. 정교회는 서기 1453년까지 (동)로마 제국의 공식 교회 지위를 유지하면서 서방 교회와 매우 비슷한 초자연적 믿음과 의례를 장려했다. 이런 연구 결과는 서방 교회와 정교회가 장기적으로 미친 영향의 핵심적 차이가 특히 근친상간 금기와 관련된 결혼과 가족 관습에 관한 방침과 그 실행에 있다는 주장을 뒷받침한다.

새로운 제도와 조직을 위한 심리가 싹트다

이 장에서 내가 목표로 삼은 것은 세계적인 심리적 변이의 광범위한 양상이 다음과 같은 인과관계의 경로와 일치한다는 것을 독자에게 납득시키는 것이었다.

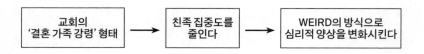

우리가 가진 데이터가 정확하지 않은 점을 고려하면, 수많은 심리적 측면과 친족 집중도 및 '결혼 가족 강령'에 대한 노출 기간과의 강한 관계는 인상적이다. 물론 우리가 살펴본 세계적인 심리적 변이가 지금까지 내가 강조한 경로와 함께 일어나는 다른 어떤 숨은 요인에 의해 야기되는 것일 가능성은 언제나 있다. 다음 장에서는 이를 반박하는 타당한 증거를 제시하고자 한다.

그렇지만 앞에서 논의한 심리의 각 측면에 대해 충분한 데이터가 있는 경우에는 언제나 벤저민 엥크와 우리 연구팀 모두 수십 차례 보완적 분석을 했다는 사실은 강조할 만하다. 이 분석에서 우리는 이 장 전체에 걸쳐 살펴본 관계를 어떤 식으로든 만들어낸 광범위한 다른 요인들의 영향을 통계적으로 처리하고자 했다. 우리는 농업 생산성, 지형의 험한 정도, 독실함의 정도, 적도로부터의 거리, 항행 가능한 수로, 기생충 스트레스, 말라리아, 관개 잠재력, 유럽의 식민화 등을 집합적으로 살펴보았다. 우리는 또한 같은 대륙에 있는 나라들 사이의 심리적 변이를 분리하고, 지배적인 종교 교파가 같은 나라들만 비교했다. 이렇게 분석적으로 공략을 하더라도 앞에서 보여준 관계는 약간 약해지기는 해도 대부분 여전히 유효하다. 때로는 관계가 실제로 사라지기도 하지만 이런 소멸의 양상은 전혀 없다. 독실함의 정도나 농업 생산성이 친족 집중도나 '결혼 가족 강령'에 대한 노출량보다 일관되게 영향력이 약하다. 종합해 보면, 우리의 분석은 이런 연구 결과를 뒤엎고 세계적인 심리적 변이를 설명할 수 있는 특별한 요인은 존재하지 않는다는 것을 강하게 시사한다. 문제는 나라들을 비교하는 것이 세계적 변이의 광범위한 양상을 해명하는 편리한 방법이기는 해도 '무엇이 무엇을 야기하는지'를 밝혀주는 대단한 방법은 아니라는 것이다. 너무 많은 요인들이 여전히 숨어 있기 때문이다. 다음 장에서는 더 깊이 파고들어가서 이 경로를 좀 더 분명하게 밝혀보려 한다.

하지만 잠시 숨을 고르면서 한 걸음 물러나보자. 앞에서 설명했던 분석을 액면 그대로 받아들이면, 중세 성기(서기 1000~1250년)에 이르러 유럽의 여러 지역에서 교회가 어떻게 사람들의 심리를 바꿔놓았는지를 어느 정도 인식할 수 있다. 이 무렵에 이르면 유럽의 일부 공동체는 이미 거의 5세기 동안 '결혼 가족 강령'을 경험했다. 근대 세계의 여명으로 여겨지는 1500년에 이르러 일부 지역은 거의 1,000년 동안 꼬박 '결혼 가족 강령'을 경험한 상태였다.

가족 조직과 사회적 연결망에서 일어난 변화에서 비롯된 심리적 변화는 새롭게 형성되는 제도와 조직이 왜 일정한 방식으로 발전했는지를 이해하는 데 도움이 된다. 새로운 수도회, 길드, 도시, 대학은 점차 개인에 초점을 맞추는 방식으로 법률과 원칙, 규범과 규칙을 구축하면서 종종 각 성원에게 추상적 권리와 특권, 의무, 조직에 대한 책무를 부여했다. 이 자발적 조직들은 번성하기 위해 유동적인 개인들을 끌어모아야 했고, 더 나아가 상호 합의한 원칙과 규칙을 고수하고 가급적이면 내면화하게 만들어야 했다. 집약적 친족 관계의 구속을 받는 중세 유럽인들에게 한 가지 공통점이 있다면, 그것은 보편적 도덕, 개인적 책임 의식, 강한 자유의지 개념을 가진 기독교였다. 이런 독특한 토양에서 사회 규범의 씨가 발아해서 점차 퍼지기 시작했다.

Chapter 7

농사 형태가 바꿔놓은 중국인들의 심리

중국과 인도를 비롯한 다른 넓은 지역에서도 비슷한 심리적 변이의 양상을 발견할 수 있다. 이런 심리적 변이는 친족 집중도의 지역적 차이로 거슬러 올라가는 한편, 그 근원적 원인은 교회가 아니라 해당 인구 집단의 역사에서 관개와 논농사의 생산성을 높여준 생태적, 기후적 요인과 관련된다.

_본문 중에서

유럽의 복잡한 역사 때문에 일부 지역은 교회의 '결혼 가족 강령'이 강력하게 지켜지지 않았다. 예를 들어, 5장의 〈그림 5.3〉에서 살펴본 것처럼, 아일랜드, 브르타뉴(프랑스 서북부의 반도), 이탈리아 남부는 오랫동안 기독교 지역이었지만, 이탈리아 북부나 프랑스의 대부분, 독일 서부 같은 카롤루스 제국의 지역들과 잉글랜드에 비해 나중까지 교황과 '결혼 가족 강령'의 온전한 세력 아래로 들어오지 않았다. 따라서 만약 나의 주장이 타당하다면, 우리는 유럽 내부만이 아니라 1500년에 기독교의 영향을 받았던 지역 내부의 심리적 변이를 설명할 수 있어야 한다.

이런 탐구가 결정적으로 중요한 이유는 앞에서 제시한 국가 간의 관계가 풍부하고 종종 강력하기는 하지만, 나라별로 다른 숨어 있는 요인들이 광범위하게 존재할 가능성이 있기 때문이다. 여기에는 종교, 역사, 식민주의, 혈통, 언어, 그밖에 다른 많은 것들과 관련된 요인들이 포함된다. 물론 우리는 연구 과정에서 어떤 식으로든 이 모든 요인을 통계적으로 통제하려고 했지만, 완전히 확신할 수는 없다. 여기서는 유럽에 초점을 맞추면서 중세 유럽을 통틀어 (현대 유럽인들의 심리는 물론이고 마지막으로 남아 있는 유럽의 친족 기반 제도에서도) 서방 교회의 흔적을 여전히 발견할 수 있다는 것을 보여주고자 한다. 만약 나라와 관계없이 앞에서 발견된 것과 유사한 양상을 찾는다면, 이제 유럽 각국 내부의 소규모 지역들을 비교함으로써 여러 대안적 설명을 배제할 수 있다.

여기 핵심적인 질문이 있다. 교회와 '결혼 가족 강령'에 더 오랫동안 노출된 유럽 지역들에 속한 개인들이 덜 노출된 지역 사람들에 비해 오늘날 더 개인주의적이고, 더 독립적이고, 덜 복종적이고 순응적이며, 비개인적 신뢰도와 공정성이 더 높을까?

중세 교회에서 형성된 현대인의 심리

이 부분에서 우리는 36개국의 데이터를 포함하고 있는 '유럽사회조사 European Social Survey'에서 가져온 네 개의 수치를 활용하고자 한다. 이 조사에서는 처음의 두 심리적 성향을 측정하기 위한 각 질문에서 한 사람에 대해 묘사하며 참가자들에게 자신이 그 인물과 얼마나 비슷한지를 '나와 전혀 비슷하지 않음'에서부터 '나와 매우 비슷함'까지 6단계로 대답하게 했다. 인물에 대한 묘사에서는 참가자들의 성별과 동일한 성별 대명사를 사용했으며 각각의 심리적 성향에 대한 측정 방법은 다음과 같다.

1. 순응과 복종: 이 지수는 다음과 같은 진술에 대한 참가자들의 응답 평균을 나타낸다. '그녀에게는 언제나 적절하게 행동하는 게 중요하다. 그녀는 사람들이 그르다고 말하는 행동은 무엇이든 피하기를 바란다. 그녀는 사람들이 들은 대로 해야 한다고 믿는다. 그녀는 아무도 지켜보지 않더라도 사람들이 항상 규칙을 지켜야 한다고 생각한다.'
2. 개인주의와 독립성: 이 지수는 다음 진술에 대한 응답의 평균이다. '그녀에게는 자신이 하는 일에 관해 스스로 결정을 내리는 게 중요하다. 그녀는 남에게 의지하지 않고 자유로운 것을 좋아한다. 그녀에게는

새로운 아이디어를 생각해내고 창의적인 게 중요하다. 그녀는 자기만의 독창적인 방식으로 일하는 것을 좋아한다.'

사람들의 비개인적 친사회성을 평가하기 위해 참가자들에게 다음과 같은 질문에 대해 0부터 10까지 점수로 답변을 해달라고 요청했다.[1]

1. 비개인적 공정성: '대다수 사람들이 기회만 있으면 당신을 이용하려 한다고 생각하십니까, 아니면 공정하려고 노력한다고 생각하십니까?'라는 질문에 0(대다수 사람들이 나를 이용하려고 한다)에서 10(대다수 사람들이 공정하려고 노력한다) 사이의 숫자로 자신의 생각을 나타낸다.
2. 비개인적 신뢰: '일반적으로 말해서, 대다수 사람들을 믿을 수 있다고 보십니까, 아니면 사람들을 대할 때 최대한 신중해야 한다고 보십니까?'라는 질문에 0(최대한 신중해야 한다)부터 10(대다수 사람들을 믿을 수 있다) 사이의 숫자로 자신의 생각을 나타낸다.

유럽인의 심리에서 여전히 '결혼 가족 강령'을 발견할 수 있는지를 검토하기 위해 우리 연구팀은 유럽 각지에 주교구 896곳이 확산된 과정을 보여주는 데이터베이스를 모았다. 이 데이터를 이용해서 유럽 442개 지역에 대해 교회에 노출된 평균 기간을 계산해서 〈그림 7.1〉의 지도로 만들었다. 한 지역의 교회에 대한 노출량을 계산하는 과정에서 우리는 교황이 관리하는 주교구의 존재에 특별히 초점을 맞추었다. 예를 들어, 에스파냐 남부와 이탈리아에서는 몇몇 주교구가 일찍감치 설립됐지만, 이후에 이 지역은 로마 주교와 우호적이지 않은 강국들에 의해 정복되면서 서방 교회와 '단절'되었다. 가령 이슬람 사회는 몇 백 년 동안 에스파냐의

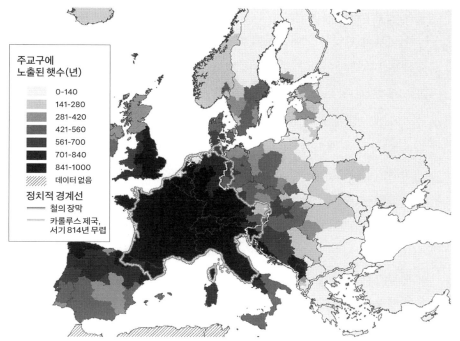

〈그림 7.1〉 서기 500년부터 1500년까지 교황이 관리하는 주교구의 확산에 바탕을 둔 '결혼 가족 강령'의 지역별 노출량

노출량은 서방 교회에 노출된 햇수로 측정되며 그 범위는 0~1000년이다. 색이 진할수록 '결혼 가족 강령'에 대한 노출량이 높다. 중세 초기 동안 교회와 손을 잡고 '결혼 가족 강령'을 강제했던 카롤루스 제국의 관련성 때문에(5장) 814년(샤를마뉴가 사망한 해)의 경계선을 강조했다. 참고로 20세기 유럽 사회주의 지역의 경계를 표시하기 위해 처칠의 1946년 연설을 바탕으로 한 철의 장막 경계선을 강조했다.

많은 지역과 이탈리아의 일부를 정복했다. 이 지역들이 나중에 서방 교회에 정복되어 재통합됐을 때 이 지역의 주교구들을 노출량 측정에 다시 포함시켰다. 마찬가지로, 아일랜드는 일찌감치 기독교화됐지만, 켈트 교회가 '결혼 가족 강령'을 강제하지 않았기 때문에 이 지역들은 1100년 무렵까지 교황의 관리와 '결혼 가족 강령'의 영향을 받지 않았다.

우리가 정리한 결과는 매우 인상적인데, '결혼 가족 강령'을 더 오래 경험한 지역에 사는 개인들이 순응과 복종의 성향이 더 약하고, 개인주의와 독립성이 더 강하며, 비개인적 공정성과 신뢰도가 더 높다. 우리는 국가 내부의 지역들만 비교했기 때문에 이런 양상은 국가의 부나 정부, 사회안전망의 차이 탓으로 볼 수 없다. 이 결과는 또한 사람들의 소득, 교육, 종교 교파, 스스로 생각하는 독실함의 정도가 미치는 효과를 통계적으로 제거한 뒤에도 유효하다. 사람들이 속한 종교 교파(가톨릭, 개신교, 이슬람 등)와 개인적으로 독실한 정도를 통계적으로 처리한 뒤에도 이 지역의 '결혼 가족 강령'에 대한 노출량이 여전히 똑같이 높다는 사실이 중요하다. 주교구의 효과가 사람들의 초자연적 믿음이나 의례 참가에 미치는 영향을 통해 작동한다고 걱정할 수 있기 때문이다.

물론 각기 다른 장소에 주교구를 설립한 것은 실제로 사람들의 심리를 변화시키는 어떤 숨은 요인에 영향을 받았을 수 있다. 따라서 우리는 농업 생산성, 강우량, 관개, 기온, 지형의 험한 정도 등 서로 다른 많은 지리, 생태, 기후 요인의 영향도 통계적으로 상수로 놓았다. 다른 다양한 역사적 요인들을 포착하기 위해 우리는 로마의 옛 도로, 수도원, 중세 대학의 존재뿐만 아니라 500년 당시 그 지역의 인구 밀도도 통계적으로 통제했다. 그러기 위해서는 '결혼 가족 강령'이 시작되는 시점에서 경제 발전과 로마의 영향의 차이를 처리해야 했다. 이 모든 작업을 한 뒤에도 우리가 측정한 네 가지 심리적 성향 모두 여전히 교회의 '결혼 가족 강령'에 대한 노출량과 신뢰할 만한 관계를 보였다. 요컨대, 더 오랫동안 '결혼 가족 강령'의 지배를 받은 유럽 지역의 공동체들이 오늘날 심리적으로 더 WEIRD하다.

그리하여 교회는 현대인의 심리와 연결된다. 하지만 지금 내가 추적하고 있는 인과관계의 경로가 올바르다면, 교회에 적게 노출된 유럽 지역에는 더 강력한 친족 기반 제도가 있으리라 예상할 수 있다.

▎ 집약적 친족 관계의 마지막 흔적

한 지역이 교회에 노출된 기간을 집약적 친족 관계의 존재와 연결하는 것은 만만치 않은 작업이다. 친족 관계에 관한 유럽의 자세한 데이터를 구하기가 어렵고, '민족지 도해'에서 다루는 유럽 관련 내용은 특히 빈약하기 때문이다(인류학자들은 유럽에 대한 연구를 피하는데, 너무 WEIRD하기 때문이다). 우리 연구팀이 찾을 수 있었던 가장 좋은 자료는 아이러니하게도 사촌과 결혼하는 것을 허용한 교황의 특별 허가 문서에서 발견한 것이다.

앞에서 언급한 것처럼, 중세 후반기에 교회는 사촌과 결혼하기 위해 특별 허가를 신청하는 것을 허용하기 시작했다. 우리 연구팀은 다양한 역사적 자료를 수집하고 분석하면서 20세기에 프랑스, 에스파냐, 이탈리아의 57개 지역에서 발견한 특별 허가 기록을 바탕으로 4촌 간 결혼 비율을 모았다. 이 특별 허가의 효과가 얼마나 강력한지를 강조하기 위해 튀르키예의 여러 지역에서 모은 데이터를 추가했다. 튀르키예는 부분적으로 유럽에 속하기 때문에 '유럽사회조사'에 포함되며, 우리 연구팀은 다른 조사에서 튀르키예의 사촌 간 결혼 데이터를 찾을 수 있었다. 튀르키예의 지역들을 추가함으로써 우리는 로마 기독교 세계의 외부까지 이와 같은 통찰이 확대되는 것을 볼 수 있다. 예상한 것처럼, '결혼 가족 강령'을 전혀 경험하지 않은 튀르키예의 지역들은 에스파냐와 이탈리아, 프랑스에 비해 높은 사촌 간 결혼 비율을 유지했다.

연구 결과에 따르면, 중세시대에 '결혼 가족 강령'에 덜 노출된 지역들에서는 20세기에도 사촌과 결혼하기 위해 허가를 요청할 가능성이 훨씬 높다. 실제로 어떤 지역의 '결혼 가족 강령' 노출량을 알면 이탈리아, 프랑스, 튀르키예, 에스파냐의 지역별로 4촌 간 결혼 비율의 변이를 75퍼센트 가까이 설명할 수 있다. 튀르키예를 제외하면, '결혼 가족 강

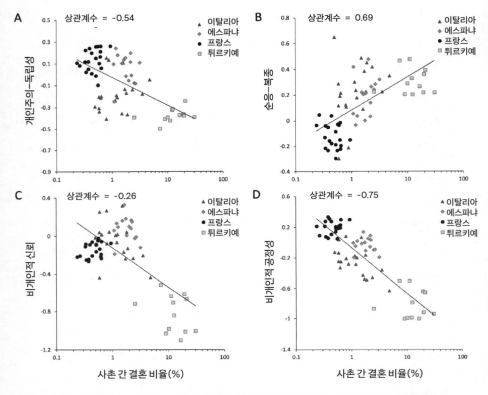

〈그림 7.2〉 에스파냐, 이탈리아, 프랑스, 튀르키예에서 4촌 간 결혼 비율과 네 가지 심리의 차원인 (A) 개인주의와 독립성, (B) 순응과 복종, (C) 비개인적 신뢰, (D) 비개인적 공정성과의 관계

령'에 대한 노출량은 여전히 사촌 간 결혼의 지역적 변이의 40퍼센트 가까이를 설명해준다. 달리 말하자면, 100년 동안 '결혼 가족 강령'에 노출될 때마다 사촌 간 결혼 비율이 거의 4분의 1씩 감소했다.

5장에서 언급했던 역사적 서사를 더 분명하게 확인할 수 있는 우리의 분석에 따르면, 만약 중세 초기에 어떤 지역이 카롤루스 제국에 속했다면, 20세기에 그 지역의 4촌 간 결혼 비율은 극히 미미하고 아마 0에 가까울 것이다. 만약 그 지역이 이탈리아 남부나 에스파냐 남부, 브르타뉴처럼 카롤루스 제국의 바깥에 있었다면, 그 비율이 더 높다. 시칠리아에서는 20세기에 사촌 간 결혼 특별 허가 요청이 워낙 많아서 교황이 시칠리아 주교에게 바티칸의 허가 없이 6촌 결혼을 허용할 수 있는 특별 권한을 위임할 정도였다. (지금도 그렇듯이) 보통 특별 허가는 교황의 특권이었지만, 수요가 워낙 많아서 예외가 필요했다.[2]

이 그림을 완성하기 위해 집약적 친족 관계의 대용물이라고 할 수 있는 4촌 간 결혼 비율과 '유럽사회조사'에서 가져온 네 가지 심리적 성향의 관계를 검토해보자. 4개국 68개 지역의 1만 8,000명으로부터 받은 응답을 바탕으로 볼 때, 20세기에 사촌 간 결혼 비율이 높은 지역에 사는 사람들은 순응과 복종의 성향이 높고, 개인주의와 독립적 성향이 낮으며, 비개인적 신뢰와 공정성의 수준이 낮다. 〈그림 7.2〉가 보여주듯이, 그 효과는 크다.

사촌 간 결혼 비율만 알아도 코스모폴리탄적인 프랑스에서 튀르키예 동남부의 외딴 지역에 이르기까지 네 가지 심리적 성향에서 나타나는 지역적 차이를 36퍼센트(순응과 복종)에서 70퍼센트(비개인적 공정성)까지 설명할 수 있다. 〈그림 7.2〉는 유럽 국가들 사이에 사촌 간 결혼의 변이가 훨씬 작지만 전반적인 추세는 대체로 유효하다는 것을 보여준다. 그리고 우리의 통계 분석을 통해서도 이를 확인할 수 있다. 또한 우리의 분석을 보면 이 조사 결과가 개인 소득, 학교 교육, 독실함의 정도, 종교 교파 등의 차이로 설명될 수 없음도 확인할 수 있다.[3]

〈그림 7.2〉의 분석은 특이한 역사적 이유로 '결혼 가족 강령'에 대한 노출 기간이 적은 유럽의 여러 외딴 지역에서 모은 희박한 데이터를 바탕으로 하고 있다. 그렇다 하더라도 '결혼 가족 강령'에서부터 집약적 친족 관계의 역사적 해체를 거쳐 현대 유럽인들의 마음까지 이어지는 경로의 한 부분을 잘 보여준다.

이제 사회과학에서 영원한 수수께끼에 초점을 맞춰보자. 이탈리아

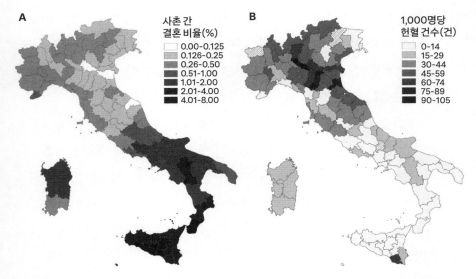

<그림 7.3〉 A(왼쪽)는 이탈리아 93개 도의 4촌 간 결혼 비율을 보여준다. 색이 진할수록 사촌 간 결혼 비율이 높다. B(오른쪽)는 각 도의 1,000명당 헌혈 건수를 보여준다. 1995년 현재 사촌 간 결혼 비율이 낮은 도일수록 자발적 헌혈을 훨씬 많이 했다.

라는 수수께끼 말이다. 이탈리아 북부와 중부는 중세시대에 유력한 금융업 중심지로 등장해서 르네상스의 중심이었고, 19세기에 산업혁명이 진행되는 동안 북유럽의 많은 지역과 나란히 번영한 반면, 이탈리아 남부는 경제적으로 뒤처지면서 그 대신 조직 범죄와 부패의 진원지가 되었다. 그 이유가 뭘까?

우리는 이미 〈그림 5.3〉에서 이 수수께끼의 실마리를 본 바 있다. 그 지도를 보면, 이탈리아 남부가 카롤루스 제국에 정복된 적이 없고 대체로 계속 신성로마제국의 외부에 남았음을 알 수 있다. 실제로 이탈리아 남부는 11세기와 12세기 노르만의 정복 이후에야 교황 체제 아래 완전히 통합되었다. 그 전에 시칠리아는 대략 250년 동안 이슬람의 지배를 받았고, 남부의 대부분은 동로마 제국과 정교회의 통제 아래에 있었다.

이 역사의 흔적은 20세기 이탈리아 여러 도province의 사촌 간 결혼 비율을 보면 알 수 있다. 이번에도 역시 교회의 사촌 간 결혼 특별 허가를 바탕으로 산출한 것이다(〈그림 7.3A〉). '결혼 가족 강령'이 시작된 이래 대체로 서방 교회 아래 있던 이탈리아 북부에서는 사촌 간 결혼 비율이 0.4퍼센트 이하이고, 간혹 0에 가까운 지역도 있다. 반면 남부를 살펴보면, 사촌 간 결혼 비율이 증가해서 이탈리아의 장화 코 부분과 시칠리아 대부분 지역에서 4퍼센트 이상으로 늘어난다. 사촌 간 결혼이 그 자체로 집약적 친족 관계의 중요한 요소이자 다른 사회 규범의 대용물이라는 점을 염두에 두고 〈그림 7.3B〉를 보자. 이는 1995년 이탈리아 93개 도에서 자발적(무보수) 헌혈 빈도를 지도로 표시한 것이다. 자발적인 익명의 헌혈이 중요한 공공재이자 낯선 사람을 돕는 방법이라는 사실을 유념하고 〈그림 7.3〉의 A와 B를 비교하면 어떤 양상이 보이는가?

인상적인 사실은 한 도의 사촌 간 결혼 비율이 낮을수록 낯선 사람을 위해 자발적으로 헌혈을 하는 비율이 높다는 것이다. 반면 시칠리아의 거의 전역을 포함한 이탈리아 남부에서는 헌혈 비율이 0에 가깝다. 북부의 몇몇 도에서는 1,000명당 연간 헌혈(16온스[약 453그램−옮긴이] 주머니) 건수가 105건에 달한다. 4촌 간 결혼 비율만 알면 이탈리아 여러 도의 헌혈 변이의 3분의 1 정도를 설명할 수 있다. 달리 말해, 사촌 간 결혼 비율이 가령 1퍼센트에서 2퍼센트로 두 배 늘어나면, 헌혈 건수가 1,000명당 8건씩 줄어든다. 한 도의 평균 헌혈 건수가 1,000명당 28건에 불과하다는 점을 감안하면 커다란 차이다.[4]

비개인적 조직과 낯선 사람에 대한 사람들의 신뢰를 측정한 현실 세계의 수치를 사용할 때에도 비슷한 양상이 나타난다. 사촌 간 결혼이 많은 도에 사는 이탈리아인은 (1) 수표 사용이 적은 대신 현금을 선호하고, (2) 자산을 은행이나 주식 등에 넣어두는 대신 현금으로 보유하는 성향이 있으며, (3) 은행보다 가족과 친구로부터 돈을 더 많이 빌린다. 그

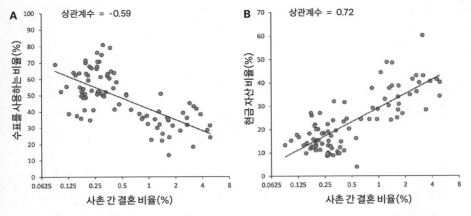

〈그림 7.4〉 이탈리아 도들의 사촌 간 결혼 비율과 (A) 수표를 사용하는 사람의 비율 및 (B) 은행이나 주
식 대신에 현금으로 자산을 보유하는 가계의 비율의 관계
둘 다 현실 세계에서 비개인적 신뢰를 측정한 값이다.

효과는 인상적이다. 사촌 간 결혼 비율이 낮은 도에서는 수표 사용이
60퍼센트 이상인 반면, 사촌 간 결혼 비율이 상대적으로 높은 도에서는
그 수치가 20퍼센트를 약간 넘는 수준으로 급락한다(〈그림 7.4A〉). 마찬
가지로, 가계에서 현금으로 보관하는 자산의 비율도 사촌 간 결혼 비율
이 0에 가까운 도는 약 10퍼센트에 불과하지만, 사촌 간 결혼 비율이 높
은 도의 경우 40퍼센트 이상으로 급등한다(〈그림 7.4B〉). 개인들에 관한
자세한 데이터를 이용해서 소득, 자산, 정규 학교 교육, 가족 규모 등의
영향을 통계적으로 통제한 뒤에도 이 관계는 유효하다.[5]

부패와 마피아 활동은 헌혈과 비개인적 신뢰에서 나타난 것과 동일
한 양상을 나타낸다. 한 도에서 사촌 간 결혼 비율이 높을수록 부패와
마피아 활동 비율도 높다. 마피아가 흔히 '가족'이나 '씨족'으로 지칭되
고 보스가 때로 '대부'라고 불리는 데는 이유가 있다. 집약적 친족 관계
를 가진 사회에서 내집단에 대한 충성의 강도와 족벌주의의 힘은 뇌물
수수를 부채질하고 조직범죄를 부추기는 심리와 사회적 관계를 창출한

다. 이런 양상은 다른 서유럽 나라들과 비슷한 이탈리아의 공식적인 통치 및 교육 제도에도 불구하고 발전했다.[6]

┃ 심리는 문화를 따라 전달된다

매년 세계 곳곳의 사람들이 유럽의 여러 나라로 이민을 온다. 결국 이민 1세대의 다수는 자녀를 낳는데, 이 자녀들은 오로지 유럽에서 성장하고 자기 나라 말을 완벽하게 구사하며 동네 학교에 다닌다. 우리는 이 이민 2세대를 비교함으로써 많은 것을 배울 수 있다. '유럽사회조사'에서 36개국에 흩어져 있는 이민 2세대 약 1만 4,000명을 대상으로 조사한 데이터를 활용하면, 같은 유럽 국가에서 태어나 자랐지만 부모는 다양한 나라 출신인 개인들의 심리적 결과를 비교할 수 있다. 우리는 각 개인에게 부모의 출신 국가나 가정에서 사용하는 언어에 근거해서 친족 집중도 지수와 사촌 간 결혼 비율에 대해 하나의 수치를 부여했다. 그리고 앞에서 연구한 것과 같은 네 가지 심리적 차원을 분석했다.

그 결과는 많은 것을 알려준다. 부모가 친족 집중도 지수나 사촌 간 결혼 비율이 높은 나라 출신인 사람들은 순응과 복종의 성향이 강하고, 개인주의와 독립적 성향이 약하며, 낯선 사람을 신뢰하거나 공정한 대우를 기대하는 성향이 약했다. 소득, 교육, 종교 교파, 독실함의 정도, 심지어 개인적 차별 경험 등의 차이를 통계적으로 처리한 뒤에도 이 관계는 여전히 강하다. 앞에서 상이한 '결혼 가족 강령'에 대한 노출량의 영향을 검토한 것처럼 작은 지역 내에 사는 개인들만 비교할 때에도 이 관계는 유효하다(〈그림 7.1〉).[7]

역사적인 친족 집중도가 이민 2세대의 심리에 일관되고 확고한 영향을 미친다는 사실을 보면, 이런 심리적 효과의 중요한 구성요소가 한 세대에서 다음 세대로 전달된다는 것을 알 수 있다. 또한 이는 단순히 열

악한 정부나 사회 안전망, 특정한 기후, 전염병, 이민자들이 새로운 정착지에서 토박이들의 억압 등에 직접 노출되기 때문이 아니다. 이런 심리적 차이는 이민자의 성인 자녀들에게서도 지속된다. 이민자들은 종종 출신 국가에서 발견되는 집약적 친족 기반 제도(가령 사촌과의 중매결혼)를 재창조하는 동시에, 부모와 형제, 새롭게 형성된 사회적 연결망의 성원들에게서 특정한 사고방식과 정서를 배우기 때문이다. 문화적으로 전달되는 심리의 측면들은 일부다처제, 사촌 간 결혼, 씨족 등과 관련된 실제 친족 관행이 사라진 뒤에도 한참 동안 지속될 수 있다.[8]

이민 2세를 부모 출신 국가에서 과거에 경험한 교회 노출량과 연결했을 때에도 동일한 양상이 나타났다. 부모가 태어난 나라가 오랫동안 서방 교회의 영향을 받은 사람들은 개인주의적이고 독립적인 성향이 강하고, 순응 및 복종의 성향이 약하며, 비개인적 신뢰와 공정성의 성향이 강하다.

여기서 말하고자 하는 바는 중세 교회가 유럽의 친족 기반 제도를 파괴함으로써 현대의 심리를 형성했다는 것이다. 하지만 앞서 언급한 것처럼, 친족 집중도는 또한 생태와 기후 같은 다른 요인들에 의해서도 영향을 받는다. 나의 주장을 시험하는 유력한 방법은 유럽에서 한걸음 물러나서 교회가 없는 가운데 생태적 요인이 친족 기반 제도를 어떻게 강화했는지, 그리고 결국 비슷한 심리적 양상을 유도했는지를 검토하는 것이다.

중국인과 인도인의 심리적 차이

중국, 그리고 아마 아시아 여러 나라의 친족 집중도는 벼농사 및 관개와

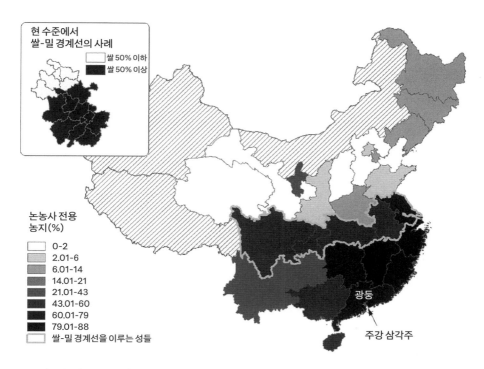

현 수준에서
쌀-밀 경계선의 사례
☐ 쌀 50% 이하
■ 쌀 50% 이상

논농사 전용
농지(%)
☐ 0-2
2.01-6
6.01-14
14.01-21
21.01-43
43.01-60
60.01-79
79.01-88
☐ 쌀-밀 경계선을 이루는 성들

광둥

주강 삼각주

〈그림 7.5〉 **논농사 전용 농지의 변이를 보여주는 중국 지도**
색이 진할수록 논농사 전용 농지의 비율이 높은 지역을 가리킨다. 왼쪽 위의 작은 지도는 탈헬름
연구팀이 북부와 남부의 경계선을 따라 자리한 성들 내부의 현들을 분석한 방식을 보여준다.[9]

관련된 생태적, 기술적 요인들과 관련이 있다. 특히 (농지 면적당 산출량
으로 볼 때) 산업화 이전 세계에서 논은 밀이나 옥수수, 기장 같은 작물에
비해 놀라울 정도로 생산성이 높았다. 하지만 논농사에서 높은 수준의
생산성을 유지하려면 비교적 대규모 집단의 협동이 필요했다. 농사를
짓는 한 가구만으로는 관개수로, 둑, 계단식 논을 만들고 유지하고 지키
거나 김매기, 거름주기, 모내기 등에 필요한 노동력의 수요를 채울 수
없었다. 그리고 씨족 기반 조직은 바로 이런 협동적 과제에 대처하는 데
필요한 촘촘한 하향식 조직을 촉진한다.[10]

역사적으로 보면, 중국에서 벼농사의 상대적 중요성은 동남아시아에

서 빨리 여무는 새로운 벼 품종이 도입된 10세기 이후에 크게 높아졌다. 기후 변화와 몽고 유목민들의 습격이 증가하면서 농민들이 남부와 동부로 이주하면서 이 과정이 한층 촉진되었다. 약 800년에 걸친 이런 변화는 중국의 여러 지역, 그중에서도 특히 논농사의 잠재력이 가장 큰 지역들에서 부계 씨족이 점차 확산되고 강화되는 결과로 이어졌다. 20세기 초에 이르면 여러 씨족이 광둥성 농경지의 3분의 1 정도와 주강 삼각주의 약 44퍼센트를 공동으로 소유했다.[11]

오늘날 중국의 성들은 논농사에 전용되는 농경지의 규모가 크게 다르다(〈그림 7.5〉). 남부에서 북부로 갈수록 지역 주민들의 논농사 의존도가 점점 줄어드는 한편, 밀이나 옥수수 같은 다른 작물의 재배가 늘어난다. 〈그림 7.5〉에서 진한 색으로 표시한 지역일수록 논농사 전용 경지의 비중이 큰 곳이다. 이런 상황에서 환경적 요인(논농사의 생태적 적합성)으로 기원을 추적할 수 있는 친족 집중도 그리고 특히 씨족의 중요성에 대한 변이가 나타나는데, 이는 자연적 실험실 같은 역할을 한다. 우리는 이런 생태적 변이를 중국 전역의 심리적 차이와 연결할 수 있다.[12]

지금까지 나는 중국 내의 사촌 간 결혼, 일부다처, 결혼 후 주거 같은 특징에 관한 자세한 통계 데이터를 확보해서 분석하지 않았기 때문에 앞 장에서 사용한 것과 같은 중국에 대한 역사적 친족 집중도 지수를 만들지는 못한다. 하지만 각 성별로 씨족의 역사적 중요성에 관한 데이터를 보면, 한 성 내에서 논농사 전용 농지의 비율이 높을수록 부계 씨족이 더 우세하고 중요했음을 확인할 수 있다.[13]

심리학자 토머스 탈헬름Thomas Talhelm이 이끄는 연구팀은 농경의 관행과 심리적 차이를 직접 연결시키면서 6개 대학에서 중국 27개 성 출신 한족 참가자 1,000여 명을 대상으로 세 가지 각기 다른 실험 과제를 동시에 진행했다. 연구팀이 진행한 세 가지 과제는 다음과 같다.[14]

1. 내집단에 대한 편애: 참가자는 (1) 친구나 (2) 낯선 사람과 사업을 한다고 상상해보라는 말을 들었다. 그리고 각각의 경우에 참가자는 친구나 낯선 사람이 (a) 정직하거나 (b) 부정직하게 행동하면 보상이나 처벌을 할 생각이 있는지에 관한 질문에 답했다. 전통적으로 집약적 논농사를 하는 지역의 사람들은 사회적 삶이 집약적 친족에 더 강하게 물들어 있을 것이므로 친구나 가족을 더 강하게 선호해야 한다. 이와 대조적으로, 관계적 연계가 약한 사람들은 새로운 관계를 찾고 기존의 관계를 재평가하는 데 더 개방적이어야 한다. 오래된 결속은 깨져야 하고, 오늘의 낯선 사람이 내일의 친구가 될 수 있다.

2. 자기초점: 참가자들은 자신과 친구들을 각각 하나의 원으로 표시하고 이름을 적어서 자신과 친구들과의 관계를 다이어그램으로 표시하는 소시오그램을 그려보라는 요청을 받았다. 참가자의 자기초점 self-focus은 자신을 나타내는 원self-circle이 다른 구성원을 나타내는 원 frield-circle의 평균 크기보다 얼마나 더 큰지에 따라 측정했다. 자기초점이 강한 사람은 자신을 나타내는 원을 다른 모든 이들을 나타내는 원보다 크게 그리는 경향이 있다. 참가자는 왜 소시오그램을 그려야 하는지 설명을 듣지 못하기 때문에 무슨 시험을 하는 건지, 또는 연구자들이 원하는 게 무엇인지 알지 못한다. 이는 사람들이 일정한 방식으로 자신을 표현하거나 실험자가 원한다고 생각하는 방식으로 답을 하지 못하게 하기 위한 것이다. 역사적으로 논농사 의존도가 낮고, 씨족 성향이 약한 공동체의 참가자들은 아마도 다른 사람을 나타내는 원에 비해 자신을 나타내는 원을 크게 그릴 것이다.

3. 분석적 사고: 참가자는 앞에서 논의한 '세 항목 문제'에 응답했다. 논농사 의존도가 약하고 씨족이 중요하지 않은 지역의 사람들은 이 문제에서 더 분석적 선택을 해야 한다.

탈헬름과 연구팀이 발견한 결과는 대체로 하나로 수렴된다. (사업 파트너와 관련된) '내집단에 대한 편애 문제In-group Favoritism Task'에서 논농사 비율이 높은 지역 출신의 한족 참가자들은 다른 지역 출신들에 비해 정직한 친구에게 더 많은 보상을 주고 부정직한 친구에 대해 더 가벼운 처벌을 가하는 경향이 있었다. 다시 말해, 집약적 논농사 지역 출신은 친구에 대해 더 높은 충성도(또는 더 많은 족벌주의적 성향)를 보였다. 반면 논농사 의존도가 낮은 지역 출신은 낯선 사람과 친구를 더 비슷하게 대했다.

'자기초점 문제Self-focus Task'에서는 논농사 비율이 낮은 지역 출신 사람들이 친구를 나타내는 원보다 자신을 나타내는 원을 더 크게 그리는 경향이 있었다. 이 데이터를 두 집단으로 나누면 그 효과가 극명하게 드러난다. 논농사를 짓는 농지가 절반 이하인 지역 출신 사람들은 친구에 비해 자신을 나타내는 원을 (평균) 1.5밀리미터 크게 그린 반면, 논농사를 짓는 농지가 절반 이상인 성 출신 사람들은 자신을 나타내는 원을 친구를 나타내는 원과 거의 같은 크기로 그렸다(약 0밀리미터 차이). 논농사의 비중이 적을수록 자기초점이 강하다. 물론 WEIRD의 기준으로 보면, 자신을 1.5밀리미터 정도 크게 그린 것은 그다지 '인상적'이지 않다. 미국인은 6.2밀리미터, 독일인은 4.5밀리미터, 영국인은 3밀리미터씩 자신을 크게 그린다. 논농사가 많이 이뤄지는 또다른 나라인 일본에서는 사람들이 자신을 친구보다 작게 그린다(-0.5밀리미터).[15]

'세 항목 문제'에서 논농사에 대한 의존도가 낮은 성 출신 사람들은 분석적으로 사고하는 성향이 강했다(〈그림 7.6A〉). 그 효과는 상당하다. 장시나 상하이 같은 논농사를 많이 짓는 지역 출신 사람이 분석적으로 짝을 맞추는 평균 비율은 10~20퍼센트로, 전체론적 성향이 강했다. 한편 칭하이나 닝샤 같이 쌀 생산량이 적은 지역 출신 사람들은 40퍼센트 이

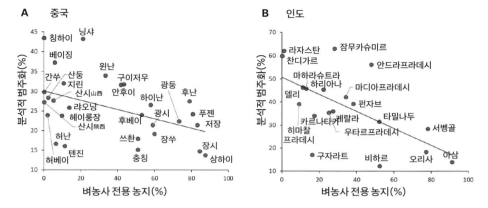

A 중국

B 인도

〈그림 7.6〉 '세 항목 문제'를 이용해서 측정한 분석적(대 전체론적) 사고와 (A) 중국과 (B) 인도의 논농사 경지 비율의 관계

수직축은 각 성(중국)이나 주(인도) 출신 사람들의 분석적 응답 평균 비율을 보여준다. 중국의 참가자들은 모두 대학생이고 한족이다. 인도에서는 온라인으로 참가자를 뽑았는데, 연령과 종족적 배경이 매우 다양하다.[16]

상이 분석적으로 짝을 맞추는 쪽을 선호했다. 다시 말해, 주로 밀이나 옥수수, 기장(쌀 이외 작물)을 재배하는 성에서는 전체론적 사고와 분석적 사고의 비율이 비슷했다. 논농사를 짓지 않는 이 인구 집단들은 WEIRD 대학생의 전형적인 범위에 속하지만, 그래도 '유어모랄 사이트'에서 조사한 WEIRD 성인들보다는 아래쪽에 자리한다(〈그림 1.9〉). 전반적으로 볼 때, 한 지역에서 논농사 전용 농지의 비율을 알면 분석적 사고와 전체론적 사고에 대해 중국의 지역 사이에서 나타나는 변이의 절반 정도를 설명할 수 있다.[17]

모든 참가자가 6개 대학에 다니는 중국의 (농민이 아니라)한족 대학생이라는 점을 감안하면, 세 가지 각기 다른 실험 과제를 통해 포착한 이런 심리적 차이의 폭은 특히 인상적이다. 연령, 교육, 국적, 종족이 균일함에도 불구하고 탈헬름과 그의 연구팀은 상당한 심리적 차이를 발견했다.

사람의 심리와 논농사의 상관관계는 무엇이 무엇을 야기하는지 말해주지 않는다. 어쩌면 일정한 심리의 측면 때문에 사람들이 쌀을 무시하거나 벼를 재배하는 데 필요한 협동적 활동을 하는 것을 무시하는 것일 수도 있다. 아니면 대략 남부에서 북부까지 논농사의 비중이 다르기 때문에 어쩌면 역시 남부에서 북부까지 다른 어떤 경제적, 지리적 요인 때문에 사람들이 더 분석적으로 사고하고 또한 벼를 덜 재배하는 것일지도 모른다.

탈헬름의 연구팀은 '세 항목 문제'를 이용해서 수집한 더 많은 표본을 활용해서 이런 의문을 두 가지 방식으로 다루었다. 첫째, 연구팀은 논농사의 실제 비율인 행동을 활용하는 대신 순전히 강우량 같은 생태적 변수를 바탕으로 그 지역의 '논농사 적합성' 측정치를 활용했다. 벼농사 활동과 달리, 논농사 적합성 측정치는 성들의 심리적 차이에 의해 야기될 수 없다. 논농사 적합성 측정치를 약간 통계적으로 현란하게 처리함으로써 연구팀은 생태적 조건에서 농업 관행을 거쳐 분석적 사고로 이어지는 인과관계의 고리를 추적할 수 있었다. 다시 말해, 전체론적 사고를 더 많이 한다고 비가 오게 할 수는 없다. 이런 접근법은 실패할 염려가 없는 것은 아니지만, 논에서 분석적 사고까지 이어지는 인과관계의 고리를 확인하기 위한 좋은 방법이다.[18]

둘째, 중국의 북부와 남부의 차이와 관련하여 잠재적으로 숨겨진 요인들을 더 잘 다루기 위해 탈헬름 연구팀은 북부와 남부 구분선에 바로 면한 중부의 다섯 개 성에만 초점을 맞추었다(〈그림 7.5〉). 여기서 연구팀은 각 성에 있는 모든 현에 대해 벼 재배 관련 데이터를 확보함으로써 나란히 있지만 벼 의존도가 다른 현들을 비교할 수 있었다. 같은 성 안에서 인접하거나 이웃한 현들을 비교하면, 북부와 남부의 광범위한 기후, 경제, 정치, 그밖에 문화와 역사적 차이에 관한 우려를 최소화할 수 있다.

이 분석에 따르면, 중부 경계선에 있는 성들에 속한 현의 사람들이 국가 차원에서 여러 성에서 관찰되는 것과 동일한 심리적 변이의 양상을 보여준다. 논농사 전용 농지가 더 많은 현의 사람들은 논이 적은 현의 사람들보다 분석적 성향이 약하다. 이를 통해 우리가 보는 현상이 단순히 북부와 남부의 광범위한 차이가 아님을 알 수 있다.[19]

중국의 이런 양상은 다른 두 종류의 증거와 하나로 수렴된다. 첫째, 탈헬름은 중국에서 실행했던 연구를 확인하는 차원에서 온라인으로 인도의 각기 다른 주 출신인 500명의 참가자를 모아서 '세 항목 문제'와 '내집단에 대한 편애(사업 파트너) 문제'를 진행했다. 무엇보다도 인도는 논농사의 생태적 경사도가 중국과 비슷하다. 다만 남부와 북부 대신 인도 아대륙의 동부와 서부 사이에 경계선이 존재한다. 중국의 심리적 변이에 관한 결론이 올바르다면, 인도에서도 비슷한 심리적 차이가 발견되어야 한다.

확실히 중국과 마찬가지로, 논농사를 많이 짓지 않는 지역 출신 인도인이 '세 항목 문제'에서 더 분석적이고, 사업 파트너 문제에서 족벌주의(친구 편애) 성향이 약했다. 〈그림 7.6B〉는 인도의 각기 다른 주의 논농사 전용 경지의 비율과 '세 항목 문제'에서 분석적 선택을 한 비율 사이의 관계를 보여준다. 인도에서 이 관계는 실험 참가자의 연령, 성별, 소득, 교육과 무관하게 유효하다. 인도에서 온라인으로 진행된 연구 하나를 너무 과장하고 싶지는 않지만, 이 연구가 남부와 북부 대신 동부와 서부라는 차이를 제외하고 중국에서 살펴본 것과 동일한 양상을 확인하게 해준다는 사실을 보면, 중국의 역사나 지리의 세부 사실에 근거한 독특한 대안적 설명들은 그럴 듯해 보이지 않는다.

두 번째 확증적 증거는 인구 집단들이 (논농사를 위해서든 다른 이유에서든) 관개에 의존한 역사적 사실이 개인주의, 탄탄함, 복종 등의 심리적 측정치와 관련이 있음을 보여주는 세계적 규모의 연구에서 비롯된 것이다. 조상이 관개농업에 더 의존한 사람들은 오늘날 개인주의 성향이 약하고, 사회 규범을 준수하는 데 더 관심이 많으며, 자녀에게 복종을 주입하는 데 더 진지하다.[20]

중국과 인도에서 나온 증거를 종합해보면, 큰 나라 안에는 중요한 심리적 변이가 존재한다는 사실이 확인되며, 더 집약적인 친족은 예측 가능한 일정한 양상을 만들어낸다는 통념이 뒷받침된다. 여기서 교회는 집약적 친족이나 심리상의 변이의 원인이 아니었다. 그 대신 일정한 생태적 조건이 집약적 농업을 위한 잠재력을 창출했고, 이런 농업은 다시 대단히 협동적이고 하향적이며 집약적인 친족 기반 제도의 문화적 진화를 부채질했다. 하지만 특히 이런 생태적 변이에 의해 창출된 집약적 친족의 변이는 '결혼 가족 강령'의 영향에 비하면 상대적으로 작다. 교회는 유럽의 씨족과 친속, 사촌 간 결혼, 일부다처, 상속 규범을 거의 절멸시켰다.

그렇다 하더라도 유럽의 경우에 이는 약한 친족 간의 유대와 WEIRD 심리로 이어지는 경로가 일부 지역에서는 더 짧았음을 보여준다. 이런 지역에서는 생태적 조건이 대단히 강한 친족 기반 제도가 형성되는 데 유리하지 않았다. 다시 말해, 관개 대신 강우에 의지해서 밀을 재배하는 북유럽의 지역들에서 교회의 '결혼 가족 강령'은 북유럽 일부 부족들의 좀 더 분산된 친족 기반 제도를 해체하는 과정에서 별로 저항에 맞닥뜨리지 않았을 것이다. 물론 우리는 심리적 변이를 낳는다고 알려진 (관개나 질병 유행 등) 모든 생태적, 경제적 요인을 통계적으로 통제했기 때문에 앞에서 살펴본 결과는 이런 요인들과 무관하게 유효하다.[21]

중국에 관해 생각할 때, 특히 1979년 시장 개혁 이후 대규모 경제 성장을 고려할 때, 우선 정신적 씨앗을 하나 심고 나중에 수확하도록 하자. 20세기 중반까지 중국에는 많은 집약적 친족 관행이 흔했다. 당시, 그러니까 현대적(유럽식) 결혼을 채택하려는 30년에 걸친 캠페인이 정점에 달한 1950년에 새로운 공산당 정부는 중화인민공화국 혼인법을 제정했다. 이 법률의 1, 2, 3조의 내용은 일부다처, 중매결혼, 축첩, 약혼, 과부 강제결혼(수혼), 혼인지참금을 폐지하는 것이다. 영아 살해 역시 금지되었고, 부인은 재산을 소유할 권리와 남편의 재산을 상속받을 권리를 얻었다. 친척 간 결혼에 관해서는 1950년에 삼촌과 조카딸의 결혼만이 금지됐지만(2차 혈족second-degree relative 가계도를 그릴 때 2개의 선으로 연결되는 조부모, 조카, 삼촌, 이모 등—옮긴이), 1980년에 확대되어 4촌까지 포함되었다(3차 혈족. 6a조). 중국에서 시행된 이 '결혼 가족 강령'은 낯익어 보인다. 중국의 강력한 국가는 지난 70년간 교회가 중세 유럽에서 여러 세기에 걸쳐 달성한 과정을 수행하고 있다.[22]

경제적 번영을 위한 제도적 토대가 형성되다

이 장에서 다룬 세 가지 주요한 논점을 요약해보자.

1. 앞서 유럽에서 살펴본 양상은 앞 장에서 세계적으로 살펴본 양상과 비슷하다. 한 인구 집단이 서방 교회에 더 오랫동안 노출됐을수록, 오늘날 가족 간의 유대가 더 약하고 심리적 양상이 더 WEIRD하다. 현재를 제외하면, 유럽 나라들 안에서 비교할 때 다른 설명의 여지가 훨씬 줄어든다. 이런 양상은 식민주의나 '유럽인의 유전자', 민주적 제도, 경제 번영, 또는 소득, 자산, 교육, 종교 교파, 독실함의 정도 같은

개인 차원의 차이로 설명할 수 없다.

2. 친족 기반 제도가 사람의 심리에 미치는 효과는 문화적으로 지속된다. 이민자의 자녀로 태어나 온전히 유럽에서 자란 성인은 여전히 부모의 고국이나 종족언어 집단에서 비롯된 친족 기반 제도와 관련된 심리적 성향을 드러낸다.

3. 중국과 인도를 비롯한 다른 넓은 지역에서도 비슷한 심리적 변이의 양상을 발견할 수 있다. 무엇보다도 이런 심리적 변이는 아마 친족 집중도의 지역적 차이로 거슬러 올라가는 한편, 그 근원적인 원인들은 교회가 아니라 해당 인구 집단의 역사에서 관개와 논농사의 생산성을 높인 생태적, 기후적 요인들과 관련된다.

서기 1000년 무렵, 유럽의 몇몇 지역은 이미 500년간 '결혼 가족 강령'을 경험한 상태였다. 주교구에 대한 노출 기간(《그림 7.1》)을 이용해서 확인할 수 있듯이 이 지역들에서 서방 교회는 의도하지 않은 채 일련의 사회적, 심리적 변화를 유도했다. 생산을 조직하고, 안전을 제공하고, 사람들에게 의미와 정체성의 감각을 부여하는 집약적 친족 기반 제도가 없는 가운데 개인들은 주거를 이전하고, 생각이 비슷한 타인을 찾고, 자발적 결사체를 형성하고, 낯선 사람을 상대하도록 사회적으로 강요를 받는 동시에 그에 대한 개인적인 동기가 형성되었다. 이와 관련된 심리적 변화는 여러 가지 방식으로 등장했을 것이다.

관계와 주거의 이동성이 미치는 영향에 관한 연구를 보면, 새로운 상황에 맞는 급속한 심리적 재적응과 아동기 경험의 지속적인 흔적이 모두 일정한 역할을 한다는 것을 알 수 있다. 가령 심리학자들은 사람들에게 도시에 정착하는 것과 도시를 잠깐 방문하는 것을 암시하면 곧바로 다른 선호를 불러일으킨다는 사실을 보여준 바 있다. 도시에 눌러 살려면 어쩔 수 없이 충실한 친구가 소중한 반면, 잠깐 방문할 때는 좀 더 평등주의적인 동기가 생긴다. 한편 여러 연구는 또한 발달에 미치는 효과를 지적한다. 어린 시절에 다른 지역으로 이주한 젊은 성인은 친구와 낯선 사람을 별로 구별하지 않는다. 전반적으로, 주거 이동성과 관계적 자유(즉 새로운 관계에 대한 제약이 별로 없는 상황)가 커질수록 개인은 더 큰 사회적 연결망을 형성하고, 새로운 경험을 선호하고, 새로운 것을 좋아하고, 어쩌면 더 창의적으로 사고하게 된다(〈부록 C〉를 보라).[23]

단순히 주거 이동성과 관계적 자유를 향상시키는 것으로 유도될 수 있는 일부 심리적 효과는 10세기와 11세기에 성장하기 시작한 소읍과 도시, 종교 조직으로 옮겨 가는 사람들에게서 특히 강하게 나타났을 것이다. 새롭게 등장하는 원형적 WEIRD 심리인 분석적 사고, 개인주의, 관계와 무관한 도덕은 이런 새로운 결사체와 조직을 형성하는 과정에서 (씨족이 아니라) 개인에게 특권과 의무를 부여하는 공평한 규칙과, 회계 기록, 상업법, 문서 계약 같이 신뢰를 강제하는 비개인적 방식의 발전을 선호했을 것이다.

물론 사람들은 제대로 기능하는 공식 제도를 새롭게 고안하는 데 서투르다. 하지만 이렇게 동일한 과정이 이탈리아 북부부터 잉글랜드까지 유럽의 여러 소읍과 도시에서 벌어졌기 때문에 문화적 진화가 그 역할을 할 수 있었다. 어떤 공동체나 조직이 어설프게나마 새로운 공식적 제도와 규범과 믿음을 효과적으로 결합하면, 그들은 번영하고 그 결과로 새로운 성원을 끌어들임으로써 확장했다.

이렇게 성공적인 확장을 이루면 다른 조직이나 공동체도 그들의 관행과 규범을 따라했으며, 이는 결국 성문법과 조직적 정책, 도시 헌장의 형태로 확산되었다. 여러 세기에 걸쳐 대다수의 유용한 제도적 요소들이 각기 다른 방식으로 모방되고 재결합되는 과정에서 그 시대에 발전한 원형적 WEIRD 심리에 맞는 효과적인 공식적 제도 형태가 (가족이나 친속 등이 아니라) 개인을 조직하고 통치하기 위해 등장하기 시작했다. 새로운 공식적 제도는 점차 낯선 기독교인들 사이에서 협동과 상호 이익이 되는 교환을 촉진했다.

계속해서 비개인적 시장의 등장과 그것이 심리에 미친 효과를 검토하기에 앞서, 잠깐 교회의 '결혼 가족 강령'의 한 요소에 현미경을 들이대서 그것이 어떻게, 왜 작동하는지를 관찰해보자. 일부일처혼이 사회, 심리, 호르몬에 미친 영향을 자세히 살펴보고, WEIRD 심리와 포용적인 민주적 제도의 기원에서 어떤 역할을 했는지 검토해보자.

Chapter 8

일부일처제의
심리학과 사회학

일부일처혼은 남성을 심리적으로, 심지어 호르몬상으로도 변화시키며, 사회에 후속 효과를 가져온다. 이런 형태의 결혼은 인간 사회에 자연스럽지도 정상적이지도 않을 뿐만 아니라 지위가 높은 엘리트 남성들의 강한 성향에 직접적으로 어긋나지만, 그럼에도 불구하고 독실한 사회의 집단 간 경쟁에서 우위를 차지했다.

_본문 중에서

에르난 코르테스가 이끄는 에스파냐의 정복자들이 멕시코에 도착해서 아스테카를 정복하기 시작한 1521년, 팽창하는 두 제국이 충돌했다. 이 두 강력한 제국은 최소한 1만 5,000년 동안 서로 고립된 채 발전했고, 공통의 조상은 석기 시대의 수렵채집인들이었다. 각자 독자적으로 발전하긴 했지만, 두 제국은 놀라울 정도로 비슷했다. 둘 다 세습 통치자가 이끄는 복잡한 국가 관료제를 가지고 있었고, 다른 사회의 정복을 부추기는 동시에 정당화하는 유력한 종교를 흡수한 매우 계층화된 농경 사회였다. 그렇지만 몇 가지 핵심적인 차이가 존재했다.

코르테스는 대담하고 잔인한 정복 이후 불과 몇 년 뒤에 누에바 에스파냐Nueva España의 열두 사도, 즉 멕시코에 최초로 도착한 가톨릭 선교사들을 맞이했다. 열두 명 중 한 명인 프란치스코회 수사 토리비오 데 베나벤테 모톨리니아는 새로 맡은 성직 안에서 원주민의 믿음과 관습을 지켜보는 빈틈없는 관찰자가 되었다. 그가 쓴 글을 보면 16세기 유럽인들과 동시대 아스테카인들을 구별하는 제도 가운데 하나를 엿볼 수 있다. 결혼에 대해 수사 토리비오는 다음과 같이 말했다.

주님의 집에서 가르침 받은 이들을 제외하고는 3~4년 동안 혼인성사를 베풀지 못했다. 다른 모든 인디오들은 마음 내키는 대로 많은 여자를 데리고 살았다. 어떤 이는 200명이나 거느리고 다른 이들은 그보다 적었는데, 각자 형편대로 많은 부인을 두었다. 지배자와 족장이 모든 여자를 빼앗았기 때문에 평범한 인디오는 결혼하고 싶어도 여자를 찾기 어려웠다. 프란치스코회는 이런 악폐를 근절하고자 했지만, 그렇게 할 도리가 없었다. 지배자들이 대부분의 여자를 거느린 채 내놓으려 하지 않았기 때문이다. 청원이나 위협, 주장 등 수사들이 온갖 수단에 호소해도 인디오들이 자기 여자를 포기하고 교회법이 요구하는 바에 따라 한 여자와만 결혼하게 할 수 없었다. … 이런 상황은 5~6년 뒤 일부 인디오가 자진해서 일부다처를 포기하고 한 여자로만 만족하기 시작하면서 교회가 요구하는 대로 한 여자와 결혼하기 시작해 주님을 기쁘게 할 때까지 계속되었다. … 수도회는 인디오들이 일부다처를 포기하게 하는 게 쉽지 않았다. 인디오들이 육욕을 한껏 즐기는 오랜 육체적 관습을 포기하는 게 어렵기 때문에 참으로 이루기 어려운 과제였다.[1]

편견이 없지는 않지만 한 명의 증인으로서[2] 토리비오 수사는 다양한 사회에서 되풀이되는 일부다처혼의 세 가지 핵심적 측면에 초점을 맞춘다. 첫째, 남성이 관습에 따라 여러 여성과 결혼하는 게 허용되면 엘리트 남성은 부인을 여럿 둔다. 둘째, 일부다처혼은 가난하고 신분이 낮은 넘쳐나는 남성들이 짝을 찾아 결혼할 가능성이 거의 없게 만드는 강력한 사회 동학social dynamics을 야기한다. 대부분의 여성이 '자기보다 지위가 높은' 남성과 결혼을 하기 때문이다. 셋째, 신분이 높은 남성은 물론이고 종종 부인들 또한 한 사람이 한 번에 배우자를 한 명만 두어야 한다는 관념에 저항한다.

토리비오 수사의 글은 우리의 이야기에서 중심을 차지하는 다른 면도 보여준다. 기독교 선교사들이 자신들의 신념을 가차 없이 밀어붙인다는 것이다. 서기 600년 무렵 앵글로색슨족의 켄트나 1530년의 아스테카 제국이나 1995년 페루 아마존 지역 어디서든 그들은 절대 멈추지 않고 포기하지 않는다. 개종을 시키려는 선교사들이 실패하거나 살해되면 곧바로 새로운 선교사가 등장해서 초자연적 믿음과 의례, 가족 관행에 관한 교회의 신념을 계속 밀어붙인다.

일부다처혼의 무자비한 동학을 설명하기 위해 신세계의 다소 다른 공동체에서 다른 민족지학자가 관찰한 내용을 살펴보자.

모든 일부다처 사회에는 결혼할 만한 여자가 부족한데, 이것이 콜로라도시티/센테니얼파크에서 세대 간 갈등이 발생하는 주요한 요인이다. 나이 많은 남성이 언제나 결혼 시장에서 한정된 결혼 적령기의 여성을 놓고 젊은 남성들과 경쟁한다. 기혼 남성과 미혼 남성 사이의 긴장은 10대의 인식에 영향을 미친다. 가령 1960년대에 지역의 한 경찰관은 … 지역을 떠나지 않은 미혼 남성을 체포하겠다고 위협하곤 했다. … 짝 찾기 경쟁은 치열하다. 젊은 남자들은 가족(특히 아버지)의 지원과 경제적 뒷받침이 없으면 나이 많은 남자들과 경쟁할 수 없음을 깨닫는다. 젊은 남자들은 고등학교를 졸업하기 전에 여자친구를 찾지 못하면 앞으로 절대 구하지 못할 것이라는 걸 안다. 여자친구가 없으면 부인을 찾기 위해 지역을 떠나게 된다.[3]

이런 상황은 토리비오 수사가 묘사한 아스테카의 상황과 섬뜩할 정도로 비슷하다. 하지만 위의 설명은 16세기 멕시코와는 거리가 먼 20세기 말 미국의 유타와 애리조나 경계에 있는 소도시의 이야기다. 위의 설명에서 인류학자 윌리엄 잰코비악William Jankowiak은 근본주의 교파인 예수 그리스도 후기성도 교회와 관련된 모르몬교 일부다처제 공동체의 사회적 삶을 보여준다. 여러 면에서 이 근본주의 모르몬교도들은 대다수 미국인들과 크게 다르지 않다. 예를 들어, 어느 날 국립공원을 찾거나 쇼핑몰에서 시간을 보낸 뒤 그들이 저녁에 나누는 대화는 〈반지의 제왕〉의 오락적 가치에서 아마씨유의 건강 효과에 이르기까지 다양하다. 그렇지만 일부다처제의 수학적 문제는 여전히 그들에게 유효하고 따라서 불만을 품은 젊은 미혼 남자 집단이 생겨난다. 다시 말해, 이 남자들은 결혼할 가능성도 거의 없고 미래에 대한 관심도 없다. 모르몬교도들이 '길 잃은 청년들'이라고 부르는 이 남자들은 결혼해서 믿음직하고 근면한 아버지가 되는 대신 범죄와 폭력과 약물에 의지하기 때문에 사회의 문제가 된다.[4]

일부다처혼의 힘과 그 사회 동학을 이해하기 위해서는 우선 인간 본성을 검토하고 WEIRD의 결혼을 종 차원의 관점에서 고려할 필요가 있다.

일부일처제라는 '독특한' 제도

지금쯤이면 내가 무슨 이야기를 하려는지 알 것이다. 이국적인 결혼 형태를 가진 것은 근본주의 모르몬교도나 고대 아스테카인이 아니라 바로 WEIRD다. WEIRD의 친족 기반 제도 일반과 마찬가지로 진화론적이나 지구사적 관점에서 볼 때 WEIRD 일부일처제는 독특하다. 앞으로 알게 되겠지만, 일부일처 사회 가운데서도 WEIRD의 결혼은 독특하다.[5]

유인원과 원숭이와 같은 우리와 가장 가까운 진화론적 친척 가운데 호모 사피엔스처럼 큰 집단을 이루어 살면서 동시에 오직 일부일처의 짝 결속을 하는 종이 과연 얼마나 될까?

하나도 없다. 집단생활을 하는 영장류 가운데 어느 것도 일부일처혼에 해당하는 비문화적 짝 결속을 하지 않는다. 우리의 가장 가까운 친척인 침팬지와 보노보의 성생활을 바탕으로 미루어볼 때, 우리와 이 유인원의 공통 조상은 아마도 매우 난잡하게 짝짓기를 하거나, 지속적인 일부일처는 고사하고 결속을 전혀 하지 못했거나 둘 중 하나였을 가능성이 높다. 그럼에도 불구하고 유인원의 사촌에서 갈라져 나온 이후 우리 종은 (짝짓기와 관련된) 특별한 일련의 심리적 성향을 진화시켰다. 이런 심리적 성향은 자신의 배우자와 강력한 정서적 유대감을 형성하여 남성들이 배우자의 자녀에게 기꺼이 투자하도록 만들었다. 또한 이와 같은 짝짓기의 심리는 혼인 제도를 위한 근본적인 버팀목 역할을 했다. 하지만 짝짓기 심리의 근본적인 성향으로 인해 우리 종의 혼인 제도는 일부다처혼으로 기울게 되었다. 이와 대조적으로, 우리가 타고난 짝짓기 심리는 보통 광범위한 일처다부혼(부인 한 명이 남편을 여럿 두는 결혼)을 선호하지 않는다. 다만 일처다부혼에 대한 금지가 없는 사회에서도 이런 현상이 낮은 비율로 나타날 것이라고 예상할 만한 타당한 진화적 이유가 있기는 하다.[6]

우리의 '일부다처 편향'은 부분적으로 인간의 생식 생물학상의 기본적인 불균형에서 생겨난다. 인간의 진화사에서 한 남성이 더 많은 짝을 가질수록 그의 생식력, 또는 생물학자들이 말하는 '적합도fitness'는 더 높아진다. 이와 대조적으로, 여성의 경우에는 단순히 짝이 많다고 해서 곧바로 생식력이나 적합도가 높아지지 않는다. 남성과 달리 여성은 필연적으로 태아를 임신하고, 갓난아이에게 젖을 먹이고, 갓 걸음마를 시작한 아이를 보살펴야 했다. 다른 포유류에 비해 인간 어린이를 기르는 데 막대한 노력을 투입해야 하는 점을 감안하면, 예비 어머니는 도움과 보호, 그리고 음식, 의복, 주거, 문화적 노하우 같은 자원이 필요했다. 이렇게 도움을 받는 한 가지 방법은 주변에서 가장 유능하고 자원이 많고 지위가 높은 남자와 짝을 이루어서 그에게 자신의 아이가 곧 그의 아이임을 분명히 하는 것이었다. 남자가 아버지로서 더욱 확신을 가질수록 더 기꺼이 시간과 노력과 에너지를 투입해 부인과 부인의 아이를 부양할 것이다. 하지만 부인과 달리, 우리의 새로운 남편은 다른 여자들과 동시에 추가적인 짝 결속을 이룰 수 있다. 새로운 부인이 임신하거나 젖을 먹이는 동안 남자는 두 번째나 세 번째 부인(그리고 네 번째, 다섯 번째 등의 부인)과 또다른 아이를 가지려고 '애를 쓸' 수 있다.

게다가 남자는 자식을 잘 낳는 짝을 끌어들일 수 있는 한 생애 주기 전체에 걸쳐 재생산을 할 수 있다. 폐경 시기가 되면 생식을 멈춰야 하는 여자와는 다르다. 그리하여 남자는 장기적이든 단기적이든 더 많은 짝을 생식 목록에 추가함으로써 잠재적으로 적합도의 측면에서 큰 이득을 얻을 수 있다. 이런 이유 때문에 자연선택은 남성, 특히 지위가 높은 남성이 일부다처혼을 선호하는 방식으로 우리의 진화된 심리를 형성했다.[7]

남성은 일부다처를 선호하는 일정한 심리적 성향이 있다는 사실에 어떤 이들은 충격을 받을지도 모르겠다. 하지만 더욱 놀라운 점은 이렇게 일부다처혼을 향해 진화된 심리적 압력이 남성들에게서만 나오는 게 아니라는 것이다. 여성은 '순차적으로' 생식을 하기 때문에, 그러니까 (보통) 한 번에 한 아이만을 낳고 그 아이에게 투자하기 때문에 정말 좋은 짝을 선택하는 게 대단히 중요할 수 있다. 여성이 고른 짝은 자녀의 유전자의 절반을 공급할 뿐만 아니라 여성과 아이를 보호하고, 자원(가령 고기, 가죽, 부싯돌 등)을 제공하며, 교육 같은 투자도 한다. 일부다처혼의 사회에서 젊은 여성과 그 가족은 순수한 일부일처 사회보다 훨씬 많은 잠재적 남편을 놓고 선택할 수 있다. 기혼 남성이나 미혼 남성 어느 쪽이든 선택할 수 있기 때문이다. 수렵채집인 사회에서 특정한 여성이 택할 수 있는 최선의 방법은 무능한 사냥꾼의 첫째 부인이 되느니 훌륭한 사냥꾼의 둘째 부인이 되는 것이다. 이렇게 되면 자식들이 훌륭한 유전자를 물려받는 동시에 소중한 영양원인 고기도 꾸준히 공급받는 데 도움이 된다. 게다가 여성은 일부다처 가구에 합류함으로써 손위의 다른 부인들에게 배우고, 도구, 꿀, 조리용 불 같은 자원을 공유하며, 아기 보기나 심지어 젖 먹이기에서도 도움을 받을 수 있다. 물론 완벽한 세계에서라면 그런 여성은 훌륭한 사냥꾼과 **배타적으로** 가족을 이루는 것을 선호하겠지만, 명망 있는 남자와 더 나은 전반적인 거래를 하기 위해 일부다처혼을 하느냐, 일부일처혼으로 더 나쁜 거래를 하느냐의 현실적 선택에 직면해서 여자는 대개 기혼남과 결혼하는 쪽을 택할 것이다. 따라서 일부일처의 규범은 남성뿐만 아니라 여성의 선택까지 제약하며 사람들이 정말로 원하는 상대와 결혼하는 것을 막을 수 있다.[8]

그 결과 일부다처혼은 여성이 남편을 자유롭게 선택하는 사회를 포함해서 여러 조건에서 남성과 여성 모두에게 매력이 있다. 이와 대조적으로 일처다부혼은 비교적 협소한 사회, 경제, 생태적 상황을 제외하면 남성이나 여성에게 심리적으로 매력적이지 않다.[9] 이런 분석과 일관되게, 인류학적으로 알려진 대부분의 수렵채집인 사회는 일부다처혼을 허용하며, 통계적으로 말해서 일부다처혼이 보통 낮은 비율에서 중간 비율까지 지속된다. 대부분의 종합적 연구에서 세계 각지의 수렵채집 인구 집단의 90퍼센트가 일정 정도의 일부다처혼 제도를 갖고 있는 반면, 10퍼센트만이 일부일처혼 제도를 갖고 있었다. 일부다처혼이 존재하는 사회들 가운데 남성의 약 14퍼센트와 여성의 22퍼센트가 일부다처혼을 했다. 콩고 분지에 사는 이들처럼 대단히 평등한 수렵채집인들 사이에서도 남성의 14~20퍼센트가 일부다처혼을 했다.[10] 당연한 얘기겠지만, 모든 집단에서 부인을 여럿 두는 것은 언제나 훌륭한 샤먼, 사냥꾼, 전사와 같은 명망 있는 남성이었다. 그래도 부인이 네 명을 넘는 경우는 드물다. 이와 대조적으로, 일처다부혼은 여러 고립된 지역에서 가끔씩 몇몇 사례가 보고되기는 했어도 통계적으로는 뚜렷하게 확인되지 않는다.[11]

각 사회가 농경을 받아들이고 규모가 크고 복잡한 사회로 나아가면서 남성들 사이에 불평등이 심해지고 일부다처혼의 강도가 크게 높아졌다. '민족지 도해'를 보면 농경 사회의 85퍼센트에서 일부다처혼이 존재했음을 알 수 있다. 많은 인구 집단에서 지금도 추가로 부인을 두는 것이 남성의 명망과 성공의 징표이며, 가장 지위가 높은 남성은 네 명 이상의 부인을 얻는다. 실제로 성공한 남자면서도 부인을 더 두지 않으면 주변 사람들이 놀란다. 한편 '민족지 도해'에 실린 사회 중 15퍼센트만이 '일부일처제'이며 '일처다부제'는 0.3퍼센트에 불과하다. 문화적 진화로 사회계층, 세습적 부, 상속되는 정치 권력, 직업 카스트 등이 창출되면서 사회의 규모가 커지는 가운데 우리만이 고유하게 가지고 있는 일부다처 편향이 결혼과 짝짓기에 더 큰 영향을 미쳤다.[12]

이렇게 규모가 확대되는 과정 동안 일부다처가 극단으로 치달아서 그 크기를 파악하는 게 어려워질 수 있다. 무슨 일이 벌어졌는지를 가늠하는 가장 쉬운 방법은 세계 곳곳의 다른 장소와 시간에서 엘리트 하렘이 얼마나 큰지를 살펴보는 것이다. 유럽과 접촉하던 시기에 남태평양에서는 통가 족장들이 다른 유력한 집안과 동맹을 굳건히 하는 데 도움이 되는 지위 높은 부인을 몇 명 두고 첩을 몇 백 명 거느렸다. 아프리카에서는 아샨티와 줄루의 왕이 각각 1,000명이 넘는 부인을 두었다. 하지만 최고의 족장이나 왕만 그런 게 아니다. 규모는 작아도 하렘을 거느린 하위 엘리트들이 숱하게 많았다. 가령 잔데의 왕들은 부인이 500명이 넘었는데, 족장들 또한 30~40명, 때로는 100명까지 부인을 두었다. 아시아에서는 종종 훨씬 더 극단으로 치달았다. 캄보디아의 중세 크메르 왕은 엘리트 부인을 다섯 명 두고 후궁을 몇 천 명 거느렸는데, 후궁들은 다시 여러 계급으로 나뉘었다. 초기 중국(기원전 1046~771년)에서 서주의 왕은 왕비(后) 한 명, 부인夫人 세 명, 빈嬪 9명, 세부世婦 27명, 여어女御 81명을 거느렸다. 서기 2세기에 이르러 한나라 황제의 하렘에는 6,000명의 여성이 있었다.[13]

서로 동떨어진 역사적 시대에 각기 다른 대륙에서 엘리트 남성들에게 엄청난 수의 독점적 짝을 제공하기 위해 비슷한 제도가 등장했다는 사실은 인상적이다. 사회의 규모가 확대됨에 따라 정치·경제 권력이 종종 특정한 집안이나 씨족, 종족 집단, 그 밖의 연합체에 집중되었다. 집단 간 경쟁에 발목이 잡히지 않을 때면 이 엘리트들은 점차 자신들의 사회를 희생시키면서 자기에게 이익이 되는 방향으로 관습과 법률을 밀어붙였다.[14]

여기서 말하고자 하는 요점은, 성공한 유력한 남성이 많은 짝을 독점하는 것을 금지하는 규범이나 믿음, 법률이나 신이 없는 세계에서 우리의 진화된 심리적 편향과 성향은 종종 극단적 수준의 일부다처를 낳았고, 이는 규모가 큰 복잡한 사회의 공식 제도로 서서히 편입되었다는 것이다.

그렇다면 우리는 어떻게 오늘과 같은 상태에 도달하게 된 걸까?

일부다처혼은 아프리카와 중앙아시아, 중동의 많은 지역에서 여전히 합법이다. 동시에 일부다처혼에 대한 현대의 거의 모든 법적 금지는 WEIRD의 토대에서 나오며, 이는 결국 기독교 교의에 그 뿌리를 둔다. 일본과 중국에서 '현대식(서구식)' 결혼을 도입하기 시작한 것은 각각 1880년대와 1950년대였다. 두 경우 모두 새로운 정부는 일부다처혼 금지를 포함한 서구의 세속적 제도와 법률을 노골적으로 베꼈다. 1920년대에 신생 튀르키예공화국은 일부다처혼 금지를 포함한 WEIRD의 공식적 제도와 새로운 법률을 통째로 베꼈다. 인도에서는 1955년 힌두혼인법Hindu Marriage Act에 따라 무슬림을 제외한 모든 국민의 일부다처혼이 금지되었다. 무슬림은 이슬람의 종교 전통에 따라 여전히 네 명까지 부인을 두는 게 허용되었다. 당연히 일부 명망 있는 힌두교도 남성은 법적 구멍을 발견했다고 생각하면서 이슬람으로 개종했다. 하지만 2015년 인도 대법원은 이 법이 모든 국민에게 예외 없이 적용된다고 판결했다. 따라서 WEIRD의 일부일처제는 세계 대부분 지역에서 상대적으로 새롭게 수입된 것이다.[15]

처음에는 유럽 안에서, 나중에는 세계 곳곳에서 일부일처혼을 확산시킨 요인은 무엇일까?

표면적으로 보면, 주요한 요인은 유럽에서 교회가 성공적으로 확대되고 뒤이어 유럽 사회가 세계 곳곳에 팽창한 것으로 보인다. 유럽의 팽창은 개종자를 찾아서 영혼을 '구원하는' 선교사들이 홍수처럼 밀려들수 있는 길을 닦았다. 이런 역사적 양상의 밑바탕에는 집단 간 경쟁의 일반적인 형태 두 가지가 존재한다. 어떤 경우에 유럽의 팽창은 아스테카의 사례처럼 군사적 정복을 수반했다. 그리고 선교사들이 새로 정복한 사람들을 관리하기 위해 그곳으로 들어갔다. 다른 경우에, 그리고 특히 최근 몇 백 년 동안 정교한 사회들이 민주적 선거에서부터 넥타이를 매는 기괴한 관습에 이르기까지 유럽과 유럽계 사회(가령 미국)의 다양한 공식적 제도와 법률, 관행을 게걸스럽게 베끼면서 그들의 명백한 경제·군사적 힘에 대응했다. 따라서 문제는 일부일처혼이 상업 시장의 토대를 제공하는 계약법과 비슷한가, 아니면 유럽의 위신에 편승하면서 전 세계로 퍼져나간 우스꽝스러운 의복 관습인 넥타이 매기와 더 비슷한가 하는 것이다.

　나는 우리의 일부다처 편향과 엘리트 남성들의 강한 선호에 맞서서 우선시된 일부일처혼의 규범이 다른 집단과의 경쟁에서 커다란 우위를 갖게 해주는 광범위한 사회적, 심리적 효과를 창출한다는 주장을 펴고자 한다. 이 과정이 어떻게 진행되었는지 살펴보자.

일부다처제의 수학 문제[16]

일부다처혼은 결혼이나 심지어 섹스를 할 전망이 거의 없는 지위가 낮은 다수의 미혼 남성을 창출하는 경향이 있다. 이런 상황에 대응해서 남성들의 심리는 더 격렬한 남성 간 경쟁을 촉발하고 많은 상황에서 더 많은 폭력과 범죄를 조장하는 방식으로 변화한다. 이를 살펴보기 위해 〈그림 8.1〉이 보여주는 상황을 생각해보자. 〈그림 8.1〉에서는 각각 20명씩의 남성(검은 동그라미)과 여성(회색 동그라미)으로 이루어진 가상의 일부일처제와 일부다처제 집단을 비교하여 보여준다. 여기서는 최고경영자부터 고등학교 중퇴자, 또는 황제부터 농민까지 남성을 사회적 지위에 따라 위에서 아래로 정렬했다. 일부일처 공동체(왼쪽)에서는 지위가 낮은 미혼 남성 집단의 공간이 비어 있다. 모든 남성이 부인을 얻고 자녀를 낳으며 미래에 이해관계가 생긴다. 일부다처 공동체(오른쪽)에서는 부나 지위에서 상위 5퍼센트를 차지하는, 지위가 가장 높은 남성이 부인을 네 명 둔다. 지위에서 상위 5~15퍼센트를 차지하는 바로 아래 두 남성이 각각 세 명의 부인을 둔다. 그 아래에 상위 15~20퍼센트를 차지하는 남자는 부인 두 명을 둔다. 상위 20~60퍼센트에 해당하는 남성은 모두 일부일처혼을 한다. 그 아래에 하위 40퍼센트는 짝이 없고, 앞으로

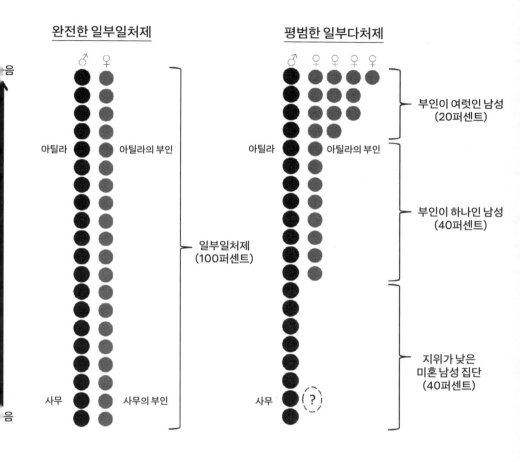

완전한 일부일처제   평범한 일부다처제

아틸라   아틸라의 부인   아틸라   아틸라의 부인

부인이 여럿인 남성
(20퍼센트)

부인이 하나인 남성
(40퍼센트)

일부일처제
(100퍼센트)

지위가 낮은
미혼 남성 집단
(40퍼센트)

사무   사무의 부인   사무   (?)

〈그림 8.1〉 **일부다처혼은 지위가 낮은 미혼 남성 집단을 창출한다.**
양쪽은 남성과 여성이 각각 20명씩 성인 40명으로 이루어진 동일한 공동체를 나타낸다. 남성은 사회적 지위에 따라 수직으로 정렬되어 있으며, 맨 밑이 가장 지위가 낮은 남성, 맨 위가 가장 지위가 높은 남성 순이다. 여성은 지위가 높은 남성을 선호하기 때문에 일부다처혼에서 지위가 가장 낮은 남성은 짝을 구하지 못한다. 그 결과 많은 여성이 가장 지위가 높은 남성과 일부다처 결혼을 하고, 가장 지위가 낮은 남성의 대다수(40퍼센트)는 결혼을 하지 못한다.

짝을 찾거나 결혼할 전망도 거의 없으며, 따라서 남편이나 아버지가 될 가능성이 없다. 수학 문제를 제기하는 것은 바로 이 40퍼센트다. 일부다처제에 의해 창출되는 '잉여 남성' 집단은 진화적 관점에서 볼 때 잃을 게 아무것도 없다. 내가 가상으로 구성한 공동체에서 일부다처의 정도는 극단적이지 않으며, 많은 수렵채집인 사회에서 관찰된 것과 크게 다르지 않다. 어떤 남자도 부인을 네 명 이상 갖지 않으며, 상위 20퍼센트의 남성만이 일부다처혼을 한다. 결혼을 한 남성은 대부분 부인이 한 명뿐이며, 대다수의 여성도 남편이 한 명뿐이다. 하지만 그래도 결국 남성 인구의 40퍼센트가 평생 비자발적으로 독신자가 된다. 이렇게 양식화한 사례에서 일부다처제의 수준은 사실 오늘날 많은 아프리카 사회뿐만 아니라 북아메리카의 모르몬교 일부다처 공동체에서 관찰되는 것보다 상당히 낮다.[17]

〈그림 8.1〉의 수학 문제를 보면, 일부다처 공동체에서는 남성들이 일부일처 공동체에 비해 보통 훨씬 더 큰 남성 간 경쟁에 직면한다는 점을 알 수 있다. 우리가 가정한 일부다처 공동체에서 하위 5~10퍼센트에 해당하는 남성들을 대표하는 사무의 상황을 생각해보자. 사무는 부인 한 명을 얻는 시도라도 해보려면 어떻게든 하위 40퍼센트에서 위로 올라서야 한다. 설령 그가 안전을 기해서 작은 농지에서 열심히 일한다 해도 25퍼센트포인트 이상 올라가지 못한다. 그러면 하위 40퍼센트를 벗어날 수 없기 때문에 부인을 구할 기회가 거의 없을 테고, 결국 진화적으로 쓸모없게 될 가능성이 높다. 자연선택으로 보자면 그냥 죽는 것보다도 나쁜 운명이다. 사무의 유일한 희망은 위험한 행동을 무릅써서 사회적 지위의 사다리에서 35퍼센트포인트 이상을 훌쩍 도약하는 것이다. 정말 높이 올라가야 한다.

적나라하게 설명하자면, 사무가 밤늦은 시간에 어두운 뒷골목에서술 취한 상인을 마주친다고 해보자. 사무는 부자 상인의 돈을 빼앗아서 그 돈으로 땅을 살 수도 있고 아무 행동도 안 할 수도 있다(상인을 도와준다는 선택지는 배제하자). 아무 행동도 하지 않으면 결혼과 짝짓기 시장에 진입할 확률은 여전히 낮다. 1퍼센트 정도 될까? 다시 말해, 그가 진화적으로 쓸모없는 존재가 될 확률이 99퍼센트인 셈이다. 하지만 만약 상인의 돈을 뺏으면 부인을 얻을 확률이 10퍼센트 올라가지만 잡혀서 사형당할 확률이 90퍼센트일 것이다. 이런 경우 역시 결국 그는 진화적으로 쓸모가 없어진다. 사무는 어떻게 해야 할까? 아무것도 하지 않으면 짝을 찾고 아이를 가질 확률이 1퍼센트뿐인 반면, 상인의 돈을 뺏으면 부인을 얻을 확률이 10퍼센트로 올라간다. 전반적으로 볼 때, 사무의 입장에서 상인의 돈을 뺏는 게 아무것도 하지 않는 것보다 10배 좋다. 이런 계산을 배경으로 해서 자연선택은 이런 상황에서 남성이 진화의 주사위를 굴려서 범죄를 저지르는 성향이 강해지도록 남성의 심리를 기울게 만들었다.

이제 사무가 우리가 가정한 일부일처 공동체에서 살면서 똑같이 술 취한 상인을 마주쳤다고 가정해보자. 이 세계에서 사무는 이미 결혼을 했고 두 살짜리 딸이 있다. 상인의 돈을 뺏으면 사형당할 확률이 90퍼센트다. 어린 딸을 부양하거나 지금의 부인과 가족을 늘릴 수 없다는 뜻이다. 이 경우에 사무는 미래에 이해관계가 있고, 이미 진화적으로 쓸모없는 존재가 아니다. 물론 상인의 돈을 빼앗으면 더 부자가 될 확률이 10퍼센트이며, (상인은 그렇지 않겠지만) 사무는 그렇게 되면 좋을 것이다. 하지만 이 사회에서 사무는 한 번에 부인을 한 명만 가질 수 있기 때문에 경제적으로 어떤 커다란 이익이 생겨도 진화적 이점이 일부다처 사회만큼 극적이지 않다. 가령 그는 젊은 둘째 부인을 추가로 얻지 못한다.

여기서 핵심은 남성이 직면하는 가장 큰 위협은 결국 진화적으로 쓸모없게 된다는 것, 다시 말해 짝을 구할 가능성이 없어진다는 점이다. 이를 이해하려면 만약 자식이 한 명 있으면 손자가 네 명이 생기고 … 증손자가 16명 생길 수 있다는 사실을 깨달아야 한다. 여기는 진화의 게임이 펼쳐지는 공간이다. 하지만 만약 당신이 섹스를 전혀 또는 거의 하지 않아서 자식이 0명이라면, 그걸로 영영 끝이다. 당신과 당신의 직계혈족은 이제 끝이다. 이런 진화적 최후통첩 때문에 지위가 낮은 남성들의 진화된 심리는 일부일처제와 일부다처제에 의해 만들어진 사회적 상황(〈그림 8.1〉에 묘사된 상황)에 매우 다르게 반응한다. 물론 심리적 관점에서 보면, 남성은 자식의 숫자보다는 짝과 짝짓기 기회에 훨씬 더 관심이 많다. 이런 현상이 나타나는 우리 진화사의 대부분의 시기 동안 남성에게 더 많은 짝짓기와 짝은 곧 대체로 더 많은 자식을 의미했기 때문이다.

이제 아틸라에 초점을 맞추면서 일부다처 사회에서 지위가 높은 남성에게 혼인 제도가 어떤 영향을 미치는지 살펴보자. 상위 20~25퍼센트를 대표하는 아틸라는 그가 속한 일부다처 공동체에서 사회적 지위가 가장 높으면서 일부일처 결혼을 한 남성 중 한 명이다. 하지만 일부일처 공동체에서와 달리, 아틸라는 아직 결혼 시장에 속해 있으며, 현재의 부인과 자식에게 시간과 노력과 자원을 투입할 것인지 아니면 부인을 추가로 얻을 것인지를 선택해야 한다. 재산을 약간 더 늘리고 지위가 조금 더 높아지면 두 번째 부인을 얻을 수 있다. 그리고 사회적 지위를 10퍼센트포인트 높이면 부인의 수를 세 배로 늘릴 수 있다. 이 상황에서 아틸라는 보통 현재의 부인과 자식들에게 시간과 에너지를 쏟는 대신 부인을 추가로 얻는 데 투자하려는 동기가 생길 것이다.

이와 대조적으로, 일부일처 공동체에서 아틸라는 한 명의 부인과 결혼한다. 하지만 여기서는 결혼과 섹스를 둘러싼 사회 규범이 일부다처 사회에서 가능한 커다란 진화적 이득으로 가는 경로를 차단하거나 적어도 방해한다. 이런 상황에 직면한 아틸라는 자신의 지위나 재산을 약간 누적적으로 개선하는 데 만족하고 이를 현재의 부인과 자식에게 투자할 가능성이 높다. 따라서 일부다처 사회에서는 지위 상승에 주어지는 진화적 보상이 일부일처 사회에 비해 훨씬 크다. 지위가 높은 기혼 남성의 경우에도 마찬가지다. 그만큼 일부다처 사회에서는 현재의 부인과 자식에게 투자하는 것보다 추가로 부인을 구하는 데 투자하게 만드는 인력이 일부일처 사회보다 훨씬 크다.

무엇보다도 나는 이 사례에서 일부다처 사회의 여성들이 자유롭게 남편을 선택하며 사회에 속한 남들과 비교되는 자기 자식의 성공에 따라 남편을 고른다고 가정한다. 즉, 여성 입장에서는 사회에서 가장 부유한 남자의 2, 3, 4번째 부인이 되는 것이 자신과 자식을 위해 가장 좋은 일을 하는 셈이다. 이와 대조적으로, 일부일처 사회에서는 여성이 본인이 바란다고 하더라도 2, 3, 4번째 부인이 되지 못하며 따라서 사실상 어쩔 수 없이 지위가 낮은 남성과 결혼한다. 흥미롭게도, 일부일처혼이 사회 동학과 문화적 진화에 영향을 미치는 방식 때문에 (여성이 이미 결혼한 남성과 결혼하는 자유로운 선택을 금지함으로써) 여성의 선택을 방해하는 것은 결국 (평균적으로) 여성과 자식 모두에게 장기적으로 더 이롭다. 이런 일이 벌어지는 것은 일부다처제에 의해 열린 사회 동학이 가구 형성과 남성의 심리, 남편이 부인과 자식에게 투자하려는 의지에 영향을 미치는 방식 때문이다.[18]

지금까지 사무와 아틸라에 관해 설명한 논리를 보면, 일부일처혼이 어떻게 남성 간 생식 경쟁을 억제하고 지위가 낮은 미혼 남성 집단을 줄이면서 이 남성들에게도 미래에 대한 이해관계(가령 자식, 또는 최소한 자식을 가질 확률)를 부여하는지를 알 수 있다. 일부일처혼은 이런 경쟁의 강도를 억제함으로써 남성을 새로운 사회적 환경에 맞게 재적응하게 변화하도록 한다. 이런 변화에는 현재의 환경에 맞는 임기응변의 대응, 남자애가 자라면서 점진적으로 발전하는 심리적 조정, 그리고 문화적 학습을 통해 새로운 제도 환경에 맞게 형성된 성공적 전략과 믿음, 동기의 전달과 축적 등이 포함된다. 우선 결혼이 남성이 가장 좋아하는 호르몬을 어떻게 변화시켰는지 검토해보자.[19]

결혼 제도가 남성 호르몬에 미치는 영향

남성의 몸에 있는 고환은 여성(성 호르몬 전용 샘이 없다)에 비해 스테로이드 호르몬인 테스토스테론을 다량으로 만들어낸다. 테스토스테론을 이해하기 위해 한 걸음 물러나서 새를 먼저 살펴본 다음 호모 사피엔스

〈그림 8.2〉
선명한 볏과 큼직한 턱볏을 지닌 늠름한 수탉[20]

로 넘어가자. 새의 몸에서 나오는 테스토스테론은 2차 성징의 발달에 기여하지만, 인간에게서 보이는 굵은 목소리나 수북한 가슴 털, 각진 턱 대신 수컷 새는 선명한 빛깔의 깃털, 커다란 볏, 화려한 턱볏(육수)이 다양하게 발달한다(〈그림 8.2〉). 테스토스테론은 또한 종을 가로질러 아름다운 노래나 힘찬 춤 같은 짝짓기나 구애 행위, 그리고 영역 지키기와 암컷을 놓고 벌어지는 수컷 간 싸움 등과도 관련된다. 이런 테스토스테론의 효과는 많은 포유류에게서도 나타나지만, 새의 멋진 점은 많은 종이 계절마다 오직 한 파트너하고만 지속적인 짝 결속을 이루며(일부일처), 심지어 수컷이 둥지에서 새끼를 키우는 것도 도와준다는 것이다. 즉 수컷은 많은 인간 사회의 아버지들처럼 아버지로서 투자를 한다. 물론 포유류의 90퍼센트가 그렇듯이, 짝 결속을 하지 않고 수컷이 둥지나 알, 새끼에 전혀 투자를 하지 않는 새의 종도 많이 있다. 이런 새의 변이를 보면, 짝 결속과 짝짓기 양상이 서로 다른 종들 사이에서 나타나는 테스토스테론의 효과를 비교해볼 수 있다. 지금 내가 무슨 이야기를 하려는 걸까?

노래참새song sparrow 같은 많은 일부일처 종에서 수컷은 번식기가 될 때마다 짝을 하나 찾으려고 한다. 알이 나오면 수컷은 둥지를 지키면서 짝이 새끼를 키우는 걸 도와준다. 이 수컷의 테스토스테론 수치는 상황과 계절에 따라 달라진다. 짝짓기 철이 한창이면 수컷은 짝의 마음을 끄는 데 필요한 영역을 차지하기 위해 다른 수컷과 싸워야 한다. 예상하는 것처럼 이 시기에는 수컷의 테스토스테론 수치가 높아지기 시작해서 짝이 배란을 시작할 때까지 계속 수치가 올라가는데, 결정적인 시기가 되면 수컷은 다른 수컷이 다가오지 못하게 항상 암컷을 지켜야 한다. 일단 암컷이 수정을 하면 수컷의 테스토스테론 수치가 떨어지면서 새끼를 먹이고 돌볼 준비를 한다. 새끼를 다 키우면 수컷은 더 이상 영역을 지킬 필요가 없기 때문에 테스토스테론 수치가 더 떨어진다. 이와 대조적으로, 최대한 많은 짝을 끌어들이기 위해 넓은 영역을 놓고 수컷끼리 다투는 검정깃찌르레기 같은 일부다처 종에서는 수컷의 테스토스테론 수치가 번식기에 올라갔다가 짝이 알을 낳거나 새끼가 나와도 떨어지지 않는다. 별로 놀라운 일이 아니다. 이 일부다처 종의 수컷은 둥지에서 큰 도움을 주지 않고 더 많은 짝 결속을 이루기 위해 다른 짝을 계속 찾기 때문이다.

야생 새를 대상으로 한 실험을 통해 우리는 일부일처 종에서는 태양의 계절적 변화 같은 일정한 단서가 테스토스테론 변화를 추동하고 이런 호르몬 변화가 행동 변화에 영향을 미친다는 걸 안다. 예를 들어, 노래참새의 암컷이 수정했을 때 수컷에서 일어나는 정상적인 테스토스테론 감소를 막는 특별한 이식물을 넣으면, 수컷은 싸움을 계속하고, 결국 이식물을 넣지 않은 참새에 비해 영역을 두 배로 넓힌다. 이식물을 넣은 수컷은 또한 일부다처가 되어 둘이나 심지어 셋까지 짝을 확보한다. 다른 새 종들에서도 테스토스테론 이식물을 넣으면 수컷이 더 활발하게 노래하고 영역을 침범하는 한편 새끼를 먹이거나 둥지를 지키려는 경향이 줄어든다. 어떤 이들은 새가 노래하고 싸우느라 바빠서 새끼에게 신경을 쓰지 않는다고 의심한다. 어디서 많이 들어본 이야기 아닌가?[21]

WEIRD 일부일처제 사회에서 남성은 일부일처의 새들과 약간 비슷하다. 결혼해서 아버지가 되면 남성의 테스토스테론 수치가 줄어든다. 그리고 이혼을 하면 대체로 테스토스테론 수치가 다시 높아진다. 결혼과 자녀가 테스토스테론 수치를 감소시키는 효과는 북아메리카의 다양한 인구 집단에서 나타났지만, 내가 좋아하는 연구는 필리핀의 세부시에서 나온 것이다. 2005년, 인류학자 크리스 쿠자와Chris Kuzawa가 이끄는 연구팀이 20대 초반의 독신 남성 465명의 테스토스테론 수치를 측

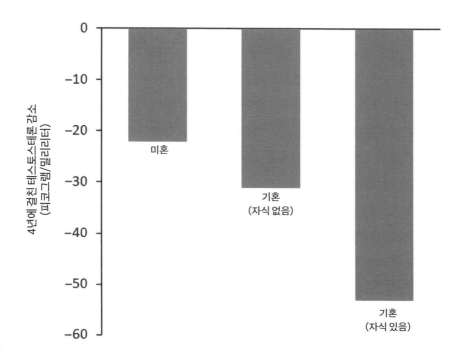

〈그림 8.3〉 세부(필리핀)의 21.5~26.5세 남성의 4년 뒤 아침 테스토스테론 감소[22]

정했다. 이후 4년 동안 이 남성들 중 208명이 결혼하고, 그중 162명이 자녀를 낳았다. 2009년, 크리스 연구팀은 이 남성들의 테스토스테론 수치를 다시 측정했다. 미국의 경우와 마찬가지로 남성의 테스토스테론은 나이가 들면서 점차 감소했다. 하지만 〈그림 8.3〉에서 알 수 있듯이, 감소율은 4년 동안 남성에게 어떤 일이 벌어졌는지에 따라 달랐다. 결혼한 남성과 자녀를 둔 남성에서 테스토스테론 수치가 급락한 반면, 아직 미혼인 남성들은 그 수치가 가장 적게 감소했다. 특히 처음에 테스토스테론 수치가 가장 높았던 남성들이 또한 결혼할 가능성도 가장 높았다. 즉 2005년에 테스토스테론 수치가 높을수록 이후 4년간 짝찾기 경

쟁에서 성공할 가능성이 높았다.[23]

　새의 경우와 마찬가지로, 이 연구 과정을 보면 인간 또한 다른 심리의 측면들과 함께 남성의 테스토스테론을 조절하는 생리 체계를 갖고 있음을 알 수 있다. 이 체계는 짝짓기 기회, 양육 요구, 지위 경쟁과 관련된 단서에 의존한다. 테스토스테론 수치는 필요한 경우에 높아져서 남성이 지위와 짝을 놓고 경쟁하도록 준비시킨다. 하지만 둥지를 짓고 새끼를 기르는 시간이 되면 그 수치가 감소한다. 인간 사회 곳곳에서 테스토스테론이 낮은 아버지는 갓난아이를 더 많이 돌보고 아이 울음소리에 더 잘 대응한다. WEIRD의 일부일처 규범은 기혼 남성에게 짝짓기 기회를 제한하고 그들을 자녀와 더 많이 접촉하게 하게 한다. 둘 다 기혼 남성의 테스토스테론 수치를 낮춘다.[24]

　한 인구 집단 전체에서 이 효과를 종합하면, 일부일처 규범이 어떻게 사회 차원에서 테스토스테론을 억제하는지 이해할 수 있다. 일부일처의 규범은 지위가 높은 남성이 잠재적인 부인들을 독점하는 것을 금지함으로써 지위가 낮은 많은 남성들이 결혼(짝 결속)을 하고 자식을 두도록 해준다. 그리하여 WEIRD 혼인 규범은 더 높은 비율의 남성이 일부일처혼을 하고 자녀를 돌보면서 낮은 테스토스테론 수치를 유지하게 한다. 이와 대조적으로, 일부다처 사회에서는 훨씬 더 많은 남성(〈그림 8.1〉의 40퍼센트)이 생애 전체에 걸쳐 〈그림 8.3〉의 '미혼' 범주에 머무를 것이다. 이와 같이 일부다처 사회에서는 더 높은 비율의 남성이 일부일처 사회의 남성들에게서 관찰되는 테스토스테론 감소가 전혀 나타나지 않는다. 따라서 일부다처 새와 마찬가지로, 일부다처 사회의 미혼 남성들은 생애주기 전체에 걸쳐 상대적으로 높은 테스토스테론 수치를 유지한다.[25]

　흥미롭게도, 일부다처혼은 또한 기혼 남성이 직면하는 사회도 변화시키기 때문에 지위가 낮은 남성을 결혼시키는 데만 초점을 맞추는 것은 일부일처제의 억제 효과를 과소평가하는 셈이다. 그 이유를 이해하려면, 일부다처 사회에서는 기혼 남성이 여전히 혼인 시장에 남아 있다는 점을 기억해야 한다. 따라서 일부일처 사회와 달리, 일부다처 사회에서는 남성의 테스토스테론 수치가 나이가 들면서 감소하지 않는다. 또는 감소한다고 해도 WEIRD 사회에서 보이는 수준에 비해 감소 정도가 약하다. 어떤 경우에는 남성의 테스토스테론 수치가 연령과 함께 증가하기도 한다. 가령 스와힐리어를 쓰는 케냐 라무섬 남성들은 결혼을 하거나 자녀를 낳아도 테스토스테론 수치가 줄어들지 않는다. 하지만 남성의 약 4분의 1이 하는 것처럼, 두 번째 부인을 두는 것은 다소 높은 테스토스테론 수치와 관련이 있다. 여기서 높은 테스토스테론 수치가 남성들로 하여금 잠재적 부인을 찾게 만들 수도 있고, 또는 새로 얻은 부인이 남성의 테스토스테론 수치를 높일 수도 있다. 어느 쪽이든 간에, 일부일처혼에서는 이 효과가 억제된다.[26]

탄자니아에서는 다토가족 목축민과 이웃에 사는 하드자족 수렵채집인을 비교함으로써 각기 다른 사회 규범이 남성의 생리학에 미치는 영향을 살펴볼 수 있다. 기혼 남성의 40퍼센트 정도가 부인을 여럿 두는 부계 다토가족에서는 자녀가 생기는 것이 테스토스테론 수치에 가시적인 효과를 전혀 미치지 않는다. 다토가족의 기혼 남성과 미혼 남성 모두 성생활에 관한 유일한 규범적 제약은 절대 다른 남자의 부인과 성관계를 해서는 안 된다는 것이다. 게다가 다토가족 남자는 부인이나 아이들과 떨어져서 다른 남자들과 함께 살면서 잠을 잔다. 젖먹이는 젖을 뗄 때까지 어머니의 몸의 일부로 여겨지기 때문에 다토가족 남자는 아기에게 손을 대지 않는다. 이런 규범에 비춰보면, 다토가족 아버지들의 테스토스테론이 감소하지 않는 것도 놀랄 일은 아니다. 이와 대조적으로,

하드자족의 경우에는 일부다처혼이 남성 20명 중 1명(5퍼센트)에 불과하며, 사회 규범에 따라 아버지가 젖먹이와 아이를 돌봐야 한다. 따라서 아이가 태어나면 하드자족 남성의 테스토스테론 수치가 약간 감소하고, 이 감소의 규모는 육아에 드는 시간의 양과 비례한다.[27]

인간과 새의 핵심적인 차이는 인간 종에서는 문화적 진화가 사회 규범을 창출하고, 이 사회 규범이 우리 몸에 내장돼 있는 호르몬 반응을 자기 목적을 위해 활용한다는 것이다. 다토가족 같은 집단들의 경우에 그 씨족과 부족의 생존은 (부분적으로) 전사들의 대담함과 흉포함에 의지했고, 많은 남성이 전사였다. 부인, 자녀와 따로 사는 것 같은 규범은 더 높은 테스토스테론 수치를 유지시킴으로써 다른 씨족 및 부족과의 경쟁에서 우위를 차지하게 한다. 이와 대조적으로, 기독교의 일부일처제는 테스토스테론 수치를 억제하는 데 특별히 강력한 역할을 했다. 교회의 '결혼 가족 강령'에는 부인을 한 명으로 제한하는 것 외에 몇 가지 다른 능동적인 요소들도 있었다. 첫째, '결혼 가족 강령'은 남성이 혼외정사를 하는 것, 다시 말해 매춘부를 찾거나 정부를 두는 것을 제한했다. 이를 위해 교회는 성매매와 성노예제를 종식시키기 위해 노력하는 한편 공동체가 남성의 성적 행동을 감시하고 위반하는 것을 공개하도록 만드는 사회 규범을 만들어냈다. 물론 남성과 여성 모두의 성적 위반을 감시하고 처벌하기 위해 신이 동원되었고, 그에 따라 기독교의 죄와 죄의식 개념이 발전했다. 둘째, 교회는 이혼을 어렵고 만들고 재혼을 거의 불가능하게 해서 남성이 일부일처제를 교묘하게 활용하는 것을 가로막았다. 실제로 교회의 프로그램 아래서 누구든 정당하게 성관계를 갖는 유일한 방법은 자식을 갖기 위해 배우자와 하는 것이었다.[28]

이는 아테네나 기독교 이전 로마 같은 다른 일부일처 사회와 대조적인 모습이다. 이 고대 사회들에서는 남성이 부인을 한 명만 두었지만 그밖에 다른 제약은 받지 않았다. 남성은 쉽게 이혼을 할 수 있었으며 또한 성노예를 구입하고, 외국인을 첩으로 들이고, 수많은 저렴한 유곽을 이용할 수 있었다.[29]

그 결과 물론 기독교의 결혼을 바탕으로 만들어진 WEIRD의 결혼으로 독특한 내분비학이 형성되었다. 많은 의사들은 남성이 나이가 들면 테스토스테론 수치가 '자연스럽게' 감소한다고 믿는다. 21세기 미국에서는 감소량이 심각할 정도라서 일부 중년 남성들은 테스토스테론 저하에 대해 치료를 받는다. 하지만 앞에서 설명한 것처럼, 인간의 전형적인 혼인 제도를 가진 여러 사회에서는 테스토스테론의 감소가 그만큼 흔히 나타나지는 않으며, 그런 경우가 있더라도 WEIRD 사회만큼 가파르게 감소하지는 않는다. WEIRD 내분비학은 우리의 WEIRD 심리학과 동반하는 것으로 보인다.[30]

지금까지 제도가 하나의 메커니즘으로서 우리의 행동과 동기, 의사결정에 영향을 미치기 위해 진화한 하나의 생물학적 경로를 설명했다. 우리는 교회가 일부일처혼 제도를 통해 어떻게 남성의 고환을 제재했는지 살펴보고 있다. 문화적 진화가 우리의 뇌와 행동에 도달하는 숱하게 많은 생물학적 경로를 발견했다는 사실은 의심의 여지가 없다. 이제 호르몬에서 심리학으로 넘어가서 일부일처혼이 어떻게 인간의 경쟁심과 위험 감수, 보복 추구를 억제하는 한편 비개인적 신뢰와 자기규제를 높이는지를 검토해보자.[31]

남성 호르몬이 가져온 심리적 변화

일부일처혼이 심리에 어떻게 영향을 미치는지를 탐구하기 위해 두 종류의 증거를 살펴보자. 첫째, 이제 우리는 일부일처혼이 테스토스테론 수치를 억제한다는 것을 알기 때문에 이 호르몬이 의사결정과 동기, 팀워크에 어떤 영향을 미치는지 검토할 것이다. 둘째, 일부일처혼은 대개 잠재적 짝(미혼 여성)을 구할 가능성을 높이기 때문에 짝을 구할 가능성에 관한 남성의 지각 변화가 남성의 인내심과 의사결정에 어떤 영향을 미치는지 검토할 것이다.

테스토스테론은 우리의 행동에 어떤 영향을 미칠까? 테스토스테론은 지위 경쟁이나 짝짓기를 준비시키기 위해 여러 복잡한 생물학적 과정을 통해 우리의 심리를 변화시킨다. 즉 유도와 테니스에서부터 체스와 도미노게임에 이르는 온갖 경쟁에서 지위를 도전받을 것이 예상될 때 흔히 테스토스테론 수치가 급격히 올라간다.[32] 테스토스테론을 실험적으로 조작하는 연구들을 보면, 수치 상승이 (1) 공격성을 증가시킬 수 있는 경쟁 동기를 부추기고, (2) 도전이나 위협에 대한 사회적 경계를 강화하며, (3) 공포를 억누르고, (4) 보상에 대한 민감성을 높이고 처벌에 대한 반응성을 억제함을 알 수 있다.[33] 물론 테스토스테론은 또한 사람들의 성 충동을 높인다.

테스토스테론이 선호하는 경쟁적인 제로섬 심리 태도는 비용이 들 수 있다. 간단한 실험에서 남자들을 낯선 사람과 짝을 맺게 하고 A버튼이나 B버튼을 반복해서 누를 기회를 주었다. A버튼은 자신의 현금 보상을 약간씩 늘려 주고, B버튼은 파트너가 받는 보상을 크게 줄이는 것이었다. 많은 돈을 버는 데 관심이 있는 이들은 주로 A버튼을 누르지만, 파트너보다 더 많은 돈을 벌려고 하는 이들, 다시 말해 자신의 상대적 보상을 극대화하려는 이들은 B버튼을 사용해야 한다. 테스토스테론을 주입한 남자들은 가짜 약을 주입했을 때에 비해 B버튼을 누르면서 시간을 보낼 가능성이 더 높았다. 결과를 보면, 테스토스테론 수치를 높인 남자

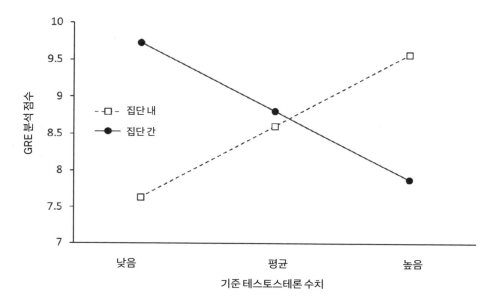

〈그림 8.4〉 집단 내 경쟁과 집단 간 경쟁에서 테스토스테론 수치가 낮은 참가자와 높은 참가자의 점수 비교

예상 가능하게도, 테스토스테론이 높은 사람들이 집단 내 개인적 경쟁에서 성적이 좋다. 하지만 집단끼리 경쟁할 때는 테스토스테론이 높은 사람들이 상대적으로 점수가 낮다. GRE 점수는 GRE의 분석 관련 과목 시험만 토대로 삼았으며, 참가자는 0~15점을 받을 수 있었다.[34]

들은 경쟁자를 물리치는 성향이 있었지만, 실험이 진행되는 동안 받은 보상 총액은 더 적었다.[35]

더 나아가 참가자들을 2인 그룹으로 묶는 실험에서 이런 호르몬 효과가 사회적으로 미치는 영향을 더 심층적으로 살펴볼 수 있다. 각 쌍은 집단 내 대우에서 서로 경쟁하거나 집단 간 대우에서 하나의 쌍으로서 다른 쌍과 경쟁했다. 경쟁은 레슬링 시합이나 줄다리기가 아니라 대학원 입학 자격시험인 GRE에서 최고 점수를 받기 위한 것이었다. 집단 내에서 파트너보다 높은 시험 점수를 받은 참가자들은 추첨으로 상을 받았다. 집단 간에서는 자신과 파트너의 점수가 상대 팀보다 높으면 두 사람이 추첨에 참여했다.

그 결과를 보면, 연구실에 도착했을 때 측정한 테스토스테론 수치가 상대적으로 높은 이들이 파트너를 이겨야 했을 때, 즉 집단 내 제로섬 경쟁에 직면했을 때 성적이 18퍼센트 더 좋았다(〈그림 8.4〉). 한편 테스토스테론이 낮은 이들은 집단 간 경쟁에서 성적이 22퍼센트 더 좋았다. 만약 당신이 조직이나 회사, 국가, 군대 등에서 우월한 인지 성적이나 분석 기술을 요구하는 과제에서 치열한 집단 간 경쟁에 직면했을 때, 테스토스테론이 높은 사람을 피하거나 WEIRD 혼인 규범으로 그들의 수치를 낮춰야 함을 의미한다.[36]

테스토스테론 수치가 높아지면 또한 낯선 사람에 대한 신뢰도 평가도 감소할 수 있다. 아마 사회적 경계심과 세계를 제로섬 게임으로 보는 지각에 영향을 미치기 때문일 것이다. 한 연구에서는 참가자들에게 서로 다른 낯선 사람 75명의 얼굴 사진을 바탕으로 신뢰도를 판단해달라고 요청했다. 각 참가자는 두 번씩 질문을 받았는데, 한 번은 테스토스테론을 주입받고, 한 번은 가짜 약을 주입받았다. 물론 사람들은 자신이 어떤 주사를 맞았는지 알지 못했다. 테스토스테론을 주입받은 참가자들은 플라시보를 주입받았을 때에 비해 똑같은 얼굴을 상당히 신뢰도가 낮게 판단했다. 흥미롭게도, 가짜 약을 주입받고 다른 사람을 더욱 신뢰할 수 있다고 여기기 쉬운 사람일수록 테스토스테론을 주입받은 뒤 신뢰도 판단이 가장 급격하게 감소했다.

뇌 스캔을 활용한 후속 연구를 보면, 테스토스테론은 전전두피질과 편도체의 상호연결을 억제함으로써 신뢰도 평가에 이런 효과를 야기한다. 전전두피질의 제약을 받지 않는 편도체는 신뢰할 수 없는 얼굴에 대한 사람들의 반응을 추동한다. 그리하여 일부일처혼은 테스토스테론 수치를 억제함으로써 남성의 전전두피질에 더 많은 통제권을 부여하고, 이를 통해 학습된 기준으로 자기규제와 극기심을 향상시킨다.[37]

이런 종류의 실험들을 보면, 테스토스테론이 이따금 남성의 (1) 도전에 대한 예민한 반응, (2) 복수 취향, (3) 타인에 대한 신뢰, (4) 팀워크 역량, (5) 경제적 위험 감수에 영향을 미칠 수 있고 실제로 미친다는 것을 알 수 있다. 하지만 이 호르몬이 미치는 효과를 너무 단순화하지 않는 것이 중요하다. 테스토스테론은 반드시 다른 여러 호르몬과 뇌 화학물질이 포함된 복잡한 생물학적 상호작용을 통해 작용하기 때문이다. 게다가 테스토스테론은 위험 감수나 조급한 행동, 공격적 행위, 사람 자체에 대한 불신에 관련된 것이 아님을 기억해야 한다. 그보다는 지위 사다리를 올라가기 위한 가장 효과적인 행동을 평가하고 유도하는 것과 관련된다. 확실히 (신뢰도에 대한 평가가 낮은데도) 테스토스테론 수치가 높을수록 더 높은 지위로 올라가는 가장 유망한 길이라고 여겨지면 낯선 사람에게 투자를 하거나 팀에서 협동할 게 분명하다. 테스토스테론 수치가 높은 사람은 지위라는 산에 오르는 덜 위험한 경로가 없기 때문에 사기나 착취를 당할 위험을 무릅쓴다. 사회적 차원에서 보면, 지위를 추구하는 사람이 더 높은 지위(와 짝짓기)로 가는 가장 현실적이거나 유일한 길을 따라 사다리를 올라가려 하면서 거짓말과 속임수, 도둑질, 살인을 해야 할 때 문제가 발생한다.[38]

이와 같은 연구실 실험 결과의 문제점은 현실 세계에서도 실현되는지 알려주지 못한다는 것이다. 그런 효과가 정말로 중요할까?

중요하다고 생각할 만한 타당한 이유가 있다. 많은 연구에서 남성의 장기적 테스토스테론 수치와 현실 세계에서 보이는 행동의 관계를 검토했다. WEIRD 사회에서 이루어진 연구를 바탕으로 보면, 테스토스테론 수치가 높은 남성은 경찰에 체포되고, 장물을 거래하고, 빚을 지고, 싸움에서 무기를 사용할 가능성이 더 높다. 또한 담배를 피우고, 약물을 남용하고, 과음을 하고, 도박을 벌이고, 위험한 활동을 할 가능성도 더 높다. 테스토스테론은 10대와 성인 모두에서 지배 측정치와 관련이 있으며, 테스토스테론 수치와 가정 폭력을 비롯한 폭력적 공격성 사이에는 약하지만 일관된 관계가 존재한다. 물론 이런 종류의 현실 세계의 증거를 가지고, 테스토스테론 수치가 높을수록 그런 행동을 유발하는지, 또는 그 사람의 경험이 테스토스테론 생산을 부추기는 것인지를 알지는 못하지만, 앞에서 설명한 것과 같은 실험 연구를 보면 양방향으로 영향을 미친다는 것을 알 수 있다. 테스토스테론 수치가 높을수록 지위가 낮은 남성들이 범죄 행동을 하고, 결혼을 하면 테스토스테론 수치가 상대적으로 낮아진다는 게 사실이라면, 결혼은 또한 남성의 범죄 행동 가능성을 낮추는 걸까? 실제로 그렇지만, 그 증거를 살펴보기 전에 성비에 대한 남성의 지각이 어떻게 그들의 의사결정에 영향을 미치는지 살펴보자.[39]

많은 심리 실험을 보면, 남성은 해당 환경에서 구할 수 있는 여성과 경쟁하는 남성의 비율을 따져보고, 적응적이고 예측 가능한 방식으로 인내심이나 위험 감수를 비롯한 심리의 측면들을 재조정하는 식으로 남성 간의 경쟁의 강도를 감시한다. 예를 들어, 1장에서 논의한 것과 비슷한 지연 할인 결정 문제에서 실험 환경이 성적 경쟁이 심하다(남성이 여성보다 많다)고 생각하도록 유도된 남성은 나중에 더 많은 보상을 받는 것보다 당장 작은 보상을 받는 쪽을 선택했다. 이 실험 및 유사한 실험들을 보면, 남성은 남성 간의 경쟁이 더 심하다(남성이 남아돈다)고 지각할 때 종종 인내심이 줄어들고 위험을 더 감수하게 된다. 물론 대부분의 심리 실험이 그렇듯이, 이 연구도 WEIRD 미국인을 대상으로 진행됐기 때문에 인간 종에 일반적으로 적용되는지는 분명하지 않다. 하지만 이 연구 결과들은 앞으로 살펴볼 중국에서 '남아도는 남성'이 범죄율에 미치는 현실 세계의 효과와 잘 맞아떨어진다. 이런 수렴 현상을 보면 우리

의 확신이 더욱 높아진다.[40]

충동성, 경쟁심, 자기규제에 영향을 미치는 이와 같은 심리적 변화는 아마 개인들이 범죄를 저지르고, 과음을 하고, 불법 약물을 사용할 가능성을 높일 것이다. 물론 많은 비심리적 요인들 또한 범죄를 저지르고 약물을 남용하는 사람들의 결정에 영향을 미친다. 흥미롭게도, 유죄 판결을 받은 범죄자들은 통제된 실험 환경에서 다른 사회 구성원들과 비슷한 수준의 정직성과 협동심을 보이는 한편, 영국과 중국에서 진행된 실험에서는 더 많은 보상을 받기 위해 더 큰 위험을 감수한다. 실제로 대다수 인구 집단들에서 여성이 남성보다 위험 감수 성향이 낮은 것과 달리, 여성 수감자들은 남성 수감자보다 위험 감수 성향이 약간 더 높다. 수감자와 약물 남용자 모두 수감자도 아니고 약물 남용자도 아닌 사람과 짝을 지은 대조군에 비해 통제된 심리 연구(WEIRD 대상)에서 조급함과 충동성을 더 많이 보인다. 종합해보면, 이 연구는 일부일처혼이 남성의 심리를 중요한 방식으로 변화시킴으로써 범죄율을 낮춘다는 것을 보여준다.[41]

▎ 일부일처혼과 범죄율의 상관관계

테스토스테론 수치와 마찬가지로, WEIRD 사회에서 한 남성이 결혼을 하면 그가 다양한 범죄를 저지를 확률도 줄어든다. 첫째로, 많은 연구를 보면, 미혼 남성이 기혼 남성보다 강도, 살인, 강간을 저지를 가능성이 훨씬 높다. 독신 남성은 또한 도박과 약물 남용, 지나친 음주에 빠질 가능성도 높다. 연령과 사회경제적 지위, 고용, 종족 등의 차이를 고려해도 이런 양상이 유효하다. 이 연구들의 문제점은 결혼을 하면 실제로 남성들이 범죄나 음주를 덜하게 되는지, 아니면 범죄자와 알코올 중독자가 결혼 상대를 찾을 가능성이 더 낮은지 말해주지 않는다는 것이다. 물론 인과관계가 양방향으로 이루어질 수 있다.

적어도 부분적으로 이 문제를 해결하는 한 가지 방법은 동일한 남성들의 생애를 추적해서 기혼 시기와 미혼 시기의 행동을 비교해보는 것이다. 한 유명한 연구에서는 매사추세츠주에 있는 어느 소년원 출신 남성 500명을 17세부터 은퇴 연령까지 추적했다. 이 연구는 결혼을 하면 남성이 범죄를 저지를 확률이 절반으로 줄어든다는 것을 보여준다. 빈집털이, 강도, 절도 같은 재산 범죄만이 아니라 폭행 같은 폭력 범죄도 마찬가지다. 결혼을 하면 모든 범죄의 발생률이 35퍼센트 감소한다. 또한 남성이 '행복한' 결혼 생활을 하면 범죄를 저지를 가능성이 훨씬 줄어든다. 지금 우리는 각 개인을 생애 시기별로 자기 자신과 비교하는 것이기 때문에 그 사람 자체에 관한 어떤 정보도 이런 효과를 설명해주지 않는다는 점을 유념해야 한다.[42]

물론 상이한 인생 단계의 효과가 결과에 영향을 미친다고 우려할 수 있다. 어쩌면 혈기 왕성한 젊은 남자는 범죄를 저지르지만 자라면서 안정을 찾고 결혼을 할지 모른다. 이럴 경우 결혼 때문에 범죄가 감소하는 것처럼 보이지만 실은 '안정' 국면과 상관관계가 있을 뿐이다. 안성맞춤으로 이 남성들 중 다수가 생애에 걸쳐 결혼과 이혼을 여러 번 했고 일부는 홀아비가 되었다. 인상적이게도, 이혼을 하고 다시 독신이 됐을 때 남성이 범죄를 저지를 가능성이 커졌을 뿐만 아니라 부인이 사망한 뒤에도 범죄 가능성이 높아졌다. 다른 많은 연구도 일부일처 사회에서 결혼을 하면 남성이 범죄를 저지르고 알코올이나 약물을 남용할 가능성이 줄어든다는 견해를 뒷받침한다.[43]

WEIRD 결혼이 범죄에 미치는 효과는 일부다처 사회를 일부일처 사회로 바꾸는 것이 미치는 효과에 관해 무엇을 말해줄까? 일부다처 사회에서는 대체로 결혼을 하거나 자녀를 갖지 못하는 지위가 낮은 남성의 집단이 커진다. 따라서 이 남성들은 결혼에 의해 유도되는 심리적 변화, 즉 범죄를 저지를 확률을 줄여주는 변화를 경험하지 못한다. 결혼을 통한 예방법이 없기 때문에 이 집단에 속하는 남성들은 생애 전체에 걸쳐 여전히 범죄 행동을 비롯한 사회 병폐를 저지를 위험이 높다. 또한 여러 이유 때문에 더 젊은 나이에 사망한다. 따라서 앞의 연구에서 소년원 수감자들을 활용한 게 독특해 보일지 몰라도 이들은 일부다처혼에 의해 생겨나는, 남아도는 남성 집단이라는 덫에 걸리게 되는 바로 그 낮은 지위의 남성들이다.[44]

이 추론은 논리적으로 타당하지만, 한 사회에서 남아도는 미혼 남성 집단이 정말로 범죄로 돌아설 것이라고 어떻게 확신할 수 있을까? 중국의 유명한 한 자녀 정책은 이 추론을 시험하는 데 필요한 자연 실험을 제공한다. 중국이 1970년대 말에 시행하기 시작한 한 자녀 정책은 가족의 크기를 강제해서 많은 부부가 한 자녀만을 낳도록 제한했다.[45] 부계 가족 중심의 중국 역사 때문에 많은 사람들이 혈족을 잇기 위해 최소한 아들 하나를 낳는 문화적 경향이 있었다. 자녀가 한 명으로 제한된 이들은 아들을 강하게 선호했다. 그 결과 여아 수백만 명이 선별적으로 낙태를 당하고, 신생아로 태어나도 버려져서 고아가 되었다. 이 정책이 각기 다른 시기에 각 성省에서 강제되면서 성비가 점차 남성이 많은 쪽으로 바뀌기 시작했다. 1988년에서 2004년 사이에 '남아도는' 남성의 수가 거의 두 배로 늘어났고, 2009년에는 3,000만 명에 이르렀다.[46]

남아도는 남자아이들이 성인이 되자 체포율이 두 배 가까이 늘었고, 범죄율이 급등해서 전국적으로 연간 13.6퍼센트로 올라섰다. 경제학자 레나 에드룬드Lena Edlund와 그의 연구팀은 1988년부터 2004년까지 범죄와 성비에 관한 데이터를 분석한 결과, 한 자녀 정책으로 태어난 남자아이들의 성년이 되어 집단 내에서 남성의 비율이 높아지자 범죄율이 증가하기 시작했고, 남아도는 남성 집단이 늘어나면서 범죄율도 계속 증가했다. 이 정책들은 각 성마다 다른 시기에 시행되었기 때문에 중국 전체에서 시차를 두고 같은 현상이 나타났다. 각 성에서 한 자녀 정책이 시행되고 약 18년 뒤에 남아도는 남성 집단이 성년에 이르자 범죄율이 상승하기 시작했다. 체포율과 범죄율 모두 남아도는 남성 집단과 정확히 같은 비율로 계속 상승했다.[47]

남성이 대부분의 범죄를 저지르기 때문에 단순히 남성의 숫자가 많아져서 범죄가 증가하는 것이라고 예상하기 쉽다. 하지만 자세히 분석해 보면, 뚜렷한 심리적 변화들이 드러난다. 여성에 비해 더 많은 남성과 같은 코호트로 출생한 남성들은 소득과 교육은 비슷하지만 남성 편향이 덜한 코호트로 태어난 남성보다 범죄를 저지를 가능성이 더 높았다.[48]

물론 중국의 이와 같은 남아도는 남성 집단은 일부다처혼 때문에 생긴 게 아니다. 그렇다 하더라도 중국의 한 자녀 정책으로 생겨난 자연 실험을 보면, 앞에서 설명한 실험 증거 및 WEIRD 결혼이 남성의 범죄 성향에 미치는 효과와 일관되게, 남아도는 미혼 남성의 대규모 집단이 높은 범죄율로 이어지며 개인의 의사결정을 바꾸는 심리적 변화를 낳는다는 사실을 알 수 있다.[49]

이 모든 사실이 시사하는 바는, 교회가 수백 년에 걸쳐 독특한 형태의 일부일처혼을 퍼뜨리고 강제하면서 의도치 않게 점차 남성을 길들이는 환경을 형성하면서 많은 이들에게서 경쟁심과 충동성, 위험 감수 성향을 줄인 한편, 동시에 세계에 대한 포지티브섬(제로섬과 달리 경쟁이 아닌 상생을 추구하는 것-옮긴이) 지각과 낯선 이와 기꺼이 팀을 이루려는 의지를 선호하게 했다는 것이다. 다른 조건이 동일하다면, 이는 더 조화로운 조직과 범죄 감소, 사회 붕괴 감소로 이어지는 게 분명하다.[50]

일부일처제와 평등한 가족의 탄생

일부일처혼은 남성을 심리적으로, 심지어 호르몬상으로도 변화시키며, 사회에 후속 효과를 가져온다. 이런 형태의 결혼은 인간 사회에 '자연스럽지'도 '정상적'이지도 않을 뿐만 아니라 지위가 높은 엘리트 남성들의 강한 성향에 직접적으로 어긋나지만, 그럼에도 불구하고 독실한 집단과 사회의 집단 간 경쟁에서 우위를 차지했다. 일부일처혼은 남성 간의 경쟁을 억누르고 가족 구조를 바꿈으로써 남성의 심리를 변화시킨다. 이 변화는 범죄와 폭력, 제로섬적 사고를 줄이는 한편 폭넓은 신뢰, 장기적 투자, 꾸준한 경제적 축적을 장려하는 방향으로 이루어진다. 일부일처 사회에서 지위가 낮은 남성들은 사회적 사다리를 단숨에 뛰어오르려고 충동적이거나 위험한 행동을 하는 대신 결혼을 해서 아이를 낳고 미래에 투자할 기회를 얻는다. 지위가 높은 남성들은 여전히 지위를 놓고 경쟁할 수 있고 경쟁할 테지만, 이제 부인이나 첩을 축적하는 것은 그 경쟁에서 통용되지 않는다. 일부일처 세계에서 제로섬 경쟁은 상대적으로 중요성이 떨어진다. 따라서 자발적 조직과 팀을 이루어서 집단 차원에서 경쟁할 수 있는 여지가 더 커진다.[51]

이런 심리학적 이해를 배경에 두고 저명한 유럽 중세사가 데이비드 헐리히의 견해를 생각해보자.

중세 초기의 위대한 사회적 성취는 부자와 빈자 모두에게 똑같은 성적, 가정적 행동 규칙을 부과했다는 것이다. 궁전에 있는 왕이나 허름한 오두막에 사는 농민이나 누구도 예외가 아니었다. 권력자는 바람을 피우기가 더 쉬웠지만 여성이나 노예에 대한 권리를 주장하지는 못했다. 따라서 가난한 남성이 부인을 얻어 자손을 낳을 확률이 높아졌다. 중세 초기에 사회 전체적으로 여성의 분배가 공정해지면서 부녀자 유괴와

강간, 폭력 수준이 전반적으로 줄어들었을 가능성이 매우 높다.[52]

이 모든 일이 유럽에서 민주주의, 대의제 의회, 헌법, 경제 성장의 싹이 처음으로 트기 한참 전에 벌어졌다. 그리하여 헐리히를 비롯한 역사학자들은 이런 변화가 남성들뿐만 아니라 양성 사이에도 사회적 평등으로 나아가는 첫 걸음이 되었다고 보았다. 왕이든 농민이든, 모든 남성은 부인을 한 명만 가질 수 있었다. 물론 유럽의 왕들은 이 규칙을 교묘하게 피하기 위해 최선을 다했다. 그렇다 하더라도 어지간한 중국의 황제나 아프리카의 왕, 폴리네시아의 족장은 상상조차 할 수 없는 방식으로 점차 제약을 받았다. 교회의 일부일처제는 또한 비슷한 나이의 남성과 여성이 대개 성인으로서 상호 동의에 따라, 그리고 잠재적으로 부모의 축복이 없이도 결혼을 한다는 것을 의미했다. 물론 중세 초기에는 근대적 성 역할의 평등 확대는 머나먼 미래의 이야기였지만, 일부일처혼은 그 간극을 좁히기 시작했다.[53]

일부 연구자들은 우리가 성장을 경험하는 가족 환경에 근거해서 더 넓은 사회 세계를 헤쳐나가기 위한 우리의 정신적 모델을 발전시킨다고 생각한다. 당신 가족의 조직과 운영은 당신이 가장 잘 아는 것이며, 이는 당신이 세계 전체를 어떻게 지각하는지에 영향을 미칠 수 있다. 예를 들어, 만약 당신 가족이 상대적으로 권위주의적이고 위계적이라면, 당신은 나중에 인생에서 권위주의적 조직에 끌리기 쉽다. 당신 가족이 평등주의적, 민주적이라면 당신은 민주적 방식을 선호할 것이다. 따라서 교회가 만든 '결혼 가족 강령'의 다른 요소들과 함께 일부일처혼이 퍼져나가면서 대다수 집약적 친족 기반 사회보다 다소 평등주의적이고 덜 권위주의적인 가족이 만들어졌을 것이다(물론 현대인이 보기에는 특별히 평등주의적이지 않을지 모른다. 모든 것은 상대적이니까). 10세기와 11세기에 사람들이 도시와 길드, 종교 제도를 형성하기 시작했을 때, 그들은 가령 가부장적 씨족이나 분절적 혈족의 삶이 아니라 일부일처 핵가족의 삶에서 얻은 직관과 통찰을 적용했을 것이다. 그리고 이는 그들이 발전시킨 조직과 그들이 선호한 법률에 영향을 미쳤을 것이다.[54]

Part 3

WEIRD,
새로운 심리와
제도를 형성하다

Chapter 9

친족에서 해방된 개인들, 상업 혁명을 이끌다

상업은 가장 파괴적인 편견의 치료제다. 예의범절이 바르기만 하면 어디서나 상업이 존재하고, 상업이 존재하기만 하면 어디서나 예의범절이 바르다는 것은 거의 일반적인 규칙이기 때문이다.

_몽테스키외(1749), 《법의 정신》[1]

상업은 평화의 체제로서 민족뿐만 아니라 개인까지 서로에게 유용하게 만듦으로써 인류를 다정하게 바꾸는 작용을 한다. … 상업의 발명은 … 지금까지 어떤 식으로든 도덕적 원칙으로부터 곧바로 만들어지지 않은 보편적 문명으로 나아가는 가장 위대한 길이다.

_토머스 페인(1792), 《인간의 권리》

1994년 여름, 나는 몇 달간 통나무 카누를 타고 여러 외딴 마치겐카족 공동체를 돌아다니면서 시장이 어떻게 농경 관행을 형성하는지에 관한 인류학 현지조사를 수행했다. 3장에서 다룬 적이 있는 마치겐카족은 매우 독립적인 화전농으로, 전통적으로 페루 아마존 지역 전역에 흩어져서 핵가족이나 소가족의 작은 마을을 이루어 생활했다. 연구를 하며 그곳에서 첫 번째 여름을 보내는 동안 이 공동체들이 작은 규모에도 불구하고 마을 사업에서 함께 일하느라 분투하는 모습을 보고 거듭 깊은 인상을 받았다. 사람들은 확대가족과, 그리고 때로는 인근에 사는 가구들과 쉽게 협동했지만, 마을 학교를 짓거나 공동체의 방앗간을 고치거나 심지어 공유 초지를 손질할 시간이 되면 무임승차가 만연했다. 그해 동안 이런 모습을 관찰하며 고민하는 한편 최후통첩 게임Ultimatum Game이라는 실험에 관해 배웠다. 나는 곧바로 이듬해 여름에 마치겐카족을 상대로 이 실험을 해보기로 했다.[2]

최후통첩 게임에서는 두 사람이 익명으로 짝을 지어 일정한 액수의 돈을 나누어 갖게 한다. 주어진 금액이 100달러라고 해보자. 첫 번째 참가자(제안자)는 0부터 전액(100달러)까지 두 번째 참가자(수령자)에게 주겠다고 제안해야 한다. 제안자가 100달러 중 10달러를 수령자에게 제안한다고 해보자. 수령자는 이 제안을 받아들일지 거절할지 결정해야 한다. 만약 받아들이면 제안 금액(이 경우에는 10달러)을 받고, 나머지

(90달러)를 제안자가 갖는다. 수령자가 거부하면 두 사람 다 한 푼도 받지 못한다. 상호작용은 비공개로 이루어지며 한 번으로 끝난다. 즉 두 사람은 다시 상호작용하지 않으며 상대의 정체도 알지 못한다.

최후통첩 게임 같은 경제 실험에서 흥미로운 점은 합리적인 사람이 자신의 소득을 극대화하는 데만 관심이 있다면 그들의 행동을 게임 이론을 이용해서 예측할 수 있다는 것이다. 이 계산은 합리적이고 이기적인 개인들로 이루어진 세계에서 우리가 무엇을 기대할 수 있는지에 관한 기준선을 제공하는데, 이는 호모 에코노미쿠스의 예측이다. 최후통첩 게임에서 제안자가 아주 적은 금액이라도 제안한다면 수령자는 받아들이고 일정한 현금을 받느냐 거절하고 한 푼도 받지 못하느냐 사이에서 선택에 직면한다. 소득을 극대화하려는 수령자는 이 간단한 선택에 맞닥뜨릴 때 언제나 0 이상의 제안을 받아들여야 한다. 제안자는 수령자가 냉혹한 선택에 직면한다는 것을 알기 때문에 최대한 적은 액수를 제안해야 한다. 따라서 이 이론의 예측에 따르면, 100달러를 걸고 사람들에게 10달러 단위로 제안을 하도록 하는 경우에 제안자는 100달러 중에서 10달러만을 제안해야 한다.[3]

당신이라면 10달러를 주겠다는 제안을 받아들이겠는가? 당신이 받아들일 수 있는 최저 액수는 얼마인가? 제안자 입장이라면 당신은 얼마를 제시하겠는가?

WEIRD 사회에서는 25세 이상의 대다수 성인들이 절반(50달러)을 제안한다. 40퍼센트(40달러) 이하의 제안은 종종 거절당한다. 평균 제시액은 대개 전체 금액의 48퍼센트 정도다. 이 인구 집단들에서는 일반적인 게임 이론을 따라 10달러(10퍼센트)를 제안하는 것은 나쁜 짓이다. 실제로 만약 당신이 자신은 순전히 이기적이지만 남들은 그렇지 않다는 걸 안다고 해도 50달러를 제안할 수밖에 없다. 그 이하로 제안하면 거절당해서 결국 빈손으로 집에 가게 되기 때문이다. 따라서 호모 에코노미쿠스의 예측과 달리, WEIRD는 최후통첩 게임에서 동등한 액수를 제안하는 강한 성향을 드러낸다.[4]

아마존 지역에서 나는 버려진 선교사 가옥의 나무 현관에 걸터앉아 마치겐카족을 상대로 처음 최후통첩 게임을 진행했다. 전체 금액은 페루 현지 화폐로 20솔이었는데, 마치겐카족이 이따금 벌목회사나 석유회사에서 이틀 동안 일해서 벌 수 있는 액수였다. 마치겐카족 제안자는 대부분 3솔(전체 금액의 15퍼센트)을 제안했고, 몇 명은 10솔(50퍼센트)을 제안했다. 전반적으로 평균 제시액은 20솔의 26퍼센트였다. 그리고 한 명을 제외한 모든 이들이 이렇게 낮은 제시액을 전부 곧바로 받아들였다.[5] 나는 최후통첩 게임에서 마치겐카족이 WEIRD와는 무척 다르다는 사실을 깨달았다.

미처 예상하지 못한 결과였다. 내가 가진 WEIRD의 직관 때문에 마치겐카족이 미국이나 유럽, 그밖에 산업화된 사회에 사는 사람들처럼 행동할 것이라고 착각한 것이다. 이 실험에 관해 처음 들었을 때, 나는 낮은 액수의 제안을 받아들이는 것에 대해 본능적으로 반발을 느꼈고, 따라서 최후통첩 게임은 인간의 심리와 우리의 진화된 공정성 동기, 불공정을 처벌하려는 우리의 의지에 관해 고유한 무언가를 포착한다고 가정했다. 하지만 내가 가장 인상적으로 느낀 것은 통계적 결과가 아니라 사후에 참가자들과 나눈 인터뷰였다. 마치겐카족의 수령자는 제안자가 '공정하게' 전체 금액의 절반을 주어야 한다고 생각하지 않았다. 오히려 익명의 상대방이 조금이라도 돈을 주기로 결정했다(종종 20솔 중 3솔)는 사실에 황송해하는 것 같았다. 그들은 왜 사람이 공짜 돈을 거절하는지 이해하지 못했다. 내가 게임 규칙을 설명하면서 애를 먹은 것도 어느 정도는 이 때문이었다. 공짜 돈을 거절한다는 생각이 워낙 어리석어 보이는 탓에 참가자들은 자신이 내 지시를 제대로 알아듣지 못하고 있다고 생각했다. 제안자는 낮은 액수를 제시해도 상대방이 받아들일 것이라고 확신했고, 일부는 3솔이나 5솔을 내주는 게 후한 행동이라고 여기는 것 같았다. 그들의 문화적 틀 안에서 보면, 이처럼 적은 액수도 후한 것이었다.

이런 인터뷰는 로스앤젤레스에서 160달러를 가지고 최후통첩 게임을 진행한 뒤에 한 인터뷰와 대조를 되었다. 마치겐카족의 20솔과 맞먹게 계산한 액수였다. 이 거대한 대도시에서 사람들은 절반 이하를 주면 죄책감을 느낀다고 말했다.[6] 그들은 이 상황에서는 절반을 내놓는 것이 '올바른' 일이라는 인식을 드러냈다. 낮은 액수(25퍼센트)를 제안한 한 사람은 오랫동안 숙고했는데, 거절당할까 봐 두려운 기색이 역력했다.

지금까지 4반세기 동안 문화와 인간 본성을 탐구한 뒤 돌이켜 보면, 내가 초기에 진행한 실험 결과는 분명하다. 마치겐카족의 행동에서 내가 본 것은 그들의 사회 규범과 생활방식의 반영에 지나지 않았다. 3장에서 살펴본 것처럼, 마치겐카족은 대규모 협동의 딜레마를 해결하고, 지휘통제를 확립하고, 사회정치적 복잡성의 규모를 확대하기 위한 제도가 부족하다. 그 대신 그들은 진정한 개인주의자들이다. 그들의 내면화된 동기는 그들 사회의 가족 차원 제도를 헤쳐나가는 데 맞춰져 있기 때문에 그들이 익명의 타인이나 낯선 사람에게 동등한 액수를 제안하거나 그 공동체에서는 합리적인 제안자의 행동을 벌하기 위해 공짜 돈을 포기할 것이라고 기대할 이유가 전혀 없다. 유력한 비개인적 규범, 경쟁 시장, 친사회적 종교의 영향을 받지 않은 심리적 개인주의는 바로 이런 모습이다.[7]

시장 규범과 포지티브섬 세계관

초기 연구 이래 20년 동안 우리 연구팀은 지구 곳곳의 27개 다양한 사회의 사람들을 대상으로 여러 가지 비슷한 행동 실험을 진행하고 인터뷰를 했다(〈그림 9.1〉). 우리가 연구한 인구 집단들로는 탄자니아, 인도네시아, 파라과이의 수렵채집인, 몽골, 시베리아, 케냐의 목축민, 남아메리카와 아프리카의 자급자족 농민, 아크라(가나)와 미주리(미국)의 임금 노동자, 뉴기니, 오세아니아, 아마존 지역의 화전농 등이 있다.

이 연구는 두 연속적 단계의 결과물이다. 15개 사회에서 최후통첩 게임을 진행한 첫 번째 단계에서는 시장에 노출되거나 시장을 경험하는 것이 사람들이 게임에서 내리는 결정에 영향을 미친다는 사고를 시험했다. 놀라운 결과는 시장에 노출되는 것을 의미하는 시장 통합도가 높은 사회에 속한 사람일수록 상대방에게 더 높은(더 동등한) 액수를 제안했다는 것이다. 마치겐카족과 마찬가지로, 가장 외지고 규모가 작은 사회는 훨씬 낮은 액수(평균적으로 약 25퍼센트)를 제안했을 뿐만 아니라 수령자도 어떤 제안이든 거절하지 않았다. 그리하여 제안자와 수령자 양쪽 모두에서 WEIRD뿐만 아니라 다른 산업 사회의 사람들은 경제학 교과서에서 예측하는 합리적 기준과 가장 어긋나는 선택을 했다.[8]

안타까운 일이지만, 이런 기획은 처음 시도한 것이었기 때문에 우리의 연구는 완벽한 것과는 거리가 멀었다. 예를 들어, 우리는 집단 토론 중에 우리 전문가들이 포착한 민족지적 직관을 수량화하는 식으로 여러 사회의 상대적인 시장 통합도를 평가했다. 우리가 내린 평가가 꽤 정확하다고 밝혀지긴 했지만, 내 시각에는 약간 주관적인 방식으로 보였다. 이런저런 우려를 다루기 위해 우리는 처음부터 다시 실험을 진행하기로 결정했다.

〈그림 9.1〉 인류학자와 경제학자로 구성된 우리 연구팀이 경제 게임, 인터뷰, 민족지학을 이용해서 연구한 인구 집단들의 지도.[9]

두 번째 단계에서 우리는 새로운 인구 집단들을 선정하고, 새로운 실험을 추가했으며, 더 엄격한 연구 계획서를 만들었다. 최후통첩 게임에 독재자 게임과 제3자 처벌 게임Third-Party Punishment Game을 추가했다. 앞서 살펴본 것처럼, 독재자 게임은 최후통첩 게임과 비슷한데 한 가지 차이가 있다면, 수령자가 제안자의 제안을 거절할 기회가 없기 때문에 수령자의 반응에 따라 한 푼도 못 받을 위험이 전혀 없다. 제3자 처벌 게임에서도 독재자 게임처럼 제안자가 수동적 수령자에게 액수를 제시한다. 하지만 제3의 집행자가 존재하는데, 그에게는 처음에 제안자와 수령자가 나눠 갖는 액수의 절반에 해당하는 금액이 주어진다. 이 제3자는 제안자가 제시한 액수가 마음에 들지 않으면 자신에게 할당된 돈의 일부를 수령자에게 줄 수 있는데, 그럴 경우 제3자가 수령자에게 준 금액의 3배를 제안자에게 빼앗아 수령자에게 주게 된다. 제3자가 자기 돈의 일부를 지불해서 제안자에게 3배의 경제적 징벌을 가하는 것이다. 가령, 제안자가 100달러 중 10달러를 수령자에게 내주면, 제3자는 자기에게 할당된 50달러에서 10달러를 내서 제안자의 돈 30달러를 빼앗을 수 있다. 이 경우에 제안자는 60달러(100달러 - 10달러 - 30달러)를 챙기고, 수령자는 10달러, 제3자는 40달러(50달러 - 10달러)를 챙긴다. 호모 에코노미쿠스의 세계라면, 제3자 처벌 게임은 1회로 끝나는 익명의 상호작용이기 때문에 제안자는 수령자에게 한 푼도 주지 않아야 하며, 제3자는 제안자를 벌하기 위해 돈을 내서는 안 된다.

연구 계획서를 개선하기 위해 우리는 (1) 해당 지역 경제에서 하루치 임금으로 실험의 내기 돈을 정하고 (2) 가정에서 기르거나 사냥하거나 채취하거나 잡은 것과 반대되는 의미로 시장에서 구입한 음식에서 섭취하는 칼로리의 비율을 측정하는 식으로 시장 통합도를 평가했다.[10]

이 세 실험 모두에서 이번에도 역시 시장 통합도가 높은 공동체에 사는 사람들이 더 높은 액수를 제안했다(내기 돈의 50퍼센트에 더 가까웠다). 시장이 거의 또는 전혀 존재하지 않는 사회의 사람들은 주어진 금액의 4분의 1 정도만 제시했다. 시장에 통합되지 않은 완전히 자급자족 지향적 인구 집단(가령 탄자니아의 하드자족 수렵채집인)에서부터 완전히 시장에 통합된 공동체로 갈수록 제안하는 액수가 10~20퍼센트포인트 늘어난다. 〈그림 9.2〉를 보면, 한 인구 집단이 시장에서 구입한 음식에서 섭취하는 칼로리의 비율로 측정해서 시장 통합도가 높을수록 사람들이 독재자 게임에서 더 많은 액수를 제시한다. 이 실험은 아마 비개인적 공정성에 관한 가장 분명한 측정치일 것이다. 거절이나 처벌의 위협이 존재하지 않기 때문이다. 이런 양상은 소득, 재산, 공동체의 규모, 교육, 그

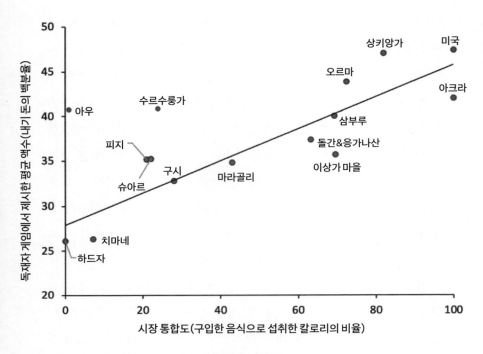

<그림 9.2> 시장 통합도가 높은 공동체일수록 독재자 게임에서 더 높은 액수를 제시한다

아프리카(삼부루, 하드자, 마라골리, 오르마, 이상가 마을, 아크라, 구시), 뉴기니와 오세아니아(피지, 수르수룽가, 아우), 남아메리카(슈아르, 상키앙가, 치마네), 시베리아(돌간, 응가나산)의 16개 종족언어 집단에 속한 34개 공동체에서 336명의 참가자로부터 얻은 데이터에 근거함.[11]

밖에 인구학적 변수의 효과와 상관없이 세 실험 모두에서 유효하다.[12]

덧붙여 말하자면, 우리가 시장 통합과 함께 분석한 모든 변수 중에서 더 높은 액수의 제안과 일관되게 상관관계가 있는 변수는 하나뿐이었다. 그것이 과연 무엇일까? '큰 신'과 초자연적 처벌을 갖춘 세계 종교를 충실히 믿는다고 말한 참가자들은 독재자 게임과 최후통첩 게임 모두에서 6~10퍼센트포인트 높은 액수를 제시했다. 이 결과는 4장에서 논의한 종교에 관한 비교문화 연구에 영감을 주었다.[13]

시장 통합도가 높은 공동체에 속한 개인들은 왜 이 실험들에서 더 강한 비개인적 공정성 성향을 보이는 걸까?

낯선 사람들이 자유롭게 경쟁적 거래에 참여하며 순조롭게 기능하는 비개인적 시장에는 내가 시장 규범market norms이라고 이름 붙인 것이 필요하다. 시장 규범은 비개인적 거래에서 자신과 타인을 판단하기 위한 기준을 확립하며, 낯선 사람 및 익명의 타인들과 신뢰, 공정, 협동을 위한 동기의 내면화로 이어진다. 이는 보통 돈과 익명성이라는 두드러진 단서와 함께 경제 게임에서 채택된 사회 규범이다.[14] 집약적 친족 기반 제도가 결여된 세계에서는 사람들이 거의 모든 것을 순조롭게 기능하는 상업 시장에 의존하는데, 이 세계에서 개인들이 성공을 거두는 한 가지 요인은 아는 사람, 낯선 사람, 익명의 타인들에 대해 공정하고 정직하며 협동적 태도를 보인다는 평판을 쌓는 것이다. 이런 것들이 많은 고객뿐만 아니라 가장 좋은 사업 파트너, 직원, 학생, 의뢰인을 끌어들이는 데 도움이 되는 자질이기 때문이다. 이런 시장 규범은 누군가와 아무 관계가 없거나 상대방의 가족, 친구, 사회적 지위를 알지 못할 때 어떻게 행동해야 하는지를 명시한다. 이 규범 덕분에 사람들은 누구하고나 상호 이익이 되는 광범위한 거래에 기꺼이 참여한다.

시장 규범은 접근 지향과 포지티브섬 세계관을 장려하지만 다른 사람의 의도와 행동에 대한 민감성을 요구한다. 공정에는 공정으로, 신뢰에는 신뢰로, 협동에는 협동으로, 모든 것이 규범적 기준에 따라 판단된다. 파트너나 제3자가 시장 규범을 위반하면 제3자 처벌 게임에서 보았던 것처럼 자신의 이익을 희생하면서도 규범의 지키려는 사회 내부의 힘과 맞닥뜨린다. 그리하여 시장 규범과 그것이 장려하는 비개인적 친사회성은 무조건적이지도 않고 이타적이지도 않다.

물론 시장은 경쟁적이고 계산적인 사고방식을 선호한다, 즉 사람들은 승리하기를 원하지만, 규범과 합의된 규칙을 따르면서 승리하지 않는다면 완전히 존경을 받지 못한다. 공정함과 정직, 공평함을 지키면서 자신의 재능과 고된 노동으로 성공하는 사람이 가장 큰 존경을 받는다. 이는 독특한 기준이다. 대부분의 인류 역사에서 기준이 되었던 가족의 연계, 개인적 관계, 부족적 편협성, 씨족적 동맹 등의 가치를 낮게 보기 때문이다. 인류가 살아온 대부분의 시간과 장소에서는 내집단에 대한 충성과 가족의 명예가 공평한 공정성을 능가했다.

지금까지 시장 통합과 비개인적 공정성 사이의 상관관계가 확고하고 반복 가능한 경우에 관해서만 이야기했다. 이 관계는 더 공정한 사고를 가진 사람들이 시장 통합도가 높은 공동체로 옮겨가기 때문일 수 있다. 핵심적인 문제는 시장 통합도가 높을수록 실제로 더 큰 비개인적 친사회성을 야기하는가 하는 것이다. 다시 말해, 시장이 시장 규범의 내면화를 통해 사람들의 동기를 변화시켜서 낯선 사람이나 익명의 파트너에 대해 더 친사회적으로 만드는 걸까?

┃ 인간 심리와 시장 규범의 공진화

에티오피아의 베일 산맥 북사면에 사는 오로모족은 목축, 자급자족 농사, 숲 채집 등을 한다. 경제학자 데베시 루스타지Devesh Rustagi는 오로모족의 비개인적 친사회성을 평가하기 위해 간단한 실험을 진행했다. 참가자가 익명의 파트너와 1회성 협동의 딜레마 상황에 놓이는 실험이다. 참가자는 거의 하루치 일당에 해당하는 6비르(1비르짜리 지폐 6장)를 받은 뒤 파트너와의 '공동 사업'에 마음 내키는 대로 돈을 기부할 수 있다. 각 파트너가 사업에 기부한 돈은 50퍼센트 늘어나서 한 팀으로서 두 사람이 똑같이 나눠갖는다. 그러니까 각 참가자는 전체 사업비의 절반과 자기 몫으로 챙겨둔 돈까지 갖게 된다. 앞에서 설명한 공공재 게임의 경우와 마찬가지로, 여기서도 두 참가자 모두 최대 액수인 6비르를 기부할 때 둘이 가장 많은 돈을 번다. 하지만 개인 입장에서는 한 푼도 기부하지 않고 파트너의 기부에 무임승차할 때 가장 많은 돈을 번다. 호모 에코노미쿠스라면 이렇게 행동할 것이다.

오로모족 참가자는 이 게임을 두 가지 형태로 맞닥뜨렸다. 우선 참가자는 파트너가 얼마를 기부하는지 알지 못한 채 공동 사업에 (0부터 6비르까지) 기부할 액수를 말한다. 그런 다음 파트너가 얼마를 기부할지에 따라 자신이 공동 사업에 기부할 돈을 말한다. 다시 말해, 참가자는 파트너가 공동 사업에 0, 1, 2, 3, 4, 5, 6비르를 기부하면, 각각의 경우에 자신이 얼마를 기부할지 정해야 한다.[15]

이런 방식 덕분에 데베시는 참가자들을 '이타주의자'나 '무임승차자' 같은 범주로 할당하고 파트너와 조건적으로 협동하는 성향을 계산할 수 있었다. 이타주의자는 파트너가 얼마를 기부하는지와 상관없이 많은 액수를 기부했다. 짐작이 가겠지만, 이타주의자는 드물었다. 데베시의 실험에 참가한 734명 중에 약 2퍼센트만이 이타주의자였다. 이와 대조적으로, 무임승차자는 공동 사업에 거의 기부를 하지 않고 파트너가 더 높은 협동적 기부를 하는데도 반응을 보이지 않았다. 이런 사람들이 전체의 10퍼센트 정도를 차지했다. 다른 모든 사람들(88퍼센트)에 대해 데베시는 파트너의 기부가 자신의 기부에 얼마나 영향을 미치는지를 계산했다. 파트너가 기부를 많이 할수록 정확한 비율로 자신도 기부를 한 참가자는 100점을 받았다. 파트너의 기부와 관계없이 기부를 하는 사람은 0점을 받았다. 파트너가 기부를 많이 할수록 자신은 적게 하는 경향이 있으면 마이너스 점수를 받을 수도 있다. 따라서 이와 같은 사람들의 조건적 협동 성향 측정치는 이론상 −100에서 +100까지 될 수 있다.

〈그림 9.3〉은 오로모족 마을 53곳에 걸쳐 시장 통합도가 높은 장소에 사는 사람일수록 시장 통합도가 낮은 장소에 사는 사람보다 조건적으로 협동하는 성향이 훨씬 강함을 보여준다. 이 연구에서 시장 통합도는

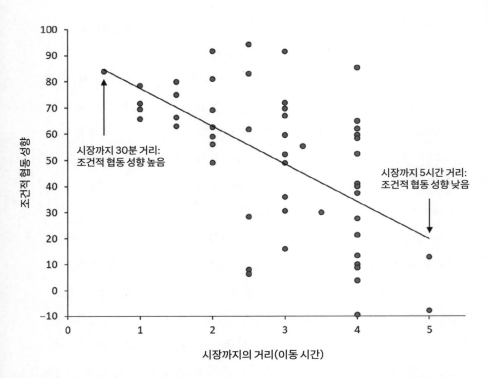

<figure>

시장까지 30분 거리:
조건적 협동 성향 높음

시장까지 5시간 거리:
조건적 협동 성향 낮음

y축: 조건적 협동 성향
x축: 시장까지의 거리(이동 시간)

</figure>

〈그림 9.3〉 시장 통합도가 높은 마을에 사는 오로모족이 익명의 타인과 조건적으로 협동하는 성향이 강했다.

오로모족 마을 53곳의 점수는 94점부터 -9점까지 다양했다(참가자 734명). 특히 중간 이동 시간 (2~4시간)의 경우에 마을들 사이의 변이가 많으며, 몇몇 외딴 마을은 여전히 높은 조건적 협동 성향을 보여준다. 그렇다 하더라도 광범위한 양상은 분명해서 시장 통합도가 높은 마을에 사는 사람일수록 이 1회성 상호작용에서 더 많은 비개인적 친사회성을 보여준다.[16]

개인이 사는 마을에서 정기적으로 시장이 열리는 네 도시 중 한 곳까지 가는 데 걸리는 시간으로 측정했다. 장날은 오로모족에게 버터와 꿀, 대나무 같은 지역 산물뿐만 아니라 다양한 상품을 사고 파는 유일한 기회이다. 장날에는 다양한 마을에서 수천 명의 사람이 모여서 어지러울 정도로 광범위한 거래가 이루어진다. 예상 가능하게도, 이런 도시까지 가는 데 걸리는 시간은 사람들이 시장에서 물건을 사고 파는 빈도와 상관관계가 있다. 이동 시간이 2시간 이하인 가장 가까운 마을들은 모두 조건적 협동 성향 평균이 60점 이상이었다. 이와 대조적으로, 시장까지 4시간 이상을 걸어가야 하는 경우에는 조건적 협동 성향의 평균이 20점 이하로 떨어졌다. 전반적으로 보면, 시장까지 거리가 1시간씩 가까워질수록 익명의 파트너와 조건적으로 협동하는 성향이 15점씩 증가했다.

이 연구는 시장 통합도가 높을수록 비개인적 친사회성도 커진다는 것을 시사한다. 그 이유는 다음과 같다. 오로모 씨족들의 지리적 위치, 다시 말해 지역 시장까지 가는 데 걸리는 시간은 이런 상업 중심지들이 발전하기 전에 나타난 부계 상속, 공동 소유, 토지 사용권과 관련된 지역 관습에 따라 결정된다. 오로모족은 이런 관습에 따라 혈족이 공동으로 소유한 토지를 근거로 생활한다. 따라서 시장 통합도가 높을수록 더 협동적 태도를 보이는 것이 친사회적 성향의 오모로족이 시장에 가까운 곳으로 이동했기 때문이라고 볼 수는 없다. 도시의 위치는 오로모족과 관련이 없는 지리적, 군사적 이유에 따라 주로 결정되었다. 게다가 데베시가 부와 불평등, 마을 규모, 문해력 같은 다양한 요소들이 미치는 효과를 통계적으로 처리한 뒤에도 시장 근접성과 조건적 협동 사이의 관계가 유효했다. 여기에 담긴 함의는 우연히 장이 열리는 도시 근처에서 자란 오로모족이 시장 규범을 더 깊이 내면화하며, 이는 이 1회성 익명 실험에서 더 큰 비개인적 친사회성으로 드러난다는 것이다.[17]

데베시의 오로모족 연구가 특히 훌륭한 것은 이 연구 덕분에 중요한 다음 단계로 넘어갈 수 있기 때문이다. 이 연구는 비개인적 친사회성, 즉 내면화된 시장 규범이 클수록 공식화된 합의와 규칙에 근거해서 더 효과적인 자발적 조직을 건설하기 위한 심리적 토대를 닦을 수 있음을 보여준다.

대규모 삼림 관리 프로그램의 일부로 우리는 이 오로모족 마을들에게 벌목과 방목을 적극적으로 관리하며 삼림 벌채를 제한하기 위한 자발적 조직을 결성할 것을 권유했다. 자세한 분석을 보면, 한 마을의 조건적 협동 성향이 강할수록(데베시의 실험에서 평가된 것처럼), 벌목과 방목을 규제하는 분명한 규칙을 만들어내는 협동적 결사체를 결성할 가능성이 더 높았다. 특히 한 마을의 조건적 협동 성향이 20점 증가하면 새로운 협동적 결사체를 결성할 가능성이 30~40퍼센트포인트 높아진다.[18]

잠깐, 어쩌면 이건 비정부기구와 대표들에게 보여주는 과시용 쇼 아닐까? 시장에 통합된 협동자들이 외국인들에게서 돈을 받아내는 요령이 더 많은 것일지 모른다. 협동적 결사체를 결성하면 실제로 장기적으로 더 큰 이득을 얻었을까? 실제로 그랬다. 오로모족 마을들을 둘러싼 삼림은 5년마다 벌채율을 측정하고 나무의 굵기 같은 객관적 측정치에 따라 효과적 삼림 관리를 평가받았다. 데이터를 보면, 협동적 결사체의 결성과 조건적 협동 성향 모두 숲을 더 건강하게 만들었음을 알 수 있다. 이런 일이 벌어진 한 가지 이유는 사람들의 조건적 협동 성향이 강할수록 공유림을 감시하면서 어린 나무를 베거나 공유 초지에 너무 많은 가축을 방목하는 무임승차자를 잡는 데 더 많은 시간을 보내기 때문이다. 다시 말해, 그런 사람들은 제3자의 규범 집행에 참여한다.[19]

이제 〈그림 9.4〉에서 오로모족에게서 얻은 핵심적 통찰을 종합해보자. 이 사례는 시장 통합도가 높을수록 비개인적 친사회성 증대로 나아가는 심리적 변화가 나타날 수 있음을 보여준다(화살표 A). 비개인적 친사회성이 클수록(조건적 협동으로 측정됨) 자발적 결사체의 결성이 촉진되는데(화살표 B), 이 결사체가 발전시키는 공식적 제도는 종종 분명한 규칙, 문서화된 합의, 상호 감시를 수반한다(화살표 C). 이런 공식적 제도(화살표 D)와 사람들의 비개인적 친사회성 동기(화살표 E)는 둘 다 공공재를 제공하는 데 기여한다. 이 경우에 공공재는 숲 관리를 가져온다.

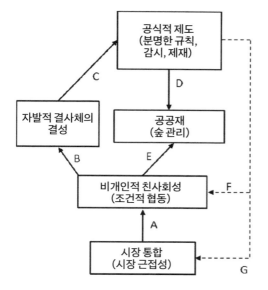

〈그림 9.4〉

시장 통합도가 높을수록 높은 수준의 비개인적 친사회성으로 이어지고 계속해서 자발적 결사체와 더 효과적인 공식적 제도로 이어진다.

결론을 말하자면, 시장 통합은 비개인적 상호작용을 촉진하는 사회 규범을 주입함으로써 아래로부터의 공공재 공급과 자발적 결사체 결성을 향상시킬 수 있다.

〈그림 9.4〉는 또한 점선을 사용해서 존재할 수 있는 관계를 보여준다. 화살표 F는 순조롭게 기능하는 공식적 제도가 존재하는 세계에서 자라면, 규칙과 기준이 더 분명해지고 폭넓은 합의가 가능해지기 때문에 비개인적 친사회성이 더 커질 수 있음을 시사한다. 화살표 G는 효과적인 공식적 제도는 규제적 합의나 규칙을 통해 시장의 기능을 향상시키고, 그럼으로써 시장의 폭을 확장시킬 수 있다고 제안한다. 이런 관계들은 우리의 심리가 시장 및 효과적인 공식적 제도와 공진화하는 피드백 고리를 가리킨다.

이런 주장이 놀랍게 느껴지는가? 시장 통합이 공정성이나 협동의 확대와 관련된다는 관념은 많은 WEIRD의 귀에 거슬린다. 소규모 사회와 농촌 마을에 사는 사람들이 매우 친사회적이고, 협동적이며, 너그럽지 않다는 것인가? 시장이 사람들을 자기중심적, 개인주의적, 계산적, 경쟁적으로 만드는 게 아니라는 말인가?

두 질문에 답하자면, 그렇다. 언뜻 보기에 모순되는 이런 사실을 설명하기 위해서는 개인 간 친사회성을 비개인적 친사회성과 구분해야 한다. 내가 살면서 연구한 많은 소규모 사회와 농촌 마을에서 발견되는 친절함과 너그러움은 개인 간 관계의 지속적인 그물망을 만들어내고 유지하는 데 초점을 맞추는 집약적 친족 기반 제도에 뿌리를 둔다. 이는 인상적인 동시에 아름답지만, 이런 개인 간 친사회성은 관계가 있는 사람에게만 적용되는 친절함과 따뜻함, 호혜성, 그리고 때로는 무조건적 너그러움뿐만 아니라 권위나 공경과 관련된다. 개인 간 친사회성은 내집단 성원들과 그들의 연결망에 중점을 두고 있다. 당신이 그 집단이나 연결망에 속해 있다면 편안하고 안정된 느낌을 받을 수 있다.

이와 대조적으로, 경제 실험들은 대체로 특히 금전 거래에서 낯선 사람이나 익명의 타인에 대한 공정한 거래와 정직성을 규정하는 시장 규범을 채택한다. 이런 비개인적 친사회성은 개인 간 연계와 내집단 성원에 대한 자격이 불필요하거나 심지어 아무 관련이 없다고 여겨지는 상황과 맥락에서 나타나는 공정한 원칙, 공평성, 정직성, 조건적 협동과 관련된다. 비개인적 맥락에 지배되는 세계에서 사람들은 커다란 관계망이나 개인적 유대가 아니라 익명의 시장과 보험, 법원을 비롯한 비개인적 제도에 의존한다.[20]

이와 같이 비개인적 시장은 우리의 사회적 심리에 이중으로 영향을 미칠 수 있다. 비개인적 시장은 내집단 안에서 우리의 개인 간 친사회성을 줄이는 동시에 아는 사람과 낯선 사람에 대한 비개인적 친사회성을 증대시킨다.[21] 이 장의 앞에 있는 글에서 12세기부터 18세기까지 유럽

사상가들이 상업이 어떻게 낯선 사람들 사이의 상호작용을 매끄럽고 부드럽게 만들며 사람들을 길들였는지에 관해 관찰한 내용의 대표적인 사례다. 애덤 스미스나 데이비드 흄 같은 계몽주의 사상가들이 발전시킨 유명한 '부드러운 상업Doux Commerce'이라는 개념이다. 나중에 특히 19세기 유럽에서 시장 통합이 확대된 뒤, 카를 마르크스를 비롯한 이들은 완전히 상업화된 사회가 무엇을 잃어버렸고, 시장 규범으로 다스려지는 팽창하는 사회 영역이 어떻게 우리의 삶과 심리를 바꾸었는지를 고찰하기 시작했다. 개인 간 관계와 사회 속에 묻혀 있는 교환의 조밀한 연결망이 비개인적 제도로 대체된 것은 때로 소외와 착취, 상품화로 이어졌다.[22]

그리하여 다시 WEIRD 심리에 관한 설명으로 돌아가면, 팽창하는 시장이 우리의 동기에 미친 영향을 감안할 때, 유럽에서 비개인적 거래가 언제, 어디서, 왜 나타났는지를 알아야 한다. 이번에도 역시 심리적 관찰이 역사적 질문으로 바뀐다.[23]

후이족이 없으면 시장도 없다

작은 도시인 출출에서 가게를 돌아다니는 중에 나는 기묘한 사실을 눈치 챘다. 안데스 산맥의 그늘 아래 있는 칠레 남부의 굽이치는 언덕들 사이에 흩어져 둥지를 튼 농가에서 사는 마푸체족 사이에서 박사학위를 위한 현지조사를 시작하던 참이었다. 마푸체족 집주인들에게 줄 물품과 음식, 선물을 사던 중에 똑같은 제품인데도 가게마다 가격 차이가 꽤 난다는 걸 깨달았다. 돈이 궁한 대학원생이던 나는 충실한 민족지학자로서 노트를 꺼내서 가격을 기록하기 시작했다. 오래지 않아 내가 찾는 품목들을 구입하기 위한 가장 짧은 동선을 그릴 수 있었다. 그렇지만 다닥다닥 붙어 있는 작은 가게들이 어떻게 똑같은 제품에 대해 가격을 다르게 붙이는지 도무지 이해가 되지 않았다. 고객을 놓고 경쟁을 하다 보면 가격이 평준화돼야 하지 않나? 내 연구의 초점은 아니었지만 이 문제가 계속 머릿속에 남아 있었다.

이 수수께끼를 푸는 실마리는 이후 몇 달간 서서히 드러났다. 우선 도시 사람들이 언제나 몇몇 같은 가게에서 물건을 산다는 것을 알게 되었다. 그들은 두 개, 기껏해야 세 개의 서로 다른 가게에서 물건을 샀는데, 나처럼 쇼핑 동선을 최적화한 사람은 아무도 없었다. 그리하여 어떻게 가격이 천차만별인지가 설명이 되었다. 경쟁이 제한되었던 것이다. 하지만 왜 사람들이 제일 싼 가격을 찾아서 돌아다니지 않는지에 대한 궁금증은 여전히 남았다. 이들은 대부분 가난했고, 시간에 쫓기는 사람은 거의 없었다. 사람들은 몇 시간이고 잡담을 나누는 걸 즐겼고, 종종 내게 차를 태워달라고 했다. 도시에서 차를 가진 사람이 몇 명 없었기 때문이다. 나는 시간이 남을 때마다 왜 사람들이 단골 가게에서 물건을 사는지 물었고, 특히 왜 제일 싼 가게에서 참치캔이나 플라스틱 양동이, 네스카페(커피)를 사지 않는지 사람들에게 질문했다.

지금 와서 돌이켜 보면 그 답은 분명했다. 이 사람들은 같은 소도시에서 어울려 자란 이들이었다. 모두들 서로 아는 사이였다. 많은 가정이 평생에 걸친 친구나 친척인 반면, 다른 가족들은 탐탁지 못하거나 건방지거나 그냥 친하지 않은 사이로 여겨졌다. 다정한 겉모습 아래에는 부글부글 끓는 질투심과 오랫동안 이어진, 때로는 몇 세대를 거슬러 올라가는 불만이 도사리고 있었다. 질투심은 대부분 돈이나 결혼, 정치와 연결된 것 같았다. (내가 보기에는) 가족들 사이에 소득 차이가 크지 않았지만 그 작은 차이에도 한쪽에서는 강력한 질투심이 생겨나고 반대편에서는 오만한 기색이 드러났다. 이따금 정치적인 불만도 드러났다. 가령 25년 전에 칠레의 '구원자'(또는 독재자) 아우구스토 피노체트를 지지하지 않았기(또는 지지했기) 때문에 그 가족은 썩어빠졌다는 것이었다.

이런 개인 간 관계가 출출에서 이뤄지는 시장 경쟁을 제약했다. 빵부터 땔감에 이르기까지 모든 물품의 구입에 관한 현지인들의 결정은 내가 자동적으로 연상하는 것처럼 경제학이라는 개념 상자에 분리되지 않았다. 그들의 결정은 더 크고 중요한 지속적인 관계의 한 층위로 포함되었다. 물론 사고 파는 일이 이루어졌지만, 이것은 비개인적 상업이라기보다는 개인 간 교환에 가까웠다.[24]

내 경험은 미묘하지만 흥미로운 사실을 두드러지게 보여준다. 한편으로 개인 간 관계는 대부분의 거래 유형에서 요구되는 신뢰를 위한 첫 번째이자 가장 기본적인 토대를 제공함으로써 거래를 촉진한다. 최소한 일정한 신뢰가 없으면 사람들은 거래 자체를 하려 하지 않는다. 강도나 착취, 사기, 심지어 살해의 위험이 있기 때문이다. 따라서 거래가 위험하고 드물 때 더 많은 개인 간 관계를 구축함으로써 거래를 늘릴 수 있다. 하지만 개인 간 관계의 그물망이 너무 촘촘해지면, 시장 경쟁과 비개인적 상업이 위축된다. 여전히 거래가 이루어지지만, 출출의 경우처럼 이 거래는 다른 관계에 한 층위로 포함된 채 느리게 이루어진다.

따라서 비개인적 시장을 조직하고 운영하는 데는 두 가지가 필요하다. (1) 구매자와 판매자 사이의 촘촘한 개인 간 상호연계를 대폭 정리하고, (2) 아는 사람과 낯선 사람, 익명의 타인에게 공정하고 공평하게 행동할 것을 규정하는 시장 규범을 촉진해야 한다. 시장 규범을 추가하지 않은 채 개인 간 관계만 정리하면 실제로 거래가 줄어든다. 하지만 촘촘하게 연결된 개인 간 관계를 그대로 유지한 채 시장 규범만 추가하면, 아무 일도 일어나지 않는다. 개인 간 관계가 여전히 거래를 지배하기 때문이다. 비개인적 시장이 만들어지려면 약한 개인 간 관계와 유력한 시장 규범 둘 다 필요하다.

역사적으로 보면, 상업과 교역은 오랫동안 정반대의 방식으로 개인 간 관계의 영향을 받았다. 공동체 내부의 거래(상업)는 종종 지나치게 얽힌 개인 간 관계의 제한을 받았다. 만약 당신의 매형이 도시에 둘밖에 없는 회계사 중 하나라면, 과연 다른 회계사에게 일을 맡길 수 있겠는가? 이와 대조적으로, 멀리 떨어진 공동체들 사이의 거래(상업)는 각 장소에 사는 사람들 사이에 아무런 관계도 없기 때문에 제한되는 경우가 많다. 무역을 좀 더 자세히 살펴보자.

WEIRD는 무역이 간단하다고 생각하는 경향이 있다. 우리한테 자연산 얌이 있고 당신에게는 물고기가 있다. 그러면 그저 얌하고 물고기를 맞바꾸면 된다고 생각한다. 말은 쉽다. 하지만 천만의 말씀이다. 오스트레일리아에서 윌리엄 버클리가 설명한 수렵채집인 세계에서 얌과 물고기를 맞바꾸려 한다고 상상해보자. 이 세계에서 다른 집단들은 대개 적대적이고, 낯선 사람은 종종 발견되는 즉시 살해당했다. 무리가 밤에 밖에서 잠을 잘 때면, 멀리서 위치를 알아채지 못하도록 모닥불 주변에 뗏장으로 울타리를 쳤다. 만약 내가 얌을 몇 개 바꾸려고 당신 무리의 모닥불 앞에 나타나면, 당신들은 그냥 나를 죽이고 얌을 차지하지 않을까? 또는 당신은 우리가 독성이 있는 얌을 내줘서 당신과 당신의 무리를 서서히 중독시키려 한다고 생각할지 모른다. 인간의 진화사에서 흔했을 법한 이런 조건이라면, 순조롭게 이어지는 무역이 등장할 수 있다고 생각하기가 어렵다.

그럼에도 오스트레일리아 원주민 사회 전역에서 거래가 이루어졌다. 대자석red ocher, 바구니, 깔개, 수정, 부메랑, 그밖에 많은 것들이 여러 종족언어 집단 곳곳에 흩어져 있었기 때문에 이따금 대륙을 가로질러 이동하기도 했다. 어떻게 이런 일이 가능했을까? 그 답은 수백, 심지어 수천 마일에 걸쳐 뻗어 있는 폭넓은 연결망 속에 한데 연결된 개인 간 관계의 연쇄를 따라 교역이 이루어진다는 것을 깨닫는 데 있다. 사회적 유대를 만들어내고 강화하는 친족 기반 제도는 결혼과 공동체 의례 등을 다스리는 사회 규범을 수반했다. 장거리 거래 관계를 구축하고 유지하는 데 전문화된 일군의 규범과 의례도 존재했다.[25]

쉽게 이루어지지 않은 것은 비개인적 교역, 즉 익명의 낯선 사람들 사이의 물물교환이나 금전 거래이다. 관계를 만들 수 없을 때 집단들은 때로 **침묵의 교역**silent trade을 수행했다. 침묵의 교역에는 여러 변종이 있지만, 최초의 문서 기록을 이용해서 기본적인 구조를 살펴보자. 다음은 기원전 440년 헤로도토스의 설명이다.

> 카르타고인들은 헤라클레스의 기둥(지브롤터 해협의 어귀에 있는 바위의 이름. 헤라클레스가 산을 무너뜨리면서 생겼다는 전설이 전해진다—옮긴이) 너머 리비아 지역에 사는 민족과 교역을 한다고 우리에게 말해준다. 이 나라에 도착하면 가지고 온 물품을 내려서 해변을 따라 가지런히 놓아두고 배로 돌아와서 연기를 피운다. 연기를 본 토착민들이 해변으로 와서 물품의 대가로 일정한 양의 금을 땅에 내려놓고 다시 멀리 물러난다. 곧이어 카르타고인들이 다시 해변으로 와서 금을 살펴본다. 금이 자기들이 싣고 온 물품의 공정한 값이라고 생각하면 챙겨서 물러난다. 반면 너무 적어 보이면 다시 배로 돌아가서 기다리고, 토착민들이 와서 그들이 만족할 때까지 금을 더 놓아둔다.[26]

이런 침묵의 거래가 계속 오락가락할 수 있지만, 대개 제한이 있다. 물론 언제나 한 집단이 전부 챙겨서 종적을 감출 가능성도 존재한다. 개인적 연계나 비개인적 신뢰가 없는 가운데 인간의 교역은 이런 모습으로 이루어진다. 신용 거래나 지연 인도, 반품, 품질 보증 같은 건 전혀 없고, 흥정도 별로 없다. 그렇지만 수렵채집인 사회를 비롯한 광범위한 사회에서, 그리고 고대까지 거슬러 올라가서 세계 곳곳에서 침묵의 교역이 관찰된 바 있다. 이는 침묵의 교역을 수행하는 사회뿐만 아니라 아예 교역을 하지 않는 사회도 개인적 관계나 거래 규범이 부재한 경우에 인간 종에게 교역이 얼마나 어려운 것인지를 극명하게 보여준다.[27]

역사적, 민족지학적으로 볼 때, 집단들 사이의 교역을 위한 시장이 등장하기 시작하면서 오로모족의 경우처럼 대개 정해진 장소에서 특정한 날짜에 이루어지는 정기적 행사로 발전했다. 농경 사회에서는 시장이 대체로 부족 집단들 사이의 완충지대로 발전했다. 이 장소에서는 특정한 규범에 따라 행동이 다스려졌는데, 이 규범은 현지 인구 집단에 의해 공유되고 종종 초자연적 처벌을 통해 강제되었다. 시장에서 무기를 휴대하는 것은 대개 금기시되었고, 폭력을 쓰거나 도둑질을 하는 사람은 초자연적 제재를 받아야 했다. 가족이 먹고 남는 수확물을 팔기 위해 시장에 오는 여성들은 종종 무장한 친족들이 동반하면서 보호해주었다. 흔히 이런 동반자들은 시장 외곽에서 대기하고, 여성들만 시장에 들어갈 수 있었다. 이런 호위대가 필요한 것은 폭력과 도둑질에 대한 신성한 금기가 시장 경계 안에서만 통했기 때문이다. 따라서 이따금 상인들이 집으로 돌아가기 위해 시장 경계를 넘는 순간 강도를 당하는 일이 벌어졌다. 간혹 방금 전에 거래를 한 사람한테 강도를 당하기도 했다.[28]

국가 제도나 사적 보안을 통해 상인들에 대한 보호가 확대되면 더 많은 비개인적 거래가 발전할 수 있었지만, 이런 발전은 여전히 상품이나 서비스의 질을 쉽게 증명하고, 현장에서 지불이 이루어질 수 있는 상황에 국한되었다. 하지만 이는 **신용재**credence goods가 포함된 거래를 어렵게 만든다. 신용재는 구매자가 품질을 쉽게 평가할 수 없는 상품을 가리킨다. 강철검을 하나 산다고 생각해보자. 간단한 일처럼 보이지만, 제조업자가 철에 탄소를 추가했을까? 만약 추가했다면 얼마나 많이 넣었을까? 0.5퍼센트라면 조잡한 쓰레기다. 반면 1.2퍼센트를 넣었다면 훌륭한 칼이다. 녹을 방지하기 위한 크롬이나 날을 강화하기 위한 코발트와 니켈 결합물은 어떤가? 고대 사회의 상인이 칼날의 탄소 내용물과 뜨임 tempering(강철을 단단하게 만들기 위해 담금질한 뒤 응력을 감소시키기 위해 재가열해서 천천히 식히는 작업─옮긴이)에 목숨을 걸어야 한다면, 이걸 어떻게 알아낼 수 있을까? 신용재의 문제 외에도 교역에서 신뢰나 정직, 공정성이 없다면 신용 거래와 보험, 장기 계약, 심지어 (쉽게 품질 점검을 할 수 없는) 대규모 해상 운송도 심각하게 제한된다.[29]

유럽 외부의 고대와 중세 사회에서 문화적 진화는 이런 과제에 대처하기 위한 다양한 방법을 고안해냈다. 우리는 앞서 지중해와 메소포타미아의 교역업자들이 신성한 맹세를 하는 것과 같은 사례를 살펴보았다. 흔히 볼 수 있고 종종 보완적인 또 다른 장거리 거래 방식은 널리 흩어져 사는 한 씨족이나 종족 집단이 광대한 교역 연결망을 오가며 상품의 모든 측면을 담당하는 것이었다.[30] 가령 기원전 2,000년 동안 메소포타미아에서는 아수르가 교역 도시로 발전하는 가운데 유력한 가문들이 도시를 통치했다. 이 커다란 확대가족들은 사기업처럼 작동하면서 아들을 비롯한 친척들을 멀리 떨어진 도시에 파견해서 외국인을 위해 마련해 둔 구역에서 수십 년간 거주하도록 하는 식으로 촉수를 뻗쳤다. 아수르의 가부장들은 광범위한 연결망 전역에 노새 행렬을 통해 쐐기문자로 된 지침과 주석, 구리, 의복 같은 상품을 보내는 식으로 사업을 운영했다. 초자연적 믿음 역시 커다란 역할을 했을 것이다. 이 도시의 시조신이 교역의 신이었다.[31]

그로부터 3000년 뒤, 중국의 광대한 지역에 걸친 거대한 교역의 흐름을 뒷받침한 것은 씨족의 유대와 주거의 연계, 개인적 관계로 연결된 채 흩어져 사는 상인 디아스포라 집단이었다. 가령 후이족回族 상인 길드는 12세기부터 양쯔 강과 그 너머를 따라 이뤄지는 교역을 지배했다. 하지만 이를 '길드'라고 부르는 것은 오해를 일으킬 수 있다. 유럽의 길드와는 달랐기 때문이다. 그것은 수많은 부계로 이루어진 일종의 거대한 씨족 집단이었다. 재산은 씨족이나 한 혈족이 공동으로 소유했고, 재산을 사용하고 수익을 나눌 수 있는 권리는 혈통과 경제적 기여에 좌우되었다. 서로 다른 부계를 공통 조상으로 연결하는 족보가 만들어졌고, 이 족보를 통해 후이족 상인들 사이에 상업 연락처와 연줄을 정리한 자료와 도로 지도가 제공되었다. 후이족 혈족 사이의 결속은 혈족들이 서로 신용과 자본을 확대하는 데 필요한 신뢰를 창출했다. 후이족의 사업체는 혈족 성원들과 하인들을 직원으로 두었다. 이 세계에서 각기 다른 지역들이 상업화되는 정도는 친족 기반 유대가 정교해지고 이런 혈족 조직이 세력을 키우는 것과 나란히 증가했다. 씨족은 후이족 빈민을 위한 자선과 후이족 노인 돌봄, 유력한 공직을 얻을 만큼 유망한 후이족 학자들을 위한 교육 기금 같은 공공재를 제공했다. 후이족 상인들이 상업을 지배하자 '후이족이 없으면 장이 서는 도시도 없다'는 말이 널리 퍼졌다. 중국 같이 크게 성공한 대규모 사회에서 문화적 진화는 개인 간 관계를 억제하는 게 아니라 더 잘 활용하기 위한 여러 방법을 고안했다.[32]

물론 국가 관료제 또한 교역이 성장하는 데 역할을 했다. 관료제는 다양한 방식으로 시장을 단속하고, 법원을 설립하고, 외국 상인들을 위한 숙소를 제공했다. 법원에서 이뤄진 다툼에 대한 판결은 종종 개인들, 말하자면 구매자와 판매자 사이가 아니라 씨족이나 부족, 마을 사이의 문제였다. 이런 판결은 대개 공평하고 정의로운 원칙에 따라 이루어지는 대신 씨족들 사이에 화합을 유지하고 나쁜 감정을 완화하는 데 초점을 맞췄다. 재판관들은 친족 집단 사이의 관계를 관리하고자 했다.[33]

요점은, 유럽 바깥의 고대와 중세의 많은 사회에서 시장이 번성하고 광대한 원거리 교역이 이루어지기는 했지만, 이 시장과 교역은 공정성과 비개인적 신뢰의 원칙이 폭넓게 적용되는 비개인적 거래 규범이 아니라 개인 간 관계와 친족 기반 제도의 그물망 위에 구축되었다는 것이다. 후이족과 아수르의 상인들은 인간 종이 흔히 교역으로 나아가는 방식의 인상적이고 정교한 사례를 대표한다. 하지만 중세 기독교 세계의 유럽인들은 이렇게 잘 다져진 상업화 경로를 쉽게 따를 수 없었다. 교회는 후이족과 아수르의 가부장들이 자신들의 제도와 연결망을 조성하고 성장시키기 위해 활용한 집약적 친족 기반 제도의 도구를 약화했다. 중세 유럽인들은 가족 기반 교역 조직을 창출하려고 노력했지만, 교회의 '결혼 가족 강령'이 방해하는 가운데 이런 노력은 점차 자발적 결사체(가령 상인 길드), 비개인적 제도, 시장 규범에 뒤처지게 되었다.[34]

상업 혁명과 도시 혁명

서기 900년에 이르러 교회는 서유럽의 여러 지역에서 굳건히 자리를 잡고(〈그림 7.1〉), 경쟁자들(가령 북유럽과 로마의 신들)을 대부분 몰아냈으며, 한때 이 인구 집단들을 지배하던 친족 기반 제도를 잠식했다. 교회는 기독교 세계를 구축하는 과정에서 사람들의 부족적 심리를 이용해서 유럽 각 지역의 사람들을 하나로 연결하는 통일된 기독교적 초정체성을 창조했다. 근친상간 금기를 포함하는 교회의 '결혼 가족 강령'이 이미 사람들에게 폭넓게 영향을 미치며 부족적 소속 관계를 해체하고 친족 기반 충성을 확대했기 때문에 이런 초정체성이 특히 효과를 발휘했다. 공동 토지 보유와 조상 의례의 굴레에서 벗어난 사람들은 다양한 결사체에 자발적으로 들어가기 시작했다. 처음에는 상호부조와 사회보험, 안전을 제공하는 종교 조직이 중심이었던 것 같다. 그리고 이 조직들이 친족에 기반한 제도들의 몇몇 핵심 기능을 대체했다. 하지만 결국 이런 사회 구조화는 농촌 인구라는 댐에 균열을 만들어서 이탈리아 북부, 프랑스, 독일, 벨기에, 잉글랜드 같은 곳에서 새롭게 형성되던 소도시와 도시로 개인들이 흘러들기 시작했다. 주거와 관계의 유동성이 커진 이 개인들은 길드와 수도원, 종교 단체, 동네 클럽, 대학을 비롯한 여러 결사체에 합류했다.[35]

이 많은 도시와 소도시들 자체가 장인과 상인, 그리고 나중에는 변호사들을 적극적으로 발탁하는 새로운 자발적 조직이었다. 얼마 지나지 않아 새롭게 싹트기 시작한 이 도시 공동체들은 더 나은 기회와 더 많은 특권을 제공함으로써 유용한 성원들을 발탁하기 위해 경쟁하기 시작했다. 시민권, 즉 도시 성원 자격이 있는 사람은 종종 지역 통치자의 징집을 면제받을 수 있었지만, 그래도 공동 방위에 참여할 의무는 있었다. 농노들도 종종 1년만 도시에 거주하면 완전한 시민권을 얻을 수 있었다. 농촌에 둘러싸여 고립된 이 도시들 사이의 경쟁은 규범, 법률, 권리, 행정 조직이 결합해서 더 생산적인 성원들을 끌어들이고 더 많은 번영을 창출하는 것이면 무엇이든 환영했다.[36]

11세기 유럽의 도시 중심지들은 언뜻 보면 중국이나 이슬람 세계 도시의 축소된 형태 같았지만, 사실 궁극적으로 상이한 문화적 심리와 가족 조직의 뿌리에서 비롯된 새로운 사회, 정치 조직 형태였다. 앞에서 살펴본 것처럼, 주거와 관계의 유동성이 큰 소규모의 가족일수록 그 구성원들은 심리적 개인주의와 분석적 사고가 강화되고, 전통에 대한 헌신이 약화되며, 자신의 사회적 연결망을 확장하려는 강한 욕망을 갖게

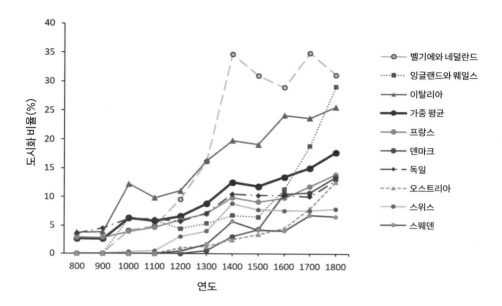

〈그림 9.5〉 **서기 800년부터 1800년까지 서유럽의 도시화 비율**

검은색 진한 선은 이베리아 반도를 제외한 서유럽 전체의 도시화 비율을 나타낸다. 다른 선들은 흥미 있는 다른 지역들의 도시화 비율을 보여준다. 전체적인 도시화 비율에 개별 곡선이 보이지 않는 몇몇 지역도 포함되어 있다. 도시화 추정치는 전체 인구 중 주민이 1,000명 이상인 도시나 소도시에 사는 사람의 비율에 근거한 것이다.[37]

되고, 관계에 충성하기보다는 평등에 대한 동기를 얻게 되었다. 그리하여 이런 도시화의 장은 더 개인주의적인 사람들이 가족의 연결망, 사촌의 의무, 부족적 충성의 제약에서 벗어나 새로운 관계를 구축하고 독특한 방식으로 조직을 이루기 시작하는 장소를 만들어냈다.[38]

도시 중심지로 향하는 초기 이주자들의 흐름이 서서히 늘어나서 홍수처럼 많아지자 마침내 인류 역사상 유례가 없는 도시화가 진행되었다. 〈그림 9.5〉는 인구 1,000명이 넘는 도시나 소도시에서 서유럽인의 비율을 그래프로 나타낸 것이다. 서기 800년에는 도시 인구가 전체 인구의 3퍼센트에 미치지 못했다. 하지만 중세 성기 동안 서유럽은 중국의 도시화 비율을 앞질렀다. 중국은 서기 1000년부터 1800년까지 상대적으로 도시 인구가 정체 상태였다. 서기 1200년 이후 4세기 동안 서유럽의 도시화 비율이 2배가 되어 1600년에는 13퍼센트를 넘어섰다. 물론 〈그림 9.5〉에서 보는 것처럼, 이 평균에는 많은 지역적 변이가 감춰져 있다. 가령 네덜란드와 벨기에에서는 이 비율이 900년에 사실상 0에서 시작하지만 이후 1400년에 이르면 30퍼센트를 넘어선다.[39]

도시화는 길드를 비롯한 결사체의 대표들로 이루어진 행정의회와 시의회의 발전을 수반했다. 몇몇 도시는 자치를 이루거나 적어도 수많은 제후와 주교, 대공, 국왕으로부터 비교적 독립하게 되었다. 9세기와 10세기에 카롤루스 제국이 붕괴함에 따라 이탈리아 북부와 중부에서 결국 이와 같은 자치의 불길이 처음 치솟았다. 명사 시민들이 모여서 지역 주교 앞에서 공개적으로 신성한 맹세를 했고, 주교는 이런 협약의 보증자 역할을 했다. 이렇게 선언한 집단을 바탕으로 통치의회가 결성되었다. 이탈리아 남부에서는 이런 일이 없었는데, 앞에서 살펴본 것처럼 남부는 이 시점까지 '결혼 가족 강령'을 경험하지 못했기 때문이다.[40]

알프스산맥 북쪽에서, 그러니까 오늘날의 독일과 프랑스, 잉글랜드 지역에서 도시 헌장과 도시법이 등장해서 빠르게 확산되는 과정에서 이런 도시 혁명을 볼 수 있다. 처음에는 이미 성공한 공동체에서 숙성된 기존 관습을 확인하기 위해 헌장을 만들거나 특권을 부여했다. 그 시대의 다른 자발적 결사체들의 경우처럼, 소도시나 도시의 성원이 되려면 대개 하느님 앞에 동료 주민들을 돕기로 약속하면서 일정한 개인의 권리와 의무를 확인하는 맹세를 해야 했다. 나중에는 이런 헌장이 새로운 도시를 세우는 데 활용되었다. 통치자들이 새로운 영토를 확장하고 확보하기 위한 방법을 찾았기 때문이다. 이 헌장들에는 몇 가지 흥미로운 변이가 존재했지만, 인상적인 점은 대단히 유사하다는 것이다. 헌장들은 대개 시장을 열 권리와 더 안전한 재산권, (선거를 포함하는) 일정한 자치, 다양한 통행세와 관세, 세금의 면제 등을 시민에게 부여했다. 1500년에 이르면 서유럽 대부분의 도시가 최소한 부분적으로 자치를 이루었다. 한편 중국과 이슬람 세계에서는 어떤 도시도 대표의회에 바탕을 둔 자치를 발전시키지 못했다.[41]

우리는 서기 965년에 교회 기록에 "한 무리의 유대인을 비롯한 상인들"이 옛 카롤루스 제국의 가장자리인 엘베 강변에 자리한 마그데부르크(독일)에 상점을 열었다고 언급된 것을 보고 초기 도시화의 모습을 확인할 수 있다. 10년 뒤 신성로마제국 황제 오토 1세는 이 공동체에 정식으로 '특권'을 부여했다. 마그데부르크는 점차 시 행정, 길드 규제, 형법을 마련하면서 이른바 마그데부르크법Magdeburg Law을 만들었다.

서기 1038년에 이르러 마그데부르크의 성공에 고무된 다른 도시들이 그 법률을 베끼기 시작했다. 이후 몇 세기 동안 80개가 넘는 도시가 마그데부르크의 헌장과 법률, 도시 제도를 직접적으로 공공연하게 베꼈다. 마그데부르크는 제도와 법률을 계속 조정했기 때문에 '딸 도시'들은 어떤 형태로 모방하든 언제나 우선 '마그데부르크법'을 입수했다. 13세기에 튜턴 기사단Teutonic Knights이라는 자발적 종교·군사 조직이 프로이센과 그 동쪽에서 자신이 정복한 소도시와 도시에 마그데부르크법을 도입하기 시작했다. 이 딸 도시들은 대개 마그데부르크법을 다양하게 수정하면서 자신들의 헌장과 법률, 공식 제도를 다른 도시들에 전했다. 가령 독일에서는 할레시가 마그데부르크법을 채택했는데, 나중에 13세기에 할레의 법률과 제도가 현대 폴란드의 시로다(일명 노이마르크트)의 모델이 되었다. 시로다는 이후 자신의 헌장과 법률을 최소한 다른 132개 도시에 전했다.[42]

12세기에 생겨나서 살아남은 9개 조항을 보면 중세 마그데부르크에서 무슨 일이 벌어졌는지를 엿볼 수 있다. 이 입법은 다양한 전통이나 관습을 둘러싼 몇몇 분쟁을 해결하기 위한 것처럼 보인다. 특히 한 조항에 따르면, 아들이 살인이나 폭행을 저지른다 해도 '덕망 있는 남성' 여섯 명이 아버지가 살인이나 상해 현장에 없었다고 증언하거나 설령 아버지가 그 자리에 있었더라도 그 행위에 가담하지 않았다면 아버지에게 책임을 물을 수 없었다. 그리고 그 법은 다른 친척들로까지 확대되었다.

마그데부르크에서는 특히 폭력을 일삼는 가족 성원의 행동에 대해 가족의 책임을 줄이는 법을 제정하는 게 분명히 필요했다. 이 법은 집단적인 친족 기반 범죄 책임을 완화했지만 폐지하지는 않은 것 같다. 자치 도시들은 집약적인 친족 기반 제도 및 그와 관련된 직관의 잔재를 허물어뜨림으로써 점차 개인과 의도를 분리하는 새로운 법률을 제정한 것으로 보인다. 이런 공동 책임이 유럽의 여러 부족적 인구 집단들의 초창기 법전에서 분명히 나타났다는 점을 기억해둘 필요가 있다. 이 법전들은 대부분 기독교로 개종한 직후인 중세 초기에 쓰인 것들이다.[43]

다른 도시들은 마그데부르크와 경쟁하면서 자체적으로 헌장과 법률, 통치 제도를 발전시켰다. 예를 들어, 뤼베크는 1188년에 최초로 헌장을 받은 뒤 14세기 중반에 이르러 북유럽에서 가장 부유한 도시로 올라섰다. 또한 뤼베크법이 최소한 43개의 딸 도시로 확산되면서 발트 지역 대부분에서 어머니 도시가 되었다.[44] 마그데부르크를 비롯한 여러 어머니 도시들처럼, 뤼베크 역시 딸 도시들에서 법적 문제가 발생하면 일종의 항소법원 역할을 했다.[45] 발트해에서 동일한 상인 친화적 헌법과 행정 절차, 법률 체계로 다스려지는 지역이 탄생하자 한자동맹이라는 거대한 교역 연맹이 형성되는 토대가 마련되었다.

유럽 다른 곳에서도 비슷한 도시화가 진행되고 있었다. 가령 런던은 1066년 정복왕 윌리엄으로부터 첫 번째 헌장을 받았고, 이후 1129년 헨리 1세로부터 훨씬 나은 조건을 얻어냈다. 런던 시민들은 지방장관sheriff 을 직접 선출할 수 있었고, 독자적으로 법원을 운영했다. 도시를 다스리는 시의원 24명은 헌장에 따라 사무를 관리하겠다는 입헌 맹세를 했다. 마그데부르크와 마찬가지로, 런던에서도 공식 법률이 집약적 친족 기반 제도의 다양한 요소들을 사라지게 만들었다. 가령 토지 판매가 전통적인 상속 관습으로부터 어느 정도 해방되었다. 특히 일정한 조건 아래서는 개인이 토지를 판매할 수 있어서 상속자가 상속권을 상실했다. 헌장은 또한 시민들이 (살인에 대해) 다른 가족에게 보상금을 지불하는 것과 법적 다툼을 결투 재판trial-by-combat으로 해결해야 하는 상황(명예에 기반한 도덕)을 면제해주었다. 시민들은 또한 다양한 통행세와 관세도 면제받았다. 독일의 경우처럼 런던의 헌장도 링컨, 노샘프턴, 노리치 등 다른 여러 도시에 본보기가 되었다.[46]

물론 황제와 백작, 공작이 선거와 지방 주권, 개인의 권리 등을 믿기 때문에 도시 헌장이나 특권을 부여한 것은 아니다. 그보다는 세 가지 '인력'과 한 가지 '척력'이 작용한 것 같다. 첫째, 통치자들은 도시에 자유를 줄수록 교역과 상업을 통해 경제적으로 번영할 수 있음을 발견했다. 도시는 통치자의 재정을 개선해줄 돈줄이었다. 둘째, 인구 중심지는 더 많은 사람을 끌어들이며 점점 더 확장되었고, 사람이 많아지면서 결국 군사력과 안보력도 더 튼튼해졌다. 도시 헌장에 따라 종종 시민들이 지역 통치자의 군대에서 징병을 면제받았지만, 최소한 시민들은 자기 도시와 소도시를 방어하는 책임이 있었다. 셋째, 통치자들은 특권과 기회의 유혹을 내걸고 새로운 식민 도시에 헌장을 부여할 수 있었는데, 이로써 통치자의 영토에 대한 통제력이 효과적으로 확대, 강화되었다. 마지막으로, 새롭게 등장하는 많은 자발적 결사체들은 주로 군사 조직(템플 기사단처럼)이나 군사 부문을 거느렸다. 가령 상인 길드는 종종 원거리 교역 중에 보호를 위해 사설 경비대를 유지했다. 결국 국왕과 황제들은 군사력을 독점하지 못했다. 따라서 통치자들은 도시 중심지에 헌장을 부여하고 자체 방위를 맡김으로써 영토를 확장하고, 새로운 세입의 흐름을 개척하고, 군사력을 증강하는 한편, 점차 개인주의적 사고로 무장한 사람들로 가득한 자발적 결사체가 지배하는 현실에 대처하는 방법을 찾았다.[47] 물론 이 모든 것은 장기적으로 왕가에 부메랑으로 돌아오게 되지만, 그래도 여러 세기 동안 효과를 발휘했다.

이런 도시 공동체의 사회 규범, 법률, 헌장의 진화는 3장에서 설명한 두 가지 중대한 요인의 영향을 받은 것으로 보인다. (1) 심리적 적응, (2) 집단 간 경쟁이 그것이다. 개인들은 원형적인 WEIRD 심리를 지닌 채 도시 중심지에 왔다. 그들은 다른 복잡한 사회의 인구 집단에 비해 더 개인주의적, 독립적, 분석적, 자기중심적일 가능성이 높은 동시에 전통과 권위, 순응성에 몰두하는 성향이 약했다. 이런 심리적 차이가 도시들 내부와 그 사이에서 발전하고 퍼져나가는 새로운 관습과 법률을 형성했을 것이다. 더 강력한 개인주의는 개인들에게 권리와 소유권, 책임을 부여하는 법률과 관행의 호소력을 더욱 강하게 만들었다. 외국 상인을 보호하는 법률에서 살펴본 것처럼, 내집단에 대한 편애와 부족주의가 축소되며 외국인에 대한 공평한 대우가 장려되었을 것이다. 또한 분석적 사고는 추상적, 보편적 원리의 발전을 촉진했을 테고, 이런 원리는 구체적인 규칙이나 정책, 규제의 발전에 이용됐을 것이다. 놀랍게도, 마그데부르크법에서도 양도할 수 없는 추상적 권리의 첫 번째 신호를 감지할 수 있다. 분석적 사고와 개인주의는 부족이나 계급, 가족과 상관없이 한 관할권 내의 모든 기독교인에게 법률을 보편적으로 적용하는 것을 선호했다. 이런 심리적 변화는 사법적 판단과 증거의 기준에 영향을 미쳐서 결국 결투재판을 비롯한 다양한 법적 혹은 종교적 죄인 판별법이 서서히 사라지는 결과를 낳았다. 오래전부터 법적 분쟁을 해결하기 위해 흔히 사용되던 방법이 이제 역사의 뒤안길로 사라지게 되었다.[48]

이런 심리적 요인들과 함께 여러 세기에 걸친 도시 공동체의 진화는 집단 간 경쟁에 의해 추동되었다. 중세 도시 중심지로 이주한 사람들은 현대 세계에서와 마찬가지로 대개 번영과 기회, 안전을 찾아온 이들이 었다. 이주자를 둘러싸고 도시와 소도시 사이에 벌어진 경쟁은 종종 가장 번영하는 도시의 정책과 헌장을 공공연하게 모방하는 형태를 띠었는데, 이런 경쟁 때문에 점차 개인주의적이고 관계 유동적인 세계에서 경제적 번영과 안정을 촉진하는 규범과 법률, 공식 제도들이 점점 통합되었다. 예를 들어, 1250년에서 1650년까지 브뤼헤와 안트베르펜, 암스테르담이 외국 상인들을 끌어모으기 위해 앞다퉈 사업 친화적인 환경을 조성했다. 다른 모든 조건이 동일하다면, 더 성공한 도시 공동체가 농촌 및 경쟁하는 도시 중심지 모두로부터 더 많은 이주자를 끌어모았을 것이다. 무엇보다도 이런 종류의 법률과 규범이 특히 번영을 창출하는 데서 잘 작동했음을 기억해야 한다. 당대에 새롭게 등장하는 심리적 양상과 '들어맞았기' 때문이다. 보편적으로 좋거나 도덕적이거나 효과적이어서가 아니라. 원형적 WEIRD 심리는 처음에 새로운 (공식적, 비공식적) 경제, 정치 제도를 길러내고 이후 이 제도와 공진화했다.[49]

하지만 어떻게 해서 교회가 사람들의 사회적 삶과 심리에 미친 영향과, 도시 지역의 급속한 성장 및 참여 정부의 형성을 연결시킬 수 있는지 궁금해 하는 이들이 있을지 모른다.

조너선 슐츠는 유럽 전역에 주교구가 확산되는 과정에 관한 데이터베이스와 서기 800년부터 1500년까지 도시의 인구 규모와 통치 구조에 관한 세기별 데이터를 결합하면서 두 가지 질문을 던졌다. 주교구와 (100킬로미터 이내) 가까이 위치하며 교회에 더 오랫동안 노출된 도시일

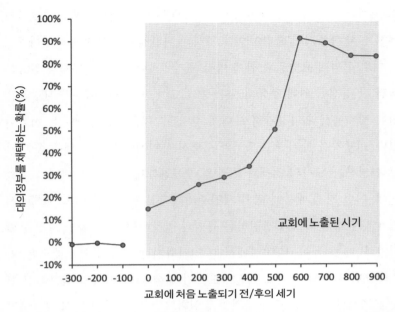

〈그림 9.6〉 중세 서방 교회에 노출된 시기를 바탕으로 서기 800년부터 1500년까지 도시 지역이 형태를 막론하고 대의정부를 채택할 확률.
0 왼쪽의 음영이 없는 영역은 교회가 당도하기 전의 몇 백 년을 나타낸다.[50]

수록 덜 노출된 도시에 비해 더 빠르게 성장하는가? 그리고 교회에 더 오랫동안 노출된 도시일수록 참여 정부나 대의정부를 발전시킬 확률이 더 높은가? 교회가 유럽의 각 지역에 다른 시기에 당도한다는 점을 염두에 두면, 이와 같은 데이터 집합은 훌륭하다. 장기적 추세와 역병이나 기근 같은 특정 세기의 충격을 상수로 유지하면서 같은 도시를 시기별로 비교할 수 있기 때문이다.

우리가 예상한 그대로의 결과가 나왔다. 교회에 더 오랫동안 노출된 도시일수록 더 빠르게 성장했으며, 참여적 통치 구조를 발전시킬 확률도 높았다. 번영과 규모의 면에서 보면, 교회 노출 기간이 100년 늘어날 때마다 도시민의 수가 1,900명 늘었다. 1,000년이 지나면 도시 주민이

2만 명에 육박하는 것이다. 정치적 제도의 경우에 〈그림 9.6〉을 보면, 교회가 당도한 전후에 유럽의 한 도시가 일정한 형태의 대의정부를 발전시키는 확률을 살펴봄으로써 교회의 영향을 알 수 있다. 교회가 당도하기 전에는 어떤 형태로든 대의정부를 발전시킬 확률의 추정치가 0이다. 기독교 이전의 유럽은 세계의 다른 모든 곳과 똑같다. 교회가 당도한 뒤에는 도시가 일정한 형태의 대의정부를 채택할 확률이 15퍼센트로 급증하고, 이후 600년간 지속적으로 높아져서 90퍼센트 이상에서 보합세를 보인다.[51] 물론 이 분석은 '결혼 가족 강령'의 심리적 효과를 직접적으로 건드릴 수 없다. 하지만 앞에서 살펴본 교회, 집약적 친족, 심리 사이의 연계에 비춰볼 때, 심리적 변이가 일정한 역할을 하지 않았다고 생각하기는 어렵다.

┃ 공동체의 번영을 위한 정책들

어느 정도의 계약 거래를 중심으로 한 새로운 종류의 비개인적 상업과 교역을 바탕으로 점차 중세 유럽의 도시 공동체들이 세워졌다. 앞서 지적한 것처럼, 도시 지역은 최대한 먼 곳까지 손을 뻗어 숙련된 전문직들을 적극적으로 발탁했다. 성공적인 헌장은 시장에 유리한 조건을 만들었고, 현지 상인 길드들은 시의회를 비롯한 통치 기구로 진화했다. 이 기구들은 상업과 교역에 활력을 불어넣는 한편 도시 간 경쟁에서 성공을 촉진하는 법률과 규제를 통과시키는 것을 목표로 삼았다.[52]

도시 중심지들 사이에 경쟁이 벌어지면서 잉글랜드, 독일, 네덜란드, 벨기에, 프랑스, 이탈리아 북부의 넓은 땅을 비롯한 몇몇 유럽 지역에서 시장 통합이 극적으로 증대되었다. 독일 지역의 경우에 뒤에 있는 〈그림 9.7〉을 보면, 서기 1100년부터 1500년까지 자치 도시 성립과 시장 개설권 허가의 누적 수치를 알 수 있다. 1200년 이후 10년마다 새로 생겨

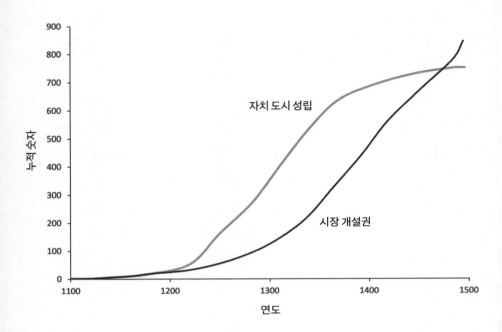

〈그림 9.7〉 **서기 1100년부터 1500년까지 독일 지역의 시장 개설권과 자치 도시 성립의 추이**
이 그림은 도시화 증대와 시장 통합을 보여준다.[53]

나는 자치 도시의 숫자가 10개 이하에서 약 40개로 늘어났다. 이 새로운 자치 도시들이 생길 때마다 개설 허가를 받은 시장의 수도 뒤따라 늘어났다. 이런 시장 개설권은 실질적인 경제적 효과를 발휘했다. 예를 들어, 도시나 소도시가 시장 개설권을 받은 뒤에 새로운 건물이 세워지는 경향이 있었다.[54] 이처럼 도시 중심지와 시장 개설권이 급증하면서(오로모족의 '장날'을 생각해보라) 중세 유럽에서 점점 늘어나는 도시와 도시 근교 인구의 시장 통합 속도도 높아졌다.

14세기에 이르러 잉글랜드에서는 약 1,200곳에서 주말 시장이 열렸는데, 경제사학자 게리 리처드슨Gary Richardson에 따르면, "거의 모든 사람이 최소한 한 곳의 시장에 쉽게 갈 수 있었다."[55] 농촌 지역에서는 대다수 사람들이 걸어서 2시간 거리(6.8킬로미터)에 적어도 시장 한 곳이 있었고, 전체 가구의 90퍼센트가 걸어서 3시간 거리(9.7킬로미터 이내)에 시장이 있었다.

이제 〈그림 9.3〉의 오로모족 데이터를 다시 살펴보자. 14세기 잉글랜드의 90퍼센트가 이 그림에서 왼쪽 위 사분면에 자리할 것이다. 따라서 대다수 사람들은 익명의 타인에 대해 조건적 협동자였을 테고, 시장 통합도가 가장 높은 마을에 사는 오로모족과 마찬가지로, 공공재를 제공하기 위한 분명한 합의(계약)를 이루고 집행하는 자발적 결사체를 형성할 심리적 준비가 되어 있었을 것이다. 하지만 중세의 잉글랜드인과 달리, 오로모족은 자기 지역의 소도시로 쉽게 이주하거나 자발적 결사체에 몰두하거나 소도시 근처의 땅을 구입할 수 없다. 그 대신 그들은 부계 일부다처 씨족에 얽매여서 산다. 토지는 아버지에서 아들로 전해지고, 중매결혼으로 씨족들 사이의 경제적, 정치적 연합이 형성된다. 앞서 살펴본 것처럼, 이런 친족 기반 제도 속의 삶은 독특한 심리적 윤곽을 만들어낸다.[56]

중세 유럽의 도시 공동체에서 상인과 교역상, 장인의 성공은 (부분적으로) 공평한 정직성과 공정성, 그리고 근면함과 인내심, 정확함, 시간 엄수 등에 관한 평판에 좌우되었다. 이런 평판 체계는 관련된 사회적 기준, 주의 편향, 비개인적 거래에 필요한 동기를 조성하는 데 유리했다. 나는 사람들의 심리와 사회의 평판 기준에서 나타난 이런 변화가 상업 혁명을 부채질하는 데 힘을 보탠 신용 거래의 급증을 낳은 중요한 요인이라고 본다.[57]

새롭게 등장하는 시장 지향적, 비개인적 사회 규범의 묶음은 점차 역사학자들이 '상인법lex mercatoria'이라고 이름 붙인 제도를 낳았다. 이 독특한 규범은 나중에 법률이 됐는데, 개인적 관계를 거래에서 분리시키기 시작했다는 점에서 낯선 것이었다. 거래나 계약, 합의와 관련된 규범들 가운데 이 규범은 점차 계급이나 가족, 부족의 차이를 무시했다. 개인들은 거의 모든 사람에 대해, 하지만 특히 동료 기독교인들에 대해 공정하고, 협동적이고, 정직하다고 여겨졌다. 상인법의 확산으로 개인들의 사회적 상호작용에 수반되는 모든 관계적 유대 및 정서로부터 분리된 채 다른 모든 사람과 경제적 거래를 수행하는 데 필요한 문화적 틀, 규칙, 기대가 마련되었다. 아들은 어머니가 싫어하는 사람의 딸에게 가장 좋은 값으로 빵을 살 수 있었고, 멀리 떨어진 도시의 낯선 사람들끼리 문서 계약을 이용해서 상호 이익이 되는 방식으로 서로 물건을 사고팔면서 신용 거래를 확대할 수 있었다.[58] 물론 이는 오늘날에도 천천히 진행되는 진화적 과정이다. 인간 심리와 집약적 친족 기반 제도들이 반발하는 경향이 있기 때문이다. 중세시대가 끝나고 오랜 뒤인 지금도 시장 규범은 고용 기회와 연봉, 징역형에 계속 영향을 미치는 종교와 인종, 성별, 성적 선호상의 차이를 지워나가며 한층 더 확대되고 있다.

하지만 중세 유럽에서 시장 규범의 확산을 이해하려면 도시나 길드같이 새롭게 형성되는 자발적 결사체뿐만 아니라 그 성원들이 갖게 된 개인주의적 심리가 어떤 역할을 했는지 인식할 필요가 있다. 이기적인 개인들은 혼자 힘으로 낯선 사람들의 의지를 이용해서 신용 거래를 확대하고 지불을 늦출 수 있었다. 하지만 앞서 살펴본 것처럼, 이 새로운 사회 세계를 헤쳐나가기 위해 개인들은 길드와 종교 단체, 자치도시, 그밖에 다양한 조직에 들어갔다. 낯선 사람과 맺은 상거래 합의를 위반한 성원들은 자기 조직의 평판을 위험에 빠뜨렸다. 따라서 조직은 그런 성원을 내쫓을 수 있었다. 모든 조직이 경쟁했기 때문에 성원들을 사회화할 뿐만 아니라 규칙을 강제하고, 위반자를 벌하고, 손해를 입은 상대에게 보상을 해주는 중요한 유인이 작용했다. 자발적 조직들 사이의 경쟁은 성원들에게 상인법을 가장 효과적으로 주입하는 조직에 유리했다. 성원을 벌하거나 피해자에게 보상을 하는 것은 조직에 값비싼 비용을 안겨주었기 때문이다.[59]

가장 번영한 중세의 도시 공동체는 효과적인 공식적 제도와 법률로 이런 비공식적 규범을 재확인하고 보강하고 뒷받침한 곳들이었다. 이 과정은 또다른 자발적 결사체인 대학의 확산으로 촉진되었다. 11세기에 로마 민법인 유스티니아누스 법전이 재발견된 직후에 볼로냐의 외국법 학자들이 연구와 교육에 초점을 맞춘 공동집단, 즉 대학universitas을 결성했고, 곧이어 유럽 전역에서 대학이 싹을 틔우기 시작해서 13세기 초에는 파리와 옥스퍼드에도 대학이 생겼다. 서기 1500년에 이르면, 기독교 세계 곳곳에 그런 대학이 50곳이 넘어서 학생과 교수를 놓고 경쟁했다. 대학은 법률가와 신학자를 비롯한 전문직에게 글쓰기와 논리, 연설법뿐만 아니라 수학, 음악, 천문학까지 가르쳤다. 이로써 교회와 민법에 정통하며 주거 이동이 자유로운 라틴어 구사 계급이 생겨났다.[60]

역사적 분석을 보면, 대학들이 본거지와 도시에서 경제 성장에 박차를 가했음을 알 수 있다. 대학에서 훈련받은 학자들이 이런 효과에 기여한 것 같다. 이 새로운 사회 계급은 글을 읽을 줄 알았을 뿐만 아니라 점차 뒤죽박죽인 기존 관습이나 법률에서 추상적 원리를 연역해낸 뒤 도시 공동체를 위한 잘 구조화된 규제와 정책으로 이를 공식화했다. 공식 법률은 비개인적 상업 및 무역과 관련된 기존 관습에 활기를 불어넣고 그것을 한층 더 표준화했다.[61]

유럽에서 상업 및 계약 법률의 초기 발전이 중요한 것은 중국 같은 다른 복잡한 사회에서는 다른 형태의 법률과 철학이 더욱 정교하기는 했어도 19세기까지 상업, 계약 법률이 실질적으로 발전하지 않았기 때문이다. 흥미롭게도 중국의 씨족과 상인들은 많은 사적 계약서를 작성했고, 지방관들은 법률을 적용해서 이런 계약에서 발생하는 분쟁을 판결했다. 하지만 행정관들은 성문화된 규칙에 근거한 추상적이고 비개인적인 원칙을 적용하는 대신, 잡다한 지방 관습과 관련된 개인 간 관계와 계급 관계를 고려한 구속력 없는 중재를 제안했다. 다시 말해, 중국의 행정관은 법률에 대해 전체론적, 관계론적으로 접근했다. 다른 심리를 갖고 있었기 때문이다.[62]

시장의 발전과 새로운 심리의 형성

지금까지 종교와 친족, 시장에 관해 살펴본 것처럼, 제도는 우리의 사회 심리를 중요한 방식으로 형성할 수 있다. 이 과정은 다양한 지역에서 각기 다르게 작동하는데, 거래 지향적 사회 규범이 때로 직종별 카스트나 종족 및 종교 집단들 사이에 좀 더 부드럽게 교역을 촉진하는 쪽으로 진화한다. 가령 남아시아의 몇몇 중세 항구에서는 인도양에서 활동하는 지역 힌두교도와 무슬림 무역업자들 사이에 지속적인 거래 관계가 수립되었다. 유럽 열강들이 이슬람의 무역로를 파괴하고 한참 지난 몇 세기 뒤, 무역항들은 무역을 하지 않는 도시들에 비해 힌두교도와 무슬림의 종족 간 폭력을 덜 겪었다. 이 집단들 사이의 무역이 지속적인 비공식적 제도를 단단히 벼려내고, 무역이 중단된 뒤에도 그 심리적 효과가 오래 지속된 것 같다.[63]

이런 종류의 친사회적 효과는 오늘날 세계 각지에서 관찰할 수 있다. 한 공동체가 큰 강이나 대양과 근접한 정도와 그 주민들이 외국인과 이민자에게 보이는 태도 사이의 관계를 검토해보면 된다. 큰 강과 대양은 오래전부터 세계 무역의 동맥 구실을 했다. 항구 근처에 사는 것은 대개 다른 어느 곳보다도 무역과 상업이 규범과 관행, 믿음에 강하게 영향을 미치는 도시 중심지에 산다는 것을 의미한다.

이런 사실을 보면, 서유럽이 무역과 상업을 발전시키는 데 세계 여러 지역보다 지리적 이점이 있음을 알 수 있다. 서유럽 지역은 이례적으로 많은 자연 항구와 항행 가능한 수로뿐만 아니라 북부(발트 해)와 남부(지중해) 양쪽에 내해도 보유하고 있다.[64] 일단 시장 규범이 발전하면, 항로를 따라 항구라는 비옥한 토양으로 급속하게 퍼질 수 있다. 이런 지리적 환경이 지금까지 설명한 시장 통합 과정을 재촉했을 것이다.

지금까지의 내용을 요약해보자. 집약적 친족 기반 제도의 붕괴는 도시화와 자유도시 및 자치도시의 형성으로 나아가는 문을 열었고, 이 도시들은 더 많은 자치를 발전시키기 시작했다. 흔히 상인들이 지배한 도시의 성장은 시장 통합 수준을 점점 높였고, 우리가 추론하는 바에 따르면 비개인적 신뢰, 공정성, 협동의 수준도 끌어올렸다. 이런 심리적, 사회적 변화가 일어나는 동안 사람들은 개인의 권리, 개인의 자유, 법치, 사유 재산의 보호 같은 개념에 대해 숙고하기 시작했다. 이런 새로운 관념들이 다른 많은 대안들보다 사람들에게 새롭게 등장한 문화심리에 잘 들어맞았다.

도시화하는 전근대의 유럽은 사회 계층의 가운데에서부터 오르락내리락하며 바뀌고 있었다. 이런 지속적인 심리적, 사회적 변화를 가장 마지막으로 느낀 것은 (1) 가장 외딴 곳에 살고 있던 자급자족형 농민과 (2) 가장 상위 계급인 귀족이었다. 귀족은 도시의 중간계급에게 권력을 빼앗긴 지 오랜 뒤에도 집약적 형태의 친족 관계를 통해 여러 세기 동안 권력을 계속 강화했다.

물론 급속하게 성장하는 도시 중심지에서도 이 과정이 순조롭고 연속적으로 진행된 것은 아니었다. 자발적 결사체의 기능에 가장 큰 위협이 되었던 것 중 하나는 예나 지금이나 집약적 친족이다. 은행과 정부를 비롯한 새로운 조직들이 한동안 중매결혼으로 공고해진 강력한 대가족에 지위를 빼앗긴 것은 드문 일이 아니다.[65] 하지만 앞서 언급한 것처럼, 장기적으로 보면 이는 힘든 길이었다. 교회가 집약적 친족의 기본적인 도구를 대부분 억압했기 때문이다. 이런 제약 아래서 가족 사업은 다른 조직 형태를 경쟁에서 이기려고 분투했다. 그와 동시에 정치적으로나 경제적으로 강력한 혈족일수록 일부다처, 관습적 상속, 재혼, 입양이 없으면 자취를 감출 가능성이 높았다. 지배적인 왕가가 실제로 사라졌을 때, 흔히 도시 공동체가 원형적인 WEIRD 심리를 가진 사람들에게 더 매력적인 방식으로 자신의 공식적 제도를 다시 벼려낼 수 있었다.

Chapter 10

집단 간 경쟁과
자발적 결사체의 성장

전쟁은 공동의 목적을 격렬하게 추구하면서 사회 구성원들이 단합하고
파벌의 차이를 감출 기회를 제공한다는 점에서 특히 사회적 응집성을 증
진시키는 효과적인 수단이라고 결론 내릴 수 있다.

_인류학자 로버트 F. 머피
아마존 지역 문두루쿠족 민족지학자

여기 놀라운 주장이 하나 있다. 자치도시나 대학, 길드, 교회, 수도원, 근대적 기업와 같은 자발적 결사체들 사이의 경쟁이 심할수록 낯선 사람에 대한 신뢰와 공정성, 협동을 증대시킬 수 있다는 것이다. 역사적으로 보면, 중세 성기부터 유럽에서 자발적 결사체가 지속적으로 확산되면서 결국 집단 간 경쟁이 더욱 고조되고 지속적으로 이어졌다. 이는 다시 비개인적 친사회성이 확대되고 더 높은 수준으로 유지되는 결과를 낳았다. 그 이유를 이해하기 위해 우선 인간의 심리가 집단 간 경쟁에 어떻게 반응하는지를 살펴본 다음 지난 1000년 간 유럽에서 전쟁이 어떤 영향을 미쳤는지를 검토해보자.

전쟁이 야기한 심리적 변화

수십 년간 빈곤이 극심해진 끝에 1991년 서아프리카의 시에라리온에서 갑자기 내전이 일어났다. 전쟁과 관련된 폭력이 민간인들을 유린하고, 대량학살이 일어나고, 어린이들이 강제로 군인이 되고, 전쟁 범죄가 쌓여갔다. 전투가 나라 전체로 퍼지면서 모든 마을이 반군 집단과 정부군의 표적이 되었다. 때로는 이 군대들이 적군이 고립된 장소를 찾아 지역을 샅샅이 뒤졌지만, 대개 평화로운 마을을 약탈하거나 선거를 방해하거나 충적토에서 캐낸 다이아몬드를 훔쳐 식량과 무기를 샀다. 이런 위협에 대응하기 위해 많은 마을이 전통적인 제도와 족장의 권위를 바탕으로 민방위대를 결성했다. 2002년 말에 종전이 될 때까지 내전으로 5만 명이 넘는 민간인이 사망하고, 인구의 절반 가까이가 피란을 갔으며, 수천 명이 팔다리가 절단되는 등 불구가 되었다.[1]

2010년 경제학자 알레산드라 카사르Alessandra Cassar가 이끄는 연구팀이 시에라리온에 도착했다. 사람들이 자기 공동체와 다른 공동체의 성원들에 대해 갖는 공정성 동기를 평가하기 위해 고안된 간단한 행동 실험을 몇 가지 진행하기 위해서였다. 이 실험들에서 마을 사람들은 자기 마을에서 무작위로 뽑은 사람이나 멀리 떨어진 마을 사람과 익명으로 짝을 이뤄 1회성 상호작용을 했다. 공유 게임Sharing Game이라는 한 실험에서 참가자들은 (A) 자신과 상대방이 각각 5,000레온씩 받거나 (B) 자기는 7,500레온을 받고 상대방은 2,500레온을 받는 것 중 하나를 선택해야 했다. 사람들은 공평하게 나눠 갖거나, 아니면 자기 몫을 늘리는 대신 상대방의 몫을 깎을 수 있었다. 다른 실험에서는 참가자들에게 (A) 자신과 상대방이 5,000레온씩 받거나 (B) 자기는 6,500레온을 받고 상대방은 8,000레온을 받는 것 중 하나를 선택해야 했다. 시기심 게임Envy Game이라는 이 두 번째 실험에서 사람들은 (B)를 선택해서 자신이 받는 금액을 늘릴 수 있었지만, 그렇게 하면 상대방이 자기보다 더 많이 받게 되었다. 실험에 걸린 보상금은 적지 않았다. 5,000레온은 시에라리온 보통 사람의 하루치 임금(1.25달러)에 맞먹는 액수였다.

나중에 나도 이 연구팀에 합류했는데, 내가 시에라리온에 간 것은 전쟁 경험이 사람들을 어떻게 변화시키는지 파악하고 싶었기 때문이다. 전국적 조사를 통해 전쟁이 같은 마을 안에서도 가족과 가구에 각기 다른 정도로 피해를 주었음이 밝혀진 상태였다. 일부 가족은 친척을 잃거

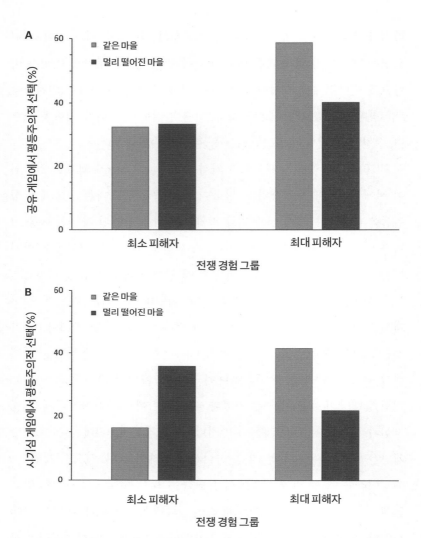

<그림 10.1> 시에라리온의 전쟁 경험이 공유 게임(A)과 시기심 게임(B)에서 같은 마을 사람과 멀리 떨어진 마을 사람을 상대할 때 미치는 효과

나 가족 성원이 중상을 입었다. 다른 가족들은 집이나 밭이 파괴되어 피란을 가야 했다. 어떤 가족들은 죽음과 피란을 둘 다 경험했다. 우리 연구팀은 전국 차원의 데이터를 바탕으로 전쟁 경험에 대해 참가자들을

인터뷰했다. 절반 정도가 이런저런 식으로 죽음이나 부상, 피란을 경험한 반면, 나머지 절반은 이런 경험을 전혀 하지 않았다. 앞의 그룹을 '최대 피해자', 뒤의 그룹을 '최소 피해자'라고 지칭해보자. 물론 모든 사람이 전쟁의 영향을 받았기 때문에 전쟁 중 피란과 부상, 죽음에 관한 우리의 질문은 전쟁의 **상대적인** 영향을 포착하기 위한 것이었다.

사람들의 전쟁 경험은 모두 최소한 8년 전에 일어난 것인데, 우리 실험에서 나타난 행동에 분명한 영향을 미쳤다(《그림 10.1》). 공유 게임에서 전쟁의 영향을 가장 적게 받은 참가자들은 수혜자가 누군지와 상관없이 3분의 1 정도가 자신과 상대방이 같은 금액의 돈을 받는 평등주의적 선택을 했다. 이와 대조적으로, 전쟁에 가장 크게 영향을 받은 참가자들은 멀리 떨어진 마을 사람보다 자기 마을 사람에게 훨씬 더 평등주의적 태도를 보였다. 참가자가 전쟁에 더 큰 영향을 받았을 때, 공유 게임에서 같은 마을 사람과 돈을 공평하게 나눈 비율은 3분의 1에서 60퍼센트 가까이로 치솟았다.

시기심 게임에서는 전쟁 경험이 많은 사람일수록 같은 마을 사람에게 평등주의적 선택을 하는 비율이 16퍼센트에서 41퍼센트로 극적으로 늘어났다. 다시 말해, 전쟁에서 더 큰 피해를 입은 사람일수록 동료 마을 사람과 공평하게 돈을 나누기 위해 1,500레온의 비용을 치르는 성향이 더 많았다. 하지만 멀리 떨어진 마을 사람들을 상대할 때는 완전히 다른 태도를 보이며 정반대의 결과가 나왔다. 전쟁에 더 많이 노출된 사람일수록 멀리 떨어진 마을 사람들에 대해 평등주의적 선택을 할 가능성이 절반으로 줄었다. 종합해볼 때, 두 실험을 비롯한 여러 실험에서 전쟁이 사람들의 평등주의적 동기를 강화하지만 그 대상은 내집단에 국한된다는 것이 드러난다.[2]

무엇보다도 많은 내전과 달리, 시에라리온의 희생자들은 대부분 종족이나 종교적 소속 때문에 표적이 된 게 아니었다. 우리의 분석과 전국 차원의 대규모 연구 모두 평범한 마을 사람들이 겪은 폭력의 대부분은 사실상 무작위였음을 보여준다. 민병대가 마을에 쳐들어와서 사방으로 총을 난사한 뒤, 마을 사람들이 몸을 숨기거나 도망치는 가운데 가까이에 있는 아무 집에나 불을 지르곤 했다. 신약의 효과를 테스트하는 데 사용되는 무작위 통제 실험randomized control trials의 경우처럼, 결국 사람들은 대부분 전쟁 관련 폭력을 무작위로 당했다. 이런 유사 무작위적 경험 덕분에 우리는 전쟁이 실제로 우리 실험에서 포착된 것과 같은 심리적 변화를 야기한다고 조심스럽게 추론할 수 있다.[3]

반군 본부에서 겨우 30킬로미터 떨어진 시에라리온 동부의 주도인 케네마에서 길거리 축구 토너먼트에 참가한 선수들을 연구했을 때에도 비슷한 양상이 나타났다. 연구자들은 축구 토너먼트에서 동네 팀을 이루어 경쟁한 14~31세 남자 축구선수들을 연구했다. 축구선수들을 대상으로 자기 팀 동료(자기 이웃) 및 다른 팀 선수 둘 다에 대한 공정성과 경쟁심을 평가하기 위해 고안된 일련의 심리 실험을 한 것이다. 공정성을 측정하기 위해 참가자들은 익명으로 독재자 게임을 했다. 자기 팀 동료나 다른 팀 선수가 수령자가 되는 게임이다. 경쟁심을 측정하기 위해 선수들에게 4미터 떨어진 거리에서 축구공을 던져서 바구니에 넣는 기회를 열 번 주었다. 참가자들은 (A) 자기 팀 동료나 다른 팀 선수 중 다른 한 명과 경쟁하거나 (B) 그냥 바구니에 공을 넣을 때마다 500레온을 받거나 둘 중 하나를 선택할 수 있었다. 경쟁하기로 결정하면(A) 바구니에 공을 넣을 때마다 1,500레온을 받지만, 상대방보다 점수가 높아야만 돈을 받을 수 있으며, 게임에서 지면 한 푼도 받지 못한다.

결과를 보면, 전쟁에 직접 영향을 받은 사람일수록 자기 팀 동료에 대해 더 평등주의적이었고 다른 팀 선수에 대해 더 높은 경쟁심을 보였다.

전쟁을 더 많이 경험한 선수일수록 독재자 게임에서 자기 팀 동료에게 더 많은(더 평등한) 액수를 제시했지만, 팀 동료가 아닌 참가자에게 제시하는 액수는 전쟁 경험에 영향을 받지 않았다. 마찬가지로, 다른 팀 선수와 공 던지기 경쟁을 할지를 결정할 때, 전쟁 경험이 적은 선수일수록 경쟁을 피해서 4분의 1 이하만이 경쟁을 선택한 반면, 전쟁 경험이 많은 참가자는 거의 75퍼센트가 경쟁을 선택했다. 이와 대조적으로, 전쟁 경험은 자기 팀 동료와 경쟁하는 결정에는 영향을 미치지 않았다. 이런 실험 양상은 축구 경기에도 고스란히 반영되었다. 전쟁 경험이 가장 적은 선수는 반칙(규칙 위반) 카드를 한 장도 받지 않은 반면, 전쟁 경험이 가장 많은 선수는 최소한 반칙 카드 한 장을 받을 확률이 50퍼센트에 육박했다. 여기서 전쟁 경험은 다시 내집단에 대한 강한 평등주의적 동기만이 아니라 외집단에 대한 강한 경쟁심을 불러일으키는 것으로 보인다.[4]

전쟁의 심리적 효과는 또한 시에라리온의 정치와 시민사회에서도 드러나는 것으로 보인다. 경제학자 존 벨로스John Bellows와 테드 미겔이 분석한 2005년과 2007년 전국 대표 조사에 근거할 때, 전쟁 피해를 직접 겪은 사람일수록 마을 모임에 참여하고, 선거에서 투표하고, 정치나 사회단체에 가입할 가능성이 높았다. 데이터를 보면, 전쟁의 영향을 받은 사람일수록 학교운영위원회에 참가할 가능성이 높고, 지방도로(공공재)를 유지하는 데 도움이 되는 협동적 활동인 '도로 청소'에 참여하는 성향도 강하다. 앞에서 이야기한 실험과도 잘 들어맞는 이런 연구 결과를 보면, 전쟁 경험이 자발적 결사체에 가담하고 공동체 거버넌스에 참여하는 동기를 부추김을 알 수 있다.[5]

전쟁이 사람들의 심리에 지속적으로 미치는 효과와 그에 따라 공식 제도에 미치는 영향을 보여주는 증거는 시에라리온에 국한되지 않는다. 최근 몇 년 동안 네팔, 이스라엘, 우간다, 부룬디, 라이베리아, 중앙아시아, 캅카스 등에서 최후통첩 게임과 공공재 게임을 비롯한 다양한 심리 실험뿐만 아니라 신뢰와 투표, 사회 참여에 대한 설문조사 등을 이용한 연구가 많이 이루어지고 있는데, 그 연구 결과 또한 시에라리온의 실험 결과와 비슷한 양상을 보여준다. 예를 들어, 네팔에서 10년간 내전이 벌어진 뒤 전쟁 관련 폭력에 많이 노출된 공동체일수록 공공재 게임에서 (공동체 구성원들 사이에) 협동 성향이 강했다. 또한 투표와 지방 단체에 참여하는 비율도 높았다. 실제로 전쟁으로 피해를 전혀 입지 않은 공동체에서는 자발적 결사체가 전혀 구성되지 않았지만, 전쟁 피해를 입은 공동체의 70퍼센트에서 영농협동조합, 여성연맹, 청소년 그룹 같은 조직이 구성되었다. 여기서도 역시 전쟁은 자발적 결사체에 대한 참여 동기를 부추겼다.[6]

전쟁이 인간 심리에 이런 효과를 미치는 이유를 이해하기 위해 2~4장에서 살펴본 몇 가지 사고를 떠올려보자. 지난 200만 년 동안 문화적 진화가 진행되는 가운데 무리와 씨족, 부족들 사이의 경쟁이 협동적 사회 규범의 문화적 확산을 추동했다. 이 사회 규범은 집단들이 다른 집단과의 폭력적 충돌과 홍수나 지진, 가뭄, 화산 폭발 같은 자연재해에서 살아남을 수 있게 해주었다. 이런 문화적 진화 과정이 선호한 규범과 믿음 가운데서 우리는 식량 공유, 공동체 의례, 근친상간 금기 등과 관련된 사례를 살펴보았다. 이런 규범은 상호부조와 공동 방위에 관련된 것들과 함께 개인들이 생존을 위해 의지할 수 있는 촘촘한 사회적 연결망을 만들어낸다.

이런 세계에 적응하는 과정에서 인간 종은 전쟁을 비롯한 충격에 대해 유전적으로 진화된 대응을 하게 되었다. 이 대응은 적어도 세 가지 방식으로 작동한다. 첫째, 충격적인 사건이 발생하면 상호의존적 심리가 발동해서 우리가 의존하는 사회적 유대와 공동체에 더욱 많은 투자를 한다. 전쟁의 경우에 이 심리는 공격을 받는 '우리'가 누구인지에 좌우된다. 만약 사람들이 '일라히타'가 공격을 받고 있다고 지각하면, 그들은 동료 마을 사람들과 더욱 긴밀하게 결속하면서 다른 이들도 자신들처럼 그렇게 결속하기를 기대한다. 강한 개인 간 연결망이 없는 사람들의 경우에 충격적인 사건이 발생하면 새로운 관계와 공동체를 추구하고 거기에 투자하려고 한다. 둘째, 사회 규범은 집단의 생존을 증진하도록 문화적으로 진화했기 때문에 전쟁을 비롯한 충격적 사건은 심리적으로 이런 규범 및 관련된 믿음에 대한 헌신을 강화한다. 따라서 사람들은 사회 규범이 다양한 형태의 협동을 규정하는 범위까지 그 규범에 따라 더 협동하고 이런 기준에서 벗어나는 일탈을 더 기꺼이 처벌한다.

이 두 가지 심리적 영향, 다시 말해 상호의존하는 집단을 단결시키고 규범을 강화하는 것은 우리 심리의 다른 측면들을 결합해서 세 번째 효과를 창출한다. 즉, 전쟁, 지진, 그 밖의 재난은 사람들을 종교에 더 헌신하고 의식적으로 참여하게 함으로써 종교 집단의 성장을 가져온다. 이런 현상은 다음과 같은 서로 관련된 두 가지 이유에서 일어난다. 첫째, 전쟁을 비롯한 충격적 사건은 사회 규범 및 그와 관련된 믿음을 강화함으로써 사람들이 종교에 더 많이 헌신하고 종교 집단에 더 깊이 관여하게 만든다. 둘째, 전쟁과 같은 충격적인 사건은 상호의존적 심리를 자극하여 심리적으로 의지할 수 있는 공동체에 더 많이 투자하고 참여해야 하는 동기를 제공한다.

따라서 서로 도움을 주고받으며 서로를 지원해주는 종교 집단의 특성 때문에 사람들은 더 적극적으로 종교 집단에 참여하게 된다. 이런 종교 집단에 더 많이 투자하고 참여할수록 교회나 모스크도 더 많이 찾게 되는데, 그 부작용으로 초자연적 믿음이 더 강화되기도 한다. 이런 효과 이외에도 죽음 이후의 삶을 약속하고 사람들의 불안을 관리하는 데 도움이 되는 의례를 반복하는 종교는 사람들이 전쟁과 같은 재난 때문에 실존적 위협에 시달릴 때 오히려 크게 번성할 수 있다. 그런 상황에서 사람들은 비종교 공동체에 비해 종교 집단에 더 끌리고 그 집단을 떠날 가능성도 더 적기 때문이다.

이런 사실로 볼 때, 일부 종교 집단은 세 가지를 제공한다. 상호부조를 하는 상호의존적 네트워크, 신성한 규범에 대한 공통의 헌신, 존재의 불안과 불확실성을 관리하는 데 도움이 되는 의례와 초자연적 믿음이 그것이다. 전쟁을 비롯한 재난으로 가득 찬 세계에서 집단 간 경쟁은 이 세 가지를 제공하는 종교의 확산에 유리하다. 이 종교들이 '진리'이기 때문이 아니라 이 종교들이 이런 결정적 특질을 갖지 못한 집단과의 경쟁에서 승리할 것이기 때문이다.[7]

실제로 오늘날 자연재해와 전쟁 둘 다 사람들의 종교에 대한 헌신과 의례 참여를 강화한다는 증거는 충분히 많다. 경제학자 자넷 벤첸Jeanet Bentzen은 지진, 화산 분출, 열대 폭풍의 역사적 강도에 관한 지구 차원의 데이터와 90여 개국의 25만 명 이상을 대상으로 한 종교적 믿음에 관한 자세한 조사를 결합하여 재난이 빈발하는 지역에 사는 사람들이 종교적으로 더 독실하고, 특히 신만이 아니라 천국, 지옥, 죄, 악마 등도 더 강하게 믿는다는 것을 보여준 바 있다. 어떤 지역이 지진 지대나 활화산, 폭풍의 중심에 1,000킬로미터 가까울수록 이런 초자연적 믿음을 긍정하는 사람의 비율이 10퍼센트포인트 정도씩 증가한다. 이런 효과는 모든 대륙과 대다수 주요 종교에서 확인할 수 있다.[8]

이런 심리적 효과는 문화적으로 전달되는 믿음과 관행에 한 층위로 들어 있다. 이런 믿음과 관행은 사람들이 재난이 빈발하는 지역에서 벗어나 이주한 뒤에도 세대를 뛰어넘어 지속된다. 자넷은 같은 유럽 국가에서 자란 이민 2세들을 비교하면서 여전히 비슷한 양상을 발견했는데,

이민자의 성인 자녀들은 부모가 자연재해에 더 많이 노출되는 지역 출신인 경우에 더 독실한 종교적 믿음을 가지고 있다.[9]

전쟁 또한 자연재해와 마찬가지로 사람들의 종교적 헌신을 강화한다. 앞에서 설명한 것과 같이 나와 동료들은 전쟁과 사회적 동기를 연결하는 접근법을 이용해서 우간다, 시에라리온, 타지키스탄(중앙아시아)의 조사 데이터를 분석하여 전쟁이 종교에 미치는 영향을 연구했다. 우리의 분석에 따르면, 전쟁에 많이 노출된 사람일수록 (1) 종교 집단(가령 교회나 모스크)에 참가하고, (2) 의례에 참여하고, (3) 자신의 종교 공동체를 가장 중요한 집단으로 꼽을 가능성이 더 높았다. 또한 전쟁을 경험한 집단일수록 자발적 결사체 일반에 참여하는 성향이 높을 뿐만 아니라 이 자발적 조직들이 특히 종교 조직일 가능성도 높았다. 그 효과는 작지 않아서 우간다와 타지키스탄 모두에서 전쟁을 경험한 사람이 종교 집단에 참여하는 비율이 2~3배 높았다. 현재 우리는 사람들의 실제 종교적 믿음에 관한 데이터가 없지만, 자넷의 분석을 고려할 때, 전쟁을 겪으면 천국, 지옥, 죄, 악마에 대한 믿음이 깊어진다고 생각할 수 있다. 하지만 전쟁으로 의례 참여만 증가한다(우리의 데이터가 직접적으로 뒷받침하는 결과이다) 할지라도 다른 연구에서 의례 참여가 종교 신앙의 심화로 이어진다는 것이 확인된다.[10]

전쟁과 종교에 관한 데이터를 보면 이런 효과가 전후 시기에 (더 약해지는 게 아니라) 더 강해진다는 것을 알 수 있다. 물론 이런 추세가 무한정 지속되지는 않지만, 우리의 데이터를 보면 사람들의 종교적 헌신이 전쟁이 끝나고 최소한 12년 동안 계속 깊어진다는 것을 알 수 있다. 이는 몇 가지 이유에서 가능한 일인데, 중요한 한 가지 이유는 많은 사람들이 동시에 같은 충격을 받으면 우선 종교 조직을 결성하거나 참여하는 식으로 생각이 비슷한 타인들과 상호작용을 시작한다는 것이다. 이런 집단에 참여하는 이들의 헌신이 강할수록 더 강한 협동과 성공이 촉진되며, 그러면 다시 (보통 상대적으로 헌신성이 약한) 새로운 성원을 끌어 모은다. 이 성원들은 새로운 집단에 있는 기존 성원들로부터 믿음과 규범을 획득한다. 그리하여 충돌이나 자연재해 이후에 그로 인한 충격이 종교 신앙에 지속적으로 미치는 심리적 효과가 점점 커질 수 있다.[11]

이 연구를 종합해보면, 전쟁의 경험은 (1) 사람들에게 씨족, 부족, 도시, 종교 공동체 등 상호의존적 연결망에 투자하도록 동기를 부여하고, (2) 사회 규범의 고수를 강화하며, (3) 종교적 헌신을 심화한다. 따라서 전쟁은 뚜렷한 심리적 효과를 창출하면서 개인의 집단 정체성과 사회 규범, 종교적 믿음을 심화할 수 있다. 예를 들어, 전쟁의 충격은 어떤 사람들을 부족에 더욱 강하게 결속시키고, 다른 사람들을 국가에 결속시킨다. 또는 (다른 카스트에 속한 사람들에 대해 상이한 태도를 규정하는) 카스트 규범에 대한 고수를 강화할 수도 있다. 아니면 낯선 사람에 대한 공정성을 권하는 비개인적 규범을 활성화하거나 보편적 도덕을 요구하는 신이나 조상의 부계를 보전하는 데 초점을 맞추는 조상의 영혼에 대한 신앙을 심화할 수도 있다.

타지키스탄 내전은 이런 효과를 잘 보여준다. 소련이 붕괴한 뒤, 정치적 성향에 따라 균열이 일어나며 타지크 종족언어 집단을 구성하는 씨족들의 집합체가 분열되기 시작했다. 일부 타지크 씨족은 정부를 지지한 반면 다른 씨족은 정부를 지지하지 않았다. 몇몇 공동체에서는 전쟁을 계기로 씨족이나 종족 집단끼리 다투면서 이웃들 사이에 의심이 들끓고 때로는 충돌이 벌어졌다. 이런 상황에서 전쟁의 심리적 영향 때문에 씨족의 연대와 전통적 친족 규범이 강화되었다. 전쟁에 많이 노출된 사람일수록 (정부 관리에 비해) 씨족 지도자를 더욱 신뢰하고, ('유서 깊은' 씨족의 관습인) 중매결혼을 더 지지했으며, (비개인적 상업보다 관계를 우선시하며) 거래를 하기 전에 상인을 개인적으로 알고 싶어 했다. 국가 차원에서 정치적 균열의 세부적 내용(씨족 대 씨족)에 따라 내전의 경험이 지방 공동체 내에서 사람들의 심리를 형성하는 방식이 달라졌다. 씨족들이 오래전에 사라지고, 중매결혼이 나쁜 것으로 간주되고, 상업이 비개인적 원리에 바탕을 두었다면, 전쟁의 심리적 영향이 다소 달랐을 것이 분명하다.[12]

고개를 돌려 유럽 안에서 역사적으로 전쟁이 미친 영향을 검토해보기 전에 우선 다음과 같은 사실을 유념하자. 심리적으로 전쟁은 우리가 가진 상호의존적 연결망의 결속을 굳히고, 중요한 사회 규범에 대한 헌신을 강화하며, 종교에 대한 애착을 심화하는 경향이 있다. 이런 심리적 변화는 가령 신뢰나 순응, 공공재 기부(예를 들어 도로 청소, 투표, 뇌물 받지 않기)의 증대를 통해 국가 차원의 제도에 힘을 불어넣음으로써 인간 사회의 규모 확대를 촉진할 수 있다. 하지만 전쟁은 또한 국가 내부의 종족이나 종교 집단 사이에 분파적 차이를 재촉하고, 효과적으로 기능하는 정부의 능력을 점진적으로 위축되게 할 수 있다. 전쟁이라는 충격을 받았을 때 사회 진화가 선호하는 경로는 집단 정체성, 기존 제도(씨족이나 족장사회, 자치적 도시), 가장 소중한 규범(가령 씨족적 충성이나 비개인적 공정성), 특히 사람들이 '누가' 전쟁의 어느 편에 서 있는지를 지각하는 방식 등의 세부적 내용에 좌우된다.[13]

유럽 내 전쟁이 촉발한 도시의 성장

9세기에 카롤루스 제국이 붕괴한 뒤, 유럽은 구제국의 잔여물에서부터 교황의 영토, 독립적 도시, 스스로 귀족이라고 상상하는 군벌들이 지배하는 봉건 지역에 이르기까지 수백 개의 독립 정치체로 갈가리 찢어졌다. 이런 정치 단위의 평균 크기는 현대의 엘살바도르처럼 작았다. 비잔티움 제국을 제외하면 '국가'라고 부를 만한 정치체는 하나도 없었다. 이런 파편화는 격렬한 집단 간 경쟁으로 이어졌다. 정치체들은 영토와 자원, 명예를 놓고 싸우기 시작했다. 그와 동시에 북부로부터 바이킹 침략자들이 산발적으로 습격하면서 강간과 약탈을 일삼았고, 남쪽에서는 강력한 이슬람 군대가 에스파냐와 이탈리아, 튀르키예에서 압박해왔다. 3장에서 설명한 것처럼, 집단 간 경쟁은 오래전부터 사회 진화의 원동력이었다. 하지만 중세 성기가 시작되던 시기의 유럽은 복잡한 사회로 나아가는 새로운 경로가 열린 상태였다. 중세 초기에 교회의 '결혼 가족 강령'이 사회와 사람들의 심리에 영향을 미쳤기 때문이다.[14]

카롤루스 제국이 붕괴한 뒤 1천 년간 유럽 곳곳에서 맹위를 떨친 전쟁은 유럽 사회들을 막다른 골목으로 내몰았고, 2차 세계대전이 끝난 뒤에야 상대적인 평화가 자리를 잡았다. 역사사회학자이자 정치학자인 찰스 틸리Charles Tilly는 1500년에서 1800년 사이의 80~90퍼센트 시기 동안 유럽 정치체들이 전쟁을 벌였고, 그보다 앞선 500년 동안은 상황이 훨씬 나빴을 것이라고 추정한다. 잉글랜드 한 곳만 해도 1100년부터 1900년 사이의 절반이 넘는 기간 동안 전쟁을 치렀다.

이런 가차 없는 집단 간 충돌은 3장에서 설명한 사회 진화를 추동하는 효과를 발휘했다. 유럽 사회들은 점점 커지고 더 강력하고 복잡해졌다. 그렇게 변하지 않은 사회는 사라지거나 먹잇감이 되었다. 점차 효과적인 정치, 군사 제도가 거듭 등장해서 서로 경쟁했으며, 재결합하고 퍼져나가면서 덜 효과적인 제도를 휩쓸어버렸다. 이처럼 길고 이례적인 선별 과정을 통해 서서히, 그러나 마침내 영토 국가가 수립되었고, 국가 차원에서 헌법(헌장)이 제정되었으며, 더 큰 규모의 민주주의 실험이 시

작되었다.[15]

처음부터 이 전쟁들은 농민들을 농촌에서 몰아내서 소읍과 도시의 보호를 받으며 새로운 무기와 성체, 방어벽을 건설하도록 부채질했다. 하지만 이런 사회적 맥락에서 만연한 전쟁의 영향력은 훨씬 깊은 흔적을 남기며 오래 지속되었다. 전쟁은 사람들의 심리에 충격을 가함으로써 개인과 자발적 결사체, 비개인적 상호작용을 중심으로 하는 새로운 경로를 따라 문화적 진화를 가속화했다.

물론 고질적인 전쟁은 사실 인간 종에게 일상이나 다름없으며, 확실히 유럽이 수백 년에 걸친 잔혹한 충돌을 경험한 첫 번째 지역도 아니다. 하지만 다른 점은 10세기에 이르러 교회와 '결혼 가족 강령'이 일부 인구 집단들을 새로운 사회적, 심리적 공간으로 밀어넣었다는 것이다. 씨족, 혈족, 부족은 이미 파괴되거나 최소한으로 약화되었다. 친족 기반 제도의 제약과 안전에서 벗어난 사람들은 새로운 자발적 관계와 결사, 공동체를 찾고 있었다. 이런 사회적 맥락 안에서 전쟁의 충격은 뚜렷한 심리적 효과를 미쳤을 것이다. 앞에서 보여준 것처럼, 전쟁은 (1) 새로운 자발적 사회 집단의 형성을 부채질하는 한편 기존의 결사체를 더욱 강화했고, (2) 그런 결사들의 비개인적 사회 규범을 강화했으며, (3) 사람들을 더욱 종교에 헌신하게 만들었을 것이다. 전쟁 경험으로 야기된 사회적, 심리적 변화들이 함께 작용하면서 좀 더 개인주의적이고 비개인적인 심리에 적합하게 만들어진, 새로운 공식적 조직, 법률, 정부의 형성이 촉진되었다.

이를 이해하기 위해 전쟁이 집약적 친족 기반 제도를 지닌 사회의 인구 집단에 미치는 심리적 영향을 검토해보자. 이런 공동체에서 전쟁의 충격은 확대된 친족 연결망과 지속적인 관계를 중심으로 사람들의 결속을 강화하고, 조상신이나 부족신에게 더욱 헌신하며, 씨족이나 친속에 충성하고(족벌주의), 사촌과 결혼하고, 연장자를 공경하는 규범을 더욱 강화한다. 앞서 보았듯이, 타지키스탄에서는 전쟁의 충격이 씨족 연장자들에 대한 신뢰를 높이고, 중매결혼을 더욱 선호하게 만들었다. 시에라리온에서는 전쟁이 전통적 제도를 바탕으로 지방 민방위대의 결성을 추동했다. 세픽 지역에서 투진은 전쟁을 계기로 씨족에 대한 충성과 동년배집단, 의례 파트너, 탐바란에 대한 사람들의 헌신이 강화되는 것을 관찰했다. 실제로 전쟁의 심리적 영향 때문에 체제 전체가 하나로 결속될 수 있었다. 일라히타의 탐바란은 오스트레일리아 군대가 세픽 전쟁을 진압한 뒤 수십 년에 걸쳐 붕괴되었다.

고대 중국도 생각해보자. 기원전 1200년 120개의 독립적 정치체는 천 년간 유혈 전쟁이 이어진 끝에 기원전 206년 한 왕조가 지배하는 하나뿐인 안정된 국가로 통합되었다. 이런 규모 확대 과정의 끝에 이르러 황제와 그 혈족은 천명天命을 받았다. 다시 말해 그들은 신성한 임무를 수행하는 것이었다. 무슨 말인가 하면, 그들은 법률을 만들 수 있으면서도 그 법에 종속되지는 않았다. 엘리트들은 개인이 아니라 집안과 씨족으로 움직였고, 내혼intermarriage(관습에 따라 특정 집단 내에서만 결혼하는 것)을 통해 연결망을 형성했다. 권력과 특권이 부계를 통해 확산되고 전해졌다.

평민들 또한 집약적 친족에 의지했지만, 엘리트 집단은 평민의 친족 기반 제도가 지나치게 세력을 키우지 못하도록 단속했다. 초기 중국 황제들을 자문하던 유명한 유학자들도 엘리트 혈족에서 탄생했다.[16] 물론 이 경쟁의 최종 주자들은 엘리트 집안과 다른 모든 이들 사이를 중재하기 위해 친족과 무관한 제도를 도입함으로써 족장사회에서 국가로 이행하고 있었다(〈그림 3.3〉). 그리고 흔히 그렇듯이, 이런 규범은 (징병과 조세와 같이) 군대에서 직접 시작되어 군대에 이바지했다. 하지만 (전쟁을 통해 더욱 단단해진) 이 고속도로를 따라 생겨난 어떤 소읍이나 도시도 시민들에게 보호받을 수 있는 권리를 부여하거나 지방 법률을 논의하기 위한 대표 의회를 설립하는 문서로 된 헌장을 부여하지 않았다. 어느 누구도 이런 생각을 떠올리지 않았을 것이다. 그리고 설령 그런 관념이 떠올랐다 하더라도 다른 사람들에게 이를 받아들이도록 설득하기는 어려웠을 것이다. 집약적 친족 기반 제도가 씨족의 충성과 권위에 대한 공경, 전통에 대한 헌신, 맥락적, 관계적 도덕을 선호하는 심리적 동기를 창출하고 사회적 유인을 구축하는 방식이 존재했기 때문이다.[17]

이와 대조적으로, 카롤루스 제국의 잿더미에서 생겨난 공동체들은 이미 몇 백 년간 교회와 '결혼 가족 강령'의 지배를 받았기 때문에 다른 경로를 따라갔다. '결혼 가족 강령'은 친족 기반 제도를 잠식하고 핵가족을 선호했을 뿐만 아니라, 이런 오래된 제도를 재건하는 것을 거의 불가능하게 만들었다. 그 대신 개인들은 기독교의 보편적 도덕을 바탕으로 자치도시, 종교 단체, 대학, 길드, (가령 템플 기사단과 같은) 종교-군사 조직 같은 자발적 결사체에 들어갔다. 이런 결사체는 (부상을 당하는 경우에) 흔히 성원에게 상호부조와 개인적 안전과 정체성을 제공했다. 그와 동시에 비개인적 거래를 위한 시장 규범이 확산되면서 점차 사업 계약, 상업법, 도시 헌법에 형성되고 있었다.

이런 새로운 맥락에서 전쟁의 충격은 (도시를 비롯한) 자발적 결사체에 대한 사람들의 헌신을 심화하고, 낯선 기독교인에 대한 친사회성 규범을 강화하고, 종교 신앙을 떠받침으로써 (정부나 상업과 관련된 제도를 포함한) 새로운 비개인적 제도의 형성을 자극하고, 개인을 중심으로 한 법률의 채택을 장려했으며, 도시 공동체, 그리고 결국에는 민족국가 차원에서 공공재에 더 많이 기부하는 동기를 부여했을 것이다.

역사적 기록을 통해 지난 천 년간 유럽에서 이런 전쟁이 미친 영향을

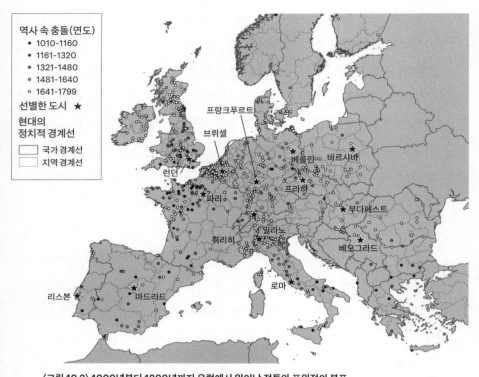

역사 속 충돌(연도)
- 1010-1160
- 1161-1320
- 1321-1480
- 1481-1640
- 1641-1799

선별한 도시 ★

현대의
정치적 경계선
- 국가 경계선
- 지역 경계선

프랑크푸르트
브뤼셀
런던
파리
베를린 바르샤바
프라하
부다페스트
취리히 밀라노
베오그라드
리스본 마드리드 로마

〈그림 10.2〉 1000년부터 1800년까지 유럽에서 일어난 전투와 포위전의 분포

진한 색 점일수록 시기상으로 앞선 전투나 포위전을 나타낸다. 참고로 현대의 국가 경계선과 그보다 작은 지역 경계선을 표시했다.[18]

살펴볼 수 있을까?

내 연구실에서 역사적으로 전쟁이 유럽인들의 심리에 미친 영향을 추적하는 방법을 여러 모로 탐색하는 중인데, 우리는 실제로 전쟁이 도시 지역의 성장과 대표 의회의 형성, 자치 도시의 발전에 어떻게 영향을 미쳤는지 관찰할 수 있다. 우선, 국지적 전투와 포위전이 이후 도시의 성장에 미친 영향을 생각해보자. 경제학자 마크 딘세코Mark Dincecco와 마시밀리아노 가에타노 오노라토Massimiliano Gaetano Onorato는 847건의 전투와 포위전의 일시와 장소를 정리한 인상적인 데이터베이스를 구축

한 뒤, 서기 900년부터 1800년까지 세기별로 인구 5,000명 이상 도시들의 인구 규모 추정치와 통합했다. 〈그림 10.2〉를 보면, 유럽에서 1000년에서 1800년 사이에 발생했던 전투와 포위전의 분포를 알 수 있다. 딘세코와 오노라토는 이런 질문을 던진다. 만약 앞선 세기 동안 한 도시나 그 근처에서 전투나 포위전이 벌어지면, 다음 세기에 그 도시의 성장은 더 빨라질까, 아니면 더 느려질까?

두 사람의 분석은 전쟁이 도시의 성장을 **가속화**했음을 보여준다. 특히 앞선 세기에 전투나 포위전을 겪으면 도시 성장률이 최소한 4분의 1 가량 증가했다. 만약 어떤 도시가 특정한 세기에 20퍼센트 성장할 것이었는데 전쟁이 벌어지면, 그 도시는 25~30퍼센트 성장했다. 물론 번영하는 도시는 약탈적인 군대에게 매력적인 표적이 되지만, 세기 초에 그 도시가 얼마나 번성했는지를 고려하더라도 그 결과는 유효하다. 도시의 성장은 전반적인 경제적 생산성과 밀접한 관련이 있으므로 유럽에서 벌어진 전쟁이 (살아남은 사람들에게) 경제적 번영을 추동한 것으로 보인다.[19]

당혹스러운 결과다. 전쟁은 사람을 죽이고 재산과 건물, 다리, 작물 등 수많은 자원을 파괴한다. 중세 군대의 혐오스러운 파괴성을 감안할 때, 도대체 전쟁이 어떻게 도시의 성장과 경제적 번영을 창출할 수 있었을까?[20]

앞에서 소개한 심리적 증거에 비춰볼 때, 유럽에서 벌어진 전쟁은 잠재적으로 세 가지 역할을 했다. 첫째, 전쟁은 사람들의 상호의존적 심리를 부추김으로써 도시 중심지의 시민 전체를 포함한 자발적 결사체 성원들 사이의 결속을 강화했을 것이다. 전쟁은 또한 자발적 결사체의 성원들을 늘렸을 것이다. 사람들이 상호의존적 연결망을 확대하는 데 관심을 기울였기 때문이다. 전쟁은 이미 대부분 사라진 유럽의 씨족이나 부족, 혈족을 결속시킬 수 없었다. 둘째, 전쟁은 '연장자를 존중하라' 같은 친족 기반 규범에 힘을 불어넣는 대신 발전하는 시장 규범과 도시의 명시적인 법률을 강화했을 것이다. 셋째, 전쟁은 (유대인이 아닌) 사람들의 기독교 신앙을 심화시켰을 것이다. 전쟁은 사람들로 하여금 신성한 맹세를 하게 만들고, 지역 주교들에게 권한을 부여하고, 기독교의 보편적 도덕과 함께 '결혼 가족 강령'을 한층 더 공고하게 만들었을 것이다(이 도덕은 또한 앞서 언급한 유대인들에게 문제를 야기했는데, 아직 그만큼 보편적이지 않았기 때문이다).

지금까지 분석한 전쟁은 유럽 안에서 벌어진 전투와 포위전에만 해당한다. 하지만 이 시기에 유럽 바깥에서 유럽인들이 벌인 일련의 전쟁도 있었다. 십자군전쟁이 그것이다. 1차 십자군 전쟁은 1096년에 교황 우르바노 2세가 로마 기독교인들에게 비잔티움 제국의 동료(정교회) 기독교인들을 도와주고 무슬림의 '습격'으로부터 성지를 해방시키라고 호소하면서 시작되었다. 신앙과 열정에 고무받은 많은 영주와 기사들이 자금을 모아 군대를 모집하고 무기를 사들이기 시작했다. 곧이어 귀족과 그 부하들이 이 신성한 전쟁에 깊이 관여하게 되었고, 모든 사회 계층이 전쟁에 가담했다. 처음에 십자군은 국왕의 아들과 형제들이 이끌었지만, 이후의 십자군에서는 이따금 왕들이 직접 무기를 들고 지휘했다. 십자군 지휘부에 속한 백작, 지방 장관, 공작, 지방 영주 등은 가신과 이웃들을 병사로 모았다. 그리하여 엘리트와 비엘리트가 똑같이 가족 성원들을 전쟁에 참여시켰는데, 많은 이들이 죽거나 부상을 당했다. 우리가 전쟁 연구에서 분류하는 '최대 피해자'가 된 것이다. 앞에서 소개한 연구를 바탕으로 보면, 십자군 전쟁이 어떤 심리적 효과를 가져왔을지는 예측할 수 있다.[21]

처음 네 차례의 십자군전쟁(4차 전쟁은 1204년에 끝났다)이 미친 영향을 평가하기 위해 리사 블레이즈Lisa Blaydes와 크리스토퍼 백Christoper Paik

은 출신 지역에 초점을 맞춘 엘리트 십자군의 데이터베이스를 수집했다. 두 사람은 유럽의 각 정치체에 소속된 숫자를 집계함으로써 각 정치체별로 십자군에 가담한 수준과 당시 인구가 경험한 전쟁 노출 정도를 포착하는 '십자군 용량crusader-dosage'에 대한 측정치를 만들어냈다. 두 사람의 분석을 보면, 성지에 더 많은 십자군을 보낸 지역들이 전쟁에 덜 가담한 정치체에 비해 십자군전쟁 직후에 (1) 더 많은 대표 의회를 소집하고, (2) 도시 지역에 더 많은 자치권을 부여하고, (3) (도시화를 기준으로) 경제적으로 더 빠르게 성장했다. 그 효과는 상당했다. 십자군이 군대를 동원해서 전쟁에 나설 때마다 그 정치체의 도시 주민의 숫자가 군사 동원을 하지 않은 비슷한 도시에 비해 1,500~3,000명 더 증가했다. 이는 십자군전쟁에 많이 가담한 도시 지역일수록 경제 성장이 더 빠르게 이루어졌음을 의미한다.[22]

무엇보다도, 유럽에서 전쟁이 미치는 효과를 기록한 정치학자와 경제사학자들은 전쟁이 심리와 문화에 지속적으로 미치는 영향을 완전히 무시한다. 그 대신 자신의 학문 분과의 규범을 고수하면서 전쟁을 경제 성장이나 국가 제도의 형성 및 강화와 직접 연결하려고 애를 쓴다. 대개 그들의 설명은 전쟁이 (국방 강화, 세입 증대 등) 일정한 수요를 창출하거나 국왕이나 교황, 공작이 직면한 선택지들의 비용과 편익이 바뀐다는 사실에 바탕을 둔다. 이 모든 설명이 중요하기는 하지만 문제점은 두 가지 사실을 무시한다는 것이다.

첫째, 우리는 이미 전쟁 때문에 물리적으로 피해를 입지 않는다 하더라도 사람들의 심리가 지속적으로 영향을 받는다는 것을 안다. 그런데 중세 유럽이나 다른 어느 곳에서나 전쟁으로 인한 장기적 변화를 설명하면서 왜 이런 사실을 무시하는 걸까? 둘째, 고질적인 전쟁은 인간 사회에서 흔한 일이었다. 그렇지만 중국과 관련해서 이야기한 것처럼, 대부분의 장소에서 전쟁 때문에 정치체나 도시에서 도시화나 정치적 독립, 대표 의회 등의 현상이 나타나지는 않았다. 전쟁이 특정한 문화적 심리와 사회 조직을 갖춘 인구 집단에서 벌어졌을 때에만 이런 결과가 나타났다. 가령 이슬람 세계에서는 십자군전쟁 직후에 도시화가 감소했고, 자치 도시나 대표 의회가 나타나지 않았다. 어느 역사학자가 말한 것처럼, 인상적이게도 이슬람 세계에서는 "진정한 도시의 자치를 생각할 수 없었다." 이것이 요점이다. 심리 또는 '생각할 수 있는 상태'가 사람의 전쟁에 대한 반응과 전쟁 직후에 그들이 구축하는 공식적 제도의 종류와 관련된 모든 차이를 야기한다.[23]

이후에 민족국가들이 형성되기 시작한 뒤, 전쟁은 이런 정치체를 견고하게 만들고, 주민들 사이에 민족 정체성을 확립하고, 국가 차원의 제도를 강화하는 데 도움이 되었을 것이다. 윈스턴 처칠이 언급한 한 가지 흥미로운 사례는 백년전쟁이다. 잉글랜드와 프랑스는 1337년에서 1453년 사이에 잇따라 전투를 벌였다. 사회와 기술이 변화한 탓에 직업 군대가 전투를 수행했고, 명문가 출신만이 아니라 하층 계급도 군대에 들어갔다. 전쟁이 한 세기 넘도록 계속되었기 때문에 잉글랜드와 프랑스의 모든 사회 계층이 '잉글랜드'나 '프랑스'를 위해 싸우는 동안 세대를 이어 폭력적인 집단 간 충돌의 심리적 효과를 경험했다. 그리하여 백년전쟁은 사회적 정체성이라는 측면에서 잉글랜드인을 더욱 '잉글랜드인' 답게, 프랑스인을 더욱 '프랑스인'답게 만들었다. 마찬가지로, 미국은 독립전쟁 이전 13개 독립 식민지들이 느슨하게 연결되어 있는 연방에서 전쟁 이후 강력한 연방정부를 갖춘 하나의 통일 국가가 되었다. 독립혁명의 용광로 속에서 사람들은 '버지니아인'이나 '펜실베이니아인' 대신 '미국인'이 되었다.[24]

수백 년에 걸쳐 유럽의 다양한 정치체들이 벌인 격렬한 군사 경쟁은 이 새로운 경로를 따라 새로운 무기와 전략, 전술의 발전뿐만 아니라 전쟁을 뒷받침하는 군사·국가 제도의 발전도 추동했다. 이 제도들에는 군사 훈련, 직업군대, 대표 의회를 통한 조세, 공공 부채를 통한 국가 재정 마련, 그리고 심지어 (마침내) 의무 공교육까지 포함되었다. 이 가운데 어느 것이든 채택을 거부한 정치체는 경쟁에서 패배할 위험이 있었다. 결정적으로, 이 제도와 관행은 새롭게 형성되기 시작한 비개인적 규범, 높아지는 개인의 야망, 그리고 더 WEIRD한 사고방식으로 크게 비옥해진 심리적 토대에서 싹을 틔우고 성장했다.[25]

잠깐 한 가지를 생각해보자. 전쟁은 끔찍하지만 조건만 제대로 맞으면 사회가 팽창하고 번영하는 데 도움이 되는 협동적 제도의 성장을 가져올 수 있는 심리적 효과가 있다. 문화적 진화가 전쟁과 같은 집단 간 경쟁의 부정적 측면(고통, 파괴, 죽음)을 빼고 사람들의 심리에 미치는 긍정적 효과를 뽑아내는 방법을 알아낼 수 있을까?

집단 간 갈등이 문화적 진화를 추동하다

현금지급기, 폰뱅킹, 새로운 신용 점수 시스템이 등장하자 이에 자극을 받은 미국의 각 주는 1970년대 말에 금융 부문의 규제를 완화하기 시작했다. 그 전까지만 해도 신설 은행은 주에서 설립 허가를 받아야 했다. 설립 허가는 은행의 성장을 제약하고, 신규 지점 개설을 억제하고, 은행이 주 경계를 넘어서는 것을 막고, 은행들 사이의 경쟁을 대체로 제한했다. 새로운 규제(규제 완화) 이후 지역 은행 독점이 종식되고, 비효율이 감소하고, 우리의 논의에서 무엇보다도 중요한 신용 이용도가 크게 증가했다. 신용은 새로운 사업의 형성을 부채질함으로써 건설과 서비스

에서 제조업과 기술에 이르기까지 경제 전반에서 기업들이 치열하게 경쟁하게 만들었다.[26]

이런 규제 완화 과정이 주 차원에서 진행된 방식은 일종의 자연 실험과 같아서 이런 질문을 던질 수 있다. 기업들 사이의 경쟁을 증대하면 앞에서 논의한 폭력적 형태의 집단 간 경쟁으로 창출되는 것과 비슷한 방식으로 사람들의 심리가 영향을 받을까? 기업 간 경쟁 증대가 비개인적 신뢰나 협동을 향상시킬 수 있을까? 각 주의 은행 부문의 규제 변화는 대개 특이한 정치적 요인을 바탕으로 몇 십 년에 걸쳐 다른 시기에 시행되었다. 다시 말해, 적어도 주의 신뢰 수준이나 기업 간 경쟁의 강도와 관련해서 거의 무작위적으로 진행되었다. 따라서 우리는 이런 규제 완화를 기업 간 경쟁을 격렬하게 만드는 실험적 '치료'로 생각해볼 수 있다. '치료를 받은(규제 완화된)' 주와 '치료를 받지 않은' 주의 신뢰 수준의 변화를 시기별로 비교해보면, 집단 간 경쟁이 비개인적 신뢰에 미치는 영향을 평가할 수 있다.

더 구체적으로, 규제 완화로 생겨난 신용 이용도 확대에 자극을 받은 신규 기업의 탄생은 (단지 은행 부문만이 아니라) 각 주의 경제 전반에서 기업 간 경쟁을 폭넓게 고조시켰을 게 분명하다. 이렇게 고조된 경쟁 아래서 직원들에게 더 협동적이고 효과적으로 일하도록 동기를 부여하는 기업들이 살아남아 번영하고 다른 기업들의 모범이 될 가능성이 더 높았을 것이다. 더 성공적인 기업의 관행과 정책, 조직 구조, 태도, 경영 방식을 모방하거나 다른 식으로 습득하는 (그리고 잠재적으로 뛰어넘는) 정도만큼, 경제 전반의 기업들이 (평균적으로) 더 협동적으로 진화했을 것이다. 하지만 성장하는 기업들은 대개 주거와 관계의 측면에서 유동적인 개인들을 고용하기 때문에 기업 간 경쟁이 심화되면 사회적 착근성 social embeddedness과 개인 간 친사회성이 아니라 비개인적 친사회성이 강화된다. 더 많은 사람이 공평한 규범으로 다스려지는 협동적 환경에서 많은 시간을 보내는 가운데 대체로 일터 바깥에서도 익명의 타인들과 더 협동하고 신뢰하게 된다. 물론 이런 심리적 변화는 사회적 그물망 전반에서 그 사회의 외부로 반향을 일으킬 수 있다. 집단 간 경쟁에 심리적으로 영향을 받은 사람들이 다른 이들과 상호작용을 하면서 영향을 미치기 때문이다.[27]

흥미로운 이야기이긴 한데, 과연 사실일까? 많은 이들은 모든 형태의 경쟁이 사람들을 탐욕스럽고 자기중심적인 방조자로 변신시킨다고 믿는다. 문화적 진화는 길들여진 형태의 집단 간 경쟁을 우리의 경제 체제 안에 집어넣는 방법을 정말로 고안할 수 있었을까? 내가 이런 형태의 집단 간 경쟁(또는 기업 간 경쟁)을 '길들여진domesticated'이라고 지칭하는 것은 문화적 진화가 종종 치명적으로 '거친' 형태의 집단 간 충돌(전쟁)을 길들이고, 그 사회적, 심리적 효과를 활용할 수 있는 방식으로 이를 근대적 제도 안에 포함시킨 것으로 보이기 때문이다.

경제학자 패트릭 프랑수아Patrick Francois, 토머스 후지와라Thomas Fujiwara, 탕기 반 이페르젤Tanguy van Ypersele은 기업을 비롯한 자발적 결사체들 사이의 경쟁이 실제로 친사회성을 추동할 수 있는지 연구하기 위해 세 가지 핵심 변수를 갖춘 데이터베이스를 수집했다. 첫째, 그들은 미국의 각 주가 은행 부문 규제를 완화한 연도에 관한 데이터를 입수했다. 둘째, 기업 간 경쟁의 강도를 측정하기 위해 각 주에서 매년 신규 기업의 진입과 오래된 기업의 폐업에 관한 데이터를 수집했다. 경쟁이 고조될수록 새로운 경쟁자인 신규 기업이 많이 진입하고 성공하지 못한 오래된 기업이 '소멸'하기 마련이다.

극단적 상황을 가정하면, 독점에는 경쟁이 전혀 존재하지 않기 때문에 어떤 기업도 진입하거나 퇴장하지 않는다. 이 두 측정치가 있으면 은

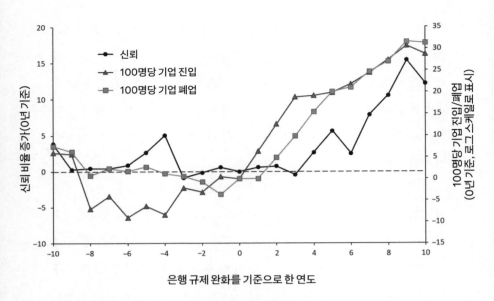

행 규제 완화가 실제로 기업 간 경쟁을 고조시켰는지를 확인할 수 있다. 셋째, 비개인적 신뢰를 측정하기 위해 세 사람은 1973년부터 1994년까지 미국의 대다수 주에 대해 '일반적 신뢰 질문' 관련 응답에 관한 모든 데이터를 수집했다(〈그림 1.7〉은 '일반적 신뢰 질문'을 지도로 표시한 것이다). '일반적 신뢰 질문'에서 다음과 같은 질문을 던진다는 것을 기억하자. "일반적으로 말해서, 당신은 사람들을 대할 때 대다수 사람들을 믿을 수 있다고 보십니까, 아니면 아무리 조심해도 지나치지 않다고 보십니까"[29]

〈그림 10.3〉은 '일반적 신뢰 질문'에서 '대다수 사람들을 신뢰한다'라고 말하는 사람의 비율로 측정된 비개인적 신뢰의 변화와 함께 집단 간

경쟁의 두 측정치(기업의 진입과 퇴장)의 변화에 대한 추세를 도표로 보여준다. 각기 다른 주에서 다른 연도에 규제를 완화했지만, 규제 완화 연도를 '0년'으로 설정한 뒤, 기업 간 경쟁과 비개인적 신뢰에서 나타난 변화를 0년의 값과 비교해 측정하면 이 모든 것을 하나의 그래프 안에 표시할 수 있다. 〈그림 10.3〉의 0년 오른쪽을 보면, 규제 완화 이후 매년 경쟁의 강도가 어떻게 변화했는지를 알 수 있다. 0년 왼쪽에서는 규제 완화 이전 시기의 상황을 볼 수 있다. 가로축의 -2는 규제 완화 2년 전을 의미하고, 2는 규제 완화 2년 뒤를 가리킨다. 왼쪽 세로축은 0년에 비해 '대다수 사람들을 신뢰할 수 있다'고 말하는 사람의 비율의 증감을 보여준다. 마찬가지로, 오른쪽 세로축은 0년에 비해 주의 경제에 진입하거나 퇴장한 기업의 숫자(100명당)의 변화를 보여준다.

인상적이게도, 규제 완화 이전에 신뢰와 기업 간 경쟁 둘 다 안정된 반면, 규제 완화가 시작되자마자 집단 간 경쟁이 가속화하는 것으로 보인다. 그리고 몇 년 뒤 비개인적 신뢰 또한 가속화한다. 약 10년 뒤 규제가 완화된 주들에서 신뢰 수준이 평균 12퍼센트포인트 이상 높아졌다. 따라서 한 주에서 규제 완화 첫해에 '대다수 사람들을 신뢰할 수 있다'고 생각하는 사람이 50퍼센트라면, 10년 뒤에는 62퍼센트 정도가 그렇게 생각했다. 나는 10년 뒤까지 도면에 표시했지만, 데이터를 보면 그다음에도 적어도 5년간 이런 상향 추세가 계속되었다. 이는 은행 규제 완화로 야기된 기업 간 경쟁이 고조될수록 사람들의 비개인적 신뢰 수준이 높아짐을 보여준다.[30]

패트릭이 이끄는 연구팀은 은행 규제 완화가 비개인적 신뢰에 미치는 분명한 효과가 미국에만 제한적으로 나타나는 독특한 것이거나 대부분의 규제 완화가 이루어진 1980년대와 1990년대 특유의 현상일지 모른다고 걱정했다. 이 문제를 처리하기 위해 세 사람은 2008년 경제 대폭락을 관통하는 시기인 2003년부터 2013년까지 사람들을 추적한 독일의 데이터를 분석했다. 이 데이터를 이용해서 동일한 개인들이 직업을 바꾸고, 때로는 경제의 부문이나 산업 사이에서 이동하는 가운데 비개인적 신뢰의 증감을 추적할 수 있었다. 패트릭의 연구팀은 독일의 50개 산업의 경쟁력에 관한 데이터를 이용해서 간단한 질문을 던졌다. 기업 간 경쟁이 심한 산업에서 약한 산업으로 이동할 때 한 사람의 신뢰가 어떤 영향을 받을까? 동일한 개인을 시간의 흐름에 따라 추적한다는 것을 유념하자.

이 분석의 결과를 보면, 사람들이 더 경쟁적인 산업으로 이동하면 비개인적 신뢰도 높아지는 경향이 있다. 이 결과를 볼 때, 만약 사람들이 세 기업이 시장을 분할하는 산업에서 네 기업이 분할하는 산업으로 이동하면, '일반적 신뢰 질문'에서 '대다수 사람들을 신뢰할 수 있다'라고 답할 가능성이 4퍼센트포인트 정도 올라간다. 하지만 경쟁이 약한 산업으로 이동하면 (평균적으로) 신뢰가 줄어든다. 예상한 것처럼, 산업 분야를 옮기지 않거나 경쟁 수준이 비슷한 산업으로 이동하면, 신뢰도가 거의 동일한 수준을 유지한다. 미국의 경우와 마찬가지로, 여기서도 기업간 경쟁이 고조되면 비개인적 친사회성에 관한 규범이 강화됨으로써 사람들의 심리가 바뀐다.

하지만 패트릭의 연구팀은 여기에 만족하지 않고 경제학 연구실로 관심을 돌려 통제된 실험 조건에서 집단 간 경쟁을 고조시키면 어떤 결과가 나오는지 연구했다. 파리경제대학원에서 세 사람은 참가자들(프랑스 대학생들)을 일반적인 비경쟁적 공공재 게임이나 이것과 비슷한 경쟁적 형태의 게임에 무작위로 집어넣었다. 일반적인 공공재 게임에서 참가자들은 익명의 상대와 팀을 이루어 19차례 게임을 진행했다. 각 회차마다 참가자에게 10유로(약 14달러)를 주고 일정한 액수를 파트너와 공동으로 진행하는 프로젝트에 기부할 기회를 주었다. 프로젝트에 기부하는 돈이 얼마든 50퍼센트 늘어나서(1.5배) 두 사람이 똑같이 나눠 갖는다. 두 참가자 모두 10유로 전액을 프로젝트에 기부할 때 가장 많은 돈을 벌 수 있다. 하지만 물론 모든 사람은 기부를 적게 하려는 경제적 유인이 있고, 따라서 파트너가 기부하는 돈에 무임승차해서 돈을 벌려고 한다. 특히 익명의 두 사람은 한 번만 함께 게임을 하기 때문에 파트너가 나중에 돈을 더 많이 내기를 바라면서 초반 회차에 기부를 하는 것은 합리적 선택이 아니다.[31]

경쟁적 형태의 게임은 앞의 공공재 게임과 똑같은 상황을 설정하고, 짝을 이룬 두 파트너가 무작위로 다른 사람과 짝을 맺기 전에 그룹 프로젝트에 기부할 기회를 한 번 받는다. 핵심적 차이는 각 팀이 기부한 액수가 경쟁하는 다른 팀의 공동 기부 액수와 **똑같거나 더 많을** 때에만 자신들의 공동 기부금에서 돈을 받을 수 있는 것이다. 만약 당신이 3유로, 당신 파트너가 5유로를 기부하면 8유로가 되고 공동 프로젝트 수입은 12유로가 된다. 일반적인 공공재 게임에서 당신은 12유로 중 6유로를 받는다. 하지만 경쟁적 게임에서는 경쟁 상대(다른 팀)가 기부한 액수가 총 8유로 이하(50퍼센트가 늘어나기 전 액수)일 때에만 6유로를 받을 수 있다. 문제는 프랑스 대학생들이 경쟁적 게임으로 생겨난 집단 간 경쟁에 어떻게 대응하는가 하는 것이다.

〈그림 10.4〉는 19회차로 진행된 각 게임에서 평균 기부 액수를 보여준다. 집단 간 경쟁이 없으면, 참가자들은 처음에 3유로 정도만 기부를 하고, 이후 기부금은 0에 가까워지기 시작한다. 하지만 경쟁적 게임에서 집단 간 경쟁이 고조되면 참가자들은 1회차에서 아마 상대 팀의 행동을 예상하면서 임의로 기부 액수를 늘리며(1.6유로), 이후 5회 정도 기부금을 더 늘리다가 나머지 게임에서는 변동이 거의 없다. 게임 막바지

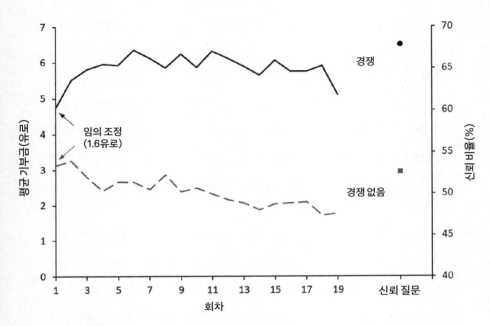

〈그림 10.4〉 경쟁적 형태와 비경쟁적 형태(의 공공재 게임) 그룹 프로젝트(공공재)에 내는 기부금 평균
가로축은 게임 회차를 나타내고, 왼쪽 세로축은 회당 평균 기부금을 보여준다. 각 게임이 끝났을 때 '일반적 신뢰 질문' 응답에서 '대다수 사람들을 신뢰할 수 있다'고 말한 참가자의 비율은 도표 맨 오른쪽에 표시했고 오른쪽 세로축에 연결된다.[32]

5회에 이르면, 1회로 끝나는 이 상호작용에서 집단 간 경쟁이 협동에 미치는 효과가 상당한 차이를 만들어낸다. 경쟁 세계의 참가자들은 집단 간 경쟁 세계의 참가자에 비해 그룹 프로젝트(공공재)에 3배 가까이 많은 액수를 기부한다.[33]

프랑스인만 그런 게 아니다. 다양한 WEIRD 인구 집단에서 진행된 연구실 실험에서 집단 간 경쟁이 협동에 미치는 영향이 관찰된 바 있다. 공공재 게임에서 협동을 유도하는 가장 유력한 방법은 집단 간 경쟁과 참가자들이 값비싼 처벌을 가할 기회를 결합하는 것이다. 집단 간 경쟁은 WEIRD 협동자들이 무임승차를 시도하는 사람을 곧바로 (금전적 차감으로) '응징하도록' 동기를 부여하는 것으로 보인다. 그리고 사람들은

순식간에 동조해서 가능한 한 최대로 협동적 태도를 보인다.[34]

이 앞선 연구의 문제점은 공공재 게임 같은 실험에서 나타나는 협동이 '일반적 신뢰 질문'과 어떤 관계가 있는지 완전히 확신할 수 없다는 것이다. 이 문제를 다루기 위해 패트릭의 연구팀은 위의 실험을 마친 뒤 참가자들에게 '일반적 신뢰 질문'을 던졌다. 〈그림 10.4〉의 오른쪽에 두 실험에서 '대다수 사람들을 신뢰할 수 있다'고 말한 참가자의 비율을 표시했다. 비경쟁적 세계에서 19회의 상호작용을 경험한 사람들은 협동이 서서히 감소했는데, 53퍼센트만이 일반적으로 신뢰하는 모습을 보였다. 하지만 (1회로 끝나는 상호작용에서) 더 높은 협동 비율을 유도하는 경쟁적 환경을 경험한 뒤에는 사람을 신뢰하는 비율이 15퍼센트포인트 가까이 증가해서 68퍼센트까지 높아졌다.[35]

종합해보면, 세 연구자의 작업은 성공적이었다. 연구실 실험을 통해 우리는 집단 간 경쟁의 고조와 같은 신뢰를 높이는 원인을 확인하는 한편, 독일과 미국의 연구 덕분에 현실 경제와 광범위한 인구 집단에서 이런 효과가 작동하는 것을 볼 수 있다.

이런 연구 결과를 WEIRD를 넘어서 일반화할 수 있을까? 이런 형태의 부드러운 집단 간 경쟁은 개인주의 심리와 비개인적 친사회성 규범을 지닌 관계 유동적 인구 집단에 특히 잘 맞는다고 생각된다. 사회성이 여전히 개인 간 관계의 굳건한 토대가 되는 사회에서는 집단 간 경쟁이 고조될수록 씨족이나 가족 사업, 마피아 조직이 활기를 띠는 동시에 비개인적 친사회성과 관련된 규범이 아니라 관계에 기반한 규범이 강화된다. 요컨대, 앞에서 보여준 집단 간 경쟁의 효과를 얻으려면 인구 집단이 집약적 친족에 뿌리를 둔 규범이나 관계적 도덕에 비해 비개인적 친사회성을 위한 규범이 더 강해야 한다. 따라서 인구 집단의 문화 및 심리적 배경을 고려하지 않은 채 이런 연구 결과를 곧바로 너무 폭넓게

확대하는 것은 잘못된 일이다.[36]

그렇지만 이 연구는 비폭력적 형태의 집단 간 경쟁이 우리의 심리에 일정 정도 전쟁과 동일한 효과를 창출하며, 비슷한 방식으로 문화적 진화를 추동할 수 있다고 말한다. 물론 중요한 차이가 존재한다. 가장 부드러운 형태의 집단 간 경쟁은 사람들의 종교적 신앙을 심화하거나 의례의 참석을 고무하지 못한다. 생명과 신체에 위협이 가해지지 않기 때문이다.

집단 간 경쟁과 집단 내 경쟁을 개념적으로 구분할 필요가 있음을 유념할 필요가 있다. 앞서 살펴본 것처럼, 집단 간 경쟁은 다른 집단과의 경쟁에서 자신이 속한 집단의 성공을 가져올 수 있는 믿음과 관행, 관습, 동기, 정책을 선호한다. 따라서 집단 간 경쟁은 종종 신뢰와 협동, 직원 급여의 효율적 할당(가령 최고경영자가 지나치게 많은 연봉을 받지 않는 것)을 증진한다. 물론 집단 간 경쟁의 수준이 높아지면 기업들이 외국 땅에서 노동자를 착취하고 환경을 파괴하기 마련이다. 이와 대조적으로, 집단 내 경쟁은 기업이나 조직을 비롯한 집단 안에서 개인들이나 소규모 연합 사이의 경쟁의 형태로 이루어진다. 이런 형태의 경쟁은 기업에 속한 다른 사람들에 비해 같은 기업에 속한 특정한 사람들의 성공을 촉진하는 행동과 믿음, 동기, 관행 등의 확산을 선호한다. 이런 관행은 기업을 희생시키면서 일부 직원들에게 이득을 준다. 최고경영자가 이사들과 골프를 치면서 자신을 비롯한 중역들만 많은 연봉을 받기로 공모한다면, 그것은 집단 내 경쟁이며 보통 기업에 해가 된다. 하지만 집단 내 경쟁이 완전히 비생산적인 것은 아니다. 적당한 수준에서는 근면과 생산성을 고무할 수 있다.[37]

결국 현대의 기업 역시 고대 사회와 족장사회의 제도와 마찬가지로 집단 간 경쟁이 없으면 내부에서부터 무너진다. 물론 규범과 제도는 일

정한 안정성을 제공하며, 날뛰는 이기심을 한동안 금지하거나 억제할
수 있다. 하지만 결국 기업을 비롯한 조직, 특히 독점체 내의 개인과 연
합은 자신들의 이익을 위해 체제를 활용하는 방법을 고안해낸다. 위대
한 민족 지도자 같은 선견지명을 갖춘 창건자는 한동안 이런 행동을 막
을 수 있지만, 유감스럽게도 인간은 필멸의 존재이므로 장기적으로 그
들의 영향력은 한계를 가질 수밖에 없다.

▎ 경쟁의 긍정적 효과와 부정적 효과

지금까지 살펴본 사실을 바탕으로 우리는 '길들여진' 형태의 집단 간
경쟁이 WEIRD의 경제, 정치, 사회 체제에 여러 가지 방식으로 주입되
었음을 인식함으로써 현대 세계를 더 잘 이해할 수 있다. 지금까지 기업
차원의 경쟁이 경제 영역에서 어떻게 작동하는지, 그리고 이 경쟁이 비
개인적 친사회성을 어떻게 형성하는지 살펴보았다.

정치 영역에서는 다당제 민주주의가 집단 간 경쟁의 힘을 활용한다.
모든 정당은 한 나라에서 유일한 집권당이 되면 결국 부패와 공모, 족벌
주의에 빠진다. 수십 년간 이런 일이 일어나지 않더라도 여러 세대에 걸
쳐 일어날 것이 분명하다. 하지만 정당은 경쟁자와 순조롭게 작동하는
민주주의 제도에 맞닥뜨리기 때문에 당원과 표를 놓고 다른 정당과 경
쟁해야 한다. 개인이 지지 정당이나 표를 바꿀 수 있는 한, 정당들 사이
의 경쟁은 당이 당원과 표를 끌어 모으도록 부추기는 관행과 믿음, 가치
를 확산시킨다. 물론 이 경쟁이 건전한 정치 체제를 보장하는 것은 결코
아니다. 하지만 적어도 불가피하게 독재나 양극화, 기능 장애로 빠지는
것을 억제하기는 한다.

집단 간 경쟁은 또한 팀 스포츠나 (교회 등) 종교 단체를 비롯한 자발
적 결사체를 통해 사회 안에 한 층위로 포함되어 있다. 많은 어린이나

청소년은 아이스하키나 축구 같은 팀 스포츠에 참가하면서 집단 간 경쟁을 처음 경험하는데, 이런 경험은 지속적인 심리적 효과를 갖는다. 성인이 된 사람들은 자기 도시나 지역, 나라, 좋아하는 대학과 관련 있는 프로 팀이나 대학 팀에 정서적 애착을 갖는다. 나는 노터데임대학교 학생 시절 가을 풋볼 시즌이면 특정한 토요일에 우리 팀이 이기는지 지는지에 따라 캠퍼스 전체가 환호성을 지르거나 비탄에 빠지는 경험을 했기 때문에 이런 효과의 힘을 직관적으로 알 수 있었다. 이런 공통의 경험이 전체 학생 사이에서 집단적 의미와 더 큰 유대감을 창출한 것 같다. 몇몇 연구는 나의 직관을 뒷받침하지만, 팀 스포츠가 팬과 선수에게 미치는 장기적인 심리적 영향만을 따로 들여다보는 양질의 연구는 많지 않다.[38]

정당과 마찬가지로, 종교 단체도 성원을 놓고 경쟁을 한다. 많은 사회에서 개인과 가족이 언제든 교회나 절, 심지어 전통까지 바꾸기 때문이다. 일부 교회는 성장하고 팽창하는 반면 다른 교회는 축소되고 사라진다. 미국에서는 종교적 자유가 중심을 차지하고 국가 종교가 없는 상황이 특히 몇몇 주에서 부실한 사회 안전망과 결합되어 종교 단체들 사이에 200여 년간 격렬한 경쟁이 계속되는 현상을 부채질했다. 이런 양상을 보면, 성경 문자주의, 천사, 지옥에 관한 믿음을 비롯해 미국에서 이례적으로 높은 수준의 종교적 믿음이 나타나는 것은 치열한 교회 간 경쟁 때문에 생긴 결과다. 미국이 2차 세계대전 이래 월마트나 맥도날드처럼 세계 각지에 수출하고 있는 현대 미국의 복음주의 교회들을 생각해보자.[39]

집단 간 경쟁과 집단 내 경쟁의 상이한 효과를 보면, 왜 '경쟁'이 긍정적 함의와 부정적 함의를 둘 다 갖는지 이해할 수 있다. 규제와 감시를 받지 않는 가운데 기업들이 치열한 집단 간 경쟁에 직면하면, 서로를 폭력적으로 방해하는 한편 약자를 착취하기 마련이다. 여러 세기 동안 거듭 이런 일이 일어났고 지금도 계속되기 때문에 충분히 알 수 있는 일이다. 그렇지만 적당한 수준의 비폭력적인 집단 간 경쟁을 적절하게 제어하면 비개인적 신뢰와 협동을 강화할 수 있다. 마찬가지로, 극단적 형태의 집단 내 경쟁은 이기적 행동과 시기심, 제로섬적 사고를 부추긴다. 하지만 적당한 수준의 집단 내 경쟁은 집단 간 경쟁으로 통제하면 인내심과 창의성을 고무할 수 있다.

자발적 결사체의 등장

WEIRD에게서 나타나는 친사회성의 기원을 제대로 이해하려면 비폭력적인 집단 간 경쟁의 지속적 형태가 등장한 사실과 그것이 수많은 서구의 근대 제도에 어떻게, 그리고 왜 포함되었는지를 검토할 필요가 있다.

교회가 집약적 친족 관계를 파괴한 직후에 사람들은 점차 개인주의적, 독립적, 자기중심적, 비순응적, 관계 유동적으로 바뀌었다. 사람들은 자신의 이해와 필요, 목표에 맞는 자발적 결사체에 가담했다. 중세 성기와 후기에 길드와 도시, 대학, 종교 단체, 교회, 수도원이 성원을 놓고 경쟁했다. 숙련된 장인, 박식한 법률가, 성공한 상인, 똑똑한 학생, 번창하는 교구민, 독실한 수사 등이 표적이었다. 나중에 각국은 유능한 이민자, 지식인, 수공업자, 기술자, 무기 제조업자 등을 놓고 경쟁하게 되었다. 현재 자신이 속한 조직에 불만을 품은 이들은 다른 집단으로 옮겨가거나 스스로 결사체를 만들 수도 있었다. 성공한 결사체는 최고의 자질을 갖춘 성원을 많이 끌어들이고 유지할 수 있는 집단이었다.[40]

중세시대에 비폭력적인 집단 간 경쟁이 얼마나 치열했는지는 네 종

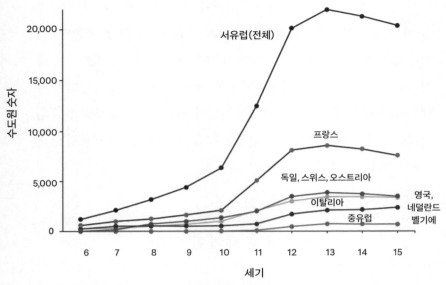

〈그림 10.5〉 6세기부터 15세기까지 서유럽 전체와 5개 하위 지역의 수도원 숫자의 증가[41]

류의 경쟁하는 자발적 결사체(도시, 수도원, 길드, 대학)가 얼마나 퍼져나 갔는지를 보면 알 수 있다. 앞서 우리는 〈그림 9.7〉에서 새롭게 성립된 자치도시의 팽창을 살펴보았고, 역사적 기록을 보면 사람들이 이동의 자유를 행사하는 식으로 일부 유럽 도시를 더 선호한 사실이 충분히 드러난다. 〈그림 10.5〉를 보면 6세기부터 15세기까지 수도원의 전반적인 상황을 알 수 있다. 수도원의 숫자는 중세 초기 내내 증가했지만, 10세기에 들어 급격하게 늘어났다. 가령 909년에 클뤼니 대수도원(프랑스)의 베네딕토회 수사들이 더 많은 독립성을 획득하고, 관행을 개혁하고, 공동체를 재편했다. 수도원의 규율을 더 엄격하게 만드는 등 클뤼니에서 개혁이 이루어지자 10세기와 11세기 내내 새로운 클뤼니파 공동체가 급속하게 생겨났다. 이 무렵에는 이미 변화를 되돌릴 수 없었고, 생각이 비슷한 개인들이 모인 여러 새로운 집단이 클뤼니파와 갈라서서 독립했다. 그들은 신앙심을 고무하고, 하느님을 섬기고, 종교 공동체를 운영하는 방법에 관한 공통의 전망만으로 무장한 상태였다. 새로 만들어진 수도원들은 가장 성공한 수도원의 훌륭한 관행을 베끼고 수정했다. 결국 가장 효과적이고 인기 있는 관행을 가진 수도원들이 문어발처럼 뻗어나가며 초국가적인 수도회로 성장했다. 나머지 수도원은 지지부진한 상태로 지속되다가 사라졌다.[42]

1098년 로버트라는 이름의 경건한 승려가 동료 수사 20명과 함께 유명한 수도원을 나와 결성한 새로운 공동체가 클뤼니파의 맞수로 성장했다. 프랑스 동부의 외딴 숲속 마을에 작업장을 만든 그들은 깊은 신앙심과 고된 노동, 자급자족, 극기를 바탕으로 한 새로운 종교 공동체를 시작했다. 그들은 클뤼니파 선조들을 따라 유기적 성장을 이룰 수 있는 위계 체계를 만들었다. '어머니' 집(모원母院)이 '딸' 집(여원女院)을 새로 구성해서 육성할 수 있었다. 이런 조직을 만들기 위해 그들이 작성한 헌장에 따라 새로 생기는 대수도원은 독립성을 보장받고 대부분 자치권을 가지고 있었지만, 그래도 전체 수도회와 위계적으로 통일을 이루고 일정한 방식으로 모원에 종속되었다. 클뤼니 수도회와 달리, 수도원장은 각 수도원 안에서 수사들에 의해 민주적으로 선출되었다. 이 시토 수도회는 보헤미아부터 아일랜드까지 유럽 전역에 퍼져나갔고, 마침내 15세기에 750곳의 수도원을 거느리면서 정점에 달했다. 하지만 그 무렵에 이르러 도미니코회와 프란치스코회 소속으로 돌아다니며 설교를 하는 수사들이 부상하고 결국 시토회를 능가했다.[43]

어쩌면 '수도원이라 … 수사 무리들을 누가 신경이나 쓴담?'이라는 생각이 들지도 모른다. 이들에 대해서는 프로테스탄티즘과 노동 윤리, 육체노동의 도덕적 가치, 기술 혁신 등의 기원에 관해 이야기하면서 다시 이야기를 하겠다. (만약 당신이 수사라면 그렇게 놀랍지 않겠지만) 수사들은

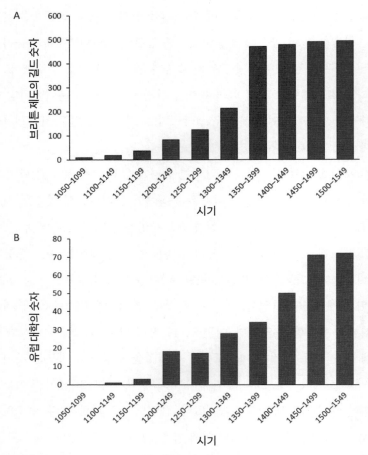

A

브리튼 제도의 길드 숫자

1050~1099 1100~1149 1150~1199 1200~1249 1250~1299 1300~1349 1350~1399 1400~1449 1450~1499 1500~1549

시기

B

유럽 대학의 숫자

1050~1099 1100~1149 1150~1199 1200~1249 1250~1299 1300~1349 1350~1399 1400~1449 1450~1499 1500~1549

시기

〈그림 10.6〉 위의 그림(A)은 1050년부터 1550년까지 브리튼 제도의 길드 숫자를 보여주며, 아래 그림(B)는 1100년부터 1550년까지 유럽 대학의 숫자를 나타낸다.[44]

정말 놀라울 정도로 중요하다.[45]

　길드의 숫자 또한 수도원보다 한두 세기 뒤처지긴 했지만 중세 성기와 후기에 극적으로 증가했다. 〈그림 10.6A〉를 보면, 브리튼 제도에서 길드의 숫자가 급격하게 늘어난 것을 알 수 있다. 주로 잉글랜드에서 팽창하는 소읍과 도시에서 길드가 늘어났기 때문이다. 이 길드들 가운데는 상인, 점원, 대장장이, 양치기, 무두질쟁이, 양조업자, 기타 많은 업

종의 종사자들이 모인 결사체는 물론이고 순전히 종교적인 단체도 있었다. 길드는 집단이 공유하는 경제적 이해를 조직하고 규제하는 것 외에도 대체로 회원들에게 상호부조를 제공하고, 분쟁을 중재하고, 반사회적 행동(특히 도둑질)을 규제했다. 알려진 대로라면 회원이 천국에 가도록 돕기도 했다. 일부 시대, 일부 지역에서는 소읍이나 도시에 사는 모든 성인이 직접적으로든, 배우자를 통해서든 일종의 길드의 회원이었다.

길드 사이에 경쟁이 벌어지면서 결국 회원을 끌어모으고, 연대를 촉진하고, 길드 규칙을 고수하게 만드는 더 나은 방법이 널리 퍼져나갔다. 길드들끼리 서로 배우면서 의사결정과 조직 구조, 지도부, 처벌 등에 대한 각기 다른 방식을 재결합했다. 가장 좋은 사례는 동기 부여 기법에 관련된 것이다. 규칙을 어긴 길드 회원에게는 필요하면 반복적으로 벌금을 부과했고, 끝까지 규칙을 따르지 않으면 쫓아냈다. 길드는 또한 회원을 끌어모으고 규칙을 준수하도록 만들기 위해 연옥에 관한 믿음을 활용하기도 했다. 회원의 특권으로 길드는 사망한 회원의 영혼을 위해 하나의 공동체로서 함께 기도했다. 다수의 사람들, 그것도 유덕한 사람들이 기도를 하면 죄인이 연옥에서 받는 고통이 줄어들며 빨리 천국에 갈 수 있다고 믿었기 때문이다. 이런 문화적 공작은 (천국으로 가는 탄탄대로를 제공함으로써) 신규 회원을 끌어들였을 뿐만 아니라 '열심히 일하지 않으면 몇 백 년 동안 더 연옥에서 고통 받을 수 있다'라는 나름의 초자연적인 당근과 채찍 정책을 길드에 부여하기도 했다(내세에 관한 믿음이 사람의 행동에 중요하게 영향을 미칠 수 있다는 것이 의심이 된다면, 4장을 다시 읽어보길 바란다).[46]

〈그림 10.6B〉에서 생생하게 드러나듯이, 대학 또한 중세시대에 빠르게 퍼져나갔다. 볼로냐대학과 파리대학은 본보기가 되었고, 두 대학의

규범과 규칙, 정책을 채택하고 수정하고 재결합해서 새로운 대학들이 만들어졌다. 볼로냐대학은 학생들이 교수를 직접 고용하고 시 관리들을 상대하기 위해 결사체를 만들면서 생겨난 것이다. 이와 대조적으로, 파리대학은 주교를 비롯한 지역 종교 당국이 교육에 간섭하려는 시도(교수들은 지금도 이런 시도를 혐오한다)에 대응해서 교수들이 본질적으로 노동조합(길드)을 결성하면서 발전했다.

이 교수들은 오랫동안 자신들이 직접 기준과 교과과정, 강의 개요, 시험 등을 정할 것을 고집했지만, 개인이 아니라 평등한 공동체로서 결정을 내렸다. 때로는 불만을 품은 학생과 교수들이 항의의 뜻으로 대학을 떠나 인근 도시 중심지에 새로운 기관을 조직하면서 새로운 대학이 생겨났다. 볼로냐대학은 이탈리아의 주변 공동체 여러 곳에 이런 딸 대학들을 여럿 탄생시켰다. 다만 이 대학들 대다수가 오래 유지되지 못했다. 마찬가지로, 옥스퍼드대학도 이런 과정을 통해 1209년에 케임브리지에 쌍둥이 대학을 낳았다.

한 세기 뒤에 교회를 비롯한 다양한 통치 엘리트들은 대학을 인가하기 시작했다. 다만 이 대학들은 여전히 대개 최초의 본보기였던 볼로냐대학과 파리대학을 바탕으로 세워졌다. 교황의 결정은 학생 조직과 심지어 교수를 포함한 대학에 상당히 많은 자율권과 독립성을 부여했다. 저명한 교수들은 최고의 조건과 더 많은 급여, 고용 안정, 지적 자유를 획득하기 위해 자리를 옮길 수 있었다. 학생들 역시 여러 대학을 놓고 선택할 수 있었고, 일단 대학생이 되면 종종 지역 법률의 적용을 받지 않았다(그 때문에 지역 사람들에게 사랑을 받지 못했다).[47]

길드와 대학 모두 흑사병(선페스트)으로 유럽 인구가 큰 폭으로 감소한 14세기에 급속하게 증가했다는 사실에 주목할 필요가 있다. 흑사병은 인구의 30~60퍼센트를 앗아갔다. 인구 감소에도 불구하고 이런 자발적 결사체가 지속적으로 증가한 것이다. 앞 장에서 논의한 전쟁이 미치는 효과와 비슷한 방식으로 흑사병이 사람들의 심리에 충격을 준 것도 자발적 결사체의 증가를 가져온 한 요인이다. 이런 심리적 충격은 자발적 결사체의 연대를 강화했고, 연계가 줄어든 개인과 핵가족은 유럽에서 급증하는 자발적 결사체를 통해 상호부조와 공동체의 지원, 초자연적 위안을 추구했다.

다른 사회에서도 고등교육 기관이 발달했지만, 그 배후에 놓인 심리는 달랐다. 가령 이슬람 세계에서는 마드라사가 고등교육 기관 가운데 가장 중요했다. 각 마드라사는 한 종류의 이슬람법을 연구하기 위해 자선기금으로 세워졌고, 창립자의 초기 구상에 계속 긴밀하게 묶여 있었다. 마드라사는 또한 법률로 규제를 받아서 이슬람에 거스르는 내용은 전혀 탐구할 수 없었다. 결국 이슬람 과학자들이 내놓은 위대한 진전은 아무도 관심을 기울이지 않는 가운데 비밀리에 이루어질 수밖에 없었다(이 때문에 이런 업적이 한층 더 인상적이다). 그리하여 마드라사는 중세 유럽의 대학과 달리 지적 자유를 요구하고, 기준을 세우고, 교과과정을 정하기 위해 자기규제하는 집단으로 뭉쳐 논쟁을 벌이는 교수들과 반역적인 학생들이라는 끊임없이 변화하는 집단에 의해 운영되지 못했다.[48]

전반적으로 볼 때, (자치도시와 수도원, 길드, 대학에서 잘 드러나듯이) 자치와 자기규제 능력이 있는 자발적 결사체의 자생적 형성과 증식은 두 번째 밀레니엄 시기에 유럽 인구 집단들의 두드러진 특징 가운데 하나라고 할 수 있다. 현대의 심리학적 증거에 비춰볼 때, 우리는 이 조직들 사이의 경쟁이 사람들의 동기와 선호, 사회적 상호작용에 영향을 미쳤을 가능성이 높다고 추론할 수 있다.[49]

| 다른 심리, 다른 효과

　오로지 서유럽만 비폭력적 형태의 집단 간 경쟁을 활용한 것은 아니다. 이런 경쟁은 많은 사회에서 나타나며, 더 많은 사회성을 증진하기 위해 활용되고 있다.[50] 하지만 유럽의 길드와 대학을 비롯한 결사체들 사이에서 벌어진 집단 간 경쟁은 달랐다. 어디에서나 벌어졌을 뿐만 아니라 사람들의 심리 및 제도와 상호작용한 방식에서도 차이가 있었다. 그 이유를 이해하려면 대다수 지역의 사람들이 집약적 친족 관계에 뿌리를 둔 사회적 연결망에 얽힌 채 자란다는 점을 기억할 필요가 있다. 그들은 자신의 관계나 주거를 쉽게 움직여서 새로운 사회적 집단에 가담하거나 그 집단에 자기 목숨을 걸 수 없다. 그리고 그런 결사체에 가담할 수 있을 때에도 자신의 사회적 유대와 동기, 도덕적 의무, 세계를 바라보는 방식 때문에 여전히 기존에 물려받은 친족 기반 공동체와 관계망에 묶여 있기 쉽다. 물론 친족 기반 집단이나 상속받은 공동체도 비폭력적으로 경쟁할 수 있지만, 성원들이 마음 내키는 대로 '팀을 바꾸거나' 새로운 성원을 쉽게 충원할 수 없다. 따라서 이런 집단들 사이의 경쟁은 사람들을 씨족과 규제-관계적 규범에 더욱 탄탄하게 결속시키면서 다른 집단과의 구분을 한층 더 두드러지게 만들 뿐이다. 이런 상황에서 집단 간 경쟁은 비개인적 신뢰를 높이기는커녕 낮출 수 있다.

　이를 살펴보려면 1980년대 초반 중국 집단농장의 해체가 벼농사 지대의 사회적 삶과 집단 간 경쟁에 어떤 영향을 미쳤는지를 생각해보라(〈그림 7.5〉). 일단 토지와 사업체를 사적으로 소유하거나 통제할 수 있게 되자 집단들 사이의 경쟁이 다시 가능해졌다. 그러자 농촌 지역에서 중국 씨족들이 곧바로 재건되기 시작하면서 공동체 의례를 활성화하고, 조상을 모신 사당을 보수하고, 씨족 성원을 규정하는 족보를 갱신했다. 30년간의 휴지기가 끝난 뒤, 씨족들은 이내 특히 여러 씨족이 같이 사는 마을에서 토지와 경제적 기회를 놓고 경쟁하게 되었다. 이런 마을의 지배적 씨족은 작은 씨족의 성원들을 표적으로 삼아서 마을에서 쫓아내고 때로는 기름진 땅을 이용하지 못하게 했다(농민이라면 대단한 일이다). 그리하여 작은 씨족의 가족들은 조상 마을로 돌아가고자 했다. 부부가 평생 동안 살던 집을 떠나 자기가 태어난 곳이 아니라 부모나 조부모, 심지어 훨씬 먼 조상들이 오래전에 떠난 마을, 다시 말해 그들 씨족이 지배하는 마을로 돌아갔다.[51]

이런 씨족적 행동은 성과가 있었다. 1990년대 중반 366개 마을을 대상으로 한 조사 결과, 단일 씨족이 지배하는 마을일수록 사기업의 숫자가 더 많고 각 사업체의 노동력 규모도 더 컸다. 이런 효과는 상당했다. 최대 씨족이 마을 인구에서 차지하는 비중이 (20퍼센트에서 30퍼센트로) 10퍼센트 증가하면, 사기업의 수가 3분의 1이 늘어나고 노동력의 평균 규모가 4분의 1 증가했다. 더욱이 지배적 씨족이 있는 마을은 또한 공직자에게 책임을 묻고 관개 공사 같은 공공재를 공급하는 데 더 유리했다. 여기서 그 함의를 이해하려면 뒤집어서 생각해보면 된다. 친족 관계가 적은 가구들로 이루어진 공동체는 사업체를 개설하고, 직원을 채용하고, 공공재를 공급하고, 지방정부 관리들에게 책임을 묻기 위해 분투했다. 물론 이는 중국인들이 '강한 유대'를 활용하고 친족 관계에 의지해서 직원을 찾고, 정보를 모으고, 정치인에게 영향력을 행사하고, 협동적 노동의 동기를 부여하고, 직업적 연계를 만들기 때문이다.

'결혼 가족 강령'에 노출된 중세 유럽 지역의 사람들과 달리, 20세기 후반 중국 농촌 사람들은 생각이 비슷한 낯선 사람들로 이루어진 무수히 많은 자발적 결사체를 만들지 않았다. 그 대신 그들은 조상의 고향과의 연계를 재확인하고, 씨족의 소속을 강화하고, 친족에 기반한 충성이라는 덕목(족벌주의)을 바탕으로 자발적으로 배타적 집단을 재결성했다.

1950년대에 중국 정부가 족보를 불태워버리는 등 씨족을 해체하려고 노력했는데도 이런 일이 벌어졌다.

경쟁의 힘을 동력으로 삼다

정치체들 사이에 지속적으로 벌어진 경쟁은 비폭력적 형태의 집단 간 경쟁을 유럽의 경제, 정치, 사회 제도 안에 한 층위로 집어넣었다. 이는 두 번째 밀레니엄 후반부에 가속화됐는데, 당시 가장 번성한 국가들은 (의식적으로든 무의식적으로든) 자발적 결사체들 사이의 건전한 경쟁을 촉진하고 통제하는 법을 '알아낸' 나라들이었다. 경제 영역에서는 길드가 서서히 다양한 동업관계, 그리고 마침내 합자회사로 나아가는 출발점이 되었다. 대부분의 경우에 기업가와 새로운 결사체가 정부와 법률가를 한참 앞질러서 위험을 공유하고, 소유권을 이전하고, 책임을 제한하는 새로운 방법을 알아냈다.

가령 16세기와 17세기에 암스테르담, 안트베르펜, 런던에서 증권거래소가 모양을 갖추기 시작했다. 런던의 증권거래소에서는 증권 거래 업자들이 매너가 좋지 못하다고 출입을 금지당해 인근 커피하우스에 사무실을 열었다. 평이 좋지 않은 거래업자들의 목록을 적어놓은 칠판 공간이 부족해지자 그들은 증권거래업자 협회를 만들어서 전문적 기준을 설정하고 신뢰할 수 없는 이들을 카페에서 쫓아냈다. 100년 뒤 뉴욕 증권거래소의 맹아도 월스트리트와 워터스트리트가 만나는 길모퉁이에 있는 한 커피숍(과 선술집)에 뿌리를 내렸다(커피숍은 수도원과 비슷하다. 근대 세계의 등장에서 예상치 못하게 중요한 역할을 한다). 증권거래소는 기업들이 투자자를 찾게 해주고, 자본 투자를 둘러싸고 기업들이 경쟁하도록 자극했다. 새로운 법률과 규제가 만들어지면서 결국 여러 세기에 걸쳐 수많은 다양한 결사체와 사회가 의도치 않게 실험한 성과가 굳어지게 되었다.[52]

종종 길드가 지배한 정치 영역에서는 17세기 잉글랜드에서 정책에 합의한 개인들이 정당을 결성하기 시작했다. 이 당들은 국민들을 설득하고, 정부 결정에 영향을 미치고, 더 많은 대표권을 획득하기 위해 경쟁했다. 미국에서는 건국의 아버지들이 대체로 정당을 혐오했기 때문에 결국 미국 헌법에는 정당에 관한 조항이 만들어지지 않았다. 그렇지만 정당이 자생적으로 만들어졌고, 금세 정치 무대를 지배하게 되었다. 그리하여 미국 체제에서 정당의 중심성은 공식적 제도의 설계자들이 자신들의 체제가 어떻게, 왜 마침내 기능하게 될지(또는 21세기 미국의 경우처럼 기능하는 데 실패하게 될지)를 심각하게 오해한 흥미로운 사례다.[53]

사회 영역에서는 팀 스포츠와 스포츠 연맹이 발전하면서 비폭력적인 집단 간 경쟁이 사람들의 여가 시간에서 중심을 차지하게 되었다. 이런 경쟁은 종종 사람들의 개인적 정체성을 이루는 한 부분이었다. 팀 스포츠에 참여하는 것은 자녀(적어도 사내아이들) 양육에서 중심을 차지하게 되었다. 웰링턴 공작은 워털루에서 나폴레옹을 물리친 뒤 "전투의 승리는 이튼 운동장에서 이루어진 것"이라고 설명했다. 영국 장교들의 인성이 스포츠라는 모루 위에서 단련되었다는 의미였다. 흥미롭게도, 크리켓, 럭비, 하키, 축구, 미식축구, 야구의 기원은 모두 산업화 이전 잉글랜드에서 찾을 수 있다. 미국의 스포츠인 미식축구와 야구는 각각 럭비와, 라운더스rounders와 스툴볼stoolball 같은 어린이 놀이를 비롯한 잉글랜드의 민속놀이에서 유래한 것이다. 물론 오늘날에는 마치겐카족이 축구를 즐기고, 피지인은 럭비를, 일본인은 야구를, 인도인인 크리켓을 즐긴다.[54]

여기서 말하고자 하는 요점은 근대의 제도적 틀에는 낯선 사람을 신뢰하고 협동하려는 사람들의 성향을 부추기고 우리 심리의 다른 측면에도 영향을 미치는 다양한 형태의 집단 간 경쟁이 포함된다는 것이다. 설령 낯선 사람들의 집단으로 이루어진 팀일지라도 사람들은 즉석에서 팀을 이뤄 일하는 법을 배운다.

　집단 간 경쟁이라는 엔진은, 종종 이기심과 제로섬적 사고, 공모, 족벌주의를 선호하는 집단 내부의 문화적 진화의 힘을 밀어낸다. 사람들이 점차 개인주의적, 독립적, 비순응적, 분석적으로 바뀌면서 여러 자발적 결사체로 갈라지기 시작하고 또 이 결사체들이 경쟁하기 시작한 중세 성기에 WEIRD한 제도적 틀이 발전하기 시작했다. 장기적으로 보면, 영토 국가들 사이의 경쟁은 비폭력적인 집단 간 경쟁의 심리적, 경제적 효과를 활용하고 한 층위로 받아들이는 방법을 발전시킨 국가들에게 유리했다. 물론 어느 누구도 이런 체제를 설계하지 않았고, 이 체제가 우리의 심리에 어떻게 영향을 미치는지, 또는 왜 효과를 발휘하는지를 깨달은 이도 없었다.

Chapter 11

시장의 사고방식이 형성되다

한 나라에 상업이 도입될 때면 언제나 정직성과 시간 엄수가 동반된다. … 유럽의 모든 민족 가운데 가장 상업적인 네덜란드인이 가장 약속을 잘 지킨다. 잉글랜드인은 스코틀랜드인보다 약속을 잘 지키지만, 네덜란드인에게는 한참 못 미치며, 이 나라의 외딴 지역에서는 상업 지역보다 약속을 제대로 지키지 않는다. 어떤 이들의 말처럼, 민족적 특성 탓으로 돌릴 수는 없다. 잉글랜드인이나 스코틀랜드인이 네덜란드인만큼 계약을 이행하지 못할 타고난 이유란 없다. … 상인은 신용을 잃는 것을 두려워하며, 모든 계약을 꼼꼼하게 준수하려고 한다. … 상인의 수가 많아지면 언제나 시간 엄수가 유행하는데, 이는 상업 민족의 주요한 덕목이다.

_애덤 스미스(1766), 〈상업이 예의에 미치는 영향에 관하여〉[1]

그것은 13세기에 이탈리아 북부의 밀라노나 모데나, 파르마 같은 도시에서 처음 등장했지만, 곧바로 잉글랜드와 독일, 프랑스, 저지 국가들로 퍼져나갔다. 종탑과 결합된 그것은 소리가 도달하는 범위 내에 있는 모든 사람의 활동 시간을 똑같게 만들면서 언제 일어나서 일하고 먹어야 하는지를 알려주었다. 또한 공적 회합, 법정, 지역 시장의 개시 시간을 지정했다. 이것, 즉 최초의 기계식 시계는 점차 중세 후기 유럽 각지의 도시에서 중심 무대를 차지하면서 시청과 시장 광장, 성당을 장식했다. 전염병과 마찬가지로 기계식 시계도 한 도시 중심지에서 다른 곳으로 순식간에 퍼져나갔다. 소읍과 도시들이 더 크고 성공한 경쟁 도시들을 그대로 모방하며 시계를 만들었기 때문이다. 소읍들은 유명한 장인에게 베네치아나 브로츠와프, 파리, 피사에 있는 것과 똑같거나 더 좋은 시계를 만들어달라고 공공연하게 의뢰했다. 시계는 또한 수도원과 교회에도 뚫고 들어가서 수사와 사제, 교구민들에게 언제 일을 하고, 밥을 먹고, 기도를 해야 하는지를 지시하기 시작했다. 공중 시계는 질서정연한 도시 생활과 엄격한 종교적 헌신의 상징이 되었다. 1450년에 이르러 인구 5,000명 이상인 도시 중심지 중 20퍼센트에 최소한 한 개 이상의 공중 시계가 있었고, 1600년에 이르면 대부분의 교회에 시계가 걸렸다.[2]

공중 시계의 확산은 WEIRD 시간 심리의 등장을 보여주는 역사적 사건이다. 만약 당신이 아마존 지역이나 아프리카, 오세아니아, 또는 다른 광범위한 지역에서 시간을 보낸 적이 있다면, 틀림없이 WEIRD 시간 심리의 가장 뚜렷한 특징을 눈치 챘을 것이다. 시간 절약에 대한 강박이 그것이다. 피지의 내 친구들과 달리, 나는 언제나 시간이 모자란다고 느낀다. 나는 항상 '시간을 아끼거나', '시간을 내거나', '시간을 찾으려고' 애를 쓴다. 다음 회의나 약속, 어린이집 퇴원 시간에 맞추기 위해 하루 종일 시계를 들여다본다. 반면 피지의 내 친구들과 현지 조수들은 이런 시간 중심의 사고에 좀처럼 적응하지 못한다. 태평양 지역에서 연구 프로젝트를 관리하기 시작했을 때, 나는 연구 조수 전원에게 전자시계를 사주었다. 시계가 있으면 회의나 인터뷰, 식사 시간을 지키는 데 도움이 될 거라고 기대했기 때문이다. 하지만 별 소용이 없었다. 그들은 시계를 차는 걸 일종의 패션으로 즐기는 것 같았지만, 실제로 시간을 보려는 생각은 전혀 없었다. 언젠가 유독 열정적인 연구 조수와 함께 노트북으로 작업을 하다가 몇 시인지 보려고 내가 선물로 준 시계를 들여다보았다. 하지만 곧바로 시계가 맞지 않는다는 걸 느꼈다. 내가 직감적으로 생각하는 시간과 너무 차이가 났기 때문이다. 조수의 시계는 25분 느렸는데, 몇 주 동안 그 상태로 시계를 차고 다닌 듯했다.

심리학자인 아라 노렌자얀과 로버트 레바인Robert Levine은 시간을 절약하려는 사람들의 성향을 측정하기 위해 몇 가지 기법을 고안해서 31개 도시에 적용했다. 이 도시들의 중심부에서 연구팀은 우선 주요 대로를 따라 걷는 사람들의 속도를 조심스럽게 측정했다. 시간 절약에 신경을 쓰는 사람일수록 빨리 걷는다고 생각했기 때문이다. 예상한 것처럼, 뉴욕 사람과 런던 사람은 인도를 바람처럼 내달려서 1마일을 가는 데 채 18분이 걸리지 않았다(시속 약 5.4킬로미터-옮긴이). 한편 자카르타와 싱가포르에서는 사람들이 적당한 속도로 거리를 어슬렁거려서 1마일을 걷는 평균 속도가 22분이었다(시속 약 4.4킬로미터-옮긴이). 뉴욕과

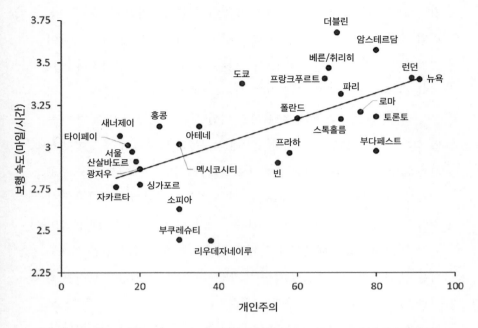

〈그림 11.1〉 보행 속도와 세계 28개국에 있는 대도시들에 대한 포괄적 개인주의 측정치(〈그림 1.2〉에서
지도로 표시) 사이의 관계
개인주의 성향이 강한 사회의 도시인일수록 보행 속도가 빠르다.[3]

런던 사람이 느리게 걷는 도시 사람들보다 적어도 30퍼센트 더 빠르게
걷는 셈이다. 〈그림 11.1〉을 보면 개인주의 성향이 강한 나라의 도시인
일수록 개인주의 성향이 약한 나라의 도시인보다 빨리 걷는다. 도시 규
모의 차이를 통계적으로 통제해도 이 관계는 여전히 유효하다.

두 번째 방법으로 시간을 절약하려는 성향을 평가하기 위해 연구팀
은 각 도시의 시내 우체국에 가서 무작위로 최소한 8명의 직원을 골라
우표를 구입했다. 연구팀은 직원의 업무 처리 속도를 제외한 모든 요인
의 영향을 최소화하기 위해 고안된 절차를 이용해서 비밀리에 우표 구
입에 걸리는 시간을 측정했다. 이번에도 역시 개인주의 성향이 강한 나
라일수록 직원이 우표를 건네주는 속도가 빨랐다. 이런 데이터를 보면,

도심에서 일하는 사람들만 비교할 때에도 개인주의 성향이 강한 사회에 사는 사람일수록 (그게 어떤 의미든 간에) 시간을 소모하는 것, 시간을 절약하는 것, 또는 시간을 '생산적으로' 사용하는 것에 더 많이 신경을 쓴다. 따라서 시간 절약은 개인주의 복합체에 한 층위로 들어 있다가 온갖 방식으로 튀어나오는 것 같다.[4]

시간 절약의 세계적 변이는 어디에서 유래하는 걸까?

기계식 시계의 보급에 관한 데이터를 비롯한 많은 역사적 증거를 보면, 이런 시간에 대한 새로운 심리가 중세 후기에 이르러 들끓기 시작했음을 알수 있다. 아마 유럽의 도시와 수도원, 자유도시에서 나타난 개인주의와 자기중심성, 분석적 사고의 혼합물이 바탕이 되었을 것이다. 이런 사회에서 개인적 성공을 이루고 관계를 구축하려면 자신의 특성과 기술에 투자하는 동시에 개인적 업적과 성과를 쌓아야 했다. 장인과 상인, 수사, 행정관리 등은 점점 더 많은 비개인적 경쟁에 직면하면서 시간 엄수, 자기규율, 정확함 등의 평판을 쌓고자 했다. 새로운 기계식 시계가 유럽에서 시계에 기반한 시간 심리로 나아가는 변화의 출발점이 된 것은 아니다. 그보다는 이미 진행 중이던 과정을 특징짓고 재촉했다고 볼 수 있다. 시계가 등장하기 이전에, 그리고 나중에는 시계와 함께 수사들은 길이가 정해진 양초를 사용해서 기도 시간을 쟀고, 교사와 설교자, 건축업자들은 모래시계를 이용해서 강연과 설교, 점심시간을 정했다.

사람들이 시간에 대해 생각하는 방식에서 나타난 이런 변화는 단순한 시간 절약에 대한 강박보다 훨씬 폭이 넓었다. 중세 성기 이전에 (해가 뜰 때부터 질 때까지) '하루'는 12시간으로 나뉘었다. 하지만 일출과 일몰 사이의 시간은 계절과 지리에 따라 달라지기 때문에 이 시간의 길이도 서로 달랐다. 삶은 주로 (하루, 계절, 매년 같은) 자연의 리듬에 의해 조직되었고, '하루'는 일상적인 일에 의해 조직되었다. 게다가 흔히 '일하는 시간'과 '사회적 시간'도 거의 또는 전혀 구분되지 않았다. 사람들이 하루 종일 일하면서 사회적 상호작용을 했기 때문이다.

더 WEIRD한 시간 심리가 중세 후기와 그 이후에 점차 도시를 중심으로 널리 퍼져나갔다. 상업 세계에서 상인들은 노동자에게 주당 임금을 지불하기 시작했다. 이 체제에서 '하루'는 고정된 시간으로 정해졌고, 따라서 사업주는 잔업(초과근무)에 대해 시간당 임금을 지불하거나 날씨나 질병 때문에 빠진 시간을 근거로 임금의 일부를 공제할 수 있었다. 보상은 또한 성과급piece rate으로도 이루어졌는데, 이 경우에 노동자는 자신이 생산한 편자나 항아리, 담요의 수량(개수)에 따라 임금을 받았다. 이런 지불 방식 때문에 장인들은 1시간에 얼마나 많은 편자를 만들 수 있는가라는 효율성에 대해 생각할 수밖에 없었다. 시장은 점차 특정한 시간에 문을 열고 닫아서 경쟁이 더욱 고조되었다. 모든 구매자와 판매자가 동시에 상호작용할 수 있었기 때문이다. 또한 계약서에 특정한 날짜가 포함되기 시작했는데, 계약을 어기면 위약금이 부과되었고 종종 하루 단위로 계산되었다. 정부 영역에서는 시의회가 정해진 시간에 따라 스스로 조직되기 시작했다. 가령 1389년에 뉘른베르크 시의회는 시의원들이 (모래시계를 이용해서) 점심시간(정오) 전후 2시간 동안 함께 자리에 앉아 업무를 논의하도록 정하는 법령을 통과시켰다. 그리고 회의시간에 늦으면 벌금이 부과되었다. 잉글랜드에서는 법원이 피고인과 증인에게 특정한 날짜, 특정한 시간에 출석하도록 지시하기 시작했다.[5]

시계 시간에 집중하고 새로운 시간 관련 기술을 빠르게 채택한 것은 성과가 있었던 것으로 보인다. 1450년 이전에 더 일찍 공중 시계를 받아들인 유럽 도시들은 1500년부터 1700년 사이에 시계를 설치하지 않은 도시보다 경제적으로 더 빠르게 성장했다. 주목할 점은 이런 번영이 몇 세대 뒤에 나타난 것이다. 이 인구 집단들이 사고와 생활방식을 바꿔서 도시와 소읍이 시계처럼 정확하게 운영될 수 있게 된 뒤에야 비로소 효과가 나타났다. 시계를 설치한 도시 중심지는 대개 나중에 인쇄기를 받아들였다. 자세히 분석해보면, 두 가지 혁신 모두 이후 독자적으로 경제 성장에 기여했다. 공중 시계를 설치함으로써 증대된 번영은 대학 설립과 관련된 번영 증대와 대략 비슷했다. 하지만 흥미롭게도 대학이 생긴 중세 도시는 공중 시계를 설치할 가능성이 더 높았다.[6]

어떤 이들은 시계나 인쇄기 같은 실용적 기술을 채택하는 문제에 심리학적 설명이 필요하지 않다고 생각할지도 모른다. 하지만 다행히도 역사를 보면 이슬람 세계에서 비교 가능한 인구 집단을 찾을 수 있다. 기독교 세계의 가까운 이웃과 달리, 이슬람 세계의 모스크와 도시는 시계 유행병에 전염되지 않은 것 같다. 같은 시대에 인쇄기에도 전염되지 않았다. 많은 무슬림이 기계식 시계를 알고 있었기 때문에 이탈리아 시계공을 몇 명 고용해서 시계를 수리할 수 있었다. 하지만 이 지역 사람들은 시계의 시간을 열심히 따르려고 하지 않았다. 그 대신 개인적 관계와 가족의 유대, 의례 시간에 관심을 기울였다. 무슬림들은 오랫동안 하루에 다섯 차례 기도 시간을 알렸는데, 이는 생활에 신뢰할 만한 시간 구조를 덧붙인다(그리고 친사회성을 점화시킨다). 다른 많은 시간 체계와 마찬가지로, 기도 시간도 태양의 위치를 바탕으로 삼기 때문에 계절과 지리에 따라 달라진다(또한 서로 다른 이슬람 학교에서 사용하는 계산 방법에 따라서도 달라진다). 결국 하루 내내 기도 시간 사이의 시간은 균일하지 않다. 이 시간은 하루나 사람들의 마음을 시계의 시간처럼 조직하지 않는다. 물론 기독교 세계의 명망이 높아짐에 따라 마침내 세계 곳곳의 통치자들이 유럽에서 만든 기계식 시계를 수입하기는 했다. 하지만 고대 이슬람 세계나 중국의 물시계와 마찬가지로, 이 시계들은 전시품이자 진기한 물건이었을 뿐, 수공업자와 상인, 관리, 수사, 발명가가 생활의 기준으로 삼는 물건이 아니었다. 내가 피지 친구들에게 배운 것처럼, 시계는 시계 시간에 전념하는 것을 내면화할 때만 시간을 지키게 만들어준다. 문제는 시계가 아니라 마음인 것이다.

유럽에서 발전한 비개인적 제도는 시간제 임금, 성과급, 지각에 대한 벌금을 도입하면서 사람들로 하여금 비슷한 방식으로 시간과 돈에 관해 생각하도록 동기를 부여했을 것이다. 오늘날 WEIRD는 언제나 시간을 '절약'하고, '낭비'하고, '잃어버린다.' 시간은 언제나 바닥이 나고, 우리는 대다수가 시간을 '사려고' 한다. 다른 사회에 사는 사람들은 다양한 방식으로 시간에 관해 사고하지만, WEIRD는 오래전부터 동일한 방식으로 시간과 돈에 관해 생각하는 강박을 갖고 있다. 이와 대조적으로, 베르베르어를 사용하는 알제리의 카빌인 농부들의 시간 심리에 관한 다음의 설명을 생각해보자.

> 의존과 유대라는 심대한 정서는 … 카빌인 농민에게 시간의 흐름에 복종하고 무심한 척 무관심한 태도를 조장한다. 어느 누구도 시간을 정복하거나 다 써버리거나 절약하겠다는 포부를 품지 않는다. … 삶의 모든 행위는 시간표의 제약에서 자유로우며, 잠이나 노동조차 생산성과 수확에 관한 모든 강박을 무시한다. 서두르는 모습은 예의가 없을 뿐더러 악마 같은 욕심을 품은 것으로 여겨진다.[7]

민족지학자 피에르 부르디외는 계속해서 이런 씨족 기반 사회에는 정확한 식사 시간이나 약속 시간에 관한 관념이 없다고 지적한다. 시계는 '악마의 맷돌'로 간주되며, 누군가를 만나자마자 '요점부터 꺼내면서 최대한 간단하게 자기 의사를 표현하는 것은 가장 무례한 행동이다.' 끊임없이 분초를 다투는 대신 의례 주기 속의 다른 경험과 과제, 사건들을 통해 다른 속도로 시간이 흘러간다. 이 말이 낯설게 느껴진다면 다른 모든 사람이 아니라 당신(그리고 특히 나)이 그렇다는 것에 유념해야 한다. 카빌인들이 느끼는 시간 심리의 멋과 질감은 세계 곳곳에 있는 여러 사회에서 찾아볼 수 있다.[8] 카빌인의 시간을 1751년 영국의 한 식민지 도시에서 쓰인 주옥 같은 글에서 포착한 감각과 비교해보자.

> 우리의 시간은 표준으로 환원되고, 오늘날의 황금은 시간으로 주조되기 때문에 근면한 사람들은 모든 자투리 시간을 각자 다른 직업에서 유용하게 활용하는 법을 안다. 시간을 낭비하는 사람은 사실상 돈을 탕진하는 사람이다.[9]

산업화 이전 사회의 본질을 포착하는 이 화려한 인용문은 필라델피아의 발명가이자 출판업자, 정치인인 벤저민 프랭클린의 말이다. 젊은 상인에게 충고를 하면서 프랭클린은 또한 '시간은 돈'이라는 격언을 만들어냈는데, 이 말은 지금까지 전 세계 수십 개 언어로 퍼져나갔다.[10]

프랭클린의 시대에 이르면, 회중시계가 널리 보급되어 성공한 사업가라면 누구나 하나씩은 주머니에 넣고 다녔다. 잉글랜드에서는 (사망 시에 평가된) 빈민이 소유한 자산 목록을 바탕으로 볼 때, 인구의 40퍼센트 가까이가 회중시계를 갖고 있었다. 파리에서는 임금소득자의 3분의 1 정도와 하인의 70퍼센트가 시계를 소유했다. 회중시계는 값이 비쌌는데, 따라서 많은 사람들이 시간을 알고 친구나 고객, 직원들에게 좋은 인상을 남기기 위해 수입의 큰 부분을 통 크게 썼다. 장인의 손에 있는 회중시계는 카빌인들의 말처럼 '악마의 맷돌'을 나타내기는커녕, 시계의 주인이 열심히 일하고 부지런하며 시간을 잘 지킨다는 신호였다.[11]

대략적으로 말하면, 개인주의가 확산되는 상황에서 모래시계, 종, 시계 같은 기술은 물론이고 '시간은 돈이다' 같은 시간에 대한 비유, 시간제 임금과 성과급 같은 문화적 관행 등은 공진화하며 사람들이 시간에 관해 생각하는 태도에 상당한 영향을 미쳤다. 신기술은 유례가 없을 정도로 시간을 선분화, 수치화하면서 계속 줄어드는 동전으로 바꿔놓았다. 어린 시절부터 벽시계와 1시간마다 울리는 차임 소리, 정확한 모임 시간 같은 요소들로 효과적으로 훈련을 받은 사람들은 전통적인 시계 문자판을 이루는 숫자를 내면화했으며, 이런 인식을 현재와 미래 사이에 균형을 이루는 방법(시간 할인)으로 통합시켰다. 전반적인 영향이 어떠했든 간에, 이런 심리적 변화의 뿌리는 산업혁명보다 한참 전인 14세기까지 거슬러 올라간다.[12]

노동이 미덕이 된 사회

유럽에서 시계 시간의 심리가 확산되면서, 팽창하는 중간계급은 더 오래, 더 열심히 일하기 시작했다. 경제사학자 얀 데 브리스Jan de Vries가 근면혁명Industrious Revolution이라고 이름 붙인 이 현상은 최소한 1650년 무렵까지 거슬러 올라갈 수 있는데, 그 이전까지 거슬러 올라가면 직접적 증거는 점점 줄어든다. 나는 이렇게 증대되는 근면성이 더 장기적인 추세의 일부였다고 본다. 사람들의 시간 심리는 적어도 중세 후기부터 산업혁명기까지 더 강해진 노동윤리, 더 커진 자기규제와 함께 서서히 공진화했다. 이런 심리적 변화의 실마리는 기계식 시계의 확산, 모래시계의 이용 확대, 시간 엄수에 대한 관심 고조, 그리고 육체 노동과 고된 노동, 자기규율을 영적으로 강조하는 시토수도회의 성공 등에서 찾아볼 수 있다. 그리고 물론 이런 관심과 헌신은 많은 프로테스탄트 신앙의 핵심에 자리 잡고 있다. 가령 프랭클린은 퀘이커교도들과 함께 생활하던 독실한 청교도인의 아들이었다.[13]

사람들의 변화하는 노동 습관을 연구하기 위한 훌륭한 자료는 올드베일리Old Bailey, 즉 런던 중앙형사법원에서 볼 수 있는데, 그곳에는 1748년부터 1803년까지의 사건 기록이 남아 있다. 당시의 법정 증언 중에 증인들은 흔히 범죄 당시에 무슨 일을 하고 있었는지 보고했다. 이런 '무작위 추출 자료'가 제공하는 2,000여 건의 즉석 관찰을 종합해보면, 런던 사람들이 하루를 어떻게 보냈는지 전체적인 그림을 그려볼 수 있다. 자료를 보면, 18세기 후반에 주당 노동 시간이 40퍼센트 늘어났다. 사람들이 하루에 30분 정도씩 노동 시간을 늘리고, 성월요일Saint Monday (주 6일 노동하고 토요일에 주급을 받던 시절에 노동자들이 월요일에 결근하던 관습. 월요일까지 돈이 조금 남아 있거나 숙취가 사라지지 않아 무단결근하는 일이 잦았다. 영국에서 소규모 공장이 확산된 17세기에 시작되어 19세기 중반에 토요일이 반공휴일로 바뀌면서 점차 사라졌다─옮긴이) 결근을 그만두고, 달력에 있는 성일聖日 46일 중 일부에 일을 하기 시작하면서 노동 시간이 길어진 것이다. 결국 19세기 초기 되면, 사람들은 주당 노동 시간이 약 19시간 늘어나서 연간 1,000시간 정도 일을 했다.[14]

노동 시간에 관한 역사적 증거는 사람들이 더 많이 일을 했다고 강력하게 주장하지만, 이 시대에 관한 모든 역사적 데이터에는 잠재적인 문제가 있다. 가령 올드베일리의 증거를 가지고는 어떤 요인들이 누가 법정에 증인으로 서는지에 영향을 미쳤는지, 또는 시간이 흐르면서 어떤 변화가 생겼는지 알 도리가 없다. 아마 법원은 서서히 '믿을 만한 사람'만을 증인으로 채택한다는 비공식 방침을 굳혔을 것이며, 따라서 오랜 시간 노동을 하는 사람들이 증인이 될 가능성이 더 높았다. 인지과학자라훌 부이Rahul Bhui와 나는 이런 우려를 바로잡기 위해 세계 각지의 여러 전통적 인구 집단에 속한 사람들이 자기 시간을 어떻게 사용하는지에 관한 4만 5,019건의 관찰 데이터베이스를 수집했다. 남아메리카와 아프리카, 인도네시아의 인구 집단들에는 목축민과 수렵채집인뿐만 아니라 다양한 농경 공동체도 포함된다. 올드베일리의 진술과 마찬가지로, 이 자료 역시 사람들이 특정한 순간에 무엇을 하는지를 무작위로 추출한 것이다. 하지만 여기서는 관찰 주체가 인류학자들이고, 그들은 관찰하는 개인과 관찰 시간을 무작위로 선별했다.

이 다양한 사회들의 데이터를 비교해보면, 상업적 노동, 예를 들어 임금노동에 종사하는 남성일수록 하루 중 더 많은 시간을 노동에 사용한다. 결과적으로 완전한 자급자족 중심 인구 집단에서 완전히 상업화된 사회로 갈수록 주당 노동 시간이 10~15시간 늘어나서 평균적으로 45시간에서 55~60시간까지 일한다. 연간으로 따지면 500~750시간을 더 일하는 셈이다.[15]

역사적, 비교문화적 데이터를 결합해보면, 도시화의 확대(〈그림 9.5〉), 비개인적 시장(〈그림 9.7〉), 시간제 임금 같은 것을 포함한 상업 관행 때문에 유럽인들의 노동 시간이 늘어났음을 알 수 있다. 그렇다면 사람들이 더 많이 일을 하도록 동기를 부여한 요인은 무엇인가?

역사적 데이터를 보면, 비록 일부 사람들은 확실히 생존하기 위해 일했지만, 많은 이들이 더 오랜 시간 일을 한 것은 유럽에서 점점 늘어나는 상품의 물결에서 더 많은 물건을 사기 위해서였다. 주방만 생각해도 런던 사람들은 차와 설탕, 커피, 후추, 대구, 육두구, 감자, 럼주를 구입할 수 있었다. 16세기에 등장한 회중시계와 진자시계는 결국 엄청나게 팔려나갔다. 글을 읽을 줄 아는 사람들은 다양한 인쇄본 책과 팸플릿을 살 수 있었다. 물론 사람들은 이 물건들 자체를 원했지만, 남들한테 자랑을 하려는 목적에서 물건을 사기도 했다. 개인주의적 세계에서 당신이 사는 물건은 남들에게 당신의 취향뿐만 아니라 재력도 보여준다. 성경에서부터 회중시계에 이르기까지 사람들은 물건 구매를 통해 낯선 사람과 이웃에게 자신을 드러내려고 했다. 데 브리스가 주장하는 것처럼, 이런 이유 때문에 다양한 상품에 대한 소비자의 욕망과 더 많은 시간을 일하려는 의지가 높아졌다. 더 강한 수요와 더 근면한 노동자는 경제적 생산과 소비자 공급을 모두 끌어올렸다.[16]

지금까지 쌓인 데이터는 사람들이 점차 노동 시간을 늘렸다는 주장을 뒷받침하지만, 더 열심히 또는 더 효율적으로 일했는지는 말해주지 않는다. 역사적 데이터를 이용해서 답하기 어려운 질문이지만, 경제사학자들은 농업 관련 작업을 활용해서 그 시대의 사람들이 얼마나 열심히 일했는지 파악할 수 있는 방법을 고안했다. 농업 생산성 일반에 대해 시간의 흐름에 따른 노동자의 효율성이나 동기의 변화를 측정하기는 쉽지 않다. 농업 혁신이 계속 진행되고, 신기술과 혁신된 기법, 신세계에서 온 감자나 옥수수 같은 새로운 작물 등도 포함되었기 때문이다. 하지만 대개 도리깨로 줄기를 두드려서 씨앗을 털어내는 산업화 이전의 타작 기법은 오랜 기간 동안 크게 바뀌지 않았다. 잉글랜드의 탈곡 데이터 분석을 보면, 타작하는 사람의 효율성이 14세기부터 19세기 초까지 두 배 높아졌다. 타작은 배우기가 쉽기 때문에 이런 변화가 전문화나 기술 향상 덕분일 가능성은 높지 않다. 그보다는 사람들이 단지 더 집중적으로 일을 했음을 시사한다.[17]

농촌에서는 중세 교회의 일부 집단 안에서 고된 노동과 육체 노동이 높게 평가되기 시작하고 이런 평가가 바깥으로 퍼져나갔을 것이다. 앞에서 살펴본 것처럼, 처음 주목해야 할 곳은 시토수도회다. 시토수도회 수사들은 자기규율과 자기부정, 고된 노동을 강조했을 뿐만 아니라 외

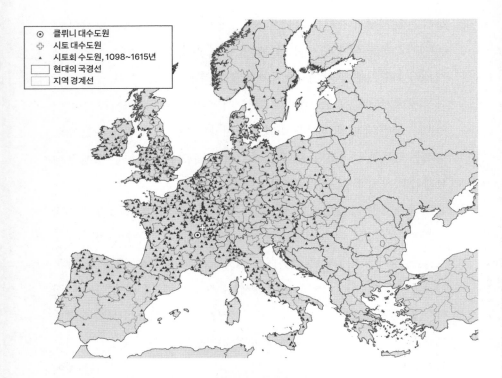

〈그림 11.2〉 1098년 시토에서 수도회가 창립된 이래 유럽 전역의 시토수도원의 분포

　　734개 수도원 중 90퍼센트가 1300년 이전에 세워졌다. 지도에는 또한 시토수도회 창립자의 본
거지인 클뤼니 대수도원도 표시되어 있다.[18]

딴 농촌 지역의 소박함과 고요함을 추구했다. 수사들은 문맹인 농민들을 평신도로 수도회에 받아들였고, 이 농민들은 정절과 순종을 맹세했다. 수사들은 또한 다양한 하인과 일꾼, 숙련된 노동자를 고용했고, 작업장과 장인을 갖춘 작은 공동체들이 수도원 주변에 밀집했다. 이 회원들과 고용인들, 그밖에 관련된 사람들이 만들어낸 사회적, 경제적 연결망은 주변 공동체들까지 뻗어나가서 시토회의 가치와 습관, 관행과 노하우를 전달하는 역할을 했다. 〈그림 11.2〉는 중세시대에 시토회 수도원의 분포를 보여준다. 90퍼센트가 1300년 이전에 만들어진 것이다.[19]

1300년 이후 시토회의 존재가 사람들의 노동 윤리에 영향을 미쳤는 지를 평가하기 위해 우리는 유럽 242개 지역에 사는 3만여 명에게서 얻은 현대의 여론조사 데이터(2008~2010)를 이용했다. 이 조사에서는 '고 된 노동'이 어린이가 배워야 하는 중요한 특성인지를 물었다. 토머스 앤 더슨Thomas Anderson, 자넷 벤첸과 동료들은 이 조사 결과를 시토회 신자들 과 연결하기 위해 〈그림 11.2〉에서 개략적으로 보여준 각 지역에 대한 제 곱킬로미터당 시토회 수도원의 밀도를 계산했다. 그런 다음 여론조사 참 가자 전원을 출신 지역과 연결했다. 이 결과를 보면, 중세시대에 한 지역 에서 시토회 수도원의 밀도가 높을수록 오늘날 그 지역 출신 사람이 '고 된 노동'은 어린이가 배워야 하는 중요한 교훈이라고 답할 가능성이 높 았다. 이는 현대의 같은 나라에 사는 사람들만 비교하며, 교육 수준과 혼 인 여부를 비롯한 다양한 지역적, 개인적 차이를 통계적으로 처리한 뒤 에도 유효하다. '고된 노동'에 대한 심리적 강조는 또한 현대의 경제 데 이터에서도 나타난다. 중세시대에 시토회가 더 많이 존재한 지역일수록 21세기에 경제적 생산성이 더 높고 실업률이 더 낮다.[20]

흥미롭게도 한 지역에서 시토회의 역사적 존재가 미치는 효과는 프 로테스탄트에 비해 가톨릭교인들에게 가장 강하게 나타난다. 다시 말 해, 역사적으로 시토회 신자들이 많이 살았던 지역에서 자란 가톨릭교 인들은 다른 지역의 가톨릭교인에 비해 어린이에게 '고된 노동'을 가르 치는 게 중요하다는 생각을 지지할 가능성이 훨씬 높다. 이후에 역시 고 된 노동의 가치를 강조하는 프로테스탄트 공동체가 확산되면서 시토회 의 앞선 영향이 가려졌을 것이기 때문에 타당한 결과다.[21]

| 시장 규범은 인내심을 강화한다

고된 노동이나 어려운 일을 하려는 의지가 커지는 것과 동시에 개인주의와 비개인적 시장은 또한 만족을 나중으로 미루려는 의지와 더 많은 자제력을 요구했을 것이다. 직원과 친구, 배우자와 사업 파트너를 자유롭게 선택할 수 있는 시장에서 사람들은 장기적 목표를 달성하고, 미래의 보상을 위해 현재에 투자하고, 유혹을 피하고, 시간 약속을 잘 지킬 수 있는 사람을 고용하고, 그런 사람과 친구가 되고, 결혼하고, 동료가 되기를 원한다. 이와 대조적으로, 물려받은 지속적인 관계에 의해 다스려지는 세계에서 사람들은 자기가 원하는 대로 고용이나 결혼 상대, 직장 동료를 고를 수 없다. 집단에 대한 충성심을 고려하면서 촘촘한 사회적 연결망 속에서 파트너를 선택한다. 파트너나 피고용인의 성향보다는 사회적 관계에 의존하기 때문이다.

시장과 상업을 인내심과 자기규제의 심리적 측정치와 연결하는 연구는 한계가 있지만 그래도 시사적이다. 아프리카 콩고 분지에 사는 수렵채집인 인구 집단인 바야카족에 관한 연구를 생각해보자. 인류학자 데니즈 살랄리Deniz Salali는 간단한 실험을 통해 바야카족의 서로 다른 세 공동체에 사는 성인 164명의 인내심을 평가했다. 이 공동체들 중 두 곳은 숲속에 있는 전통적인 유목 채집 천막촌에 거주했는데, 이곳은 가장 가까운 도시에서 60킬로미터 이상 떨어져 있었다. 세 번째 공동체는 도시 안에 있었다. 데니즈는 사람들에게 (A) 지금 당장 먹음직스러운 고형 육수 하나를 받을지 (B) 내일 다섯 개를 받을지 중에 선택을 하라고 했다. 인내심이 있는 사람이라면 하루를 기다려서 맛좋은 고형 육수 다섯 개를 받겠지만, 부족한 사람은 당장 하나를 받으려 할 것이다.

시장 도시에 사는 바야카족은 인내심이 더 많아서 54퍼센트가 다섯 개를 받으려고 하루를 기다린 반면, 유목 천막에 사는 사람은 18퍼센트만이 기다리는 쪽을 선택했다. 데니즈와 그의 동료 안드레아 밀리아노 Andrea Migliano는 실험 결과를 분석하여 도시와 숲에 거주하는 바야카족의 차이 중 일부는 임금노동에 참여하는지 여부에서 비롯된다는 것을 보여주었다. 임금노동은 대개 지금 일을 하고 며칠이나 몇 주 뒤에 돈을 받는 식이기 때문에 이런 지불 방식은 사실상 지연된 보상을 위해 지금 일하도록 만드는 훈련 체제다. 그리고 비개인적 시장에서 이루어지는 다른 거래와 마찬가지로, 임금노동 역시 종종 시장 규범에 수반되는 낯선 사람에 대한 신뢰를 요구한다.

이런 상황에서 임금노동 같은 상업적 제도는 더 많은 시간 할인을 선호하는 조건을 창출하지만 전통적인 바야카족의 제도가 같은 상황에서 만족을 뒤로 미룰 이유를 제공하지 않는다. 바야카족의 천막촌에서는 예나 지금이나 많은 이들이 먹을 거리를 공유하기 때문에 고형 육수 다섯 개를 기다리기로 결정하면 그 사람은 맛좋은 육수를 하나도 먹지 못하는 셈이다. 채집 천막촌에서 사는 이들 가운데 하루를 기다려 육수 다섯 개를 받기로 한 이들은 자신이 아니라 천막촌의 동료들을 도왔을 뿐이다. 육수 다섯 개를 받으면 공유 규범에 따라 달라고 하는 사람에게 나눠주어야 하기 때문이다(사람들은 거리낌 없이 달라고 한다). 따라서 천막촌에 사는 사람들은 (남는 것은 내주어야 하기 때문에) 사실 지금 하나를 먹느냐 내일 하나를 먹느냐를 선택해야 했던 셈이다. 이런 환경에서 인내심을 실천하는 것은 이득이 되지 않는다.[22]

이 연구만으로는 시장 통합이 특히 인내심을 강화하는지에 대한 질문의 답을 얻을 수 없다. 우선 인내심이 많은 사람들이 숲에서 도시로 이동했을 수 있다. 도시에서는 인내심이 보상을 받기 때문이다. 둘째, 시장 규범 외에도 도시 생활의 다른 요인이 변화를 야기할 수 있다. 그렇지만 우리는 인내심, 그리고 특히 지연 할인이 문화적 학습을 통해 습득될 수 있고(2장), 노동 시장과 학교가 등장하기만 하면 소득과 문해력, 교육(더 큰 성공)에서 보상이 따른다는 것을 알고 있다. 종합적으로 볼 때, 이런 사실들은 문화적 진화와 개인적 경험 모두 비개인적 제도, 특히 시장과 학교에 대응해서 우리의 인내심을 단계적으로 높일 수 있음을 보여준다.[23]

이런 심리적 변화를 역사에 고정시킬 수 있을까? 쉽지 않은 일이지만 역사를 단단히 붙들 수는 있다.

┃ 인내심과 이자율의 상관관계

중세 유럽의 역사적 기록으로는 시간의 흐름에 따른 사람들의 인내심이나 자제력의 변화를 관찰할 수 없다. 하지만 연구자들은 이자율과 살인 사건 발생률의 점진적 감소에서 이런 심리적 변화를 볼 수 있다고 주장한 바 있다. 이자율부터 살펴보자.[24]

이자율은 만족을 나중으로 미루고, 미래를 할인하려는 사람들의 의지에 크게 영향을 받는다. 이를 살펴보려면, 오늘밤 100달러로 친구들과 맛있는 저녁식사를 할지, 아니면 그 돈을 30년 동안 10퍼센트 이자로 투자할지 선택해야 하는 상황을 생각해보자. 이 금리라면 30년 뒤에 100달러가 아니라 1,745달러를 받을 수 있다. 문제는 30년 뒤에 커다란 보상을 받기 위해 오늘밤 근사한 저녁식사를 포기할 생각이 있는가 하는 것이다. 미래를 완전히 무시하지 않는다면 100달러를 투자하고 근사한 저녁식사를 건너뛸 가능성이 높다. 하지만 30년이란 시간은 신경 쓰기에는 너무 먼 미래라고 여긴다면 진수성찬을 즐길 것이다. 이런 상황에서 인내심이 많은 사람일수록 저녁식사라는 선택권이 유혹하지 않더라도 이자율을 더 낮출 수 있다. 이런 인구 집단에서는 금리가 낮아질 것으로 예상된다. 이와 대조적으로, 사람들이 인내심이 적으면, 다시 말해 오늘 당장 '먹고 마시고 즐기는'(즉 지금 바로 맛좋은 고형 육수를 먹는) 성향이 강하다면 미래에 제안된 보상이 대단히 클 때만 즉각적인 보상

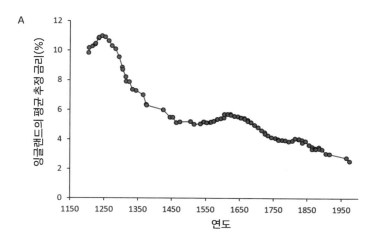

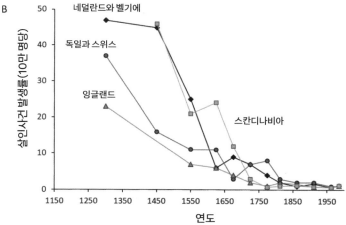

〈그림 11.3〉 인내심과 자기규제의 간접적 측정치
　　(A) 1150년부터 2000년까지 잉글랜드의 이자율 추정치, (B) 1300년부터 1985년까지 잉글
　　랜드, 독일과 스위스, 스칸디나비아, 네덜란드와 벨기에의 살인 사건 발생률[25]

을 포기할 것이다. 따라서 금리가 올라간다(그렇지 않으면 아무도 투자를
하지 않기 때문이다). 결국 만족을 뒤로 미루려는 의지가 금리를 결정하는
핵심 요인이다.

　　이 사실을 염두에 두고 〈그림 11.3A〉를 보면, 잉글랜드에서는 거

의 1,000년간 이자율이 떨어졌다. 가장 앞선 시기의 이자율 추정치는 10~12퍼센트 범위에 속한다. 1450년에 이르면 5퍼센트 이하로 떨어지고, 잉글랜드에서 산업혁명이 시작된 1750년 무렵에는 4퍼센트 아래로 떨어진다(당시 런던 사람들은 노동 시간이 길어졌다). 산업혁명이 가속화하면서 이자율은 계속 떨어졌는데, 다만 중세 시기에 비하면 하락폭이 크지 않았다.[26]

경제학자들은 대체로 심리가 고정돼 있다고 가정하기 때문에 (이는 커다란 실수다) 이자율 변동에 관한 경제학의 기본적인 설명은 대개 경제 성장이나, 정치적 충격이나 전염병, 전쟁(가령 다른 왕이 당신의 토지에 대해 소유권을 주장한다) 등으로 인한 리스크의 변화에 초점을 맞춘다. 급속한 경제 성장으로 소득이 증대되면 이자율이 떨어질 수 있다. (이론적으로) 사람들이 나중에 더 많아진 소득으로 갚을 수 있다고 생각하면서 지금 흥청망청 돈을 쓰기 때문이다. 이와 대조적으로, 세상이 위험해지면 정부가 사람들의 투자금을 징발해서 투자한 돈을 잃을 수 있다. 또는 역병이나 무장 공격으로 젊은 나이에 죽을지도 모른다. 이런 상황에 직면하면 사람들은 지금 당장 돈을 쓴다. 미래의 일들이 이런 즐거움을 앗아가지 못하기 때문이다.

하지만 이런 표준적인 경제적 설명은 잉글랜드의 장기적 추세를 설명해주지 못하는 것 같다. 경제사학자 그레그 클라크Greg Clark는 인내심 같이 밑바탕에 깔린 심리적 요인이 이자율을 끌어내리는 게 분명하다고 주장한다. 이자율의 하락 추세는 흑사병(1350), 명예혁명(1688), 그리고 영국이 프랑스, 에스파냐, 네덜란드를 상대로 벌인 여러 전쟁 같이 불확실하고 불안정한 시기 내내 지속되었다. 1850년 이후 역사상 가장 빠른 경제 성장을 이룩하는 동안에도 이자율은 (올라갈 것이라는 일부의 예상과 반대로) 계속 내려갔다. 적어도 이런 장기적 추세의 일부분은 인

내심이나 자제력 같은 심리적 변화를 반영한 것이다.[27]

〈그림 11.3A〉에서처럼 이자율이 떨어지는 것은 네덜란드 같은 유럽 다른 지역의 데이터에서도 나타나지만, 같은 시대에 유럽 바깥에서는 비슷한 추세가 나타나지 않는다. 예를 들어, 복잡한 아시아 나라들의 경제에서 관찰한 바로는 10퍼센트가 가장 낮은 이자율이다. 14세기 말 상업이 번창한 양쯔강 삼각주에서는 이자율이 50퍼센트였다. 18세기와 19세기 조선에서는 이자율이 25~50퍼센트로, 평균 37퍼센트였다. 17세기 오사카에서는 금리가 비교적 낮아서 상인 집안 사이의 대출 이자가 12~15퍼센트였다. 17세기와 18세기 이스탄불에서는 민간 대출 금리가 19퍼센트 정도였다. 이와 대조적으로 잉글랜드와 네덜란드의 금리는 산업혁명 이전에 5퍼센트를 절대 넘지 않았다.[28]

이자율과 인내심의 연관성은 광범위한 다른 심리적 연구 결과와도 일치한다. 어린이와 달리 당장 마시멜로를 먹는 것을 참는 어른(1장)은 은행 계좌에 더 많은 돈을 저축하고, 학교 교육에 더 많이 투자하며, 교도소에 들어가지 않는다. 기다리는 능력이 뛰어난 이들은 또한 중독 문제를 겪을 가능성이 낮고, 은퇴 계획을 마련해둘 가능성이 높다. 성인들 가운데 (가령 지금 100달러를 받을 것인지, 아니면 1년 뒤에 150달러를 받을 것인지와 같은) 지연 할인 문제에서 인내심을 많이 보인 사람일수록 소득 중 저축액이 많고, 미래를 위해 더 많이 투자하며, 학교를 더 오래 다닌다. 현대 세계에서 이런 관계는 아프리카와 동남아시아, 중동에서 가장 강하게 나타나는데, 아마 공식 제도가 제대로 역할을 하지 못하기 때문일 것이다. 이제 막 세계 시장에 참여하기 시작한 아마존 지역의 외딴 인구 집단들에서도 시간 할인 문제에서 기꺼이 만족을 뒤로 미루는 이들이 새로 설립되는 학교에 더 오래 다니고 문해력도 더 많이 향상되었다. 마지막으로, 9장에서 지적한 것처럼 유죄 판결을 받은 범죄자는 인

구학적으로 비슷한 집단에 비해 인내심과 자제력이 부족하다.[29]

하지만 인내심과 자제력이 언제나 보상을 받는 것은 아니며, 얼마나 많은 보상을 받는지는 비공식적, 공식적 제도에 좌우된다. 경제학자 크리스 블래트먼Chris Blattman과 동료들은 라이베리아에서 1,000명 가까운 저소득층 남성을 대상으로 무작위로 실험적 개입을 했다. 일부는 8주간 자제력과 인내심을 높이는 한편 충동을 감소시키는 훈련을 받았다. 이런 심리적 변화는 단기적으로 남성들이 범죄를 덜 저지르고 저축을 더 많이 하는 결과로 이어졌다. 이 연구가 인내심과 자제력이 문화적 요인으로 향상될 수 있음을 결정적으로 보여주기는 하지만, 일반적으로 이런 심리적 변화가 장기적 성과로 이어지지는 않았다. 그 이유는 분명하다. 참가 남성의 70퍼센트가 모아둔 돈을 털렸다고 보고했다. 무엇보다 부패한 경찰이 몸 수색을 하다가 뺏어갔다는 사람이 많았다. 문화적 진화는 이런 환경에서 인내심이 더 높아지는 것을 선호하지 않는다.

마찬가지로, 집약적 친족 관계에서는 먼 친척에 대한 강한 규범적 의무가 자제력이나 인내심을 배양하려는 의지를 꺾는 요인으로 작용할 수 있다. 나는 피지에서 이런 사례를 많이 보았다. 부지런한 한 사람이 돈을 모으려고 열심히 일하는데, 먼 사촌형제가 장례식이나 결혼식, 치료 때문에 돈이 필요하게 되면 그가 모아둔 돈은 사라져버린다. 집약적 친족 기반 제도는 개인의 자제력과 안전한 저축을 활용하는 대신 (관계를 바탕으로) 위험성과 은퇴, 화합을 집단적으로 관리하기 때문에 이런 것도 이해가 간다.[30]

앞에서 두드러지게 보여준, 인내심과 자제력이 범죄에 미치는 영향은 중세시대까지 한참 거슬러 올라가는 또 다른 장기간의 통계에서 찾아볼 수 있다. 살인사건 발생률이 그것이다. 〈그림 11.3B〉를 보면, 유럽의 네 지역에서 살인사건 발생률이 서기 1300년 인구 10만 명당

20~50명에서 1800년 2명 이하로 급감했다. 감소는 대부분 1550년 이전에 이루어졌다. 1800년 이후 대규모 경제 팽창이 가속화하면서 이 지역들에서 살인사건 발생률이 계속 서서히 감소했지만, 중세에 급감한 것에 비하면 비교적 점진적인 감소였다. 이자율의 경우와 마찬가지로, 여기서 자제력이나 자기규제가 직접 관찰되는 것은 아니며, 살인사건 발생률은 확실히 심리적 변화 이외에 많은 요인들의 영향을 받는다. 하지만 무엇보다도 이런 살인사건의 대부분은 남자들이 화를 억누르고 자제력을 발휘해서 그냥 걸어 나가야 하는 '술집에서 벌어진 싸움' 같은 것이었다. 이를 잘 보여주듯, 13세기 프랑스 정부의 한 관리는 '살인'을 다음과 같이 정의했다. "긴장이 모욕으로, 모욕이 싸움으로 이어져 고조된 싸움의 열기 속에서 상대를 죽이는 흔한 사건." 실제로 13세기 잉글랜드의 살인사건 기록을 분석하면, 사건의 90퍼센트가 사전에 계획된 행위가 아니라 모욕이나 다툼에 대응한 자동적인 공격 행위로 시작되었다. 16세기 아라스(프랑스)에서는 살인사건의 45퍼센트가 술집 안이나 앞에서 이루어졌고, 두에(프랑스)와 쾰른(독일)에서 벌어진 전체 폭력 범죄의 절반 이상이 음주와 관련된 것이었다.[31]

여기서 말하고자 하는 요지는 사람들이 친족적 유대라는 외부의 제약과 가문의 명예에서 비롯된 동기로 다스려지는 세계를 벗어나 독립 상점주, 장인, 상인들이 지배하면서 상호 이득이 되는 거래를 하며 수많은 낯선 사람과 유연하게 상호작용하는 세계로 이동함에 따라 심리적으로 적응했다는 것이다. 이렇게 팽창하는 개인주의적 세계에서는 사소한 모욕이나 단순한 오해에 갑자기 폭력적이고 버릇없이 대응한다는 평판은 전혀 이득이 되지 않았다. 누가 성미 급한 사람을 옹호하거나 결혼하거나 같이 사업을 하려고 하겠는가? 서로 관계를 물색하는 낯선 사람들로 이루어진 열린 시장에서는 자제력이 좋은 사람이 친구나 약혼자, 직원으로 선택될 수 있다.[32] 네덜란드의 법률가 사무엘 리카르트Sam-uel Ricard는 《상업일반론Traité Général du Commerce》(1781)에서 나와 같은 주장을 펼친다.

상업은 상호 유용을 통해 (인간을) 서로 결합하게 만든다. 상업을 통해 이해관계가 정신적, 신체적 정념을 대체한다. … 상업에는 다른 모든 직업과 구별되는 특별한 특징이 있다. 상업은 인간의 감정에 너무도 큰 영향을 미쳐서 콧대 높고 오만한 사람을 갑자기 친절하고 나긋나긋하게 굽신거리게 변신시킨다. 상업을 통해 인간은 사려 깊고, 정직하고, 예의를 익히고, 신중하고, 말과 행동을 조심하는 법을 배운다. 성공하려면 현명하고 정직해야 한다는 것을 인식하는 인간은 악덕을 피하거나 적어도 현재와 미래의 지인들이 나쁜 판단을 내리지 않도록 점잖고 진지하게 처신한다. 사람들이 자기 신용이 무너질까 두려워서 창피한 꼴을 보이지 않으려 하기 때문에 사회에서 개탄할 만한 추문이 잘 벌어지지 않는 것도 당연하다.[33]

인상적이게도, 살인사건 발생률은 전반적으로 감소했지만, 살인자의 가족이 피해자가 되는 비율은 거의 0명에서 19세기 말에 이르러 절반 이상으로 증가했다. 사람들은 모욕이나 신분 다툼 때문에 술집에서 낯선 사람이나 지인을 죽이는 것은 그만두었지만, 그 대신 가족 성원을 죽였다. 비개인적 친사회성의 증대 및 동시에 나타난 친족 중심성의 감소를 이보다 더 극명하게 보여주는 통계는 없을 것이다.

자제력과 인내심의 점진적 확산은 도시의 중간계급(상인, 장인, 전문직, 공무원)으로부터 노동자와 엘리트들에게로 퍼져나간 것으로 보인다. 최초의 정부 채권을 구입하고 초기 합자회사에 투자한 주인공이 훨씬 부유한 귀족이 아니라 도시 중간계급이었다는 사실에서 이를 알 수 있다. 가령 18세기 후반부에 동인도회사의 주주들은 주로 은행가와 정부 관리, 소매업자, 군인, 성직자, 상인 등이었다.[34]

WEIRD 인성의 기원

심리학자들은 대체로 미국인을 비롯한 WEIRD의 인성의 양상과 차원이 인간의 양상을 대표한다고 믿는다. 나는 이런 믿음이 틀렸다고 본다. 진화론적 접근에서는 개인과 인구 집단이 생애와 세대에 걸쳐 맞닥뜨리는 사회, 경제, 생태적 환경의 안정적이고 지속성 있는 영역에 (적어도 부분적으로) 자신의 성향을 적응시키거나 조정한다고 말한다. 발달 차원에서 볼 때, 우리는 어린이들이 자라면서 마주치는 세계의 윤곽, 그 세계에서 주어지는 기회, 행동 유도성affordance에 자신의 인성을 적응시킨다고 기대한다. 좀 더 미묘하게 보자면, 우리는 문화적 진화가 세계관, 동기, 기준, 의례화된 관행, 일상생활의 상이한 묶음을 선호함으로써 인성의 구조를 형성한다고 예상한다.[35]

성향적 특성, 그리고 (가령 외향성, 우호성 등) 특히 심리학자들이 인성이라고 정의하는 것을 이해하기 위해 농경의 기원에서부터 중세 유럽에서 발달한 상업 도시까지 한번 훑어보자. 약 1만 2,000년 전 농경이 시작된 이래 대다수 사람들이 선택할 수 있는 직업은 기본적으로 하나, 즉 농부뿐이었다. 분업은 남성과 여성으로만 나뉘었기 때문에 농가는 만능이 되어야 했다. 다시 말해, 씨뿌리기, 김매기, 써레질, 거두기, 수확, 타작, 도정, 양치기, 털깎기, 도살 등을 모두 기본으로 알아야 했다. 사람들은 또한 대개 집을 짓고, 연장을 만들고, 옷감을 짜고, 가축을 돌보고,

마을을 지켜야 했다. 사회의 규모와 복잡성이 커짐에 따라 광범위한 경제적 전문화가 시작되었지만, 그래도 개인에게 선택권이 주어지지는 않았다. 대개 특정한 씨족이나 친속, 지방 공동체가 특정한 기술이나 노하우를 쌓았고, 보완적 기술을 보유한 다른 집단과 규범으로 다스려지는 관계를 발전시켰다.

가령 폴리네시아의 복잡한 족장사회에서는 농사와 고기잡이, 카누제작, (그리고 물론) 통치(족장)를 전문적으로 담당하는 씨족들이 존재했다. 농민이 되느냐 전사가 되느냐는 어떤 씨족에서 태어나는지에 달려있었다. 최초의 도시들이 등장함에 따라 직업 전문화와 분업이 확대됐지만, 지식의 구조와 다음 세대의 전문가를 발탁하는 방식은 그렇게 많이 바뀌지 않았다. 이런 공동체에서 개인은 자신이 선호하는 직업을 쉽게 고를 수 없었다. 그 대신 친족 기반 제도가 지배했고, 따라서 개인의 직업 선택은 가족이나 씨족, 카스트, 종족 집단에 의해 크게 제약을 받았다. 여러 사회에서 우유를 파는 씨족, 상인 가문, 샌들 제작 카스트 등이 존재했다. 자신에게 맞는 영역을 찾아서 그 역할을 잘하기 위해 적응하는 대신, 사람들은 자신이 태어난 영역이 무엇이든 그 역할을 하는 법을 파악해야 했다. 이런 사실을 과장하고 싶지는 않다. 이따금 이동이 가능하기는 했지만 선택지는 거의 없었고, 물려받은 제약은 대단히 컸다.[36]

하지만 중세시대 유럽에서는 다른 세계가 발전하고 있었다. 앞에서 설명한 것처럼, 도시와 소읍들이 빠르게 성장했고, 비개인적 시장이 확대됐으며, 전문화된 자발적 결사체들이 성원을 선별적으로 발탁해서 훈련시키고, 다양한 직업이 생겨나서 확산되었다. 시계 제조공, 변호사, 회계사, 출판업자, 총기 제작자, 발명가 등이 대표적인 예다. 그와 동시에 친족적 유대가 약화되고, 주거 이동성이 확대되고, 도시 헌장에서 개인의 권리와 특권이 확대되면서 개인이 점점 늘어나는 결사체와 도제, 길드, 직업에 뛰어들 수 있는 상당한 자유를 보장받았다. 이런 사회적 환경은 개인들이 주로 친구 관계나 혈족, 가족이 아니라 개인적 특성과 전문화된 능력, 성향적 덕목에 근거해서 '자신을 판매'해야 함을 의미했다. 물론 관계와 연계의 가치가 줄어들기는 했어도 사라지지는 않았다.[37]

이 세계에서 사람들은 점차 이미 자신의 기질과 선호, 특성에 들어맞는 직업이나 집단을 선택할 수 있었다. 그리고 남들과의 경쟁에서 앞서기 위해 자신의 특성을 한층 더 연마할 수 있었다. 남자는 사교적인 판매원, 양심적인 수공업자, 꼼꼼한 필경사, 독실한 사제 등으로 생계를 유지할 수 있었다. 이 과정에서 개인들은 자신의 특성을 과장하거나 억제했다. 물론 여성은 선택의 폭이 한결 좁았지만, 그래도 대다수 사회들보다는 나았다. 유럽의 여성들이 늦게 결혼하고, 종종 남편을 선택할 수 있었고, 흔히 결혼 전에 유급 일자리가 있었다는 사실을 기억하자. 다른 사회와 달리, 여성은 또한 아예 결혼을 하지 않고 하느님의 부름에 따라 교회에서 일할 수 있었다. 전반적으로 이런 상황 덕분에 개인들은 자신이 물려받은 특징에 맞는 사회적 역할과 관계, 직업을 선택할 자유가 많았다. 시간이 흐르면서 사람들은 자신의 가장 중요한 특성을 개조하거나, 전문화하고 과장할 수 있었다.[38]

이 과정을 컴퓨터 시뮬레이션해보면, 이런 사회적, 경제적 발전으로 개인들이 각기 다른 사회 분야와 직업으로 전문화됨에 따라 개인적 특성이 한층 더 다양해졌을 것이다. 다르게 말하자면, 구별되는 인성 차원의 수가 늘어나기 시작했고, 시간이 흐르면서 이 과정이 더욱 강화되었을 것이다. 인구 집단이 더 커지고 조밀해지고 관계가 유동적으로 바뀔수록 개인들이 자신의 재능과 특성, 성향, 특색, 선호에 가장 잘 맞는 관

계와 결사체를 찾고 실제로 발견하기 때문이다.[39]

인성에 대한 이런 접근법은 심리학 분야의 많은 연구를 정면으로 거스른다. 인성심리학자들은 오랫동안 일정한 성향이 중요하고 보편적이라고 가정했다. 그리고 인성을 일정한 유형이나 몇 개의 차원들로 환원하려고 했다. 가장 유명한 접근법은 인간에게 주로 다섯 개의 독자적 인성 차원이 존재한다고 주장하는데, (1) 경험에 대한 개방성(모험심), (2) 양심적임(자기규율), (3) 외향성(대 내향성), (4) 우호성(협동심이나 공감), (5) 신경증(정서 불안)이 그것이다. 이 다섯 가지는 종종 인간 인성의 고유한 구조를 포착한다고 해석되었다. 심리학자들은 이런 인성의 차원을 '빅5BIG-5'라고 부르지만, 나는 WEIRD-5라고 부르고자 한다.[40]

지금까지 심리학자들이 WEIRD 이외의 인구 집단에서 이런 식으로 인성에 접근할 때, WEIRD-5를 쉽게 발견할 수 있었다. 다만 홍콩이나 일본 같은 곳에서는 다섯 차원 중 네 가지만 일관되게 나타난다. 유감스럽게도 이런 비교문화 연구는 대부분 도시 중심지에 거주하며 유동적 관계를 갖고 있는 대학생들을 대상으로 했다. 이렇게 대표성이 없는 표본을 사용하면, 사실상 각 인구 집단에서 WEIRD-5를 가지고 있을 가능성이 가장 큰 이들만 골라내는 셈이다. 여러 사회에서 인성의 차이를 확인하는 데 가장 중요할 것으로 예상되는 제도적, 직업적, 인구학적 변이를 대부분 무시하기 때문이다. 이렇게 표본을 정리하면 WEIRD-5를 대충 적용할 수 있다는 것은 별로 놀랍지 않다.[41]

균일하면서 대표성이 없으며 쉽게 접근 가능한 하위 인구 집단을 활용해서 비교문화적 변이의 실험에 이렇게 무차별적으로 접근하는 대신 직종이 많지 않고 세계 시장과 거의 접촉하지 않은 자급자족 사회를 대상으로 자세하게 인성을 연구할 필요가 있다.

다행히도, 인류학자 마이크 거번Mike Gurven이 이끄는 연구팀은 바로 이런 연구를 수행하면서 기존의 인성심리학을 뒤흔들었다. 연구팀이 발표한 논문은 주요 심리학 학술 저널을 강타했다. 마이크의 연구팀은 최신 심리학 연구 도구를 문해력이 없는 인구 집단에서 적용하기 위해 개작한 뒤, 볼리비아의 열대림에 사는 농경채집인 집단인 치마네족의 인성 구조를 탐구했다. 9장에서 치마네족에 대해 잠깐 언급한 바가 있다. 그들은 〈그림 9.2〉에서 왼쪽 아래에 있는 점들 중 하나였다. 독재자 게임에서 적은 액수를 제시하며, 시장 경제에 통합되지 않았다는 뜻이다. 치마네족은 사실상 직업이 둘 중 하나다. 남편 아니면 부인이다. 남편은 대개 사냥을 하거나 물고기를 잡고, 집을 짓고, 연장을 만든다. 부인은 대부분 천과 실을 만들고, 음식을 하고, 아이를 돌본다. 농사일은 양쪽이 같이 한다.[42]

마이크 연구팀이 수행한 엄격한 데이터 수집과 심층 분석은 인상적이다. 그들은 치마네족 600여 명을 테스트하고, 같은 집단을 다시 테스트했으며, 430쌍의 부부를 새로 표본으로 삼아서 연구 결과를 그대로 반복하고 다양한 방식으로 연구 결과를 확인했다.

그렇다면 치마네족에게서 WEIRD-5가 드러났을까?

조금도 나타나지 않았다. 치마네족의 데이터를 보면 인성의 두 차원만이 나타난다. 데이터를 아무리 쪼개고 분해해도 WEIRD-5와 비슷한 특성은 전혀 존재하지 않는다. 게다가 치마네족의 두 인성 차원과 각각 관련된 특성군에 근거할 때, WEIRD-5 중 어느 것과도 딱 맞아떨어지지 않는다. 마이크 연구팀은 이 두 차원이 치마네족에서 사회적 성공으로 이어지는 주요한 두 경로와 관계가 있다고 주장한다. 그들에게 나타나는 인성의 두 가지 차원은 대략 '개인 간 친사회성'과 '근면함'으로 규정할 수 있다. 즉 만약 당신이 치마네족이라면 앞에서 언급한 사냥이나 천짜기 같은 생산 활동과 기술에서 더 열심히 일하는 데 집중하거나 아니면 시간과 정신적 노력을 기울여서 사회적 관계망을 풍부하게 쌓을 수 있다. 이런 폭넓은 전략을 제외하면 모든 사람은 다재다능한 인물이 되어야 한다. 가령 남자는 누구나 통나무 카누를 만들고, 사냥감을 쫓고, 나무 활을 만드는 법을 배워야 한다. 외향적인 사람이라고 보험 영업사원이나 유람선 관리자가 될 수 없으며, 내향적인 사람이라고 경제학자나 프로그래머가 될 수 없다.[43]

치마네족의 사례를 염두에 두고 다시 인성에 관한 비교문화 데이터로 돌아가보자. 앞에서 나는 WEIRD-5가 다양한 사회에서 나타나는 걸 보아도 놀랄 일은 아니라고 말했다. 심리학자들은 비교문화 연구에서 도시 거주 대학생들에게 거의 전적으로 의존하고 있기 때문이다. 하지만 이런 균일성에도 불구하고 이 비교문화 데이터에서 인성의 문화적 진화가 진행되는 것을 발견할 수 있다. WEIRD 사이에서 인성의 다섯 가지 차원이 대개 독립적이고 상관관계가 없음을 상기해보자. 가령 어떤 사람의 '우호성' 점수를 안다고 해서 그 사람의 '외향성'이나 '신경증'에 관해 알 수는 없다.

이제 WEIRD에게 열려 있는 사회 분야의 수가 줄어들기 시작한다고 생각해보자. 선택지가 감소하면, 사람들이 외향적이면서 신경증적이거나(가령 영화배우), 내향적이면서 모험적(가령 현장 영장류학자)일 수 있는 분야가 더 이상 존재하지 않는다. 이렇게 사회 분야의 숫자가 줄어들면 기존 인성 차원들 사이의 상관관계가 점차 높아진다. 분야와 전문가의 수가 감소하면 모든 사람이 더욱 다재다능해야 하고 일정한 인성의 조합이 선택지가 될 수 없기 때문이다. 이 과정이 지속되면 몇몇 차원의 상관관계가 매우 높아져서 사실상 하나의 차원으로 합쳐질 것이다. 그리고 마침내 두 개의 인성 차원만이 존재하게 된다.

이런 추측을 시험하기 위해 우리는 여러 사회에서 WEIRD-5 인성 차원 사이의 평균적 상관관계를 검토할 수 있다. 직업 전문화와 사회 분야가 상대적으로 부족한 사회일수록 WEIRD-5 차원 사이의 상관관계가 높을 것으로 예상된다. 어떤 인구 집단에서든 선택할 수 있는 사회 분야의 수는 근대 세계의 직업 전문화 및 도시화와 강한 상관관계가 있기 때문에 도시화 그리고/또는 직업 전문화가 적은 나라일수록 WEIRD-5 차원 사이의 상호의존성(상관관계)이 더 클 것으로 예상해야 한다.

애런 루카쉐브스키Aaron Lukaszweski, 마이크 거번, 크리스 폰 루던Chris von Rueden과 그 동료들은 55개국에서 거의 1만 7,000명으로부터 얻은 데이터를 이용해서 나라가 도시화되거나 직업 다양성이 높아질수록 WEIRD-5 차원들 사이의 상관관계가 낮아진다는 사실을 발견했다. 〈그림 11.4〉는 도시화를 이용해서 이 점을 잘 보여준다. 농업의 비중이 높은 나라의 사람들은 인성 차원에서 전반적인 독립성이 덜 나타난다. 이는 인성 차원의 수가 더 줄어드는 쪽으로 이동함을 보여준다. 이 분석을 보면, WEIRD 사회들에서 보이는 인성 구조의 변이는 대부분 도시화나 직업 다양성의 차이에서 비롯됨을 알 수 있다.[44]

앞서 우리는 도시화(〈그림 9.5〉) 시장 통합(〈그림 9.7〉) 직업 길드(〈그림 10.6〉) 등의 극적인 증대에 근거해서 이런 인성 양상을 중세 역사에서 어떻게 확인할 수 있는지를 살펴보았다. 이 추세들은 교회의 '결혼 가족 강령'이 미친 심리적 영향의 증거와 함께 도시인들이 자발적으로 들어갈 수 있고 실제로 들어간 사회, 경제 분야의 수가 늘어났음을 보여준다. 재미 삼아 〈그림 11.4〉에 대략적으로 비교할 만한 서유럽의 도시화 비율을 표시했다. 이 도표에서 볼 수 있듯이, 이 비율은 21세기 초에 연구한 어떤 나라들에서 발견되는 것보다 상당히 낮다. 이는 중세시대 유럽인의 인성 윤곽이 오늘날과 달랐지만, 그래도 WEIRD 방향으로 진화하기 시작했음을 보여준다.

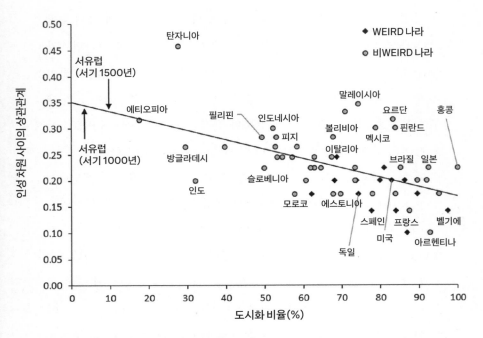

〈그림 11.4〉 **55개 나라의 도시화 비율과 WEIRD-5 인성 차원 사이의 관계**

도시화 비율은 도시 지역에 사는 인구의 비율이다. WEIRD-5 인성 차원의 독립성은 다섯 차원의 평균 상관관계로 포착된다. 이 상관관계가 낮을수록 다섯 차원은 더욱 독립적이다. 중세 유럽의 역사적 도시화 비율에 관해서는 인구 1만 명 이상인 도시에 거주하는 인구의 비율을 사용했다.[45]

　물론 〈그림 11.4〉에 나타나는 과거 추정을 너무 진지하게 받아들여서는 안 된다. 현대의 도시화 비율이 (조금 복잡한 방식으로) 다양한 직업, 관계의 유동성, 노동자의 이동성, 개인주의적 동기, 자발적 결사체 등의 존재를 포착한다고 예상되기 때문이다. 이런 이유로 우리는 중세시대에 중국이나 이슬람 세계의 도시화된 지역에 사는 주민들이 WEIRD-5와 비슷한 인성 구조를 가질 것이라고 기대하지 않는다.

　그렇지만 역사적 도시화 비율이 개인들이 다양한 사회 분야와 직업 전문화에서 자기 자리를 고를 수 있는 세계를 대략 포착할 수 있을 정도는 유용할 수 있다. 〈그림 11.4〉에서 선을 따라 시간을 거슬러 올라가 주요한 직업이 하나(농민)뿐인 농업 중심 사회를 상상해보자. 처음에는 대부분의 도시화된 인구 집단에서 발견되는 다섯 가지 인성 차원이 점점 더 높은 상관관계를 보여준다. 그런 다음, 서로 합쳐지기 시작한다. 마이크와 그의 동료들이 옳다면, 마침내 우리는 그 지역의 생태와 기술, 제도에 근거해서 사회적 성공을 달성하기 위한 주요 전략에 상응하는 한두 가지 인성 차원을 갖춘 세계에 도달한다.

우리의 인성 윤곽은 문화적 진화가 우리 심리의 이런 차원을 어떻게 형성했는지의 일부만을 반영한다. 아마 더 깊으면서도 미묘한 영향이 존재할 것이다. 1장에서 살펴본 것처럼, 집약적 친족 기반 제도는 개인들이 다른 사람과의 관계에 따라 각기 다른 광범위한 방식으로 행동할 것을 요구한다. 어떤 관계는 공공연하게 농담을 요구하는 반면, 다른 관계는 조용히 복종할 것을 요구한다. 이와 대조적으로, 비개인적 시장과 유동적 관계로 이루어진 세계는 다양한 분야에 전문화된 독특한 개인적 특징만이 아니라 맥락이나 관계와 상관없이 일관성을 선호한다. 적어도 1000년간 이런 문화적 진화의 압력으로 점점 더 많은 정도의 성향주의dispositionalism가 나타났다. 개인들은 점차 어떤 상황에서도 일관되게 '자기 자신'이 되는 것을 추구하면서 남들이 이런 일관성을 보이지 않으면 부정적으로 평가했다. 이를 이해하면 WEIRD가 다른 인구 집단보다 누군가 어떤 행동을 하는 이유를 맥락이나 관계가 아니라 그 사람의 개인적 성향 탓으로 돌리고(기본적 귀인 오류), 자신의 개인적 비일관성을 그토록 불편해하는(인지부조화) 정도가 왜 그토록 심한지를 설명하는 데 도움이 된다. WEIRD는 이렇게 문화적으로 구축된 세계관에 대응하면서 끊임없이 '진정한 자아'를 추구한다. 따라서 그들은 분명 사회와 역사를 가로질러 존재하지만, 성향 일반, 그리고 특히 인성은 WEIRD 사회에서 더 중요하다.[46]

| 시장과 소유 효과

전통적으로 하드자족 수렵채집인은 자기들끼리 전혀 상업 거래를 하지 않고 다른 집단과도 거의 교역을 하지 않았다. 필요할 때면 주변의 농경, 목축 공동체와 침묵의 교역에 의지하기도 했다(9장). 오랫동안 하드자족을 연구한 민족지학자 제임스 우드번James Woodburn은 이런 양상을 분명히 보여주면서 다음과 같이 말한다. "다른 하드자족과 거래를 하는 것은 부끄러운 일이다. 1990년대에도 다른 하드자족과 물물교환이나 교역, 매매를 하는 것은 용납할 수 없는 일이다." 하지만 거침없이 팽창하는 세계 시장에서 호기심 어린 관광객 무리의 형태로 하드자족을 집어삼키기 시작했다. 이런 비개인적 시장은 하드자족의 심리에 어떤 영향을 미칠까?[47]

인류학자 겸 심리학자인 코린 아피셀라Coren Apicella와 동료들은 멋진 실험에서 하드자족 사이의 소유 효과 현상을 검토했다. 참가자들에게 무작위로 색깔이 다른 두 라이터 중 하나를 주었다. 이는 조리용 불을 피우는 데 유용한 도구다. 그런 다음 참가자들에게 다른 색깔의 라이터로 교환할 수 있는 기회를 주었다. 그들은 얼마나 자주 교환을 했을까? 코린이 색깔이 다른 라이터 두 개 중 하나를 무작위로 주었기 때문에 우리는 절반 정도는 라이터를 바꿀 것으로 예상할 수 있다. 그들이 합리적이고 색깔 선호가 있다면, 분명 라이터를 교환할 것이다.[48]

WEIRD 인구 집단에서는 사람들이 이 실험에서 거의 교환을 하지 않기 때문에 라이터 교환 빈도가 50퍼센트보다 한참 낮아서 아마 10퍼센트 정도일 것이다. WEIRD는 자신이 소유한 물건에 심리적으로 애착을 갖기 때문에 언뜻 보면 비합리적인 방식으로 행동한다. 이런 정서적 애착을 소유 효과라고 한다. 개인적으로 소유한 것은 단지 그 때문에 더 소중해진다. 이런 WEIRD의 심리적 양상은 WEIRD 대학생의 경우처럼

WEIRD 유치원생에서도 강하게 나타나므로 물건을 사거나 파는 직접적인 개인적 경험 때문에 생긴다고 볼 수 없다.[49]

그렇다면 하드자족은 어떨까?

알고 보니 어떤 하드자족이냐에 따라 다른 반응을 보였다. 가장 외딴 곳에 있는 하드자족 천막촌에서는 사람들이 완전히 수렵채집인으로 살아가며 교역이나 시장에 거의 의지하지 않는다. 이 사람들은 기본적으로 합리적 행위자로서 절반 정도가 라이터를 교환한다. 하지만 시장 통합도가 가장 높은 하드자족 천막촌, 즉 사람들이 화살과 활, 머리띠 등을 모험적 관광객에게 판매하는 데 점차 의존하게 된 곳에서 코린이 이 실험을 했을 때, 참가자의 74퍼센트가 처음 받은 라이터를 바꾸지 않았다.

인상적인 결과다. 시장 통합이 거의 존재하지 않는 곳의 수렵채집인들은 소유 효과를 전혀 보이지 않지만, 이 인구 집단의 일부가 비개인적 시장에 노출되면 처음에 소유한 물건을 비합리적으로 고수하기 시작한 것이다. 모든 하드자족이 대체로 동일한 친족 기반 제도와 언어, 종교 신앙을 비롯한 문화의 측면을 공유한다는 사실에도 불구하고 이런 일이 벌어졌다.

코린은 라이터를 먹거리로 바꿔서 종류가 다른 비스킷 묶음을 사용했을 때에도 똑같은 결과를 얻었다. 시장에 통합된 하드자족은 76퍼센트가 처음에 받은 비스킷을 고수한 반면, 외딴 천막촌에 사는 하드자족은 그 비율이 45퍼센트에 불과했다. 이번에도 역시 전통적인 생활방식을 가지고 있는 하드자족은 기본적으로 합리적인 거래자인 반면, 시장에 통합된 하드자족은 분명한 소유 효과를 드러냈다.

왜 이런 일이 벌어지는 걸까? 시장과 소유 효과의 연결고리는 무엇일까?

좋은 질문이다. 나는 비개인적 시장이 개인적 특성과 독특한 능력, 개인적 소유를 강조하게 만든다고 본다. 이런 시장은 또한 과시적 소비(멋진 회중시계 등)를 부추긴다. 사람들이 소비재를 자신의 개인적 자질을 나타내는 데 사용하기 때문이다. 심리학자들은 이런 자기중심화 때문에 사람들이 개인적 소유물을 자기 자신의 연장으로 보며, 소유자의 개인적 정체성과 연결시키면서 물건에 더 큰 가치를 불어넣는다고 주장한 바 있다. 머그컵, 라이터, 비스킷 등은 내 머그컵, 라이터, 비스킷일 때 더 좋아진다. 북아메리카와 동아시아 대학생의 소유 효과의 크기를 비교한 연구는 이런 관념을 뒷받침한다. 예상 가능한 것처럼, 북아메리카인이 동아시아인보다 더 강한 소유 효과를 보여주었다. 물론 두 집단 모두 똑같이 시장에 통합되어 있지만, 각각의 인구 집단이 가지고 있는 구별되는 사회 규범은 개인의 중심성을 끌어올리거나 집단으로 내리누른다.[50]

시장과 무관한 하드자족에서 나타나는 소유 효과의 부재를 인류의 '자연적 조건'이라고 보지 않는 게 중요하다. 하드자족은 그들 나름의 유력한 사회 규범을 갖고 있으며, 이는 먹거리를 비롯한 재화를 직접 교환이나 파트너 선택, 호혜성에 근거하지 않는 방식으로 널리 공유할 것을 장려한다. 예를 들어, 그들이 벌이는 도박 게임에 참가하는 사람들은 상대방의 화살이나 칼, 머리띠를 차지할 수 있다. 특정한 사람이 운이 좋아서 많은 물건을 쌓게 되면, 그 사람은 운이 나빠져서 일정한 정도로 다시 평등하게 될 때까지 계속 도박을 해야 한다는 강한 사회적 압력을 받는다. 만약 그가 가령 다른 천막으로 슬쩍 도망가는 식으로 저항하면, 그에게 다른 물건을 달라는 요청이 끝없이 쇄도할 것이다. 사회 규범에 따라 그는 이 물건을 이웃과 공유해야 하기 때문에 몇 주 안에 물건이 전부 사라진다. 요컨대, 하드자족은 자기 물건에 지나치게 애착을 가질 수 없다. 조만간 다른 사람의 물건이 되기 때문이다. 이런 제도는 소유

효과로 이어지는 성향을 억누른다.[51]

입수 가능한 비교문화 데이터가 제한적임을 감안할 때, 소유 효과의 기원에 관한 나의 설명은 여전히 하나의 제안일 뿐이다. 우리가 더 많은 것을 알지 못하는 이유는 서구의 표본을 연구하는 경제학자와 심리학자 모두 자신들이 수십 년간 한 사회의 제도와 언어, 기술에 맞춰진 국지적인 인지적 조정이 아니라 인간 종의 심리의 특징을 측정한다고 단순하게 가정하기 때문이다. 다른 많은 심리학의 연구 결과와 마찬가지로, 소유 효과의 강도는 WEIRD 사회의 한 극단에서부터 전통적인 하드자족처럼 아예 존재하지 않는 것에 이르기까지 다양하다.

이 장을 결론 짓기에 앞서 사실을 털어놓고 싶다. 소유 효과와 마찬가지로, 이 장에서 소개한 생각들은 앞의 장들에 비해 사변적이며, 비록 뒷받침하는 증거가 많기는 해도 종종 완전하지 못하고, 몇 가지 핵심적 통찰은 하나뿐인 연구에 근거를 둔다. 마이크 거번과 코린 아피셀라 같은 선구자들은 최고의 수준의 연구를 보여주지만, 여전히 유일한 연구이며 때로는 한 인구 집단만을 대상으로 한다. 앞에서 나는 각기 다른 연구자들이 여러 사회에서 대규모 표본을 바탕으로 모은 데이터를 가지고 하나로 수렴되는 여러 선을 그렸다. 따라서 독자들은 이런 점을 감안해서 이 장의 내용을 신뢰해야 한다.

WEIRD 인성의 성립과 진화

이 책에서 제시하는 큰 그림은, 우리의 마음은 종종 여러 세기에 걸친 문화적 진화를 통해 우리가 마주치는 제도와 기술의 세계에 적응한다는 것이다. 따라서 WEIRD의 심리를 이해하기 위해 우리는 서기 두 번째 밀레니엄 동안 유럽 지역에서 발전하기 시작한 개인주의적 세계를 검토할 필요가 있다. 이 과정으로 생겨난 관련된 심리적 양상을 일부 보여주기 위해 이 장에서 나는 두 가지 상호관련된 묶음에 초점을 맞추었다. 하나는 우리가 시간과 노동, 시간 엄수, 인내심에 관해 어떻게 생각하는지를 중심으로 한 묶음이고, 다른 하나는 WEIRD 인성, 성향, 통일된 '자아'의 중심성을 포함하는 묶음이다.

중세 성기와 후기에 유럽의 점점 많은 공동체가 시간과 돈에 대해 생각하는 방식, 그리고 그와 함께 노동과 일, 효율에 관해 느끼는 방식을 조정하기 시작했다. 관계와 친족 기반 제도의 중요성이 줄어드는 가운데 고된 노동과 효율, 자제력, 인내심, 시간 엄수에 대한 개인적 평판을 높이는 것이 점차 중요해졌다. 길드, 수도원, 도시 같은 자발적 조직들은 구성원들에게 이런 태도를 장려하고 주입하기 위해 유인책을 고안했다. 성원을 선발하고 한정하며 자신을 다른 집단과 구별하기 위해서였다. 사람들은 점차 하느님이 이런 특성에 관심을 기울인다거나 적어도 이런 특성을 갖는 것이 하느님의 사랑을 나타내는 신호라고 믿게 되었다. 이런 믿음은 새로운 프로테스탄트 신앙에 반영되었다. 도시가 성장하고, 시장이 확대되고, 자발적 결사체가 증식함에 따라 사람들이 점차 자신의 특성에 가장 잘 맞는 사회 분야와 직업을 선택했다. 더 나아가 사람들은 자신이 선택한 영역에서 자신의 역할을 잘 해내기 위해 원초적인 성향과 재능과 능력을 도야하고 연마했다. 이 과정은 인성의 구조를 새롭게 정식화했다. 그 결과로 우리에게 WEIRD-5를 부여하고 맥락이나 관계보다 개인적 성향의 중심성을 공고하게 만들었다.

이 책 2부와 3부에 걸쳐 우리는 WEIRD 심리의 주요한 측면 몇 가지의 기원과 진화를 탐구했다. 하지만 지금까지 우리가 살펴본 심리적 변이가 세계 각지에 존재하는 다양성의 얇은 조각 하나에 불과하다는 것은 자명하다. 이런 심리적 변이의 일부를 설명하면서 나는 친족 기반 제도와 비개인적 시장, 전쟁, 비폭력적 집단 간 경쟁, 직업 전문화 등의 영향과 상호작용을 검토했다. 이런 검토는 문화적 진화가 다양한 제도, 종교, 기술, 생태, 언어에 대응해서 사람들의 뇌와 심리를 형성한 많은 방식의 극히 일부분만을 포착한 것에 불과하다. 지금까지 우리가 한 것은 표면 아래서 머리를 내밀고 주변을 둘러본 것일 뿐이다. 이런 심리의 빙산은 분명 거대하지만, 우리는 그것이 얼마나 큰지, 또는 어두컴컴한 속이 얼마나 깊은지 정확히 알지 못한다.

Part 4

―――――

WEIRD,
근대 세계의
문을 열다

Chapter 12

WEIRD가 만들어낸
법률, 과학 그리고 종교

나는 아메리카 해안에 상륙한 최초의 청교도 속에 아메리카의 운명 전체가 담겨 있다고 생각한다. 그것은 인류 전체의 운명이 최초의 인간 안에 담겨 있는 것과 마찬가지다.

_알렉시 드 토크빌, 《미국의 민주주의》(1835)[1]

지난 몇 세기에 걸쳐 서구의 법률과 과학, 민주 정부, 유럽의 종교들이 세계 각지로 퍼져나갔다. 진정한 민주주의나 폭넓은 정치적 대표제가 제대로 운영되지 않는 나라들에서도 오늘날 독재적 정부는 종종 투표와 선거, 정당, 선거운동 등을 포함한 대대적인 쇼를 벌인다. 법치가 허약한 나라들에도 미국이나 영국, 독일, 프랑스 등에서 찾아볼 수 있는 것과 비슷한 성문법과 심지어 내용 자체는 훌륭한 헌법이 존재한다. 마찬가지로, 아마존 지역부터 태평양에 이르기까지 내가 돌아다닌 외딴 공동체들마다 현지 언어로 번역된 성경을 읽는 소규모 개신교 모양이 존재했다. 이런 유력한 공식 제도와 세계 각지에 스며들어 있는 종교들은 어디서 온 걸까?[2]

많은 이들은 서구 문명의 유산인 이런 거대한 제도가 이성의 소산이자 합리성의 증대를 대표한다고 본다. 이 제도는 (합리주의자들의 주장에 따르면) 교회의 교리를 벗겨내고 '이성'을 적용하면 얻을 수 있는 것이다. 이는 프로테스탄티즘의 경우에도 마찬가지다. 많은 이들은 프로테스탄티즘(의 일정한 형태)은 성경에 표현된 진리에 이성을 적용해서 부패한 교회의 전통을 버리면 얻을 수 있는 것이라고 믿었으며, 일부는 지금도 그렇게 주장한다. 하지만 정반대로 나는 중세시대 동안 문화적 진화가 유럽의 친족 기반 제도를 파괴하고(5~8장), 비개인적 시장을 확대하고(9장), 길들여진 형태의 집단 간 경쟁을 고조시키고(10장), 도시 중심지에서 폭넓고 유동적인 분업의 확대를 가져오면서(11장) 지속적으로 야기한 심리적 변화가 중심적 역할을 했다고 말하고 싶다. 사회 규범의 변화와 함께 유럽 각지의 파편화된 공동체에서 등장하기 시작한 WEIRD 심리는 이 인구 집단들에 속한 사람들이 특정한 종류의 사고와 법률, 규칙, 정책, 믿음, 관행, 주장을 고안하고 지지하고 채택하기 쉽게 만들었다. 인류 역사의 대부분 시기 동안 가장 복잡한 사회의 사람들이 생각할 수 없거나 혐오스럽거나 비직관적이라고 여겼을 법한 법률, 정부, 과학, 철학, 예술, 종교에 관한 많은 근대적 사고가 중세와 근대 초기에 유럽에서 새롭게 등장한 원형적 WEIRD 심리에 '들어맞기' 시작했다. 많은 경우에 이 새로운 사고, 법률, 정책은 도시와 길드, 대학, 수도원, 과학협회, 그리고 마침내 영토국가를 비롯한 자발적 결사체들 사이에 끊임없이 벌어진 집단 간 경쟁에 의해 걸러지고 선별되었다.[3]

이런 사회적 발전과 사람들의 변화하는 지각, 동기, 세계관, 결정 편향 사이의 수많은 연관성과 상호작용을 지도로 그리려면 책이 몇 권이라도 모자란다. 하지만 여기서 나의 목표는 그만큼 원대하지 않다. 나는 WEIRD 심리가 어떻게 해서 두 번째 밀레니엄 후반부에 인간 생활의 법률, 정치, 과학, 종교 영역을 지배하게 된 철저히 서구적인 몇 가지 공식적 제도를 낳는 산파 노릇을 할 수 있었는지를 보여주고자 한다.[4]

우선 두 번째 밀레니엄 중에 유럽에서 만들어진 공식적 제도에 폭넓게 영향을 미쳤을 법한 WEIRD 심리의 네 가지 측면을 검토해보자.

1. 분석적 사고: 촘촘한 사회적 상호연계가 부재한 채 개인들로 이루어진 세계를 더 잘 헤쳐나가기 위해 사람들은 점차 전체론적(관계론적) 사고를 버리고 분석적으로 사고하기 시작했다. 좀 더 분석적 사고를 지향하는 사람들은 개인, 사건, 상황, 사물을 설명할 때 그 관계에 초

점을 맞추기보다는 그것이 가진 속성에 따라 관련된 범주로 분류하는 것을 선호한다. 따라서 개인은 행동이나 사물을 ('그것은 원자다' 혹은 '그는 외향적인 사람이다'와 같이) 그 속성이나 범주에 따라 분류하여 분석적으로 설명한다. 분석적으로 사고하는 사람은 모순을 걱정하기 때문에 모순을 '해소'하기 위해 더 높거나 낮은 범주나 구분을 찾으려 한다. 이와 대조적으로, 전체론적 사고를 하는 사람은 모순을 보지 못하거나 포용해버린다. 유럽에서는 분석적 사고방식이 점차 전체론적 사고방식보다 우월한 것으로 여겨지게 되었다. 다시 말해 분석적 사고가 규범적으로 옳고 높게 평가된다.

2. **내적 속성**: 사회적 삶을 이루는 핵심이 관계에서 개인으로 이동함에 따라 개인의 내적 속성의 유의미성이 점차 강조되었다. 여기에는 성향, 선호, 인성 같은 안정된 특성뿐만 아니라 믿음과 의도 같은 정신 상태도 포함되었다. 얼마 지나지 않아 법률가와 신학자들은 심지어 개인이 '권리'를 갖는다고 상상하기 시작했다.

3. **독립성과 비순응성**: 자기만의 독특함을 배양하려는 동기를 자극하는 가운데 전통과 오랜 지혜, 현명한 연장자들에 대한 사람들의 공경심이 서서히 약해졌다. 타당한 진화적 이유 때문에 모든 곳의 인간은 또래에 순응하고, 연장자의 의견에 동의하고, 지속적인 전통을 따르는 경향이 있다. 하지만 친족 간의 유대가 약하고 비개인적 시장이 존재하는 사회에서는 이런 경향을 강하게 밀어내면서 자기 과신과 자기 자랑은 말할 것도 없고 개인주의와 독립성, 비순응을 선호한다.

4. **비개인적 친사회성**: 관계가 없는 사람이나 낯선 사람을 대하기 위한 비개인적 규범이 점차 삶을 지배함에 따라 사람들은 사회적 관계나 부족적 정체성, 사회 계급과 무관하게 자기 집단이나 공동체(도시, 길드, 수도원 등)에 속한 사람에게 적용되는 공평한 규칙과 비개인적 법

률을 선호하게 되었다. 물론 이런 맹아적인 느낌을 근대 세계에 만개한 권리나 평등, 공평 등의 자유주의적 원리와 혼동해서는 안 된다.

중세 성기에 이르면 이 네 가지, 그리고 이와 관련된 심리의 측면들이 서유럽 전역에 흩어진 작지만 영향력 있는 인구 집단에서 확고히 자리를 잡게 되었다. 이 책 전체에 걸쳐 나는 이런 원형적 WEIRD 심리가 새로운 공식적 제도의 탄생에 미친 효과를 이따금 지적했는데, 이제 법률과 정부를 시작으로 이런 사고를 더욱 탄탄하게 다듬어보자.

개인의 권리와 서구 법 제도의 발전

중세 성기에 특히 교회와 자유도시에서 더 WEIRD한 심리가 점진적으로 등장함에 따라 서구적 정부와 법률 개념을 뒷받침하는 관념이 점차 더욱 직관적으로 쉽게 떠올릴 수 있게 되었다. 그와 동시에 집약적 친족이 해체되고 부족적 소속 관계가 사라지면서 개인을 다스리는 법률이 더 쉽게 시행되고 원활하게 기능하는 대표의회가 더 수월하게 발전했다. 이런 변화는 공상적인 지식인이나 철학자, 신학자들이 '민주주의'와 '법치', '인권' 등의 거대 이론을 가정하면서 시작된 게 아니다. 그보다는 더 개인주의적인 심리를 가진 (수사나 상인이나 장인과 같은) 보통사람들이 경쟁적으로 자발적 결사체를 이루기 시작하면서 이 관념들이 서서히 형성되었다. 이런 조직들은 현 성원들이 수용하고 다른 조직과의 경쟁에서 신규 성원을 끌어들일 수 있도록 자신들의 조직을 이끌어야 했다. 그에 따라 (어떤 추상적 합리성에 뿌리를 둔 지적 직관의 순간이 아니라) 근시안적으로 더듬어가는 끝없는 과정을 통해 점점 늘어나는 사회 규범과 조직적 관행의 목록이 만들어지고, 헌장에 기록되고, 성문법으로 정식화되었다. 가령 상인법이 발전해서 상법이 되었다.

오늘날 1948년 유엔 총회에서 채택된 세계인권선언 같이 중요한 선언의 토대가 된 개인의 권리나 자연권 개념을 생각해보자. 앞서 살펴본 것처럼, 중세 도시와 소읍들은 점점 더 늘어나는 시민들의 특권을 도시 헌장으로 정리하고 정식화하면서 더 많은 성원들을 끌어들이기 위해 경쟁했다. 사람들이 원하는 것을 제공하는 동시에 경제적 번영을 누리면서 더 많은 성원을 끌어들일 수 있는 헌장을 갖춘 도시 중심지들은 일종의 본보기가 되었고, 다른 지역에서는 그들의 사례를 모방하고 수정하고 새롭게 구성했다. 시간이 흐르면서 도시 중심지들은 성원들에게 (적법한 절차와 같은) 법적 보호 장치와 세금 감면의 혜택, 재산권 보장, 상호보험, (지역의 통치자들에게) 징집되지 않을 자유 등을 보장했다. 제후와 대공을 비롯한 통치자들은 늘어나는 세입과 신용 창출에 설득당해 종종 이런 요구에 굴복했다.[5]

1200년에 이르러 교회 법률가(교회법 학자)들은 이미 유통되던 관념과 개념을 활용하면서 자연권 개념을 공식적으로 발전시키기 시작했다. 이런 관념들은 이내 이 시기 동안 급속하게 퍼져나가던 대학(〈그림 10.6B〉)에 침투했다. 그리고 여러 세기에 걸쳐 서서히 국가 차원의 정부로 파고들어갔다. 가령 1628년과 1689년에 잉글랜드 의회는 각각 권리청원과 권리장전을 통과시켰다. 둘 다 군주에 대해 개인과 의회의 권리를 주장하는 내용이었다. 권리청원은 미국 권리장전의 10개 조항 중 4개를 선취하는 내용이었다.[6]

우리는 사람들의 심리가 어떻게 변화했는지를 검토함으로써 개인의 권리에 관한 이런 관념들이 어떻게, 왜 그 시점에 등장했는지를 추론할 수 있다. 중세 유럽의 여러 지역에서 도시 중심지로 몰려들기 시작한 주거가 유동적인 개인들은 법률에 관해 어떻게 생각했을까? 친족의 결속이라는 안전망에서 풀려나서 비개인적 시장, 경쟁하는 조직, 점증하는 직업 전문화 등으로 이루어진 세계를 헤쳐나갈 수밖에 없었던 개인들은 점차 자신의 특성과 의도, 성향에 초점을 맞추었을 것이다. 새로운 분석적 사고로 무장한 그들은 사람들의 관계나 혈족이 아니라 내적 속성을 고려하여 규칙과 법률을 설명하고 정당화하려 했다. 전통적 관계와 조화를 이루어야 하는 필요성 때문에 합리적인 법률을 구성하는 대신 필요할 때면 '권리' 같은 보이지 않은 속성을 만들어내서 법률을 구성했다.

중세 유럽에서 이런 개인 중심적 법률이 발전한 것과 대조적으로, 같은 시대에 중국에서 범죄에 대한 처벌은 관련된 개인들 사이의 관계에 좌우되었다. 일반적으로 친족을 상대로 한 범죄가 친척이 아닌 사람에게 저지른 죄보다 더 가혹하게 처벌되었다. 다만 연장자가 친족의 아랫사람을 상대로 범죄를 저질렀을 때에는 반대의 경우보다 처벌이 약했다. 실제로 20세기까지도 중국의 아버지들은 아들을 죽이고도 경고만 받았던 반면, 아들이 아버지나 형에게 위해를 가하면 훨씬 강한 벌을 받았다. 이런 불공정한 규범은 유교 원리로, 그리고 연장자에 대한 깊은 존경에 호소함으로써 정당화될 수 있었지만, WEIRD의 마음으로는 이런 현상을 받아들이기 어렵다. 이해할 수는 있지만, 대다수는 법에 대해 관계적으로 접근하는 것을 타당한 주장이라고 여기지 않는다.[7]

이제 다른 방향에서 이 문제에 접근해보자. 미국 독립선언문은 이렇게 주장한다. "우리는 다음과 같은 것을 자명한 진리라고 생각한다. 즉, 모든 사람은 평등하게 태어났고, 조물주는 몇 개의 양도할 수 없는 권리를 부여했으며, 그 권리 중에는 생명과 자유와 행복의 추구가 있다." 만약 사람이 이런 추상적 속성을 부여받았다는 사고가 타당하다고 여겨진다면, 당신은 적어도 약간 WEIRD하다고 볼 수 있다. '양도할 수 없는 권리'에 관한 주장이 자명해 보이는 것은 (a) 당신이 (관계나 혈통이 아니라) 내적이고 지속적인 특성을 참고해서 사물을 분석적으로 설명하거나 정당화하는 경향이 있고 (b) ('지주'나 '인간'이라는) **구별되는** 여러 범주나 계급에 폭넓게 적용되는 공평한 규칙을 선호한다는 것을 의미한다. 이와 달리, 대다수 인간 공동체의 관점에서 보면, 각 개인에게 사회적 관계나 유산과 단절된 고유한 권리나 특권이 있다는 관념은 자명하지 않다. 그리고 과학적 관점에서 보면, 우리의 DNA 혹은 또 다른 곳에 어떤 '권리'가 숨겨져 있음이 밝혀진 바가 없다. 이런 관념이 통용되는 것은 특정한 문화적 심리에 호소력이 있기 때문이다.[8]

개인의 권리가 발전하면서 교회법 학자들은 또한 범죄 책임에서 정신 상태의 역할과 관련된 법적 관념을 논의하기 시작했다. 로마법을 비롯한 초기의 법률 체계도 보통 의도적 살인과 우연한 살인을 구분하는 식으로 범죄 책임을 평가하는 데 사람의 정신 상태를 어느 정도 고려했다. 하지만 두 번째 밀레니엄 시기에 서구 법률은 정신 상태를 점점 강조하기 시작했다. 중세사학자 브라이언 티어니Brian Tierney는 다음과 같이 말한다.

12세기 문화를 특징 지은 개인적 의도, 개인의 동의, 개인의 의지에 대한 관심은 교회법의 여러 분야에 파급 효과를 미쳤다. 12세기 말에 이르러 혼인법에서는 다른 어떤 형식적 절차 없이 두 당사자가 동의만 하면 그 결혼이 유효하다고 여겼다. 계약법에서는 기본적인 요건만 갖춘 약속도 구속력을 갖는다고 간주했다. 중요한 것은 약속을 하는 당사자의 의도였다. 형법에서는 죄와 처벌의 정도가 다시 개별 피고인의 의도와 관련되었고, 이는 근대 법률 체계의 경우처럼 계속해서 과실과 (심신미약 등에 따른) 한정 책임 능력에 관한 복잡한 논의로 이어졌다. 오늘날 우리는 이런 법률 영역을 개인의 권리와 공공질서 유지 사이를 중재하는 것으로 생각한다.[9]

한 사람의 범죄 책임을 결정할 때 교회법 학자들은 가해자의 믿음, 동기, 의도를 자세하게 분해했다. 다음의 사례를 생각해보자. 한 대장장이가 조수에게 망치를 던져서 그를 죽였다. 중세 법률가들은 (죽은 남자가 대장장이의 부인에게 추파를 던지는 등의 동기로) 대장장이가 조수를 죽이고 싶었는지뿐만 아니라 대장장이가 조수를 죽이려는 의도가 있었는지, 망치로 죽일 수 있다고 믿었는지도 묻기 시작했다. 대장장이가 다음 주에 (독극물로) 조수를 죽이려고 했는데, 우연히 침입자가 들어왔다고 착각해서 망치로 더 일찍 죽였다면 어떨까? 법학자들은 대장장이의 책임이 어떤 정신 상태에서 저지른 것인지에 따라 달라진다고 결론 지었다. 이런 정신 상태를 분석하는 과정에서 법학자들은 만약 자기방어를 위해 행동하거나 어리거나 혼란스럽거나 지적으로 무능력한 까닭에 자신이 어떤 일을 저지르는지 이해할 수 없는 가운데 행동한 것이라면, 살인과 폭행의 범죄 책임이 줄어들 수 있다고 제안했다. 앞서 로마 법학자들의 주요한 목표가 정책을 집행하고 중요한 이익(가령 재산)을 보호하는 것이었던 반면, 교회법 학자들은 피고인의 정신 상태에 집착했다. 이렇게 정신 상태에 초점을 맞추면, 중세 초 유럽이나 전근대 중국의 법률 및 관습과는 반대로, 친척이라 할지라도 가해 책임에 필요한 정신 상태에 있지 않았다면 가해자의 죄나 책임을 묻고 정당하게 처벌을 공유할 수 없다.[10]

이런 법률의 발전은 앞의 여러 장에서 논의한 심리학 연구와 연결된다. 클라크 배럿이 이끄는 인류학 연구팀은 소규모 사회에서 사람들이 규범 위반자를 심판할 때 의도가 어떤 영향을 미치는지를 연구한 것 외에도, 다양한 '완화 요인'이 사람들이 가해자의 정신 상태에 관해 끌어내는 추론을 어떻게 바꾸는지, 그리고 폭행(주먹으로 얼굴을 때리기) 같은 폭력적 공격의 책임을 심판하는 데 어떤 영향을 미치는지도 연구했다. 연구팀은 행위(주먹질) 자체와 결과(코피)를 상수로 놓고 다음과 같은 다섯 가지 완화 요인을 탐구했다. 가해자가 (1) 자기방어를 위해 행동했다, (2) 그 상황을 잘못 판단했다, (3) 그가 방금 전에 도착한 공동체와는 다른 도덕관념을 갖고 있었다, (4) 제정신이 아니었다, (5) 필요해서 그런 행동을 했다. 두 번째 상황(잘못된 판단)에서 가해자는 자신이 공격을 말리려고 개입한다고 생각했지만, 실제로는 '싸움꾼들'이 그냥 뛰어 놀고 있을 뿐이었다. 도덕관념과 관련된 세 번째 상황에서 가해자는 약골처럼 보이는 젊은 남자를 강하게 만들기 위해 두드려 패는 게 적절하고, 심지어 존경할 만한 일로 여겨지는 사회 출신이었다. 마지막 상황(필연적 상황)에서 가해자는 위험한 불을 끄려고 물을 한 양동이 떠 오려고 했는데, 시끄럽고 혼잡한 방에서 길을 가로막고 버티는 사람을 해치우지 않고는 빨리 물을 떠 올 수 없었다.

연구한 10개 인구 집단 모두에서 자기방어와 필연적 상황은 중요한 완화 요인이었다. 따라서 누구도 정신 상태를 완전히 무시하지는 않는다. 하지만 이와 관련하여 일부 사회에서 유일하게 나타나는 차이는 정신 이상이었다. 어떤 사회에서 가해자는 잘못된 판단이나 정신 이상을 이유로 전혀 관용을 받지 못했다. 다른 극단에서 로스앤젤레스에 사는 WEIRD는 가해자의 '나쁜 행동'과 이 모든 완화 요인에 근거해서 그가 받아야 하는 처벌을 꼼꼼하게 구별했다. 자기방어와 필연적 상황은 가장 큰 관용을 불러일으켰고, 잘못된 판단과 정신 이상이 각각 그 뒤를 이었다. 흥미롭게도, WEIRD는 다른 도덕적 믿음 때문에 실제로 가해자를 더 가혹하게 판단하게 되었다. 의도적으로 사람을 때리면서 좋은 일을 한다고 믿는 것은 의도적으로 사람을 때리면서도 나쁜 짓을 한다고 생각하는 것보다 더 나쁜 것처럼 보인다. 10개 인구 집단 전체에서 집약적 친족 기반 제도가 약한 사회일수록 사람들이 다섯 가지 완화 요인 전체에 대해 가해자의 정신 상태의 미묘한 차이에 더 자주 관심을 기울였다.[11]

개인(개인의 권리와 정신 상태)의 우위는 서구 법률 발전의 핵심적 흐름을 잘 보여주지만, 중세 성기에 법을 둘러싸고 훨씬 깊숙한 곳에서 무언가가 벌어지고 있었다. 법학자이자 역사학자인 해럴드 버먼Harold Berman은 권위 있는 저서 《법과 혁명Law and Revolution》에서 12세기 교회법 학자들이 고대 로마법인 《유스티니아누스 법전》을 연구하면서 거기에 실제로 존재하지 않는 것을 보았다고 주장한다. 동로마 제국에서 6세기에 편찬된 《유스티니아누스 법전》은 수천 쪽에 달하는 방대한 법률 모음집이다. 여기에는 갖가지 법령, 판례, 법률 주해 등이 어지럽게 담겨 있다. 분석적 성향과 기독교에서 유래한 도덕적 보편주의로 무장한 중세 법학자들은 자연스럽게 특정한 법률과 실제 판결이 일련의 보편적인 법적 원리나 범주, 공리에 뿌리를 두며 모든 구체적인 것들은 여기서 끌어낼 수 있다고 가정했다. 그리하여 그들은 이런 구체적인 로마의 예시와 판례에서 일반적인 법률과 원리를 끄집어내려 했다. 하지만 버먼은 로마의 법 전통에는 그런 기본적인 원리나 잘 발전된 법적 개념이 없었다고 설득력 있게 주장한다. 버먼의 말을 들어보자.

실제로 로마법에는 초기부터 소유권, 점유, 불법 행위, 사기, 절도, 그밖에 수십 가지 개념이 들어 있었다. 그런 점이 큰 미덕이었다. 하지만이 개념들은 규칙에 스며들고 규칙의 적용 가능성을 결정하는 것으로간주되지 않았다. 그 내용이 철학적으로 고찰되지도 않았다. 로마법에 담긴 개념들은 수많은 법률 규칙과 마찬가지로 특정한 유형의 상황에 적용되는 것이다. 로마법은 얽히고설킨 규칙의 연결망으로 구성되었다. 다시 말해 이 규칙들은 하나의 지적 체계가 아니라 구체적인 법적 문제들에 대한 실용적인 해법의 정교한 모자이크와 같았다. 따라서 로마법에 개념들이 존재하기는 하지만 개념에 관한 개념은 전혀 없었다고 말해도 된다.[12]

로마 시대 법학자들은 법률을 적용하면서 일관성을 지키려고 노력했을 뿐, 일련의 기본적 원리나 공리, 권리에 뿌리를 둔 통일과 종합을 위해 애쓰지는 않았다. 이와 대조적으로, 도덕적 종교를 바탕으로 분석적 사고를 하는 종교법 학자들은 보편 원리를 추구했다.[13]

분석적으로 사고하는 사람들은 모순을 싫어하기 때문에 서구 법에서 이루어진 발전은 대부분 일련의 원리를 따로 떼어내서 더 폭넓게 적용하려고 할 때 나타나는 모순을 찾아내서 해결하는 것과 관련되었다. 한 개인의 권리는 다른 사람의 권리나 집단의 선善과 충돌할 수 있다. 전체론적 성향이 강한 사람이라면 모순이 특별히 두드러지지도 않고 신경 쓰이지도 않는다. 현실의 두 상황이 정확이 똑같은 경우는 없으며 언제나 관련된 구체적인 맥락과 개인적 관계가 다르기 때문에 두 법적 판결이 모순된다는 것을 누가 알겠는가? 게다가 많은 사회에서 법은 조화를 회복하고 평화를 유지하기 위한 것이지, 분석적으로 사고하는 사람들의 경우처럼 개인의 권리를 옹호하거나 추상적인 '정의'의 원리가 지켜지도록 보장하기 위한 것이 아니다.[14]

중세의 법학자들은 자신이 신성하거나 보편적인 법(하느님의 법)을 연역하거나 추론하고 있다고 생각했다. 그들은 이런 법이 존재하며, 따라서 학자는 단지 그 법을 알아내야 한다고 믿었다. 결국 게르만법이나 로마법의 전임자들과 달리, 중세 통치자들은 자신들의 법에 종속되어야 했다. 중요한 법은 황제나 국왕, 제후보다 높은 권위자로부터 내려왔다. 원형적 WEIRD 심리를 지닌 기독교인에게 점차 직관적으로 다가온 이런 접근법은 행정 권력에 대한 제약(입헌 정부)과 법치 개념이 발전하는 데 결정적인 기여를 했다.[15]

나중에 자연철학자들도 물리적 세계를 설명하기 위해 법칙을 추구했다. 교회 법학자들과 마찬가지로, 과학자들은 삼라만상을 다스리는 숨은(신성한) 법이 존재하고 이를 찾아낼 수 있다고 믿었다. 심리적 보편주의자인 많은 이들이 만약 두 가지 다른 모델이나 일련의 원리가 어떤 물리 현상을 설명할 수 있다고 자처한다면, 둘 다 옳을 수는 없다고 믿었다. 우주는 둘 중 한쪽으로 움직이는 것이기 때문이다. 분석적으로 사고하는 그들은 (원소, 분자, 행성, 유전자 등의) 종종 복잡한 체계를 구성요소로 분해해서 질량, 전하, 중력, 외면적 형태 같은 내적 (그리고 종종 가시적인) 속성을 참조해서 그 작용을 설명하고자 했다. 또한 개인주의자이자 비순응주의자인 그들은 친구나 동료에게만이라도 자신의 천재성과 창의성, 독립적 정신을 과시하고자 했을 것이다.

교회법 박사학위를 받은 뒤인 1514년, 태양을 중심에 두고 행성이 궤도를 도는 태양계 모델(지동설 모델)을 만들어낸 니콜라우스 코페르니쿠스의 사례를 생각해보자(출간한 것은 1543년이다). 코페르니쿠스의 기여를 이해하려면 두 가지 배경을 생각해봐야 한다. 첫째, 이슬람 천문학자들은 적어도 14세기까지 유럽 천문학자들을 앞서고 있었다. 실제로 프톨레마이오스의 고대 모델을 바탕으로 연구하던 이 학자들은 코페르니쿠스 모델의 주요 요소 대부분을 그보다 먼저 파악한 것으로 보인다. 가령 일찍이 13세기에 이븐 알샤티르(다마스쿠스의 기도 시간 관리자)는 지구를 중심에 둔다는 것을 제외하고는 코페르니쿠스의 모델과 형식적으로 동일한 수학 모델을 만들어냈다. 하지만 이 사상가들은 비록 훌륭하기는 했으나 코페르니쿠스 같이 개념 자체를 바꾸는 돌파구를 열지 못했다. 둘째, 코페르니쿠스는 태양의 상대적 위치를 바로잡는 한편, 행성들이 원형 궤도상에 있다고 가정했다. 이런 실수 때문에 결국 알샤티르의 모델이 여전히 더 나은 예측을 내놓았다. 그렇지만 코페르니쿠스 모델은 출간되어 경쟁 모델들과 대결했고, 후속 연구에 영감을 주었다. 요하네스 케플러는 코페르니쿠스의 태양 중심 모델을 기반으로 행성의 움직임에 타원형 궤도를 사용하는 방법을 탐구했는데, 그의 모델은 앞선 모든 시도를 분명하게 압도했다. 당연히 케플러는 자신이 하느님의 신성한 우주 법칙을 일부 발견했다고 믿었다. 그렇다면 코페르니쿠스가 크게 기여한 것은 무엇일까?[16]

내 생각에는 그가 태양을 중심에 두고 지구를 또 하나의 행성에 불과한 존재로 간주함으로써 그리스와 기독교의 기본적인 세계관에 단호히 반대하면서 기꺼이 만인의 반대를 무릅썼다는 것이 중요하다. 권위를 무시하고 고대의 현인들에 이의를 제기함으로써 그는 다른 사람들이 검토하고 기반으로 삼을 수 있도록 자신의 견해를 내놓았다. 그는 또한 자신의 모델을 뒷받침하는 경험적 증거가 특별히 탄탄하지 않다는 사실에도 불구하고 고집을 꺾지 않았다. 하지만 어쩌면 코페르니쿠스 자신보다 더 중요한 것은 그가 살고 있던 사회의 상대적 개방성이었다. 일부 학자들은 그의 견해를 비판했지만 다른 이들은 박수를 보냈다. 교회로서는 갈릴레오가 이 문제를 밀어붙였을 때 70년간 코페르니쿠스의 사고에 진지하게 반대하지 않았다. 물론 우리에게는 당시의 개별 과학자들이나 과학자 공동체에 관한 심리학적 데이터가 없지만, 그럼에도 불구하고 이 사례는 지금까지 이 책 전체에 걸쳐 설명한 것과 같은 심리적 차이가 과학적 통찰과 제도, 담론을 어떻게 형성했는지를 잘 보여준다.

코페르니쿠스가 지구를 무대 중심에서 끌어내리는 가운데 이미 더 WEIRD한 심리의 영향이 다양한 방식으로 모습을 드러내기 시작했다. 그중 두 가지를 살펴보자. 첫째, 전통과 단절하려는 의지가 점점 높아지는 가운데 근대 초기 지식인들은 아리스토텔레스 같은 고대의 위대한 현인들이 틀릴 수도 있음을 깨닫기 시작했다. 실제로 그들은 수많은 문제에서 잘못 생각했다. 따라서 이제 개인들이 완전히 새로운 지식, 다시 말해 아무도 알지 못했던 지식을 발견할 수 있었다. 역사학자 데이비드 우튼David Wootton은 의식적인 활동으로서의 '발견'이라는 개념 자체가 이 시기에 등장했다고 주장한다. 유럽 각국의 언어에서 '발견'에 해당하는 단어들이 전파된 과정을 보면 이를 알 수 있다. 'discovery'의 이형異形이 처음 나타난 것은 1484년(포르투갈어)과 1504년(이탈리아어)이었고, 그후 책 제목에 등장한 것은 1524년(네덜란드어), 1553년(프랑스어), 1554년(에스파냐어), 1563년(영어)이다.

둘째, 정신 상태에 점차 초점이 맞춰지는 가운데 지식인들은 새로운 견해, 개념, 통찰을 특정한 개인과 연관 짓고, 가능할 때면 언제나 최초의 창건자나 관찰자, 발명가에게 공로를 돌리기 시작했다. 발명품을 발명가와 연결시키는 우리의 상식적인 성향은 역사적으로나 비교문화적으로나 흔한 일이 아니다. 이런 변화는 새로운 땅('아메리카')이나 과학적 법칙('보일의 법칙'), 사고방식('뉴턴주의'), (가브리엘 팔로피오의 이름을 딴 명칭인 '나팔관fallopian tubes'과 같은) 해부학적 부위 등을 명명할 때 점차 시조의 이름을 붙이는 현상이 늘어난 사실에서 잘 드러난다. 대략 1600년 이후 유럽인들은 고대의 통찰과 발명에도 자신들이 추정하는 창건자나 발견자의 이름을 따서 새로운 명칭을 붙이기 시작했다. 가령 '피타고라스의 정리'는 그전까지 '둘카논Dulcarnon'(피타고라스의 정리에 따라붙는 그림을 묘사하는 '두 뿔이 달린'이라는 뜻의 아랍어 구절에서 파생된 단어)이라고 불렸다. 마지막으로, 특허법이 등장하기 한참 전에 사람들은 다른 이의 초고나 수학적 증명, 심지어 견해조차도 출처를 밝히지 않은 채 베끼거나 공표하는 것은 잘못이라는 통념을 받아들이기 시작했다. 사람들은 새로운 정신 상태(관념, 개념, 방정식, 제조법)는 어쨌든 공개적으로 그것을 처음 주장한 사람과 연결되거나 그의 '소유'라고 생각하게 되었다. 이런 소유권이 비록 우리에게는 직관적으로 보일지 몰라도 고대까지 이어지는 관습적인 관행에는 위배된다. 생각이나 노래, 개념처럼 비물질적인 것을 개인이 소유할 수 있다는 관념이 비로소 직관적으로 타당해지기 시작한 것이다. 이런 변화를 증명이라도 하듯이 영어에서 '표절plagiarism'이라는 단어가 16세기에 처음 확산되기 시작했다. 1598년에 유괴를 뜻하는 라틴어 단어에서 유래한 'plagiary'가 도입된 뒤의 일이다.[17]

여기서 요점은 다음과 같다. 산업화 이전 몇몇 유럽 인구 집단에서 더 WEIRD한 심리는 인간 관계와 물리적 세계를 둘 다 다루는 것을 포함해서 일정한 종류의 법과 규범, 원리의 발전과 확산을 선호했다. 물론 새롭게 등장하기 시작한 서구의 법률과 과학은 거꾸로 WEIRD 심리의 측면들을 한층 더 강화했다. 아마 새로운 법적 개혁의 영향을 살펴보기에 가장 알맞은 공간은 민주적 제도가 미친 심리적 효과에 관한 연구일 것이다. 마찬가지로, 과학이 미친 영향도 상당히 컸다. 앞으로 살펴보겠지만, 과학자들은 타당한 증거나 유효한 이유로 여겨지는 것들을 만들어냄으로써 우리의 인식 규범에 가장 큰 영향을 미쳤다.

대의정부와 민주주의

참여적이고 대의적인 통치의 요소들이 중세 성기에 확산되기 시작했다. 예를 들어 자발적 결사체에서 지도자를 뽑고 결정을 내리는 데 점차 선거가 활용되었다. 가령 앞에서 보았듯이 11세기 시토회 수사들이 성원 가운데 대수도원장을 투표로 뽑기 시작했다. 그와 동시에 길드를 비롯한 결사체들이 권력을 놓고 경쟁하는 가운데 몇몇 도시 공동체에서 대표의회가 결성되었다. 이 의회의 의원들은 동네를 대변하기보다는 종종 공동체 내의 길드나 종교 단체를 대변했다. 몇몇 도시에서는 통치의회가 상인들의 과두정에 불과했다. 하지만 다른 곳에서는 참정권이 확대되어 점점 늘어나는 결사체의 성원들까지 포함되었고, 그들은 점차 자신들의 대표'권'을 주장했다. 개인 혼자서는 사실상 자신의 권리를 주장하기 힘들었지만, 공통의 이해관계를 가진 이들이 집단으로 뭉쳤을 때에는 실질적인 영향력을 행사할 수 있었다. 도시, 길드, 대학, 수도회 등이 성원을 놓고 경쟁했기 때문에 가장 매력적인 정부 형태를 가진 이들이 가장 빠르게 성장하고 가장 WEIRD한 심리를 가진 사람들을 끌어들이는 경향이 있었다.[18]

이런 사회적, 정치적 변화를 뒷받침한 것은 교회법의 초기 발전이었는데, 이는 근대적 법인법이 등장하는 토대가 되었다. 교회법은 법인(자발적 결사체)의 임명된 지도자나 대표자가 중요한 행동을 하기에 앞서 성원들의 동의를 구해야 한다고 주장했다. 이런 사고는 '모든 사람에게 관련된 문제는 모든 사람의 검토와 승인을 받아야 한다'는 로마의 경구로 요약되는 입헌 원리로 발전했다. 하지만 중세 유럽의 법치주의자들은 자신이 로마법에서 보았다고 생각한 내용을 무심코 재해석함으로써 새로운 원리에 도달했다.

로마 제국은 확실히 피치자들의 동의를 받을 필요가 있다고 생각하지 않았다. 앞의 경구는 맥락과 사례에 한정된 것이었다. 하지만 이 경구가 원형적인 WEIRD 심리의 프리즘을 통해 걸러지면서 상식, 아니 거의 자명한 진리처럼 들리기 시작했다. 대학에서 훈련받은 법학자들이 교회법에 충분히 근거를 두었기 때문에 교회법의 이런저런 측면들은 유럽 전역과 그 바깥에서 이후 법인법과 입헌 정부가 발전하기 위한 출발점이 되었다.[19]

중세 성기에 공식적인 민주적 관행과 사상으로 나아가는 문호가 열린 데에는 사회적인 이유와 심리적인 이유가 있었다. 사회적으로 보면, 투표나 합의 구축 같은 관행은 탄탄한 친족 기반 제도 위에 존재할 때 순조롭게 작동할 수 없다. 그 이유를 알려면 아프가니스탄 태생의 저술가 타밈 안사리Tamim Ansary의 설명을 생각해보자.

하지만 나는 탈레반이 도망친 뒤 아프가니스탄에서 열린 선거를 지금도 기억한다. 나라 전체에서 사람들이 미국이 조직하는 전국회의에서 자신들을 대변해서 의회와 헌법, 대통령, 내각을 두루 갖춘 새로운 민주 정부를 만들 대표자를 선택했다. … 나는 선거에서 투표를 했다는 한 남자를 만났다. … 흔한 긴팔 셔츠에 헐렁한 바지, 터번에 턱수염이 수북한 그는 어린 시절에 알던 전통적인 농촌 마을사람처럼 보였기 때문에 어떻게 투표를 했는지 설명해달라고 요청했다. 실제로 어떤 일이 있었을까?

"글쎄요. 도시 사람 두어 명이 종이쪼가리 몇 장을 들고 와서는 어떻게 표시를 해야 하는지 몇 번이고 설명했지요. 먼 길을 온 사람들인데 무례하게 대하고 싶지 않아서 공손하게 이야기를 들었는데, 그래도 도시 것들한테 우리 대표가 누구인지 들을 필요는 없었습니다. 그 사람들이 원하는 대로 표시를 했는데, 누가 우리를 대표하는지 우리가 모를 리가 없거든요. 물론 아가이 사야프죠."

내가 물었다. "그런데 어떻게 사야프로 정한 거죠?"

"사야프로 정했다고요? 선생님! 그게 무슨 말입니까? 사야프 가족은 도스트 모하마드 칸Dost Mohammad Khan, 1793~1863(아프가니스탄 토후국 바라크자이 왕조의 창시자로 제1차 영국-아프가니스탄 전쟁에서 패배해 굴복했다—옮긴이) 시절부터, 아니 그전부터 여기 살고 있다고요.. … 내 여동생 남편의 사촌이 사야프의 처제하고 결혼한 걸 아시나요? 사야프는 우리쪽 사람입니다."[20]

이 구절에 반영된 강한 내집단에 대한 충성은 아프가니스탄 남성들이 표를 던질 것을 고려하는 유일한 후보는 자기쪽 사람임을 의미한다. 그 순간 그들은 길게 이어진 일련의 친족 유대를 통해 자신과의 연결고리를 추적했다. '내 여동생 남편의 사촌이 사야프의 처제하고 결혼했다.' 이런 영향을 보면 선거는 주로 상이한 투표 집단의 규모에 따라 결정됨을 알 수 있다. 대체로 더 큰 씨족이나 부족, 종족 집단이 승리하며 때로는 정당으로 변신하기도 하지만, 사람들은 자신이 속한 집단을 쉽게 바꾸지 못한다. 중세 유럽에서 집약적 친족 관계와 부족적 조직이 해체된 것을 보면 민주적 관행이 더 잘 작동했음을 알 수 있다. 마찬가지로, 만약 모든 사람이 자기 씨족의 수장, 또는 종족적 표지나 종교를 공유하는 집단의 우두머리에게 동의한다면, 새로운 정책을 둘러싼 집단적 토론이나 논쟁이 생산적일 수가 없다.[21]

심리학적으로 볼 때, 참여적인 통치 관행이 몇 가지 면에서 사람들에게 매력적으로 보였을 것이다. 개인주의적이고 독립적인 사람들은 자기 의사를 표현하는 식으로 자신을 구별하기를 좋아하며, 흔히 대세를 거스르는 것을 신경 쓰지 않는다. 집단 토론이나 공개 투표는 개인에게 남들과 자기를 구별하고 자신의 독특함과 개인적 정체성 인식을 표현하는 방법이다. 이는 또래 순응, 연장자 공경, 수치심 회피, 전통적 권위 존중 등을 선호하는 심리적 성향과 대조된다. 집단의 의견에 대담하게 반대하거나 오랜 지혜의 결함을 지적하는 것은 대다수 복잡한 사회에서 남들에게 좋은 인상을 주는 방법이 아니었다.

이와 관련해서 개인주의 복합체가 가지고 있는 또다른 측면은 선택이나 통제에 대한 선호다. WEIRD는 자신이 직접 고르는 물건을 좋아하고 권력이 할당하는 똑같은 과제보다는 자신이 선택한 과제를 수행할 때 더 열심히 일한다. 이와 대조적으로, 개인주의 성향이 낮은 인구 집단들은 스스로 선택을 하거나 통제를 하는 기회가 주어진다고 특별히 고무되지 않는다.[22]

이런 심리적 양상, 그리고 특히 권위를 거부하는 사람들의 성향과 선택에 대한 열망이 연구자들이 말하는 이른바 **민주주의 프리미엄**democracy premium에 영향을 미친다. 연구실과 현장에서 진행된 실험 양쪽 모두를 볼 때, 일부 인구 집단은 의사결정에서 발언권(보통 투표권)이 있을 때 집단에 더 많이 기여하고 집단의 규칙을 더 엄격하게 따른다. 흔히 그렇듯이, 이에 관한 연구실 연구는 거의 전적으로 WEIRD를 대상으로 이루어졌다. 하지만 최근의 몇몇 연구는 몽골과 중국에서 민주주의 프리미엄을 발견하는 데 실패했다. 중국 농촌에서 사람들은 자신이 직접 투표를 해서 그 법을 제정했을 때가 아니라 '법'이 외부적으로 부과됐을 때 공공재 게임 실험에서 가장 많이 기부를 했다. 심리학적으로 볼 때, 권위에 복종하는 성향이 강하고 통제 욕망이 약한 사람일수록 외부적으로 부과된 법률에 더 협조하고 민주적 투표의 결과에 덜 협조했다. 해당 인구 집단의 대다수에서 이런 심리적 경향이 충분히 약할 때에만 민주

주의 프리미엄이 등장한다. 이것은 문화심리학에서 새롭게 등장한 연구 결과다.[23]

이런 증거는 중세 유럽인들이 공식적인 민주적 제도에 사회적, 심리적으로 더 민감했을 뿐만 아니라 민주적 제도가 원형적 WEIRD 심리를 지닌 사람들에게 집단에 더 많이 기여하고 규칙을 따르도록 고무함으로써 실제로 더 잘 작동했음을 보여준다. 나는 또한 변화하는 심리적 기반이 사람들이 정부 정당성의 원천이라고 여기는 것에 영향을 미쳤을 것이라고 본다. 인간 역사의 과정에서 등장한 대다수 주권자들이 그렇듯이, 중세 유럽의 통치자들도 신의 위임과 특별한 혈통이 일정하게 결합된 것에서 정당성의 근원을 발견했다. 하지만 점차, 특히 1500년 이후 개인들은 (신이나 혈통, 또는 둘의 일정한 혼합이 아니라) '인민'이나 '피치자'를 정당성의 잠재적인 근원으로 보기 시작했다. 심리학을 통해 집약적 친족 기반 제도를 민주적 제도와 연계하는 이 주장은 현대의 연구에 기반을 두는데, 그 대부분은 대학교 연구실에서 이루어졌다. 그렇다면 현실 세계에서 이런 연계를 만들어내고 과거 역사와 연결시킬 방법이 있을까?

세 가지 방식으로 이 문제를 다룰 수 있다. 첫째, 7장에서 비개인적 신뢰, 개인주의, 순응 등에 관해 살펴본 것처럼 현대 세계에서 유럽에 온 이민자의 성인 자녀들을 살펴보면, 집약적 친족 관계가 강한 사회에 기원을 가진 개인들은 정치 활동에 덜 참여한다. 그들은 투표를 덜 하고, 각종 청원에 서명하는 빈도가 적으며, 불매운동을 별로 지지하지 않고, 시위에 잘 참여하지 않는다. 그들의 부모가 다른 나라에서 이주해왔다 하더라도 이 사람들은 모두 같은 유럽 나라에서 성장했다는 사실을 기억하자. 그럼에도 불구하고 집약적 친족 관계가 약한 문화적 배경에서 성장한 부모를 둔 이들은 정치에 더 적극적으로 참여한다. 연령, 성별,

종교, 소득, 고용 지위, 차별 경험 등의 영향을 통계적 상수로 두더라도 이 효과는 여전히 유효하다. 이런 연구 결과를 보면, 집약적 친족 관계는 (문화적 전달을 통해 작동하면서) 참여적 거버넌스, 정치적 다원주의, 민주적 제도의 질을 심리적으로 억제한다. 마찬가지로, 다시 이탈리아에 초점을 맞추면, 20세기에 사촌 간 결혼 비율이 높은 주일수록 21세기에 투표율이 낮았다.[24]

둘째, 주교구와 가까운 탓에 교회의 '결혼 가족 강령'에 더 오랫동안 노출된 도시일수록 대의적 형태의 정부를 발전시킬 가능성이 높았다는 9장의 논의를 기억해보라(〈그림 9.6〉). 따라서 '결혼 가족 강령'에 노출되면 실제로 참여적 거버넌스가 높아지고 전제정이 줄어드는 결과로 이어졌다. 분명 같은 시대에 이슬람 세계나 중국에서 참여적이거나 대의적 형태의 정부를 채택할 확률은 제로였다. 그런 일은 '상상조차 할 수 없는 것'이었다.[25]

마지막으로, 여러 나라를 비교하면 집약적 친족 관계와 민주주의 사이에 비슷한 관계가 드러난다. 집약적 친족 관계가 강한 나라의 정부는 국제 순위에서 볼 때 민주주의가 약하다고 여겨진다. 실제로 한 나라의 역사적 사촌 간 결혼 비율을 알면 국가 차원의 민주적 제도의 질에서 나타나는 전체 변이를 절반 정도 설명할 수 있다(〈그림 12.1〉). 집약적 친족 기반 제도가 지속될 때는 국가 차원의 민주적 제도가 자리를 잡지 못한다.[26]

종합해보면, 이런 일련의 증거는 교회가 집약적 친족 관계를 해체하고 사람들의 심리를 변화시킴으로써 정치적 다원주의와 근대 민주주의가 서서히 확대되는 길을 열어주었다는 주장을 뒷받침한다.[27]

분명히 이는 일방향의 인과성이 아니다. 심리, 규범, 공식적 제도 등은 일종의 피드백 고리 속에서 상호작용한다. 한 인구 집단에서 특정한 심리적 양상의 등장은 법률과 민주주의, 대의정부를 비롯한 새로운 공

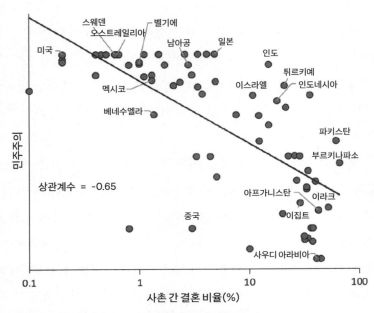

〈그림 12.1〉 사촌 간 결혼 비율과 국가적 차원의 민주적 제도의 질 사이의 관계

사촌 간 결혼 비율이 높은 나라일수록 민주주의가 허약하다.[28]

식적 제도가 생겨나는 길을 열어줄 수 있다. 그와 동시에 인구 집단의 심리와 사회 규범에 들어맞는 새로운 공식적 제도의 탄생은 계속해서 심리적 변화를 재촉할 수 있다. 이를 살펴보기 위해 산업화 이전 시대에 공식적인 민주적 제도를 채택한 것이 장기적으로 미친 심리적 효과를 검토해보자.

오늘날 스위스가 된 지역에서는 13세기부터 만화경 같이 어지러운 소읍과 도시가 발전하기 시작했다. 이 도시 지역들 가운데 일부는 참여적 거버넌스 형태를 채택하기 시작한 반면, 다른 곳들은 세습 귀족의 전제적 통치 아래에 남았다. 이렇게 민주주의와 전제정이 드문드문 뒤섞인 상황은 1803년 나폴레옹이 이 지역을 정복하고 모든 공동체에 자치권을 부여해서 민주주의가 우세해질 때까지 지속되었다.

경제학자 마르셀라 베로네시Marcella Veronesi와 데베시 루스타지는 이런 자연적 실험을 발견하고는 스위스 각지의 174개 공동체에 사는 262명을 대상으로 2인 공공재 게임을 진행했다. 이 일회성 실험은 데베시가 시장 통합을 연구하기 위해 에티오피아 오로모족을 대상으로 진행한 것과 같은 실험이었다(9장). (파트너가 먼저 결정하는 경우) 실험 참가자는 파트너가 얼마를 기부하는지 들은 후에 파트너가 기부할 수 있는 각각의 금액에 대해 얼마를 기부하겠느냐는 질문을 받으며, 이 결정은 구속력이 있다. 이 방법으로 연구자들은 각 참가자가 상대방의 기부에 얼마나 긍정적 혹은 부정적으로 반응하는지를 바탕으로 -100점부터 100점까지 점수를 매기는 식으로 낯선 사람과 조건적 협동을 하는 사람들의 성향을 평가할 수 있다. 이 스위스 표본의 평균 점수는 65점이다. 각기 다른 스위스의 공동체에서 민주적 또는 참여적인 공식적 제도를 언제 처음 만들었는지를 평가하기 위해 두 경제학자는 역사적 데이터를 파헤쳤다. 나폴레옹의 지배가 시작된 이후 어떤 식으로든 스위스의 모든 공동체가 민주화되었기 때문에 두 사람은 각 공동체가 1803년 이전에 얼마나 오랫동안 모종의 민주적 또는 참여적 거버넌스를 경험했는지를 계산했다.

분석 결과를 보면, 스위스에서 참여적 거버넌스의 역사가 긴 공동체에 속한 사람일수록 오늘날 낯선 사람과 조건적으로 협동하는 성향이 더 강하다. 실제로 민주적 정부에 노출된 기간이 100년 늘어날 때마다 현대인의 조건적 협동 성향이 약 9점씩 높아진다. 평균이 65점이므로 9점은 큰 영향을 미친다. 달리 표현해서 나폴레옹 이전에 참여적 거버넌스가 존재했던 공동체와 그후에야 그와 같은 거버넌스가 발전한 공동체를 비교해보면, '나폴레옹 이전의 민주주의' 지역에 속한 개인들 (83점)은 '나폴레옹 이후의 민주주의' 지역에 속한 개인들(겨우 42점)보다 조건적 협동 성향이 두 배 정도 높다.

물론 일찍부터 민주적 정부 형태를 채택한 공동체에는 특별한 점이 있을 테고, 이런 점이 조숙한 정치적 발전을 가져왔을 뿐만 아니라 현대의 심리적 차이도 설명해줄 수 있다. 이것은 진정한 실험이 아니다. 일부 공동체에 무작위로 '민주주의'를 할당하고 다른 곳에는 할당하지 않는 식으로 실험한 것이 아니기 때문이다.

이런 우려를 해결하기 위해 마르셀라와 데베시는 무작위적인 정치적 충격을 활용했다. 1218년 베르톨트 대공이 상속자 없이 갑자기 사망하면서 채링겐 왕조는 예상치 못하게, 그러나 평화롭게 종언을 고했다. 옛 채링겐 영역 안에 있던 도시와 소읍들은 자유롭게 거버넌스 형태를 발전시킬 수 있었는데, 많은 곳이 참여적이거나 대의적인 제도를 발전시켰다. 한편 주변의 다른 왕조들은 갑자기 끝을 맺지 않았기 때문에 그곳의 공동체들은 이후에 기회를 기다려야 했고, 일부는 나폴레옹을 기다려야 했다. 상속자 없는 대공의 죽음은 우리에게 필요한 무작위성을 제공한다. 우리는 이런 역사적 충격을 알기 때문에 (현란한 통계 기법을 활용해서) 사실상 무작위적이라는 것을 아는 역사적인 민주적 거버넌스의 변이를 '끄집어내서' 이것만으로 현대에 낯선 사람과의 조건적 협동을 설명할 수 있는지 알아볼 수 있다.

확실히 이 분석에 따르면, 민주적 거버넌스를 100년 더 경험할수록 현대 스위스인의 조건적 협동 성향이 9퍼센트포인트 가까이 증가했음을 확인할 수 있다. 앞의 전체적 분석과 비슷한 수치다. 적어도 스위스에서는 공식적인 민주적 제도가 실제로 인구 집단의 조건적 협동 성향을 높이는 것으로 보인다.[29]

요점을 정리해보면, 점차 WEIRD한 심리가 더 민주적이고 참여적인 형태의 거버넌스의 발전을 촉진했으며, 일단 이런 공식적 제도가 확립되면 적어도 일정한 차원에서는 WEIRD 심리를 한층 더 강화했다. 이는 아마 확대가족과 촘촘한 관계망의 가치를 축소하는 한편 비개인적 상업과 자발적 결사체들 사이의 경쟁을 부추김으로써 가능했을 것이다.[30]

가장 WEIRD한 종교, 프로테스탄티즘

프로테스탄티즘은 개인적 헌신과 개인과 신의 관계를 영적 삶의 핵심에 두는 종교 신앙의 한 분파다. 화려한 의례, 거대한 성당, 큰 희생제물, 임명직 사제 등은 대체로 아무런 역할을 하지 않으며 공공연한 비난의 대상이 된다. 개인들은 자신의 선택이라는 힘을 통해 하느님과 직접 개인적인 관계를 맺는다. 혼자 또는 소집단으로 성경을 읽고 묵상하는 것이 한 방법이다. 하느님과 연결되기 위해 신자가 조상이나 위대한 현인, 종교적 위계, 교회 전통 등을 공경할 필요가 없다. 원칙적으로 프로테스탄트가 공경하는 것은 성경뿐이다. 많은 교파에서 누구든 종교 지도자가 될 수 있고 특별한 훈련도 필요하지 않다. 이 지도자들은 형식적으로 회중과 동등하며, 다만 명망 때문에 일정한 특권을 누린다. 구원(정해지지 않은 내세)은 대체로 각자의 정신 상태(신앙)에 근거해서 이루어진다. 의례와 선행은 거의 또는 전혀 역할을 하지 않으며, 의도와 믿음 또는 내면이 가장 중요하다. 살인이나 절도, 간통에 대해 생각하는 것은 그 자체로 죄가 된다. 주요 교파들은 또한 모든 사람에게 각자의 특별한 특성과 자질에 독특하게 들어맞는 소명, 다시 말해 자유롭게 선택한 직업이나 천직이 있다고 강조한다. 근면과 인내심, 자기규율을 가지고 소명을 성공적으로 추구하기 위해 열심히 일하는 것은 하느님의 역사를 행하는 것이다. 때로는 이를 통해 천국에 갈 수 있지만, 다른 경우에는 선

택받은 자로 공개적으로 표시를 받을 뿐이다.[31]

어디서 들어본 적이 있는 이야기인가? 이 설명을 들으면서 우리가 이 책 전체에서 설명한 심리적 양상들이 떠올랐기를 기대한다. 개인주의, 독립성, 관계와 무관한 도덕, 비개인적 친사회성(낯선 사람들에 대한 공정한 태도), 비순응, 전통에 대한 저항, 수치심보다 죄책감, 고된 노동, 자기 규제, 도덕적 판단에서 정신 상태의 중요성, 선택한 직업에 맞춘 성향의 형성 등이 그것이다.

16세기에 프로테스탄티즘이 한 일은 종교개혁으로 이어지는 수백 년이라는 기간 동안 유럽에 침투한 심리적 복합체를 신성하게 만드는 것이었다. 지금까지 내가 제시한 주장은 많은 인구 집단에서 프로테스탄티즘을 구성하는 16세기 종교 운동의 심리적 핵심인 개인주의 심리가 (맹아적 형태로나마) 이미 발전하고 있었다는 것이다. 마르틴 루터 자신이 **자치도시** 비텐베르크에 있는 대학에 고용된 아우구스티누스 수도회 수사였다(자발적 결사체 세 개가 겹친다).

프로테스탄트 신앙이 빠르게 퍼져나간 것은 어느 정도는 핵심적인 종교적 가치와 세계를 보는 관점이 그 시대의 원형적인 WEIRD 심리와 맞물렸기 때문이다. 물론 다양한 왕과 대공, 제후가 이 시류에 편승한 데는 여러 가지 정치, 경제적 이유가 있었다. 가령 이 통치자들은 교회가 소유한 수많은 땅을 몰수할 수 있었다. 하지만 통치자들이 이 과정을 잘 처리한 것은 프로테스탄트 신앙이 인구의 중요한 다수 집단과 깊이 공명했기 때문이다. 다시 말해, 이 책 전체에 걸쳐 설명한 과정, 즉 핵가족, 비개인적 시장, 경쟁하는 자발적 결사체 등의 등장은 종교개혁이라는 씨앗을 위한 유럽의 심리적 토양이 된 셈이었다.[32]

물론 프로테스탄트 종교개혁은 마른하늘에 날벼락 같은 일이 아니었으며, 단일한 운동이나 사건으로 봐서는 그 과정을 잘 이해하기도 힘들다. 그보다는 생각이 비슷한 개인들이 각각 고유한 초자연적 믿음과 의례, 관행을 갖춘 다양한 종교 단체를 발전시킨 문화적 진화 과정이라고 보아야 한다. 이런 종교적 묶음 가운데 일부는 주류인 로마 가톨릭교회의 성향보다 새롭게 등장하는 심리적 양상에 잘 들어맞았다. 종교개혁의 많은 전조들이 중세시대에 이미 나타났다. 가령 최소한 막스 베버까지 거슬러 올라가는 관찰자들은 프로테스탄티즘과 시토회(1089년)의 유사성을 간파했다.

14세기에 잉글랜드의 존 위클리프는 기독교도들이 교황과 사제에 의존하기보다는 스스로 성경을 읽어야 한다고 주장했다. 100여 년 뒤에 루터가 그랬던 것처럼 그도 성경을 지방어인 중세 영어로 번역했다. 루터와 그의 동시대인들과 마찬가지로, 위클리프는 아우구스티누스를 존경하고 교황의 위계질서와 면죄부를 비난했다. 비록 뿌리를 내리기까지 탄압을 받았지만, 위클리프 등이 벌인 종교 운동은 가톨릭 경쟁자들보다 유럽의 여러 인구 집단에서 발전하던 원형적인 WEIRD 심리와 더 잘 어울렸다. 프로테스탄티즘이 어느 정도는 변화하는 심리적 풍경에 대한 대응이었다는 점을 이해하면, 그것이 등장하고 확산된 이유뿐만 아니라 그토록 개인주의적이고, 규율이 잡히고, 평등주의적이고, 자기에 초점을 맞추고, 신앙을 지향하고, 정신에 집중했던 이유도 알 수 있다.[33]

많은 프로테스탄트 종파와 대조적으로 교회 자체가 (로마의) 가부장적 가족 모델 위에 세워졌다는 것은 어떻게 보면 아이러니한 일이다. '아버지(교황)'라고 불리게 된 종교 원로들은 하느님의 용서를 부여(전달)하는 권한 등 특별한 권력과 신성한 진리에 접근할 수 있는 특권을 가지고 있었다. 지혜와 성스러움을 부여받은 교회 지도자들은 존경과 순종의 대상이었다. 보통 사람은 오직 교회, 그리고 교회의 전문화된 의례와 엘리트 실행자들을 통해서만 하느님과 내세에 이르는 길을 찾을 수 있을 뿐 하느님과 직접 관계를 맺을 수는 없었다.[34]

물론 다양한 프로테스탄트 교파와 경쟁에 직면한 교회, 특히 예수회 같은 일부 소규모 교파가 시간이 흐르면서 WEIRD 심리와 좀 더 어울리는 방식으로 진화했다. 하지만 이런 개혁에는 한계가 있었다. 교회가 천국에 들어가기 위한 규칙을 바꿀 때마다 교회의 영원한 권위가 훼손되었기 때문이다. 신자들을 놓고 경쟁할 필요가 없던 종교개혁 이전의 교회는 신자들의 변화하는 심리에 적응하지 않았다.

프로테스탄티즘 역시 민주적 거버넌스와 마찬가지로 심리의 양방향 통행로일까? 이렇게 확산된 종교 공동체들이 발전시킨 제도와 믿음이 이후의 심리적 변화를 촉진한 걸까? 프로테스탄티즘(또는 적어도 몇몇 프로테스탄트 교파)이 사람들의 심리에 하향 효과를 재촉하고 이 효과가 경제 번영을 야기한 걸까?

앞으로 살펴보겠지만 이는 복잡한 문제다. 프롤로그에서 우리는 모든 기독교인은 스스로 성경을 읽어야 한다는 프로테스탄트의 믿음이 어떻게 유럽 전역에서, 그리고 뒤이어 세계 곳곳에서 문해력과 정규 학교 교육의 확대를 추동했는지를 보았다. 프로테스탄티즘은 문해력 확대를 추동함으로써 사람들의 뇌들보를 굵게 만들고, 언어적 기억을 증진시키고, 안면 인식 능력을 갉아먹었다. 그렇다면 프로테스탄티즘은 사람들의 정신을 어떻게 변화시켰을까?[35]

│ 프로테스탄티즘이 유럽인의 심리에 미친 영향

프로테스탄티즘은 이 책 전체에 걸쳐 우리가 검토하는 WEIRD의 여러 심리적 양상에 일종의 부스터샷 작용을 했다. 6장에서 우리는 국가 차원에서 친족 집중도와 서방 교회에 대한 노출이 많은 심리적 측정치에 미치는 영향을 검토했다. 또한 이와 동일한 분석에 따르면, 친족 집중도나 교회에 대한 노출도 외에도 프로테스탄트가 인구의 다수인 나라가 가톨릭교도가 다수인 나라에 비해 훨씬 더 높은 개인주의(〈그림 1.2〉와 〈그림 6.4〉), 더 높은 비개인적 신뢰(〈그림 1.7〉과 〈그림 6.6〉)를 보이며, 창의성을 더 많이 강조한다는 사실이 드러났다. 평균적으로, 프로테스탄트 국가의 사람들이 더 많이 익명의 헌혈을 하고, 유엔 외교관들의 주차 위반 과태료 체납이 훨씬 적었다. 유럽 안의 같은 지역에 사는 개인들만 비교할 때(7장), 프로테스탄트라고 밝힌 사람들이 (가톨릭 신자에 비해) 개인주의와 독립성이 강하고, 순응과 복종의 성향이 약하며, 낯선 사람에 대한 더 많은 비개인적 신뢰와 공정성을 보였다. 여기서 프로테스탄티즘의 '부스터샷'은 교회의 역사적 영향에 덧붙여진다.[36]

우리와는 다른 데이터를 사용하는 다른 분석들도 이런 결과를 강조하고 확대한다. 경제학자 베니토 아루냐다Benito Arruñada는 32개국 수천 명을 비교한 결과 개신교인이 인구학적, 경제적으로 비슷한 같은 나라의 가톨릭 신자에 비해 (1) 가족과의 유대가 약하고, (2) 조세포탈에 덜 관용적이며, (3) 낯선 사람을 더 신뢰한다는 사실을 발견했다. 개신교인은 또한 탑승객의 딜레마에서 무모하게 운전한 친구를 구하기 위해 법정에서 거짓말을 하려 하지 않는다(〈그림 1.6〉). 결국 유럽의 개신교인은 가톨릭 신자에 비해 더 강한 비관계적 도덕과 더 큰 비개인적 친사회성을 보여준다.[37]

애덤 코언Adam Cohen이 이끄는 심리학 연구는 한 걸음 더 나아가 미국의 개신교인과 가톨릭 신자, 유대인을 대상으로 정신 상태의 중요성을 비교했다. 펜실베이니아대학교에서 참가자들에게 제시한 다음의 사례를 생각해보자.

K씨는 펜실베이니아대학교 1992년 졸업생이다. 그는 마케팅 조사 기업에서 무척 열심히 일하고 있다. K씨는 부모님에게 의지하고 싶지 않아 대학을 졸업하고 일을 시작하기를 간절히 바랐다. 사실을 말하자면 K씨는 부모님을 그렇게 좋아하지 않았기 때문이다. K씨는 마음속으로 부모님이 자기 인생에 너무 관여하며 자신과는 성격이나 삶의 목표가 무척 다르다고 생각한다.

계속해서 참가자들은 K씨가 (A) 대체로 부모를 무시하면서 부모의 생일에도 전화하거나 찾아가는 걸 잊어버리거나 (B) 전화하거나 찾아가고 근사한 생신 선물을 보내는 식으로 부모를 좋아하는 척한다는 이야기를 듣는다. K씨는 인성이 좋은 걸까? 개인적으로 부모를 좋아하지 않을지라도 존경하는 척하는 게 더 나은가, 아니면 자기 감정에 충실해야(또는 감정을 바꿔야) 하는가?

펜실베이니아의 개신교인은 유대인과 달랐다. 평균적으로 유대인은 K씨가 부모에게 올바른 행동을 할 때 인성이 좋다고 느꼈다. 그의 감정과 행동이 일치해서 부모를 형편없이 대할 때 유대인은 그가 인성이 나쁘다고 평가했다. 이와 대조적으로 개신교인은 K씨가 그냥 인성이 나쁘다고 보았다. 개신교인은 그의 행동과 무관하게 그를 아주 똑같이 형편없다고 평가했다. 개신교인에게 중요한 것은 K씨의 정신 상태였다. 그는 분명 자기 부모를 '좋지 않게' 생각하고 있었다.

유대인과 개신교인에게 매력적인 직장 동료와 바람을 피우려고 (아주 진지하게) 생각하다가 결국 포기한 남자를 평가하도록 해도 비슷한 결과가 나왔다. 유대인은 그 사람이 실제로 한 일에 초점을 맞추면서 가볍게 봐주는 경향이 있었다. 이와 대조적으로, 개신교인은 그가 확고한 자제력을 보였음에도 훨씬 가혹하게 평가했다. 주목할 점은 미국의 남자가 결국 바람을 피웠을 때는 유대인과 개신교인의 평가가 다르지 않았다. 양쪽의 평가가 다른 것은 그의 행동이 정신 상태와 일치하지 않았을 때뿐이다. 조지아 출신의 남부침례교도인 대통령 지미 카터는 한 인터뷰에서 다음과 같이 말하면서 개신교인의 정서를 압축적으로 보여주었다. "저는 많은 여자를 욕정을 품고 바라봤습니다. 마음속으로 여러 차례 간통을 저지른 셈이죠." 이와 달리, 많은 비개신교인은 그냥 정신 상태만 그럴 뿐이라면 간통이 아니라고 주장한다.[38]

미국의 개신교인과 가톨릭 신자를 비교해보면 다소 차이가 작아지지만, 그래도 개신교인이 가톨릭 신자보다 사람들의 내면적 상태, 믿음, 감정, 성향에 더 초점을 맞추는 것으로 나타난다. 코언과 동료들은 일련의 연구에서 개신교인이 가톨릭 신자보다 '기본적 귀인 오류'를 저지를 성향이 더 높음을, 다시 말해 WEIRD가 타인을 평가할 때 분명한 맥락적 요인보다 개인의 내면적 성향에 초점을 맞추는 경향이 있음을 보여주었다. 코언의 연구팀은 일련의 실험을 통해 개신교인들이 영혼의 독자성에 관해 생각하는 방식이 이런 결과를 낳는다고 주장한다. 교회와 사제, 성사(가령 고백과 고해), 공동체, 가족과 친구의 영혼이 하늘나라에 들어가도록 돕는 의식인 기도를 갖춘 가톨릭 신자와 달리, 개신교인은 심판하는 하느님 앞에 벌거벗은 채 홀로 서 있다.

그런데 프로테스탄티즘이 심리에 미치는 효과를 통해 이를 자본주의의 기원과 연결시킨 막스 베버의 가설은 어떨까? 유명한 독일 사회학자가 말한 것처럼, 프로테스탄트 또는 칼뱅주의와 같은 일부 프로테스탄트 교파가 더 강한 노동 윤리를 가지고 있고, 더 검약한 생활을 하며, 더 많은 인내심을 보일까?

┃ 신성한 노동과 금지된 성

프로테스탄티즘과 더 강한 노동 윤리 같은 심리적 결과 사이에 확고한 인과관계를 확립하는 것은 몇 가지 이유에서 쉽지 않은 일임이 드러났다. 첫째, 앞에서 우리는 종교개혁 이전에 유럽에서 나타난 종교 운동들이 비슷한 심리적 효과를 발휘했음을 살펴보았다. 노동의 정화하는 힘을 강조한 시토회 같은 수도원 운동이 종교개혁에 앞서 500년 동안 유럽에서 번성했다. 앞서 살펴본 것처럼, 시토회의 영향을 받은 가톨릭 신자들은 노동 윤리의 측면에서 '프로테스탄트'처럼 보인다. 다시 말해, 프로테스탄티즘의 영향을 분리하고자 한다면 시토회 신자들을 고려해야 한다는 것이다. 둘째, 교회가 지속적으로 프로테스탄티즘과 경쟁하면서 적어도 경쟁이 치열한 곳에서는 어디서든 프로테스탄트와 가톨릭 신자 사이의 차이가 좁혀졌을 것이다. 예를 들어, 반종교개혁의 불길 속에서 단련된 예수회는 많은 프로테스탄트 신앙에 버금갈 만큼 학교 교육과 문해력, 자기규율, 근면을 강력하게 장려했다. 최근의 증거를 보면, 예수회는 (적어도 그들이 전면적으로 지배하는 곳에서는) 시토회보다도 훨씬 더 '프로테스탄트'처럼 보이는 장기적인 심리적 유산을 창출했다.

셋째, 독자적으로 강한 노동 윤리를 발전시킨 다른 종족 집단이나 종교 집단 때문에 분명한 연구 결과가 흐려질 수 있다. 문화적 유대인이나 중국의 한족이 좋은 사례가 된다. 마지막으로, 청교도 심리의 몇몇 측면이 종교라는 고정 장치에서 풀려나 미국 문화와 심리의 토대 속으로 폭넓게 융합되었다는 주장이 있을 수 있다. 이 장의 앞에서 살펴본 알렉시드 토크빌의 말처럼 종교가 없는 (나 같은) 미국인조차 약간 '프로테스탄트'처럼 보인다.[39]

이런 이의 제기에도 불구하고 많은 연구 결과가 프로테스탄티즘의 믿음과 관행이 고된 노동과 인내심, 근면을 촉진한다는 통념을 뒷받침한다. 우선 큰 그림부터 살펴보자. 세계 여러 나라들을 비교해보면, 개신교 신자의 비율이 높은 나라일수록 〈그림 1.4〉에 도표로 표시한 지연 할인 결정 문제에서 인내심을 발휘한다. 현대의 수치 대신 1900년 개신교인의 비율을 사용하면 이 효과가 더욱 커진다.[40]

이 연구의 문제점은, 프로테스탄티즘을 지연 할인 같은 심리적 측정치나 노동 시간 같은 실제 행동과 연결시키는 대다수 연구와 마찬가지로 오늘날 사람들이 종교를 바꾸거나 완전히 버릴 수 있다는 사실이다. 따라서 인내심이 많은 사람이 프로테스탄티즘을 좋아하는지, 아니면 더 많은 소득이 사람들로 하여금 인내심을 키우고 프로테스탄티즘을 받아들이게 하는지 정확히 분간하기 어렵다. 두 가지 상관관계가 모두 관찰될 수 있기 때문이다. 다행히도, 16세기에 신성 로마 제국의 복잡한 정치 때문에 자연적 실험이 이루어졌는데, 그 결과를 보면 적어도 잠정적으로는 프로테스탄티즘이 더 강한 노동 윤리를 재촉한다는 것을 알 수 있다.

황제 카를 5세와 반란 세력인 루터파 제후들 사이의 전쟁을 종식시킨 1555년 아우크스부르크 평화 협정에 의해 제국 내의 각 지방 통치자가 주민들이 가톨릭 신자가 될지 개신교 신자가 될지를 결정했다. 이 지방의 통치자들은 개인적인 종교적 신념과 지역 정치의 필요성 등 여러 특이한 이유를 바탕으로 결정을 내렸다. 마침내 독일인들은 자신의 종교를 자유롭게 선택할 수 있게 되지만, 그때쯤이면 이미 주사위가 던져졌고, 대다수 사람들은 아우크스부르크 평화 협정 이후 자리에 오른 지방 통치자가 선택한 신앙을 그냥 고수했다. 오늘날 이런 제후의 결정이 미친 영향이 여전히 독일 군郡별 개신교와 가톨릭의 변이 대부분을 설명해준다(1871년의 변이에 관해서는 〈그림 2〉를 보라).

16세기 통치자들의 결정이 제국 전역의 각기 다른 인구 집단을 프로테스탄트나 가톨릭의 방식으로 치료했다고 생각하면, 이 자연적 실험의 구조를 알 수 있다. 일부 인구 집단은 '프로테스탄트 치료'를 받은 반면, 다른 집단은 '가톨릭 치료'를 받았다. 통치자들의 결정을 알면 당시의 결정으로 야기된 현대 종교의 변이(가톨릭 대 개신교)만 추출해서 연구할 수 있다. 이를 현대인의 노동 시간에 관한 데이터와 결합해서 자세히 분석하면 프로테스탄티즘 '치료를 받은' 인구 집단이 오늘날 가톨릭 치료를 받은 집단에 비해 노동 시간이 더 길다는 것을 알 수 있다. 특히 프로테스탄티즘은 독일인들에게 평균 주당 약 3~4시간을 더 일하게 유도한다. 사람들의 연령, 성별, 교육, 혼인 지위, 자녀 수 등 여러 요인과 무관하게 이 효과는 유효하다. 결국 (교육상의 차이를 고려할 때) 개신교 신자가 가톨릭 신자보다 임금을 더 받지는 않는 반면, 더 많은 소득을 벌어들인다. 노동 시간이 더 길고, 창업처럼 더 많이 일할 수 있는 일자리를 선택하기 때문이다. 실업자가 되면 개신교 신자가 가톨릭 신자에 비해 행복감이 더 줄어드는 것을 보여주는 다른 연구와도 일치하는 내용이다. 아마 개신교 신자에게는 직업이 자존감이나 하느님과의 근접성에서 더 중요하게 작용하는 것 같다.[41]

심리학자들이 연구실에서 진행한 작업은 이런 현실 세계의 증거를 보완하면서 프로테스탄트적 믿음이 자기규제를 증대하고 사람들로 하여금 더 열심히 일하게 하는 몇 가지 방식을 조사하기 시작했다. 죄의식을 경험하는 가톨릭 신자는 죄를 저지른 뒤 사제에게 죄를 고백하고 고해성사를 하는 식으로 잘못을 바로잡을 수 있다. 고해성사를 끝내면 가톨릭 신자는 용서를 받고 다시 천국으로 가는 지름길에 합류할 수 있다. 이와 대조적으로, 개신교인에게는 죄에서 고백, 고해, 용서로 직선으로 이어지는 경로가 존재하지 않는다. 그 대신 (금지된 성에 관해 생각하는 등) 죄로 여겨지는 행동을 하면, '좋은 일'을 더 많이 하는 등의 보상적 반응을 하는 것으로 보인다. 많은 개신교인이 자신의 직업을 신성한 소명으로 여기거나 생산적 노동이 정화 작용을 한다고 생각하기 때문에 보상적 반응은 대개 더 열심히 일하는 것이다.

에밀리 킴Emily Kim과 동료들은 이런 점을 연구실에서 탐구하면서 우선 개신교인, 가톨릭 신자, 유대인 남성의 표본들에게 누이와 섹스하는 것을 생각하게 유도한 다음 몇몇 남자들에게 알파벳을 조합해서 단어 맞추기 문제를 내는 식으로 영원한 구원을 상기시키는 영리한 방법을 사용했다. 마지막으로, 남자들에게 다양한 과제를 수행하게 했다. 개신교인들은 남매 근친상간을 생각하도록 유도하면 더 열심히 일하고 더 창의적으로 과제를 수행했다. 이 효과는 구원을 상기시켰을 때 특히 강했다. 이와 대조적으로, 유대인이나 가톨릭 신자는 같은 죄의식을 경험해도 이런 과제에 기울이는 노력이 줄어들었다. 그렇다면 이런 효과는 개신교인이 근친상간에 관한 생각을 더 강하게 잘못이라고 인식하거나 그런 죄를 손쉽게 씻어버릴 방법이 없기 때문일 것이다.

이 연구를 보면, 일정한 형태의 프로테스탄티즘은 가톨릭의 믿음을 수정함으로써 금지된 성에 대한 남성의 열망을 더 열심히, 오래, 창의적으로 일하도록 동기를 부여하는 쪽으로 활용하는 독창적 방법을 발견한 것 같다. 개신교인들은 자신의 소명에 주의를 기울임으로써 생산적 노동을 통해 죄의식을 증발시킬 수 있다. 이런 예비적 연구가 타당하다면, 종교적 믿음이 창의적 에너지의 깊은 저장고를 열도록 진화한 매혹적인 수단을 보여주는 것이다.

사람들을 움직이는 동기의 원천이 무엇이든 간에 투표 양상 등 여러 가지 방식으로 현실 세계에서 프로테스탄트 노동 윤리를 관찰할 수 있다. 연구자들은 스위스의 자연적 실험을 활용해서 프로테스탄티즘의 역사가 시민들이 국민투표에서 어떻게 투표하는지에 영향을 미친다는 것을 입증했다. 스위스는 상당한 정도의 직접민주주의를 시행하기 때문에 많은 특정한 법률에 관한 투표 기록이 존재한다. 그 결과를 보면, 개신교 인은 휴가 일수를 늘리고, 공식적인 은퇴 연령을 낮추고, 주당 노동 시간 을 단축하는 것과 같이 노동 시간을 제한하는 법령에 반대표를 던지는 경향이 있다. 개신교인은 일하기를 원한다. 그들에게 노동은 신성한 가 치다.[42]

1500년 이후 유럽에서 일어난 대규모 경제 팽창, 그리고 특히 산업혁 명이라는 이름의 경제 도약에서 프로테스탄티즘이 한 역할은 어떤가? 이 문제를 다루기에 앞서 지금까지 설명한 심리적 변화가 정신 상태, 개 인적 신앙, 개인의 의도 등을 중심에 두는 개인 종교가 만들어지는 길 을 완전히 닦았다는 사실을 강조해야 한다. 만약 카를 5세가 1521년 보 름스 국회에서 루터를 곧바로 처형했더라면(그로써 프로테스탄트 종교개 혁을 소멸시켰더라면), 곧바로 프로테스탄티즘과 비슷한 다른 운동이 생 겨나서 그 자리를 대신했을 것이다. 내가 어느 정도 확신을 가지고 이런 이야기를 할 수 있는 것은 루터 이전에도 프로테스탄트와 비슷한 운동 이 이미 등장했기 때문이다.

예를 들어, 14세기에 네덜란드 곳곳의 도시와 소읍, 그리고 독일에서 도 공동생활 형제회가 확산되었다. 훗날의 프로테스탄트 운동과 마찬 가지로 형제회도 육체노동의 가치를 설파하고 개인들이 자기 나름대로 하느님과 개인적 관계를 발전시킬 것을 장려했다. 물론 그 일환으로 사 람들이 성경을 혼자서 읽는 법을 배워야 한다고 여겼다. 프로테스탄티 즘과 달리, 형제회는 지역 주교의 승인을 받는 데 성공해서 공식적으로 교회 내부에 포함되었다. 1517년 루터가 무대에 오르기 전에 형제회는 네덜란드의 많은 도시와 독일의 몇몇 도시에서 문해력을 확산시키고 도시의 성장을 부채질했다. 여기서 핵심은, 프로테스탄티즘이 유럽의

몇몇 인구 집단에서 발전한 심리적 양상이 다양한 방식으로 하나의 종교 운동이었다는 사실이다.[43]

이 점을 강조하고 나면, 프로테스탄티즘(또는 그중 특정한 형태)이 확산되면서 경제 성장과 정치적 변화를 재촉하는 방식으로 사람들의 심리와 선호, 행동이 바뀌었을 가능성이 있다. 1500년 이후, 유럽에서 프로테스탄티즘이 강한 지역일수록 가톨릭 지역보다 더 빠르게 경제 성장이 이루어졌다. 많은 가톨릭 지역이 처음에 더 부유했는데도 경제 성장은 프로테스탄티즘이 강한 지역에서 이루어졌다. 1800년 이후, 프로테스탄트 신앙이 아마 소득과 경제 성장에 가장 큰 영향을 미쳤을 것이다. 프로테스탄티즘은 검약과 인내, 내면화된 노동 윤리를 주입하는 동시에 문해력을 요구하고 학교 교육을 장려하면서 농촌 인구가 산업혁명에 참여해서 기름을 붓도록 심리적으로 준비시켰다. 독일 산업혁명기인 19세기의 증거를 보면, 가톨릭과 비교할 때, 초기 프로테스탄티즘이 더 높은 문해율, 더 많은 소득, (농업 대비) 제조업과 서비스업의 더 많은 참여를 재촉했다.[44]

정치적으로 보면, 프로테스탄티즘은 초기에는 유럽에서, 그 다음에는 세계 곳곳에서 민주적 정부와 대의정부의 형성을 장려했다. 이 과정은 몇 가지 상호관련된 이유에서 이루어졌다(그리고 지금도 계속 진행되고 있다). 첫째, 위계적 교회와 달리, 프로테스탄티즘은 공동체가 스스로 민주주의 원리를 활용하는 자치적인 종교 조직을 발전시킬 것을 요구한다. 울리히 츠빙글리가 지휘한 초기 종교개혁까지 거슬러 올라가면, 스위스의 도시와 마을들은 다수결 투표로 지방 차원의 결정을 내릴 것을 독려받았다. 이 과정을 통해 프로테스탄트는 자치 조직을 만들고 민주적 원리를 실행하는 경험을 했다. 19세기와 20세기에 개신교 선교사들은 세계 각지에서 정치 활동 단체와 비정부기구의 형성을 장려했다. 둘째, 앞서 설명한 것처럼, 프로테스탄티즘은 문해력과 학교 교육, 인쇄기를 장려했다. 이것들은 중간계급을 강화하고, 경제적 생산성을 장려하고, 표현의 자유 확대하는 경향이 있다. 마지막으로, 프로테스탄티즘이 WEIRD 심리에 제공한 부스터샷은 공평한 법률, 개인적 독립성, 표현의 자유를 심리적으로 훨씬 더 매력 있고 사회적으로 필요하게 만든다. 세계적으로 보면, 역사적으로 개신교의 더 집약적인 선교 활동을 경험한 비유럽 나라들이 20세기 후반부에 민주주의가 더 발전했다.[45]

프로테스탄티즘은 문해력과 학교 교육, 민주주의, 경제 성장을 장려할 뿐만 아니라 다른 중요한 효과도 발휘했다. 사람들이 자살에 마음을 열게 한 것이다. 이렇게 가장 개인주의적인 신앙 속에서 하느님에게 가는 여정은 궁극적으로 혼자 하는 행위이며, 이 때문에 사람들은 고립되고 외롭다는 느낌을 갖게 된다. 막스 베버는 프로테스탄티즘이 '유례 없는 고독감'을 유도할 수 있다고 언급했다. 다른 관찰자들은 오래 전부터 최소한 일정한 형태의 프로테스탄티즘이 자립과 개인적 책임을 강조하면서 가톨릭에 비해 사람들이 자살을 할 가능성을 높인다고 생각했다. 이는 최소한 프랑스의 사회학자 에밀 뒤르켐이 이 문제를 제기한 19세기 말까지 거슬러 올라가는 오랜 논쟁이다.

오늘날 데이터가 더 많아진 덕분에 연구자들은 이런 오래된 문제를 새롭게 조명할 수 있다. 특히 프롤로그에서 언급한 경제학자 사샤 베커와 루트거 뵈스만은 19세기 프로이센의 305개 군에서 자살에 관한 가장 초창기의 통계 데이터를 모았다. 두 사람은 19세기에 프로테스탄트의 비율이 높은 군일수록 자살률도 더 높다는 사실을 처음으로 확인했다. 주민이 모두 프로테스탄트인 군은 전부 가톨릭 신자인 군에 비해 연평균 자살자 수(인구 10만 명당)가 15명 더 많았다. 전체 군의 평균 자살률이 10만 명당 13명이기 때문에 15명은 큰 차이다. 문해력, 가구 규모,

도시화, 제조업/서비스업 비율 같은 다른 중요한 요소들을 통계적으로 제거하고도 이런 관계는 여전히 유효하다.

계속해서 베커와 뵈스만은 문해력의 경우처럼 독일 종교개혁의 진원지로부터 각 군이 얼마나 떨어져 있는지를 이용해서 자연적 실험을 진행했다. 비텐베르크와 가까운 군일수록 프로테스탄티즘에 더 많이 노출되었다. 두 사람은 계속해서 역사적 데이터를 활용해서 이 군들이 몇 세기 동안 프로테스탄티즘에 노출된 이후에 자살률을 살펴보았다. 이 경우에는 효과가 더욱 강력했다. 우연히 루터교에 더 많이 노출된 군일수록 자살률이 훨씬 높았다. 19세기에 비텐베르크에서 100킬로미터 가까워질 때마다 군의 개신교인 비율이 7~9퍼센트포인트씩 늘어났다. 그리고 한 군에서 개신교인의 비중이 20퍼센트포인트씩 증가할 때마다 자살률은 10만 명당 4~5명씩 늘어났다. 다른 연구들을 보면, 이 결과가 스위스 그리고 아마 유럽의 많은 지역에도 적용되는 것 같다. 전반적으로 이 데이터를 보면, 프로테스탄티즘 때문에 사람들이 고독감을 느끼고 그 결과 자살을 실행할 가능성이 높아질 수 있다.[46]

분명 설명에서 프로테스탄티즘의 등장은 사람들의 변화하는 심리가 야기한 결과인 동시에 그 원인이다. 프로테스탄티즘은 중세시대에 많은 도시 중심지에서 문화적으로 진화한 원형적인 WEIRD의 사고하고 느끼는 방식이 종교로 결합된 것이다. 하지만 일부 프로테스탄트 신앙은 이런 가치와 동기, 세계관을 하나로 포장해서 하느님의 축복을 부여하고, 정해지지 않은 내세와 연결함으로써 더 WEIRD한 심리를 만들어낼 뿐만 아니라 경제 성장과 효과적인 민주적 제도, 자살률 증대에도 기여한 강력한 문화적 재조합을 창출했다.

계몽주의 사상가들의 역할

17세기와 18세기에 이르러 입헌 정부와 자유, 공평한 법률, 자연권, 진보, 합리성, 과학에 관한 상호연관된 관념의 복합체가 존 로크, 데이비드 흄, 볼테르, 몽테스키외, 토머스 페인, 애덤 스미스 같은 유럽의 주요 지식인들의 머릿속에서 공고해지기 시작한 상태였다. 이 책 전체에 걸쳐 분석하고 있는 개인주의, 성향주의, 분석적 사고, 비개인적 친사회성 등의 심리적 암흑물질로 부풀어 오른 강물에 떠밀려온 WEIRD한 관념의 부유물은 여러 세기 동안 바닷가에 쌓이고 있었다. (물리적 암흑물질처럼 눈에 보이지 않고 탐지하기가 어려운) 이 심리적 암흑물질은 오랫동안 자유 도시와 수도회, 대학의 헌장과 헌법만이 아니라 교회법에서도 모습을 드러냈다. 계몽주의 사상가들은 원형적인 WEIRD 심리로 무장한 정신을 이용해서 이런 관념과 개념을 끌어내서 재결합했다. 가령 로크와 루소 둘 다 사회가 개인들 사이의 사회계약 위에 세워졌으며, 정부의 권한은 피치자들의 동의에서 생겨난다고 보았다. 다시 말해, 그들은 사회를 자발적 결사체, 특히 하나의 조합corporation으로 이해하기 시작했다. 몇 세기 전에 교회법은 조합의 지도자는 회원들에게 영향을 미치는 행동을 하기 위해 회원들의 동의를 얻어야 한다고 규정한 바 있었다. 더욱이 비개인적 시장과 상인이 중요한 역할을 한 까닭에 상인법의 규범에 바탕을 둔 계약법이 중세 유럽에서 전례 없는 수준으로 발전했다. 개인이 씨족이나 친속, 혈통과 무관하게 자유롭게 사회적으로 분리된 합의(계약)를 맺는 행동을 할 수 있다는 관념 자체는 비개인적 거래라는 이례적으로 개인주의적인 세계를 가정한다.[47]

교회의 지적 선조들과 마찬가지로, 계몽주의 사상가들 또한 개인이나 대상에 속성을 부여함으로써 자신들의 정치, 과학 이론을 구성했다.

그들은 분석적으로 사고하는 이들이었다. 특히 계몽주의 정치 이론은 개인에게 로크가 말한 '생명, 자유, 재산' 같은 자연권을 부여하고, 거기서부터 이론을 구축했다. 우리는 비록 형태는 그만큼 웅대하지 않아도 이런 접근법이 이미 12세기에 독립 도시들에서 실제로 활용되었고, 이후 교회법에 도입되면서 철학적 구성물로 개조되었다는 사실을 앞에서 살펴보았다. 14세기에 오컴의 윌리엄 같은 프란치스코회 수사들은 (철학적으로 말하자면) 자연권을 훨씬 더 훌륭한 것으로 만들었다. 이와 대조적으로, 서구 이외의 대다수 정치 이론은 개인의 권리가 아니라 혈족의 유대나 계보적 출계, 신의 명령 등을 바탕으로 정치 권력과 경제적 특권을 부여했다. 하지만 당신의 심리가 WEIRD할수록 당신은 친족 간 유대에 초점을 맞추는 성향이 약하며, 또한 보이지 않는 속성을 만들고, 이를 개인들에게 할당하고, 이를 활용해서 보편적으로 적용 가능한 법률을 정당화하려는 동기가 커진다.[48]

여기서 말하고자 하는 핵심은, 계몽주의 사상가들이 갑자기 판도라 상자의 비밀번호를 해독하고 이성이라는 가루담배 상자와 합리성이라는 럼주병을 끄집어내서 이를 바탕으로 근대 세계를 고안한 게 아니라는 것이다. 그보다 그들은 유럽의 인구 집단들이 지각하고 생각하고 추론하고 서로 관계를 맺는 방식을 형성한 누적적인 문화적 진화 과정의 일부였다. 그들은 더 WEIRD한 사고방식이 마침내 유럽에서 최후까지 저항한 귀족들에까지 확산됐을 때 무대 위에 있던 지식인이었을 뿐이다.

Chapter 13

유럽의 집단지능이
폭발하다

상업에서 어느 정도 발전을 이룬 국가들 사이에서 이웃나라의 진보를 의심의 눈초리로 바라보고, 모든 교역국을 자신의 경쟁자로 여기고, 그중 어느 나라도 자국을 희생시키지 않고 번영하기란 불가능하다고 가정하는 것이 무엇보다 흔한 일이다. … 우리가 이룩한 모든 개선은 외국인들을 모방하면서 생겨난 것이다. 그리고 지금까지 우리는 그들이 이전에 기술과 창의력에서 이룬 진보를 만족스럽게 평가해야 마땅하다. … 이웃나라들이 처음에 우리에게 가르침을 주지 않았더라면 현재 우리는 야만인 상태일 게 분명하다. 그리고 그들이 여전히 가르침을 주지 않으면, 기술이 침체 상태에 빠지고 기술 발전에 너무도 큰 기여를 하는 모방과 새로운 경험을 잃게 된다.

_데이비드 흄(1777), 영국 산업혁명 여명기에 쓴 글[1]

18세기 후반부에 잉글랜드 중부 지방에서 갑자기 산업혁명이 일어나 경제적 쓰나미가 몰려오기 시작했다. 오늘날에도 세계 곳곳에서 여러 가지 방식으로 일어나고 있는 이런 경제적 변화의 물결은 영국인의 평균 소득을 1800년 3,430달러(21세기 케냐의 수치와 맞먹는다)에서 1900년 8,000달러, 2000년 3만 2,543달러로 끌어올렸다(〈그림 13.1A〉). 영국의 급상승에 휩쓸린 다른 서유럽의 인구 집단들도 얼마 지나지 않아 미국과 나란히 이렇게 솟구치는 물결에 전면적으로 참여하게 되었다. 급속도로 밀려온 번영의 물결은 기대수명 상승, 유아 사망률 감소, 기근의 실질적인 소멸 등 다른 변화들로 이어졌다. 영국인의 평균 기대수명은 1800년 39세에서 한 세기 뒤에 46세로, 그리고 2000년에 78세로 높아졌다(〈그림 13.1B〉). 오늘날 서유럽의 많은 나라와 마찬가지로 신생아는 80년 이상을 살 것으로 기대된다.[2]

　여기서 끝이 아니다. 도시들이 처음으로 가스등을 이용해서 밤에도 빛을 밝혔고, 마침내 사람들이 사는 가정도 전기 코일 조명으로 환하게 밝혀졌다. 사람들은 시커먼 돌(석탄)을 증기력으로 전환해서 육상과 수상으로 빠르게 이동했다. 나중에 땅에서 거품처럼 끓어오르는 누렇고 시커먼 슬러지(석유)를 이용해서 이동이 훨씬 더 빠르고 편하고 안전해졌으며, 결국 사람들은 알루미늄 제트기를 타고 3만 피트(약 9,100미터─옮긴이) 상공을 가로지르며 꿀을 입혀 구운 땅콩을 씹었다. 사람들은 또

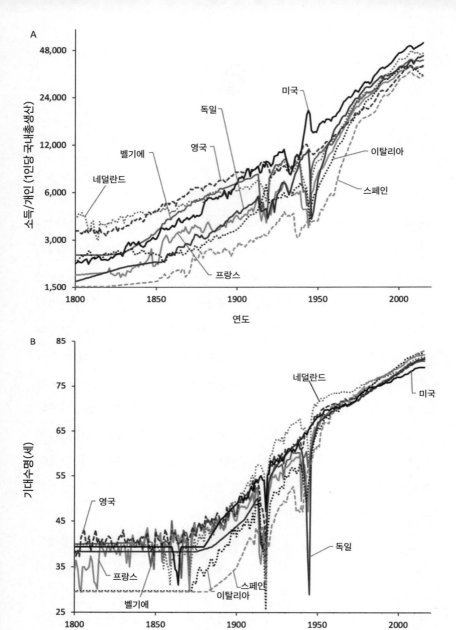

〈그림 13.1〉 (A) 1800~2018년까지 유럽 8개국의 1인당 소득(1인당 국내총생산)과 (B) 평균 기대수명(세)
소득은 2011년 물가에 고정시켜서 시간과 공간에 따라 구매력 차이를 조정한 국제 달러로 표시했다.[3]

한 금속선을 통해, 그리고 마침내는 보이지 않는 파동을 통해 목소리를 전달하는 방법을 알아냈다. 오염된 수도펌프에서 콜레라를 추적한 것처럼 조사의학자들이 공중보건상의 위협을 격리하기 위해 죽음을 지도상에 표시했으며, 내과의사들은 수천 년 동안 지구 곳곳의 도시 공동체에서 많은 사람의 목숨을 앗아간 치명적인 전염병에 맞서 아기들에게 면역력을 부여하기 위해 약화되거나 사멸한 병균을 사용하는 법을 알아냈다.

이 혁명이 유럽인들에게 가져다 준 경제, 정치, 군사적 힘은 세계적 상업의 확산에 활기를 불어넣고 유럽의 법률과 학교, 종교, 정치 제도의 전파를 부채질했다. 물론 이런 세계적 팽창과 함께 정복과 잔학 행위, 그리고 예속과 강제 이주, 억압, 노예제, 환경 파괴 등의 재앙이 일어났다. 그렇다 하더라도 경제적, 기술적 위업과 정복이나 잔학 행위 가운데 어디에 초점을 맞추든 간에 문제는 여전히 똑같다. 이처럼 혁신을 추동한 경제적, 군사적 팽창은 어떻게, 그리고 왜 1500년 이후 유럽에서 폭발한 걸까?[4]

1장에서 언급한 것처럼, 서기 1000년 무렵에 비행 궤도에서 지구를 관찰한 외계인을 떠올려보자. 또는 이슬람 학자 사이드 이븐 아흐마드의 눈을 통해 1068년 에스파냐 톨레도에서 지상의 시각으로 생각해보자. 사이드는 세계를 두 개의 주요 집단, 즉 과학과 학문에 기여한 집단인 '문명인'과 기여하지 못한 '야만인'으로 나누었다. 사이드가 보기에, 문명화된 사람들에는 인도인, 유대인, 이집트인, 페르시아인, 그리스인, 로마인(비잔티움 사람들을 의미했다)이 포함되었다. 그는 야만인을 다시 중국인과 투르크인(인상적인 전사들)을 포함한 상류층과 나머지로 구분했으며, 나머지는 또한 남쪽의 '검둥이 야만인(사하라 사막 이남의 아프리카인)'과 북쪽의 '흰둥이 야만인(유럽인)'으로 나누었다. 당대 이슬람 학자들 사이에 널리 공유되던 시각을 압축적으로 보여주면서 사이드는 11세기의 잉글랜드인과 네덜란드인을 다음과 같이 평가했다.

과학을 일구지 못한 이 집단의 다른 민족들은 사람보다는 짐승에 더 가깝다. 최북단, 그러니까 일곱 기후 중 마지막과 인간 거주 한계선 사이에 사는 이들의 경우에 천정선天頂線과 비교해서 태양이 매우 멀기 때문에 공기가 차고 하늘에 구름이 많다. 따라서 그들은 기질이 냉랭하고, 체액이 진하며, 배가 불룩하고, 피부가 하얗고, 머리카락이 길고 부드럽다. 그러므로 그들은 예리한 이해력과 명료한 지능이 부족하며, 무지와 냉담, 분별력 부족, 어리석음 등에 압도당한다.[5]

사이드가 말하는 북쪽 사람들은 아마 내가 소개한 외계인 인류학자들에게도 큰 인상을 주지 못했을 것이다. 새로운 밀레니엄이 끝나기 전에 이 야만인들이 북아메리카의 문화적 후손들과 동시에 세계의 대부분을 정복하고, 밤에 지구를 밝히고, 대부분의 역병을 정복하고, 하늘을 나는 법을 배우고, 원자를 쪼개고, 달 위를 걷고, 스스로 학습하는 기계를 만들고, 생명의 밑바탕을 이루는 정보 코드를 손보게 될 것이라고 짐작한 이는 거의 없었다.

만약 외계인 인류학자들이 1500년에 다시 지구를 찾았다면 유럽은 더 도시화되고 인상적인 대성당과 수많은 성들이 눈에 들어왔을 것이다. 베네치아, 제노바, 밀라노, 피렌체, 볼로냐 같은 이탈리아 북부 도시들에서 르네상스가 한창 무르익고 있었다. 하지만 영국은 아직 산업혁명의 발상지로 두드러지지 않았다. 무슬림 관찰자들은 한 세기나 그 전부터 유럽에서 무언가 진행되고 있음을 눈치 채기 시작했다. 1377년 무렵 유명한 역사학자 이븐 칼둔은 다소 놀라서 이렇게 말했다. "최근에 프랑크족의 땅, 그러니까 로마와 지중해 북쪽 해안에 있는 로마 속국 땅에서 철학적 과학이 번성하고, 그 저작이 부활하고, 그것을 공부하는 수업이 늘어나고, 그 모임이 확대되고, 그것을 설명하는 사람들이 많아지고, 공부하는 사람들이 많아지고 있다는 이야기가 들려온다." 외계인들은 또한 평범해 보이는 배들이 이베리아 반도에서 대서양을 가로지르고 아프리카 남단을 돌아 항해하는 광경을 주목했을 것이다.[6]

이런 모습이 흥미롭기는 했겠지만 여전히 대부분의 활동은 다른 곳에서 벌어졌다. 저 너머 투르크에서는 15세기 중반 무렵 오스만 제국이 콘스탄티노폴리스(지금의 이스탄불)에서 '문명화된' 비잔티움 제국의 마지막 잔해를 짓밟은 뒤 빠르게 팽창하고 있었다. 오스만 황제 술레이만 대제는 곧이어 헝가리와 세르비아, 슬로바키아, 크로아티아로 팽창하기 시작했다. 중국에서는 명나라가 훗날 크리스토퍼 콜럼버스와 바스쿠 다 가마의 배를 압도하는 거대한 범선 함대로 인도와 아프리카의 해안을 탐험한 뒤 대운하와 만리장성을 복구하고, 자금성을 짓고, 거대한 군대와 비대한 후궁제도를 만들었다.

핵심을 말하자면, 두 번째 밀레니엄의 전반기 대부분 동안 유럽은 적어도 당대의 다른 주요 강국들이 판단할 때 상대적으로 침체 상태에 머물렀다. 하지만, 이븐 칼둔의 선견지명이 담긴 당혹감에서 알 수 있듯이, 관찰자들은 밀레니엄 중반에 이르면 '북쪽의 야만인들' 사이에서 무언가가 진행되고 있음을 눈치 채기 시작했다.

애초에 산업혁명이 왜 일어났는지, 그리고 일어났다면 왜 다른 곳이 아닌 유럽에서 시작됐는지를 설명하기 위해 지금까지 숱하게 많은 글이 쓰였다. 두 번째 밀레니엄 전반기 동안 이렇게 천지를 뒤흔드는 경제적 변화의 원천이 될 후보로 꼽힌 주요 지역은 유럽이 아니라 중국과 인도, 이슬람 세계였다. '왜 유럽인가?'에 대해 나온 설명들은 대의정부의 발전, 비개인적 상업의 부상, 아메리카 대륙의 발견, 잉글랜드의 석탄 자원, 유럽 해안선의 길이, 유럽 사상가들의 명석한 두뇌, 유럽에서 벌어진 격렬한 전쟁, 영국 노동력의 가격, 과학 문화의 발전 등을 강조한다. 나는 몇몇 경우에는 사소하기는 해도 이 모든 요인들이 일정한 역할을 했다고 생각한다. 하지만 여기서 빠진 것은 교회가 유럽의 친족 기반 제도를 해체한 직후에 유럽의 일부 인구 집단에서 등장해서 확대되기 시작한 심리적 차이에 관한 이해다. 이런 심리적 변화를 재촉하고 이후 강화한 것은 비개인적 시장, 경쟁하는 자발적 결사체들, 새로운 종교적 신앙, 대의적 거버넌스, 과학 등의 발전이다. 여기서 내가 말하고자 하는 것은 기존의 설명들을 거부하는 게 아니라 산업혁명에 관한 대부분의 설명의 밑거름을 이루는 더 깊은 사회적, 심리적 발판을 만드는 것이다.[7]

계속 진행하기에 앞서 핵심적인 논점을 다시 한 번 살펴보자. 산업혁명에 관한 기존의 설명들 가운데 어느 것도 내가 앞의 12개 장에서 입증한 심리적 변이와 변화를 설명하지 못한다. 따라서 이 다른 설명들은 부분적으로는 정확하다 하더라도 눈앞에 펼쳐진 엄청난 현상을 눈치 채지 못했다. 이제 더는 모든 인구 집단이 심리적으로 동일하다거나, 문화적 진화로 사람들이 생각하고, 느끼고, 지각하는 방식이 체계적으로 수정되지 않았다고 생각할 수는 없다.

산업혁명을 낳은 원인들에 관해 많은 이론이 존재하기는 하지만, 실제로는 18세기 중반 이래 경제 성장의 가속화를 설명하기 위해서는 기술 혁신의 가속화를 설명할 필요가 있다는 데에는 대부분 동의한다. 따라서 명예혁명 시기에 우연히 대의정부가 등장한 사실이나 영국 노동력의 가격이 비쌌다는 사실에 근거해서 설명한다면, 양쪽 모두 어쨌든 1750년 이후 정도에 혁신의 속도가 높아지고 지속되었다는 결론이 나와야 한다. 혁신의 기원을 이해하려면 인간 본성에 관한 연구로 다시 돌아갈 필요가 있다.

앞서 살펴본 것처럼, 인간 종이 성공을 거둔 비밀은 우리의 원초적인 지성이나 추론 능력이 아니라 우리 주변에 있는 이들로부터 배우고 배운 것을 사회적 연결망을 통해 외부와 미래 세대로 퍼뜨리는 역량에 있다. 시간이 흐르면서 우리는 남들에게서 선별적으로 배우고 다양한 개인과 인구 집단으로부터 통찰력을 흡수하기 때문에 문화적 진화 과정은 끊임없이 증대되고 개선되는 도구, 기술, 기법, 목표, 동기, 믿음, 규칙, 규범의 목록을 만들어낼 수 있다. 이런 문화적 노하우의 집합은 공동체나 연결망의 정신과 관행 속에 집합적으로 유지된다. 따라서 혁신을 이해하려면 다음과 같은 핵심적인 질문을 던져야 한다. 누적적인 문화적 진화의 속도를 결정하는 것은 무엇인가? 어떤 요인들이 기술적 역량을 비롯한 이런 적응적 정보가 더 빠르게 축적되도록 만드는가?[8]

많은 이들은 개선의 성공적인 보급과 실행이라는 혁신이 주로 한 사람이나 팀이 처음으로 하나의 개선을 이루어내는 발명에 의해 이루어진다고 가정한다. 또한 많은 이들은 발명은 자유시간이 많고 강한 물질적 유인(커다란 보상)이 있는 특히 영리한 개인(천재)들의 참여를 필요로 한다고 가정한다. 물론 이런 요소들이 일정한 역할을 할 수 있다. 하지만 문화적 진화 연구를 보면 두 가지 훨씬 더 중요한 요인들이 존재한다. 첫째, 정신을 몰두하는 인구가 많을수록 누적적인 문화적 진화의 속도가 빨라진다. 다시 말해, 무언가를 배우거나 실행하는 사람들의 연결망이 클수록 개인들이 우연한 영감이나 운 좋은 실수, 신중한 실험, 또는 모종의 결합을 통해 개선을 만들어낼 수 있는 기회가 많아진다. 둘째, 세대를 뛰어넘어 배우는 사람과 가르치는 개인들의 상호연결이 더 확대될수록 누적적인 문화적 진화의 속도가 빨라진다. 말을 바꿔보면, 배우는 사람이 접근할 수 있는 교사와 전문가 등이 더 다양해질수록 누구에게 무엇을 배울지 선택할 수 있는 여지가 넓어진다. 다양한 연결망을 가진 학습자는 의도적으로든 우연히든 다른 여러 전문가의 기술이나 관행, 아이디어를 그냥 베낀 다음 재결합하기만 해서 새로운 것을 '발명' 할 수 있다. 혁신은 의식적인 발명이 없는 가운데서도 등장할 수 있다. 아마 이것이 인간 종의 진화사의 많은 시간 동안 누적적인 문화적 진화를 추동한 주요한 과정일 것이다.[9]

만약 나의 설명이 마음에 들지 않는다면, 기술사학자들이 말하는 이른바 '영웅적 발명가 신화'에 매혹되었기 때문일 것이다. 혁신이 어떻게 작동하는지에 관한 WEIRD의 민간 모형은 천재에 의한 단일한 발명 행위를 찬양한다(개인주의자들에게 매력적이다). 하지만 기술 발전의 역사에서 끌어낸 네 가지 사실은 이런 관점의 토대를 허문다. 첫째, 복잡한 혁신은 거의 언제나 사소한 추가나 수정이 축적되어 이루어지며, 따라서 가장 중요한 기여자라도 그가 하는 일은 아주 작은 부분을 추가로 덧붙이는 것뿐이다. 그토록 많은 거대한 혁신이 동시에 여러 사람에 의해 독자적으로 발전한 것도 이 때문이다. 핵심적 발상은 이미 다른 사람들의 마음속에 흩어진 채 존재했으며, 누군가 결국 그것들을 하나로 합치게 되어 있다.[10]

둘째, 대부분의 혁신은 실제로 이미 존재하는 발상이나 기법, 접근법을 새롭게 재결합한 것에 불과하다. 한 영역에서 쓰는 도구를 다른 영역에 적용하는 식이다. 셋째, 운 좋은 실수와 행운의 오해, 뜻밖의 통찰이 발명에서 핵심적 역할을 하며, 유명한 발명가와 익명의 땜장이의 유일한 차이를 가져온다. 마지막으로, 필요는 분명 발명의 어머니가 아니다. 인류의 역사에 걸쳐서 사람들은 흔히 오랫동안 생명을 구하는 발명을 무시했으며, 이따금 발명이 이루어지고 오랜 뒤에야 자신들이 이것을 얼마나 필요로 했는지를 깨달았다(페니실린, 아산화질소, 바퀴 등을 생각해보라). 역병과 약탈자, 기근, 가뭄 때문에 혁신해야 하는 실존적 유인이 숱하게 많았지만, '필요라는 어머니Mother Nessicity'는 결정적인 발명을 낳을 수 있는 인간의 독창성을 좀처럼 길러주지 않았다. 그 대신 사람들은 대개 발명으로 위기에서 벗어나기는커녕 고통을 받거나 죽거나 도망쳤다.[11] 이런 사실을 잘 보여주는 사례로 다섯 가지 중요한 혁신을 생각해보자.

1. 인쇄기(서기 1440~1450년): 요하네스 구텐베르크는 수십 년 동안 유럽 각지에서 유통되던 많은 도구와 기법, 부품을 재결합했다. 특히 그는 치즈와 포도주를 만드는 데 쓰이던 기존의 스크루 프레스를 목판인쇄술 및 가동식 금속활자(낱개의 금속활자를 활판에 짜맞추는 방식—옮긴이)와 결합했다. 마지막의 결정적인 아이디어를 위해 (마인츠의 조폐국에서 일하던) 구텐베르크는 아버지에게 배운 연질 금속에 대한 지식을 가동 활자 아이디어(가동식 목활자를 사용한 경험이 있는 네덜란드 장인 밑에서 일한 떠돌이 도제에게서 배웠을 것이다)와 결합했다. 물론 구텐베르크의 인쇄기가 빠르게 보급된 것은 성경을 직접 읽으려는 새로운 종교적 열정이 보완적 역할을 했기 때문이다.[12]

2. 증기기관(1769년): 기구 제조공 제임스 와트는 뉴커먼 증기기관을 수리하던 중에 별도의 콘덴서를 추가해서 효율을 개선하는 법을 발견했다. 1712년 이 초기의 증기기관을 개발한 것은 철물상이자 침례교 장로인 토머스 뉴커먼이었다. 뉴커먼은 공기 펌프에서 배운 통찰을 피스톤을 사용하는 아이디어와 결합했다. 피스톤과 관련된 아이디어는 프랑스의 위그노 드니 파펭이 (1687년에 출간한) 압력솥에 관한 책에서 발견했을 가능성이 높다. 이런 재결합을 개선하면서 뉴커먼의 새로운 돌파구breakthrough 하나가 열린 것은 그가 만든 기관의 보일러

에서 땜질한 부분이 '터지면서break through' 증기실에 찬물이 쏟아진 게 계기였다. 찬물 때문에 압력이 급감해서 피스톤이 밑으로 강하게 내려가서 기관을 망가뜨렸다. 우연히 찬물을 증기에 직접 주입해서 갑작스럽게 진공의 힘이 만들어진 게 분명했다. 뉴커먼의 기관은 새 시대를 열었지만, 드니 파팽과 영국의 군사공학자 토머스 세이버리 모두 거의 같은 시기에 증기력을 찾아냈다.[13]

3. **물 방적기(1779년):** 새뮤얼 크럼프턴의 발명품이 '뮬mule(노새. 수나귀와 암말의 잡종—옮긴이)'이라고 불리는 것은 리처드 아크라이트의 수력 방적기(1769)와 제임스 하그리브스의 제니 방적기를 결합한 게 너무도 분명하기 때문이다. 하그리브스는 우연히 실 한 가닥을 뽑는 물레가 바닥에 쓰러지는 것을 보고 제니 방적기의 발상을 떠올렸다. 쓰러진 후에도 물레와 가락(방추)이 계속 돌았는데, 가락이 수직으로 서 있었다. 여러 개의 가락을 나란히 수직으로 세워놓고 돌릴 수 있다는 의미였다. 하그리브스는 특허가 없었는데도 발명품을 공개했고, 이로써 크럼프턴이 재조합을 할 수 있는 길이 열렸다. 뮬 방적기는 면섬유 제조를 가내 공업에서 공장 사업으로 급속하게 변화시켰다.[14]

4. **가황고무(1844~1845년):** 찰스 굿이어는 오늘날 타이어에 쓰이는 고무를 생산하는 데 사용되는 처리법을 개발했다. 생고무에 황을 더하는 가황이 그것이다. 굿이어의 핵심적 돌파구가 열린 것은 우연히 황 처리를 한 고무 유액을 뜨거운 난로에 갖다 댔을 때였다. 굿이어는 이 물질이 녹는 게 아니라 까맣게 눋고 딱딱해지는 것을 발견했다. 1839년 그는 너새니얼 헤이워드로부터 고무를 황 처리하는 발상을 얻었다. 헤이워드는 독일 화학자와 함께 연구하면서 고무 유액을 황 처리해서 성가신 점성을 제거하는 법을 발견한 인물이었다. 유럽인들은 프랑스의 자연학자 둘이 아마존 원주민들이 고무 유액을 사용

해서 장화, 두건, 천막, 그릇 등 많은 물건을 만드는 것을 발견할 때까지 고무 유액의 유용한 속성을 알지 못했다. 하지만 아마존 사람들과 달리, 유럽인들이 유액의 속성을 알아냈을 때 곧바로 영국과 프랑스, 미국에서 공장이 우후죽순처럼 생겨나 지우개, 고무장화, 우비 등이 생산되었다.[15]

5. **백열전구(1879년)**: 토머스 에디슨과 그의 멘로파크 연구팀은 1841년 부터 1878년 사이에 스코틀랜드, 벨기에, 프랑스, 러시아의 발명가들이 특허를 받은 20개 가까운 전구를 개량해서 백열전구를 '발명했다.' 영국에서는 조지프 스완이 에디슨과 같은 해에 비슷한 전구로 특허를 받았다. 이런 누적적 과정은 벤저민 프랭클린까지 거슬러 올라가는데, 그는 1743년 고향 보스턴을 찾았을 때 아치볼드 스펜서라는 스코틀랜드인이 공개 강연에서 정전기의 효과를 실증하는 것을 보았다. 프랭클린은 스펜서의 장비를 구입해서 이 현상을 필라델피아의 세 동료에게 소개했다. 1761년 그중 한 명인 에버니저 키너슬리가 가열된 전선이 빛을 발할 수 있음을 백열광의 발명으로 증명했다.[16]

여기서 말하고자 하는 요점은 혁신은 뜻밖의 발견과 의도하지 않은 결과가 적절하게 작용하는 가운데 발상과 통찰, 기술의 재조합에 의해 이루어진다는 것이다. 그 결과 다양한 사람들 사이에서 새로운 생각의 흐름이 증가하고, 운 좋게 우리가 그 길을 발견할 수 있는 더 많은 가능성이 열리면서 어떤 제도나 규범, 믿음, 심리적 성향이든 혁신에 활력을 불어넣는 것이다.

물론 다양한 발상들이 접목되는 것은 그렇다 치고, 기술의 경우에는 발명자가 물리적으로 만들어내야 한다. 어느 누구도 복잡한 발명에 필요한 모든 기술과 노하우를 전부 갖지 못하기 때문에 우리는 분업에 관해,

또는 이른바 한 사회의 정보 분배에 관해 생각할 필요가 있다. 인류의 역사를 거치면서 대다수 사회가 규모를 확대하고 문화적 지식의 풀이 넓어짐에 따라 각기 다른 집단이 일부 기술을 전문화하면서 대장장이, 샌들 제조공, 방직공, 농부, 전사 같은 전문가가 생겨나기 시작했다. 대장장이는 쟁기와 편자를 샌들, 밧줄, 밀, 보호장구와 교환할 수 있었다.

복잡한 분업을 갖춘 이 세계에서 누적적인 문화적 진화와 혁신은 여전히 인구 집단의 규모와 상호연결에 달려 있지만, 이제 각기 다른 기술과 지식, 전문성을 갖춘 사람들은 서로를 발견하고, 신뢰를 발전시키고, 협력할 수 있어야 한다. 제임스 와트의 증기력은 이런 점을 잘 보여주는 한 사례로, 그는 파트너인 존 로벅에게 유명한 편지를 썼다. "기관을 설치할 때 가장 방해가 되는 건 언제나 금속 단조 작업이라네." 와트는 존 윌킨슨 같은 철기 제조업자를 비롯한 몇몇 숙련 장인들의 기술과 전문성에 의지했고, 포신에 구멍을 뚫는 윌킨슨의 기술은 와트의 기관에 사용되는 실린더를 만드는 데 필수적인 것임이 입증되었다.[17]

결론을 말하자면, (혁신을 포함한) 누적적인 문화적 진화는 기본적으로 사회를 집단지능으로 바꿔주는 사회적, 문화적 과정이다. 여러 인간 사회가 혁신성에서 차이를 나타내는 것은 대체로 몰두하는 정신을 가진 인구 집단을 통해 세대를 가로질러 정보가 분산되는 유동성의 차이, 그리고 의지가 있는 개인들이 얼마나 신선한 실천을 시도하거나 새로운 믿음과 개념, 도구를 채택하려고 하는지에서 비롯된다.[18]

이제 집단지능에 관한 이해를 지난 천 년 동안의 유럽에 적용해보면, 지금까지 내가 강조한 사회적, 심리적 변화를 가지고 18세기 후반기에 시작된 경제 성장의 극적이고 혁신 중심적인 가속화뿐만 아니라(〈그림 13.1〉) 산업화 이전 경제 팽창의 온건한 양상도 설명할 수 있다. 9장에서 우리는 서기 900년 이래 서유럽의 많은 지역에서 (경제적 번영을 가능하는 대용물인) 도시화가 고조된 것을 보았다. 이런 변화와 일치하는 역사적 데이터를 보면, 네덜란드와 잉글랜드 모두 최소한 각각 13세기와 16세기 이래 장기적인 소득 증가를 경험했다. 따라서 산업혁명이 실제로 인상적인 경제적 성장의 가속화를 설명해주기는 하지만, 이는 사실 여러 세기를 거슬러 올라가는 장기적 흐름의 한 부분이었다.[19]

17세기 이전에 이루어진 경제 성장은 대부분 비개인적 신뢰와 공정성, 정직성의 수준이 높아지면서 자리 잡은 상업과 무역의 팽창(상업혁명)에서 생겨난 것이었다. 이런 신뢰와 공정성, 정직성은 다시 시장 규범과 자발적 결사체들 사이의 경쟁과 함께 발전했다. 하지만 이런 초기의 성장 가운데 일부는 또한 많은 기술 발전을 비롯한 혁신에서 생겨났다. 중세 초기에 물레방아(6세기, 로마 기원), 중쟁기heavy plow(7세기, 슬라브 기원), 돌려짓기(8세기), 편자와 마구(9세기, 중국에서 생겨난 것으로 보인다) 등에 의해 농업 생산이 점차 향상되었다. 물레방아는 맥주(861년, 프랑스 서북부), 삼(990년, 프랑스 동남부), 직물(962년, 이탈리아 북부, 스위스), 철(1025년 무렵, 독일 남부), 기름(1100년, 프랑스 동남부), 겨자(1250년, 프랑스 동남부), 아편(1251년, 프랑스 서북부), 종이(1276년, 이탈리아 북부), 강철(1384년, 벨기에) 등의 생산을 기계화하기 위해 사용되었다.

앞서 살펴본 것처럼, 중세 후기에 기계식 시계와 인쇄기가 널리 보급되었고, 일찌감치 이것들을 도입한 도시에서 경제 성장이 일어났다. 앞에서 설명한 사회적, 심리적 변화는 유럽인들이 어디서 온 것이든 새로운 발상과 기술, 관행에 대한 개방적 태도가 발전한 이유를 설명하는 데 도움이 된다. 그리고 유럽인들이 새로운 발상을 많이 흡수할수록 더 많은 재조합이 등장하고 더 빠른 혁신이 지속적으로 이루어졌다.[20]

유럽의 인구 집단들은 어떻게 그토록 혁신적으로 바뀌었을까?[21]

집단지능의 확대를 위한 전제조건

유럽의 집단지능의 확대는 이 책 전체에 걸쳐 입증한 심리적 변화와 제도적 발전의 공진화에 의해 양분을 공급받았다. 비개인적 신뢰 증대, 순응 저하, 문해력 확대, 독립성 증대 같은 심리적 발전은 유럽 내의 개인과 공동체들 사이에 발상과 믿음, 가치, 관행의 흐름을 열어젖혔을 것이다. 그와 동시에 자발적 결사체의 증식과 도시화의 증대, 특히 자유도시의 성장은 다양한 개인들을 한데 모으고 각자의 이해관계를 연결함으로써 집단지능을 확대했다.

실제로 네 가지 자발적 결사체(자유도시, 수도원, 도제제도, 대학)는 모두 유럽 각지에서 지식과 기술의 흐름을 넓히는 데 기여했다. 개인적인 차원에서 보면, 새로운 발상과 개선된 기법을 만들어내려는 (자신을 독특하게 구별지으려는) 사람들의 욕망은 인내심과 시간 절약, 분석적 사고, 지나친 자신감, 포지티브섬적 사고(낙관주의)의 발전과 함께 상호상승 작용을 일으켰다. 천 년 동안 점차 축적된 이런 사회적, 심리적, 제도적 변화의 맥락에서 보면, 유럽의 기술적, 경제적 가속화는 당혹스럽게 여겨지지 않는다.[22]

우리의 이야기는 교회가 유럽의 집약적 친족 기반 제도를 파괴한 것에서 시작한다. 친족 집단을 핵가족으로 분열시킨 것은 집단지능에 복잡한 효과를 미쳤다. 고립된 핵가족의 어린 학습자는 (긴밀한 접촉이나 폭넓은 관찰, 꾸준한 지도를 필요로 하는 것은 무엇이든) 여러 중요한 기술과 능력, 동기, 기법에 대해 어머니와 아버지에게 배울 수밖에 없다. 이와 대조적으로, 씨족이나 친속 같은 친족 기반 제도는 더 풍부한 일군의 가르치는 사람과 학습 기회를 제공한다. 가령 어느 씨족에 속한 욕심 많은 10대 길쌈꾼은 어머니뿐만 아니라 사촌이나 대고모, 큰어머니한테서도 직조 기술을 배울 수 있다. 물론 집약적 친족 집단은 더 많은 순응과 복종을 부추기기 때문에 경험 많은 친척들은 새로운 기술이나 신선한 재조합, 특히 철저한 혁신에 특별히 개방적이지 않을 수 있다. 따라서 배우는 사람은 자신의 독특함이나 개성을 부각시키기 위해 새로운 것을 추구하거나 전통을 거스르려는 성향이 적을 것이다.

대규모 친족 집단이 더 많은 사람들을 한데 묶음으로써 규모와 상호연결에서 핵가족을 압도하기는 하지만, 핵가족은 훨씬 더 큰 집단지능의 일부가 될 잠재력이 있다. 여기저기 뻗어나가는 전문가들의 연결망을 통해 폭넓은 관계를 쌓거나 자발적 집단에 가담하면 된다. 왜 이것이 중요한지를 알려면 당신의 확대가족에서 가장 훌륭한 사람(가령 큰아버지)과 소읍에서 가장 훌륭한 사람(큰 집을 가진 부농)에게 돌려짓기 기법을 배우는 것이 어떻게 다른지 생각해보라. 큰아버지는 아마 아버지와 똑같은 농사 노하우를 갖고 있을 텐데, 다만 아버지보다 더 관심을 기울이거나 자기 나름의 몇 가지 통찰을 사용할 것이다. 이와 대조적으로, 공동체에서 가장 성공한 농부는 당신 아버지 집안이 결코 얻지 못한 문화적 노하우가 있을 테고, 당신은 그에게서 배우는 통찰과 당신 집안에서 배운 것을 결합해서 훨씬 더 좋은 방식이나 관행을 만들어낼 수 있을 것이다.[23]

상호연결의 힘을 알아보기 위해 마이클 무투크리슈나Michael Muthukrishna와 내가 대학생 100명과 함께 수행한 간단한 실험을 생각해보자. 우리는 연속적인 참가자 집단이 개별적으로 10회, 또는 10개 '세대'에 걸쳐 어려운 과제에 직면하는 '전달 연쇄' 체계를 만들었다. 첫 세대에서 어떤 경험도 하지 못한 참가자들은 연구실에 들어와서 과제를 받고 아무런 지침도 받지 못했다. 참가자들에게 주어진 과제는 시간이 촉박한 가운데 난해하기로 악명 높은 이미지 편집 프로그램을 사용해서 복잡한 기하학적 형태를 똑같이 만드는 법을 알아내는 것이었다. 시간이 종료됐을 때, 각 참가자는 다음 세대(학생)를 위해 지침이나 요령을 적어달라는 요청을 받았다. 무엇보다도 참가자들을 무작위로 두 그룹으로 나눠 한 그룹은 앞 세대에 속한 한 사람에게서만 지침을 받고(1대1 지도), 다른 그룹은 최대 다섯 명까지 앞 세대 사람이 작성한 지침을 볼 수 있었다(5대1 지도). 1대1 지도에서는 핵가족 안에서 부모와 자식 간에 지식이 전달되는 것과 마찬가지로 단 하나의 문화적 계보가 만들어지는 반면, 5대1 지도에서는 자발적 결사체처럼 각 세대를 통해 폭넓게 정보가 퍼질 수 있다. 첫 세대 이후 각각의 새로운 참가자 집단은 원본 이미지와 앞 세대가 원본을 바탕으로 만든 이미지, 그리고 적절한 요령과 지침을 받았다.[24]

그 결과는 뚜렷하다. 5대1 지도를 받은 개인들은 10세대에 걸쳐 평균 점수가 크게 향상되어 1세대에서는 20퍼센트를 약간 넘었는데, 10세대에서는 85퍼센트가 넘었다(100퍼센트면 원본을 똑같이 복제한 것이다). 이와 대조적으로, 1대1 지도를 받은 사람들은 세대에 걸쳐 체계적인 향상이 전혀 나타나지 않았다. 10세대를 기준으로 보면, 5대1 지도 그룹에서 가장 기술이 **부족한** 사람이 1대1 지도 그룹에서 가장 기술이 뛰어난 사람보다 점수가 높았다.

마이클과 나는 또한 5대1 지도 그룹 참가자가 앞 세대에서 가장 뛰어난 교사를 골라서 그를 모방한 것인지, 아니면 여러 교사로부터 요령과 기법을 고른 것인지 궁금했다. 자세히 분석해보면, 비록 참가자들이 가장 기술이 좋은 사람에게 가장 많이 영향을 받긴 했지만, 학습자는 거의 모든 교사들로부터 배울 것을 골랐다. 평균적으로 학생들이 완전히 무시한 유일한 교사는 가장 기술이 떨어지는 사람이었다. 참가자들은 여러 교사들로부터 얻은 기법과 통찰을 결합하여 '새로운 발명'에 해당하는 것을 내놓았다. 각기 다른 교사들로부터 배운 요소들을 재조합해서 만들어낸 것이다.

만약 여행자가 갑자기 현장에 도착해서 1대1 지도 그룹과 5대1 지도 그룹에 속한 10세대 사람들을 만난다면, 그는 5대1 그룹의 사람들이 1대1 그룹 사람들보다 더 똑똑하다고 추론할 것이다. 물론 우리 실험에서 나타난 차이는 개개인의 지능의 차이가 아니라 우리가 부과한 사회적 연결망의 구조적 차이, 그리고 그 구조가 세대를 뛰어넘어 각 그룹의 상호연결에 미치는 영향의 차이에서 생겨난 것이다. 하지만 5대1 지도 그룹에 속한 이들이 더 똑똑해 보였다.[25]

역사적으로 볼 때 이것이 중요한 까닭은 중세시대까지 한참 거슬러 올라가서 유럽인들의 사회적, 경제적 삶에서 이례적인 특징 가운데 하나가 친척(과 노예)이 아닌 사람을 가내 하인과 농장 일꾼으로 고용한 것이기 때문이다(5장). 많은 어린 소년과 10대, 젊은 성인들은 결혼을 하거나 독립하기 전에 몇 년간 다른 집, 보통 더 부유하고 성공한 집에 일꾼으로 맡겨졌다. 이런 '생애주기 하인'들은 집약적 친족이 해체된 뒤 유럽에서 독특하게 나타난 현상이었다.[26]

이런 관습 덕분에 젊은이들은 종종 더 부유하고 성공한 집이 어떻게 돌아가는지를 볼 기회를 자주 얻었고, 곧바로 자기 인생을 개척할 수 있었다. 신혼부부가 가정을 꾸릴 때 그들은 이 두 번째 가정에서 시간을 보내면서 익힌 요령이나 방법, 선호, 동기 등을 실행에 옮길 수 있었다. 이렇게 문화적으로 전달된 소소한 정보에는 돌려짓기와 말 가슴걸이 사용법에서부터 가족 계획이나 부부싸움에서 자제심의 중요성에 이르기까지 온갖 것이 포함되었다.

신혼부부가 독립적인 가정을 꾸릴 필요성은 또한 실험적 기획도 장려했다. 남녀는 각각의 영역(쟁기질, 요리, 바느질 등)에서 더 젊은 나이에 스스로 우두머리가 되었다. 할아버지와 아버지, 형이 모두 죽고 나서야 책임을 떠맡는 것을 기다리는 대신 남자들은 20대 중반(평균)에 자기만의 작은 가정의 가장이 되었다. 젊은 사람일수록 위험을 회피하고 전통에 묶이는 성향이 약하기 때문에 젊은이에게 책임을 맡기는 제도는 더욱 역동적이기 마련이다. 그리하여 실험과 혁신이 가속화했다.[27]

┃ 도제제도와 숙련된 장인들

가정과 농장 조직 외에 수도원, (흔히 길드의 규제를 받은) 도제제도, 도시 중심지, 대학, 비개인적 시장 등이 확산된 것은 모두 장인 기술과 기술적 노하우, 산업예술에서 혁신을 가속화하는 역할을 했다. 가장 초기에 효과가 나타난 것은 아마 수도원이 초국가적 연계 조직으로 발전하면서 기독교 세계의 구석구석까지 확산되는 과정에서였다(〈그림 10.5〉). 수도원은 최신 작물, 농사 기법, 생산 방식, 산업 등을 보급했다. 또한 크게 다른 여러 지역에 맥주 양조, 양봉, 목축 등의 기법을 소개했다. 가령 수사들은 아일랜드에서 연어 어업을, 파르마에서 치즈 제조를, 롬바르디아에서는 관개를 발전시켰다.

특히 시토수도회는 밀을 빻고, 철을 주조하고, 가죽을 무두질하고, 직물을 탄탄하게 만들고, 포도를 재배하는 최신 기법을 활용하는 수도원과 공장의 연결망을 곳곳에 구축했다. 시토회 수도원에는 대부분 물레방아가 있었고, 일부는 각기 다른 용도의 물레방아가 네다섯 개 있었다. 가령 프랑스 샹파뉴 지역의 시토회 수사들은 대략 1250년부터 1700년까지 주요한 철 생산자였다. 부르고뉴의 수도회 본원은 포도밭을 가꿔서 세계에서 손꼽히는 포도주를 생산했고, 독일의 수도원들은 계단식 언덕바지에 포도를 재배하는 방법을 고안했다. 의무적인 연례 모임에서 시토회 대수도원장 수백 명이 전체 수도회와 최고의 기술, 공업, 농업 관행을 공유했다. 그리하여 사실상 시토회라는 유럽의 집단지능이 엮이면서 가장 외진 곳의 수도원에까지 최신의 진보적 기술이 확산되었다(〈그림 11.2〉에 도표로 표시). 수사들은 검소한 생활방식을 철두철미하게 지키면서 노하우와 전략, 기술을 지역 공동체에 무상으로 베풀었다.[28]

한편 중세시대에 점차 늘어난 도시 중심지에서 도제제도가 등장해서 주거가 유동적인 장인과 숙련공들에게 문호가 활짝 열렸다. 다른 사회들과 달리, 더 비개인적인 이 제도는 세대를 가로질러 전문 기술과 수공 노하우를 전달하는 중심점이 되었다. 가장 숙련된 장인은 수많은 도제를 끌어 모았고, 이 도제들은 장인에게 직접 돈을 지불하거나 수련 기간을 연장해서 노동력을 제공하는 등 여러 방식으로 훈련의 대가를 치렀다. 길드는 때로 이 과정을 규제했는데, 대개 장인과 도제 둘 다 길드 규칙에 따라 정해진 의무를 준수하도록 하기 위한 것이었다.[29]

예상 가능한 일이지만, 장인들은 흔히 낯선 사람보다는 자기 아들이나 다른 친척을 훈련시키기를 원했다. 하지만 중국과 인도 같은 곳에서 비슷한 노하우가 엄격하게 혈족 중심으로 전달된 것과 비교할 때, 유럽의 장인들은 인구 집단 전체에 걸쳐 자신의 기술을 폭넓게 퍼뜨렸고, 이로써 더 많은 재조합과 더욱 빠르고 누적적인 문화적 진화가 자극을 받았다. 확실한 데이터는 많지 않지만, 네덜란드의 중세 길드에 관한 한 데이터를 보면 도제 다섯 명 중 네 명이 장인의 아들이 아니었다. 나중에 17세기 런던에서 친척이 아닌 사람에게 훈련을 받은 장인의 비율은 72~93퍼센트였다. 이와 대조적으로, 인도와 중국에서는 그 비율이 뒤집어져서 숙련된 장인은 거의 모두가 친척이나 가족과 가깝게 연결된 사람에게 훈련을 받았다. 중국에서는 오늘날에도 새로운 노동자와 친족이 아닌 사람은 가장 중요한 수공 기술을 배우지 못한다. 또한 소유권

이 있는 기술은 여전히 특정한 혈족에 국한된다.[30]

이런 제도는 여러 가족 출신의 도제들이 최고 장인에게 접근할 수 있는 여건을 제공했을 뿐만 아니라 (앞에서 설명한 5대1 지도 실험에서처럼) 다른 몇 가지 방식으로도 급속한 혁신을 자극했다. 첫째, 도제와 장인 사이에 훈련 기간이 연장되며 한 단계 발전했다. 직인journeyman 단계가 그것이다. 새롭게 만들어진 직인은 도제 수업을 마친 뒤 이름에 함축된 것처럼 종종 다른 소읍이나 도시에 있는 다른 장인의 작업장으로 옮겨서 일을 했다. 이로써 최근에 훈련받은 이들이 다른 전문가는 어떻게 일을 하는지 관찰할 수 있었다. 게다가 존경받는 장인의 작업장에는 각기 다른 도시와 작업장에서 온 직인들이 모여들었다. 그리하여 직인과 도제로 이루어진 집단이 여러 장인의 지식을 한 군데 모아놓고 재조합하고 연마할 수 있었다. 장인이 된 직인들은 이런 다양성에 의지해서 자기만의 고유한 방법을 발전시킬 수 있었다. 그들은 남들에게 자기만의 독특함으로 인상을 남기고 싶어 하는 개인주의자였기 때문에 그렇게 하기를 원했다. 앞서 언급한 것처럼, 구텐베르크는 떠돌이 도제에게서 가동식 활자 아이디어를 얻었을 것이다.[31]

둘째, 도시와 길드가 집단 간 경쟁을 벌였기 때문에 고도로 숙련된 장인들은 인기 좋은 상품으로 여러 도시를 넘나들며 채용되어 작업장을 옮겼다. 대부분의 시기와 장소에서와 달리, 사람들은 집약적 친족의 유대와 의무에 의해 특정한 장소에 묶이지 않았기 때문에 장인들은 자유롭게 옮겨 다녔다. 가령 1742년에 이르러 빈에서는 장인 4,000명 가운데 4분의 3 이상이 다른 곳에서 태어난 사람이었다. 그들은 독일어권의 지역 곳곳에서 왔지만 주로 다뉴브강에서 라인강 상류까지 이어지는 핵심 지역 출신이었다. 다른 어느 곳보다 유동성이 높았던 잉글랜드에서는 유럽 각지의 젊은이들이 도제 수업을 받으러 런던으로 모여들었다. 기계 제작공으로 도제 수련을 받은 제임스 와트도 그중 하나였다.

셋째, 독립적이고 마음대로 이동하는 온갖 부류의 장인들이 소읍과 도시, 그것도 종종 같은 거리와 구역에 몰려드는 경향이 있었다. 이 때문에 경쟁이 생겨나고 개선이 장려됐으며, 서로에게서 배울 수 있는 기회가 많아졌다. 이와 대조적으로, 수공 기법과 기술이 씨족 안에서 전달된 중국에서는 장인들이 여전히 흩어져 있고 자신들의 농촌 고향땅에 뿌리를 두었다.[32]

물론 여러 나라, 도시, 심지어 숙련 장인들도 소중한 노하우를 비밀로 지키기를 원했다. 협소한 이기심은 비밀주의를 선호하는 반면, 집단지능은 개방성과 정보의 흐름을 타고 번성한다. 다른 사회들과 달리 유럽의 가족 구조, 주거 이동성, 집단 간 경쟁, 비개인적 시장 등은 비밀주의를 강하게 밀어냈다. 야심적인 도시들은 장인을 끊임없이 가로챘고, 직인들은 가장 좋은 기회를 찾아다녔다. 정보의 흐름을 방해하기 위한 법률은 인기가 없어서 집행하기가 어려웠기 때문에 산업 스파이의 활동이 번성했다. 일부 길드는 심지어 길드 안에서 노하우를 공유하는 분명한 규범을 만들기 시작했다. 가령 네덜란드의 조선업 장인들은 의무적인 연례 모임에서 각자의 비밀과 통찰을 교환했다. 아마 우수한 장인에 주는 상과 공유를 거부하는 인색한 이들에게 비공식적으로 가해지는 응징이 결합되면서 이런 공유에 동기부여가 됐을 것이다.[33]

▍더 커진 도시, 더 커진 뇌

한 도시에 문명(인구)이 더 많고 풍부할수록 그 주민들의 생활이 열등한 도시에 비해 더 호화스러워진다.

_이슬람 역사학자 이븐 칼둔, 《무깟디마The Muqaddimah》(1377, 4장)

도시와 소읍의 폭발과 성장은 더 큰 차원에서 유럽의 집단지능을 팽창시켰다. 첫 번째 밀레니엄이 시작되기 직전에 유럽의 몇몇 지역에서 농촌 사람들이 도시 중심지로 흘러들기 시작했다. 특히 이탈리아 북부에서 스위스와 독일을 거쳐 저지 국가들로, 그리고 마침내 런던으로 무리를 이루어 이동했다. 자치도시가 급격히 늘어났고, 인구 1만 명 이상의 도시에 사는 사람의 수가 서기 800년 약 70만 명에서 1800년 거의 1,600만 명으로 20배 이상 증가했다. 이 천 년기 동안 이슬람 세계의 도시 인구는 두 배가 되지 못했고, 중국은 거의 같은 수준을 유지했다.[34]

도시 중심지, 그리고 특히 도시 집결지는 사람과 발상, 기술을 한데 모음으로써 집단지능을 확대했다. 도시에서 벌어지는 대중의 활동이 특히 상호이익이 되는 관계를 추구하는 개인주의자들을 자극할 때 개혁이 이루어진다. 발상들이 만나서 재조합되고 새로운 발상을 만들어내기 때문이다. 도시는 또한 각기 다른 기술과 전문 영역을 지닌 사람들이 서로 조우하고, 보완적인 관심사를 발견하고, 협력하게 해준다. 내가 제임스 와트인데, 새로 만든 증기기관 설계에 정밀하게 구멍을 뚫은 실린더가 필요하다고 가정해보자. 그런 정밀 작업이 가능한지를 알아보는 동시에 실제로 그 작업을 할 사람을 찾아낼 수 있는 곳에 사는 게 가장 좋을 것이다. 따라서 도시나 도시 집결지가 더 크고 유동적일수록 더 유리하다.[35]

〈그림 13.2〉는 대도시의 힘을 나타내는 생생한 사례로 현대 미국 도시들의 노동연령 인구 규모를 연간 혁신 속도와 비교해 도표로 나타낸 것이다. 여기서 혁신 속도는 2002년 특허 신청 총계를 이용했다. 도시의 인구를 알면 미국 도시들에서 나타나는 혁신의 변이를 70퍼센트 설명할 수 있다. 로그 스케일로 표시한 이 관계의 양은 도시가 시너지 효과를 발휘한다는 것을 보여준다. 인구 규모가 10배 증가(가령 1만 명에서 10만 명으로)할 때마다 혁신은 13배 많이 이루어진다. 도시가 개인들을

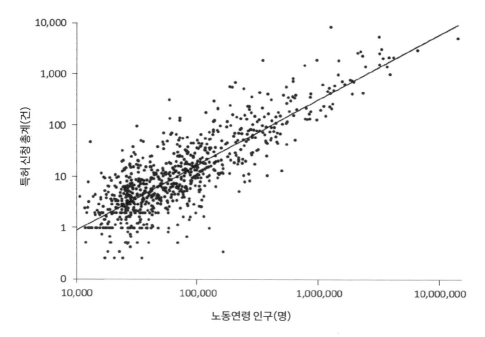

〈그림 13.2〉 2002년 특허 신청에서 알 수 있듯이, 인구가 많은 도시일수록 많은 발명이 이루어진다.
이는 미국의 800개 도시 지역에서 수집한 데이터에 근거한 것이다. 도표에 나타나는 상관계수는 0.84다.[36]

한곳에 집중시켰을 뿐이라면 인구 규모가 10배 증가하면 발명의 증가도 그에 비례할 것이라고 예상된다. 하지만 발명은 10배가 아니라 13배가 늘어난다. 여기서 나는 2002년 특허 신청을 기준으로 삼았지만, 데이터 집합을 추적할 수 있는 1975년까지 거슬러 올라가도 똑같이 강한 비례관계가 나타난다.[37]

이 데이터는 현대 미국에서 가져온 것이기 때문에 과거에는 이런 비례관계가 유효하지 않을 것이라고 우려할지 모른다. 하지만 잉글랜드의 산업화 이전의 혁신 속도를 분석해보면, 역시 인구가 많고 도시 지역이 조밀할수록 특허 데이터를 포함한 혁신과 기술 개선이 압도적으로

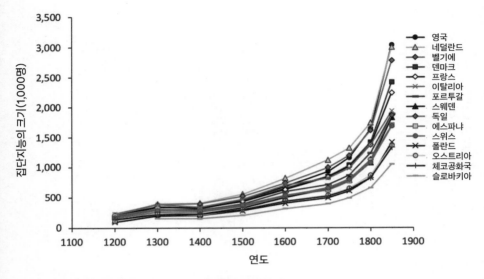

〈그림 13.3〉 1200년부터 1850년까지 유럽 집단지능의 증대

여기서 집단지능은 유럽 도시 지역들 사이의 규모와 상호연결로 측정했다. 우리는 우선 한 사람이 자기 도시에 사는 사람들 전체와 상호작용할 수 있다고 가정했다. 또한 각자가 다른 도시에 사는 사람들과 상호작용하거나 적어도 그들에게 배울 수 있지만, 그렇게 할 수 있는 능력은 두 도시 간 왕래 비용에 좌우된다고 가정했다. 따라서 두 도시 간 왕래 비용으로 다른 유럽 도시들의 인구를 나누고, 여기에 자기 도시의 인구를 더하면 전반적인 상호연결 점수가 나온다. 그런 다음 나라 차원의 상호연결 점수를 합산하고 평균을 구한다. 자기 도시가 커지고, 인근 도시들이 팽창하고, 왕래 비용이 줄어들수록 도시인의 상호연결이 증대된다.[38]

높음을 알 수 있다. 실제로 도시의 시너지 효과는 비행기와 전화, 인터넷이 등장하기 전 시대에 훨씬 더 강했던 것으로 보인다.[39]

기독교 세계의 도시 지역은 점점 커지면서 상호연결이 더욱 강화되었다. 이런 변화를 생생하게 포착하는 한 가지 방법은 도시에 사는 한 사람이 (원칙적으로) 얼마나 많은 다른 사람에게 접근해서 배우거나 협력할 수 있는지 상상해보는 것이다. 이를 파악하기 위해 우리는 한 사람이 자기 도시에 있는 모든 사람에게 접근할 수 있다고 가정한 다음, 다른 도시의 인구를 그곳까지 가는 비용과 견줘본다. 따라서 만약 당신이 저렴한 교통수단으로 주변에 있는 도시와 촘촘하게 연결된 인구가 많

은 도시에 살고 있다면, (자신이 여행을 다니지 않는다 할지라도)당신은 더 커다란 집단지능의 일부인 셈이다. 그런 다음 우리는 세기별로 근대 유럽 각국에 대해 이 수치의 평균을 구할 수 있다. 〈그림 13.3〉은 1200년부터 1850년까지 도시 간 상호연결의 변화를 보여준다. 우선 주목할 것은 14세기 흑사병 직후에 감소한 것을 제외하면 1200년 이래 유럽 전역에서 도시의 상호연결이 계속 증가했다는 점이다. 하지만 상호연결은 다른 곳보다 일부 지역에서 더 빠르게 증가했다. 특히 네덜란드가 일찍부터, 그러니까 1400년 무렵에 가속화했고, 영국은 약 1600년 이후에 극적으로 가속화했다.

유럽의 집단지능 증대가 미치는 효과는 경제적 생산성 증대로 나타났다. 가령 12세기에 이르러 유럽인들은 모직물을 만들기 위해 물레를 개발했다. 벨트 구동력을 처음 응용한 것으로 알려진 이 발명으로 양모 방적기의 생산성이 2배, 심지어 3배 증가했다. 나중에 길드가 주도할 때에는 약 1300년에서 1600년 사이에 고급 양모 산업에서 방직 효율이 300퍼센트 높아졌다. 금박 서적 제조업에서는 16세기에 생산성이 750퍼센트 증대했다. 런던에서는 1685년에서 1810년 사이에 시계 가격이 약 75퍼센트 하락했는데, 이는 제조 효율성이 상당히 향상되었음을 보여준다. 물론 이런 생산성 증대의 일부는 아마 개인들이 더 열심히 오랫동안 일했기 때문이겠지만(11장), 수많은 과학적 발명과 기술적 변경이 혁신에서 중요한 역할을 했다.[40]

여기서 말하고자 하는 요점은 집약적 친족이 해체되면서 유럽에서 도시화가 가속화했을 뿐만 아니라, 이 새로운 도시인들의 심리가 세계 곳곳의 다른 인구 집단들과 구별되는 방식으로 바뀌었다는 것이다. 개인주의의 증대, 비개인적 신뢰, 관계의 유동성 덕분에 개인들이 사회적 연결망에 묶이지 않은 사람들과 관계를 추구하고 발전시킬 가능성이 높았다. 공정성, 정직성, 협동에 관한 비개인적 사회 규범은 이런 상호작용을 위한 틀을 제공했고, 공식적 접촉은 온갖 종류의 안전장치를 단단하게 해주었다. 이 모든 심리적, 사회적 변화는 인구 집단의 상호연결을 증대시키고 더 많은 혁신을 재촉했다. 지금까지 우리는 수도원, 도제 수업, 도시 등이 혁신을 유도하는 영향을 검토했다. 이제 다른 두 자발적 결사체인 대학과 지식협회를 살펴보자.

│ 지식협회와 프로테스탄트

앞서 살펴본 것처럼, 12세기 말에 확산되기 시작한 대학 또한 유럽의 집단지능을 활성화하는 데 기여했다. 비록 이 책에서 서술하는 이야기의 후반에 이르기까지 대학은 기술 훈련이나 공학에 큰 영향을 미치지 못했지만, 그래도 유럽 각지에 교육받은 개인들과 책자가 순환되도록 촉진하는 한편 기계식 시계와 인쇄기를 신속하게 도입하도록 촉진함으로써 혁신에 기여했다. 대학은 학식이 많고 유동적인 지식인과 전문직 계급을 창조했는데, 이 사람들은 기독교 세계 전역에 있는 도시 공동체에서 법률가, 의사, 행정가, 교수, 공증인 자리를 맡았다. 대학은 또한 (아이작 뉴턴과 다니엘 베르누이를 포함한) 여러 유형의 지식인에게 근거지와 일정한 자율권을 제공했는데, 그로 인해 점점 늘어나는 부유한 귀족들 사이에 경쟁이 생겨났다. 대학 교육을 받은 귀족들이 주요 사상가와 결국에는 과학자들을 주변에 두고 싶어 했기 때문이다.[41]

16세기에 이르면, 개인주의적이고 분석 지향적인 사상가들로 이루어진 유동적인 공동체가 서부와 중부 유럽의 여러 지역을 연결하는 이른바 '편지공화국Republic of Letters'이라는 느슨한 그물망을 형성하기 시작했다. 이 가상의 공동체에 속한 성원들은 서로 친필로 편지를 주고받았는데, 이 편지들은 상업의 날개를 타고, 또는 공적·사적인 우편서비스를 통해 전달되었다. 지식인들은 자신의 생각에 관해 친구와 동료만이 아니라 유럽 곳곳에 있는 다른 상대에게도 편지를 썼다. 중요한 편지는 주요 연결점에 도착하자마자 (필요하면) 번역하고 손으로 베껴서 다른 연결망의 성원들에게 다시 발송되었다.

이렇게 마치 별이 폭발하는 것처럼 지식이 사방으로 퍼져나갔다. 이런 식으로 프랑스나 영국, 네덜란드, 독일, 이탈리아 북부의 사상가들이 연결되었을 뿐만 아니라, 포물면 거울을 처음 제작한 크로아티아의 수학자 마리노 게탈디, 벌이 이용하는 육각형 벌집이 꿀을 저장하는 가장 효율적인 방법임을 수학적으로 입증한 크라쿠프의 얀 브로제크 같이 멀리 떨어진 지식인들도 연결망에 들어왔다. 두 과학자 모두 편지공화국의 핵심에 자리한 대학(파도바)에서 공부를 했으며, 게탈디는 갈릴레오와 편지를 나누는 친구가 되었다. 무엇보다도 이런 신경망 같은 연결은 정치적 경계선을 완전히 무시했다. 가령 영국 지식인들은 세 차례의 전쟁 내내 네덜란드 지식인들과 계속 연락을 했고, 프랑스 사상가들은 영국과 프랑스가 끊임없이 전쟁을 벌이는 가운데서도 뉴턴이 《프린키피아Principia》(1687)에서 내놓은 사고에 관해 배웠다.[42]

편지공화국이 계속 손편지로 소통을 하는 한편, 그와 동시에 인쇄기, 제지 공장, 문해력, 프로테스탄티즘이라는 4중주단이 서적, 팸플릿, 기술 설명서, 잡지, 그리고 마지막으로 집단지능을 한층 더 연결해준 학술 저널과 공공도서관으로 이루어진 교향곡을 떠받치고 있었다.[43]

편지공화국은 유럽 전역의 지방과 지역 차원에서 다양한 철학과 과학 협회의 씨를 뿌리고 길러냈다. 이 학회들은 흔히 살롱이나 커피하우스에서 정기적으로 모임을 열면서 정치, 과학, 철학, 기술 분야의 최신 발전을 논의했다. 많은 학회가 소규모 도서관을 보유하고 대다수가 매달 또는 계절마다 강연을 개최했다. 이런 자발적 결사체가 중요한 것은 지방 지식인들을 공학자, 사업가, 장인, 땜장이 등의 폭넓은 부류와 연결해주었기 때문이다.

가령 버밍엄 달빛협회Birmingham Lunar Society는 벤저민 프랭클린과 조지프 블랙(잠열潛熱 발견) 같은 과학자, 제임스 와트와 존 화이트허스트(수력학) 같은 기술자, 매튜 볼턴과 존 로벅 같은 사업가들의 대화를 촉진했다. 만약 당신이 제임스 와트 같은 발명가로서 글래스고대학이 소유한 고장 난 뉴커먼 증기기관을 고치려고 고심하고 있다면, 조지프 블랙과 열역학에 관해 이야기를 나눈 다음 볼턴 밑에서 일하는 대장장이와 장인을 찾아가는 것이 최선의 방법일 것이다. 1600년부터 1800년까지 학회의 급격한 확산을 보여주는 〈그림 13.4〉를 보면, 학회, 그중에서도 특히 과학과 기술에 초점을 맞추는 학회의 수가 1750년 이후 더욱 급속하게 늘어났음을 알 수 있다.[44]

저명한 경제사학자 조엘 모키르Joel Mokyr는 편지공화국과 이렇게 급격히 확산된 학회의 중요성을 역설하면서 공동체들이 어떻게 자유로운 지식 공유에 관한 일련의 사회 규범을 진화시켰는지 지적한다. 이런 규범의 기원은 유럽 전역에서 진화해온 WEIRD 심리에 비춰볼 때 가장 잘 이해할 수 있다. 이런 자발적 결사체의 주요 초점이 새로운 발상과 발견을 공유하는 것이었기 때문에 회원들의 명망은 독창적인 통찰이나 새로운 발견에 기여하는 것에서 나왔다.

회원들이 자신의 새로운 발상을 최대한 신속하게 '내놓을수록' 평판이 높아졌기 때문에 이런 발상이 다른 사람들의 머릿속에 기록되고 공로를 인정받을 수 있었다. 또한 규범에 따라 회원들은 자기 공동체 내의 비판에 응답을 해야 했으며, 공동체에서는 동료들이 서로의 기여를 평가했다. 동료들은 모두 자신의 공헌으로 권위를 인정받은 자타가 공인하는 전문가들이었다. 그리하여 지식의 공적 공유를 치켜세우는 한편,

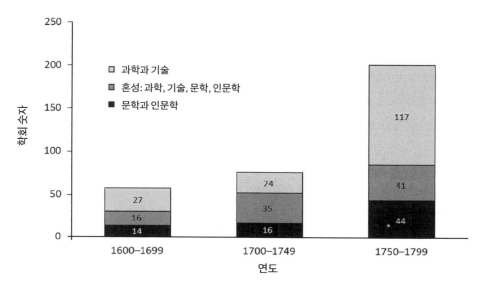

〈그림 13.4〉 1600년부터 1800년까지 유럽 학회의 증가[45]

자신의 지식을 남에게 비밀로 하거나 증거를 날조하거나 다른 사람의 발상을 훔치는 이들을 제재하는 규범이 발전했다.[46]

지식 공유와 함께 새로운 지식 규범 또한 발전하고 있었다. 지식 규범은 '유효한' 증거와 '타당한' 주장으로 간주되는 것에 대한 문화적 기준을 정립했다. 이 문제에 관한 연구는 아직 많지 않지만, 몇몇 연구에 따르면 역사적으로 지식 규범은 사회의 중요한 면에 따라 달라진다. 가령 오늘날에도 많은 인구 집단에서는 꿈에서 한 경험이 증거로 '간주'되어 어떤 행동을 하는 정당한 이유가 될 수 있다. 꿈에 나온 식물의 씨앗으로 만든 죽을 아기에게 먹이는 어머니는 아기의 건강이 좋아지는 한 현명한 일을 했다고 평가될 수 있다. 하지만 여러 WEIRD 인구 집단에서는 아이의 상태와 상관없이 이 어머니는 좋지 않은 평을 받을 것이다. 마찬가지로, 고대의 현인과 연장자들의 조언에 얼마나 큰 비중을 두는지도 인구 집단에 따라 다르다.

대부분의 복잡한 사회는 고대의 현인을 대단히 높게 평가했다. 하지만 유럽에서는 코페르니쿠스 같은 사람들이 고대인들이 의술에서부터 천문학에 이르기까지 자연세계의 많은 현상을 잘못 생각했다는 사실을 분명히 알게 됨에 따라 새로운 발견이나 최신 제안이 현인들의 견해와 들어맞는지 여부가 점점 사소한 문제가 되었다. 더 나은 지식 기준 자체가 논쟁의 대상이었지만 그 기준을 따르려는 개인과 집단이 바른 답을 구할 가능성이 높았고, 이 사회 세계에서 명망을 놓고 벌어지는 경쟁은 이런 지식 규범을 연마하도록 추동했다.

학회들의 규범은 WEIRD 과학의 제도로 진화했다. 가령 17세기 중반에 의사와 자연철학자(즉 과학자)들로 이루어진 비공식 협회가 런던을 중심으로 모임을 가졌다. 1660년, 이 '보이지 않는 협회invisible college'가 국왕 찰스 2세의 공식 특허장에 따라 왕립학회Royal Society로 공식 승인을 받았다. 왕립학회는 최초의 전국적인 과학협회였다. 몇 년 뒤 이 그룹은 세계에서 두 번째로 과학 저널인《왕립학회 철학회보Philosophical Transactions of the Royal Society》를 출간하기 시작했다. 이 저널은 지금도 맹활약을 하고 있다. 저널은 초기부터 제출된 논문과 꼼꼼하게 날짜 인장을 찍은 제출물은 동료들에게 심사를 받아 새로운 공헌에 대한 우선권을 부여받는다.[47]

최근에 이루어진 분석들을 보면, 학회가 실제로 산업혁명 이전과 산업혁명의 과정에서 혁신을 자극했음이 확인된다. 경제학자 제임스 도위James Dowey는 1752년부터 1852년 사이의 영국의 특허 데이터를 이용해서 10년 단위로 볼 때 학회의 숫자가 많은 지역에서 이후 10년간 특허를 받는 사람이 더 많았다는 것을 보여준다. 같은 지역을 시기만 달리해서 비교하거나 같은 10년간 다른 지역들을 비교해도 이런 결과는 유효하다. 큰 영향을 미친 특허, 즉 이후에 혁신을 낳은 특허들만 살펴봐도 마찬가지다. 이런 학회가 혁신에 미치는 효과는 도시화 증대, 조밀한 인구, 문해력, 기존 지식의 축적물 등이 야기한 혁신에 더해졌다. 이 모든 것은 또한 혁신 속도 증대에 기여했다.[48]

이 분석의 문제점은 특히 초창기에는 특허가 혁신을 측정하는 좋은 잣대가 아닐 수 있다는 것이다. 우리가 아는 것처럼 많은 유명한 발명가가 자기 발명품에 대해 특허 신청하지 않았기 때문이다. 이 문제를 다루기 위해 도위는 세계 박람회인 1851년 런던 대박람회에서 대대적으로 소개된 혁신적 제품들을 살펴보았다. 영국 발명가들이 내놓은 출품물 약 8,200개 중에서 약 6,400개의 혁신 제품이 전시용으로 선정되었다. 그리고 6,400개 중에 30퍼센트 정도가 실용성과 혁신성이 인정되어 상을 받았다. 선정된 전시물과 수상자들을 분석해보면, 영국 학회의 중심성이 드러난다. 한 지역에 학회 회원 수가 많을수록 그 지역에서 출품된 전시물이 박람회에 더 많이 나왔고, 그 전시물이 상을 받을 가능성이 더 높았다. 특히 한 지역에 학회 회원이 750명 늘어날 때마다 전시물과 수상작의 수가 50퍼센트 가까이 증가했다.[49]

그런데 왜 일부 지역이 다른 지역보다 학회가 더 많았던 걸까?

16세기에 프로테스탄티즘이 교회의 독점을 깨뜨리자 다양한 종교 신앙의 싹이 터서 신자를 놓고 경쟁하기 시작했음을 상기해보자. 대부분의 프로테스탄트 신앙은 보편적 문해력을 장려했지만, 많은 이들은 여전히 과학과 혁신, 진보 개념에 반감을 품었다. 하지만 몇몇 프로테스탄트 신앙은 과학과 기술 향상, 기업가 정신을 각기 다른 방식으로 끌어안았으며, 대부분 이를 하느님의 역사를 수행하는 수단으로 여겼다. 도위의 분석을 보면, 훗날 유니테리언으로 합쳐지는 몇몇 프로테스탄트 신앙은 학회 형성을 장려했다. 유니테리언 회중을 주입받은 지역은 다른 지역에 비해 학회가 발전할 가능성이 4배 가까이 높았다. 결국 유니테리언 지역은 대체로 유니테리언 신자가 없는 지역보다 반세기 가까이(46년) 학회를 발전시켰다. 시간이 흐르면서 이 프로테스탄트 교파들이 사회적, 경제적 성공을 거두자 다른 신앙들도 자극을 받아 경쟁적으로 그들을 모방했다. 그리하여 대다수 사람들이 과학에 더 개방적인 태도를 갖게 되었다. 영국에서 유니테리언은 학회의 형성을 재촉했으며, 학회는 혁신을 부추겼다.[50]

프랑스에서도 혁신을 학회, 도시의 상호연결, 일정한 형태의 프로테스탄티즘과 연결할 수 있다. 잉글랜드의 경우와 마찬가지로, 1750년 이전에 학회를 갖춘 프랑스 도시들이 적어도 1850년까지 경제적으로 더 빠르게 성장했다. 여기서 우리는 계몽주의의 가장 유명한 출판물인 드니 디드로의 《백과전서Encyclopédie》 구독 현황을 도시 간 상호연결을 가늠하는 측정치로 활용해서 더 깊이 들여다볼 수 있다. 《백과전서》는 정부와 종교, 철학에 관한 주요 사상가들의 논문 외에도 새로운 기술과 산업기술에 관한 자료를 118개 프랑스 도시에 사는 도시 중간계급 구독자 수천 명에게 보급했다.

자세히 분석해보면, 한 도시에서 《백과전서》 구독자(1인당)가 많을수록 1851년 대박람회에 더 많은 혁신(전시물)을 내놓았고, 1750년 이후 100년 동안 도시가 더 번영했다. 다시 말해, 유럽의 집단지능에 더 많이 연결된 도시일수록 그렇지 않은 도시에 비해 더 많은 혁신과 성장을 이루었다. 경제 성장과 도시 간 상호연결 사이의 관계는 프랑스 혁명 전과 후 양쪽에서 모두 나타나지만 1750년 이전에는 나타나지 않으므로 기존의 인적 노하우나 풍요, 인프라 축적물 사이에서는 연관성이 발견되지 않는다.[51]

프랑스의 일부 도시들은 왜 다른 도시들보다 유럽의 집단지능에 더 효과적으로 연결된 걸까?

잉글랜드의 유니테리언의 경우처럼, 한 가지 중요한 요인은 아마 널리 흩어진 위그노 공동체를 탄생시킨 칼뱅주의 프로테스탄티즘의 전파일 것이다. 1700년 무렵의 관찰자들은 프랑스 가톨릭교도들과 그들을 비교하면서 위그노가 '착실하고' '근면하며' 읽고 쓰고 셈하는 것을 배우려는 의지가 강하다고 묘사했다. 또한 위그노는 '장사에 적극적이고' '진정한 장사 정신'을 갖고 있다고 여겨졌다. 반세기 뒤 또 다른 작가는 위그노의 '검약함', '일에 대한 열정', '옛날식 검소함', '사치와 게으름'에 대한 반대, '모든 새로운 관념을 끌어안는' 역량 등에 주목했다. 그는 위그노가 '하느님의 심판을 너무도 두려워한 나머지' 경제적 성취에 집중하게 되었다고 이야기했다. 이런 관찰은 앞장에서 논의한 프로테스탄트 신앙이 사람들의 심리에 미친 영향에 관한 현대의 연구와 하나로 수렴된다. 이런 심리적 성향 때문에 위그노는 《백과전서》에 관심을 기울였을 것이다.

확실히 17세기와 18세기에 위그노가 많은 프랑스 도시일수록 《백과전서》 구독자가 더 많았고, 따라서 다른 도시에 비해 경제적으로 번영을 누렸다. 적어도 어느 정도는 더 많은 혁신을 이룬 덕분이었다.[52] 하지만 위그노는 같은 시기에 프랑스 국가로부터 점점 더 박해를 받았고, 수만 명이 영국이나 덴마크, 스위스, 네덜란드공화국 같은 곳으로 도망쳤다. 이 과정에서 프랑스는 많은 혁신가와 사업가를 경쟁자들에게 내주었다. 우리가 앞에서 만난 드니 파팽도 그중 하나였는데, 압력솥에 관한 그의 책은 아마 뉴커먼의 증기기관에 핵심적인 통찰을 제공했을 것이다. 만약 프랑스가 종교적 소수자들을 탄압하지 않았다면 증기기관은 프랑스에서 발명됐을 것이다.[53]

그렇다 하더라도 칼뱅주의 같은 프로테스탄트 신앙은 여전히 교회를 놓고 경쟁을 야기함으로써 핵심적인 변화를 추동했다. 예수회는 프로테스탄트들이 교육과 실용적 지식을 밀어붙이는 것에 대응해서 학교 교육과 수공 기술, 과학적 사고를 장려했다. 볼테르, 데카르트, 디드로, 콩도르세 같은 프랑스 계몽주의의 많은 유명한 지식인들이 예수회 학교에서 교육을 받았고, 많은 예수회 사제들이 중요한 과학자가 되었다.

시야를 조금 더 넓혀보자. 유럽의 집단지능에서 연결망이 점점 확대되었음을 보여주기 위해 지금까지 나는 기독교 세계 안에서 나타난 발상과 노하우의 흐름에 초점을 맞추었다. 하지만 무엇보다도 교회의 '결혼 가족 강령'이 야기한 사회적, 심리적 변화 때문에 유럽인들은 조상을 존경하고, 전통에 전념하고, 순응 성향이 강한 사회들에 비해 세계 각지로부터 발상과 관행, 생산물을 활발하게 흡수했다. 유럽인들은 종종 우회적인 경로를 통해 중국과 인도, 이슬람 세계의 번영하는 사회들로부터 화약, 풍차, 제지, 인쇄기, 조선, 항해 등과 관련된 중요한 발상과 노하우를 손에 넣었다.

가령 중세 성기에 유럽으로 돌아온 십자군은 아마 중동으로부터 풍력 개념을 배워서 가져왔을 것이다. 하지만 유럽인들이 이 발상을 발전시켰을 때 그들의 풍차는 페르시아의 경우처럼 수직 축이 아니라 더 효율이 좋은 수평 축으로 만들어졌다. 유럽의 공동체들은 곡식을 빻는 원래 용도를 넘어서 명주실을 꼬고, 기름을 짜고, 화약을 제조하는 등 풍차를 점차 다양한 용도로 사용했다. 나중에 유럽인들은 불편한 로마숫자(I, II, III 등)를 버리고 인도에서 생겨난 0 부호를 포함해서 사용하기 편한 아라비아 숫자(1, 2, 3 등)를 받아들였다.

유럽인들이 세계무역 경로를 개척하고 광대한 해외 제국을 건설한 1500년 이후, 멀리 떨어진 다른 사회로부터 생산물과 기술, 관행이 홍수처럼 밀려들어 과학과 혁신, 생산에 한층 더 활기를 불어넣었다. 몇 가지만 꼽아보아도 고무 유액, 키니네, 비료(구아노), 감자, 설탕, 커피, 조면기(인도의 물레에서 영감을 받았다) 등이 있다. 근대 초기의 유럽인들은 다른 민족보다 자신들이 우월하다는 것을 한 치도 의심하지 않았지만, 그렇다고 새롭게 발견한 유용한 발상과 작물, 기술, 관행을 받아들이는 것을 꺼리지는 않았다. 많은 경우에 유럽의 집단지능으로 쏟아져 들어온 제품과 기술은 순식간에 개조되고 재조합되어 새로운 혁신을 낳았다.[54]

이 내용을 마무리하면서 핵심적인 논점으로 돌아가보자. 도시, 국가, 종교, 대학, 그밖에 여러 자발적 결사체 사이에 벌어진 경쟁 덕분에 유럽의 집단지능은 계속 활발하게 작동할 수 있었다. 유럽 역사 전체를 볼 때, 국왕을 비롯한 엘리트들은 기존 권력 구조를 뒤흔들 수 있는 파괴적인 새로운 발상이나 기법, 발명을 궁리하는 사람은 누구든 엄히 단속하는 경향이 있었다. 유럽에서 이 문제가 크게 두드러지지 않은 것은 정치적 분열과 상대적인 문화적 통일이 결합된 결과였다.

교회, 대학, 길드, 편지공화국 등 다양한 자발적 결사체가 엮은 초민족적인 연결망이 이런 문화적 통일을 이루어냈다. 이런 결합은 혁신가와 지식인, 숙련 장인들에게 세계 다른 지역에서는 찾아보기 힘든 선택지를 열어주었다. 반역적 사고(개인이든 집단 전체든)는 다른 후원자나 대학, 도시, 나라 대륙으로 옮겨가는 것으로 탄압을 피할 수 있었다. 국왕이나 길드, 대학, 종교 공동체가 경제적으로 생산적인 개인이나 혁신적 집단을 탄압할 때마다 다른 관대하고 개방적인 상대에게 경쟁에서 질 수밖에 없었다. 영국의 북아메리카 식민지 가운데 필라델피아가 번성하고 성장한 한 가지 이유는 경쟁하는 도시들에서는 누릴 수 없는 종교적 자유와 관용을 어느 정도 베풀었기 때문이다.

이런 집단 간 경쟁은 관용과 공평, 자유를 장려하는 사회 규범, 문화적 믿음, 공식적 제도에 유리하게 작용했다. 나중에 19세기와 20세기에 이민자에게 보인 개방성은 미국의 전반적인 혁신과 급속한 경제 성장

뿐만 아니라 카운티와 주들 사이에 나타난 차이를 설명하는 데에도 도움이 된다. 상황 때문에 어쩔 수 없이 받아들였다 하더라도 더 많은 이민자를 받아들인 카운티들이 결국 더 많은 혁신을 이루고 교육 수준이 높아지며 번영하게 되었다.[55]

더 많은 창의성이 뿌리를 내리다

산업혁명 시기에 혁신을 가속화한 주요 추진자들은 점점 늘어나는 유럽의 집단지능의 크기와 상호연결에서 힘을 얻었지만, 개인들이 (고립된 상태에서도) 새로운 것을 발명할 가능성을 높인 변화도 있었다. 이 점을 이해하려면, 원형적인 WEIRD 심리의 몇몇 속성이 어떻게 개인의 창의력에 기여했는지, 그리고 경제, 사회적 조건이 자가촉매적 상호작용 속에서 이런 속성을 한층 더 강화했는지를 검토할 필요가 있다. 첫째, 앞에서 이미 논의한 심리적 특성 몇 가지를 상기해보자. 인내심, 고된 노동, 분석적 사고. 발명(또는 '천재')은 1퍼센트의 영감과 99퍼센트의 노력이라는 에디슨의 말에 따르면, 개인이 더 근면해지고 인내심이 많아질수록 성공적인 발명을 할 확률이 높아졌을 것이다. 게다가 분석적 사고의 증대로 나아가는 지속적인 변화는 실험에 대한 관심 증대, 보편 법칙의 존재에 대한 믿음 고조(가령 종, 성분, 질병 등), 맥락에서 벗어난 방식으로 세계를 분류하고 범주화하는 성향의 증대 등 몇 가지 방식으로 혁신을 자극했다.[56]

이런 심리의 측면들 외에 포지티브섬 사고로 나아가는 성향이 높아진 것도 창의성에 중대한 영향을 미쳤을 것이다. 다시 말해, 사람들은 점차 세계에서 특히 낯선 사람과의 사회적, 경제적 상호작용을 양쪽 모두에게 이익이 되는 계기로 보게 되었다. 이것이 중요한 것은, (앞의 제사에 등장하는 데이비드 흄뿐만 아니라) 많은 인류학자들이 관찰한 것처럼, 농경 인구 집단들은 세계를 제로섬으로 지각하는 경향이 있기 때문이다. 말하자면, 몇몇 개인이 (더 많은 수확이나 예쁜 아기와 같은) 더 많은 것을 얻으면, 다른 모든 사람은 희생을 치르며 이 때문에 시기와 분노, 재분배를 향한 강한 사회적 압력이 생겨난다는 것이다. 세계를 제로섬으로 보는 사람은 도구나 기술, 과정을 향상하려고 노력하는 데 시간을 낭비하려고 하지 않는다. 어떤 생산성 증대를 달성하더라도 다른 누군가가 그 비용을 치르게 될 테고(단기적으로는 물론 그럴 수 있다), 남들이 자기를 나쁘게 생각할 것이라고 암묵적으로 믿기 때문이다. 더 나아가 세계를 제로섬으로 보는 사람은 남들이 자신의 성공을 시기할 것이라고 생각하기 때문에 자신이 이룬 개선과 생산성을 감추기 쉽다. 이렇게 되면 집단지능이 차단된다. 결국 개인이 세계를 포지티브섬의 관점에서 보는 성향이 강할수록 기술 향상을 추구하는 성향도 강해진다.[57]

세계를 포지티브섬의 관점에서 보는 전반적인 성향은 '인간의 진보'에 관한 믿음의 확산으로 나아가는 심리적 문을 열어준다. 역사학자들은 오래전부터 이런 문화적 열정이 계몽주의는 말할 것도 없고 산업혁명과 과학혁명에서도 일정한 역할을 수행했다고 주장했다. 흔히 종교 신앙에 바탕을 둔 인간의 진보와 기술 발전에 관한 믿음이 산업혁명에 이르기까지 많은 혁신가와 과학자의 작업을 추동한 것으로 보인다. 경제사학자 앤턴 하우스Anton Howes는 1547년부터 1851년에 이르기까지 1,500명에 달하는 영국 발명가에 관한 분석을 통해 이를 입증하면서 '개선하는 사고방식improving mentality'의 확산이 발명을 자극했으며, 이런 사고방식은 주로 명망 있는 스승으로부터 그들이 보호 감독하는 제자들에게 전달되었다고 주장한다. 이렇게 확산되는 연결망은 유럽의 이례적인 도제제도에 의해 생겨난 구조와 보조를 맞추면서 '개선하는 사고 방식'이 널리 보급되게 해주었는데, 그 경로를 잘 닦아준 것은 포지티브 섬 사고로 나아가는 전반적인 심리적 성향이었다. 여기서 말하고자 하는 요점은 진보와 개선 개념이 포지티브섬이라는 렌즈를 통해 세계를 바라보는 사람에게 더 강한 호소력을 갖는다는 것이다.[58]

향상된 경제적, 사회적 조건이 이렇게 서서히 진화하는 심리적 변화를 촉진시키는 가운데 점점 많은 사람들이 새롭게 직면하는 제도와 규범, 가치에 더욱 효과적으로 적응할 수 있었다. 새로운 조건 가운데는 영양 개선(더 많은 칼로리와 단백질 등)과 가족 축소도 포함되었다. 가족이 작아지자 결국 형제 간 경쟁이 줄어들고 아버지가 각각의 자식에게 더 많은 투자를 했다. 다른 종과 마찬가지로, 인류도 초기의 삶에서 마주치는 단서들에 적응적으로 대응하는, 유전적으로 진화된 계통을 가진 것으로 보인다. 어떤 면에서 이 단서들은 개인이 신체적 성장과 정신적 기술에 얼마나 많이 투자해야 하는지를 장기적으로 예측하는 데 활용된다. 삶이 끔찍하고 잔인하고 짧다면, 투자할 이유가 줄어들기 때문이다. 인간에게 이는 어린아이, 젖먹이, 심지어 태아조차 환경을 감지하고(가령 '난 항상 배고프고 춥다') 그 환경에서 소중한 특성과 기술을 획득하기 위해 어느 정도 자제력을 발휘함을 의미한다. 특히 더 풍요할수록 어린이는 자신이 속한 공동체의 사회 규범과 열망, 그중에서도 지위 사다리를 올라가도록 장려하는 규범과 열망에 맞도록 정신을 형성하는 데 더 많이 투자한다.

가령 개인의 명예와 혈통이 모든 것인 군사 귀족사회에서는 풍요의 단서에 이끌린 남자아이들이 가족의 명예 관념을 내면화하고, 씨족에 대한 충성심을 심화하고, 경쟁자들의 연합을 추적하고, 자신의 명예가 조금이라도 모욕당하면 곧바로 대응하는 데 심리적으로 투자하게 되었다. 이와 대조적으로, 학교 교육과 비개인적 시장을 강조하는 근대 초기 유럽의 도시 중심지에서는 포지티브섬 세계관, 낯선 사람에 대한 신뢰, 시간 엄수, 분석적 사고, 우월한 독서 기술 등이 높이 평가받는 심리적 특성에 포함되었을 것이다. 어느 쪽이든 간에, 이런 적응적 대응과 관련된 인지적 변화 때문에 사람들은 자신이 헤쳐나가야 하는, 문화적으로 구성된 세계에 인지적으로 더 잘 적응한다는 의미에서 '더 똑똑해졌다.'

근대 세계에서 발견한 증거를 보면, 수태기와 유아기, 초기 유년기에 먹을 거리의 확보와 영양이 개선되면 다양한 인지 능력과 사회적 동기의 발전이 촉진된다는 사실이 확인된다. 5세 이전에 기근이나 식량의 부족 같은 충격이 닥치면, 자제력과 포지티브섬 사고가 발전하고 추상적 문제 해결 및 상황 인지와 관련된 정신적 기술을 획득하는 데 방해를 받는다. 어린 시절의 궁핍은 또한 비개인적 신뢰 및 협동과 관련된 값비싼 사회 규범의 내면화를 억제한다. 근대 세계에서 이는 장기적으로 성인기에 사람들의 교육과 소득의 저하를 가져온다.[59]

역사적으로 볼 때, 전근대 유럽의 농업 생산성은 산업혁명 이전 수백 년 동안 기술적, 심리적인 두 가지 이유 때문에 계속 증대되었다. 또한 1500년 이후 세계 각지의 다양한 인구 집단과 접촉하면서 특히 남북 아메리카로부터 소중한 새로운 작물이 갑자기 유입되었다. 특히 감자, 옥수수, 고구마 같은 기본 식량이 들어왔고, 토마토, 고추, 땅콩 같은 소중한 영양원도 나란히 유입되었다. 유럽인들은 각각 정복당한 잉카 제국과 아스테카 제국으로부터 유입된 감자와 옥수수를 자신들의 먹거리 체계에 흡수했다. 여러 분석을 보면, 오로지 감자 덕분에 1700년에서 1900년 사이에 유럽 도시들의 성장이 최소한 25퍼센트 가속화되었다. 무엇보다도 이 새로운 작물들이 들어오면서 먹거리의 양과 질이 전반적으로 개선됐을 뿐만 아니라 유럽에서 기근이 사라지는 데도 도움이 되었다. 영양과 먹거리 확보의 변화는 이 책에서 지금까지 설명한 심리적 변화와 혁신의 속도 모두를 가속화했다. 흥미롭게도, 먹거리 공급의 향상과 건강의 개선은 산업혁명으로 이어지는 시기 동안 잉글랜드에서 일찍부터 나타났다.[60]

영양결핍이나 영양 관련 충격이 인지 및 사회적 기술에 미치는 효과는 또한 정부가 운영하는 사회안전망이 도입되면서 완화되었다. 수확이 좋지 않거나 부모가 일자리를 잃을 때 아이들이 겪는 궁핍은 성인기의 정신적 능력에 영향을 미친다. 프로테스탄트 종교개혁 직후에 유럽 각국 정부는 대부분 교회가 운영하는 기존의 누더기 같은 사회안전망을 정부가 도맡는 세속적인 안전망으로 대체하기 시작했다. 영국에서는 엘리자베스 여왕이 1601년 구 빈민법Old Poor Law of 1601을 시행하면서 본격적으로 이런 시도에 나섰다. 1834년까지 지속된 이 초기의 체제는 각 교구에 빈민을 돌보는 의무를 부과하고, 지방세를 통해 빈민 구제에 드는 재정을 확보할 법적 권리를 부여했다. 영국인의 5~15퍼센트가 항상 구 빈민법에 따라 직접 지원을 받았다. 이렇게 폭넓고 탄탄해진 안전망 덕분에 사람들의 평균적인 인지적, 사회적 기술이 좋아졌을 것이다. 이와 같은 안전망은 개인들을 가족과 '교회'로부터 더 독립적으로 만들었을 뿐만 아니라, 산업화 이전의 잉글랜드와 근대 세계에서 탄탄한 안전망이 더 많은 혁신을 장려하는 이유를 설명하는 데 도움이 된다.[61]

영양실조와 먹거리 부족이 줄어들면서 문해력을 둘러싼 사회 규범과 정규 학교 모두 산업화 이전의 유럽에서 인지 발달에 한층 더 큰 영향을 미칠 수 있었다. 프롤로그에서 살펴본 것처럼, 프로테스탄티즘은 유럽 전역에서 초기의 문해력과 학교 교육 보급을 추동하면서 교회가 나름의 교육 선택지를 발전시키도록 압박을 가했다. 마르틴 루터는 아동 교육의 부담을 정부가 져야 한다고 주장했고, 이후 독일에서 발전한 학교가 다른 나라들의 본보기가 되었다. 가령 1630년대 청교도의 뉴잉 글랜드에서는 지방 정부가 성직자를 양성하기 위해 공립학교와 대학 (하버드)을 창설했다. 성직자는 대부분 유니테리언 회중을 위해 일했다. 하지만 정규 학교가 문을 열기 전에도 청교도 부모들은 자녀에게 읽고 쓰기와 셈하기를 가르치기 위한 방도를 찾았다. 프로테스탄트는 또한 여자아이도 학교 교육을 받아야 한다고 믿어서 결국 교육을 받아 읽고 쓸 줄 아는 어머니가 많아졌다. 서론에서 언급한 것처럼, 어머니의 문해 력은 특히 아동의 건강과 인지 발달에 큰 효과를 미쳤다.[62]

종합해보면, 산업화 이전 시대 유럽의 여러 공동체가 개인들의 창의 력을 키우고 결국 집단지능의 확대로 이어지는 심리적 특성을 촉진하 고 있었다고 볼 만한 타당한 이유가 있다.

근대 세계의 심리와 혁신

전근대 유럽인들이 어떻게 해서 적어도 8세기 동안 무대 뒤에서 조용히 진화하고 있었는지 인식하는 순간 산업혁명을 재촉한 혁신이라는 엔진 의 조립 과정을 쉽게 이해할 수 있다. 물론 많은 경제적, 지리적 요인도 중요하지만, 유럽의 집단지능이 발달한 데에는 비밀스러운 요소가 있 다면, 그것은 수백 년간 부글부글 끓은 개인주의와 분석 지향, 포지티브 섬 사고, 비개인적 친사회성 등의 심리적 묶음이다. 심리와 혁신의 관계 는 오늘날에도 여전히 발견할 수 있다.

특히 관련 데이터를 이용해서 혁신 비율을 평가하는 〈그림 13.5〉를 보면, 개인주의적인 나라일수록 훨씬 더 혁신적이다. 정규 학교 교육, 위도, 법적 보호, 종교 교파, 유럽계 인구의 비율 등의 차이를 통계적으

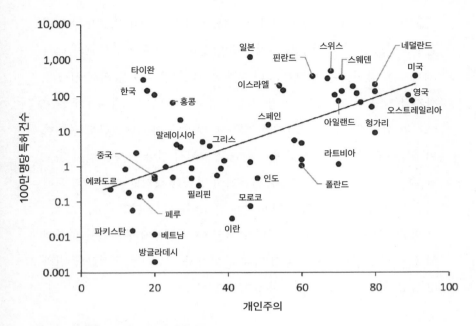

〈그림 13.5〉 혁신 비율과 심리적 개인주의

여기서 혁신은 2009년 100만 명당 특허 건수를 사용해서 측정한 것이며, 개인주의는 〈그림 1.2〉에서 도표로 표시한 포괄적 측정치를 사용해서 나타낸 것이다.[63]

로 상수로 두거나 같은 대륙의 나라들만 비교해도 이 관계는 유효하다. 또한 모든 특허가 아니라 큰 영향을 미친 혁신(나중에 나온 다른 특허들에서 인용하는 특허)만 살펴보아도 이 관계는 유효하다. 물론 이 한 가지 분석만 가지고 개인주의 복합체가 여러 나라에서 보이는 혁신의 차이를 인과적으로 설명할 수 있는지는 분명하지 않다. 그렇다 하더라도 이는 WEIRD 심리를 집단지능의 팽창 및 혁신 증대와 연결시키는 모든 증거에 비추어 예상할 수 있는 관계임이 분명하다.[64]

이런 데이터를 보면, 인구 집단들 사이의 사회적, 심리적 차이가 공식적 제도나 정부와 아주 무관하게 혁신의 비율에서 커다란 차이를 낳음을 알 수 있다. 그리고 적어도 18세기 중반에 이르면, 혁신이 경제 성장과 번영, 장수의 주요한 요인이 된다. 따라서 문화적 진화가 기본적인 가족과 결혼 제도를 어떻게 형성했는지, 그리고 이것이 다시 사회적, 심리적 변화를 어떻게 추동했는지를 이해함으로써 우리는 각국의 부와 빈곤을 비롯한 근대 세계의 기원을 더욱 분명하게 밝힐 수 있다.

맬서스의 덫에서 탈출하다

1800년 이후 기독교 세계의 인구 집단들은 오랜 시간에 걸쳐 소득 증가를 지탱하면서 아직 내가 언급하지 않은 또 다른 이점을 누렸다. 역사적으로, 지구 곳곳의 많은 사회가 급속한 경제 성장을 경험했지만, 이 성장을 지탱하기는 어려웠고 성장을 가속화하기는 훨씬 더 어려웠다. 커다란 과제는 번영이 고조되면 출산율이 높아진다는 것이었다. 이는 경제사학자들이 '맬서스의 덫Malthusian Trap'이라고 부르는 현상을 낳는다. 인구가 기하급수적으로(아주 빨리) 늘어서 경제 성장이 미처 따라잡지 못하는 것이다. 하지만 지난 200년, 또는 그 이상에 걸친 혁신 주도의 경제 성장은 인구 증가를 앞질러서 평균적인 사람도 한층 부유해졌다. 지금까지 나는 WEIRD 심리 및 이와 연관된 제도들이 혁신에 기여하는 방식에 초점을 맞췄지만, 바로 이런 요소들은 또한 출산을 제한했다.

산업화 이전 유럽에서는 혼인 및 가족과 관련된 많은 이례적인 규범 때문에 여성의 출산율이 감소하고 인구 증가율이 줄었을 것이다. 첫째, 당대의 연구를 바탕으로 보면, 일부일처제와 중매결혼의 종식 때문에 한 여성이 평생 동안 낳는 아이의 전체 숫자가 줄었다. 이런 규범 때문에 여성이 결혼하는 연령이 높아지고(임신 가능성이 줄어든다) 혼인 관계 안에서 여성의 힘이 커지는데, 이는 둘 다 여성의 출산율을 감소시킨다.

둘째, '결혼 가족 강령'은 젊은 사람들에게 독립거주를 선호하고 더 높은 이동 비율을 창출했다(이제 젊은이들은 친족의 의무에 묶이지 않았다). 대체로 여자가 혈족이나 인척으로부터 분리되면 출산율이 줄어든다. 육아에서 지원을 받지 못하고 시끄러운 친척들로부터 아이를 가지라는 압박을 덜 받기 때문이다. 셋째, 다른 복잡한 사회들과 달리, 유럽의 많은 여성들이 아예 결혼을 하지 않거나 아이를 낳지 않았다. 교회는 여성들에게 여성 공동체(수녀원)에 들어가는 식으로 결혼 압력에서 벗어날 길을 열어주었다.

마지막으로, 프로테스탄티즘의 영향으로 증가한 소녀들을 위한 정규 학교 교육 덕분에 전반적으로 출산율이 감소했다. 이런 현상은 몇 가지 이유에서 나타나는데, 단순한 한 가지 이유는 여성이 학교 교육을 마치기 위해 조혼을 피한다는 것이다. 이제 유럽의 인구 집단들은 1500년 이후 경제 번영에 대응해서 규모가 커졌지만, 친족 기반 제도와 혼인 규범은 그런 팽창을 제약하고 (이주를 통한) 도시의 팽창을 가져왔다. 요컨대, 유럽에서 친족 기반 제도의 파괴는 혁신을 자극하는 동시에 출산을 억제함으로써 맬서스의 덫을 탈출하는 데 이바지했다.[65]

이 장의 내용을 간단하게 요약하면서 마무리해보자. 지난 몇 세기 동안 혁신이 추동한 경제 팽창을 설명하기 위해 나는 교회가 집약적 친족 관계를 해체하면서 촉발된 사회적 변동과 심리적 변화 때문에 기독교 세계 전반에 걸쳐 다양한 정신을 하나로 연결되었고, 계속 확대되는 사회적 연결망을 통해 정보의 흐름이 열렸다고 주장했다. 이런 주장을 펼치면서 나는 유럽의 집단지능에 기여한 7가지 요인을 강조했다. 그것은 (1) 도제제도, (2) 도시화와 비개인적 시장, (3) 초지역적인 수도회, (4) 대학, (5) 편지공화국, (6) (《백과전서》 같은 출판물과 함께 등장한) 학회, (7) 문해력과 학교 교육을 장려할 뿐만 아니라 근면, 과학적 통찰, 실용적 성취를 신성시한 새로운 종교 신앙이었다. 이 제도와 조직들은 개인들의 창의성을 높이고 출산율은 낮춘 일련의 심리적 변화와 함께 혁신을 추동하는 한편 인구 증가를 억제했으며, 마침내 유례를 찾기 힘든 경제적 번영을 이루어냈다.

Chapter 14

총, 균, 쇠 그리고
다른 요인들

전반적으로 생각해볼 때, 문화적 과정이 유럽, 중국, 인도 안에서만이 아니라 지구 곳곳에서 나타나는 심리적 다양성의 형성을 지배한 것으로 보인다. 유전자에 작용하는 자연선택이 지금까지 설명한 종교적 믿음, 제도, 경제적 변화 등에 의해 창조된 세계에서 서서히 반응을 나타냈지만, 유전자가 현대의 변이에 거의 영향을 미치지 못했을 것이라고 생각할 만한 이유는 많다.

_본문 중에서

인간은 굉장히 문화적인 종이다. 100만 년 넘는 시간 동안 누적적인 문화적 진화의 산물인 복잡한 기술, 언어, 제도가 유전적 진화를 추동하면서 우리의 소화계와 치아, 발, 어깨만이 아니라 뇌와 심리까지 형성했다. 문화적 변화가 중심을 차지한 까닭에 세대를 거쳐 젊은 학습자들은 공유 규범, 먹거리 금기, 성별 역할, 기술적 요구(가령 발사 무기와 수중 채취), 문법 규칙 등 계속 변화하는 풍경에 정신과 신체를 적응하게 하고 조정해야 했다. 그와 동시에 문화적 진화는 문화적으로 구성된 세계를 더욱 효과적으로 헤쳐나가도록 해주며 사람들의 심리를 형성하는 의례, 사회화 관행(가령 어린이에게 잠잘 때 들려주는 이야기), 놀이 등을 선호했다. 이런 문화와 유전자의 공진화 과정의 결과로, 사람들의 심리를 이해하기 위해 우리는 유전적 상속물만이 아니라 우리의 마음이 (현재 또는 몇 세대 전까지) 개체발생적이며 문화적으로 국지적 기술과 제도에 어떻게 적응했는지도 검토해야 한다. 그리하여 우리는 매우 다양한 여러 문화적 심리가 이질적인 여러 사회의 저변에 흐르고 있다고 예상해야 한다. 심리의 문화적 진화는 역사를 통틀어 무대 뒤에서 흐르는 암흑물질이다.

제도와 심리의 상호작용에 대한 이해를 위해 나는 인간 종의 가장 오래되고 기본적인 제도인 친족 및 종교와 관련된 제도에 초점을 맞춰 역사를 추적하기 시작했다. 이 제도가 인간 종의 진화된 심리에 고정되어 있음을 감안하면, 친족 기반 제도가 이동 생활을 하는 수렵채집인이 스스로를 조직하고 협동의 연결망을 확대하는 방식으로 문화적으로 진화한 것은 놀라운 일이 아니다. 하지만 정주 농업이 시작된 이후 격렬한 집단 간 경쟁에 직면해서 영역을 통제할 필요성이 생기자 친족 기반 제도가 강화되면서 씨족과 사촌 간 결혼, 공동 소유, 부계 거주, 분절적 혈족, 조상 숭배를 조직하는 규범군이 나타났다. 사회의 규모가 커지는 가운데 가장 성공적인 정치 제도는 여전히 친족과 복잡하게 얽혀 있었다. 세금을 징수하는 관료제와 군대를 갖춘 전근대 국가가 등장한 뒤에도 친족 기반 제도가 여전히 엘리트와 하위 계층 모두에서 생활을 지배했다. 이 모든 것은 우리가 관찰하는 현대의 심리적 변이의 일부가 친족 기반 제도와 국가의 등장에 영향을 미친 생태적, 기후적, 생물지리적 요인들로 다양한 경로를 통해 그 근원을 추적할 수 있음을 의미한다.

친족 관계와 함께 종교와 의례 또한 영겁의 세월 동안 문화적으로 진화하면서 더 큰 집단에서 사회적 영역을 확장하고 협동을 장려하며 인간 종의 진화된 심리의 여러 측면을 동력으로 활용했다. 하지만 다양한 보편 종교의 등장과 코스모폴리탄적 제국의 발전은 문화적 진화가 결혼 및 가족과 관련된 다양하고 신성한 규정과 금지를 '실험할 수 있는' 새로운 기회를 제공했다. 몇몇 보편 신앙은 가까운 친척과의 결혼을 지지한 반면(조로아스터교), 다른 신앙은 사촌이나 인척 간 결혼 같이 그 전까지 흔히 이루어지던 결혼을 금지했다. 마찬가지로, 몇몇 종교는 남성이 원하는 대로(또는 능력껏) 부인을 여럿 두는 것을 허용한 반면, 다른 종교는 부인을 네 명까지로 제한하고 부인들 간의 평등한 관계를 요구했다(이슬람). 서기 첫 번째 밀레니엄이 시작될 무렵, 로마 제국은 옛 로마의 국가종교와 유대교, 조로아스터교, 미트라교, 잡다한 기독교 신앙, 그밖에 여러 지방 종교들이 종교적으로 각축을 벌이는 끓어오르는 가

마솥이었다. 기독교의 한 계통은 이 가마솥으로부터 결혼과 가족에 관련된 독특한 일련의 금기와 금지, 규정을 발견했고, 이는 결국 교회의 '결혼 가족 강령'으로 구체화되었다.

이런 금지와 규정은 여러 세기에 걸쳐 서방 교회 아래서 기독교화된 인구 집단들에 주입되면서(〈그림 14.1〉의 화살표 A) 집약적 친족 기반 조직을 파괴했고, 그로 인해 사람들의 사회적 삶(화살표 B)과 심리(화살표 C)가 바뀌었다. 이런 변화는 더 개인주의적이고 분석 지향적이며, 죄의식의 지배를 받고, (남을 판단할 때) 의도에 초점을 맞추는 한편 전통과 연장자의 권위, 일반적 순응에 비교적 구속받지 않는 심리에 유리했다. 일부다처혼의 근절과 남성의 섹슈얼리티에 대한 제약 강화 또한 남성의 지위 추구와 경쟁을 억제함으로써 제로섬 사고와 조급함, 위험을 추구하는 성향을 억눌렀다.

집약적 친족 관계의 해체로 추동된 사회적, 심리적 변화는 도시화 확대, 비개인적 시장 확대(화살표 D와 E), 자치도시, 길드, 대학 같은 경쟁하는 자발적 결사체로 나아가는 문을 열어주었다. 도시 중심지와 상업 시장은 다양한 방식으로 비개인적 상호작용을 촉진하고 강화함으로써 비개인적 친사회성과 공평한 규칙 준수를 자극하는 한편 인내심, 포지티브섬적 사고, 자기규제, 시간 절약 같은 개인적 특성을 장려했다(화살표 F와 G). 이런 새로운 사회적 환경으로 점점 분업이 확대되고, 더 많은 개인들이 자기 직업과 사회의 영역을 선택하게 되었으며, 결국 WEIRD-5로 확대되며 더욱 차별화된 인성 목록을 촉진하고, 다른 개인과 집단에 대해 성향적으로 사고하는 사람들의 속성이 강화되었다.

이런 심리적, 사회적 변화가 조용히 끓어오르면서 중세시대 후반과 그 이후에 정부와 법률, 종교 신앙, 경제 제도가 형성되는 데 영향을 미쳤다. 가령 가족의 유대가 약하고, 관계의 유동성이 크며, 세계를 성향적

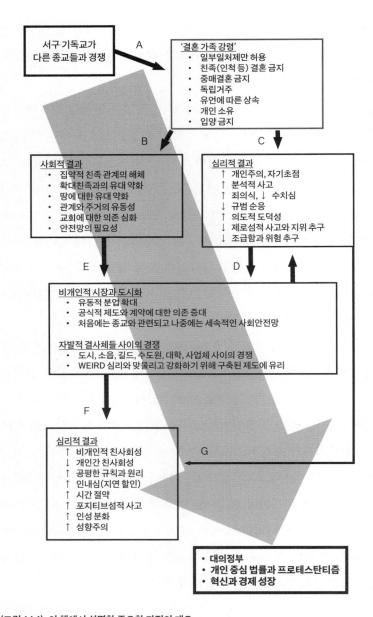

〈그림 14.1〉 이 책에서 설명한 주요한 과정의 개요

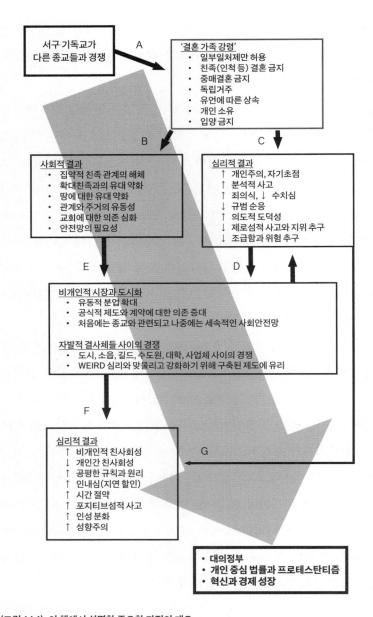

〈그림 14.1〉 이 책에서 설명한 주요한 과정의 개요

인 방식으로 분석하는 개인주의 심리가 발전하는 공동체에 사는 경우에 개인과 개인의 속성(권리)에 초점을 맞추는 법률의 창조가 타당하게 여겨진다. 이와 대조적으로, 관계적 유대가 중심을 차지하고 사람들이 주로 사회적, 가족적 연계에 따라 판단되는 공동체에 사는 경우에는 개인권을 중심으로 법률과 정부를 세우는 것이 상식으로 보이지 않는다. 사람들의 심리적 성향에 '맞지' 않기 때문이다.

앞에서 나는 문화적 진화가 유럽의 친족 관계가 변형되고 도시화가 증대된 직후에 어떻게 혁신을 재촉하고, 출산을 억제하고, 경제 성장을 가속화하며 기독교 세계의 집단지능을 확장하고 사람들의 심리를 바꿔놓았는지를 검토했다. 우리는 지금도 계속되는 이런 사회적, 심리적 변화가 상호연결된 정신들이 사방으로 뻗어나가는 연결망 안에서 어떻게 점차 관념과 믿음, 관행과 기법의 흐름을 변화시켰는지를 보았다. 이 정신들은 새로운 통찰을 만들어내고 낡은 가정에 이의를 제기하도록 동기를 부여받았다. 이 과정은 문해력이 보급되고(프로테스탄티즘이 기여), 과학협회가 확산되고, 유럽에 널리 퍼진 도시와 소읍 전역으로 장인, 학자, 상인의 흐름이 가속화하는 등의 수많은 방식으로 이루어졌다. 이렇게 팽창한 집단지능이 계몽주의의 불길을 일으키고, 산업혁명을 추동했으며, 지금도 세계 곳곳에서 경제 성장을 재촉하고 있다.

지금까지 살펴본 내용을 염두에 두고 1장에서 제기한 세 가지 핵심적 질문으로 돌아가보자.

1. 세계적인 심리적 변이, 특히 이 책 전체에 걸쳐 강조한 변이를 어떻게 설명할 수 있는가(〈표 1.1〉)?

심리적 변이를 대략적으로 설명하기 위해서는 각기 다른 장소에서 역사가 어떻게 다른 방식으로 전개됐는지를 검토하고 제도와 기술,

언어가 다른 사람들의 정신의 공진화를 고려할 필요가 있다. 〈표 1.1〉에서 강조한 심리적 양상을 표적으로 삼아 나는 (1) 집약적 친족 관계, (2) 비개인적 시장과 도시화, (3) 자발적 결사체들 사이의 경쟁, (4) 상당한 개인적 유동성을 갖춘 복잡한 분업 등과 관련된 제도의 진화에 초점을 맞추었다.

2. WEIRD 사회가 특히 이례적이고, 심리와 행동의 세계적 분포에서 걸핏하면 극단을 차지하는 이유는 무엇인가?

   로마 가톨릭교회로 진화한 기독교 분파가 발견한 결혼·가족 정책의 집합체가 유럽의 집약적 친족 기반 제도를 파괴했다. 사회적 삶의 기저에서 나타난 이런 변형이 이 인구 집단들을 과거에는 접근하지 못했던 사회적 진화의 경로로 밀어냈으며, 자발적 결사체, 비개인적 시장, 자유도시 등의 부상으로 향하는 문을 열어주었다.

3. 이런 차이는 산업혁명과 지난 몇 세기 동안 유럽이 이룬 세계적 팽창에서 어떤 역할을 했는가?

   중세 성기에 이르러 교회가 야기한 사회적, 심리적 변화 때문에 유럽의 일부 공동체는 개인의 권리, 개인적 책임, 추상적 원리, 보편법, 정신 상태의 중심성 등의 관념에 민감해졌다. 이는 대의정부, 입헌적 정당성, 개인주의적 종교 신앙이 성장할 뿐만 아니라 서구의 법률과 과학이 부상하기 위한 심리적 토양을 비옥하게 만들었다. 이런 변화들은 혁신과 경제 성장에 활력을 불어넣으며 지속적으로 진행된 사회적, 심리적 변화를 가속화했다.

경제적 불평등의 기원

유럽이 변모하기 시작한 서기 1000년에 이르러 세계는 이미 경제적으로 대단히 불평등하고 분명 심리적으로 매우 다양했다. 식량 생산의 초기 발전에 힘을 얻어 가장 번영하고 도시화된 사회들은 전부 유라시아, 즉 중동, 인도, 중국에 속해 있었다. 재러드 다이아몬드는 퓰리처상 수상작 《총, 균, 쇠》에서 이런 양상을 강조하면서 유라시아, 그리고 특히 중동이 복잡한 사회를 형성하는 데서 선두 주자의 우위를 한껏 누렸다고 주장한다. 이 지역들이 결국 세계에서 가장 생산성이 높은 작물과 가축으로 삼을 만한 가장 좋은 포유류 후보를 다수 얻었기 때문이다.

유라시아는 밀, 보리, 기장, 귀리, 쌀의 야생 조상과 함께 소, 말, 돼지, 염소, 양, 물소, 낙타 등을 손에 넣었다. 한편 남북아메리카는 결국 길들여서 생산에 활용할 수 있는 야생 식물이나 동물을 거의 얻지 못했다. 신세계의 주요 작물인 옥수수는 야생의 형태를 생산성 있는 작물로 만들기 위해 숱하게 많은 유전적 변화가 필요했다. 가축화된 동물의 경우에 남북아메리카는 결국 라마, 기니피그, 칠면조를 손에 넣었다. 소나말, 물소, 당나귀 같이 쟁기를 끌고, 무거운 짐을 나르고, 방아를 돌리는 다용도 노동동물은 전혀 없었다. 오스트레일리아에서는 작물과 가축 후보가 남북아메리카보다도 훨씬 적었다.[1]

유라시아의 복잡한 사회들은 동물과 식물의 이런 불평등을 두드러지게 했고, 그와 동시에 동서의 지리적 방향 덕분에 더욱 빠르게 발전했다. 그리하여 새로운 작물, 농경 지식, 가축화된 동물, 기술 노하우 등의 급속한 발전과 확산이 촉진되었다. 3장에서 논의한 것처럼, 이런 지리적 방향은 사회들 사이에 치열한 경쟁을 더욱 부추겨서 정치적, 경제적 복잡도가 높아졌다.

종합해 보면, 다이아몬드의 정연한 주장의 요소들은 남북아메리카나 오스트레일리아, 아프리카, 뉴기니, 오세아니아와 반대되는 의미로 유라시아에서 왜 가장 규모가 크고 강력한 사회가 먼저 출현할 것으로 예상할 수 있는지를 잘 설명해주며, 어디서 그런 사회를 발견할 수 있는지도 알려준다. 중국, 인도, 중동, 지중해를 관통하는 '행운의 위도lucky lati-tudes'가 그곳이다.[2]

다이아몬드의 주장은 서기 1000년의 세계에서 관찰되는 지구 차원의 불평등을 대부분 설명해준다. 이후에 나온 분석들은 그의 발상을 한층 더 시험하면서 재배와 가축화 가능성, 관개 잠재력, 대륙 축의 방향 같은 생물지리적 요인들이 집약적 농업의 발전과 관련되며, 이는 다시 초기 국가 형성의 산파 노릇을 했음을 확인해주었다. 다른 지역의 사람들보다 먼저 출발한 이점을 가진 이 인구 집단들은 계속해서 더 규모가 큰 사회와 정치적 위계체제, 복잡한 경제, 도시 중심지, 정교한 기술 등을 발전시켰다.[3]

하지만 이런 유리한 출발과 이후의 경제적 번영 사이의 강한 긍정적 상관관계는 1200년 무렵부터 약해진다. 조숙한 국가나 초기의 농업을 전혀 경험하지 못한 유럽의 인구 집단들이 경제적으로 도약했기 때문이다. 실제로 이 시기의 경제 성장을 주도한 곳은 유라시아의 환경 안에서 상대적으로 늦게 농업과 국가가 발달한 몇몇 나라였다(잉글랜드, 스코틀랜드, 네덜란드). 지난 200년 동안 이 지역들은 미국 같은 영국계 사회들과 나란히 일찍이 인류 역사에서 유례를 찾아보기 힘든 경제 성장을 목격했다(〈그림 13.1〉).[4]

이 책은 전 지구적 불평등과 관련하여 다이아몬드가 설명하지 않는 시점(1000년 무렵)에서 다시 시작해서 제도와 심리의 공진화를 중심 무대에 놓는다. 심층적인 역사적 의미에서 다이아몬드의 접근법은 두 번째 밀레니엄이 시작될 때 사이드 이븐 아흐마드가 왜 자신의 문명과 다른 몇몇 문명이 북부와 남부의 '야만인들'보다 우월하다고 볼 수 있었는지를 효과적으로 설명해준다. 지구상에서 가장 오랜 농경의 역사를 가진 고대 중동과 지중해 사회는 16세기까지 지배권을 유지한 사이드의 이슬람 세계에 막대한 문화유산을 남겼다. 하지만 다이아몬드의 생물지리학적 접근법은 왜 산업혁명이 잉글랜드에서 시작됐는지, 또는 왜 스코틀랜드 계몽주의가 에딘버러와 글래스고에서 처음 타오르기 시작했는지를 설명하는 데는 도움이 되지 않는다. 교회가 가족 제도를 재편하면서 시작된 사회적, 심리적 변화를 검토할 때만 우리는 지난 몇 세기 동안 발전한 유럽의 독특한 경로와 그 결과로 나타난 전 지구적 불평등의 양상을 이해할 수 있다.[5]

하지만 사회적 복잡성의 오랜 역사에 의해 생겨난 문화적, 심리적 영향을 인식하는 것은 일본이나 한국, 중국 같은 몇몇 사회가 왜 WEIRD 사회들이 창조한 경제적 지형과 전 지구적 기회 속에서 비교적 신속하게 적응할 수 있었는지를 이해하는 데 도움이 된다. 두 가지 요인이 중요한 것 같다. 첫째, 이 사회들은 모두 오랜 역사 속에서 농경과 국가 차원의 정부를 경험했다. 이런 경험은 정규 교육, 근면함, 만족을 뒤로 미루려는 의지 등을 장려하는 문화적 가치, 관습, 규범의 진화를 촉진했다. 어떻게 보면 이런 것들은 공교롭게도 WEIRD 사회로부터 획득하는 새로운 제도와 딱 들어맞는 문화적 적응물이다. 둘째, 이 사회들은 강력한 하향식 체계 덕분에 WEIRD 사회에서 베낀 핵심적인 친족 기반 제도를 신속하게 채택하고 실행할 수 있었다. 가령 일본은 메이지유신 시기인 1880년대에 일부다처혼 금지를 비롯한 WEIRD의 민법 제도를 베끼기 시작했다. 마찬가지로 앞에서 언급한 것처럼, 중국 공산당 정부는 1950년대에 씨족, 일부다처제, 중매결혼, 가까운 친척 간 결혼, 순수한 부계 상속 등을 폐지하는 프로그램에 착수했다(다시 말해, 이제 딸도 동등하게 유산을 받아야 했다). 한국 정부는 1957년에 신랑과 신부 둘 다 결혼에 동의할 것을 요구하고, 일부다처혼을 금지하고, 친인척 8촌까지 근친결혼을 금지하는 서양식 민법을 통과시켰다. 그후로 다양한 법 개정이 이루어지면서 한국 사회는 가부장적인 집약적 친족 관계에서 한층 더 멀어졌다. 1991년, 마침내 상속권이 동등하게 바뀌어 이제는 아들과 딸이 똑같이 상속을 받는다. 이 세 아시아 사회 모두에서 가톨릭교회 아래에서 중세 유럽을 지배하던 '유럽 결혼 양상European Marriage Pattern'이 위에서부터 아래로 신속하게 시행되었다.[6]

산업화 이전 유럽과 비교해서 커다란 차이는 19세기와 20세기에 이 아시아 사회들은 또한 대의정부, 서구 법전, 대학, 과학 연구 프로그램, 근대식 기업 조직 등을 작동 가능한 형태로 베끼고 받아들여 글로벌 경제에 직접 접속할 수 있었다는 점이다. 근대의 공식 제도들은 이제 어느 정도 '기성 제품'처럼 사용될 수 있다. 다만 그 효율성은 해당 인구 집단의 문화적 심리에 좌우된다.[7]

이런 접근법은 또한 이집트나 이란, 이라크 같이 특히 오랜 농경의 역사를 가진 인구 집단들이 왜 유럽에서 처음 생겨난 근대의 공식적인 정치, 경제 제도들과 충분히 통합되지 않았는지도 설명해준다. 이 사회들은 종교적인 이유에서 매우 집약적인 형태의 친족을 유지했다. 이슬람은 주로 (딸은 아들이 물려받는 것의 절반을 물려받아야 한다는)신이 허용한 상속 관습 때문에 다른 곳에서는 보기 드문 동족결혼(족내혼) 관습의 확산을 추동하거나 적어도 그것이 지속되는 것을 도왔을 것이다. 이 관습에서는 딸이 아버지 형제의 아들과 결혼한다. 특히 농업 사회와 목축 사회가 이슬람을 받아들이면서 딸이 외부 사람과 결혼할 때마다 (그리하여 다른 씨족으로 들어갈 때마다) 토지를 잃을 가능성에 대비하고 가족의 토지 보유를 유지할 필요성 때문에 씨족 내에서 결혼하는 것을 선호하며 지속적인 부의 고갈을 막으려 했다. 이런 많은 사회에서는 토지가 부의 주요한 형태다. 이 관습은 특히 집약적인 친족 형태를 장려하는데, 앞에서 살펴본 것처럼 이는 (가령 민주주의가 아닌) 특정한 공식 제도와 나란히 일정하게 사고하고 느끼는 방식을 선호한다.[8]

▎풍요가 인간 심리에 미치는 영향

많은 WEIRD는 일련의 민간신앙을 갖고 있어서 인구 집단들 사이에서 관찰되는 심리적 차이는 모두 경제적 차이, 다시 말해 사람들의 소득, 부, 물질적 보장 등의 차이에 기인한다고 가정한다. 이런 직관에는 일정한 진실이 있다. 개인들이 갑자기 결핍에 맞닥뜨릴 때 심리적 변화가 우발적으로(즉석에서) 생겨날 수 있다. 또는 젖먹이와 어린이가 자라는 과정에서 더 풍부하거나 안정된 환경에 적응할 때 더 큰 변화가 일어날 수 있다. 사회안전망이 혁신에 미치는 영향을 검토하면서 이런 효과를 언급한 바 있다(13장). 자기가 속한 공동체나 사회적 연결망에 있는 사람들로부터 가장 성공적인 전략과 동기, 세계관을 배울 때에도 변화가 발생할 수 있다. 더 가난하거나 제약이 있거나 불확실한 상황에서는 다른 심리적 성향과 접근법이 어느 정도 성공적일 것이다.[9]

하지만 부의 증대가 근대 세계에 불을 붙인 첫 번째 불씨의 부싯돌이었다는 사실을 의심할 이유는 거의 없다. 유럽의 기독교 세계에서 소득과 물질적 보장의 증대는 적어도 처음에는 변화하는 친족 기반 제도와 바뀌는 심리적 양상의 원인이 아니라 결과였다. 이를 살펴보기 위해 네 가지를 생각해보자. 첫째, 역사적 변화의 순서를 보면, 부와 소득, 물질적 보장(안정)이 우선적으로 등장할 수 없다(이제부터는 '풍요'로 총칭하겠다). 이것들은 내가 설명한 제도적, 심리적 양상에 뒤이어 나오는 것이기 때문이다. 특히 법정 기록, 친족 용어법, 교회사 등의 데이터를 바탕으로 보면, 유럽 친족 관계의 변화가 풍요의 증대보다 한참 앞서 일어났다. 마찬가지로, 문학 자료와 개인의 유동성, 법적 문서 등으로 판단할 때, 개인주의와 독립성에서 처음 심리적 변화가 나타난 것은 풍요가 상당히 증대되기 전의 일이다. 둘째, 내가 자주 언급한 것처럼, 이 책 전반에서 제시한 심리적 변이의 분석은 대부분 부와 소득, 심지어 물질적 보장에 관한 사람들의 주관적 경험의 영향까지 통계적으로 상수로 놓는다. 때로는 이런 풍요로움의 측정치와 사람들의 심리적 특성 사이에 일정하게 독립적인 관계가 나타나지만 대부분의 경우에는 어떤 효과도 나타나지 않는다. 풍요의 효과가 나타나는 경우에도 대개 내가 강조한 요인들(종교, 친족 기반 조직, 비개인적 시장, 집단 간 경쟁)에 비교하면 그 효과가 크지 않다.[10]

이를 더 분명히 살펴보기 위해 세 번째 논점을 생각해보자. 예상되는 심리적 변이의 양상들은 엘리트 인구 집단과 가난한 인구 집단 모두에서 나타난다. 모든 계층화된 사회에서 엘리트는 (적어도 가난한 사람들과 비교해서) 잘 먹고 부유하며 보통 안전하다고 느낀다. 따라서 그들은 모두 풍요의 심리적 효과를 보여야 마땅하다. 구체적인 예로 6장에서 연구한 유엔 외교관이나 기업 경영자, 고위 중역을 생각해보자. 그들은 모두 물질적으로 안락하지만 (1) 비개인적 정직성(불법 주차, 〈그림 6.11〉을 보라), (2) 보편적 도덕성(난폭 운전을 한 친구를 보호하기 위해 법정에서 거짓말을 함), (3) 족벌주의(중역 자리에 친척 고용) 등과 관련된 그들의 성향은 무척 다르며, 친족 집중도 및 교회에 대한 노출도로 그 차이를 설명할 수 있다. 실제로 우리는 이런 부유한 엘리트들 사이에서도 국가를 대표하는 조사나 대학생 표본에서 본 것과 똑같은 심리적 변이를 발견했다. 이런 사실을 볼 때, 풍요는 이와 같은 세계적인 심리적 차이를 형성하는

데 별다른 역할을 하지 않는다.[11]

이런 양상은 누가 산업혁명을 추동했는지를 검토함으로써 더욱 분명히 나타난다. 근대 초기 유럽의 엘리트들이 대부분의 부를 차지했다. 부는 군대를 손에 넣고, 군대는 안전을 보장한다. 만약 더 WEIRD한 심리를 추동한 것이 풍요라면, 산업혁명의 엔진에 연료를 제공한 것은 유럽의 귀족이었어야 한다. 하지만 앞서 살펴본 것처럼, 최초의 합자회사에 투자하고 인쇄기, 증기기관, 뮬 방적기를 발명한 것은 중간계급에 속하는 개인, 장인, 성직자들이었다. 이와 대조적으로, 엘리트들은 장기적 관점에서 자신의 부를 투자하고 저축하기는커녕 개인적 사치에 돈을 써서 거듭해서 빚을 떠안았다. 풍요가 변화를 추동한다는 접근법이 예측하는 것과는 정반대의 행동을 보인 것이다.[12]

풍요 스펙트럼의 반대쪽 극단에서 우리는 다시 상당한 심리적 변이를 발견한다. 세계 각지의 수렵채집인, 목축민, 자급자족 농민 내부와 사이에서 관찰되는 비개인적 친사회성의 차이를 상기해보자. 이 인구 집단들 가운데 다수는 하루에 2달러도 되지 않는 돈으로 생활한다. 기근, 허리케인, 가뭄, 부상, 질병이 모든 사람의 생활과 가족에 실질적인 위협이 된다. 하지만 연구자들은 이 인구 집단들 사이에서 상당한 심리적 변이를 발견했을 뿐만 아니라 낯선 이를 공정하게 대하는 사람들의 동기를 설명해주는 가장 중요한 요인은 시장 통합도 및 종교와 관련이 있음을 발견했다. 사소하고 일관되지 않은 풍요의 영향을 통계적으로 상수로 놓더라도 이런 관계는 여전히 강하게 나타난다.[13]

그리하여 네 번째 논점으로 넘어간다. 일부 연구자들은 부의 증대와 물질적 보장의 확대가 사람들의 심리의 몇몇 측면, 다시 말해 인내심이나 신뢰 등을 직접적으로 변화시킬 수 있다고 주장하고자 했지만, 여기서 내가 설명한 심리의 많은 측면은 풍요와 아무런 관련이 없었다. 예를 들어, 어느 누구도 부의 증대가 사람들로 하여금 더 분석적으로 사고하고, 도덕적 판단에서 의도를 강조하고, 수치심보다 죄의식을 느끼게 만든다는 사실을 설명하거나 입증하지 않았다.

여기서 말하고자 하는 요점은, 부와 소득, 물질적 보장의 증대가 일정한 효과를 발휘하기는 하지만, 지난 15세기 동안 이루어진 심리적 변화의 초기 발화 장치나 가장 중요한 추동력은 아니었다는 것이다.

▎유전적 진화 vs. 문화적 진화

WEIRD 심리와 산업혁명의 기원을 설명하기 위해 나는 사람들의 심리가 적응적인 문화적, 발달적 과정을 통해 변화한 것이며, 유전자에 작용하는 자연선택을 통해 크게 변화한 것은 아님을 주장했다. 문화적 학습, 제도, 의례, 기술이 어떻게 우리의 유전자에 손을 대지 않고도 우리의 심리와 뇌(가령 문해력), 호르몬(가령 일부일처혼)을 형성하는지 관해 현재 우리가 아는 바에 비춰볼 때, 충분히 설득력 있는 주장이다.[14]

하지만 지금까지 설명한 문화적, 경제적 발전이 또한 몇 가지 동일한 심리적 차이를 선호하는 유전자들에 대한 선택압을 낳았을 수도 있다. 몇 가지 이유에서 이런 가능성을 직시하는 게 중요하다. 첫째, 앞에서 언급한 것처럼, 문화적 진화의 산물은 일찍이 석기시대부터 인간 종의 유전적 진화를 형성했다. 그리고 최근 수천 년 동안 이루어진 농업혁명과 동물의 가축화는 인간이 우유와 알코올을 더욱 효율적으로 처리할 수 있게 해주는 유전자를 선호하는 등 여러 방식으로 인간 게놈을 바꾸었다. 따라서 문화가 인간 게놈에 영향을 미칠 수 있다는 관념은 이제 충분히 확인되었다. 둘째, 우리의 진화된 부족적 심리와 행동을 성향으로 설명하고자 하는 WEIRD 성향 때문에 우리는 아무것도 존재하지 않는 곳에서 고유하거나 본질적인 차이를 보려고 한다. 이런 설명 편향 때문에 일부 연구자들은 인구 집단들 사이에서 관찰되거나 추론된 심리적 차이가 유전적 차이에 기인하는 것이라고 가정했다. 이런 편향은 내구성이 있는 탓에 증거를 아주 분명하게 보는 것이 더욱 더 중요하다.[15]

이 책에서 탐구한 많은 연구 방법을 전반적으로 고려할 때, 문화적 과정이 유럽, 중국, 인도 안에서만이 아니라 지구 곳곳에서 나타나는 심리적 다양성의 형성을 지배한 것으로 보인다. 유전자에 작용하는 자연선택이 지금까지 설명한 종교적 믿음, 제도, 경제적 변화 등에 의해 창조된 세계에 서서히 반응을 나타냈지만, 유전자가 현대의 변이에 거의 영향을 미치지 못했을 것이라고 생각할 만한 이유는 많다. 그리고 설령 영향을 미치더라도 일반적으로 추정되는 것과는 반대 방향으로 작용했을 것이다.

넓은 시각에서 보면, 문화적 진화 과정은 유전자에 작용하는 자연선택에 비해 빠르고 강력하다. 여러 세기에 걸쳐 진행된 문화적 적응이 유전적 적응을 지배하는 경향이 있다는 말이다. 물론 장기적으로 보면 수천 년에 걸쳐 이루어진 유전적 진화가 더 큰 효과를 발휘하며, 많은 경우에 문화보다는 더 큰 영향을 미칠 수 있다. 더욱이 문화적 진화는 사람들을 제도적 환경에 (심리적으로) 적응하게 '함으로써' (항상은 아니지만) 종종 동일한 적응 과제에 대처하는 자연선택의 힘을 고갈시킨다. 앞에서 언급한 것처럼, 이를 보여주는 고전적 사례는 성인들도 우유의 젖당을 분해할 수 있게 해준 수천 년에 걸친 유전적 변이의 진화이다. 이런 유전적 변이의 선택은 (소, 염소 등) 목축의 문화적 보급과 함께 시작되었다. 유전적 진화와 문화적 진화 모두 이 변화에 반응했다. 일부 인구 집단에서는 성인이 특정한 유전자를 보유하지 않고서도 풍부한 영양을 이용할 수 있게 해주는 치즈와 요구르트 제조법을 발전시켰다. 그리고 이런 방법을 통해 문화적으로 진화하지 않은 다른 인구 집단들에서만

성인이 젖당을 처리할 수 있게 해주는 유전적 변이가 나타나 확산되었다.[16]

최근 들어 20세기 동안 유전자와 문화가 교육 성취에 기여한 바에 대한 연구를 보면, 유전적 진화보다 문화적 진화의 힘이 우세하다는 사실이 인상적으로 드러난다. 유럽계 인구 집단들에서 연구자들은 학교교육의 성과와 관련된 유전자를 대략 120개 확인했다. 유전자는 타고난 인지 능력에 기여할 뿐만 아니라 가만히 앉아 있고, 주의를 기울이고, 피임법을 사용하고, 마약을 피하고, 숙제를 하려는 의지에 영향을 미치는 등 여러 가지 방식으로 교육에 영향을 미칠 수 있다. 흥미롭게도, 미국과 아이슬란드의 연구 모두 자연선택으로 이 유전자의 빈도가 줄어서 세대당 총 학교 교육 기간이 1.5개월 감소한다는 것을 보여준다. 다시 말해, 이 인구 집단들에서 사람들이 학교 교육을 지속할 가능성을 떨어뜨리는 유전자가 나타나는 빈도가 늘어났다. 하지만 이렇게 유전적으로 유도된 학교 교육에 대한 반발은 반대 방향으로 가속화하는 문화적 진화에 의해 밀려났다. 같은 시기 동안 문화는 사람들의 교육 성취를 세대당 25.5개월(IQ는 6~8 정도) 끌어올렸다. 20세기 전체에 걸쳐 문화는 미국인들의 교육적 성취를 9~11년 끌어올린 반면, 자연선택은 8개월 미만 가량 끌어내렸다.[17]

지금까지 전개한 역사적 서술 속에서 이제 문화적 진화와 유전적 진화가 만들어낸 적응 과정은 (원칙적으로) 같은 방향으로 나아갔다. 사회적, 경제적 성공이 여전히 생존 및 재생산과 비례적으로 연결되는 한, 유전적, 문화적 진화 모두 더 WEIRD한 심리를 선호했을 것이다. 하지만 사실은 그렇지 않으며 자연선택이 문화적 진화에 비해 엄청난 저항에 직면했다고 생각할 만한 충분한 이유가 존재한다. 제도적, 심리적 행동의 대부분은 유럽에서 도시화한 지역, 즉 지금까지 내가 강조한 자치

도시와 자유도시에서 등장했다. 이런 도시는 주거가 유동적인 개인들이 모이고, 길드가 싹을 틔우고, 비개인적 시장이 번성하고, 도시 헌장이 꽃을 피우고, 대학이 결실을 맺은 곳이다.

이런 분포를 감안할 때 문제는 다음과 같다. 유럽의 도시 지역은 유전적인 죽음의 덫이었다. 이것이 바로 '도시 묘지 효과urban graveyard effect'라고 알려진 상황이다. 근대 이전에 유럽의 도시 거주자들은 농촌 거주자에 비해 훨씬 많은 수가 전염병으로 죽었고, 출생시 기대수명도 최대 50퍼센트가 낮았다. 개인이 도시에서 살고 싶게 만들 수 있는 유전자로부터 생겨난 심리 성향이나 행동 성향은 **선택에서 배제되었을 것이다**. 가령 어떤 사람들이 낯선 사람을 신뢰하거나 분석적으로 사고하는 유전적 성향이 있고, 이 때문에 도시 생활의 기회에 끌렸다면, 자연선택은 이런 유전자를 저지하거나 적어도 그 빈도를 낮췄을 것이다.[18]

그 대신에 유럽의 도시와 소읍들은 농촌 출신 이주민의 끊임없는 유입을 통해서만 살아남고 성장했다. 인구를 지탱하기 위해서는 이 인구가 충분히 유입되어 주민의 30퍼센트가 다른 곳에서 태어난 사람들이어야 했다. 실제로 소읍과 도시가 가령 10년마다 10퍼센트씩 성장하기 위해서는 그 두 배의 인구가 유입되어야 했다. 이 묘지 효과가 배후지로부터 끊임없이 이어지는 이주자 유입과 결합되면 WEIRD 심리를 창출하는 데서 유전적 진화의 역할을 크게 상상하기가 어려워진다. 다시 말해, 자연선택은 조밀한 인구, 비개인적 시장, 개인주의, 전문화된 직업 분야, 익명의 상호작용 등에 적응된 심리에 반대로 작용했을 것이다.[19]

나는 또한 시토회 같은 수도원에서 몇 가지 핵심적인 문화적 진화 행위가 이루어졌다고 주장했다. 물론 자연선택의 관점에서 보면, 수도원 또한 유전적 묘지다. 수도원의 순결 서약이 제대로 지켜지지 않았다고 가정한다 하더라도 수사들은 여전히 이 특정한 자발적 결사체에 참여하지 않았을 경우에 비해 자식을 덜 낳았다.

자연선택이 유전자에 작용하는 것과 달리, 문화적 진화의 선택 과정은 묘지 효과의 영향을 훨씬 덜 받았을 것이다. 대부분의 도시 이주자들은 젊고, 독신이고, 아이가 없었다. 그들은 길드 같은 자발적 결사체에 가입해서 성공을 거둔 동년배와 명망 있는 연장자들에게 문화화와 사회화를 받았다. 일단 도시에 들어오면 결혼을 통해 토박이 인구 집단에 진입함으로써 더 확고한 발판을 만들 수 있었다. 도시민이 사망하면 농촌 지역에서 새로 들어오는 열렬한 이주자가 곧바로 그 자리를 대체하면서 가장 성공한 생존자들에게 배움을 받았다. 유전적 자손과 달리, 문화적 학습자는 유전적 부모에게서 무엇이든 얻는 데 의존하는 대신, 명망과 번영을 이룬 생존자들 사이에서 자신의 '문화적 부모'를 선별할 수 있었다.

도시가 생존하고 번영한 것은 문화가 유전자에 승리를 거두었기 때문이다. 이 책에서 설명한 문화적 진화 과정은 효율적인 통치 제도를 단단하게 만드는 한편 결국 백신 접종과 상수도, 위생시설, 세균 원인설 같은 혁신을 창출함으로써 공중보건을 향상시킨 거대한 집단지능을 만들어냈다. 지난 세기에 이르러서야 묘지 효과의 사망 요인이 사라지거나 최소한 감소했고, 이제 많은 도시가 시골보다 사람들의 건강에 더 도움이 된다. 하지만 도시인들은 여전히 시골 사람보다 자녀를 적게 낳는다. 도시의 묘지 효과를 볼 때, 전반적으로 더 WEIRD한 심리에 유리한 유전자를 배제하는 선택이 이루어진 결과일 것이다. 문화는 더 느리고 약한 유전자라는 적수에 맞서 힘겹게 거슬러 올라가야 했다.

세계화 그 이후

개인과 인구 집단들이 지각하고, 생각하고, 느끼고, 추론하고, 도덕적 판단을 내리는 방식에서 서로 다르다는 것이 중요할까? 또한 문화적 진화가 이런 차이를 만들어냈으며, 이렇게 변화하는 심리적 풍경이 우리의 정부와 법률, 종교와 상업의 특징에 영향을 미쳤다는 사실이 중요할까?

정말로 중요하다. 이런 견해는 우리가 어떤 존재이며, 우리의 가장 소중한 제도와 믿음, 가치가 어디에서 생겨난 것인지에 관한 이해를 바꿔놓는다. 인권, 자유, 대의민주주의, 과학 같이 많이 알려진 서구 문명의 이상들은 많은 이들이 생각하는 것처럼 순수한 이성이나 논리를 기리는 기념물이 아니다. 17세기와 18세기 계몽주의 시기에 사람들이 갑자기 합리적으로 바뀌어 이후 근대 세계를 발명한 것이 아니다. 그보다 이 제도들은 특정한 문화심리에서 생겨난 누적적인 문화적 산물이며, 그 기원은 몇 세기를 거슬러 올라간다. 전쟁, 시장, 수사monk가 관련된, 폭포수처럼 이어지는 인과관계의 연쇄를 통해 급진적인 종교 분파(서구 기독교)에서 발전한 근친상간 금기, 결혼 금지, 가족 규정 등의 독특한 묶음까지 추적할 수 있다. 여러 세기에 걸쳐 기독교 전체 차원의 공의회에서 거듭해서 '결혼 가족 강령'을 보강하고 시행하고 강제한 기독교 지도자들은 자신들이 어떻게 새로운 세계를 창조했는지에 대해 장기적으로 중요한 전망을 전혀 드러내지 않았다. 다만 그들에게는 분명 사람들의 성생활에 깊이 관심을 기울이는 강력한 초자연적 존재에게 봉사하려는 의도 외에도 몇 가지 비종교적인 동기가 있었다. 그렇다 하더라도 '결혼 가족 강령'이 중세 유럽의 인구 집단들을 재구조화하는 데 의도치 않게 성공을 거두면서 새로운 경로를 따라 사회적 진화가 이루어졌다.

1500년 이후 유럽 각국의 사회가 세계 곳곳으로 팽창하기 시작했는데, 종종 특히 유라시아 바깥이나 덜 복잡한 사회에 속하는 사람들이 파괴적인 영향을 받았다. 근대 세계에서 이른바 '세계화'는 내가 고대 후기부터 묘사한 과정의 연속에 불과하다. (계몽주의 이전에) 유럽에서 진화한 대의정부, 대학, 사회안전망 같은 비개인적 제도가 수많은 인구 집단에 수출되고 이식되었다. 특히 이전까지 국가를 이루지 못한 사회에서는 종종 새로 이식된 제도가 사람들의 문화심리에 적응하지 못하는 결과를 낳아서 정부와 경제, 시민사회의 기능부전으로 이어졌다. 그리고 이는 다시 너무도 자주 씨족과 부족, 종족 집단 사이의 내전뿐만 아니라 빈곤과 부패로 이어졌다.

많은 정책 분석가들은 이런 부적응을 인식하지 못한다. 암묵적으로 심리적 통일성을 가정하거나 사람들의 심리가 빠르게 변화해서 새로운 공식적 제도에 부응할 것이라고 생각하기 때문이다. 하지만 사람들의 친족 기반 제도와 종교가 밑바닥에서부터 다시 설계되지 않는다면, 인구 집단의 심리를 한 방향으로 밀어붙이는 씨족이나 분절적 혈족 같은 '낮은 차원의' 제도와, 다른 방향의 심리로 밀어붙이는 민주적 정부나 비개인적 조직 같은 '높은 차원의' 제도 사이에서 꼼짝도 못하게 된다. 다른 어떤 것보다도 친족에게 충성해야 할까, 아니면 공평한 정의에 관한 비개인적 규칙을 따라야 할까? 내 처남을 채용해야 할까, 아니면 가장 일을 잘할 사람을 뽑아야 할까?

이런 접근법은 왜 세계의 일부 지역에서 다른 지역보다 '발전(즉 WEIRD 제도의 채택)'이 늦어서 더 많은 고통을 받았는지를 설명하는 데 도움이 된다. 한 인구 집단이 여러 친족 기반 제도에 더 의존했거나 지금도 의존하고 있을수록 두 번째 밀레니엄 시기 동안 유럽에서 발전한 정치, 경제, 사회의 비개인적 제도에 통합되는 과정은 더욱 고통스럽고 어렵다. 더 많은 사람들이 이런 비개인적 제도에 참여할수록 대개 한때 사람들을 감싸고 구속하고 보호하던 사회적 관계의 그물망이 점차 해체된다. 도시화와 세계 시장, 세속적인 안전망, 개인주의적인 성공과 안전 개념에 의해 완전히 사라져버리는 것이다. 사람들은 경제적 혼란 외에도 과거의 조상과 미래의 후손까지 이어지는 폭넓은 관계 연결망에서 한 고리를 차지하면서 얻을 수 있었던 의미의 상실에 직면한다. 그리고 이런 사회적, 경제적 재조직화를 통해 '자아'의 성격이 변화한다.

물론 유럽의 지배와 식민주의, 오늘날의 세계화 과정은 복잡하며, 여기서 나는 노예제와 인종차별, 약탈과 대량학살이라는 아주 현실적인 참화를 강조하지 않았다. 여기서 내가 말하고자 하는 요점은 인간의 심리가 세대를 거쳐 문화적으로 적응하기 때문에 세계화와 관련된 대규모 사회 변화는 필연적으로 사람들의 문화심리와 새로운 제도 및 관행 사이의 불일치를 야기하며, 따라서 사람들의 의미에 대한 감각과 개인적 정체성에 충격을 준다는 것이다. 이런 현상은 앞에서 언급한 참화가 없어도 벌어질 수 있으며 참화가 끝난 뒤에도 오래 지속될 수 있다.

유감스럽게도 사회과학과 일반적인 정책 접근법은 세계화 때문에 생겨나는 제도와 심리의 불일치를 이해하거나 다룰 준비가 제대로 되어 있지 않다. 이는 인구 집단들 사이의 심리적 변이에 대해 별로 관심을 기울이지 않을 뿐만 아니라 이런 차이가 어떻게 생겨나는지를 설명하려는 노력도 거의 하지 않기 때문이다. 가령 심리학자들은 대체로 (암묵적으로) 자신이 데스크톱 컴퓨터와 유사하며 유전적으로 진화한 컴퓨터 하드웨어를 연구하고 있다고 가정하면서 우리의 심리라는 하드웨어에 다운로드되는 소프트웨어(문화적 내용)를 설명하는 일은 인류학자와 사회학자의 몫으로 남긴다. 하지만 우리의 뇌와 인지는 상당 정도 자체 프로그래밍이 가능하도록 유전적으로 진화됐으며, 태어날 때부터 마주치는 사회, 경제, 생태 환경에 자신의 컴퓨터 처리 과정을 적응시키도록 맞춰져 있다.

결국 우리는 인구 집단들의 마음이 어떻게 문화적 진화에 의해 형성되는지를 검토하지 않고서는 심리를 이해할 수 없다. 앞서 많은 연구, 그중에서도 특히 미국과 유럽 같은 곳에서 이민 2세와 관련된 연구에서 인상적으로 살펴본 것처럼, 사람들의 심리는 자신이 자라난 공동체만이 아니라 과거 제도의 유령들, 즉 조상들이 믿음과 관습, 의례 정체성의 풍부한 체계를 구축하는 바탕이 된 세계에 의해서도 영향을 받는다. 따라서 이제 '심리학'이나 '사회심리학'에 관해 다룬다고 주장하는 교과서들은 '20세기 말 미국인의 문화심리학' 같은 식으로 제목을 바꿔야 한다. 인상적이게도, 문화가 심리학에 들어오는 주요한 경로는 일본인이나 한국인이 왜 미국인과 심리적으로 다른지를 설명하는 과정을 통해서다. 일본인이나 한국인의 심리에 관해 배우고 싶다면, 문화심리학 교과서를 들춰볼 필요가 있다. 심리학자들은 미국인, 좀 더 일반적으로 WEIRD를 문화와 무관한culture-free 인구 집단으로 간주한다. 미국인과 WEIRD 자체가 '문화'이기 때문에 다른 모든 인구 집단은 그 기준에서 벗어나 보인다. 이제 우리가 WEIRD한 인구 집단이라는 사실이 분명해졌으리라 기대한다.

마찬가지로, 경제학도 여전히 지각과 관심, 감정, 도덕, 판단, 추론 등의 차이는 말할 것도 없고 동기나 선호상에서의 문화적으로 진화된 차이가 거의 없는 사고방식으로 뭉쳐 있다. 사람들의 선호와 동기는 고정된 것으로 간주된다. 사람들의 믿음처럼 단순한 것에 관해 생각할 때에도 경제학의 일반적인 접근법은 이런 믿음이 경험적 현실을 반영하는 것이라고 가정한다. 하지만 문화적 진화는 현실과 사람들의 믿음을 대응시킬 필요가 없다. 예를 들어, 아프리카에서는 사람들의 행동이 주술에 대한 광범위한 믿음과 관심에 크게 영향을 받는 것이 분명하다. 하지만 왜 아프리카의 경제 성장이 더딘지를 이해하는 데 예리하게 초점을 맞추면서도 아프리카나 다른 곳의 주술에 관한 경제학 연구는 거의 없다. 대다수 경제학자들은 이런 가능성을 염두에 두지도 않는다. 물론 초자연적 존재를 믿으려는 성향은 흔한 것이다. 미국인의 절반 가량이 유령을 믿는 한편 아이슬란드 국민의 절반도 꼬마 요정의 존재를 받아들인다. 핵심은 각기 다른 장소에서 일정한 종류의 믿음이 어떻게, 왜 상이한 방식으로 진화하고 지속되는지를 이해하는 것이다. 일정한 종류의 초자연적 믿음과 의례는 하찮은 것이기는커녕 규모가 크고 정치적으로 복잡한 사회의 성공을 재촉했다.[20]

특히 WEIRD 심리가 독특하다는 점을 감안할 때, 이 모든 심리적 다양성 때문에 생겨나는 한 가지 문제는 우리가 대체로 우리 자신의 문화적 모델과 국지적 직관을 통해 세계를 바라보고 이해한다는 것이다. 정책 결정권자, 정치인, 군사전략가들이 다른 사회의 사람들은 어떻게 그들의 행위를 이해하고, 행동을 판단하고, 대응할지를 추론할 때, 자신들과 비슷한 지각과 동기를 가지고 있다고 가정하는 경향이 있다. 하지만 어떤 정책이 아무리 완벽하게 실행된다고 해도 런던이나 취리히에서 미치는 효과와 바그다드나 모가디슈에서 미치는 효과는 매우 다를 수 있다. 각 지역의 사람들이 심리적으로 다르기 때문이다.

정책 분석가들은 심리적 변이를 무시하는 대신 어떻게 특정한 인구 집단에 맞춤 정책을 만들어야 하는지, 새로운 정책이 장기적으로 사람들의 심리를 바꿀 수 있는지를 고려해야 한다. 예를 들어, 특정한 나라나 종교 공동체, 이민자 지역 같이 사람들이 일부다처제나 사촌 간 결혼을 규범으로 여기는 공동체에서 이를 허용하는 것이 어떤 심리적 영향을 미칠지를 생각해보라. 소수 대기업이 시장을 지배하도록 기업들의 경쟁을 축소하는 법률은 어떤 영향을 미칠까? 농촌 지역에서 자발적 결사체들의 경쟁이나 시장 통합을 장려해야 하는가, 아니면 막아야 하는가? 이런 결정은 경제에 영향을 미칠 뿐만 아니라 장기간에 걸쳐 심리적, 사회적 영향을 가져온다. 다시 말해, 사람들의 뇌를 바꾸는 것이다. 즉각적인 경제적 효과는 작거나 약간 긍정적일지라도 뒤이어 정치적, 사회적 연쇄 효과를 낳을 심리적 변화를 고찰해야 한다.

마지막으로, 우리의 심리가 미래에 문화적으로나, 수천 년에 걸쳐 유전적으로 계속 진화할 것임은 의심의 여지가 없다. 많은 사회에서 다양한 새로운 기술이 우리의 기억을 증강하고, 인지 능력을 형성하고, 우리의 개인적 관계와 결혼 양상을 재조정하는 중이다. 그와 동시에 양성평등의 수준과 교육 수준이 높아지면서 우리의 가족이 재조직화 및 축소되고 있다. 로봇과 인공지능이 점차 우리의 육체노동과 가장 힘든 인지 업무의 다수를 대신하고 있다. 전자상거래가 늘어나고 금융 거래 보안이 강화되면서 평판을 철저하게 관리할 필요성이 줄어들고, 낯선 사람을 신뢰하고 협동하려는 우리의 내면화된 동기가 약해질지 모른다. 이런 신세계를 마주하면서 우리의 마음이 계속 적응하고 변화할 것임은 의심의 여지가 없다. 미래에 우리는 다르게 생각하고, 느끼고, 지각하고, 도덕적으로 판단할 것이며, 세 번째 밀레니엄의 여명기에 살았던 이들의 사고방식을 이해하려고 애쓸 것이다.

감사의 말

이 프로젝트를 위해서는 사회과학과 생물학 전반적인 연구 결과를 끌어 모아 통합해야 했는데, 그 과정에서 친구와 동료, 동료 과학자들의 거대한 네트워크에 의존해야 했다. 모두들 10여 년 동안 자신들이 쌓은 지식과 지혜와 통찰을 보태주었다. 숱하게 많은 대화와 이메일을 통해 도움을 준 이들에게 일일이 감사의 말을 할 수는 없다.

브리티시컬럼비아대학교의 심리학과와 경제학과라는 해변으로 얼떨결에 떠밀려온 고집스런 문화인류학자를 받아들여준 이 대학의 놀라운 학자와 친구 집단에 감사의 말을 하고 싶다. 스티브와 아라는 물론 가장 중요한 기여를 했다. 테드 슬링거랜드, 패트릭 프랑수아, 시완 앤더슨, 마우리시오 드렐리크만, 아쑉 코트왈, 카일리 햄린, 마크 샬러, 무케시 에스와란, 제시카 트레이시, 다린 리먼, 낸시 갈리니, 앤디 배런, 수 버치, 재닛 워커 등에게 감사한다. 초고 몇 장을 읽고 코멘트를 해준 시완과 패트릭에게는 특별히 감사한다.

이 책을 향한 지적 여정에 공식적으로 나서는 순간 캐나다고등연구원CIFAR에서 제도·조직·성장IOG 그룹의 특별회원을 맡아달라는 요청을 받았다. 예상치 못하게 찾아온 이 기회 덕분에 직접적 관련이 있는 문제들을 연구하는 주요 경제학자, 정치학자들과 지속적으로 접촉할 수 있었다. 모든 성원이 가르침을 준 캐나다고등연구원과 제도·조직·성장 그룹 전체에 감사한다. 일찍부터 경제사학자 애브너 그라이프, 조엘 모키르와 대화를 하면서 이 책의 뼈대를 세우는 데 도움을 받았다. 특히 각 장마다 읽고 논평을 해주고, 내가 경제사에 관해 순진한 질문을 할 때마다 답변을 해준 조엘에게 감사한다. 귀도 타벨리니, 맷 잭슨, 토르스텐 페르손, 롤랑 베나부, 팀 베슬리, 짐 피어론, 세라 로스, 수레시 나이두, 토머스 후지와라, 라울 산체스 데 라 시에라, 내털리 바우 등과도 대화를 나누면서 많은 것을 배웠다. 물론 대런 애스모글루, 제임스 로빈슨과 계속 이어지는 논쟁은 무척 중요한데, 두 사람 덕분에 내 주장을 예리하게 다듬고 내가 제시하는 증거의 틈새를 찾을 수 있었기 때문이다. 제임스와 내가 하버드에서 공동으로 수업을 맡았을 때, 그는 학생들에게 내 주장을 하나하나 꼼꼼히 검토하게 해주었다.

2013~14년에 운 좋게도 뉴욕대학교 스턴경영대학에서 기업과 사회 프로그램Business and Society Program의 일원으로 1년을 보낼 수 있었다. 스턴경영대학에서 보낸 시간은 대단히 생산적이었고, 심리학자 존 하이트와 매주 대화를 나누고 공동으로 수업을 진행하는 기회를 얻어서 큰 도움을 받았다. 이 시기에 경제학자인 폴 로머, 보브 프랭크에게도 유용한 조언을 받았다.

하버드에 자리를 잡고 난 뒤, 젊은 경제학자 그룹의 도움을 받으면서 이 책의 여러 부분에 극적인 변화가 생겼다. 2016년 매주 술집에서 회동해서 맥주 몇 잔을 마시면서 벤저민 엥크에게 처음 내 책에 관해 이야기했다. 책의 구상을 듣고 흥분한 그는 이듬해에 인상적인 논문을 내놓았는데, 6장에서 그 논문에 크게 의지했다. 대략 같은 시기에 조너선 슐츠를 초청해서 내 연구실에서 강연을 들었다. 박사후 연구원들에게서 그가 예일대학교에서 '사촌 간 결혼과 민주주의'에 관해 연구를 하고 있다는 소식을 들었기 때문이다. 대다수 사람들, 특히 대다수 경제학자들에게 '사촌 간 결혼과 민주주의'는 아마 약간 괴상하게 들릴 것이다. 하지만 나는 그와 내가 결국 하나로 수렴되는 학문적 경로에서 만나리라는 것을 분명히 알았다. 그가 강연을 한 뒤 나는 곧바로 그에게 내 연구실에서 박사후 과정을 하면서 또다른 경제학자인 조너선 보섬과 내가 시작한 공동연구에 참여하면 어떻겠느냐고 권유했다. 우리가 진행한 공동연구의 지적 결실은 현재 〈사이언스〉에 발표됐는데, 이 책 6장과 7장의 핵심을 형성한다. 이 책 초고를 읽고 도움이 되는 논평을 해준 이 친구들 모두에게 감사한다.

바로 이 시기에 나는 또한 경제학자인 네이선 넌, 리앤더 헬드링과 매주 대화를 나누면서 큰 도움을 받았다. 리앤더와 네이선은 셋이서 같이 가르치는 수업을 통해 내가 강의에서 내 생각을 밝힐 때마다 피드백을 해주었다.

내 연구실 그룹의 성원들은 이 책에서 다루는 주제들에 대한 나의 집착을 참고 들어주어야 했다. 수년간 논평과 통찰을 제공한 마이클 무투크리슈나, 라훌 부이, 아이야나 윌러드, 리타 맥나마라, 크리스티나 모야, 제니퍼 자켓, 마치에크 슈데크, 헬런 데이비스, 앵크 베커, 토미 플린트, 마틴 랭, 벤 퍼지츠키, 맥스 윙클러, 만비르 싱, 모셰 호프먼, 안드레스 고메스, 케빈 홍, 그레이엄 노블리트에게 고맙다는 말을 하고 싶다. 각각 연구실 책임자로 일하는 동안 갖가지 방식으로 이 책에 기여한 캐미 커틴과 티파니 황에게 특별히 감사한다.

이 책을 작업하는 내내 많은 연구자와 저자들과 대화를 나누면서 많은 도움을 받았다. 여러 사람 중에서도 특히 댄 스메일, 로브 보이드, 킴 힐, 세라 매튜, 사샤 베커, 재러드 루빈, 한스-요아힘 보트, 캐슬린 보스, 에른스트 페어, 매트 사이드, 마크 코야마, 노엘 존슨, 스콧 애트란, 피터 터친, 에릭 킴브로, 사샤 보스트로크누토프, 알베르토 알레시나, 스티브스티치, 타일러 코언, 파이어리 쿠시먼, 조시 그린, 앨런 피스크, 리카르도 하우스만, 클라크 배럿, 파올라 줄리아노, 알레산드라 카사르, 데베시 루스타지, 토머스 탤헴, 에드 글레이저, 펠리페 발렌시아 카이세도, 댄 루슈카, 로버트 바로, 레이철 맥클로스키, 센딜 멀레이너선, 리라 보로디츠키, 미철 바우어, 줄리 치틸로바, 마이크 거번, 캐럴 후븐 등에게 감사한다. 펜실베이니아대학교를 두 차례 방문하는 동안 같은 길을 걷는 동료인 코렌 아피셀라와 깊이 있는 토론을 하면서 특히 영감을 받았다. 하드자족 수렵채집인들에 관한 그의 연구는 11장에서 크게 다루었다.

파라·스트라우스앤지루 출판사의 담당 편집자로 끝에서 두 번째 초고에 대해 유용한 논평을 해준 에릭 친스키와 일찍부터 일관되게 이 기획을 격려해 준 저작 에이전트인 브록먼 사Brockman Inc.에게도 고맙다는 말을 전하고 싶다.

마지막으로 지난 10년간 이 힘든 작업 내내 애정 어린 지지와 지원을 해준 우리 가족, 내털리, 그리고 조이, 제시카, 조시에게 가장 고맙다는 말을 하고 싶다.

매사추세츠주 케임브리지에서

조 헨릭

부록 A

결혼 가족 강령의 역사

<표 5.2>의 확장판. 결혼 가족 강령의 핵심적 이정표(서기 300~2000년)

연도	교회와 세속 통치자들이 결혼에 관해 내놓은 금지와 선언
305~6년	엘비라(에스파냐 그라나다) 교회회의, 죽은 아내의 누이를 새 부인으로 취하는 (sororate marriage, 순연혼) 남자는 5년간 영성체를 받지 못한다고 포고함. 며느리와 결혼하는 남자는 죽기 직전까지 영성체를 받지 못함.
315년	네오체사레아(튀르키예) 교회회의, 형제의 부인과 결혼하는 것(수혼)을 금지하고, 확실하지 않지만 순연혼도 금지함.
325년	니케아(튀르키예) 공의회, 유대인, 이교도, 이단자뿐만 아니라 죽은 아내의 누이와 결혼하는 것도 금지함.
339년	로마 황제 콘스탄티우스 2세, 기독교의 정서에 따라 삼촌과 조카딸의 결혼을 금지하고 위반자에게 사형을 부과함.
355년	로마 황제 콘스탄티우스 2세, 형제의 부인과 결혼하는 것을 금지함.
374년	카이사레아의 바실리우스, 타르소스의 디오도로스에게 보낸 편지에서 죽은 아내의 누이를 부인으로 취하는 것에 반대함.
384/7년	기독교인 로마 황제 테오도시우스, 순연혼과 수혼에 대한 금지를 재확인하고 4촌간 결혼을 금지함. 409년, 서로마 황제 호노리우스, 면제를 허용해서 관련 법률을 완화함. 서로마에서 이 기간이 얼마나 지속됐는지는 분명치 않음. 무너지는 서로마 제국이 지속적인 집행을 할 수 없었음.
396년	동로마 황제 아르카디우스(기독교도), 다시 4촌 간 결혼을 금지했지만 가혹한 처벌을 가하지는 않음. 하지만 400년 혹은 404년에 마음이 바뀌어 동로마 제국에서 사촌 간 결혼을 합법화함.
400년	무렵 교황, 골족 주교들에게 보낸 편지에서 기독교도는 순연혼이 금지된다고 주장하고 순연혼을 처벌하고 무효화할 것을 요구함.
402년	교황 이노켄티우스 1세가 지휘하는 로마 교회회의, 죽은 아내의 누이와 결혼하는 것을 금지함.
506년	아그드(프랑스, 서고트 왕국) 교회회의, 4촌 및 6촌과의 결혼, 죽은 형제의 부인, 부인

	의 누이, 계모, 죽은 삼촌의 부인, 삼촌의 딸, 그밖에 모든 친척 여성과의 결혼을 금지함. 이 결혼은 모두 근친상간으로 규정됨.
517년	에파오네(프랑스 또는 스위스, 부르군트 왕국) 교회회의, 4촌 및 6촌과의 결혼은 근친상간이기 때문에 이후 금지하며, 다만 기존에 결혼한 부부는 갈라서지 않아도 된다고 포고함. 또한 계모, 죽은 형제의 부인, 형수나 처제, 숙모와의 결혼도 금지함. 이후 카롤루스 제국에 해당하는 지역에서 열린 여러 교회회의는 에파오네 회의를 거론하며 근친상간을 규제함.
530년	동로마(비잔티움) 황제 유스티니아누스, 남자와 양녀뿐만 아니라 대부와 대녀의 결혼도 금지함.
527/31년	톨레도(에스파냐) 2차 교회회의, 근친혼을 한 사람을 전부 파문하도록 규정. 결혼 햇수만큼 파문 햇수를 정함. 535, 692, 743년에 열린 교회회의에서도 이 결정을 확인함.
533년	오를레앙(프랑스) 교회회의, 계모와의 결혼을 금지함.
535년	클레르몽(프랑스) 교회회의, 에파오네와 아그드 교회회의의 입법을 반복함.
535년	비잔티움 황제 유스티니아누스, 수혼과 순연혼에 대한 처벌을 재산 몰수, 공직 금지, 추방, 그리고 하층 신분에게는 채찍질로 높임.
538년	프랑크 왕과 교황 사이에 기록으로 남은 첫 번째 편지는 근친상간에 관한 내용임(죽은 형제의 부인과 결혼). 교황은 허가하지 않았지만 보속補贖에 관한 결정은 주교들에게 일임함.
538년	오를레앙(프랑스) 3차 교회회의, 계모, 의붓딸, 죽은 형제의 부인, 처형이나 처제, 4촌과 6촌, 죽은 삼촌의 부인과 결혼하는 것을 금지함.
541년	오를레앙(프랑스) 4차 교회회의, 오를레앙 3차 회의에서 정해진 교회법을 재확인함.
546년	레리다(에스파냐) 교회회의, 톨레도 교회회의의 금지를 다시 집행하면서도 처벌은 낮춤.
567년	투르(프랑스) 교회회의, 조카, 사촌, 처형이나 처제와의 결혼을 금지하고 오를레앙, 에파오네, 오베르뉴에서 정해진 교회법을 확인함.
567/73년	파리(프랑스) 교회회의, 죽은 형제의 부인, 계모, 죽은 삼촌의 부인, 처형이나 처제, 며느리, 고모, 의붓딸, 의붓딸의 딸과 결혼하는 것을 금지함.
583년	리옹(프랑스) 3차 교회회의, 근친상간을 금지하는 교회법을 재확인함.
585년	마콩(프랑스) 2차 교회회의, 앞서 열린 교회회의들보다 더 강하게 비난하면서 근친상간을 금지하는 교회법을 재확인함.
585/92년	오세르(프랑스) 교회회의, 계모, 의붓딸, 죽은 형제의 부인, 처형이나 처제, 사촌, 죽은 삼촌의 부인과 결혼을 금지함.
589년	서고트 왕(에스파냐) 레카르드 1세, 근친혼을 취소하고 위반자는 유형에 처하고, 부부의 재산을 자녀에게 양도하도록 포고함.
596년	프랑크 왕 킬데베르트 2세, 계모와 결혼하는 사람에게 사형을 포고하면서도 다른 근친상간 위반의 처벌은 주교들의 몫으로 남김. 죄인이 교회의 처벌에 저항하면 재

	산을 압류해서 친척들에게 나눠줌.
600년	교황 그레고리오 1세, 앵글로색슨 사절단(본문 참조)에게 보낸 편지에서 수혼뿐만 아니라 (앵글로색슨족에 대해) 4촌 간 결혼과 (삼촌과 조카딸의 결혼 등) 가까운 친척과의 결혼도 금지함. 이제 근친상간은 가까운 인척 및 영적 친족(대부모의 자녀)과의 관계도 포함되는 것으로 규정됨.
615년	파리(프랑스) 5차 교회회의, 오를레앙, 에파오네, 오베르뉴, 오세르 교회회의의 입법을 재확인함.
627년	클리시 교회회의, 596년 킬데베르트 2세 왕이 포고한 것과 같은 처벌과 집행 절차를 시행함. 이 무렵 체계적으로 모아서 편찬한 근친상간 입법이 갈리아의 가장 오래된 법전 《갈리시아구법전Collectio vetus Gallica》의 일부가 됨.
643년	랑고바르드(롬바르디아)의 로타리 법, 계모, 의붓딸, 형수나 처제와의 결혼 금지함.
673년	허트퍼드(잉글랜드) 교회회의, 근친상간(정확한 범위는 규정하지 않음)을 금지하고, 남자는 한 여자와만 결혼할 수 있으며 불륜을 제외하면 어떤 이유에서도 부인을 버려서는 안 된다고 포고함. 부인을 버리면 재혼할 수 없음.
690년	캔터베리(잉글랜드)의 테오도르 주교, 널리 배포한 고해 예식서에서 인척을 포함한 순연혼, 수혼, 4촌 간 결혼을 금지하면서도 사촌 간 결혼을 취소하라고 요구하지는 않음.
692년	트룰로(튀르키예) 교회회의에서 동방 교회가 마침내 4촌 및 그에 해당하는 인척과의 결혼을 금지함. 이로써 아버지와 아들이 어머니와 딸이나 두 자매와 결혼하고, 두 형제가 어머니와 딸이나 두 자매와 결혼하는 것이 금지됨.
716년	교황 그레고리오 2세, 바이에른에 보내는 사절단을 통해 4촌 이내 결혼을 금지함. 처벌은 파문으로 정함.
721년	로마(이탈리아) 교회회의, 형제의 부인, 조카딸, 손녀, 의붓어머니, 의붓딸, 사촌, 그밖에 혈족과 결혼한 적이 있는 모든 친척과 결혼하는 것을 금지함. 대모와 결혼하는 것도 금지함. 726년, 교황 그레고리오 2세, 선교 목적으로 최대 4촌까지 이런 금지가 적용되지만 다른 경우에는 모든 친척까지 적용된다고 규정함. 후임자인 그레고리오 3세, 8촌 결혼은 허용하지만 가까운 인척과의 결혼은 허용하지 않는다고 금지 한도를 명확히 함. 이 결정이 널리 보급됨.
723/4년	랑고바르드 왕 리우트프란드(이탈리아), 계모, 의붓딸, 형수나 처제, 죽은 사촌의 부인과의 결혼을 금지함.
725년	로마 교회회의, 대모와 결혼하는 사람에게 저주를 내리겠다고 위협함.
741년	교황 자카리아, 대부가 대녀 또는 대자녀의 어머니와 결혼하는 것을 금지함.
741년	비잔티움 황제 레오 3세 치하에서 동방 교회의 근친상간 금지가 확대되어 6촌, 그리고 얼마 뒤에 6촌의 자녀까지 결혼이 금지됨. 사촌 간 결혼에 대해서 채찍질로 처벌.
743년	교황 자카리아가 지휘한 로마 교회회의, 기독교인들에게 사촌, 조카딸, 그밖에 친척과 결혼을 삼갈 것을 명령함. 이런 근친상간은 파문이나 필요한 경우에는 저주로 벌함.

744년	수아송(프랑스) 교회회의, 친척과 결혼하는 것을 금지함.
753년	메스(프랑스) 교회회의, 계모, 의붓딸, 처형이나 처제, 조카딸, 손녀, 사촌, 고모와 결혼하는 것을 금지함. 위반자는 벌금형에 처함. 벌금을 내지 못하는 위반자는 자유인 신분이면 감옥에 가두고, 그렇지 않으면 매질을 함. 교회회의는 또한 아버지가 자녀의 대모와 결혼하거나, 남자가 자신의 대모와 결혼하거나, 견진성사(가톨릭 통과의례)를 받은 사람이 자신에게 견진성사를 베푼 사람과 결혼하는 것을 금지함.
755년	프랑크 왕 피피누스(페펭)가 소집한 베르네유(프랑스) 교회회의, 공개 결혼식을 명령함.
756년	베르비에(프랑스) 교회회의, 8촌 이내의 결혼을 금지하고 이미 결혼한 6촌 부부의 결혼을 취소할 것을 포고함. 8촌과 결혼한 이들은 보속만 하면 되었음.
756/7년	아슈하임(독일) 교회회의, 근친혼을 금지함.
757년	콩피에뉴(프랑스) 교회회의, 이미 결혼한 6촌 이내 부부의 결혼을 무효화해야 한다고 결정함. 프랑크 왕 피피누스, 이 결정에 동의하지 않는 사람은 누구든 세속적 처벌을 하겠다고 위협함.
786년	교황의 잉글랜드 사절단, 친척 및 친족과의 근친혼을 금지함(구체적인 범위는 정하지 않음).
796년	프리울리(이탈리아) 교회회의, 근친혼의 가능성에 관한 혼전 조사에 관심을 기울일 것을 지시하고 비밀 결혼을 금지함. 교회회의는 결혼 전에 대기 시간을 정해서 이웃과 연장자들이 결혼을 할 수 없는 혈족 관계 여부를 검토하게 함. 포고령은 또한 아내의 부정행위가 이혼의 정당한 사유이기는 하지만 두 배우자가 살아 있는 한 재혼이 불가하다고 규정함. 샤를마뉴는 802년에 이 결정에 세속적 권위를 부여함.
802년	샤를마뉴가 만든 법령집, 주교와 사제가 연장자들과 함께 장래 배우자의 혈연관계를 조사할 때까지 누구도 결혼해서는 안 된다고 규정함.
813년	아를(프랑스) 교회회의, 앞서 여러 교회회의에서 정한 금지를 재확인함.
813년	마인츠(독일) 교회회의, 8촌 이내와 대자녀, 대자녀의 어머니, 자신이 견진성사를 베푼 아이의 어머니와 결혼하는 것을 금지함. 마지막의 금지는 860년 교황 니콜라오 1세가 불가리아인들에 대한 답변에서 다시 확인함.
874년	두시(프랑스) 교회회의, 백성들에게 8촌과 결혼해서는 안 된다고 권고함. 이 결정을 강화하기 위해 교회회의는 근친혼에서 태어난 자녀들은 부동산을 상속받을 자격이 없다고 정함.
909년	트로슬(프랑스) 교회회의, 두시 교회회의에서 이뤄진 결정을 분명히 하고 확인하면서 근친혼에서 태어난 자녀들은 재산이나 작위를 상속받을 자격이 없다고 간주함.
922년	코블렌츠(독일) 교회회의, 813년 마인츠 교회회의의 결정 사항을 다시 확인함.
927년	트리어(독일) 교회회의, 사돈이나 혈족간 결혼에 대해 9년간 보속을 포고함.
948년	잉겔하임(독일) 교회회의, 관계를 기억할 수 있는 모든 친족과의 결혼을 금지함.
997년	콘스탄티노폴리스 대주교 시시니오스 2세의 법전Tomos of Sisinnios, 인척 결혼을 금지함. 두 형제와 두 (여)사촌, 두 (남)사촌과 두 자매, 삼촌과 조카 및 두 자매, 두 형제

	와 고모 및 조카와의 결혼이 금지됨.
1003년	디덴호프(독일) 교회회의에서 황제 하인리히 2세(활력왕 성 헨리쿠스)가 근친혼 금지를 14촌까지 크게 확대함. 정치적 경쟁자들을 약화시키기 위해 이런 조치를 한 것으로 보임.
1014년	무렵 잉글랜드에서 요크 대주교 울프스탄이 통치자 애설레드와 크누트를 위해 10촌까지 근친상간을 금지하는 내용이 담긴 법전 초안을 작성함. 근친상간의 처벌은 노예로 만드는 것이었음.
1023년	젤리겐슈타트(독일) 교회회의 역시 사촌 간 결혼 금지를 14촌까지 확대함. 보름스의 부르카르트 주교가 만든 《교령집Decretu》 또한 근친혼의 정의를 14촌까지 포함하는 것으로 확대함.
1032년	부르주(프랑스) 교회회의, 사촌 간 결혼을 금지했지만, 정확한 범위가 어디까지였는지는 명확하지 않음.
1046년	영향력 있는 베네딕토회 수사로 후에 추기경이 된 피에트로 다미아니(페트루스 다미아누스), 최대 14촌까지 근친혼을 금지하자고 주장함.
1047년	툴루즈(틸뤼자, 프랑스) 교회회의, 사촌 간 결혼 금지함.
1049년	랭스(프랑스) 교회회의, 사촌 간 결혼 금지함.
1059년	로마 교회회의에서 교황 니콜라오가 14촌 또는 관계를 추적할 수 있는 모든 친족과의 결혼을 금지함. 교황 알렉산드로 2세 또한 14촌 이내의 친척과의 결혼을 금지한다고 포고함. 달마티아 왕국은 임시 면제를 받아서 10촌까지만 결혼을 금지함.
1060년	투르(프랑스) 교회회의, 1059년 로마 교회회의의 결정 사항을 반복함.
1063년	로마 교회회의, 14촌까지 결혼을 금지함.
1072년	루앙(프랑스) 교회회의, 비기독교인과의 결혼을 금지하고 결혼을 준비하는 모든 사람을 사제가 조사하도록 포고함.
1075년	런던(잉글랜드) 교회회의, 인척 포함 14촌까지 결혼을 금지함.
1094년	샤르트르의 이보가 만든 《교령집》, 14촌까지 결혼을 금지함.
1101년	아일랜드 캐셜 교회회의, 로마가톨릭교회의 근친상간 금지를 받아들임.
1102년	런던 교회회의, 14촌(과 그 이내)끼리 한 기존의 결혼을 무효화하고 친척끼리 결혼한 것을 아는 제3자는 근친상간죄에 연루된 것이라고 포고함.
1123년	1차 라테란(이탈리아) 공의회, 혈족간 결혼을 비난하고(구체적인 친족관계는 규정하지 않음) 근친혼을 맺은 사람은 상속권을 박탈당한다고 선언함.
1125년	런던 교회회의, 1075년 런던 회의의 결정 사항을 반복하면서 근친상간의 금지를 14촌까지 확대함.
1139년	2차 라테란(이탈리아) 공의회, 혈족간 결혼을 비난함(구체적인 범위는 밝히지 않음).
1140년	그라티아누스 《교령집》, 14촌까지 결혼을 금지함.
1142년	피터 롬바드의 《신학명제집Books of Sentences》, 14촌 이내의 결혼 금지함.
1166년	콘스탄티노폴리스(튀르키예) 교회회의, 동방 교회의 사촌 간 결혼(6촌의 자녀 이내) 금지를 강화하고 엄격하게 집행함.

1174년	런던 교회회의, 비밀 결혼을 금지함. 근친혼 단속을 강화하기 위한 조치로 보임.
1176년	파리 주교 오도, '결혼 공고bans of marriag', 즉 회중 앞에서 예정된 결혼을 공개적으로 알리는 제도의 도입을 도움.
1200년	런던 종교회의, '결혼 공고'를 간행할 것을 요구하면서 공개적으로 결혼을 해야 한다고 포고함. 친족 결혼을 금지하면서도 구체적인 친족관계를 규정하지는 않음.
1215년	4차 라테란(이탈리아) 공의회, 결혼 금지를 8촌 이내 친인척으로 축소함. 이전의 모든 판결을 정식화하고 교회법전으로 통합함. 이로써 혼인 전 조사와 결혼 공고가 공식적인 입법, 사법의 틀에 통합됨.
1917년	교황 베네딕토 15세, 제한을 한층 완화해서 6촌 이내의 친인척간 결혼만 금지함.
1983년	교황 요한 바오로 2세, 근친상간 제한 완화해서 6촌 이상 먼 친척과 결혼을 허용함.

Ubl (2008)과 Dictionary of Christian Antiquities (Smith and Cheetham, 1875[vol. I])을 주로 참고해서 작성함. 그밖의 출처는 Goody (1983; 1990; 2000), Gavin (2004), Sheehan (1996), Addis (2015), Brundage (1987), Ekelund et al. (1996), Smith (1972).

부록 B

친족 집중도 지수와 전통의 중요성의 관계 및 수치심과 죄의식의 검색 빈도

A

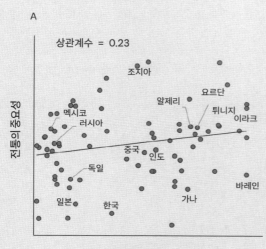

상관계수 = 0.23

전통의 중요성

조지아
알제리 요르단
멕시코 튀니지
러시아 이라크
중국 인도
독일 바레인
일본 한국 가나

친족 집중도 지수

B

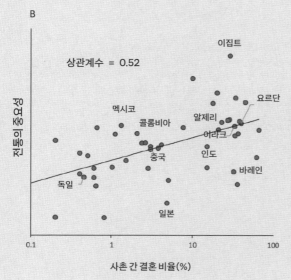

상관계수 = 0.52

전통의 중요성

이집트
요르단
멕시코
콜롬비아 알제리
중국 이라크
독일 인도 바레인
일본

0.1   1   10   100
사촌 간 결혼 비율(%)

〈그림 B.1〉
전통의 중요성과 (A) 친족 집중도 지수
(96개국), (B) 사촌 간 결혼 비율(56개국)
의 관계
전통은 다음과 같은 질문에 대한 응답을 바
탕으로 국가의 평균을 구했다. '당신은 이 발
언에서 묘사되는 사람과 얼마나 비슷합니
까? 전통은 그에게 중요하다. 그는 자기 종
교나 가족에 의해 전해 내려오는 관습을 따
르려고 노력한다(1~7까지 점수로 표시).'
사촌 간 결혼은 로그 스케일로 표시했다.

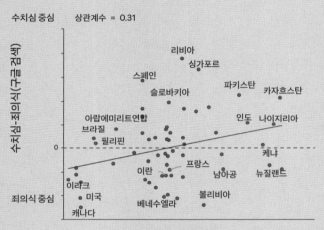

<그림 B.2> '수치심'과 '죄의식'을 구글에서 검색한 빈도와 친족 집중도 지수의 관계

점선은 0을 나타낸다. 점선 위에 있는 나라들은 '죄의식'보다 '수치심'을 더 자주 검색한다. 점선 아래에 있는 나라들은 '수치심'보다 '죄의식'을 더 자주 검색한다. 도표는 사용되는 9개 언어의 변이를 통계적으로 제거하기 때문에 56개국을 비교하는 데 집중할 수 있다. 엥크가 자신의 분석에서 사촌 간 결혼을 사용하지 않았음을 주목할 것. 이것은 Enke(2017, 2019)에서 수치심과 죄의식에 관한 데이터를 이용해서 만든 부분회귀 도표다.

부록 C

관계와 주거 유동성의 심리적 영향

당신이 심리학 연구실에 들어서면 실험자가 맞이하면서 작은 방으로 데리고 간다. 실험자는 당신이 새로운 설문지를 테스트하는 데 도움이 될 것이며 '검토자'로 선정되었다고 설명한다. 당신이 할 일은 근처에 있는 테스트룸에 있는 다른 두 참가자가 방금 전에 완성한 설문지를 검토하는 것이다. 이 설문지를 바탕으로 실험 후반부에 이루어질 협력 과제에서 두 사람 가운데 한 명을 파트너로 골라야 한다. 참가자들이 작성한 설문지는 시간을 쪼개서 친구와 낯선 사람을 둘 다 도울지, 아니면 친구를 돕는 데 시간을 모두 할애할지 선택해야 하는 딜레마에 직면한 사람에 대해 설명한다. 그리고 시간을 쪼개서 친구와 낯선 사람 모두를 돕는 평등주의자와 친구만을 돕는 충실한 친구 중에 누가 마음에 드는지를 참가자에게 묻는다. 참가자 중 한 명은 줄곧 낯선 사람과 친구를 모두 돕는 평등주의자를 선호했다. 다른 사람은 항상 친구에게 충실한 편을 좋아했다. 당신은 누구하고 함께 일하고 싶은가?

당신이 어렸을 때 가족이 이사를 한 적이 있는가?

WEIRD 대학생들 가운데 한 번도 이사를 한 적 없는 이들은 90퍼센트가 평등주의자보다 항상 충실한 친구를 고르는 사람을 선호했다. 일생 동안 한 번 이사를 한 적이 있으면 그 비율이 75퍼센트로 떨어졌다. 참가자들이 성장하는 동안 두세 번 이사를 한 적이 있으면, 항상 '친구에게 충실한 사람'에 대한 선호가 한층 더 줄어서 62퍼센트가 되었다. 어린 시절에 이사한 경험이 있는 이들은 평등주의자 도우미와 항상 평등주의자 도우미를 더 고르는 사람을 둘 다 "좋아한다"고 말했다(Lun, Oishi, and Tenney, 2012; Oishi, Kesebir, Miao, Talhelm, Endo, Uchida, Shibanai, and Norasakkunkit, 2013; Oishi, Schug, Yuki, and Axt, 2015; Oishi and Talhelm, 2012).

이와 같은 실험을 보면, 이사와 관련된 경험을 하면 평등주의에 대한 선호가 강화되고 낯선 사람을 대하는 태도가 개선된다는 것을 알 수 있다. 이사를 경험을 하면 내집단과 외집단의 구분이 약해지고 오래 지속되는 사회적 연결망에 지나치게 의존하는 태도에서 벗어나게 되는 것 같다.

이런 심리적 효과의 일부는 아마 발달 과정에서 생기는 것으로 보인다. 어린이가 이사를 한 뒤 새로운 관계를 형성할 필요성을 경험하기 때문이다. 하지만 심리학자들은 또한 이런 효과의 일부를 임의적으로 얻을 수 있다. 한 실험에서는 참가자들에게 잠시 방문하거나 영구히 정착하고 싶은 장소에 있다고 상상하도록 무작위로 배당했다(Oishi and Talhelm, 2012). 그리고 이런 정신적 경험을 한 다음에 참가자들에게 어떤 느낌인지를 써보라고 요청했다. 이렇게 각기 다른 상황에 관해 생각하게 하자 암시적으로 사고방식이 굳어져서 선호가 미묘하게 바뀌었다. 주거 안정을 암시받은 참가자들은 평등주의적 개인보다 충실한 친구를 약간 더 선호하게 된 반면, 주거 유동성(임시 방문)을 암시하면 정반대가 되어 충실한 친구보다 평등주의자를 약간 더 선호했다. 이런 정신적 암시(암시 단어)는 또한 사회적 연결망을 확대하려는, 다시 말해 새로운 관계를 만들려는 사람들의 동기를 높이는 역할을 한다. 이 연구에 따르면, 주거가 유동적이면 전반적으로 새로운 관계를 추구하고 평등주의자를 선호하게 된다. 암시를 활용한 실험 결과는 똑같이 반복되지 않는 경우가 많기 때문에 언제나 정확성에 대한 우려가 있다. 여기서 이 연구를 제시하는 것은 주거의 변동이 발달에 미치는 효과는 물론이고 임의적인 영향도 미칠 수 있음을 이야기하기 위해서다.

물리적으로 주거를 이동하면 분명 새로운 관계를 구축할 필요성이 생긴다. 다시 말해, 주거 이동은 심리학자들이 말하는 이른바 관계적 유동성의 가능성을 낳는다. 주거 이동에는 새로운 관계의 형성이나 오래된 관계의 해체를 제약하거나 장려하는 모든 요인이 포함된다. 가령 부계 씨족에 얽혀서 공동으로 소유하는 조상 땅에 묶여 있는 경우 지리적 유동성이 줄어들 뿐만 아니라 동료 씨족 성원들에 대해 얻는 구속적 의무와 책임을 통해 사람들의 관계 유동성이 억제되기도 한다(Oishi, Schug, Yuki, and Axt, 2015; Yuki, Sato, Takemura, and Oishi, 2013).

연구자들은 사회적, 심리적으로 주거와 관계의 유동성이 높을수록 내집단과 외집단을 분명히 구분하지 않을 뿐만 아니라 더 넓은 사회적 연결망을 형성하고, 새로운 경험을 선호하고, 새로운 것을 좋아하며, 어쩌면 더 창의적으로 사고하기도 한다고 말한다(Hango, 2006; Li et al., 2016; Mann, 1972; Oishi, 2010; Oishi et al., 2015; Oishi and Talhelm, 2012; Park and Peterson, 2010).

더욱이 일본 같이 관계 유동성이 낮은 사회를 미국처럼 유동성이 높은 사회와 비교하는 연구들을 보면, 유동성이 사람들의 사회적 연결망에 어떤 영향을 미치는지 드러난다. 미국인과 일본인 모두 자신과 비슷한 배경, 목표, 인성, 가치관, 관심을 가진 사람들과 어울리는 것을 선호한다. 하지만 가장 가까운 친구들 사이에서도 오직 미국인만이 이런 차원에서 자신과 눈에 띄게 비슷한 개인들을 단순히 조용히 선호하는 것보다 그들과 실제로 연결되어 있다고 느끼는 것으로 보인다. 이런 양상이 나타나는 것은 대다수 일본인들과 달리, 미국인들은 새로운 관계를 추구하고 형성하는 데 상대적으로 제약이 없기 때문이다. 이와 대조적으로, 일본 같은 사회에서는 관계적 비유동성 때문에 개인들이 관심과 목표, 그 밖의 특징을 공유하는 사람들과 자유롭게 자발적 결사체를 형성하는 데 제약을 받는다.

일본인과 미국인을 대상으로 진행된 이 연구를 보면, 개인의 지리적, 또는 관계적 유동성을 증가시키는 요인은 어떤 것이든 특정한 방식으로 사람의 심리에 영향을 미칠 수 있다. 중세 교회는 유럽의 친족 기반 제도와 부족적 제도를 해체함으로써 주거와 관계의 유동성을 높였을 것이다. 사회적으로 보면, 일반적으로 친족 기반 조직을 다스리는 규범이 부재한 가운데 개인과 핵가족은 더 자유롭게 친족에 기반하지 않은 새로운 관계를 발전시키고 독립적으로 이주할 수 있었다. 더 큰 가족에 대한 의무와 책임, 공동 재산 보유에 대한 제약을 덜 받았기 때문이다. 그 결과 관계의 유동성이 증가했다. 마찬가지로, 친족 기반 사회의 안전망을 상실하고 친척 관계가 아닌 결혼 상대를 찾아야 하는 가운데 개인들은 주거를 옮길 동인이 많아지고 제자리에 머물 이유가 적어졌으며, 따라서 결국 주거 유동성이 높아졌다. 실제로 현대 세계에서 가족의 유대를 소중히 여기지 않는 사람일수록 지리적으로 이동할 가능성이 높아진다. 사실 가족의 유대가 강한 나라 출신의 부모를 둔 이민 2세가 가족의 유대가 약한 나라 출신의 이민 2세보다 지리적으로 이동할 가능성이 낮다. 중세와 근대 초기 유럽에서 친족 유대의 약화는 농촌에서 도시 지역으로 향하는 이주자의 커다란 흐름인 도시화 증대에 기여했을 것이다(Alesina et al., 2015; Alesina and Giuliano, 2013, 2015; Dincecco and Onorato, 2018; Kleinschmidt, 2000; Winter, 2013).

일반적으로 볼 때, 친족 기반 제도는 몇 가지 상이한 방식으로 우리의 심리를 조종하며, 앞에서 살펴본 것처럼 관계나 주거의 유동성이 세계적 변이에 기여하는 바는 비교적 크지 않았다고 생각된다. 하지만 관계의 유동성이 미치는 효과가 중요한 것은 그것이 임의적으로 빠르게 발달하며 확대되기 때문이다. 이는 수십 년이나 수백 년에 걸쳐 형성되는 문화적으로 진화된 가치관, 믿음, 세계관, 동기, 양육 전략과 대조된다.

중세 유럽의 자치도시, 자유도시, 수도원, 대학 등으로 옮겨온 농촌 출신 이주자들이 비개인적 거래를 위한 특별한 사회 규범이나 개인주의 복합체를 이루는 완전한 심리적 묶음을 구축할 시간을 갖기 전에 어떻게 대응했는지에 관해 생각할 때 유동성의 신속한 심리적 효과가 특히 의미를 갖는다. 위의 연구에 근거해 보면, 자치도시와 자유도시에 온 이주자들은 심리적으로 (1) 낯선 사람과 친구/가족 성원에 대해 평등주의적 견해를 갖고 (2) 생각이 비슷한 다른 사람들과 더 폭넓은 사회적 연결망을 구축하는 성향이 더 컸을 것이다.

주

머리말　인류의 역사를 뒤바꾼 문화적 진화의 힘

1　Dehaene, 2009; Dehaene et al., 2010; Dehaene et al., 2015; Szwed et al., 2012; Ventura et al., 2013.

2　현대 사회에서 문맹인 사람들은 여전히 얼굴 인식 처리가 약간 오른쪽으로 치우쳐 있다(Dehaene et al., 2015). 하지만 문서가 없는 사회, 다시 말해 인류 역사에서 등장했던 대다수의 사회에서 성장한 사람들에게서는 이런 치우침이 나타나지 않는다. 현대 사회에서 문맹자는 결국 능숙하게 글을 읽지 못하더라도 문자화된 단어들로 가득한 세계에 적응한다.

3　Coltheart, 2014; Dehaene, 2014; Dehaene et al., 2015; Henrich, 2016; Kolinsky et al., 2011; Ventura et al., 2013. '문자상자'라는 표현은 Dehaene, 2009에서 가져온 것이다. 인간 신경지리학(neurogeography)의 제약을 받기 때문에 문자상자의 위치는 영어, 히브리어, 중국어, 일본어 등에서 사용되는 것만큼 다양한 표기 체계를 위해서 약간씩만 달라진다.

4　많은 사람들이 공유하고 있는 또 다른 개선된 인지 능력은 좌우로 뒤집힌 거울상, 가령 'ʃ'와 'ƺ'을 구별하는 능력이다. 이런 능력을 갈고닦으려면 사람들이 배우는 특정한 서체를 익혀야 한다. 라틴어에 기반한 문자를 읽으려면 d와 b, p와 q 같이 옆으로 뒤집힌 거울상을 구별할 줄 알아야 한다. 이처럼 서체에 특유한 분화는 문자를 넘어서 다른 형상과 대상으로 확장된다. 이런 문자 체계를 읽을 수 있는 사람들은 문자가 아닌 '>'나 '<'와 같은 기호도 쉽게 구분하지만, 두 거울상이 언제 동일한 대상을 나타내는지는 빠르게 인지하지는 못한다. 이런 결함은 기묘하다. 다른 영장류와 달리 인간은 옆으로 뒤집힌 거울상의 차이를 무시하는 경향을 타고났기 때문이다. 따라서 세계 대부분의 고대 표기 체계는 거울상의 구분을 필요로 하지 않는다. 대부분의 서유럽 언어와 같은 라틴어에 기반한 문자를 배우려면 이런 자연적 성향을 극복해야 한다(Kolinsky et al., 2011). 읽고 쓰는 능력의 인지적 영향에 관한 전반적 논의에 대해서는 Huettig and Mishra, 2014를 보라.

이와 같은 인간의 자연적 결함은 문자 없는 언어를 위해 새로운 문자를 개발하는 이들에게는 전혀 분명하지 않다. 예를 들어 감리교 선교사 제임스 에번스(James Evans)가 1830년대에 고안한 정교한 크리(Cree) 문자 체계에는 대부분 거울상 기호가 포함되어 있다. 영어 사용자였던 제임스는 거울상을 구분하는 법을 배우는 것과 관련된 고유한 과제를 인식하지 못했음이 분명하다(Berry and Bennett, 1995). 이 새로운 문자는 크리어를 사용하는 사람들 사이에서 널리 퍼졌지만, 결국 영어에 밀려났다.

5　서브리미널 프라이밍 효과에 관해서는 논란이 있다(Kouider and Dehaene, 2007).

6 Henrich, 2016, 14장.

7 Becker and Woessmann, 2009, 2010; Buringh and Van Zanden, 2009.

8 신학적으로 정확하게 말하면 연옥은 시대에 뒤떨어진 개념이었기에 가톨릭 신자들이 연옥에 가는 것을 '감형'이라고 여겨서는 안 되었다. 하지만 면죄부를 구입하면 정해진 시간 동안 연옥에서 영혼이 풀려난다고 여겼고, 더 비싼 면죄부를 구입하면 더 빨리 영혼이 풀려날 수 있다고 생각했다(Dohrn-van Rossum, 1996).

9 Dittmar and Seabold, 2016; McGrath, 2007. 시야를 넓혀보면, 유럽 각지에서 다양한 개신교 교파와 개혁적인 가톨릭교회 사이에 치열한 경쟁이 벌어졌다(Pettegree, 2015). 이 경쟁은 자유도시와 자치도시[자치도시(charter town)는 국왕이나 영주로부터 헌장을 받아서 자치권을 획득한 도시이며, 자유도시(free city)는 신성로마제국의 도시처럼 헌장이 없이 자연스럽게 자유를 확보한 도시를 가리킨다. 실제로 뚜렷이 구분되는 개념은 아니나 이 책에서 저자는 구별해서 사용한다. 자치도시에 관해서는 이 책 399쪽에서 자세히 설명하고 있다—옮긴이], 특히 출판 산업이 경쟁적으로 발전하고 있던 도시들에서 가장 격렬하게 일어났다.

10 McGrath, 2007. 12장에서 종교개혁 이전에 성서의 읽고 쓰는 능력을 기르도록 했던 종교 운동 몇 가지를 논의할 것이다. 특히 네덜란드에서는 공동생활형제회(Brethren of the Common Life)가 가톨릭교회 안에서 발전했다(Akçomak, Webbink, and ter Weel, 2016). 따라서 네덜란드 가톨릭교도들은 종교개혁 직전에 다른 나라 사람들에 비해 상대적으로 글을 읽고 쓸 줄 아는 이들이 많았다.

11 Becker and Woessmann, 2009.

12 Becker and Woessmann, 2009, 2010; McGrath, 2007.

13 Buringh and Van Zanden, 2009에서 가져온 데이터.

14 유감스럽지만 1816년 인구조사에는 문해력에 관한 구체적 정보가 부족하기 때문에 그 조사 결과는 검토할 수 없었다(Becker and Woessmann, 2010).

15 19세기 프로이센의 프로테스탄티즘과 문해력의 관계는 여러 나라들의 비슷한 상관관계보다 설득력이 높다. 나라들 사이에는 (역사, 제도, 문화, 기후 같은 여러 요인에서) 이 관계를 설명할 수 있는 훨씬 더 많은 차이가 있기 때문이다. 프로이센은 비교적 동질적이었다.

16 Becker and Woessmann, 2009.

17 경제학에서 흔히 사용되는 이런 현란한 통계 기법은 도구변수 회귀분석(instrumental variable regression)이라고 한다(Becker and Woessmann, 2009). 프로테스탄티즘이 확산하는 과정에서 비텐베르크의 중심적 역할에 관해서는 Cantoni(2012)를, 인쇄기의 중요성과 마인츠의 관련성에 관해서는 Dittmar and Seabold(2016)을 보라.

18 흥미롭게도 프로테스탄티즘 때문에 야기된 '추가 문해력'이 산업혁명 이후 프로테스탄티즘이 우세한 지방이 상대적으로 소득이 높고 농업 의존도가 낮은 사실을 설명해준다(Becker and Woessmann, 2009).

19 Boppart, Falkinger, and Grossmann, 2014. 취리히와 제네바의 종교개혁 지도자는 각각 울리히 츠빙글리(Ulrich Zwingli)와 장 칼뱅(John Calvin)이다. 중국의 연구에 관해서는 Bai and Kung, 2015; Chen, Wang, and Yan, 2014 등을 보라.

20 Becker, Hornung, and Woessmann, 2011; Becker and Woessmann, 2009; Boppart et al., 2014. 많은 이들이 구텐베르크 인쇄기가 문해력이 확산되는 데 영향을 미쳤다고 생각한다. 실제로 인쇄기는 유럽에서 문해력과 프로테스탄티즘을 보급하는 촉매제 역할을 했다(Cantoni, 2012; Dittmar and Seabold, 2016; Pettegree, 2015; Rubin, 2014). 하지만 유럽 이외의 지역에서 인쇄기는 문해력의 강

력한 촉매제 역할을 하지 못했다. 유럽의 인쇄기가 전해진 후에도 유럽 이외의 도시에서는 문해력이 높아지지 않았다. 또한 유럽보다 먼저 자체적으로 인쇄 기술과 출판 산업이 발전했던 중국과 한국에서도 문해력이 널리 확산되지 않았다(Briggs and Burke, 2009). 이렇게 비교해보면, 초기에 저렴하게 인쇄된 책자가 독자를 창출하지 못했음을 알 수 있다. 그보다는 의욕적인 수많은 독자들이 저렴한 책과 소책자의 미개척 시장을 제공했다고 할 수 있다. 프로테스탄티즘이 수요를 창출하지 않으면 인쇄기의 고객은 거의 없었을 것이다. 흥미롭게도 구텐베르크의 신형 인쇄기에서 가장 많이 인쇄된 책 두 권은 물론 지금까지 역사상 가장 많이 인쇄된 책인 성경과, 독실한 삶에 관한 종교적 가르침으로 가득한 토마스 아 켐피스(Thomas a Kempis)의 《그리스도를 본받아(The Imitation of Christ)》이다. 마지막으로, 마르틴 루터보다 1500년 전인 제2성전이 파괴되었을 때 유대인들 사이에 새로운 종교적 처방이 내려졌는데, 이는 남성들의 문해력이 확대되고 도시의 직업들을 받아들이는 결과로 이어졌다. 프로테스탄티즘의 사례와 마찬가지로, 그 당시에도 모든 남성이 토라를 읽어야 한다는 특유한 종교적 믿음이 문해력을 추동했다. 다만 이 경우에는 인쇄기가 존재하지 않았다(Botticini and Eckstein, 2005, 2007, 2012).

21 Gallego and Woodberry, 2010; Nunn, 2014. 20세기 전반기 동안 아프리카에서 정규 학교 교육의 90퍼센트 이상을 기독교 선교사들이 담당했다. 탈식민화 직전인 1940년대에 나이지리아와 가나 학생의 97퍼센트가 선교학교에 다녔다. 갈레고와 우드베리의 분석에서는 인구밀도, 법치의 강도, 대양·강·국가 수도와의 지리적 근접성 등을 통계적으로 통제한다. 흥미롭게도 연구자들은 아프리카의 옛 영국 식민지가 다른 유럽 식민지들에 비해 문해율이 높다는 점을 오래전부터 지적해왔다. 하지만 개신교도과 가톨릭교도의 경쟁의 효과를 고려하면, '영국의 우위'는 발견되지 않는다. Nunn(2014)도 비슷한 결론에 다다랐는데, 또한 초기 탐험가들, 철도, 농업 적합도, 노예무역의 강도 등이 미친 영향을 통제한다. Nunn의 분석은 초기 선교사들의 영향이 모든 종족 집단과 지역 공동체에 미치고 있음을 보여준다. 종족 집단은 선교가 교육에 미치는 영향을 전달하는 데서 지역 공동체보다 세 배 더 중요하다. 중국과 인도에서 비슷한 연구로는 Bai and Kung, 2015; Chen et al., 2014; Mantovanelli, 2014 등을 보라.

22 Nunn(2014)은 가톨릭 선교사들과 달리 개신교 선교사들의 영향력은 교육과 관련된 종교적 가치를 주입하고 전달함으로써 작동한다는 증거를 제시한다.

23 Becker and Woessmann, 2008. 이런 사실은 개신교가 가톨릭에 비해 더 많은 여자아이들이 학교에 입학하게 만들었음을 가리킨다. 개신교의 영향은 비교적 작아서 학교에 입학하는 여자아이의 비율을 3~5퍼센트 늘렸을 뿐이다. 하지만 당시 상황에서 이 수치는 인상적이다. 1816년에 이르면 여학생이 이미 프로이센 전체 학생의 절반 가까이(47퍼센트)를 차지했기 때문이다. 인도와 아프리카의 연구에 관해서는 Mantovanelli, 2014; Nunn, 2014 등을 보라. 이런 효과는 다른 방식으로도 추론할 수 있다. 남아메리카에서 예수회 선교회가 과라니족에게 미친 영향은 모든 사람의 문해력을 높였지만, 그중에서도 특히 여성 문해력에 큰 영향을 미쳤다(Caicedo, 2017).

글을 읽을 줄 아는 어머니가 자녀에게 미치는 영향에 관해서는 Bus, Van Ijzendoorn, and Pellegrini, 1995; Kalb and van Ours, 2014; LeVine et al., 2012; Mar, Tackett, and Moore, 2010; Niklas, Cohrssen, and Tayler, 2016; Price, 2010; Smith-Greenaway, 2013 등을 보라. 이 연구에는 두 가지 우려가 있다. 첫째, 연구의 대부분(전부는 아니다)이 유전자의 잠재적 역할을 무시한다. 글 읽기, 유창한 언어 구사 등에 유리한 유전자를 가진 부모는 자녀에게 이런 유전자를 전달하는 식으로 영향을 미친다. 따라서 부모가 실제로 어떻게 하는지와 무관하게 성인과 어린이 둘 다 글을 더 읽고 일정한 인지 능력을 발달시킬 수 있다. 둘째, 이런 인지적 이득이 성인기까지 얼마나 많이 지속되는지는 분명하지 않다(Harris, 1998; Plomin et al., 2016).

24 Becker, Pfaff, and Rubin, 2016.

25 Becker et al., 2016; C. Young, 2009. 도시화를 경제 성장의 측정 기준으로 사용한 주목할 만한 분석에 따르면, (1) 프로테스탄티즘은 19세기까지 신성로마제국 내에서 가톨릭에 비해 도시 성장을 주도하지 못했고, (2) 프로테스탄티즘이 문해력에 미친 영향은 주로 도시 지역 바깥에서 나타났다 (Cantoni, 2015). 하지만 산업화 이전 세계에서는 대다수 사람들이 농촌 지역에서 살았음을 유념해야 한다. 도시 지역에서는 프로테스탄티즘의 잠재적인 긍정적 효과가 반종교개혁과 예수회 같은 수도회의 행동에 의해 완화되었을 것이다. 1800년 이후 문해력 및 이와 연관된 인지 기능이 경제 성장에 미친 영향에 관해서는 Cantoni, 2015; Hanushek and Woessmann, 2012 등을 보라.

26 Becker et al., 2016. 이 연구 결과는 프로테스탄티즘과 자본주의에 관한 Weber(1958)의 가설을 다룬다. 전반적으로 볼 때, 최근 10년간 풍부하게 이루어진 연구는 베버가 비록 문해력과 사회적 연결망의 중요성을 과소평가한 반면 '노동 윤리'를 과대평가한 것 같기는 하지만, 올바른 방향으로 진행되었음을 분명하게 보여준다. 12장을 보라.

27 McGrath, 2007.

28 Henrich, 2016.

29 공무원들이 현실적인 이유에서 글을 읽을 줄 알아야 했다면, 문해율이 높아진 덕분에 공직에 들어갈 수 있는 인구의 비율이 확대되었을 것이다.

30 Henrich, Heine, and Norenzayan, 2010a, 2010b.

31 저렴한 소설책(인쇄기 덕분이다)과 연결된 높은 문해율이 타인의 고통을 더 잘 느끼는, 다시 말해 공감 능력이 뛰어난 더 많은 독자를 낳았을 수도 있다. 말하자면 소설을 읽음으로써 사람들이 다른 사람의 처지가 되어보고 타인의 관점으로 세상을 바라보는 연습을 하게 되었다는 것이다. 같은 맥락에서 서구 사회의 몇몇 연구는 소설을 많이 읽는 사람들이 동정심이 많고 타인의 감정을 읽는 데 더 능숙한 경향이 있음을 보여준다(Mar, Oatley, and Peterson, 2009; Mar and Rain, 2015; Mar et al., 2006). 하지만 소설 읽기가 정말로 공감 능력을 높이는지에 관한 문제는 남아 있다(Bal and Veltkamp, 2013; Kidd and Castano, 2013; Panero et al., 2016). 어쩌면 반대로 공감 성향이 강한 사람들이 소설을 더 많이 읽는 것일 수도 있다. 이런 인과관계를 확인하는 것은 중요하다. 공감 능력이 높은 사람일수록 사회성도 높고, 더 많이 기부를 하며, 폭력과 연결될 가능성이 더 적기 때문이다. 아마 문해율 증대와 많은 서적에 힘입은 공감 능력의 증대가 16세기 이래 잉글랜드와 유럽에서 관찰되는 폭력의 극적인 감소를 설명하는 데 도움이 될 것이다(Clark, 2007a; Pinker, 2011). 훈련을 통해 공감 능력을 높일 수 있음을 보여주는 연구를 감안할 때 충분히 가능한 일이다(van Berkhout and Malouff, 2016).

Chapter 1   WEIRD, 이상할 만큼 개인적이고 분석적인 사람들

1 Acemoglu and Robinson, 2012; Clark, 2007a; Diamond, 1997; Hibbs and Olsson, 2004; Landes, 1998; Mokyr, 2002; Morris, 2010.

2 Altrocchi and Altrocchi, 1995; Ma and Schoeneman, 1997. <그림 1.1> A에서 '개인적 특성, 능력, 포부' 변수는 Ma and Schoeneman의 '개인적 특성' 및 '자존감' 변수와 결합된다. <그림 1.1 B> 의 '역할과 관계' 변수는 <그림 1.1 A>의 '역할과 관계' 변수보다 좀 더 넓은 범위에서 가능한 답변을 다룬다.

3 Ma and Schoeneman, 1997.

4 Heine, 2016; Henrich, Heine, and Norenzayan, 2010a. '나는 _____다'나 '나는 누구인가'라는 질문에 대한 응답과 같은 자아 개념에 대해 생각할 때 흔히 저지르는 오류 하나는 개인적 특성과 성취, 관

심에 초점을 맞추는 것이 집단에 대한 소속감이나 사회성과 상충된다고 가정하는 것이다(Yuki and Takemura, 2014). 하지만 사실은 그렇지 않다. 핵심적 차이는 개인과 소속 집단 간의 관계와 관련이 있다. 마사이족, 삼부루족, 쿡 제도 사람들은 복잡한 전통적 가족 구조 안에 얽매여 있으며, 이 구조에서 모든 사람은 집단 내부의 다른 사람들에 대한 수많은 의무와 책임, 특권을 부여하는 광범위한 사회 규범을 지켜야 한다. 이와 대조적으로, WEIRD는 자신의 개인적 관심, 목표, 원칙, 포부에 잘 맞는 낯선 이들의 집단을 찾아서 자발적으로 합류한다. 어떤 사람이 이런 집단 중 하나라는 것을 알면, '바다 카약 선수'나 '공화당원'이라는 사실이 그 사람의 관심과 가치관에 관해 알려준다. 대개 집단 소속은 그것에 수반되는 특정한 관계보다는 원칙이나 관심과 더 관련이 있다. 자발적 집단의 소속 여부가 바뀔 때 특히 그렇다. 내가 '나는 … 과학자다'라고 응답할 때, 내 대답을 보고 당신은 나와 동료 과학자들이 모두 연구실 밖에서 많은 시간을 같이 보내거나 우리가 다쳤을 때 서로 도와줄 것이라고 생각하지 않는다. 그보다는 이성과 증거에 따른 열린 탐구를 통해 세계를 이해하는 데 몰두한다고 여겨진다. 그것은 하나의 집단이지만 실은 나에 관한 것이다.

5 내가 설명하는 눈금자는 흔히 '개인주의'에서 '집단주의'까지 이어지는 것이다(Hofstede, 2003; Tönnies, 2011; Triandis, 1994, 1995). 이 눈금자는 적어도 한 세기 동안 이런저런 형태로 인식된 스펙트럼을 포착한다. 흥미로운 논의로는 댄 흐루슈카(Dan Hruschka)의 글을 보라. evolution-institute. org/article/infections-institutions-and-life-historiessearching-for-the-origins-of-ind. 여기서 나는 '집단주의'라는 용어를 가급적 사용하지 않으려 하는데, 그 이유는 이 용어에 무척 혼란스러운 의미론적 장애물이 담겨 있기 때문이다.

6 Heine, 2016; Hofstede, 2003; Triandis, 1989, 1994, 1995.

7 물론 규제-관계적 사회를 만들어내는 제도는 무척 다양하며 이런 사회에 속하는 사람들의 심리도 매우 다양하다. 가령 중국의 많은 사람들은 대단히 성취 지향적이지만, 이런 양상은 내면화된 기준보다는 자기 가족의 기대에 따르려는 욕망에서 생겨나는 것으로 보인다. 그렇다 하더라도 이런 성취 지향 때문에 중국은 많은 전통적 공동체와 다르며, 적어도 겉으로 보기에는 WEIRD 사회와 비슷하다. 마찬가지로, 일본의 전통적인 친족 기반의 공동체 제도들은 19세기 말 메이지 유신 이후, 그리고 2차 세계대전 이후에 유럽과 미국으로부터 받아들인 WEIRD의 사회, 정치, 경제의 공식적 제도들이 융합된 것 같다. 이런 제도적 통합 때문에 일본은 독특한 사회심리를 갖게 되었다. 이 사회심리는 WEIRD 사회뿐만 아니라 흔히 심리적으로 비슷하다고 오인되는 한국이나 중국의 인구 집단과도 구별된다(Hamilton and Sanders, 1992; Herrmann-Pillath, 2010).

8 개인주의적 세계에서 관계를 물색할 때 사람들은 (1) 자신의 개인적 특성을 증진하는 한편 (2) 자신의 '특별한' 특성이 얼마나 뿌리 깊은지를 최대한 보여주기 위해 각기 다른 사회적 맥락에서 최대한 일관성을 유지한다. 개인들에 관해 상대적으로 일관성이 있다고 여겨지는 것은 개인의 관계가 아니라 특성이다. 이웃과 고용주, 친구는 시간이 흐르면서 모두 바뀔 수 있기 때문이다. 여기서는 내집단과 외집단의 구분이 근본적으로 다르다. 보통 이 구분에 따라 개인이 물려받은 개인적 관계의 연결망이 다른 모든 사람과 나뉘는 게 아니기 때문이다. 그 대신 내집단은 흔히 원칙과 믿음에서부터 선호와 관심('자유주의자'냐 '가톨릭'이냐)에 이르기까지 밑바탕을 이루는 개인적 특성을 나타내는 것으로 여겨지는 사회적 범주에 바탕을 둔다. 이 세계에서 사람들은 종교와 정당, 이름, 나라, 도시, 스포츠 팀, 성별, 배우자를 바꾼다.

9 Hofstede, 2003.

10 전 세계적인 심리적 변이에는 다른 중요한 차원들도 존재한다(Gelfand et al., 2011; Hofstede, 2003; Triandis, 1994).

11 Acemoglu, Akcigit, and Celik, 2013; Gorodnichenko and Roland, 2011; Talhelm et al., 2014).

12 Hruschka et al., 2014; Hruschka and Henrich, 2013a, 2013b.

13 일부 비판자들은 이 논점들을 무시하고 내가 이것들을 제시한 사실을 모른 체할 것이다.

14 Campbell et al., 1996; Church et al., 2006; English and Chen, 2011; Heine, 2016; Heine and Buchtel, 2009; Kanagawa, Cross, and Markus, 2001. 유감스럽지만, 이런 연구들은 거의 천편일률적으로 동아시아와 미국의 대학생에 초점을 맞춘다.

15 Suh, 2002.

16 Campbell et al., 1996; Diener and Diener, 1995; Falk et al., 2009; Heine and Buchtel, 2009; Heine and Lehman, 1999. 이 증거는 제한적인데, (1) 심리학자들이 대부분 WEIRD 인구 집단을 연구하고 (2) 비WEIRD 집단을 연구할 때에도 대부분 동아시아 대학생을 대상으로 하기 때문이다. 비교문화적 관점에서 논의한 임상심리학과 정신의학의 내용에 대해서는 Ethan Watters(2010)를 보라.

17 Foster, 1967; Heine, 2016; McNeill, 1991; Nisbett, 2003. 이런 상이한 여러 세계의 사회적 동인에 심리적으로 적응하는 과정을 우리 뇌 안에서 볼 수 있다. 가령 신경과학의 최근 연구에 따르면, 자신이 독립적 행위자라고 생각하는 사람들이 자신을 관계 연결망의 상호의존적 접점으로 여기는 사람들보다 안와전두피질(orbital frontal cortex)이 더 크다는 사실이 밝혀졌다(Kitayama et al., 2017).

18 Wallbott and Scherer, 1995. 이 결과는 참가자들이 규정한 정서적 분류를 활용하지 않고 참가자들이 제공한 설명에 근거해서 보고된 경험 분류에 의존한다. WEIRD, 특히 미국인들은 '죄책감'과 '수치심'을 혼동하는 것으로 악명 높다(Fessler, 2004).

19 Fessler, 2004; Martens, Tracy, and Shariff, 2012; Sznycer et al., 2016, 2018; Tracy and Matsumoto, 2008; Wallbott and Scherer, 1995; Wong and Tsai, 2007.

20 Benedict, 1946; Elison, 2005; Fessler, 2007; Levy, 1973; Scheff, 1988; Tracy and Matsumoto, 2008; Vaish, Carpenter, and Tomasello, 2011; Wong and Tsai, 2007.

21 카스트제도나 엄격한 계급 구분이 있는 사회에서 사회적 스펙트럼의 밑바닥에 있는 사람들은 윗사람과 같은 자리에 있다는 것만으로도 수치심을 느낄 수 있다. 윗사람이 신분이 낮은 사람들을 얕잡아보기 때문이다.

22 마찬가지로, WEIRD는 친구가 이사하는 것을 도와주지 않거나 친구의 병문안을 가지 않는 것에 죄책감을 느낄 수 있으며, 이런 죄책감 때문에 친구에게 접근해서 관계를 회복하고 지키려고 노력할 수 있다. 하지만 이런 행동이 촘촘한 사회 연결망에 의해 면밀하게 감시받는 의무적 사회 규범에 의해 규제를 받는 경우는 거의 없다.

23 Milgram, 1963. 심리학이라는 학문 분야가 다른 곳, 이를테면 홍콩이나 피지 같은 곳에서 발전했다면, 사람들이 다른 이들의 의견에 동조하는 성향이 너무도 명백해서 별로 흥미를 끌지 못했을 것이다.

24 Bond and Smith, 1996. 데이터를 제공한 대미언 머레이(Damian Murray)에게 감사한다.

25 Asch, 1956; Bond and Smith, 1996. 그래프에 나타난 순응 효과의 크기는 표준편차로 측정한 실험군과 대조군의 평균 오류 횟수의 차이를 보여준다. 따라서 효과 크기 1은 실험군 평균이 통제군 평균보다 표준편차가 1이 크다는 뜻이다.

26 Bond and Smith(1996)는 전체 데이터를 활용해서 폭넓은 분석을 수행했다. 반면 나는 도표로 정리하기 위해 WEIRD 국가들 전체를 하나로 합쳤다. 두 사람은 호프스테더의 개인주의 척도가 순응성과 상관관계가 있을 뿐만 아니라 다른 두 개인주의 척도도 상관관계가 있음을 보여준다(Schwartz and Bilsky, 1990; Trompenaars and Hampden-Turner, 1998).

27 순응이 실제 생활에 어떤 영향을 미치는지 알려면 왼손잡이를 생각해보자. 오늘날 WEIRD 사회에서는 성인의 10.16퍼센트 정도가 왼손잡이다. 아시아에서 아프리카까지 WEIRD 이외의 사회에서

는 왼손잡이의 비율이 대개 6퍼센트에 미치지 못하고, 때로는 1퍼센트 이하로 떨어진다. 중국에서는 왼손잡이의 비율이 0.23퍼센트이며, 아프리카의 전통적인 줄루족 공동체에서는 0에 가깝다 (Coren, 1992; Kushner, 2013; Laland, 2008; Schaller and Murray, 2008).

28   Dohmen et al.(2015)를 바탕으로 재구성함. 이 데이터를 제공해준 Anke Becker와 저자들에게 감사한다.

29   Dohmen et al., 2015. 이 국가들의 인내심 정도는 가상적인 액수를 이용해서 설명한 시간 할인의 정도와 미래를 위해 현재의 보상을 포기할 생각이 있는지에 관한 설문 조사를 결합한 것이다. 이와 같은 일련의 설문 조사는 진짜 돈을 활용한 선택을 제시한 실제의 실험실 시간 할인 정도를 예측할 수 있는 능력에 따라 모아서 조정한 것이다(Falk et al., 2016). 특히 이 선택 실험에서 활용한 액수는 나라별 구매력에 맞추어 조정했다.

30   또한 2차 세계대전 이래 단기적으로나 1820년 이후 경제 성장이 가속화한 이후로 장기적으로나 인내심이 많은 나라들일수록 더 급속한 경제 성장을 경험했다. 위도, 강우량, 기온, 유럽의 식민화, 비개인적 신뢰(신뢰에 관한 자세한 내용은 아래를 보라) 같은 다른 광범위한 요인들이 미친 효과를 통계적으로 제거한 뒤에도 이런 연관성은 유효하다.

31   이 측정치는 또한 실행 기능과 관련된다(Casey et al., 2011; A. Diamond, 2012; A. Diamond and Lee, 2011; A. Diamond and Ling, 2016; Duckworth and Kern, 2011; Mischel, Shoda, and Rodriguez, 1989; Mischel et al., 2011; Strömbäck, 2017).

32   Chabris et al., 2008; Dohmen et al., 2015; Duckworth and Seligman, 2005; Falk et al., 2016; Kirby et al., 2002; Mischel et al., 1989; Moffitt et al., 2011. 예를 들어, 8학년(중학교 2학년) 중에서 학년 초에 미래의 가치를 과소평가하지 않을수록, 다시 말해 나중에 B를 받는 것을 선택할수록 그해 말에 점수와 학업성취도 성적이 더 높았다. 실제로, 물론 둘 다 중요하지만, 학업 성취를 예측하는 데서 인내심이 IQ보다 더 중요했다. 특히 최근 연구에서 마시멜로 테스트가 이후의 학업 성취를 예측하는 능력이 확인되었다(Watts, Duncan, and Quan, 2018). 하지만 이 연구는 광범위한 통제 변수를 포함함으로써 이런 결과에 이의를 제기하는 듯 보인다. 이 통제 변수들은 어린아이가 경험하는 사회적 맥락과 가정 환경, 아이 부모의 인내심 등 문화가 사람들의 인내심을 형성하는 여러 통로를 보여준다. 요컨대, 애당초 인내심에서 변화를 만들어내는 모든 요소를 통계적으로 제거함으로써 인내심 정도와 이후의 학업 성과 사이의 연관관계를 약화하기 쉽다.

33   Fisman and Miguel, 2007. 흥미롭게도 미국의 원조를 많이 받는 나라의 외교관일수록 주차 위반 건수가 더 적었다. 이 논문에서 사용하는 부패지수는 주요 국제 부패지수를 모두 합친 뒤 제일 높은 요소를 취한다. 모든 지수가 높은 상관관계를 보인다.

34   대표부 전체가 아니라 개인의 행태를 추적해보면, 단속을 시작하기 전에는 유엔에서 일한 기간이 길수록 주차 위반 딱지를 더 많이 뗐다. 처벌의 위협이 부재한 상황에서, 특히 부패 정도가 약한 나라 출신일 때, 이기심이 본국에서 습득한 문화적 기준을 서서히 갉아먹었다. 마찬가지로, 뉴욕 경찰청의 단속이 2002년에 결정적인 역할을 했지만, 특히 부패 정도가 약한 나라에서 온 외교관들에게 효과가 좋았다.

35   Gächter and Schulz, 2016. 소득 차이나 보상금의 크기가 이 결과에 영향을 미칠 것이라고 예상할 이유는 전혀 없다. Gächter and Schulz(2016)의 보충 자료를 보라. 특히 나라별로 동등한 구매력에 해당하는 액수로 보상금을 조정했다.

36   Gächter and Schulz (2016)를 재구성함.

37   Trompenaars and Hampden-Turner, 1998. 데이터를 제공해준 Dan Hruschka에게 감사한다.

38   Trompenaars and Hampden-Turner, 1998.

39 이 지도는 Algan and Cahuc(2013)과 세계가치조사(World Values Survey, Inglehart et al., 2014), 아프로바로미터(Afrobarometer, www.afrobarometer.org)의 조사에서 나온 데이터를 합친 것이다.

40 Algan and Cahuc, 2010, 2013.

41 Johnson and Mislin, 2012. 이런 연관성을 확인하는 또 다른 대규모 연구로는 Fehr et al.(2002)를 보라. 협동과 공정성을 측정하는 실험실의 경제 실험과 '일반적 신뢰 질문'을 연결하는 연구로는 Francois, Fujiwara, and van Ypersele, 2011; Herrmann, Thoni, and Gächter, 2008; Peysakhovich and Rand, 2016 등을 보라.

42 중국의 인상적인 일반적 신뢰 수준(〈그림 1.7〉을 보라)은 최소한 어느 정도는 규제-관계적 제도의 강력한 조합과 WEIRD가 가진 비개인적 친사회성이 부재함을 나타낸다. 우리는 경영대학원에 다니는 미국인과 중국인 경영자들의 신뢰에 관한 연구를 살펴봄으로써 이런 차이를 이해할 수 있다(Chua, Ingram, and Morris, 2008; Chua, Morris, and Ingram, 2009, 2010; Peng, 2004). 미국인 경영자들과 달리, 중국인 경영자들은 자신의 폭넓은 사회적 관계망에 포함되고 다양한 유대를 통해 연결된 다른 사람들과 우선적으로 신뢰하는 직업적 관계를 만들었다. 이런 중요한 사업 관계는 상업 거래에서 신뢰의 토대를 확립하며, 깊은 개인적 관계이기도 하다. 게다가 사업 동료 사이의 경제적 의존은, 개인적 관계가 존재하며 종종 이 연계가 형제나 부자 사이 같은 가족 관계를 모방함을 의미한다. 이처럼 사업과 관련된 개인적 관계의 연결망을 가리키는 특별한 중국어 표현인 관시(關係)도 있다. 별로 놀랍지 않지만, 중국인들은 또한 대체로 직업 연결망에 실제 친척이 많이 있다. 이와 대조적으로, 미국인 경영자들이 특정한 동료들로 이루어진 측근 집단과 연계를 맺을 때, 이것은 이 동료들에 대한 신뢰 평가에 영향을 미치지 않는다. 다시 말해, 미국인은 어떤 특정한 동료와 다방면으로 사회적 관계가 있다고 해서 그 동료를 더 신뢰하지 않는다. 마찬가지로, 미국인은 중국인에 비해 사업 동료에게 경제적으로 의존한다는 이유로 개인적 관계가 생길 가능성이 적다. WEIRD의 우정은 '순수하다'고 여겨지며 따라서 이상적으로 보면 그런 '지저분한' 의존에서 자유로워야 한다. 이와 같은 연구들이 시사하는 바에 따르면, 중국의 사업과 상업은 비록 공식적 구조와 외형으로는 WEIRD 모델을 채택하고 있지만 여전히 규제-관계적 연결망에 토대를 두고 그에 따라 조직된다. 이 점을 염두에 두고 세계 설문조사로 돌아가서 신뢰 관련 질문들에 대한 응답을 살펴보면, 중국에서는 '처음 만난 사람을 신뢰합니까?'라는 질문에 11퍼센트만이 '그렇다'라고 대답했다. 한편 미국, 영국, 프랑스, 독일에서는 응답자의 3분의 1에서 2분의 1이 '그렇다'라고 답했다. 마찬가지로, 중국인은 9퍼센트만이 국적이 다른 사람을 신뢰한다고 말했다. 이와 대조적으로, 독일인은 52퍼센트가 외국인을 신뢰한다고 말했고, 미국과 오스트레일리아에서는 그 수치가 65퍼센트 이상으로 늘어났다(Greif and Tabellini, 2010). 중국에서 신뢰의 열쇠는 경제적, 사회적 상호의존을 비공식적으로 창출하는 조밀한 연결망 안에서 개인적 관계를 구축하는 것이다.

43 Thoni, 2017.

44 Alesina and Giuliano, 2010, 2013; Algan and Cahuc, 2010, 2013; Falk et al., 2018; Herrmann et al., 2008; Hruschka and Henrich, 2013b.

45 Barrett et al., 2016.

46 이 조사 결과는 타인의 심적 상태나 의도를 추론하는 능력이 부족함을 의미하지 않는다. 야사와섬에서 동료들과 나는 수년간 심리 파악 능력, 다시 말해 타인의 믿음과 의도, 동기에 관해 생각하는 것에 관해 수많은 실험을 수행했다(McNamara et al., 2019a, 2019b). 그 결과, 야사와섬 사람들은 심리 파악을 잘하고 언어도 심리 상태를 논하기 위한 충분한 어휘를 갖추고 있음이 밝혀졌다. 하지만 그들은 타인의 심리 상태를 공개적으로 이야기하기를 꺼리며, 이 실험에서 나타난 것처럼 낯선 이를 도덕적으로 평가할 때 심리 상태를 참고하지 않는다. 그들은 결과에만 초점을 맞추고 심리 상태를 추론하지 않는다. 흥미롭게도, 우리가 구성한 독 풀기 시나리오, 즉 어떤 사람이 의도적으로 또

는 실수로 마을 수원지에 독성 물질을 쏟아서 이웃을 중독시켜 거의 죽일 뻔한 경우에 나미비아의 힘바 목축민과 탄자니아의 하드자족 수렵채집인은 야사와 사람들과 마찬가지로 도덕적 판단을 내릴 때 행위자의 의도를 고려하지 않았다.

47 Hamilton and Sanders, 1992; Robbins, Shepard, and Rochat, 2017. 일본과 미국의 어린이를 비교하는 문화신경과학(cultural neuroscience)의 최근 연구는 이를 보완하면서 두 집단의 다소 상이한 뇌 활성화 양상이 타인의 심리 상태를 추론하는 과정을 어떻게 뒷받침하는지를 보여주고 있다(Kobayashi, Glover, and Temple, 2007).

48 Curtin et al., 2019; Gluckman, 1972a, 1972b.

49 마푸체족에 관한 연구로는 Faron, 1968; Henrich and Smith, 2004; Stuchlik, 1976 등을 보라.

50 Miyamoto, Nisbett, and Masuda, 2006; Nisbett, 2003; Nisbett et al., 2001.

51 yourmorals.org에서 나온 이 데이터를 제공해준 토머스 탈헬름(Thomas Talhelm)에게 감사한다(Talhelm, Graham, and Haidt, 1999).

52 사람들이 재미 삼아 심리 실험을 하는 유어모랄스의 웹사이트(yourmorals.org)는 어떤 나라에서든 무작위적이거나 대표적인 표본을 추출하지 못한다. '세 항목 질문'이나 다른 실험에 근거한 다른 데이터군의 편집본을 활용해서 이런 우려를 어느 정도 시정했다. 대학생들 가운데 가장 전체론적 사고를 하는 이들은 중동 아랍인부터 중국인, 동유럽인 참가자들까지 다양하다(Varnum et al., 2008). 영국인과 미국인은 맨 끝에 자리한다. 중동 아랍인들에 관한 데이터를 제공해준 아라 노렌자얀(Ara Norenzayan)에게 감사한다. 그리고 신뢰 질문과 마찬가지로, 이탈리아 북부 사람이 남부 사람보다 더 분석적이다(Knight and Nisbett, 2007).

53 Chua, Boland, and Nisbett, 2005; Goh and Park, 2009; Goh et al., 2007; Goh et al., 2010; Masuda and Nisbett, 2001; Masuda et al., 2008; Miyamoto et al., 2006. 문화신경과학자들은 참가자들을 기능적 MRI 기계에 눕히고 이런 종류의 '세 항목 질문'을 진행한 결과, 동아시아인과 유럽 – 미국인의 뇌에서 상이한 통제 전략을 발견한 바 있다(Gutchesset et al., 2010).

54 Falk et al., 2009; Heine, 2016; Nisbett, 2003.

55 Falk et al., 2018; Henrich, Heine, and Norenzayan, 2010a, 2010b; Nielsen et al., 2017; Rad et al., 2018.

Chapter 2 문화적 진화와 새로운 종의 탄생

1 1984; Flannery, 2002; Gat, 2015; Morgan, 1852; Smyth, 1878. 여기서 나는 모건과 랭혼이 보고한 버클리의 설명을 바탕으로 서술한다. 또한 그 지역과 인구 집단에 관해 플래너리, 배릭, 가트, 스미스 등에게서 얻은 정보로 내용에 살을 붙였다.

2 때로는 '누이 교환(sister exchange)'이 작동해서 남자가 자기 누이를 다른 씨족 남자의 누이와 맞교환했다. 다른 경우에는 씨족과 부족 사이의 연합을 강화하기 위해 여자를 시집보내기도 했다. 버클리는 원주민 생활을 하면서 부인 둘과 딸 하나를 둔 것 같지만, 그래도 여자를 둘러싼 경쟁을 현명하게 피했다.

3 버클리는 인육을 먹는 의식을 여러 차례 묘사한다. 최소한 몇몇 사례에서는 적이 가진 힘을 흡수한다는 근거가 되는 듯하다.

4 Chudek and Henrich, 2011; Chudek, Muthukrishna, and Henrich, 2015; Chudek et al., 2013; Henrich, 2016; Henrich and Broesch, 2011; Henrich and Gil-White, 2001; Laland, 2004; Rendell et al., 2011. '누구 – 단서'를 가리키는 전문 용어는 '모델에 기반한 단서'다. 다른 적응적 학습 전략은 '순응적 전달

(conformist transmission)'이라고 한다. 순응적 전달의 진화에 관한 이론적 예측(Nakahashi, Wakano, and Henrich, 2012; Perreault, Moya, and Boyd, 2012)과 일치하는 풍부한 증거는 사람들이 자신을 둘러싼 문화적 특성을 이용해서 어떤 관행이나 믿음을 받아들일지를 결정하는 경향이 있음을 보여준다(Muthukrishna, Morgan, and Henrich, 2016).

5   Broesch, Henrich, and Barrett, 2014; Henrich, 2016, 4~5장; Medin and Atran, 2004; Sperber, 1996. 인간은 또한 배경 가정(background assumption), 조직의 구성요소, 즉시 활용할 수 있는 추론 등을 통해 중요한 영역에서 우리의 문화적 학습을 뒷받침하는 진화된 심리적 능력을 갖고 있다. 예를 들어, 다양한 사회의 어린이와 어른은 동물과 식물에 관해 배우는 과정에서 변하지 않는 위계적 관련 범주를 가지고 사고하도록 준비되어 있다. 만약 밤에 호수 근처에서 호랑이를 보았다는 이야기를 들으면, 우리는 자동적으로 '밤에 물가에서 사냥하는 것'이 특정한 한 호랑이가 잠깐 보이는 특이한 행동이 아니라 모든 호랑이의 특징이라고 추론한다. 더욱이 어린이와 어른은 다소 자신은 없을지라도 기꺼이 이 추론을 사자 같이 호랑이와 비슷한 종으로까지 확대한다. 이런 전문화된 인식 체계는 와타우룽족 같은 소규모 사회가 어떻게 식물과 동물에 관해 그토록 방대한 지식을 축적하고 유지하는지, 그리고 왜 사람들이 종종 돌연변이 종의 정체를 파악하느라 애를 먹는지를 설명하는 데 도움이 된다. 식물과 동물에 관한 이런 전문화(Atran and Medin, 2008; Atran, Medin, and Ross, 2005; Medin and Atran, 1999; Wertz 2019)와 함께 인간은 또한 다른 몇 가지 중요한 영역에서 학습을 촉진하는 다른 심리적 능력을 갖고 있다(예를 들어, Hirschfeld and Gelman, 1994; Moya and Boyd 2015).

6   Bauer et al., 2018; Moya, Boyd, and Henrich, 2015; Schaller, Conway, and Tanchuk, 2002.

7   Giuliano and Nunn, 2017; Henrich, 2016; Hoppitt and Laland, 2013; Morgan et al., 2012; Muthukrishna, Morgan, and Henrich, 2016.

8   Berns et al., 2010; Engelmann et al., 2012; Garvert et al., 2015; Henrich, 2016, Chapter 14; Little et al., 2008; Little et al., 2011; Losin, Dapretto, and Iacoboni, 2010; Morgan and Laland, 2012; Zaki, Schirmer, and Mitchell, 2011. 내측 전전두피질의 기능에 관해서는 논쟁이 많다. 최근의 논평들에 관해서는 Euston et al. (2012)와 Grossman et al. (2013)을 보라.

9   Henrich, 2016.

10 Jones, 2007.

11 관련된 분석 모델과 컴퓨터 시뮬레이션에 대한 논평으로는 Henrich et al. (2015)를 보라. 문화적 진화에 관한 실험실 실험에 관해서는 Derex and Boyd, 2016; Derex, Godelle, and Raymond, 2014; Derex et al., 2013; Kempe and Mesoudi, 2014; Muthukrishna et al., 2013 등을 보라.

12 Garfield and Hewlett, 2016; Hewlett and Cavalli-Sforza, 1986; Hewlett et al., 2011; Salali et al., 2016; Terashima and Hewlett, 2015. 유명한 민족지학자 배리 휼렛(Barry Hewlett)은 남자아이들이 명망 있는 사냥꾼을 모방한다는 주장을 지지하면서 사내애들이 메투마(metuma), 즉 위대한 코끼리 사냥꾼에게 특히 관심을 갖는다고 보고한다(바른 문법을 알려준 배리에게 감사한다).

13 독의 사례보다 한결 파악하기 어려운 것은 소규모 사회가 광범위한 주요 식물 먹거리를 이용할 수 있게 해준 독창적인 식품 가공법이다. 안데스 산맥의 조리법은 야생 감자가 균류와 박테리아, 포유류로부터 자신을 지키기 위해 진화시킨 독소를 중화하기 위해 특별한 종류의 진흙을 활용한다. 캘리포니아의 수렵채집인들은 흔히 주요 식품 재료인 도토리의 탄닌 성분을 우려내기 위한 다양한 방법을 발전시켰다. 이와 비슷한 여러 사례에서 노동집약적 단계를 포기하거나 타고난 미각적 단서에 의지한 개인들은 자신과 자녀가 중독되는 위험을 무릅썼다. 당장은 아닐지라도 수십 년에 걸쳐 독소가 서서히 축적되었다. 누적적인 문화적 진화의 세계에서 문화적 학습에 의지하지 않고 충분히 정확하게 모방하지 않는 경우에는 커다란 대가가 따른다(Henrich, 2016, 3장과 7장; Johns,

1986; Mann, 2012).

14 Henrich, 2016; Horner and Whiten, 2005.

15 여기서 우리는 고고학과 생태학, 유전학의 데이터와 결합한 현대 수렵채집 사회의 다양성을 활용해서 구석기 시대 사람들의 생활방식에 관한 통찰을 얻는다. 나는 현대의 어떤 인구 집단이 어떤 의미로든 '원시적'이거나 '정체되어' 있다고, 또는 어쨌든 유일하게 농경의 기원에 앞선 사회들을 대표한다고 말하지 않는다. 문화적 진화의 접근법은 이런 케케묵은 오해를 피한다. 그렇지만 민족지적, 역사적으로 알려진 수렵채집인들은 흔히 구석기 시대 사람들과 똑같은 많은 동물과 식물을 수렵, 채집하기 위해 똑같은 많은 도구와 기술을 사용했기 때문에 고고학과 언어학, 유전학의 증거와함께 활용하면서 자세히 연구하면 많은 중요한 통찰을 얻을 수 있다(Flannery and Marcus, 2012). 가령 고대인의 DNA는 구석기 시대 인구 집단들이 현대 수렵채취인들의 것과 크게 다르지 않은 사회적 조직을 갖고 있었을 가능성을 시사한다(Sikora et al., 2017).

16 Bhui, Chudek, and Henrich, 2019a; Henrich and Henrich, 2014.

17 Lewis, 2008; Schapera, 1930.

18 Henrich(2016)은 이런 금기들이 어떻게 안정적으로 유지될 수 있는지에 관한 논의를 제공한다. 금기 위반이 사냥에 미치는 효과가 사실이 아님을 입증하는 일은 좀처럼 일어나지 않는다. 이 규범에는 의도적으로든 우연히든 금기가 진실일지 '시험'하는 것을 막는 동기를 포함하고 있기 때문이다. 금기 위반자는 금기를 어긴 이유와 상관없이 제재를 받을 위험이 있다.

19 Gurven, 2004. 음식 금기 자체가 매우 다양해서 사냥꾼과 일정한 관계가 있는 사람들(또는 사냥꾼 자신)이 동물의 일정한 부위를 먹는 것을 금지하거나 전체 부류의 사람들이 특정한 부위나 어떤 종전체를 먹는 것을 금지하는 등 다양하다. 버클리가 산 지역에서는 일부 부족에서 성년식을 치르지 않은 남자는 암컷 짐승이나 산미치광이 전체를 먹는 것이 금기시되었다. 문화적 진화는 어쨌든 언제나 동일한 목표를 겨냥했지만 그 목표에 도달하기 위해 다양한 제도적 장치를 임시방편으로 만들었다(Barnes, 1996; Flannery and Marcus, 2012; Gould, 1967; Hamilton, 1987; Henrich, 2016, 9장; Lewis, 2008; Smyth, 1878).

20 Henrich, 2016. 여기서 나는 '주호안시족'을 지칭하는 오래됐지만 아직도 흔히 쓰이는 철자법(Ju/'hoansi)을 사용했다. 새로운 철자법에 관해서는 다음을 보라. en.wikipedia.org/wiki/Ju.'hoan_language.

21 Bailey, Hill, and Walker, 2014; Chapais, 2009; Lee, 1979, 1986; Marshall, 1959; Walker and Bailey, 2014. 1964년 당시 남자는 모두 합쳐 각기 다른 36개의 이름이 있었고, 여자는 32개였다(Lee, 1986; Marshall, 1959).

22 이를 뒷받침하는 다른 사회 규범들은 친족에 기반한 이 연계를 한층 더 공고히 한다. 가령 일부 수렵채집인 사회에서는 자녀의 이름을 지을 권리가 아버지에게 있고, 아버지는 자기 부모나 가까운 친척의 이름을 따서 아이 이름을 지어야 한다는 규범이 있다. 이런 오래된 이름 짓기 관습은 확고부동한 심리를 통해 아버지 쪽 친척들이 신생아를 동명의 다른 어른들처럼 대하도록 유도한다. 그리하여 새로 태어난 아이는 사실상 부계에 더 가까워지며, 모든 영장류에 공통된 강력한 모자 유대에 의해 생겨난 비대칭을 줄이는 역할을 한다(Henrich, 2016, 9장). 일부 영장류 종은 모계 친척을 찾아내는 능력에 비해 약하다(Chapais, 2009; Henrich, 2016).

23 Dyble et al., 2018; Hamilton, 1987; Henrich, 2016; Wiessner, 2002.

24 Hill et al., 2011.

25 Henrich, 2016, 9장.

26 Fessler and Navarrete, 2004; Lieberman, 2007; Lieberman, Fessler, and Smith, 2011; Lieberman, Tooby, and Cosmides, 2003. 원칙적으로 이런 금기는 8촌에 적용되지만, 주호안시족은 이따금 8촌의 정체에 관해 약간 모호하다. 특히 주호안시족의 젊은 성인들은 사촌과 쉽게 결혼할 수 없다. 부모가 첫 번째 결혼을 중매하기 때문이다. 주호안시족의 결혼 규범 변화에 관해서는 Wiessner, 2009를 보라.

27 Lee, 1986; Marshall, 1959, 1976. 주호안시족은 이런 근친상간 금기와 함께 일정한 결혼 선호도 갖고 있다. 가령 남편이 죽으면 부인은 남편의 형제와 결혼하는 게 이상적으로 여겨지는 수혼제(levirate marriage)를 가지고 있다. 주호안시족은 일부다처제를 허용하기 때문에 살아 있는 형제가 기혼자라도 결혼할 수 있다. 이 인척들이 결혼을 하지 않아도 되지만 결혼을 하면 좋은 행위로 여겨진다. 마찬가지로, 부인이 죽으면 남편은 미혼인 부인의 자매와 결혼하는 것을 고려해야 한다. 또한 만약 한 집단에서 아들이나 딸을 다른 무리에서 살도록 보낸다면 그들을 받은 쪽에서는 나중에 다른 사람을 보내는 것이 좋은 일로 간주된다. 이런 모호한 선호는 다른 사회들에서 강력하게 강요되는 '누이 교환'으로 굳어졌다. 마지막으로, 주호안시족은 두 번째 이후로 결혼할 때 다른 부족이나 언어 집단의 성원 같이 친족이 아닌 사람과 결혼하는 것을 묵인하지만, 조금 눈살을 찌푸리기는 한다.

28 Durkheim, 1995; Henrich, 2016, 9장; Whitehouse and Lanman, 2014. 비젤의 말은 Wade, 2009, 후주 107에서 인용한 것이다.

29 Alcorta and Sosis, 2005; Alcorta, Sosis, and Finkel, 2008; Henrich, 2016; Lang et al., 2017; Launay, Tarr, and Dunbar, 2016; Mogan, Fischer, and Bulbulia, 2017; Tarr, Launay, and Dunbar, 2014, 2016; Tarr et al., 2015; Watson-Jones and Legare, 2016; Wen, Herrmann, and Legare, 2015.

30 Carpenter, Uebel, and Tomasello, 2011; Chartrand and Bargh, 1999; Henrich and Gil-White, 2001; Over et al., 2013.

31 Bastiaansen, Thioux, and Keysers, 2009; Brass, Ruby, and Spengler, 2009; Heyes, 2013; Laland, 2017; van Baaren et al., 2009. 동작을 맞추는 움직임은 우리의 행동을 조정하면서 오피오이드 시스템(opioid system)을 활성화해서 엔도르핀이 빠른 속도로 분비되어 통증 내성을 높여준다. 춤추는 시간의 경우처럼 몸을 움직여서 방출되는 엔도르핀은 이런 효과에 기여한다.

32 Marshall, 1999, 90쪽.

33 Hamann et al., 2011.

34 일부 의례는 개인을 친족 체계에 포함시키거나 친족 연결망 안에서 더 구속력 있는 유대를 창출하는 방식 중 하나다(Lynch, 1986). 때로 '가공의 친족(fictive kinship)'(Hruschka, 2010)이라고 불리는 의례는 '피를 나눈 형제'(그리고 때로는 '피를 나눈 자매')나 의례적 부모('대부'를 생각해보라)를 만들 수 있다. 파라과이의 아체족 수렵채집인들 사이에서 성인과 어린이를 연결하는 의례적 결속은 집단들 사이에서 협동을 촉진하고 안전을 증진하며 새로운 지식의 흐름을 증가시키는 방식으로 개인과 무리를 상호 연결하는 평생에 걸친 관계를 만들어낸다(Hill et al., 2014).

35 Flannery and Marcus, 2012; Henrich, 2016, 10장.

36 Henrich, 2016; Reich, 2018.

37 Henrich, 2016, 11장. 이런 공진화 과정의 일환으로 우리는 또한 규범 위반을 발견하고 규범 위반자를 확인하는 데 특히 능숙하도록 진화해왔다(Cummins, 1996a, 1996b; Engelmann, Herrmann, and Tomasello, 2012; Engelmann et al., 2013; Fiddick, Cosmides, and Tooby, 2000; Nunez and Harris, 1998). 인간이 왜 규범을 내면화하도록 진화했는지에 관한 더 자세한 내용으로는 Ensminger and Henrich, 2014; Gavrilets and Richerson, 2017 등을 보라. 규범 내면화에 관한 경험적 연구로는 Rand, 2016; Rand, Peysakhovich et al., 2014; Yamagishi et al., 2016; 2017 등을 보라. 내면화된 규범은 좋은 평판을 잃는 것 같은 장기적 비용과 단기적 이득 사이의 균형을 맞추는 의사결정에서 특히 중요할 수 있다. 모든 동물과 마찬가지로, 사람도 즉각적인 보상에 견줘 미래의 이득을 적절하게 할인하기

위해 분투하기 때문이다. 이 과정은 또한 반응적 형태의 공격을 가려낸다(Wrangham, 2019).

38   이는 심리학자들이 말하는 이른바 '융합'의 진화적 토대가 된다(Bowles, Choi, and Hopfensitz, 2004; Swann and Buhrmester, 2015; Swann et al., 2012; Van Cleve and Akçay, 2014; Whitehouse et al., 2014).

39   Baron and Dunham, 2015; Buttelmann et al., 2013; Dunham, Baron, and Banaji, 2008; Henrich, 2016; Kinzler and Dautel, 2012; Moya, 2013; Moya et al., 2015; Shutts, Banaji, and Spelke, 2010; Shutts, Kinzler, and DeJesus, 2013; Shutts et al., 2009.

40   Frankenhuis and de Weerth, 2013; McCullough et al., 2013; Mittal et al., 2015; Nettle, Frankenhuis, and Rickard, 2013. 어머니는 DNA 표현 장치의 수정을 통해, 또는 다른 생물학적 메커니즘을 통해 일부 성향을 자녀에게 후성적으로 전달할 수도 있다(Wang, Liu, and Sun, 2017).

41   Alcorta and Sosis, 2005; Henrich and Boyd, 2016.

42   Henrich, 2016.

Chapter 3   집단적 친족의 해체와 국가 제도의 등장

1   Ferrero, 1967.

2   여기서 제시하는 기본적 논점은 Fukuyama, 2011에서 전개하는 것과 비슷하다.

3   Forge, 1972.

4   Tuzin, 1976, 2001. 숫자가 상대적으로 중요하지 않은 기습 공격의 경우에도 습격자들은 결국 더 규모가 크고 따라서 치명적인 적의 복수에 맞닥뜨릴 것을 알았다.

5   일라히타 사람 자체는 1,500명 정도였다. 2,500명이라는 숫자는 일라히타가 보호하는 그늘 아래 모인 작은 마을들까지 포함한 것이다(Tuzin, 1976, 2001).

6   이상적인 중매결혼은 누이 교환이었다. 서로 다른 씨족이나 하위씨족의 남자들이 누이를 부인으로 맞바꾸는 것이다.

7   Beth Curtin 이미지 제공.

8   Durkheim(1933)은 오래 전에 이와 같은 '유기적' 유대와 '기계적' 유대를 구분했다.

9   Buhrmester et al., 2015; Whitehouse, 1995; Whitehouse, 1996; Whitehouse and Lanman, 2014. Whitehouse(1996)가 '공포 의례'라는 용어를 고안했다.

10   Tuzin, 1976, 2001.

11   탐바란 신들은 또한 주변 공동체와 맺은 휴전을 깨뜨리는 사람들을 벌했다. 휴전 위반자를 벌하는 것은 방어와 공격이 불균형한 일라히타의 까다로운 상황을 바로잡는 데 도움이 되었다. 공동체 방어는 모든 사람의 책임이었지만, 어떤 씨족이든 (보통 복수와 관련된) 자체적인 이유로 독자적으로 습격을 개시할 수 있었다. 투진은 초자연적인 처벌의 위협 때문에 일라히타의 씨족들이 일방적으로 행동에 나서려고 하지 않았다고 말한다.

12   Tuzin, 2001, 83쪽.

13   Grossmann et al., 2008; Tuzin, 1976, 2001.

14   이런 접근법에 관한 전반적인 설명으로는 Henrich, 2004, 2016; Richerson et al., 2016을 보라.

15   Bowles, 2006; Choi and Bowles, 2007; Keeley, 1997; Mathew and Boyd, 2011; Richerson et al., 2016; Soltis, Boyd, and Richerson, 1995; Turchin, 2015; Wrangham and Glowacki, 2012.

16 차등적 이주는 소규모 부족 인구 집단들의 경계에서 집단을 바꾸는 비율(Knauft, 1985; Tuzin, 1976, 2001)과 현대 세계에서 국가들 사이의 이주 패턴(Connor, Cohn, and Gonzalez-Barrera, 2013) 모두에서 관찰되고 있다. 이론적 모델에 관해서는 Boyd and Richerson (2009)를 보라.

17 Boyd, 2001; Boyd and Richerson, 2002, 79쪽; Harrison, 1987; Roscoe, 1989; Tuzin, 1976, 79쪽; Wiessner and Tumu, 1998.

18 Smaldino, Schank, and McElreath, 2013. 흔한 혼동 가운데는 집단끼리 서로 마주치는 일이 드물었기 때문에 집단 간 경쟁이 중요하지 않았다는 주장도 있다. 집단들은 실제로 서로 마주치지 않고도 생존을 위해 경쟁할 수 있다.

19 Richerson and Boyd (2005). 종교와 생식에 관한 연구를 검토한 내용으로는 Blume, 2009; Norenzayan, 2013 등을 보라.

20 새로운 규범은 언제나 기존의 규범에 좌우되며, 수정은 대개 소규모로 점진적으로 이루어진다. 가령 세픽 지역에서 투진이 재구성한 내용은 탐바란에서 발견되는 이중 의례그룹 체계가 아마 앞선 혼인그룹 체계에서 생겨났으리라고 추측할 수 있는 근거가 된다. 즉 결혼의 요소들이 서서히 사라지고 의례의 구성요소들로 대체된 것이다. 마찬가지로, 이런 체계가 흔히 발견되는 오스트레일리아의 연구에 근거해서 보면, 복잡한 8단계 체계는 아마 서로 다른 4단계 체계를 가진 공동체들이 만나서 서로 통혼하기 위한 방법을 협상하기 시작하면서 생겨났을 것이다. 비슷한 경우로, 4단계 체계는 아마 각자 나름의 2단계 체계를 가진 두 집단이 만날 때 생겼을 것이다. 입양에 관해 말하자면, 일라히타에서는 어린이 5명 중 1명이 입양된 아이였다(태평양의 많은 지역이 마찬가지다). 이는 의례그룹들 사이에 건강한 경쟁 관계를 지속적으로 유지하는 데 도움이 되었고, 따라서 출계와 공동거주의 지배력을 감소시켰다(Tuzin, 1976, 2001). 모계 사회에 관해서는 Ember, Ember, and Pasternack, 1974; Jones, 2011 등을 보라.

21 Acemoglu and Robinson, 2012; Diamond, 1997, 2005. 이런 문화적 진화 접근법에는 단선적이거나 단계론적이거나 점진적인 부분이 전혀 없다.

22 Baksh, 1984; Davis, 2002 (1); Johnson, 2003, 1978. Johnson, 2003에서 인용하는 Rosengren and Shepard의 말도 보라.

23 Johnson, 2003

24 Johnson, 2003; Snell, 1964.

25 Camino, 1977.

26 Baksh, 1984; Johnson, 2003, 1978. 마치겐카족이 행동을 설명하는 방식의 일부가 WEIRD 인구 집단들에서 발견되는 패턴과 유사하기는 하지만, 그들은 WEIRD 인구 집단들에서 발견되는 것과 같은 정도로 원인을 찾거나 요구하지 않는다는 점을 주목할 것.

27 Ferrero, 1967; Johnson, 2003, 34, 135쪽. 마찬가지로, 민족지학자들은 마치겐카족이 '맥주 축제'에서 어떻게 호전적인 농담을 해서 다루기 힘든 규범 위반자에게 공개적으로 수치를 주는지 관찰한 바 있다. 이런 공격을 받는 사람들은 얼굴이 붉어지거나 의기소침하지 않으며 움츠러들거나 성난 반응을 보이지도 않는다. 오히려 그냥 냉담하게 받아들인다. 존슨은 WEIRD와 마찬가지로 마치겐카족 사이에서는 죄책감이 중요한 역할을 한다고 주장한다. 하지만 그에 비해 마치겐카족 사이에서 죄책감이 과소평가되며, 죄책감을 경험하는 이들은 걱정에 시달리는 정도가 덜하다고 주장한다(Johnson, 2003, 132쪽).

28 Johnson, 2003, 168쪽에서는 이렇게 말한다. "마치겐카족은 작은 마을보다 더 큰 어떤 집단에 대해서도 소속감이 없다."

29 Gardner, 2013; Henrich and Henrich, 2007; Johnson, 2003; Johnson and Earle, 2000.

30 Richerson, Boyd, and Bettinger, 2001.

31 Bowles, 2011; Bowles and Choi, 2013; Matranga, 2017.

32 2장에서 지적한 것처럼, 구석기 시대에 집단 간 경쟁이 사회의 복잡성과 경쟁력을 끌어올렸다고 생각할 만한 이유가 충분하다. 하지만 농경의 등장으로 더 인구가 많고 인구밀도가 높은 집단을 유지할 수 있는 가능성이 높아졌고, 그로 인해 문화적 진화에 큰 영향을 미쳤다. 그러나 식량을 생산하기 전에 언제나 주민들이 거대한 짐승 떼나 풍부한 해양 먹거리에 접근할 수 있는 특별한 지리적 장소들이 있었다. 이런 지역에서는 인구 규모가 커지고 복잡성도 증가했을 것이다. 식량 생산이 특별한 것은 적어도 위도선이나 생태적 등고선을 따라 기술적, 생태적 노하우를 가지고 이동이 가능했기 때문이다. 그리하여 원래는 수렵채집 인구 집단이 희박하게 흩어져 살았을 넓은 영역을 변모시킬 수 있는 가능성이 펼쳐졌다. 그리고 수렵채집 사회 대신에 마을과 소읍, 그리고 결국에는 도시의 연결망이 생겨날 수 있었다(Ashraf and Michalopoulos, 2015; Diamond, 1997).

33 Bowles, 2011; Diamond, 1997; Matranga, 2017. 한때 수렵채집인들이 차지하던 영역에 농경민들이 퍼져나간 것은 아시아와 아프리카, 남북아메리카에서 충분히 입증된다. 농경을 기후변화에 대한 합리적 대응으로 설명하려고 하는 모델들은 집단 간 약탈의 위협만이 아니라 저장 및 농사와 관련된 집합 행동의 문제들을 간과하고 있다(Matranga, 2017). 그냥 습격해서 빼앗을 수 있다면 왜 저장하거나 심겠는가?

34 Godelier, 1986; Hill et al., 2011. 고대 그리스인들은 어머니가 자녀에게 물려주는 기여도에 대해 비슷한 견해를 갖고 있었을 것이다(Zimmer, 2018).

35 이 연합이나 충돌이 공상적으로 보인다 하더라도 전혀 그렇지 않다. 아마존의 부족이나 바이킹의 전설, 유럽, 중국, 이슬람 세계의 왕가에서는 관계가 더 가까운 사람들이 관계가 먼 사람들에 맞서 연합을 형성하는 경향이 있다. 역사를 통틀어 형제들은 팀을 이뤄 이복형제를 살해했고, 계모는 자기 자녀 편을 들면서 의붓자식을 학대했다(Alvard, 2009; Daly and Wilson, 1998; Dunbar, Clark, and Hurst, 1995; Fukuyama, 2011; Miller, 2009; Palmstierna et al., 2017).

36 Murdock, 1949. 사람들은 계보를 알 필요가 없다. 그냥 자기 부모나 조부모가 서로를 어떤 친족 용어로 부르는지만 알면 된다.

37 Alvard, 2003; Alvard, 2011; Chapais, 2008; Ember et al., 1974; Murdock, 1949; Walker and Bailey, 2014; Walker et al., 2013.

38 대개 씨족 성원 자격은 자기 아버지를 통해 물려받지만, 종종 의례와 입양 같이 부계 씨족에 들어가는 다른 방법도 있다(Murdock, 1949).

39 Gluckman, 1972a, 1972b. 투진은 일라히타에서 경험한 일에 근거해서 1975년 파푸아뉴기니에 도입된 유럽-오스트레일리아의 사법 체계가 가장 크게 영향을 미친 부분은 책임 관념이 씨족 기반에서 개인 중심으로 바뀐 것이라고 주장한다(Tuzin, 2001, 49~50쪽).

40 Fox, 1967; Walker, 2014; Walker and Bailey, 2014; Walker and Hill, 2014.

41 Abrahams, 1973; Chapais, 2009; Fox, 1967. 부인이 죽으면 순연혼(sororate marriage) 관련 규범에 따라 남은 남편이 부인의 미혼 누이나 사촌누이 중 한 명과 결혼해야 한다.

42 Toren, 1990.

43 Baker, 1979; Lindstrom, 1990; Toren, 1990; Weiner, 2013.

44 Jones, 2011; Murphy, 1957; Walker, 2014.

45 집약적 친족 기반 제도는 공동체가 붕괴하는 방식에 영향을 미친다. 집약적 친족 체계를 가진 수렵채집인 공동체가 해체될 때, 개인이나 핵가족은 어떤 하위집단과 함께 할지를 독자적으로 결정한

다. 이와 대조적으로, 씨족 기반 공동체가 분열할 때는 세픽 지역의 경우처럼 대체로 혈족상의 계통에 따라 갈라진다. 그리하여 새로 생겨나는 각 집단 내에서 친족의 유대가 극대화되면서 더 작은 새로운 공동체는 혈통으로 훨씬 더 탄탄하게 결속된다(Walker and Hill, 2014).

46 Moscona, Nunn, and Robinson, 2017에서 약간 바꿈.

47 Fortes, 1953; Kelly, 1985; Murdock, 1949; Sahlins, 1961; Strassmann and Kurapati, 2016. 규범은 이렇게 정해진 연합을 보완하는 동시에 멀리 떨어진 집단에 대해 사용할 수 있는 폭력적 수단의 단계적 차이를 규정하고 평화를 추구하려는 씨족의 의지를 측정한다. 예를 들어, 어떤 곳에서는 남자들이 가까운 친척인 씨족과 충돌할 때 주먹만 사용할 수 있다. 하지만 계보상의 거리가 멀어진 집단에 대해서는 몽둥이에 이어 화살까지 사용할 수 있는 무기가 달라진다. 마지막으로, 다른 부족들과 대결할 때는 무기로 독화살이 선택된다.

48 Kelly, 1985; Sahlins, 1961; Vansina, 1990.

49 Moscona et al., 2017. 여기서 신뢰 분석과 관련된 한 가지 문제는 이런 영향 가운데 어느 정도나 분절적 혈족 제도를 완전히 갖춘 것과 반대되는 의미로 모든 종류의 씨족의 존재에 기인하는지가 분명하지 않다는 것이다.

50 Ahmed, 2013; Grosjean, 2011; Nisbett and Cohen, 1996. 분절적 혈족이 미국의 살인사건 발생률에 미치는 영향은 흔히 범죄 발생률을 설명하는 요인들을 모두 통계적으로 제어한 뒤에도 유효하다.

51 Bernardi, 1952, 1985; Berntsen, 1976; Eisenstadt, 2016; Lienard, 2016; Ritter, 1980. 성년식이나 전수 과정에 있는 성원은 이동을 하는 동안 동년배 집단 동료들의 집에서 언제든 환대를 받을 수 있다.

52 Bernardi, 1985; Berntsen, 1976; de Wolf, 1980; Fosbrooke, 1956.

53 많은 평등한 사회에는 인류학자들이 말하는 이른바 '빅맨(big man)', 즉 지도자 노릇을 하는 사람들이 있다(Henrich, Chudek, and Boyd, 2015; Sahlins, 1963). 이런 성공한 개인들은 우리의 명망 심리에 편승하면서(Cheng, Tracy, and Henrich, 2010; Cheng et al., 2013) 많은 추종자나 동맹 세력을 모으는데, 이런 성과는 다시 공동체의 의사결정에 상당한 영향을 미치는 데 활용된다. 그들은 종종 자신의 정치적 영향력을 활용해서 혼령의 집을 짓거나 전투 부대를 조직하거나 엄청난 진수성찬을 차리는 등 협동의 업적을 이룰 수 있다. 빅맨의 문제는 그들이 쌓은 영향력과 권위를 다음 세대로 전수할 수 없다는 것이다. 빅맨이 죽으면 종종 치열한 정치권력 쟁탈전이 벌어지고 효과적인 지도자가 없는 가운데 오랜 시간이 흐르기도 한다(Godelier, 1986; Heizer, 1978; Johnson, 2003; Lee, 1979; Paine, 1971; Sturtevant, 1978).

54 Earle, 1997; Flannery and Marcus, 2012; Johnson and Earle, 2000; Kirch, 1984; Toren, 1990.

55 Flannery and Marcus, 2012; Harrison, 1987, 1990; Roscoe, 1989.

56 아바팁에서 가장 큰 씨족은 또한 심북(Simbuk)이라는 이름의 네 가지 세습 의례직 중 하나를 관리했다. 이 직책은 아들이나 남동생에게 양도되었다. 이 직책을 가진 사람은 사람 사냥에서부터 얌재배에 이르기까지 모든 것과 관련된 일부 의례를 수행하는 책임을 맡았다. 이 직책의 기능은 의례 영역에 국한됐지만, 심북은 사람을 죽일 수 있는 강력한 마술을 보유하고 있고, 자신은 각종 형태의 아바팁 마술에 영향을 받지 않는다고 믿었다. 심북은 또한 다른 심북 가족하고만 통혼하는 경향이 있었다. 심북이 어떻게 족장으로 변신하고, 결국은 엘리트 계급이 됐는지는 쉽게 상상할 수 있다.

57 어떤 이들은 족장사회보다 '서열사회(ranked societies)'라는 표현을 선호한다(Flannery and Marcus, 2012).

58 족장사회는 족장 없이도 존재할 수 있지만, 서열화된 친족 기반 사회는 분절화 없이는 존재할 수 없다.

59 Diamond, 1997; Earle, 1997; Flannery and Marcus, 2012; Johnson and Earle, 2000; Marcus and Flannery, 2004. 단일한 족장 씨족 내에서 경쟁하는 엘리트 혈족들 때문에 대다수 족장사회에는 고유한 불안정성을 가지고 있으며, 이는 전쟁의 위험에 의해 완화된다(Chacon et al., 2015). 언젠가는 족장에게 딸만 있거나 쌍둥이 아들만 있는 경우가 생기고, 혹은 장남이 무능해서 많은 사랑과 존경을 받는 둘째 아들과 대비되는 일이 생긴다.

60 Carneiro, 1967; Fukuyama, 2011; Goldman, 1970; Kirch, 1984, 2010. 이 과정을 통해 각기 다른 씨족과 마을이 여러 다른 활동을 전문적으로 분담하는 분업이 발전한다. 서열이 높은 씨족은 사제를 공급하고, 다른 씨족은 전사를 공급한다. 강이나 바다 근처에 사는 씨족은 엘리트들에게 카누나 물고기를 공물로 내야 한다. 카스트로 발전할 수 있는 이런 세습 직업들은 경제 전문화의 이득을 일부 제공하며 족장사회 내에서 상호 독립감을 창출한다(Goldman, 1970; Henrich and Boyd, 2008). 12장을 보라.

61 계층화는 다양한 방식으로 등장할 수 있지만, 간단한 방식 중 하나는 아바팁 같은 단일한 통혼 공동체가 자신들과 통혼하지 않는 주변의 종족 집단을 정복해서 종속시키는 것이다. 이로써 아바팁 공동체 전체가 정복당한 이들에게서 공물을 거둬들이는 상위 계층이 된다.

62 Marcus, 2008; Redmond and Spencer, 2012; Spencer, 2010; Turchin, 2015; Turchin et al., 2017.

63 Earle, 1997; Flannery, 2009; Flannery and Marcus, 2012; Marcus, 2008; Redmond and Spencer, 2012; Spencer and Redmond, 2001.

64 Bondarenko, 2014; Bondarenko and Korotayev, 2003; Fried, 1970. '어느 정도는 능력주의에 근거'했다는 말은 이런 의미다. 중국 서주 시대에는 임명직 관리의 절반 이상이 친족과 무관했다. 잉카 제국은 제국이 확장된 뒤 12개 엘리트 씨족 성원을 넘어서서 국가기구 인력 충원이 이루어졌다(Chacon et al., 2015).

65 Eisenstadt, 2016; Flannery, 2009; Gluckman, 1940.

66 Bondarenko, 2014; Bondarenko and Korotayev, 2003; Kirch, 1984, 2010. 통계적으로 보면, 사회의 규모가 커져서 족장사회가 됨에 따라 친족 기반 제도가 강화된다. 하지만 국가로의 이행은 대개 이런 강도의 쇠퇴를 가져온다. 여기서 나는 Kirch(2010)를 따라 18세기 하와이에서 '국가들'의 존재를 검토한다. 다른 이들은 하와이의 정치체들은 19세기까지 특히 복잡한 족장사회였다고 주장한 바 있다(가령 Johnson and Earle, 2000). 하지만 내가 설명한 것처럼, '족장사회'와 '국가'의 경계선은 모호하다. 친족에 기반한 친족적 형태의 조직에 도전하는 사회의 제도에 근거한 자의적인 구분에 의존하기 때문이다.

67 Berman, 1983.

68 Carneiro, 1970, 1988; Johnson and Earle, 2000; Richerson et al., 2016.

69 Diamond, 1997; Diamond, 2005; Flannery and Marcus, 2012; Morris, 2014; Turchin, 2005, 2010, 2015; Turchin et al., 2013.

Chapter 4 종교의 토대 위에 세워진 문화와 심리의 공동체

1 Shariff and Norenzayan, 2007. 이 문장 순서 정리 문제는 사실 좀 더 복잡하고 들어맞지 않는 단어를 포함시키기도 했지만, 여기서는 설명을 위해 단순하게 보여주었다.

2 이것이 2번 연구(Study 2)다(Shariff and Norenzayan, 2007). 1번 연구(Study 1)에서 나타난 효과는 훨씬 크다. 참가자들이 순서 맞추기 문제에서 신과 관련된 점화 자극(prime)을 눈치 채고 연구자들

을 만족시키려고 했다고 걱정하는 사람이 있을지 모른다. 하지만 이는 두 가지 이유 때문에 가능하지 않다. 첫째, 문제를 푸는 방식 때문에 참가자들은 실험 진행자들이 자신이 얼마나 많은 돈을 주는지 알지 못한다고 믿었다. 둘째, 순서 맞추기 문제에서 이상한 단어가 있다는 걸 눈치 챘는지 물었을 때 거의 누구도 종교나 신에 관한 언급을 하지 않았다. 하지만 사람들의 실제 행동은 다른 이야기를 한다. 무의식적인 정신 작용은 문장 순서 문제에서 뭔가를 눈치 챘고 그에 따라 반응했다.

3   Shariff et al., 2016.

4   이 실험의 데이터를 제공한 아짐 샤리프에게 감사한다(Shariff and Norenzayan, 2007). 하지만 표본 크기가 작기 때문에 항상 아주 확실하게 측정되는 것은 아님을 유념할 것. 하지만 전반적인 양상은 다른 연구들과 일치한다(Everett, Haque, and Rand, 2016; Rand, Dreber et al., 2014).

5   Duhaime, 2015.

6   기도 시간을 알리는 소리가 무슬림들에게 미치는 영향은 연구실에서도 확인된 바 있다. 이 소리에 노출되면 수학 시험에서 컨닝하는 비율이 47퍼센트에서 32퍼센트로 줄어들었다(Aveyard, 2014).

7   Edelman, 2009; Malhotra, 2010. 엄밀히 따지면, 이 데이터는 사람들이 언제 온라인으로 포르노를 구매하는지만 보여준다. 나는 사람들이 바로 시청한다고 가정했다.

8   Henrich, 2009; Sperber et al., 2010.

9   Gervais, 2011; Gervais and Henrich, 2010; McNamara et al., 2019a; Norenzayan, Gervais, and Trzesniewski, 2012; Willard, Cingl, and Norenzayan, 2020; Willard and Norenzayan, 2013.

10   Chudek et al., 2017; Willard et al., 2019. 고대 중국인, 또는 더 일반적으로 '동양' 사람들에게는 마음-몸 이원론이 없다는 주장이 흔히 제기된다. 하지만 질적, 양적인 역사적 증거는 이런 견해가 거짓임을 보여준다(Goldin, 2015; Slingerland and Chudek, 2011; Slingerland et al., 2018).

11   Atran and Norenzayan, 2004; Boyer, 2001, 2003. 우리가 (원칙적으로) 가질 수 있는 많은 초자연적 믿음이 어떤 사회에서도 발전하지 않는다. 가령 겨울에는 마음만 있고 여름에는 몸만 있는 신의 사례는 보이지 않는다.

12   의례에 대해서도 똑같은 논리가 적용된다(Legare and Souza, 2012, 2014).

13   Barnes, 2010; Boehm, 2008; Murdock, 1934, 185쪽; Radcliffe-Brown, 1964, 152쪽; Willard and Norenzayan, 2013; Wright, 2009.

14   Murdock, 1934, 253쪽; Radcliffe-Brown, 1964, 168쪽; Wright, 2009. 때로는 우발적인 사고가 있었다. 안다만 제도인들은 물에 빠져 죽는 사람은 물속에서 바다 혼령으로 산다고 말했다. 그렇지 않으면 죽은 이의 유령에게 숲을 배회하는 운명이 주어졌다. 살아 있을 때 사회적으로 의미 있는 행동과 내세의 삶의 질 사이의 우발적인 관련성은 존재하지 않았다.

15   Lee, 2003; Marshall, 1962. 가장 규모가 작은 사회의 신들은 사람과 흡사하기 때문에 때로 도덕에 관심을 갖기도 하는데, 대개 씨족 내에서 공유하는 것 같은 국지적인 영역에 관심이 있다(Purzycki et al., 2019; Singh and Henrich, 2019).

16   Blume, 2009; Norenzayan et al., 2016a, 2016b; Strassmann et al., 2012. 또한 신이 신자들의 빠른 재생산에 유리한 한편 재생산과 무관한 모든 형태의 성적 활동(가령 구강 성교, 콘돔, 동성애)을 금기시하도록 진화한다고 생각할 만한 이유가 있다. 낯선 사람에 대한 대우나 간통 회피와 달리, 우리는 집단 간 경쟁이 본능적으로 쉬운 행동에 대한 신의 관심을 확산시킬 것이라고 예상하지 않는다. 예를 들어, 신은 어머니들에게 아기를 사랑하라거나 남자들에게 섹스에 관해 더 자주 생각하라고 명령할 필요가 없다.

17   마크 콜라드(Mark Collard) 또한 초기 모임에 몇 차례 참여했다. 나중에 인류학자 벤 퍼지츠키(Ben

Purzycki)와 종교학자 마틴 랭(Martin Lang)이 우리의 비교문화 연구에 중심적 역할을 했다.

18 Lang et al., 2019; Purzycki et al., 2016; Purzycki et al., 2017.

19 Purzycki et al., 2016에서 가져온 데이터.

20 우리는 또한 충실한 신자에게 상을 주는 신의 의지에 관한 사람들의 믿음도 평가했는데, 이 믿음은 낯선 이에게 불리한 편향에 아무 영향도 미치지 않는다는 것을 발견했다. 기독교의 현대적 변형물에서 다정한 하느님에 집착하는 사실을 감안하면, 어떤 이들은 이런 결과가 당혹스러울지 모르겠다. 하지만 왜 이런 일이 생기는지 어렵지 않게 알 수 있다. 첫째, 벌에 의지하는 것은 신이 많은 일을 할 필요가 없음을 의미한다. 즉 사람들은 벌이 두려워서 스스로 바르게 행동한다. 하지만 상은 이야기가 다르다. 상으로 바른 행동을 유지하려면, 사람들에게 끊임없이 당근(상)을 주어야 한다. 그러려면 신들이 더 많이 활동해야 하는데, 실제로 신이 존재하지 않는 경우에는 문제가 된다. 둘째, 심리학적 연구는 사람들이 잠재적 이득보다는 손실이나 손실의 위험에 더 강하게 반응한다는 것을 시사한다. 즉, 채찍이 당근보다 강하다. 속임수에 관한 다른 연구도 비슷한 양상을 보여준다. 더 자애로운 하느님을 믿는다고 말하는 기독교인들은 벌하는 하느님을 믿는다고 말하는 기독교인보다 수학 시험에서 속임수를 쓸 가능성이 더 높았다. 신이 주는 상이 아무 역할도 하지 않는다는 말이 아니라, 단지 문화적 진화가 왜 주로 벌에 초점을 맞춰야 하는지를 보여줄 뿐이다. 상은 보기 드문 사람들의 비범한 행동을 위해 남겨두어야 하는 것 같다(Norenzayan et al., 2016a, 2016b; Shariff and Norenzayan, 2011).

21 Lang et al., 2019. 앞에서 본 점화 자극 연구와 달리, 여기서 우리는 두 실험의 감시와 처벌 지수와 할당 사이의 상관관계를 보여주었을 뿐이다. 이런 상관관계를 보여준다고 해서 사람들의 초자연적 믿음이 경제적 결정에 영향을 미친다는 것을 결정적으로 증명하지는 않는다. 가령 더 공정한 사람들이 벌하는 신에 대한 믿음에 더 끌리는 것일 수도 있다. 하지만 우리의 연구 결과를 자세히 분석해보면, 이런 관계를 초자연적 믿음이 사람들로 하여금 더 친사회적으로 행동하도록 유도한다는 것 이외에 다른 원인으로 설명하기는 쉽지 않다. 우리의 분석은 우리의 연구 결과가 우리가 연구한 공동체 사이의 차이나 교육이나 경제적 요인에서 비롯된 것이 아님을 보여준다.

22 우리는 또한 비교문화 연구에서 점화 자극 실험도 수행했다. 이런 실험은 사람들이 정규 교육을 거의 받지 않은 까닭에 실험을 이해하려면 집중해야 하는 외딴 현지조사 장소에서 진행하기가 어렵다. 집중을 해야 하면 점화 자극의 효과가 약해지기 십상이다. 그럼에도 불구하고 우리는 '큰 신'과 '지역 신'의 영향을 크게 대비시키는 일정한 점화 자극 효과를 관찰했다. 하지만 우리는 때로 점화 자극이 아무런 영향을 미치지 않는 경우도 보았다. 따라서 어떻게 해석해야 할지가 분명하지 않다. 이런 암시 단어가 사람들에게 영향을 미치지 않는지, 또는 실험 과정의 어떤 문제 때문에 점화 자극이 효과가 없는 것인지 구분할 수 없기 때문이다(Lang et al., 2019).

23 이 장 서두에서 이야기한 점화 자극 연구를 바탕으로 한 작업은 초자연적 처벌의 중심성을 보여준다. 두 실험(Yilmaz and Bahçekapili, 2016)에서 튀르키예 무슬림들을 세 집단으로 나눈 뒤 (1) 초자연적 처벌, (2) 전혀 벌하지 않는 종교, (3) 중립적인(종교와 무관한) 암시 단어를 점화 자극으로 제시했다. 첫 번째 연구에서는 아짐과 아라가 개발한 문장 순서 정리하기 문제를 약간 바꿔서 사용했고, 두 번째 연구에서는 코란에서 고른 구절을 사용했다. 문제를 푼 뒤 참가자들에게 자선 기부나 헌혈을 할 의사가 있는지 물었다. 중립적인 점화 단어와 비교해서, 벌하는 신을 암시받은 무슬림들은 친사회적 성향이 60~100퍼센트 높아졌다. 중립적이거나 자애로운 종교 요소를 암시받은 이들은 친사회적 성향이 겨우 20~50퍼센트 높아졌다.

24 Atran, 2002; Diamond, 1997; Munson et al., 2014; Rubin, 2017; Smith, 1917; Wright, 2009. 스미스는 악바르가 창시한 '신의 종교(Divine Faith)'의 저명한 신자 수가 18명이었다고 말한다.

25 Norenzayan et al., 2016a, 2016b. 종교가 가해를 부추기는 역량이 있음을 보여주는 간단한 실험으로

는 Bushman (2007)을 보라.

26 Handy, 1941; Hogbin, 1934; Lindstrom, 1990; Williamson, 1937. 이를 검토하기 위해 심리학자 리타 맥나마라(Rita McNamara)와 나는 피지의 야사와섬에 사는 마을 사람들을 연구했다. 야사와 사람들은 기독교의 하느님과 전통적 조상신을 두루 아우르는 혼합적인 종교 신앙을 갖고 있다. 무작위 할당 게임을 하는 동안 우리는 참가자들에게 (1) 예수 (2) 조상신 (3) 꽃이라는 무의식적 점화 자극을 제시했다. 그 결과, 조상신의 암시를 받은 이들은 멀리 떨어진 낯선 이보다 자기 공동체 성원에게 더 많은 것을 할당하는 쪽으로 이동했다. 즉 동료 씨족 성원들에 대한 편애가 높아졌다. 이 인구 집단의 조상신은 오직 현지 공동체에만 관심이 있기 때문에 당연한 결과다(McNamara and Henrich, 2018). Hadnes and Schumacher, 2012도 보라.

27 Whitehouse et al. (2019)는 사회의 규모가 확대된 뒤 훈계하는 신에 대한 믿음이 더 복잡한 사회의 붕괴를 억제할 수 있음을 보여줌으로써 여기서 제시한 견해를 부분적으로 뒷받침한다. 하지만 저자들은 자신들의 데이터가 훈계하는 신이 규모 확대 과정을 촉진한다는 견해를 뒷받침하지는 않는다고 주장하며 단지 복잡한 사회의 안정을 촉진할 뿐이라고 말한다. 유감스럽게도 그들의 분석에는 심각한 오류가 있다. 예를 들어, 저자들은 여러 사회와 세기에서 빠진 데이터(데이터의 60퍼센트가 빠져 있다)의 많은 양을 훈계하는 신의 부재를 보여주는 증거로 뒤바꾼다. 다시 말해, 그들은 증거 부재가 훈계하는 신이 존재하지 않음을 보여주는 증거라고 공공연하게 가정하는 고전적인 오류를 범한다. 이 빠진 데이터를 적절하게 다루면 그들의 주요한 주장이 타당성을 잃는다(Beheim et al., 2019). 통계학 교과서가 이런 데이터를 다루는 법에 관해서는 McElreath (2020)을 보라. 화이트하우스 등이 다루는 데이터의 질에 관해서도 중요한 우려가 제기된다(Slingerland et al., 곧 나옴).

28 Diamond, 1997; Goldman, 1958; Watts et al., 2015. 40퍼센트는 Watts et al. (2015)에서 나오지만, 단위 시간당 속도에 맞춰 계산된 게 아니다. 그 대신 오스트로네시아라는 나무에서 언어 분화가 이루어지는 확률이 40퍼센트라는 것이다. 원(原)오스트로네시아 인구 집단과 말단부 인구 집단들 사이에 평균 분화한 수는 15.9다. 5,000년 동안 팽창이 지속된 것을 근거로, 우리는 평균 315년 정도마다 분화가 이루어졌음을 알 수 있다.

29 Hogbin, 1934, 263쪽; Turner, 1859; Williamson, 1937, 251쪽; Wright, 2009, 57쪽.

30 Goldman, 1955, 1970; Kelekna, 1998; Kirch, 1984, 2010; Wright, 2009. 통가의 족장들은 자기 자식을 희생시켜야 했는데, 대개 두 번째 부인이 낳은 자식이 희생되었다.

31 Williamson, 1937; Wright, 2009, 55~56쪽.

32 Handy, 1927, 78쪽.

33 Aubet, 2013; Collins, 1994; Leick, 1991; Wright, 2009. 폴리네시아에도 간통과 도둑질의 신이 있었다(Williamson, 1937, 19쪽).

34 고대 메소포타미아 신들에 대한 전반적인 설명으로는 oracc.museum.upenn.edu/amgg/listofdeities를 보라. 바빌로니아에서 샤마시에게 바치는 한 찬가는 상인들이 무게와 길이를 속여서는 안 된다고 분명히 말한다. 이런 정서는 나중에 구약 잠언 11장 1절에서 그대로 되풀이된다. "속이는 저울은 주님께서 미워하셔도, 정확한 저울추는 주님께서 기뻐하신다"(Aubet, 2013).

35 Aubet, 2013; Leick, 1991; Rauh, 1993.

36 Mikalson, 2010. 신들은 또한 변변치 못한 사람보다 훌륭한 사람이 바치는 희생물과 기도를 더 진지하게 받아들인다고 여겨졌다(Rives, 2006).

37 Mikalson, 2010; Norenzayan et al., 2016a, 2016b. 모리스 실버Morris Silver는 《고대의 경제 구조 (Economic Structures of Antiquity)》(1995, 5쪽)를 경제 거래에서 신이 중심적인 역할을 맡았다는 이

야기로 시작한다. "신들이 수행하는 경제적 역할은 정직한 사업 관행의 보호자라는 기능에서 중요한 표현을 발견했다." 신들은 맹세를 어기는 당사자뿐만 아니라 음흉한 사업 관행과 기만적인 판매 수법을 신고하지 않은 이들도 벌했다. 이는 이른바 '2차 무임승차자 문제'를 해결하는 데 도움이 된다.

38 Rives, 2006, 50~52, 105~131쪽.

39 Rauh, 1993. 파우사니아스 인용문의 출처는 Kemezis and Maher (2015, 317쪽)이다.

40 McNeill, 1991; O'Grady, 2013; Rives, 2006. 몇몇 보편 종교는 신자들에게 강력한 역할 모델을 제공할 수 있는 신의 현현인 (예수, 석가모니 등) '인간-신' 개념을 발전시켰다. 학자들은 오랫동안 석가모니가 신이라는 관념을 놓고 논쟁했다. 하지만 현지 사람들이 석가모니에 관해 어떻게 생각하고 말하는지에 초점을 맞추는 최근의 연구는 석가모니가 신임을 보여준다(Purzycki and Holland, 2019). 이 책의 논의에서는 이것이 중요한 문제다.

41 Gier and Kjellberg, 2004; Harper, 2013; McCleary, 2007; McNeill, 1991. 도덕적 보편주의에 대한 각기 다른 두 접근법은 흥미롭다. 한편에서는 유일신이 도덕의 원천이고, 다른 한편에서는 신들이 우주의 도덕률에 종속되기 때문이다.

42 Barro and McCleary, 2003; McCleary and Barro, 2006. 이 저자들은 또한 도구변수 접근법을 활용해서 내세 신앙이 경제 성장에 미치는 효과를 측정한다. 데이터를 제공해준 로버트 바로와 레이철 맥클리어리에게 감사한다. Tu, Bulte, and Tan, 2011도 보라.

43 종교적 믿음과 관행의 어떤 특정한 묶음이 한 인구 집단의 경제 생산성에 미치는 순(純)효과를 평가하는 것은 쉽지 않다. 정해지지 않은 내세에 대한 믿음이 고된 노동과 사회적 연계 확대를 부추김으로써 경제 성장을 자극하는 듯 보이지만, 의례 참여 자체가 생산성에 장애물이 될 수도 있다. 독실한 사람들은 비경제 활동에 더 많은 시간과 돈을 투자하기 때문이다. 하지만 아래에서도 이야기하듯이, 의례는 신앙을 불어넣는 데 결정적으로 중요하다. 즉 의례가 없이는 정해지지 않은 내세에 대한 믿음이 확산되거나 흔하게 유지되지 않는다(Willard and Cingl, 2017). 따라서 집단 간 경쟁은 가장 '본전은 뽑을 만한 물건', 다시 말해 의례와 기도 시간을 최소한으로 투입해서 신심이 깊고 규율이 잡힌 사도를 가장 효율적으로 길러내는 의례 형태를 선호하는 경향이 있다. 또한 경제적으로 가장 생산적인 곳에서 의례와 기도에 할애되는 시간이 감소하는 경향이 있다.

44 Shariff and Rhemtulla, 2012. 이런 연구 결과는 신과 지옥/천국을 더 강하게 믿을수록 탈세나 대중교통 무임승차, 장물 구입, 그밖에 11개 공공재에 대한 언급 회피를 정당화하는 성향이 약하다는 것을 보여주는 전 세계적 조사연구 분석이 이런 사실을 뒷받침한다(Atkinson and Bourrat, 2011). 나는 여러 가지 분명한 이유 때문에 천국에 대한 관념이 지옥에 비해 과연 심리적으로 매우 매력적인지 의심이 든다. 따라서 집단 간 경쟁이 약해질 때 지옥에 대한 믿음도 자연스럽게 줄어드는 반면, 천국 관념은 흔하게 유지된다. 집단 간 경쟁이 격렬해지면 지옥 관념이 확산된다. 천국에 대한 믿음이 집단 간 경쟁에서 더 큰 성공을 거두는 데 유리하기 때문이다. '큰 신'은 커다란 채찍이 필요하다. 범죄와 종교의 연관성에 관한 다른 관련된 분석으로는 Baier and Wright, 2001; Kerley et al., 2011; Stark and Hirschi, 1969 등을 보라.

45 Alquist, Ainsworth, and Baumeister, 2013; Baumeister, Masicampo, and Dewall, 2009; Genschow, Rigoni, and Brass, 2017; Martin, Rigoni, and Vohs, 2017; Protzko, Ouimette, and Schooler, 2016; Rigoni et al., 2012; Shariff et al., 2014; Srinivasan et al., 2016; Stillman and Baumeister, 2010; Vohs and Schooler, 2008. 뚜렷한 결론이 쉽게 나오지는 않지만, 이런 연구는 더 자세히 살펴볼 필요가 있다. 이 연구를 그대로 반복하려 한 몇몇 시도는 실패로 돌아갔다(Giner-Sorolla, Embley, and Johnson, 2017; Post and Zwaan, 2014). 게다가 극기와 자유의지의 연관성에 관해 어린이를 대상으로 한 연구는 미국인들 사이에서 이런 양상을 폭넓게 나타나지만, 싱가포르나 중국, 페루의 어린이들에게

서는 동일한 양상이 나타나지 않는다(Chernyak et al., 2013; Kushnir, 2018; Wente et al., 2016; Wente et al., 2020). WEIRD 이외의 많은 인구 집단에서는 자유의지가 사람들로 하여금 자신의 욕망을 극복하고 (개인적 기준이 아닌) 사회 규범에 순응하거나 내집단에 동조하게 만드는 심리를 촉진할 수 있다.

46 Inglehart and Baker, 2000; Rai and Holyoak, 2013; Young and Durwin, 2013. 종종 '도덕적 보편주의' 대신 '도덕적 현실주의'라고 지칭하기도 한다. 나는 원치 않는 철학적 부담이 개입되는 것을 피하기 위해 표현을 바꾸었다. 나는 사람들이 실제로 무엇을 믿는지, 그리고 그 믿음이 행동에 어떤 영향을 미치는지에 관심이 있다.

47 Atkinson and Whitehouse, 2011; Norenzayan et al., 2016a; Whitehouse, 2000, 2004. Whitehouse(1995)는 '심상적' 의례와 '교의적' 의례를 처음으로 구분했다. Norenzayan et al. (2016a)는 이런 관찰을 종교에 대한 더 광범위한 문화진화론적 접근법에 통합했다. 문자 체계의 진화는 신성한 문서의 창조를 통해 여기서 중요한 역할을 한다.

48 Henrich, 2009, 2016; Kraft-Todd et al., 2018; Lanman and Buhrmester, 2017; Tenney et al., 2011; Wildman and Sosis, 2011; Willard, Henrich, and Norenzayan, 2016; Xygalatas et al., 2013; Singh and Henrich, 2019b.

49 성당, 절, 무덤 같은 종교 건축물 또한 우리의 '신뢰성을 높이는 보여주기'에 대한 의존을 활용할 수 있다. 공동체가 도로나 다리, 운하, 제분소, 저수지 대신 거대한 성당에 그렇게 많은 부를 지출하는 이유는 진정한 믿음 말고는 달리 상상하기가 어렵기 때문이다.

50 Lanman, 2012; Willard and Cingl, 2017.

51 Baumeister, Bauer, and Lloyd, 2010; Carter et al., 2011; McCullough and Willoughby, 2009; Wood, 2017. 수많은 심리학 연구와 마찬가지로, 이 연구 결과도 주로 WEIRD에게서 나온다. 하지만 종교 관련 데이터와 결합된 전 세계적 인내심 측정치를 보면, 이런 효과가 WEIRD를 넘어서 일반적으로 나타난다는 것을 알 수 있다(Dohmen et al., 2015; Falk et al., 2018).

52 Aubet, 2013; Ekelund et al., 1996; Ginges, Hansen, and Norenzayan, 2009; Guiso, Sapienza, and Zingales, 2009; Hawk, 2015; Jha, 2013; Johnson and Koyama, 2017; Lewer and Van den Berg, 2007; Rauh, 1993; Watson-Jones and Legare, 2016; Wen et al., 2015.

53 2010년 세계 인구의 75퍼센트 이상이 기독교(31.5퍼센트), 이슬람(23.2퍼센트), 힌두교(15퍼센트), 불교(7.1퍼센트)를 믿는 것으로 확인되었다. 세계종교가 아닌 다른 종교를 믿는 숫자는 세계 인구의 5.9퍼센트에 불과하다. 세계종교의 가장 큰 경쟁 상대는 전통 종교가 아니라 '무교'라고 분류되는 사람들이다. 유감스럽게도, 이 범주는 우리에게 많은 것을 알려주지 않는다. 중국인이 압도적으로 많으며(중국에서는 '종교'가 오랫동안 정치적으로 민감한 문제였다), 유럽과 북미의 진짜 무신론자들도 포함되기 때문이다. 세계 주요 종교들 가운데 일부는 현재 중국에서 빠르게 확산되는 것으로 보인다: www.pewforum.org/2012/12/18/global-religious-landscape-exec.

Chapter 5 교회, 유럽의 가족 제도를 개조하다

1 여기서 나는 미국의 친족관계를 언급하고 있지만(Schneider and Homans, 1955), 기본 양상은 WEIRD 인구 집단 전체에 걸쳐 꽤 광범위하게 적용된다. 영국의 친족 관계에 관한 논의로는 Strathern, 1992를 보라. 친족 관계와 국가에 관한 논의로는 Fukuyama, 2011; Murdock, 1949 등을 보라.

2 여기서 나는 D-PLACE.org에 있는 '장소·언어·문화·환경 데이터베이스(Database of Places, Language,

Culture, and Environment)'라는 이름의 '민족지 도해' 확장판을 이용했다(Kirby et al., 2016). 주류 문화인류학자들은 오래 전부터 이 '도해'를 비판해왔다. 이런 우려를 바로잡기 위해 내 연구실은 '민족지 도해'의 데이터와 21세기 조사연구에서 나온 해당 데이터의 관계를 검토했다. 일부 인류학자들이 주장한 것처럼 만약 '민족지 도해'가 '도표로 정리한 헛소리'라면(Leach, 1964, 299쪽), 각각의 근거와 데이터의 연관성이 발견되지 않아야 한다. 하지만 경제학자 앵크 베커(Anke Becker)가 진두지휘한 우리의 분석을 보면, 시간을 뛰어넘어 문화적 관행의 놀라운 정도의 지속성이 드러난다. '민족지 도해'에 실린 데이터는 한 세기 뒤 동일한 종족 집단 성원들을 대상으로 진행한 조사 응답을 정확히 예측한다(Bahrami-Rad, Becker, and Henrich, 2017). 물론 그렇다고 해서 '민족지 도해'에 중요한 비판거리가 없다거나 더 나은 데이터베이스를 구축할 필요가 없다는 이야기는 아니다. 하지만 문화인류학과 인접 분야에서 발견되는, '민족지 도해'를 간단히 무시하는 태도는 과학적 훈련의 부족, 수량화에 대한 혐오, 통계에 대한 무지를 반영한다.

3 <그림 5.1>은 아마 몇 가지 이유에서 WEIRD의 친족 관계가 얼마나 유별난지를 과소평가하는 것 같다. 첫째, 나는 씨족의 존재나 독특한 친족 관계 용어법 같은 몇 가지 핵심 특성을 포함시키지 않았는데, 이것들을 포함할 경우 WEIRD 인구 집단들이 더욱 동떨어진 존재가 될 것이다. 둘째, 부모 양가계 같은 관행이 표면적으로는 다른 집단에서 나타나는 양상과 비슷하게 '보일' 때에도, 이런 분석은 여전히 비WEIRD 공동체들이 개인적 안전, 경제적 번영, 결혼 가능성, 사회적 정체성에 필수적인 친족 기반 제도에 얼마나 얽혀 있는지를 놓치고 있다. 가령 WEIRD와 주호안시족 수렵채집인은 둘 다 부모 양쪽 출계를 추적한다. 하지만 WEIRD와 달리 주호안시족은 친족 관계의 측면에서 세계를 사고하며, 낯선 이를 자신들의 친족 관계망에 통합하기 위한 방법을 갖고 있다. 그렇지 않으면, 다시 말해 새로 온 사람을 자신들의 친족 관계망에 집어넣지 않으면, 그 사람을 어떻게 대해야 할지 알지 못한다. 셋째, 1500년 이후 가톨릭 선교사들이 지구 곳곳으로 퍼져나가면서 곧바로 발견하는 모든 사람들에게 가톨릭 혼인을 강제하려고 했다. 즉 일부다처제나 사촌 간 결혼 같은 관행을 억누르려고 했다. 어떤 경우에 선교사들은 인류학자들이 당도해서 기록을 남기기도 전에 가족 구조를 바꿔놓았다. 가령 미국 서남부의 푸에블로 테와족(Tewa)은 17세기에 시작된 선교 이전에 부계 씨족 기반 조직을 갖고 있었던 것으로 보인다(Murdock, 1949). 1900년 무렵 연구자들이 이 집단의 친족 구조를 자세히 기록하는 시점에서 테와족의 친족 관계는 WEIRD의 양상에 맞게 변형된 상태였다. 다만 전통적인 종교적 믿음은 여전히 대부분 보유하고 있었다. 마지막으로, 이런 친족 관계 특성을 부호화하는 것은 투박할 수밖에 없다. 가령 고대 이집트인들은 '일부일처제'로 부호화된다. 하지만 고대 이집트의 하층민들에게는 일부일처제가 강제된 반면, 엘리트 남성들은 일부다처제를 계속 유지했다(Scheidel, 2009a, 2009b).

4 Bittles, 1998, 2001; Bittles and Black, 2010. 중국의 친족관계에 관해서는 Baker (1979)를 보라.

5 이 데이터는 조너선 슐츠Jonathan Schulz가 앨런 비틀스와 동료들이 수집한 데이터를 보강해서 집계한 것이다(Bittles, 1998; Bittles and Black, 2010).

6 Ember, 1967; Hoff and Sen, 2016; Shenk, Towner, Voss, and Alam, 2016.

7 Berman, 1983; Fukuyama, 2011; Gluckman, 2006; Greif, 2006a, 2006c; Greif and Tabellini, 2010; Marshall, 1959.

8 기독교인의 85~90퍼센트가 자신들의 문화적 혈통을 서방 교회에서 찾는다는 추정치는 퓨리서치의 조사(www.pewforum.org/2011/12/19/global-christianity-exec)와 위키피디아(en.wikipedia.org/wiki/List_of_Christian_denominations_by_number_of_members#Catholic_Church_%E2%80%93_1.285_billion)에서 가져온 것이다.

9 Mitterauer and Chapple, 2010. 인도, 중국, 페르시아에서 네스토리우스 교회와 동방 교회의 선교사들은 다른 보편 종교, 정교한 철학적 비전, 빈틈없는 구원 제의 등과 경쟁해야 했다. 이런 오래된 차

이는 근대 기독교 선교회가 이미 이슬람을 주입받은 아프리카인들을 기독교로 개종시키는 것에 비해 전통적인 신앙 체계를 믿는 아프리카인들을 개종시키는 데 성공한 것과 상대적으로 비슷하다(Kudo, 2014).

10 Goody, 1983; Mitterauer and Chapple, 2010; Ubl, 2008. 여기서 나는 잭 구디(Jack Goody) 같은 인류학자들, 애브너 그리프(Avner Grief) 같은 경제학자들, 미하엘 미테라우어(Michael Mitterauer)와 카를 우블(Karl Ubl) 같은 역사학자들이 먼저 걸은 길을 따르고 있다.

11 Amorim et al., 2018; Anderson, 1956; Ausenda, 1999; Berman, 1983; Burguiere et al., 1996; Charles-Edwards, 1972; Goody, 1983; Greif, 2006a, 2006c; Greif and Tabellini, 2010; Heather, 1999; Herlihy, 1985; Karras, 1990; Loyn, 1974, 1991; Mitterauer and Chapple, 2010; Ross, 1985; Tabellini, 2010.

12 Anderson, 1956.

13 초기 유럽의 법전들은 대개 친족 집단 간 관계를 규제하면서 종종 살인, 상해, 재산 손괴에 대해 친족 집단끼리 얼마나 많은 현금 보상을 해야 하는지를 자세히 규정하기 때문에 특히 유익하다. 대개 벌금은 고의인지 우발적인지와 상관없이 액수가 같았다. 본의가 아닌 경우를 포함해서 살인의 경우에는 한 친족 집단의 성원들이 직접 관여하지 않았다 하더라도 상대 친족 집단에게 'wergild'라는 이름의 보상금을 지불해야 했다. 또한 복수를 비롯한 친족 기반 책임이 분명했다. 에스파냐에서는 피살자와 고조부가 같은 친척(8촌)이라면 살인에 대해 복수를 하는 게 합법이었다. 보상에 관한 이런 법률은 이례적인 게 아니며, 뉴기니에서 아프리카에 이르기까지, 20세기의 여러 다양한 사회에서 발견할 수 있다(Berman, 1983; Diamond, 2012b; Glick, 1979; Gluckman, 1972a, 1972b; Goody, 1983; Greif, 2006a, 2006c; Grierson, 1903; Kroeber, 1925; Curtin et al., 2019).

14 Anderson, 1956; Berman, 1983; Charles-Edwards, 1972; Goody, 1983; Greif, 2006a, 2006c; Heather, 1999; Herlihy, 1985; Karras, 1990; Mitterauer and Chapple, 2010; Ross, 1985. 문헌에서 후처는 보통 '첩(concubine)'이라고 불린다. '첩'이라는 용어의 용법이 다양하기 때문에 '후처'라는 용어를 사용하기로 한다.

15 Brundage, 1987; Burguiere et al., 1996; Goody, 1990; Shaw and Saller, 1984. 쇼와 샐러는 제국 초기에 로마의 대부분 지역에서 귀족 집단의 사촌 간 결혼 비율이 낮았다는 증거를 제공한다. 두 사람은 유력한 집안들이 이제 막 제국에 진입하는 부유한 집안과 연결되며 더 많은 이득을 얻었을 것이라고 말한다. 하층 계급의 사촌 간 결혼에 관한 양적 데이터는 찾지 못했다.

16 수사들은 새로 개종한 왕에게 자신을 하느님에게 임명받은 보호자로 여기고 성문 법전을 만들 것을 권했는데, 이는 이후 일반적인 규정이 되었다. 성문법으로 편찬되는 내용에 영향을 미치려고 했던 것으로 보인다.

17 Berman, 1983; Brundage, 1987; Goody, 1983; Higham, 1997; Ross, 1985. 그레고리오 교황의 편지인 '답변서(Book of Replies)'가 진본인지에 관해 논란이 있다. 이 문제에 관한 최고의 연구는 카를 우블이 쓴 것인데, 그는 편지가 진본이라고 본다(D'Avray, 2012; Ubl, 2008). 사람들은 그레고리오가 성교를 하는 꿈을 꾼 뒤 영성체를 받아도 되느냐는 아우구스티누스의 질문에 대해 어떻게 답변했는지 궁금해할지 모른다. 그레고리오는 다음과 같이 답한다. "꿈을 꾼 사람이 몸을 깨끗이 씻어서 유혹의 불길을 끄기 전까지는 영성체를 받아서는 안 된다." 비드(Bede)가 쓴 《잉글랜드 교회사 Ecclesiastical History of England》(27장)에서 직접 그레고리오의 답변 번역문을 읽어도 된다(www.gutenberg.org/files/38326/38326-h/38326-h.html#toc71).

18 Brundage, 1987; Goody, 1983; Ross, 1985.

19 Brundage, 1987; Harper, 2013. 라틴어 '매춘부'에 관해서는 Brundage, 1987, 25쪽을 보라.

20 Lynch, 1986.

21 Goody, 1969; Silk, 1987. 기독교 이전 유럽 부족들의 입양 관행에 관해서는 Lynch, 1986, 180쪽을 보라.

22 Chapais, 2009; Fox, 1967; Goody, 1996; Korotayev, 2000, 2004.

23 중세사가 데이비드 헐리히(David Herlihy)는 이런 근친상간 금기를 연구한 결과 다음과 같이 말한다. "다른 어떤 사회도 그처럼 엄격하게 근친상간 금기를 적용한 사례가 없다"(Herlihy, 1990, 1쪽).

24 출처에 관해서는 <부록 A>를 보라.

25 엄밀히 말해서 이는 '파문'이었지만 그 파급력은 이후의 중세 교회에서와는 상당히 달랐다(Smith and Cheetham, 1880).

26 이와 같은 인척 결혼 금지는 1,000년 이상 지속되었다. 가령 영국에서는 20세기 초에야 의회가 '1907년 부인 사후 처제 혼인에 관한 법률(Deceased Wife's Sister's Marriage Act of 1907)'과 '1921년 형 사후 형수 혼인에 관한 법률(Deceased Brother's Widow's Marriage Act of 1921)'을 통해 교회법의 영향을 무효화했다. 오늘날 적어도 영국에서는 처제나 시동생과 결혼할 수 있지만 배우자가 사망한 뒤에야 가능하며, 여전히 일부다처혼은 불가능하다. 이 법은 18세기와 19세기에 전통적 엘리트들과 점점 늘어나는 매튜 볼턴(Matthew Boulton)과 같은 산업자본가 계급과 지식인들이 불법적인 친족 결혼, 특히 사망한 부인의 자매와 결혼을 하는 수가 늘면서 오랫동안 정치 캠페인이 이루어진 결과물이다(Kuper, 2010).

27 Goody, 1983; Mitterauer, 2015; Schulz et al., 2019; Smith and Cheetham, 1880; Ubl, 2008. 인척 관계는 결혼만이 아니라 성관계에 의해서도 생겼다. 따라서 엄밀하게 말해서 아버지나 형제, 자매와 성관계를 한 사람과는 결혼할 수 없었다.

28 이 양상에서 예외가 있다면, 근친상간에 대해 사형을 부과하려다가 실패한 로마의 기독교도 황제들이다.

29 Ekelund et al., 1996; Smith, 1972.

30 Ausenda, 1999; Heather, 1999; Miller, 2009. 랑고바르드족의 주장은 교황 그레고리오가 한 세기 전에 앵글로색슨족에 대해 제시한 친족 범위에 근거를 두었다. 하지만 신임 교황은 완강하게 거부했다. 교황은 이 기준은 얼마 전에야 기독교로 개종한 '야만족'과 관련된 특수한 상황이었다고 주장했다. 교회는 그들을 안심시켜서 기독교의 생활방식으로 끌어들이려고 했던 것이다. 이와 대조적으로, 이탈리아에 사는 랑고바르드족은 수백 년 동안 기독교인이었고, 다만 아리우스파에서 가톨릭으로 개종해야 했을 뿐이다. 다른 증거들은 관습적인 혼인 관행이 계속되고 있다고 불만을 토로하는 편지들에서 나온다. 가령 874년 교황 요한 7세는 머시아(잉글랜드) 왕에게 쓴 편지에서 남자들이 친족과 결혼을 한다고 불만을 표시했다(Goody, 1983, 162쪽).

31 Ekelund et al., 1996; Miller, 2009. 아이슬란드에서는 4차 라테란 공의회가 사촌 간 결혼에 대한 제약을 완화한 뒤, 재산의 10분의 1을 내면 사촌끼리 결혼할 수 있었다.

32 Anderson, 1956; Mitterauer and Chapple, 2010; Schulz, 2019.

33 Anderson, 1956, 29쪽.

34 Mitterauer, 2011, 2015.

35 Harper, 2013; Mitterauer, 2011, 2015; Smith and Cheetham, 1880.

36 Mitterauer, 2011, 2015.

37 Korotayev, 2004; Mitterauer, 2011, 2015; Smith and Cheetham, 1880; www.iranicaonline.org/articles/marriage-next-of-kin. 구약성서는 이 문제에 관해 분명한 입장을 보인다. "형제들이 함께 살다가, 그

가운데 한 사람이 아들이 없이 죽었을 때에, 그 죽은 사람의 아내는 다른 집안의 남자와 결혼하지 못합니다. 남편의 형제 한 사람이 그 여자에게 가서, 그 여자를 아내로 맞아, 그의 남편의 형제된 의무를 다해야 합니다"(《신명기》 25장 5~10절). 형제된 '의무'는 죽은 남편의 이름을 물려받도록, 즉 남편의 혈족을 이어가도록 여자를 수태시키는 것이었다. 마찬가지로, 신약성서에서 사두개인들은 모세가 수혼을 승인한 것을 활용해서 예수의 내세관을 깎아내리려고 한다. 사두개인들은 부활이 이루어지면 누가 여자의 남편이 되느냐고 예수에게 묻는다. 원래 남편인가, 아니면 형제가 차례대로 죽은 뒤에 결혼한 형제들 중 한 명인가(이야기 속에서 첫 번째 남편은 형제가 여섯이었다). 예수는 수혼에 근거하는 전제에 이의를 제기하거나 ('나라면 이렇게 했을 것이다'라며) 일처다부를 제안하는 식으로 대응할 수 있었을 것이다. 하지만 예수는 수혼을 받아들이고, 대신에 부활하면 결혼은 존재하지 않는다고 주장한다. 천국에 있는 천사들처럼 되기 때문이다. 중세 이집트에서 유대인과 콥트기독교인 모두 광범위한 사촌 간 결혼을 했다(Goody, 1983, 82쪽).

38 엄밀하게 따지면, 정교회의 금지는 로마 방식대로 9촌까지 확대되었다. 여자가 8촌의 아버지와 결혼하는 것은 금기였지만 8촌과 결혼하는 것은 금기가 아니었다(Ubl, 2008).

39 고대 후기 교회의 핵심 인물들이 실제로 가까운 친족과의 결혼이 사회와 건강에 미치는 영향에 관해 언급했다. 성 아우구스티누스가 말한 것처럼, "고대의 가부장들이 보기에, 친족의 결속이 세대를 계승하면서 점점 약해져서 결국 결속 자체가 없어지는 일이 없도록 보장하는 것은 종교적 의무의 문제였다. 그리하여 그들은 친족이 너무 멀어지기 전에 결혼 유대를 통해 이런 결속을 강화하고자 했으니, 말하자면 친족이 사라지는 순간에 다시 불러들였다. … 하지만 사촌 간 결혼이 금지된 가운데 현재의 상태가 더 훌륭하다는 것을 누가 의심하겠는가? 그리고 이는 단지 앞에서 이야기한 친족의 확대 때문이 아니다. 만약 한 사람이 두 사람 사이에 나눌 수 있는 이중적 관계에 있지 못하다면 가족 유대의 수가 그만큼 증가하기 때문이 아니다"(Augustine, 1998, 665~66쪽). 아우구스투스의 스승인 성 암브로시우스는 가까운 친척 사이에 태어난 아이들에게서 발견되는 건강상의 문제에 관해 언급한다(Ambrose, 1881). 하지만 이는 그가 선호하는 방침을 사후적으로 합리화하는 것처럼 느껴진다. 그의 진술은 먼 인척, 의붓 형제자매, 대부모까지 근친상간 금기를 확대하는 것을 정당화하지 못하기 때문이다. 수혼이나 의붓어머니(아버지가 사망한 뒤)와의 결혼의 경우에 사라진 결속이 자동적으로 대체된다. 하지만 훨씬 더 중요한 것은, 누구도 실제로 시행되는 교회의 방침을 정당화하는 과정에서 이 언급들을 이해하지 않았다는 것이다. 암브로시우스 자신도 어느 가장이 자기 아들을 이복누이의 딸과 결혼시키는 것을 말리려고 하면서 자녀의 건강이 아니라 신법을 언급한다(Ambrose, 1881, 351~54쪽).

현대의 친족간 결혼이 건강에 미치는 영향에 관해서는 Bittles and Black, 2010을 보라. 일부다처혼이 야기하는 사회적, 건강적 비용에 관한 연구로는 Barbieri et al., 2016; Henrich, Boyd, and Richerson, 2012; Kong et al., 2012 등을 보라.

물론 기독교는 탄탄한 가족 결속에 반발하는 확고한 성경의 근거를 제시한다. 예를 들어 《새 국제성경(New International Version)》 <마태복음> 12장 47~50절에서 예수는 이렇게 말한다. "어떤 사람이 예수께 와서 말하였다. "보십시오, 선생님의 어머니와 형제들이 선생님과 말을 하겠다고 바깥에 서 있습니다." 그 말을 전해준 사람에게 예수께서 말씀하셨다. "누가 나의 어머니이며, 누가 나의 형제들이냐?" 그리고 손을 내밀어 제자들을 가리키고서 말씀하셨다. "보아라, 나의 어머니와 나의 형제들이다. 하늘에 계신 내 아버지의 뜻을 따라 사는 사람이 곧 내 형제요 자매요 어머니이다." <마태복음> 10장 35~36절에 따르면, 예수는 또한 이렇게 말한다. "나는, 사람이 자기 아버지와 맞서게 하고, 딸이 자기 어머니와 맞서게 하고, 며느리가 자기 시어머니와 맞서게 하려고 왔다. 사람의 원수가 자기 집안 식구일 것이다" 하지만 이런 성경 구절에도 불구하고 콥트기독교나 네스토리우스파, 시리아 기독교는 '결혼 가족 강령'과 비슷한 것을 채택하지 않았다.

40 이런 관점에서 보면, 교회 지도자들이 어떤 동기를 갖고 있었는지는 중요하지 않다. 교회 지도자

들은 이시스 제의나 네스토리우스 기독교의 지도자들과 마찬가지로 깊은 종교적 확신에 근거해서 자신들의 믿음과 금지와 규정을 발전시켰을 것이다. 또는 일부는 자신이 부를 쌓기 위해 정치적 게임을 했을 수도 있다. 그건 중요하지 않다. 중요한 것은 이런 믿음과 규범이 다른 종교 및 제도와 경쟁하는 가운데 장기적으로 어떤 결과를 낳는가 하는 것이다. 물론 사실 몇몇 방침은 교회 좌석을 채우고, 돈통을 두둑하게 불리고, 주교의 토지를 넓혀준 경향이 있었던 한편 다른 방침은 '결혼 가족 강령'의 정식화에 기여하지 않은 것 같다. 하지만 이런 전술적 사고가 의심의 여지없이 역할을 한 반면, 누구도 '결혼 가족 강령'의 장기적 영향을 예측하지 못했고 예측할 수도 없었다고 생각할 이유는 전혀 없다. '결혼 가족 강령'은 그 '효과' 때문에 발전하고 퍼져나갔다. 여기서 나는 잭 구디(Jack Goody, 1983)와 의견을 달리한다. 구디는 교회가 자신의 방침 덕분에 부유해졌기 때문에 그 목적을 달성하기 위해 의도적으로 그런 방침을 구성한 것이 분명하다고 주장한다. 하지만 문화적 진화에 관한 많은 연구를 보면, 제도가 얼마나 복잡할 수 있는지, 그리고 종종 어느 누구도 어떻게, 왜 제도가 작동하는지를 이해하지 못하면서도 제도가 만들어진다는 것을 알 수 있다(Henrich, 2016). 핵심은 한 걸음 물러서서 교회를 여러 종교 집단 가운데 하나로 바라보는 것이다. 이 집단들은 모두 각기 다른 종교적 묶음을 가지고 무의식적으로 "실험을 했다."

41 Mitterauer, 2011, 2015. 이 계산은 모든 부부가 아들딸 한 명씩 자녀 둘을 낳는 안정된 인구를 가정해서 나온 것이다. 또한 사람들이 언제나 친인척이 아닌 사람과 결혼한다고 가정한 결과다. 사촌의 수는 2^{2n}명인데, 여기서 n은 사촌의 유형을 나타낸다. 여섯 번째 사촌(sixth cousin. 14촌)은 $2^{2\cdot6}$이므로 4,906명이다. 이 가운데 반이 반대 성별이다. 2,730명이 되려면, 여기에 첫 번째 사촌(first cousin. 4촌)부터 다섯 번째 사촌(fifth cousin. 12촌)까지 더해야 한다. 이 사촌들은 부모가 두 명(계보상 거리가 다양한 고모와 삼촌)씩 똑같으므로 그들까지 추가하면 총 숫자가 두 배가 된다.

42 Goody, 1969, 1983.

43 Goody, 1983; MacFarlane, 1978. 가령 서고트족의 초기 법전에서는 입양이 금지되었다. 법전은 수양에 관한 법적 규정을 두고 있지만, 사실상 아무 효력도 없다. 친족 유대, 개인적 정체성, 의례 의무, 상속권 등의 이전이 포함되지 않기 때문이다. 수양 자녀는 여전히 친부모의 친족 집단과 연결되었다.

44 Ausenda, 1999; Ekelund et al., 1996; Goody, 1983; Heather, 1999; Herlihy, 1985; Mitterauer and Chapple, 2010; Ross, 1985.

45 Goody, 1983; Smith, 1972.

46 Ekelund et al., 1996.

47 Brown, 2012.

48 Brown, 2012.

49 Ausenda, 1999; Ekelund et al., 1996, locs 137, 258; Goody, 1983, 105, 124쪽. 서고트 왕 왐바와 황제 샤를마뉴는 벌어지는 상황을 깨닫고 이를 단속하는 조치를 취했다.

50 Berman, 1983; Goody, 1983; Greif, 2006a, 2006b, 2006c; Heather, 1999; Mitterauer and Chapple, 2010. 프랑크족에 관해서는 Goody, 1983, 118쪽을 보라. 교회는 친구와 지지자들에게 막대한 액수를 유산으로 받은 로마 황제들로부터 이 전략을 모방했을 것이다(Shaw and Saller, 1984).

51 Ekelund et al., 1996; Goody, 1983, 127, 131쪽; Heldring, Robinson, and Vollmer, 2018.

52 이는 무엇이 부족 집단을 창출하고 지탱하는지에 관한 인류학적 이해(Henrich, 2016; McElreath, Boyd, and Richerson, 2003)와 함께 중세 초기에 부족들이 존재했지만 중세 성기에는 유럽의 많은 지역에서 사라진 사실에 근거한 추론이다.

53 D'Avray, 2012; Ekelund et al., 1996; Mitterauer and Chapple, 2010; Smith and Cheetham, 1880; Ubl,

2008.

54 이 지도는 여러 출처(Hajnal, 1965; Macucal, 2013; Shepherd, 1926; Speake, 1987; the Editors of the Encyclopaedia Britannica, 2018)에 실린 정보를 결합한 것이다. 켈트 교회에 관해서는 Schulz et al. (2018)에서 교황의 주교 파견을 활용했다. 이탈리아에 관해서는 Ramseyer, 2006; Schulz, 2019; Wickham, 1981 등을 보라. 카롤루스 제국, 기독교 이전 독일, 그리고 동쪽 지역에 관해서는 Menke, 1880; Schulz et al., 2018; Shepherd, 1926 등을 보라.

55 Ekelund et al., 1996; Heather, 1999; Mitterauer and Chapple, 2010. Schulz et al. (2018)의 부록으로 실린 자료는 이 문제에 관한 연구를 요약해 보여준다: psyarxiv.com/d6qhu.

56 Hajnal, 1982; Herlihy, 1985; Mitterauer and Chapple, 2010; Toubert, 1996.

57 Berman, 1983; Ember, 1967; Greif and Tabellini, 2010; Mitterauer and Chapple, 2010; Silverman and Maxwell, 1978.

58 Higham, 1997; Mitterauer and Chapple, 2010. 앵글로색슨족을 비롯한 게르만 부족들이 보유한 특히 집약적인 친족 기반 제도에 이미 부모 양계 출계나 개인 소유 같은 '결혼 가족 강령'의 친족 규범이 일부 들어 있었을 수도 있다(Lancaster, 2015; MacFarlane, 1978). 따라서 교회가 해야 하는 일이 적었을 것이다.

59 Brundage, 1987; Charles-Edwards, 1972; Clark, 2007a; Goody, 1983; Greif, 2006; Greif and Tabellini, 2010; Herlihy, 1985; Laslett, 1984; Laslett and Wall, 1972; MacFarlane, 1978; Mitterauer and Chapple, 2010; Toubert, 1996. 장원 농경에 생태적으로 적합하지 않은 지역들은 초기에 강력한 '결혼 가족 강령'에 노출되는 것을 피했다.

60 Baker, 1979; Goody, 1990; Lynch, 2003. 유럽에서는 가장 성공적인 가구가 독립적인 독립거주 핵가족인 반면, 중국에서는 상호의존적인 부계 확대가족이었다.

61 물론 혼인 연령은 다양한 이유 때문에 변동이 생긴다. 그렇다고 해서 북서유럽이 점차 역사적, 비교문화적으로 독특한 양상을 보였다는 사실이 바뀌는 것은 아니다(Van Zanden and De Moor, 2010).

62 Lee and Feng, 2009; Van Zanden and De Moor, 2010.

63 MacFarlane, 1978; Silverman and Maxwell, 1978; Lynch, 2003. 이 양상과 결부된 다른 두 요소는 다음과 같다. 첫 번째는 유언에 따른 상속으로, 이는 세대를 가로질러 관습적 규범에 따라 재산이 자동적으로 이전되지 않음을 의미한다. 그 대신 점차 개인이 누가 무엇을 상속받을지 결정했고, 의미심장하게도 기본 규칙은 형제나 삼촌보다 배우자와 자녀에게 유리했다. 두 번째는 은퇴로, 죽음을 앞둔 시기에 지도자 역할과 경제적 중심성을 상실하는 생애 단계가 발생한다. 이런 현상은 인지 능력이 손상되지 않는 한 연장자가 여전히 경제적, 사회적으로 중심을 차지하는 대다수 사회와 대조적이다.

64 Mitterauer and Chapple, 2010. 교회와 '유럽의 결혼 양상'이 폭넓게 지배한 지역 안에서도 여전히 전통적인 친족 기반 제도가 지속된 외딴 고립지역을 찾아볼 수 있다. 가령 북해에 면한 프리슬란트의 연안 습지대에서는 주변의 프랑스와 독일 지역에서 오래전에 사라진 혈족 조직과 혈족의 복수가 수백 년 동안 지속되었다.

65 오늘날까지 핀란드, 러시아, 발칸반도, 발트해의 농촌에 있는 기독교 종교 전통은 고대의 조상 숭배를 반영한다. 가령 발칸 반도 서부에 있는 세르비아 기독교인들은 가정의 수호 '성인'을 기리는 축일을 기념한다. 이 날은 교회력에서 가장 신성한 축일로 꼽힌다. 다른 모든 축일과 달리 이 날은 나이가 많은 가부장의 집에서 치러진다. 아들은 아버지로부터 가정의 성인을 물려받고, 부인은 남편의 성인을 같이 모신다. 다만 같은 가정의 성인을 공유하는 사람과 결혼하는 것은 금지된다(즉 씨족 족외혼). 이 의례에서는 선조(조상)들의 명단을 크게 낭독하고 때로 동물을 조상에게 희생물로

바친다(Mitterauer and Chapple, 2010). 이 의례는 기독교의 형식을 살짝 모방한 조상 숭배다.

66   Bartlett, 1993; Cantoni and Yuchtman, 2014; Greif, 2006a, 2006c; Herlihy, 1985; Kleinschmidt, 2000; Lilley, 2002; Lopez, 1976; MacFarlane, 1978.

67   Kleinschmidt, 2000, 25쪽; Lynch, 2003.

68   Herlihy, 1985; Ross, 1985.

69   Andersen et al., 2012; Bartlett, 1993; Berman, 1983; Ekelund et al., 1996; Kleinschmidt, 2000; Mokyr, 2002; Woods, 2012.

Chapter 6   가족 제도의 변화가 가져온 심리적 변화

1   이 지도는 '민족지 도해'에 실린 데이터를 현재 세계 곳곳의 종족언어 집단의 분포와 결합한 것이다 (Schulz et al., 2019). 전체 종족언어 집단에 대한 '친족 집중도 지수' 값을 추론하기 위해 우선 '민족지 도해'에서 1,000여 개 집단에 대한 값을 계산했다. 그런 다음 언어 계통 발생을 활용해서 '민족지 도해'에서 가장 가까운 관계가 있는 집단을 이용해 다른 모든 인구 집단에 '친족 집중도 지수'를 할당했다. 이와 더불어 국가 간 비교 분석을 위해 나라 수준까지 집계하거나 개인 수준의 분석을 위해 전 세계적 조사에서 이 지수를 개인에 직접 연결했다. 언어 지도는 www.worldgeodatasets.com에서 가져온 것이다.

2   Bahrami-Rad et al., 2017.

3   벤저민 앵크와 내 연구팀 둘 다 다른 형태의 '친족 집중도 지수'를 만들었다(Enke, 2017, 2019; Schulz et al., 2019). 이 두 지수가 결국 아주 비슷해져서 흡사한 결과를 보여주기 때문에 구성된 방식의 작은 차이를 무시하고 본문에서 섞어서 했다. 각기 다른 두 지수가 하나로 수렴하는 결과를 낳는다는 사실은 이 주장을 강화할 뿐이다.

4   진화생물학에 익숙한 독자는 유전적 관련성이 높은 집단일수록 더 협동적이어야 한다고 의심할지 모른다. 물론 그렇지만, 이 인구 집단들에서 발견되는 관련성의 정도는 미약하기 때문에 실제 현실 세계의 많은 협동을 설명하지 못한다. 여기서 우리는 작은 양의 유전적 관련성을 아주 작은 양과 비교하고 있다.

5   Gelfand et al., 2011에서 가져온 데이터. '친족 집중도 지수' 값을 어떻게 할당해야 하는지 분명하지 않기 때문에 이스라엘은 이 분석에 집어넣지 않았다. 이스라엘의 일부 하위 인구 집단을 그들이 사용하는 히브리어를 통해 연결할 수 있었지만, 이 언어는 19세기 중반에 부활하기 전 수천 년 동안 사어였다.

6   도면에 있는 상관관계는 스피어만(Spearman) 상관관계다. 사촌 간 결혼이 비선형적 효과를 갖는 이유를 이해하려면 각 결혼이 두 가족 사이에 관계를 만들어낸다는 사실을 깨달아야 한다. 두 가족은 첫 번째 결혼을 통해 결속하게 된다. 두 번째 결혼은 이 결속을 강화할 수 있지만 첫 번째 결혼만큼 중요하지 않다. 이런 이유로 더 많은 사촌 간 결혼은 사회적 탄탄함에 한계수익 체감을 가져온다.

7   Bond and Smith, 1996; Murray, Trudeau, and Schaller, 2011 등에서 가져온 데이터. 탄탄함과 순응의 관계에 관해서는 Gelfand et al. (2011)을 보라. 오답의 비율 대신 <그림 1.3>과 같이 각 실험의 효과 크기(effect size)를 사용해도 결과가 마찬가지로 강력하다는 점에 주의할 것. 여기서 나는 이해하기 더 쉬운 오답 비율을 사용했다.

8   복종의 주입에 관한 정보가 담겨 있는 표준 비교문화 표본(Standard Cross-Cultural Sample)인 '민족

지 도해'에서 충분히 연구된 인구 집단들의 부분집합 데이터를 사용하면 똑같은 관계를 발견할 수 있다(Enke, 2017, 2019).

9 Elison, 2005; Fessler, 2004; Wallbott and Scherer, 1995.

10 Enke, 2017, 2019; Jaffe et al., 2014; Stephens-Davidowitz, 2018; Wong and Tsai, 2007.

11 Enke, 2017; Schulz et al., 2019. 친족 집중도의 두 측정치와 핵가족 내의 가족 유대의 주관적 가치 사이에도 강한 연관관계가 존재한다(Alesina and Giuliano, 2015).

12 Ahmed, 2013, 21~23쪽; Hilton, 2001.

13 뉴기니의 세픽 지역(4장)에서 일라히타 마을 사람들은 낯선 사람은 "마법사와 도둑"이라고 여기면서 "그들의 소굴에 찾아갈 생각을 거의 하지 않았"는데, 이런 태도는 전쟁이 끝난 뒤에도 수십 년간 계속되었다. 일라히타 마을을 찾아온 낯선 사람이 머무르는 동안 숙소를 요청하면 지붕만 있고 벽은 없는 건물에 묵게 했다. 계속 감시하기 위해서였다(Tuzin, 1976, 22~23쪽).

14 Enke, 2017; Schulz et al., 2018. 신뢰도 데이터는 '세계 가치관 조사'에서 가져온 것이다(Inglehart et al., 2014).

15 Enke, 2017, 2019. 친족 집중도는 또한 '일반적 신뢰 질문'을 이용하는 <그림 1.7>에서 지도로 표시한 신뢰도의 변이도 설명해준다. 하지만 이 관계는 더 약하다. 1장에서 언급한 것처럼, 자세히 분석해 보면 중국 같은 몇몇 나라에서 사람들은 '일반적 신뢰 질문'에 응답할 때 '대다수 사람을 신뢰할 수 있다'고 말하지만, 그와 동시에 외국인이나 다른 종교 신자, 방금 처음 만난 사람을 신뢰할 수 없다고도 말한다는 것을 알 수 있다. 이는 '일반적 신뢰 질문'이 실제로 유럽과 미국의 비개인적 신뢰를 측정하기는 하지만 다른 지역에서도 항상 그것을 나타내는 것은 아님을 보여준다. 질문 자체가 WEIRD에 어울리는 셈이다(Chua et al., 2008, 2009; Enke, 2017; Greif and Tabellini, 2015; Schulz et al., 2019). 이에 관한 논의로는 Schulz et al. (2019)의 부록 자료와 링크를 보라.

16 탑승자의 딜레마 데이터는 Schulz et al., 2019; Trompenaars and Hampden-Turner, 1998 등에서 가져온 것이다.

17 Enke, 2017; Schulz et al., 2019.

18 Enke, 2017; Haidt, 2012; Haidt and Graham, 2007.

19 Enke, 2017, 2019. 이민자 분석과 관련하여 우리는 결과를 추동하는 요인이 우연히 집약적 친족 관계와 상관관계가 있는 이민자들의 본국과 관련된 것인지를 걱정해야 한다. 이 문제를 다루기 위해 벤저민은 이민자 본국의 학교 교육과 1인당 국내총생산 같은 요인들뿐만 아니라 기온, 적도와의 거리, 농업 산출력, 말라리아 유행 같은 일군의 지리적 요인도 통계적으로 제거했다. 결과는 여전히 유효하다. 어떤 이들은 유럽의 식민화나 정착이 그런 결과를 추동했을 것이라고 또 다른 우려를 하지만, 벤저민이 본국의 유럽계 인구 비율의 영향을 통계적으로 제거하고 같은 유럽 강국에 의해 식민화된 나라 출신의 사람들만 비교해도 결과는 같다. 마지막으로, 우리는 도덕성에 관한 이런 결과가 단순히 앞에서 논의한 신뢰의 차이에서 생겨난다고 우려할 수 있다. 하지만 벤저민의 분석은 집약적 친족관계가 일반적 신뢰에 미치는 영향 위에 도덕성에 영향을 미친다는 것을 보여준다(Enke, 2017, 2019). 벤저민은 또한 Enke(2019)에서 '도덕성 기반 설문'의 여러 차원을 추가적으로 분석한다.

20 Bowles, 2004; Henrich and Henrich, 2007.

21 Bowles and Gintis, 2002; Fehr and Gächter, 2000, 2002; Herrmann et al., 2008.

22 Herrmann et al., 2008; Schulz et al., 2019. Herrmann et al.은 그룹 프로젝트 기부금을 50퍼센트가 아니라 40퍼센트씩 늘렸다. 여기서 나는 수치를 단순화한다.

23   Schulz et al., 2019.

24   Schulz et al., 2019.

25   Schulz et al., 2019.

26   Gächter, Renner, and Sefton, 2008.

27   Gächter and Herrmann, 2009; Herrmann et al., 2008.

28   Enke(2017, 2019)는 자신의 '친족 집중도 지수' 측정치를 이용해서 이 분석을 수행했다. 경제학자들
은 이 두 유형의 처벌을 각각 '이타적 처벌'과 '반사회적 처벌'이라고 부른다. 두 용어에는 지나치게
가치가 많이 담겨 있다. 사회의 제도에 따라 이른바 반사회적 처벌이 사회질서를 유지할 수 있는
반면, 이타적 처벌이 폭력의 악순환을 일으킬 수도 있다. 각각은 일정한 사회 구조에 적응한 심리적
조정을 나타낸다(Bhui et al., 2019a; Henrich and Henrich, 2014).

29   벤저민이 '세계 선호도 조사(Global Preferences Survey)'에서 조사한 설문을 분석했을 때에도 제3자
의 규범 집행과 보복의 차이를 드러났다(1장). 75개국 수만 명의 개인을 대상으로 얻은 데이터에
근거한 결과를 보면, 집약적 친족 기반 제도가 약한 ('친족 집중도 지수' 값이 낮은) 인구 집단의 개
인들은 '다른 이를 불공정하게 대하는 사람'을 더 기꺼이 처벌하려 하고 보복을 하려는 성향은 약
했다(Enke, 2017, 2019). 더 나아가 이 조사에서 147개국 출신 1세대 이민자 2,430명에만 초점을 맞
춘 결과를 보면, 집약적 친족 관계가 강한 나라 출신의 개인들은 제3자의 규범 집행에 비해 더 강한
보복 성향을 나타낸다. 출신 국가는 각기 다르지만 현재 같은 나라에 살고 있는 이민자들만 비교하
고, 개인의 연령, 성별, 가계 소득, 정규 학교 교육 같은 다른 요인들을 통계적으로 고려해도 이 결과
는 유효하다(Enke, 2017, 2019).

30   Barrett et al., 2016; Gluckman, 1972a, 1972b, 2006; Harper, 2013; Moore, 1972.

31   Barrett et al., 2016; Curtin et al., 2019. 현대 친족 집중도 지수(Contemporary Kinship Intensity Index)
를 구축하는 데 필요한 현지 조사 관련 정보를 제공해준 클라크 배럿, 알리사 크리텐던(Alyssa
Crittenden), 앨릭스 볼랴나츠(Alex Bolyanatz), 마틴 카놉스키)Martin Kanovsky), 제프 쿠시닉(Geoff
Kushnick), 앤 파이저(Anne Pisor), 브룩 셀자(Brook Scelza) 등에게 감사한다.

32   Curtin et al., 2019; Gluckman, 1972a, 1972b. 야사와섬에서 내 연구팀이 진행한 연구에 근거하면,
의도의 역할에 이렇게 차이가 나타나는 것이 다른 사람의 정신 상태를 추론하는 사람들의 인지 능
력의 차이에 기인한다고 볼 이유가 없다. 이런 정신화 능력은 문화적 학습에서부터 대화에 이르기
까지 인간의 많은 중요한 과제에서 중심을 차지한다. 그보다 특히 제3자에 대해 일정한 도덕적, 또
는 평판적 판단을 할 때 사람들이 항상 다른 사람의 정신 상태에 관심을 기울이지는 않는 것으로
보인다(McNamara et al., 2019a, 2019b).

33   Berman, 1983; Drew, 1991, 2010a, 2010b; Gurevich, 1995; Harper, 2013.

34   Varnum et al., 2010.

35   Schulz et al., 2018.

36   Barry, Child, and Bacon, 1959; Berry, 1966; Liebenberg, 1990; Witkin and Berry, 1975; Witkin et al.,
1977. 장 독립성에 관한 각기 다른 몇몇 실험이 대체로 똑같은 이야기를 들려준다. '숨은 도형 문제
[embedded-figure test. 실험 참가자가 복잡한 형태에 숨겨진 도형을 찾는 데 걸리는 시간을 비교해
서 장 독립성과 장 의존성을 측정하는 실험 문제—옮긴이]'를 바탕으로 발견된 장 독립성의 변이에
관해서는 Kuhnen et al., 2001을 보라. 이 친족 용어법은 '에스키모 체계(Eskimo System)'라고 불린다
(Murdock, 1949).

37   Diamond, 1997; Enke, 2017; Hibbs and Olsson, 2004.

38 이 연도를 부여하는 것은 몇 가지 이유에서 까다롭다. 가장 중요한 두 가지 이유는 현대의 경계선이 상이한 역사적 사건을 반영하지 않으며, 종종 정확히 언제 교회로 통합되기 시작했는지를 알기가 어렵다는 것이다(교황 칙서에 발표되어 있지 않다). 가령 독일의 일부 지역들은 일찍이 서기 734년에 통합됐지만 다른 지역들은 훨씬 나중인 12세기에 포함되었다. 이것은 중요한 관심사이지만, 이 이야기는 나중에 하도록 하자. 다음 장에서 유럽 국가들 내에서 주교구가 미친 지역적 영향력을 심층적으로 살피는 식으로 이 문제들을 해소할 것이기 때문이다.

39 Putterman and Weil, 2010; Schulz et al., 2019.

40 우리는 두 가지 이유에서 서기 2000년까지 이어지는 교회에 대한 노출 정도를 계산하지 않았다. 첫째, 교회의 '결혼 가족 강령'의 제한이 1215년 4차 라테란 공의회 이후 약간, 그리고 16세기에 프로테스탄티즘이 등장하면서 한층 더 완화되었기 때문이다. 따라서 서기 약 500년부터 1200년까지였다. 둘째, 나머지가 교회에 노출된 양을 알아내기 위해 여러 대규모 인구 이동 가운데서도 1500년 이후 유럽에서 이루어진 대규모 국외 이주와 아프리카 노예무역을 고려해야 했다. 이를 위해 Putterman and Weil의 이주 행렬을 이용할 필요가 있었다.

41 Schulz et al., 2019.

42 De Jong, 1998; Enke, 2017; Schulz et al., 2018; Ubl, 2008.

43 Schulz et al., 2019.

Chapter 7   농사 형태가 바꿔놓은 중국인들의 심리

1 Schulz et al., 2019.

2 이 분석에서는 4촌 간 결혼 비율만 이용한다. 6촌 간 결혼은 시칠리아 주교에게 권한을 위임한 탓에 바티칸 문서보관소에 관련 자료가 남아 있지 않기 때문이다.

3 네 나라의 68개 지역에 관한 데이터만 있기 때문에 나라들 내의 지역을 비교하고 나라들 사이의 차이를 무시하면 네 가지 심리적 차원 가운데 세 개만이 유효하다(Schulz et al., 2019).

4 이 관계는 매우 확고하다. 도 간 교육의 차이뿐만 아니라 농업 생산성, 기후, 해안 근접성, 강우량, 그밖에 여러 요인을 통계적으로 처리하면, 이 관계는 유효하거나 더 커진다. 이 관계는 이탈리아의 20개 주(region) 내의 도들만 비교할 때에도 유효하다. 따라서 북부와 남부의 광범위한 차이를 포착하는 것이라는 우려가 완화된다. 사촌 간 결혼 비율이 비교적 높을 때 헌혈이 언제나 낮다는 점을 주목하자. 하지만 사촌 간 결혼이 드물 때는 헌혈 비율이 항상 높은 게 아니라 대단히 변화무쌍하다. 이는 집약적 친족 관계의 해체가 비개인적 친사회성의 가능성을 열어주지만 인구 집단이 그런 행동을 하게 만들지는 않는다는 점을 뒷받침한다.

5 Schulz et al. (2019)는 Guiso, Sapienza, and Zingales, 2004의 데이터를 재분석했다.

6 Akbari, Bahrami-Rad, and Kimbrough, 2016; Schulz, 2019; Schulz et al., 2018.

7 Schulz et al., 2019. Enke, 2017, 2019도 보라.

8 Alesina and Giuliano, 2010; Alesina et al., 2015; Enke, 2017; Fernández and Fogli, 2009; Giuliano, 2007. 사촌 간 결혼은 적어도 단기적으로는 동화에 완강하게 저항할 수 있다. 영국이나 벨기에 같은 WEIRD 사회에 온 이민자들 사이에서 가까운 친척과 결혼하는 비율이 이민 2세대에서 본국에 비해 실제로 증가했다. 영국에 관한 한 연구에 따르면, 파키스탄계 이민 2세 영국인의 경우에 전체 결혼의 76퍼센트가 사촌 간 결혼인 반면, 파키스탄에서는 그 비율이 50퍼센트 이하였다. 벨기에에서는 모로코와 튀르키예 출신 이민 1세대 또한 본국 사람들에 비해 사촌 간 결혼 비율이 높았다. 다

만 2세대가 되면 비율이 본국보다 약간 높았다. 놀라운 결과는 아니다. 가까운 친척과 결혼하는 것이 규범적, 종교적으로 허용될 때, 다양한 경제, 사회, 인구, 생태적 요인들이 그 관행을 공동으로 지탱한다(Reniers, 2001; Shaw, 2001).

9   데이터를 제공한 애브너 그라이프(Greif and Tabellini, 2010, 2015)와 토머스 탈헬름에게 감사한다.

10 Bray, 1984; Greif and Tabellini, 2015; Talhelm et al., 2014.

11 Greif and Tabellini, 2010, 2015; Mitterauer and Chapple, 2010. 그후 1949년에 공산당의 신정부는 씨족을 해체하고 씨족의 규칙을 무효화했으며 부동산을 재분배했다. 1979년 이후 중국에서 다시 씨족이 부활하고 있다(10장을 보라).

12 물론 이는 순전히 환경적인 요인은 아니다. 왜냐하면 생태적 효과는 (1) 논농사를 위한 기술적 노하우와 (2) 적합하게 개량된 벼 품종을 보유한 농민들에게 의존하기 때문이다. 다행히도 이런 요소들은 친족 기반 제도에 비해 빠르게 확산된다.

13 Henrich, 2014; Talhelm et al., 2014.

14 Talhelm et al., 2014에서 약간 수정함.

15 Kitayama et al., 2009; Talhelm et al., 2014. 일본인 참가자의 -0.5밀리미터는 전통적인 신뢰도 측정치를 사용하면 0과 구분되지 않는다. 소시오그램의 원은 지름으로 측정한다는 점을 유념할 것.

16 Talhelm, 2015; Talhelm et al., 2014.

17 미국 대학생들과의 비교는 몇몇 참고문헌(Knight and Nisbett, 2007; Varnum et al., 2008)과 토머스 탈헬름과의 개인적 대화(2015년 8월 31일 전자우편)에 근거한 것이다. 탈헬름은 중국에서 활용한 '세 항목 문제'를 버지니아대학교 학생들을 대상으로 진행했다.

18 탈헬름의 연구팀은 쌀 적합성을 도구로 삼아 도구변수 회귀분석을 수행했다(Talhelm et al., 2014).

19 Talhelm et al., 2014는 몇 가지 비판을 받았는데(Ruan, Xie, and Zhang, 2015; Zhou, Alysandratos, and Naef, 2017), 이런 비판들은 흥미롭긴 하지만 이 책의 많은 부분에서 이 연구 결과를 활용한다고 해서 심각한 위험이 야기되지는 않는다. 여기서 소개하는 양상은 Liu et al., 2019에 의해 추가로 확인된다.

20 Buggle, 2017.

21 나는 이런 생태적 변이가 일정한 역할을 했다고 의심하지만, 논농사나 관개와 관련된 요인 외에 다른 많은 사회, 경제, 생태적 조건이 집약적 친족 관계에 유리하다는 사실을 유념해야 한다. 일라히타에서 살펴본 것처럼, 흔히 집약적 친족 관계의 주요한 추동 요인은 공동체 사이의 전쟁에서 생겨난다.

22 Baker, 1979. 중국은 또한 교회의 '결혼 가족 강령'에 따라서 부계 씨족의 공동 토지 보유를 해체하고 토지를 재분배하기 위해 토지개혁에 착수했다(Greif and Tabellini, 2015). 1980년의 법률은 여성의 최저 혼인 연령을 20세로 정했다('The marriage law of the people's Republic of China 1980', 1984). 물론 중세 교회와 20세기 중국은 중요한 차이가 있다. 예를 들어, 가령 현대 중국에서 이혼은 상호 동의로 이루어지고, 여성은 법률상 평등하며, 어린이는 부모가 결혼했는지 여부와 상관없이 완전한 권리를 부여받는다. 흥미롭게도 명나라는 이전에 사촌 간 결혼을 금지하려고 했지만 성공을 거두진 못했다(Fêng, 1967).

23 Hango, 2006; Li, Hamamura, and Adams, 2016; Lun, Oishi, and Tenney, 2012; Mann, 1972; Oishi and Talhelm, 2012; Oishi et al., 2013; Oishi et al., 2015; Park and Peterson, 2010; Sato et al., 2008; Su and Oishi, 2010; Yuki et al., 2013. 이주와 관련된 창은 5~18세에 열리는 것으로 보인다. 39개국에서 관계의 이동성과 그것의 심리적 상관관계를 비교한 연구로는 Thomson et al. (2018)을 보라.

1   Motolinía, 1973.

2   토리비오는 개종시키고자 하는 이들의 관습과 믿음에 관해 광범위하게 글을 썼고, 할 수 있는 한 언제 어디서나 자신의 영향력을 발휘해서 원주민을 보호하고 지켜주었다. 그는 에스파냐 정부가 원주민을 대하는 방식에 대한 비판자였지만, 기독교를 퍼뜨린다는 책임을 한시도 외면하지 않았고 평생 동안 40만 명이 넘는 이들에게 세례를 주었다. 토리비오는 종종 치아파스의 열렬한 주교인 바르톨로메 데 라스 카사스와 대조적으로 원주민들의 온건한 대변자로 간주되었다.

3   Jankowiak, 2008, 172~73쪽.

4   Jankowiak, 2008, 165쪽. Jankowiak, Sudakov, and Wilreker, 2005도 보라.

5   '독특하다'는 표현은 역사학자 발터 샤이델(Scheidel, 2009)이 고대 세계의 일부일처혼의 특징을 정리하면서 사용한 말이다.

6   Henrich, 2016; Muller, Wrangham, and Pilbeam, 2017; Pilbeam and Lieberman, 2017. 일처다부에 관해서는 Starkweather and Hames, 2012를 보라. 여기서 말하는 '집단생활'에서 긴팔원숭이 같은 영장류는 제외된다.

7   Buss, 2007.

8   Henrich, Boyd, and Richerson, 2012; Hewlett and Winn, 2014. 이 책을 읽는 이들은 여성이 일처다부, 즉 부인 한 명이 여러 남편을 두는 것을 선호해야 한다고 생각할지 모른다. 하지만 부인이 여럿인 남성과 달리 여성은 다소 다른 진화적 계산에 직면했고, 이런 계산이 여성의 진화된 성향과 감정, 동기를 형성했다. 일처다부 여성은 남성처럼 같은 기간에 여러 남편을 임신시키는 식으로 생식을 할 수 없다. 따라서 일처다부의 이점이 전혀 없다. 게다가 포유류로서 여성은 가장 큰 두 과제, 즉 임신과 수유에 매여 있으며, 이 일은 나머지 남편들에게 맡길 수 없다. 설상가상으로 여러 명의 남편과 성관계를 하면 누가 아이 아버지인지 혼란이 생길 수 있고, 결국 아버지로서 투자가 줄어들고 남편들 사이에 성적 질투가 커질 수 있다. 마지막으로, 여자가 폐경에 이른 뒤 나이를 먹으면서 한창 때의 젊은 남편을 더 얻어봤자 적어도 재생산의 관점에서 보면 좋을 게 하나도 없다(재미는 좋을지 몰라도). 따라서 남편이 더 생겨봤자 골치 아픈 일만 생길 뿐이며, 분명 남성이 부인을 더 얻는 것과 같은 방식으로 여성의 생식을 가속화하지 못한다. 이런 진화적 추론은 자연선택이 여성들이 일처다부제를 경계하도록 여성의 성향을 형성하고, (남성은 항상은 아니지만) 대개 일처다부제를 순전히 혐오하게 만들도록 남성의 성향을 형성했음을 의미한다. 종합해보면, 우리의 진화된 심리적 경향은 일처다부혼 규범의 확대되며 인기를 얻는 것을 억누르거나 금지할 것이다. 다만 일정한 조건에서 문화적 진화는 이런 심리적 장애물에 대한 창의적 해법을 만들어내고 온건한 수준의 일처다부혼을 창출했다(Levine and Silk, 1997).

9   Henrich, Boyd, and Richerson, 2012; Levine and Silk, 1997. 일처다부혼은 (1) 가구가 여러 남편의 노동으로 이익을 얻고 (2) 형제들이 한 여자와 공동으로 결혼해서 아버지의 정체에 관한 우려를 누그러뜨리는 경제적 상황에서 이루어지는 경향이 있다.

10   Henrich, Boyd, and Richerson, 2012; Hewlett, 1996, 2000; Marlowe, 2003, 2004.

11   일부일처혼을 하는 수렵채집인의 10퍼센트는 약간 혼란을 일으킨다. 대부분은 실제로 일부다처혼이나 일처다부혼을 금기시하지 않기 때문이다. 대신에 그들은 남성들 사이의 경제적 불평등을 누그러뜨리는 생태적 조건과 평등한 제도가 결합된 가운데서 생활한다. 따라서 아무리 지위가 높은 남성이라도 부인을 한 명 이상 얻으면 안 된다. 여성의 관점에서 보면, 남편으로 삼을 만한 남성이 전부 비슷해서 기혼남의 둘째 부인이 되는 게 미혼남의 첫째 부인이 되는 것보다 좋아 보이지 않

는다. 어떤 경우에는 이런 생태적 조건이 폭넓은 식량 공유 같은 제도를 통해 불평등을 적극적으로 억제하는 사회 규범을 요구했다. 이와 같은 집단에서는 결국 사실상 일부일처혼만 존재하게 된다. 특히 이 '일부일처' 집단들 가운데 일부에는 남편이 다른 남자에게 부인을 하루나 이틀 밤 '빌려주는' 것을 허용하는 사회 규범이 있었다. 빌려준 부인이 제공하는 서비스에는 요리가 들어 있었지만 성관계까지도 포함되었다. 따라서 분명 이런 사회의 규범은 WEIRD 일부일처제를 다스리는 규범과는 다소 달랐다.

12 Betzig, 1982, 1993; Henrich, Boyd, and Richerson, 2012; Scheidel, 2008, 2009. 사회가 '일처다부제'를 갖고 있다고 딱지를 붙이는 것은 일처다부혼이 낮거나 적당한 수준으로 이루어짐을 의미한다는 데 유의할 것. 그리고 일처다부혼이 일부다처혼 및 일부일처혼과 함께 이루어진다는 것을 깨닫는 것이 중요하다.

13 Bergreen, 2007; Betzig, 1982, 1986, 1993; Motolinía, 1973; Scheidel, 2008, 2009a, 2009b. 흔히 왕가나 귀족의 결혼과 하렘이 순전히 정치적 동맹을 구축하기 위해 이루어졌다고 주장한다. 정략결혼도 이에 포함된다는 것에는 의심의 여지가 없지만, 많은 세부사항을 보면 그 목적의 핵심이 성과 재생산임을 알 수 있다. 첫째, 본문에서 언급한 것처럼, 엘리트 부인들은 종종 특별한 범주('동맹' 범주)로 묶였지만, 엘리트 남성들은 하위 계층 여성들로 하렘을 만들기도 했다. 둘째, 정부 관료제는 황제의 비나 후궁을 뽑기 위해 미인 대회를 운영했다. 정략이 전부라면 미모가 왜 필요할까? 셋째, 종종 이런 정부인과 후궁의 성적 측면에만 초점을 맞추는 제도가 존재했다. 가령 중국에서는 궁녀들이 내시가 지키는 하렘의 생리 주기를 관리했다.

14 이와 같은 사례(하렘의 규모)의 목록을 처음 마주했을 때 나는 곧바로 이것이 복합적인 사회의 극단이나 과잉(또는 서구 관찰자들의 편견)을 나타내는 선별된 사례가 아닌지 우려했다. 하지만 인류학과 역사학의 기록을 깊이 파고들면, 이 사례들이 매우 계층화된 사회의 극단보다는 평균에 더 가깝다는 것을 알 수 있다.

더욱 인상적인 것은 세계 각지에서 모은 유전자 데이터를 최근에 분석한 결과를 보면, 지난 1만 년간 일부다처의 수준이 워낙 공통적으로 높아져서 인간의 남성만이 가지는 DNA인 Y염색체에 뒤꿈치 자국을 남겼을 정도다. 유전학자들은 Y염색체와 (어머니한테서만 물려받는) 미토콘드리아 DNA에 모두 들어 있는 풍부한 정보를 이용해서 우리의 진화사에서 한참 옛날까지 거슬러 올라가서 어머니와 아버지의 숫자를 산정한 바 있다. 순수한 일부일처 세계라면 어머니와 아버지의 비율이 1 대 1일 것이라고 예상할 것이다. 농경 이전의 데이터를 보면, 아버지와 어머니의 비율이 약 1 대 2~4명으로 매우 안정되었다. 하지만 농경이 시작되고 몇 천 년 뒤에는 인구가 팽창함에 따라 어머니의 숫자가 빠르게 증가한 반면 아버지의 숫자는 급락했다. 다시 말해, 아버지의 숫자가 줄어든 반면 전체 인구는 증가했다! 이런 증가가 정점에 달했을 때, 아버지와 어머니의 비율이 1 대 16 이상이었다.

이런 유전적 양상은 높은 수준의 일부다처와 극심한 집단 간 경쟁이 결합된 상황과 가장 일치한다. 팽창하는 농경 씨족, 분절적 혈족, 족장사회는 자신들이 정복한 사회에서 모든 남성을 죽이거나 노예로 만들었고 생식 능력이 있는 여성을 모조리 부인이나 첩, 성노예로 삼았다(Heyer et al., 2012; Karmin et al., 2015; Zeng, Aw, and Feldman, 2018). 이런 사실과 일관되게 농경이 처음 시작된 중동(메소포타미아 지역)뿐만 아니라 남아시아와 동아시아 지역에서도 아버지 숫자의 감소가 가장 먼저 나타난다. 나중에 농경이 전래된 유럽은 5,000~6,000년 전 시기에 최저점에 도달해서 가장 심각하게 감소했다. 농경이 비교적 늦게 시작된 안데스 산맥의 인구 집단들은 2,000~3,000년 전까지 감소하지 않는다.

15 Henrich, Boyd, and Richerson, 2012; Scheidel, 2009a, 2009b. 인도 대법원에 관해서는 www.ibtimes.co.uk/india-bans-polygamy-muslims-not-fundamental-right-islam-1487356을 보라.

16 크레이그 존스(Craig Jones)가 만들어낸 신조어인 '복혼의 수학 문제(polygamy's math problem)'를 변형한 것이다. 일처다부제에는 수학 문제가 없다.

17 Fenske, 2015; Field et al., 2016; Marlowe, 2000, 2003, 2005, 2010. 현대 아프리카 사회들과 달리 여기서 우리는 인구가 증가하지 않는다고 가정한다.

18 Henrich, Boyd, and Richerson, 2012. 이는 국가 차원의 사회에 적용될 뿐, 그보다 규모가 작은 사회에 반드시 적용되는 것은 아니다.

19 Henrich, Boyd, and Richerson, 2012에 실린 보충 자료를 보라.

20 수탉의 이미지는 무하마드 마디 카림(Muhammad Mahdi Karim)이 찍은 사진을 약간 다듬었다. 출처: commons.wikimedia.org/w/index.php?curid=5507626.

21 Beletsky et al., 1995; Wingfield, 1984; Wingfield et al., 1990; Wingfield, Lynn, and Soma, 2001. 마찬가지로, 일부다처 새에 안드로겐을 억제하는 이식물을 넣으면 둥지에서 많은 시간을 보내면서 새끼를 돌보는 경향을 보인다.

22 이 데이터의 출처는 Gettler et al. (2011)이다. 오후의 테스토스테론 수치도 같은 결과를 보여준다. WEIRD가 아닌 세부의 인구 집단이 왜 일부일처혼을 하는지 궁금할지 모른다. 그 답은 '결혼 가족 강령'이다. 서기 1521년, 탐험가 페르디난드 마젤란이 세부에 도착했다. 마젤란 밑에서 일하는 기록자는 광범위한 일부다처를 기록하면서 남성은 "원하는 만큼 부인을 둘 수 있지만 항상 본처는 한 명"이라고 썼다(Pigfetta, 2012, loc. 2322). 마젤란과 그의 사제단은 곧바로 기독교 전도를 시작하면서 일부다처에 대해 불만을 토로했다(Pigfetta, 2012, 25장). 마젤란에 이어 16세기 동안 가톨릭 선교사들이 도착하기 시작했다. 세부는 쿠자와와 연구팀이 남성의 테스토스테론을 측정하러 오기 전에 이미 5세기 가까이 '결혼 가족 강령'에 노출된 상태였다.

23 Gettler et al., 2011. 최근의 논평으로는 Grebe et al., 2019를 보라.

24 Alvergne, Faurie, and Raymond, 2009; Booth et al., 2006; Burnham et al., 2003; Fleming et al., 2002; Gettler et al., 2011; Gray, 2003; Gray and Campbell, 2006; Gray et al., 2002; Mazur and Booth, 1998; Mazur and Michalek, 1998; Storey et al., 2000.

25 Beletsky et al., 1995.

26 Gray, 2003; Gray and Campbell, 2006; Gray et al., 2002; Muller et al., 2009. 주목할 것은, WEIRD 남성들이 매우 높은 절대적 테스토스테론 수치를 보이는 경향이 있다는 점이다. 아마 대체로 영양 상태가 좋고 병원균이 적은 환경에서 살기 때문일 것이다. 많은 이들이 이야기하듯이 중요한 것은 절대적 테스토스테론 수치가 아니라 우리의 내분비계가 일정 수준으로 조정되는 것을 알려주는 상대적 수치다(Wingfield et al., 1990).

27 Muller et al., 2009.

28 Sellen, Borgerhoff Mulder, and Sieff, 2000.

29 Betzig, 1992; Harper, 2013.

30 Ellison et al., 2002.

31 Henrich, 2016, 14장.

32 이런 호르몬의 관계는 복잡하며, 상황에 대한 개인의 주관적 평가에 크게 좌우된다(Salvador, 2005; Salvador and Costa, 2009).

33 테스토스테론과 지위에 관한 검토로는 Booth et al., 2006; Eisenegger, Haushofer, and Fehr, 2011; Mazur and Booth, 1998 등을 보라. 테스토스테론은 또한 운동 조절과 협응(coordination)을 향상시킬 수 있다(Booth et al., 2006; Mazur and Booth, 1998). 사회적 경계와 공포 감소에 관한 연구로는

van Honk et al., 2001; van Honk et al., 2005 등을 보라. 이익과 손실에 대한 민감성의 변화에 관해서는 van Honk et al., 2004를 보라.

34 Kouri et al., 1995; Pope, Kouri, and Hudson, 2000. 이 실험들은 표본이 적기 때문에 신중하게 보아야 한다.

35 Mehta, Wuehrmann, and Josephs, 2009에서 가져온 데이터.

36 이 실험에는 남성과 여성이 모두 참여했고, 동성끼리 짝을 이루었다(Mehta, Wuehrmann, and Josephs, 2009). 1 효과는 남성에게서 훨씬 강하지만 여성에게서도 나타난다. 〈그림 8.4〉에서 테스토스테론 수치가 높은 개인들은 평균보다 표준편차가 1 이상인 이들이다. 데이터는 남성과 여성에 대해 별도로 조건을 맞춰 표준화한 뒤 결합해서 도면에 표시했다. 유감스럽게도 이 실험의 표본 규모는 작다(60명).

37 Bos, Terburg, and van Honk, 2010. 이 연구는 여성만을 대상으로 삼았다. 하지만 이런 심리적 효과가 남성에게도 적용된다고 생각할 만한 충분한 이유가 있다(Bos et al., 2010; Hermans, Putman, and van Honk, 2006; van Honk, Terburg, and Bos, 2011). 편도체와의 연결에 관한 후속 연구에 관해서는 Bos et al., 2012를 보라.

38 Mehta and Josephs, 2010; Storey et al., 2000. 높은 테스토스테론은 지위 추구 행동을 추동하거나 적어도 일정한 조건에서 남성들에게 경제적 위험을 감수하게 만든다(Apicella, Dreber, and Mollerstrom, 2014). 하지만 지금까지 강조한 것처럼, 테스토스테론과 위험 감수 행동 자체 사이에 단순하고 직접적인 관계는 없으며, 이 연결고리를 확인하려는 시도들은 뒤섞이고 있다(Apicella, Carré, and Dreber, 2015). 또 다른 접근법은 간단하게 남성에게 테스토스테론을 주입하고 경제적 선택을 하게 만드는 것이다. 현실 세계와 비슷한 환경에서 젊은 남성들에게 테스토스테론이나 가짜 약을 투여한 다음 몇 쌍의 주식에 돈을 투자할 기회를 제공했다. 테스토스테론 수치를 인위적으로 높인 남성들은 플라시보 그룹에 비해 더 위험한 주식(가격 변동 폭이 큰 주식)에 투자한 액수가 46퍼센트 많았다(Cueva et al., 2015).

39 Booth, Johnson, and Granger, 1999; Booth et al., 2006; Mazur and Booth, 1998; Soler, Vinayak, and Quadagno, 2000. 평균보다 표준편차가 1 이상 테스토스테론 수치가 높은 남성은 평균보다 표준편차가 1 이하인 남성에 비해 범죄를 저지를 가능성이 28퍼센트 높다.

40 Ackerman, Maner, and Carpenter, 2016. 일부다처혼은 '승자'와 '패자'에게 열려 있는 짝짓기 기회의 불평등을 극격하게 고조시킨다. 이런 승자 독식 환경이 미치는 효과에 관한 연구는 이 장에서 소개한 연구 결과와 하나로 수렴된다(Becker and Huselid, 1992; Bothner, Kang, and Stuart E., 2007; Frick and Humphreys, 2011; Taylor, 2003).

41 Arantes et al., 2013; Block and Gerety, 1995; Blondel, Lohéac, and Rinaudo, 2007; Cohn, Fehr, and Marechal, 2014; Hanoch, Gummerum, and Rolison, 2012; Khadjavi and Lange, 2013; Pratt and Cullen, 2000; Reynolds, 2006; Wichary, Pachur, and Li, 2015.

42 Henrich, Boyd, and Richerson, 2012; Sampson and Laub, 1993; Sampson, Laub, and Wimer, 2006.

43 Duncan, Wilkerson, and England, 2006; Farrington and West, 1995; Horney, Osgood, and Marshall, 1995.

44 Jin et al., 2010.

45 실제 정책은 부부당 한 자녀보다 훨씬 더 복잡하다. 가령 이 정책은 농촌 부부의 첫째 자녀가 딸이면 둘째도 낳을 수 있도록 수정되었다. 이런 복잡성이 어떻든 간에 핵심은 남자아이를 낳아야 한다는 압력 때문에 성비가 바뀌었다는 것이다.

46 Edlund et al., 2007, 2013.

47 남아도는 남성의 심리적 변화의 등장은 두 가지 방식으로 이런 효과의 힘을 부각한다. 첫째, 한 자녀 정책 아래서 가족은 대체로 족보를 잇고, 가족의 전통을 계승하며, 나이 든 부모를 돌볼 남성 상속자가 기껏해야 한 명 있었다. 굳게 신봉하는 가치관에 비춰볼 때, 이런 상황에서 부모와 조부모는 하나밖에 없는 사내아이의 건강과 결혼, 성공을 보장하기 위해 힘닿는 대로 모든 일을 해야 했다. 둘째, 이 모든 일이 중국이 엄청난 경제적 팽창을 이루는 동안 벌어졌기 때문에 일자리와 기회가 넘쳐났다. 하지만 많은 남성들이 자기 아버지보다 경제적으로 훨씬 성공하기는 했어도 짝을 찾기 위해 더욱 심한 경쟁에 직면했다. 원래는 이 두 추세 모두 남성이 범죄를 저지를 가능성을 줄이는 쪽으로 작용했어야 한다(Edlund et al., 2007, 2013).

48 한 자녀 정책 때문에 생겨난 남아도는 남성이 범죄에 미치는 효과는 각 지역의 경제적 부와 고용률, 교육 수준, 불평등, 이주, 치안, 복지 지출, 인구 집단의 연령 구조와 무관하다. 예상 가능한 것처럼, 잉여 집단의 미혼 남성, 또는 이 분야 연구자들의 표현대로 '비자발적 독신남'은 성매매를 하고 성병에 걸릴 가능성이 더 높다(Liu, Li, and Feldman, 2012).

49 20세기 중반의 인류학자들은 이미 높은 비율의 일부다처 결혼과 높은 범죄율 사이의 연결고리를 확인했다(Bacon, Child, and Barry, 1963; Burton and Whiting, 1961).

50 일부일처혼은 또한 일부다처혼에 비해 유아와 아동의 건강과 안전을 개선하는 방식으로 자녀에 대한 아버지의 투자, 가정 내부 갈등, 가족의 조직화에 영향을 미친다(Henrich, Boyd, and Richerson, 2012).

51 이런 사회적 차원의 이득은 공동체 간 교역, 상비군, 잘 발달한 상업, 고도로 숙련된 직종 등을 갖춘 복잡하고 계층화된 인간 사회에서 가장 의미가 있을 것이다. 이런 조건에서는 규범적 일부일처제가 집단 간 경쟁에서 성공을 부추기면서 사회들 사이에 퍼져나갈 것이다. 규범적 일부일처혼이 집단 간 경쟁에서 언제나 선호되는 것은 아니라는 사실이 중요하다(Henrich, Boyd, and Richerson, 2012). 일정한 환경에서는 집단 간 경쟁이 일부다처혼을 선호할 수 있다(Fleisher and Holloway, 2004; Sahlins, 1961; White, 1988).

52 Herlihy, 1985.

53 교회가 근친상간을 적극적으로 강력하게 금지하기는 했지만, 메로빙과 카롤루스 왕조의 통치자들은 부인을 여럿 두었다. 샤를마뉴는 왕비를 비롯한 후처를 열 명 거느렸다.

54 Herlihy, 1995; Todd, 1985.

Chapter 9   친족에서 해방된 개인들, 상업 혁명을 이끌다

1 몽테스키외와 페인의 인용문에 관해서는 Hirschman, 1982를 보라.

2 Henrich, 1997; Henrich and Henrich, 2007.

3 행동경제학에 관한 소개로는 Camerer (2003)을 보라. 게임 이론 분석은 또한 다른 모든 사람들이 합리적이고 이기적인 이익 극대화론자라고 믿는다고 가정한다.

4 이런 양상은 WEIRD 사회의 학생이 아닌 성인들에게서 나타난다(Ensminger and Henrich, 2014; Henrich et al., 2004). 하지만 대부분의 실험은 대학생들을 대상으로 진행됐는데, 그들은 상대적으로 낮은 액수를 제안하며 대체로 친사회성이 떨어진다(Bellemare, Kröeger, and Van Soest, 2008).

5 흥미롭게도 낮은 액수의 제안을 거절한 유일한 사람은 사실 공동체 주민이 아니라 쿠스코에서 마을을 방문한 친척이었다(Henrich, 2000; Henrich and Smith, 2004).

6 Henrich, 2000; Henrich and Smith, 2004.

7　Henrich and Henrich, 2007; Johnson, 2003; Johnson and Earle, 2000.

8　Ensminger and Henrich, 2014; Henrich et al., 2004; 2005.

9　Henrich et al., 2004; Henrich et al., 2005.

10　Ensminger and Henrich, 2014; Henrich, Ensminger et al., 2010.

11　Henrich, Ensminger et al., 2010의 표를 약간 수정했다. 이 그림에서 회귀선은 뉴기니의 두 인구 집단을 제외한 이 모든 데이터 수치에 맞춰져 있다. 뉴기니에서는 우리의 실험이 비개인적 공정성이 아니라 다른 공동체 성원의 대우에 관한 사회규범을 건드렸다(Bolyanatz, 2014; Ensminger and Henrich, 2014; Tracer, 2004; Tracer et al., 2014). 발표된 모든 분석에는 뉴기니의 인구 집단들이 포함되어 있지만(Ensminger and Henrich, 2014; Henrich et al., 2006; Henrich, Ensminger et al., 2010; Henrich, McElreath et al., 2006), 여기서는 비개인적 공정성에 특별히 초점을 맞추기 때문에 이 집단들을 제외했다.

12　'2단계'에서는 '1단계'에서 나온 시장 통합의 효과가 되풀이된 것 외에도 수정된 연구 계획과 새로운 실험에서도 특정한 인구 집단들에서 나온 똑같이 이례적인 양상이 반복되었다. 가령 뉴기니에서 우리는 50퍼센트 이상을 제안할 뿐만 아니라 때로 그런 제안을 거절하는 공동체를 발견했다 (Bolyanatz, 2014; Tracer, 2003, 2004; Tracer, Mueller, and Morse, 2014).

13　Ensminger and Henrich, 2014; Henrich, Ensminger et al., 2010. 우리의 세계 종교 변수는 제3자 처벌 게임에서 제시한 액수의 변이는 설명해주지 않는다. 우리는 그 이유를 안다고 생각한다. Henrich, Ensminger et al. (2010)의 보충 자료와 Laurin et al., 2012를 보라.

14　Ensminger and Henrich, 2014; Henrich, 2016.

15　Kosfeld and Rustagi, 2015; Rustagi, Engel, and Kosfeld, 2010. 참가자가 결정을 할 때 둘 중 하나, 즉 동시에 기부가 이뤄지거나 이후 조건적 형태로 돈을 받는다는 걸 안다. 따라서 두 경우 모두를 진지하게 받아들여야 하는 이유가 생긴다.

16　데이터 출처는 Rustagi et al., 2010.

17　물론 시장 외에 도시의 어떤 측면이 사람들의 조건적 협동을 증대했을 가능성이 있다. 이 문제를 고려할 때 두 가지 추가적 사실을 염두에 두어야 한다. 첫째, 사람들이 도시에 가는 주된 이유는 장에서 물건을 사고팔기 위해서다. 따라서 여기서 심리적 작용을 하는 것이 어쨌든 상업이라는 특정한 활동 자체가 아니라 할지라도, 그래도 사람들을 도시로 끌어당기는 것은 시장이다. 둘째, 시장 근접성 대신 사람들이 시장에 가는 빈도를 사용한다고 해도 시장이 조건적 협동에 미치는 효과는 여전히 유효하다. 우간다(Voors et al., 2012)와 중국(Tu and Bulte, 2010)에 관한 다른 비슷한 연구들도 시장 통합과 비개인적 친사회성에 관한 동일한 기본적 통찰로 수렴된다. 하지만 Siziba and Bulte(2012)에서 시장의 효과에 관한 반증을 하나 발견할 수 있다. 아프리카의 두 나라에서는 무작위로 고른 공동체에서 외부의 개입이 시장 접근을 증대시켰다. 초기 연구가 이루어지고 2년 뒤, 연구자들은 비개인적 신뢰가 증가하지 않았음을 발견했다. 이 결과를 설명하는 몇 가지 이유가 있을 수 있지만, 간단한 설명은 시장이 새로운 방향으로 문화적 진화를 추동하는 데 2년 이상이 걸린다는 것이다. 이 시장들이 여전히 비개인적 거래가 아니라 개인 간 거래에 의해 조직되었을 수도 있다.

18　Rustagi et al., 2010에 있는 도구변수 회귀분석에서 가져온 수치다.

19　Rustagi, Engel, and Kosfeld, 2010.

20　미국 대학생들을 대상으로 진행된 점화 자극 실험을 보면, 시장이 비개인적 친사회성, 이경우에는 신뢰를 증대할 수 있음이 드러난다. 한 실험에서 연구자들은 일부 참가자들에게 상업이나 거래, 교역과 관련된 몇 가지 항목이 포함된 문장 배열 문제를 이용해서 무의식적 자극을 주었다. 다른 참

가자들은 시장 관련 단어가 포함되지 않은 문장 배열 문제를 풀었다. 이후 두 그룹이 간단한 신뢰 게임을 수행했다. 실험에서 무의식적으로 시장을 떠올리게 된 참가자들이 시장을 떠올리지 않은 이들보다 더 신뢰를 보였다(Al-Ubaydli et al., 2013).

21 연구자들은 점화 단어 기법을 이용해서 사람들에게 '돈'을 떠올리게 하는 것이 심리에 미치는 영향을 탐구하고 있다. 돈은 '시장 규범'의 점화 자극으로 작용할 수 있다. 이 연구는 심리의 다른 측면들 가운데 '현금 점화 자극'이 개인 간 친사회성에 미치는 효과를 나타낸다. 예상한 것처럼, 무의식적으로 돈을 떠올린 사람들은 개인 간 친사회성이 줄어들어서 도움, 너그러움, 감정이입, 사교성이 감소한다(Vohs, 2015; Vohs, Mead, and Goode, 2006, 2008).

22 Bowles, 1998; Fourcade and Healy, 2007; Hirschman, 1982.

23 Hirschman, 1982. 12세기의 역사가 맘스베리의 윌리엄(1125)은 이렇게 말했다. "좀 더 문명화된 생활방식을 가진 영국인과 프랑스인은 도시에 거주하며 무역과 상업에 익숙하다"(Lilley, 2002, 78쪽). '부드러운 상업' 명제를 반박한다고 주장하는 연구는 내가 이야기하는 것과 같은 좀 더 미묘한 접근 방식에 적용할 수 없다(Falk and Szech, 2013).

24 Plattner, 1989.

25 오스트레일리아 원주민 사회의 거래에 관한 전반적인 설명으로는 McBryde, 1984; McCarthy, 1939; Smyth, 1878; Stanner, 1934 등을 보라. 교역과 시장에 관한 논의로는 Cassady, 1974; Grierson, 1903; Hawk, 2015 등을 보라.

26 카르타고의 탐험가 한노의 설명에 근거한 것으로 보이는 이 인용문의 출처는 다음과 같다. The History of Herodotus (4권), at classics.mit.edu/Herodotus/history.3.iii.html.

27 Grierson, 1903; Hawk, 2015; Woodburn, 1982, 1998. 교역 옹호론을 펴는 고고학 연구의 한 가지 문제는 이 연구가 보통 물자의 이동에 바탕을 두는데, 물자는 습격과 도둑질을 통해서도 이동할 수 있다는 것이다.

28 Cassady, 1974; Grierson, 1903.

29 대규모 사과 해상 운송에 관한 논의로는 Plattner (1989)를 보라. 신용재는 어디에나 존재하며, 내면된 시장 규범이나 개인 간 관계가 부재하면 신용재 시장이 엉망이 된다. 델리와 우타르프라데시의 비공식적 시장에서 신선한 물소 우유를 산다고 생각해보자. 데베시 루스타지와 그의 동료 마커스 크롤(Markus Kroll)은 이 시장들을 연구하기 위해 우선 몇몇 시장에서 여러 독립 판매자들에게 우유를 1리터씩 구입해서 표본의 수분 함량을 검사했다. 놀랍게도 모든 표본이 물로 희석된 것이었다. 하지만 첨가된 물의 양은 최저 4퍼센트에서 최고 37퍼센트까지 다양했고 평균 희석도는 18퍼센트였다, 즉 우유 1리터당 약 5분의 1의 물이 첨가된 셈이었다. 데베시와 마커스는 계속해서 우유가 신용재임을 입증하기 위해 우유 판매자들(우유 희석의 전문가들)을 대상으로 대회를 열었다. 대회 참가자들은 여러 표본을 놓고 얼마나 많은 물이 첨가됐는지를 정확하게 예측하면 꽤 많은 상금을 받았다. 결과는 분명했다. 적어도 40퍼센트 이하에 대해서는 누구도 물이 첨가됐는지도 정확히 판단하지 못했다. 판매자들은 대략 정확한 순서로 희석된 정도를 나열하지도 못했다. 따라서 (현대식 실험 설비를 이용할 수 없다면) 우유는 정말로 강한 신용재다. 마지막으로 두 연구자는 비개인적 정직성 게임을 활용해서 우유 판매자 72명의 공평한 정직성을 측정했다. 참가자들은 6면 주사위를 던져서 자신이 보고한 숫자에 따라 돈을 받는다. 예상 가능한 일이지만, 주사위 결과를 허위로 보고한 우유 판매자일수록 대개 더 높은 비율로 우유를 희석했다. 주사위 게임이 우리가 관심이 있는 종류의 행동을 정확히 측정한다는 사실이 확인되었다. 주사위 던지기 총 40회 중 6회를 거짓 보고할 때마다 우유 판매자의 희석도가 3퍼센트포인트씩 증가했다. 흥미롭게도 우유 희석으로 측정한 공평한 정직성과 일관되게 관련이 있는 우유 판매자들의 특징은 두 가지뿐이었다. 의례 참석과 카스트 소속이 그것이다. 더 자주 의례에 참석하는 판매자일수록 우유에 물을 덜 탔다. 이

와 대조적으로, 씨족에 기반한 목축 카스트 성원들은 우유에 물을 탈 가능성이 더 높았다(Kröll and Rustagi, 2018).

30 Greif, 2006b, 2006c; Greif and Tabellini, 2010, 2015.

31 Aubet, 2013; Hawk, 2015. 또다른 사례로는 11세기 지중해 마그레브 지역 상인들에 관한 그라이프의 연구를 보라(Greif, 1989, 1993, 2006c).

32 Ma, 2004 (269쪽), 2007.

33 Berman, 1983; Greif, 2003, 2006a, 2006b, 2006c; Greif and Tabellini, 2010, 2015; Hawk, 2015; Ma, 2004; Weber, 1978. 흥미롭게도 많은 지역에서 법률과 사법 절차는 종교적 믿음과 관행의 연장이었다.

34 Faure, 1996; Greif, 2006b, 2006c; Ma, 2004; Rowe, 2002. 상대적으로 씨족이 약하고 개인주의가 강한 중국의 지역들(가령 북부)에서는 상인 조직이나 길드가 씨족 대신 출신 지역에 바탕을 두었지만, 근원적인 양상은 비슷했다. 그밖에도 역사적, 인류학적 기록을 보면, 카스트나 직종별 씨족 같이 지정된 집단들 사이에서 일부 상품과 서비스의 거래를 관리하는 집단 특유의 거래 규범이 많이 존재했음이 드러난다.

35 Berman, 1983; Greif, 2006b, 2006c; Lynch, 2003; Mitterauer and Chapple, 2010; Moore, 2000; Pirenne, 1952.

36 Bartlett, 1993; Berman, 1983; Lilley, 2002; Pirenne, 1952; Stephenson, 1933.

37 Buringh and Van Zanden, 2009; Cantoni and Yuchtman, 2014; Greif, 2006b, 2006c; Greif and Tabellini, 2010; Lopez, 1976. 유럽이 이슬람 세계를 넘어서는 데는 다시 몇 세기가 더 걸렸다(Bosker et al., 2013). 하지만 이 도시화 추정치가 정확한지를 둘러싸고 일부 논쟁이 있다. 어떤 이들은 중국의 도시화 비율이 낮은 것은 유럽보다 더 조밀한 도시 주변 지역이 불규칙하게 뻗어 있었기 때문이라고 주장한 바 있다(Ma, 2004). 하지만 이런 주장은 여기서 내가 이야기하는 논점에 큰 영향을 미치지 않는다. 정확한 수치가 바뀐다 하더라도 중요한 질적 양상은 여전히 유효하다.

38 Bosker, Buringh, and Van Zanden, 2013; Stasavage, 2016; Weber, 1958a.

39 데이터 출처는 Bairoch, Batou, and Chevre, 1988. Buringh and Van Zanden, 2009; Cantoni and Yuchtman, 2014; Lynch, 2003 등도 보라. 여기서는 도시화 초기 단계의 과정을 포착하기 위해 주민이 1,000명 이상인 거주지를 모두 '도시'로 집계한다.

40 Guiso, Sapienza, and Zingales, 2016; Lynch, 2003.

41 Bartlett, 1993; Berman, 1983; Bosker et al., 2013; Greif and Tabellini, 2015; Lilley, 2002; Stasavage, 2016.

42 Bartlett, 1993; Berman, 1983; Lilley, 2002; Stephenson, 1933. 인용문에 관해서는 Stephenson, 1933, 25쪽을 보라.

43 Bartlett, 1993; Berman, 1983; Grierson, 1903; Stephenson, 1933.

44 Berman, 1983.

45 Bartlett, 1993.

46 Stephenson, 1933. 정복왕 윌리엄의 사촌인 윌리엄 피츠오스번은 웨일스와 경계에 자리한 헤리퍼드의 새로운 백작에 올랐다. 새로운 백작은 브르타유법에 따라 헤리퍼드에 헌장을 부여했다. 브르타유법은 노르망디(프랑스)에 있는 그의 고향의 헌장에 바탕을 둔 것이었다. 이내 새로운 헤리퍼드법이 웨일스 전역과 아일랜드까지 확산되면서 수십 개의 '딸 도시'와 '손녀 도시'가 만들어졌다.

47   Bartlett, 1993; Berman, 1983; Greif, 2008; Lilley, 2002; Stephenson, 1933; Lynch, 2003.

48   Berman, 1983, 379쪽; Stephenson, 1933.

49   Gelderblom, 2013.

50   데이터 출처는 Schulz, 2019.

51   Berman, 1983; Cantoni and Yuchtman, 2014; Stephenson, 1933. 중세 길드는 흔히 강력한 독점적 통제권을 갖고 보호주의 관세를 만들어냈다고 여겨진다. 하지만 리처드슨(Richardson, 2004)은 잉글랜드의 법률과 헌장에 관해 구할 수 있는 증거를 양적으로 분석한 결과에 근거해서 중세 길드의 독점적 영향력이 크게 과대평가되었다고 주장한다. 무엇보다도 길드가 때로 본거지 내에서 생산을 통제할 수는 있었지만 그 생산물은 여전히 다른 도시의 비슷한 길드의 생산물과 경쟁해야 했다. 대안적인 견해로는 Ogilvie, 2019를 보라.

52   Schulz, 2019. 한 가지 우려되는 점은 교회가 전도유망해 보이는 장소에 주교구를 두기로 결정했을 수 있다는 것이다. 하지만 교회의 목표는 모든 곳에 퍼져 있는 것이었으며, 따라서 교회는 가능한 어디에나 기회주의적으로 퍼져나갔다. 조너선의 분석은 한 지역의 초기 번영 수준(서기 500년), 로마 가도의 존재, 일군의 생태적, 농업적 변수 등 교회 지도자들이 결정을 내리는 데 활용했을 수 있는 요인들을 고려한다.

53   Bosker et al., 2013; Cantoni and Yuchtman, 2014.

54   Richardson, 2004.

55   Cantoni and Yuchtman, 2014에서 약간 수정함.

56   Gibson, 2002; Kosfeld and Rustagi, 2015; Richardson, 2004; Rustagi et al., 2010. 이 일부다처 사회에 많이 있는 젊은 독신 남성은 보통 일자리를 찾아 소도시로 이주하지만, 고향에 있는 친족 기반 연결망에 사회적, 심리적으로 여전히 매어 있기 쉽다.

57   Berman, 1983; Clark, 2007a; Lopez, 1976.

58   Benson, 1989; Berman, 1983; Gelderblom, 2013. 경제사학자 애브너 그라이프(Avner Grief)는 원거리 교역을 다음과 같이 묘사한다. "이런 거래에서 무역업자의 거래 결정은 파트너의 개인적 평판과 무관하다. 그 파트너의 과거 행동이나 그와 장래에 교역할 수 있다는 기대, 장래의 교역 파트너들에게 부정행위를 신고하는 능력 등을 전혀 알지 못한 채 결정이 이루어진다(Greif, 2006c, 221~22쪽)."

59   Gelderblom, 2013; Greif, 2002, 2003, 2006b, 2006c.

60   Berman, 1983; Cantoni and Yuchtman, 2014; Greif, 2003, 2006b, 2006c.

61   Cantoni and Yuchtman, 2014; Gelderblom, 2013; Jacob, 2010, 11~12쪽.

62   Benson, 1989; Berman, 1983; Gelderblom, 2013; Greif and Tabellini, 2015; Ma, 2007. 금융에 관해서는 Rubin, 2017을 보라.

63   Jha, 2013.

64   Ahmed, 2009; Durante, 2010; Gelderblom, 2013; Greif and Tabellini, 2015; Guiso et al., 2016; Jha, 2013; Nunn and Wantchekon, 2011. 넌과 완치콘(2011)은 대양과 강의 근접성이 아프리카를 제외하고 인간이 거주하는 모든 대륙에서 비개인적 신뢰와 관련이 있다고 지적한다. 이 관계가 아프리카에서 나타나지 않은 것은 아마 (1) 아프리카에 자연 항구와 항행 가능한 수로가 부족한 사실(Sowell, 1998)과 (2) 노예무역의 장기적 효과가 결합된 탓으로 보인다. 1500년부터 약 1800년까지 아프리카에서 대양에 근접하다는 것은 노예화의 위험이 더 크다는 것을 의미했다. 한편 역사학자들이 말하는 것처럼, 중세 유럽에서는 상업적 유대가 "외국인 무역업자를 환영하는 태도와 지방의 제도를 사업적 필요에 맞추려는 일관된 노력을 자극했다."(Gelderblom, 2013, 4쪽) 역사적 제도와

사건이 심리에 미치는 효과에 관한 증거로는 Dell, 2010; Grosjean, 2011; Nunn, 2007, 2009; Nunn and Wantchekon, 2011 등을 보라.

65 9세기 말 카롤루스 제국의 폐허에서 자유로운 도시국가들이 처음 등장한 이탈리아 북반부에서 이런 모습을 볼 수 있다. 지중해 무역과 새로운 발명, 외국의 제도에 언제든 접근할 수 있었던 이 도시국가들은 상업과 경제적 번영, 새로운 제도의 형성에서 유럽 전체보다 빠르게 앞서나갔다. 하지만 어떤 경우에는 개인이나 핵가족이 아니라 함께 일하기로 맹세한 강력한 부계 혈족들이 자발적 결사체를 이루었다. 이는 후에 이탈리아의 유력 가문들이 반격에 나서는 토대가 되었을 수 있다(Guiso et al., 2016; Jacob, 2010). 좀처럼 사라지지 않는 친족 기반 제도의 효과는 상업혁명 시기에도 볼 수 있다. 당시 집약적 친족 기반 제도가 토스카나의 상인 은행들을 인수했다(Padgett and Powell, 2012). 하지만 이 상인 은행들은 중국 후이족의 은행과 달리 100년 동안만 지속되다가 결국 더 경쟁력이 있는 조직에 밀려났다. 산업혁명 이후에도 잉글랜드의 기업가 계급은 사촌결혼을 통해 권력을 강화하고자 했다(Kuper, 2010).

Chapter 10 집단 간 경쟁과 자발적 결사체의 성장

1 Bellows and Miguel, 2006, 2009.

2 Bauer et al., 2014. 이 연구들은 더 많은 전쟁 노출이 본질적으로 무작위적임을 입증하기 위해 광범위한 노력을 기울인다. 그래야 일정한 심리적 양상이나 동기 때문에 개인이나 가족이 전쟁으로 이끌린다고 생각할 이유가 없어지기 때문이다. 앞서 언급한 것처럼, 반군의 마을 공격에 관한 설명에서 군인들은 대개 마을에 들어와서 총을 난사하면서 눈앞에 보이는 아무 집이나 불을 질렀다. 이런 설명에서 예외가 있다면 마을 지도자들뿐이다. 그들은 특별한 표적이 되었다.

3 물론 어떤 숨은 방식으로 폭력이 무작위가 아니었을 수도 있다. 진짜 실험이 자연 실험보다 더 나은 것은 이 때문이다. 이런 문제들은 Bauer et al., 2016, 2014에서 논의된다.

4 Cecchi, Leuveld, and Voors, 2016. 이 연구는 그 자체로 전쟁과 의사결정 사이의 인과관계를 분명히 보여주지 않는다. 하지만 시에라리온에서 하나로 수렴되는 몇 가지 증거들에 비추어 여기서 인과성의 언어를 사용했다.

5 Bellows and Miguel, 2006, 2009.

6 Annan et al., 2011; Bauer et al., 2014, 2016; Bellows and Miguel, 2006, 2009; Blattman, 2009; Buhrmester et al., 2015; Cassar, Grosjean, and Whitt, 2013; Gilligan, Pasquale, and Samii, 2014; Voors et al., 2012; Whitehouse et al., 2014. 이 연구들 중 일부는 전쟁이 아동과 청소년, 젊은 성인들에게 가장 큰 심리적 영향을 미쳤으리라는 것을 보여준다. 러시아군이 남오세티야를 폭격하고 불과 6개월 뒤인 2008년, 우리 연구팀은 나중에 시에라리온에서 활용하는 것과 동일한 실험적 게임을 진행해서 조지아의 초등학생들을 연구했다. 실험 결과를 보면, 이 공격으로 시에라리온의 성인들과 같이 6세밖에 안 된 조지아 어린이들의 사회적 행동이 바뀌었음을 알 수 있다. 성인 참가자들의 다수가 전쟁 당시 어린이였던 시에라리온과 조지아의 연구 결과를 종합해보면, 아동기 중기(middle childhood. 8~10세)에 시작된 전쟁이 20대 초반까지 이어지며 사람들의 심리에 가장 큰 영향을 미쳤다(Bauer et al., 2014).

7 Bauer et al., 2014; Henrich, 2016; Henrich, Bauer et al., 2019; Lang, Kratky et al., 2015; Sosis and Handwerker, 2011.

8 이 수치와 결과는 Bentzen (2013)에서 가져온 것인데, 대규모 표본을 비롯한 추가적 데이터를 이용해서 비슷한 분석을 한 예로는 Bentzen (2019)도 보라. Bentzen (2019)는 이런 결과가 불교인들에게

는 유효하지 않을 수 있음을 보여준다.

9   이 결과는 개별 지진이 종교적 믿음에 미치는 효과에 관한 연구로 더욱 강화된다(Sibley and Bulbu-lia, 2012). 열대 폭풍과 지진을 사회적 동기와 연결하는 연구로는 Castillo and Carter, 2011; Rao et al., 2011; Vardy and Atkinson, 2019 등을 보라.

10   Henrich et al., 2019.

11   Henrich et al., 2019. 전쟁이 미치는 영향은 또한 사람들이 자신의 경험을 (해석적으로) 숙고하는 가운데 시간이 흐르면서 커질 수 있다(Newson, Buhrmester, and Whitehouse, 2016).

12   Cassar et al., 2013; Henrich et al., 2019. 특히 폭력으로 갈라진 공동체 내에서 전쟁에 많이 노출된 사람일수록 내전이 끝나고 10년이 지난 뒤에도 낯선 사람보다 같은 마을 사람(자기 씨족 외부 사람)을 불신했다. 유용한 배경 정보를 알려준 알레산드라 카사르와 폴린 그로스진(Pauline Grosjean)에게 감사한다.

13   Cohen, 1984; Collier, 2007; Morris, 2014; Tilly, 1993; Turchin, 2015.

14   Dincecco and Onorato, 2016, 2018; Pirenne, 1952; Scheidel, 2019.

15   Dincecco and Onorato, 2016, 2018; MacFarlane, 2014; Tilly, 1993. 1500년 이후 왕가의 결혼이 유럽의 무력 충돌 비율에 미친 영향에 관한 최근 연구 결과를 감안할 때(Benzell and Cooke, 2016), 인척을 비롯한 친족과의 결혼에 대한 교회의 제약이 중세 초기와 번성기에 무력 충돌의 빈도를 증가시켰을 수 있다. 무엇보다 4차 라테란 공의회, 그리고 특히 프로테스탄티즘의 부상 이후 이런 제약이 약해졌다.

16   단명한 진(秦)나라를 논외로 하기 때문에 '안정된'이라는 표현을 사용했다.

17   Fukuyama, 2011; Hui, 2005; Levenson and Schurmann, 1971; Morris, 2014.

18   데이터 출처는 Dincecco and Onorato, 2016.

19   Dincecco and Onorato, 2016, 2018. 두 저자는 이런 접근법이 실제로 전쟁의 인과적 영향을 포착하지 못할 수 있다는 우려를 누그러뜨리기 위해 광범위한 분석을 수행했다.

20   Martines, 2013.

21   전쟁 과제를 달성하기 위해 십자군은 토지를 일부 팔거나 담보로 걸어서 거액을 빌렸는데, 마침내 왕들은 세금을 징수하는 법을 알아냈다(Blaydes and Paik, 2016). 엘리트들이 저당 잡히지 않은 땅을 (대개 상인에게) 팔아야 했기 때문에 공동 소유(상속 관습)에 반대하는 교회의 캠페인은 개인 소유를 선호하는 방침과 함께 하나의 압력으로 작용했다.

22   Blaydes and Paik, 2016. 이상적으로 따지면, 엘리트와 비엘리트의 전쟁 동원에 관한 데이터가 있어야 할 텐데, 따라서 여기서 엘리트의 동원에 관한 데이터가 전체 동원의 대용물 역할을 한다. 십자군전쟁이 끝난 뒤, 유럽의 교역량이 특히 증대했고, 플랑드르와 브뤼헤 같은 도시들은 십자군이 여정 중에 접한 향신료, 비단, 자기를 비롯한 사치품의 중심지가 되었다. 십자군전쟁은 또한 하나의 문화적 실체로서 '유럽'이나 '기독교 세계'에 대한 사람들의 이해를 강화했을 것이다.

23   Blaydes and Paik, 2016; Bosker et al., 2013; Cahen, 1970; Dincecco and Onorato, 2016, 2018; Fried, Ettinger et al., 1994; Hoffman, 2015; Stasavage, 2016. 인용문의 출처는 Cahen (1970). 이슬람 세계에도 단일 도시로 정치적 자치를 누리는 영역이 존재했지만, 이 도시들을 통치한 것은 대표 의회가 아니라 토후였다(Bosker et al., 2013).

24   Churchill, 2015. 전쟁이 누진세제 창설에 미친 영향(Scheve and Stasavage, 2010)은 전쟁이 우리의 심리를 변화시킨 결과일 가능성이 크다.

25   Aghion et al., 2018; Hoffman, 2015; McNeill, 1982; Stasavage, 2011, 2016.

26 Kroszner and Strahan, 1999. 1994년 이런 주 차원의 과정이 결국 '리글-닐 주간 은행업 및 효율적 지점 개설법(Riegle-Neal Interstate Banking and Branching Efficiency Act)'으로 귀결되어 미국의 모든 주에서 지점 개설 제한이 폐지되었다.

27 Nelson and Winter, 1985; Richerson et al., 2016. 기업들이 서로 모방한다는 것은 충분히 확인된 사실이다(Davis and Greve, 1997; Shenkar, 2010). 여러 실험에서 친사회적 행동이 사회적 연결망을 통해 어떻게 확산되는지를 보여준다(Fowler and Christakis, 2010).

28 데이터를 제공한 패트릭 프랑수아와 토머스 후지와라에게 감사한다(Francois et al., 2011, 2018).

29 Francois et al., 2011, 2018.

30 Francois et al., 2011, 2018.

31 우리 조상들이 살던 환경에 근거해 볼 때, 인간이 빈도가 낮고 심지어 1회로 끝나는 상호작용에 잘 적응하고 있다고 믿을 만한 충분한 이유가 있다(Chudek, Zhao, and Henrich, 2013; Fehr and Henrich, 2003; Henrich, 2016).

32 데이터를 제공한 패트릭 프랑수아와 토머스 후지와라에게 감사한다(Francois et al., 2011).

33 패트릭 연구팀의 실험 결과는 집단간 경쟁으로 생겨난 수입 증가 때문이 아니다(Francois et al., 2011). 실제로 그들의 분석에 근거하면 수입 증가는 신뢰 증대를 가져오지 않는다(Francois, Fujiwara, and van Ypersele, 2018).

34 Bornstein and Benyossef, 1994; Bornstein, Budescu, and Zamir, 1997; Bornstein, Gneezy, and Nagel, 2002; Puurtinen and Mappes, 2009; Sääksvuori, Mappes, and Puurtinen, 2011.

35 Francois et al., 2011; Peysakhovich and Rand, 2016.

36 Muthukrishna et al., 2017.

37 Shleifer, 2004. 물론 최고경영자 연봉은 많은 과정에 영향을 받는다(Murphy, 2013; Murphy and Zabojnik, 2004).

38 Greenwood, Kanters, and Casper, 2006; Newson et al., 2016; Wann, 2006; Wann and Polk, 2007.

39 Finke and Stark, 2005; Norris and Inglehart, 2012.

40 Berman, 1983; Cantoni and Yuchtman, 2014; de la Croix, Doepke, and Mokyr, 2018; De Moor, 2008; Ekelund et al., 1996; Epstein, 1998; Gelderblom, 2013; Greif, 2006c; Greif and Tabellini, 2015; Kleinschmidt, 2000; Lynch, 2003; McNeill, 1982; Mokyr, 2013; Serafinelli and Tabellini, 2017; Van Zanden, 2009a, 2009b.

41 Van Zanden, 2009a, 2009b, 표 2.

42 Andersen et al., 2017; Mokyr, 2002; Van Zanden, 2009.

43 Andersen et al., 2017; Donkin, 1978; Herbermann et al., 1908; Mokyr, 2002; Woods, 2012. en.wikipedia.org/wiki/Cistercians도 보라. 시토수도회의 쇠퇴에 관해서는 시토회 수사들, 그리고 특히 평신도들이 자신들이 생산하는 엄청난 양의 포도주를 너무 자주 축내기 시작했다는 이야기가 있다(Gimpel, 1976). 도시화 및 시장의 경우와 마찬가지로, 수도원의 성장도 중세 번성기에 가속화했다. 하지만 10세기부터 12세기까지 시토회의 급속한 성장은 도시와 무관하게 농촌에서 이루어졌다. 시토회는 미개간지를 선호했고 종종 외딴 습지에 자리를 잡았다. 따라서 이 새로운 수도원들은 도시화 및 상업과 '나란히 진행된' 단순한 결과가 아니었다. 그보다 이 모든 자발적 결사체의 확산은 동일한 원인, 즉 교회가 야기한 사회적, 심리적 변화에 의해 추동된 것이다. 특히 많은 수도원의 확산이 도시의 성장과 관계가 없기는 하지만, 오랫동안 서방 교회 아래 있던 지역에서 가장 극적으로 나타났다. 이런 지역에서는 이미 가족 조직이라는 풀뿌리 차원의 변화가 이루어졌기 때문이다.

44 길드 데이터는 게리 리처드슨이 수집한 영국 길드 데이터베이스에서 가져온 것이다('Database English Guilds,' 2016). 대학 데이터의 출처는 Verger (1991)이다.

45 Weber, 1958b. 수도원과 함께 교구 교회들 사이에서도 경쟁이 벌어졌다. 주거와 관계가 유동적인 중세 유럽인들은 분명 자신이 선호하는 교구 교회로 옮겨갔다(Ekelund et al., 1996).

46 Richardson, 2004, 2005; Richardson and McBride, 2009. 종교는 길드의 삶에서 핵심적인 역할을 했다(Ogilvie, 2019).

47 Berman, 1983; Cantoni and Yuchtman, 2014; Huff, 1993; Van Zanden, 2009; Verger, 1991; Woods, 2012.

48 Berman, 1983; Huff, 1993; Verger, 1991. 중세 유럽인들은 이슬람 사회와 결국에는 중앙아시아 사회로부터 (하나의 기관으로서) 대학의 몇몇 핵심 구성요소를 획득하고, 재결합하고, 재해석한 것으로 보인다(Beckwith, 2012). 이슬람 세계의 대학과 마찬가지로, 전근대 중국의 대학도 유럽의 대학과 같은 독립성을 전혀 발전시키지 못했다(Hayhoe, 1989).

49 Lynch, 2003.

50 Alvard, 2011; Barnes, 1996; Tuzin, 1976, 2001. 예를 들어, 일라히타의 탐바란은 얌 재배 겨루기의 형태로 의례 그룹들 사이의 경쟁을 지시했다. 이 지역 전체에서 농민들은 오랫동안 누가 가장 크고 기다란 얌을 재배할 수 있는지를 놓고 경쟁을 했다. 이런 얌은 보통 무게가 수백 파운드(100파운드는 약 45킬로그램─옮긴이)에 달했다. 일라히타에서 이런 얌 재배 경쟁은 일종의 팀 스포츠로 바뀌었지만, 씨족이 아니라 의례그룹들 사이에서 벌어지는 경쟁이었다. 이들은 팀을 이루어 노동을 했는데, 아마도 이런 경쟁 경험 덕분에 의례 그룹 성원들 사이에 더 큰 연대의식이 생겨났을 것이다. 이런 그룹의 성원들은 각기 다른 씨족 출신이었기 때문에 팀 경쟁은 씨족들 사이의 개인 간 유대를 효과적으로 강화하고 일라히타 전체를 강화했을 게 분명하다.

51 Greif and Tabellini, 2015; Liangqun and Murphy, 2006; Peng, 2004.

52 Goetzmann and Rouwenhorst, 2005; Stringham, 2015.

53 Christmas, 2014; Hofstadter, 1969. 16세기 유럽 각지에서는 새로운 종교적 결사체가 폭증했다. 다양한 종교 신앙을 가진 공동체들 사이에서 전쟁이 벌어지고, 수도원이 파괴되고, 내적 충돌이 극심해졌다. 하지만 1682년, 퀘이커교도 윌리엄 펜은 잉글랜드 왕으로부터 펜실베이니아에 식민지를 세워도 된다는 허가를 받았다. 퀘이커교도였던 그는 청교도들이 뉴잉글랜드에서 한 것처럼 신정(神政) 국가를 세울 수 있었다. 하지만 그 대신 그는 새로운 식민지를 위해 자유 헌장을 작성해서 종교의 자유를 비롯한 여러 기본권을 보장해주었다. 곧이어 필라델피아도 (퀘이커교도, 유대인, 가톨릭교도, 위그노, 아미시, 숙련된 집단인 루터교도 등) 새로 도착하는 사람들이 늘어나면서 경제적으로 번성해서 상대적으로 관용적이지 않은 북아메리카의 경쟁자들을 앞질렀다.

54 Harris, 1998, 190쪽; MacFarlane, 2014; www.baseball-reference.com/bullpen/origins_of_baseball.

Chapter 11   시장의 사고방식이 형성되다

1 Smith, 1997, 17쪽에서 인용.

2 Boerner and Severgnini, 2015; Cipolla, 1977; Dohrn-van Rossum, 1996; Thompson, 1967.

3 Levine and Norenzayan, 1999.

4 Levine, 2008; Levine and Norenzayan, 1999. 아라와 보브는 또한 세 번째 방식으로 시간 절약을 측

정했다. 각 도시에서 시내 은행 15곳을 무작위로 골라서 은행의 공용 시계를 (정확한) 표준 시간과 비교했다. 사람들이 시계의 시간에 심리적으로 맞춰져 있고 1분 1초에 신경을 쓸수록 시계를 더 정확히 맞춰놓고 더 자주 시간을 맞출 것이라고 생각했기 때문이다. 취리히와 빈에서는 시계의 오차가 평균 25초 이내였다. 아테네와 자카르타에서는 시계 오차가 평균 2.5~3.5분이었다. 이런 차이를 심리의 다른 측면과 연결해서 재분석한 결과, 개인주의 성향이 강한 인구 집단일수록 시계의 오차가 적었다. 시간 절약 관심과 일치하는 결과다. 우리는 또한 '엄격한' 사회(규범 순응에 대한 관심이 큰 사회)일수록 시계 오차가 적게 나타난다는 사실도 발견했다. 심리적 엄격함은 역사적 친족관계의 강도(7장)뿐만 아니라 환경적 충격이나 전쟁 등 여러 요인에 의해 높아진다. 따라서 이 경우에 심리적 변이와 역사적 변이의 연관성은 복잡하다.

5   Cipolla, 1977; Dohrn-van Rossum, 1996; Kleinschmidt, 2000; Richardson, 2004, 19~20쪽. 종교개혁 (1517년. 서론을 보라) 직후에 널리 퍼진 학교들에서 하루의 시작과 끝을 알린 것은 대개 종소리였는데, 이 종은 기계식 시계에 연결되어 있었다. 교사와 강사는 수업을 시작하면서 모래시계를 뒤집었다. 생산을 위한 설명서에서는 더 정확한 시간 관념이 나타난다. 12세기 초에 필사본에 삽화를 넣는 데 사용된 금 혼합 설명서는 광석을 '2~3시간' 동안 맷돌로 갈아야 한다고 설명한다. 15세기에 이르면 시간 설명이 더 흔하고 점차 정확해진다. 가령 화약 제조 설명서는 황, 초석, 염화암모늄을 불 위에 놓고 30분 동안 휘저으라고 설명한다(Dohrnvan Rossum, 1996, 307~308쪽).

6   Boerner and Severgnini, 2015; Dohrn-van Rossum, 1996.

7   Thompson, 1967, 58~59쪽. 여러 다른 사회의 사람들이 시간에 관해 어떻게 생각하는지에 관한 연구로는 Boroditsky, 2011을 보라.

8   Bourdieu, 1990, 222쪽; Hallowell, 1937; Levine, 2008; Thompson, 1967, 58~59쪽; nobaproject.com/ modules/time-and-culture.

9   www.franklinpapers.org/franklin/framedVolumes.jsp.

10   Smith, 2015.

11   de Vries, 1994, 2008; Glennie and Thrift, 1996; Thompson, 1967.

12   Alonso, 2013; Cooperrider, Marghetis, and Núñez, 2017; Dehaene et al., 2008; Droit-Volet, 2013; Glennie and Thrift, 1996; Han and Takahashi, 2012; Takahashi, 2005; Takahashi et al., 2009. Weber (1958b)는 프로테스탄티즘과 자본주의에 관한 논의에서 시계 시간의 중요성을 지적했다.

13   de Vries, 1994, 2008; Doepke and Zilibotti, 2008; Voth, 1998.

14   de Vries, 2008; Voth, 1998.

15   Bhui and Henrich, 2019. 우리는 이런 소규모 사회들에서 여성의 상업적 노동과 전체 노동 시간 사이의 관계를 발견하지 못했지만, 여성이 남성보다 더 오래 일을 한다는 점은 발견했다.

16   de Vries, 1994, 2008; Glennie and Thrift, 1996; Henrich, 1997; Pettegree, 2015; Sahlins, 1998; Thompson, 1967.

17   Clark, 1987. 잉글랜드(Clark, 1987)와 프랑스(Grantham, 1993)의 수확에서도 비슷한 양상이 드러난다. 다른 한 가지 가능성은 옥수수나 감자 같은 새로운 작물에서 얻을 수 있는 칼로리가 크게 증가하는 등의 요인으로 시간이 흐르면서 사람들이 더 잘 먹었을 수 있었다(Nunn and Qian, 2011).

18   데이터 출처는 Donkin, 1978. 데이터를 공유해 준 자넷 벤첼에게 감사한다.

19   Andersen et al., 2017; Donkin, 1978; Gimpel, 1976; Woods, 2012.

20   Andersen et al., 2017. 나는 앤더슨 등이 수행한 분석에 관해 몇 가지를 입증하기를 원했기 때문에 우리 연구팀에서 이 데이터를 입수했다. 여기에 우리는 클뤼니, 도미니코, 프란치스코 등 시토회 이

외의 몇몇 수도회의 수도원 위치에 관한 자세한 데이터를 추가했다. 그 결과 '시토회 효과'를 시토회 이외의 수도원들이 야기한 효과와 비교할 수 있었다. 시토회 이외의 수도원들의 존재를 통계적으로 통제하면, 시토회가 미친 영향이 실제로 약간 더 강해졌다. 게다가 시토회 이외의 수사들이 고된 노동에 관한 사람들의 믿음에 작게나마 긍정적인 효과를 미치긴 했지만, 이런 효과는 시토회에 비하면 보잘것없었고, 가톨릭교인들에게만 초점을 맞추면 겨우 0과 구분할 수 있는 정도였다. 이 경우에 시토회 효과는 다른 수도회의 효과보다 23배 더 컸다. 둘째, 우리는 앤더슨 등이 사용한 로빈슨 투영법 대신 알버스 동일 영역 원뿔 투영법을 사용했다. 이 방법을 이용하면 각 지역의 토지 면적을 더욱 정확히 측정할 수 있다. 전반적으로 우리의 재분석은 앤더슨 등의 연구 결과를 다시 확인해준 것이었다. 이 문제에 관한 자신의 연구를 알려준 캐미 커틴(Cammie Curtin)에게 감사한다.

21 사람들에게 비개인적 '상업'을 무의식적으로 암시하는 식으로 시장, 즉 사고가 노동 노력에 미치는 효과도 탐구된 바 있다. 사람들에게 돈, 특히 현금을 암시하는 것은 상업적 심리를 부추기고 그 효과를 연구하는 손쉬운 방법이다. 돈과 관련된 점화 자극 실험의 기본 구조는 다음과 같다. (1) 현금에 손을 대거나 현금의 이미지를 보거나 돈이 포함된 구절을 조합하는 등 돈을 무의식적으로 암시하는 상황이나 (2) 실험 조건과 아주 흡사하지만 금전이나 시장과 관련된 단서가 전혀 없는 통제된 상황에 참가자들을 무작위로 할당한다. 그다음 참가자들에게 완수하기 어려운 과제를 주고, 그들이 얼마나 오래 과제를 부여잡고, 얼마나 효율적으로 일하며, 전반적으로 얼마나 잘 수행하는지를 연구자가 평가했다. 무엇보다도 참가자는 이런 과제를 수행하는 대가를 받지 않고, 다만 일정한 상황에서 돈을 떠올릴 뿐이다. 결과는 대체로 일관성이 있었다. 미국, 인도, 이탈리아, 튀르키예 등 다양한 나라의 대학생에게 현금을 무의식적으로 암시했을 때, 금전과 무관한 (통제) 상황에 놓인 이들에 비해 이후 과제에서 더 오랫동안 열심히 빠르게 일했다. 예상 가능한 일이지만, 이 과제에서 전반적인 성과도 더 좋았다. 어린아이들을 대상으로 한 실험에서도 똑같은 결과가 나왔다. 이런 문화적 효과가 깊이 각인된다는 것을 알 수 있다(Gasiorowska et al., 2016; Vohs, 2015; Vohs et al., 2006, 2008).

22 Salali and Migliano, 2015. 데니즈는 또한 같은 도시에 사는 반투족 농민들의 경우에 58퍼센트 정도가 우수 다섯 개를 받으려고 기다렸다. 그들은 도시에 거주하는 수렵채집인인 바야카족보다 약간 인내심이 많았다. 이는 또한 농업, 특히 일정한 종류의 농업이 만족을 나중으로 미루는 능력을 선호함으로써 (은행이나 저축 계좌 같은) 모종의 제도를 위한 심리적 토대를 비옥하게 만들어준다는 것을 보여준다(Galor and Özak, 2016).

23 Godoy et al., 2004; Reyes-Garcia et al., 2007; Salali and Migliano, 2015; Tucker, 2012. 또 다른 연구는 구 소련권에서 미국으로 온 이민자들에서 인내심이 많아졌다고 보고한다. 이민자들이 WEIRD 문화와 더 오래 접촉할수록 인내심이 많아졌으며 본국으로 돌아간 뒤에도 다르지 않았다(Klochko, 2006).

24 Clark, 2007a; Elias, 1981; Pinker, 2011.

25 Clark, 2007a; Eisner, 2001, 2003. 이 계산을 한 방식을 검토하려면 Clark, 1987, 2007a를 보라. 나는 토지 수익과 지대를 바탕으로 이자율 산정치의 평균을 구했고, 7개 산정치의 이동 평균을 이용해서 곡선을 매끈하게 다듬었다.

26 Clark, 2007a. 이 현상의 이면에는 여러 가지가 존재한다. 여기서 보여주는 이자율은 간접적인 추정치일 뿐이기 때문이다(Clark, 1987, 2007a). 거의 모든 생산적 부에 토지가 관련되는 산업화 이전 농업 경제에서는 인플레이션이 거의 없는데, 평균 토지 수익이나 지대를 바탕으로 이자율을 추정할 수 있다. 가령 토지 가격이 1,000달러이고 해마다 (이를테면 상업 작물로) 100달러를 생산할 수 있다면, 이자율은 10퍼센트로 산정된다. 마찬가지로 지대는 대출과 비슷하다. 내가 당신한테

100달러를 빌려주고 당신이 토지를 담보로 걸면서 돈을 갚을 때까지 해마다 1달러씩 주겠다고 약속한다고 치자. 이 거래에서 연 이자율은 1퍼센트로 산정된다. 유용한 논의로는 faculty.econ.ucdavis.edu/faculty/gclark/ecn110a/readings/chapter9.pdf를 보라.

27 Clark, 2007a; Dohmen et al., 2015. 클라크는 이런 심리적 변화가 유전적 변화 때문일 가능성이 있다고 이야기하면서도 문화 때문일 가능성을 열어둔다(Clark, 2007b). 정반대로, 하나로 수렴되는 몇 가지 증거들을 보면, 문화적 진화가 이 과정을 추동하는 역할을 한다. 문화가 유전자에 영향을 미칠 수 있다는 점에 관해서는 앞 장에서 다루었다.

28 Clark, 2007a; Rubin, 2017; Van Zanden, 2009. 금리 데이터는 2001년까지 이어지지만, 이동 평균 때문에 도면에 표시되는 마지막 해는 1974년이다.

29 Arantes et al., 2013; Block and Gerety, 1995; Blondel et al., 2007; Casey et al., 2011; Cohn et al., 2014; Dohmen et al., 2015; Godoy et al., 2004; Hanoch et al., 2012; Khadjavi and Lange, 2013; Mischel et al., 1989; Pratt and Cullen, 2000; Reyes-García et al., 2007; Reynolds, 2006; Wichary et al., 2015.

30 Blattman, Jamison, and Sheridan, 2016; Squires, 2016.

31 Eisner, 2001, 2003.

32 Eisner, 2001, 2003; Elias, 1981; Lopez, 1976, 124쪽.

33 Hirschman, 1982, 1465쪽.

34 어떤 이는 인내심과 자제력의 이런 변화를 추동한 것이 사람들의 생애사 전략에서 나타난 변화였다고 주장할지 모른다. 만약 이것이 사실이라면, 잘 먹고사는 엘리트들 사이에 이미 폭력사건 발생률이 낮아야 한다. 하지만 사실은 그렇지 않다. 실제로 엘리트들은 19세기까지 계속 결투를 벌였고, 앞서 언급한 것처럼 장기적인 금융 투자를 하지 않았다. 이와 대조적으로, 폭력의 감소와 장기 투자 모두 (장인, 상인, 은행가, 법률가, 관리, 회계사 등) 도시 중간계급에게서 나타났다(Appiah, 2010; Doepke and Zilibotti, 2008; Pinker, 2011).

35 Heine and Buchtel, 2009; Smaldino, 2019.

36 Barth, 1965; Carneiro, 1987; Hallpike, 1968; Henrich and Boyd, 2008; Moll-Murata, 2008; Prak and Van Zanden, 2013; Roy, 2013. 18세기 인도에서 비슷한 몇 개의 민족지 기술 중 하나는 다음과 같이 말한다. "인도인은 어린이를 모두 같은 조건에 놓고, 동일한 의무를 이행하도록 만들기 위해 교육시키는 일반적이고 피상적인 교육 방식을 따르지 않는다. 각 카스트의 어린이는 평생 동안 살아갈 운명에 적응하도록 유아기부터 교육받는다."(Roy, 2013, 74쪽) 한편 청나라 후기에 도시의 직종들은 여전히 특정 지역이나 씨족의 기원과 관련이 있었다(Moll-Murata, 2013; Winter, 2013).

37 de la Croix et al., 2018; Lopez, 1976; Mokyr, 2002.

38 MacFarlane, 1978; Van Zanden and De Moor, 2010; Winter, 2013.

39 Smaldino et al., 2019.

40 심리학자들 사이에서 인성의 본성과 그 기원에 관한 논쟁이 있기 때문에 여기서 내가 규정한 특징은 보편적인 것이 아니라 공통적인 견해다(Heine, 2016; Ross and Nisbett, 1991). 대학생이 아닌 일반 성인을 대상으로 삼은 한 연구는 가나, 케냐, 스리랑카, 윈난, 라오스, 베트남, 필리핀, 콜롬비아, 마케도니아, 세르비아, 조지아의 표본에서 WEIRD-5 인성 윤곽을 확인하지 못했다(Laajaj et al., 2019). 하지만 이 논문은 같은 나라들에서 매우 편향된 온라인 표본을 활용할 때는 WEIRD-5를 찾아냈다. 이렇게 서로 다른 연구 결과는 본문에서 내가 주장하는 바를 뒷받침한다. 온라인 참가자들은 젊고 교육 수준이 높고 독일어나 네덜란드어, 영어, 에스파냐어를 읽고 쓸 줄 알았다. 설문 조사가 이 언어들로만 이루어졌기 때문이다. 온라인 조사 참가자들은 자기 자신과 자신의 인성에 관

해 배우는 데 관심이 있어서 참여한 것이기 때문에 이 표본은 한층 더 편향된 것이었다. 이런 태도는 개인주의와 연관되어 있을 뿐만 아니라 바로 그 과정에 의해 만들어진 WEIRD의 문화적 특성이라는 것이 바로 내가 주장하는 내용이다. 연구자들이 다양한 사회 분야와 직종에 충분히 접근할 수 있는 인구 집단으로부터 표본을 선별하는 경우에 WEIRD-5를 찾아낼 수 있다. 인성의 지리적 변이에 관한 흥미로운 연구로는 Obschonka et al., 2018; Rentfrow et al., 2017 등을 보라.

41 Heine and Buchtel, 2009; Schmitt et al., 2007.

42 Gurven et al., 2013; Gurven et al., 2009. 거번과 동료들이 수행한 연구에 대한 두 가지 흔한 비판은 (1) WEIRD-5 특성이 유전적으로 상속될 가능성이 매우 높고, (2) 동물 또한 WEIRD-5 인성 구조를 드러낸다는 것이다. 첫 번째 논점은 농구나 TV 시청 같이 순전히 문화적으로 습득된 많은 기술은 또한 유전적으로 상속될 가능성이 매우 높다는 사실을 전반적으로 인식하지 못했음을 나타낸다(Hatemi et al., 2015; Plomin, Defries, and McLearn, 2000; Plomin et al., 2016). 물론 유전자는 많은 간접적인 경로를 통해 무수히 많은 영향을 미치지만, 그런 경로의 존재는 제도와 생태, 그밖에 많은 요인들에 좌우된다. 비나는 동물에게서 도시화되고 직업적으로 다양한 사회에서 쓰이는 인간의 암호 장치를 사용해서 설명할 수 없는 WEIRD-5의 설득력 있는 증거를 발견하지 못했다(Weiss et al., 2012). 물론 그렇다고 해서 동물에게 새로운 것을 추구하거나 사교성 같은 다양한 종류의 성향적 특성이 없다는 뜻은 아니다. 이렇게 관찰자가 투사하는 인성의 현상은 사람에게도 역시 적용된다. 수렵채취와 화전농을 하는 파라과이 아체족에 관한 한 연구에서는 아체족이 직접 통상적인 인성 조사를 한 경우에 WEIRD-5가 나타나지 않았다. 하지만 30년 동안 아체족 가까이에서 일한 인류학자가 똑같은 조사 목록을 가지고 그들을 평가했을 때는 WEIRD-5가 전면적으로 나타났다(Bailey et al., 2013).

43 Gurven et al., 2013. 특히 거번 연구팀은 연구 중에 부딪힌 애로사항을 설명하면서 치마네족 참가자들이 표준적 인성 목록에서 사용되는 '성향' 관련 용어를 이해하는 데 애를 먹었다고 말한다. 치마네족은 분명 WEIRD와 같은 방식으로 비교문화적 특징에 관해 사고하지 않는다. 따라서 1년 뒤에 똑같은 인성 목록을 보여줄 때 그들이 내놓는 답은 전형적인 WEIRD 참가자의 답에 비해 일관성이 떨어진다. 하지만 그 이유는 그들이 WEIRD만큼 시간이나 맥락과 상관없이 일관성을 중요시하지 않기 때문이다.

44 데이터를 제공한 마이크 거번에게 감사한다(Lukaszewski et al., 2017). 중세 유럽에 대해 여기서 나는 인구 만 명 이상인 도시에 거주하는 인구의 비율을 사용해 계산한다(<그림 9.5>에서는 인구 1,000명 이상인 도시를 기준으로 삼았다). 현대의 도시화 비율 측정치와 더 정확하게 비교하기 위해서다.

45 Lukaszewski et al., 2017. 대다수 WEIRD 사회가 <그림 11.4>의 선 아래에 있음을 주목하며 진한색 다이아몬드 표시를 보라. 이를 볼 때, 현재의 도시화와 직업 다양성 수준 외에도 인성 차원들 사이의 상호의존을 억제하는 어떤 요인이 있는 것 같다. 한 가지 가능성은 특히 WEIRD한 이 나라들이 광범위한 도시화와 관계의 유동성, 직업 선택 등의 역사가 더 오래되었다는 것이다. 따라서 문화적 진화가 이 인구 집단들에서 인성을 형성할 시간이 더 많았다. 흥미롭게도, 인성 차원의 몇몇 쌍 사이의 상관관계가 다른 차원들 사이의 쌍에 비해 도시화가 감소할 때 더 빠르게 높아진다. 도시화가 감소하면, 우호성, 양심적임, 개방성의 차원이 외향성과 신경증에 비해 더 빠르게 서로 합쳐지는 것으로 보인다. 이 결과가 특히 인상적인 것은 (앞서 언급했듯이) 이 연구들이 각 나라에서 성인 표본을 무작위로 추출하지 않았기 때문이다. 이 표본들은 대부분 도시에 거주하는 대학생이었다. 그 대신 이 나라들의 성인들을 무작위로 표본으로 뽑으면, 결과가 훨씬 더 극적으로 드러날 것이다.

46 Choi, Nisbett, and Norenzayan, 1999; Morris and Peng, 1994.

47 Marlowe, 2010; Woodburn, 1982, 1998, 54쪽, 2016.

48 Apicella, Azevedo et al., 2014.

49 Apicella, Azevedo et al., 2014; Plott and Zeiler, 2007.

50 Harbaugh, Krause, and Vesterlund, 2001; Maddux et al., 2010; Morewedge and Giblin, 2015.

51 Smith et al., 2018; Woodburn, 1998.

Chapter 12   WEIRD가 만들어낸 법률, 과학 그리고 종교

1 Tocqueville, 1835, 279쪽.

2 Rockmore et al., 2017.

3 Pinker, 2018.

4 예를 들어 MacFarlane, 1978, 2014; McCloskey, 2007; Tierney, 1997 등을 보라.

5 Bartlett, 1993; Berman, 1983; Lilley, 2002; Stephenson, 1933; Tierney, 1997.

6 Tierney, 1997, 76쪽.

7 Boswell, 1988; Burguiere and Klapisch-Zuber, 1996; Gellhorn, 1987; Greif and Tabellini, 2015; Lape, 2002; Slingerland, 2008, 2014. 마찬가지로, 중국 관리의 친족들은 관리의 직급과 가해자와 관리의 가까운 관계에 따라 처벌을 받았다. 물론 이런 편향은 오늘날 WEIRD 사회에서도 나타나지만, 공식 법률의 일부가 아니며 그런 편향을 받아들일 수 있다고 생각하는 이도 거의 없다. 중국의 아버지들과 마찬가지로, 고대 로마와 그리스의 아버지들도 자녀를 죽이거나 버리거나 때로는 노예로 팔아버릴 수 있는 폭넓은 권한을 갖고 있었다(Boswell, 1988; Burguiere and Klapisch-Zuber, 1996; Lape, 2002). 20세기 초반 중국의 사고와 추론에 관한 내부자의 의견으로는 Yutang, 1936을 보라.

8 물론 미국 건국의 아버지들은 노예제에 가담하는 등 몇 가지 분명한 비일관성을 놓고 고심했다. 하지만 그들을 비롯해 분석적 사고를 하는 많은 이들이 이런 모순에 신경을 썼다는 사실이 중요하다. 그들은 결국 노예제를 종식시키거나 노예는 자신과는 다른 종류의 피조물이기 때문에 양도할 수 없는 권리를 분명하게 주장하는 것과는 무관하다고 결론을 짓는 식으로 이 모순을 해결해야 한다는 것을 알았다. 덜 분석적으로 사고하는 사람들은 범주 모순에 그렇게 신경을 쓰지 않는다(Buchtel and Norenzayan, 2008; Ji, Nisbett, and Su, 2001; Nisbett, 2003).

9 Tierney, 1997, 56쪽.

10 Berman, 1983; Tierney, 1997. 버먼은 이렇게 말한다. "하느님이 법률을 통해 통치하기 때문에 하느님에게 명을 받은 성직과 세속의 당국이 법적 원리를 선포하고 그 위반에 대해 적절한 제재와 구제책을 부과한다. 당국은 하느님과 달리 인간의 영혼을 직접 들여다보지는 못하지만, 하느님의 판단을 비슷하게 모방할 길을 찾을 수는 있다."(Berman, 1983, 195쪽)

11 Barrett et al., 2016; Curtin et al., 2019.

12 Berman, 1983, 150쪽.

13 Berman, 1983, 3장과 4장; Tierney, 1997. 버먼은 다음과 같이 말한다. "한편으로 로마인들은 원리를 보여주거나 한 걸음 뒤로 물러서서 시험해보기 위해, 즉 원리의 적용을 살펴보기 위해 판례를 활용하지 않았다. 다른 한편, 그들은 판례를 온전하게 다루지 않은 채 한낱 자산으로 환원했다"(Berman, 1983, 139쪽).

14 Nisbett, 2003; Yutang, 1936. 내가 말하고자 하는 요지를 살펴보려면 유명한 치안판사와 폭도의 딜레마를 생각해보라. "한 종족 집단의 정체불명의 성원 하나가 어느 도시에서 벌어진 살인사건의 범

인이라고 알려져 있다. … 도시는 심각한 종족 갈등과 폭동을 겪은 전력이 있기 때문에 시 경찰청장과 판사는 곧바로 범죄자를 찾아서 처벌하지 않으면 시민들이 반종족 폭동을 일으켜서 그 종족 집단이 소유한 재산이 큰 피해를 입고 해당 집단에서 상당수의 중상자와 사망자가 발생할 것이라는 걸 안다. … 경찰청장과 판사는 딜레마에 직면한다. 폭동을 방지하기 위해 그 종족 집단의 무고한 성원인 스미스 씨를 잘못 기소해서 유죄 판결을 내리고 수감할 수 있다. 또는 진범을 계속 찾아서 결국 반종족 폭동이 일어나게 만들면서 진범을 체포할 때까지 폭동 진압에 최선을 다할 수 있다. … 경찰청장과 판사는 폭동을 방지하기 위해 그 종족 집단의 무고한 성원인 스미스 씨를 잘못 기소해서 유죄 판결을 내리고 수감하기로 결정한다. 그렇게 함으로써 폭동을 방지하고 해당 집단의 상당수가 사망하고 중상을 입는 사태를 막는다."(Doris and Plakias, 1998, 324쪽) 독자 여러분은 경찰청장과 판사에 대해 어떻게 생각하는가?

미국인들은 경찰청장과 판사가 무고한 사람에게 유죄 판결을 내렸다고 가혹하게 평가할 가능성이 훨씬 높았다. 중국에서는 많은 사람들이 평화와 화합이 개인의 권리와 정의보다 앞선다고 생각했다. 이와 같은 차이는 개인의 우선성과 개인 권리의 중요성, 특수주의적인 도덕보다 공평한 규칙의 중심성에 관한 우리의 직관에서 곧바로 나오는 것이다(Doris and Plakias, 1998).

15 Berman, 1983; Fukuyama, 2011. 자발적 결사체가 등장해서 확산됨에 따라 교회와 세속적 통치자 모두 이런 집단에 대처하기 위해 새로운 법률을 만들어내기 시작했다. 초기에 서유럽 곳곳에서 주교구와 수도원이 확산하는 가운데 교회가 11세기 초와 12세기에 자발적 결사체(법적으로는 '법인')를 다루는 교회법 분야를 발전시키는 데 앞장섰다. 교회는 대학에서 훈련받은 새로운 법학자들에게 일을 시키면서 종교 단체, 학생 단체, 수도원, 교구 교회, 구빈원 등을 다루기 위한 통합된 법률을 발전시켰다. 법학자들은 다음과 같은 질문을 파악해야 했다. '이 단체들은 자산을 소유하고, 토지를 상속하고, 계약을 체결하고, 계약을 파기하고, 범죄를 저지르고, 처벌받을 수 있는가? 만약 그렇다면 이런 상황은 개별 성원이나 법인 지도부와 어떤 관련이 있는가? 더 나아가 법인은 구성원의 행동에 대해, 범죄나 채무에 대해 책임이 있는가?' 이런 쟁점들을 다루기 위해 교회는 '법인'에 대한 새로운 이해를 발전시키고 정의했다.

이런 새로운 법률은 특히 로마법을 비롯한 몇 가지 원천의 영향을 받았다. 하지만 교회 법학자들은 몇 가지 중요한 면에서 로마의 선례를 거부했다. 예를 들어, 교회법은 자발적 결사체는 왕의 칙령에 의해서만 법적 지위를 얻을 수 있다는 로마의 관념을 거부했다. 그 대신 어떤 집단이든 (종종 신성한 맹세로 이루어진) 자발적 약속을 통해 법인을 구성하고 법적 지위(이른바 '법적 인격')를 얻을 수 있었다. 교회법은 또한 법인이 성원들을 위한 새로운 법을 만들고 위반자를 처벌할 수 있다고 규정했다. 소읍과 도시들이 이미 그렇게 하고 있었기 때문에 타당한 조치였다(Berman, 1983).

16 Barker and Goldstein, 2001; Huff, 1993. 어떤 이들은 사모스의 아르타르코스 또한 기원전 3세기에 태양을 중심에 두는 태양계 모델을 제안했다고 말한다.

17 Wootton, 2015.

18 Blaydes and Paik, 2016; Dilcher, 1997; Isaacs and Prak, 1996; Serafinelli and Tabellini, 2017; Stasavage, 2011. 분명 이런 변화는 상인 길드가 경제 성과에 미치는 영향이나 현실적인 지리적 제약 때문에 간단하게 이루어지지 않았다(Stasavage, 2011, 2014, 2016).

19 Berman, 1983.

20 Ansary, 2010, 352쪽.

21 Ansary, 2010, 352쪽; Ben-Bassat and Dahan, 2012.

22 Heine, 2016; Henrich, Heine, and Norenzayan, 2010a. 미국의 부모와 달리, 바누아투에서 진행된 연구를 보면 성인들은 순응을 잘하는 자녀일수록 '더 똑똑하다'고 생각한다(Clegg, Wen, and Legare,

2017; Wen, Clegg, and Legare, 2017).

23 Campos-Ortiz et al., 2013; Dal Bó, Foster, and Putterman, 2010; Iyengar and DeVoe, 2003; Iyengar, Lepper, and Ross, 1999; Vollan et al., 2017.

24 Schulz, 2019.

25 이 데이터를 제공해 준 조너선 슐츠에게 감사한다.

26 Bosker et al., 2013; Cahen, 1970, 520쪽; Schulz, 2019; Van Zanden, Buringh, and Bosker, 2012.

27 Schulz, 2019.

28 Schulz, 2019; Woodley and Bell, 2012.

29 Rustagi and Veronesi, 2017. 이탈리아 북부에서도 비슷한 양상이 나타난다. 이곳에서도 주교구를 통해 '결혼 가족 강령'의 영향을 가장 많이 받은 도시들이 공식적인 자치 제도를 세울 가능성이 더 높았다. 이런 자치 제도는 대개 일정한 참여적 성격을 띠었다. 하지만 그밖에도 자치를 달성하면 시민들에게 장기적인 심리적 효과를 미쳤던 것 같다. 중세시대에 자치를 달성하는 데 성공한 이탈리아 도시들은 21세기 초에 1,000명당 비영리 조직(자발적 결사체)이 더 많았을 뿐만 아니라 성인이 낯선 사람에게 장기를 기증할 가능성(비개인적 친사회성)도 더 높았다. 이런 역사적 자유도시의 어린이들은 또한 전국 수학시험에서 부정행위를 할 가능성이 낮았다. 즉 비개인적 정직성이 높았다 (Guiso et al., 2016).

30 Bosker et al., 2013; Guiso et al., 2016; Van Zanden et al., 2012.

31 Durant, 2014; MacCulloch, 2005; McGrath, 2007; Weber, 1958b.

32 프로테스탄티즘의 씨앗은 유럽 전역, 특히 교회가 사람들의 심리를 바꿔놓은 곳에서 싹을 틔웠다. 하지만 때로는 강력한 주교나 절대주의 국가가 종종 서로 동맹을 맺고 이 싹을 짓밟았다. 가령 프랑스에서 위그노(개혁파 칼뱅교도)가 특히 남부와 서부를 중심으로 여러 곳에서 생겨났는데, 전체 인구의 10퍼센트를 차지할 정도였다. 유감스럽지만, 국왕이 가차 없이 박해에 나서서 1774년 루이 15세가 사망할 무렵이면 프랑스 프로테스탄티즘은 거의 명맥이 끊겼다(Hornung, 2014; Scoville, 1953; Squicciarini and Voigtländer, 2015).

33 Andersen et al., 2017; Baumol, 1990; Kieser, 1987; Pettegree, 2015; Weber, 1958. 종교개혁 사상이 확산된 곳은 우리가 흔히 예상할 수 있는 바로 그 지역들이다. 신성 로마 제국의 65개 자유도시 가운데 50개가 프로테스탄트 사상을 받아들였다. 이 도시들에서 개혁가들은 길드 회원과 상인을 비롯한 시민들로 이루어진 의회를 설득해야 했다. 그렇다고 프로테스탄티즘이 단순히 사상 전쟁에서 승리함으로써 확산될 수 있었다는 이야기는 아니다. 오스만투르크의 침략만 없었더라면 교회는 다른 경쟁자들을 누른 것처럼 프로테스탄티즘도 초창기에 질식시켰을지 모른다(Iyigun, 2008). 그러므로 대이슬람 전쟁이나 전쟁 위험 때문에 생겨난 구속 효과(10장) 덕분에 프로테스탄티즘은 아직 힘이 없고 취약한 초창기의 불안한 시기에 살아남을 수 있었다.

34 Burguiere and Klapisch-Zuber, 1996.

35 Becker et al., 2016.

36 심리적 변이를 설명하기 위해 공식적 제도의 질을 활용할 때도 비슷한 효과가 나타난다. 프로테스탄티즘은 효과적 정부 아래에서 더욱 발전하는 경향이 있다(Hruschka and Henrich, 2013b).

37 Algan and Cahuc, 2014; Arruñada, 2010; Guiso, Sapienza, and Zingales, 2003.

38 Cohen, 2015; Cohen and Hill, 2007; Cohen and Rozin, 2001; Li et al., 2012. 관련된 연구로는 Sanchez-Burks, 2002, 2005; Uhlmann and Sanchez-Burks, 2014 등을 보라. 지미 카터의 인용문은 원래 〈플레이보이〉 잡지와 한 인터뷰의 일부로, Cohen and Rozin (2001)의 제사에서 가져왔다.

39 Baumol, 1990; Caicedo, 2017; Kieser, 1987; Tocqueville, 1835; Uhlmann et al., 2010; Uhlmann and Sanchez-Burks, 2014. 예수회 선교단은 프란치스코회 같은 다른 수도회와 직접 비교했을 때를 포함해서 프로테스탄티즘과 똑같은 많은 심리적, 경제적 효과를 미쳤다(Caicedo, 2017).

40 Ashkanasy et al., 2004; Casey et al., 2011; Dohmen et al., 2015.

41 Spenkuch, 2017; Van Hoorn and Maseland, 2013. Becker and Woessmann, 2009; Nunziata and Rocco, 2014; Schaltegger and Torgler, 2010 등도 보라.

42 Basten and Betz, 2013. 스위스 개신교인들은 또한 실업급여, 장애보험, 자본소득세 같이 재분배 확대를 선호하는 법률에 반대표를 던지는 경향이 있다.

43 Akçomak et al., 2016.

44 Becker et al., 2016; Becker and Woessmann, 2009; Cantoni, 2015; Cavalcanti, Parente, and Zhao, 2007; de Pleijt, 2016; C. Young, 2009. 하지만 흥미롭게도, 프로테스탄티즘은 1517년 이후 수백 년간 유럽 도시들의 성장에 주목할 만한 효과를 미치지는 않았다. 도시 지역은 오래전부터 고된 노동, 시간 엄수(시계 보급), 비개인적 신뢰, 창의성, 독립성, 개인주의, 문해력과 관련된 가치와 관행, 동기를 배양하는 데 선구적 역할을 했기 때문이다. 게다가 일부 도시는 공동생활형제회 및 관련된 운동들에 이미 영향을 받았기 때문에 프로테스탄티즘이라는 부스터샷이 불필요했을 것이다.

프로테스탄티즘은 또한 막대한 규모의 땅을 해방시키고 교회로 이어지는 교육 경로를 폐쇄함으로써 경제 성장에 중요한 효과를 미쳤다. 프로테스탄트로 개종한 통치자들은 수도원을 비롯한 교회 관련 조직이 보유한 토지를 몰수했다. 때로는 이런 토지를 매각했는데, 그 결과 젠트리나 기업가 계급에게 더 많은 돈이 흘러들어갔다(Heldring et al., 2018). 또는 통치자가 그 땅을 행정 중심지와 궁전으로 사용했다(Cantoni, Dittmar, and Yuchtman, 2018).

45 MacCulloch, 2005; McGrath, 2007; Woodberry, 2012. 물론 폭넓은 심리적 경향에도 불구하고 많은 프로테스탄트 운동이 새로운 정통을 세우려고 하면서 금세 억압적이고 권위주의적으로 바뀌었다. 하지만 심리라는 요정은 램프 밖으로 빠져나왔다.

46 Becker and Woessmann, 2016; Torgler and Schaltegger, 2014. 추가로 분석해보면, 프로테스탄티즘의 자살 유도 효과는 교회에 자주 출석하는 것으로 줄어들 수 있다. 사람들이 일요 예배에 정기적으로 참석하는 프로테스탄트 지역에서는 자살률이 가톨릭 신자의 비율과 비슷하다. 게다가 더 자주 예배에 참석하는 사람일수록 자살을 수용 가능하거나 정당화할 수 있다고 여기는 비율이 낮다. 특히 오늘날 유럽 개신교인과 가톨릭 신자의 믿음이 하나로 수렴되는 중이기 때문에 이런 딱지가 의미를 잃고 있다.

47 Israel, 2010; Pinker, 2018.

48 Davies, 2004; Israel, 2010; Lape, 2002; Tierney, 1997.

Chapter 13 유럽의 집단지능이 폭발하다

1 Hume, 1987, 34쪽.

2 Pinker, 2018, www.gapminder.org/data.

3 데이터 출처는 www.gapminder.org/data.

4 근대 초기 유럽인들이 '사악했기' 때문이라는 것은 답이 될 수 없다. 첫째, 정복과 종속의 갈망에 사로잡힌 폭군 같은 황제들은 인류사 전체에서 흔한 존재다(Hoffman, 2015; Keeley, 1997; McNeill,

1982, 1991; Pinker, 2011). 이는 새로운 현상이 아니었다. 둘째, 설령 유럽에서 '사악함'이 등장했다 하더라도 이런 설명은 유럽 각국 사회가 애당초 왜 이런 불행한 속성을 진화시켰고 이 과정이 어떻게 유럽의 거대한 경제력과 군사력으로 귀결되었는지에 관한 질문을 뒷받침할 뿐이다.

5 Lewis, 2001, 52쪽.

6 Khaldûn, 1377.

7 Acemoglu, Johnson, and Robinson, 2005; Acemoglu and Robinson, 2012; Allen, 2009; Hoffman, 2015; Landes, 1998; Mitterauer and Chapple, 2010; Mokyr, 2016; Pinker, 2018; Robinson, 2011; Sowell, 1998.

8 Boyd, Richerson, and Henrich, 2011; Henrich, 2016; Muthukrishna and Henrich, 2016.

9 Creanza, Kolodny, and Feldman, 2017; Henrich, 2004, 2016; Kolodny, Creanza, and Feldman, 2015; Muthukrishna and Henrich, 2016. 수학적 모델과 연구실 실험에서는 인구 집단들의 상호연결이 '지나치게' 높아서 혁신 속도가 낮아질 수 있다. 다양한 접근 경로가 독자적으로 발전하지 않기 때문이다(Derex and Boyd, 2016). 연구실 실험에서 이런 이론적 발견을 확인할 수 있지만, 현실 세계에서 그것이 유의미하다는 증거를 찾지는 못했다. 현실의 인구 집단들은 언어, 부족주의, 정치적 붕괴, 종족성 등의 진화적 동학으로 인해 자연스럽게 파편화되고 부서진다(McElreath et al., 2003). 우리 인간이 항상 직면한 문제는 파편화되고 편협한 국지적 집단으로 나뉘는 게 아니라 하나로 뭉쳐서 대규모 협동을 유지하는 것이다(Boyd, 2017; Turchin, 2015).

10 Basalla, 1988; Henrich, 2009; Mokyr, 1990. 대략 19세기 중반 이후로는 하향식 과학이 발전함에 따라 사정이 다소 달라졌지만, 1800년 이전에는 분명히 그러했다(Mokyr, 2002).

11 Akcigit, Kerr, and Nicholas, 2013; Basalla, 1988; Diamond, 1997, 1999; Hargadon, 2003; Meyers, 2007; Miu, Gulley, Laland, and Rendell, 2018; Mokyr, 1990, 2002; Muthukrishna and Henrich, 2016; Sneader, 2005; Williams, 1987. 지금도 작동하는 신화의 사례를 활기찬 산문으로 맛보려면 Pinker (1997, 209쪽)을 보라.

12 Briggs and Burke, 2009; Burke, 2012; Cipolla, 1994; Diamond, 1999; Dittmar and Seabold, 2016; Pettegree, 2015; Rubin, 2014. 또한 유럽의 언어가 중국어처럼 문자가 수천 개가 아니라 몇 십 개에 불과하고, 이슬람 세계를 통해 유럽으로 전달된 중국의 제지술을 바탕으로 번성한 제지업이 이미 유럽에서 발전했다는 점에서 구텐베르크는 운이 좋았다. 유럽의 제지업은 중국과 이슬람의 기술을 물레방아와 결합해서 생산을 기계화했다. 구텐베르크 이전에 14세기 고려에서 청동제 가동 활자가 주조된 바 있다. 11세기 중국에서 발전한 구운 진흙 주형을 바탕으로 개선한 게 분명하다.

13 Basalla, 1988; Mokyr, 2002, 2011, 2016; Rolt and Allen, 1977; Wootton, 2015. 역사학자 조지프 니덤(Joseph Needham)은 시간을 거슬러서 증기기관의 많은 구성요소를 추적한 끝에 다음과 같이 결론지었다. '어떤 한 사람도 '증기기관의 아버지'가 아니며, 어떤 한 문명도 그렇지 않다'(1964, 50쪽). 하지만 어쨌든 이 모든 요소가 18세기 영국에서 하나로 합쳐졌다.

14 Baines, 1835; Mokyr, 2002.

15 Goodyear, 1853; Nunn and Qian, 2010; Saccomandi and Ogden, 2014. 마야 사회도 최소한 콜럼버스가 도착하기 200년 전에 가황법을 개발했다(Hosler, Burkett, and Tarkanian, 1999). 두 사람이 동시에 발명한 사례일 수 있는데, 토머스 핸콕이라는 영국인이 굿이어보다 8년 전에 비슷한 가황법에 대해 특허를 받았다. 하지만 몇몇 증거로 볼 때, 그는 굿이어로 거슬러 올라가는 샘플을 이용해서 가황법을 역으로 찾아낸 것 같다.

16 Blake-Coleman, 1992; Conot, 1979; Diamond, 1997; Hargadon, 2003.

17 Henrich, 2016; Meisenzahl and Mokyr, 2012; Mokyr, 2002; Muthukrishna and Henrich, 2016.

18　Allen, 1983; Nuvolari, 2004; Sasson and Greif, 2011.

19　경제사학자들은 오래전부터 유럽이 1800년 무렵까지 제로 성장(맬서스의 덫)에 묶여 있다고 주장했다(Clark, 2007a; Galor and Moav, 2002). 하지만 점점 늘어나는 증거를 보면, 몇몇 인구 집단은 중세까지 거슬러 올라가는 플러스 성장을 통해 점차 이 덫에서 빠져나왔다(Fouquet and Broadberry, 2015; Humphries and Weisdorf, 2017; Van Zanden, 2009a).

20　Algan and Cahuc, 2010, 2014; Basalla, 1988; Cantoni and Yuchtman, 2014; Cipolla, 1994; Gelderblom, 2013; Gimpel, 1976; Guiso et al., 2004; Guiso, Sapienza, and Zingales, 2008; Karlan, Ratan, and Zinman, 2014; Lopez, 1976; Mokyr, 1990, 2002; White, 1962.

21　18세기 무렵, 이미 구준히 중대한 혁신들이 등장하고 있었다. 몇 가지 대표적인 사례만 들자면 파렌하이트의 온도계(1709년), 해리슨의 경도 측정용 해상 시계(1736년), 로벅의 황산 제조법(1746년), 휘트니의 조면기(1793년), 제너의 천연두 백신(1798년), 메드허스트의 공기압축기(1799년) 등이 있다.

22　Andersen et al., 2017; Buringh and Van Zanden, 2009; Cantoni and Yuchtman, 2014; Mokyr, 2016; Wootton, 2015.

23　Coy, 1989; de la Croix et al., 2018; Henrich, 2009.

24　Muthukrishna et al., 2013. 현재 이 효과에 관한 많은 실험 문헌이 존재한다(Derex et al., 2013, 2014; Kempe and Mesoudi, 2014).

25　누적적인 문화적 진화가 실제로 개인들을 '더 똑똑하게', 즉 새로운 것을 발명할 가능성을 높게 만드는 간단한 방법이 있다(Henrich, 2016; Muthukrishna and Henrich, 2016). 산업 기계든, 과학 이론이나 예술 사조든 간에 대부분의 새로운 발상과 발명은 기존에 쌓인 발상과 접근법, 도구, 사고방식을 재조합한 것을 나타낸다. 이런 발상과 도구의 문화적 축적물이 커짐에 따라 가능한 새로운 재조합의 수가 급증한다. 가령 최초의 수레에 장착된 바퀴는 결국 도자기, 수력, 풍력, 도르래, 톱니바퀴 장치 등 다른 요소들에 재활용된다. 문화적 축적물이 더 많은 사회에 속한 개인들의 작업에 도움이 되는 (바퀴, 스프링, 도르래, 지레, 탄성 에너지, 증기력, 핵융합 등) 도구와 구상이 더 많을 뿐만 아니라 사고에 도움이 되는 개념도 더 많다. 기계식 시계는 사람들이 우주에 관해 사고하는 방식을 형성했고, 증기기관은 소화 작용에 관해 사고하는 방식을 형성했으며, 디지털 컴퓨터는 우리가 생각(뇌)에 관해 사고하는 방식을 계속 형성할 수 있다. 사람들이 활용할 수 있는 도구, 개념, 비유의 축적물이 많을수록 새롭고 유용한 것을 창조하거나 발견할 가능성이 높다.

26　Laslett, 1977; Laslett and Wall, 1972; MacFarlane, 1978; Mitterauer and Chapple, 2010; Mitterauer and Sieder, 1982; Lynch, 2003.

27　Acemoglu et al., 2013; De Moor and Van Zanden, 2010; Falk et al., 2018; Hajnal, 1982; Laslett, 1977; Laslett and Wall, 1972; Mitterauer and Sieder, 1982.

28　Donkin, 1978; Gimpel, 1976; Mokyr, 1990; Woods, 2012.

29　de la Croix et al., 2018; Epstein, 1998; Van Zanden, 2009a, 2009b.

30　Coy, 1989; de la Croix et al., 2018; Epstein, 1998, 2013; Moll-Murata, 2013; Ogilvie, 2019; Prak and Van Zanden, 2013; Roy, 2013; Van Zanden, 2009a, 2009b.

31　Ogilvie, 2019. 중세 시기의 사회 규범은 도제제도의 일부로 종종 여행을 '도덕적, 사회적 의무사항'으로 만들었다. 나중에 길드들은 점차 이런 여행 요건을 강제했다. 길드는 때로 직인에게 지역 안에서 인정받는 공식 신임장을 주고 길드와 장인끼리 호혜협정을 맺는 등 몇 가지 방식으로 이 과정을 촉진했다(de la Croix et al., 2018).

32　de la Croix et al., 2018; Epstein, 1998; Leunig et al., 2011. 18세기 프랑스에서는 직인의 80퍼센트 이

상이 현재 일하는 소읍이나 도시가 아닌 다른 곳에서 태어났다. 어떤 이들은 숙련공이 중국 도시보다 유럽 도시에서 더 집중된 것은 두 곳에서 일어난 전쟁의 성격이 달랐기 때문이라고 주장한다(de la Croix et al., 2018). 이는 10장에서 전쟁에 관해 논의한 내용과 관계된다.

33 Cipolla, 1994; de la Croix et al., 2018; Epstein, 1998; Leunig et al., 2011.

34 Bosker et al., 2013.

35 Meisenzahl and Mokyr, 2012; Mokyr, 1995, 2002, 2011, 2013.

36 Bettencourt, 2013; Bettencourt, Lobo, and Strumsky, 2007; Gomez-Lievano, Patterson-Lomba, and Hausmann, 2017; Pan et al., 2013.

37 데이터를 제공한 안드레스 고메스(Andrés Goméz)에게 감사한다. 특허 하나에 발명가가 한 사람 이상일 때는 도시별로 특허 데이터를 '분배'했다. 따라서 한 특허에 발명가가 세 명이면 각각이 거주하는 도시가 특허를 3분의 1씩 나눠 갖는다. 인구 1만 명 이하인 도시의 측정값 세 개는 도표에서 제외했다.

38 Bettencourt, Lobo, Helbing et al., 2007; Carlino, Chatterjee, and Hunt, 2007; Collard et al., 2012; Dowey, 2017; Henrich, 2016; Kline and Boyd, 2010; Lind and Lindenfors, 2010; Lobo et al., 2013; Mokyr, 1995; Simon and Sullivan, 1989; Squicciarini and Voigtländer, 2015; van Schaik et al., 2003. 이런 양상이 산업화 이전의 세계까지 확대되지 않는다는 사실은 놀라울 게 없다. 여기서 적용되는 근원적인 문화적 진화의 원리는 또한 세계 각지의 전통적인 농경 인구 집단들 사이에서 나타나는 기술적 복잡성의 차이도 설명해줄 수 있기 때문이다. 하지만 수렵채집인의 인구 규모와 상호연결이 기술에 어떤 영향을 미치는지에 관해서는 활발한 토론이 진행되는 중이다(Henrich et al., 2016).

39 이 데이터를 제공해 준 노엘 존슨(Noel Johnson)과 마크 코야마(Mark Koyama)에게 감사한다(Johnson and Koyama, 2017).

40 Epstein, 1998; Gimpel, 1976; Kelly and Ó Gráda, 2016; Mokyr, 1990; Van Zanden, 2009a, 2009b.

41 Cantoni and Yuchtman, 2014; Mokyr, 2016.

42 Inkster, 1990; Mokyr, 2016. en.wikipedia.org/wiki/Marino_Ghetaldi와 en.wikipedia.org/wiki/Jan_Bro%C5%BCek도 보라. 이런 정보 연결망이 새로운 운송과 통신 기술의 창조를 재촉함에 따라 자연스럽게 그 과정이 빨라졌다. 운하, 갑문, 승합마차, 그리고 마침내 철도가 발전하면서 집단지능의 신경이 극적으로 굵어졌다. 가령 영국에서는 런던에서 에든버러까지 가는 승합마차가 1750년에 10~12일이 걸렸는데, 1836년에 이르면 이틀이 채 걸리지 않았다(정확히 말하자면 45.5시간). 그리고 바로 그 순간 승합마차는 증기 기관차와 충돌하면서 호적수를 만났다. 마찬가지로, 프랑스에서도 여러 도시 간 이동 시간이 1765년에서 1785년 사이에 절반으로 줄었다(Daunton, 1995; Mokyr, 2011).

43 Dowey, 2017; Mokyr, 2002, 2011, 2016; Pettegree, 2015. 편지공화국에 관한 최초의 언급은 1417년 이탈리아까지 거슬러 올라가지만, 적어도 현재의 역사적 증거에 근거하면 몇 세기 동안 활성화되지 않은 것 같다. 1697년 토머스 브레이 신부는 영국 전역에 대출 도서관 400곳을 세울 것을 호소했다. 그는 도서관이 지식의 접근성을 높임으로써 "이 학회들에서 고귀한 경쟁 정신을 드높이고 그 회원들이 세계에 봉사하도록 자극할 것"이라고 주장했다(Mokyr, 2011, 299쪽에서 인용).

44 Dowey, 2017; Mokyr, 2011, 2016.

45 Mokyr, 2011에서 가져온 그림을 약간 수정함. www.references.net/societies/1600_1699.html.

46 Mokyr, 2016.

47 Mokyr, 2011, 2016.

48 Dowey, 2017.

49   Dowey, 2017; Inkster, 1990; Simon and Sullivan, 1989. 각각 나름의 방식으로 지식을 보급했을 공공
도서관과 프리메이슨 지부의 존재 또한 일정한 영향을 미쳤는데, 다만 그 효과는 다른 모든 요인들
과 구분하기가 더 어렵다. 1717년, 프리메이슨은 런던에 대지부를 처음 창설해서 조직을 확대해나갔
다. 1767년에 이르면, 잉글랜드에 그런 지부가 440개 존재했는데, 런던에 206곳, 지방에 234곳이었다.
1800년에 이르면 프리메이슨은 5만 명의 회원 가운데 많은 이들을 '주요 과학 연구자'로 간주했다.

50   Dowey, 2017; Jacob, 2000; Merton, 1938; Mokyr, 2016. 공학자들의 조밀도를 혁신과 연결하는 연구
로는 Maloney and Caicedo, 2017을 보라.

51   Squicciarini and Voigtländer, 2015. 본문에서 내가 언급하는 것은《백과전서》 4절판이다.《백과전
서》의 최초 판본은 대개 소수의 부유한 외국인들에게 돌아갔지만, 4절판(1777~79)은 상대적으
로 값이 저렴했다. 더 많은 혁신은 또한 말 그대로 인간을 성장시키는 양분으로 작용한 것 같다.
1819년에서 1826년 사이에《백과전서》구독자가 더 많은 지방에서 온 프랑스 병사들이 구독자가
적은 지방에서 온 병사들보다 키가 컸다. 이는 어린 시절에 더 잘 먹고 건강했음을 의미하며, 혁신
을 통해 야기된 번영이 사회 계급 전반에 걸쳐 폭넓게 감지됐음을 시사한다. 흥미롭게도,《백과전
서》가 더 유명하기는 했지만, 이것은 사실 1728년 런던에서 처음 출간된《백과사전(Cyclopadeia)》
의 프랑스판 개작물이었다(Mokyr, 2011, 2016). 여기서 다시 우리는 모방의 힘을 깨닫는다. 마지막
으로, 우리는 다른 중요한 출간물을 이용해서《백과전서》를 활용한 결과를 확인할 수 있다.《기술
및 직종 설명서(Descriptions des Arts et Métiers)》는 1761년에서 1788년 사이에 파리왕립과학원이
출간한 2절판 책 116권과 부록으로 이루어진 전집이다. 이 책들은 야금과 제분에서부터 광산업과
방직에 이르기까지 다양한 산업기술을 다루었다. 프랑스 도시 중 이 책을 구입한 사람이 많은 곳일
수록 1750년 이후 100년간 더 빠른 경제 성장을 경험했다.

     프랑스의 학회와《설명서》,《백과전서》 구독에 관한 이 모든 연구 결과는 도시들의 초기 번영, 평균
문해율, 지리적 위치뿐만 아니라 다른 요인들 가운데서도 대학이나 인쇄기를 보유했는지 여부와
상관없이 유효하다. 무엇보다도 이 세 가지 상호연결 측정치(학회 회원 수, 또는《백과전서》나《설
명서》 구독자 수) 중 어느 것도 그것들이 탄생하기 이전의 경제 성장과 관계가 없다. 예를 들어,《백
과전서》 구독자 수는 1750년 이전의 경제적 번영이나 병사의 키를 설명해주지 않는다. 이런 사실
이 중요한 것은 학회와 문헌 자료가 이미 번영을 구가하는 곳으로 퍼지거나 장기적으로 이어지는
역사적 추세를 그대로 따라갔다고 우려하는 이들이 있기 때문이다. 이 분석들을 보면, 프랑스의 각
기 다른 지역들에 관련된 역사적으로 깊은 추세를 포착하기보다는 각기 다른 도시들이 유럽의 집
단지능에 어떻게 접속했는지에 따라 다르게 나타난 효과를 알 수 있다.

51   Scoville, 1953, 443~44쪽에서 재인용; Squicciarini and Voigtla, 2015. 18세기 프랑스의 위그노는 비
밀리에 신앙을 실천해야 했다. 하지만 우리는 그들이 끈질기게 살아남은 사실을 알고 있다. 나폴레
옹이 종교의 자유를 선언하자 그들은 갑자기 다시 등장했다. 그리고 여러 도시에서 나폴레옹 이후
위그노의 인구 규모는 1700년 이전의 인구 규모와 매우 높은 상관관계를 나타냈다. 칼뱅교도가 숱
하게 많은 가톨릭 축일을 없앤 나머지 가톨릭교인보다 15~20퍼센트 더 많이 일을 했다는 사실은
주목할 만하다.

52   Hornung, 2014; Inkster, 1990.

53   Basalla, 1988; Cipolla, 1994; Hoffman, 2015; McNeill, 1982; Mokyr, 2011, 2016; Seife, 2000. 중세 유
럽의 의사들은 무함마드 이븐 자카리야 알라지로부터 의학적 사고와 관행을 받아들였다. 페르시
아인인 알라지는 실험적 접근법(실험 대 대조), 천연두와 홍역의 증상 대조, 알코올(alcohol. 아랍어
'al-kuhl'에서 온 단어) 증류법 등에 관해 책을 썼다. 마침내 유럽인들은 무함마드 이븐 무사 알콰리
즈미를 비롯한 페르시아의 이슬람 박식가들이 발전시킨 대수학(algebra. 아랍어 'al-jabr'에서 온 단
어)을 사용하기 시작했다. 마찬가지로, 원형적인 WEIRD 심리에 의해 단련된 유럽의 대학 또한 이

슬람, 그리고 궁극적으로 중앙아시아의 여러 사회에서 가져온 제도적 요소들을 재조합한 결과물일 가능성이 높다(Beckwith, 2012).

54 Bosker et al., 2013; McNeill, 1982; Sequeira, Nunn, and Qian, 2017; Serafinelli and Tabellini, 2017; Stasavage, 2011, 2016. 또는 반역자 자신이 조국을 탈출하지 못할지라도 그가 쓴 책은 빠져나갈 수 있었다. 교회가 갈릴레오의 마지막 저서를 금지한 뒤, 그는 교회의 관할권이 미치지 못하는 네덜란드에서 책을 출간했다. 금지에 아랑곳하지 않고 책이 로마로 흘러들어왔고 곧바로 매진되었다.

55 Ji, Zhang, and Guo, 2008; Nisbett, 2003. 물론 전체론적으로 사고하는 사람일수록 분석적 성향이 강한 사람에 비해 복잡한 상호작용을 이해하는 데 뛰어나다. 하지만 전체론적 사고는 복잡하게 뒤얽힌 현실 세계의 인과성의 그물에서 단일한 요소를 떼어내는 것을 목표로 삼는 간단한 실험을 제한할 수 있다. 분석적 사고에도 맹점이 있다. 가령 여러 실험을 볼 때, 분석적으로 사고하는 사람은 주가가 현재의 추세를 따라 상승하거나 하락할 것으로 기대하는 경향이 있다. 역전이나 순환을 예상하지 못하는 것이다.

56 Foster, 1965; Henrich, 2009.

57 Howes, 2017; Mokyr, 2011, 2016. 영국의 혁신가들에 관한 하우스의 연구를 보면, 흥미롭게도 (뉴커먼과 와트와 같이) 많은 발명가가 자신이 혁신을 이룬 분야에서 전문적인 훈련을 거의 또는 전혀 받지 않았다. 그 대신 그들은 종종 오래된 문제나 기법, 기술에 새로운 시각을 가지고 있었고, 독학을 하거나 필수적인 기술이나 노하우를 보유한 사람들과 협력했다. 혁신가들이 공통으로 지닌 특징은 끈질긴 성격과 '개선하는 사고방식', 다른 혁신가들과의 사회적 연계(종종 학회를 통해), 그리고 대개 약간의 운이었다.

사람들의 근면함은 새로운 음료 덕분에 북돋워졌을 것이다. 설탕을 가미한 카페인 음료(홍차와 커피)가 그것이다. 이 생산품은 해외 무역이 큰 폭으로 팽창하기 시작한 1500년 뒤에야 유럽에 대량으로 들어오기 시작했다. 가령 설탕 소비는 1663년에서 1775년 사이에 20배 증가했다. 18세기에 이르면 설탕을 넣은 카페인 음료가 도시 중간계급이 일상적으로 소비하는 품목이 됐을 뿐만 아니라 노동계급에게도 퍼지게 되었다. 우리는 1660년에 이르러 새뮤얼 피프스가 커피를 음미하게 되었음을 그의 유명한 일기를 통해 알 수 있다. 이 음료들이 제공하는 빠르게 흡수되는 에너지(포도당과 카페인)는 카페(선술집과 반대로)에서 지적 교류에 몰두하는 이들뿐만 아니라 혁신가와 산업자본가, 노동자에게도 자제력과 정신적 명민함, 생산성에서 도움이 되었다. 설탕과 커피, 차는 다른 곳에서도 오래 전부터 이용됐지만, 전에는 누구도 카페인 음료에 설탕을 섞어 마시지 않았다 (Hersh and Voth, 2009; Nunn and Qian, 2010). 심리학자들은 포도당 섭취를 자제력 증대와 연결시키지만, 그 기전은 논란의 대상이다(Beedie and Lane, 2012; Gailliot and Baumeister, 2007; Inzlicht and Schmeichel, 2012; Sanders et al., 2012). 인류학자 시드니 민츠Sidney Mintz(1986, 85쪽)는 설탕이 산업 노동계급 창출에 기여했다고 하면서 이렇게 말한다. "(설탕은) 농장과 공장 노동자들에게 양식을 공급하고, 욕구를 채워 줌으로써(그리고 사실상 약물로 중독시킴으로써) 대도시 프롤레타리아트를 창출하고 재생산하는 전반적인 비용을 줄여 주었다.'

58 Almond and Currie, 2011; Baumard, 2018; Clark, 2007a; Flynn, 2007, 2012; Frankenhuis and de Weerth, 2013; Hanushek and Woessmann, 2012; Haushofer and Fehr, 2014; Hersh and Voth, 2009; Hoddinott et al., 2011; Jaffee et al., 2001; Kelly, Mokyr, and Gráda, 2014; LeVine et al., 2012; McNeill, 1999; Muthukrishna and Henrich, 2016; Nisbett, 2009; Nisbett et al., 2012; Nores and Barnett, 2010; Nunn and Qian, 2011; Rindermann and Thompson, 2011; Whaley et al., 2003. 건강과 인지 능력은 또한 근친상간 비율이 낮아지면서 개선됐을 것이다.

59 Kelly et al., 2014.

60 Greif and Iyigun, 2012, 2013; Iyigun, Nunn, and Qian, 2017; Muthukrishna and Henrich, 2016.

61   Davis, 2014; LeVine et al., 2012; Nisbett, 2009; Nisbett et al., 2012; Nores and Barnett, 2010; Whaley et al., 2003.

62   Gorodnichenko and Roland, 2011, 2016. 나라들 대신 세계 곳곳의 기업을 비교해도 똑같은 양상이 드러난다. 개인주의 성향이 강한 나라에 본사가 있는 기업일수록 젊은 최고경영자를 고용하는 경향이 있다. 아마 이런 인구 집단이 연장자의 의견에 따르는 성향이 약하기 때문일 것이다. 젊은 최고경영자를 둔 기업일수록 더 혁신적일 뿐만 아니라 더욱 충격적인 혁신을 창출할 가능성이 특히 높다(Acemoglu et al., 2013; Acemoglu, Akcigit, and Celik, 2016). 이는 같은 논문을 참조하여 언급한 것이지만, 앞의 글이 여기서 내가 서술하는 요지와 관련해서 소중한 분석을 담고 있다. 뒤의 논문에서는 이 분석이 빠져 있다.

이런 효과는 미국 학생들을 이용한 경제학 연구실 실험에서도 발견할 수 있다. 한 실험에서 대학생들에게 망해가는 레스토랑 사업을 구제하기 위해 머리를 모아 창의적인 발상을 만들어보라고 요청했다. 무작위로 동전을 던져서 뽑은 참가자의 절반에게는 자기 자신과 자신의 독특함(개인주의)에 관해 생각하도록 무의식적인 점화 자극을 제시했고, 나머지 절반에게는 남들과의 관계와 유사성(관계주의)에 관해 생각하도록 했다. 개인주의를 유도받은 이들이 관계론적 사고를 유도받은 이들보다 더 많은 발상과 더욱 독특한 발상을 내놓았다. 고도로 개인주의적인 미국인들 사이에서도 개인주의는 창의성을 부추긴다(Goncalo and Staw, 2006).

63   Gorodnichenko and Roland, 2016. 여기서 우리는 이코노미스트인텔리전스유닛Economist Intelligence Unit의 2009년 혁신 데이터와 호프스테더의 웹사이트에 나오는 개인주의 데이터만 사용했다.

64   Clark, 2007a; De Moor and Van Zanden, 2010; Lee and Feng, 2009; Mitterauer and Sieder, 1982; Newson, 2009; Newson et al., 2007; Van Zanden, 2009a.

65   Chanda and Putterman, 2007; Diamond, 1997; Hibbs and Olsson, 2004; Morris, 2010. 지금까지 나는 전염병 내성의 진화에서 나타난 차이는 다루지 않았다. 이 차이는 유라시아인들이 팽창을 시작해서 남북 아메리카와 오스트레일리아의 인구 집단들과 충돌할 때 큰 의미를 갖게 된다.

Chapter 14   총, 균, 쇠 그리고 다른 요인들

1   Chanda and Putterman, 2007; Diamond, 1997; Hibbs and Olsson, 2004; Morris, 2010. 지금까지 나는 전염병 내성의 진화에서 나타난 차이는 다루지 않았다. 이 차이는 유라시아인들이 팽창을 시작해서 남북아메리카와 오스트레일리아의 인구 집단들과 충돌할 때 큰 의미를 갖는다.

2   Diamond, 1997; Kremer, 1993; Morris, 2010; Turchin, 2015; Turchin et al., 2013. '행운의 위도'라는 표현은 모리스가 만들어 낸 것이다.

3   Chanda and Putterman, 2007; Hibbs and Olsson, 2004; Putterman, 2008; Putterman and Weil, 2010.

4   어떤 일이 벌어졌는지를 살펴보는 한 가지 방법은 당시 집약적 친족관계와 경제 번영의 관계의 강도를 추적하는 것이다. 근대 세계를 출발점으로 집약적 친족 관계가 많거나 가족적 유대가 강한 인구 집단일수록 경제 번영 속도가 느리게 나타난다. 하지만 과거로 거슬러 올라가 이런 상관관계를 추적해보면 서기 1000~1500년 시기에 이 관계가 줄어들고 거의 사라진다(Enke, 2017, 2019). 교회와 친족 관계의 해체를 다루는 6장과 7장의 분석에 비춰보면, 교회는 사실상 한편으로 생물지리적 요인들과 식량 생산, 다른 한편으로 초기 국가 형성과 경제 번영 사이의 강한 연계를 깨뜨린 것으로 보인다.

5   Hibbs and Olsson, 2004; Olsson and Paik, 2016; Putterman, Bockstette, and Chanda, 2001; Putterman and Weil, 2010.

6   Baker, 1979; Greif and Tabellini, 2015; Henrich et al., 2012; Wha-Sook, 1995.

7   Bentzen, Kaarsen, and Wingender, 2016; Buggle, 2017; Chanda and Putterman, 2007; Galor and Özak, 2016; Hamilton and Sanders, 1992; Putterman and Weil, 2010; Sowell, 1998. WEIRD 심리의 기원과 두 번째 밀레니엄 시기의 유럽 사회의 부상에 관해 내가 편 주장은 위대한 사회학자 막스 베버에서부터 《국가는 왜 실패하는가(Why Nations Fail)》를 쓴 훌륭한 동료인 대런 애스모글루(Daron Acemoglu)와 제임스 로빈슨(James Robinson)에 이르기까지 다양한 연구자들의 견해와 대체로 일치한다. 내 서술은 종교의 중심적 역할과 유럽 도시의 성격뿐만 아니라 문화와 제도가 사람들의 심리의 기본적인 측면을 형성할 수 있다는 인식 등을 베버와 공유한다. 어떻게 보면, 지금 나는 새롭게 손에 넣게 된 역사적, 심리적, 경제적 데이터뿐만 아니라 문화적, 유전적 진화에 대한 현대적 이해에 비추어 베버를 갱신하고 있는 셈이다. 다른 한편, 대런과 제임스는 현대 세계에서 번영하는 국가를 창조하는 데 '정치 제도'가 중심을 차지한다고 주장한다. 두 사람이 말하는 '제도'는, 공식 제도가 현실에서 어떻게 작동하는지를 규정하는 사회 규범과 기대 및 관련된 관행 같은 '비공식적 제도'뿐만 아니라 공식적 조직과 법률(행정부에 대한 헌법적 견제)의 일정한 조합을 의미한다. 그들이 말하는 '제도'는 내가 '공식 제도'와 '문화'(사회 규범 등)라고 지칭하는 것의 혼합물이다. 이 책 전체에 걸쳐 살펴본 것처럼, 나는 공식적, 비공식적 정치 제도 둘 다 중요하다고 생각한다. 하지만 나는 또한 이런 '고차원의' 정치·경제 제도가 친족, 결혼, 종교와 관련된 것과 같은 '저차원의' 제도와 사람들의 문화적 심리 모두와 어떻게 이어지는지를 검토할 필요가 있다고 주장한다. 가장 기본적인 제도를 검토해야만 우리는 왜 대런과 제임스가 그토록 중요시하는 '다원적' 정치 제도가 서유럽에서 처음 등장했는지를 설명할 수 있다. 많은 경제학자들과 마찬가지로 대런과 제임스가 취하는 접근법은 심리가 문화적으로 진화하며 중요한 심리적 차이가 존재하고 지속된다는 사고를 피한다. 9년간 경제학 교수를 지낸 내 경험에 비춰볼 때, 이는 이런 변이가 경제학의 전통적인 이론적 틀이나 세계관, 즉 경제학의 문화와 비공식적인 제도적 규칙에 쉽게 들어맞지 않기 때문으로 보인다(Acemoglu, Johnson, and Robinson, 2002; Acemoglu and Robinson, 2012; Weber, 1958a, 1958b, 1978). 베버를 좀 더 자세히 들여다보도록 자극을 준 댄 스메일Dan Smail에게 감사한다.

8   Korotayev, 2000, 2004; Schulz, 2019.

9   Baumard, 2018; Hruschka et al., 2014; Hruschka and Henrich, 2013b; Mullainathan and Shafir, 2013.

10   Goody, 1983; Greif, 2006; Greif and Tabellini, 2010; MacFarlane, 1978; Mitterauer and Chapple, 2010; Mitterauer and Sieder, 1982; Serafinelli and Tabellini, 2017.

11   몇몇 연구자들은 '느린' 생애사 전략과 '빠른' 생애사 전략의 차이로 심리적 변이를 설명할 수 있다고 주장한 바 있다(Baumard, 2018). 이런 차이는 대개 어린이들이 경험하는 초기 환경을 바탕으로 생겨난다고 여겨진다. 이는 흥미로운 연구이고 일정한 역할을 하겠지만, 이론적으로나(Baldini, 2015; Barbaro et al., 2016) 경험적으로(Purzycki, Ross et al., 2017) 여전히 심각한 우려가 남는다.

12   Doepke and Zilibotti, 2008; Jacob, 2013.

13   Ensminger and Henrich, 2014; Henrich, Ensminger et al., 2010; Henrich et al., 2004; Lang et al., 2019.

14   Henrich, 2016.

15   Clark, 2007a; Wade, 2014.

16   Durham, 1991; Henrich, 2016.

17   Beauchamp, 2016; Flynn, 2007; Kong et al., 2017; Nisbett, 2009; Okbay et al., 2016. 추정치는 보셈의 것이다.

18   Dincecco and Onorato, 2018; Ogilvie, 2019; Winter, 2013. 물론 어느 시점에서 시골 또한 비개인적 시장, 자발적 결사체, 새로운 입법의 지배를 받게 되었고, 이 때문에 묘지 효과를 겪지 않은 농촌 지역에서도 더 WEIRD한 심리에 유리한 유전적 선택압이 생겨났다는 주장이 가능하다. 확실히 가능한 이야기이지만 세 가지 요인 때문에 그 의미가 줄어든다. (1) 이런 변화는 우리 이야기에서 몇 세기 뒤에나 중요해졌을 뿐이다. (2) 도시의 묘지는 여전히 시골 사람들 중 가장 WEIRD한 이들을 끌어당겼을 것이다. (3) 농촌의 사회적 연결망이 도시의 그것과 비슷해질수록 농촌 지역도 전염병에 더욱 취약해졌다. 낯선 사람들 사이에서 혁신과 상업을 촉진하는 바로 그 연결망은 또한 병균의 전염 가능성도 높인다.

19   Dincecco and Onorato, 2018; Winter, 2013.

20   Gershman, 2015; Nunn and De La Sierra, 2017. 유령 통계에 관해서는 www.economist.com/graphic-detail/2018/10/31/pagan-beliefs-persist-in-the-new-world를, 꼬마 요정에 관해서는 www.theatlantic.com/international/archive/2013/10/why-so-many-icelanders-still-believe-in-invisible-elves-/280783을 보라.

참고문헌

Abrahams, R. (1973). Some aspects of levirate. In J. Goody (ed.), *The Character of Kinship*. Cambridge: Cambridge University Press.

Acemoglu, D., Akcigit, U., and Celik, M. A. (2013). Young, restless and creative: Openness to disruption and creative innovations. Working Paper No. 19894, National Bureau of Economic Research. www.nber.org/papers/w19894.

Acemoglu, D., Akcigit, U., and Celik, M. A. (2016). Young, restless and creative: Openness to disruption and creative innovations. Working paper, static1.squarespace.com/static/57fa873e8419c230ca01eb5f/t/59 35737a8419c282eb2c1756/1496675232862/CreativeInnovation_170605_fin.pdf.

Acemoglu, D., Johnson, S., and Robinson, J. (2005). The rise of Europe: Atlantic trade, institutional change, and economic growth. *American Economic Review* 95 (3), 546~79쪽.

Acemoglu, D., Johnson, S., and Robinson, J. A. (2002). Reversal of fortune: Geography and institutions in the making of the modern world income distribution. *Quarterly Journal of Economics* 117 (4), 1231~94쪽.

Acemoglu, D., and Robinson, J. (2012). *Why Nations Fail: The Origins of Power, Prosperity, and Poverty*. New York: Random House Digital [(한국어판) 대런 에쓰모글루, 제임스 · A. 로빈슨 지음, 최완규 옮김, 《국가는 왜 실패하는가》, 시공사, 2012].

Ackerman, J. M., Maner, J. K., and Carpenter, S. M. (2016). Going all in: Unfavorable sex ratios attenuate choice diversification. *Psychological Science* 27 (6), 799~809쪽.

Addis, W. E. (2015). *A Catholic Dictionary*. Aeterna Press.

Aghion, P., Jaravel, X., Persson, T., and Rouzet, D. (2019). Education and military rivalry. *Journal of the European Economic Association* 17 (2), 376~412쪽.

Ahmed, A. M. (2009). Are religious people more prosocial? A quasi-experimental study with madrasah pupils in a rural community in India. *Journal for the Scientific Study of Religion* 48 (2), 368~74쪽.

Ahmed, A. S. (2013). *The Thistle and the Drone: How America's War on Terror Became a Global War on Tribal Islam*. Washington, DC: Brookings Institution Press.

Akbari, M., Bahrami-Rad, D., and Kimbrough, E. O. (2017). Kinship, fractionalization and corruption. *Journal of Economic Behavior and Organization* 166, 493~528쪽.

Akcigit, U., Kerr, W. R., and Nicholas, T. (2013). The mechanics of endogenous innovation and growth: Evidence from historical U.S. patents. Working paper, siepr.stanford.edu/system/files/shared/1311.

Akçomak, S., Webbink, D., and ter Weel, B. (2016). Why did the Netherlands develop so early? The legacy of the brethren of the common life. *The Economic Journal* 126 (593), 821~60쪽.

Alcorta, C. S., and Sosis, R. (2005). Ritual, emotion, and sacred symbols: The evolution of religion as an adaptive complex. *Human Nature* 16 (4), 323~59쪽.

Alcorta, C. S., Sosis, R., and Finkel, D. (2008). Ritual harmony: Toward an evolutionary theory of music. *Behavioral and Brain Sciences* 31 (5), 576~77쪽.

Alesina, A. F., Algan, Y., Cahuc, P., and Giuliano, P. (2015). Family values and the regulation of labor. *Journal of the European Economic Association* 13 (4), 599~630쪽.

Alesina, A. F., and Giuliano, P. (2010). The power of the family. *Journal of Economic Growth* 15 (2), 93~125쪽.

Alesina, A. F., and Giuliano, P. (2013). Family ties. In Philippe Aghion and Steven N. Durlauf (eds.), *Handbook of Economic Growth* 2A (177~215쪽). Oxford, UK: North Holland/Elsevier.

Alesina, A. F., and Giuliano, P. (2015). Culture and institutions. *Journal of Economic Literature* 53 (4), 898~944쪽.

Algan, Y., and Cahuc, P. (2010). Inherited trust and growth. American Economic Review 100 (5), 2060~92쪽.

Algan, Y., and Cahuc, P. (2013). Trust and growth. *Annual Review of Economics* 5 (1), 521~49쪽.

Algan, Y., and Cahuc, P. (2014). Trust, growth, and well-being: New evidence and policy implications. In Philippe Aghion and Steven N. Durlauf (eds.), *Handbook of Economic Growth* 2A (49~120쪽). Oxford: North Holland/Elsevier.

Allen, R. C. (1983). Collective invention. *Journal of Economic Behavior and Organization* 4 (1), 1~24쪽.

Allen, R. C. (2009). *The British Industrial Revolution in Global Perspective.* Cambridge: Cambridge University Press.

Almond, D., and Currie, J. (2011). Killing me softly: The fetal origins hypothesis. *Journal of Economic Perspectives* 25 (3), 153~72쪽.

Alonso, S. (2013). Temporal discounting and number representation. *Journal of Behavioral Finance* 14 (3), 240~51쪽.

Alquist, J. L., Ainsworth, S. E., and Baumeister, R. F. (2013). Determined to conform: Disbelief in free will increases conformity. *Journal of Experimental Social Psychology* 49 (1), 80~86쪽.

Altrocchi, J., and Altrocchi, L. (1995). Polyfaceted psychological acculturation in Cook Islanders. *Journal of Cross-Cultural Psychology* 26 (4), 426~40쪽.

Al-Ubaydli, O., Houser, D., Nye, J., Paganelli, M. P., and Pan, X. S. (2013). The causal effect of market participation on trust: An experimental investigation using randomized control. *PLoS One* 8 (3), e55968.

Alvard, M. (2011). Genetic and cultural kinship among the Lamaleran whale hunters. *Human Nature* 22 (1-2), 89~107쪽.

Alvard, M. S. (2003). Kinship, lineage, and an evolutionary perspective on cooperative hunting groups in Indonesia. *Human Nature* 14 (2), 129~63쪽.

Alvard, M. S. (2009). Kinship and cooperation. *Human Nature* 20 (4), 394~416쪽.

Alvergne, A., Faurie, C., and Raymond, M. (2009). Variation in testosterone levels and male reproductive effort: Insight from a polygynous human population. *Hormones and Behavior* 56 (5), 491~97쪽.

Ambrose. (1881). *The Letters of Saint Ambrose, Bishop of Milan*. London; Oxford: James Parker.

Amorim, C. E. G., Vai, S., Posth, C., Modi, A., Koncz, I., Hakenbeck, S.,…Veeramah, K. R. (2018). Understanding 6th-century barbarian social organization and migration through paleogenomics. *Nature Communications* 9 (1), 3547.

Andersen, T. B., Bentzen, J., Dalgaard, C.-J., and Sharp, P. (2017). Pre-Reformation roots of the Protestant ethic. *The Economic Journal* 127 (604), 1756~93쪽.

Anderson, R. T. (1956). *Changing Kinship in Europe*. Berkeley: University of California Press.

Annan, J., Blattman, C., Mazurana, D., and Carlson, K. (2011). Civil war, reintegration, and gender in northern Uganda. *Journal of Conflict Resolution* 55 (6), 877~908쪽.

Ansary, T. (2010). *Destiny Disrupted: A History of the World Through Islamic Eyes*. New York: PublicAffairs [(한국어판) 타밈 안사리 지음, 류한원 옮김, 《이슬람의 눈으로 본 세계사》, 뿌리와이파리, 2011].

Apicella, C. L., Azevedo, E. M., Christakis, N. A., and Fowler, J. H. (2014). Evolutionary origins of the endowment effect: Evidence from hunter-gatherers. *American Economic Review* 104 (6), 1793~805쪽.

Apicella, C. L., Carre, J. M., Dreber, A. (2015). Testosterone and economic risk taking: A review. *Adaptive Human Behavior and Physiology* 1 (3), 358~85쪽.

Apicella, C. L., Dreber, A., and Mollerstrom, J. (2014). Salivary testosterone change following monetary wins and losses predicts future financial risk-taking. *Psychoneuroendocrinology* 39, 58~64쪽.

Appiah, A. (2010). *The Honor Code: How Moral Revolutions Happen* (1st ed.). New York: W. W. Norton.

Arantes, J., Berg, M. E., Lawlor, D., and Grace, R. C. (2013). Offenders have higher delay-discounting rates than non-offenders after controlling for differences in drug and alcohol abuse. *Legal and Criminological Psychology* 18 (2), 240~53쪽.

Arruñada, B. (2010). Protestants and Catholics: Similar work ethic, different social ethic. *The Economic Journal* 120 (547), 890~918쪽.

Asch, S. E. (1956). Studies of independence and conformity: A minority of one against a unanimous majority.

Psychological Monographs 70 (9), 1~70쪽.

Ashkanasy, N., Gupta, V., Mayfield, M. S., and Trevor-Roberts, E. (2004). Future orientation. In R. J. House, P. J. Hanges, M. Javidan, P. W. Dorfman, and V. Gupta (eds.), *Culture, Leadership, and Organizations: The GLOBE Study of 62 Societies* (282~342쪽). Thousand Oaks, CA: SAGE Publications.

Ashraf, Q., and Michalopoulos, S. (2015). Climatic fluctuations and the diffusion of agriculture. *Review of Economics and Statistics* 97 (3), 589~609쪽.

Atkinson, Q. D., and Bourrat, P. (2011). Beliefs about God, the afterlife and morality support the role of supernatural policing in human cooperation. *Evolution and Human Behavior* 32 (1), 41~49쪽.

Atkinson, Q. D., and Whitehouse, H. (2011). The cultural morphospace of ritual form. *Evolution and Human Behavior* 32 (1), 50~62쪽.

Atran, S. (2002). *In Gods We Trust: The Evolutionary Landscape of Religion*. New York: Oxford University Press.

Atran, S., and Medin, D. L. (2008). *The Native Mind and the Cultural Construction of Nature*. Cambridge, MA: MIT Press.

Atran, S., Medin, D. L., and Ross, N. (2005). The cultural mind: Environmental decision making and cultural modeling within and across populations. *Psychological Review* 112 (4), 744~76쪽.

Atran, S., and Norenzayan, A. (2004). Religion's evolutionary landscape: Counterintuition, commitment, compassion, communion. *Behavioral and Brain Sciences* 27 (6), 713~70쪽.

Aubet, M. E. (2013). *Commerce and Colonization in the Ancient Near East*. Cambridge: Cambridge University Press.

Augustine (1998). *The City of God Against the Pagans*. Cambridge: Cambridge University Press [한국어판 다수].

Ausenda, G. (1999). Kinship and marriage among the Visigoths. In P. Heather (ed.), *The Visigoths from the Migration Period to the Seventh Century: An Ethnographic Perspective* (129~68쪽). Woodbridge, UK: Boydell Press.

Aveyard, M. E. (2014). A call to honesty: Extending religious priming of moral behavior to Middle Eastern Muslims. *PLoS One* 9 (7), e99447.

Bacon, M. K., Child, I. L., and Barry, H. (1963). A cross-cultural study of correlates of crime. *Journal of Abnormal and Social Psychology* 66 (4), 291~300쪽.

Bahrami-Rad, D., Becker, A., and Henrich, J. (2017). Tabulated nonsense? Testing the validity of the Ethnographic Atlas and the persistence of culture. Working paper.

Bai, Y., and Kung, J. K. S. (2015). Diffusing knowledge while spreading God's message: Protestantism and economic prosperity in China, 1840-1920. *Journal of the European Economic Association* 13 (4), 669~98쪽.

Baier, C. J., and Wright, B. R. E. (2001). "If you love me, keep my commandments": A meta-analysis of the effect of religion on crime. *Journal of Research in Crime and Delinquency* 38 (1), 3~21쪽.

Bailey, D. H., Hill, K. R., and Walker, R. S. (2014). Fitness consequences of spousal relatedness in 46 small-scale societies. *Biology Letters* 10 (5), 20140160.

Bailey, D. H., Walker, R. S., Blomquist, G. E., Hill, K. R., Hurtado, A. M., and Geary, D. C. (2013). Heritability and fitness correlates of personality in the Ache, a natural-fertility population in Paraguay. *PLoS One* 8 (3), e59325.

Baines, E. (1835). *History of the Cotton Manufacture in Great Britain.* London: H. Fisher, R. Fisher, and P. Jackson.

Bairoch, P., Batou, J., and Chèvre, P. (1988). *La population des villes Europeennes de 800 à 1850: Banque de données et analyse sommaire des résultats.* Geneva, Switzerland: Librairie Droz.

Baker, H. D. R. (1979). *Chinese Family and Kinship.* New York: Columbia University Press.

Baksh, M. (1984). Cultural ecology and change of the Machiguenga Indians of the Peruvian Amazon. Dissertation, University of California, Los Angeles.

Bal, P. M., and Veltkamp, M. (2013). How does fiction reading influence empathy? An experimental investigation on the role of emotional transportation. *PLoS One* 8 (1), e55341.

Baldini, R. (2015). Harsh environments and "fast" human life histories: What does the theory say? Preprint. www.biorxiv.org/content/10.1101/014647v2.full.pdf.

Barbaro, N., Boutwell, B. B., Barnes, J. C., and Shackelford, T. K. (2017). Genetic confounding of the relationship between father absence and age at menarche. *Evolution and Human Behavior* 38 (3), 357~65쪽.

Barbieri, C., Hübner, A., Macholdt, E., Ni, S., Lippold, S., Schröder, R.,···Pakendorf, B. (2016). Refining the Y chromosome phylogeny with southern African sequences. *Human Genetics* 135 (5), 541~53쪽.

Barker, P., and Goldstein, B. R. (2001). Theological foundations of Kepler's astronomy. *Osiris* 16 (1), 88~113쪽.

Barnes, M. H. (2010). *Stages of Thought: The Co-evolution of Religious Thought and Science.* New York: Oxford University Press.

Barnes, R. H. (1996). *Sea Hunters of Indonesia: Fishers and Weavers of Lamalera.* Oxford: Clarendon Press.

Baron, A. S., and Dunham, Y. (2015). Representing "us" and "them": Building blocks of intergroup cognition. *Journal of Cognition and Development* 16 (5), 780~801쪽.

Barrett, H. C., Bolyanatz, A., Crittenden, A. N., Fessler, D. M. T., Fitzpatrick, S., Gurven, M.,···Laurence, S. (2016). Small-scale societies exhibit fundamental variation in the role of intentions in moral judgment. *Proceedings of the National Academy of Sciences* 113 (17), 4688~93쪽.

Barro, R. J., and McCleary, R. M. (2003). Religion and economic growth across countries. *American*

Sociological Review 68 (5), 760~781쪽.

Barry, H., Child, I. L., and Bacon, M. K. (1959). Relation of child training to subsistence economy. *American Anthropologist* 61 (1), 51~63쪽.

Barth, F. (1965). *Political Leadership Among Swat Pathans*. Toronto: Oxford University Press.

Bartlett, R. (1993). *The Making of Europe: Conquest, Colonization and Cultural Change, 950-1350* (1st ed.). London: Allen Lane.

Barwick, D. E. (1984). Mapping the past: An atlas of Victorian clans 1835-1904. In I. McBryde (ed.), *Aboriginal History* (Vol. 8, 100~131쪽). Canberra: Australian National University Press.

Basalla, G. (1988). *The Evolution of Technology*. Cambridge Studies in the History of Science. Cambridge: Cambridge University Press [(한국어판) 조지 바살라 지음, 김동광 옮김, 《기술의 진화》, 까치, 1996].

Basten, C., and Betz, F. (2013). Beyond work ethic: Religion, individual, and political preferences. *American Economic Journal: Economic Policy* 5 (3), 67~91쪽.

Bastiaansen, J. A. C. J., Thioux, M., and Keysers, C. (2009). Evidence for mirror systems in emotions. *Philosophical Transactions of the Royal Society B: Biological Sciences* 364 (1528), 2391~404쪽.

Bauer, M., Blattman, C., Chytilová, J., Henrich, J., Miguel, E., and Mitts, T. (2016). Can war foster cooperation? *Journal of Economic Perspectives* 30 (3), 249~74쪽.

Bauer, M., Cahlíková, J., Chytilová, J., and Želinský, T. (2018). Social contagion of ethnic hostility. *Proceedings of the National Academy of Sciences* 115 (19), 4881~86쪽.

Bauer, M., Cassar, A., Chytilová, J., and Henrich, J. (2014). War's enduring effects on the development of egalitarian motivations and in-group biases. *Psychological Science* 25, 47~57쪽.

Baumard, N. (2018). Psychological origins of the Industrial Revolution. *Behavioral and Brain Sciences*, 42, E189.

Baumeister, R. F., Bauer, I. M., and Lloyd, S. A. (2010). Choice, free will, and religion. *Psychology of Religion and Spirituality* 2 (2), 67~82쪽.

Baumeister, R. F., Masicampo, E. J., and Dewall, C. N. (2009). Prosocial benefits of feeling free: Disbelief in free will increases aggression and reduces helpfulness. *Personality and Social Psychology Bulletin* 35 (2), 260~68쪽.

Baumol, W. J. (1990). Entrepreneurship: Productive, unproductive, and destructive. *Journal of Political Economy* 98 (5), 891~921쪽.

Beauchamp, J. P. (2016). Genetic evidence for natural selection in humans in the contemporary United States. *Proceedings of the National Academy of Sciences* 113 (28), 7774~79쪽.

Becker, B. E., and Huselid, M. A. (1992). The incentive effects of tournament compensation systems. *Administrative Science Quarterly* 37 (2), 336~50쪽.

Becker, S. O., Hornung, E., and Woessmann, L. (2011). Education and catch-up in the Industrial Revolution.

American Economic Journal: Macroeconomics 3 (3), 92~126쪽.

Becker, S. O., Pfaff, S., and Rubin, J. (2016). Causes and consequences of the Protestant Reformation. *Explorations in Economic History* 62, 1~25쪽.

Becker, S. O., and Woessmann, L. (2008). Luther and the girls: Religious denomination and the female education gap in nineteenth-century Prussia. *Scandinavian Journal of Economics* 110 (4), 777~805쪽.

Becker, S. O., and Woessmann, L. (2009). Was Weber wrong? A human capital theory of Protestant economic history. *Quarterly Journal of Economics* 124 (2), 531~96쪽.

Becker, S. O., and Woessmann, L. (2010). The effect of Protestantism on education before the industrialization: Evidence from 1816 Prussia. *Economics Letters* 107 (2), 224~28쪽.

Becker, S. O., and Woessmann, L. (2016). Social cohesion, religious beliefs, and the effect of Protestantism on suicide. *Review of Economics and Statistics* 98 (2), 209~25쪽.

Beckwith, C. L. (2012). *Warriors of the Cloisters: The Central Asian Origins of Science in the Medieval World.* Princeton, NJ: Princeton University Press.

Beedie, C. J., and Lane, A. M. (2012). The role of glucose in self-control: Another look at the evidence and an alternative conceptualization. *Personality and Social Psychology Review* 16 (2), 143~53쪽.

Beletsky, L. D., Gori, D. F., Freeman, S., and Wingfield, J. C. (1995). Testosterone and polygyny in birds. *Current Ornithology* 12, 1~41쪽.

Bellemare, C., Kröeger, S., and Van Soest, A. (2008). Measuring inequity aversion in a heterogeneous population using experimental decisions and subjective probabilities. *Econometrica* 76 (4), 815~39쪽.

Bellows, J., and Miguel, E. (2006). War and institutions: New evidence from Sierra Leone. *American Economic Review* 96 (2), 394~99쪽.

Bellows, J., and Miguel, E. (2009). War and local collective action in Sierra Leone. *Journal of Public Economics* 93 (11-12), 1144~57쪽.

Bellwood, P. (2001). Early agriculturalist population diasporas? Farming, languages, and genes. *Annual Review of Anthropology*, 30, 181~207쪽.

Ben-Bassat, A., and Dahan, M. (2012). Social identity and voting behavior. *Public Choice* 151 (1-2), 193~214쪽.

Benedict, R. (1946). *The Chrysanthemum and the Sword: Patterns of Japanese Culture.* Boston: Houghton Mifflin [한국어판 다수].

Benson, B. L. (1989). The spontaneous evolution of commercial law. *Southern Economic Journal* 55 (3), 644~61쪽.

Bentzen, J. S. (2013). Origins of religiousness: The role of natural disasters. Working paper, ssrn.com/abstract=2221859.

Bentzen, J. S. (2019). Acts of God? Religiosity and natural disasters across subnational world districts. *The*

Economic Journal 129 (622), 2295~321쪽.

Bentzen, J. S., Kaarsen, N., and Wingender, A. M. (2017). Irrigation and autocracy. *Journal of the European Economic Association* 15 (1), 1~53쪽.

Benzell, S. G., and Cooke, K. (2016). A network of thrones: Kinship and conflict in Europe, 1495-1918, 1-5. Working paper, kmcooke.weebly.com/uploads/3/0/9/4/30942717/royals_benzellcooke.pdf.

Bergreen, L. (2007). *Marco Polo: From Venice to Xanadu* (1st ed.). New York: Alfred A. Knopf.

Berman, H. J. (1983). *Law and Revolution: The Formation of the Western Legal Tradition.* Cambridge, MA: Harvard University Press [(한국어판) 해롤드 버만 지음, 김철 옮김 《법과 혁명》 1 · 2(전) · 2(후), 한국학술정보, 2013~16].

Bernardi, B. (1952). The age-system of the Nilo-Hamitic peoples: A critical evaluation. *Africa: Journal of the International African Institute* 22 (4), 316~32쪽.

Bernardi, B. (1985). *Age Class Systems: Social Institutions and Polities Based on Age.* Cambridge: Cambridge University Press.

Berns, G. S., Capra, C. M., Moore, S., and Noussair, C. (2010). Neural mechanisms of the influence of popularity on adolescent ratings of music. *NeuroImage* 49 (3), 2687~96쪽.

Berntsen, J. L. (1976). The Maasai and their neighbors: Variables of interaction. *African Economic History* 2, 1~11쪽.

Berry, J. W. (1966). Temne and Eskimo perceptual skills. *International Journal of Psychology* 1 (3), 207~229쪽.

Berry, J. W., and Bennett, J. A. (1995). Syllabic literacy and cognitive performance among the Cree and Ojibwe people of northern Canada. In I. Taylor and D. R. Olson (eds.), *Scripts and Literacy: Reading and Learning to Read Alphabets, Syllabaries and Characters* (341~57쪽). Norwell, MA: Kluwer.

Bettencourt, L. M. A. (2013). The origins of scaling in cities. *Science* 340 (6139), 1438~41쪽.

Bettencourt, L. M. A., Lobo, J., and Strumsky, D. (2007). Invention in the city: Increasing returns to patenting as a scaling function of metropolitan size. *Research Policy* 36 (1), 107~120쪽.

Bettencourt, L. M., Lobo, J., Helbing, D., Kühnert, C., and West, G. B. (2007). Growth, innovation, scaling, and the pace of life in cities. *Proceedings of the National Academy of Sciences* 104 (17), 7301~7306쪽.

Betzig, L. L. (1982). Despotism and differential reproduction: A cross-cultural correlation of conflict asymmetry, hierarchy, and degree of polygyny. *Ethology and Sociobiology* 3 (4), 209~221쪽.

Betzig, L. L. (1986). *Despotism and Differential Reproduction: A Darwinian View of History.* Piscataway, NJ: Aldine Transaction.

Betzig, L. L. (1992). Roman polygyny. *Ethology and Sociobiology* 13 (5-6), 309~349쪽.

Betzig, L. L. (1993). Sex, succession, and stratification in the first six civillizations. In L. Ellis (ed.), *Social Stratification and Socioeconomic Inequity* (Vol. 1). Westport, CT: Praeger.

Bhui, R., Chudek, M., and Henrich, J. (2019a). How exploitation launched human cooperation. *Behavioral Ecology and Sociobiology* 73 (6), 78.

Bhui, R., Chudek, M., and Henrich, J. (2019b). Work time and market integration in the original affluent society. *Proceedings of the National Academy of Sciences* 116 (44), 22100~22105.

Bittles, A. H. (1998). Empirical estimates of the global prevalence of consanguineous marriage in contemporary societies. Working paper. researchrepository.murdoch.edu.au/id/eprint/13494/1/empirical_estimates.pdf.

Bittles, A. H. (2001). A background summary of consanguineous marriage. Working paper, consang.net/index.php/Summary.

Bittles, A. H., and Black, M. L. (2010). Consanguinity, human evolution, and complex diseases. *Proceedings of the National Academy of Sciences* 107 (Suppl. 1), 1779~86쪽.

Blake-Coleman, B. C. (1992). *Copper Wire and Electrical Conductors: The Shaping of a Technology*. Philadelphia: Harwood Academic.

Blattman, C. (2009). From violence to voting: War and political participation in Uganda. *American Political Science Review* 103, 231~47쪽.

Blattman, C., Jamison, J. C., and Sheridan, M. (2016). Reducing crime and violence: Experimental evidence on adult noncognitive investments in Liberia. Working paper, www.nber.org/papers/w21204.

Blaydes, L., and Paik, C. (2016). The impact of Holy Land crusades on state formation: War mobilization, trade integration and political development in medieval Europe. *International Organization* 70 (3), 551~86쪽.

Block, M. K., and Gerety, V. E. (1995). Some experimental-evidence on differences between student and prisoner reactions to monetary penalties and risk. *Journal of Legal Studies* 24 (1), 123~38쪽.

Blondel, S., Lohéac, Y., and Rinaudo, S. (2007). Rationality and drug use: An experimental approach. *Journal of Health Economics* 26 (3), 643~58쪽.

Blume, M. (2009). The reproductive benefits of religious affiliation. In E. Voland and W. Schiefenhovel (eds.), *The Biological Evolution of Religious Mind and Behavior* (117~26쪽). Berlin: Springer-Verlag.

Bockstette, V., Chanda, A., and Putterman, L. G. (2002). States and markets: The advantage of an early start. *Journal of Economic Growth*, 7, 347~69쪽.

Boehm, C. (2008). A biocultural evolutionary exploration of supernatural sanctioning. In J. A. Bulbulia, R. Sosis, E. Harris, R. Genet, C. Genet, and K. Wyman (eds.), *Evolution of Religion* (143~52쪽). Santa Margarita, CA: Collins Foundation Press.

Boerner, L., and Severgnini, B. (2015). Time for growth. Working paper, ssrn.com/abstract=2652782.

Bolyanatz, A. H. (2014). Economic experimental game results from the Sursurunga of New Ireland, Papua New Guinea. In J. Ensminger and J. Henrich (eds.), *Experimenting with Social Norms: Fairness and Punishment in Cross-Cultural Perspective* (275~308쪽). New York: Russell Sage Foundation.

Bond, R., and Smith, P. B. (1996). Culture and conformity: A meta-analysis of studies using Asch's (1952b, 1956) line judgment task. *Psychological Bulletin* 119 (1), 111~37쪽.

Bondarenko, D. M. (2014). On the nature and features of the (early) state: An anthropological reanalysis. *Zeitschrift für Ethnologie* 139 (2), 215~32쪽.

Bondarenko, D. M., and Korotayev, A. V. (2003). "Early state" in cross-cultural perspective: A statistical reanalysis of Henri J. M. Claessen's database. *Cross-Cultural Research* 37 (1), 105~132쪽.

Booth, A., Granger, D. A., Mazur, A., and Kivlighan, K. T. (2006). Testosterone and social behavior. *Social Forces* 85 (1), 167~91쪽.

Booth, A., Johnson, D. R., and Granger, D. A. (1999). Testosterone and men's health. *Journal of Behavioral Medicine* 22 (1), 1~19쪽.

Boppart, T., Falkinger, J., and Grossmann, V. (2014). Protestantism and education: Reading (the Bible) and other skills. *Economic Inquiry* 52 (2), 874~95쪽.

Bornstein, G., and Benyossef, M. (1994). Cooperation in inter-group and single-group social dilemmas. *Journal of Experimental Social Psychology* 30, 52~67쪽.

Bornstein, G., Budescu, D., and Zamir, S. (1997). Cooperation in intergroup, N- person, and twoperson games of chicken. *Journal of Conflict Resolution* 41 (3), 384~406쪽.

Bornstein, G., Gneezy, U., and Nagel, R. (2002). The effect of intergroup competition on group coordination: An experimental study. *Games and Economic Behavior* 41 (1), 1~25쪽.

Boroditsky, L. (2011). How languages construct time. In S. Dehaene & E. Brannon (eds.), *Space, Time and Number in the Brain: Searching for the Foundations of Mathematical Thought* (333~41쪽). Cambridge, MA: Elsevier Academic Press.

Bos, P. A., Hermans, E. J., Ramsey, N. F., and van Honk, J. (2012). The neural mechanisms by which testosterone acts on interpersonal trust. *NeuroImage* 61 (3), 730~37쪽.

Bos, P. A., Terburg, D., and van Honk, J. (2010). Testosterone decreases trust in socially naive humans. *Proceedings of the National Academy of Sciences* 107 (22), 9991~95쪽.

Bosker, M., Buringh, E., and van Zanden, J. L. (2013). From Baghdad to London, unraveling urban development in Europe, North Africa and the Middle East, 800-1800. *Review of Economics and Statistics* 95 (4), 1418~37쪽.

Boswell, J. (1988). *The Kindness of Strangers: The Abandonment of Children in Western Europe from Late Antiquity to the Renaissance.* New York: Pantheon Books.

Bothner, M. S., Kang, J., and Stuart E., T. (2007). Competitive crowding and risk taking in a tournament: Evidence from NASCAR racing. *Administrative Science Quarterly* 52 (2), 208~247쪽.

Botticini, M., and Eckstein, Z. (2005). Jewish occupational selection: Education, restrictions, or minorities? *Journal of Economic History* 65 (4), 922~48쪽.

Botticini, M., and Eckstein, Z. (2007). From farmers to merchants, conversions and diaspora: Human capital and Jewish history. *Journal of the European Economic Association* 5 (5), 885~926쪽.

Botticini, M., and Eckstein, Z. (2012). *The Chosen Few: How Education Shaped Jewish History*, 70-1492. Princeton Economic History of the Western World. Princeton, NJ: Princeton University.

Bourdieu, P. (1990). Time perspectives of the Kabyle. In J. Hassard (ed.), *The Sociology of Time* (219~37쪽). London: Palgrave Macmillan.

Bowles, S. (1998). Endogenous preferences: The cultural consequences of markets and other economic institutions. *Journal of Economic Literature* 36 (1), 75~111쪽.

Bowles, S. (2004). *Microeconomics: Behavior, Institutions, and Evolution*. Princeton, NJ: Princeton University Press.

Bowles, S. (2006). Group competition, reproductive leveling, and the evolution of human altruism. *Science* 314 (5805), 1569~72쪽.

Bowles, S. (2011). Cultivation of cereals by the first farmers was not more productive than foraging. *Proceedings of the National Academy of Sciences* 108 (12), 4760~65쪽.

Bowles, S., and Choi, J. K. (2013). Coevolution of farming and private property during the early Holocene. *Proceedings of the National Academy of Sciences* 110 (22), 8830~35쪽.

Bowles, S., Choi, J. K., and Hopfensitz, A. (2004). The coeveolution of individual behaviors and group level institutions. *Journal of Theoretical Biology* 223 (2), 135~47쪽.

Bowles, S., and Gintis, H. (2002). Behavioural science: Homo reciprocans. *Nature* 415 (6868), 125~28쪽.

Boyd, D. (2001). Life without pigs: Recent subsistence changes among the Irakia Awa, Papua New Guinea. *Human Ecology* 29 (3), 259~81쪽.

Boyd, R. (2017). *A Different Kind of Animal: How Culture Formed Our Species*. Princeton, NJ: Princeton University Press.

Boyd, R., and Richerson, P. J. (2002). Group beneficial norms can spread rapidly in a structured population. *Journal of Theoretical Biology* 215, 287~96쪽.

Boyd, R., and Richerson, P. J. (2009). Culture and the evolution of human cooperation. *Philosophical Transactions of the Royal Society B: Biological Sciences* 364 (1533), 3281~88쪽.

Boyd, R., Richerson, P. J., and Henrich, J. (2011). The cultural niche: Why social learning is essential for human adaptation. *Proceedings of the National Academy of Sciences* 108 (2), 10918~25쪽.

Boyer, P. (2001). *Religion Explained: The Evolutionary Origins of Religious Thought*. New York: Basic Books [(한국어판) 파스칼 보이어 지음, 이창익 옮김, 《종교, 설명하기》, 동녘사이언스, 2015].

Boyer, P. (2003). Religious thought and behaviour as by-products of brain function. *Trends in Cognitive Sciences* 7 (3), 119~24쪽.

Brass, M., Ruby, P., and Spengler, S. (2009). Inhibition of imitative behaviour and social cognition.

Philosophical Transactions of the Royal Society B: Biological Sciences 364 (1528), 2359~67쪽.

Bray, F. (1984). *The Rice Economies: Technology and Development in Asian Societies.* Berkeley: University of California Press.

Briggs, A., and Burke, P. (2009). *A Social History of the Media: From Gutenberg to the Internet* (3rd ed.). Cambridge, UK: Polity Press.

Broesch, J., Barrett, H. C., and Henrich, J. (2014). Adaptive content biases in learning about animals across the lifecourse. *Human Nature* 25 (2), 181~99쪽.

Brown, P. (2012). *Through the Eye of a Needle: Wealth, the Fall of Rome, and the Making of Christianity in the West, 350-550 AD.* Princeton, NJ: Princeton University Press.

Brundage, J. A. (1987). *Law, Sex, and Christian Society in Medieval Europe.* Chicago: University of Chicago Press.

Buchtel, E. E., and Norenzayan, A. (2008). Which should you use, intuition or logic? Cultural differences in injunctive norms about reasoning. *Asian Journal of Social Psychology* 11 (4), 264~73쪽.

Buggle, J. C. (2017). Irrigation, collectivism and long-run technological divergence. Working paper, www.unil.ch/de/files/live/sites/de/files/wo.

Buhrmester, M. D., Fraser, W. T., Lanman, J. A., Whitehouse, H., and Swann, W. B. (2015). When terror hits home: Identity fused Americans who saw Boston bombing victims as "family" provided aid. *Self and Identity* 14 (3), 253~70쪽.

Burguiere, A., Klapisch-Zuber, C., Segalen, M., and Zonabend, F. (1996). *A History of the Family: Distant Worlds, Ancient Worlds.* Cambridge, MA: Belknap Press of Harvard University Press [(한국어판) 클로드 레비-스트로스, 앙드레 뷔르기에르, 크리스티안느 클라피슈-주버, 마르틴느 스갈랑 엮음, 정철웅 옮김, 《가족의 역사》 1, 이학사, 2001].

Buringh, E., and Van Zanden, J. L. (2009). Charting the "rise of the West": Manuscripts and printed books in Europe, a long-term perspective from the sixth through eighteenth centuries. *Journal of Economic History* 69 (2), 409~445쪽.

Burke, J. (2012). *Connections.* New York: Simon & Schuster [(한국어판) 제임스 버크 지음, 구자현 옮김, 《커넥션》, 살림, 2009].

Burnham, T. C., Chapman, J. F., Gray, P. B., McIntyre, M. H., Lipson, S. F., and Ellison, P. T. (2003). Men in committed, romantic relationships have lower testosterone. *Hormones and Behavior* 44 (2), 119~22쪽.

Burton, R., and Whiting, J. (1961). The absent father and cross-sex identity. *Merrill-Palmer Quarterly* 7 (2), 85~95쪽.

Bus, A. G., Van Ijzendoorn, M. H., and Pellegrini, A. D. (1995). Joint book reading makes for success in learning to read: A meta-analysis on intergenerational transmission of literacy. *Review of Educational Research* 65 (1), 1~21쪽.

Bushman, B. J., Ridge, R. D., Das, E., Key, C. W., and Busath, G. L. (2007). When God sanctions killing: Effect of scriptural violence on aggression. *Psychological Science* 18 (3), 204~207쪽.

Buss, D. (2007). *Evolutionary psychology: The New Science of the Mind* (3rd ed.). Boston: Allyn and Bacon [(한국어판) 데이비드 M. 버스 지음, 이충호 옮김, 《진화심리학》, 웅진지식하우스, 2012].

Buttelmann, D., Zmyj, N., Daum, M. M., and Carpenter, M. (2013). Selective imitation of in-group over out-group members in 14-month-old infants. *Child Development* 84 (2), 422~28쪽.

Cahen, C. (1970). Economy, society, institutions. In P. M. Holt, A. K. S. Lambton, and B. Lewis (eds.), *Islamic Society* (511~38쪽). Cambridge: Cambridge University Press.

Caicedo, F. V. (2017). The mission: Human capital transmission, economic persistence and culture in South America. Working paper, econ2017.sites.olt.ubc.ca /files/2018/01/Th.

Camerer, C. (2003). *Behavioral Game Theory: Experiments on Strategic Interaction.* Princeton, NJ: Princeton University Press.

Camino, A. (1977). Trueque, correrías e intercambios entre los Quechuas Andinos y los Piro y Machiguenga de la montaña Peruana. *Amazonía Peruana* 1 (2), 123~40쪽.

Campbell, J. D., Trapnell, P. D., Heine, S. J., Katz, I. M., Lavallee, L. F., and Lehman, D. R. (1996). Self-concept clarity: Measurement, personality correlates, and cultural boundaries. *Journal of Personality and Social Psychology* 70 (1), 141~56쪽.

Campos-Ortiz, F., Putterman, L. G., Ahn, T. K., Balafoutas, L., Batsaikhan, M., and Sutter, M. Security of property as a public good: Institutions, socio-political environment and experimental behavior in five countries (November 27, 2012). CESifo Working Paper Series No. 4003. ssrn.com/abstract=2181356.

Cantoni, D. (2012). Adopting a new religion: The case of Protestantism in 16th century Germany. *The Economic Journal* 122 (560), 502~531쪽.

Cantoni, D. (2015). The economic effects of the Protestant Reformation: Testing the Weber hypothesis in the German lands. *Journal of the European Economic Association* 13 (4), 561~98쪽.

Cantoni, D., Dittmar, J., and Yuchtman, N. (2018). Religious competition and reallocation: The political economy of secularization in the Protestant Reformation. *Quarterly Journal of Economics* 133 (4), 2037~2096쪽, doi.org/10.1093/qje/qjy011.

Cantoni, D., and Yuchtman, N. (2014). Medieval universities, legal institutions, and the commercial revolution. *Quarterly Journal of Economics* 129 (2), 823~87쪽.

Carlino, G. A., Chatterjee, S., and Hunt, R. M. (2007). Urban density and the rate of invention. *Journal of Urban Economics* 61 (3), 389~419쪽.

Carneiro, R. (1967). On the relationship between size of population and complexity of social organization. *Southwestern Journal of Anthropology* 23 (3), 234~43쪽.

Carneiro, R. (1987). The evolution of complexity in human societies and its mathematical expression. *International Journal of Comparative Sociology* 28 (3), 111~28쪽.

Carneiro, R. L. (1970). A theory of the origin of the state. *Science* 169 (3947), 733~38쪽.

Carneiro, R. L. (1988). The circumscription theory: Challenge and response. *American Behavioral Scientist* 31 (4), 497~511쪽.

Carpenter, M., Uebel, J., and Tomasello, M. (2013). Being mimicked increases prosocial behavior in 18-month-old infants. *Child Development* 84 (5), 1511~18쪽.

Carter, E. C., McCullough, M. E., Kim-Spoon, J., Corrales, C., and Blake, A. (2011). Religious people discount the future less. *Evolution and Human Behavior* 33 (3), 224~31쪽.

Casey, B. J., Somerville, L. H., Gotlib, I. H., Ayduk, O., Franklin, N. T., Askren, M. K.,···Shoda, Y. (2011). Behavioral and neural correlates of delay of gratification 40 years later. *Proceedings of the National Academy of Sciences* 108 (36), 14998~15003쪽.

Cassady, R. (1974). *Exchange by Private Treaty. Studies in Marketing.* Austin, TX: Bureau of Business Research.

Cassar, A., Grosjean, P., and Whitt, S. (2013). Legacies of violence: Trust and market development. *Journal of Economic Growth* 18 (3), 285~318쪽.

Castillo, M., and Carter, M. (2011). Behavioral responses to natural disasters. Working paper, ices.gmu.edu/wp-content/uploads/2011/07/Beh.

Cavalcanti, T. V., Parente, S. L., and Zhao, R. (2007). Religion in macroeconomics: A quantitative analysis of Weber's thesis. *Economic Theory* 32 (1), 105~123쪽.

Cecchi, F., Leuveld, K., and Voors, M. (2016). Conflict exposure and competitiveness: Experimental evidence from the football field in Sierra Leone. *Economic Development and Cultural Change* 64 (3), 405~435쪽.

Chabris, C. F., Laibson, D., Morris, C. L., Schuldt, J. P., and Taubinsky, D. (2008). Individual laboratory-measured discount rates predict field behavior. *Journal of Risk and Uncertainty* 37 (2-3), 237~69쪽.

Chacon, Y., Willer, D., Emanuelson, P., and Chacon, R. (2015). From chiefdom to state: The contribution of social structural dynamics. *Social Evolution and History* 14 (2), 27~45쪽.

Chanda, A., and Putterman, L. (2007). Early starts, reversals and catch-up in the process of economic development. *Scandinavian Journal of Economics* 109 (2), 387~413쪽.

Chapais, B. (2009). *Primeval Kinship: How Pair-Bonding Gave Birth to Human Society.* Cambridge, MA: Harvard University Press.

Charles-Edwards, T. M. (1972). Kinship, status and the origins of the hide. *Past and Present* 56 (1), 3~33쪽.

Chartrand, T. L., and Bargh, J. A. (1999). The chameleon effect: The perception-behavior link and social interaction. *Journal of Personality and Social Psychology* 76 (6), 893~910쪽.

Chen, Y., Wang, H., and Yan, S. (2014). The long-term effects of Protestant activities in China. Working paper, ssrn.com/abstract=2186818.

Cheng, J. T., Tracy, J., Foulsham, T., and Kingstone, A. (2013). Dual paths to power: Evidence that dominance and prestige are distinct yet viable avenue to social status. *Journal of Personality and Social Psychology* 104, 103~125쪽.

Cheng, J. T., Tracy, J. L., and Henrich, J. (2010). Pride, personality, and the evolutionary foundations of human social status. *Evolution and Human Behavior* 31 (5), 334~47쪽.

Chernyak, N., Kushnir, T., Sullivan, K. M., and Wang, Q. (2013). A comparison of American and Nepalese children's concepts of freedom of choice and social constraint. *Cognitive Science* 37 (7), 1343~55쪽.

Choi, I., Nisbett, R. E., and Norenzayan, A. (1999). Causal attribution across cultures: Variation and universality. *Psychological Bulletin* 125 (1), 47~63쪽.

Choi, J. K., and Bowles, S. (2007). The coevolution of parochial altruism and war. *Science* 318 (5850), 636~40쪽.

Christmas, B. S. (2014). *Washington's Nightmare: A Brief History of American Political Parties*. Self-published.

Chua, H. F., Boland, J. E., and Nisbett, R. E. (2005). Cultural variation in eye movements during scene perception. *Proceedings of the National Academy of Sciences* 102 (35), 12629~33쪽.

Chua, R. Y. J., Ingram, P., and Morris, M. W. (2008). From the head and the heart: Locating cognition- and affect-based trust in managers' professional networks. *Academy of Management Journal* 51 (3), 436~52쪽.

Chua, R. Y. J., Morris, M. W., and Ingram, P. (2009). Guanxi vs networking: Distinctive configurations of affect- and cognition-based trust in the networks of Chinese vs American managers. *Journal of International Business Studies* 40 (3), 490~508쪽.

Chua, R. Y. J., Morris, M. W., and Ingram, P. (2010). Embeddedness and new idea discussion in professional networks: The mediating role of affect-based trust. *Journal of Creative Behavior* 44 (2), 85~104쪽.

Chudek, M., Brosseau-Liard, P. E., Birch, S., and Henrich, J. (2013). Culture-gene coevolutionary theory and children's selective social learning. In M. R. Banaji and S. A. Gelman (eds.), *Navigating the Social World: What Infants, Children, and Other Species Can Teach Us* (181쪽). New York: Oxford University Press.

Chudek, M., and Henrich, J. (2011). Culture-gene coevolution, norm-psychology and the emergence of human prosociality. *Trends in Cognitive Sciences* 15 (5), 218~26쪽.

Chudek, M., McNamara, R. A., Birch, S., Bloom, P., and Henrich, J. (2017). Do minds switch bodies? Dualist interpretations across ages and societies. *Religion, Brain and Behavior* 8 (4), 354~68쪽.

Chudek, M., Muthukrishna, M., and Henrich, J. (2015). Cultural evolution. In D. M. Buss (ed.), *The Handbook of Evolutionary Psychology* (2nd ed., Vol. 2). Hoboken, NJ: John Wiley and Sons [(한국어판) 데이비드 M. 버스 지음, 김한영 옮김, 《진화심리학 핸드북》1·2, 아카넷, 2019].

Chudek, M., Zhao, W., and Henrich, J. (2013). Culture-gene coevolution, large-scale cooperation and the shaping of human social psychology. In R. Joyce, K. Sterelny, and B. Calcott (eds.), *Signaling, Commitment, and Emotion*. Cambridge, MA: MIT Press.

Church, A. T., Katigbak, M. S., Del Prado, A. M., Ortiz, F. A., Mastor, K. A., Harumi, Y.,…Cabrera, H. F. (2006). Implicit theories and self-perceptions of traitedness across cultures: Toward integration of cultural and trait psychology perspectives. *Journal of Cross-Cultural Psychology* 37 (6), 694~716쪽.

Churchill, W. (2015). *A History of the English-Speaking Peoples: The Birth of Britain* (Vol. 1). New York: Bloomsbury.

Cipolla, C. M. (1977). *Clocks and Culture, 1300-1700.* New York: W. W. Norton [(한국어판) 카를로 마리아 치폴라 지음, 최파일 옮김, 《시계와 문명》, 미지북스, 2013].

Cipolla, C. M. (1994). *Before the Industrial Revolution: European Society and Economy, 1000-1700.* New York: W. W. Norton.

Clark, G. (1987). Productivity growth without technical change in European agriculture before 1850. *Journal of Economic History* 47 (2), 419~32쪽.

Clark, G. (2007a). *A Farewell to Alms: A Brief Economic History of the World.* The Princeton Economic History of the Western World. Princeton, NJ: Princeton University Press [(한국어판) 그레고리 클라크 지음, 이은주 옮김, 《맬서스, 산업혁명 그리고 이해할 수 없는 신세계》, 한즈미디어(한스미디어), 2009].

Clark, G. (2007b). Genetically capitalist? The Malthusian era, institutions and the formation of modern preferences. Working paper, faculty.econ.ucdavis.edu/faculty/gclark/papers/Capitalism%20Genes.pdf.

Clegg, J. M., Wen, N. J., and Legare, C. H. (2017). Is non-conformity WEIRD? Cultural variation in adults' beliefs about children's competency and conformity. *Journal of Experimental Psychology: General* 146 (3), 428~41쪽.

Cohen, A. B. (2015). Religion's profound influences on psychology: Morality, intergroup relations, self-construal, and enculturation. *Current Directions in Psychological Science* 24 (1), 77~82쪽.

Cohen, A. B., and Hill, P. C. (2007). Religion as culture: Religious individualism and collectivism among American Catholics, Jews, and Protestants. *Journal of Personality* 75 (4), 709~742쪽.

Cohen, A. B., and Rozin, P. (2001). Religion and the morality of mentality. *Journal of Personality and Social Psychology* 81 (4), 697~710쪽.

Cohen, R. (1984). Warfare and state formation: Wars make states and states make wars. In R. B. Ferguson (ed.), *Warfare Culture and Environment* (329~58쪽). Cambridge, MA: Academic Press.

Cohn, A., Fehr, E., and Marechal, M. A. (2014). Business culture and dishonesty in the banking industry. *Nature* 516 (7529), 86~89쪽.

Collard, M., Ruttle, A., Buchanan, B., and O'Brien, M. J. (2012). Risk of resource failure and toolkit variation in small-scale farmers and herders. *PLoS One* 7 (7), e40975.

Collier, P. (2007). *The Bottom Billion: Why the Poorest Countries Are Failing and What Can Be Done About It.* New York: Oxford University Press [(한국어판) 폴 콜리어 지음, 류현 옮김, 《빈곤의 경제학》, 살림, 2010].

Collins, P. (1994). The Sumerian goddess Inanna (3400-2200 BC). *Papers from the Institute of Archaeology*, 5, 103~118쪽.

Coltheart, M. (2014). The neuronal recycling hypothesis for reading and the question of reading universals. *Mind and Language* 29 (3), 255~69쪽.

Connor, P., Cohn, D., and Gonzalez-Barrera, A. (2013). *Changing patterns of global migration and remittances: More migrants in the U.S. and other wealthy countries; more money to middle-income countries*. PEW Research Center: Social and Demographic Trends. www.pewsocialtrends.org/wpcontent/uploads/sites/3/2013/12/global-migration-final_12-2013.pdf.

Conot, R. E. (1979). *A Streak of Luck* (1st ed.). New York: Seaview Books/Simon & Schuster.

Cooperrider, K., Marghetis, T., and Núñez, R. (2017). Where does the ordered line come from? Evidence from a culture of Papua New Guinea. *Psychological Science* 28 (5), 599~608쪽.

Coren, S. (1992). *The Left-Hander Syndrome: The Causes and Consequences of Left-Handedness*. New York: Free Press.

Coy, M. W. (ed.). (1989). *Apprenticeship: From Theory to Method and Back Again*. J. C. Nash (ed.), SUNY Series in the Anthropology of Work. Albany: State University of New York Press.

Creanza, N., Kolodny, O., and Feldman, M. W. (2017). Greater than the sum of its parts? Modelling population contact and interaction of cultural repertoires. *Journal of the Royal Society Interface* 14 (130), 1~11쪽.

Cueva, C., Roberts, R. E., Spencer, T., Rani, N., Tempest, M., Tobler, P. N., Herbert, J., and Rustichini, A. (2015). Cortisol and testosterone increase financial risk taking and may destabilize markets. *Scientific Reports* 5, 1~16쪽.

Cummins, D. D. (1996a). Evidence for the innateness of deontic reasoning. *Mind and Language* 11 (2), 160~90쪽.

Cummins, D. D. (1996b). Evidence of deontic reasoning in 3- and 4-year-old children. *Memory and Cognition* 24 (6), 823~29쪽.

Curtin, C., Barrett, H. C., Bolyanatz, A., Crittenden, A. N., Fessler, D. M. T., Fitzpatrick, S.,…Henrich, J. (2019). When mental states don't matter: Kinship intensity and intentionality in moral judgement. henrich.fas.harvard.edu/files/henrich/files /kinship-intentionality-main-text.pdf.

D'Avray, D. (2012). Review article: Kinship and religion in the early Middle Ages. *Early Medieval Europe* 20 (2), 195~212쪽.

Dal Bó, P., Foster, A., and Putterman, L. (2010). Institutions and behavior: Experimental evidence on the effects of democracy. *American Economic Review* 100 (5), 2205~2229쪽.

Daly, M., and Wilson, M. (1998). *The Truth About Cinderella*. London: Weidenfeld and Nicolson [(한국어판) 마틴 데일리·마고 윌슨 지음, 주일우 옮김, 《신데렐라의 진실》, 이음, 2011].

Database English Guilds. (2016). DataverseNL. hdl.handle.net/10411/10100.

Daunton, M. J. (1995). *Progress and Poverty: An Economic and Social History of Britain, 1700-1850*. New York: Oxford University Press.

Davies, J. K. (2004). Athenian citizenship: The descent group and the alternatives. *The Classical Journal* 73 (2), 105~121쪽.

Davis, G. F., and Greve, H. R. (1997). Corporate elite networks and governance changes in the 1980s. *American Journal of Sociology* 103 (1), 1~37쪽.

Davis, H. E. (2014). Variable education exposure and cognitive task performance among the Tsimane' forager-horticulturalists. Dissertation, University of New Mexico.

Davis, P. M. (2002). *Los machiguengas aprenden a leer: Breve historia de la educación bilingüe y el desarrollo comunal entre los machiguengas del bajo Urubamba* (1). Lima: Fondo Editorial de la Pontificia Universidad Católica del Perú.

De Jong, M. (1998). An unsolved riddle: Early medieval incest legislation. In I. Wood (ed.), *Franks and Alamanni in the Merovingian Period: An Ethnographic Perspective* (107~140쪽). Woodbridge, UK: Boydell & Brewer.

de la Croix, D., Doepke, M., and Mokyr, J. (2018). Clans, guilds, and markets: Apprenticeship institutions and growth in the pre-industrial economy. *Quarterly Journal of Economics* 133 (1), 735~75쪽.

De Moor, T. (2008). The silent revolution: A new perspective on the emergence of commons, guilds, and other forms of corporate collective action in Western Europe. *International Review of Social History* 53 (S16), 179~212쪽.

De Moor, T., and Van Zanden, J. L. (2010). Girl power: The European marriage pattern and labour markets in the North Sea region in the late medieval and early modern period. *Economic History Review* 63 (1), 1~33쪽.

de Pleijt, A. M. (2016). Accounting for the "little divergence": What drove economic growth in preindustrial Europe, 1300-1800? *European Review of Economic History* 20 (4), 387~409쪽.

de Vries, J. (1994). The industrial revolution and the industrious revolution. *Journal of Economic History* 54 (2), 249~70쪽.

de Vries, J. (2008). *The Industrious Revolution: Consumer Behavior and the Household Economy, 1650 to the Present*. Cambridge: Cambridge University Press.

de Wolf, J. J. (1980). The diffusion of age-group organization in East Africa: A reconsideration. *Africa* 50 (3), 305~310쪽.

Dehaene, S. (2009). *Reading in the Brain: The Science and Evolution of a Human Invention*. New York: Viking [(한국어판) 스타니슬라스 드앤 지음, 이광오 옮김, 《글 읽는 뇌》, 학지사, 2017].

Dehaene, S. (2014). Reading in the brain revised and extended: Response to comments. *Mind and Language* 29 (3), 320~35쪽.

Dehaene, S., Cohen, L., Morais, J., and Kolinsky, R. (2015). Illiterate to literate: Behavioural and cerebral changes induced by reading acquisition. *Nature Reviews: Neuroscience* 16 (4), 234~44쪽.

Dehaene, S., Izard, V., Spelke, E., and Pica, P. (2008). Log or linear? Distinct intuitions of the number scale in Western and Amazonian indigene cultures. *Science* 320 (5880), 1217~20쪽.

Dehaene, S., Pegado, F., Braga, L. W., Ventura, P., Nunes Filho, G., Jobert, A., Dehaene-Lambertz, G., Kolinsky, R., Morais, J., Cohen, L. (2010). How learning to read changes the cortical networks for vision and language. *Science* 330 (6009), 1359~64쪽.

Dell, M. (2010). The persistent effects of Peru's mining mita. *Econometrica* 78 (6), 1863~1903쪽.

Derex, M., Beugin, M. P., Godelle, B., and Raymond, M. (2013). Experimental evidence for the influence of group size on cultural complexity. *Nature* 503 (7476), 389~91쪽.

Derex, M., and Boyd, R. (2016). Partial connectivity increases cultural accumulation within groups. *Proceedings of the National Academy of Sciences* 113 (11), 2982~87쪽.

Derex, M., Godelle, B., and Raymond, M. (2014). How does competition affect the transmission o f information? *Evolution and Human Behavior* 35 (2), 89~95쪽.

Diamond, A. (2012). Activities and programs that improve children's executive functions. *Current Directions in Psychological Science* 21 (5), 335~41쪽.

Diamond, A., and Lee, K. (2011). Interventions shown to aid executive function development in children 4 to 12 years old. *Science* 333 (6045), 959~64쪽.

Diamond, A., and Ling, D. S. (2016). Conclusions about interventions, programs, and approaches for improving executive functions that appear justified and those that, despite much hype, do not. *Developmental Cognitive Neuroscience* 18, 34~48쪽.

Diamond, J. (1999). Invention is the mother of necessity. *The New York Times Magazine*, 142~44쪽 (April 18).

Diamond, J. M. (1997). *Guns, Germs, and Steel: The Fates of Human Societies*. New York: W. W. Norton [(한국어판) 재레드 다이아몬드 지음, 김진준 옮김, 《총, 균, 쇠》, 문학사상사, 2005].

Diamond, J. M. (2005). *Collapse: How Societies Choose to Fail or Succeed*. New York: Viking [(한국어판) 재레드 다이아몬드 지음, 강주헌 옮김, 《문명의 붕괴》, 김영사, 2005].

Diamond, J. M. (2012). *The World Until Yesterday: What Can We Learn from Traditional Societies?* New York: Viking [(한국어판) 재레드 다이아몬드 지음, 강주헌 옮김, 《어제까지의 세계》, 2013, 김영사].

Diener, E., and Diener, M. (1995). Cross-cultural correlates of life satisfaction and self-esteem. *Journal of Personality and Social Psychology* 68 (4), 653~63쪽.

Dilcher, G. (1997). The urban belt and the emerging modern state. In Peter Blickle (ed.), *Resistance, Representation, and Community* (217~55쪽). Oxford: Clarendon Press.

Dincecco, M., and Onorato, M. G. (2016). Military conflict and the rise of urban Europe. *Journal of Economic Growth* 21 (3), 259~82쪽.

Dincecco, M., and Onorato, M. G. (2018). *From Warfare to Wealth: The Military Origins of Urban Prosperity in Europe*. New York: Cambridge University Press.

Dittmar, J. E., and Seabold, S. (2016). Media, markets, and radical ideas: Evidence from the Protestant Reformation. Working paper, www.jeremiahdittmar.com/files/dittmar_seabold_print_religion.pdf.

Doepke, M., and Zilibotti, F. (2008). Occupational choice and the spirit of capitalism. *Quarterly Journal of Economics* 123 (2), 747~93쪽.

Dohmen, T., Enke, B., Falk, A., Huffman, D., and Sunde, U. (2018). Patience and comparative development. Working paper, www.iame.uni-bonn.de/people/thomas-dohmen/patience-andcomparative-development-paper.

Dohrn-van Rossum, G. (1996). *History of the Hour: Clocks and Modern Temporal Orders*. Translated by Thomas Dunlap. Chicago: University of Chicago Press.

Dollinger, P. (1970). *The German Hansa*. Translated and edited by D. S. Ault and S. H. Steinberg. London: Macmillan.

Donkin, R. A. (1978). *The Cistercians: Studies in the Geography of Medieval England and Wales*. Toronto: Pontifical Institute of Mediaeval Studies.

Doris, J. M., and Plakias, A. (2008). How to argue about disagreement: Evaluative diversity and moral realism. In W. Sinnott-Armstrong (ed.), *Moral Psychology*, Vol. 2. *The Cognitive Science of Morality: Intuition and Diveristy* (303~331쪽). Cambridge, MA: MIT Press.

Dowey, J. (2017). Mind over matter: Access to knowledge and the British industrial revolution. Dissertation, London School of Economics and Political Science.

Drew, K. F. (trans.). (1991). *The Laws of the Salian Franks*. Philadelphia: University of Pennsylvania Press.

Drew, K. F. (trans.). (2010a). *The Burgundian Code*. Philadelphia: University of Pennsylvania Press.

Drew, K. F. (trans.). (2010b). *The Lombard Laws*. Philadelphia: University of Pennsylvania Press.

Droit-Volet, S. (2013). Time perception in children: A neurodevelopmental approach. *Neuropsychologia* 51 (2), 220~34쪽.

Duckworth, A. L., and Kern, M. L. (2011). A meta-analysis of the convergent validity of self-control measures. *Journal of Research in Personality* 45 (3), 259~68쪽.

Duckworth, A. L., and Seligman, M. E. P. (2005). Self-discipline outdoes IQ in predicting academic performance of adolescents. *Psychological Science* 16 (12), 939~44쪽.

Duhaime, E. P. (2015). Is the call to prayer a call to cooperate? A field experiment on the impact of religious salience on prosocial behavior. *Judgment and Decision Making* 10 (6), 593~96쪽.

Dunbar, R. I. M., Clark, A., and Hurst, N. L. (1995). Conflict and cooperation among the Vikings: Contingent behavioral decisions. *Ethology and Sociobiology* 16 (3), 233~46쪽.

Duncan, G. J., Wilkerson, B., and England, P. (2006). Cleaning up their act: The effects of marriage and cohabitation on licit and illicit drug use. *Demography* 43 (4), 691~710쪽.

Dunham, Y., Baron, A. S., and Banaji, M. R. (2008). The development of implicit intergroup cognition. *Trends in Cognitive Sciences* 12 (7), 248~53쪽.

Durant, W. (2011). *The Reformation: The Story of Civilization*. New York: Simon and Schuster.

Durante, R. (2010). Risk, cooperation and the economic origins of social trust: An empirical investigation. Working paper, ssrn.com/abstract=1576774.

Durham, W. H. (1991). *Coevolution: Genes, Culture, and Human Diversity*. Stanford, CA: Stanford University Press.

Durkheim, E. (1933). *The Division of Labor in Society*. Translated by George Simpson. Glencoe, IL: Free Press [한국어판 다수].

Durkheim, E. (1995). *The Elementary Forms of Religious Life*. Translated by Karen E. Fields. New York: Free Press [(한국어판) 에밀 뒤르켐 지음, 민혜숙·노치준 옮김, 《종교생활의 원초적 형태》, 한길사, 2020].

Dyble, M., Gardner, A., Vinicius, L., and Migliano, A. B. (2018). Inclusive fitness for in-laws. *Biology Letters* 14 (10), 1~3쪽.

Earle, T. (1997). *How Chiefs Come to Power*. Stanford, CA: Stanford University Press [(한국어판) Timothy K Earle 지음, 김경택 옮김, 《족장사회의 정치 권력》, 考古, 2008].

Edelman, B. (2009). Red light states: Who buys online adult entertainment? *Journal of Economic Perspectives* 23 (1), 209~220쪽.

The Editors of the Encyclopedia Britannica. (2018). Sicily. In *Encyclopedia Britannica Online*. Encyclopedia Britannica.

Edlund, L., Li, H., Yi, J., and Zhang, J. (2007). Sex ratios and crime: Evidence from China's one-child policy. *IZA Discussion Paper* No. 3214, 1~51쪽.

Edlund, L., Li, H., Yi, J., and Zhang, J. (2013). Sex ratios and crime: Evidence from China. *Review of Economics and Statistics* 95 (5), 1520~34쪽.

Eisenegger, C., Haushofer, J., and Fehr, E. (2011). The role of testosterone in social interaction. *Trends in Cognitive Sciences* 15 (11), 263~71쪽.

Eisenstadt, S. N. (2016). African age groups: A comparative study. *Africa* 23 (2), 100~113쪽.

Eisner, M. (2001). Modernization, self-control and lethal violence: The long-term dynamics of European homicide rates in theoretical perspective. *British Journal of Criminology* 41 (4), 618~38쪽.

Eisner, M. (2003). Long-term historical trends in violent crime. *Crime and Justice* 30, 83~142쪽.

Ekelund, R. B., Hebert, R., Tollison, R. D., Anderson, G. M., and Davidson, A. B. (1996). *Sacred Trust: The Medieval Church as an Economic Firm*. New York: Oxford University Press.

Elias, N. (2000). *The Civilizing Process*. Hoboken, NJ: Blackwell Publishing [(한국어판) 노르베르트 엘리아스 지음, 박미애 옮김,《문명화 과정》1 · 2, 한길사, 1996~1999.

Elison, J. (2005). Shame and guilt: A hundred years of apples and oranges. *New Ideas in Psychology* 23 (1), 5~32쪽.

Ellison, P. T., Bribiescas, R. G., Bentley, G. R., Campbell, B. C., Lipson, S. F., Panter-Brick, C., and Hill, K. (2002). Population variation in age-related decline in male salivary testosterone. *Human Reproduction* 17 (12), 3251~53쪽.

Ember, C. R., Ember, M., and Pasternack, B. (1974). On the development of unilineal descent. *Journal of Anthropological Research* 30 (2), 69~94쪽.

Ember, M. (1967). The emergence of neolocal residence. *Transactions of the New York Academy of Sciences* 30 (2), 291~302쪽.

Engelmann, J. B., Moore, S., Capra, C. M., and Berns, G. S. (2012). Differential neurobiological effects of expert advice on risky choice in adolescents and adults. *Social Cognitive and Affective Neuroscience* 7 (5), 557~67쪽.

Engelmann, J. M., Herrmann, E., and Tomasello, M. (2012). Five-year-olds, but not chimpanzees, attempt to manage their reputations. *PLoS One* 7 (10), e48433.

Engelmann, J. M., Over, H., Herrmann, E., and Tomasello, M. (2013). Young children care more about their reputation with ingroup members and potential reciprocators. *Developmental Science* 16 (6), 952~58쪽.

English, T., and Chen, S. (2011). Self-concept consistency and culture: The differential impact of two forms of consistency. *Personality and Social Psychology Bulletin* 37 (6), 838~49쪽.

Enke, B. (2017). Kinship systems, cooperation and the evolution of culture. Working paper, www.nber.org/papers/w23499.

Enke, B. (2019). Kinship, cooperation, and the evolution of moral systems. *Quarterly Journal of Economics* 134 (2), 953~1019쪽.

Ensminger, J., and Henrich, J. (Eds). (2014). *Experimenting with Social Norms: Fairness and Punishment in Cross-Cultural Perspective*. New York: Russell Sage Foundation.

Epstein, S. R. (1998). Craft guilds, apprenticeship, and technological change in pre-industrial Europe. *Journal of Economic History* 58 (3), 684~713쪽.

Epstein, S. R. (2013). Transferring technical knowledge and innovating in Europe, c. 1200-1800. In M. Prak and J. L. van Zanden (eds.), *Technology, Skills and the Pre-Modern Economy in the East and the West* (25~68쪽). Boston: Brill.

Euston, D. R., Gruber, A. J., and McNaughton, B. L. (2012). The role of medial prefrontal cortex in memory and decision making. *Neuron* 76 (6), 1057~70쪽.

Everett, J. A. C., Haque, O. S., and Rand, D. G. (2016). How good is the Samaritan, and why? An experimental investigation of the extent and nature of religious prosociality using economic games. *Social Psychological and Personality Science* 7 (3), 248~55쪽.

Ewert, U. C., and Selzer, S. (2016). *Institutions of Hanseatic Trade: Studies on the Political Economy of a Medieval Network*. Frankfurt: Peter Lang.

Falk, A., Becker, A., Dohmen, T., Enke, B., Huffman, D., and Sunde, U. (2018). Global evidence on economic preferences. *Quarterly Journal of Economics* 91 (1), 335~41쪽.

Falk, A., Becker, A., Dohmen, T., Huffman, D., and Sunde, U. (2016). The preference survey module: A validated instrument for measuring risk, time, and social preferences. Working paper, ssrn.com/abstract=2725035.

Falk, A., and Szech, N. (2013). Morals and markets. *Science* 340 (6133), 707~711쪽.

Falk, C. F., Heine, S. J., Yuki, M., and Takemura, K. (2009). Why do Westerners self-enhance more than East Asians? *European Journal of Personality* 23 (3), 183~203쪽.

Faron, L. C. (1968). *The Mapuche Indians of Chile*. Prospect Heights, IL: Waveland Press.

Farrington, D. P., and West, D. J. (1995). Effects of marriage, separation, and children on offending by adult males. *Current Perspectives on Aging and the Life Cycle* 4, 249~81쪽.

Faure, D. (1996). The lineage as business company: Patronage versus law in the development of Chinese business. In R. A. Brown (ed.), *Chinese Business Enterprise* (82~121쪽). London: Routledge.

Fehr, E., Fischbacher, U., von Rosenbladt, B., Schupp, J., and Wagner, G. G. (2002). A nation-wide laboratory: Examining trust and trustworthiness by integrating behavioral experiments into representative surveys. CEPR Discussion Papers 122 (141), 519~42쪽.

Fehr, E., and Gächter, S. (2000). Cooperation and punishment in public goods experiments. *American Economic Review* 90 (4), 980~95쪽.

Fehr, E., and Gächter, S. (2002). Altruistic punishment in humans. *Nature* 415 (6868), 137~40쪽.

Fehr, E., and Henrich, J. (2003). Is strong reciprocity a maladaption? In P. Hammerstein (ed.), *Genetic and Cultural Evolution of Cooperation* (55~82쪽). Cambridge, MA: MIT Press.

Fêng, H. (1967). *The Chinese Kinship System*. Cambridge, MA: Harvard University Press.

Fenske, J. (2015). African polygamy: Past and present. *Journal of Development Economics* 117, 58~73쪽.

Fernández, R., and Fogli, A. (2009). Culture: An empirical investigation of beliefs, work, and fertility. *American Economic Journal: Macroeconomics* 1 (1), 146~77쪽.

Ferrero, A. (1967). *Los Machiguengas: Tribu Selvática del Sur-Oriente Peruano*. Villava-Pamplona, Spain: Editorial OPE.

Fessler, D. M. T. (2004). Shame in two cultures: Implications for evolutionary approaches. *Journal of Cognition and Culture* 4 (2), 207~262쪽.

Fessler, D. M. T. (2007). From appeasement to conformity: Evolutionary and cultural perspective on shame, competition, and cooperation. In J. Tracy, R. Robins, and J. P. Tangney (eds.), *The Self-Conscious Emotion: Theory and Research*. New York: Guilford Press.

Fessler, D. M. T., and Navarrete, C. D. (2004). Third-party attitudes toward sibling incest: Evidence for Westermarck's hypotheses. *Evolution and Human Behavior* 25 (5), 277~94쪽.

Fiddick, L., Cosmides, L., and Tooby, J. (2000). No interpretation without representation: The role of domain-specific representations and inferences in the Wason selection task. *Cognition* 77 (1), 1~79쪽.

Field, E., Molitor, V., Schoonbroodt, A., and Tertilt, M. (2016). Gender gaps in completed fertility. *Journal of Demographic Economics* 82 (2), 167~206쪽.

Finke, R., and Stark, R. (2005). *The Churching of America, 1776-2005: Winners and Losers in Our Religious Economy*. New Brunswick, NJ: Rutgers University Press [(한국어판) 로드니 스타크 · 로저 핑크 지음, 김태식 옮김, 《미국 종교 시장에서의 승자와 패자, 1776-2005》, 서로사랑, 2014].

Fisman, R., and Miguel, E. (2007). Corruption, norms, and legal enforcement: Evidence from diplomatic parking tickets. *Journal of Political Economy* 115 (6), 1020~1048쪽.

Flannery, K., and Marcus, J. (2012). *The Creation of Inequality: How Our Prehistoric Ancestors Set the Stage for Monarchy, Slavery, and Empire*. Cambridge, MA: Harvard University Press [(한국어판) 켄트 플래너리 · 조이스 마커스 지음, 하윤숙 옮김, 《불평등의 창조》, 미지북스, 2015.

Flannery, K. V. (2009). Process and agency in early state formation. *Cambridge Archaeological Journal* 9 (1), 3~21쪽.

Flannery, T. (2002). *The Life and Adventures of William Buckley: Thirty-Two Years a Wanderer Amongst the Aborigines of the Then Unexplored Country Round Port Philip, Now the Province of Victoria*. Melbourne: Text Publishing.

Fleisher, M. L., and Holloway, G. J. (2004). The problem with boys: Bridewealth accumulation, sibling gender, and the propensity to participate in cattle raiding among the Kuria of Tanzania. *Current Anthropology* 45 (2), 284~88쪽.

Fleming, A. S., Corter, C., Stallings, J., and Steiner, M. (2002). Testosterone and prolactin are associated with emotional responses to infant cries in new fathers. *Hormones and Behavior* 42 (4), 399~413쪽.

Flynn, J. R. (2007). *What Is Intelligence? Beyond the Flynn Effect*. Cambridge: Cambridge University Press [(한국어판) 제임스 플린 지음, 이금숙 · 조선희 옮김, 《플린 이펙트》, Mid(엠아이디), 2015].

Flynn, J. R. (2012). *Are We Getting Smarter? Rising IQ in the Twenty-First Century*. Cambridge: Cambridge University Press.

Forge, A. (1972). Normative factors in the settlement size of Neolithic cultivators (New Guinea). In P. Ucko, R. Tringham, and G. Dimbelby (eds.), *Man, Settlement and Urbanisation* (363~76쪽). London: Duckworth.

Fortes, M. (1953). The structure of unilineal descent groups. *American Anthropologist* 55 (1), 17~41쪽.

Fosbrooke, H. A. (1956). The Masai age-group system as a guide to tribal chronology. *African Studies* 15 (4), 188~206쪽.

Foster, G. M. (1965). Peasant society and the image of limited good. *American Anthropologist* 67 (2), 293~315쪽.

Foster, G. M. (1967). *Tzintzuntzan: Mexican Peasants in a Changing World*. Boston: Little, Brown.

Fouquet, R., and Broadberry, S. (2015). Seven centuries of economic growth and decline. *Journal of Economic Perspectives* 29 (4), 227~44쪽.

Fourcade, M., and Healy, K. (2007). Moral views of market society. *Annual Review of Sociology* 33, 285~311쪽.

Fowler, J. H., and Christakis, N. A. (2010). Cooperative behavior cascades in human social networks. *Proceedings of the National Academy of Sciences* 107 (12), 5334~38쪽.

Fox, R. (1967). *Kinship and Marriage: An Anthropological Perspective*. Pelican Anthropology Library. Harmondsworth, UK: Penguin.

Francois, P., Fujiwara, T., and van Ypersele, T. (2011). Competition builds trust. Working paper, thred.devecon.org/papers/2010/2010-011_Fran.

Francois, P., Fujiwara, T., and van Ypersele, T. (2018). The origins of human prosociality: Cultural group selection in the workplace and the laboratory. *Science Advances* 4 (9), eaat2201.

Frankenhuis, W. E., and de Weerth, C., (2013). Does early-life exposure to stress shape or impair cognition? *Current Directions in Psychological Science* 22 (5), 407~412쪽.

Frick, B., and Humphreys, B. R. (2011). Prize structure and performance: Evidence from NASCAR. Working paper, core.ac.uk/download/pdf/6243659.pdf.

Fried, L. P., Ettinger, W. H., Lind, B., Newman, A. B., and Gardin, J. (1994). Physical disability in older adults: A physiological approach. *Journal of Clinical Epidemiology* 47 (7), 747~60쪽.

Fried, M. H. (1970). On the evolution of social stratification and the state. In E. O. Laumann, P. M. Siegel, and R. W. Hodge (eds.), *The Logic of Social Hierarchies* (684~95쪽). Chicago: Markham.

Fukuyama, F. (2011). *The Origins of Political Order: From Prehuman Times to the French Revolution* (1st ed.). New York: Farrar, Straus and Giroux [(한국어판) 프랜시스 후쿠야마 지음, 함규진 옮김, 《정치 질서의 기원》, 웅진지식하우스, 2012].

Gächter, S., and Herrmann, B. (2009). Reciprocity, culture and human cooperation: Previous insights and a new cross-cultural experiment. *Philosophical Transactions of the Royal Society B: Biological Sciences* 364 (1518), 791~806쪽.

Gächter, S., Renner, E., and Sefton, M. (2008). The long-run benefits of punishment. *Science* 322 (5907), 1510쪽.

Gächter, S., and Schulz, J. F. (2016). Intrinsic honesty and the prevalence of rule violations across societies.

Nature 531 (7595), 496~99쪽.

Gailliot, M. T., and Baumeister, R. F. (2007). The physiology of willpower: Linking blood glucose to self-control. *Personality and Social Psychology Review* 11 (4), 303~327쪽.

Gallego, F. A., and Woodberry, R. (2010). Christian missionaries and education in former African colonies: How competition mattered. *Journal of African Economies* 19 (3), 294~329쪽.

Galor, O., and Moav, O. (2002). Natural selection and the origin of economic growth. *Quarterly Journal of Economics* 117 (4), 1133~91쪽.

Galor, O., and Özak, Ö. (2016). The agricultural origins of time preference. *American Economic Review* 106 (10), 3064~3103쪽.

Gardner, P. M. (2013). South Indian foragers' conflict management in comparative perspective. In D. P. Fry (ed.), *War, Peace, and Human Nature: The Convergence of Evolutionary and Cultural Views* (297~314쪽). New York: Oxford University Press.

Garvert, M. M., Moutoussis, M., Kurth-Nelson, Z., Behrens, T. E. J., and Dolan, R. J. (2015). Learning-induced plasticity in medial prefrontal cortex predicts preference malleability. *Neuron* 85 (2), 418~28쪽.

Gasiorowska, A., Chaplin, L. N., Zaleskiewicz, T., Wygrab, S., and Vohs, K. D. (2016). Money cues increase agency and decrease prosociality among children: Early signs of market-mode behaviors. *Psychological Science* 27 (3), 331~44쪽.

Gat, A. (2015). Proving communal warfare among hunter-gatherers: The quasi-Rousseauan error. *Evolutionary Anthropology: Issues, News, and Reviews* 24 (3), 111~26쪽.

Gavrilets, S., and Richerson, P. J. (2017). Collective action and the evolution of social norm internalization. *Proceedings of the National Academy of Sciences* 114 (23), 6068~6073쪽.

Geertz, C. (1974). "From the native's point of view": On the nature of anthropological understanding. *Bulletin of the American Academy of Arts and Sciences* 28 (1), 26~45쪽.

Gelderblom, O. (2013). *Cities of Commerce: The Institutional Foundations of International Trade in the Low Countries, 1250-1650.* The Princeton Economic History of the Western World. Princeton, NJ: Princeton University Press.

Gelfand, M. J., Raver, J. L., Nishii, L., Leslie, L. M., Lun, J., Lim, B. C.,···Yamaguchi, S. (2011). Differences between tight and loose cultures: A 33-nation study. *Science* 332 (6033), 1100~1104쪽.

Gellhorn, W. (1987). China's quest for legal modernity. *Journal of Chinese Law* 1 (1), 1~22쪽.

Genschow, O., Rigoni, D., and Brass, M. (2017). Belief in free will affects causal attributions when judging others' behavior. *Proceedings of the National Academy of Sciences* 114 (38), 10071~10076쪽.

Gershman, B. (2015). Witchcraft beliefs and the erosion of social capital: Evidence from Sub-Saharan Africa and beyond. *Journal of Development Economics* 120, 182~208쪽.

Gervais, W. M. (2011). Finding the faithless: Perceived atheist prevalence reduces anti-atheist prejudice.

Personality and Social Psychology Bulletin 37 (4), 543~56쪽.

Gervais, W. M., and Henrich, J. (2010). The Zeus problem: Why representational content biases cannot explain faith in gods. *Journal of Cognition and Culture* 10 (3), 383~89쪽.

Gettler, L. T., McDade, T. W., Feranil, A. B., and Kuzawa, C. W. (2011). Longitudinal evidence that fatherhood decreases testosterone in human males. *Proceedings of the National Academy of Sciences* 108 (39), 16194~99쪽.

Gibson, M. A. (2002). Development and demographic change: The reproductive ecology of a rural Ethiopian Oromo population. Dissertation, University College London.

Gier, N. F., and Kjellberg, P. (2004). Buddhism and the freedom of the will: Pali and Mahayanist responses. In J. K. Campbell, M. O'Rourke, and D. Shier (eds.), *Freedom and Determinism* (277~304쪽). Cambridge, MA: MIT Press.

Gilligan, M. J., Pasquale, B. J., and Samii, C. (2014). Civil war and social cohesion: Lab-in-the-field evidence from Nepal. *American Journal of Political Science* 58 (3), 604~619쪽.

Gimpel, J. (1976). *The Medieval Machine: The Industrial Revolution of the Middle Ages.* New York: Holt, Rinehart and Winston.

Giner-Sorolla, R., Embley, J., and Johnson, L. (2017). Replication of Vohs and Schooler (2008, PS, study 1), osf.io/i29mh.

Ginges, J., Hansen, I., and Norenzayan, A. (2009). Religion and support for suicide attacks. *Psychological Science* 20 (2), 224~30쪽.

Giuliano, P. (2007). Living arrangements in Western Europe: Does cultural origin matter? *Journal of the European Economic Association* 5 (5), 927~52쪽.

Giuliano, P., and Nunn, N. (2017). Understanding cultural persistence and change. NBER working paper 23617, 1~51쪽.

Glennie, P., and Thrift, N. (1996). Reworking E. P. Thompson's "Time, Work-discipline and Industrial Capitalism." *Time and Society* 5 (3), 275~99쪽.

Glick, T. F. (1979). *Islamic and Christian Spain in the Early Middle Ages.* Princeton, NJ: Princeton University Press.

Gluckman, M. (1940). The kingdom of the Zulu of South Africa. In M. Fortes and E. E. Evans-Pritchard (eds.), *African Political Systems* (25~55쪽). New York: Oxford University Press.

Gluckman, M. (1972a). *The Allocation of Responsibility.* Manchester, UK: Manchester University Press.

Gluckman, M. (1972b). *The Ideas in Barotse Jurisprudence.* Manchester, UK: Manchester University Press.

Gluckman, M. (2006). *Politics, Law, and Ritual in Tribal Society.* Piscataway, NJ: Aldine Transaction.

Godelier, M. (1986). *The Making of Great Men: Male Domination and Power Among the New Guinea Baruya.* Cambridge: Cambridge University Press.

Godoy, R., Byron, E., Reyes-García, V., Leonard, W. R., Patel, K., Apaza, L., Eddy Pérez, E., Vadez, V., and Wilkie, D. (2004). Patience in a foraging-horticultural society: A test of competing hypotheses. *Journal of Anthropological Research* 60 (2), 179~202쪽.

Goetzmann, W. N., and Rouwenhorst, K. G. (2005). *The Origins of Value: The Financial Innovations That Created Modern Capital Markets*. New York: Oxford University Press.

Goh, J. O., Chee, M. W., Tan, J. C., Venkatraman, V., Hebrank, A., Leshikar, E. D., Jenkins, L., Sutton, B. P., Gutchess, A. H., and Park, D. C. (2007). Age and culture modulate object processing and object-scene binding in the ventral visual area. *Cognitive Affective and Behavioral Neuroscience* 7 (1), 44~52쪽.

Goh, J. O., and Park, D. C. (2009). Culture sculpts the perceptual brain. *Cultural Neuroscience: Cultural Influences on Brain Function* 178, 95~111쪽.

Goh, J. O. S., Leshikar, E. D., Sutton, B. P., Tan, J. C., Sim, S. K. Y., Hebrank, A. C., and Park, D. C. (2010). Culture differences in neural processing of faces and houses in the ventral visual cortex. *Social Cognitive and Affective Neuroscience* 5 (2-3), 227~35쪽.

Goldin, P. (2015). The consciousness of the dead as a philosophical problem in ancient China. In R. King (ed.), *The Good Life and Conceptions of Life in Early China and Greek Antiquity* (59~92쪽). Berlin: De Gruyter.

Goldman, I. (1955). Status rivalry and cultural evolution in Polynesia. *American Anthropologist* 57 (4), 680~97쪽.

Goldman, I. (1958). Social stratification and cultural evolution in Polynesia. *Ethnohistory* 5 (3), 242~49쪽.

Goldman, I. (1970). *Ancient Polynesian Society*. Chicago: University of Chicago Press.

Gomez-Lievano, A., Patterson-Lomba, O., and Hausmann, R. (2017). Explaining the prevalence, scaling and variance of urban phenomena. *Nature Human Behaviour* 1 (1), No. 12.

Goncalo, J. A., and Staw, B. M. (2006). Individualism-collectivism and group creativity. *Organizational Behavior and Human Decision Processes* 100 (1), 96~109쪽.

Goody, J. (1969). Adoption in cross-cultural perspective. *Comparative Studies in Society and History* 11 (1), 55~78쪽.

Goody, J. (1983). *The Development of the Family and Marriage in Europe: Past and Present Publications*. Cambridge: Cambridge University Press.

Goody, J. (1990). *The Oriental, the Ancient and the Primitive: Systems of Marriage and the Family in the Pre-Industrial Societies of Eurasia*. Cambridge: Cambridge University Press [(한국어판) 잭 구디 지음, 연국희·박정혜 옮김, 《중국과 인도의 결혼 풍습 엿보기》, 중앙M&B, 1999].

Goody, J. (1996). Comparing family systems in Europe and Asia: Are there different sets of rules? *Population and Development Review* 22 (1), 1~20쪽.

Goodyear, C. (1853). *Gum-Elastic and Its Varieties, with a Detailed Account of Its Applications and Uses and of the Discovery of Vulcanization* (Vol. 1). New Haven, CT: Privately published by the author.

Gorodnichenko, Y., and Roland, G. (2011). Individualism, innovation, and long-run growth. *Proceedings of the National Academy of Sciences* 108 (4), 1~4쪽.

Gorodnichenko, Y., and Roland, G. (2016). Culture, institutions, and the wealth of nations. *Review of Economics and Statistics* 99 (3), 402~416쪽.

Gould, R. A. (1967). Notes on hunting, butchering, and sharing of game among the Ngatatjara and their neighbors in the West Australian Desert. *Kroeber Anthropological Society Papers* 36, 41~66쪽.

Grantham, G. W. (1993). Divisions of labor: Agricultural productivity and occupational specialization in preindustrial France. *Economic History Review* 46 (3), 478~502쪽.

Gray, P. B. (2003). Marriage, parenting, and testosterone variation among Kenyan Swahili men. *American Journal of Physical Anthropology* 122 (3), 279~86쪽.

Gray, P. B., and Campbell, B. C. (2006). Testosterone and marriage among Ariaal men of northern Kenya. *American Journal of Physical Anthropology* 48 (5), 94~95쪽.

Gray, P. B., Kahlenberg, S. M., Barrett, E. S., Lipson, S. F., and Ellison, P. T. (2002). Marriage and fatherhood are associated with lower testosterone in males. *Evolution and Human Behavior* 23 (3), 193~201쪽.

Grebe, N. M., Sarafin, R. E., Strenth, C. R., and Zilioli, S. (2019). Pair-bonding, Fatherhood, and the Role of Testosterone: A Meta-Analytic Review. *Neuroscience and Biobehavioral Reviews* 98, 221~33쪽.

Greenwood, P. B., Kanters, M. A., and Casper, J. M. (2006). Sport fan team identification formation in mid-level professional sport. *European Sport Management Quarterly* 6 (3), 253~65쪽.

Greif, A. (1989). Reputation and coalitions in medieval trade: Evidence on the Maghribi traders. *Journal of Economic History* 49 (4), 857~82쪽.

Greif, A. (1993). Contract enforceability and economic institutions in early trade: The Maghribi traders' coalition. *American Economic Review* 83 (3), 525~48쪽.

Greif, A. (2002). Institutions and impersonal exchange: From communal to individual responsibility. *Journal of Institutional and Theoretical Economics* 158 (1), 168~204쪽.

Greif, A. (2003). On the history of the institutional foundations of impersonal exchange. *Journal of Economic History* 63 (2), 555쪽.

Greif, A. (2006a). Family structure, institutions, and growth: The origins and implications of Western corporations. *American Economic Review* 96 (2), 308~312쪽.

Greif, A. (2006b). History lessons: The birth of impersonal exchange: The community responsibility system and impartial justice. *Journal of Economic Perspectives* 20 (2), 221~36쪽.

Greif, A. (2006c). *Institutions and the Path to the Modern Economy: Lessons from Medieval Trade.* Political Economy of Institutions and Decisions. Cambridge: Cambridge University Press.

Greif, A. (2008). Coercion and exchange: How did markets evolve? Working paper, ssrn.com/abstract=1304204.

Greif, A., and Iyigun, M. (2013). Social organizations, violence, and modern growth. *American Economic Review* 103 (3), 534~38쪽.

Greif, A., and Tabellini, G. (2010). Cultural and Institutional Bifurcation: China and Europe Compared. *American Economic Review* 100 (2), 135~40쪽.

Greif, A., and Tabellini, G. (2015). The clan and the city: Sustaining cooperation in China and Europe. *Journal of Comparative Economics* 45, 1~35쪽.

Grierson, P. J. H. (1903). *The Silent Trade: A Contribution to the Early History of Human Intercourse.* Edinburgh: W. Green.

Grosjean, P. (2011). The institutional legacy of the Ottoman Empire: Islamic rule and financial development in South Eastern Europe. *Journal of Comparative Economics* 39 (1), 1~16쪽.

Grosjean, P. (2014). A history of violence: The culture of honor and homicide in the U.S. South. *Journal of the European Economic Association* 12 (5), 1285~1316쪽.

Grossmann, I., Na, J., Varnum, M., Kitayama, S., and Nisbett, R. (2008). Not smarter, but wiser: Dialectical reasoning across lifespan. *International Journal of Psychology* 43 (3-4), 239~40쪽.

Grossmann, T. (2013). The role of medial prefrontal cortex in early social cognition. Frontiers in Human Neuroscience 7, 1~6쪽.

Guiso, B. L., Sapienza, P., and Zingales, L. (2004). The role of social capital in financial development. *American Economic Review* 94 (3), 526~56쪽.

Guiso, L., Sapienza, P., and Zingales, L. (2003). People's opium? Religion and economic attitudes. *Journal of Monetary Economics* 50 (1), 225~82쪽.

Guiso, L., Sapienza, P., and Zingales, L. (2008). Trusting the stock market. *Journal of Finance* 63 (6), 2557~2600쪽.

Guiso, L., Sapienza, P., and Zingales, L. (2009). Cultural biases in economic exchange? *Quarterly Journal of Economics* 124 (3), 1095~1131쪽.

Guiso, L., Sapienza, P., and Zingales, L. (2016). Long-term persistence. *Journal of the European Economic Association* 14 (6), 1401~1436쪽.

Gurevich, A. (1995). *The Origins of European Individualism.* The Making of Europe. Oxford: Wiley-Blackwell [(한국어판) 아론 구레비치 지음, 이현주 옮김, 《개인주의의 등장》, 새물결, 2002].

Gurven, M. (2004). To give and to give not: The behavioral ecology of human food transfers. *Behavioral and Brain Sciences* 27 (4), 543~83쪽.

Gurven, M., von Rueden, C., Massenkoff, M., Kaplan, H., and Lero Vie, M. (2013). How universal is the Big Five? Testing the five-factor model of personality variation among forager-farmers in the Bolivian Amazon. *Journal of Personality and Social Psychology* 104 (2), 354~70쪽.

Gurven, M., Winking, J., Kaplan, H., von Rueden, C., and McAllister, L. (2009). A bioeconomic approach to marriage and the sexual division of labor. *Human Nature* 20 (2), 151~83쪽.

Gutchess, A. H., Hedden, T., Ketay, S., Aron, A., and Gabrieli, J. D. E. (2010). Neural differences in the processing of semantic relationships across cultures. *Social Cognitive and Affective Neuroscience* 5 (2-3), 254~63쪽.

Hadnes, M., and Schumacher, H. (2012). The gods are watching: An experimental study of religion and traditional belief in Burkina Faso. *Journal for the Scientific Study of Religion* 51 (4), 689~704쪽.

Haidt, J. (2012). *The Righteous Mind: Why Good People Are Divided by Politics and Religion*. New York: Pantheon Books [(한국어판) 조너선 하이트 지음, 왕수민 옮김,《바른 마음》, 웅진지식하우스, 2014].

Haidt, J., and Graham, J. (2007). When morality opposes justice: Conservatives have moral intuitions that liberals may not recognize. *Social Justice Research* 20 (1), 98~116쪽.

Hajnal, J. (1965). European marriage patterns in perspective. In D. V. Glass and D. E. C. Eversley (eds.), *Population in History: Essays in Historical Demography* (101~143쪽). Chicago: Aldine.

Hajnal, J. (1982). Two kinds of preindustrial household formation system. *Population and Development Review* 8 (3), 449~94쪽.

Hallowell, A. I. (1937). Temporal orientation in Western civilization and in a pre-literate society. *American Anthropologist* 39 (4), 647~70쪽.

Hallpike, A. C. R. (1968). The status of craftsmen among the Konso of south-west Ethiopia. *Africa* 38 (3), 258~69쪽.

Hamann, K., Warneken, F., Greenberg, J. R., and Tomasello, M. (2011). Collaboration encourages equal sharing in children but not in chimpanzees. *Nature* 476 (7360), 328~31쪽.

Hamilton, A. (1987). Dual social system: Technology, labour and women's secret rites in the eastern Western Desert of Australia. In W. H. Edwards (ed.), In *Traditional Aboriginal Society: A Reader* (34~52쪽). Melbourne: Macmillan.

Hamilton, V. L., and Sanders, J. (1992). *Everyday Justice: Responsibility and the Individual in Japan and the United States*. New Haven, CT: Yale University Press.

Han, R., and Takahashi, T. (2012). Psychophysics of time perception and valuation in temporal discounting of gain and loss. *Physica A: Statistical Mechanics and Its Applications* 391 (24), 6568~76쪽.

Handy, E. S. C. (1927). *Polynesian Religion*. Honolulu: Bernice P. Bishop Museum.

Handy, E. S. C. (1941). Perspectives in Polynesian religion. In *Polynesian Anthropological Studies* (Vol. 49, 121~39쪽). New Plymouth, NZ: Thomas Avery and Sons.

Hango, D. W. (2006). The long-term effect of childhood residential mobility on educational attainment. *Sociological Quarterly* 47 (4), 631~34쪽.

Hanoch, Y., Gummerum, M., and Rolison, J. (2012). Second-to-fourth digit ratio and impulsivity: A comparison between offenders and nonoffenders. *PLoS One* 7 (10), e47140.

Hanushek, E. A., and Woessmann, L. (2012). Do better schools lead to more growth? Cognitive skills, economic outcomes, and causation. *Journal of Economic Growth* 17 (4), 267~321쪽.

Harbaugh, W. T., Krause, K., and Vesterlund, L. (2001). Are adults better behaved than children? Age, experience, and the endowment effect. *Economics Letters* 70 (2), 175~81쪽.

Hargadon, A. (2003). *How Breakthroughs Happen: The Surprising Truth About How Companies Innovate.* Boston, MA: Harvard Business School Press [(한국어판) Andrew Hargadon 지음, 《기업이 혁신을 이루는 방법》, (주)네오넷코리아, 2003 (전자책)].

Harper, K. (2013). *From Shame to Sin: The Christian Transformation of Sexual Morality in Late Antiquity.* Cambridge, MA: Harvard University Press.

Harreld, D. J. (2015). *A Companion to the Hanseatic League.* Brill's Companions to European History. Leiden: Brill.

Harris, J. R. (1998). *The Nurture Assumption: Why Children Turn Out the Way They Do.* New York: Touchstone [(한국어판) 주디스 리치 해리스 지음, 최수근 옮김, 《양육가설》, 이김, 2017].

Harrison, S. (1987). Cultural efflorescence and political evolution on the Sepik River. *American Ethnologist* 14 (3), 491~507쪽.

Harrison, S. (1990). *Stealing People's Names: History and Politics in a Sepik River Cosmology.* Cambridge Studies in Social and Cultural Anthropology. Cambridge: Cambridge University Press.

Hatemi, P. K., Smith, K., Alford, J. R., Martin, N. G., and Hibbing, J. R. (2015). The genetic and environmental foundations of political, psychological, social, and economic behaviors: A panel study of twins and families. *Twin Research and Human Genetics* 18 (3), 243~55쪽.

Haushofer, J., and Fehr, E. (2014). On the psychology of poverty. *Science* 344 (6186), 862~67쪽.

Hawk, B. (2015). *Law and Commerce in Pre-industrial Societies.* Leiden; Boston: Koninklijke Brill.

Hayhoe, R. (1989). China's universities and Western academic models. *Higher Education* 18 (1), 49~85쪽.

Heather, P. J. (1999). *The Visigoths from the Migration Period to the Seventh Century: An Ethnographic Perspective.* Studies in Historical Archaeoethnology. Woodbridge, UK: Boydell Press.

Heine, S. J. (2016). *Cultural Psychology* (3rd ed.). New York: W. W. Norton.

Heine, S. J., and Buchtel, E. E. (2009). Personality: The universal and the culturally specific. *Annual Review of Psychology* 60, 369~94쪽.

Heine, S. J., and Lehman, D. (1999). Culture, self-discrepancies, and self-satisfaction. *Personality and Social Psychology Bulletin* 25 (8), 915~25쪽.

Heizer, R. (1978). *Handbook of North American Indians: California* (W. Sturtevant, ed.) (Vol. 8). Washington, DC: Smithsonian Institution.

Heldring, L., Robinson, J. A., and Vollmer, S. (2018). The long-run impact of the dissolution of the English monasteries. Working paper, pdfs.semanticscholar.org/af39/4d1fe6ebf414.

Henrich, J. (1997). Market incorporation, agricultural change, and sustainability among the Machiguenga Indians of the Peruvian Amazon. *Human Ecology* 25 (2), 319~51쪽.

Henrich, J. (2000). Does culture matter in economic behavior? Ultimatum Game bargaining among the Machiguenga of the Peruvian Amazon. *American Economic Review* 90 (4), 973~80쪽.

Henrich, J. (2004a). Cultural group selection, coevolutionary processes and large-scale cooperation. *Journal of Economic Behavior and Organization* 53 (1), 3~35쪽.

Henrich, J. (2004b). Demography and cultural evolution: Why adaptive cultural processes produced maladaptive losses in Tasmania. *American Antiquity* 69 (2), 197~214쪽.

Henrich, J. (2009a). The evolution of costly displays, cooperation and religion. *Evolution and Human Behavior* 30 (4), 244~60쪽.

Henrich, J. (2009b). The evolution of innovation-enhancing institutions. In S. J. Shennan and M. J. O'Brien (eds.), *Innovation in Cultural Systems: Contributions in Evolutionary Anthropology* (99~120쪽). Cambridge, MA: MIT Press.

Henrich, J. (2014). Rice, psychology, and innovation. *Science* 344 (6184), 593~94쪽.

Henrich, J. (2015). Culture and social behavior. *Current Opinion in Behavioral Sciences* 3, 84~89쪽.

Henrich, J. (2016). *The Secret of Our Success: How Culture Is Driving Human Evolution, Domesticating Our Species, and Making Us Smarter*. Princeton, NJ: Princeton University Press [(한국어판) 조지프 헨릭 지음, 주명진·이병권 옮김, 《호모 사피엔스, 그 성공의 비밀》, 뿌리와이파리, 2019].

Henrich, J., Bauer, M., Cassar, A., Chytilová, J., and Purzycki, B. G. (2019). War increases religiosity. *Nature Human Behaviour* 3 (2), 129~35쪽.

Henrich, J., and Boyd, R. (2008). Division of labor, economic specialization, and the evolution of social stratification. *Current Anthropology* 49 (4), 715~24쪽.

Henrich, J., and Boyd, R. (2016). How evolved psychological mechanisms empower cultural group selection. *Behavioral and Brain Sciences* 39, e40.

Henrich, J., Boyd, R., Bowles, S., Camerer, C., Fehr, E., and Gintis, H. (2004). *Foundations of Human Sociality: Economic Experiments and Ethnographic Evidence from Fifteen Small-Scale Societies*. New York: Oxford University Press.

Henrich, J., Boyd, R., Bowles, S., Camerer, C., Fehr, E., Gintis, H.,…Tracer, D. (2005). "Economic man" in cross-cultural perspective: Behavioral experiments in 15 small-scale societies. *Behavioral and Brain Sciences* 28 (6), 795~815쪽; discussion, 815~55쪽.

Henrich, J., Boyd, R., Derex, M., Kline, M. A., Mesoudi, A., Muthukrishna, M., Powell, A., Shennan, S., and Thomas, M. G. (2016). Appendix to Understanding Cumulative Cultural Evolution: A Reply to Vaesen, Collard, et al., ssrn.com/abstract=2798257.

Henrich, J., Boyd, R., and Richerson, P. J. (2012). The puzzle of monogamous marriage. *Philosophical Transactions of the Royal Society B: Biological Sciences* 367 (1589), 657~69쪽.

Henrich, J., and Broesch, J. (2011). On the nature of cultural transmission networks: Evidence from Fijian villages for adaptive learning biases. *Philosophical Transactions of the Royal Society B: Biological Sciences* 366 (1567), 1139~48쪽.

Henrich, J., Chudek, M., and Boyd, R. (2015). The big man mechanism: How prestige fosters cooperation and creates prosocial leaders. *Philosophical Transactions of the Royal Society B: Biological Sciences* 370 (1683), 20150013.

Henrich, J., Ensminger, J., McElreath, R., Barr, A., Barrett, C., Bolyanatz, A.,⋯Ziker, J. (2010). Market, religion, community size and the evolution of fairness and punishment. *Science* 327, 1480~84쪽.

Henrich, J., and Gil-White, F. J. (2001). The evolution of prestige: Freely conferred deference as a mechanism for enhancing the benefits of cultural transmission. *Evolution and Human Behavior* 22 (3), 165~96쪽.

Henrich, J., Heine, S. J., and Norenzayan, A. (2010a). Most people are not WEIRD. *Nature* 466 (7302), 29쪽.

Henrich, J., Heine, S. J., and Norenzayan, A. (2010b). The WEIRDest people in the world? *Behavioral and Brain Sciences* 33 (2-3), 61~83쪽.

Henrich, J., and Henrich, N. (2014). Fairness without punishment: Behavioral experiments in the Yasawa Island, Fiji. In J. Ensminger and J. Henrich (eds.), *Experimenting with Social Norms: Fairness and Punishment in Cross-Cultural Perspective*. New York: Russell Sage Foundation.

Henrich, J., McElreath, R., Barr, A., Ensminger, J., Barrett, C., Bolyanatz, A.,⋯Ziker, J. (2006). Costly punishment across human societies. *Science* 312 (5781), 1767~70쪽.

Henrich, J., and Smith, N. (2004). Comparative experimental evidence from Machiguenga, Mapuche, and American populations. In J. Henrich, R. Boyd, S. Bowles, H. Gintis, E. Fehr, and C. Camerer (eds.), *Foundations of Human Sociality: Eco- nomic Experiments and Ethnographic Evidence from Fifteen Small-Scale Societies* (125~67쪽). New York: Oxford University Press.

Henrich, N., and Henrich, J. (2007). *Why Humans Cooperate: A Cultural and Evolutionary Explanation*. New York: Oxford University Press.

Herbermann, C. G., Pace, E. A., Pallen, C. B., Shahan, T. J., and Wynne, J. J. (eds.). (1908). Cistercians. In *The Catholic Encyclopedia*. New York: Robert Appleton.

Herlihy, D. (1985). *Medieval Households*. Studies in Cultural History. Cambridge, MA: Harvard University Press.

Herlihy, D. (1990). Making sense of incest: Women and the Marriage Rules of the Early Middle Ages. *Studies in Medieval Culture* 28, 1~16쪽.

Herlihy, D. (1995). Biology and history: The triumph of monogamy. *Journal of Interdisciplinary History* 25 (4), 571~83쪽.

Hermans, E. J., Putman, P., and van Honk, J. (2006). Testosterone administration reduces empathetic behavior: A facial mimicry study. *Psychoneuroendocrinology* 31 (7), 859~66쪽.

Herrmann, B., Thöni, C., and Gächter, S. (2008). Antisocial punishment across societies. *Science* 319 (5868),

1362~67쪽.

Herrmann-Pillath, C. (2010). Social capital, Chinese style: Individualism, relational collectivism and the cultural embeddedness of the institutions-performance link. *China Economic Journal* 2 (3), 325~50쪽.

Hersh, J., and Voth, H.-J. (2009). Sweet diversity: Colonial goods and the rise of European living standards after 1492. Working paper, ssrn.com/abstract=1462015.

Hewlett, B. S. (1996). Cultural diversity among African Pygmies. In S. Kent (ed.), *Cultural Diversity Among Twentieth-Century Foragers: An African Perspective* (215~44쪽). Cambridge: Cambridge University Press.

Hewlett, B. S. (2000). Culture, history, and sex: Anthropological contributions to conceptualizing father involvement. *Marriage and Family Review* 29 (2-3), 59~73쪽.

Hewlett, B. S., and Cavalli-Sforza, L. L. (1986). Cultural transmission among Aka pygmies. *American Anthropologist* 88 (4), 922~34쪽.

Hewlett, B. S., Fouts, H. N., Boyette, A. H., and Hewlett, B. L. (2011). Social learning among Congo Basin hunter-gatherers. *Philosophical Transactions of the Royal Society B: Biological Sciences* 366 (1567), 1168~78쪽.

Hewlett, B. S., and Winn, S. (2014). Allomaternal nursing in humans. *Current Anthropology* 55 (2), 200~229쪽.

Heyer, E., Chaix, R., Pavard, S., and Austerlitz, F. (2012). Sex-specific demographic behaviours that shape human genomic variation. *Molecular Ecology* 21 (3), 597~612쪽.

Heyes, C. (2013). What can imitation do for cooperation? In K. Sterelny, R. Joyce, B. Calcott, and B. Fraser (eds.), *Cooperation and Its Evolution* (313~32쪽). Cambridge, MA: MIT Press.

Hibbs, D. A., and Olsson, O. (2004). Geography, biogeography, and why some countries are rich and others are poor. Proceedings of the National Academy of Sciences 101 (10), 3715~20쪽.

Higham, N. J. (1997). The Convert Kings: Power and Religious Affiliation in Early Anglo-Saxon England. Manchester, UK: Manchester University Press.

Hill, K. R., Walker, R. S., Božičević, M., Eder, J., Headland, T., Hewlett, B., Hurtado, A. M., Marlowe, F., Wiessner, P., and Wood, B. (2011). Co-residence patterns in hunter-gatherer societies show unique human social structure. Science 331 (6022), 1286~89쪽.

Hill, K. R., Wood, B., Baggio, J., Hurtado, A. M., and Boyd, R. (2014). Hunter-gatherer inter-band interaction rates: Implications for cumulative culture. PLoS One 9 (7), e102806.

Hilton, I. (2001). Letter from Pakistan: Pashtun code. The New Yorker (December 3).

Hirschfeld, L. A., and Gelman, S. A. (1994). Mapping the Mind: Domain Specificity in Cognition and Culture. Cambridge: Cambridge University Press.

Hirschman, A. O. (1982). Rival interpretations of market society: Civilizing, destructive or feeble? Journal of

Economic Literature 20 (4), 1463~84쪽.

Hoddinott, J., Maluccio, J., Behrman, J. R., Martorell, R., Melgar, P., Quisumbing, A. R., Ramirez-Zea, M., Stein, A. D., and Yount, K. M. (2011). The consequences of early childhood growth failure over the life course. IFPRI Discussion Paper No. 1073. Washington, DC: International Food Policy Research Institute.

Hoff, K., and Sen, A. (2016). The kin-system as a poverty trap? In S. Bowles, S. N. Durlauf, and K. Hoff (eds.), *Poverty Traps* (95~115쪽). Princeton, NJ: Princeton University Press.

Hoffman, P. T. (2015). *Why Did Europe Conquer the World?* Princeton, NJ: Princeton University Press [(한국어판) 필립 T. 호프먼 지음, 이재만 옮김, 《정복의 조건》, 책과함께, 2016].

Hofstadter, R. (1969). *The Idea of a Party System: The Rise of Legitimate Opposition in the United States, 1780-1840.* Berkeley: University of California Press.

Hofstede, G. H. (2003). *Culture's Consequences: Comparing Values, Behaviors, Institutions and Organizations Across Nations* (2nd ed.). Thousand Oaks, CA: Sage Publications.

Hogbin, H. I. (1934). *Law and Order in Polynesia: A Study of Primitive Legal Institutions.* London: Christophers.

Hoppitt, W., and Laland, K. N. (2013). *Social Learning: An Introduction to Mechanisms, Methods, and Models.* Princeton, NJ: Princeton University Press.

Horner, V., and Whiten, A. (2005). Causal knowledge and imitation/emulation switching in chimpanzees (*Pan troglodytes*) and children (*Homo sapiens*). *Animal Cognition* 8 (3), 164~81쪽.

Horney, J., Osgood, D. W., and Marshall, I. H. (1995). Criminal careers in the short-term: Intra-individual variability in crime and its relation to local life circumstances. *American Sociological Review* 60 (5), 655~73쪽.

Hornung, E. (2014). Immigration and the diffusion of technology: The Huguenot diaspora in Prussia. *American Economic Review* 104 (1), 84~122쪽.

Hosler, D., Burkett, S. L., and Tarkanian, M. J. (1999). Prehistoric polymers: Rubber processing in ancient Mesoamerica. *Science* 284 (5422), 1988~91쪽.

Howes, A. (2017). The relevance of skills to innovation during the British Industrial Revolution, 1651-1851. Working paper, www.eh.net/eha/wp-content/uploads/2016/08/H.

Hruschka, D. J. (2010). *Friendship: Development, Ecology, and Evolution of a Relationship.* Berkeley: University of California Press.

Hruschka, D. J., Efferson, C., Jiang, T., Falletta-Cowden, A., Sigurdsson, S., McNamara, R., Sands, M., Munira, S., Slingerland, E., and Henrich, J. (2014). Impartial institutions, pathogen stress and the expanding social network. *Human Nature* 25 (4), 567~79쪽.

Hruschka, D. J., and Henrich, J. (2013a). Economic and evolutionary hypotheses for cross-population variation in parochialism. *Frontiers in Human Neuroscience* 7, 559쪽.

Hruschka, D. J., and Henrich, J. (2013b). Institutions, parasites and the persistence of in-group preferences. *PLoS One* 8 (5), e63642.

Huettig, F., and Mishra, R. K. (2014). How literacy acquisition affects the illiterate mind: A critical examination of theories and evidence. *Linguistics and Language Compass* 8 (10), 401~427쪽.

Huff, T. E. (1993). *The Rise of Early Modern Science: Islam, China, and the West*. Cambridge: Cambridge University Press [(한국어판) 토비 E. 하프 지음, 김병순 옮김, 《사회·법 체계로 본 근대 과학사 강의》, 모티브북, 2008].

Hui, V. T. (2005). *War and State Formation in Ancient China and Early Modern Europe*. Cambridge: Cambridge University Press.

Hume, D. (1987). *Essays: Moral, Political, and Literary*. Indianapolis: Liberty Fund.

Humphries, J., and Weisdorf, J. (2017). Unreal wages? Real income and economic growth in England, 1260-1850. *The Economic Journal* 129 (623), 2867~87쪽.

Inglehart, R., and Baker, W. E. (2000). Modernization, cultural change, and the persistence of traditional values. *American Sociological Review* 65 (1), 19~51쪽.

Inglehart, R., Haerpfer, C., Moreno, A., Welzel, C., Kizilova, K., Diez-Medrano, J.,···et al. (eds.). (2014). World Values Survey: All Rounds—Country-Pooled Datafile Version: www.worldvaluessurvey.org/WVSDocumentationWVL.jsp. Madrid: JD Systems Institute.

Inkster, I. (1990). Mental capital: Transfers of knowledge and technique in eighteenth century Europe. *Journal of European Economic History* 19 (2), 403~441쪽.

Inzlicht, M., and Schmeichel, B. J. (2012). What is ego depletion? Toward a mechanistic revision of the resource model of self-control. *Perspectives on Psychological Science* 7 (5), 450~63쪽.

Isaacs, A. K., and Prak, M. (1996). Cities, bourgeoisies, and states. In R. Wolfgang (ed.), *Power, Elites and State Building* (207~234쪽). New York: Oxford University Press.

Israel, J. (2010). *A Revolution of the Mind: Radical Enlightenment and the Intellectual Origins of Modern Democracy*. Princeton, NJ: Princeton University Press.

Iyengar, S. S., and DeVoe, S. E. (2003). Rethinking the value of choice: Considering cultural mediators of intrinsic motivation. *Nebraska Symposium on Motivation* 49, 129~74쪽.

Iyengar, S. S., Lepper, M. R., and Ross, L. (1999). Independence from whom? Interdependence with whom? Cultural perspectives on ingroups versus outgroups. In D. A. Prentice and D. T. Miller (eds.), *Cultural Divides: Understanding and Overcoming Group Conflict* (273~301쪽). New York: Russell Sage Foundation.

Iyigun, M. (2008). Luther and Suleyman. *Quarterly Journal of Economics* 123 (4), 1465~1494쪽.

Iyigun, M., Nunn, N., and Qian, N. (2017). The long-run effect of agricultural productivity and conflict, 1400-1900. NBER working paper, www.nber.org/papers/w24066.

Jacob, M. (2010). Long-term persistence: The free and imperial city experience in Germany. Working paper, ssrn.com/abstract=1616973.

Jacob, M. C. (2000). Commerce, industry, and the laws of Newtonian science: Weber revisited and revised. *Canadian Journal of History* 35 (2), 275~92쪽.

Jacob, M. C. (2013), *The First Knowledge Economy: Human Capital and the European Economy, 1750-1850*. Cambridge: Cambridge University Press.

Jaffe, K., Florez, A., Gomes, C. M., Rodriguez, D., and Achury, C. (2014). On the biological and cultural evolution of shame: Using internet search tools to weight values in many cultures. Working paper, arxiv.org/abs/1401.1100.

Jaffee, S., Caspi, A., Moffitt, T. E., Belsky, J., and Silva, P. (2001). Why are children born to teen mothers at risk for adverse outcomes in young adulthood? Results from a 20-year longitudinal study. *Development and Psychopathology* 13 (2), 377~97쪽.

Jankowiak, W. (2008). Co-wives, husband, and the Mormon polygynous family. *Ethnology* 47 (3), 163~80쪽.

Jankowiak, W., Sudakov, M., and Wilreker, B. C. (2005). Co-wife conflict and co-operation. *Ethnology* 44 (1), 81~98쪽.

Jha, S. (2013). Trade, institutions and ethnic tolerance: Evidence from South Asia. *American Political Science Review* 107 (4), 806~32쪽.

Ji, L. J., Nisbett, R. E., and Su, Y. (2001). Culture, change, and prediction. *Psychological Science* 12 (6), 450~56쪽.

Ji, L. J., Zhang, Z. Y., and Guo, T. Y. (2008). To buy or to sell: Cultural differences in stock market decisions based on price trends. *Journal of Behavioral Decision Making* 21 (4), 399~413쪽.

Jin, L. E. I., Elwert, F., Freese, J., and Christakis, N. A. (2010). Maturity may affect longevity in men. *Demography* 47 (3), 579~86쪽.

Johns, T. (1986). Detoxification function of geophagy and domestication of the potato. *Journal of Chemical Ecology* 12 (3), 635~46쪽.

Johnson, A. (2003). *Families of the Forest: Matsigenka Indians of the Peruvian Amazon*. Berkeley: University of California Press.

Johnson, A. W., and Earle, T. (2000). *The Evolution of Human Societies: From Foraging Group to Agrarian State*. Stanford, CA: Stanford University Press.

Johnson, N. D., and Koyama, M. (2017). Jewish communities and city growth in preindustrial Europe. *Journal of Development Economics* 127, 339~54쪽.

Johnson, N. D., and Mislin, A. (2012). How much should we trust the World Values Survey trust question? *Economics Letters* 116 (2), 210~12쪽.

Johnson, O. R. (1978). Interpersonal relations and domestic authority among the Machiguenga of the

Peruvian Amazon. Dissertation, Columbia University.

Jones, D. (2011). The matrilocal tribe: An organization of demic expansion. *Human Nature* 22 (1-2), 177~200쪽.

Jones, D. E. (2007). *Poison Arrows: North American Indian Hunting and Warfare*. Austin: University of Texas Press.

Kalb, G., and van Ours, J. C. (2014). Reading to young children: A head-start in life? *Economics of Education Review* 40, 1~24쪽.

Kanagawa, C., Cross, S. E., and Markus, H. R. (2001). "Who am I?": The cultural psychology of the conceptual self. *Personality and Social Psychology Bulletin* 27, 90~103쪽.

Karlan, D., Ratan, A. L., and Zinman, J. (2014). Savings by and for the poor: A research review and agenda. *Review of Income and Wealth* 60 (1), 36~78쪽.

Karmin, M., Saag, L., Vicente, M., Sayres, M. A. W., Järve, M., Talas, U. G.,···Pagani, L. (2015). A recent bottleneck of Y chromosome diversity coincides with a global change in culture. *Genome Research* 25 (4), 459~66쪽.

Karras, R. M. (1990). Concubinage and slavery in the Viking age. *Scandinavian Studies* 62 (2), 141~62쪽.

Keeley, L. (1997). *War Before Civilization*. New York: Oxford University Press.

Kelekna, P. (1998). War and theocracy. In E. M. Redmond (ed.), *Chiefdoms and Chieftaincy in the Americas* (164~88쪽). Gainesville: University of Florida Press.

Kelly, M., Mokyr, J., and Gráda, C. Ó. (2014). Precocious Albion: A new interpretation of the British industrial revolution. *Annual Review of Economics* 6 (1), 363~89쪽.

Kelly, M., and Ó Gráda, C. (2016). Adam Smith, watch prices, and the Industrial Revolution. *Quarterly Journal of Economics* 131 (4), 1727~52쪽.

Kelly, R. C. (1985). *The Nuer Conquest: The Structure and Development of an Expansionist System*. Ann Arbor, MI: University of Michigan Press.

Kemezis, A. M., and Maher, M. (2015). *Urban Dreams and Realities in Antiquity*. Leiden: Brill.

Kempe, M., and Mesoudi, A. (2014). An experimental demonstration of the effect of group size on cultural accumulation. *Evolution and Human Behavior* 35 (4), 285~90쪽.

Kerley, K. R., Copes, H., Tewksbury, R., and Dabney, D. A. (2011). Examining the relationship between religiosity and self-control as predictors of prison deviance. *International Journal of Offender Therapy and Comparative Criminology* 55 (8), 1251~71쪽.

Khadjavi, M., and Lange, A. (2013). Prisoners and their dilemma. *Journal of Economic Behavior and Organization* 92, 163~75쪽.

Khaldûn, I. (2015). *The Muqaddimah: An Introduction to History*. (F. Rosenthal, ed.). Princeton, NJ: Princeton University Press [한국어판 다수].

Kidd, D. C., and Castano, E. (2013). Reading literary fiction improves theory of mind. *Science* 342 (6156), 377~80쪽.

Kieser, A. (1987). From asceticism to administration of wealth: Medieval monasteries and the pitfalls of rationalization. *Organization Studies* 8 (2), 103~123쪽.

Kinzler, K. D., and Dautel, J. B. (2012). Children's essentialist reasoning about language and race. *Developmental Science* 15 (1), 131~38쪽.

Kirby, K. N., Godoy, R., Reyes-García, V., Byron, E., Apaza, L., Leonard, W., Pérez, E., Vadez, V., and Wilkie, D. (2002). Correlates of delay-discount rates: Evidence from Tsimane' Amerindians of the Bolivian rain forest. *Journal of Economic Psychology* 23 (3), 291~316쪽.

Kirby, K. R., Gray, R. D., Greenhill, S. J., Jordan, F. M., Gomes-Ng, S., Bibiko, H.-J., ···Gavin, M. C. (2016). D-PLACE: A Global Database of Cultural, Linguistic and Environmental Diversity. *PLoS One* 11 (7), 1~14쪽.

Kirch, P. V. (1984). *The Evolution of the Polynesian Chiefdoms*. New Studies in Archaeology. Cambridge: Cambridge University Press.

Kirch, P. V. (2010). *How Chiefs Became Kings: Divine Kingship and the Rise of Archaic States in Ancient Hawai'i*. Berkeley: University of California Press.

Kitayama, S., Park, H., Sevincer, A. T., Karasawa, M., and Uskul, A. K. (2009). A cultural task analysis of implicit independence: Comparing North America, Western Europe, and East Asia. *Journal of Personality and Social Psychology* 97, 236~55쪽.

Kitayama, S., Yanagisawa, K., Ito, A., Ueda, R., Uchida, Y., and Abe, N. (2017). Reduced orbitofrontal cortical volume is associated with interdependent self-construal. *Proceedings of the National Academy of Sciences* 114 (30), 7969~74쪽.

Kleinschmidt, H. (2000). *Understanding the Middle Ages*. Woodbridge, UK: Boydell Press.

Kline, M. A., and Boyd, R. (2010). Population size predicts technological complexity in Oceania. *Proceedings of the Royal Society B: Biological Sciences* 277 (1693), 2559~64쪽.

Klochko, M. A. (2006). Time preference and learning versus selection: A case study of Ukrainian students. *Rationality and Society* 18 (3), 305~331쪽.

Knauft, B. M. (1985). Good company and violence: Sorcery and social action in a lowland New Guinea society. *Journal for the Scientific Study of Religion* 26 (1), 126~28쪽.

Knight, N., and Nisbett, R. E. (2007). Culture, class and cognition: Evidence from Italy. *Journal of Cognition and Culture* 7 (3), 283~91쪽.

Kobayashi, C., Glover, G. H., and Temple, E. (2007). Cultural and linguistic effects on neural bases of "theory of mind" in American and Japanese children. *Brain Research* 1164, 95~107쪽.

Kolinsky, R., Verhaeghe, A., Fernandes, T., Mengarda, E. J., Grimm-Cabral, L., and Morais, J. (2011). Enantiomorphy through the looking glass: Literacy effects on mirror-image discrimination. *Journal of*

Experimental Psychology: General 140 (2), 210~38쪽.

Kolodny, O., Creanza, N., and Feldman, M. W. (2015). Evolution in leaps: The punctuated accumulation and loss of cultural innovations. *Proceedings of the National Academy of Sciences* 112 (49), e6762~e6769쪽.

Kong, A., Frigge, M. L., Masson, G., Besenbacher, S., Sulem, P., Magnusson, G.,···Stefansson, K. (2012). Rate of de novo mutations and the importance of father's age to disease risk. *Nature* 488 (7412), 471~75쪽.

Kong, A., Frigge, M. L., Thorleifsson, G., Stefansson, H., Young, A. I., Zink, F.,···Stefansson, K. (2017). Selection against variants in the genome associated with educational attainment. *Proceedings of the National Academy of Sciences* 114 (5), e727~e732쪽.

Korotayev, A. (2000). Parallel-cousin (FBD) marriage, Islamization, and Arabization. *Ethnology* 39 (4), 395~407쪽.

Korotayev, A. (2004). *World Religions and Social Evolution*. New York: Edwin Mellen.

Kosfeld, M., and Rustagi, D. (2015). Leader punishment and cooperation in groups: Experimental field evidence from commons management in Ethiopia. *American Economic Review* 105 (2), 747~83쪽.

Kouider, S., and Dehaene, S. (2007). Levels of processing during non-conscious perception: A critical review of visual masking. *Philosophical Transactions of the Royal Society B: Biological Sciences* 362 (1481), 857~75쪽.

Kouri, E. M., Lukas, S. E., Pope, H. G., and Oliva, P. S. (1995). Increased aggressive responding in male volunteers following the administration of gradually increasing doses of testosterone cypionate. *Drug and Alcohol Dependence* 40 (1), 73~79쪽.

Kraft-Todd, G. T., Bollinger, B., Gillingham, K., Lamp, S., and Rand, D. G. (2018). Credibility-enhancing displays promote the provision of non-normative public goods. *Nature* 563 (7730), 245~48쪽.

Kremer, M. (1993). Population growth and technological change: One Million B.C. to 1990. *Quarterly Journal of Economics* 108 (3), 681~716쪽.

Kroeber, A. L. (1925). *Handbook of the Indians of California*. United States Bureau of American Ethnology. Washington, DC: Government Printing Office.

Kröll, M., and Rustagi, D. (2018). Reputation, dishonesty, and cheating in informal milk markets in India. Working paper, ssrn.com/abstract=2982365.

Kroszner, R. S., and Strahan, P. E. (1999). What drives deregulation? Economics and politics of the relaxation of bank branching restrictions. *Quarterly Journal of Economics* 114 (4), 1437~67쪽.

Kudo, Y. (2014). Religion and polygamy: Evidence from the Livingstonia Mission in Malawi. IDE Discussion Papers, ideas.repec.org/p/jet/dpaper/dpaper477.htm.

Kuhnen, U., Hannover, B., Roeder, U., Shah, A. A., Schubert, B., Upmeyer, A., and Zakaria, S. (2001). Cross-cultural variations in identifying embedded figures: Comparisons from the United States, Germany, Russia, and Malaysia. *Journal of Cross-Cultural Psychology* 32 (3), 365~71쪽.

Kuper, A. (2010). *Incest and Influence*. Cambridge, MA: Harvard University Press.

Kushner, H. I. (2013). Why are there (almost) no left-handers in China? *Endeavour* 37 (2), 71~81쪽.

Kushnir, T. (2018). The developmental and cultural psychology of free will. *Philosophy Compass* 13 (11), e12529.

Laajaj, R., Macours, K., Alejandro, D., Hernandez, P., Arias, O., Gosling, S., Potter, J., Rubio-Codina, M., and Vakis, R. (2019). Challenges to capture the big five personality traits in non-WEIRD populations. *Science Advances* 5 (7), eaaw5226.

Laland, K. N. (2004). Social learning strategies. *Learning and Behavior* 32 (1), 4~14쪽.

Laland, K. N. (2008). Exploring gene-culture interactions: Insights from handedness, sexual selection and niche-construction case studies. *Philosophical Transactions of the Royal Society B: Biological Sciences* 363 (1509), 3577~89쪽.

Laland, K. N. (2017). *Darwin's Unfinished Symphony: How Culture Made the Human Mind*. Princeton, NJ: Princeton University Press.

Lancaster, L. (2015). Kinship in Anglo-Saxon society—I. *British Journal of Sociology* 9 (3), 230~50쪽.

Landes, D. S. (1998). *The Wealth and Poverty of Nations: Why Some Are So Rich and Some So Poor*. New York: W. W. Norton.

Lang, M., Bahna, V., Shaver, J. H., Reddish, P., and Xygalatas, D. (2017). Sync to link: Endorphin-mediated synchrony effects on cooperation. *Biological Psychology* 127, 191~97쪽.

Lang, M., Kratky, J., Shaver, J. H., Jerotijevic, D., and Xygalatas, D. (2015). Effects of anxiety on spontaneous ritualized behavior. *Current Biology* 25 (14), 1892~97쪽.

Lang, M., Purzycki, B. G., Apicella, C. L., Atkinson, Q. D., Bolyanatz, A., Cohen, E.,…Lang, M. (2019). Moralizing gods, impartiality and religious parochialism across 15 societies. *Proceedings of the Royal Society B: Biological Sciences* 286, 1~10쪽.

Lanman, J. A. (2012). The importance of religious displays for belief acquisition and secularization. *Journal of Contemporary Religion* 27 (1), 49~65쪽.

Lanman, J. A., and Buhrmester, M. D. (2017). Religious actions speak louder than words: Exposure to credibility-enhancing displays predicts theism. *Religion, Brain & Behavior* 7 (1), 3~16쪽.

Lape, S. (2002). Solon and the institution of the "democratic" family form. *The Classical Journal* 98 (2), 117~39쪽.

Laslett, P. (1977). *Family Life and Illicit Love in Earlier Generations: Essays in Historical Sociology*. Cambridge: Cambridge University Press.

Laslett, P. (1984). *The World We Have Lost: Further Explored* (3rd ed.). New York: Scribner.

Laslett, P., and Wall, R. (1972). *Household and Family in Past Time*. Cambridge: University Press.

Launay, J., Tarr, B., and Dunbar, R. I. M. (2016). Synchrony as an adaptive mechanism for large-scale human social bonding. *Ethology* 122 (10), 779~89쪽.

Laurin, K., Shariff, A. F., Henrich, J., and Kay, A. C. (2012). Outsourcing punishment to God: Beliefs in divine control reduce earthly punishment. *Proceedings of Royal Society B: Biological Sciences* 279 (1741), 3272~81쪽.

Leach, E. (1964). Reply to Raoul Naroll's "On Ethnic Unit Classification." *Current Anthropology* 5 (4), 283~312쪽.

Lee, J. Z., and Feng, W. (2009). *One Quarter of Humanity*. Cambridge, MA: Harvard University Press [(한국어판) 제임스 Z. 리·왕펑 지음, 손병규·김경호 옮김, 《인류 사분의 일》, 성균관대학교출판부, 2012].

Lee, R. B. (1979). *The !Kung San: Men, Women, and Work in a Foraging Society*. Cambridge: Cambridge University Press.

Lee, R. B. (1986). !Kung kin terms, the name relationship and the process of discovery. In M. Biesele, R. Gordon, and R. B. Lee (eds.), *The Past and Future of !Kung Ethnography: Essays in Honor of Lorna Marshall* (77~102쪽). Hamburg: Helmut Buske.

Lee, R. B. (2003). *The Dobe Ju/'hoansi*. Belmont, CA: Wadsworth/Thomson Learning.

Legare, C. H., and Souza, A. L. (2012). Evaluating ritual efficacy: Evidence from the supernatural. *Cognition* 124 (1), 1~15쪽.

Legare, C. H., and Souza, A. L. (2014). Searching for control: Priming randomness increases the evaluation of ritual efficacy. *Cognitive Science* 38 (1), 152~61쪽.

Leick, G. (2002). *A Dictionary of Ancient Near Eastern Mythology*. London: Routledge.

Leunig, T., Minns, C., and Wallis, P. (2011). Networks in the premodern economy: The market for London apprenticeships, 1600-1749. *Journal of Economic History* 71 (2), 413~43쪽.

Levenson, J. R., and Schurmann, F. (1971). *China: An Interpretive History: From the Beginnings to the Fall of Han*. Berkeley: University of California Press.

Levine, N. E., and Silk, J. B. (1997). Why polyandry fails: Sources of instability in polyandrous marriages. *Current Anthropology* 38 (3), 375~98쪽.

LeVine, R. A., LeVine, S., Schnell-Anzola, B., Rowe, M. L., and Dexter, E. (2012). *Literacy and Mothering: How Women's Schooling Changes the Lives of the World's Children*. New York: Oxford University Press.

Levine, R. N. (2008). *A Geography of Time: On Tempo, Culture, and the Pace of Life*. New York: Basic Books [(한국어판) 로버트 레빈 지음, 이상돈 옮김, 《시간은 어떻게 인간을 지배하는가》, 황금가지, 2002].

Levine, R. V., and Norenzayan, A. (1999). The pace of life in 31 countries. *Journal of Cross-Cultural Psychology* 30 (2), 178~205쪽.

Levy, R. I. (1973). *Tahitians: Mind and Experience in the Society Islands.* Chicago: University of Chicago Press.

Lewer, J. J., and Van den Berg, H. (2007). Religion and international trade: Does the sharing of a religious culture facilitate the formation of trade networks? *American Journal of Economics and Sociology* 66 (4), 765~94쪽.

Lewis, B. (2001). *The Muslim Discovery of Europe.* New York: W. W. Norton.

Lewis, J. (2008). Ekila: Blood, bodies, and egalitarian societies. *Journal of the Royal Anthropological Institute* 14 (2), 297~315쪽.

Li, L. M. W., Hamamura, T., and Adams, G. (2016). Relational mobility increases social (but not other) risk propensity. *Journal of Behavioral Decision Making* 29 (5), 481~88쪽.

Li, Y. J., Johnson, K. A., Cohen, A. B., Williams, M. J., Knowles, E. D., and Chen, Z. (2012). Fundamental(ist) attribution error: Protestants are dispositionally focused. *Journal of Personality and Social Psychology* 102 (2), 281~90쪽.

Liangqun, L., and Murphy, R. (2006). Lineage networks, land conflicts and rural migration in late socialist China. *Journal of Peasant Studies* 33 (4), 612~45쪽.

Liebenberg, L. (1990). *The Art of Tracking: The Origin of Science.* Cape Town: David Philip.

Lieberman, D. (2007). Inbreeding, incest, and the incest taboo: The state of knowledge at the turn of the century. *Evolution and Human Behavior* 28 (3), 211~13쪽.

Lieberman, D., Fessler, D. M. T., and Smith, A. (2011). The relationship between familial resemblance and sexual attraction: An update on Westermarck, Freud, and the incest taboo. *Personality and Social Psychology Bulletin* 37 (9), 1229~32쪽.

Lieberman, D., Tooby, J., and Cosmides, L. (2003). Does morality have a biological basis? An empirical test of the factors governing moral sentiments relating to incest. *Proceedings of the Royal Society B: Biological Sciences* 270 (1517), 819~26쪽.

Lienard, P. (2016). Age grouping and social complexity. *Current Anthropology* 57 (13), S105~S117쪽.

Lilley, K. D. (2002). *Urban Life in the Middle Ages, 1000-1450.* European Culture and Society. New York: Palgrave.

Lind, J., and Lindenfors, P. (2010). The number of cultural traits is correlated with female group size but not with male group size in chimpanzee communities. *PLoS One* 5 (3), e9241.

Lindstrom, L. (1990). Big men as ancestors: Inspiration and copyrights on Tanna (Vanuatu). *Ethnology* 29 (4), 313~26쪽.

Little, A. C., Burriss, R. P., Jones, B. C., DeBruine, L. M., and Caldwell, C. A. (2008). Social influence in human face preference: Men and women are influenced more for long-term than short-term attractiveness decisions. *Evolution and Human Behavior* 29 (2), 140~46쪽.

Little, A. C., Jones, B. C., Debruine, L. M., and Caldwell, C. A. (2011). Social learning and human mate preferences: A potential mechanism for generating and maintaining between-population diversity in attraction. *Philosophical Transactions of the Royal Society B: Biological Sciences* 366 (1563), 366~75쪽.

Liu, H. J., Li, S. Z., and Feldman, M. W. (2012). Forced bachelors, migration and HIV transmission risk in the context of China's gender imbalance: A meta-analysis. *AIDS Care* 24 (12), 1487~95쪽.

Liu, S. S., Morris, M. W., Talhelm, T., and Yang, Q. (2019). Ingroup vigilance in collectivistic cultures. *Proceedings of the National Academy of Sciences* 116 (29), 14538~46쪽.

Lobo, J., Bettencourt, L. M. A., Strumsky, D., and West, G. B. (2013). Urban scaling and the production function for cities. *PLoS One* 8 (3), e58407.

Lopez, R. S. (1976). *The Commercial Revolution of the Middle Ages, 950-1350.* Cambridge: Cambridge University Press.

Losin, E. A. R., Dapretto, M., and Iacoboni, M. (2010). Culture and neuroscience: Additive or synergistic? *Social Cognitive and Affective Neuroscience* 5 (2-3), 148~58쪽.

Loyn, H. R. (1974). Kinship in Anglo-Saxon England. *Anglo-Saxon England* 3, 3326~30쪽.

Loyn, H. R. (1991). *Anglo-Saxon England and the Norman Conquest.* London: Longman.

Lukaszewski, A. W., Gurven, M., von Rueden, C. R., and Schmitt, D. P. (2017). What explains personality covariation? A test of the socioecological complexity hypothesis. *Social Psychological and Personality Science* 8 (8), 943~52쪽.

Lun, J., Oishi, S., and Tenney, E. R. (2012). Residential mobility moderates preferences for egalitarian versus loyal helpers. *Journal of Experimental Social Psychology* 48 (1), 291~97쪽.

Lynch, J. H. (1986). *Godparents and Kinship in Early Medieval Europe.* Princeton, NJ: Princeton University Press.

Lynch, K. A. (2003). *Individuals, Families, and Communities in Europe, 1200-1800: The Urban Foundations of Western Society.* Cambridge: Cambridge University Press.

Ma, D. (2004). Growth, institutions and knowledge: A review and reflection on the historiography of 18th-20th century China. *Australian Economic History Review* 44 (3), 259~77쪽.

Ma, D. (2007). Law and economic growth: The case of traditional China. Working paper, www.iisg.nl/hpw/papers/law-ma.pdf.

Ma, V., and Schoeneman, T. J. (1997). Individualism versus collectivism: A comparison of Kenyan and American self-concepts. *Basic and Applied Social Psychology* 19 (2), 261~73쪽.

MacCulloch, D. (2005). *The Reformation.* New York: Penguin Books [(한국어판) 디아메이드 맥클로흐 지음, 이은재·조상원 옮김, 《종교개혁의 역사》, 기독교문서선교회, 2011].

MacFarlane, A. (1978). *The Origins of English Individualism: The Family, Property and Social Transition.*

Oxford: Blackwell.

MacFarlane, A. (2014). *Invention of the Modern World*. Les Brouzils, France: Odd Volumes of the Fortnightly Review.

Macucal. (2013). Desarrollo de la reconquista desde 914 hasta 1492 [map]. Wikimedia Commons, the Free Media Repository.

Maddux, W. W., Yang, H., Falk, C., Adam, H., Adair, W., Endo, Y., Carmon, Z., and Heine, S. J. (2010). For whom is parting with possessions more painful? Cultural differences in the endowment effect. *Psychological Science* 21 (12), 1910~17쪽.

Malhotra, D. (2010). (When) are religious people nicer? Religious salience and the "Sunday effect" on pro-social behavior. *Judgment and Decision Making* 5 (2), 138~43쪽.

Maloney, W. F., and Caicedo, F. V. (2017). Engineering growth: Innovative capacity and development in the Americas. Working paper, ssrn.com/abstract=2932756.

Mann, C. C. (2012). *1493: Uncovering the New World Columbus Created*. New York: Vintage Books [(한국어판) 찰스 만 지음, 최희숙 옮김, 《1493》, 황소자리, 2020].

Mann, P. A. (1972). Residential mobility as an adaptive experience. *Journal of Consulting and Clinical Psychology* 39 (1), 37~42쪽.

Mantovanelli, F. (2014). The Protestant legacy: Missions and literacy in India. Working paper, ssrn.com/abstract=2413170.

Mar, R. A., Oatley, K., Hirsh, J., dela Paz, J., and Peterson, J. B. (2006). Bookworms versus nerds: Exposure to fiction versus non-fiction, divergent associations with social ability, and the simulation of fictional social worlds. *Journal of Research in Personality* 40 (5), 694~712쪽.

Mar, R. A., Oatley, K., and Peterson, J. B. (2009). Exploring the link between reading fiction and empathy: Ruling out individual differences and examining outcomes. *Communications* 34 (4), 407~428쪽.

Mar, R. A., and Rain, M. (2015). Narrative fiction and expository nonfiction differentially predict verbal ability. *Scientific Studies of Reading* 19 (6), 419~33쪽.

Mar, R. A., Tackett, J. L., and Moore, C. (2010). Exposure to media and theory-of-mind development in preschoolers. *Cognitive Development* 25 (1), 69~78쪽.

Marcus, J. (2008). The archaeological evidence for social evolution. *Annual Review of Anthropology* 37 (1), 251~66쪽.

Marcus, J., and Flannery, K. V. (2004). The coevolution of ritual and society: New C-14 dates from ancient Mexico. *Proceedings of the National Academy of Sciences* 101 (52), 18257~61쪽.

Marlowe, F. W. (2000). Paternal investment and the human mating system. *Behavioural Processes* 51 (1-3), 45~61쪽.

Marlowe, F. W. (2003). The mating system of foragers in the standard cross-cultural sample. *Cross-Cultural*

Research 37 (3), 282~306쪽.

Marlowe, F. W. (2004). Marital residence among foragers. *Current Anthropology* 45 (2), 277~84쪽.

Marlowe, F. W. (2005). Hunter-gatherers and human evolution. *Evolutionary Anthropology* 14 (2), 54~67쪽.

Marlowe, F. W. (2010). *The Hadza: Hunter-Gatherers of Tanzania*. M. Borgerhoff Mulder and Joe Henrich (eds.), Origins of Human Behavior and Culture. Berkeley: University of California Press.

The marriage law of the People's Republic of China (1980). (1984). *Pacific Affairs* 57 (2), 266~69쪽.

Marshall, L. (1959). Marriage among !Kung Bushmen. *Africa* 29 (4), 335~65쪽.

Marshall, L. (1962). !Kung Bushman religious beliefs. *Africa* 32 (3), 221~52쪽.

Marshall, L. (1976). *The !Kung of Nyae Nyae*. Cambridge, MA: Harvard University Press.

Marshall, L. (1999). *Nyae Nyae !Kung Beliefs and Rites*. Cambridge, MA: Harvard University Press.

Martens, J. P., Tracy, J. L., and Shariff, A. F. (2012). Status signals: Adaptive benefits of displaying and observing the nonverbal expressions of pride and shame. *Cognition and Emotion* 26 (3), 390~406쪽.

Martin, N. D., Rigoni, D., and Vohs, K. D. (2017). Free will beliefs predict attitudes toward unethical behavior and criminal punishment. *Proceedings of the National Academy of Sciences* 114 (28), 7325~30쪽.

Martines, L. (2013). *Furies: War in Europe, 1450-1700*. New York: Bloomsbury.

Masuda, T., Ellsworth, P. C., Mesquita, B., Leu, J., Tanida, S., and Van de Veerdonk, E. (2008). Placing the face in context: Cultural differences in the perception of facial emotion. *Journal of Personality and Social Psychology* 94 (3), 365~81쪽.

Masuda, T., and Nisbett, R. E. (2001). Attending holistically versus analytically: Comparing the context sensitivity of Japanese and Americans. *Journal of Personality and Social Psychology* 81, 922~34쪽.

Mathew, S., and Boyd, R. (2011). Punishment sustains large-scale cooperation in pre-state warfare. *Proceedings of the National Academy of Sciences* 108 (28), 11375~80쪽.

Matranga, A. (2017). The ant and the grasshopper: Seasonality and the invention of agriculture. Working paper, mpra.ub.uni-muenchen.de/76626.

Mazur, A., and Booth, A. (1998). Testosterone and dominance in men. *Behavioral and Brain Sciences* 21 (3), 353~63쪽.

Mazur, A., and Michalek, J. (1998). Marriage, divorce, and male testosterone. *Social Forces* 77 (1), 315~30쪽.

McBryde, I. (1984). Exchange in south eastern Australia: An ethnohistorical perspective. *Aboriginal History* 8 (2), 132~53쪽.

McCarthy, F. D. (1939). "Trade" in aboriginal Australia, and "trade" relationships with Torres Strait, New Guinea and Malaya. *Oceania* 10 (1), 80~104쪽.

McCleary, R. M. (2007). Salvation, damnation, and economic incentives. *Journal of Contemporary Religion*

22 (1), 49~74쪽.

McCleary, R. M., and Barro, R. J. (2006). Religion and economy. *Journal of Economic Perspectives* 20 (2), 49~72쪽.

McCloskey, D. N. (2007). *The Bourgeois Virtues: Ethics for an Age of Commerce*. Chicago: University of Chicago Press.

McCullough, M. E., Pedersen, E. J., Schroder, J. M., Tabak, B. A., and Carver, C. S. (2013). Harsh childhood environmental characteristics predict exploitation and retaliation in humans. *Proceedings of the Royal Society B: Biological Sciences* 280 (1750), 1~7쪽.

McCullough, M. E., and Willoughby, B. L. B. (2009). Religion, self-regulation, and self-control: Associations, explanations, and implications. *Psychological Bulletin* 135 (1), 69~93쪽.

McElreath, R., Boyd, R., and Richerson, P. J. (2003). Shared norms and the evolution of ethnic markers. *Current Anthropology* 44 (1), 122~29쪽.

McElreath, R. (2020). *Statistical Rethinking: A Bayesian Course with Examples in R and STAN*. Chapman & Hall/CRC Texts in Statistical Science. CRC Press.

McGrath, A. E. (2007). *Christianity's Dangerous Idea: The Protestant Revolution—A History from the Sixteenth Century to the Twenty-First* (1st ed.). New York: HarperOne [(한국어판) 앨리스터 맥그래스 지음, 박규태 옮김, 《기독교, 그 위험한 사상의 역사》, 국제제자훈련원, 2009].

McNamara, R. A., and Henrich, J. (2018). Jesus vs. the ancestors: How specific religious beliefs shape prosociality on Yasawa Island, Fiji. *Religion, Brain & Behavior* 8 (2), 185~204쪽.

McNamara, R. A., Willard, A. K., Norenzayan, A., and Henrich, J. Thinking about thoughts when the mind is unknowable: Mental state reasoning through false belief and empathy across societies. (곧 나옴)

McNamara, R. A., Willard, A. K., Norenzayan, A., and Henrich, J. (2019b). Weighing outcome vs. intent across societies: How cultural models of mind shape moral reasoning. *Cognition* 182, 95~108쪽.

McNeill, W. H. (1982). *Pursuit of Power: Technology, Armed Force, and Society Since A.D. 1000*. Chicago: University of Chicago Press [(한국어판) 윌리엄 H. 맥닐 지음, 신미원 옮김, 《전쟁의 세계사》, 이산, 2005].

McNeill, W. H. (1991). *The Rise of the West: A History of the Human Community: With a Retrospective Essay*. Chicago: University of Chicago Press.

McNeill, W. H. (1999). How the potato changed the world's history. *Social Research* 66 (1), 67~83쪽.

Medin, D. L., and Atran, S. (1999). *Folkbiology*. Cambridge, MA: MIT Press.

Medin, D. L., and Atran, S. (2004). The native mind: Biological categorization and reasoning in development and across cultures. *Psychological Review* 111 (4), 960~83쪽.

Mehta, P. H., and Josephs, R. A. (2010). Testosterone and cortisol jointly regulate dominance: Evidence for a dual-hormone hypothesis. *Hormones and Behavior* 58 (5), 898~906쪽.

Mehta, P. H., Wuehrmann, E. V., and Josephs, R. A. (2009). When are low testosterone levels advantageous? The moderating role of individual versus intergroup competition. *Hormones and Behavior* 56 (1), 158~62쪽.

Meisenzahl, R., and Mokyr, J. (2012). The rate and direction of invention in the British Industrial Revolution: Incentives and institutions. In J. Lerner and S. Stern (eds.), *The Rate and Direction of Inventive Activity Revisited* (443~79쪽). Chicago: University of Chicago Press.

Menke, T. (1880). Europe according to its ecclesiastical circumstances in the Middle Ages. In *Hand Atlas for the History of the Middle Ages and Later* (3rd ed.). Gotha, Germany: Justus Perthes.

Merton, R. K. (1938). *Science, technology and society in seventeenth century England*. Osiris 4, 360~632쪽.

Meyers, M. A. (2007). *Happy Accidents: Serendipity in Modern Medical Breakthroughs*. New York: Arcade.

Mikalson, J. D. (2010). *Ancient Greek Religion*. Hoboken, NJ: Wiley-Blackwell.

Milgram, S. (1963). Behavioral study of obedience. *Journal of Abnormal and Social Psychology* 67 (4), 371~78쪽.

Miller, W. I. (2009). *Bloodtaking and Peacemaking: Feud, Law, and Society in Saga Iceland*. Chicago: University of Chicago Press.

Mintz, S. W. (1986). *Sweetness and Power: The Place of Sugar in Modern History*. New York: Penguin [(한국어판) 시드니 민츠 지음, 김문호 옮김, 《설탕과 권력》, 지호, 1998].

Mischel, W., Ayduk, O., Berman, M. G., Casey, B. J., Gotlib, I. H., Jonides, J.,···Shoda, Y. (2011). "Willpower" over the life span: Decomposing self-regulation. *Social Cognitive and Affective Neuroscience* 6 (2), 252~56쪽.

Mischel, W., Shoda, Y., and Rodriguez, M. L. (1989). Delay of gratification in children. *Science* 244 (4907), 933~38쪽.

Mittal, C., Griskevicius, V., Simpson, J. A., Sung, S. Y., and Young, E. S. (2015). Cognitive adaptations to stressful environments: When childhood adversity enhances adult executive function. *Journal of Personality and Social Psychology* 109 (4), 604~621쪽.

Mitterauer, M. (2011). Kontrastierende heiratsregeln: Traditionen des Orients und Europas im interkulturellen Vergleic. *Historische Sozialkunde* 41 (2), 4~16쪽.

Mitterauer, M. (2015). Heiratsmuster im interkulturellen Vergleich: Von der Goody-These zum Korotayev-Modell. In T. Kolnberger, N. Franz, and P. Péporté (eds.), *Populations, Connections, Droits Fondamentaux: Mélanges pour Jean-Paul Lehners* (37~60쪽). Berlin: Mandelbaum Verlag.

Mitterauer, M., and Chapple, G. (2010). *Why Europe? The Medieval Origins of Its Special Path*. Chicago: University of Chicago Press.

Mitterauer, M., and Sieder, R. (1982). *The European Family: Patriarchy to Partnership from the Middle Ages to the Present*. Hoboken, NJ: Blackwell.

Miu, E., Gulley, N., Laland, K. N., and Rendell, L. (2018). Innovation and cumulative culture through tweaks and leaps in online programming contests. *Nature Communications* 9 (1), 1~8쪽.

Miyamoto, Y., Nisbett, R. E., and Masuda, T. (2006). Culture and the physical environment: Holistic versus analytic perceptual affordances. *Psychological Science* 17 (2), 113~19쪽.

Moffitt, T. E., Arseneault, L., Belsky, D., Dickson, N., Hancox, R. J., Harrington, H.,⋯Caspi, A. (2011). A gradient of childhood self-control predicts health, wealth, and public safety. *Proceedings of the National Academy of Sciences* 108 (7), 2693~98쪽.

Mogan, R., Fischer, R., and Bulbulia, J. A. (2017). To be in synchrony or not? A meta-analysis of synchrony's effects on behavior, perception, cognition and affect. *Journal of Experimental Social Psychology* 72, 13~20쪽.

Mokyr, J. (1990). *The Lever of Riches*. New York: Oxford University Press.

Mokyr, J. (1995). Urbanization, technological progress, and economic history. In H. Giersch (ed.), *Urban Agglomeration and Economic Growth* (51~54쪽). Berlin and Heidelberg: Springer.

Mokyr, J. (2002). *The Gifts of Athena: Historical Origins of the Knowledge Economy*. Princeton, NJ: Princeton University Press.

Mokyr, J. (2011). The intellectual origins of modern economic growth. *Economic History Review* 64 (2), 357~84쪽.

Mokyr, J. (2013). Cultural entrepreneurs and the origins of modern economic growth. *Scandinavian Economic History Review* 61 (1), 1~33쪽.

Mokyr, J. (2016). *A Culture of Growth: The Origins of the Modern Economy*. Princeton, NJ: Princeton University Press [(한국어판) 조엘 모키르 지음, 김민주 · 이엽 옮김, 《성장의 문화》, 에코리브르, 2018].

Moll-Murata, C. (2008). Chinese guilds from the seventeenth to the twentieth centuries: An overview. *International Review of Social History* 53 (Suppl. 16), 213~47쪽.

Moll-Murata, C. (2013). Guilds and apprenticeship in China and Europe: The Jingdezhen and European ceramics industries. In M. Prak and J. L. van Zanden (eds.), *Technology, Skills and the Pre-Modern Economy in the East and the West* (225~58쪽). Leiden: Brill.

Moore, R. I. (2000). *The First European Revolution: c. 970-1215. The Making of Europe*. Malden, MA: Blackwell.

Moore, S. F. (1972). Legal liability and evolutionary interpretation: Some aspects of strict liability, self-help and collective responsibility. In M. Gluckman (ed.), *The Allocation of Responsibility* (88~93쪽). Manchester, UK: Manchester University Press.

Morewedge, C. K., and Giblin, C. E. (2015). Explanations of the endowment effect: An integrative review. *Trends in Cognitive Sciences* 19 (6), 339~48쪽.

Morgan, J. (1852). *The Life and Adventures of William Buckley: Thirty-Two Years a Wanderer Amongst the*

Aborigines of Then Unexplored Country Round Port Phillip, Now the Province of Victoria. Hobart, Tasmania: A. Macdougall.

Morgan, T. J. H., and Laland, K. (2012). The biological bases of conformity. *Frontiers in Neuroscience* 6 (87), 1~7쪽.

Morgan, T. J. H., Rendell, L. E., Ehn, M., Hoppitt, W., and Laland, K. N. (2012). The evolutionary basis of human social learning. *Proceedings of the Royal Society B: Biological Sciences* 279 (1729), 653~62쪽.

Morris, I. (2010). *Why the West Rules—for Now: The Patterns of History, and What They Reveal About the Future.* New York: Farrar, Straus and Giroux [(한국어판) 이언 모리스 지음, 최파일 옮김,《왜 서양이 지배하는가》, 글항아리, 2013].

Morris, I. (2014). *War, What Is It Good For? The Role of Conflict in Civilisation, from Primates to Robots.* London: Profile Books [(한국어판) 이언 모리스 지음, 김필규 옮김,《전쟁의 역설》, 지식의날개, 2015].

Morris, M. W., and Peng, K. (1994). Culture and cause: American and Chinese attributions for social and physical events. *Journal of Personality and Social Psychology* 67 (6), 949~71쪽.

Moscona, J., Nunn, N., and Robinson, J. A. (2017). Keeping it in the family: Lineage organizations and the scope of trust in Sub-Saharan Africa. *American Economic Review* 107 (5), 565~71쪽.

Motolinía, T. (1973). *Motolinía's History of the Indians of New Spain.* Westport, CT: Greenwood Press.

Moya, C. (2013). Evolved priors for ethnolinguistic categorization: A case study from the Quechua-Aymara boundary in the Peruvian Altiplano. *Evolution and Human Behavior* 34 (4), 265~72쪽.

Moya, C., and Boyd, R. (2015). Different selection pressures give rise to distinct ethnic phenomena. *Human Nature* 26, 1~27쪽.

Moya, C., Boyd, R., and Henrich, J. (2015). Reasoning about cultural and genetic transmission: Developmental and cross-cultural evidence from Peru, Fiji, and the United States on how people make inferences about trait transmission. *Topics in Cognitive Science* 7 (4), 595~610쪽.

Mullainathan, S., and Shafir, E. (2013). *Scarcity: Why Having Too Little Means So Much.* New York: Henry Holt [(한국어판) 센딜 멀레이너선·엘다 샤퍼 지음, 이경식 옮김,《결핍의 경제학》, 알에이치코리아(RHK), 2014].

Muller, M., Wrangham, R., and Pilbeam, D. (2017). *Chimpanzees and human evolution.* Cambridge, MA: Harvard University Press.

Muller, M. N., Marlowe, F. W., Bugumba, R., and Ellison, P. T. (2009). Testosterone and paternal care in East African foragers and pastoralists. *Proceedings of the Royal Society B: Biological Sciences* 276 (1655), 347~54쪽.

Munson, J., Amati, V., Collard, M., and Macri, M. J. (2014). Classic Maya bloodletting and the cultural evolution of religious rituals: Quantifying patterns of variation in hieroglyphic texts. *PLoS One* 9 (9), e107982.

Murdock, G. P. (1934). *Our Primitive Contemporaries*. New York: Macmillan.

Murdock, G. P. (1949). *Social Structure*. New York: Macmillan [(한국어판) 죠지 피터 머독 지음, 조승연 옮김, 《사회구조》, 서경문화사, 2004].

Murphy, K. J. (2013). Executive compensation: Where we are, and how we got there. In G. M. Constantinides, M. Harris, and R. M. Stulz (eds.), *Handbook of the Economics of Finance* (Vol. 2). Amsterdam: Elsevier B.V.

Murphy, K. J., and Zabojnik, J. (2004). CEO pay and appointments: A market-based explanation for recent trends. *American Economic Review* 94 (2), 192~96쪽.

Murphy, R. F. (1957). Intergroup hostility and social cohesion. *American Anthropologist* 59 (6), 1018~1035쪽.

Murray, D. R., Trudeau, R., and Schaller, M. (2011). On the origins of cultural differences in conformity: Four tests of the pathogen prevalence hypothesis. *Personality and Social Psychology Bulletin* 37 (3), 318~29쪽.

Muthukrishna, M., Francois, P., Pourahmadi, S., and Henrich, J. (2017). Corrupting cooperation and how anti-corruption strategies may backfire. *Nature Human Behaviour* 1 (7), 1~5쪽.

Muthukrishna, M., and Henrich, J. (2016). Innovation in the collective brain. *Philosophical Transactions of the Royal Society B: Biological Sciences* 371 (1690), 1~14쪽.

Muthukrishna, M., Morgan, T. J. H., and Henrich, J. (2016). The when and who of social learning and conformist transmission. *Evolution and Human Behavior* 37 (1), 10~20쪽.

Muthukrishna, M., Shulman, B. W. B. W., Vasilescu, V., and Henrich, J. (2013). Sociality influences cultural complexity. *Proceedings of the Royal Society B: Biological Sciences* 281 (1774), 20132511.

Nakahashi, W., Wakano, J. Y., and Henrich, J. (2012). Adaptive social learning strategies in temporally and spatially varying environments. *Human Nature* 23 (4), 386~418쪽.

Needham, J. (1964). The pre-natal history of the steam engine. *Transactions of the Newcomen Society* 35 (1), 3~58쪽.

Nelson, R. R., and Winter, S. G. (1985). *Evolutionary Theory of Economic Change*. Cambridge, MA: Harvard University Press [(한국어판) Nelson · Winter 지음, 이정동 · 박찬수 · 박상욱 옮김, 《진화경제이론》, 지필미디어, 2014].

Nettle, D., Frankenhuis, W. E., and Rickard, I. J. (2013). The evolution of predictive adaptive responses in human life history. *Proceedings of the Royal Society B: Biological Sciences* 280, 20131343.

Newson, L. (2009). Why do people become modern? A Darwinian explanation. *Population and Development Review* 35 (1), 117~58쪽.

Newson, L., Postmes, T., Lea, S. E. G., Webley, P., Richerson, P. J., and McElreath, R. (2007). Influences on communication about reproduction: The cultural evolution of low fertility. *Evolution and Human Behavior* 28 (3), 199~210쪽.

Newson, M., Buhrmester, M., and Whitehouse, H. (2016). Explaining lifelong loyalty: The role of identity fusion and self-shaping group events. *PLoS One* 11 (8), 1~13쪽.

Nicolle, D., Embleton, G. A., and Embleton, S. (2014). *Forces of the Hanseatic League: 13th-15th centuries.* Men-at-Arms 494. Oxford: Osprey.

Nielsen, M., Haun, D., Kärtner, J., and Legare, C. H. (2017). The persistent sampling bias in developmental psychology: A call to action. *Journal of Experimental Child Psychology* 162, 31~38쪽.

Niklas, F., Cohrssen, C., and Tayler, C. (2016). The sooner, the better: Early reading to children. *SAGE Open* 6 (4), 1~11쪽.

Nisbett, R. E. (2003). *The Geography of Thought: How Asians and Westerners Think Differently … and Why.* New York: Free Press [(한국어판) 리처드 니스벳 지음, 최인철 옮김,《생각의 지도》, 김영사, 2004].

Nisbett, R. E. (2009). *Intelligence and How to Get It: Why Schools and Cultures Count.* New York: W. W. Norton[(한국어판) 리처드 니스벳 지음, 설선혜 옮김,《무엇이 지능을 깨우는가》, 김영사, 2015].

Nisbett, R. E., Aronson, J., Blair, C., Dickens, W., Flynn, J., Halpern, D. F., and Turkheimer, E. (2012). Intelligence: New findings and theoretical developments. *American Psychologist* 67 (2), 130~59쪽.

Nisbett, R. E., and Cohen, D. (1996). *Culture of Honor: The Psychology of Violence in the South.* Boulder, CO: Westview Press.

Nisbett, R. E., Peng, K., Choi, I., and Norenzayan, A. (2001). Culture and systems of thought: Holistic versus analytic cognition. *Psychological Review* 108, 291~310쪽.

Norenzayan, A. (2013). *Big Gods: How Religion Transformed Cooperation and Conflict.* Princeton, NJ: Princeton University Press [(한국어판) 아라 노렌자얀 지음, 홍지수 옮김,《거대한 신, 우리는 무엇을 믿는가》, 김영사, 2016].

Norenzayan, A., Gervais, W. M., and Trzesniewski, K. H. (2012). Mentalizing deficits constrain belief in a personal god. *PloS One* 7 (5), e36880.

Norenzayan, A., Shariff, A. F., Gervais, W. M., Willard, A. K., McNamara, R. A., Slingerland, E., and Henrich, J. (2016a). Parochial prosocial religions: Historical and contemporary evidence for a cultural evolutionary process. *Behavioral and Brain Sciences* 39, E29.

Norenzayan, A., Shariff, A. F., Gervais, W. M., Willard, A. K., McNamara, R. A., Slingerland, E., and Henrich, J. (2016b). The cultural evolution of prosocial religions. *Behavioral and Brain Sciences* 39, E1.

Nores, M., and Barnett, W. S. (2010). Benefits of early childhood interventions across the world: (Under) investing in the very young. *Economics of Education Review* 29 (2), 271~82쪽.

Norris, P., and Inglehart, R. (2012). *Sacred and Secular: Religion and Politics Worldwide.* Cambridge: Cambridge University Press.

Nunez, M., and Harris, P. L. (1998). Psychological and deontic concepts: Separate domains or intimate connection? *Mind and Language* 13 (2), 153~70쪽.

Nunn, N. (2007). Relationship-specificity, incomplete contracts, and the pattern of trade. *Quarterly Journal of Economics* 122 (2), 569~600쪽.

Nunn, N. (2009). The importance of history for economic development. *Annual Review of Economics* 1 (1), 65~92쪽.

Nunn, N. (2014). Gender and missionary influence in colonial Africa. In E. Akyeampong, R. Bates, N. Nunn, and J. Robinson (eds.), *Africa's Development in Historical Perspective* (489~512쪽). Cambridge: Cambridge University Press.

Nunn, N., and De La Sierra, R. S. (2017). Why being wrong can be right: Magical warfare technologies and the persistence of false beliefs. *American Economic Review* 107 (5), 582~87쪽.

Nunn, N., and Qian, N. (2010). The Columbian exchange: A history of disease, food, and ideas. *World Crops* 24 (2), 163~88쪽.

Nunn, N., and Qian, N. (2011). The potato's contribution to population and urbanization: Evidence from a historical experiment. *Quarterly Journal of Economics* 126 (2), 593~650쪽.

Nunn, N., and Wantchekon, L. (2011). The slave trade and the origins of mistrust in Africa. *American Economic Review* 101 (7), 3221~52쪽.

Nunziata, L., and Rocco, L. (2014). The Protestant ethic and entrepreneurship: Evidence from religious minorities from the former Holy Roman Empire. MPRA Working paper, mpra.ub.unimuenchen.de/53566.

Nuvolari, A. (2004). Collective invention during the British Industrial Revolution: the case of the Cornish pumping engine. *Cambridge Journal of Economics* 28 (3), 347~63쪽.

O'Grady, S. (2013). *And Man Created God: A History of the World at the Time of Jesus*. New York: St. Martin's Press.

Obschonka, M., Stuetzer, M., Rentfrow, P. J., Shaw-Taylor, L., Satchell, M., Silbereisen, R. K., Potter, J., and Gosling, S. D. (2018). In the shadow of coal: How large-scale industries contributed to present-day regional differences in personality and well-being. *Journal of Personality and Social Psychology* 115 (5), 903~927쪽.

Ockenfels, A., and Weinmann, J. (1999). Types and patterns: An experimental east-west-German comparison of cooperation and solidarity. *Journal of Public Economics* 71 (2), 275~87쪽.

Ogilvie, S. (2019). *The European Guilds*. Princeton, NJ: Princeton University Press.

Oishi, S. (2010). The psychology of residential mobility: Implications for the self, social relationships, and well-being. *Perspectives on Psychological Science* 5 (1), 5~21쪽.

Oishi, S., Kesebir, S., Miao, F. F., Talhelm, T., Endo, Y., Uchida, Y., Shibanai, Y., and Norasakkunkit, V. (2013). Residential mobility increases motivation to expand social network: But why? *Journal of Experimental Social Psychology* 49 (2), 217~23쪽.

Oishi, S., Schug, J., Yuki, M., and Axt, J. (2015). The psychology of residential and relational mobilities. In M.

J. Gelfand, C. Chiu, and Y. Hong (eds.), *Handbook of Advances in Culture and Psychology* (Vol. 5, 221~72쪽). New York: Oxford University Press.

Oishi, S., and Talhelm, T. (2012). Residential mobility: What psychological research reveals. *Current Directions in Psychological Science* 21 (6), 425~30쪽.

Okbay, A., Beauchamp, J. P., Fontana, M. A., Lee, J. J., Pers, T. H., Rietveld, C. A.,…Benjamin, D. J. (2016). Genome-wide association study identifies 74 loci associated with educational attainment. *Nature* 533 (7604), 539~42쪽.

Olsson, O., and Paik, C. (2016). Long-run cultural divergence: Evidence from the Neolithic Revolution. *Journal of Development Economics* 122, 197~213쪽.

Over, H., Carpenter, M., Spears, R., and Gattis, M. (2013). Children selectively trust individuals who have imitated them. *Social Development* 22 (2), 215~24쪽.

Padgett, J. F., and Powell, W. W. (2012). *The Emergence of Organizations and Markets*. Princeton, NJ: Princeton University Press.

Paine, R. (1971). Animals as capital: Comparisons among northern nomadic herders and hunters. *Anthropological Quarterly* 44 (3), 157~72쪽.

Palmstierna, M., Frangou, A., Wallette, A., and Dunbar, R. (2017). Family counts: Deciding when to murder among the Icelandic Vikings. *Evolution and Human Behavior* 38 (2), 175~80쪽.

Pan, W., Ghoshal, G., Krumme, C., Cebrian, M., and Pentland, A. (2013). Urban characteristics attributable to density-driven tie formation. *Nature Communications* 4, 1961.

Panero, M. E., Weisberg, D. S., Black, J., Goldstein, T. R., Barnes, J. L., Brownell, H., and Winner, E. (2016). Does reading a single passage of literary fiction really improve theory of mind? An attempt at replication. *Journal of Personality and Social Psychology* 111 (5), e46~e54쪽.

Park, N., and Peterson, C. (2010). Does it matter where we live? The urban psychology of character strengths. The American Psychologist 65 (6), 535~47쪽.

Peng, Y. S. (2004). Kinship networks and entrepreneurs in China's transitional economy. *American Journal of Sociology* 109 (5), 1045~1074쪽.

Perreault, C., Moya, C., and Boyd, R. (2012). A Bayesian approach to the evolution of social learning. *Evolution and Human Behavior* 33 (5), 449~59쪽.

Pettegree, A. (2015). *Brand Luther: 1517, Printing, and the Making of the Reformation*. New York: Penguin Press.

Peysakhovich, A., and Rand, D. G. (2016). Habits of virtue: Creating norms of co-operation and defection in the laboratory. *Management Science* 62 (3), 631~47쪽.

Pigafetta, A. (2012). *Magellan's Voyage: A Narrative Account of the First Circumnavigation*. New York: Dover [(한국어판) 안토니오 피가페타 지음, 박종욱 옮김, 《최초의 세계 일주》, 바움, 2004].

Pilbeam, D., and Lieberman, D. E. (2017). Reconstructing the last common ancestor to chimpanzees and humans. In M. N. Muller, R. W. Wrangham, and D. Pilbeam (eds.), *Chimpanzees and Human Evolution* (22~141쪽). Cambridge, MA: Harvard University Press.

Pinker, S. (1997). *How the Mind Works*. New York: W. W. Norton [(한국어판) 스티븐 핑커 지음, 김한영 옮김, 《마음은 어떻게 작동하는가》, 동녘사이언스, 2007].

Pinker, S. (2011). *The Better Angels of Our Nature: Why Violence Has Declined*. New York: Viking [(한국어판) 스티븐 핑커 지음, 김명남 옮김, 《우리 본성의 선한 천사》, 사이언스북스, 2014].

Pinker, S. (2018). *Enlightenment Now: The Case for Reason, Science, Humanism, and Progress*. New York: Viking [(한국어판) 스티븐 핑커 지음, 김한영 옮김, 《지금 다시 계몽》, 사이언스북스, 2021].

Pirenne, H. (1952). *Medieval Cities*. Princeton, NJ: Princeton University Press [(한국어판) 앙리 피렌느 지음, 강일휴 옮김, 《중세 유럽의 도시》, 신서원, 1997].

Plattner, S. (1989). Economic behavior in markets. In S. Plattner (ed.), Economic Anthropology (209~221쪽). Stanford, CA: Stanford University Press.

Plomin, R., DeFries, J. C., Knopik, V. S., and Neiderhiser, J. M. (2016). Top 10 replicated findings from behavioral genetics. *Perspectives in Psychological Science* 11 (1), 3~23쪽.

Plomin, R., DeFries, J., McClearn, G. E., and McGuffin, P. (2001). *Behavioral Genetics* (4th ed.). New York: Worth.

Plott, C. R., and Zeiler, K. (2007). Exchange asymmetries incorrectly interpreted as evidence of endowment effect theory and prospect theory? *American Economic Review* 97 (4), 1449~66쪽.

Pope, H. G., Kouri, E. M., and Hudson, J. I. (2000). Effects of supraphysiologic doses of testosterone on mood and aggression in normal men: A randomized controlled trial. *Archives of General Psychiatry* 57 (2), 133~40쪽.

Post, L., and Zwaan, R. (2014). What is the value of believing in free will? Two replication studies. osf.io/mnwgb.

Prak, M., and Van Zanden, J. L. (eds.). (2013). *Technology, Skills and the Pre-Modern Economy in the East and the West*. Leiden: Brill.

Pratt, T. C., and Cullen, F. T. (2000). The empirical status of Gottfredson and Hirschi's general theory of crime: A meta-analysis. *Criminology* 38 (3), 931~64쪽.

Price, J. (2010). The effect of parental time investments: Evidence from natural within-family variation. NBER working paper, www.uvic.ca/socialsciences/economics/assets/docs/pastdept-4/price_parental_time.pdf.

Protzko, J., Ouimette, B., and Schooler, J. (2016). Believing there is no free will corrupts intuitive cooperation. *Cognition* 151, 6~9쪽.

Purzycki, B. G., Apicella, C. L., Atkinson, Q. D., Cohen, E., McNamara, R. A., Willard, A. K., Xygalatas, D., Norenzayan, A., and Henrich, J. (2016). Moralistic gods, supernatural punishment and the expansion of human sociality. *Nature* 530 (7590), 327~30쪽.

Purzycki, B. G., Henrich, J., Apicella, C. L., Atkinson, Q. D., Baimel, A., Cohen, E.,···Norenzayan, A. (2017). The evolution of religion and morality: A synthesis of ethnographic and experimental evidence from eight societies. *Religion, Brain & Behavior* 8 (2), 101~132쪽.

Purzycki, B. G., and Holland, E. C. (2019). Buddha as a God: An empirical assessment. *Method and Theory in the Study of Religion* 31, 347~75쪽.

Purzycki, B. G., Ross, C. T., Apicella, C. L., Atkinson, Q. D., Cohen, E., McNamara, R. A.,···Henrich, J. (2018). Material security, life history, and moralistic religions: A cross-cultural examination. *PLoS One* 13 (3), e0193856.

Purzycki, B. G., Willard, A. K., Klocová, E. K., Apicella, C., Atkinson, Q., Bolyanatz, A.,···Ross, C. T. (2019). *The moralization bias of gods' minds: A cross-cultural test.*

Putterman, L. (2008). Agriculture, diffusion and development: Ripple effects of the Neolithic revolution. *Economica* 75 (300), 729~48쪽.

Putterman, L., and Weil, D. N. (2010). Post-1500 population flows and the long-run determinants of economic growth and inequality. *Quarterly Journal of Economics* 125 (4), 1627~82쪽.

Puurtinen, M., and Mappes, T. (2009). Between-group competition and human cooperation. *Proceedings of the Royal Society B: Biological Sciences* 276 (1655), 355~60쪽.

Rad, M. S., Martingano, A. J., and Ginges, J. (2018). Toward a psychology of Homo sapiens: Making psychological science more representative of the human population. *Proceedings of the National Academy of Sciences* 115 (45), 11401~11405쪽.

Radcliffe-Brown, A. R. (1964). *The Andaman Islanders.* Glencoe, IL: Free Press.

Rai, T. S., and Holyoak, K. J. (2013). Exposure to moral relativism compromises moral behavior. *Journal of Experimental Social Psychology* 49 (6), 995~1001쪽.

Ramseyer, V. (2006). *The Transformation of a Religious Landscape: Medieval Southern Italy, 850-1150.* Ithaca, NY: Cornell University Press.

Rand, D. G. (2016). Cooperation, fast and slow: Meta-analytic evidence for a theory of social heuristics and self-interested deliberation. *Psychological Science* 27 (9), 1192~1206쪽.

Rand, D. G., Dreber, A., Haque, O. S., Kane, R. J., Nowak, M.A., and Coakley, S. (2014). Religious motivations for cooperation: An experimental investigation using explicit primes. *Religion, Brain & Behavior* 4 (1), 31~48쪽.

Rand, D. G., Peysakhovich, A., Kraft-Todd, G. T., Newman, G. E., Wurzbacher, O., Nowak, M. A., and Greene, J. D. (2014). Social heuristics shape intuitive cooperation. *Nature Communications* 5, 3677.

Rao, L.-L., Han, R., Ren, X.-P., Bai, X.-W., Zheng, R., Liu, H.,···Li, S. (2011). Disadvantage and prosocial behavior: The effects of the Wenchuan earthquake. *Evolution and Human Behavior* 32 (1), 63~69쪽.

Rauh, N. K. (1993). *The Sacred Bonds of Commerce: Religion, Economy, and Trade Society at Hellenistic Roman Delos, 166-87 B.C.* Leiden: Brill.

Redmond, E. M., and Spencer, C. S. (2012). Chiefdoms at the threshold: The competitive origins of the primary state. *Journal of Anthropological Archaeology* 31 (1), 22~37쪽.

Reich, D. (2018). *Who We Are and How We Got Here: Ancient DNA and the New Science of the Human Past.* New York: Oxford University Press [(한국어판) 데이비드 라이크 지음, 김명주 옮김, 《믹스처》, 동녘사이언스, 2020].

Rendell, L., Fogarty, L., Hoppitt, W. J. E., Morgan, T. J. H., Webster, M. M., and Laland, K. N. (2011). Cognitive culture: Theoretical and empirical insights into social learning strategies. *Trends in Cognitive Sciences* 15 (2), 68~76쪽.

Rentfrow, P. J., Gosling, S. D., Potter, J., Rentfrow, P. J., Gosling, S. D., and Potter, J. (2017). A theory of the emergence, persistence, and expression of geographic variation in psychological characteristics. *Perspectives on Psychological Science* 3 (5), 339~69쪽.

Reyes-García, V., Godoy, R., Huanca, T., Leonard, W., McDade, T., Tanner, S., and Vadez, V. (2007). The origins of monetary income inequality: Patience, human capital, and division of labor. *Evolution and Human Behavior* 28 (1), 37~47쪽.

Reynolds, B. (2006). A review of delay-discounting research with humans: Relations to drug use and gambling. *Behavioural Pharmacology* 17 (8), 651~67쪽.

Richardson, G. (2004). Guilds, laws, and markets for manufactured merchandise in late-medieval England. *Explorations in Economic History* 41 (1), 1~25쪽.

Richardson, G. (2005). Craft guilds and Christianity in late-medieval England: A rational-choice analysis. *Rationality and Society* 17 (2), 139~89쪽.

Richardson, G., and McBride, M. (2009). Religion, longevity, and cooperation: The case of the craft guild. *Journal of Economic Behavior and Organization* 71 (2), 172~86쪽.

Richerson, P. J., Baldini, R., Bell, A., Demps, K., Frost, K., Hillis, V.,···Zefferman, M. R. (2016). Cultural group selection plays an essential role in explaining human cooperation: A sketch of the evidence. *Behavioral and Brain Sciences* 39, 1~68쪽.

Richerson, P. J., and Boyd, R. (2005). *Not by Genes Alone: How Culture Transformed Human Evolution.* Chicago: University of Chicago Press [(한국어판) 로버트 보이드 · 피터 J. 리처슨 지음, 김준홍 옮김, 《유전자만이 아니다》, 이음, 2009].

Richerson, P. J., Boyd, R., and Bettinger, R. L. (2001). Was agriculture impossible during the Pleistocene but mandatory during the Holocene? A climate change hypothesis. *American Antiquity* 66 (3), 387~411쪽.

Rigoni, D., Kuhn, S., Gaudino, G., Sartori, G., and Brass, M. (2012). Reducing self-control by weakening belief in free will. *Consciousness and Cognition* 21 (3), 1482~90쪽.

Rindermann, H., and Thompson, J. (2011). Cognitive capitalism: The effect of cognitive ability on wealth, as mediated through scientific achievement and economic freedom. *Psychological Science* 22 (6),

754~63쪽.

Ritter, M. L. (1980). The conditions favoring age-set organization. *Journal of Anthropological Research* 36 (1), 87~104쪽.

Rives, J. B. (2006). *Religion in the Roman Empire*. Hoboken, NJ: Wiley-Blackwell.

Robbins, E., Shepard, J., and Rochat, P. (2017). Variations in judgments of intentional action and moral evaluation across eight cultures. *Cognition* 164, 22~30쪽.

Robinson, J. A., and Acemoglu, D. (2011). Why nations fail: The origins of power, prosperity and poverty. PowerPoint presentation. Morishima Lecture, London School of Economics, June 6. www.lse.ac.uk/assets/richmedia/channels/publicLecturesAndEvents/slides/20110608_1830_whyNationsFail_sl.pdf.

Rockmore, D. N., Fang, C., Foti, N. J., Ginsburg, T., and Krakauer, D. C. (2017). The cultural evolution of national constitutions. *Journal of the Association for Information Science and Technology* 69 (3), 483~94쪽.

Rolt, L. T. C., and Allen, J. S. (1977). *The Steam Engine of Thomas Newcomen*. New York: Science History.

Roscoe, P. B. (1989). The pig and the long yam: The expansion of a Sepik cultural complex. *Ethnology* 28 (3), 219~31쪽.

Ross, L., and Nisbett, R. E. (1991). *The Person and the Situation: Perspectives of Social Psychology*. Philadelphia: Temple University Press [(한국어판) 리처드 니스벳 · 리 로스 지음, 김호 옮김, 《사람일까 상황일까》, 심심, 2019].

Ross, M. C. (1985). Concubinage in Anglo-Saxon England. *Past and Present* 108, 3~34쪽.

Rowe, W. T. (2002). Stability and social change. In J. K. Fairbank and D. Twitchett (eds.), *The Cambridge History of China* (Vol. 9, 473~562쪽). Cambridge: Cambridge University Press.

Roy, T. (2013). Appenticeship and Industrialization in India, 1600-1930. In M. Prak and J. L. van Zanden (eds.), *Technology, Skills and the Pre-Modern Economy in the East and the West* (69~92쪽). Leiden: Brill.

Ruan, J., Xie, Z., and Zhang, X. (2015). Does rice farming shape individualism and innovation? *Food Policy* 56, 51~58쪽.

Rubin, J. (2014). Printing and Protestants: An empirical test of the role of printing in the Reformation. *Review of Economics and Statistics* 96 (2), 270~86쪽.

Rubin, J. (2017). *Rulers, Religion, and Riches: Why the West Got Rich and the Middle East Did Not*. Cambridge: Cambridge University Press.

Rustagi, D., Engel, S., and Kosfeld, M. (2010a). Conditional cooperation and costly monitoring explain success in forest commons management. *Science* 330 (6006), 961~65쪽.

Rustagi, D., and Veronesi, M. (2017). Waiting for Napoleon? Democracy and norms of reciprocity across social groups. Working paper, www.brown.edu/academics/economics/sites/br.

Sääksvuori, L., Mappes, T., and Puurtinen, M. (2011). Costly punishment prevails in intergroup conflict. *Proceedings of the Royal Society B: Biological Sciences* 278 (1723), 3428~36쪽.

Saccomandi, G., and Ogden, R. W. (2014). *Mechanics and Thermomechanics of Rubberlike Solids.* Vienna: Springer.

Sahlins, M. (1998). The original affluent society. In J. Gowdy (ed.), *Limited Wants, Unlimited Means: A Reader on Hunter-Gatherer Economics and the Environment* (5~41쪽). Washington, DC: Island Press/The Center for Resource Economics.

Sahlins, M. D. (1961). The segmentary lineage: An organization of predatory expansion. *American Anthropologist* 63 (2), 322~45쪽.

Sahlins, M. D. (1963). Poor man, rich man, big-man, chief: Political types in Melanesia and Polynesia. *Comparative Studies in Society and History* 5 (3), 285~303쪽.

Salali, G. D., Chaudhary, N., Thompson, J., Grace, O. M., van der Burgt, X. M., Dyble, M.,⋯Migliano, A. B. (2016). Knowledge-sharing networks in hunter-gatherers and the evolution of cumulative culture. *Current Biology* 26 (18), 2516~21쪽.

Salali, G. D., and Migliano, A. B. (2015). Future discounting in Congo Basin hunter-gatherers declines with socio-economic transitions. *PLoS One* 10 (9), 1~10쪽.

Salvador, A. (2005). Coping with competitive situations in humans. *Neuroscience and Biobehavioral Reviews* 29, 195~205쪽.

Salvador, A., and Costa, R. (2009). Coping with competition: Neuroendocrine responses and cognitive variables. *Neuroscience and Biobehavioral Reviews* 33 (2), 160~70쪽.

Sampson, R. J., and Laub, J. H. (1993). *Crime in the Making: Pathways and Turning Points Through Life.* Cambridge, MA: Harvard University Press.

Sampson, R., Laub, J., and Wimer, C. (2006). Does marriage reduce crime? A counterfactual approach to within-individual causal effects. *Criminology* 44 (3), 465~509쪽.

Sanchez-Burks, J. (2002). Protestant relational ideology and (in)attention to relational cues in work settings. *Journal of Personality and Social Psychology* 83 (4), 919~29쪽.

Sanchez-Burks, J. (2005). Protestant relational ideology: The cognitive underpinnings and organizational implications of an American anomaly. *Research in Organizational Behavior* 26, 265~305쪽.

Sanders, M. A., Shirk, S. D., Burgin, C. J., and Martin, L. L. (2012). The gargle effect: Rinsing the mouth with glucose enhances self-control. *Psychological Science* 23 (12), 1470~72쪽.

Sasson, D., and Greif, A. (2011). Risk, institutions and growth: Why England and not China? *IZA Discussion Papers* 5598, 1~51쪽.

Sato, K., Yuki, M., Takemura, K., Schug, J., and Oishi, S. (2008). The "openness" of a society determines the relationship between self-esteem and subjective well-being (1): A cross-societal comparison. *International Journal of Psychology* 43 (3-4), 652쪽.

Schaller, M., Conway, L. G. I., and Tanchuk, T. L. (2002). Selective pressures on the once and future contents of ethnic stereotypes: Effects of the communicability of traits. *Journal of Personality and Social Psychology* 82 (6), 861~77쪽.

Schaller, M., and Murray, D. R. (2008). Pathogens, personality, and culture: Disease prevalence predicts worldwide variability in sociosexuality, extraversion, and openness to experience. *Journal of Personality and Social Psychology* 95 (1), 212~21쪽.

Schaltegger, C. A., and Torgler, B. (2010). Work ethic, Protestantism, and human capital. *Economics Letters* 107 (2), 99~101쪽.

Schapera, I. (1930). *The Khoisan Peoples of South Africa*. London: Routledge.

Scheff, T. J. (1988). Shame and conformity: The deference-emotion system. *American Sociological Review* 53 (3), 395~406쪽.

Scheidel, W. (2008). Monogamy and polygyny in Greece, Rome and world history. Working paper, ssrn.com/abstract=1214729.

Scheidel, W. (2009a). A peculiar institution? Greco-Roman monogamy in global context. *History of the Family* 14 (3), 280~91쪽.

Scheidel, W. (2009b). Sex and empire: A Darwinian perspective. In I. Morris and W. Scheidel (eds.), *The Dynamics of Ancient Empires: State Power from Assyria to Byzantium* (255~324쪽). New York: Oxford University Press.

Scheidel, W. (2019). *Escape from Rome: The Failure of Empire and the Road to Prosperity*. Princeton, NJ: Princeton University Press.

Scheve, K., and Stasavage, D. (2010). The conscription of wealth: Mass warfare and the demand for progressive taxation. *International Organization* 64 (4), 529~61쪽.

Schmitt, D. P., Allik, J., McCrae, R. R., and Benet-Martinez, V. (2007). The geographic distribution of big five personality traits: Patterns and profiles of human self-description across 56 nations. *Journal of Cross-Cultural Psychology* 38 (2), 173~212쪽.

Schneider, D. M., and Homans, G. C. (1955). Kinship terminology and the American kinship system. American Anthropologist 57 (6), 1194~1208쪽.

Schulz, J. (2019). Kin networks and institutional development. Working paper, ssrn.com/sol3/papers.cfm?abstract_id=2877828.

Schulz, J. F., Barahmi-Rad, D., Beauchamp, J., and Henrich, J. (2018). The origins of WEIRD psychology. June 22. https://psyarxiv.com/d6qhu/.

Schulz, J. F., Bahrami-Rad, D., Beauchamp, J. P., and Henrich, J. (2019). Global psychological variation, intensive kinship and the Church. *Science* 366 (707), 1~12쪽.

Schwartz, S. H., and Bilsky, W. (1990). Toward a theory of the universal content and structure of values: Extensions and cross-cultural replications. *Journal of Personality and Social Psychology* 58 (5),

878~91쪽.

Scoville, W. C. (1953). The Huguenots in the French economy, 1650-1750. *Quarterly Journal of Economics* 67 (3), 423~44쪽.

Seife, C. (2000). *Zero: The Biography of a Dangerous Idea*. London: Souvenir Press [(한국어판) 찰스 세이프 지음, 고중숙 옮김, 《무의 수학 무한의 수학》, 시스테마, 2011].

Sellen, D. W., Borgerhoff Mulder, M., and Sieff, D. F. (2000). Fertility, offspring quality, and wealth in Datoga pastoralists. In L. Cronk, N. Chagnon, and W. Irons (eds.), *Adaptation and Human Behavior: An Anthropological Perspective* (91~114쪽). New York: Aldine de Gruyter.

Sequeira, S., Nunn, N., and Qian, N. (2020). Immigrants and the making of America. *Review of Economic Studies*, 87 (1), 382~419쪽.

Serafinelli, M., and Tabellini, G. (2017). Creativity over time and space. Working paper, ssrn.com/abstract=3070203.

Shariff, A. F., Greene, J. D., Karremans, J. C., Luguri, J. B., Clark, C. J., Schooler, J. W., Baumeister, R. F., Vohs, K. D. (2014). Free will and punishment: A mechanistic view of human nature reduces retribution. *Psychological Science* 25 (8), 1563~70쪽.

Shariff, A. F., and Norenzayan, A. (2007). God is watching you: Priming God concepts increases prosocial behavior in an anonymous economic game. *Psychological Science* 18 (9), 803~809쪽.

Shariff, A. F., and Norenzayan, A. (2011). Mean gods make good people: Different views of God predict cheating behavior. *International Journal for the Psychology of Religion* 21 (2), 85~96쪽.

Shariff, A. F., and Rhemtulla, M. (2012). Divergent effects of beliefs in heaven and hell on national crime rates. *PLoS One* 7 (6), e39048.

Shariff, A. F., Willard, A. K., Andersen, T., and Norenzayan, A. (2016). Religious priming: A meta-analysis with a focus on prosociality. *Personality and Social Psychology Review* 20 (1), 27~48쪽.

Shaw, B. D., and Saller, R. P. (1984). Close-kin marriage in Roman society? *Man* 19 (3), 432~44쪽.

Shenk, M. K., Towner, M. C., Voss, E. A., and Alam, N. (2016). Consanguineous marriage, kinship ecology, and market transition. *Current Anthropology* 57 (13), S167~S180쪽.

Shenkar, O. (2010). *Copycats: How Smart Companies Use Imitation to Gain a Strategic Edge*. Cambridge, MA: Harvard Business Press [(한국어판) 오데드 센카 지음, 이진원 옮김, 《카피캣》, 청림출판, 2011].

Shepherd, W. R. (1926). The Carolingian and Byzantine Empires and the Califate About 814 [map]. In W. R. Shepherd (ed.), *Historical Atlas* (54~55쪽). New York: Henry Holt.

Shleifer, A. (2004). Does competition destroy ethical behavior? *American Economic Review* 94 (2), 414~18쪽.

Shrivastava, S. (ed.). (2004). *Medical Device Materials: Proceedings from the Materials and Processes for Medical Devices Conference* (Sept. 8-10, 2003). Materials Park, OH: ASM International.

Shutts, K., Banaji, M. R., and Spelke, E. S. (2010). Social categories guide young children's preferences for novel objects. *Developmental Science* 13 (4), 599~610쪽.

Shutts, K., Kinzler, K. D., and DeJesus, J. M. (2013). Understanding infants' and children's social learning about foods: Previous research and new prospects. *Developmental Psychology* 49 (3), 419~25쪽.

Shutts, K., Kinzler, K. D., Mckee, C. B., and Spelke, E. S. (2009). Social information guides infants' selection of foods. *Journal of Cognition and Development* 10 (1-2), 1~17쪽.

Sibley, C. G., and Bulbulia, J. (2012). Faith after an earthquake: A longitudinal study of religion and perceived health before and after the 2011 Christchurch New Zealand earthquake. *PLoS One* 7 (12), e49648.

Sikora, M., Seguin-Orlando, A., Sousa, V. C., Albrechtsen, A., Ko, A., Rasmussen, S,⋯Willerslev, E. (2017). Ancient genomes show social and reproductive behavior of early Upper Paleolithic foragers. *Science* 358 (6363), 659~62쪽.

Silk, J. B. (1987). Adoption among the Inuit. *Ethos* 15 (3), 320~30쪽.

Silver, M. (1995). *Economic Structures of Antiquity*. London: Westport Press.

Silverman, P., and Maxwell, R. J. (1978). How do I respect thee? Let me count the ways: Deference towards elderly men and women. *Behavior Science Research* 13 (2), 91~108쪽.

Simon, J. L., and Sullivan, R. J. (1989). Population size, knowledge stock, and other determinants of agricultural publication and patenting: England, 1541-1850. *Explorations in Economic History* 26 (1), 21~44쪽.

Singh, M., and Henrich, J. (2019). Self-denial by shamans promotes perceptions of religious credibility. Preprint. https://doi.org/10.31234/osf.io/kvtqp.

Singh, M., Kaptchuck, T., and Henrich, J. (2019). Small gods, rituals, and cooperation: The Mentawai crocodile spirit *Sikaoinan*. Preprint. https://doi.org/10.31235/osf.io/npkdy.

Siziba, S., and Bulte, E., (2012). Does market participation promote generalized trust? Experimental evidence from Southern Africa. *Economic Letters* 117 (1), 156~60쪽.

Slingerland, E. (2008). *What Science Offers the Humanities: Integrating Body and Culture*. Cambridge: Cambridge University Press [(한국어판) 에드워드 슬링거랜드 지음, 김동환·최영호 옮김, 《과학과 인문학》, 지호, 2015].

Slingerland, E. (2014). *Trying Not to Try: The Art and Science of Spontaneity*. New York: Crown [(한국어판) 에드워드 슬링거랜드 지음, 김동환 옮김, 《애쓰지 않기 위해 노력하기》, 고반, 2018].

Slingerland, E., and Chudek, M. (2011). The prevalence of mind-body dualism in early China. *Cognitive Science* 35 (5), 997~1007쪽.

Slingerland, E., Monroe, M. W., Sullivan, B., Walsh, R. F., Veidlinger, D., Noseworthy, W.,⋯Spicer, R. Historians respond to Whitehouse et al. (2019), "Complex societies precede moralizing gods throughout world history." *Journal of Cognitive Historiography*. Forthcoming.

Slingerland, E., Nichols, R., Nielbo, K., and Logan, C. (2018). The distant reading of religious texts: A "big data" approach to mind-body concepts in early China. *Journal of the American Academy of Religion* 85 (4), 985~1016쪽.

Smaldino, P., Lukaszewski, A., von Rueden, C., and Gurven, M. (2019). Niche diversity can explain cross-cultural differences in personality structure. *Nature Human Behaviour*, 3, 1276~83쪽.

Smaldino, P. E., Schank, J. C., and McElreath, R. (2013). Increased costs of cooperation help cooperators in the long run. *American Naturalist* 181 (4), 451~63쪽.

Smith, A. (1997). Lecture on the influence of commerce on manners. In D. B. Klein (ed.), *Reputation: Studies in the Voluntary Elicitation of Good Conduct* (17~20쪽). Ann Arbor: University of Michigan Press.

Smith, C. E. (1972). *Papal Enforcement of Some Medieval Marriage Laws*. Port Washington, NY: Kennikat Press.

Smith, D. N. (2015). Profit maxims: Capitalism and the common sense of time and money. *Current Perspectives in Social Theory* 33, 29~74쪽.

Smith, K., Larroucau, T., Mabulla, I. A., and Apicella, C. L. (2018). Hunter-gatherers maintain assortativity in cooperation despite high-levels of residential change and mixing. *Current Biology* 28 (19), P3152~P3157.E4쪽.

Smith, V. A. (1917). *Akbar, the Great Mogul, 1542-1605*. Oxford: Clarendon Press.

Smith, W., and Cheetham, S. (1880). *A Dictionary of Christian Antiquities*. London: John Murray.

Smith-Greenaway, E. (2013). Maternal reading skills and child mortality in Nigeria: A reassessment of why education matters. *Demography* 50 (5), 1551~61쪽.

Smyth, R. B. (1878). *The Aborigines of Victoria*. Melbourne: J. Ferres.

Sneader, W. (2005). *Drug Discovery: A History*. Chichester, UK: Wiley.

Snell, W. W. (1964). *Kinship Relations in Machiguenga*. Dallas, TX: SIL International.

Soler, H., Vinayak, P., and Quadagno, D. (2000). Biosocial aspects of domestic violence. *Psychoneuroendocrinology* 25 (7), 721~39쪽.

Soltis, J., Boyd, R., and Richerson, P. (1995). Can group-functional behaviors evolve by cultural group selection? *Current Anthropology* 36 (13), 473~94쪽.

Sosis, R., and Handwerker, W. P. (2011). Psalms and coping with uncertainty: Religious Israeli women's responses to the 2006 Lebanon War. *American Anthropologist* 113 (1), 40~55쪽.

Sowell, T. (1998). *Conquests and Cultures: An International History*. New York: Basic Books.

Speake, G. (ed.). (1987). Monks and missions. In *Atlas of the Christian Church* (44~45쪽). New York: Facts on File.

Spencer, C. S. (2010). Territorial expansion and primary state formation. *Proceedings of the National Academy of Sciences* 107 (16), 7119~26쪽.

Spencer, C. S., and Redmond, E. M. (2001). Multilevel selection and political evolution in the Valley of Oaxaca, 500-100 B.C. *Journal of Anthropological Archaeology* 20 (2), 195~229쪽.

Spenkuch, J. L. (2017). Religion and work: Micro evidence from contemporary Germany. *Journal of Economic Behavior and Organization* 135, 193~214쪽.

Sperber, D. (1996). *Explaining Culture: A Naturalistic Approach*. Oxford; Cambridge, MA: Blackwell.

Sperber, D., Clement, F., Heintz, C., Mascaro, O., Mercier, H., Origgi, G., and Wilson, D. (2010). Epistemic vigilance. *Mind and Language* 25 (4), 359~93쪽.

Squicciarini, M. P., and Voigtländer, N. (2015). Human capital and industrialization: Evidence from the age of the Enlightenment. *Quarterly Journal of Economics* 130 (4), 1825~83쪽.

Squires, M. (2017). Kinship taxation as a constraint to microenterprise growth: Experimental evidence from Kenya. Working paper. uvic.ca/socialsciences/economics/assets/docs/seminars/Squires%20Kinship%20 Taxation.pdf.

Srinivasan, M., Dunham, Y., Hicks, C. M., and Barner, D. (2016). Do attitudes toward societal structure predict beliefs about free will and achievement? Evidence from the Indian caste system. *Developmental Science* 19 (1), 109~125쪽.

Stanner, W. E. H. (1934). Ceremonial economics of the Mulluk Mulluk and Madngella Tribes of the Daly River, North Australia: A preliminary paper. *Oceania* 4 (4), 458~71쪽.

Stark, R., and Hirschi, T. (1969). Hellfire and delinquency. *Social Problems* 17 (2), 202~213쪽.

Starkweather, K. E., and Hames, R. (2012). A survey of non-classical polyandry. *Human Nature* 23 (2), 149~72쪽.

Stasavage, D. (2011). *States of Credit: Size, Power, and the Development of European Polities*. Princeton, NJ: Princeton University Press.

Stasavage, D. (2014). Was Weber right? The role of urban autonomy in Europe's rise. *American Political Science Review* 108 (2), 337~54쪽.

Stasavage, D. (2016). Representation and consent: Why they arose in Europe and not elsewhere. *Annual Review of Political Science* 19 (1), 145~62쪽.

Stephens-Davidowitz, S. (2018). *Everybody Lies: Big Data, New Data, and What the Internet Can Tell Us About Who We Really Are*. New York: Dey Street Books [(한국어판) 세스 스티븐스 다비도위츠 지음, 이영래 옮김,《모두 거짓말을 한다》, 더퀘스트, 2018].

Stephenson, C. (1933). *Borough and Town: A Study of Urban Origins in England*. Monographs of the Mediaeval Academy of America. Cambridge, MA: Mediaeval Academy of America.

Stillman, T. F., and Baumeister, R. F. (2010). Guilty, free, and wise: Determinism and psychopathy diminish learning from negative emotions. *Journal of Experimental Social Psychology* 46 (6), 951~60쪽.

Storey, A. E., Walsh, C. J., Quiton, R. L., and Wynne-Edwards, K. (2000). Hormonal correlates of paternal responsiveness in new and expectant fathers. *Evolution and Human Behavior* 21 (2), 79~95쪽.

Strassmann, B. I., and Kurapati, N. T. (2016). What explains patrilineal cooperation? *Current Anthropology* 57 (Suppl. 13), S118~S130쪽.

Strassmann, B. I., Kurapati, N. T., Hug, B. F., Burke, E. E., Gillespie, B. W., Karafet, T. M., and Hammer, M. F. (2012). Religion as a means to assure paternity. *Proceedings of the National Academy of Sciences* 109 (25), 9781~85쪽.

Strathern, M. (1992). *After Nature: English Kinship in the Late Twentieth Century*. Lewis Henry Morgan Lectures. Cambridge: Cambridge University Press.

Stringham, E. (2015). On the origins of stock markets. In C. J. Coyne and P. J. Boettke (eds.), *The Oxford Handbook of Austrian Economics* (1~20쪽). New York: Oxford University Press.

Strömbäck, C., Lind, T., Skagerlund, K., Västfjäll, D., and Tinghög, G. (2017). Does self-control predict financial behavior and financial well-being? *Journal of Behavioral and Experimental Finance* 14, 30~38쪽.

Stuchlik, M. (1976). *Life on a Half Share: Mechanisms of Social Recruitment Among the Mapuche of Southern Chile*. London: C. Hurst.

Sturtevant, W. C. (1978). *Handbook of North American Indians: Arctic*. Washington, DC: Smithsonian Institution.

Su, J. C., and Oishi, S. (2010). Culture and self-enhancement. A social relation analysis. Unpublished manuscript.

Suh, E. M. (2002). Culture, identity consistency, and subjective well-being. *Journal of Personality and Social Psychology* 83 (6), 1378~91쪽.

Swann, W. B., and Buhrmester, M. D. (2015). Identity fusion. *Current Directions in Psychological Science* 24 (1), 52~57쪽.

Swann, W. B., Jetten, J., Gómez, A., Whitehouse, H., and Bastian, B. (2012). When group membership gets personal: A theory of identity fusion. *Psychological Review* 119 (3), 441~56쪽.

Sznycer, D., Tooby, J., Cosmides, L., Porat, R., Shalvi, S., and Halperin, E. (2016). Shame closely tracks the threat of devaluation by others, even across cultures. *Proceedings of the National Academy of Sciences* 113 (10), 201514699.

Sznycer, D., Xygalatas, D., Agey, E., Alami, S., An, X.-F., Ananyeva, K. I.,···Tooby, J. (2018). Cross-cultural invariances in the architecture of shame. *Proceedings of the National Academy of Sciences* 115 (39), 201805016.

Szwed, M., Vinckier, F., Cohen, L., and Dehaene, S. (2012). Towards a universal neurobiological architecture for learning to read. *Behavioral and Brain Sciences* 35 (5), 308~309쪽.

Tabellini, G. (2010). Culture and institutions: Economic development in the regions of Europe. *Journal of the European Economic Association* 8 (4), 677~716쪽.

Takahashi, T. (2005). Loss of self-control in intertemporal choice may be attributable to logarithmic time-perception. *Medical Hypotheses* 65 (4), 691~93쪽.

Takahashi, T., Hadzibeganovic, T., Cannas, S. A., Makino, T., Fukui, H., and Kitayama, S. (2009). Cultural neuroeconomics of intertemporal choice. *Neuroendocrinology Letters* 30 (2), 185~91쪽.

Talhelm, T. (2015). The rice theory of culture. Dissertation, Department of Psychology, University of Virginia.

Talhelm, T., Graham, J., and Haidt, J. The budding collectivism revolution. Working paper.

Talhelm, T., Zhang, X., Oishi, S., Shimin, C., Duan, D., Lan, X., and Kitayama, S. (2014). Large-scale psychological differences within China explained by rice versus wheat agriculture. *Science* 344 (6184), 603~608쪽.

Tarr, B., Launay, J., Cohen, E., and Dunbar, R. (2015). Synchrony and exertion during dance independently raise pain threshold and encourage social bonding. *Biology Letters* 11 (10), 1~4쪽.

Tarr, B., Launay, J., and Dunbar, R. I. M. (2014). Music and social bonding: "Self-other" merging and neurohormonal mechanisms. *Frontiers in Psychology* 5, 1096.

Tarr, B., Launay, J., and Dunbar, R. I. M. (2016). Silent disco: Dancing in synchrony leads to elevated pain thresholds and social closeness. *Evolution and Human Behavior* 37 (5), 343~49쪽.

Taylor, J. (2003). Risk-taking behavior in mutual fund tournaments. *Journal of Economic Behavior and Organization* 50 (3), 373~83쪽.

Tenney, E. R., Small, J. E., Kondrad, R. L., Jaswal, V. K., and Spellman, B. A. (2011). Accuracy, confidence, and calibration: How young children and adults assess credibility. *Developmental Psychology* 47 (4), 1065~1077쪽.

Terashima, H., and Hewlett, B. S. (2016). *Social Learning and Innovation in Contemporary Hunter-Gatherers: Evolutionary and Ethnographic Perspectives.* Replacement of Neanderthals by Modern Humans Series. Tokyo: Springer.

Thompson, E. P. (1967). Time, work-discipline, and industrial capitalism. *Past and Present* 38 (1), 56~97쪽.

Thomson, R., Yuki, M., Talhelm, T., Schug, J., Kito, M., Ayanian, A. H.,⋯Visserman, M. L. (2018). Relational mobility predicts social behaviors in 39 countries and is tied to historical farming and threat. *Proceedings of the National Academy of Sciences* 115 (29), 7521~26쪽.

Thoni, C. (2017). Trust and cooperation: Survey evidence and behavioral experiments. In P. Van Lange, B. Rockenbach, and M. Yamagishi (eds.), *Trust in Social Dilemmas* (155~72쪽). New York: Oxford University Press.

Tierney, B. (1997). *The Idea of Natural Rights.* Atlanta: Scholars Press for Emory University.

Tilly, C. (1993). *Coercion, Capital and European States, AD 990-1992.* Hoboken, NJ: Wiley [(한국어판) 찰스 틸리 지음, 지봉근 옮김, 《유럽 국민국가의 계보》, 그린비, 2018].

Tocqueville, A. de (1835; 1969). *Democracy in America.* Garden City, NY: Doubleday [한국어판 다수].

Todd, E. (1985). *Explanation of Ideology: Family Structure and Social System*. Hoboken, NJ: Blackwell.

Tönnies, F. (2011). *Community and Society*. New York: Dover [(한국어판) 페르디난트 퇴니스 지음, 곽노완·황기우 옮김, 《공동사회와 이익사회》, 라움, 2017].

Toren, C. (1990). *Making Sense of Hierarchy*. London: Athlone Press.

Torgler, B., and Schaltegger, C. (2014). Suicide and religion: New evidence on the differences between Protestantism and Catholicism. *Journal for the Scientific Study of Religion* 53 (2), 316~40쪽.

Toubert, P. (1996). The Carolingian moment. In A. Burguiere, C. Klapisch-Zuber, M. Segalen, and F. Zonabend (eds.), *A History of the Family* (379~406쪽). Cambridge, MA: Belknap Press of Harvard University Press [(한국어판) 클로드 레비-스트로스·앙드레 뷔르기에르·크리스티안느 클라피슈-주버·마르틴느 스갈랑 엮음, 정철웅 옮김, 《가족의 역사 1》, 이학사, 2001].

Tracer, D. P. (2003). Selfishness and fairness in economic and evolutionary perspective: An experimental economic study in Papua New Guinea. *Current Anthropology* 44 (3), 432~38쪽.

Tracer, D. P. (2004). Market integration, reciprocity, and fairness in rural Papua New Guinea: Results from two-village Ultimatum Game experiments. In J. Henrich, R. Boyd, S. Bowles, C. Camerer, E. Fehr, and H. Gintis (eds.), *Foundations of Human Sociality: Economic Experiments and Ethnographic Evidence from Fifteen Small-Scale Societies* (232~59쪽). New York: Oxford University Press.

Tracer, D. P., Mueller, I., and Morse, J. (2014). Cruel to be kind: Effects of sanctions and third-party enforcers on generosity in Papua New Guinea. In J. Ensminger and J. Henrich (eds.), *Experimenting with Social Norms: Fairness and Punishment in Cross-Cultural Perspective* (177~96쪽). New York: Russell Sage Foundation.

Tracy, J. L., and Matsumoto, D. (2008). The spontaneous expression of pride and shame: Evidence for biologically innate nonverbal displays. *Proceedings of the National Academy of Sciences* 105 (33), 11655~60쪽.

Triandis, H. C. (1989). The self and social-behavior in differing cultural contexts. *Psychological Review* 96 (3), 506~520쪽.

Triandis, H. C. (1994). *Culture and Social Behavior*. New York: McGraw-Hill.

Triandis, H. C. (1995). *Individualism and Collectivism. New Directions in Social Psychology*. Boulder, CO: Westview Press.

Trompenaars, A., and Hampden-Turner, C. (1998). *Riding the Waves of Culture: Understanding Cultural Diversity in Global Business*. New York: McGraw-Hill [(한국어판) 폰스 트롬페나스·찰스 햄든터너 지음, 포스코경영연구소·박래효·김주영 옮김, 《글로벌 문화경영》, 가산출판사, 2014].

Tu, Q., and Bulte, E. (2010). Trust, market participation and economic outcomes: Evidence from rural China. *World Development* 38 (8), 1179~90쪽.

Tu, Q., Bulte, E., and Tan, S. (2011). Religiosity and economic performance: Micro-econometric evidence from Tibetan area. *China Economic Review* 22 (1), 55~63쪽.

Tucker, B. (2012). Do risk and time experimental choices represent individual strategies for coping with poverty or conformity to social norms? *Current Anthropology* 53 (2), 149~80쪽.

Turchin, P. (2005). *War and Peace and War: The Life Cycles of Imperial Nations.* New York: Pi Press/Pearson [(한국어판) 피터 터친 지음, 윤길순 엮음, 《제국의 탄생》, 웅진지식하우스, 2011].

Turchin, P. (2010). Warfare and the evolution of social complexity: A multilevel-selection approach. *Structure and Dynamics* 4 (3), 1~37쪽.

Turchin, P. (2015). *Ultrasociety: How 10,000 Years of War Made Humans the Greatest Cooperators on Earth.* Chaplin, CT: Beresta Books [(한국어판) 피터 터친 지음, 이경남 옮김, 《초협력사회》, 생각의힘, 2018].

Turchin, P., Currie, T. E., Turner, E. A. L., and Gavrilets, S. (2013). War, space, and the evolution of Old World complex societies. *Proceedings of the National Academy of Sciences* 110 (41), 16384~89쪽.

Turchin, P., Currie, T. E., Whitehouse, H., Francois, P., Feeney, K., Mullins, D.,···Spencer, C. (2017). Quantitative historical analyses uncover a single dimension of complexity that structures global variation in human social organization. *Proceedings of the National Academy of Sciences* 115 (2), e144~e151쪽.

Turner, G. (1859). *Nineteen Years in Polynesia: Missionary Life, Travels, and Researches in the Islands of the Pacific.* London: John Snow, Pasternoster Row.

Tuzin, D. (1976). *The Ilahita Arapesh: Dimensions of Unity.* Berkeley: University of California Press.

Tuzin, D. (2001). *Social Complexity in the Making: A Case Study Among the Arapesh of New Guinea.* London: Routledge.

Ubl, K. (2008). *Inzestverbot und Gesetzgebung. Die Konstruktion eines Verbrechens, 300-1100.* Berlin: Walter de Gruyter.

Uhlmann, E. L., Poehlman, T. A., Tannenbaum, D., and Bargh, J. A. (2010). Implicit Puritanism in American moral cognition. *Journal of Experimental Social Psychology* 47 (2), 312~20쪽.

Uhlmann, E. L., and Sanchez-Burks, J. (2014). The implicit legacy of American Protestantism. *Journal of Cross-Cultural Psychology* 45 (6), 992~1006쪽.

Vaish, A., Carpenter, M., and Tomasello, M. (2011). Young children's responses to guilt displays. *Developmental Psychology* 47 (5), 1248~62쪽.

van Baaren, R., Janssen, L., Chartrand, T. L., and Dijksterhuis, A. (2009). Where is the love? The social aspects of mimicry. *Philosophical Transactions of the Royal Society B: Biological Sciences* 364 (1528), 2381~89쪽.

van Berkhout, E. T., and Malouff, J. M. (2016). The efficacy of empathy training: A meta-analysis of randomized controlled trials. *Journal of Counseling Psychology* 63 (1), 32~41쪽.

Van Cleve, J., and Akçay, E. (2014). Pathways to social evolution: Reciprocity, relatedness, and synergy. *Evolution* 68 (8), 2245~58쪽.

van Honk, J., Peper, J. S., and Schutter, D. J. L. G. (2005). Testosterone reduces unconscious fear but not consciously experienced anxiety: Implications for the disorders of fear and anxiety. *Biological Psychiatry* 58 (3), 218~25쪽.

van Honk, J., Schutter, D. J. L. G., Hermans, E. J., Putman, P., Tuiten, A., and Koppeschaar, H. (2004). Testosterone shifts the balance between sensitivity for punishment and reward in healthy young women. *Psychoneuroendocrinology* 29 (7), 937~43쪽.

van Honk, J., Terburg, D., and Bos, P. A. (2011). Further notes on testosterone as a social hormone. *Trends in Cognitive Sciences* 15 (7), 291~92쪽.

van Honk, J., Tuiten, A., Hermans, E., Putman, P., Koppeschaar, H., Thijssen, J., Verbaten, R., and van Doornen, L. (2001). A single administration of testosterone induces cardiac accelerative responses to angry faces in healthy young women. *Behavioral Neuroscience* 115 (1), 238~42쪽.

Van Hoorn, A., and Maseland, R. (2013). Does a Protestant work ethic exist? Evidence from the well-being effect of unemployment. *Journal of Economic Behavior and Organization* 91, 1~12쪽.

van Schaik, C. P., Ancrenaz, M., Borgen, G., Galdikas, B., Knott, C. D., Singleton, I., Suzuki, A., Utami, S. S., and Merrill, M. (2003). Orangutan cultures and the evolution of material culture. *Science* 299 (5603), 102~105쪽.

Van Zanden, J. L. (2009a). *The Long Road to the Industrial Revolution: The European Economy in a Global Perspective, 1000-1800*, Vol. 1. Leiden: Brill.

Van Zanden, J. L. (2009b). The skill premium and the "great divergence." *European Review of Economic History* 13 (1), 121~53쪽.

Van Zanden, J. L., Buringh, E., and Bosker, M. (2012). The rise and decline of European parliaments, 1188-1789. *Economic History Review* 65 (3), 835~61쪽.

Van Zanden, J. L., and De Moor, T. (2010). Girl power: The European marriage pattern and labour markets in the North Sea region in the late medieval and early modern period. *Economic History Review* 63 (1), 1~33쪽.

Vansina, J. (1990). *Paths in the Rainforests: Towards a History of Political Tradition in Equatorial Africa*. Madison: University of Wisconsin Press.

Vardy, T., and Atkinson, Q. D. (2019). Property damage and exposure to other people in distress differentially predict prosocial behavior after a natural disaster. *Psychological Science* 30 (4), 563~75쪽.

Varnum, M. E. W., Grossmann, I., Katunar, D., Nisbett, R. E., and Kitayama, S. (2008). Holism in a European context: Differences in cognitive style between central and east Europeans and Westerners. *Journal of Cognition and Culture* 8 (3), 321~33쪽.

Varnum, M. E. W., Grossmann, I., Kitayama, S., and Nisbett, R. E. (2010). The origin of cultural differences in cognition: The social orientation hypothesis. *Current Directions in Psychological Science* 19 (1), 9~13쪽.

Ventura, P., Fernandes, T., Cohen, L., Morais, J., Kolinsky, R., and Dehaene, S. (2013). Literacy acquisition reduces the influence of automatic holistic processing of faces and houses. *Neuroscience Letters* 554, 105~109쪽.

Verger, J. (1991). Patterns. In H. de Ridder-Symoens (ed.), *A History of the University in Europe: Volume 1, Universities in the Middle Ages* (35~68쪽). Cambridge: Cambridge University Press.

Vohs, K. D. (2015). Money priming can change people's thoughts, feelings, motivations, and behaviors: An update on 10 years of experiments. *Journal of Experimental Psychology: General* 144 (4), 1~8쪽.

Vohs, K. D., Mead, N. L., and Goode, M. R. (2006). The psychological consequences of money. *Science* 314 (5802), 1154~56쪽.

Vohs, K. D., Mead, N. L., and Goode, M. R. (2008). Merely activating the concept of money changes personal and interpersonal behavior. *Current Directions in Psychological Science* 17 (3), 208~212쪽.

Vohs, K. D., and Schooler, J. W. (2008). The value of believing in free will: Encouraging a belief in determinism increases cheating. *Psychological Science* 19 (1), 49~54쪽.

Vollan, B., Landmann, A., Zhou, Y., Hu, B., and Herrmann-Pillath, C. (2017). Cooperation and authoritarian values: An experimental study in China. *European Economic Review* 93, 90~105쪽.

Voors, M. J., Nillesen, E. E. M., Verwimp, P., Bulte, E. H., Lensink, R., and Van Soest, D. P. (2012). Violent conflict and behavior: A field experiment in Burundi. *American Economic Review* 102 (2), 941~64쪽.

Voth, H. J. (1998). Time and work in eighteenth-century London. *Journal of Economic History* 58 (1), 29~58쪽.

Wade, N. (2009). *The Faith Instinct: How Religion Evolved and Why It Endures.* New York: Penguin Press [(한국어판) 니콜라스 웨이드 지음, 이용주 옮김, 《종교 유전자》, 아카넷, 2015].

Wade, N. J. (2014). *A Troublesome Inheritance: Genes, Race, and Human History.* New York: Penguin Press.

Walker, R. S. (2014). Amazonian horticulturalists live in larger, more related groups than hunter-gatherers. *Evolution and Human Behavior* 35 (5), 384~88쪽.

Walker, R. S., and Bailey, D. H. (2014). Marrying kin in small-scale societies. *American Journal of Human Biology* 26 (3), 384~88쪽.

Walker, R. S., Beckerman, S., Flinn, M. V., Gurven, M., von Rueden, C. R., Kramer, K. L.,⋯Hill, K. R. (2013). Living with kin in lowland horticultural societies. *Current Anthropology* 54 (1), 96~103쪽.

Walker, R. S., and Hill, K. R. (2014). Causes, consequences, and kin bias of human group fissions. *Human Nature* 25 (4), 465~75쪽.

Wallbott, H. G., and Scherer, K. R. (1995). Cultural determinants in experiencing shame and guilt. In J. P. Tangney and K. W. Fischer (eds.), *Self-Conscious Emotions: The Psychology of Shame, Guilt, Embarrassment, and Pride* (465~87쪽). New York: Guilford Press.

Wang, Y., Liu, H., and Sun, Z. (2017). Lamarck rises from his grave: Parental environment-induced epigenetic inheritance in model organisms and humans. *Biological Reviews of the Cambridge Philosophical*

Society 92 (4), 2084~2111쪽.

Wann, D. L. (2006). Understanding the positive social psychological benefits of sport team identification: The team identification-social psychological health model. *Group Dynamics* 10 (4), 272~96쪽.

Wann, D. L., and Polk, J. (2007). The positive relationship between sport team identification and belief in the trustworthiness of others. *North American Journal of Psychology* 9 (2), 251~56쪽.

Watson-Jones, R. E., and Legare, C. H. (2016). The social functions of group rituals. *Current Directions in Psychological Science* 25 (1), 42~46쪽.

Watters, E. (2010). *Crazy Like Us: The Globalization of the American Psyche*. New York: Free Press [(한국어판) 에단 와터스 지음, 김한영 옮김, 《미국처럼 미쳐가는 세계》, 아카이브, 2011].

Watts, J., Greenhill, S. J., Atkinson, Q. D., Currie, T. E., Bulbulia, J., and Gray, R. D. (2015). Broad supernatural punishment but not moralizing high gods precede the evolution of political complexity in Austronesia. *Proceedings of the Royal Society B: Biological Sciences* 282 (1804), 20142556.

Watts, T. W., Duncan, G. J., and Quan, H. (2018). Revisiting the marshmallow test: A conceptual replication investigating links between early delay of gratification and later outcomes. *Psychological Science* 29 (7), 1159~77쪽.

Weber, M. (1958a). *The City*. New York: Free Press [(한국어판) 막스 베버 지음, 전성우 옮김, 《막스 베버의 고대 중세 연구》, 나남출판, 2017].

Weber, M. (1958b). *The Protestant Ethic and the Spirit of Capitalism*. New York: Scribner [한국어판 다수].

Weber, M. (1978). *Economy and Society*. Berkeley: University of California Press [한국어판 다수].

Weiner, M. S. (2013). *The Rule of the Clan: What an Ancient Form of Social Organization Reveals About the Future of Individual Freedom*. New York: Farrar, Straus and Giroux.

Weiss, A., Inoue-Murayama, M., King, J. E., Adams, M. J., and Matsuzawa, T. (2012). All too human? Chimpanzee and orang-utan personalities are not anthropomorphic projections. *Animal Behaviour* 83 (6), 1355~65쪽.

Wen, N. J., Clegg, J. M., and Legare, C. H. (2017). Smart conformists: Children and adolescents associate conformity with intelligence across cultures. *Child Development* 90 (3), 746~58쪽.

Wen, N. J., Herrmann, P. A., and Legare, C. H. (2015). Ritual increases children's affiliation with in-group members. *Evolution and Human Behavior* 37 (1), 54~60쪽.

Wente, A. O., Bridgers, S., Zhao, X., Seiver, E., Zhu, L., and Gopnik, A. (2016). How universal are free will beliefs? Cultural differences in Chinese and U.S. 4- and 6-year-olds. *Child Development* 87 (3), 666~76쪽.

Wente, A., Zhao, X., Gopnik, A., Kang, C., and Kushnir, T. (2020). The developmental and cultural origins of our beliefs about self-control. In A. Mele (ed.), *Surrounding Self-Control*. New York: Oxford University Press.

Wertz, A. E. (2019). How plants shape the mind. *Trends in Cognitive Sciences* 23 (7), 528~31쪽.

Wha-Sook, L. (1995). Marriage and divorce regulation and recognition in Korea. *Family Law Quarterly* 29 (3), 603~612쪽.

Whaley, S. E., Sigman, M., Neumann, C., Bwibo, N., Guthrie, D., Weiss, R. E., Alber, S., and Murphy, S. P. (2003). The impact of dietary intervention on the cognitive development of Kenyan school children. *The Journal of Nutrition* 133 (11), 3965~71쪽.

White, D. R. (1988). Rethinking polygyny: Co-wives, codes, and cultural systems. *Current Anthropology* 29 (4), 529~44쪽.

White, L. (1962). *Medieval Technology and Social Change*. New York: Oxford University Press [(한국어판) 린 화이트 주니어 지음, 강일휴 옮김, 《중세의 기술과 사회변화》, 지식의풍경, 2005].

Whitehouse, H. (1995). *Inside the Cult: Religious Innovation and Transmission in Papua New Guinea*. Oxford Studies in Social and Cultural Anthropology. Oxford: Clarendon Press.

Whitehouse, H. (1996). Rites of terror: Emotion, metaphor and memory in Melanesian initiation cults. *Journal of the Royal Anthropological Institute* 2 (4), 703~715쪽.

Whitehouse, H. (2000). *Arguments and Icons: Divergent Modes of Religiosity*. New York: Oxford University Press.

Whitehouse, H. (2004). *Modes of Religiosity: A Cognitive Theory of Religious Transmission*. Lanham, MD: Altamira Press.

Whitehouse, H., and Lanman, J. A. (2014). The ties that bind us: Ritual, fusion, and identification. *Current Anthropology* 55 (6), 674~95쪽.

Whitehouse, H., McQuinn, B., Buhrmester, M., and Swann, W. B. (2014). Brothers in arms: Libyan revolutionaries bond like family. *Proceedings of the National Academy of Sciences* 111 (50), 17783~85쪽.

Wichary, S., Pachur, T., and Li, M. (2015). Risk-taking tendencies in prisoners and nonprisoners: Does gender matter? *Journal of Behavioral Decision Making* 28 (5), 504~514쪽.

Wickham, C. (1981). *Early Medieval Italy: Central Power and Local Society, 400-1000*. Ann Arbor: University of Michigan Press.

Wiessner, P. (2002). Hunting, healing, and hxaro exchange: A long-term perspective on !Kung(Ju/'hoansi) large-game hunting. *Evolution and Human Behavior* 23 (6), 407~436쪽.

Wiessner, P. (2009). Parent-offspring conflict in marriage. In S. Shennan (ed.), *Pattern and Process in Cultural Evolution* (251~63쪽). Berkeley: University of California Press.

Wiessner, P., and Tumu, A. (1998). *Historical Vines*. (W. Merrill and I. Karp, eds.) Smithsonian Series in Ethnographic Inquiry. Washington, DC: Smithsonian Institution.

Wildman, W. J., and Sosis, R. (2011). Stability of groups with costly beliefs and practices. *Journal of Artificial*

Societies and Social Simulation 14 (3), 1~25쪽.

Willard, A. K., and Cingl, L. (2017). Testing theories of secularization and religious belief in the Czech Republic and Slovakia. *Evolution and Human Behavior* 38 (5), 604~615쪽.

Willard, A. K., Cingl, L., and Norenzayan, A. (2019). Cognitive biases and religious belief: A path model replication in the Czech Republic and Slovakia with a focus on anthropomorphism. *Social Psychological and Personality Science* 11 (2), 97~106쪽, journals.sagepub.com/doi/10.1177/1948550619841629.

Willard, A. K., Henrich, J., and Norenzayan, A. (2016). The role of memory, belief, and familiarity in the transmission of counterintuitive content. *Human Nature* 27 (3), 221~43쪽.

Willard, A. K., and Norenzayan, A. (2013). Cognitive biases explain religious belief, paranormal belief, and belief in life's purpose. *Cognition* 129 (2), 379~91쪽.

Williams, T. I. (1987). *The History of Invention*. New York: Facts on File.

Williamson, R. W. (1937). *Religion and Social Organization in Central Polynesia*. Cambridge: Cambridge University Press.

Wingfield, J. C. (1984). Androgens and mating systems: Testosterone-induces polygyny in normally monogamous birds. *The Auk* 101 (4), 665~71쪽.

Wingfield, J. C., Hegner, R. E., Dufty, Jr., A. M., Ball, G. F., Dufty, A. M., and Ball, G. F. (1990). The "challenge hypothesis": Theoretical implications for patterns of testosterone secretion, mating systems, and breeding strategies. *The American Naturalist* 136 (6), 829~46쪽.

Wingfield, J. C., Lynn, S. E., and Soma, K. K. (2001). Avoiding the "costs" of testosterone: Ecological bases of hormone-behavior interactions. *Brain, Behavior and Evolution* 57 (5), 239~51쪽.

Winter, A. (2013). Population and migration: European and Chinese experiences compared. In P. Clark (ed.), *The Oxford Handbook of Cities in World History* (403~20쪽). New York: Oxford University Press.

Witkin, H. A., and Berry, J. J. W. (1975). Psychological differentiation in cross-cultural perspective. *Journal of Cross-Cultural Psychology* 6 (1), 5~78쪽.

Witkin, H. A., Moore, C. A., Goodenough, D., and Cox, P. W. (1977). Field-dependent and field-independent cognitive styles and their educational implications. *Review of Educational Research* 47 (1), 1~64쪽.

Wong, Y., and Tsai, J. (2007). Cultural models of shame and guilt. In J. L. Tracy, R. W. Robins, and J. P. Tangney (eds.), *The Self-Conscious Emotion: Theory and Research* (209~223쪽). New York: Guilford Press.

Wood, C. (2017). Ritual and the logic of self-regulation. *Religion, Brain & Behavior* 7 (3), 266~75쪽.

Woodberry, R. D. (2012). The missionary roots of liberal democracy. *American Political Science Review* 106 (2), 244~74쪽.

Woodburn, J. (1982). Egalitarian societies. *Man* 17 (3), 431~51쪽.

Woodburn, J. (1998). Sharing is not a form of exchange: An analysis of property-sharing in immediate return hunter-gatherer societies. In C. M. Hann (ed.), *Property Relations: Renewing the Anthropological Tradition* (48~63쪽). Cambridge: Cambridge University Press.

Woodburn, J. (2016). Silent trade with outsiders: Hunter-gatherers' perspectives. *Journal of Ethnographic Theory* 6 (2), 473~96쪽.

Woodley, M. A., and Bell, E. (2012). Consanguinity as a major predictor of levels of democracy: A study of 70 nations. *Journal of Cross-Cultural Psychology* 44 (2), 263~80쪽.

Woods, T. E. (2012). *How the Catholic Church Built Western Civilization*. Washington, DC: Regnery History [(한국어판) 토머스 E. 우즈 주니어 지음, 김정희 옮김, 《가톨릭교회는 어떻게 서양문명을 세웠나》, 우물이있는집, 2008].

Wootton, D. (2015). *The Invention of Science: A New History of the Scientific Revolution*. London: Penguin [(한국어판) 데이비드 우튼 지음, 정태훈 옮김, 《과학이라는 발명》, 김영사, 2020].

Worm, W. (1950). *The Hanseatic League*. Economic Cooperation Administration—Office of the Special Representative Information Division, Editorial Research and Analysis Section.

Wrangham, R. (2019). *The Goodness Paradox: How Evolution Made Us Both More and Less Violent*. London: Profile Books [(한국어판) 리처드 랭엄 지음, 이유 옮김, 《한없이 사악하고 더없이 관대한》, 을유문화사, 2020].

Wrangham, R. W., and Glowacki, L. (2012). Intergroup aggression in chimpanzees and war in nomadic hunter-gatherers: Evaluating the chimpanzee model. *Human Nature* 23 (1), 5~29쪽.

Wright, R. (2009). *The Evolution of God*. Boston: Little, Brown.

Xygalatas, D., Mitkidis, P., Fischer, R., Reddish, P., Skewes, J., Geertz, A. W., Roepstorff, A., and Bulbulia, J. (2013). Extreme rituals promote prosociality. *Psychological Science* 24 (8), 1602~1605쪽.

Yamagishi, T., Matsumoto, Y., KiyonaWri, T., Takagishi, H., Li, Y., Kanai, R., and Sakagami, M. (2017). Response time in economic games reflects different types of decision conflict for prosocial and proself individuals. *Proceedings of the National Academy of Sciences* 114 (24), 6394~99쪽.

Yamagishi, T., Takagishi, H., Fermin, A. D. R., Kanai, R., Li, Y., and Matsumoto, Y. (2016). Cortical thickness of the dorsolateral prefrontal cortex predicts strategic choices in economic games. *Proceedings of the National Academy of Sciences* 113 (20), 5582~87쪽.

Yilmaz, O., and Bahçekapili, H. G. (2016). Supernatural and secular monitors promote human cooperation only if they remind of punishment. *Evolution and Human Behavior* 37 (1), 79~84쪽.

Young, C. (2009). Religion and economic growth in Western Europe: 1500-2000. Working paper, citation.allacademic.com/meta/p_mla_apa_research_citation/3/0/9/0/6/pages309064/p309064-1.php.

Young, L., and Durwin, A. J. (2013). Moral realism as moral motivation: The impact of meta-ethics on everyday. *Journal of Experimental Social Psychology* 49 (2), 302~306쪽.

Young, R. W. (2009). The ontogeny of throwing and striking. *Human Ontogenetics* 3 (1), 19~31쪽.

Yuki, M., Sato, K., Takemura, K., and Oishi, S. (2013). Social ecology moderates the association between self-esteem and happiness. *Journal of Experimental Social Psychology* 49 (4), 741~46쪽.

Yuki, M., and Takemura, K. (2014). Intergroup comparison and intragroup relationships: Group processes in the cultures of individualism and collectivism. In M. Yuki and M. B. Brewer (eds.), *Culture and Group Processes* (38~65쪽). New York: Oxford University Press.

Yutang, L. (1936). *My Country and My People*. London: William Heinemann [(한국어판) 임어당 지음, 신해진 옮김, 《중국, 중국인》, 장락, 1995].

Zaki, J., Schirmer, J., and Mitchell, J. P. (2011). Social influence modulates the neural computation of value. *Psychological Science* 22 (7), 894~900쪽.

Zeng, T. C., Aw, A. J., and Feldman, M. W. (2018). Cultural hitchhiking and competition between patrilineal kin groups explain the post-Neolithic Y-chromosome bottleneck. *Nature Communications* 9 (1), 1~12쪽.

Zhou, X., Alysandratos, T., and Naef, M. (2017). Rice farming and the emergence of cooperative behavior. Working paper, sites.google.com/site/xiaoyuzhouresearch/r.

Zimmer, C. (2018). *She Has Her Mother's Laugh: The Powers, Perversions, and Potential of Heredity*. New York: Penguin Random House.

KI신서 10407

위어드

1판 1쇄 발행 2022년 10월 19일
1판 4쇄 발행 2022년 12월 1일

지은이 조지프 헨릭
옮긴이 유강은
펴낸이 김영곤
펴낸곳 ㈜북이십일 21세기북스

정보개발팀장 장지윤 **정보개발팀** 강문형
해외기획실 최연순
디자인 THIS-COVER **교정교열** 오순아
출판마케팅영업본부장 민안기
마케팅1팀 배상현 한경화 김신우 이보라
출판영업팀 최명열
제작팀 이영민 권경민

출판등록 2000년 5월 6일 제406-2003-061호
주소 (10881)경기도 파주시 회동길 201(문발동)
대표전화 031-955-2100 **팩스** 031-955-2151 **이메일** book21@book21.co.kr

(주)북이십일 경계를 허무는 콘텐츠 리더

21세기북스 채널에서 도서 정보와 다양한 영상자료, 이벤트를 만나세요!
페이스북 facebook.com/jiinpill21   포스트 post.naver.com/21c_editors
인스타그램 instagram.com/jiinpill21   홈페이지 www.book21.com
유튜브 youtube.com/book21pub

당신의 인생을 빛내줄 명강의! <유니브스타>
유니브스타는 <서가명강>과 <인생명강>이 함께합니다.
네이버 오디오클립, 팟빵, 팟캐스트에서 '유니브스타'를 검색해보세요!

ISBN 978-89-509-4186-4 03900